Hänselmann, Ludw

Urkundenbuch der Stadt Braunschweig

1. Band, Statute und Rechterbriefe

Hänselmann, Ludwig

Urkundenbuch der Stadt Braunschweig

1. Band, Statute und Rechterbriefe

Inktank publishing, 2018

www.inktank-publishing.com

ISBN/EAN: 9783747763148

URKUNDENBUCH

DER

STADT BRAUNSCHWEIG

ERSTER BAND

STATUTE UND RECHTEBRIEFE

M CC XXVII — M DC LXXI

IM AUFTRAGE DER STADTBEHÖRDEN

HERAUSGEGEBEN

VON

LUDWIG HÄNSELMANN

STADTARCHIVAR.

MIT DREI TAFELN SCHRIFTPROBEN UND SIEGEL.

BRAUNSCHWEIG

C. A. SCHWETSCHKE UND SOHN

(M. BRUHN)

M DCCC LXXIII.

Für die Herausgabe der Urkunden unserer Stadt ist seit Leibnitz und Rehtmeier so gut wie gar nichts geschehen. Das Stadtarchiv selbst, bis zum Aufhören der Selbständigkeit Braunschweigs eifrig gehütet, wurde seitdem vernachlässigt und schien zumal seit der Fremdherrschaft dem völligen Untergange entgegenzugehen. Erst W. J. L. Bode, der im Jahre 1825 Magistratsdirector wurde, hat ihm wieder die gebührende Sorgfalt zugewendet. Er verlegte es aus den unzulänglichen Räumen im Rathhause der Neustadt wo es aufgeschichtet lag, in die Kreuzgänge der Brüdernkirche, ordnete es ganz neu und legte eigenhändige Repertorien an, nach den einzelnen Zweigen der städtischen Verwaltung geordnet und so eingerichtet, dass sie neben der Uebersicht über die Urkunden zugleich die Entwickelung des gesammten städtischen Lebens veranschaulichen. Mit seiner Geschichte des sächsischen Städtewesens, die er in Bezug auf Braunschweig bis auf die Gegenwart herabgeführt, bei seinem Tode am 20. April 1854 nahezu druckfertig hinterlassen hat, wollte er als Belege in zwei Bänden die wichtigsten Urkunden aus dem städtischen Archive veröffentlichen; auch sie liegen fertig da, von ihm selbst nach den Originalen revidiert: ein Werk von dem es tief zu bedauern ist, dass nur einzelne Bruckstücke erscheinen, der grösste Theil aber und die ganze Urkundensammlung ungedruckt bleiben sollen. Daneben war er darauf bedacht, in einem Kreise jüngerer Männer, den er um sich gebildet, die Liebe zur heimischen Geschichte zu wecken, und sich in ihnen Mitarbeiter und Nachfolger für die Ausbeutung des städtischen Urkundenschatzes heranzuziehen. Wöchentlich versammelte sich dieser Kreis, dem u. A. Emperius, Hassenmüller, Assmann, Dedekind, Dürre angehörten, im Kreuzgange der Brüdernkirche, um einzelne Urkunden gemeinschaftlich zu besprechen und für die spätere Herausgabe zu bearbeiten. So ist von Bode der Gedanke auch zu dem vorliegenden Werke ausgegangen; er verdient der eigentliche Urheber desselben zu heissen.

Diese gemeinsamen Arbeiten und Zusammenkünfte, die seit 1848 ruhten, erhielten neuen Antrieb durch das Herannahen der Jahrtausendfeier Braunschweigs. Zu Anfang des Jahres 1860 traten einige Mitglieder jenes Kreises: Generalsuperintendent Hassenmüller, Professor Dr. Assmann, Dr. Dürre und K. Westphal, mit Bodes Sohne dem Kreisrichter W. Bode, Dr. Bethmann in Wolfenbüttel und dem Unterzeichneten in einen Archivverein zusammen, um in Fortsetzung jener früheren Bestrebungen zu dem Jubiläum ein Werk zu liefern, das nicht bloss eine Festgabe, das zugleich ein bleibendes Denkmal sein sollte: ein vollständiges Urkundenbuch, wie es die Schwesterstädte Frankfurt, Lübeck, Hamburg u. a. schon vor uns aufzuweisen hatten. Der Oberburgermeister Caspari, seit 1849 Bodes Nachfolger, wandte diesem Plane und dem Archive selbst seine besondere Fürsorge zu, und durch seinen regen Eifer und des Magistrats und der Stadtverordneten preiswürdige Bereitwilligkeit wurde nicht nur das Erscheinen des Urkundenbuchs möglich gemacht, sondern auch für das Archiv ein neuer, trockner und zweckmässiger Raum bestimmt, und die Aufstellung eines vollständigen chronologischen Regestenwerks über den gesammten Urkundenvorrath in Originalen, Chartularen, Stadtbüchern, Protokollen und Acten beschlossen. Die erste Frucht dieses Zusammenwirkens ist das vorliegende Werk.

I*

liess, kann also nur Unterzeichneter sich für die Art und Weise der Ausführung verantwortlich erachten. Man wird billig finden, dass sich dieser Sachverhalt nun auch im Titel des Buches andeutet.

Unsere Geschichtsforschung ist mit berechtigter Vorliebe der aufsteigenden Entwickelung des Städtewesens zugewandt. Gleichwohl werden doch auch die Rechtsdenkmäler aus den Zeiten des Niederganges unserer Stadt nicht unwillkommen sein. Dass die meisten der seit Mitte des 16. Jahrhunderts erlassenen „Ordnungen" gleich ursprünglich im Druck publiciert wurden, konnte kein Grund sein ihnen die Aufnahme in dieser Sammlung zu versagen. Denn einestheils sind jene Originaldrucke keineswegs in grosser Anzahl erhalten: obgleich sie schwerlich noch an einem andern Orte so vollzählig wie im hiesigen Archive möchten gefunden werden, fehlen ihrer zwei — die Feuerordnung von 1550 (CXLIII) und die Wachtordnung von 1635 (s. bei No. CXCVI) — doch auch hier. Sodann aber handelt es sich ja nicht bloss um einfachen Wiederabdruck der Texte; ebenso wichtig ist, dass zu unmittelbarer Anschauung gebracht werde was in jedem Statute überkommener Bestand, was Abwandlung oder Neubildung ist, und namentlich unter diesem Gesichtspunkte würde die Ausschliessung jener gedruckten Ordnungen in keiner Weise zu rechtfertigen sein.

Nicht dass durch eine Analyse wie sie somit ermöglicht wird, die Textur der einzelnen Stücke schon bis auf die letzten erkennbaren Fäden entwirrt wäre. Denn die Statute, in denen von Zeit zu Zeit die Gesetzgebung sich zusammenfasste, verknüpft hin und her eine Fülle polizeilicher Edicte und gemeiner Rechtsbescheide. Dem eintretenden Bedürfniss immer dicht auf der Ferse, beschränkte sich dieser Art Erlasse häufig darauf, bestehendes Recht noch besonders einzuschärfen oder auf den einzelnen Fall anzuwenden; zuweilen jedoch geben sie vorhandenen Normen auch wirksamere Fassung, oder sie füllen fühlbar gewordene Lücken durch Deduction, Interpretation und nöthigenfalls durch neue Verwillkürung aus und gehen demnächst dann fast regelmässig in das Statutarrecht über. So rinnen in ihnen gleichsam die einzelnen Tropfen des Niederschlags der städtischen Rechtsatmosphäre, viele freilich um alsbald spurlos wieder zu versiegen, andere aber finden ihren Weg in den lebendigen Strom der Rechtsentwickelung. Dies feinste Geäder darzulegen, müsste ohne Frage von hohem Reiz und manchfachen Nutzen sein. Allein bei solcher Erweiterung der Aufgabe hätte der dem vorliegenden Buche gesetzte Umfang ins ungemessene überschritten werden müssen. Die Masse der gemeinen Bescheide lässt sich noch nicht abschätzen; indessen, wäre sie auch weniger beträchtlich als sie aller Wahrscheinlichkeit nach ist: schon an Edicten des 16. und 17. Jahrhunderts allein weist ein noch keineswegs vollständiges Verzeichniss nahezu tausend Nummern auf. Demzufolge musste dieser ganze Stoff hier von vornherein ausgeschlossen bleiben. Abgesehen von den älteren Münzedicten, zu deren Gunsten naheliegende andere Rücksichten Platz griffen, ist von jener Beschränkung nur in zwei Fällen abgewichen. Das Edict wegen Aufhebung der fräulichen Gerechtsame und der Cessio bonorum (No. CLXI) schien deshalb aufgenommen werden zu müssen, weil von jeher immer auf dieses Edict, nie auf die entsprechenden Bestimmungen der gleichzeitigen Polizeiordnung (CLXII, 153 f.) Bezug genommen wird; für das Edict wegen des Korn- und Malzsackens (No. CXCV) sprach der Umstand, dass es seinem ganzen Charakter nach mehr „Ordnung" als Edict, und als solche denn auch durch die Doppelbezeichnung im Titel in Anspruch genommen ist. Wo es übrigens unerlässlich war, wie bei No. CXCV und CXCVI, hat der wesentliche Inhalt vorgängiger Edicte in den einleitenden Bemerkungen Aufnahme gefunden.

Ungern wird man hier vielleicht die Verfassungsurkunde der lutherischen Kirche unserer Stadt, Bugenhagens Kirchenordnung vermissen, zumal da deren erste, 1528 zu Wittenberg erschienene niederdeutsche Redaction immerhin unter die seltenen Drucke zu rechnen ist. Sie aufzunehmen hätte schon *wegen ihres sehr bedeutenden Umfangs seine Schwierigkeiten gehabt; entscheidend aber war die Erwägung, dass diese Kirchenordnung nicht wie alle anderen Statute dem eigenen Boden des städtischen Lebens entsprungen, vielmehr von aussen im wesentlichen fertig hereingenommen ist, und so denn auch vermöge ihres überwiegend dogmatischen und liturgischen Inhalts anderen Zusammenhängen angehört als hier in Betracht kommen.*

Nach Massgabe des einmal eingeschlagenen Verfahrens mussten die Texte, mit Ausnahme der Interpunction und der grossen Anfangsbuchstaben, auch fernerhin streng urkundlich wiedergegeben werden. Ohne diesen Zwang würde ich vorgezogen haben, nicht nur v und u, j und i nach dem heutigen Gebrauch zu setzen, sondern auch unter den grotesken Wucherungen und Inconsequenzen der Orthographie des 16. und 17. Jahrhunderts einigermassen aufzuräumen. So aber ist nur bei den Stücken unter No. CXLIV und CXLV, in denen sich mit jener allgemeinen Verwilderung noch eine jeder Ueblichkeit spottende individuelle Willkür paarte, ein vorsichtiger Eingriff gewagt. Durchweg gebessert dagegen sind grammatische Incorrectheiten, wie solche überall in den Aufzeichnungen jener Zeiten, am meisten aber da begegnen wo die neue Schriftsprache mit dem zurückweichenden Niederdeutsch im Kampfe liegt. Es sind dies meist Verstösse im Gebrauch der Casus und in der Anwendung starker und schwacher Declination; als Nachlässigkeiten der Schreiber erkennt man sie oft schon daran, dass unmittelbar neben ihnen das Richtige steht, wie — um von zahllosen Beispielen nur einige herauszugreifen — S. 669 § 33 seinem geschwornen eyde . . . . sol-lichem geschwornen eide, S. 667 § 57 wieder einem erbarn rath vndt die stadt, von allen hier . . . . von einem faß mummen. Wer derartige Unregelmässigkeiten doch etwa als Zeugnisse der Schwankungen im lebendigen Sprachgebrauch der Beachtung werth hält, findet den buchstäblichen Laut der Vorlage jedesmal in einer Note aufgeführt.

Unter den Berichtigungen habe ich alles zusammengestellt was mir an Druckfehlern sowie an eigenen Versehen und Missgriffen bis jetzt aufgestossen ist; sehr möglich, dass sich dessen beim Gebrauche des Buches noch mehr herausstellt. Am meisten stört, dass hie und da die älteren Bestandtheile eines Stückes nicht rechtzeitig erkannt sind. Doch dürften dergleichen lapsus memoriae einem so umfangreichen und mannichfaltigen Material gegenüber kaum ganz zu vermeiden sein: wie oft verlockten nicht deutliche Anklänge einer vorliegenden Stelle zu langem fruchtlosen Suchen, und schliesslich — leider nur fast immer zu spät — enthüllte sich der geahnte Zusammenhang einem ganz zufälligen Blicke. Wenn mir aber am Schlusse dieser langwierigen Arbeit trotz all ihrer Mängel einer gewissen Befriedigung Raum zu geben vergönnt ist, so entspringt diese vorzugsweise doch dem Bewusstsein, dass ich es wenigstens an Eifer und Sorgfalt nie habe fehlen lassen.

Braunschweig am 11. December 1872.

Ludwig Hänselmann.

INHALT.

II

II*

BERICHTIGUNGEN.

S. 7 § 63 st. nach l. mach.
S. 13 § 43 st. to rechte l. to rechte.
S. 16 § 4 nach dene ist einzuschalten '.
S. 20 § 4 st. dar se — irvolgen l. dar se etc.: vgl. S. 12 § 17.
S. 21^b Z. 2 v. o st. Endeden l. En deden.
S. 22 § 22 Z. 5 ist anzumerken, dass nach dat he et vorbringe ausgelassen oder des perides widergelt: vgl. S. 12 § 24.
S. 23 § 36 st. dat gud l. dat gud: vgl. S. 13 § 37. § 39 vgl. mit S. 2 § 11.
S. 24 § 47 st. vor gerichte l. vor gerichte: vgl. S. 13 § 41.
§ 51 st. bat l. bat: vgl. S. 13 § 45.
§ 52 st. dene l. dene: vgl. S. 13 § 52.
§ 53 st. ander l. ander: vgl. S. 13 § 53.
§ 62 st. denne l. denne: vgl. S. 14 § 62.
S. 28 § 2 st. bilken l. bilke.
S. 30 XXIII § 2 st. de dar — ansprake l. de dar — ansprake: vgl. S. 24 § 48.
S. 31 § 8 st. vse borghere — sloten l. vse borghere — sloten: vgl. S. 2 § 16.
S. 32 Z. 8 v. o. st. Mai 20 l. Mai 30.
§ 1 nach Bruntwic ist einzuschalten vnde oc buten der stad.
S. 38 Z. 13 v. u. st. bisher ungedruckte l. in Rehtmeiers Chron. S. 630 gedruckte.
S. 40^b Z. 17 v. u. st. pentractabunt l. pertractabunt.
S. 43 Z. 9 v. o. ist anzumerken, dass diese Urk. bei Sudendorf datirt ist feria sexta p. L.
S. 44 Z. 15 v. o. st. § 90 l. § 97.
S. 50 § 1 nach vromen ist anzumerken, dass der Eid na vsen (der berscap) eren vnd dat stat vromen als althergebracht schon S. 20 § 9 vorgeschrieben war.
S. 55 das Datum von No. XLVII ist Februar 24: vgl. Sudendorf III No. 404; wonach denn in der Vorbemerkung der Satz Der beim Datum etc. zu streichen ist.
S. 73 § 127 st. Vnde desse vrowen etc. l. Vnde wenne in verdingh, ane — wesen, bi ener gnade: vgl. ebd. § 126.
S. 79 ist das Datum von No. LVI zu ergänzen April 8.
S. 80 in der Vorbemerkung zu No. LVII Z. 6 st. §§ 15 und 19 l. §§ 16 und 20.
S. 90 Note 17 l. were luttek odder grod, dat.
S. 96 § 42 am Rande l. LIV s. 7.
S. 99 § 58 Z. 4 st. in vullen l. invullen.

S. 100 § 60 Z. 13 st. ok dat gy — gherede l. ok dat gy — gherede: vgl. S. 94 § 35.
S. 101 Z. 9 v. o. st. 284 l. 262, worauf der Satz deren etc. zu streichen ist.
S. 102 Z. 16 v. o. st. Die je zwei — eigenthümlichen l. Die zwei A, N und S. eigenthümlichen.
S. 110 § 107 ist am Rande hinzuzufügen XVI, 10.
S. 111 § 111 st. ucycht l. nycht.
§ 116 Z. 7 dürfte richtiger nach beborghen ein Komma, Z. 9 nach landes ein Punctum, und ebenso
§ 117 Z. 4 nach herwede ein Komma, Z. 5 nach is ein Punctum zu setzen sein.
S. 114 § 153 ist das Komma nach Sacke zu streichen und ein solches nach hefft zu setzen.
S. 126^b Z. 5 st. Hefft auer etc. l. Hefft auer de dode sin — were: vgl. S. 119 § 229.
S. 142 zu § 157 ist anzumerken, dass mit dieser Verfügung die ältere S. 187 § 117 abgeändert wurde. § 162 st. Ok en schal etc. l. Ok — dere wechterklocken twisschen — rote gun vppe dere strate ane openbar lecht: vgl. S. 75 § 153.
S. 166^b Z. 13 v. o. st. eyns l. tyns.
S. 157^a Z. 22 v. o. st. kinde l. Linde.
S. 212 und S. 219 in den Ueberschriften zu No. LXXXIII und No. LXXXIII st. KAISERLICHEN l. KÖNIGLICHEN.
S. 227^a Z. 16 v. o. st. vrede samitheit l. vredesamicheit.
S. 228 Note 2 ist zu streichen.
S. 236 im Datum von No. XCIII st. 1453 l. 1463.
S. 264 § 10 Z. 2 st. vnde andere ware l. vnde andere ware.
Z. 1 der zweiten Columne st. sullenkomene l. vullenkomene.
S. 265 § 13 st. Dat gi etc. bis zu Ende l. Dat gi etc.: vgl. S. 95 § 39.
S. 284 § 10 nach [vnde] ist einzuschalten '. vor § 13 am Ende der Ueberschrift st. ' l. '.
S. 288 § 4 Z. 6 v. o. st. den gilden l. der gilden.
S. 289 § 9 am Rande ist hinzuzufügen vgl. CXXXIX, 18.
S. 294 in der Ueberschrift zu No. CXXXIV st. KAISER MAXIMILIAN l. KÖNIG M.
S. 299 § 6 st. vögede l. vögeden.
S. 300 § 12 Z. 7 st. doden l. doden.
S. 305 § 103 st. Deß vaders etc. l. Deß vaders edder der moder auß vnd boß mogen mer crefftigen de soehne alse de dochtere, vnder

den sohnen velemehr de iüngeste alse de
anderen. So dar neyne sohne syn, so is de
jüngeste dochter de negeste dartho. Ko-
nen se nicht der werderinghe overein ko-
menn, so schall dath de radth schatten: vgl.
S. 112 § 138.

S. 307 § 117 st. Broder edder süster kindere etc.
l. Broder edder süster kindere mogen to delle
gan tho — weren, mith ohres — hroidu-
ren vnd — dele. Doich — fordern, who
vele ohrer syn, dan als — moder hedden
geforderth, wenn — weren: vgl. S. 112
§ 126.

S. 308 Note 2 l. herwede.

S. 318 ist die Vorbemerkung dahin zu ergänzen, dass
der Untergerichtsprocess bei Pufendorf Observa-
tiones jur. univ. IV Append. S. 120 ff. abge-
druckt ist.

S. 327 § 7 ist am Rande hinzuzufügen vgl. CXXXVII, 37.

S. 336 § 113 ist am Rande hinzuzufügen vgl. CXXXVII, 82.
§ 116 st. Neyn borger etc. l. Neyn borger
noch borgersche schal vthwendigen läden
hir huse noch bodem vormeden by pene
eyner marck, jdth geschey denne mith des
rades willen. Vnd de schal — borger: vgl. S.
314 § 198.

S. 342 § 187 ist am Rande hinzuzufügen vgl. CXXX. 9.

S. 349 in der Vorbemerkung zu No. CXLIII Z. 3 v.
u. ist zu lesen auch nach und weiterhin aus-
nahmsweise zu tilgen.

S. 351 Z. 4 v. u. su de sick stelens — baflitigen
vgl. 338 § 141.

S. 363 ist der Vorbemerkung zu No. CXLV hinzuzufügen,
dass diese Untergerichtsordnung bei Pufendorf
Observationes jur. univ. IV Append. S. 134 ff.
abgedruckt ist.

S. 374 in der Vorbemerkung zu No. CXLVII ist die Sie-
gelbeschreibung dahin zu ergänzen, dass auf dem
Schilde die Kaiserkrone ruht.

S. 377 § 2 ist vestumicheit ohne Zweifel vnstumi-
cheit zu emendieren und Note 2 hiernach zu
berichtigen.

S. 380 a. E. unter Maximilianus fehlt Vice ac no-
mine reverendissimi archicancellarii Mo-
guntini r. Zas.

S. 382 Note 1 st. stadt l. stadt.

S. 388 § 20 am Rande st. x l. IX.

S. 389 Note 4 ist hinzuzufügen, dass tiriam in dem
jüngern Eidbuche weggelassen.

S. 391 § 29 st. Es jw — mogen l. Es jw — rade
edder der — granna oder — gesetzet worde
— mogen: vgl. S. 96 § 45.
§ 30 a. E. st. vnd wes gy etc. l. vnd wes gy
etc.: vgl. S 387 § 17.

§ 31 Absatz 3 statt alle geldt etc. l. alle geldt
dat gy von dem rthgetappeden beir vp-
nemen truweligen in den stock, von
stundt gy dat vpnhemen, steken: vgl. S.
262 § 3 a. E.

S. 395 § 42: diese Formel hätte erst an späterer Stelle
sollen gegeben werden: vgl. S. 500 Note 7.

S. 398 No. CLIV ist laut der Aufzeichnung in dem
jüngern Eidbuch (vgl. S. 655 die Vorbemerkung
zu No. CCVIII) am Michaelisabende 1584 er-
lassen.

S. 399 § 3 am Rande st. CXIII l. CXLIII.

S. 402 § 31 am Rande st. XLIII l. CXLIII, 4.
§ 33 am Rande l. CXLIII. 4

S. 404 zu No. CLVIII ist das Datum 1573 Febr. 20
zu ergänzen; Z. 2 des Titels st. policei l. po-
licey.

S. 420 § 149 Z. 3 st. gewonlich ein uentarium l.
gewonliche inuentarium.

S. 426 § 207 Z. 3 st. ausbescheiden l. ausbescheiden.
§ 210 am Rande st. CXLII l. CLVII.

S. 437 Note st. schnören l. schönren.

S. 500 § 13 am Rande l. CXLV, 5. Note *) ist auszu-
werfen, da die Zählung S. 363 vollkommen richtig.

S. 507 in der Vorbemerkung zu No. CLXVIII ist die
Siegelbeschreibung dahin zu ergänzen, dass auf
dem Schilde die Kaiserkrone ruht.

S. 509 § 12 ist zu vergleichen mit S. 500 § 17.

S. 522 § 1 am Rande st. CXLII l. CXLII.

S. 535 § 51 Z. 5 v. u. st. regierende l. regirenden.

S. 538 No. CLXXVI datirt vom J. 1602; der Vertrag
auf welchen der Eingang Bezug nimmt, ist der
Recess von 1601, welcher unter den Nachträgen
zum Abdruck kommen wird.

S. 561 § 35 Z. 6 st. der stadt l. die stadt.

S. 564 § 41 Abs. 3 st. ewern heusern l. ewern
heusern.

S. 568 § 57 st. daß ihr etc. l. daß ihr dem ziegel-
hause trewlich vorstehen vnnd keine steine vom
ziegelhoffe lasen bringen, jhr habt dan des
raths beschrieben vnnd besiegelten zettell erst
daruber empfangen alß man darauf pflegt zu
geben vf der zolbode, vnnd dieselbe wie-
derumb geschrieben in ewer buch, vnnd das
ihr dem rath alle jhar daruon volkommene
rechnung thunn, vnnd — dieselbe vnnd
wollet alles nach — moget: so wahr euch
gott helffe — wortt: vgl. S. 93 § 30.
Note 6 ist dahin zu berichtigen, dass die Cor-
rectur zimmermeister auch in das jüngere Eid-
buch übergegangen ist.

S. 656 § 2 Z. 1 v. u. st. zwei l. eine, wonach dann auch
die Worte die 22. der unten folgenden For-
meln zu streichen sind.

STATUTE und RECHTEBRIEFE

M CC XXVII — M DC LXXI.

Aur ayá aut gliter aliá rem J cuutate emit ꝗ annii ꝗ diem pacatie poffedit ꝗ ꝑarea
ſcꝺm inſ cuutans ſcɑ fuerit nulli cii ꝺcereto ſup eaꝺe re ꝑoterit iꝟgcare. Jr qꝗq ſeul
ſue aduena J cuutare moꝛtui ꝉ hucrit boná ſuá J ꝑoteſtate buꝛgenſui manebut uſꝗ aꝺ hꝰ
anni. Eſ ſi meꝺio teꝛpe Aliꝰ ſuꝑuenit ꝗ ſcꝺm uſꝉica boná illa obtinuerit et ꝑſenabunt
Jn aur ſua ꝑars bonoꝛ aꝺuſtis ecctie ſcɿ Laurie ꝑſenabit Sue ꝑares alrá cebar judiceo
Alrá ꝺe rogabit ꝑauꝑiꝉ Jr buꝛgeſes ꝛes habeant ſacerꝺori eligꝺ ꝗ ꝺñs cuutatus ꝑꝛs
eunꝺe iueſigaꝺoꝛ ꝗ ꝑenanꝺi. Sinuiꝗ eit cuutat manens alic buꝛgenſui tencat in ꝺeu

to ſi uiꝺir eii J cuutate aſſumet ſeu boꝺelli ꝗ cui ꝺemebir ſꝛ aut boꝺellu habe non
poſſit cii ꝺuoꝰ ſuoꝛ ꝺci ñ cui ꝑotit ſeruoꝛ ꝗ aꝺ uꝺicii ꝑꝛeue Jr qꝗq miles cleꝛie aut
ruſtie J cuutat alicui tencat J ꝺebiro ꝗ ſolui noluerit bone hebit eii ſcuuitate ꝺetiner ꝗ res
ſuas occupare qꝗq ꝺebiri ſolunr aut uſeuitiam euaꝺar Jr buꝛgenſes ſuos ofirles habear
ſir habe ꝛoſueurur ꝗ eſto cuutas migar Jr buꝛgenſes ꝗ uineubocꝛh ꝗ alias qꝗq aꝺ nuam
luꝛis ꝺictone ꝺeclinauerir aboꝛ euaꝺone ab ſolun manebunt

19

I. JURA ET LIBERTATES INDAGINIS.

Das Original befindet sich im Stadtarchive, starkes Pergament, 15" hoch, 9" breit, ohne Rand, auf 27 mit Dinte gezogenen Linien grosse feste Urkundenschrift, durchweg von einer Hand und Dinte, die einzelnen Paragraphen weder gezählt noch abgesetzt. Das grosse runde Siegel aus gelbem Wachs, von welchem an der linken Seite fast ein Drittel fehlt, hängt an einem Pergamentstreifen. Es zeigt den links schreitenden Löwen mit einfachem ungezackten Zagel und die Umschrift SIGILLV. . OT . . . . . DV . . . . SVIC.

Die Urkunde hat weder Aussteller noch Datum. Doch findet sich dasselbe Siegel an dem nachfolgenden Ottonischen Stadtrechte und ist dort unzweifelhaft von Otto dem Kinde. Von einem späteren Otto kann es nicht sein, da Nachträge dieses Stadtrechts schon in die 1265 von den Herzögen Albrecht und Johann besiegelte Urkunde aufgenommen sind. Der Kaiser Otto aber, von welchem die vorliegende Urkunde nach Schrift und sonstiger Ausstattung wohl ausgestellt sein könnte, hat sich nie eines Siegels wie das anhangende bedient, oder dux de Brunswic genannt. Allerdings wird ein gleiches Siegel an keiner der bekannten Urkunden Ottos des Kindes wiedergefunden. Aber dieser hat ausser seinem gewöhnlichen Siegel, welches sich von jenem kaum mehr als durch den gezackten Zagel des Löwen und durch geperlte Randlinien unterscheidet, noch ein kleineres gebraucht: rechts schreitender Löwe mit einfachem ungezackten Zagel, auf erhöhtem Rande die Umschrift SIGILLVM OTTONIS PRINCIPIS ET DOMINI DE LVNEBORG; und auch dieses ist nur in zwei Exemplaren erhalten. Ueberdies hat so wenig wie Otto IV ein späterer Herzog Otto das hier vorliegende Siegel geführt.

Der Hagen, das nordöstliche der nachmaligen fünf Weichbilde Braunschweigs, ist eine Schöpfung Heinrichs des Löwen. Auf ihn führt denn auch § 1 den Inhalt unseres Statutes zurück. Dass Heinrich utgaf dat bleck, dat gebeiten is de Hagen, berichtet das Chron. rhythm. 29, 60 und zwar zu den letzten Jahren Kaiser Konrads III. Danach wäre mit dem Anbau c. 1150 begonnen. Schon aus den Worten § 1 a prima fundatione ergiebt sich, dass der Hagen gleich von Anfang an Stadtrecht bekam. Mit Bestimmtheit sagt dies Herzog Albrecht in dem weiterhin unter VII abgedruckten Privilegium für die Wantschneider im Hagen vom Jahre 1268: Noverint — presentes ac posteri, nos a quibusdam senioribus ac discretis de Indagine veraciter intellexisse, quod dum Henricus — — dux Bawarie et Saxonie Indaginem primo fundaret et construeret ac ei jura burgimundii et libertates daret sicut fieri solet, talem gratiam specialiter superaddidit etc. Damit ist freilich nicht bewiesen, dass Heinrich damals sofort alle in unserer Urkunde enthaltenen Rechte ertheilt habe. Nach dem Wortlaute § 1 können dieselben sehr wohl von der Gründung des Hagens an nach und nach verliehen sein. In § 15 stimmen, abgesehen von dem übrigen Inhalte, keinesfalls die Worte sicut habere consueverunt zu der Zeit der prima fundatio. Die Katharinenkirche, deren § 11 Erwähnung geschieht, soll nach der niedersächsischen Chronik in Abts Sammlung alter Chroniken p. 142 im Jahre 1166, nach Botho sogar erst 1172 erbaut sein, wobei indessen zu beachten ist, dass beide Quellen für Chronologie wenig zuverlässig sind. Dies alles zusammengenommen, haben wir hier eine von Otto dem Kinde durch sein ungehängtes Siegel anerkannte Aufzeichnung der Rechte, mit denen Heinrich der Löwe den Hagen im Laufe der Zeit begabt hatte.

Weiterhin berichtet obiges Privilegium für die Wantschneider: Postmodum — a serenissimo imperatore Ottone prefati ducis filio fuit similiter confirmatum, deinde a duce Henrico comite pala-

1

tino; uovissime autem cum pater noster felicis memorie intraret civitatem Bruneswich confirmavit eandem gratiam — *dies zwar uur vom Rechte der Wantschneider. Doch wird dieselbe Nachricht mit einiger Sicherheit auch von den in so engem Zusammenhange mit dieser gratia erwähnten Stadtrechten verstanden werden können. Die Frage, wann Herzog Otto dieselben bestätigt habe, scheint von jener Nachricht eum intraret civitatem beantwortet zu werden, zumal, wie oben bemerkt, das einzige gleiche Exemplar des anhangenden Siegels das an Ottonischen Stadtreolde ist, welches in das Jahr 1227 gesetzt werden muss. Vgl. die Einleitung zu II. Die Jura Ind. erscheinen somit als joyeuse entrée, blyde inkomst Herzog Ottos. Dux de Brunswic nannte er sich auch früher schon.*

Dieselben sind zuerst gedruckt: (Sack) Alterthümer der Stadt und des Landes Braunschweig. Brschw. 1841. p. 85; correct: Dürre Braunschweigs Entstehung und städtische Entwickelung bis in den Anfang des 13. Jahrhunderts. Brschw. 1857. p. 31. Hn.

1 **Notum** sit omnibus hanc paginam uidentibus quod hec sunt jura et libertates judaginis. quas burgenses a prima fundatione ipsius ciuitatis. ab illustri ujro heinrico duce saxonie. atque ba-
2 warie obtinuerunt. Naues de brema usque bru- neswic liberum atque expeditum semper habeant ascensum. et bruneswic deposita earum sarcina. et soluto jbidem absque omni jmpedimento vsque zhellis. a zhellis usque bremam libere descen-
3 dant. Si autem casv jnfortunato aliqua jn aqua mergi aut quocumque modo periclitari contingat domini rerum propter hoc uullam jncidere debent penam uel culpam. set rebus suis ab aqua ereptis et locatis aut venditis jndempnes omnino rece-
4 dent. Item burgenses aduocatum unum de suis conciuibus eligant. et quicquid ille per jvdicia conquisierit. eius tercia pars curie presentabitur. dve partes ad usus et necessitates ciuitatis con-
5 uertantur. Item quicumque aliquem jn ciuitate uulnerauerit aut sanguinem eius fuderit et de hoc conuictus fuerit judici sexaginta solidos et leso [1]
6 XXX componet. Item siquis alapam alteri dederit. IIIIor solidos judici. et leso XII uadiabit. nisi forte
7 se per[1] justiciam ualeat expurgare. Item nullus alium pro aliquo excessu ad iudicium duelli vo-
8 care aut cogere poterit. Item quicumque pro aliquo excessv proscriptus fuerit. uxor et pueri eius atque omnia bona sua pacem habebunt. quo vsque idem proscriptus redeat. atque cum ciui-
9 tate componat. Quicumque annum et diem in ciuitate manserit sine alicuius impeticione. de

cetero liber permanebit. Item quicumque do- 10 mum aut aream aut quamlibet aliam rem jn ciui- tate emerit. et annum et diem pacifice possederit. et pax ei secundum ius ciuitatis facta fuerit nullus eum de cetero super eadem re poterit in- quietare. Item quicumque exul siue aduena jn 11 ciuitate mortuus fuerit. bona sua jn potestate burgensium manebunt. usque ad finem anni. quod si medio tempore aliquis superuenerit et secun- dum iusticiam bona illa obtinuerit. ei presenta- buntur. sin autem tercia pars bonorum ad usus ecclesie sancte Katerine presentabitur. due par- tes altera cedat judicio altera derogabitur pau- peribus. Item burgenses jvs habeant sacerdotem 12 eligendi. et dominus ciuitatis jvs eundem investi- gandi et presentandi. Quicumque extra ciuitatem 13 manens alicui burgensium tenentur in debito. si uiderit eum jn ciuitate. assumet secum bodellum et detinebit. si autem bodellum habere non possit. cum duobus suis conciuibus eum poterit detinere. et ad iudicium pertrahere. Item qui- 14 cumque miles clericus aut rusticus. in ciuitate ali- cui teneatur jn debito et soluere noluerit. bene licebit eum in ciuitate detinere et res suas occu- pare. quousque debitam soluat aut per sententiam euadat. Item burgenses suos consules habeant 15 sicut habere consueuerunt. quorum consilio ciui- tas regatur. Item burgenses Luuenborch et alias 16 quocumque ad nostram iuris dicionem declina- uerint ab omni exactione absoluti manebvnt.

---

1) *leso und se per grösstentheils durch Brand zerstört, aber wohl zu erkennen.*

Siegel zu Jura Jndagmis

Siegel zum Ottonischen Stadtrecht

to deme dridden male mit deme edele.
Swelch man mit rechte vor veste vor de ne mach't nicht vp ko
men. verne mit den sakewalden. vn mit deme richte. vn mit der
stat. vn vnd dere wile it he funder rechte.
Swelch man heuet hus gelt. he mot wol dar inne pandin sold
Sweliker hande weddesath en man an ___ gerichte.
sinen werin heuet. dene mot he dat an finen werin behalden. vo
en ene ieman ent vorn moge. he ne spreke dar dhune de vel an.
Swe so den arden getoner heuet he sal nie vnedeles leggen.
so mach he ene vvinne. oder mit dere hant hachigen dat
Swelch man sin kint vor gift mit gode. wol den dat kint nach
finer elteren dothe weden an dar and got. it sal dar erste got vnder
vor dere delinge bringen vn nemen dan geliken del.
Swelch magit en't verer wed irs vuer vn ne moder willen.
se ne heuet an sin erue nicht te wardende.
Swelch vrowe ane man knistlike leuet na ires mannes dothe.
vn men kinden wol vor tee te ne mogen te kinde te nener de
lunge twingen de wile se ane man is ___
Nenes mannes kint ne mach sinen ved te delinge tvinge. de wile
Swaz so en man sine wiue gift ___ de vad leuet.
an morgen gaue. dar ne mach se niman breken.
Swelch vrowe vreine manne gift an vogdes dhinge dat se
mit eren stouden beslotn heuet. de ride ne mach yne nenit denen.
Sweliki borgeri sone te bissope gekomen wir he ne darf nicht
ignen mer ein salling. he ne hebbe provand se sal he bhenen.
Swe so befat wert mit dheme gerichte. dhene it mach
dhe voget nicht lestich laten ane des sakewalden willen.
herre an allen saken so gedan rechte. alse von vnser alden herin vnsen alderen gehat hebbet.

Swelch man schepbrokich wir tvischen hir ___ floue.
vn dere saken se. Swaz he sines godes vp gewune mach. dat
is sin. vn dar ne mach neman op wideren.
Swelch kopman komet nide dar mit sine gode he sal
hebben geliken vrale alse en borge. in sinen rechten toln sal
Swas so en man eime gaste gelden sal. ___ he geuen.
kompt he vp gerichte. he sal me gelde hyde od morgen.
Ith vel nen borge dhinges plichtich wane dries an deme
Alse gedan recht alse de borgere von ___ hare.
brunesvich hadden bi vnses alden herren tiden. an lande.
vn an wateri. dar selue recht hebbe we in von vnser
Swelch vdhunet goe dar ___ then genadet.
gerichte op hals. kner de sakewalde na dat rechte behalt
den dridden del. ne kumt de saktwalde nicht dat recht be
Swelch man dar here veten ___ halt er aller.
vongen sat de heuer fis viskei dach. rit ne si dar he eth
selue wil kine or te vorgerde.
Nen vogt te sich nenen man vor vogen sine mogen dar
eingen hene moge ene vor winnen mith deme meyn dele des
Swe en erue kophit de sal ___ dhinges.
kumen vot den voget nide sal sich obes laten vrede werken
nide sal sine vrede pennige geven. ne wil de voget den
nenen vrede werken noch sine vrede pennige nemen. so
sal dher vot kophit heuer vb laten vnde gene laten vrisen vot
der stat. dat it like stade als is dhe voger vrede werche.
Nen vrowe ne mach not tuchte oge te mane sweren.
se ne moget volkomen mit den schreimannet.

II. OTTONISCHES STADTRECHT.

Das Original im Stadtarchive 22″ hohes, 17″ breites Pergament, sehr schöne Bücherschrift des 13. Jahrhunderts auf Linien, welche mit Dinte gezogen sind, in drei durch je zwei Verticallinien getrennten Spalten; jeder Paragraph abgesetzt, mit rothen Anfangsbuchstaben. Zu Anfang der ersten Spalte sind vier Zeilen offen gelassen, wohl in der Absicht, hier eine Eingangsformel nachzutragen. Unbeschrieben waren ursprünglich auch am Ende der ersten Spalte eine, der zweiten drei, der dritten vierzehn Zeilen. Andere Hände haben an erster Stelle § 20 und den Anfang von § 66, welcher unter allen drei Linien entlang geschrieben ist, in die Lücke der zweiten Spalte den § 40, in die der dritten die §§ 62 — 65 nachgetragen. Diese Nachträge sind in gleicher Ordnung in die nächstfolgende 1265 von den Herzögen Albrecht und Johann besiegelte Aufzeichnung übergegangen. Das Siegel, welches oben bei Jura Ind. beschrieben wurde, von grünem Wachs, besser erhalten, mit der vollen Umschrift SIGILLVM OTTONIS DVCIS DE BRVNSVIC, hängt an rother Seide. Es kann, wie ebenfalls bei Jura Ind. gezeigt ist, nur Otto dem Kinde angehören. In der Urkunde selbst ist weder Aussteller noch Datum angegeben.

Die Echtheit derselben ist von Scheid in den Origg. Guelf. und von Anderen angefochten, von v. Schmidt-Phiseldeck im Braunschweigischen Magazin 1802. St. 43 u. 44 endgültig vertheidigt mit den Gründen, welche das erwähnte, den Früheren unbekannt gebliebene Stadtrecht von 1265 an die Hand giebt. Bedenken hat vorzüglich der Mangel eigentlicher Urkundenform erregt und die Anwendung der deutschen Sprache. Beides erklärt sich jedoch aus der Bestimmung des Schriftstückes zu öffentlichen Verlesungen, wie deren Godefridus Coloniensis bei Gelegenheit der curia celeberrima bei Mainz 1235, Aug. 15 berichtet: Vetera jura stabiliuntur, nova statuuntur et Teutonico sermone in membrana scripta omnibus publicantur (Böhmer FF. II, 367). Bekräftigt wird dies vielbesprochene Zeugniss durch einen Bericht aus Braunschweig selbst vom Jahre 1279 im ältesten Degedingsbuche der Altstadt: Privilegia domini ducis ac universitatis Brunswic (a sede apostolica erogata) latina maternaque lingua in publico fuerunt recitata. Schwerlich ist in beiden Fällen an mündliche Uebersetzungen aus dem Stegreife zu denken. Ob eine entsprechende lateinische Urkunde, wie der regelmässige Geschäftsgebrauch sie mit sich brachte, in unserem Falle jemals ausgestellt wurde, ist nicht mehr zu bestimmen. Vielleicht hat man sich begnügt, der etwa von den Bürgern Braunschweigs vorgelegten Aufzeichnung durch Anhängung des herzoglichen Siegels Authenticität zu geben.

Von Rehtmeyer wird dieses Statut ohne Angabe irgend eines Grundes zum Jahre 1233, in den Orig. zum Jahre 1227 gesetzt. Für letzteres spricht das Chron. rhythm. 64, 27 — 71. Aus der Darstellung desselben scheint hervorzugehen, dass 1227 nach Pfalzgraf Heinrichs Tode und vor Ottos Gefangenschaft „Gäste" (staufische und bayrische Bevollmächtigte?) die Stadt in Besitz genommen hatten, und mit diesen im Einvernehmen Dienstmannen und Bürger dem Herzog die Thore sperrten. Böhmer in den Regg. und Schirrmacher Friedrich der Zweite I, 152 erwähnen diese Vorgänge nicht, aber die Worte der Chronik lassen darüber kaum in Zweifel. Danach würde die Ertheilung oder Bestätigung von Rechten nicht als Belohnung der Bürger für bewiesene Anhänglichkeit aufzufassen sein, wie bisher üblich, sondern vielmehr als Preis für ihren Uebertritt unter die Herrschaft des Herzogs. Nach diesem Uebertritte allerdings haben sie ihm — und zunächst als im August desselben Jahres König Heinrich heranzog — unerschütterliche Treue gehalten, und dies ist es, wofür König Waldemar sie in der von Böhmer angezogenen Urkunde belobt.

Hier drängt sich nun die Frage auf, ob die in unserem Statute zusammengetragenen Rechte damals den vorhandenen vier Weichbilden Braunschweigs oder nur dem einen oder anderen derselben ertheilt worden sind. Der Name Brunswich, welchen § 60 nennt, wird, wie anfangs der Alten Wik, noch in einer Urkunde König Ottos vom Jahre 1204 (Rehtmeyer K. H. I. Beil. p. 107) der Altstadt allein beigelegt; der Sondername Antiqua civitas findet sich nachweislich zuerst im Innungsbriefe der Goldschmiede in der Altstadt von 1231. Ebenso wenig trägt § 54 zur Entscheidung bei, da

1*

zwar von der Altstadt und vom Hagen nachzuweisen ist, dass sie 1227 das Recht der Pfarrbesetzung bereits hatten (obige Urkunde von 1204; Jura Ind.), nicht aber von Neustadt und Alte Wik, dass sie dasselbe erst später erworben haben. Dagegen scheint § 44 als Bezirk des befreiten Erbrechts den Raum binnen der muren festzustellen. Nur die Alte Wik war durch eine Mauer auch gegen die benachbarten Weichbilde abgegrenzt; sie aber kann, da ihr das nach § 55 hier schon vorhandene Recht der Innung erst durch das Privilegium vom Jahre 1240 wurde, nicht wohl so früh im Genusse unseres Statutes gedacht werden. Demzufolge müsste dasselbe seit 1227 wenigstens für Alt- und Neustadt auf dem linken, und für den Hagen auf dem rechten Okerufer gegolten haben.

Heinrich der Löwe und kein Anderer wird im Chron. rhythm. de alde here genannt, wie dux senior in den Annales Stederburgenses und von Arnoldus Lubecensis. Demnach irrt v. Schmidt-Phiseldeck jedenfalls darin, dass er § 50 so versteht, als ob derselbe von den „jetztverstorbenen Herrn der Stadt Braunschweig, also entweder vom Pfalzgrafen Heinrich oder Ottos Vater Wilhelm" die vorangehenden Bestimmungen herleite. Aber auch abgesehen hiervon lässt sich gegen diese Auffassung noch einwenden, dass die Worte alsogedan recht nicht unumgänglich auf das Voranstehende zu beziehen sind. Ebenso möglich ist, dass in diesem Paragraphen besondere nicht ausdrücklich aufgeführte Gerechtsame, welche Heinrich verliehen, bestätigt werden. So erklärt sich leichter, als wie es v. Schmidt-Phiseldeck versucht, warum diesem scheinbaren Schlusssatze noch ein von erster Hand geschriebener Paragraph folgt.

An sich ist allerdings nicht unwahrscheinlich, dass Heinrich der Löwe wie den Hagen so wenigstens auch die Altstadt mit Stadtrecht begabt hat. Aber wann und in welchem Umfange dies geschehen, ist unbekannt.

Die Leges antiquissimae civitatis Brunsv., welche bei Leibn. SS. III, 434 abgedruckt sind, werden in einer dem originalen Pergamentcodex vorangestellten Notiz von jüngerer Hand für das 1232 von Otto dem Kinde ertheilte, von Kaiser Friderich II bestätigte Stadtrecht ausgegeben. Bode hat in Hagemann und Spangenberg's prakt. Erörterungen IX, 135 dargethan, dass diese Compilation, von welcher in der Form keine Spur im Stadtarchive anzutreffen, eine Privatarbeit und erst am Ende des 14. Jahrhunderts entstanden ist. Sie enthält inmitten späterer Statute in den Artikeln II—LVI das echte Ottonische Stadtrecht mit Auslassung der Paragraphen 4, 5, 6, 19, 22, 37, 38, 39, 54, 66, und einigen Abweichungen. Eine Bestätigung desselben durch den Kaiser wird von keinem anderen Zeugnisse bekundet.

Vollständig ist das Ottonische Stadtrecht abgedruckt: Rehtmeyer Chron. 468; Origg. IV, 107. — Das in nachstehendem Abdrucke mit kleiner Schrift Gegebene stimmt — wo es gesperrt ist, unter unwesentlichen Abweichungen — mit Jura Ind. Hn.

---

1 Swelich vogel enen richtere set an sine stat. swaz vor dheme gelent wert. dat sal gelike stede wesen. alse it de vogel selne stededege.

2 Swelich man deme anderen sculdich es. vnde es ime vorsaketh. entgeit he in ime met tvge. oder mel sime ethe. he ne henel weder dat gerichte nicht vor loren wane dat gelt al ene.

3 Swelich man sich sines tges beropet vmbe gelt. vnde is ime borst wert. he ne darf dheme richte nicht wedden wane ver scillt.

4 Swelich man den anderen wvndit ovo dot sleit. vnde vluchtich wert. heuct he hus. dat steit an dhes richtes gewalt. vnde dhere stat. dheme richte wert dat dridde del. vnde twen dhere stat.

sines gebuwes dhar he inne wonet. vnde anders nen sin gut.

5 Swelich man den anderen belameth. vnde wert he is verwunnen met den screimannen na rechte. he heuet sine hant verlorn. he ne moge se wider kopen weder dat gerichte. vnde weder dhe sakewalden. vnde weder dhe stat. he ne mach ime nen kamp ane winnen. mer sine bote.

6 Swelich man wert gewvndit, ane lamethe. wert he is verwunnen na rechte. he weldet dheme richte sestich scillinge. vnde dheme manne sine rechten bote.

7 Swar so lude to samene sin. vnde wert en man gewvndit met ener wvnde. vnde wil he mer lude dhar to bespreken. dan dheu sakewalden. se mo-

genis bat entgan mit ires enes hant. dan it iene
oppe se bringen moge.

8 Swelich man dhene hus vrede breket. dhe heuet
to rechte sinen hals verboret.

9 Swelich man den anderen ane verdiget indhere
strute mit gewalt. vnde sich iene erweret. mit
den screi mannen mach he behalden de ersten
chage. of sine viende so stark sin. dat he nicht
vore komen ne darn.

10 Swelich man dhema anderen sleit enen orslach oder
enen dûntslach. he weddet deme vogede ver scill. vnde
deme sakewalden twelef scill. of he en gVl man es.

11 Ein man mach sinen hals wol verwerken. vnde
siner erven aneward nicht.

12 Swolich man geladet wert bi deme hulse. biddet
he enes dhinges er dau he vorespreken bidde. so
wert ime dat neiste dhink. biddet he enes ecthen
dhinges. dat sin ses weken dat wert eme.

13 Swelich borgere vor demc vogede vnde vor der
stat nenes rechtes newil plegen dhene sal nen
recht heben inder stat.

14 Swelich man deme anderen sculdich is. vnde
bekant he is sine an deme sûcht bedde vor
gîden luden. he mach bat behalden mit sich
dridden sine scûlt. von se dhe eruen entzekgen
mogen. se ne mogen ere vor guldene scûlt er
tugen.

15 Swelich man deme anderen sculdich ja vnde.
begcit he ene binnen deme wicbilde. he mot ine
wol ophalden mit sinen borgeren. of he des
richtes nicht hebben ne mach te dhere tit.
wante he ime vergelde ofte rechtes plege. dar
ne darf he nicht vmbe wedden deme vogede.

16 Swe enen man erwerft vor sin gelt binnen wic-
bilde vnde binnen der muren vor gerichte. he mot
ine wol bringen an sine were. wante he ime gelda.
dar mide ne heuet he wedda noch bote verscûlt
an neneme gerichte. he sal ime also gedane spise
geuen alse sineme ingesinde. entgeit he iune ane
sinen danc. swe ine dar na erist begript. vor sin
gelt. dhe mot ene wol vor gerichte bringen. vnde
erweruen mit rechte. vnde halden alse ene dhe
eriste helt.

17 Swelich dhenistman enen borgere sculdich is.
he sal ine verclagen to dheme marscalke mit we-
tene. Ne richtet ime de marscalk nicht, he mot
wol sinen wagen ophalden vor sin gelt.

18 Swelich dhenistman sculdiget enen borgere. he
sal komen vor den voget. vnde sal dar dhere stat
recht nemen.

19 Is en papa enen borgere sculdich man mot ine
wol ophalden. oder sinen wagen oder sin gVt.
dat man nenen senedh dar vmbe soken ne darf.

20 Swelich man ane brvthlichte do de ne scal nicht
hebben mer twelef schotelen also lef also eme en
punt behalden si. vnde dre speleman dera stat
dar to.

21 Swelich man deme anderen sculdich is. he sal
ime twe warue vorebeden. vnde to deme dridden
male mit wren. Ne komet he nicht uore he sal
ine ophalden mit gerichte. vnde sal ine vore brin-
gen. of he ane wore is. heuet he dhe were. man
sal dat cruce dar öp steken. wante he vore kome
vnde rechtes plege. vnde of he dan vuder deme
cruce set vertein nacht dat he nicht ne gilt. de
ander heuet sine scûlt mide erworuen.

22 Of cin man sin hus uth setten wil. dot he dat
vor den borgeren. it is gelike stade. also he dat
dede vor deme vogede.

23 Vnder swelikem manne en perith wert ane van-
get indeme wicbilde. ne mach he sines waren
nicht hebben. he sal sweren dat he ne wote sine
uthvart. noch sine inuart. noch sinen namen. of
he en umbesproken mau es.

24 Under swelikem manne en perith ane vanget
wert. tvth he oppe sinen waren. he sal it halden
de ersten vertein nacht. de. vnder deme it be-
grepen wert. Is he umbeseten he sal besetten
dat he it vore bringe oder des perithes widergelt.
Ne wert it dan nicht geendet. so sal it de halden
de dar öp spriket de anderen verteinnacht. vnde
ne wert it danne nicht geendit. so haldet it echt
de erste. vnde iene weder. wante ses weken
vmbe komen. Is he en besproken man vnde wert
ime borst. it geit ime an sinen hals. Is he um-
besproken man. he sal wedden deme vogede ses-
tich scill. vnde deme manne drittich scill. te bote
vnde dry scref. Bringet de ware enen anderen
waren. so sal it de ware halden also it de auder
ware gehalden heuet andere ses weken. de dridde

also. wante achtein weken enden. Swaz so ver
vote heuet. dat heuet dat selue recht dat dat
perith heuet.
25 Swelich man koft en perith. de ander sal ene
gewaren. stedeges. stareblindes. vnde vnrechtes
ane vanges.
26 Swaz ein man ane vanget gvdes. dat sal he don
mit gerichte. vnde he sal it don an gemene hant.
wante vor gerichte. dat it dar geendit werde.
Ne kan he sines waren nicht hebben. he sal
sweren. dat he sines huses. noch houes nicht ne
wete. noch sines namen. vnde geve dat gvt we-
der. oder bringe sinen waren an ses weken.
27 Swelich dief begrepen wert dages oder nachtes.
dat sal man don mit gerochte. vnde sal ine vore
bringen mit gerochte. vnde mit dere seluen haue
vorebringen de he sich vnderwunden heuet. de
sal man ine oppe den rucgke hinden. vnde dar-
mide over winnen mit sines enes hant.
28 Swelich man mit dhuve besproken wert. vnde
versont. vnde wider gilt. de en bisprake man is.
de mot to deme ersten male wol vntgan mit
sines enes hant. dar na mit sich seuedeme. vnde
to deme dridden male mit deme ordele.
29 Swelich man mit rechte over vest wert de ne
mach der nicht vth komen. wene mit den sake-
walden. vnde mit deme richta. vnde mit dere stat.
vnde vnder dere wile es he sunder recht.
30 Swelich man heuet bus gelt. he mot wol dar
inne panden svnder gerichte.
31 Sweliker hande weddescath en man an sinen we-
ren heuet. dene mot he bat an sinen weren be-
halden. von en eme ieman ent voren moge. he
ne spreke dar dhuue oder rof an.
32 Swe so den anderen gerouet heuet. he sal ine
vredelos leggen. so mach he ene verwinnen. oder
mit dere hant hactigen dat.
33 Swelich man sin kint vthgift mit gode. wil den
dat kint nach siner elderen dothe vorderen
an dat ander got. It sal dat erste got wider to
der delinge bringen. vnde nemen dan geliken
del.
34 Swelich maget ent veret weder ires vader vnde
ire moder willen. se ne heuet an sin erue nicht
to wardende.

Swelich vrowe ane man kusclike leuet na ires 35
mannes dothe. vnde iren kinderen wol vore ret.
de ne mogen ire kindere to neuer delinge twin-
gen de wile se sne man is.
Nenes mannes kint ne mach sinen vader to de- 36
linge twingen. de wile de vader leuet.
Swaz so en man eime wiue gift an morgen gaue. 37
dat ne mach ire neman broken.
Swelich vrowe ireme manne gift an vogedes 38
dhinge dat se mit eren slotelen beslöten heuet.
de rede ne mach ime neman benemen.
Swelikes borgeres sone to bisscope gekoren wert 39
he ne darf nicht geuen mer tein scillinge. he ne
hebbe prouende so scal he dhenen.
Swe so besat wert mit dheme gerichte. dhene ne 40
mach dhe voget nicht ledich laten ane des sake-
walden willen.
Swei eneme vrede wert gewarcht. vnde he dar 41
mede beseth iar vnde dach dat ne mach neman
gebreken.
Swelich man to bruneswich is iar vnde dach borgere. 42
sunder ansprake. dene ne mach neman gevorderen.
Swelich man en herewede left. is he dar iegen- 43
warde de it hebben sal. man sal it ime antwarden.
Ne is he indeme lande nicht. man sal it don in-
gemene hant iar vnde dach. vnde of he nicht
kome so sal it de uoget hebben. sunder har-
nasch. dat wert den eruen. de stat mide to
hodene.
Swaz so binnen der muren besterft. rede oder 44
herewede. dar ne heuet de voget neu recht an.
man ne geuc it buten de stat. so es des vogedes
dat stucke neist deme besten.
Swelich man menen asnen vorderet vor 45
deme vogede. he sal it bewisen wetelike war he
ene vordbenit hebbe. so mach he ine bat uit si-
nes enes hant behalden. dan ine iene mit sines
enes hant ent seggen moge.
Swelich man medet enen wagen inder stat. ove 46
buten der stat. sin gvt vth vnde in to dragende.
he ne gift nenen toln weder borgere noch de wa-
gen man.
Vereth en man dhör de stat mit vollem vodhere. 47
vnde leget he sine disle neder. he gift haluen toln.
Ne leget he nicht neder. he ne gift nenen.

48 Swaz so en man verkoft beneden eneme scill. dar ne gift he nenen toln af. von deme scill. gift he en sceref.

49 Swelich man[1] henet geldende gvt buten der stat. sin meier is gelike toln vri alse de borgere silue.

50 Swelich borgere ene wile veret vth dere stat. vnde pleget hir inne schotes vnde rechtes. he is gelike toln vri. also he hir inne were.

51 Swelich borgare medel enen wagen oder hiddet. de sin korn oder tegeden her in vort dat he ge-koft henet. de ne gift nenen toln.

52 Swelich man heuet erue gvt to weddeschatte dat sal he halden seuen wekou. seder he it op gebo-den henet. oder weddeschat dar woker op geit. dat sal he och seuen weken halden. Anderen weddeschat dar nen woker op ne geit. dat man bringen mach von ener were inde auderen. dat sal man vertein nacht halden.

53 En man mot wol seluer oder gvt an sime hus kopen vnverdhuuet sunder wider sprake.

54 Sweliken prester vnse borgere keset dhene solen se vor vnsen herren bringen. vnde he sal ime de kerken lygen.

55 Neman ne mach sich nenere ininge noch werkes vnderwinden. he ne do it mit dere meistere oder mit dere werken orloue.

56 Swelich man schepbrokich wert twischen hir vnde dere salten se. Swaz he sines godes vth gewinnen mach. dat is sin. vnde dar ne mach nemen op vorderen.

57 Swelich kopman kompt inde stat mit sime gode he sal hebben geliken vrede alse en borgere. mer sinen rechten toln sal he geuen.

Swaz so eu man eime gaste gelden sal. kompt 58 he is vor gerichte. he sal ime gelden hvde oder morgen.

Ith nen nen borgere dhinges plichtich wane dries 59 an deme iare.

Also gedan recht alse de borgere von brunes- 60 wich hadden bi vnses alden herren tiden an lande vnde an watere. dat selue recht hebbe we nu von vnses herren genaden.

Swelich verdhuuet god dat gerichte op halt. kvmt 61 de sakewalde na dat richte behalt den dridden del. ne komt de sakewalde nicht dat richte be-halt et allet.

Swelich man dat hete iseren dragen sal de heuet 62 ses weken dach. eth ne si dat he eth selue wilkore er to dragende.

Nen voget ne nach neuen man vortvgen hene 63 moges bat entgan. hene moge eue vorwinnen mith deme meren dele des dhinges.

Swe en erue kopht de sal kumen vor den voget 64 vnde sal sich dhes laten vredhe werken vnde sal sine vredhe penninge geven. ne wil de voget des nenen vredhe werken noch sine vredhe penninge nemen. so sal dhet vorkopht hevet vb laten vnde gene salet intfan vor der stad. dat is like stade also is dhe voget vredhe warchte.

Nen vrowe ne mach nottucht oppe iemanne swe- 65 ren. se ne moges volkomen mit den schreimanuen.

Boven dhit bescreuene recht so heuet vns ghe- 66 geuen vnse herre an allen saken so gedan recht. alse von vnses alden herren tiden vnse alderen gehat hebbet.

III. INNUNGSBRIEF DER GOLDSCHMIEDE IN DER ALTSTADT.
1231.

Das Original ist gegenwärtig im Besitze des Herrn Kreisgerichts-Registrator Sack hieselbst. Pergament, auf sechszehn Linien mit Bleistift gezogen. An einem Pergamentstreifen zwei Trümmer eines runden gelben Wachssiegels, welche einen rechts gewandten auf einem Piedestal stehenden Löwen, von Mauern mit Zinnen, Thürmen und Thoren umgeben, sowie die Umschrift erkennen lassen .... EN-SIUM IN B.... WIC. Ein Facsimile dieser Urkunde und eine Zeichnung des Siegels, ergänzt nach einem jüngeren Stempel auf dem herzoglichen Museum, giebt Sack Alterth. Tab. XII. Dass in diesem

---

1) Ueber man steht borgere.

Siegel, wie derselbe (Befestigung der Stadt Braunschweig p. 10) meint, die älteste Abbildung der Burg zu erkennen wäre, lässt sich nicht beweisen.

Dieser Innungsbrief ist der älteste der Stadt Braunschweig. Doch beweist das Ottonische Stadtrecht, dass hier schon vorher Innungen bestanden: ohen die Gerechtsame, welche diesen insgesammt durch § 55 desselben gewährleistet wird, theilt unsere Urkunde an die Goldschmiede mit.\ Das Stadtrecht von 1402 führt in Art. 22 das Innungswesen auf die Zeiten Kaiser Ottos zurück. Vgl. Leges untiqq. St. 2. bei Leibn. SS. III, 437.

Die vorliegende Urkunde liefert zugleich das früheste ausdrückliche Zeugniss für das Dasein von Consuln in der Altstadt. In dem Ottonischen Stadtrechte geschieht eines Rathes unter diesem Namen keine Erwähnung; indessen ist nicht unwahrscheinlich, dass ein solcher die obrigkeitlichen Befugnisse ausübte, welche in den Paragraphen 4, 5, 13, 29, 64 dhere stat zuerkannt sind. Wenigstens wird auch in der Aufzeichnung dieses Stadtrechts vom Jahre 1265, welches unter VI folgt, zu einer Zeit also, da unzweifelhaft schon ein Rath an der Spitze der Stadt stand, die ausübende Behörde noch nicht näher bestimmt; erst die dritte Redaction im Rechtsbuche der Neustadt, und auch diese nur an einer der angeführten Stellen, § 64 des Otton. Stadtr., nennt für die Stadt den Rath. Aus § 15 der Jura Ind. ist zu ersehen, dass in diesem Weichbilde ein Rath schon 1227 herkömmliche Einrichtung war und seitdem, wie vielleicht schon früher, mit fürstlicher Zustimmung bestand. Freilich würde die Annahme, dass der Hagen damals mit seinen Consuln den anderen Weichbilden voraus war, eine Frage beantworten, welche nahe liegt, wenn auch der Hagen am Ottonischen Stadtrechte theilnahm, worauf § 44 desselben allerdings hinzudeuten schien — die Frage, weshalb gleichzeitig mit diesem Statut noch eine Bestätigung der Jura Ind. für nöthig gehalten wurde. Aber sonst ist kein Grund zu jener Annahme.

Henricus de Lata platea (van der Breden strate) ist an seinem Namen als Bürger zu erkennen. Einen presidens in advocatia nostra nennt keine andere bekannte Urkunde. Ob er dem Advocatus entspruch, welchen nach § 3 der Jura Ind. die Bürger des Hagens selbst und aus ihrem eigenen Kreise wählten, ob er ein Richter war, wie deren nach § 1 des Ottonischen Stadtrechts der herzogliche Vogt bestellen konnte: zur Beantwortung dieser Fragen kann ausser dem, was die hier vorliegenden Urkunden etwa selbst bieten, nichts beigebracht werden. Un.

In nomine sancle et individue trinitatis advocatus, consules et burgenses in Bruneswich omnibus successoribus nostris tam presentis quam futuri temporis, ad quos presens scriptum pervenerit, salutem et dilectionem. Ne ea que geruntur in nostris temporibus per qualemcumque contractum, ulla malignari volentium astucia vel tempore procedente per oblivionem deducantur in irritum, sed robur habeant et vigorem, oportunum est et congruum rationi, ut vivaci littera et testibus roborentur. Cognoscat igitur presens etas et sciat postera, quod nos burgenses antique civitatis de voluntate et consensu communi aurifabris in antiqua civitate operari volentibus magisterium operis sui dedimus et concessimus eternaliter possidendo, ut nullus contra voluntatem ipsorum et licenciam in opere eorum operando se intromittere presumat, nisi prius statutam eorum justiciam ad voluntatem ipsorum eis persolvat. Ut igitur hec donatio firma et stabilis permaneat, factum hoc sigilli nostri munimine roboravimus, presenti sigillo nostro protestantes, de communi hoc factum esse consensu. Quisquis autem huic confirmationi contrarius esse presumserit, indignationem et scandalum a burgenaibus nostris se sciat incursurum. Actum est autem anno dominice incarnationis m°. cc°. xxxi. indictione iu. presidente in advocatia nostra Henriço de Lata platea; consulibus vero ipsius anni Menrico, Martino, Hermanno Holtnickero, Bernardo de Pattenhusen, Ecberto, Arnoldo Longo, Tiderico de Scependstide, Herewico Monetario, Heidenrico Calvo, Elvero, Henrico Thedildis, Henrico de Saldere, Lutberto scriptore. In nomine domini. Amen †.

IV. ERTHEILUNG DES INNUNGSRECHTES AN DIE ALTE WIK.

1240.

Das Original dieser Urkunde, welches noch Rehtmeyer benutzt zu haben scheint, ist seitdem verloren gegangen. Dasselbe soll in der Gildelade der Tuchmacher, oder bei der St. Magnikirche aufbewahrt worden sein; an beiden Orten indessen wurde vergeblich danach gesucht. So kann nachstehend nur der incorrecte Abdruck in Rehtmeyers Chron. p. 1830 mit Verbesserung einiger handgreiflichen Fehler wiedergegeben werden. Der Abdruck Orig. IV, 183, nach einer alten Abschrift, lässt von den Zeugen Ludolfus faber aus.

Die Alte Wik, am rechten Okerufer südlich vom Hagen belegen, das älteste der fünf Weichbilde, unterschied sich von den übrigen wie dem Ursprunge nach so auch langehin in seinen Rechtsverhältnissen. Der Ursprung des Hagens wurde bereits in der Einleitung zu Jura Ind. angegeben; die Altstadt, welche sich in der Neustadt und im Sacke naturgemäss ausgebauet hat, ist allem Anschein nach selbständig, als Suburbium der Burg Tanquarderode, an der hier erfolgenden Kreuzung uralter Verkehrswege erwachsen. Nur von der Alten Wik gilt, was Hegel Italiänische Städteverf. II, 417 von der Stadt Braunschweig überhaupt sagt: dass sie aus einer herrschaftlichen Villa entstanden sei. Allerdings hat diese, die Villa Brunswik, dem Complexe der fünf Weichbilde den Namen gegeben; aber zu keiner Zeit ist sie als deren Kern betrachtet worden, und Alles was von ihren Verhältnissen bekannt ist steht dem geradezu entgegen.

Urkundlich geschieht der villa Brunesguik erst 1031 Erwähnung; sie ist die erstgenannte der achtzehn Villen, welche damals zum Sprengel der St. Magnikirche gelegt werden (Urk. bei Rehtm. K. H. I, Beil. p. I). Lange nachher noch währte der dörfliche Charakter des Ortes. Die von Heinrich dem Löwen angelegte Ringmauer Braunschweigs liess die Alte Wik ausserhalb. Auch als ihr Otto IV, nach Berennung der Stadt durch König Philipp im Jahre 1200, städtische Befestigungen gegeben hatte, blieb sie von der Altstadt durch die festen Thore an der Damm- und Langen Brücke, vom Hagen durch dessen an ihrer Nordwestseite entlang ziehende Mauer abgeschlossen.

Mit dem Wortzinse aus der Alten Wik war das Kloster St. Egidien, eine Gründung der Brunonin Gertrud, dotirt, wie mit dem aus dem Sacke das Stift in der Burg: ein unverkennbares Zeichen, dass an Grund und Boden dieser Weichbilde der Herrschaft auch Eigenthumsrechte zustanden. Hier ist demnach eine aus Hintersässigkeit emporkommende Bürgerschaft vorauszusetzen.

Dass unter derselben 1240 bereits Consuln ausgebildet waren, wird durch unsere Urkunde glaublich: es scheint kein ausreichender Grund vorhanden zu sein, die vier — resp. drei — Zeugen, qui tunc fuerunt consules, für Rothmannen aus anderen Weichbilden zu nehmen. Ob der voranstehende Bartoldus advocatus letztere Bezeichnung als Namen oder auf Grund eines Amtes trug, kann nicht bestimmt werden. Eine Urkunde aus dem Jahre 1253 bei Sack Alterth. Abth. 2, p. 5 führt in einer Reihe von Brunswicensis civitatis consules an dritter Stelle einen Henricus advocatus auf; und ebenderselbe wird in einer Urkunde von 1250, in den Braehm. Anz. 1747 p. 725, unter Bürgern genannt, welche offenbar nicht zum Rathe gehörten.   Hn.

Que geruntur in tempore ne labantur cum tempore, poni solent in lingua testium et litterarum memoria perennari. Sciant ergo presentes et posteri, quod ego Hermannus dictus de Borsne, tunc temporis advocatus in Bruneswic, quandam gratiam vendendi que vulgariter dicitur inninge ex parte domini mei Ottonis ducis burgensibus de veteri vico perenniter habere porrexi, ita ut dictam gratiam nullus habeat, nisi tantum sit de consensu et voluntate burgensium prenominatorum. Ne quo super hanc oriri possit calumnia, presentem paginam cum eorum nominibus qui porrectioni, cum fieret, astiterunt, et sigilli nostri signavimus fieri munimento. Astiterunt ergo, cum porrectio ista fieret, Bartoldus advocatus, Johannes frater Jordanis, Johannes de Valeberge, Ertmerus, qui tunc temporis erant consules; Eckehardus, Conradus faber, Ludolfus faber, Bernar-

2

dus, Herbordus, Johannes filius Johannis de Vale-
berge, Luderus Jordanis et filius suus Willehel-
mus, Johannes Calfel, Ludegerus, Henricus. Data

per manum David, incarnati verbi anno m. cc.
quadragesimo.

V. PRIVILEGIUM DER ALTEN WIK.
1245.

*Das Original dieser Urkunde ist gleichfalls nicht aufzufinden. Es muss erst in den letzten hun-
dert Jahren verloren gegangen sein, da noch die Braunschweigischen Anzeigen von 1757 p. 1510 einen
Abdruck brachten, zu welchem, seinen Unrichtigkeiten nach, das Original vorgelegen hat. In der Gilde-
lade der Tuchmacher befindet sich eine Copie gleichfalls aus dem vorigen Jahrhundert, ohne die offen-
baren Fehler jenes Abdrucks und auch sonst an drei Stellen abweichend. Hiernach gehen wir den nach-
stehenden Abdruck, stellen jedoch nach Anleitung jener älteren die alte Rechtschreibung her.*

*In eigenthümlicher Weise lässt der Wortlaut dieser Urkunde den Umfang der durch sie verlie-
henen Rechte zweifelhaft. Da als Empfänger alle gegenwärtigen und zukünftigen Bürger der Alten Wik
bezeichnet werden, so darf man, wie es scheint, in dem ersten Satze eine Bestätigung des allgemeinen In-
nungsrechtes von 1240 mit namentlicher Anwendung auf die Gilde der Lakenmacher erkennen. Die fol-
genden Worte Et per omnia — universum können als Verweisung auf die in der Altstadt ausgebildeten
Innungsordnungen verstanden werden. Eben so wohl aber kann darin das gesammte Recht der Altstadt
auf die Alte Wik übertragen sein. In jedem Falle beweist diese Urkunde, dass die Braunschweigischen
Stadtrechte nicht von der Alten Wik ihren Ausgang genommen haben.* Hn.

Dei gracia Otto dux de Bruneswic omnibus [1]
presens scriptum visuris vel audituris in per-
petuum. Notum esse volumus universis tam pre-
sentibus quam futuris, quod nos omnibus nunc
manentibus in veteri vico Bruneswich, et illis
qui in posterum illuc intrant damus talem gra-
ciam que vulgariter dicitur inninge, ut possint
ibi emere et vendere pannum quem ipsi parant,
et alia omnia, sicut in antiqua civitate Brunes-
wich. Et per omnia tale jus damus ipsis, quod

habent nostri burgenses antique civitatis, ut
illud servent perpetuo in universum [2]. Ut autem
hec nostra constitucio immutabilis [3] perseveret,
presentem paginam inde conscriptam sigilli nostri
munimine roboramus. Hujus rei testes sunt Ec-
bertus de Wulferbutle, Gevechardus de Bortfelde,
Nicolaus Aries, Thidericus de Area, Hermannus
de Borsne advocatus noster, et alii quam plures.
Facta sunt hec anno dominice incarnacionis mille-
simo cc. quadragesimo quinto.

VI. STADTRECHT DER HERZÖGE ALBRECHT UND JOHANN.
1265, Oct. 10.

*Das Original im Stadtarchive Pergament, 25'' hoch, 17'' breit, ganz wie das Ottonische
Stadtrecht in drei Spalten, Linien mit Dinte gezogen, jeder Paragraph abgesetzt und mit rothem An-
fangsbuchstaben; die Schrift, durchgehends von einer Hand und Dinte, ist weniger schön. Zu Anfang
der ersten Spalte sind vier Zeilen, ebenso viele am Ende der dritten unbeschrieben. Am Schlusse ist
nachträglich, dem Anschein nach von anderer Hand, wie v. Schmidt-Phiseldeck meint in herzoglicher
Kanzlei, bemerkt: Datum anno domini m°. cc°. lxv° in crastino Dionisii. Die beiden runden gränen
Wachssiegel, wohlerhalten, haben den links schreitenden Löwen mit einfachem ungezackten Zagel, das
eine mit der Umschrift: SIGILLVM ALBERTI DVCIS DE BRVNESWIC, das andere SIGILLVM*

---

1) omnibus fehlt in Br. Anz.   2) Br. Anz.: in divulsum.   3) Br. Anz.: in commutabilis.

J...NNIS DVCIS DE BRVNESWIC. *Der Name des Ausstellers fehlt auch hier, aber diese Siegel weisen das Statut als das von den Herzögen Albrecht und Johann, Ottos des Kindes Söhnen, anerkannte Stadtrecht aus.*

Dasselbe stimmt auch in seinem Inhalte bis auf Verschiedenheiten in einzelnen Ausdrücken und Wendungen völlig mit dem Ottonischen Stadtrechte überein. Die in diesem nachgetragenen Bestimmungen sind hier in unveränderter Folge aufgenommen. Danach berichtigt sich, wie schon v. Schmidt-Phiseldeck und Bode bemerkt haben, Leibnizens Vermuthung, als sei das Braunschweigische Stadtrecht von Herzog Albrecht bis zum Umfange der Leges antiquissimae bei Leibn. SS. III, 434 erweitert worden. Doch sind in der That noch während Albrechts Regierung eine Reihe von Willeküren hinzugekommen. Dies bezeugt das noch ungedruckte im Landesarchive zu Wolfenbüttel befindliche Recht, welches Herzog Heinrich 1279 an Duderstadt verlieh, und zwar als bruneswickis recht — — — alse de borghere van Bruncswich hebben van usem vader unde von usen olderen. Wir finden in diesem unser Statut — mit Auslassung der §§ 19, 20, 22, 42, 50, 54, 66 — bereits durch die Zusätze erweitert, welche für Braunschweig erst in der dritten zu Anfang des 14. Jahrhunderts im Rechtsbuche der Neustadt niedergeschriebenen hier unter XVI abgedruckten Redaction des Stadtrechts verzeichnet sind in den §§ 19, 20, 38, 39, 40, 41, 42, 43, 44, 45, 65, 66, 67. Nur um die §§ 37 und 68 ist dieselbe gegen das Duderstädter Statut vermehrt, wogegen diesem der Satz eigenthümlich ist: Swelich knape dhenit to Duderstat ane lon tein iar, de ne darf durch recht nene burscap winnen. Hn.

1 Swelich voget enen richtere set an sine stat, swaz nor deme gelent wirt, dat sal gelike stede wesen, alse it dhe voget selue stedegede.

2 Swelic man dheme anderen sculdich is rade is ene norsaket, entgeit he is ene mit tughe oder met sins edhe, he ne heuet weder dat gerichte nicht verloren, wane dat gelt al ene.

3 Swelic man sich sines tughes beropet umbe gelt, vnde is ene borst wert, he ne darf deme richte nicht weiden wane ver seill.

4 Swelic man den anderen wundet one dot steit vnde vlüchtich wert, heuet he hus, dat steit an dhes richtes gewalt vnde dhere stat; deme richte wert dat dridde del, vnde twene dhere stat alse gebuwen dar he inne wonet, vnde anders nen sin gvt.

5 Swelic man dhen anderen belemet, vnde wert he in vorwunnen mit den scrimannen na rechte, he heuet sine hant rorlorn, he ne moghe se weder kopen weder dat richte vnde weder dhe sakewalden vnde weder dhe stat; he ne mach ime nenen kamp anewinnen mer sine bote.

6 Swelic man dhen anderen wundet ane lemedhe, wert hes vorwunnen na rechte, he wettet deme richte sestich sillinge, vnde deme manne sine rechten bote.

7 Swar so lude to samene sin, vnde wert en man gewundet mit ener wunde, vnde wil he mer lude dar to bespreken dan den sakewalden, se mogen es bat entgan mit ires enes hant, dan it iene oppe se brengen moghe.

8 Swelic man dhene hnauredhe breket, dhe heuet to rechte sinen hals vorboret.

9 Swelic man den anderen an verdiget in dhere strate mit gewalt, vnde sich iene erweret, mit den scrimannen mach he behalden dhe ersten claghe, of sine viende so stark sin, dat he nicht uore komen ne darn.

10 Swelic man dheme anderen sleit enen orslach oder enen dūntslach, he wettet deme nogede ver seill., vnde deme sakewalden twelef scillinge, of he en gvt man es.

11 En man mach sinen hals wol vorwerken vnde ener en uen anewerde nicht.

12 Swelich[1] man gheladet wert bi deme halse, biddet he enes dinges, er dan he noresproken bidde, so wert eme dat neiste dhin; biddet he enes ochten dhinges, dat sin ses weken, dat wert eme.

13 Swelich borghere nor deme nogede vnde nor dhere stat nenes rechtes ne wil pleghen, dhe ne sal nen recht hebben in dhere stat.

14 Swelich man dheme anderen sculdich is, vnde bekant he it dhere suchtetbede vor gūden luden, ke mach behalden mit sich drittien sine seult, von se dhe enen entseggen moghen, se ne mogen ere norguldenen seult ertvghen.

---

1) *Die Initiale fehlt.*

15 **S**welic uromedhe man sculdich is, den mot [men]¹ wol uphalden an deme wicbelede sunder richte; of men des nicht hebben ne mach to dherc dit, wante he uorgelde, ofte rechtes pleghe; dar ne darf men nicht unone wetlen deme uogede.

16 **S**we enen man orwerft vor sin gelt binnen wicbilde oder binnen dher meren vor gerichte, he mot ene wol brengen an sine wete, wante he ene gelde; dar mede ne heuet he² wetde noch bote uorscult an neneme gerichte. He sal ene alsoghodana spise gheuen, also sineme inghesinde. Kutgeit he ene an einen danc, swe ene dar na erest begript, de mot ene uor gherichte erweruen vor sin gelt vnde halden also ene dhe erste helt.

17 **S**welich dhenistman enen borghere sculdich is, he sal ene vorklagen to deme marscolke mit wetene. Ne richtet eme dhe marscalk nicht, he mot wol sinen waghen ophalden uor sin gelt.

18 **S**welich dhenistman sculdighet enen borgere, he sal komen uor den uogel vnde sal dar dhere stat recht nemen.

19 **I**s en pape enen borghere sculdich, men mot ene wol ophalden, oder sinen wagen, oder sin gût, dat man nenen senedh dar umbe token ne darf.

20 **S**welich man ene brutlochte do, de ne sal nicht hebben ane twelef scotelen, also lef ene en² punt behalden si, vnde dre speleman dhere stat dar to.

21 **S**welich man deme anderen sculdich is, deme sal man twe warue uore beden, vnde to deme dritden male mit weten. Ne komet he nicht uore, men sal ene ophalden mit gherichte, vnde sal ene uore bringen, of he ane were is. Heuet he dhe were, man sal dat cruce dar óp steken, wante he uore kome, vnde rechtes plege; vnde of he dan vnder deme cruce set vertein nacht, dat he uielt ne gilt, dhe ander heuet sine scult mide erwornen.

22 **O**f eis man sin hus vtseteen wil, dot he dat uor dhen borgeren, it is gelike stade, also he dat dede vor deme uogede.

23 **V**nder swelikem manne en perith wert anevanget in deme wicbildhe, ne mach he sines namen nicht hebben, he sal sweren, dat he ene sine vthvart noch sine inuart noch sinen namen, of he en vnbesproken man es.

24 **U**nder swelikeu manne en perith anevanget wert, tuth he oppe sinen waren, he sal it halden den ersten vortein

---

nacht.⁴ Is he vnbeseten, he sal beseiten, dat he it uore brenge oder den perides wedergelt. Ne wirt it dan nicht geendet, so sal it dhe halden, de dar óp sproket, de anderen vertein nacht. Vnde ne wert it dan nicht geendet, so haldet echt de erste, vnde iene weder, wante ses weken vmme komen. Is he en besproken man, vnde wert ene borst, it geit eme an sinen hals. Is he vmbesproken man, he sal wetden deme vogede sestich scill., vnde deme manne dritich scill. to bote vnde drv aerf. Bringet de ware enen anderen waren, so sal it dhe ware halden, also it dhe andere ware gehalden heuet, andere ses weken, dhe dritde also, wante achtein weken enden. Swaz so ver uote houet, dat sal hebben dat silue recht, dat dat perith heuet.

Swelich man koft en perith, dhe andere sal ene gewaren 25 siedeges, stareblindes vnde vnrechtes anevanget.

Swaz en man anevanget gêdes, dat sal he don mit ge- 26 richte, vnde sal it don an gemene hant wante nor gherichte, dat it dar geendet werde. Ne kan he sines waren nicht hebben, he sal sweren, dat he sines huses noch houes nicht ne wete noch sines namen, vnde geue dat gût weder, oder bringe sinen waren an ses weken.

Swelic dief begrepen wert dages oder nachtes, dat sal 27 man don mit gerochte, vnde sal ene vorobrengen mit gerochte, vnde mit der siluen laue nore brengen de he sich vnderwunden heuet, de sal [man]⁵ eme óppe don rugghe binden, vnde dar mide ouer winnen mit sines enes hant.

Swelic man mit dhuve besproken wert vnde versunt vnde weder gift, de en bisprake man is, de mot to deme ersten male wol vntgun mit sines enes hant, dar na mit sich seuedeme, vnde to deme dritden male mit deme ordele.

Swelic man mit rechte uueruert wert, de ne mach der 29 nicht vth komen, wene mit deu sakewalden, vnde mit deme richte, vnde mit dhere stat, vnde vnder dhere wile is he svnder recht.

Swelic man heuet hus gelt, he mot wol darinne panden 30 svnder gerichte.

Swelker hande wetdescat en man an siner were heuet, 31 dene mot he hat behalden an sinen waren, von en eme ieman entuoren moge, men ne spreke da dnve oder rof an.

---

1) men *fehlt.* 2) he *übergeschrieben.* 3) en *übergeschrieben.* 4) *Otton. Stadtr. fügt hinzu:* de vnder deme it begrepen wert. 5) man *fehlt.*

32 Swelic man gerouct wert, dhe scal den rouere, vredelos leeken, so mach [he][1] ene verwinnen, oder mit der hanthachtigen dat.

33 Swelic man, sin kint vthgift mit göde, wil dat kint nach siner elderen dodhe vorderen so dat ander göt, it sal dat erste göt weder to dher delinge bringen, vnde nemen dan geliken del.

34 Swelic maghet entvreiet weder ires vader vnde ire moder willen, se ne heuct an sin erue nicht to wardende.

35 Swelic vrowe ane man kuschke leuet na ires mannes dodhe, vnde iren kinderen wol vore ret, dhe ne mogen ire kindere to nener delinge twingen, de wile se ane man is.

36 Nenes mannes kint ne mach sinen vader to delinge twingen, de wile de vader leuet.

37 Swaz so en man sineme wife gift an morphengaue, de ne mach ire neman breken.

38 Swelich vrowe ereme manne gift an vngedes dhinge dat se mit eren sloteleu besloten heuet, de rede ne mach eme neman benemen.

39 Swelikes borgeren sone to biscope ghekoren wert, he ne sal[2] nicht geuen mer tein scill., he ne hebbe prouende, so sal he dhenen.

40 Swo so besat wert mit deme gerichte, dhene ne mach de voget nicht ledich laten ane des sakewalden willen.

41 Swes eneme vrede wert gewarebt, vnde benit he dar mide iar vnde dach, dat ne mach eine ueman gebreken.

42 Swelic man to Bruneswic is iar vnde dach borgere svnder ansprake, dhene ne mach[3] neman gevorderen.

43 Swelich man en herewede left, is he dar de dat hebben sal to rechte, men sal [it][4] eme antwarden; ne is he in deme lande nicht, men sal it don an gemene hant iar vnde dach; vnde of he nicht ne komet, so sal it dhe noget hebben, sunder harnasch dat wert, den eruen, dhe stat mide to hodenne.

44 Swaz so binnen der mvren besterft rede oder herwede, dar ne heuct de voget nen recht an, man ne geue it buten de stat, so es des vngedes dat stucke neist dem besten.

45 Swelic man sinen menen asnen vorderet vor deme vogede, he sal it bewisen wetelike, war he eue nordhenet hebbe, so mach [he][1] ene bat mit sines enes hant behalden, dan ene iene mit sines enes hant vnisekeu moge.

46 Swelic man medet enen waghen in dere stat oue buten

dere stat, sin göt vth vnde in to dragende, he ne gift nenen toln,[5] noch de wagenman.

Vercal en man dhör de stat mit vollen vodere vnde leghet 47 he sine diale neder, he gift haluen toln, ne leget he nicht nedher, he ne sal nicht geuen.

Swaz so en man vorkoft beneдhen eneme scill., dar ne 48 gift he nenen toln af; von deme scillinge gift he en scerf.

Swelic borgere heuct geldene göt buten der stat, sin 49 meiner is toln vri alse de borgere silue.

Swelic borgere ene wile ueret uth dher stat vnde pleget 50 hir inne scoles vnde rechtes, he is gelike toln vri, also he hir inne were.

Swelic borgere medet enen waghen oder bitdet, de sin 51 korn oder tegeden her in vort, dat he ghekoft heuet, de ne gift nenen toln.

Swelic man heuct erue göt to wetdescatte, dat sal he 52 halden seuen weken, seder he it öp geboden heuet, oder wetdescat, dar woker öp gheit, dat sal he oc seuen weken halden. Anderen wetdescat, dar nen woker öp ne geit, dat man brengen mach van ener were in de anderen, dat sal man vertein nacht halden.

En man mot wol siluer oder göt an sine hus kopen vn- 53 uerdhuvel svnder widersprake.

Sweliken prester vnse borgere keset, dhene scolen se vor 54 hvnsen herren brengen vnde he sal eme de kerken lygen.

Nemen ne mach sich inninge noch werkes vnderwinden, 55 he ne do it mit dhere mestere oder mit dere werken orloue.

Swelic man scepbrokich wert twischen hir vnde der sol- 56 ten se, swaz he sines gödes vthgewinnen macht, dat is sin, vnde dar neman öp vorderen ne mach.

Swelic kopman komet in dhe stat mit sino göde, he sal 57 hebben geliken vrede alse en borgere, mer sinen toln sal he geuen.

Swaz so en man eme gaste gelden sal, komet hes vor 58 gherichte, he sal eue gelden höde oder morgen.

Ith nes nen borgere dinges plichtich, wane dries an deme 59 iare.

Also gedan recht, also de borgere von Bruneswic hадden 60 bi vnses alden herren tiдen an lande vnde an watere, dat silue recht hebbe we[6] noch von vnses herren genaden.

---

1) he fehlt. 2) sal übergeschrieben. 3) ne mach im Original zweimal. 4) it fehlt. 5) Otton. Stadtr. fügt hinzu: weder borgere. 6) we übergeschrieben.

61 **S**welic vordhuvet göt dat gerichte öp hult, kumt dhe
sakewalde na, dat richte behalt den dritden del, ne kumt
de sakewalde nicht, dat richte behalt it allet.

62 **S**welic man [1] dat het iseren draghen sal, he heuet nes
weken dach, et ne si, dat he it silue wilkore er to dragende.

63 **N**en voget ne mach nenen man vortvgben, he ne moges
bat vntgan, he ne moghe ene vorwinnen mit deme mere
dele dhes dinges.

64 **S**we en erua koft, he sal komen vor den voghet, vnde sal
sich des laten uredhe werken, vnde sal sine vredhepen-

ninge geuen; ne wel de [2] voget des nenen vredhe werken
noch sine vredhepeninge nemen, so sal dhet vorkoft be-
uet öplaten, vnde iene sal it vntfan vor dher stat, dat is
like stade, also is de noget vredhe wurchte.

Nen vrowe ne mach notivch öppe iemante sweren, se ne 65
moghes volleukomen mit den screiemannen.

Bouen dhit bescreuen recht so heuet vns ghegeuen vnse 66
herra an allen saken so ghedan recht, alse von vnses al-
den herren tidhen vnse alderen hebbet ghehat.

Datum anno dm. m°. cc°. lxv. in crastino Dionisii.

VII. PRIVILEGIUM DER LAKENMACHER IM HAGEN.
1208, Oct. 16.

Das Original dieser bisher nur auszugsweise gedruckten Urkunde befindet sich im Stadtarchive, Pergament, 15" hoch, 17" breit, auf siebenzehn Linien, mit Dinte gezogen, grosse schöne Schrift, die Anfangsbuchstaben der drei Eingangsformeln verziert. Vom Siegel ist an dem weiss und rothen Seidenstrange nichts mehr vorhanden.

In den Worten Habebunt etc. haben wir die älteste Nachricht über eine Innungsverfassung der Stadt, wie es scheint wörtlich aus dem Privilegium Heinrichs des Löwen herübergenommen. Auch se-
nioribus ac discretis begegnen wir in dieser Urkunde zuerst. Hn.

Dei gracia Albertus dux de Brunswich omnibus in perpetuum. Quoniam propter labilem hominum memoriam que geruntur facillime simul cum tempore evanescunt, utile decrevimus, ea que a nobis rationabiliter ordinantur scripture testimoniis roborare, ut ad plenam noticiam perveniant futurorum. Noverint ergo presentes uc posteri, nos a quibusdam senioribus ac discretis de Indagine veraciter intellexisse, quod dum Henricus pie recordationis dux Bawarie et Saxonie Indaginem Bruneswich primo fundaret et construeret, ac ei jura burgimundii et libertates daret, sicut fieri solet, talem graciam specialiter superaddidit, ut omnes habitantes in Indagine memoruta qui solent pannum laneum preparare pannum licite possint incidere in domibus suis et vendere, vel in foro, aut ubicumque melius eis placet. Habebunt tamen duos magistros, qui judicabunt omnem excessum, qui in illo officio fuerit inventus, et si illi magistri judicare non valerent, eo quod ab aliquibus pertinaciter inpedirentur, ad nostrum judicem illud deferent judicandum. Premissam graciam antedictus dux firmavit, et ab illis de Indagine est servata, nullo inpediente aut contradicente. Postmodum vero a serenissimo imperatore Ottone prefati ducis filio fuit similiter confirmatum, deinde a duce Henrico comite palatino, novissime autem, cum pater noster felicis memorie intraret civitatem Bruneswich, confirmavit eandem graciam, sicut a suis progenitoribus factum erat. Quare nos nostrorum predecessorum sequendo vestigia quod ab eis rite exstitit ordinatum et usque ad nostra tempora observatum similiter confirmamus, sane ut a nullo nostrorum in posterum violetur, presens scriptum inde confectum sigilli nostri munimine roboramus. Hujus rei testes sunt dominus Conradus de Dorstad, Luthardus de Meinersem nobiles, prepositus Henricus, ministeriales vero nostri Ludolfus de Wenethen, Henricus de Campo, Ludolfus de Weverlinge et alii quamplures. Acta sunt hec Bruneswich anno dm. m°. cc°. lx° viii° in die beati Galli.

---

1) man *ubergeschrieben.*   2) de *ubergeschrieben*

VIII. EINIGUNG ZWISCHEN ALTSTADT, HAGEN UND NEUSTADT.

1269, Nov. 18.

Das Original dieser noch ungedruckten Urkunde befindet sich im Stadtarchive, Pergament, ohne Rand, auf achtzehn mit Bleistift gezogenen Linien sehr verblasste Schrift. Das Siegel fehlt gänzlich.

Bruneswicensis civitatis consules treten schon in früheren Urkunden auf. Ob nicht als Rath eines Weichbildes, bleibt einige Male zweifelhaft: die zwölf — omnesque alii in consilium electi z. B., welche nach einer Urkunde bei Sack Alterth. Abth. 2, p. 5 1253 locum in quo quondam consilium habebatur veräusserten, dürften nach mehrfachen Merkmalen der Altstadt allein angehören. In anderen Fällen dagegen leitet schon die ansehnliche Namenreihe zu der Annahme, dass sie aus mehren Weichbilden zusammengetreten seien; und eine Urkunde aus dem Jahre 1257, in Pistorius Amoen. jurid.-hist. p. 2347, führt ausdrücklich unter zehn Bruneswich civitatis consules je zwei de Indagine und de nova civitate auf. Allein in keinem dieser Fälle sind ihre Handlungen der Art, dass ein Gemeiner Rath zum consilium super causis civitatis universe schon vor 1269 bestehend gedacht werden könnte. Hn.

Bruneswicensis civitatis Consules universi omnibus hanc paginam inspecturis in salutis auctore gaudium cum salute. Acta hominum que rata debent subsistere ideo scripture testimoniis commendantur, ne in oblivionem veniant, set ut stabiliorem habeant cantionem. Ad communem igitur noticiam volumus devenire, quod nos, habito seniorum et discretorum nostrorum consilio, ad comodum et bonum civitatis nostre sub juramenti sacramento perpetuis temporibus firmiter observandum decrevimus, ut in una domo conveniamus, pariter habituri consilium super causis 2 civitatis universe. Redditus eciam et collecte tocius civitatis ad communes usus et expensas reponentur in unum, ut ex una et communi bursa 3 civitatis comoda disponantur. In antiqua civitate vinum vendetur assidue, in Indagine autem tempore congruo, ita quod ibidem uno vase exhausto vini cesset venditio, donec in nova civitate aliud vas vendatur, et hujusmodi conditio 4 in hac parte servabitur hinc et inde. Novi quoque Consules pro tempore singulis annis eligentur sic. Septem in antiqua civitate, cum quibus tres de prioribus, quos elegerint, illo anno remanebunt in consilio. In Indagine quatuor eligentur, et duo de prioribus cum ipsis manebunt in consilio. In nova civitate eligentur tres, et unus de prioribus remanebit cum ipsis, et ita erunt in universo viginti Consules, qui inter alia jurabunt expresse, unionem hujusmodi firmam et stabilem observare. Ut autem super hiis nullum oriatur dubium sive contrarium, presens inde confectum nostre civitatis sigillo fecimus communiri. Hujus rei testes sunt Conradus Stapel, Johannes Longus, Karolus, Jordanus prope s. Paulum et Henricus filius suus, Henricus Holtnicker, Henricus Tymonis, Gherardus Stephani, Stephanus, Heiso de Luckenem, Hillebrandus Longus, Ecbertus prope cimiterium, Johannes de Velezstede, Johannes Elye, Eilbertus de clivo, Hermannus de Achem, Johannes de Valeberch, Eckehardus de Werle, Conradus Magnus, Johannes de insula, et alii quam plures. Datum anno domini m°. cc°. lx°. ix°. infra octavam beati Martini.

IX. HULDIGUNG.

1279.

Im ältesten Degedingsbuche der Altstadt, welches fol. 13 mit dem Jahre 1268 beginnt, sind auf dreien der zwölf ersten Blätter Aufzeichnungen aus den Jahren 1279—1327 nachgetragen, an zweiter Stelle die nachstehende älteste Notiz über Huldigung. Hn.

Mortuo illustri principe duce Alberto domino nostro, cujus animam deus habeat, civitatenses Brunswicenses juraverunt filiis suis, se velle esse subditos et fideles, quam diu eos dicti filii bene tractarent, et diviso regno per filios, illi cui Brunswic cederet, et non aliis filiis, subditi esse vellent, quam diu eos bene tractaret.

X. PRIVILEGIUM DER LAKENMACHER IN DER NEUSTADT.
1293, Febr. 19.

Diese Urkunde ist gedruckt Rehtm. Chron. 1843. Das Original fehlt. Dem hier gegebenen Abdrucke liegt eine in der Gildelade der Tuchmacher befindliche Copie aus dem vorigen Jahrhundert zu Grunde.

In dem 1292 um Herzog Wilhelms Erbschaft ausgebrochenen Hader zwischen den Herzögen Heinrich von Grubenhagen und Albrecht von Götlingen hatten die Gilden in Braunschweig für ersteren Partei ergriffen und in ihm dann einen Rückhalt bei ihrem gleichzeitigen Aufstande gegen den Rath gefunden. Vgl. das Shigtbôk, herausg. von Scheller. Brschw. 1829. p. 5. Unter jenen Vorfällen erfolgte die Uebertragung des Rechtes der Lakenmacher im Hagen auf die Neustadt, sowie das unter XII folgende Privilegium der Schmiede. Hn.

Nos dei gratia Heinricus dux de Bruneswich recognoscimus, cupientes omnibus inspecturis presentia notum esse, quod dilectis nobis burgensibus universis, videlicet qui in nova civitate nostra Bruneswich pannos laneos faciunt vel huc usque facere consueverunt, pro gratia concedendum duximus speciali, ut gaudeant et fruantur sine impedimento quolibet eo jure quod ghilden dicitur in vulgari, et adeo liberaliter, sicut ipsi etiam burgenses nobis dilecti de Indagine civitatis ejusdem antiquitus dicto jure in omnibus sunt gavisi. In cujus rei testimonium presens scriptum scribi fecimus et sigilli nostri munimine roborari. Datum Bruneswich anno domini m°. cc°. nonagesimo tertio quinta feria proxima post dominicam Invocavit.

XI. VERTRAG ZWISCHEN DEM RATHE UND DEN AUFSTÄNDISCHEN GILDEN.
1293, Aug. 5.

Dieser Vertrag, welcher bei dem fortdauernden Aufstande der Gilden kaum zur Ausführung kam, ist nur im Shigtbôk auf uns gebracht. Der nachstehende Abdruck nach den beiden Handschriften desselben auf der herzoglichen Bibliothek zu Wolfenbüttel. Die eine, mit der Signatur 120 Extr., ist aus dem Anfange des 16., die andere, 107 Ms. Bl., der Schrift nach aus dem 17. Jahrhundert. Hier ist letztere bei Angabe der Varianten als B bezeichnet. Hn.

Wy [1] rad der stad Brunswick vnde gildemestere sint entliken vordragen vnde ouer eyn gekomen, dat de rad vnde gildemester schullen alle ding raden vnde daden, [vnde] [2] gerichten gelicke, sunder wapen, sunder sturlûde, banren, vnde 2 schilde, vnde [4] jenige were. Vnde de rad schal de macht hebben, to den doren de slottele to bewarende, vnde darmede op vnde to sluten. 3 Ock enschal eyn vppe den anderen neyne hulpe 4 geuen, se sin des endrechtliken beraden. So vorder wü dat eyn islik nicht vorborde, vnde düssen bünt breke, [edder] [2] we dar dene hirna nu [5] mere twidracht makede twisschen dem rade vnde den gilden, sin liff vnde guth scholde stan in des rades gewalt. Vnde welck part düt so 5 nicht en holt, vnde düsse dinge vorbreke, de schal dene anderen parte geuen viff hundert lodige marck vnvortockert. Geuen vnder vnsem ingeseggele anno m°. n°. vnde xciu an dem dage santi Oswaldi [6].

---

1) *B schiebt de ein.* 2) *nur in B.* 3) *B: effle.* 4) *für dene B: sunsten.* 5) *na fehlt in B.* 6) *B fugt hinzu: wasz de 5te Augusti.*

XII. PRIVILEGIUM DER SCHMIEDE.

1293 Oct. 19.

Das Original dieser bisher ungedruckten Urkunde fehlt. Der nachstehende Abdruck nach einer Copie des 15. Jahrhunderts im ältesten Memorandenbuche des Raths fol. 48. Hn.

Nos dei gracia Hinricus dux de Brunswik recognoscimus et tenore presencium universis cupimus esse notum, quod dilectis nostris burgensibus universis in civitate nostra in Brunswik commorantibus in fabrili officio fungentibus seu functuris, exigente sincere dilectionis affectu quem ipsos circa nos hactenus habuisse didicimus et habere, pro gracia concedendum duximus speciali, ut gaudeant et fruantur [1] eo jure in omnibus, omni impedimento cessante, quod habuerunt a nostris genitoribus ex antiquo. In hujusmodi concessionis evidenciam presens scriptum scribi jussimus et sigilli nostri munimine roborari. Datum Brunswik anno domini m° cc° nonagesimo tercio, in crastino beati Luce ewangeliste.

XIII. VERPFÄNDUNG HERZOGLICHER EINKÜNFTE AUS DER STADT AN DEN RATH.

1296 Mai 14.

Diese bisher ungedruckte Urkunde ist nur in einem Copiarium des Raths aus dem 15. Jahrhundert erhalten.

· *Nach Angabe Bothos und des Shigtbôkes hatte Braunschweig dem Herzog Albrecht gehuldigt, als vor diesem 1294 im Juli Herzog Heinrich aus der Stadt gewichen war. Doch traf letzterer noch im November desselben Jahres bei seinem Bündnisse mit Herzog Otto von Lüneburg die Verfügung:* Nos eciam Hinricus dux redditus viginti librarum in moneta Bruneswic patruo nostro Ottoni duci de Luneborg recognoscimus, ad quas ipsum promovehimus requirendas. *Sudendorf Urkundenbuch der Herzöge von Braunschweig und Lüneburg I, 80.*

An den Einkünften aus Vogtei und Münze hatten einzelne Bürger schon vor dieser Zeit Antheil. Im ältesten Degedingsbuche der Altstadt ist fol. 13ʳ zwischen den Jahren 1268 und 1289 angemerkt: Her Hennig van Velstede heft gbouen sinen dochteren twen to Goslere twe marc indhere voghedige; *und fol. 17ʳ zwischen 1292 und 1296:* Cone, Jordan, Tilo Stapel, Henniges kindere, hebbet Hermannes eres brodheres docteren vp dheme Rinnelberghe laten to ireme liue indhere munte to Brunswic in punt gheldes.

Die Vogtei scheint auch dem Rathe 1296 nicht zum ersten Male verpfändet zu sein. Ein Urkundeninventarium aus dem Anfange des 14. Jahrhunderts, 6 Bl. in 16., im Besitze des Herrn Kreisgerichts-Registrator Sack, verzeichnet unter anderen grösstentheils auf uns gekommenen Urkunden Litera ducis Ottonis antiqua super advocacia consulibus censualiter data. *Die damals schon als alt bezeichnete Urkunde eines Herzogs Otto kann nur von Otto dem Kinde herrühren.* Hn.

Dei gracia nos Albertus dux in Brunswich presentibus protestamur, quod dilecti nostri consules in Brunswich ad partes nostras pro nobis promiserunt nobili viro comiti Adolfo de Scowenborch ducentas marcas puri argenti ponderis Brunswicensis. Centum et quinquaginta marcas ejusdem argenti nobis crediderunt, quas expendimus in cibariis obsidionis castri Gifhorne. Et ut dictos consules de dicta pecunia redderemus indempnes de sorte capitali et de dampno, eis

---

1) für firmatur.

obligavimus corporali possessioni, in quam eos mittimus ex nunc, omnem pensionem et censum quem habemus in civitate nostra Brunswich: scilicet quidquid de judiciis, advocaciis, teloniis, monetis, specialibus judiciis, quidquid de distinctis nostris oppidis Sacco et veteri vico poterit derivari, omnia tollent sicud nos ea recepimus 2 pari jure. Advocatus noster ex parte nostra presidebit judicio; quidquid ultra expensas conswetas necessarias[1] et competentes de commissis sibi sustulerit ex parte nostra ipsis consulibus presentabit, et jura civitatis, sicud moris est, manutenebit, et servabit conswetudines appro- 3 batas. Item quidquid brazii nobis derivari poterit de molendinis nostris omnibus in Brunswich nuncius noster quem ad ipsum colligendum statuimus dabit ex integro consulibus civitatis. 4 Dictas autem pensiones in genere et in specie tollent integraliter, donec sortem capitalem et dampnum quod accreverit se sine diminucione 5 qualibet noverint[2] percepisse. Preterea condicionatum est, quod quidquid provenerit de extorsione captivorum nostrorum omnium et sin-

gulorum, quos patruus noster Otto dux de Brunswich et de Luneborch princeps inclitus adhuc habet nobis presentandos, illud in solucionem dicte pecunie aut redempcionem pensionis predicte totaliter convertemus. Volumus eciam, ut placita et condicta omnia ac singula habita ante presens tempus cum dictis consulibus iste contractus non viciet; set sint salva[3] in tempus futurum omnimodis, ut in presenti et postquam exspiraverit hic[4] contractus. Et ut premissa rata et inviolabilia conserventur, hec nobilis vir comes Conradus de Woldenberge, Baldewinus prepositus sancti Blasii in Brunswich, Bertoldus de Honloge, canonicus ibidem, Ludolphus de Weverlinge, Ludolphus de Wendhen, Henricus frater suus, Jordanus de Campe marscalcus, Henricus de Werle, Ecbertus de Asseborch, Ludolphus de Honloge et Fredericus de Ampleve milites fide data ipsis consulibus promiserunt. Datum Brunswig per manum Bertoldi de Honloge notarii nostri, anno domini millesimo ducentesimo nonagesimo sexto, sabbato infra festum pentecostes.

XIV. BÜNDNISS HERZOG ALBRECHTS MIT DER STADT.

1296 Oct. 22.

Das Original im Stadtarchive, Pergament, 20" lang, 15" hoch, grosse schöne Schrift auf zwanzig mit Dinte gezogenen Linien; an rother Seide ein stark beschädigtes rundes gelbes Wachssiegel: links schreitender Löwe mit einfachem gezacktem Zagel, Umschrift: S'DEI . . . . . . ALBERTI D . . . . SVIC. Gedruckt: Rehtmeyer Chron. 592.

In § 10 steht Ribbentrop die erste Einsetzung des Marschalksgerichtes für Klagen von Bürgern gegen Dienstmannen, und hält das Ottonische Stadtrecht für unecht, weil es § 17 schon dasselbe Einrichtung zeigt. Dem stellt v. Schmidt-Phiseldeck nur allgemeine Gründe entgegen, welche sich ihm aus der Natur der Sache zu ergeben scheinen. Doch werden dieselben durch die Worte bestätigt, welche die nachfolgende Urkunde der gleichen Bestimmung § 4 hinzufügt: also bi vser elderen tiden wonheyt hefft gewesen.

Hn.

Dei gratia nos Albertus dux de Bruneswich presentibus protestamur, quod fideliter juvabimus dilectos nostros burgenses in Bruneswich totis viribus nostris super injuriis et violentiis ipsis indebite illatis a fratre nostro duce Henrico principe inclito, nec sonam ullam inibimus ipsis exclusis. Ordinabimus etiam eis sonam que ipsis 2 placuerit, vel quam tres ex nostris consiliariis,

1) *für* conswetis necessariis.   2) *für* mouerint.   3) *für* solus.   4) *für* hiis.

scilicet Balduinus prepositus scti Blasii in Bru-
nescwich, Echertus de Asseborg, Fredericus de
Ampeleve milites, et tres ex ipsis burgensibus,
videlicet Eobertus de cimiterio, David Cronesben
et Thydericus Thuringus, quos ad hoc elegimus
et constituimus, decreverint merito acceptandam.
3 Item omnibus qui nunc inimicantur burgensibus
nostris in Bruneswich et inimicaturi fuerint in-
4 imicabimur ipsos hostiliter invadentes. Preterea
si nostri homines et ipsi burgenses vel eorum ar-
migeri simul in acie aliquos ceperint, illi divi-
dentur secundum numerum armatorum. Si prin-
cipem capimus, de illius exactione nos tollemus
duas partes, et dicti burgenses tertiam partem
tollent. Et si quos captivos nostri homines cepe-
rint, dictis burgensibus et ipsorum sociis absenti-
bus, sunt nostro usui spetialiter deputandi. Quos
vero ipsi sine nostris ceperint privatim, suis usi-
5 bus deputabunt. Omnes nostras clausuras, castra,
munitiones et opida dictis burgensibus pande-
mus in omnibus suis necessitatibus, cum requi-
siti fuerimus, vel quando nostri officiales requi-
6 runtur ab ipsis. Insuper dicte sex persone a
nobis sunt ad hoc constitute, quod eorum exa-
mini et dictamini stabimus nos et ipsi burgenses
in casibus infra scriptis, scilicet si aliqua munitio
capta fuerit, an hec destrui debeat aut conser-
7 vari, dictis stabimus eorundem. Item si aliqua
materia dissensionis est inter nos et ipsos bur-
genses, aut burgenses et nostros ministeriales, ac
vasallos et ipsos burgenses, vel in futuro emer-
serit, predictis sex supra illa sopienda plenum
damus mandatum, et ratum bona fide tenebimus
sine dolo quicquid sententiaverint nominati.
8 Porro si cum aliquo principe vel aliquibus prin-
cipibus, sive cum aliis quibuscunque, discordiam

habuerimus in presenti vel in futuro, sive defen-
dendo, sive treugas seu compositionem accep-
tando, stabimus arbitrio prefatorum. Si vero 9
ex dictis sex aliquis decesserit, aut interesse non
poterit, nos loco burgensis deficientis alium bur-
gensem in Bruneswich statuemus, et ipsi bur-
genses loco nostri consiliarii deficientis alium ex
nostris consiliariis subrogabunt. ✻ Ne autem inter 10
nostros ministeriales et ipsos burgenses dissensio
oriri possit, aut discordia suscitari, statuendum
duximus intra muros Bruneswich nostrum mar-
scalcum, qui cuilibet petenti de nostris ministe-
rialibus plenam justiciam ordinabit. Volumus 11
similiter burgenses nostros in Bruneswich con-
servari in bonis pheodalibus, theoloneis. ac juri-
bus aliis quibuslibet intra muros et extra, cum
omni plenitudine et integritate qua ipsi et ante-
cessores sui nostrorum predecessorum illustrium
principum temporibus sunt gavisi, cupientes eos
singulos ac universos benigne et fideliter pro
toto nostro posse tueri in omnibus, ut tenemur
jura ipsius civitatis Bruneswich meliorare, manu-
tenere et fideliter conservare. In hujus rei evi-
dens testimonium presentem litteram nostro si-
gillo duximus muniendam. Testes sunt Balduinus
prepositus scti Blasii in Bruneswich, Conradus co-
mes de Woldenberg, Ludolfus de Wenden, Hen-
ricus filius suus, Ludolfus de Wererlinge, Hen-
ricus de Werle, Ecbertus de Asseborch, Frederi-
cus de Ampeleve, Ludolfus de Houlage et Jo-
hannes de Uttesse milites nostri. Datum per
manum Bertoldi de Houlaghe nostri notarii ca-
nonici sancti Blasii in Bruneswich, anno domini
millesimo ducentesimo nonagesimo sexto, unde-
cimo Kal. Novembris.

XV. SÜHNE DER HERZÖGE HEINRICH UND ALBRECHT MIT DER STADT.
1299.

*Auf einem Pergamentblatte in fol., welches nebst einem damit zusammenhangenden unbeschrie-
benen, aber linirten Blatte als Buchumschlag diente, entdeckte Herr Kreisgerichts-Registrator Sack das
nachstehende Bruchstück eines bis dahin unbekannten Sühnebriefes. Dasselbe beginnt mit den untersten
vier Zeilen der Vorderseite des Blattes und füllt die ganze Rückseite; den Raum zuvor der Schluss der*

unter VIII mitgetheilten Urkunde von 1269 und deren vollständige niederdeutsche Uebersetzung: alles von einer Hand des 15. Jahrhunderts, auf Linien, welche mit Dinte gezogen sind, bis auf die unten anzumerkenden Stellen, die über die Kante des Buchdeckels gespannt waren, vollkommen leserlich. Augenscheinlich sind diese Blätter Ueberbleibsel eines Copialbuches.

Das Jahr dieser Sühne ist durch einen anderweiten Fund Herrn Sacks mit ziemlicher Gewissheit festzustellen. In einem 1585 durch den Secretär Dietr. Prüsze aufgenommenen Urkundeninventarium ist unter Anderem eingetragen: „Item Sühnebrief Herzogs Heinrichs und Albrechts mit dem Rathe nach dem Anflaufe de dato 1299", und später: „Ist von den Aeltesten auf der Münse verbrannt worden s. fin. 156." — die letzte Zahl verändert. Es leidet kaum einen Zweifel, dass unsere Urkunde gemeint ist.

Ueber die Ursachen, welche auch Herzog Albrechten mit der Stadt verfeindet hatten, ist nichts überliefert; nur dass er am Pancratiustage des Jahres 1299 mit Heeresmacht vor die Stadt gerückt war und dieselbe ohne Blutvergiessen gewonnen hatte, berichten die gleichzeitigen Excerpta Blasiana bei Leibnitz SS. II, 61. — Mit den §§ 2 und 4 vgl. XIV, 10 und 11.   Hn.

[We van] goddes gnaden Hinrich vnd Albrecht hertogen to Brunswick bekennet alle den, de dussen openen [bref set] vnd horet, dat we one gantze sone hebbet gedan mit vnsen leuen borgeren van |Brunswic vmme] allerhande werre de vader vs was, vnd vrume alle de de mit dusseme orloghe |beworren weren], in alsodanne wis 1 |so] hir nabescreuen stad. Wan se vns [geloU net] vnd |ok] gesworen hebbet, bi vs vnd bi vsen rechten eruen to bliuende, vnd to helpende wedder allermalken, vse stat to Brunswick nummer-2 mer vs entuerende dor nenerhande nôt. We schullen on wedder bistan, vnd se vordegedingen to al oren noden, also we en plichtich sin ere 3 recht to beterende vnde nicht to ergherende. Se scolen ok alsodan recht also we hadden bi vses eldervader tiden vs beteren vnd nicht ergeren, alle vse denestman, vse borchman vnd vse gesinde to latende bi alsodaneme rechte, also bi 4 vses eldervader tiden hefft gewesen. We scolen ok en setten enno marscalc in der stat to Brunswic, dar se vramo scult er clage irvolgen, also bi vser elderen tiden wonheyt hefft gewesen; de ne 5 scal nicht richten mer vmme scult. Ere recht moten se wol beteren wur se mogen an usen scaden. Wur neman claget, dem darff men nicht 6 richten. Schut aver eyn broke, de witlik is twen radmannen in dem richte dar et scut, des en 7 mach he nicht entgan. We ok vor vs vorvestet 8 wert, de is vorvestet in allen vsen richten. Vse numtige vnd vsen tolen de scole we hebben mit alsodaneme rechte, also bi vses eldervader tiden

was. We sin ok des endrechtlich worden mit 9 vsen borgeren, dat en rad sitten scal in der Oldenstad, eyn in der Nigenstad, vnd eyn in dem Hagen; der scal iowelik sweron na vsen eren vnd der stat vromen, also oldinges wonheyt hefft gewesen. Weme klage not is, de scal clagen vor 10 deme richte dar inne sit ouer den me klagen wil; wert vme dar rechtes horst, so scal men on wisen vor vs. Vse borgere hebbet godde to eren, 11 vnd vs to leue, den gilden de dar dot bleuen sin eren selen to troste vnd to gnaden to deme hilligen geyste buten der stad muren to Brunswic onen altar bowedemet, dar man alle dage ewelike missen singen scal den selen to troste, vnd eweliken ene lampen dar vore berne; ok scal man on seippen eluenhundert broderscop, eluenhundert selmissen, eluenhundert vilige, eluenhundert nachticht, vnd eluen man to Righe senden. Desse ding de scolen binnen iaren vnd dage gelestet sin dat nu antret. De lude de vordreuen 12 waren de sette we wedder in to alleme rechte. Vppe dat dusse sone stede bliue, vnd dat vort-13 mer neyn werre ne werde twisschen vs vnd vser stad to Brunswic, vnd twisschen en suluen, so hebbe we mit orer beyder willekore vnd mit rade vser wisen man gelouet laten vnd gesworen to den billigen hundert man van der Oldenstad, vnd hundert van den anderen steden. Se hebbet ok 14 dat gelouet vnd gesworen, alle de schult de se nu schuldich sin vnd aemlich werden to vser nod vnd der stad nôt, dat se de mit sampder hand ondrechtliken gelden scullet, vnd ok tins den de

stad vorkoflt heft to orer nöt, den scullen se ge-
uen endrechtliken, bet dat se den wedder kopen.
16 Hir to hebbe we en to hulpe gegeven de Olden-
wik vnd den Sak to verscoten ŋa der driger rade
rade, vnd na oren eden, also als et de menheyt
17 vormoghe. Worde ok ieannich tweyginge, des
god nicht en wille, an dussen dingen de hir vore
seget sin, dar hebbe we to gesat twene vse rid-
dere, vnd ver man van der Oldenstad, vnd V man
van der anderen partie, de hebbet gelouet vnd
gesworen, dat se dat vorscheden an minne eder

an rechte binnen achte dagen, wan se dar vmme
gemanet werden. Endeden se des nicht, so scolen
se komen in en hus, vnde dar nicht ut, se en hed-
den de tweginge vorsceden na mynne vnd na
rechte. Schelede an den theynen wat, dat se
nicht ouer komen ne konden, werne de meyste
menige dat recht geue, dar scal et bliuen, vnd
den scole we hertoge Hinrich vnd hertoge Al-
brecht dar to helpen, dat dat recht vort — —
— — — — — — — — — — — —
— — — — — — — — — — — —

XVI. STADTRECHT IM RECHTSBUCHE DER NEUSTADT.

*Diese dritte Redaction des Stadtrechts bildet die erste Aufzeichnung im Rechtsbuche der Neu-
stadt, dessen Inhalt Bode in Hagemann und Spangenbergs prakt. Erörterungen IX, 126 ausführlich
beschrieben hat. In dem vorangestellten Registrum ist dieselbe unter dem Titel Van dheme rechte ange-
merkt. Sie ist fol. 1' — 6' wie die beiden früheren Redactionen auf Linien geschrieben, jeder Paragraph
abgesetzt und mit rothem Anfangsbuchstaben, jedoch ungespalten. Von derselben Hand rühren noch etwa
vierzehn andere Aufzeichnungen her, die jüngste datirte vom Jahre 1331. Unserem Statute zunächst
folgt das van dheme herwede aus dem Jahre 1303; spätestens im Anfange des 11. Jahrhunderts also
wird das Stadtrecht wie es hier vorliegt ausgeprägt gewesen sein.*

*In den bei weitem meisten Sätzen stimmt dasselbe mit dem Ottonischen Stadtrechte und dem von
1265 überein. Doch sind, wie schon bei dem letzteren bemerkt wurde, Zusätze des Duderstädter Statuts
hier in den §§ 19, 20, 38, 39, 40, 41, 43, 43, 44, 45, 65, 66, 67, und ausser diesen noch zwei neue
in den Paragraphen 37 und 68 aufgenommen. Bode irrt daher, indem er nur die §§ 65, 66, 67, 68
als Zusätze anführt. Ausgelassen sind hier die §§ 4, 11, 20, 22, 39, 46, 47, 48, 49, 50, 51, 54, 66
der beiden früheren Redactionen; sechs mehr als im Duderstädter Stadtrechte, welchem nur deren §§ 19,
20, 22, 42, 60, 54, 66 fehlen.* Hn.

1 **S**welik voget eynen richtere set an sine stat, swat vor
deme ghelent wert, dat scal ghelike stede wesen, alse et
de voget suluen stedeghede.

2 **S**welk man dem anderen sculdich is, vnde he eme des
vorsaket, entgheyt he is eme mit tâghe, oder mit sineme
edhe, he en heft weder dhat gherichte nicht vorloren wan
dat gelt allene.

3 **S**welk man sik sines tiiges berôpt vmme ghelt, vnde des
eme borst wert, he ne darf deme richtere nicht wedden
wanne vor scillinge.

4 **S**welk man den anderen lemet, vnde wrrt he des vor-
wunnen mit den screymannen, na rechte[1] heft [he][2] sine

hant vorloren, he ne mochte se weder kopen weder dhat
gherichte, vnde weder de sakewolden, vnde weder de stad,
he ne mack eme nenen kamp afghewinnen nier sine
bote.

Swelk man wert ghewundet sne lemede, wert de scul- 5
dege des vorwunnen, na rechte weddet he dem richte
weslich scillinge vnde dem sakewolden sine rechten
bote.

Swâr lude to samene sin, vnde wert dar eyn man vor- 6
wundet mit eyner wunde, vnde wel he mer lude dar to be-
spreken wan den sakewolden, se moghen is bat entgan mit
eren eynes hant, wan et yene vppe se bringen môghe.

---

1) *Die Handschrift hat an dieser Stelle ein Punctum nach* rechte, *§ 5 nach* vorwunnen.   2) *he* fehlt.

7 Swelk man den husvrede brikt, de heft to rechte sinen hals vorboret.

8 Swelk man den anderen anverdeghet in der strate mit ghewalt, vnde silt yene irweret, mit den scrimannen mach he behalden de ersten claghe, oft sine viende so stark sin, dat he nicht vore komen en darn.

9 Swelk man dem anderen sleyt enen orslach eder enen dumslach, he weddet dem voghede vor scillinge, oft he eyn gud man is, vnde dem sakewolden twelf scillinge.

10 Swelk man gheladet wert bi deme halse, biddet he enes dinges er dan he vorspreken hidde, so wert eme dat neyste ding, biddet he enes echten dinges, dat sin ses weken, dat wert eme.

11 Swelk borghere vor dem voghede vnde vor der stad nenes rechtes wel plegen, de scal ok nen recht hebben in der stad.

12 Swelk man dem anderen sculdich is, vnde bekant he is eme an deme sucht hedde vor twen[1] radmannen, dar en mach nen edh noch nen tuch bouen gan Swar men oc vor twen[1] radmannen louet welkerhande scult, dat en mach breken noch edh noch tuch.

13 Swelk man dem anderen sculdich is, vnde begeyt he ene binnen der stad, he mot ene wol vphalden mit sinen borgeren, oft he des richtes nicht hebben ne mach to dere thid, want he eme vorghelde ofte rechtes plege, dar ne darf he nicht vrume wedden dem vogede.

14 Swe enen man irwerft vor sin ghelt binnen der stad vor ghcrichte, he mot ene wol bringen an eine were; want he eme ghelde, dar mede ne heft he wedde noch bote vorscult an nenem ghcrichte. He scal eme sogedane spise ghenen, alse sinome inghesinde. Untgeyt he eme an sinen danc, swe ene darna erst begript vor sin gelt, de mot ene wol vor ghcrichte bringen, vnde erweruen mit rechte, vnde holden ene alse vore de erste hell.

15 Swelk denestman eneme borghere sculdich is, he scal ene vorclagen vor deme marscalke mit wetene, ne richtet eme nicht de marscalk, he mot wol sinen wagen vphalden vor sin gelt.

16 Swelk denestman senldeget enen borghere, he scal komen vor den voget, vnde scal der stad recht nemen.

17 Is eyn pape eyneme borghere sculdich, men mot ene wol nphalden, eder sinen wagen, eder sin gut, dat me nenen sened darvmme soken ne darf.

Swelk man dem anderen sculdich is, he scal eme to 18 rechte ghelden vruntleken; deyt he des nicht, he scal ene twye vorcheden, vnde to deme dridden male mit wetene; kumt he nicht vore, he scal eme vphalden mit ghcrichte, vnde scal ene vorebringen, oft he ene arue is; heft he en erue, man scal dat eruc dar vpsticken, wante he vore kome, vnde rechtes plege; vnde oft [he][2] denne vnder dem eruce sit verteyn nacht, dat he nicht ne gilt, de andere heft sine scalt mede irworuen.

Eyn man ne mach sik nenes erues vrede werken 19 laten, noch vntsetten, he en do it vor ghcrichte ding thid dages.

Swelk man hinne veret eder sterft, sin gud scal 20 me delen na marktale den borgeren ghelike den he sculdich is.

Under welkeme manne wert en perd aneuanget in der 21 stat, ne mach he sines waren nicht hebben, he scal sweren, dat he ne were sine vnvart, noch sine invart, noch sinen namen, oft he eyn vnbesproken man is.

Under welkem manne eyn perd aneuanget wert, tiid he 22 vppe sloen waren, he scal it halden de ersten verteyn nacht de vader deme dat perd begrepen wert. Is he vmbeseten, he scal dat perd besetten, dat he et vore bringe. Ne wert et denne nicht gheendet, so scal it de halden de dar vp sprikt de anderen verteyn nacht. Vnde wert it dan nicht gheendet, so scal et echt halden dhe erste, vnde yene weder, wante de ses weken vmme komen. Is he eyn besproken man, vnde wert des eme borst, et geyt eme an sinen hals. Is he vmbesproken, he scal wedden dem vogede sestich scillinge, vnde deme sakewolden drittich scillinge[3] vnde dre scerf. Bringet de ware eynen anderen waren, so scal et de ware halden also et de andere ware ghehalden heft andere ses weken, de dridde oc also, wante achteyn weken gheenden. Swat vor vote heft, dat heft dat sulue recht dat dat perd heft.

Swelk man koft en perd, de andere scal eme ghewaren 23 steddeghes, starblindes, vnde rarechtes aneuanges, vnde houetsek verteynnacht na deme daghe, alse dat perd verkoft is.

---

1) corrigirt aus dren. 2) he fehlt. 3) Beide früheren Redactionen fügen hinzu to bote.

24 Swat eyn man anevanget gudes, dat scal he don mit gherichte, vnde scal et don in ene ghemene hand, wante vor gherichte, dat et dar gheendet werde. Ne kan he sines waren nicht hebben, he scal sweren, dat he sines huses noch hones nicht en wete, noch sines namen, vnde gene dat gud weder, eder bringe sinen waren an ses weken.

25 Swelk def begrepen wert daghes eder nachtes, dat scal men don mit gherochte, vnde scal ene vore bringen mit gherochte, vnde mit der suluen hand der he sik vader wunden heft; de scal men ene vppe sinen rugge binden, vnde dar vnde ene vorwinnen mit sines eynes hand.

26 Swelk man mit duve besproken wert, vnde he dat vorsenet, vnde weder gift, de eyn bisprake man is de mot to dem ersten male des wol vatgan mit sines eynes hand, to dem anderen male mit sik scouden, vnde to deme dridden male mit den ordelen.

27 Swelk man mit rechte vervestet wert, de mach dar nicht vtkomen wen mit den sakewolden, vnde mit deme gherichte, vnde mit der stad, vnde al de wile is he sunder recht.

28 Swelk man left busgelt, he mot wol darinne panden sonder gherichte.

29 Swelkerhande waldescal eyn man an sinen weren heft, den mach he hat an sinen weren behalden, wan en ene iement vutvoren moghe, he en spreke dar deme eder rof an.

30 Swelk man den anderen gherouet heft, he scal ene vredelos leggen, so mach he ene vorwinnen, eder mit der hanthaftegen [dat]. [1]

31 Swelk man sin kint vgift mit gude, wel deme dat kint na siner elderen dodhe vorderen an dat andere gud, et scal dat erste gud weder to der delinge bringen, vnde nemen deme ghelikes del mit den anderen kinderen.

32 Swelk maget vtvervet weder eres vader vnde erer moder willen, se en heft an ereme erue nicht mer to wardene.

33 Swelk vrowe ane man kuschlike leuet na eres mannes dode, vnde eren kinderen wol vore radet, de kindere mogen ere moder nicht to delinge dwingen, de wile se ane man is.

34 Nenet mannes kint mach sinen vader to delinge dwingen, de wile de vader leuet.

---

1) dat fehlt.

Swat eyn man sineme wiue gift an morgengaue, dat en 35 mach ere nement breken.

Swelk vrowe ereme manne gift an vogedesdinge dat se 36 mit erem sloteken beslocen heft, dat gud en mach ene nement benemen.

Man vnde vrowe de sik samnet mit echte, vn- 37 dergeuet se sik an morgen gaue, eder an vogedesdinge, dat erft erer iowelk vppe den anderen, sunder dat herwede, dat scal me gheuen sweme dat boret. Hebben se kindere, vnde sterft de vrowe, wel de man nemen eyn ander wif, so mach he nicht mer gheuen der vrowen wan den dridden del sines gudes, vnde dhe twene del behalden de kindere an anwardinge. Is dar eyn kint, so mach he gheuen den haluen del sineme wiue, vnde dat kind behalt den haluen del an anwardinge. Sterft dere kindere welk, so erft eyn an dat andere. Sterft dere vrowen ere man, vnde wel se nemen enen anderen man, heft de vrowe en kint, se mach dat halue del eres gudes gheuen ereme manne, vnde den haluen del scal se gheuen ereme kinde. Is der kindere mer dan en, so ne mach se deme manne nicht mer gheuen, wan den dridden del, vnde den kinderen twey del. Sterft der kindere welk na der delinge, so erft eyn an dat andere. Is dar lengut, dat delet eynes mannes sone ghelike.

Swelke kindere ere elderen vorleset, vnde nemen 38 guden vorrad van eren maghen en hebbet, de rad vau der stad scal raden vor de kindere, vnde vor ere gud, wante se to eren iaren komen.

Swelk minsche sterft ane eruen, dat gud dat he 39 erft scal me don an ene ghemene hand iar vnde dach; en kunt nement, de dar recht to hebbe, de dridde del des gudes scal to dere kerken in deme kerspele dar he sterft, de dridde del den armen luden, de dridde del dem vogede, it ne si, dat he witliken vorgheuen hebbe, dat scal stede sin.

Swelk borghere brikt an manne ofte an denest- 40 manne vses herren, de scal to richte stan vor vses herren vogede.

Et si man ofte denestman de dar brikt an vseme 41

borghere, dar scal vses herren voget richtere
ouer wesen gelike alse ouer enen vsen borghere.

42 Swelk vser borghere veret in vses herren richte
vmme sine koufvart, de scal vnghehinderet sin
van sinen vogeden, oft he sinen rechten tollen
gift.

43 Swelk borghere wil rechtes ploghen vor sineme
senedherren, vnde vor sineme prestere, dene
darf men vor nenen bannegen man halden dúrch
recht.

44 Swat de rat deyt mit der stad willen, dat ne
mach de rad nicht breken de dar na kumt, he
en do it mit des ersten rades willen.

45 Umme welkerhande sake de vogel nicht richten
en wel, so scal de rad van den dren steden to-
samene komen, vnde de des rades wort sprikt
de scal sitten to richte, vnde dat scal like stede
sin, alse de uoget sulue richtede. Swat dar vor-
boret wort, dat scal vseme herren ghelike, alse
de voget dar sete.

46 Swe hesal wert mit deme richte dene mach de vogt
nicht ledech laten ane des sakewalden willen.

47 Swes eyneme vrede wert ghewracht vor gherichte, vnde
he darmede besit iar vnde dach, dat mach eme nement
breken.

48 Swelk man to Brunswich is iar vnde dach borghere sun-
der ansprake den mach nement mer vorderen.

49 Swelk man eyn herwede left, is de dar ieghenwerdich
de it hebben scal, men scal it eme antwerden; is he in
deme lande nicht, men scal it don in eyne ghemene hant
iar vnde dach, vnde oft he ne nicht ne kumt, so scal it
de voget hebben, sunder harnesch, dat wert den eruen,
do stad mede to holdene to allen nöden.

50 Swat binnen der muren hesterft reyde eder herwede, dar
en heft de voget nen recht an, men ne genet buten de
stad, so is des voghedes dat stucke neyst dem besten.

51 Swelk man sinen ghemeynen asnen vordert vor dem
vogede, he scal it bewisen wetelike, war he ene vordernt
hebbe, so mach he ene mit sines eynes hant behalden
bat, wan yene mit sines eynes hand ene vntsegken
moge.

52 Swelk man heft eine gud to weddescatte, dat scal he
behalden senen weken, seder he it upghehoben heft; eder
heft he weddesdat dar weker vp geyt, dat scal he oc
setten weken halden; anderen weddescat dar nen weker

vp geit, den men bringen mach van eyner werf in de an-
deren, dene scal men verteyn nacht halden.

53 Eyn man mot wol siluer eder ander gud an sineme huse
kopen vnuerduvet sunder wedersprake.

54 Neman mach sik ieninge noch werkes vnderwinden, he
ne do et mit der mestere vnde mit der werken orlove.

55 Swelk man scepbrokich wert twischen hir vnde der sal-
ten se, swat he sines gudes vtwinnen mach dat is sin,
vnde dar en mach nement vp vorderen.

56 Swelk kopman kumt in disse stad mit sineme gude, he
scal hebben liken vrede also eyn borgere, sunder sinen
rechten tollen scal he gheuen.

57 Swat ein borghere eneme gaste gelden scal, kumt he
is vor gherichte, he scal eme gelden hodegen vnde morne.

58 It en is neyn borghere dinges plichtich wan dryes in
deme iare.

59 Alsodan recht alse de borghere to Brunswich hadden bi
vser alden herren tyden an lande vnde an watere, dat
sulue recht hebbe we nv van vser herren gnaden.

60 Swelk vorduuet gud dat richte vp halt, kumt de sake
wolde na, dat gherichte behalt den dridden del, kumt de
sakewolde nicht, dat gherichte behalt it al.

61 Swelk man dat hete yseren dragen scal, de heft ses we-
ken dach, et ne si, dat he it selue wilkore er to dragene.

62 De voget mach nenen man vortoghen, de yene moges
bat vulgan, he en moge ene denne vorwinnen mit dem
meren dele des dinges.

63 Swelk man eyn erue verkoft, de scal komen vor den
voget, vnde scal sik des laten vrede werken, vnde scal
sine vredepenninge geuen; en wel de voget des nenen
vrede werken, noch sine penninge nemen, so scal de de
it heft verkoft vplaten vor deme rade, vnde yene scal
it dar vntfangen; dat is like stede also is de voget vrede
werchte.

64 Neyn vrowe mach notthoch vp enen man sweren, se ne
moges vulkomen mit den screimannen.

65 Der stad gemeyne mach nicht veriaren.

66 Swelk man heft drier punde werd erfhafteges
gudes vnbekumeret, de mach wol sinen hals bi-
borgen.

67 Swelk man eyne vrowen eder eine maget vnt-
voret mit ghewalt, de heft disse stad iummer mer
vorlören.

68 Swelk man wert vorwunnen, dat et eme an sine
ere gat, dar mede heft he sine gylde vorloren.

XVII. VON DEM HERWEDE.
1303.

Im Rechtsbuche der Neustadt unmittelbar nach dem Stadtrechte, bis auf den Schluss Aldus etc., das Datum und die Correcturen von derselben Hand, auf Licien, unabgesetzt, mit rothem Anfangsbuchstaben. Etwas abweichend gedruckt als Anfang der Leges ant. bei Leibn. SS. III, 434. Hn.

1 To deme herwede hord dat beste ors. Is des dar nicht, so scalme gheuen dat beste perd, oft et dar is. Hedde ok en man del an eneme orase, eder an eneme perdhe, dat beste stucke scalme 2 gheuen van dissen dren. Oc scalme gheuen dat beste harnesch, kouerture, platenmezzet, spoldeuer, samftener, tester, helm — is de helm dar nicht, so scalme gheuen enen isernen hot, — hurteledcr, dokene knilinge, sadel, swert, sporen, harnassak[1], glauyen, eyn[2] bil, — is des biles dar nicht, so scalme gheuen ene exe, oft se dar is, — sekelen, eyn par taschen, enen scilt, ene malen, twene hantschen, scrapen,[3] ene scalen, oft se en voder heft, anders scal me nen silueren 3 vad gheuen. De besten cledere scal men gheuen, hoyken, kogbelen, enen hot, sin beste gordel, scedhemezzet, ene kolten de men plecht mit sik to vorende; heft men dere nicht, so scal me gheuen ene kolten de he deghelekes vppe si-

neme bedde heft, — heft en vrowe ene kolten vnde twey linene lakene to eren ören, de scalme nicht gheuen — en kussen, twey slaplakene, twe linene cledere, eyn dischlaken, twe hosen, twe steuele, brocremen, beckene, oft se kedenet sint, enen ketel dar me mach ene sculderen inne seden, ene kupperne blasen, ketelhaken mit twen haken. Bringt iement ienich stucke to winkele 4 dat to deme herwede hort, dat scal he weder briugen, eder also gud bi swornnen edhen, sunder bote. Swat dar nicht en is, swanne de man 5 sterft, des en darf me nicht kopen. Is ok de 6 erue dar nicht de it vpbore to deme drittegesten. so scal men it in eyne mene hant don iar vnde dach; swanne de dach vmme komen is, so scal de rad dar to helpen, dat it deme werde de dar recht to heft. Aldus scal men gheuen dat herwede; des is de rad van al der stad to rade worden. Actam anno domini m°. ccc°. m°.

XVIII. PRIVILEGIUM DER BÜRGERLICHEN AFTERLEHNTRÄGER.
1304 Nov. 22.

Das Original befindet sich im Stadtarchive, ein kleines Pergamentblatt, sehr zierliche Schrift. Auf der Rückseite ist von wenig jüngerer Hand bemerkt: de pheydo non ad inferiores mittendo. Das runds gelbe Wachssiegel an rother Seide hat den gewöhnlichen links schreitenden Löwen und die Umschrift: S' DEI GRACIA ALBERTI DVCIS IN BRVNESWIC. Gedruckt: Rethm. Chron. 534; Scheidt vom Adel 423. Hn.

Gracia dei Albertus dux de Brunswic omnibus in perpetuum. Cum racioni sit consonum et juri consentaneum ac a nostris militibus viris prudentibus in nostra curia approbatum, quod nullus dominus vasallum suum eo invito alienare valeat, ipsi vasallo illum qui inferioris condicionis existat quam ipse dominus sit, pro domino

assignando: hinc est, quod burgensibus nostris fidelibus in Brunswic omnibus et singulis in favorem quem erga ipsos gerimus specialem concedimus et volumus, ut nullus noster vasallus, sive nobilis sive ministerialis existat, burgensem aliquem in Brunswic si jam inpheodaverit, seu inpheodare contigerit in futurum, ipsum burgen-

---

1) harnasak *mit Bezeichnung der Einschaltungsstelle von späterer Hand an den Rand gesetzt.* 2) eyn *von späterer Hand auf einer Rasur.* 3) r *im Worte* scrapen *von späterer Hand übergeschrieben.*

4

sem vasallum suum alienet de bonis que ab ipso tenet in pheodo ad hominem deterioris condicionis, quam idem dominus existat, ut ab illo pheodum recipiat remittendo. Quod eciam diligenti quidem discussione a nobis et nostris prehabita approbatum a nostris vasallis omnibus et singulis, volumus et mandamus supradictis nostris burgensibus in perpetuum inviolabiliter observare. In cujus rei testimonium presentibus nostrum sigillum duximus apponendum. Datum anno domini m°. ccc°. quarto, in die beate Cecilie virginis et martiris.

XIX. PRIVILEGIUM FÜR DIE LAKENMACHER IN DER NEUSTADT.
1305 Decbr. 21.

Wörtliche Wiederholung der 1293 Febr. 19 von Herzog Heinrich von Grubenhagen ausgestellten Urkunde. Das Original ist verloren gegangen; dem hier zuerst gegebenen Abdrucke liegt eine Copie aus dem vorigen Jahrhundert zu Grunde, welche in der Gildelade der Tuchmacher gefunden ist. IIn.

Nos dei gratia Albertus dux de Bruneswich recognoscimus cupientes omnibus inspecturis presentia notum esse, quod dilectis nobis burgensibus, universis videlicet qui in nova civitate nostra Brunsewich pannos laneos faciunt vel hucusque facere consueverunt, pro gratia concedendum duximus speciali, ut gaudeant et fruantur sine impedimento quolibet eo jure quod ghilden dicitur in vulgari, et adeo liberaliter, sicut ipsi etiam burgenses nobis dilecti de Indagine civitatis ejusdem antiquitus dicto jure in omnibus sunt gavisi. In cujus rei testimonium presens scriptum scribi fecimus et sigilli nostri munimine roborari. Datum Brunswic anno domini m°. ccc°. quinto, in die beati Thome apostoli.

XX. PRIVILEGIUM DER SCHUHMACHER UND LOHGERBER.
1309 Jan. 26.

Das Original dieser noch ungedruckten Urkunde ist nicht mehr vorhanden. Unter alten Processacten hat der Herr Kreisgerichts-Registrator Sack zwei gleichlautende Copien aus den Jahren 1617 und 1618 aufgefunden, die letztere nebst einer niederdeutschen Uebersetzung von Henricus Dunte imperialis notarius publicus et ecclesiae St. Cyriaci vicarius et camerarius beglaubigt als übereinstimmend „mitt weilandt des Durchleuchtigen vndt Hochgebornen Fürsten vndt Herrn Herrn Henrici Hertzogen zur Braunschweig vndt Lunenburgk etc. der Lohegerber vndt Schuester Gilde gegebenem vndt auff pergamein in Latein geschriebenem vndt vntergehangtem grossen Siegell mit einem Lewen vnch daneben in Teutsch vertirtem Original Privilegio.“

Aeltere Privilegien beider Gilden sind nicht erhalten. Der Schuhmacher jedoch geschieht bereits kurz nach 1268 Erwähnung im ältesten Degerlingsbuche der Altstadt 13': Dhe schowerten hebbet bebuwet hern Sanderes van dhen seuen tornen vnde siner brodhere ouesblec met sodaneme beschedhe, wan se willet so scolen se en vntrumen. IIn.

In nomine sancte et individue trinitatis. Dei gracia Henricus dux de Brunswig omnibus in perpetuum. Memoria hominum consulte juvatur, dum geste rei veritas literarum testimonio roboratur. Hinc est, quod notum fieri volumus universis Christi fidelibus tam presentibus quam futuris, quod unionibus vulgariter dictis gilden certdonum et sutorum in antiqua civitate, et in Indagine, nec non in nova civitate Brunswig, et personis ad easdem unionem et gildonem pertinentibus, bona et matura deliberacione prehabita, ex speciali favore et gracia hoc juris beneficium irrevocabiliter duximus concedendum: videlicet quod quicquid magistri et capitanei predictarum unionum seu gildonum ab antiquo et retroactis hucusque temporibus pro utilitate et honestate, ac pro competenti cohercione et regimine earundem unionum et in eis existentium statuerunt, et deinceps in faciendis et dimittendis duxerint statuendum, hoc presentibus approbamus, ratificamus et confirmamus, volentes, ut sine cujuslibet contradictione firmum maneat atque ratum, ac si a nobis ipsis sit statutum et ordinatum ac execucioni mandatum. Igitur ne aliquis ausu temerario aliquid eorum quod per magistros ac capitaneos supradictarum unionum seu gildonum ordinatum fuerit, contra ipsorum voluntatem retractare vel mutare valeat, presentem literam pro nobis et nostris liheris ac successoribus sigillo nostro perpetualiter roboratam ipsis pro evidenti testimonio duximus liberaliter concedendam. Si quis autem contra premissum juris beneficium ipsis a nobis indultum aliquid attemptare presumserit, indignacionem nostram se noverit graviter incurrisse et graciam nostram penitus amisisse. Hujus rei testes sunt nobilis vir Conradus comes de Woldenberg, Grubo de Grubenhagen et Echebardus de Stockem milites, Johannes de Desingerode et Thidericus de Epelingerode famuli, et alii plures fide digni. Datum Brunswig anno domini m°. ccc°. nono, septimo Kalendas Februarii.

XXI. VEHMGERICHTSORDNUNG.

Diese schon bei Rehtm. Chron. 626 aber fehlerhaft gedruckte Vehmgerichtsordnung ist in einem Pergamentcodex des Stadtarchivs, 64 Bl. in folio, aufgezeichnet. Derselbe enthält fol. 2—13° unter dem Titel Liber proscriptionum transscriptus ex antiquo libro et innovatus das Verzeichniss der in den Jahren c. 1306—1372 Verfesteten. Die nächstfolgenden 20 Blätter sind unbeschrieben aber liniirt. Sodann beginnt fol. 34° Liber judicii vemeding transscriptus etc. kurze Nachrichten über die c. 1312—1362 gehaltenen Vehmgerichte. Nach fol. 39° folgen abermals 23 unbeschriebene Blätter, und hinter diesen, fol. 62° und 63°, die Vehmgerichtsordnung, von derselben Hand, welche alles Uebrige bis auf die Verfesteten nach 1370 verzeichnet hat, wie die beiden ersten Abschnitte des Buches gespalten und auf Linien, welche mit Dinte gezogen sind, die Ueberschrift Wo — beginnen mit rother Schrift.

Dies Buch kann nicht vor 1342 angelegt sein, da im Liber proscriptionum noch das Jahr 1341 durch ein hinzugefügtes vel circa als ungewiss bezeichnet wird, was nach der Vorbemerkung dieses Abschnittes von einer mangelhaften Einrichtung des zu Grunde liegenden älteren Buches herrührt. Andererseits scheint der Umstand, dass schon unter den Verfestungen des Jahres 1337 einige wieder ausgestrichen sind, nicht zu gestatten, die ersten gleichzeitigen Aufzeichnungen lange nach jenem Zeitpuncte zu suchen.

Der ältesten Nachricht des Liber judicii vemeding ist die Bemerkung vorausgeschickt: Incipit autem ista particula ut opinatur anno domini m°. ccc°. xii°. Es ist kein Grund, die Vehmgerichtsordnung wie sie vorliegt für jünger zu halten. Vielmehr erscheint es bereits als eine Neuerung, wenn seit 1321 ausser Diebstahl auch Gewaltthat und Mord vor das Vehmgericht gezogen werden, wie es das Liber judicii vemeding mehrfach meldet.

Nach Angabe desselben wurde das Vehmgericht in den Jahren 1314, 1319, 1321, 1322, 1323, 1326, 1329, 1330, 1331, 1334, 1337, 1345, 1362 gehegt. Zu letzterem Jahre sind nur fünf Klagen angemerkt, obschon die Bemerkung vorausgeht, dass während der sechszehnjährigen Unterbrechung fures sine numero sicut attomus in sole concreverunt. Wahrscheinlich brechen hier nur diese Aufzeichnungen ab; denn auch die spätere Gesetzgebung erwähnt noch des Vehmgerichtes.

Als dessen Ort wird im Liber judicii vemeding bezeichnet fossa inter valvas s. Petri et s. Andree, oder s. Petri et nove civitatis. Im Rechtsbuche der Neustadt fol. 16° ist eine Ausgabe für Bauten an der stad muren de gevallen was tigen deme vemegraven angesehrieben. Hiernach wird wahrscheinlich, dass der Vehmgraben auf dem Raume der heutigen Wallpromenade zwischen dem Alten Petrithore und der Neustadtmühle lag.

Hn.

Wo men des vemedinges scal beginnen.

1 **W**anne de herren de in deme rade sint willen ein vemeding leggen, des mach men aldus beginnen.

2 **D**es rades meystere twene de nemen to sik eyne ofte twene man, de namhaftegesten vnde wisesten de dar sin, vnde bespreken sik vnder ein ander, wo on dunke, ofte des richtes nod si van claghe weghene des ghemeynen volkes vmme duve, eder dat also vele deue begrepen weren, eder vorspeyet weren, dat men it bilken leggen moste.

3 **N**v is dat wol waolik, dat desse herren dre ofte vere dat ok bringen mosten ju der onersten enen eder twene vte dem Hagen, vte der Nyenstad, vnde vte den anderen wicbelden, vnde vndersetten dat mit on, dat it hemelik bleue.

4 **D**esse dre herren ofte vere de moten komen to middernacht vp den kerchof sunte Mertenes, vnde beboden de anderen vte deme rade, dat se to samene komen. So mot men aller erst besetten vnde bewaren der stad dor, alle porten, alle winkele vnde stedde de vppe vrye gan, de bruggen, vnde scepe beneden vnde bouen der stad.

5 **D**ar na deyt men deme vemescriuere witlik, dat he sines ammechtes ware neme mit dem scriuere; dar na den vemenoten, dat se to samene bringen wat on witlik si vnde wat on noch witlik werde. Mach men de tyd hebben, so moghen se den scriuere wes berichten van stad an; is des nicht, so moten se waehten want vppe den vemegrauen.

6 **D**ar nu alse it daeh is, so sendet men de burmestere vmme in de wiebelde, vnde kundeget den luden, jowelkeme werde van deme hus: de rad ofte de herren willen ein vemeding leggen, se seullen komen vppe den market wanne men de cloeken ludt, vnde nemen des ware.

7 **W**anne men de groten clocken ludt, so samenet sik de herren. So ludt men ok dryc to storme. So gad de herren vnde dat volk to male vte sunte Peteres dore vppe den vemegraueu. So blift de rad vppe deme vornesten bleke sunte Peteres dore negest, vnde dat volk geyt to male vppe dat andere del den grauen langes hen. So ropet de bodele to dem volke: gy herren, gad in

de aebte, de vte der Oldeustad, vte der nyen, vte dem Hagen, Oldenwik, vnde Sacke, dat se sik bespreken. Wat malkeme wicbelde van duve witlik si, dat bringet se an de vemenoten.

De vemenoten bringet dat an den scriuere; de 8 scal sitten uppe dem suluen bleke dar de rad sit, to der vorderen half, nicht alto na. Wanne de ding berichtet sind, so geyt de scriuere mit der taflen dar de ghemene rad sit middene in den creyz sitten, vnde vraghet de herren, oft se dat horen willen dat he ghescreuen hebbe. Dar seullen de herren den scriuere berichten, vnde scullen dat lutteren, wat he vor dat richte bringen sculle, vnde wat he vnder weghene laten sculle. Wat beneden ver scillinge is, dat trid in de veme nieht.

Alse dat ghelutteret is, so maket sik de scriuere 9 hen vor dat richte.

Vnder den dingen scal de vemegroue ein ding 10 hogen, vnde setten sik vor middes uppe den grauen dar he hogest is, vnde keren sik tyegen der stad muren, dat one alle dat volk sen moghe. Dar bi scullen wesen herren vte deme rade, de seal de rad dar to senden, vnde scullen wesen de voghede vnde de vemenoten, oft se willen.

Beneden scal wesen dat hilgenscrin, vnde de 11 vorespreke, de den luden de ede steuene. Alle word mit vpleggene, mit afleggene scal men holden alse vor deme voghede. De richtere vraget ok ordele vmme alle sake wene he wil.

So sprikt de scriuere: borre her richtere, scal 12 men laden vrome lude den ore gud vorstolen is? He antwordet wat he wil.

De scriuere sprikt erst to deme bodele vte der 13 Oldenstad: rop aldus: N., gad here vor dat richte, antwordet des men gik vraghet. Wel de richtere mer personenen, noch ene ofte twe, de ropt men ok.

Wanne de vrome man kumpt, so vraget de 14 richtere, ofte de dar bi sitten: wete gi, we gik iuwe gud vorstolen heft? Sprikt he nen, des mot he sik entledegen mit sineme ede to den hilgen. De voresprekе biddet ome der aehte, he let ene vpleggen, vnde sprikt also: dat gi des deues de gik iuwe gud verstolen heft nicht bekennen, vn-

de nicht en weten van siner vtvard noch van si-
ner juvard, oft et jv to wetene worde, dat gi one
deme rade melden wolden, dat gik god also
helpe, vnde de hilgen[1].

15 **M**eldet he auer den def, so ladet one de bodel
to hand, vnde sprikt: N., ek lade gik in dat ve-
meding, it si man oft vrowe, vmme alsodan gud
alse gi vorstolen hebbet, enewarne, anderwarne,
driddewarue bi deme halse.

16 **K**umpt de def vore, so entledeget he sik mit
sines sulues hand allene, so scrift men in dat
bok: talis incusatus pro furto juravit solas.

17 **W**art he anderwarue bedragen vmme duve, de
mot sweren sulf scuede; so scrift men one, vnde
alle sine kumpane bi one hi namen, vnde scrift:
juravit ipse septimus.

18 **W**art he driddewarue bedragen, so mot he
treden to deme heten jserne. So mot he sine
hande erst waschen mit koldem watere, dar na

vatet he dat hete gloyende jseren vp, vude drecht
dat vppe dat mal, dat dar to besceden is. Scal
men ordeles vragen vmme dat mal, wo lang it
wesen sculle, dat ordel scullen spreken de bodel,
ofte de scarperichtere. Se scullen seggen: ne-
gen vote. De bodele vnde hengere scullen des
vures vnde des jsernes plegen to der luchteren
hand des richteres vp eneme trendelleke.

19 **V**ppe de vromen lude de vore komet scrift de
scriuere in sine taflen: comparuit.

20 **W**e nicht vore kumpt, oft he krang, eder nicht
to hus en were, vnde wat ouer blift, ofte de rad
vpstan wolde, dat scal de scriuere jn sunderlike
cedelen scriuen, vnde dragen in iowelk wicbelde
wor it sik boret, dat it io gherichtet werde vor
deme rade.

21 **O**k wo men de dene scriuen scal in dem boke,
dat vindet men darinne redheleken vtghedrucket
in mannigen stedden, we it soken wil.

XXII. ANERKENNUNG DER FREIHEIT DER BÜRGER.
1314 März 17.

*Das Original dieser Urkunde ist weder im Stadtarchive noch im Landesarchive zu Wolfenbüttel
vorhanden. Sie ist bereits gedruckt: Ulteriores exceptiones der Stadt Braunschweig contra Herzog Hein-
rich Julius. Spirae 1602. p. 241; Abdruck der Acten in Sachen Braunschweig contra Braunschweig.
1603. fol. p. 489; Hempel europ. Staatsr.-Lex. IV, 835; Limnaei jus publ. III, lib. 7, c. 10, nr. 11.
Der nachstehende Abdruck nach einer Copie im Stadtarchive in der als Cap. XII bezeichneten Samm-
lung von Urkundenabschriften „Inn Sachenn Braunschweig contra Braunschweig prod. Spirae 19 Apr.
ao. 1602.“*

*Im ältesten Degedingsbuche der Altstadt 70' findet sich folgende auf diese Freigebung bezügliche
Notiz:* Isti infrascripti et omnes eorum posteri ab ipsis in perpetuum descendentes nominatim sunt
exempti et libertati specialiter a domno Ottone duce de Brunswic et Luneborch, et pro eo dede-
runt pecuniam suam consulibus in Brunswic, qui hoc procuraverunt — *folgen die Namen von funf-
zehn Männern und Frauen.* — Item et omnes cives in Brunswic tam masculos quam feminas qui per
annum et diem in Brunswic morati tunc fuerunt, et omnes eorum pueros presentes et futuros ab
ipsis in perpetuum descendentes similiter libertavit, prout in litera super hoc data et confecta ple-
nius continetur. Actum anno dm. m". ccc°. xin.   Hn.

In dei nomine Amen. Nos dei gracia Otto dux
de Bruneswich et Luneborg notum esse volumus
universis presentia visuris seu audituris, quod de
maturo consilio et expresso consensu Ottonis

filii nostri et omnium heredum nostrorum quo-
rum intererat, ad instanciam honestorum viro-
rum consulum civitatis Bruneswich et ob favo-
rem ipsorum specialem. manumisimus, liber-

---

1) *Das Original hat* hil.

tavimus et presentibus libertamus omnes et
singulos cives ejusdem civitatis Bruneswich tam
masculos quam foeminas, cujuscunque condicio-
nis exstiterint et existant, qui prout veri cives
nunc ibidem morantur et por annum et diem,
quod vulgariter dicitur jar vnd dage, in jam dicta
civitate sunt morati, omnesque filios et filias eo-
rundem presentes et futuros ab ipsis in perpe-
tuum descendentes ab omni jure, si quo nobis et
nostris heredibus in personis, possessionibus, et
rebus ipsorum quibuscunque competebat et com-
2 petere potuisset. Si vero aliqui essent qui ca-
stra nostra seu municiones quascunque posside-
rent, et racione bonorum ad hec pertinentium
aliquos seu aliquem predictorum civium, seu filio-
rum aut filiarum suorum tam presentium quam
futurorum vellent impetere super aliquo jure ser-
vitutis quocunque modo, a tali impeticione volu-
mus eos et quemlibet ipsorum eripere et indem-
3 nem conservare. Insuper si super predicta liber-
tate aliqua dissensio seu dubium inter nos, aut

Ottonem filium nostrum predictum, aut heredes
nostros, seu aliquos castra nostra aut municio-
nes possidentes et inter predictos cives oriretur,
quicquid super hac dissensione et briganda due
persone in consilio extunc in civitate Brunes-
wich existentes in verbo veritatis dixerint, in
hoc contenti stabimus semota ulterius impeti-
cione qualibet et offensa. Igitur ut hec libertas
predictis civibus per nos ut premittitur favora-
biliter indulta sine omni exceptione immutabili-
ter firma maneat atque rata, presentem literam
inde conscriptam supradictis civibus dedimus si-
gillo nostro perpetualiter communitam. Testes
hujus rei sunt discreti viri domni Echehardus
custos ecclesie sancti Blasii in Bruneswich, Wede-
fondus notarius noster, necnon strenui viri Con-
radus de Woldenze, Aschwinus de Salder, Pari-
dam de Knesbeke, Willibrandus de Dewedan,
Otto Magnus fideles nostri, et quam plures alii
fide digni. Actum [et] datum anno m°. ccc°. xIIII,
decimo sexto Kalendas Aprilis.

XXIII. HULDEBRIEF HERZOG OTTOS DES MILDEN.
1318 Oct. 28.

*Das Original auf Pergament befudet sich im Stadtarchive. Das runde gelbe Wachssiegel: in
einem mit Kleeblättern bestreuten Felde der links schreitende Löwe mit einfachem wulstigen Zagel,
Umschrift: SIGILLVM DEI GRA OTTONIS DVCIS IN BRVNSWICH, hangt an rother Seide. — Ge-
druckt: Rehtm. Chron. 623.*

*Von den Gerechtsamen über die persönliche Freiheit der Bürger in den §§ 2 und 3 ist hier noch
der Sach ausgeschlossen; erst im Huldbriefe von 1345 erscheint er ihrer theilhaft. Dieses jüngste Weich-
bild war im Laufe des 13. Jahrhunderts zwischen der Altstadt, der Neustadt und der Burg auf einem
vorebleke der letzteren angebaut.*

*In den §§ 5 und 7 sind die §§ 2 und 5 der Sühne von 1299 enthalten, in § 11 das Privile-
gium von 1304; § 10 wiederholt genau den § 10 des Bündnisses von 1296.* Hn.

Von godes ghnaden we hertoghe Otte to Bru-
neswich vnde vse rechten eruen bekennet dhes
openbarliken in desseme jheghenwordighen breue,
dat we noch vse rechten eruen ene scholen nene
clostere eder conuente mit gheystliken luden
mannen eder vrowen setten, orlouen eder vul-
borden to wonende binnen der stat vnde der
muren to Bruneswich, vnde ok buten der stat
2 also verne also ere vedrift is. We bekennet ok

des, dat we vnde vse rechten eruen hebbet der
suluen vser stat to Bruneswich vnde vsen leuen
borgheren dar inne, bi namen in der olden stat,
in deme Haghen, in der nigen stat vnde in der
oldenwic, de gnade vnde dat recht ghegheuen,
de dar nu inne sin vnde borghere eder borgher-
schen sin, dat de scholen vri wesen van allerleye
ansprake. Swe na desseme daghe ok, also disse 3
bref ghegheuen is, in de suluen vorsegheden ver

stede vser stat to Brunswich vore, vnde borghere
worde, vnde openbare dar were iar vnde dach
ane ansprake, de scolde des suluen rechtes bru-
ken vnde vri borghere wesen, also hir vore ghe-
4 screuen is. Worde ok iheman anspraket binnen
iar vnde daghe der de de burscap ghewunnen
hedde, dene ene scolde de rat to neneme bor-
ghere hebben, he ne hedde sek vorliket mit der
5 hercap. We ok vnde vse rechten eruen willen
vnde scolen de vif stede vser stat to Brunes-
wich beschermen vnde vordeghedingen al eres
rechtes vnde erer vriheyt, also se oldinges von
vsen elderen ghehat hebben vnde hebbet, vnde ere
6 recht to beteruende vnde nicht to ergherende. Were ok
dat also, dat ieman der suluen vser borghere
ieneghen vorderen wolde vor lat eder vor eghen,
eder ienigherleye ansprake dou wolde, eder
ienighe scult ghenen wolde, de scolde antworden
7 vor vseme richte in der stat to Brunswich. Vse
voreghenomeden borghere der vif stede vser
stat to Bruneswich moten ere recht wol beteren wur
se moghen ane vsen schaden, vnde wur dar neman ene
8 claget, dar ne darf neman richten. We bekennet
ok vnde vse rechten eruen, dat vse borghere der
vorebenomeden vif stede vser stat to Bruneswich
vnde ere gut scolen tolenvri wesen in vseme lande
9 vnde to al vsen sloten. We ok in der stat to
Bruneswich voghet is von vser weghene, de scal
richten in der stat vnde buten also verné also

ere vedrift went. Vormer uppe dat dat vnder vsen 10
mannen vnde vsen vorebenomeden borgeren nen twi-
dracht ene werde, se schole we en enen mortuallt set-
ten, de vsen borgheren richte ouer vse man des en not
si. We ne willet ok des nicht, dat vser denest- 11
manne ienich ienigen vser borghere to Brunes-
wich mit lengude wise an enen anderen her-
ren de beneden eme si. We willet ok de suluen 12
vorebenomeden borghere vordeghedingen vnde
beschermen alle des rechtes dat se von vsen el-
deren vnde von vsen vorevaren ghehat hebben,
vnde willet en dat ganz vnde stede holden. Wel- 13
de se ok alle disser voreghesegheden ghenade
vnde rechten, dat we vnde vse elderen en ghe-
gheben hebben, ieman vorvnrechten, des wille we
ere beschermere wesen nu vnde to allen tiden,
vnde to al eren noden. An ein orkunde vnde
staticheit disser vorebescreuenen ding hebbe we
vor va vnde vse rechten eruen vse inghescghel
ghehenkt to dessem breue. Disser ding der sin
tughe her Hinrich von Wenden, her Ecbrecht
von der Asseborch, her Gunter von Bertenslaue,
her Hinrich von Bouenten, her Conrad von Ros-
torpe vnde her Ludolf von Honlaghe de riddere,
vnde andere vrome lude. Disse bref is ghegha-
uen na godes bort dusent iar drehundert iar in
deme achtegheden iare, an deme daghe der hil-
ghen apostelen Symonis et Jude.

XXIV. SCHIEDSGERICHTSORDNUNG.

*Diese früheste bisher ungedruckte Schiedsgerichtsordnung ist im ältesten Degedingsbuche der Alt-
stadt fol. 70 nach dessen erstem die Jahre 1268—1320 umfassenden Abschnitte aufgezeichnet, und
zwar von derjenigen Hand, welche hier seit 1313 geschrieben hat. Demnach scheint diese Schiedsgerichts-
ordnung etwa um das Jahr 1320 erlassen zu sein.* Hn.

De rat vth der olden stat, vth deme Haghen,
vth der nyen stat, vth der olden wik, vnde vth
deme Sakke de sin over en ghekomen des to den
broderen ghemene, dat de nye rat van allen ste-
den scolen setten achte man alle iar vnder sek
2 to erre endrachticheit. De scon dar to sweren:
were dat ienech scelinge eder twidrach worde vn-

der ieneghen vsen borgheren, de sek vnder eren
vrunden nicht vorsonen ene konden, dat scolde-
me den achten kvndeghen. De scolden van des 3
rades weghene de scelinge vorliken binnen ver
weken dar na also eth an se bracht worde, an
minne eder an rechte. Ene konden se des nicht 4
vuderdes ghedon binnen der svluen tit, so scol-

den de svluen achte gan in ene stede de se ko-
ren, vnde nicht von denne komen, se ene hedden
5 dat vorliket. Ene konden se vnder sek des nicht
over en draghen de achte, wo denne de meyste
menye vnder en over en droghe, des scolde de
6 minnere menye volghen. An weme des broke

worde, dat he des nicht holden ene welde, sin
lif vnde sin gvt scolde in der stat wolt stan.
Were auer en sake de vp ene vestinge trede, de 7
ne scolde hir nicht mede begrepen wesen, der
scoldeme volghen also recht were.

XXV. HULDEBRIEF HERZOG HEINRICHS DE GRAECIA UND SEINER BRUDER.
1323 Mai 20.

Das Original befindet sich im Stadtarchive, Pergament, 18" breit, 12" hoch, mit vier wohl-
erhaltenen Siegeln von resp. 3", 3½", 2½", 2¼" im Durchmesser. Sie haben sämmtlich den gewöhn-
lichen links schreitenden Löwen, das erste auf einem mit Rosetten zwischen schrägen Carrés bedeckten
Grunde. Umschrift des ersten: SIGILLVM DEI GRACIA DVCIS HINRICI IN BRVNSWIC, *des*
zweiten: S' DEI GRACIA ERNESTI DVCIS IN BRVNESWICH, *des dritten:* S' WILHELMI DVCIS
IN BRVNESWICH, *des vierten:* S' JOHANNIS DVCIS IN BRVNESWICH. — *Gedruckt: Rehtmeyer*
Chron. 532.

Dieser Huldebrief der Söhne Heinrichs des Wunderlichen ist gegen den 1318 von Herzog Otto
ertheilten um sieben Bestimmungen erweitert. Im Uebrigen stimmt er mit jenem völlig überein. Hn.

Van goldes gnaden wj hertoghe Henrik, juncher Er-
nest, Wilhelm vnde Johan hertoghen to Bruneswic
vnde vnse rechten eruen bekennet openbarleken in disserne
ieghenwordhegen breue, dath wj noch vnse rechten eruen
ne scolen uene clostere eder conuente mit geystleken luden
mannen eder vrowen setten, orlouen, eder wlborden to
wonende binnen dher stad vnde dher moren to Bruns-
2 wic also verne alse ere vedrift is. Wj bekennet oc
dhes, dath wj vnde vnse rechten eruen hebbet dher
saluen vnser stad to Bruneswic vnde vnsen lanen bor-
gheren dhar inne, bi namen in dher Oldenstad, in dhe-
ne Haghen, in dher Nyenstad, vnde in dher Oldenwic,
dhe gnade vnde dath recht ghegheuen, dhe dar up inne
sin vnde borghere eder borgherschen sin, dath se sco-
3 len vry wesen van allerleye ansprake. Swe na dis-
seme daghe oc, alse disse bref ghegheuen is, in dhe sul-
uen vorseghden ver stede vuser stad to Bruneswic vare
vnde borghere worde vnde openbarc dhar in ne were jar
vnde dach ane ansprake, dhe scolde dhes saluen rechtes
bruken vnde vry borghere wesen, alse hir vor gheschre-
4 uen is. Worde oc jenech man anspraket binnen jar
vnde daghe dhe de burscap ghewunnen hedde, dhen en
scolde dhe rad to neme borghere hebben, he en hedde

sek vorliket mit dher herscap. Wj oc vnde vnse rech- 5
ten eruen willen vnde scolen dhe vif stede vuser stad to
Bruneswic beschermen vnde vordeghedingen al eres rech-
tes vnde erer vryhayt, also se oldinges van vnsen elderen
ghebat hebben vnde hebbet, vnde ere recht to beterende
vnde nicht to ergherende. Were oc dath also, dath je- 6
noch man dher saluen vnser borghere jenoghen vordha-
ren wölde vor lat eder vor eghen, oder jenegherleye an-
sprake dou wölde, eder jeneghe schult gheuen wölde,
vnde borgere vnde vnse vnseme richte jn dher stad to
Bruneswic. Unse vorghenomeden borghere dher vif stede 7
vuser stad to Bruneswic muten oc ere recht wol beteren
wör se moghen ane vnsen schaden, vnde wür dhar ne-
man ne claghet, dhar ne darf neman richten. Wj be- 8
kennet oc vnde vnse rechten eruen, dath vnse borghere
dher vorebenomeden vif stede vuser stad to Bruneswic
vnde ere gut scolen tolen vry wesen jn vnseme lande vnde
to allen vnsen slöten. Wo oc jn dher stad to Bruneswic 9
voghet is van vnser wegene, dhe scal richten in dher stad
vnde buten alse verne alse ere vedrift went. Vortmer 10
vppo dat dath vnder vnsen mannen vnde vnsen vorbe-
nomeden borgheren nen twidracht en werdhe, so scole wj
en enen marscalc setten, dhe vnsen borgheren richte ouer

11 vnse manne, dhes en nôt si. Wj ne willet dhes oc nicht, dath vnser deuestmanne jenech jeneghen vnser borghere to Bruneswic mit lengude wise an enen anderen herren, dhe benedhen ene si, dhes wille wj ene er-
12 stan also verne alse ith recht js. Wj dôt en oc dhe gnade: welck borghere gud bedde to lene van vnseme denestmanne, storte dhe ane eruen, so scolde dhe borghere volghen an vns, vnde wj wôlden en belenen mit dheme suluen gvde vmme
13 moghelcke vruntscap. Wj scolen se oc vmme nene sake sculdeghen, dhe bi vnses herren vnses vader thiden vnde vnser elderen ghevallen weren.
14 Wj ne scolen oc nenerleye gut dath me to dher stad eder van der stad vôrde, dreue, eder droghe hinderen laten, jth en si vnser openbaren
15 viende. Wj en scolen oc nemende to ghesinde nemen dhene wj wedher dhe stad vnde ereme rechte vordeghedingen, wj en willen ene to rechte
16 setten vnde en rechtes van eme helpen. Were oc dath vnser borghere jenech broke dede wedder vns, an dheme borghere noch an sime gvde en wille wj nen sulfrichte don, ith ne were, dath he worde begrepen vppe dher hauthaftegen dât enes dotslages, wj en deden ith wetlik dheme rade aller erst vnde der stad: hulpen se vns dar vmme minne eder rechtes, dat scolde wj vns
17 an ghenôghen laten. Wil oc jenech man dhe stad sculdeghen, dath to eden ghedelet wert, dhes mögen se twene radman afnemen mit ereme
18 rechte. Wj bekennet oc dhes, dat wj vnde vnse

rechten eruen willen vnde scolen alle breue dhe vnse vader hertoghe Henrik vnde vnse elderen ghegheuen hebben dher stad vnde dhen borgheren to Bruneswic ganz vnde stede holden, sunder der jenegherleye redhe. Wj willet oc dhe sulue 19 vorbenomeden borghere vordeghedingen vnde beschermen alle dhes rechtes dath se van vnsen elderen vnde van vusen vorvaren ghehat hebben, vnde willet en dat ganz vnde stede holden. Wôlde se oc alle disser vorghesegheden 20 gnade vnde rechtes, dath wj vnde vnse elderen en gheghe-uen hebben, jenech man vorvnrechten, dhes wille wj ere beschermere wesen nv vnde to allen thiden vnde to allen eren nôden. An en orkunde vnde stedicheyt disser vorbetcreueuen dinge hebbe wj vor vns vnde vnse rechten eruen vnse ingeseghele ghehanget to dissem breue. Disser dinge sint tughe: her Luthart dhe edele van Mey-nerssen, her Henrick van deme Stenberghe, her Dhiderik vnde her Johan van Oldendorpe riddere; her Conrad van dher Môlen canonek to Embeke, her Herman Wolvram, her Cône Holt-nicker, her Eylhart Bôneke, her Wedeghe van Veltstede, Jordan Stapel, Dauid Kronesben, Conrad Holtnicker dhe junge, Conrad van Tweleken, Albrecht van Peyne, Helmolt van Tzickte, Lude-man van Helmestede, Conrad Rammesberch borghere to Bruneswic, vnde anderer gôder lude ghenôch. Dith is ghescheen na dher jartale goddes hort dusent jar drehundert jar jn dheme dre vnde twintegesten jare, des mandaghes na sunte Vrba-nes daghe.

XXVI. VERPFÄNDUNG DER ALTEN WIK UND DES SACKES AN DEN RATH.
1325.

Von den folgenden bisher ungedruckten Nachrichten ist die erste im zweiten Degedingsbuche der Altstadt fol. 29, die andere im Rechtsbuche der Neustadt fol. 78 aufgezeichnet. Diese datirt sich aus dem Jahre 1325. Jene, welcher ein Datum fehlt, ist 1345, als das zweite Degedingsbuch angelegt wurde, dort zusammen mit anderen älteren Aufzeichnungen eingetragen. Es leidet keinen Zweifel, dass beide Nachrichten von derselben Verpfändung der Alten Wik und des Sackes reden. Hn.

Domini consules antique, Indaginis et nove ci-vitatis Brunswic habent omnia jura cum precaria et proventibus veteris vici et Sacci ibidem, ex-cepta advocacia, ex parte filiorum ducis Hen-rici pro quadringentis et quinquaginta marcis puri et ponderis brunswicensis. Quorum dimi-dietas pertinet dominis consulibus antique civi-tatis, et reliqua dimidietas pertinet dominis con-sulibus Indaginis et nove civitatis. Item dicti do-mini consules antique, Indaginis et nove ha-

5

bent omnia jura veteris vici et Sacci predictorum ex parte ducis Ot et suorum fratrum Magni et Ernesti pro quingentis et nonaginta marcis puri. De quibus dabuntur principaliter et ante omnia dominis consulibus antique civitatis singulis annis de collecta veteris vici et Sacci xxx marce puri argenti pro trecentis marcis, que quidem trecente marce ad antiquam civitatem solum pertinent. Et reliquarum ducentarum et nonaginta marcarum medietas pertinet dominis consulibus antique civitatis, et reliqua medietas pertinet dominis consulibus Indaginis et nove civitatis. Insuper advocacia ex parte ducis Ottonis et suorum fratrum pertinet solis dominis consulibus antique civitatis pro centum marcis, quas ipsi soli persolverunt pro eadem; set predicte e. marce pro advocacia sunt in literis dominorum ducum super specialia judicia et jura veteris vici et Sacci inscripte, et ibidem alie [1] pecunie connumerate.

Dhe rad vte der nyen stad heft vtghogheuen uegentich lodeghe mark hertoghen Henrike vnde hertoghen Ernste vnde eren brodheren to creme dele vor de Oldenwik vnde vor den Sak. Oc heft de rad vt der nyen stad vseme herren hertoghen Otten vnde sinen broderen ghegheuen xlvii mark lodech enes verdinges min vor de Oldenwik vnde vor den Sak. Dat vorebenomde ghelt dat scal me nemen van deme winwerke, vnde dhene tins dene me vor dat sulue ghelt gift dene scalme gheuen van deme winwerke. Thiderik des abbedes de heft mit dem rade in der nyen stad vif mark gheldes, de mach de rad wederkopen vor lx, swanne se willet. Oc heft Henning hern Gherwines ver mark gheldes mit dem rade, de mach de rad weder kopen vor xlviii mark, wanne se willet. Oc heft Henning van Munstede mit deme rade twô mark gheldes, de mach de rad wederkopen vor xxiiii mark. Dissen vorebenomden tins scalme en gheuen aller jarlek half to paschen vnde half to sunte Micheles daghe van dem winwerke. Weret auer, dat vse herren eder ere eruen de suluen wichelde weder koften, dat sulue vorebenomde ghelt dat scoldeme vseme rade in der nyen stad weder gheuen. Dith is gheschen bi disser ratmanne tyden, de hir na bescreuen stat: Bosse Settere, Luder van Ringelem, Henning hern Gherwines, Henning van Munstede, Dedolf Wideneuel vnde Conredes Rotgheres, anno domini m°. ccc°. xxv°.

XXVII. DOBBELORDNUNGEN.
1340.

Die folgenden noch ungedruckten Dobbelordnungen finden sich in einem Pergamentcodex des 14. Jahrhunderts in 4to, welcher ausserdem ein Verzeichniss Verfestster, Eidesformeln, Bürgerrollen und ein Statut van den vnderkoperen enthält. Zwischen dem ersten und zweiten Blatte ist ein Heft von vier Blättern eingelegt, auf deren vorderen beiden die hier vorangestellten neun Bestimmungen geschrieben sind, auf Linien, jeder Paragraph abgesetzt und mit rothen Anfangsbuchstaben, das Datum und die Ueberschrift von anderer Hand mit rother Schrift. Die sodann unter B abgedruckten sechs Bestimmungen sind auf der unliniirten Rückseite des ersten Blattes, welches bei Anlage des Buches leer gelassen war, weniger sorgfältig aber ansehenlich von derselben Hand aufgezeichnet, gleichfalls paragraphenweise abgesetzt, doch nur die Ueberschrift und das Wort Vortmer zwischen den §§ 1 und 2 roth. Die zweite dieser Dobbelordnungen wiederholt zum Theil die §§ 2—5 der ersten. Sie ist fast ganz in die weiterhin unter XXXIX abgedruckte Gesetzsammlung aufgenommen; von der ersten nur ein Satz aus §. 3. Welche von beiden die ältere, ist nicht mit Sicherheit zu entscheiden. Hn.

---

1) In der Handschrift alii.

Actum anno domini m°. ccc°. xl°. Van de-
me dobelspele.

1 **We** deme rade wert gemeldet vmme dobelspel
binnen dere tith dat sek de nye rath sat wante
an de tid dat de rad des iares vthgheyt, dat
scal de sulue nye rad eschen hi eren eden bin-
nen dere tid dat en boret to sittende, et ne were,
dat en we ghemeldet worde des se nicht hebben
ne mochten, also dat he crank were, eder hir
nicht to hus ne were, ofte mit vrevele eder mit
list deme rade vore were, dat he nicht to ant-
worde ne queme.

2 **De** ding ne schullen nicht veriaren, sunder men
schal dat schriuen in des rades taflen, ofte in
eyne andere wisse stede, also dat et nicht vor-
sumet ne werde, et ne werde io gheeschet von
deme rade de na en queme; vnde de rad de na
en queme de scholden dat eschen hi den eden,
alse de vordersten scholden gedan hebben.

3 **We** deme rade gemeldet wert vmme dobelspel,
dat he schulle ghewunnen hebben bouen der stad
kore, dene scal de rad aldus schuldighen, dat he
hebbe gewunnen dere [1] stad kore binnen
desseme iare, vnde darf eme nene summen van
gelde nomen. Bekant he des, he scal deme rade
to voren gheuen alle dat he gewunen heft bo-
uen vif schillinge. Were men et eme noch schul-
dich, so scholde he dat sweren, dat he dat deme
rade inmanen welde liker wis alse dat he dat
silue beholden scholde. Vorbat mer scholde [2] he
de stad vorsweren vppe alsodane tid, also des
rades settinge is, vnde na siuen hroken; ok ne
scholde he in de stad nicht weder komen, he ne
hedde deme rade twey punt gheghenen. Welde
he ok vor iowelik verudel iares dat eme borede
vte der stad to wesende vif punt gheuen, de kore
stunde an eme; de vif punt de scholde he rede
gheuen. Losede he ok de tid de eme borede vth
dere stat to wesene mit vif punden, doch scholde
he deme rade twey punt gheuen vor sinen broke
bi eyneme verndel iares, of he et leuede.

_____

1) bouen dere *auf Rasur*.   2) scholde *auf Rasur*.   3) schuldigen *auf Rasur*.   4) min *auf Rasur*.
5*

Worde iement deme rade gemeldet, dat he vor- 4
loren hedde bouen dere stad kore, dene scholde
de rath also schuldigen [3], dat he hedde overloren
bouen dere stad kore in desseme iare; men dorfte
eme ok nene summen van gelde nomen. Bekende
he, so scholde he de broke liden de de rath dar
vp gesat heft, also to swerene vnde vth dere stad
to wesene, eder de penninge dar vore to gheuene,
vnde de twey punt dar to, alse dar beschreuen is.

Worde ok deme rade we gemeldet mit dessen 5
slichten worden, dat he scholde hebben ghedo-
belet bouen dere stad kore, dar nicht to beno-
met ne worde ofte he ghewunnen eder vorloren
hedde, iene de also ghescholdighet worde de
mach sik ledeghen mit sineme ede.

We de stad vorsweren schal vmme dobelspel, 6
deme schal de rad dene edh aldus stauen, dat
he vte der stad wike binnen ses weken, et ne
beneme eme liues echt noth, de he bewisen mog-
ghe, vnde dat he sine tidh vte si eme bore
vte to wesene, eyne mile na dere stad nicht to
benachtende, vnde in de stad nicht weder to ko-
mende, he ne hebbe deme rade twey punt ghe-
gheuen, dat eme goth also helpe etc.

Uppe welke tid ok we vthe der stad wiken wel, 7
dat scal he deme rade vorstan laten, dat men
dat schriuen moghe vppe de tyd.

Wat ok deme rade geantwordet wert van also- 8
daneme ghelde dat mit dobelspel ghewunen is,
des gheldes boret den vogheden de dridde del;
vnde von den twen punden de deme rade wer-
det von deme de bouen vif schillinge ghewunnen
heft, dar ne boret den vogheden nicht af; auer
von den twen punden de deme rade werdet von
deme de vorloren heft bouen der stad kore, dar
von boret den vogheden vere penninge min [4] se-
uen schillinge, vnde nicht mer.

Gheuet iement deme rade vif punt vor dat vern- 9
del iares dat he vthe dere stad wesen schal, dar
ne boret den vogheden nicht af.

B.

Van deme dobelspele.

1 We dobelspel holt, eder penninghe vt doyt, et si eluene oppe twelue, eder wo he se vt doyt tho dolpelspele dor bate willen, de schal deme rade gheuen v marc, vnde schal der stat eyn half jar enberen sunder gnade. Wur dat gheschude in wes hus, dar schal de wert antworden lyke deme de de penninghe vt doyt. Vortmer

2 We dolpelt bouen v scillinge, he winne eder vorlese, de schal deme rade gheuen u punt, vnde wat he winnet bouen v sol dat schal des rades thovorn sin, vnde schal der stat eyn verndel jares enberen ane gnade.

3 We ock dobelt botten deme wichbelde bouen v sol, et si wor et sii, de schal desse broke liden, vnde schal der stat eyn half jar enberen ane gnade.

We in deme rade is, vnde to deme rade ghesworen heuet, vnde des rades ghesynde is, de 4 schal dit melden bi den eden.

Disse ding en schollen ock nicht [1] vorjaren, vnde de 5 rad schal se holden by den eden sunder gnade; vnde de mestere van den gylden de schollen dit ock melden bi den eden, wan en de rad dat beuelet.

Alle spel dat penninghe gylt dat geyt an des- 6 sen broke. We ghemeldet wert deme rade vmme dobelspel, deme schalme nicht benomen stunde, noch stede, noch summen, sunder me [2] wil en schulden, dat he der stat kore ghebroken hebbe, he hebbe ghewunnen eder vorloren bouen v sol. Wanne he winnet eder vorloset bouen v sol, so schal he desse broke liden, dar ne hort neyn keringe tho.

XXVIII. SCHIEDSGERICHTSORDNUNG.

Nachstehende Erweiterung der Schiedsgerichtsordnung von 1330 findet sich im zweiten Degedingsbuche der Altstadt unter Stücken, welche meist nachweislich aus älteren Büchern herübergenommen sind. Da jenes 1845 angelegt wurde, so wird sie jedenfalls vor diesem Jahre erlassen sein. Eine andere Aufzeichnung dieses Statutes, am Ende des etwa gleichzeitigen Pergamentcodex, welcher die unter XXXIX abgedruckte Sammlung der Stadtgesetze enthält, beginnt mit Inter pascha etc. und der Schlusssatz Wanne etc. scheint hier später nachgetragen zu sein. Sonst weicht diese hier als B unterschiedene Aufzeichnung von der im Degedingsbuche der Altstadt nur unwesentlich ab. Hn.

De rad van al vif steden sin des ghemene ouer en ghekomen, dat de rad van al den seluen steden scolen setten achte man alle iar, eder vmme de twey iar to deme lengesten, in desser wise alse hirna bescreuen steyt.

1 Inter pascha et pentheconsten absque dilatione ulteriori, semper duobus annis revolutis, apud fratres eligendi sunt et jurare debent ad concordiam quatuor de antiqua civitate, duo de Indagine, duo de nova civitate, de veteri vico et de Sacco tantum unus, alternatim una vice de veteri vico, alio tempore de Sacco [3], et juxta formam juramenti sui prestiti perdurabunt in officio faciendi concordias per duos annos continuos; et dicti electi eligent alios suo termino exspirante, et tales sunt scribendi ad locum certum et notum. Quicunque autem juraverint, hec infrascripta observare jurabunt, et consules debent eis assistere.

In welkeme wichbelde tweynge wert vnder bor- 2 gheren, dar scal de rad des wicbeldes sik der tweynge vnderwinden, to likende de tweynge, et [4] en si also, dat dar en vestinge to höre. Weret auer, dat de vnder den de tweynge were de vor-

---

1) nicht übergeschrieben. 2) Die Handschrift hat ein späterer Hand übergeschrieben. 4) et fehlt in B.

3) Die Worte alternatim — Sacco sind in B von

sprokene rad eder eren seluca vrunt uicht en
konden verliken, vnde dat se de rad sende vor
de de to der sone sworen hebbet, de seolden
se denne na der tyd dat se vor se ghesand wor-
den binnen veer weken verliken. Werct, dat
des nicht en sende, so scolden de seluen de
ghesworen hebben gan vp de müntsmeden, vn-
de en seolden dar nicht vt komen, se en hedden
se verliket an vrunscap eder an rechte. Vorbat
wanne se aldus eyn recht eder ene vruntscap ghe-
sproken hebbet, vnde gheheten to holdene vnder
den de tweynge is, welker dere de des rechtes
eder dere vruntscap nicht wolde holden, de
scolde veer stad veftich marc gheuen, vnde men

scolde ene vervesten. Were he auer also arm dat
he des gheldes nicht gheuen en mochte, so scolde
men ene vervesten, vnde he scolde eweliken vt
buten der stad wesen also lange wente he dat
ghelt gheue, vnde helde die vrüntscap eder dat
recht. Vnde wes de meyste menye der sonelude
ouer eyn komet, de scolen de anderen volghen.
Disser ding wel de rad irstan. Wanne de per-
sonen to der endrachticheyt ghekoren sin, vnde
on dit ghelesen is, so scal vpstan de de des ra-
des word holt, vnde scal on staven dene edh in
desser wise: Dat jv hir ghelesen is, dat gi dat
holden twey jar vmme alse gi best kunnen vnde
moghen, dat jv god also helpe vnde de hilghen.

XXIX. HULDEBRIEF DER HERZÖGE MAGNUS UND ERNST.
1345 Febr. 8.

*Das Original befindet sich im Landesarchive zu Wolfenbüttel: Pergament, mit zwei runden gel-
ben Wachssiegeln an grüner Seide. Beide haben den gewöhnlichen links schreitenden Löwen, das eine mit
der Umschrift: SIGILLVM DEI GRACIA MAGNI DVCIS IN BRVNESWICH, das andere: SIGIL-
LVM DEI GRACIA .. NESTI DVCIS IN BRVNESWICH. Ein Auszug ist in Herzog Magnus Co-
piaibuch im Landesarchive zu Wolfenbüttel eingetragen, wo aber das Datum unrichtig übersetzt ist prima
feria in quadragesima. Danach die Abdrücke in Brschw. Händel I, 99; III, 1017, und Knichen
Epopsis 177. Das Original ist abgedruckt bei Rehtmeyer Chron. 631.*

*Hier zuerst erscheint der Sack den übrigen Weichbilden in allen Stücken gleichberechtigt. Ausser-
dem ist dieser Huldebrief gegen den 1318 von Herzog Otto ausgestellten, mit welchem er im Uebrigen
völlig übereinstimmt, um § 12 des Huldebriefs von 1323 vermehrt.* Hn.

Van der gnade goddes we Magnus vnde Ernest brö-
dere hertoghen to Bruneswich vnde vse rechten eruen
bekennet des openbarliken in deseme jeghenwortighen bre-
ue, dat we noch vse rechten eruen en scullen nene clostere
eder couente myd gheystliken luden mannen eder vröwen
setten, orlouen, eder vulborden to wonende binnen der
stad vnde der muren to Bruneswich, vnde ok buten der
2 stad also verne alse ere vedrift is. We bekennet ok
des, dat we vnde vse rechten eruen hebbet der seluen
veer stad to Bruneswich vnde veen leuen börghern dar
inne, bi namen in der olden stad, in deme Haghen, in
der vyen stad, in der olden wic vnde in deme Sacke,
de gnade vnde dat recht ghegheuen, de dat we inne sin
vnde borghere eder börghersche sin, dat dy scolen vry

wesen van allerleye ansprake. We na dessene daghe 3
ok also desse bref ghegheuen is in de seluen vorseghe-
den vif stede veer stad to Bruneswich vöre, vnde bür-
ghere wörde, vnde openbar dar were jar vnde dach ane
ansprake, de scölde des seluen rechtes bruken vnde vry.
börghere wesen, also hir vore bescreuen is. Würde ok 4
jeman ansproket binnen jar vnde daghe der de de huv-
scap ghowunnen hedde, den en scölde de rad to neneme
borghere hebben, he ne hedde sik vorlikenet mid der her-
scap. We ok vnde vse rechten eruen willen vnde scö- 5
len de vif stede veer stad to Brunswich bescermen vnde
vordeghedingen at öres rechtes vnde orer vrybeyt, also se
oldingus von vsen elderen ghehad hebben vnde hebbet,
vnde öre recht to beterende vnde nicht to ergherende.

1) des *in B.*

6 Were ok dat also, dat jeman der seluen vser borghere jen-
ghen vorderen wolde vor lat eder vor eghen, eder jen-
gherleye ansprake don wolde, eder jenghe schult gheuen
wolde, de scolde antworden vor vsenne richte in der stad
7 to Bruneswich. Vse vorbenomden borghere der vif stede
vser stad to Bruneswich moten ore rechi wol beteren
wor se moghen ane vsen scaden; vnde wor dar neman
8 en claghet, dar ne darf neman richten. We bekennet
ok vnde vse rechten eruen, dat vse borghere der vorbe-
nomden vif stede vser stad to Bruneswich vnde ere gud
scolen tolenvry wesen in vsenne lande vnde to al vsen sla-
9 ten. We ok in der stad to Bruneswich voghet is von
vser weghene, de scal richten in der stad vnde buten alse
10 verne, alse ore vedrift wendet. Vortmer vppe dat dat vn-
der vsen mannen vnde vnder vsen vorbenomden borgheren
neu twidracht en werde, so scole we on enen marscalk
setten, de vsen borgheren richte ouer vse man der on not
11 sy. We ne willet ok des nicht, dat vser denestman ie-
nich icnghen vser borghere vser borghere mit lengude
12 wise an enen anderen herren, de beneden ome si. Stor-
ue ok vser denestman jenich ane eruen von
deme vse vorbenomden borghere gud to lene
hedden, vnde vs dat gud denne borede to le-
nende, dar sculle we se midde beienen eder vse
13 eruen vmme redelike vruntscap. We willet ok
de seluen vorbenomden borghere vordeghedingen vnde be-
scermen alle des rechtes dat so von vsen elderen vnde

von vsen vorvaren ghehat hebben, vnde willen on dat
ganz vnde stede holden. Wolde se ok alle desser vor- 14
gheseghedou gnade vnde rechtes, dat we vnde vse elderen
in ghegheuen hebben, jeman vorunrechten, des wille we
ore bescermere wesen nv vnde to allen tyden, vnde to al
oren noden. An en orkunde vnde stedicheyt desser vor-
screuenen ding hebbe we vor vs vnde vse rechten eruen
vse ingheseghele ghehenget to desseme breue. Desser ding
der sint tughe her Conrad von Rostorp, her Beseke
von Rotzinghe, her Gheuerd von Weuerlinghe,
her Borchard von Bortuelde, her Johann von
Godenstidde, her Willehelm von Tzampelene, her
Lippold von Vreden, vnde her Hinrek von Sal-
dere riddere; Gheuerd von Werberghe, Bertram
von Velthem, Hannes von Honlaghe vnde Ber-
told von Adeleuessen knechte; her Johann von
Saldere, vnde her Herman von deme Stenberghe
riddere; Herman Holtnickere, Hene bouen deme
kerchoue de eldere, Hene bouen deme kerchoue
de jungere, Thile Doring, Conrad von Luttere,
Ludeman von Wenthusen, Dyderik von Brokelde,
Henning hern Gherwynes vse borghere to Bruns-
wich, vnde andere vrome lude. Desse bref is
ghegheuen na goddes bort dusent jar drehun-
dert jar in deme vif vnde verteghesten jare an
deme ersten dinstaghe in der vasten.

XXX. HULDIGUNGSORDNUNG.
1345.

*Diese bisher ungedruckte Huldigungsordnung folgt im zweiten Degedingsbuche der Altstadt un-
mittelbar auf die Eingangsbemerkung: Anno domini m°. ccc°. xlv°, completo priori libro causarum,
editus est iste etc. Sie ist auf Linien geschrieben, der erste Satz Modus etc., mit rother Schrift, § 9
von anderer Hand als das Uebrige, die einzelnen Artikel abgesetzt, je die ersten Worte derselben roth
unterstrichen. Die Auffassung des Verhältnisses zu den Herzögen, welche sich in § 9 ausspricht, war
wesentlich schon in der oben unter IX mitgetheilten Notiz zu erkennen. Den 1345 geleisteten Huldi-
gungseid theilt auch Sudendorf im Urkundenbuche der Herzöge von Braunschweig und Lüneburg H, 61
nach einem gleichzeitigen Registrum mit.* Hn.

Modus omagii dominis nostris ducibus in Bruns-
wic faciendi talis erit ut infra scribitur.
1 **Men** scal weten, dat men in deme vorescreuenen
iare des ersten dinsedaghes in der vasten hulde-
ghede hertoghen Magnuse vnde Erneste her-

toghen Albertes sönen vnde hertoghen Otten
broderen in desser wise. Do men en huldaghen
scolde, do loueden se vnde rededen deme mey-
nen rade van allen steden vppe dere dorntzen
vppe deme radhuse in dere oldenstad, dat se

wolden holden alle de breue de ere elderen vn-
de ere broder hertoghe Otto hedden· vsen bor-
gheren ghegheuen. it were vppe weykerleye sake
dat were, dat se de stede vnde gantz holden
willen.

2 **O**k hebben se deme rade ghelouet vnde ghe-
redet eyne rechte gantze sone vmme alle soe-
linge vnde seicht de er[1] desser tyd gheschen
were, dat se des nicht mer ghedenke en wolden.
Hir hebben ouer ghewesen alle de riddere vnde
knapen de in ereme rade weren, de men vint be-
screuen in deme groten registro in ereme breue
der huldinge. Ok hebben dar ouer ghewesen van
des rades wegbene her Jan van Saldere, her
Hermen van deme Steynberghe riddere, Henrik
van Wenden de lange, Hannes van Wantsleue,
Hannes van Weuerlinge, Gherard van Levede,
Henrik van deme Steynberghe her Hermenes
sone knapen, vnde Egkelingus vse scriuere, de
sint desses tughe.

3 **W**anne me scolde der herscap huldeghen, so is
deme rade vnde der stad des nod, dat se sik mit
dere herscap tovoren[2] bedegbedingen, dat on de
herscap alsodane breue gheue beseghelet alse
on ere elderen gheghebuen hebben, mit alle den
stucken de dar inne stan, alse men se vindet in
deme groten registro. Were ok deme rade vnde
der stad ieneghes dinges mer nod, des scullen
se sik ok bodeghedingen, vnde wes se konden
vnde möchten dar se ere recht mede betereden.

4 **W**anne denne de herren quemen vppe dat rad-
hus, so scolde men se bringen vppe de dorntzen,
dat se dar seten mit eren mannen. So scal on
de rad denne huldeghen vnde sweren dessen
edh: Dat gj vsen herren N. van Brunswich vnde
eren ernen also truwe vnde also holt sin also
eyn borghere sineme berren to rechte scal, vnde
dat gi on helpen de stad to gade holden alse gi
van rechte scolen, dat jvk god also helpe, et
cetera.

5 **D**e rad en scolde sik ok vppe nen louede· eder
vppe neue andere edhe then laten, noch vppe

ienegherleye ding, ofte men wol dat van on
eschede.

Dar na. scal de de des rades word holt den sel- 6
uen ed stauen der menheyt vppe dere löuen.

Men scal ok alle de breue de se deme rade vn- 7
de der stad gheuen scolen beseghelet to sik ne-
men van den scriueren, er[1] men de huldinge do,
vnde men scal des tovoren[2] bedegbedingen, dat
men deme rade de breue vergheues gheuen scal.
Woldemen denne dar na den scriueren vser her-
ren eyne redelike truntscap don, des scullet se
wardene wesen to des rades ghenaden. Auer se
en scullet dene rad mit den breuen to voren
nicht bescatten, wante des nen wonheyt er[1] ghe-
wesen en heft.

Ok scullen vse herren denne, wanne on ghe- 8
huldeghet is, vse borghere belenen in dere sul-
uen stunde ane wedersprake, vnde vmme nener-
leye ghift: also hebben oldinges ore elderen ghe-
dan, wante an desse tyd etc.

Den ed den de rad to voren vnde de borghere 9
na sweren, wanne men den heren huldeghet alse
hir vore bescreuen is, de is aldus to verstande.
Alle de wile de herscap de stad vnde de bor-
ghere laten bi ereme rechte vnde wonheyt, vn-
de by gnaden, alse se vnde ere elderen hebben
ghehabd oldinges van dere herren elderen, so wil-
len se de ede der hvldinge holden, alse on to
rechte gheboret; wanne auer de heren dat recht
vnde wonheyt breken, vnde se nicht by den gna-
den en lethen, so en welden se vnde en dorften
van rechtes weghene to den eden· der hvldinge
nicht verbunden wesen, de wile dat de vnghnade
mit den herren warede. Vortmer, dot de her-
scap deme rade vnde den borgheren gütliken,
vnde vordeghedinget se wol de stad vnde de bor-
ghere eres rechtes, des danket men ou bilken;
deden se auer des nicht en, so en were me on in
eren noden vnde ereme rechte bitostande nichtes
plichtich. Wante van der göde goddes is Bru-
neswich en vriy stad. Dit scolen weten de na
vs tokomende sin.[3]

---

1) er roth unterstrichen.   2) tovoren roth unterstrichen.   3) Für diesen Absatz ist in dem Register des Dege-
dingebuches der Titel angemerkt: Causa de juramento dominis nostris prestito.

XXXI. HULDIGUNG.

Wahrscheinlich um das Jahr 1345 liess der Rath auch die nachstehenden Forderungen anmerken. Sie sind in dem 1345 abgeschlossenen Degedingsbuche der Altstadt auf dem vierten der vorderen zwölf Blätter aufgezeichnet, welche anfangs leer geblieben waren, hier der letzte Nachtrag und von derjenigen Hand, welche das Buch im letzten Jahre und zum Theil auch während des vorletzten geführt hat. Die zweite dieser Forderungen wird der Stadt im Huldebriefe d. d. 1400 Jul. 17 gewährt; die erste und die dritte scheinen nie durchgesetzt zu sein.   Hn.

Scholdemen enes daghes der herschop huldeghen, so were deme rade vnde der stad nod, dat se sik des bedeghedingeden, dat de deme se huldegheden neyn orloghe an gan en schölde na des dat de nod vppe se kumpt, he en dede dat 2 bi orer witscoop vnde bi oreme rade. He en scholde ok des rades noch vaer borghere voruestede lude nicht heghen in sinen sloten. He 3 scholde ok staden deme rade vnde vsen borgheren ore vouesteden lude dor sine slot vnde dor sin gherichte to halende vnde to vöreude aue vare vnde ane bröke.

XXXII. VERPFÄNDUNG DER VOGTEI, DER ALTENWIK UND DES SACKES AN DEN RATH.
1345 Febr. 15.

Das Original ist nicht vorhanden. Dem nachstehenden Abdrucke liegt eine Copie in Herzog Magnus Copialbuche im Landesarchive zu Wolfenbüttel fol. 1ᵛ zu Grunde, welche indessen vor dem Worte famuli abbricht, indem das zweite Blatt fehlt. Der Schluss ist hier nach dem Abdrucke ergänzt, welchen Sudendorf im Urkundenbuche der Herzöge von Braunschweig und Lüneburg II, 60 nach einem gleichzeitigen Registrum im königlichen Archive zu Hannover geliefert hat. Derselbe stimmt bis auf zwei in der Note angezeigte Stellen mit dem hier gegebenen überein.   Hn.

Dei gracia nos Magnus et Arnestus fratres duces in Brunszwic recognoscimus publice per presentes, quod dilectis consulibus nostris, videlicet antique, Indaginis ac nove civitatis Brunszwic pro sexingentis et nonaginta marcis puri argenti et ponderis Brunszwicensis cum consensu heredum nostrorum dimisimus advocaciam nostram in Brunszwic, sicut inclitus princeps domnus Otto dux quondam in Brunszwic bone memorie olim frater noster ipsis eandem vendidit ac dimisit, necnon specialia judicia nostra, scilicet veterem vicum et Saccum cum inhabitantibus ibidem, ita videlicet quod inhabitantes ibidem obedientes et subjecti erunt ipsis in collecta que vulgo schot dicitur, seu contribucionibus aliis quibuscumque, ac omnibus articulis, et casibus, et juribus quibus burgenses eorum ipsis sunt subjecti. Hac tamen dimissione seu obligacione pendente, ipsos sicut suos burgenses relegato omni rancore dicti consules graciose pentractabunt. Preterea in dictis judiciis, scilicet veteri vico et Sacco, nulla mercimonia venalia habebuntur[1] preter consensum consulum predictorum. Possumus tamen una cum heredibus nostris omnia prescripta judicia nostra, scilicet veterem vicum et Saccum cum advocacia predicta atque suis pertinentiis ac libertatibus pro[2] sexingentis et nonaginta marcis in dicto pondere et valore reemere, cum se facultas optulerit, a consulibus antedictis. In cujus rei testimonium dedimus ipsis presens scriptum sigillorum nostrorum munimine patenter communitum. Testes eciam hujus rei sunt strenui viri Conradus de Rostorp, Beseko de Rotzingen, Johannes de Goddenstide, Wilhelmus de Tzampeleuen, Lippoldus de Ureden, et Hinricus de Saldere milites; Ghe-

---

1) *Bei Sudendorf* habebuntur.   2) *Bei Sudendorf ist hinzugefügt* dictis.

uchardus de Werberge, Bertramus de Velthem, Johannes de Honlaghe, et Bertoldus de Adelenessen [famuli; Hermannus Holtnicker senior, Hinricus de cimiterio senior, Conradus de Luttere, Luderus de Wenthusen, Thidericus de Bro- kelde, et Johannes Gherwini burgenses nostri in Brunswic, et plures alii fide digni. Datum anno domini m°. ccc°. xlv°, feria tercia proxima post dominicam qua cantatur Invocavit].

XXXIII. JUDENSCHUTZ.

1345 Mai 15.

Die folgende Urkunde, von der das Original fehlt, ist in Herzog Magnus Copialbuche im Landesarchive zu Wolfenbüttel fol. 8' erhalten und im Auszuge gedruckt in Brschw. Händel I, 80; Knichen Epopsis 191; vollständig in Sudendorfs Urkundb. der Herzüge von Brschw. u. Lüneb. II, 73.

Die älteste bekannte Nachricht über Juden in Braunschweig bringt das erste Degedingsbuch der Altstadt fol. 18': Dhat si alleweme witlec, dhat we borghere van Bruneswic dhor leflike bede vses heron hertoghen Alberti vnde vser vrowen, Dauid dhen iödhen, sine husvrowen, sine kindere vnde sweghere, vnde ir ghesinde hebbet vntfanghen vortostande wedher iegewene vor beschattinghe vnde vor aller moyghet, van twelften nu kumpt vordh over twelf iar. Bi wizscap dher meynheyt hebbe we dhit ghedan. Datum anno domini m°. cc°. xc°. vi°, dominica Oculi. Hn.

Von godes gnaden we Magnus etc. dat we hebben entfangen Jordane den joden von Helmenstidde vnde sine eruen an vse stad to Brunswic to wonende an vnsem vrede, vnde an vnser beschernisse, vnde gheuet on al recht dat vse joden to Brunswic hebben, dat neman, wer jode noch kerstene, se ne schal beklagen, wen vor der scole; dar hebbet se beter recht der schult to entgande, wenne jeman vppe se to bringende. 2 Des schal vs Jordan gheuen alle iar. two mark lodighes siluers, ene to sontte Micheles daghe vnd ene to paschen; dar enbouen en scolle we se nicht vnredeliken bescatten. Woret ok, we beyden de ghemeynen joden, so scholde Jordan vnde sine eruen mid der bede vnd mit den joden alles dinges vnbeworen wesen. Vortmer 3 sculle we se beschermen vor vnseme brodere hertoghen Ernste, vnde sine eruen ienghe sulfwolt edder vnrecht toteyn, des sculle we on bybestan, vnde scullet 4 dat keren, dat des nicht en sche. Weret ok, dat vse bole hertog Ernst wolde Jordane vnd syne

eruen entfan, vnde laten se by deme seluen rechte dar se vse brodér hertog Otte by let, vnde dat we on beseghelt hebbet, so scholde he mid vs treden in den seluen tzyns den se vs ghenet, vnde scolde se denne vordeghedingen likerwis alse we. Vortmer sculle we se beschermen 5 vor vsen vedderen hertog Hinreke, hertog Ernste, hertog Wilhelme, vnd hertog Jane von Brunswic, vnde vor eren eruen, vnde vor alle den de dorch vs don vnde laten willen. Wan auer Jordan vn- 7 de sine eruen nicht lengher vnder vs wonen ne wolden, wor se denne varen wolden dar scolde we se to vorderen, vnde nicht behinderen. Testes hujus rei sunt Wilhelmus de Tzampeleue, Gheueherdus de Weuerlinge milites; Gheucherdus de Werberghe, Bertrammus de Velthem, Johannes de Honlage, et Johannes Papestorp famuli, et quam plures alii fide digni. In cujus rei testimonium sigillum nostrum presentibus est appensum. Anno domini m° ccc° xlv°, in die penthecostes.

XXXIV. VERPFÄNDUNG DER MÜNZE AN DEN RATH.
1345 Mai 29.

Nach Herzog Magnus Copialbuche im Landesarchive zu Wolfenbüttel fol. 16'. Das Original ist nicht vorhanden. Gedr. in Sudendorfs Urkundb. der Herzöge von Brschw. u. Lüneb. II, 75. Hn.

Von der gnade goddes we Magnus etc. dat we hebbet gelaten vnsen getruen deme rade vnde dene borgeren to Brunswich vnse deyl der münitye dar sulues, dat se de schullet hebben van sunte Bonifaciuses dage de nu nilkest tokumpt var ouer dre jar. Wanne desse dre jar voregan sint, so valt de münitye weder vpp vns vnde vp vnse ernen. In cujus rei testimonium sigillum nostrum presentibus est appensum. Testes eciam huius sunt Willehelmus de Tzampleue miles, Johannes de Honlage famulus, Hermannus Holtnicker senior, Hinricus de cimiterio senior, et Thidericus Doringb cives in Brunswich, et quum plures alii fide digni. Datum anno domini m° ccc° xlv° dominica proxima ante diem beati Bonifacii.

XXXV. JUDENSCHUTZ.
1346 Decbr. 6.

Nach Herzog Magnus Copialbuche im Landesarchive zu Wolfenbüttel fol. 27'. Das Original ist nicht vorhanden. Gedr. in Sudendorfs Urkundb. der Herzöge von Brschw. u. Lüneb. II, 113. Hn.

We Magnus etc. dat we hebben entfangen de gemeynen joden to Brunswig in vnse beschermnisse, dat we schullet vnde willet se ores rechten vordegedingen, wur vnde wanne on des not is, vnde willen se bij rechte beholden. In quorum evidens testimonium sigillum nostrum presentibus est appensum. Anno m. ccc. xlvi, [1] in die beati Nicolai episcopi.

XXXVI. VERPFÄNDUNG DER MÜNZE AN DEN RATH.
1348 Juni 1.

Nach Herzog Magnus Copialbuche im Landesarchive zu Wolfenbüttel fol. 34'. Das Original ist nicht vorhanden. Gedruckt in Brschw. Händel I, 113. Hn.

We Magnus etc. bekennen etc. dat we mit willen vnde vulborde vnser rechten ernen hebben gelateu vnsen getruwen leuen borgeren deme rade to Brunswig vnsen deyl der muntye dar sulues mit allene rechte vnde mit aller nut vrieliken to besittende viff jar vmme an to rekende van der vigilit dusses breues. In cujus rei testimonium presentem litteram nostro sigillo duximus roborandam. Testes eciam sunt Johannes de Godenstede, Ludewicus de Linde, Luderus de Honlaghe milites; Gheuchardus de Werberge, Johannes de Honlaghe famuli; Hermannus Holtnicker, Hinricus de cimiterio senior et junior, et Thidericus Doringb, et plures alii fide digni. Actum anno m° ccc° xlvm° [1] dominica proxima ante diem beati Bonifacii.

XXXVII. RECHTE DER JUDEN.
1349 März 23.

Nach Herzog Magnus Copialbuche im Landesarchive zu Wolfenbüttel fol. 37'. Das Original ist nicht vorhanden. Gedr. in Sudendorfs Urkundb. der Herzöge von Brschw. u. Lüneb. II, 165. Hn.

---

1) *Die Copie hat quo supra.*

We Magnus etc. dat vse joden to Brunswic mit vs ghedegedinget hebben in der wiis also 1 hiir na bescreuen steyt. Weret dat eyn jode mit ener missedat berochtiget worde, edder besproken worde, der missedat scholde me one ouertugen mit twen kerstenen, vnde mit tweu ioden de vnbesprokene lude weren; dar scolde he sin recht vmme liden, vnde de andern joden 2 scolden des nicht engelden. Werc ok, dat eyn

jode vpp der openbarn hanhafftigen dat mit ener missedat begrepen worde, de scolde dar sin recht vmme liden, vnde des eyn scolden ok de anderen jodene nicht entgelden. Hij desseme rechte wille we vse vorbenomden joden beholden, vnde se des vordegedingen; vnde hebben on des to ener bekantnisse dessen breff gegeuen besegelt mit vnsem jngesegel. Anno m. ccc. xlix., [1] feria secunda post Letare.

XXXVIII. VOM BRAUTGELAGE.

Dieses bisher ungedruckte Statut ist im Rechtsbucke der Neustadt fol. 12 aufgezeichnet, auf Linien, in zwei Absätzen, deren zweiter mit § 6 beginnt, jeder mit rothem Anfangsbuchstaben, im zweiten Absatze rothe Trennungszeichen zwischen den einzelnen Paragraphen, roth auch die Ueberschrift. Es rührt nicht mehr von derjenigen Hand her, welche die ältesten Aufzeichnungen im Rechtsbucke der Neustadt und darunter eine von 1331 datirte geschrieben hat, ist dort also jedenfalls nach diesem Jahre eingetragen. Die §§ 1—5 stimmen völlig mit § 13 der nächstfolgenden Sammlung von Stadtgesetzen überein; in § 15 derselben ist die hier § 12 gegebene Bestimmung übergegangen. Hn.

Van der brutlachte vnde brudbade.[2]
1 We eyne vrowen eder eyne iuncvrowen bered, de en scal nemende mer gheuen sunder dem brodegamme, vnde sineme vadere, siner moder, vnde den de in des brodegames hus sin, vnde sinen broderen, vnde susteren de hir in der stad wonhaftich sin: gordel, budel vnde linane cledere.
2 Vnde wat men dem brodegame gift dat scal 3 nicht betere wesen wanne eyn marc. De bro-4degam scal nene vorckost don. De brutsco en scholten och nicht belher wesen wan vif scillinghe.
5 Swe anderes dede, de scal deme rade vif marc gheuen.
6 To dem brutlachten scalme hebben tho sestich scottelen, vnde ses richte ane wiltvleysch. vnde nicht mer, vnde scal hebben ses drosten vnde ses schenken, ses vrowen de dar vmme gan. Suat iunger knechte dhenet de sint dar vthe. Ses spellude, vnde twene dunne brödere mach 7 men dar hebben, vnde nicht mer. Welde och

eyn man kost vor don, so schal he tho teyn scottellen hebben, dar tho ver stouekene wines. Tho 8 deme brudbade machme hebben twintich vrowen, vnde nicht mer. Weret och dat met eyner brud 9 van vtwendich bere in de stad vrowen, eder man[3], eder[4] iuncvrowen quemen vngebeden, de scholden butten der vorsprokenen tale wesen. Swat men[5] och bede vtwendighes, eder in binnen, 10 dat met der brut an queme, dat scal in de tale horen. De dans en scal nicht lenger waren 11 wante alse men de wachtereclocken ludet jn deme wichelde dar de brutlacht is. Wene de brodegam och bede op dat hus to deme be horde, wat he dar kost an leget dat is vnde scal wesen an vare. De brodegam scal och nemene 12 spelemanne gheuen sunder den voreachten, vnde en scal neyne vorsenden buten de stad, noch dar en binnen. Vnde dat sulue en scal och neyn siner vrunde van siner weghen don. Dit scalme holden bi vif punden.

---

1) *Die Copie hat quo supra.* 2) *So im Register, vnde brudbade von späterer Hand; Ueberschrift ist nur Van der brutlachte.* 3) *man am Rande.* 4) *oder auf Rasur zu Anfang der Zeile.* 5) *men übergeschrieben.*

6*

XXXIX. SAMMLUNG VON STADTGESETZEN.

Die nachstehenden, bisher ungedruckten Stadtgesetze sind in einem Pergamentcodex, 32 Blätter in kl. 4ta, im Besitze des Herrn Kreisrichter Bode hieselbst, fol. 1'—13' aufgezeichnet: Bücherschrift, von einer Hand, der nämlichen, von welcher die ersten Aufzeichnungen im Rechtsbuche der Neustadt herrühren, die Anweisungen für den Vorleser roth, auf Linien, die anfänglich gezählten Paragraphen abgesetzt und häufig durch offene Linien getrennt, der Anfangsbuchstabe des ersten roth, die der übrigen nur roth durchstrichen. — Es folgen fol. 14'—15' elf noch mit Bücherschrift aber von verschiedenen Händen eingetragene Bestimmungen; weitere Fortsetzungen bis fol. 25' sind mit Cursivschrift, fast wie Urkunden aus der zweiten Hälfte des 14. Jahrhunderts geschrieben. Ebenso auch die Mehrzahl der Veränderungen und Zusätze, welche sich auf den ersten dreizehn Blättern an den Rändern und zwischen den einzelnen theilweise ausgestrichenen Paragraphen finden. Diese Nachträge und Fortsetzungen sind als zweite Redaction weiterhin unter LIII abgedruckt: die hier zunächst gegebenen neunzig Paragraphen bilden nach allem Angeführten unverkennbar den ältesten Bestandtheil dieser Sammlung.

Sie sind spätestens 1349 zusammengetragen, da sich in der ersten Fortsetzung eine noch von gleicher Hand geschriebene Bestimmung findet, § 90 der zweiten Redaction, welche nach Michaelis jenes Jahres in Kraft treten sollte. Der Zweck der ganzen Sammlung ergibt sich aus der Fassung des § 86 und den schon erwähnten Winken für den Vorleser: sie diente zu den öffentlichen Verkündigungen der Stadtgesetze. Dass sie durch den Rath der Altstadt angelegt wurde, darf daraus geschlossen werden, dass die unter XLI abgedruckte Rathsordnung für dieses Weichbild in demselben Codex eingetragen ist.

Aus älteren Statuten herübergenommene Bestimmungen sind im Folgenden durch kleineren Druck ausgezeichnet. Auf ihren Ursprung verweisen die Marginalnoten nach den in der vorliegenden Ausgabe angewandten Zahlen. Hn.

1 **S**we twidracht maket twischen der herscap vnde der
XI. 4 stat, vnde deme rade vnde der stad, sin lif vnde sin
gud stcyt in des rades wold.

2 **N**eu vser borghere scal reyse riden ane des rades witscap dar de stad in scadhen van kome, bi x marken.

3 **S**we en erue verkoft, de scal is en were wesen.

4 **E**t ne scal neman en erue vplaten noch nerre-
XVI. 19 leye ghelt dar an, sunder vor deme voghede openbare vnde to rechter ding tyd daghes.

5 **S**we ghelt verkoft in sineme erue, dhe scal dat scriuen laten in der stad bok, wo dane wis he it vorkope.

6 **S**we sin erue verkoft, eder vorghift, dar der stad ere plicht mede afgheyt, dat erue heft he toveren vorloren, vnde men scal eme volgen mit ener vestinge.

7 **S**welk man veret vppe en ander blek, dar he der stad ere plicht mede vuttüht, deme scalme uolgen mit erre vestinge.

Nen lat eder eghene scullet hir erue hobben: heft 8 he it, he scal it vorkopen binnen eneme vorndele iares, ofte rad wel is sik vnderwinden.

Et en scal nement nenne garden buwen de to a wicbelde lecht, he en scippe, dat der stad vnde deme rade ere plicht dar af ghesche.

Swe one vrowen eder juncvrowen enwech vord 10 ane dere vrunde willen, ere erue en scal ere XVI. 51. 12 nicht volghen, vnde men scal eme volgen mit ener vestinge.

We deme anderen en truweloude ansprikt 11 vmme eaht, des he nicht vulkomen ne mach mit rechte, he ni vrowe eder man, deme scalme volgen mit ener vestinge.

Swe ene vrowen eder juncvrowen bered, de scal 12 loggen an ere cledere vnde jughedome xl mark vnde nicht mer, min mach he wol don. Dith scalme holden bi x marken.

Pretermitte [1]

We ene vrowen eder juncvrowen bered, de en scal ne- 13

---

1) *Rothe Schrift.*

XXXVIII.
1-5.

mende mer gheuen sunder dem brůdegamen, vnde sineme
vadere, vnde siner moder, vnde den de in des brůde-
gamen hus sin, vnde sinen broderen vnde sinen susteren
de lir in der stad wonhaftich sin; gordel, budel, vnde
linene cledere. Vnde wat men den brůdegamen gift, dat
en scal nicht botere wesen, wanne en mark. De brůde-
game scal oc nene vorekost don. De brudscho scolen
ok nicht betere wesen wan v sol. We anders dede, de
scal dene rade v mark gheuen.

Sequentem lege pro ea.[1]

14 To den brutlachten mit kost vnde mit ghift to
donde, vnde mit anderen dingen, de dar vp ual-
let, dat scalme holden also et de rad ghesat heft.
We des nicht en wete de latis[2] sik berichten.

15 Nen man en scal ok nemene spelemanne mer
XXXVIII.12 gheuen sunder den achten de de rat ghewilko-
ret heft toden brutlachten; men scal erer oc nicht
to etene setten, noch vorsenden, noch neman van
siner wegene.

16 Weme oc en speleman van buten herin ghesant
wert, de scal eme nicht mer gheuen wanne en
swart lot bi 1ª taln.

17 Welk brůdegame rôte hôde gift to der brut-
lacht, de scal deme rade v tal gheuen.

18 Nen iunovrowe eder vrowe ne scullet na disser
tyd listen maken vp ere cledere de betere sin
wanne 1 rerding, bi u marken.

19 Nene man eder vrowen scolen draghen golt,
siluer noch parlen vppe eren cledderen, sunder
en kint beneden achte iaren, dar bouen scal men
it bi don, bi v marken.[4]

20 Nen vser borghere scal dragen cledere de mit
sydhen vtghenayet sin, bi v marken.

Nen vser borghere scal dragon dorhowene sco, 21
noch de clene vtghesteken sin, bi v scillingen.

Nen vser borgere eder borgersche sal den an- 22
deren laden vor ienich recht, eme ene werde
rechtes borst vor deme vogede[s] bi x marken.

Iowelk man scal sulue antworden vor dem vo- 23
ghede, bekennen eder vorsaken, noch neman van
siner wegene, et en do eme liues nod.

Weme de rad boden sant, de scal komen ane 24
anderen boden, bi vi sol.

De rad gift maneghemc vorword here in de stad 25
dor sake willen. Dar scal sik malk an bewaren,
dat he nemende an ne verdege, he en do it bi
witscap des rades des wicbeldes dar he inne
wonet.

Nen vser borghere scal des anderen gudes an- 26
gheuelle vnde dat he in sines leneschen weren
heft kopen ane senne willen. We dat dede deme
scoldeme mit ener vestinge.

We van henne veret van scult weghene, vnde 27
vsen borgeren ere gud mit voresate vnford, dene
wel de rad suluen voruesten in deme wicbelde
dar dat inne gheschen is. Heft he eyne jninge,
de scal he vorloren hebben. Men wel it ok vor
duve hebben, vnde scal ene in de veme scriuen.[3]

Welk vse borghere sik in der stad rechte nicht 28
ghenoghen wel laten, vnde mit drowe van henne
veret, dene wel de rad vor enen vmbescedenen
sulfmodigen man hebben, de scal der stad enbe-
ren mit wiue vnde mit kinderen, de wile he le-
uet sunder gnade.

We de burscap vreueleken vpghift ane nod, van 29
deme wel de rad hebben, dat he swere to dere

---

1) *Rothe Schrift.* 2) latis *auf Rasur.* 3) 1 *auf Rasur.* 4) *Diese Bestimmung ist besonders eingetragen in
das erste Degedingsbuch der Altstadt fol.* 60, *am Ende der Aufzeichnungen des Jahres* 1317, *aber von späterer
Hand: Neyr* — *cleyderen,* bi v marken, sunder — iaren. Dhit holdet dhe rat bi eren eyden.   5) *Von diesem
Gesetze finden sich zwei besondere Aufzeichnungen. Allein Anschein nach die erste Redaction ist die im ältesten
Degedingsbuche der Altstadt fol.* 69: De rad van allen steden sin des to den broderen oner en komen: we van
henne veret anderswor van schulde weghene, vnde vsen borgheren mit vorsate ere gut vntfort, dene schal de rat
suluen altohant voruesten in deme wigtbelde dar dat inne gheschen is. *Sie ist von derjenigen Hand, welche in je-
nom Degedingsbuche* 1335—1338 *geschrieben hat. Wesentlich mit der Fassung im Texte stimmt die Aufzeichnung
überein, welche der zweiten Dobbelordnung angehängt ist, bis auf die letzten zwei Sätze von gleicher Hand:* We
vsen borgheren schaden doyt, vnde mit schult enwenh vert, dat wel de rat vor eyne duue hebben, vnde wel
ene volgen mit eyner vestinghe, vnde schal der stat also lange enberen went he gheldet wat he schul-
dich iz, ane gnade, vnde scal hebben sine inninghe vorloren, vnde scal ene in de veme scriuen.

suluen tyd, dat he binnen verteyn nachten vte
der stad wike, nicht weder in to komende, it en
si bi des rades willen. We des nicht don en
wolde, deme wel de rad volghen mit ener ues-
tinge. We ok nv rede de burscap vpgheseght
heft, also dat deme rade dunket, dat it une nod
si, mit deme wel it de rad holden in dere sul-
uen wise, en berichtet he sik nicht mit deme
rade binnen xliii nachten. Dyt wel de rad hol-
den bi den edhen. We ok so duraftich were, dat
he der vestinge nicht achten en wolde, krighet
ene de rad binnen der stad, men wel it eme also
keren dat it eme to swar wert. Wolde he ok
na dere tyd dat he des rades willen irworuen
hedde de burscap weder winnen, alsodan seot
alse he binnen dere tyd hedde vorseten, dat he
van henne wesen hedde; dat scolde he gheuen
binnen vere weken, wanne he herin queme, bi
ghesworenem edhe. Wat ok vor de burscap ghe-
boret darna vppe nye to winnende, dat steyt
uppe des rades gnade des wicheldes dar he in
wel, wo se eme dat keren willen.

30 **We** na desser tyd vse borghere wert. vnde
sprikt vor deme rade, wanne he de burscap
wint, he si vry noch he en besta nemende, wert
he des darna bedraghen, dat he iemendes lat
eder eghen is, de rad wel eme volghen mit ener
vestinghe.

31 **Swe** den anderen dot sleyt, de scal der stat vif[1]
iar enberen ane ienegherleye rede. De oc den
anderen vorwundet, dar he vmme veruestet wert,
de scal der stad en half iar enberen.

32 **Swe** den anderen anverdeghet mit ener voresate
mit worden eder mit daden, de scal deme rade
x punt geuen. Heft he ere nicht, he scal der
stad also lange enberen, went he se gheue. Lo-
dere vnde bōven gat an dissen broke nicht.

33 **Nen** vser borghere eder borgersehen scolen to
borge don moneken van vrowen closteren, et en
si bi des prouestes vnde der priorinnen willen;
deyt et iement bouen dat, de clostere scolen des
ane wite wesen.

34 **Swe** vnrechte kopenscap drift, dat woker het.

wart he des bedragen, want des hir non wonheyt
is, de rad wel et eme also keren, dat et eme
nicht euene kumpt.

35 **We** rofgud koft witliken, eder ludet dat kop-
luden ghenomen is eder vorduset, de seal sine
inninge verloren hebben, vnde sin lif vnde sin
gud steyt in des rades wold.

36 **Malk** scal sine wichte vnde sine mate recht hebben.

37 **De** penninge scal me nemen welke rechte mūnte
hebbet vnde vntobroken sint, bi v sol.

38 **Welk** man penninge belese, er se vorlouet wor-
den, wart he des bedraghen, men wel et vor
valsch hebben.

39 **We** smide buten der stad maken let, et si van
siluere eder van golde, ergere[2] wan der stad sette
is, dat wel men vor valsch hebben.

40 **Swelkeme** joden en pand ghesat wert, vorsaket
he is, men scal it vor duue hebben.

41 **Nenerleye** tosneden wand en scullen de joden
to pande nemen; we it bouen dat dede, de rad
wel sinen broke dar vmme nemen.

42 **Swe** korn, elyen, eder mele koft in der molen,
de werd eder de werdinne en wille is ghewaren,
men scal it vor duue hebben.

43 **Swe** korn to borghe deyt, de scal eme enne na-
men scoppen, wo men it gelden scalle, bi v tal.

44 **Neman** scal korn kopen vppe dem markete vm-
me der geste penninge.

45 **Swe** korn here in de stad voren wel; he si rid-
dere, pape, eder knecht we he si, wanne de rad
dor nod vorlouet, korn vt der stat to vōrende,
de scal dar bi, don alse en vser borghere. Dit
scal iowelk wert seggen den de korn in sine her-
berge willen voren.

46 **Nen** vser borghere noch gheste scullet vromede
molt here in de stat vōren. We dat herberghede
eder kofte, de scal deme rade vor iowelken sce-
pel en punt gheuen.

47 **Nement** scal molt kopen sunder van vsen bor-
gheren vnde borgersehen. Wolk vser borghere
eder borghersche dat anders iemende afkofte,
de scolde deme rade vor iōwelken scepel v sol
gheuen.

---

1) vif *von jüngerer Hand auf Rasur.*   2) ergere *auf Rasur von anderer Hand.*

48 Nn pinkesten wante to sunte Ilien daghe scal nement molt maken. We dat dede, de scal vor den scepel 1 tal gheuen.

49 It ne scal neman enne sunderleken herde hebben, bi 1 tal.

50 Swe swin heft de driftich sint, de scal he vor den herde driuen; schud dar ienich scude an, men scal dar nene nod vmme liden.

51 Swe ve buten der stad koft, dar he rede gbelt vore louet, queme dar clage ouer, dat he des nicht en gulde, men scal eme volgen mit ener vestinge.

52 Swe veyle scap heft, de scal se vorkopen binnen ver daghen, eder de rad let ene panden vor x sol.

53 We den bullen vnde den bér vtdrift, dar he in geyt, de scal v sol geuen.

54 De inneheckere scolet den hymeten backen vmme 1 d, bi v sol.

55 De pannen scal men vtdon vmme 1 d, bi v sol.

56 We lifgheding kopen wil, de scal it kopen van deme rade vnde anders nergen, he en do it mit des rades vulborde, bi x marken.

57 Timberholt, latten vnde sceuersten scal nement to voren kopen, dat he it hir weder vorkope: we des bedragen wert, de rad wel sinen broke dar vmme nemen.

58 De vorehoken scullet dat holden dat de rad ghesat heft, eder se moten den broke liden.

Ista legatur et pro hoc ista particula excusatur. [1]

59 Nen vorehoke scal kopen noch verkopen vppe deme markete, dewile de bannere steket, honre, eyere, boteren, eder kese. We dat deyt, wat men vnder eme bevindet, dat scal he to voren vorloren hebben. Des scal de helfte beholden de de it vnder eme bevindet, vnde de andere helfte scal dor god, vnde he scal der stad ver weken enberen ane gnade, dar na steyt it uppe des rades gnade.

Idem erit de piscatoribus.

60 Malk scal sin gud vnde sines wiues vorscoten also gud alse it is to dere tyd, vnde scal dar nerreleye ding buten laten. [2]

Malk scal sine wapene hebben in sineme huse, 61 de rad wel anders sine penninge darvmme nemen.

Malk scal sen to sineme viure. Wes ghesinde it 62 vorsunede, it gheyt in sin lif; wert he vorevluchtich, men scal eme volgen mit ener vestinge.

Dat hör scal men buten de tingelen vören. 63

Den market ynde de straten scalmen reyne 64 holden. Men scal ok nen hore in de goten keren, bi v sol.

De Ouekere schal men reyne holden, vnde nen 65 hor dar in werpen, bi 1 pnnde.

Wor de stenwech tobroken is, den scal men 66 boten, bi v sol.

It en scal nement enne nyen stenwech setten 67 eder hoghen, de rad en si darbi.

We to deme vernedinge nicht queme, dene scol- 68 de men vor enne unrechten man hebben. We oc van denne ginge er der rechten tyd, de scolde v sol gheuen.

Men scal oc vsen herren eren rechten tollen ghe- 69 uen; swe dene vntvorde, sodanne broke alse dar vp geyt mot he lyden.

We ok des rades tekene eschede, vnde lete dere 70 gheste eder vromede lnde bruken de dere to rechte nicht bruken scolden, wert he des bedragen, sin lif vnde sin gud scal in des rades wold stan.

We ok in groteme banne were, dene scal ne- 71 ment herberghen.

Malk scal sen, wene he herberghe, dat he dar- 72 vore antworden moghe. Sceghe dar scade af an morde, an brande, an duue eder an ienegen anderen dingen, de rad wel eme dar vmme tospreken.

In reyen vnde in spele scal nement snode word. 73 noch nenerhande rime spreken de iemende in sine ere gan; we des bedragen wert, deme wel it de rad also keren, dat jt eme nicht euene kumpt.

It en scal oc nement reyen mit antlaten, dat he 74 iemende bi deme ryen sla, bi v tan.

De perde dar de knechte der stad mede denet 75 de sint des rades, dar ne scalme nen herwede van gheuen.

1) Rothe Schrift.   2) Darunter von anderer Hand und roth unterstrichen: Post pascha et penthecosten tantum.

76 We dobelspel holt, eder pennige vtdeyt, et si eluene
XXVII B,1 uppe twelue eder wo he se vtdeyt to dobelende dor
hate willen de scal deme rade v mark gheuen, vnde scal
der stad en half iar enberen sunder gnade. Wor dat ghe-
sculle, dar scal de werd antworden like deme de de pen-
XXVII B,5 ninge vtdeyt. Dyt en scal nicht vorlaren.

77 We dobelet bouen v scillinge, he winne eder varlese,
XXVII B,2 de scal deme rade u pund gheuen, vnde wat he wint bo-
uen v scill, dat scal des rades to voren wesen, vnde scal
XXVII A,3 der stad en verndel iares enberen ane gnade. We ok
vte der stad nicht wesen en wolde vmme dobel-
spel, de mach loiewelk verndel iares dat eme
borel vte der stad to wesene ledeghen mit v
punden, de scolde he rede betalen; de anderen
u pund de eme boren vor sinen broke de scal
he sweren deme rade to gheuene binnen eneme
verndele iares, also vorder alse he dat leuet.

78 We ok dobelet buten dem wichelde edder vppe der
XXVII B,3 vriheyt bouen v scill, it si wor it si, de scal desse
broke lyden, vnde scal der stad en half iar enberen sun-
der gnade. Dyt en scal ok nicht vorlaren.

79 We ok vorlust bouen v scill, de en scal dar
nene nod vmme liden van deme de it eme af-
ghewunnen heft, he endarf ok nicht betalen,
sunder deme rade scal he sine broke lesten.

80 Welk vser borghere dobelet mit eneme gaste
bouen der stad kore, de scal deme rade x mark
gheuen, vnde scal der stad en half iar enberen,
vnde de werd in des herberghen dyt ghescud
de scal desse suluen broke lyden.

81 Joden scullen ok de suluen broke lyden vmme
dobelspel de vse borghere lidet.

82 We ok dhenet vnde in des anderen brode is,
de scal den suluen broke lyden vmme dobelspel.

83 Al spel dat penninge gholt dat gheit in dessen
XXVII B,6 broke.

We in deme rade is vnde to dem rade sweren heft, 84
vnde des rades ghesinde is, de scal dit melden bi den XXVII B,4
edhen.

Desse ding wel de rad holden bi den eden sunder gna- 85
de, vnde de mestere van den gylden sculen dit ok melden XXVII B,5
bi den edhen, wanne de rad en dat bevelet.

Civibus[1] Indaginis, Nove civitatis et veteris vici. 86
Gy herren, dhe rad kundeget jv dat, dat nement
scal nemen brunswikesche lakene to pande, noch
neue lakenschere, noch wulle, noch wullengarn.
We it bouen dat neme, de scolde sine penninge
dar an vorloren hebben, ofte de dar vp queme,
des it sin were, it en were wullen garn: were dar
wat an vordhenet, dat ion scoldeme weder gheuen.
Ista pronuntianda sunt in Sacco tantum.[2]
We siner dochter nene teyn pund mede gheuen 87
en mach, de en scal ere nen vul par cledere
gheuen.
We en erue verkopen wel hir in desseme wic- 88
belde, dar de herren vte der borch tins an heb-
bet, de scal dat den suluen herren erst beden.
Wic it vnvledich makede vor der herren houen 89
in der borch, eder ieneghe vntucht dar beghinge,
sceghe ome vnghemak dar van, dat moste he li-
den, vnde en dorfte deme rade dat nicht cla-
ghen.
We breue screue, vnde de in der lude hus eder 90
an andere stedde worpe, neghelde ofte steke, de
uppe iemendes scaden eder rochte ghingen, dene
wel men vor enen vnrechten man hebben. Werd
he des bedraghen, deme wil it de rad also keren,
dat it eme nicht enene kumt. Ok wel sik de rad
dar nicht an keren.

XL. VERPFÄNDUNG DER MÜNZE AN DEN RATH.
1357 Juni 4.

*Das Original dieser bisher ungedruckten Urkunde ist nicht vorhanden. Der nachstehende Auszug
findet sich in Herzog Magnus Copialbuche im Landesarchive zu Wolfenbüttel fol. 45'.* Hn.

1) Civibus rothe Schrift. 2) Rothe Schrift. Die Bemerkung bezieht sich auf die §§ 87, 88, 89, welche zwischen
eine rothe Klammer gefasst sind.

We Magnus etc. bekennet openbare in disseme jeghenwerdighe breue, dat we mit willen vnde mit vulbord vnser rechten eruen hebben gelaten rnsen getrvwen leuen borgheren deme rade to Brunszwic rnsen deyl der müntte darselbes mit allem rechte vnde mid aller nud vryeliken to besittende dre jar vmme, an to rekende von der vtghift disses breues. Dat desse rede stede vnde gantz blieue, so hebbe we dissen breff vor vns vnde vor vnse rechten eruen mid vnsem jnsegelen besegelet unde gevestent. Dis-

ser ding sint ok tuge her Gumprecht von Wansleue, her Boldewin von Dalem, Hannes von Honleghe, Henemann von Velstidde, Weddeghe von Velstidde, Tyle von deme Damme vnde Conrad Elers vnse borgere to Brunszwic, vnde ander fromer lude genoch. Disse breff is ghegeuen na der bord goddis dritteynhundert jar in deme seuen vnde veftigesten jare, des naysten sondages vor sentte Bonifacius daghe.

XLI. RATHSORDNUNG DER ALTSTADT.
1360 Jan. 3.

Die nachstehende bisher ungedruckte Rathsordnung ist in den bei XXXIX beschriebenen Codex fol. 27' eingetragen, mit Bücherschrift, auf Linien in zwei Absätzen, der erste mit rothem Anfangsbuchstaben. Dass dies die Rathsordnung eines einzelnen Weichbildes ist, lässt schon § 5 erkennen; zwölf Rathmannen aber regierten nur in der Altstadt. Das Verhältniss der neugewählten und vorjährigen Mitglieder in den jeweiligen Rathscollegien, wie § 1 dasselbe anordnet, bestand wenigstens schon seit 1269: vgl. VIII, 4. Hn.

Anno domini m°. ccc°. lx°. feria sexta proxima ante epyfaniam ejusdem heft de rad ouer eyn 1 ghedraghen, dat se dit aldus holden willet: dat de achte de in den rad ghekoren werdet de scolen vare kesen vte deme olden rade weder to sik in, de 2 den dat boren mach. Vnde de twelue scolen des endrechtich werden vnder sek, dat se enen kesen, de des rades word holde. Vnde en kunnen se des nicht endrechtich werden, wene de merer del des rades dar to hebben wel, de scal dat don ane wedersprake. Vnde en welde he des nicht don, so scolde he deme rade hundert mark 3 gheuen. Vnde wanne de ghekoren is, de scal

enen to sek nemen wene he wel, vnde wene he darto eschede, de scal dat don ok by dem suluen broke. Vnde de twene scolen denne de am- 4 mechte setten na des rades bequemicheyt, vnde wene se darto setten, de scal dat don ok by deme suluen broke. Dyt wel de rad holden by den eden.

Ok wel de rad de wonheyt holden alse et oldin- 5 ges in dessem wicbelde gheholden is vmme den rad to settende vnde weder in keseude. Dat en scal de rad nicht wandelen, et en si by des meynen rades vulborde.

XLII. EIDE.

Die nachstehenden bisher ungedruckten Eidesformeln finden sich in den beiden bei XXVII und XXXIX beschriebenen Codices, welche hier in den Noten als A und B unterschieden werden. In ersteren auf fol. 8' und 9: Bücherschrift aber nicht auf Linien, die Ueberschriften der fünf ersten Formeln roth durchstrichen, die Worte Gy scullet sweran je in einer besonderen Zeile und roth unterstrichen, die sechste und siebente Formel von derjenigen Hand, welche die Dobbelordnung geschrieben hat, mit rothen Anfangsbuchstaben und Ueberschriften. In dem anderen Codex sind auf mehreren der letzten Blätter von derselben Hand wie die unter XXXIX mitgetheilten Stadtgesetze die ersten fünf Formeln, die sechste und siebente wie die bei XXVIII erwähnte Schiedsgerichtsordnung eingetragen, alle auf Linien, die Ueberschriften bis auf die letzte roth und abgesetzt. Diese Aufzeichnung ist in der ersten und fünften Formel um einige Sätze ausführlicher als jene erstere; auch im Ausdruck weichen beide mehr-

7

fach von einander ab, wie die Noten zeigen. Doch werden sie nach dem was an den bezeichneten Stellen über das Alter der Handschriften bemerkt wurde ungefähr der nämlichen Zeit um die Mitte des 14. Jahrhunderts angehören.

Hn.

1 **D**issen edh scullet de herren sweren de in den nyen rad ghekoren werdet.

Gy scullet sweren: Dat gi dit iar de stad vorestan na iuwen vif sinnen so gi best kunnen vnde moghen, na der herscap ere [1], vnde na der stad nvt vnde vromen, vnde der stad helpen ere eninghe holden, armborste nicht to entfernende, vor de burscap nicht min dan enen verding to nemende, vnde nicht to eghenende dat to wicbelde lecht, dar der stad ere plicht mede afga, gi en don dat mit des menen rades vulborde, vmme brudlachte, dobelspel [2], vnde wat de rad louet vnde kundighet bi den edhen to holdene, dat gi dat holden: dat gik ghot so helpe vnde de hilghen [3].

2 **D**issen edh scullet sweren de de to deme rade sweret.

Gy scullet sweren: Dat gy to deme rade gan, wanne de rad gik bebodet, vnde helpen raden vnde dhe stad vorestan na der herscap ere [1], vnde der stad nvt vnde vromen, vnde helpen der stad ere eninghe holden, vnde wat de rad kundeget vnde louet bi den edhen to holdene, dat gi dat mit en holden: dat gik god so helpe [2].

3 **D**her ghildemestere edh.

Gy scullet sweren: Dat gy deme rade bistan aller bilker vnde mogheleker dinghe, vnde helpen der stad ere eninghe holden, vnde werde gik icht to wetene dat weder den rad si, dat gi dat deme rade melden, vnde wene gy vornemen de dobele [4] bouen der stad kore, dat gy dene och deme rade melden: *dat gik got [5].

We de burscap wint de scal sweren: 4

Dat gy der herscap to Brunswich vnde deme rade to Brunswich also truwe vnde also hold sin, alse eyn borgere to rechte wesen scal, vnde ofte gy icht vornemen dat weder den rad sy, dat gi dat deme rade melden, vnde nene vnrechte kumpenye en hebben: dat gik god et cetera.

Dissen edh scal sweren der stad scriuere wan- 5 ne he vntfangen is:

Dat gy deme rade vnde der stad also truwe sin also gy to rechte van denestes weghene en plichtich sin, vnde dat gy der stad vnde des rades mid deme rade ere hemelicheyt holden, vnde nicht en openbaren mit jenegher list, it werde iv beuolen eder nicht, wanne jv de rad wes ansinnende is, dat gi on denne raden dat syneste dat gi kunnen [6], vnde wat de rad van openen breuen gift dat gi de registreren, vnde wat de rad van breuen vthsende dat gi se daran bewaren so gy best moghen.

Der burmestere edh [7]. 6

Wanne de burmestere des rades ghesinde [8] werdet, so schullet sweren, dat se [9] deme rade vnde dere stad also truwe vnde holt sin, alse se [9] von denestes wegene [10] von [11] rechte plichtich sin, vnde de den rad vnde de stad vor schaden helpen bewaren, vnde eren vromen weruen dar se [9] kunnen vnde moghen, vnde des rades hemelicheyt holden [12] dar se kunnen vnde moghen, vnde [13] war se [9] et weten dobelspel, vnde wat se [9] vornemen dat weder den rath si dat se [9] deme rade dat melden: dat ink ghot also helpe etc.

---

1) na der herscap ere *nur in A und hier ausradiert. etc. in A von anderer Hand wie das Uebrige.* 4) *Zwischen* dobele *und* bouen *in A eine durch Rasur entstandene Lücke.* 5) Dat gik god etc *fehlt in B.* 6) wanne — kunnen *nur in B und zwar von derjenigen Hand, welche die sechste und siebente Formel geschrieben, mit Bezeichnung der Einschaltungsstelle auf dem unteren Rande nachgetragen.* 7) *In A noch von derselben Hand wie das Frühere; von derjenigen Hand, welche dort das Folgende geschrieben, ist mit rother Schrift daneben gesetzt: van den burmesteren, darüber gleichfalls roth aber von einer dritten Hand:* van des rades ghesinde vnde —. 8) inghesinde B. 9) gi B. 10) B fügt hinzu en. 11) to B. 12) helen B. 13) dar — vnde *nur in A.*

7 **Dit** is von den de de dor bewaret[1].

Dessen edh scholet sweren den men de dor bevelet: Dat gi dat dor dat iuk de rad bevolen heft scholen[2] truweliken bewaren also gi best kunnen vnde moghen, vnde to des rades hant holden, vnde dorch anderes[3] neynerleye hues noth nomende[4] antworden, vnde sunderliken des

nachtes vmbewaret nicht[5] laten stan, vnde we dar mit iuk vppe slapen scholde, oversumede[6] he dat, dat scolde gi[7] deme rade melden, vnde neyne bose kumpenie, dobelspel noch neynerhande vnghevoghe staden dar vppe to donde, dat iuk got also helpe etc.

XLIII. VERPFÄNDUNG DER MÜNZE AN DEN RATH.
1360 Mai 31.

Das Original fehlt, der folgende Abdruck nach Herzog Magnus Copialbuche im Landesarchive zu Wolfenbüttel fol. 67[a]. Gedruckt in Bresslau. Händel I, 113; III, 1042. Hn.

We Magnus etc. dat we mit willen vnd vulborde vnser rechten eruen hebbet gheaten vnsen getruwen leuen borgheren deme rade to Brunswic vnsen deyl der muntye darsulues mit altema rochte vnde mit aller vnd vrisliken to besittende dre jar vmme, an to rekende von der 2 vtghift disses breues. Weret ok, dat dijt velle bynnen desser tijd, dat se vnser vedderen willen nicht en hedden to der muntye, also dat se nene penninghe sloghen vnde den slach liggen leten, des scolden se von os vnbedeghedinget bliuen. Dat desse rede stede vnde gantz bliue, des hebbe

we dessen breff vor us vnde vor vnse rechten eruen mit vnserne jngesegele besegbelt vnde gheuesteut. Disser dinge sint ok tughe her Herman von Werberghe de hoghemester des ordens von seutte Johanse, Gheuerd von Werberghe de edele, Hinrek von Veltuum, Hannes von Honleghe, Tyle von deme Damme, Hennig von Velstede, Cord Elers vnd Eylrad von der Heyde borgher to Brunszwic, vnde anderer vromer lude ghenoch. Datum anno domini m°. ccc°. lx°. dominica proxima ante Bonifacii etc.

XLIV. HULDEBRIEF DER HERZÖGE ALBRECHT UND JOHANN.
1361 Juni 29.

Das Original befindet sich im Stadtarchive: Pergament mit zwei runden gelben Wachssiegeln an grün und rother Seide. Beide haben den links schreitenden Löwen, das eine mit der Umschrift S' DEI GRAICA (sic!) ALBERTI DVCIS IN B¡VNSWICH, das andere: S' DEI GRACIA JOHANNIS DVCIS IN BRVNSWICH. Dieser Huldebrief war bisher nicht gedruckt; in Rehtmeyers Chron. 546 ist nur der Eingang und die Zeugenreihe mitgetheilt. Er wiederholt, abgesehen von kleinen Zusätzen in den §§ 8 und 17, einer Auslassung in § 11 und einer Aenderung in § 12, sowie davon, dass hier wie 1345 der Sack ganz gleichberechtigt erscheint, den Huldebrief vom Jahre 1323. Hn.

Van goddes gnaden we hertoghe Albert vnde hertoghe Jan hertoghen Ernstes söne des elderen hertoghcu to Brunswich vnde vse rechten eruen bekennet openbarliken in desseme ieghenwordighen breue, dat

we noch vse rechten eruen eu scöllen nene clostere eder 1 couente mid gheystliken luden mannen eder vrowen setten, orlouen, eder vülborden to wonende binnen der stad; vnde der müren to Brunswich vnde ok buten der stad

---

1) *nur in A.* 2) *scholen nur in A.* 3) *anderes nur in A.* 4) *anders jemende B.* 5) *nicht hodelos ne B.*
6) *vorsumede B.* 7) *dat gi dat B.*

2 alse verne alse ere vedrift is. We bekennet ok des, dat
we vnde vse rechten eruen hebbet der sulnen vnser stad
to Brunswich vnde vnsen lenen borgheren darinne, by
namen jn der Oldenstad, jn deme Haghen, jn der Nyen-
stad, jn der Oldenwich vnde in deme Sacke, de gnade
vnde dat recht gheghenen: de dar nů inne sin vnde bor-
ghere eder borgherschen sin de scolen vrij wesen van
3 allerleye ansprake. Swe na desseme daghe ok alse desse
bref gheghenen is in de sulnen vorseghedeu[1] vif stede vn-
sir stad to Brunswich vöre, vnde borghere worde, vnde
openbare darinne ware iar vnde dach ane ansprake, de
scolde des sulnen rechtes bruken vnde vrij borghere we-
4 sen, alse hir vore bescreuen is. Worde ok iemant an-
spraket binnen iare vnde daghe de de burscap ghewun-
nen hedde, den en scolde de rad to nemene borghere
hebben, he ne hedde sek vorlikenet mid der heerscap.
5 We ok vnde vse rechten eruen willen vnde scollen de vif
stede vnsir stad to Brunswich beschermen vnde verdedin-
gen alle eres rechtes vnde erer vrijheyt als de oldinges
van vsen elderen ghehad hebben vnde hebbet, vnde öre
6 recht to beterende vnde nicht to ergherende. Were ok
dat also, dat ienich man der sulnen vnsir borghere iene-
ghen vorderen welde vor iar eder eyghen, eder iene-
ghe ansprake don welde, eder ieneghe schuld gheuen
welde, de scolde antworden vor vseme richte in der stad
7 to Brunswich. Vnse vorghenomeden borghere dere vif
stede vnsir stad to Brunswich moten alle ere recht wol
beteren wůr se moghen ane vnsen schaden, vnde wůr dar
8 nement en claghet, dar ne darf neman richten. We be-
kennen ok vnde vse rechten eruen, dat vnse borghere der
vorbenomeden vif stede vnsir stad to Brunswich vri sin
gud scollen tollenvrij wesen in vseme lande in vsen ste-
9 den vnde to al vsen sloten. We ok in der stad to
Brunswich voghet is van vser weghene, de scal richten in
der stad vnde buten also verne alse ore vedrift went.
10 Vordmer vppe dat, dat vndir vnsen mannen vnde vnsen
vorbenomepden borgheren neyn twidracht en werde, so
scolle we en enen marschalk setten, de vnsen borgheren
11 richte ouer vnse manne des en nod sy. We enwillet des
ok nicht, dat vnsir denestman ienich ieneghen vnsir bor-
ghere to Brunswich mid leengude wise an enen anderen
heren de beueden ene sy; des wille we eme irstan.[2]

We don en ok de gnade: welk borghere gud hedde to lene 12
van vseme denestmanne, störue de ane eruen, so scolde
de borghere volghen an vns, vnde we welden ene beleuen
mid deme sulnen gude ane wedersprake[3]. We scul- 13
len se ok vmme nene sake schuldeghen de by vnses he-
ren vnses vaderen tiden vnde vnser elderen ghevallen
were. We ne scollen ok uenerleye gud dat men to der 14
stad eder van der stad vorde, ůrue, eder droghe hin-
deren laten, it en sy vnser openbaren viende. We ne 15
scullen ok nemende to ghesinde nemen dene we weder
de stad vnde ereme rechte vordedingen, we ne willen ene
on to rechte setten, vnde on rechtes van om helpen.
Weret ok, dat vnsir borghere ienich broke dede weder 16
vns, an deme borghere noch an sineme gude en wille we
neyn sulfrichte don, it ne were, dat he worde begrepen
vppe der handhaftigheu dat emes dodslaghes, we en de-
den et witlik deme rade aller erst vnde der stad: hulpen
se vns dar vmme minne vnde rechtes, dar scolle we
vns dar vmme minne vnde rechtes, dar scolle we
vns an ghenoghen laten. Wille we ok eder ienich man 17
den rad vnde de stad schuldighen, dat to eden ghe-
delet worde, des moghen twene radman den rad vn-
de de stad ledeghen mit ereme rechte. We be- 18
kennen ok des, dat we vnde vse rechten eruen willen vn-
de scollen alle de breue de vnse vader hertoghe Ernst
vnde vase elderen gheghenen hebbet deme rade vnde
der stad vnde den borgheren to Brunswich gans vnde
stede vnde den borgheren to Brunswich gans vnde
de sulnen vorbenomepden borghere verdedingen vnde be- 19
schermen al eres rechtes dat se van vsen elderen vnde
van vsen vorvaren ghehad hebbet, vnde willet on dat
stede vnde gans holden. Wolde se ok alle desser vor- 20
segheden gnade vnde rechtes dat we vnde vse elderen on
gheghenen hebbet ienich man vervnrechtighen, des wille
we ore beschermere wesen nů vnde to allen tiden vnde
to al eren noden. An eyn orkunde vnde stedicheyt desser
vorscreuenen dinge hebbe we vor vns vnde vor vnse
rechten eruen vnse inghesechele gehengt laten to des-
seme breue. Desser dinge sint tughe her Aschwin van
Saldere prouest to sente Blasiuse in der borch
to Brunswich, her Jan van Saldere van Lechten-
berghe, her Wedekind van Besekendorpe, her Lu-
dolf vnde her Werner van Olderdeshusen rid-

---

1) Das Original hat die Silbe — ghe — doppelt.   2) Im Huldebriefe von 1323 ist noch hinzugefügt: also verne
alse ith recht is.   3) Huldebrief von 1323: vmme mogheleke vruntscap.

dere; Stacius Busch vnde Henrick van Beseken-
dorpe knapen; Dauid van deme Hus, Thile van
deme Damme, Conred hern Elers, Eylard van
der Heyde, Henning von Veltstidde, Jorden Sta-
pel, Vricke Frederikes, Luthard van Berberghen,
Hannes van der Molen borghere to Brunswich.

vnde anderer vromer lude ghenûch. Desse bref
is ghegheuen na goddes bord dusent jar dre-
hundert iar in deme enen vnde sestighesten iare
in sente Petres vnde sente Paweles daghe der
hilghen apostelen.

XLV. HULDEBRIEF HERZOG OTTOS.
1367 Sept. 1.

Das Original befindet sich im Stadtarchive: Pergament 20" lang, 8" hoch, das runde gelbe Wachssiegel mit dem links schreitenden Löwen in einem mit Kleeblättern bedeckten Felde und der Unschrift: SIGILLVM DEI GRACIA OTTONIS DVCIS IN BRVNSWICH, an einem Pergamentstreifen. Dieser Huldebrief war bisher nicht gedruckt; in Rehtmeyers Chron. 605 ist nur der Eingang und die Zeugenreihe mitgetheilt. Er stimmt bis auf einen geringen Zusatz in § 1 völlig mit dem 1361 von den Herzögen von Grubenhagen verliehenen Huldebriefe überein. Hn.

Van der gnade godes we Otto hertoghe to Bruns-
wich hertoghen Ernestes sone van Brunswich des
jungharen vnde vse rechten eruen bekennet openbare
in desseme breue, dat we noch vse rechten eruen en-
1 scullen nene clostere eder conente mit gheystliken luden
mannen eder vrowen setten, orlouen, eder vulborden to
wonende binnen der stad vnde der muren to Brunswich
vnde ok buten der stad also verne alse ore vedrift is.
2 We bekennen ok des, dat we vnde vse rechten eruen
hebbet der suluen vnser stad to Brunswich vnde vnsen
lenen borgheren darinne, bi nomen in der Oldenstad, in
deme Haghene, in der Nyenstad, in der Oldenwich vnde
in deme Sacke, de gnade vnde dat recht ghegheuen: de
dar nu inne sin vnde borghere vnde borgherschen sin
3 de scolen vry wesen van allerleye ansprake. We na
desseme daghe ok alse desse bref ghegheuen is in de
suluen voreegheden vif stede vnsir stad to Brunswich vore,
vnde borgher worde, vnde openbare darinne were jar
vnde dagh ane ansprake, de scolde des suluen rechtes
bruken vnde vry borgher wesen, alse hir vore bescreuen
4 is. Worde ok iement ansprakei mit rechte binnen jare
vnde daghe de de burscap ghewunnen hedde, den enscol-
de de rad to neneme borghere hebben, he en hedde sek
5 vorliket mit der berscap. We ok vnde vse rechten er-
uen willen vnde scullen de vif stede vnsir stad to Bruns-
wich beschermen vnde vordegedinghen alle ores rechtes
vnde orer vryheyt also se se oldinghes van vsen elderen
ghehat hebben vnde hebbet, vnde ore recht to bewerende

vnde nicht to ergherende. Were ok dat also, dat ienigh 6
man der suluen vnser borghere ieneghen vorderen wolde
vor lat eder vor eghen, eder ienighe ansprake don wolde,
eder ieneghe schult gheuen wolde, de scolde antworden
vor vseme richte in der stad to Brunswich. Vnse vor- 7
ghenomden borghere der vif stede vnsir stad to Bruns-
wich moten ok ore recht wol beteren war se mogen ane
vnsen schaden, vnde wor dar nement en claghet, dar en
darf nement richten. We bekennen ok vnde vse rechten 8
eruen, dat vse borghere der vorbenomden vif stede vnsir
stad to Brunswich vnde ore gud scullen tollenvry wesen
in vseme lande, in vsen steden vnde to alle vsen sloten.
We ok in der stad to Brunswich voghet is van vnsir we- 9
ghene, de scal richten in der stad vnde buten also verne
alse ore vedrift wendet. Vortmer vppe dat vnder vnsen 10
mannen vnde vnsen vorbenomden borgheren nen twi-
dracht en werde, so scole we on enen marscalk setten, de
vnsen borgheren richte ouer vse manne des on nod sij.
We enwillet des ok nicht, dat vnser deustmanne ienigh 11
ieneghen vnsir borghere to Brunswich mit lengude wise
an enen anderen heren, de heneden om sij; des wille
we ene erstan. We don on ok de gnade: welk borgher 12
gud hedde to lene van vnseme denstmanne, storue de
ane eruen, so scolde de borgher volghen an vns, vnde
we welden ene belenen mit deme suluen gude ane weder-
sprake. We en scullen se ok vnme nene sake sent- 13
deghen de bi vnses heren vnses vader tiden, vnde vnser
elderen ghevallen weren. We en scullen ok nenerleye 14

gud dat me to der stad eder van der stad vorede, dreue,
eder droghe hinderen laten, it en si vser openbaren viende.
15 We en scullen ok nemende to gheslude nemen den we
weder de stad vnde oreme rechte verdegedinghen, we en
willen ene on to rechte setten, vnde on rechtes van eme
16 helpen. Weret ok dat vnsir borghere ienigh broke dede
weder vns, an deme borghere nogh an sineme gude en
wille we non sulfgherichte don, it en were, dat he worde
begrepen vppe der hanthaftighen dat ones dotslaghes, we
en deden it witlik deme rade aller erst vnde der stad:
hulpen sie os dar vmme minne e d e r rechtes, dar scolde
17 we vns an gheuoghen laten. Willen we ok eder ienigh
man den rad vnde de stad sculdeghen, dat to eden ghe-
delet worde, des moghen twene radman den rad vnde de
18 stad ledighen mit oreme rechte. We bekennen ok des,
dat we vnde vse rechten eruen willen vnde scullen alle
de breue de vse vader hertoghe Ernest vnde vnse el-
deren ghegheuen hebbet deme rade vnde der stad vnde
den borgheren to Brunswich gantz vnde stede holden
19 sunder ienegerleye rede. We willet ok de saluen vor-
benomeden borghere verdegedinghen vnde beschermen
alle ores rechtes, dat sie van vsen elderen vnde van vsen

vorvaren ghehad hebben, vnde willet on dat stede vnde
gantz holden. Wolde se ok alle desser vorsegheden 20
gnade vnde rechtes, dat we vnde vse elderen on ghe-
gheuen hebbet, ienigh man vervnrechteghen, des wille we
ore beschermer wesen nu vnde to allen tiden vnde to alle
oren noden. An en orkunde vnde stedicheyt desser vor-
screuenen dinghe hebbe we vor os vnde vse rechten er-
uen vse inghesegghel ghehenghet laten to desseme breue.
Desser dingh sint tughe junchere Godescalk de ed-
dele here to Plesse, her Lambert van Stokhusen,
her Bertold van Adeleuessen, her Jan van Grone,
her Herman van Gladbeke riddere; Hannes van
Gladbeke, Hannes van Roringhe knapen; Wer-
ner de vode borgher to Gotinghe, Thile van de-
me Darome, Henningh van Veltstede, Eylard van
der Heyde, Cord Doring, Cord van der Molen,
Hannes Peperkoller, Cord Steuens vnde Heurik
Gherwines, vnde anderer vromer lude nogh. Desse
bref is ghegheuen na godes bord dusent jar vn-
de drehundert jar jn deme seuen vnde sestighe-
sten jare in sunte Yhen daghe.

XLVI. PRIVILEGIEN VON HERZOG MAGNUS.
1367 Oct. 26.

*Das Original auf Pergament befindet sich im Staatarchive. Auf der Rückseite ist bemerkt: De
bref hertoghen Magnus vppe sunderlike vryheit alse de huldebreue, bis auf die letzten drei Worte
von gleichzeitiger Hand. An grüner Seide ein rundes grünes Wachssiegel: der mit den Leoparden und
dem Löwen quartierte Schild ohne Helm, Umschrift: S' MAGNI DVCIS IN BRVNSWICH ET LV-
NENBORCH. Gedruckt bei Rehtmeyer Chron. 639. Die §§ 1, 7 und 8 enthalten Zusagen, welche auch
in den vorangegangenen Huldebriefen gegeben waren.* Hn.

Van der gnade godes we Magnus hertoghe to
Brunswich vnde to Luneborgh bekennet open-
bare in desseme breue vor os vnde vor vse er-
uen, dat we vse leuen ghetruwen den rad vnde
de stad to Brunswich, dorch menegherhande den-
stes vnde ghunste willen dat se vseme heren vse-
me vadere hertoghen Magnese, vnde os, vnde
vsen broderen in manighen stucken vnde tiden
ghedan vnde bewiset hebbet vnde bewiset, truwe-
liken vordeghedinghen scullet vnde willet to oreme rechte,
vnde se bi gnaden vnde bi rechten laten vnde be-
2 holden to allen tiden. Vnde we eder de vse en

willet nogh en scullet de ore vnde ore meyere
mit nichte beswaren mit bede, eder mit denste,
eder ienegerleye wis. Were ok, dat se eder ore 3
meyere broke deden, de on mit rechte ghevunden
worden to beterende, dat scolde we vnde de vse,
on guedeliken keren, dat se des vnvorderft ble-
uen. Ok en wille we vnde en scullet nogh de
vse nene nye sattunghe in vseme lande ouer se,
vnde ore meyere, vnde do ore setten eder setten
laten, dar se vnde de ore mede beschadet wer-
den. Were ok, dat se iement sculdeghen welde, 5
so scolden se antworden dar it on borede van

rechte to antwerdende, vnde des scolde wc se
6 vordeghedingben. Were ok, dat ienigh sche-
linghe tuischen os vnde deme rade to Brunswich
velle, wat denne twene man vte deme rade mit
oreme rechte behelden, dat ore olde wonheyt
vnde recht hedde ghewesen, dar scolde we se bi
7 laten vnde bi beholden. Welde deu rad ok anders
iement sculdeghen, wes denne den rad twene man vte deme
rade entledegheden mit rechte, des scolde de rad los we-
8 sen vnde des scolde we sie vordeghedingben. Ok
soulla we vnde willet on ore recht betaren vnde mit nichte
9 krenken. Ok wille we vnde scullet on alsodane
breue gheuen alse se vore van der herscap hebbet,
er se os huldeghet, vnde ore priuilegia stedighen
10 vnde vorbeteren. Were ok, dat se ieneghe breue
hedden, eder dat on ieneghe breue na desser tid
ghegheuen worden, de en scolden mit desseme
breue nicht verbroken wesen eder werden, sun-

der we scolden de breue vnde dessen bref in
aller macht vnde in allen stucken stede vnde vn-
vorbroken holden, also dat desse bref iene breue,
eder iene breue dessen bref mit nichte vmmech-
tigh maken eder ieuegerleye wis krenken en scol-
den. To ener betuginghe vnde bekantnisse alle
desser vorscreuenen stucke, dat we de stede vn-
de vast holden willet vnde scullet, hebbe we vse
inghoseghel vor os vnde vor vse eruen ghehen-
ghet laten to desseme breue. Desser vorscreue-
nen dingh der sint tughe greue Thiderik van Hon-
steyn, her Hannes van Honleghe, her Cörd van
Roteleue riddere; Thile van deme Damme, vnde
Eylard van der Heyde borghere to Brunswich.
Desse bref is ghegheuen na godes bord dusent
jar vnde drehundert jar in deme seuen vnde
sestighesten jare, in deme daghe der eluen du-
sent meghede.

XLVII. VERPFÄNDUNG DER MÜNZE AN DEN RATH.

1369 [Juni 5].

Nach Herzog Magnus Copialbucke im Landesarchive zu Wolfenbüttel fol. 78'. Das Original ist nicht vorhanden. Gedruckt in Brschw. Händel 1, 114; III, 1042. Der beim Datum nicht genannte Heilige ist nicht unwahrscheinlich S. Bonifacius, da die früheren Münzverpfändungen sämmtlich von und bis zu einer Zeit um Bonifaciustag liefen. Hn.

We Magnus de eldere etc. bekennet openbare in des-
sem jeghenwordigen breue vor os vnde vor vse eruen,
dat we hebbet ghelaten vnsen leuen truwen borgheren
deme rade to Brunswigk vnse deil der munte darselues
mit alleme rechte vnde mit aller nut vor vestlich lo-
dighe mark brunszw. wichte vnd witte, de os al
betalt sint, also dat se dat selue vnse del der munte
vryliken besitten scullet also lange went we on de
vorbenomden vestlich mark wedder gheuen in der
stad to Brunswigk, vnde de moghe we on wed-
der gheuen alle jar twisschen wynachten vnde

lechtmissen wanne we willet. We willen ok on 2
den seluen vnses deles der munte ore rechte
ware wesen. Were ok, dat dyt velle byunen desser tijd, 3
dat se vse vedderen edder orer eruen willen nicht en
hedden to der munte, also dat se nene penninghe en slo-
ghen, vnd den slach liggen leten, des scolden se von vns
umbedeghedinget bliuen. To euene orkunde desser ding,
dat de stede vnde vast bliuen hebbe we on dessen breff
ghegheuen vor os vnd vor vse eruen beseghelt mit vaseme
jngheseghel. Anno domini m°. ccc°. lxix°. in die
sancti apostoli etc.

XLVIII.

VERPFÄNDUNG HERZOGLICHER EINKÜNFTE AUS DER STADT AN DEN RATH.

1370 Sept. 12.

Das Original dieser bisher nicht gedruckten Urkunde ist nicht vorhanden. Der nachstehende Abdruck nach einem Copialbuche des Rathes aus dem 15. Jahrhundert. Hn.

We Albert van der gnade godes hertoge to Brunswigk bekennen openbare jn dussem breue vor vns vnde vor vuse eruen, dat we schuldich sind Eylarde van der Heide, vnde Hinricke Kerkhoue sineme swagere, vnde oren eruen viff mark vnde hundert, vnde Egghelinge van Strobeke vnde sinen eruen anderhalff hundert mark brunswikescher wichte vnde witte, de we on betalen vnde bereden willet vnde schullet jn der stad to Bruns wigk to dussem negesten tokomenden paschen 2 ane hinder vnde vortoch. Vnde vor dit vorbenomde geld hebbe we on to borge gesad vse leuen getruwen den rad der stad to Brunswigk jn 3 dusser wise: Weret, dat we on dit vorscreuene geld vppe de vorbenomde tid nicht enbetaleden, vnde se den rad to Brunswigk darumme mane den, also dat de rad dat vorscreuene geld vt genen vnde vor vns betalen moste, so scholde de rad to Brunswigk dat vorscreuene geld vppe viffvndetwintich mark iareges tinses krigen vnde erweruen wur se mochten, der se alle jarlikes drittegede halue mark to sunte Michaelis dage vnde drittegede halue mark to paschen darupp, de wile dat we des geldes nicht entrichteden vn 4 de betaleden, genen scholden. Vnde vor dusse vorbenomden viff mark vnde driddehalff hundert, vnde vor den tins, wat se denne des dar vppe genen alse vorscreuen is, vorpende we vnde set tet on alle dat we hebbet jn der Oldenwick, vn de an dem Sacke to Brunswigk, vnde an der vogedie, an der muntye, an den joden vnde an den molen to Brunswigk, myt deme anderen gelde dat se dar vore an hebbet, also alse vse here vnde vader deme god gnedich sij, vnde we on dat vore vorbreuet hebben jn dusser wise, dat we noch vse eruen en schullet noch en mo get dusser vorbenomden stucke neyn ledighen, edder van on losen alle edder ienich bisundern,

we en hedden on de vorsprokenen viff mark vn de driddehalff hundert brunswikescher wichte vn de witte, vnde alle den tins den se darupp ge geuen hedden tovoren in der stad to Brunswigk na oreme willen, also dat on daran genoghede, bered vnde betalet. Vnde dusse vorbenomden 5 viff mark vnde driddehalff hundert, vnde den tins den de rad darupp gifft vnde denne gegeuen hefft moge we on alle jar geuen vnde betalen in der stad to Brunswigk to winachten edder to sunte Johannis dage to middensommere wanne we wil let. Ok schulle we vnde vnse eruen vnde willet 6 deme rade to Brunswigk dusser vorbenomden stucke ore rechte were wesen wur vnde wanne one des noth is. Weret ok, dat se bedegedinget 7 worden vmme dusser vorsprokenen stucke ienich van vsen vedderen hertogen Hinrickes sonen, des schulle we se gensliken leddigen vnde scadelos affnemen. Alle dusse vorscreuene dingk loue we 8 deme rade vnde den borgeren to Brunswigk ste de vast vnde vnbrokeliken to holdene in dussem breue, den we vor vns vnde vor vnsen broder juncheren Ffredericke, vnde vor vnse eruen ge geuen hebbet besegeld myt vnsem jngesegele to eneme orkunde. Vnde we juncher Ffrederick 9 des vorbenomden hertogen Albertes broder be kennet jn dussem suluen breue vnder vnses bro ders hertogen Albertes jngesegele, dat alle dusse vorscreuene dingk sint gescheyn myt vseme wil len vnde myt vnser vulbort, vnde louen jn gu den truwen deme rade vnde den borgeren to Brunswigk alle dusse vorscreuene dingk stede vnde gantz to holdende also alse se hir vore be screuen stad jn dussem breue, de gegeuen is na godes bord dusent jar vnde drehundert jar in dem seuentigesten jare, des negesten doursdages vor des hilgen cruces dage alse dat gehoget ward.

XLIX.
VERPFÄNDUNG HERZOGLICHER EINKÜNFTE AUS DER STADT AN DEN RATH.
1371 Febr. 14.

Das Original dieser bisher nicht gedruckten Urkunde fehlt. Der nachstehende Abdruck nach einem Copialbuche des Raths aus dem 15. Jahrhundert. Hn.

We Magnus van der gnade godes hertoge to Brunswigk vnde to Luneborch bekennen openbare jn dussem breue vor vns vnde vor vnee eruen, dat we schuldich synd vnsen leuen getruwen deme rade vnde den borgeren to Brunswigk drehundert lodige mark brunswikescher wichte vnde witte, de se vns an redeme gelde gedan vnde geluenet hebbet, de we on betalen vnde weddergeuen willet vnde schullet to dusseme negesten tokomenden sunte Michaelis dage in der stad to 1 Brunswigk ane hinder vnde vortoch. Were ok, dat we on dat vorscreuene geld vppe de vorbenomde tid nicht enbetaleden, so eette we vnde vorpendet on in dusseme breue vor desse suluen drehundert mark alle dat we hebbet in der Oldenwick vnde jn dem Sacke to Brunswigk, vnde an der vogedie, vnde an der muntye darsulues, myt deme anderen gelde dat se dar vore an hebbet, dar vnse bere vnde vader deme god gnedich sy on dat ok vore vorpendet hefft, alse de breue vtwiset de he on darupp gegeuen vnde besegeld hefft, jn desser wis, dat we noch vse eruen en schullet noch en mogen dusse vorbenomden stucke edder orer nen bisundern ledigen edder van on losen, we en hedden on de vorbenomden drehundert mark der vorscreuenen wichte vnde witte jn der etad to Brunswigk eir al beredet vnde betalet. Ok schulle we vnde vnse er- 2 uen vnde willet deme rade to Brunswigk dusser vorbenomden stucke rechte waren wesen, vnde se truweliken darane vordegedingen, vnde willent on dat to gude holden wor vnde wanne on des noth is. Were ok, dat vnse broder hertoge Ernst 3 on dar jenige ansprake an dede, edder jemant van siner wegene, des scholde we edder vnse eruen den rad to Brunswigk gensliken entledigen. also dat se des ane schaden vnde ane noth bliuen scholen, edder we willet on ore vorbenomde geld jn der stad to Brunswigk betalen alse vorscreuen is. Alle dusse vorscreuene dingk loue we dem rade vnde den borgeren to Brunswigk stede vast vnde vmbrokeliken to holdende in dusseme breue, den we to eynem orkunde vor vns vnde vor vnse eruen gegeuen hebbet besegeld mit vnseme jngesegele na godes bord dusent jar vnde drehundert jar in dem eynvndeseuentigesten jare, jn sunte Valentinus dage des hilgen marteleres.

L. HULDEBRIEF HERZOGS MAGNUS.
1371 Febr. 14.

Das Original befindet sich im Stadtarchive: Pergament, 18" breit, 12" hoch, an grüner Seide Herzog Magnus wohlerhaltenes Reitersiegel von 4" im Durchmesser, welches v. Praun im Brschw. und Lüneb. Siegelcabinet 78 beschreibt. Dieser Huldebrief war bisher nicht gedruckt; in Rehtmeyers Chron. 649 sind nur die Zeugen angegeben. Er beruht zum grössten Theile auf dem Huldebriefe vom Jahre 1323, nur dass § 17 desselben und Theile der §§ 7 und 11, denen hier die §§ 12 und 17 entsprechen, ausgefallen sind, und dass § 18 des vorliegenden Huldebriefes die Fassung des entsprechenden § 12 im Huldebriefe vom Jahre 1345 erhalten hat. In den §§ 6, 7, 9, 10, 11, 24 sind die resp. §§ 6, 7, 2, 3, 4, 9 u. 10 der von Herzog Magnus 1367 ertheilten Privilegien aufgenommen. Kleinere Zusätze finden sich in den §§ 8, 9, 11, 18, 19, 22, 23, 24, 25. Ob durch § 16 die Befugnisse der Bürger erweitert wurden, ist zweifelhaft. Schon das ältere Stadtrecht stellt nach Rechtsverweigerung von Seiten des Mar

6

schalks Selbsthülfe gegen Dienstmannen frei, aber nur bei Schuldklagen (vgl. XVI, 15), und dass seit 1318 nicht mehr blos Schuldklagen vor das Marschalksgericht gehörten, was nach XV, 4 und XVI, 41 noch am Ende des 13. Jahrhunderts der Fall war, scheint aus der allgemeinen Fassung der betreffenden Zusage der Huldebriefe geschlossen werden zu müssen. Indessen ist die Bestimmung in XVI, 41 doch auch in das Stadtrecht von 1402 aufgenommen. Hn.

Wɪ Magnus van der gnade godes hertoghe to Brunswich vnde to Lüneborgh vnde vnse rechten eruen bekennet openbarliken in desseme ieghenwardighen breue, dat we nogh vse rechten eruen en scullen nene clostere eder conuente mit gheystliken luden mannen eder vrowen setten, orlouen, eder vulborden to wonende binnen der stad vnde müren to Brunswich, vnde ok buten der stad also 2 verne alse ore vedrift is. We bekennet ok, dat we vnde vse rechten eruen hebbet der suluen vser stad to Brunswich vnde vsen leuen borgheren dar inne, bi namen in der Oldenstad, in deme Haghene, in der Nyenstad, in der Oldenwik vnde in deme Sacke, de gnade vnde dat recht ghegheuen: de dar nu inne sint vnde borghere vnde borgherachen sint dat se scolen vry wesen van allerleye 3 ansprake. We na desseme daghe ok alse desse bref ghegheuen is in de suluen vorseghed en vif stede vser stad to Brunswich vore, vnde borgher worde, vnde openbare dar were jar vnde dagh ane ansprake, de ecolde des suluen rechtes brüken vnde vry borgher wesan, alse hir vore 4 screuen is. Worde ok iement anspraket binnen jare vnde daghe der de de burscap ghewunnen hedden, den en scolde de rad to neneme borghere hebben, he en hedde 5 sek vorlikent mit der herscap. We ok vnde vse rechten eruen willen vnde scullen de vif stede vser stad to Brunswich beschermen vnde vordeghedinghen alle ores rechtes vnde vryheyt, alse se oldinghes van vsen elderen ghehat hebben vnde hebbet, vnde ore recht to beterende vnde 6 nicht to ergherende. Were ok, dat ienigh schelinghe twischen ons vnde deme rade to Brunswich velle, wat denne twene man vte deme rade mit öreme rechte beholden, dat ore olde wonheyt vnde recht hedde ghewesen, 7 dar scolde we se bi laten vnde bi beholden. Welde den rad ok anders iement sculdeghen, wes denne den rad twene man vte deme rade entledigheden mit rechte, des scolde de rad los wesen, vnde des scolde we se vordeghe 8 dinghen. Were ok dat also, dat iement der suluen vser borghere ienighen vorderen wolde vor lat eder vor eghen,

eder ienighe ansprake don welde, eder ienighe schult gheuen wolde, de scolde antwerden vor vseme richte in der stad to Brunswich, vnde des scolde we se vor deghedinghen. We ok vnde vse eruen eder de vse 9 en willen nogh en scullen se vnde de öre vnde öre mey ere mit nichte beswaren mit bede, eder mit denste, eder ienegherleye wis. Were ok, dat se eder öre meyere brüke 10 deden, de on mit rechte gheuunden worden to beterende, dat scolde we vnde de vse on gnedeliken keren, dat se des vnvorderft bleuen. Ok en willeu we vnde en scullet 11 nogh de vse nene nye sattunghe in vseme lande ouer se, nogh vppe ore gud, vnde ore meyere, vnde de öre setten eder setten laten, dar se eder de ore mede be schadet werden. Vortmer mötet vse vorbenomeden bor 12 ghere der vif stede vser stad to Brunswich ore recht wol beteren wor se moghen,[1] vnde wor dar nement en claghet, dar en darf nement richten. We bekennen ok 13 vnde vse rechten eruen, dat vse borghere der vorbenome den vif stede vser stad to Brunswich vnde ore gud sco len tollen vry wesen in vsen landen, vnde to allen vsen sloten. We ok in der stad to Brunswich voghet is van 14 vser weghene, de scal richten in der stad vnde dar en butene alse verne alse ore vodrift wendet. Vortmer 15 vppe dat vnder vsen mannen vnde vsen vorbenomeden bor gheren nen twidracht en werde, so scole we on enen marscalk setten, de vsen borgheren richte ouer vse man des on nod si. Were dat de marscalk des nicht en 16 dede binnen vertayn nachten dar na wanne vser borghere welk om dat gheclaghet hedde, sö möchte de sulue vse borgher deme denstmanne den he vorclaghet hedde vnde sineme gude mit rechte sek nalen wor he möchte, vnde scolde des ane broke bliuen. We en willet ok des nicht, dat 17 vnser denstman ienigh ienighen vsen borgher to Bruns wich mit lengůde wise an enen anderen heren de benedden om si.[2] Storue ok vser denstman ienigh ane eruen van 18 deme vse vorbenomeden borghere gud to lene heddan,

---

Im Huldebriefe von 1323 ist hinzugefügt 1) ane vnsen schaden. 2) des wille we eme irstan alse verne alse ith recht is.

vude os dat gud denne börede to lenende, dar
sculle we ve mede belenen, eder vse eruen,[1] wanne se
19 des van os sinnet. We en scullen[2] ok vnme nene
sake scüldeghen de bi vser, eder vses heren vses va-
ders üden, vnde vser elderen, vnde vnser vedderen
van Luneborgh ghevallen sin wente an desse tid,
eder nement van vser weghene, eder de os bo-
20 ret to verdeghedinghende. We en scullet ok neuer-
leye gud dat men to der stad eder van der stad vörede,
dreue, eder dröghe, hinderen laten, it en si vser openbaren
21 vyende. We en scullet ok nemende to ghesinde nemen
den we weder de stad vnde oreme rechte vordeghedinghen,
we en willen one on to rechte setten, vnde on rechtes
22 van om helpen. Were ok dat vnsir borghere lenigh
broke dede weder vns, an deme borghere nogh an sineme
gude en wille we nen sulfgherichte don, eder nement
van vser weghene, it en were, dat he worde begrepen
vppe huuthaftigher dat enes dötslaghes, we en deden it
willik deme rade aller erst vnde der stad; hülpen se os
dar vnme minne eder rechtes, dar scolde we os an ghe-
23 nöghen laten. We willet ok de suluen vorbenomeden
borghere vordeghedinghen vnde beschermen alle ores rech-
tes, alse vorscreuen is, dat se van os vnde vsen el-
deren vnde van vsen vorvaren vnde van der herscap
ghehat hebben vnde hebbet, vnde willet on dat ganez
24 vnde stede holden. Ok wille we deme rade vnde den
borgheren to Brunswich alle de breue de vse here vnde
vader hertoghe Magnus, vnde vse veddere her-
toghe Wilhelm van Luneborgh, vnde ore vorva-
ren, den god gnedich si, on gheghenen vnde be-
seghelt hebben, stede vnde vuverbroken holden in
der wise alse oft we de suluen beseghelt vnde
gheghenen hedden, ane tenegherhande hinder
eder inval, vnde willet on ore priuilegia vnde breue

stedegheren vnde vorbeteren, vnde stedeghet se in des-
seme breue, vnde mit nichte krenken eder erghēren,
eder jenegherleye wis vorbreken, sunder in aller
macht vnde in allen stucken stede vnde vnverbroken vn-
de to gude holden. Welde ok vse vorbenomeden 25
borghere alle desser vorsegheden gnade vnde rechtes, dat
we vnde vse elderen, vnde de herscap on gheghenen
hebbet, ienent vervnrechteghen, des wille we ore he-
schermer wesen an vnde to allen tiden, vnde to alle ören
nöden, vnde willet se ores rechtes truweliken vordeghe-
dingben. An eyn orkunde vnde stedicheyt desser vorscre-
uenen dingh vnde enes iowelken bisunderen, dat
we de stede vnde vast holden willet vnde scullet,
hebbe we vor os vnde vor vse rechten eruen vse inghe-
seghel witliken ghebenghet laten to desseme breue. Desser
dingh sint ok tûghe broder Herman van Werberghe
meyster vnde en ghemeyne beeder des ordens
sunte Johanneses in Sassen, in Pomerenen, vnde
in Wentlanden, broder Brun van Mansfelde ouer-
ste commendur to Luckenum vnde in Sassenlande
des ordens der godesriddere des dudeschen hu-
ses, her Hannes van Honleghe, her Gherd vnde
her Fritze van Wederden, her Cörd van Rotleue
riddere; Hannes Knieghe vnde Rotgher van Gu-
stede knapen; Thile van deme Damme, Eylard
van der Heyde, Henning Elers, Cord Doringh,
Hannes Peperkeller, Herman van Gustode, Han-
nes van der Molen, vnde Brosius Sunnenbergh
borghere to Brunswich, vnde anderer vromer lude
ghenogh. Desse bref is gheghenen na godes bort
dritteynhundert jar in deme enen vnde seuen-
tighesten jare, in sante Valentinus daghe des hil-
ghen merteleres.

LI. HULDEBRIEF DER HERZÖGE FRIDERICII UND BERNHARD.
1374 Febr. 3.

Das Original befindet sich im Stadtarchive: Pergament 23" breit, 13" hoch, mit zwei grünen
Wachssiegeln an grünen Seidenschnüren. Beide haben den mit dem Löwen und den Leoparden quartier-
ten Schild ohne Helm, das eine die Umschrift: S' FREDERICI DVCIS IN BRVNSWICH ET LVNE-
BORCH, das andere: S' BERNHARDI DVCIS IN BRVNSWICH ET LVNEBORCH. Dieser Hulde-

---

1) *Im Huldebriefe von 1345 § 12 ist hinzugefügt* vmme redelike vruntscap.   2) *Ausgelassen* se.

8*

brief war bisher nicht gedruckt; in Rehtmeyers Chron. 682 ist nur der Eingang und die Zeugenreihe mitgetheilt. Er wiederholt die herkömmlichen Rechte vorwiegend in der Fassung des Huldebriefes vom Jahre 1367, jedoch mit Ausschluss von § 17 desselben und der Clausel in § 7, welche beiden auch in Herzog Magnus Huldebriefe fehlten. Aehnlich wie in diesem ist dann auch § 24 zusammengesetzt, die Bestimmung jedoch, welche derselbe in § 16 enthielt, hier ausgelassen. In den §§ 8, 9, 10, 20, 21, 22, 23 sind die resp. §§ 5, 6, 7 u. 8, 1, 2, 3, 4 der Privilegien von 1367 enthalten.   Hn.

We juncheren' Frederik vnde Bernd van der gnade godes hertoghen to Brunswich vnde to Luneborch bekennet openbare jn desseme breue, dat we noch vse rechte eruen en scullet nene clostere eder couente gheystliker lude mannen eder vrowen setten, orlouen, eder wiborden to wonende binnen der stad vnde der müren to Brunswich, vnde ok buten der stad alse verne alse ore 2 vedrift ist. We bekennet ok des, dat we vnde vse rechten eruen hebbet der süluen vser stad to Brunswich vnde vsen leuen borgheren dar inne, bi namen in der Oldenstad, in deme Haghene, in der Nyenstad, jn der Oldenwik vnde in deme Sacke, de gnade vnde dat recht ghegheuen: de dar nu inne sin vnde borghere vnde borgheschen sin de 3 scolen vry wesen van allerleye ansprake. We na desseme daghe ok alse desse bref ghegheuen is jn de süluen vorsegheden vif stede vser stad to Brunswich vôre, vnde borgher worde, vnde openbare dar inne were jar vnde dagh ane ansprake, de scolde ok vry borgher wesen, alse hir vore ghescreuen is. Wörde 4 ok iement anspraket mit rechte binnen jare vnde daghe de de burscap ghewunnen hedde, den en scolde de rad to neneme borghere hebben, he en hedde sek vorlikent mit der herscop mit vruntscap eder mit rechte. 5 We ok vnde vse rechten eruen willet vnde scullet de vif stede vser stad to Brunswich beschermen vnde vordeghedinghen alle ores rechtes vnde orer vryheyt, alse se de oldinghes van vsen elderen ghehad hebbet vnde hebbet, vnde ore recht to beterende vnde nicht to ergherende. 6 Were ok dat also, dat ienich man der süluen vser borghere ienighen vörderen wolde vor lat eder eghen, eder ienighe ansprake don welde, eder ienighe schuld gheuen welde, de scolde antwerden vor vseme gherichte jn der 7 stad to Brunswich. Vse vorbenomden borghere der vif stede vser stad to Brunswich möten ok or recht wol beteren wor se moghen,[1] vnde wor dar nement en claghet, 8 dar en darf nement richten. Were ok, dat se iement sçüldeghen welde, so scolden se antwerden dar it on ghe-

borede van rechte to antwerdende, vnde des scole we se vordeghedinghen. Were ok, dat ienich schelinghe tui- 9 schen os vnde deme rade to Brunswich velle, wat denne twene man vte deme rade mit oreme rechte beholden, dat ore olde wonheyt vnde recht hedde gheween, dar scolde we se bi laten vnde bi beholden. Welde den rad ok an- 10 ders iement sçüldeghen, wes denne twene man vte deme rade den rad entledigheden mit rechte, des scolde de rad los wesen, vnde des scolde we se vordeghedinghen, vnde sçüllet des rades vnde der stad to Brunswich recht beteren vnde mit nichte vorkrenken. Wortmer bekenne we 11 ok vnde vse eruen, dat vse borghere der vorbenomden vif stede vser stad to Brunswich vnde ore gud sçüllen tollenvry wesen in veeme lande, vnde in vsen steden, vnde to alle vsen sloten. We ok in der stad to Brunswich vo- 12 ghet is van vser weghene, de scal richten binnen der stad vnde butene alse verne alse de vedrift wendet. Wort- 13 mer vp dat vnder vsen mannen vnde vse vorbenomden borgheren nen twidracht en werde, so sçülle we on eneu marscalk setten, de vsen borgheren richte ouer vse manne des on nod si. We en willet ok des nicht, dat vser denst- 14 man ienigh ienighen vser borghere to Brunswich mit lengude wise an euen anderen heren de benedden om ni; des wille we on erstan. We don on ok de gnade: welk bor- 15 gher gud hedde to lene van vseme denstmanne, storue de ane eruen, so scolde de borgher volghen an os, vnde we scolden one belenen mit deme süluen gude ane wedersprake vnde gaue. We en sçüllen[2] ok vmme nene sake 16 sçüldighen de bi vses heren vses vader tiden vnde vser elderen gheuallen weren. We en sçüllet ok nemerkye 17 gud dat me to der stad eder van der stad vörede, dreue, eder dröghe hinderen laten, it en si vser openbaren viende. We en sçüllet ok nemende to ghesinde nemen den 18 we weder de stad vnde oreme rechte vordeghedinghen, we en willen one on to rechte setten, vnde on rechtes van om helpen. Were ok, dat vser borghere ienigh broke 19 dede weder os, an deme borghere nogh an sineme gude

en wille we nen suffgherichte don, it en were, dat he
worde ghegrepen vpper handhaftigher dat enes dotsla-
ghes, we en deden dat witlik deme rade aller erst vnde
der stad: hülpen se os dar vmme minne eder rechtes,
20 dar scolde we os an ghenoghen laten. Ok wille we vn-
de scullet se truweliken vordeghedinghen to oreme rechte,
vnde bi gnaden vnde bi rechte laten vnde beholden to allen
21 tiden. Vnde we eder de vse en willet nogh en scullet
de ore vnde ore meyere mit nichte beswaren mit bede,
22 eder mit denste, eder innegerleye wis. Were ok, dat se
eder ore meyere broke deden, de on mit rechte ghevun-
den worden to beterende, dat scolde we vnde de vse on
23 gnedeliken keren, dat se des vnverderft bleuen. Ok en
wille we vnde en scullet, nogh de vse, nene nye satten-
ghe in vseme lande ouer se, vnde ore meyere, vnde de
ore setten eder setten laten, dar se eder de ore mede
24 beschadet werden. Vortmer bekenne we, dat we vnde
vse rechten eruen willen vnde scullen alle de breue de
vse here vse vader hertoghe Magnus deme god gnedich
dich si, vnde vse elderen ghegheuen hebbet deme rade
vnde der stad to Brunswich, vnde eneme jowelken
borghere to Brunswich den breue van on ghe-
gheuen sint, gantz stede vnde vnvorbroken holden,
vnde stedighet alle ore priuilegia in aller wise alse we de
25 suluen besegheld hedden. We willet ok de suluen vor-

benomden borghere truweliken vordeghedinghen vnde be-
schermen alle oret rechtes dat se van vsen elderen vnde
vorvaren ghehad hebbet, vnde willet on dat stede vnde
gantz holden. Welde se ok alle desser vorsegheden gna- 26
de vnde rechtes dat we vnde vse elderen on ghegheuen
hebbet ienich man vorvnrechtighen, dos wille we ore be-
schermer wesen nu vnde to allen tiden, vnde to alle oren
noden. An an orkunde vnde stedicheyt alle desser vor-
screuenen dinghe hebbe we vor os vnde vse rechten er-
uen vse jngheseghele ghehenghet laten to desseme breue.
Desser dingh sint ok tughe vse man vnde denere de
dar an vnde ouer ghewesen hebbet, de hir na
bescreuen stad: her Herman Knioge prouest to
Weninghsen, her Hans van Honleghe, her Dide-
rik van Walmeden ridders; Rotgher van Gustede,
Cord van Weuerlinghe, Helmbert van Mandesle
knapen; Hermannus vse scriuer; Thile van deme
Damme, Eylard van der Heyde, Cord Doringh,
Henningh Elers, Herman van Gustede, Hans van
der Molen, Brosius Sunnenbergh vnde anderer
vromen lude ghenogh. Vnde is gesehen na go-
des bord dusent jar vnde drehundert jn deme
vere vnde seuentighesten jare, jn sünte Blasius
daghe des hilghen merteleres.

LII. HULDEBRIEF HERZOG ERNSTS.
1374 Mai 17.

*Das Original befindet sich im Stadtarchive: Pergament 20'' breit, 10'' hoch, an grün und rother
Seide das beschädigte grüne Wachssiegel Herzog Ernsts, welches v. Praun im Braelun. und Lüneb. Sie-
gelcabinet 93 beschreibt. Dieser bisher nicht gedruckte Huldebrief wiederholt mit unwesentlichen Zu-
sätzen in den §§ 16, 17, 18, und mit einigen in den Noten angezeigten Auslassungen den der Herzöge
Friderich und Bernhard.*

Hn.

Van der gnade goddes we Ernest hertoge to Brunswic
ichteswanne hertogen Magnus sone des elderen,
deme god gnedich sy, bekennet openbare in dissme
breue, dat we noch vse rechten eruen eu scullet nene
closter[1] geystliker lude man eder vrowen setten, irlouen,
eder vulborden to wonende bynnen der stad vnde der
muren to Brunswic, vnde ok buten der stad alse verne
2 alse ore vedrift is. We bekennet ok den, dat we vnde
vse[2] eruen hebbet der suluen vser stad to Brunswic va-

de vsen leuen borgeren dar inne, by namen in der Olden-
stad, in deme Hagen, in der Nyenstad, in der Oldenwik
vnde in deme Sacke, de gnade vnde dat recht gegheuen:
de dar nv inne sin vnde borgere vnde borgerschen sin de
scolen vry wesen van allerleye ansprake. We na dissme 3
dage ok alse disse bref gegheuen is in de suluen vor-
segheden vif stede vser stad to Brunswic vöre, vnde bor-
gere worde, vnde openbar dar inne were jar vnde dach
ane ansprake, de scolde des suluen rechtes bruken, vnde

Ausgelassen 1) eder conuente   2) rechten.

4 vri borger wesen, alse[1] vorscreuen is. Worde ok ye-
mant anspraket mit rechte bynnen iare vnde dage de de
burscap ghewonnen hedde, den en scolde de rad to neme
borgere hebben, he en hedde sek vorliket mit der her-
5 scap mit fruntscap eder mit rechte. We ok vnde vse
eruen willen vnde scolen de vif stede vser stad to Bruns-
wic beschermen vnde vordedinghen alle ores rechtes vnde
oror vryheyt, alse se de oldinghes van vsen elderen gehad
hebbet,[2] vnde ore recht to beterende vnde nicht to er-
6 gherende. Were dat also, dat yenich man der suluen
vser borgere yenich vorderen welde vor lat eder vor
eghen, eder yenighe ansprake don welde, eder yenighe
schult gheuen welde, de scolde antworden vor vseme
7 gerichte in der stad to Brunswic. Vse vorbenomden
borgere der vif stede vser stad to Brunswic moten ok
ore recht wol beteren vor se moghen, vnde wur dar
nemant en claget, dar en durf nemet richten. Were
8 ok, dat se yement schuldigen welde, so scolden se ant-
worden dar it en gheborde van rechte to antworden,
9 vnde des scolde we se vordedinghen. Were ok, dat yo-
nich schelinge twischen os vnde deme rade to Brunswic
velle, wat denne twen vts deme rade mit oreme rechte
behelden, dat ore[3] wonheyt vnde recht hedde ghewesen,
10 dar scolde we se by laten vnde by beholden. Welde den
rad ok anders yemant schuldighen, wes denne twene man
vts deme rade[4] entledigheden mit rechte, des scolde de
rad ledich wesen, vnde des scolde we se vordedinghen,
vnde scullet des rades vnde der stad to Brunswic recht
11 beteren vnde mit nicht vorkrengken. Vortmer bekenne
we ok vnde vse eruen, dat vse borgere der vorbenomden
vif stede vser stad to Brunswic vnde ore gud scullet
tollenvry wesen in vseme lande, vnde in vsen steden, vn-
12 de to alle vsen sloten. We oc in der stad to Brunswic
voghet is[5] de scal richten bynnen der stad vnde en buten
13 also verne alse de vedrift wendet. Vortmer vppe dat
vnder vsen mannen vnde vnder vsen vorbenomden bor-
geren nen twidracht en werde, so scolle we on enen
marscalk setten, de vsen borgeren richte ouer vse manne
14 des en nod sy. We en willet des ok nicht, dat vser
denstman yenich yenighen vser borghere to Brunswic mit
lengude wise an enen anderen heren de beneden om sy;
15 des wille we en erstan. We don on ok de gnade: welk

borgere gud hedde to lene van vseme denstmanne, storve
de ane eruen, so scolde de borgere volghen an os, vnde
we scolden ene belenen mit deme suluen gude ane we-
dersprake vnde gaue. We en scullet ok vaine nene sake 16
den rad vnde de borgere to Brunswic souldighen
de by vses heren vses vaders vnde vser elderen tiden, vn-
de by Magnus vses broders tiden gevallen weren.
We en scullet ok nenerleye gud dat me to der stad eder 17
van der stad vorede, droue, eder droghe hinderen eder
hinderen laten, ed en sy vser openbaren vyande. We en 18
scullet ok nemande to ghestinde nemen den we weder
den rad vnde de weder de stad[6] vordedinghen, we en
willen ene ou to rechte setten vnde ou rechtes van ene
helpen. Were ok, dat vser borgere yenich broke dede 19
weder os, an deme borgere noch an sine gude en wille
we nen sulfgerichte don, id en were, dat he worde be-
grepen vpper handhaftigen dat enes dotslages, we en de-
den dat witlik deme rade aller erst vnde der stad: hul-
pen se os dar vnme mynne eder rechtes, dar scolde we
os an ghenogen laten. Ok wille we vnde scullet se tru- 20
weliken vordedinghen to oreme rechte, vnde by gnaden
laten vnde by rechte beholden to allen tiden. Vnde we 21
eder vse eruen en willet noch en scullet de ore vnde
ore meygere mit nicht beswaren mit bede, eder mit denste,
eder yengerleye wis. Were ok, dat se eder ore meygere 22
broke deden, de on mit rechte gheuunden worden to be-
terende, dat scolde we vnde de vse on guedelliken keren,
dat se des vnvorderft bleuen. Ok en wille we vnde on 23
scullet, noch de vse, nene nye sattunghe in vseme lande
oner se, vnde ore meygere, vnde de ore setten eder set-
ten laten, dar se oder de ore mede beschadiget werden.
Vortmer bekennet we[7] vnde vse eruen willen vnde scul- 24
len alle de brøke de vse broder hertoge Magnus deme
god gnedich sy, vnde vse elderen gegheuen hebbet deme
rade vnde der stad to Brunswic, vnde eneme iowelken
borgere to Brunswic den brene van on gegheuen sint,
gantz stede vnde vnvorbrokelik holden, vnde stedighet
alle ore priuilegia in aller wise alse we de suluen bese-
gelet hedden. We willet ok de suluen vse vorbenom- 25
den borgere truweliken vordedinghen vnde beschermen
alle ores rechtes dat se van vsen elderen vnde vorvaren
ghehat hebbet, vnde willet on dat stede vnde gantz hol-

Ausgelassen 1) hir 2) vnde hebbet 3) olde 4) den rad 5) van vser weghene 6) vnde oreme
rechte 7) dat we vnde.

26 den   Welde ye ok alle disser vorgegheden gnade vnde
rechtes dat we vnde vse elderen on gegheuen hebbet ye-
nich man vorvorechtigen, des wille we ore beschermer
wesen nv vnde to allen tiden; vnde to alle oren noden.
An eyn orkunde vnde stedicheyt alle disser vorscreuen
dinghe so hebbe we vor os vnde vor vse rechten eruen
vse jughesegele gehenget laten to disseme breue. Disser
dingh sint ok tůghe vse man vnde dener de dar an vnde
ouer ghewesen hebbet, de hir na bescreuen stad: her

Boldewin van Gustede riddere; Jan van Godden-
stede knecht; Hannes Meyse de eldere, vnde Han-
nes Meyse sin sone, mester Ludolf, Henningh van
Kemme, Bertold van Osterrode, Hans Ekerman,
Herman Scheveben, vnde vele vromer lude. Vn-
de is geschen na goddes bort dritteynhundert iar
jn deme vere vnde seuentigesten iare, des ney-
sten midwekenes vor pynckesten.

LIII. ERWEITERTE SAMMLUNG VON STADTGESETZEN.

Die unter XXXIX abgedruckte Sammlung von Stadtgesetzen, welche auf den dreizehn ersten Blättern des dort beschriebenen Codex um 1349 angelegt war, hat im Laufe etwa der folgenden dreissig Jahre durch Fortsetzungen und Nachträge sowie durch wiederholte Aenderungen und Ausscheidungen die hier wiedergegebene Gestalt empfangen. Was zunächst die auf fol. 14—25 enthaltenen Fortsetzungen betrifft, so sind elf Paragraphen derselben noch mit Bücherschrift geschrieben. Unter diesen wurden die §§ 97 und 98 des nachstehenden Abdrucks vor Michaelis 1349 von derselben Hand wie jener älteste Bestandtheil und wahrscheinlich kurz nach dem Abschlusse desselben eingetragen; von gleicher Hand auch § 95, von einer anderen § 96, diese vier auf fol. 14'. Eine dritte Hand hat die §§ 91—94 auf fol. 14, eine vierte die §§ 99, 100, 101, 103 auf fol. 15 und 15' geschrieben; vor § 103 ist, gleichfalls von vierter Hand, das Jahr 1352 angemerkt. Weiterhin ist dann mit cursivischer Schrift von drei verschiedenen Händen fortgefahren. Die erste hat die §§ 104—111, und mit grosser Wahrscheinlichkeit auch die §§ 112 und 113 geschrieben, und zwar laut des zwischenstehenden Datums entweder jene acht oder diese beiden am Montage nach Trinitatis des Jahres 1360. Von der zweiten Hand, aber gleichfalls aus verschiedenen Zeiten, sind die §§ 114—142, von der dritten die §§ 143—155. Da die Verfügung in § 144 nach den später ausgefallenen Eingangsworten unter Mitwirkung der Gemeinen Gilden erlassen wurde, so kann sie nebst den folgenden erst nach dem 17. April des Jahres 1374 hinzugefügt sein, denn erst durch den an diesem Tage ausgebrochenen Aufstand gewannen auch die Gilden Antheil am Stadtregimente. Noch jünger muss § 143 sein, welcher am oberen Rande des Blattes mit Bezeichnung der Einschaltungsstelle nachgetragen ist. Ausser diesen Fortsetzungen sodann hat jede der aufgeführten Hände auch Aenderungen und Nachträge in den jedesmal vorliegenden Theilen der Sammlung gemacht, und dasselbe ist durch die ganze Sammlung von noch mehren jüngeren Händen geschehen. Zugleich endlich sind nach und nach eine Reihe von Paragraphen wieder ausgestrichen. Auf diese Weise wird die vorliegende Sammlung wesentlich um 1380 abgeschlossen gewesen sein; nur wenige Zusätze stammen, wie die Noten zeigen, aus jüngerer Zeit.

In dem nachstehenden Texte ist überall die zuletzt gültige Form gegeben, auch in den oben erwähnten Fällen, wo dieselbe erst nach 1380 entstanden ist. Die früheren Fassungen sind in den Noten mitgetheilt, ausnahmsweise jedoch die ausgestrichenen Paragraphen, an Sternchen neben den beigesetzten Zahlen kenntlich, gleichfalls in den Text aufgenommen, und nur diejenigen Paragraphen der älteren Sammlung nicht wieder abgedruckt, die ohne irgend welche vorhergegangene Aenderung ausgestrichen sind. Durch Linien werden die von verschiedenen Händen herrührenden Fortsetzungen, durch offene Räume die von jeder Hand zu verschiedenen Zeiten geschriebenen Abschnitte von einander geschieden. In den Noten werden die drei cursivischen Hände der Fortsetzungen als ,a' ,b' ,c' bezeichnet. Die zu den jüngeren Zusätzen beigebrachten Zeitbestimmungen beruhen auf einer Vergleichung der Schriften mit denen datirter Aufzeichnungen im ältesten Memorandenbuche des Rathes, welches den Zeitraum von c. 1340—1400 umfasst.   Hn.

1 Swe, twidracht maket twischen der herscap vnde der
stat, vnde deme rade vnde der stad, twisschen deme rade
vnde den gülden[1] oder twisschen deme rade vnde
der meynheyt, sin lif vnde sin god steyt in des rades
wold.

2 It en scal nemand jenghe samnighe maken des
nachtes ane des rades wiscop by lime vnde by
gude.[2]

3 Nen vser borghere scal reyse riden ane des rades wit-
scap dar de stad in scadhen van kome, bi x marken.

4 Swe en erue verkoft de scal is en were wesen.

5 Et ne scal neman en erue vplaten, noch nerveleye ghelt
darin, sunder vor deme voghede openbare vnde to rech-
ter ding tyd daghes.

6 Swe ghelt verkoft in sineme erue, dhe scal dat scriuen
laten in der stad bok, wodanewis he it vorkope, edder
id en scal nicht bynden.[3]

7 Swe sin erue verkoft eder vorghift ane des rades wit-
scop vnde vulbort,[4] dar der stad ere plicht mede af-
gheyt, dat erue heft he tovoren vorloren, vnde men scal
eme volgen mit ener vestinge.

8 Swe tyns edder gulde hedde an eynes anderen
erue de he vorkopen welde, dar is nemet ne-
ger to geldende wan de de de beteringe dar an
hefft, sunder de rad is dar neger.[4]

9 Swelk man verct vppe en ander blek, dar he der stad
ere plicht mede vntfüllt, deme scalme uolgen mit erre
vestinge.
nota[4]

10 Et en scal nement neane garden buwen de to wichelde
lecht, he en scippe, dat der stad ande deme rade ere
plicht dar af ghesche.

11 Swe ene vrowen eder juncvrowen enwech vord ane dere
vrunde willen, ere erue en scal ere nicht volghen, vnde
men scal eme volgen mit ener vestinge.

*12 Welk vrowe eder juncvrowe büten der stad be-
raden werd, vnde von hinnen võre —[2]

We deme anderen en truwelouede ansprikt vmme echt 13
des he nicht vulkomen ne mach mit rechte, he si vrowe
eder man, deme scalme volgen mit ener vestinge.

Jowelk man scal suluen antwerden vor dem vogede be- 14*
kennen edder vorsaken, noch nemant von syuer wegen,
id en do ome liues not.[6]

Swe ene vrowen eder iuncvrowen bered, de scal leggen 15
an ere cledere vnde jughedome xl mark, vnde nicht mer;
min mach he wol don. Dith scalme holden bi x mar-
ken.

non[7]   Pretermittaa

We ene vrowen eder iuncvrowen bered, de en scal ne- 16
mende mer gheuen sunder dem brüdegamen, vnde sine-
me vadere, vnde siner moder, vnde den de in des brüde-
gamen hus sin, vnde sinen broderen vnde sinen susteren
de hir in der stad wonhaftich sin; gordel, budel, vnde
linene cledere. Vnde wat men dem brüdegamen gift dat
en scal nicht betere wesen wanne en mark. De brüde-
game scal oc nene vorekost don.[8] We anders dede, de
scal deme rade v mark gheuen.[9]

To den brutlachten scal me nicht mer hebben 17
wenne lx lude vrüwen vnde man,[10] vnde vnj dros-
ten, vnde des lasten auendes nicht mer wenne
xxx lude mit alle.[11]

To den brutlachten mit kost vnde mit ghift to donde, 18
mit den spelluiden,[12] vnde mit anderen dingen de
dar vp uallet, vnde mit den kinderen de men in
dat clostere gheuen wil, vnde to monike maken
wil,[12] dat scalme holden also et de rad ghesat heft: we
des nicht en wete de latis sik berichten. ij mark ane
gnade.[13]

Nen man en scal ok nenene spelemanne mer gheuen san- 19
der den achten de de eat ghewilkoret heft to den brut-
lachten; men scal erer oc nicht to etene setten, noch vor-
senden, noch neman van siner wegene.

Wenne oc en speleman van buten her in ghewant wert, 20
de scal eme nicht mer gheuen wanne en[14] lot, bi i[14] taln.

1) twisschen — gülden, wie das Folgende Zusatz von ‚e‛ am oberen Rande mit Bezeichnung der Einschaltungsstelle,
stimmt wörtlich mit VIII, 4.   2) ‚e‛ mit derselben Feder und Dinte wie in § 143.   3) Wie die §§ 112 und
113.   4) 1387—1400.   5) ‚e‛.   6) Wiederholung von § 27, von demselben Hand wie § 8.   7) Zwischen
dem cursivischen non und Pretermittaa ein Trennungszeichen.   8) Ausgestrichen De brudscho scolen oc nicht
betere wesen wan v sol.   9) Wiederausgestrichen der Zusatz ane gnade.   10) Ursprünglich xxx vrowen
vnde xxx man. Vgl. § 139.   11) 1385—1387.   12) ‚e‛, der erste Zusatz wie § 143.   13) ij mark
ane gnade 1377—1380 unmittelbar hinter dem Zusatze vnde mit den kinderen etc.   14) Ausgestrichen swart.
15) ı auf Rasur.

21 **A**lse mannighen mynschen alse me mer aette, alse mannighe —[1]

22 **A**lso manigheme spelmanne alse he mer gift wenne den achten, eder to etene settet, eder vorsand, eder vorsenden let, also manighe vif schillinghe scal he deme rade gheuen, vnde desse broke scolen stan ane gnade.[2]

23 **W**elk brūdegame rūte hōde gift to der brutlacht, de scal deme rade v tal gheuen.

24 **N**ene man en scal draghen golt, siluer, noch parlen vppe sinen clederen, bi v marken.[3]

25 **W**elk vser borgere des anderen meyer to suuldeghene heft, vor dene sin herre recht būd, de scal hir in der stad recht van eme nemen, vnde scal ene vor nen ander gherichte then, eme en werde hir er rechtes borst,[4] bi eneme punde.[5]

26 **N**en vser borgere eder borgersche sal den anderen laden vor ienich recht, eme ene werde rechtes borst vor deme vogede, bi x mark. Heft he der nicht, he scal der stad also langhe enberen, went he se ghene.[6]

27 **J**owelk man scal sulue antworden vor dem voghede, bekennen eder vorsaken, noch neman van siner wegene, et en do eme lives nod.

Pretermitte[7]

28 **W**enne de rad boden sant, de scal komen ane anderen boden, bi vj sol ane gnade.[8]

29 **D**e rad gift manigheme vorwort here in de stad dor sake willen: dar scal sik malk an bewaren, dat he nemenle an ne verdege, he en do it bi witscap des rades des wicheldes dar he inne wonet.[9]

30 **N**en vser borghere scal des anderen gudes anghenelle vnde dat he in sinen teneschen weren heft kopen ane sener willen. We dat dede, deme schulcme vulghen mit ener vestinge.

31 **W**e van henne vorct van scult weghene, vnde vsen borgeren ere gud mit vorstate vnford, deue wel de rad suluen vormesten in deme wichelde dar dat inne gheschen is. Heft he eyne juringe, de scal he vorloren hebben.

Men wel it ok vor duve hebben, vnde scal ene in de veme scriuen.

Welk vse borghere sik in der stad rechte nicht gheno-32 ghen wel laten, vnde mit drowe van henne vert, deme wel de rad vor enen vnbescedenen sulfmodigen man hebben, de scal der stad enberen mit wiue vnde mit kinderen de wile he leuet, sunder gnade.

We de burscap vreueleken vpghift ane nod, van deme 33 wel de rad hebben, dat he swere to dero suluen tyd, dat he binnen vertayn nachten vse der stad wike, nicht weder in to komende, it en si bi des rades willen. We des nicht don en wolde, deme wel de rad volghen mit ener uestinge. We ok av rede de burscap vpghesegit heft, also dat deme rade dunket, dat it ane nod si, mit deme wel it de rad holden in dere suluen wise, en berichtet he sik nicht mit deme rade binnen xiiu nachten.[10] We ok sa doraftich were, dat he der vestinge nicht achten en wolde, krighet ene de rad binnen der stad, men wel it eme also keren, dat it ene to swar wert. Wolde he ok sa dere tyd dat he des rades willen irworuen hedde de burscap weder winnen, alsodan scot alse he binnen dere tyd hedde vorseten dat he van henne wesen hedde, dat scolde he gheuen binnen vere weken wanne he herin queme, bi ghesworenen edhe. Wat ok vor de burscap gheboret dar na vppe aye to winnende, dat steyt vppe des rades gnade des wicheldes dar he in wel, wo se eme dat keren willen.

We na dæser tyd vse borghere wert, vnde sprikt vor 34 deme rade wanne he de burscap wint, he si vry, noch he en besta nemende, wert he des darna bedraghen, dat he iemandes lat eder egheu is, de rad wel eme volghen mit ener vestinghe.

Welk vnser borgere edder borgerschen tyns 35 van synem huse gifft anders yemende wanne vnsen borgheren vnde borgherschen, edder den de der stad plicht dar aff don, de scullen dar gud vore syn, dat dem rade syn schot daraff werde, ane dat geffryet is. In der sulnen wyse schulme

1) 1386—1387. 2) ‚b'; alse *und die Silbe* me *in* manigheme *von gleicher Hand übergeschrieben.* 3) Von ‚b' *durch ein über die* Worte *eder* vrowen *und* sunder — *bidon der ältesten Sammlung genetztes* vacat *und durch die entsprechenden Correcturen in diese Form gebracht.* 4) *Büchorschrift erster Hand mit anderer Dinte nachgetragen.* 5) bi eneme punde ‚b' *wie in den* §§ 136 *und* 137. 6) 1390—1388: *wieder ausgestrichen* Dit wel de rad holden ane gnade. 7) *Anscheinend* 1377—1380. 8) ‚b'. 9) *Wieder ausgestrichen* vnde de broke scal stan ane gnade. *Zusatz von* ‚b' *in einer besondern Zeile.* 10) *Ausgestrichen* Dyt wel de rad holden bi den edhen.

9

dat holden mit den gherdeneren de tyns gheuen van den gharden.[1]

36 **Id** en schal neyment na dussem dage neyn veltgut kopen sunder by witscop des rades, by v marken.[1]

37 **Swe** en swert eder en mest tût, vnde en wil he sek des nicht ledighen, dat he dat dor[2] lives nod willen ghedan hebbe, de scal[3] vor dat swert deme rade ses schillinghe gheuen, vnde vor dat mest dre schillinghe, vnde desse broke scolen stan ane gnade.[4]

38 **Swe** den anderen dot sleyt, de scal der stad vif[5] iar enberen ane innegherleye rede. De oc den anderen vorwundet, dar he vnune vernestet wert, de scal der stad en[6] iar enberen.

39 **Swe** den anderen anverdeghet mit ener vorsate mit worden eder mit daden, de scal deme rade x punt gheuen. Heft he ere nicht, he scal der stad also lange enberen went he se ghone, ane gnade. Dit wel de rad holden[7] ane gnade, vnde we in deme rade is, de scal et melden wur et em to weten wert.[8] Lodere vnde bôven gat an dissen broke nicht.

40 **We** des anderen herberghe stenede, dhôre, wand, eder venstere vnvledich makede, wert he ghemeldet vnde des bedraghen, men wel eme volghen mit der vestinge.[9]

41 **Nen** vser borghere eder borgerschen scolen to borge don moneken van vrowenclosteren, et en si bi des prouestes vnde der priorinnen willen. Deyt et iement boven dat, de clostere scolen des ane wite wesen.

*42 **Swe** vnrechte kopenscap drift dat weker het, wart he des bedragen,[10] de rad wel et eme also keren dat et eme nicht enene kumpt.

43 **We** rofgud kost witliken, eder budet dat kopinden ghenomen is eder vorduuet, de scal sine inninge verloren hebben, vnde sin lif vnde sin gud steyt in des rades wold.

44 **Malk** scal sine wichte vnde sine mate recht hebben.[11]

45 **De** penninge sealme nemen, vnde scerf vnde verlinghe na oreme werde,[12] welke rechte münte hebbet, vnde vntobroken sint, de wile se nicht verlut en sint,[12] bi v sol.

Welk man penninge belete er se vorlonet worden, wart 46 he des bedraghen, men wel et vor valsch hebben.

We penninge besnede, wert he des bedraghen, 47 men schal it vor duve hebben.[13]

We solde buten der stad maken let, et si von silnere 48 eder van golde, ergere wan der stad sette is, dat wel men vor valsch hebben.

Swelkerne joden en pand ghesat wert, vorsaket he is, men 49 scal it vor duue hebben.

Nenerleye tosneden wand en scullen de joden to pande 50 nemen. We it bouen dat dede, de rad wel sinen broke darynune nemen.

Swe korn, eyen, eder mele koft in der molen, de werd 51 eder de werdinne en wille is ghewaren, men scal it vor duue hebben.

Swe korn to borghe deyt, de scal eme ennen namen 52 sceppen, wo men it gelden sculle, bi v tal.

Neman scal korn kopen vppe dem markete vmme der 53 geste penninge.

En ghast en scal mit dem anderen hire nicht 54 kopslaghen. We dat dede, de[14] scholde dem rade io von der mark dre schillinge gheuen.[15] Hir wel de rad de mekeler vnde de dregher tô sweren laten.[16]

Swe korn here in de stad voren wel, he si riddere, pape, 55 eder knecht, we he si, wanne de rad der nod vorlonet korn vt der stat to vérende, de scal dar bi don also en vser borghere. Dit scal iowelk wert seggen den en korn in sine herberge willen voren, vnde scal dar vore antwerden.[17]

Id en scal neyn vnser borgere den korn wagene 56 entigen ghan, buten de stad korn to kopende. We dat dede, de scolde dem rade vor iowelken kop geuen viff schillinge. Vnde de ghemene is enich geworden, dat se dusse broke nemen wil-

1) 1387—1400.   2) dor mit anderer Dinte übergeschrieben.   3) de scal doppelt, ein Mal ausgestrichen.   4) ,b'. 5) vif auf Rasur, 1377—1380 (?).   6) Ausgestrichen halb.   7) Wieder ausgestrichen bi den eden.   8) Dit — wert Bücherschrift derselben Hand wie die §§ 91—94, auf zwei Zeilen über § 39 mit Bezeichnung der Einschaltungs-stelle nachgetragen.   9) Bücherschrift vielleicht noch erster Hand.   10) Früher als der ganze Paragraph ist ausgestrichen wann das hir neu wonheyt is.   11) Wiederausgestrichen der Zusatz ener ungewissen Hand Wu dicke malck dit versümede scal he ii sol gheuen ane gnade.   12) ,b'.   13) Bücherschrift derselben Hand wie die §§ 99—101.   14) de übergeschrieben.   15) 1377—1380.   16) Hir — laten 1380—1385.   17) ,a'.

len, we sek des nicht leddigen wel, feria quarta
ante Egidii.[1]

57 Nen vser borghere noch ghestte scullet vromede molt here
in de stat vôren. We dat herberghede, eder kofte, de
scal deme rade vor iowelken scepel en punt gheuen.

58 Nement scal molt kopen sunder van vsen borgheren vn-
de borgerschen. Welk vser borghere eder borghersche
dat anderes iemende afkofte, de scolde deme rade vor
iowelken scepel v sol gheuen.

59 Na middensomere[2] wante to sunte Illen daghe scal
nement molt maken. We dat dede, de scal vor den sce-
pel i tal gheuen.[3]

60 It ne scal neman enne sunderleken herde hebben, bi i tol.[4]

61 Swo swin helt de driftsch sint, de scal he vor den herde
driuen, wanne de herde drift, edder beschutten:
vint me se vppe der strate, de rad wel se panden
laten io dat swin[4] vor vi d.[5] Snmd dar ie-
nich sude an, men scal dar nene nod vmme liden.

62 Swe ve buten der stad koft, dar he rede ghelt vore lo-
uet, queme dar elege oner, dat he des nicht en gulde,
men scal eme volgen mit ener vestinge.[6]

63 We den bullen vnde den lêr vtdrift, dar he in geyt de
scal v sol gheuen.

64 We vlas repelen let in synem hus, de en schal
nemande nalopen lazen vppe de strate, by dren
schillingen; wel sek auer malk wur in ropen la-
ten, dat mach he don.[1]

65 We liftuchtiug kopen wil, de scal it kopen van deme
rade, vnde anders nergen, he en do it mit des rades vul-
borde.[7]

66 Timberholt, latten, vnde scenarsten scal nement to vo-
ren kopen, dat he it hir weder vorkope. We des bedra-
gen wert, de scal deme rade vor iowelken kop v
sol gheuen des he sek nicht ledighen en wil.[8]

67 It en scal nen vorhoke edder vorkopere[9] nener-
leye gud kopen, er it to deme markete kumpt.

Ok en scolet de vorhoken nicht kopen eder ver-
kopen de wile dat de hanaer steket[10] We dat
deyt, deme scalme nemen wat he also ghekoft
heft, vnde me en scal om des nicht weder gheuen.[11]

Et en schal neen vorkopere nenerleyge ghut 68*
kopen er ed vppe dem market kumpt, bi v sol.[12]

Malk scal sine wapene hebben in sineme huse, de rad 69
wel anders sine penninge dar vmme nemen.

Malk scal sen to sineme viure. Wes ghesinde it vorsu- 70
mede, it gheyt in sin lif. Wert he vore vluchtich, men
scal eme volgen mit ener vestinge.

Dat hôr scal me buten de tingelen vôren. We des 71
nicht en dede de scal vor iowelke vore ses pen-
ninghe gheuen.[13]

Den market vnde de straten scal men reyne holden. Men 72
scal oc nen hore in de goten keren bi vi sol.

De Ouekere schal men reyne holden, vnde nen hor dar 73
in werpen, bi vi sol.

Wor de stenwech tobroken is, den scal men boten bi 74
wederdaghen, de rad wel dar anders sodane bote
vore nemen, dat it malk leuer mach bewaren.[14]

It en scal nement enne nyen stenwech setten eder bo- 75
ghen, de rad en si dar bi.

We to deme vensdinge nicht queme, deme scolde men 76
vor enne unrechten man hebben. We oc van denne ginge
er der rechten tyd, de scolde v sol gheuen.

Men scal oc vsen herren eren rechten tollen gheuen. 77
Swe dene vutvorde, sodanne brocke alse dar vp geyt mot
he lyden.

We ok des rades tekene eschede, vnde lete dare ghuste 78
eder vromede lude bruken de dere to rechte nicht bru-
ken en scolden, wert he des bedragen, sin lif vnde sin
gud scal in des rades wold stan.

We ok in groteme banne were, deme scal[15] nement her- 79
berghen.

Malk scal sen wene he herberghe, dat he dur vore ant- 80

---

1) 1387—1400. 2) „a‘. 3) Am Raude 1377—1880 lege, 1387 -1400 notu. 4) 1377—1880. 5) vor vi d am
Rande 1387—1400 für das ursprüngliche vor en schillingu, was jedoch nicht ausgestrichen ist. 6) Am Rande
des folgenden ausgestrichenen Paragraphen, § 52 der ältesten Sammlung, von und preternitte von verschiedenen
Händen. 7) Ausgestrichen bi x marken. 8) „b‘ wie in den §§ 136 und 137. 9) edder vorkopere übergeschrie-
ben 1377—1880, wodurch § 68 überflüssig wurde. 10) Ok — steket aus dem weggefallenen § 59 der ältesten
Sammlung herübergenommen. 11) „b‘; wieder ausgestrichen vnde dit wel de rad holden ane gnade. Dieses und
das Vorhergehende von om an ist am äusseren Rande entlang geschrieben. 12) 1377—1880. 13) „b‘; wieder
ausgestrichen ane gnade. 14) „b‘ (?). 15) . ere dene sc. . auf einem wahrscheinlich über Rasur geklebten Per-
gamentstückchen.

9*

worden moghe: seeghe dar scade af an morde, an bran-
de, an dune, eder an jenegen anderen dingen, de rad wel
eme dar vinne tospreken.

81 **In** reyen vnde in spele scal nement snode word, noch ne-
nerbande rime spreken de iemende in sine ere gan. We
des bedragen wert, deme wel it de rad also keren, dat it
eme nicht eneue kümpt.

82 **It** en scal ok nement reyen mit anthiten, dat he iemende
bi deme reyen sla, bi v talp.

83 **Swe** dobelt bouen x sol, edder we it heghet,
vnde des deme rade meldet wert, de scal dem
rade i mark gheuen ane gnade. We ok iodet,
myt dem wel de rat ok so holden.[1]

*84 **We** dobelspel holt, eder pennige vdeyt, et si emene
uppe twelue eder we he se vdeyt to dobelende dar bate
willen, eder dobhelt bouen x sol,[2] de scal deme rade
i mark ane gnade.[2]

85 **De** rat hed lude darto ghesworen laten,[4] de dat be-
waren[5] schollet, dat malk dat also holde mit der
roden alse ed de rat ghesat heft.[5] Welke lude des
bedraghen worden, dat se dat anders helden, de mosten
den broke dar vmme liden.[4] We des nicht en wette,
de lute sek des berichten.

86 **Joden** sullen ok de saluen broke lyden vmme dobelspel
de vse borghere lidet.

87 **We** in deme rade is vnde to deme rade sworen heft,[6]
de scal die melden bi den edhen, vnde de tauerner
schullen dat ok melden.[3]

*88 **Desse** ding wel de rad holden bi den eden sunder gna-
de, vnde de mestere van den gylden scolen dat ok mel-
den bi den edhen, vnde tanernere,[8] vnde de rad wil
en dat bevelen.

Civitas Indaginis. Nove civitatis et veteris mei.

[9]**Nement** scal neinen brunswikesche lakene to pande, noch 89
nene lakenschere, noch wulle, noch wullengarn. We it
bouen dat nemc, de scolde sine penninge dar an vorloren
hebben, ofte de dar vp queme des it sin were, it en were
wullen garn: were dar wat an vordheuet, dat lon scolde-
me weder gheuen.

We breue screne vnde de in der lude hus eder an au- 90
dere stedde worpe, neghelde, ofte steke, de uppe iemen-
des scaden eder rochte ghingen, deme wel men vor enen
vnrechten man bebben. Word he des bedraghen, deme
wil it de rad also keren, dat it eme nicht eneue kumt.
Ok wel sik de rad an de breue[10] nicht[11] keren.[12]

We sin kint eder sines vrundes kint to clostere 91
gheuen vnde inopperen laten wel, dar ne scolen
mid deme kinde nicht mer vrowen varen to clos-
tere sunder sesse vnde ore meghede.

Ok ne scolde nen vrowe vore eder na varen eder 92
gan to dere saluen opperinge. We dit anders
hélde, de scolde der städ gheuen also manich
punt penninge also menich vrowe to dere oppe-
ringe weren houen sesse. Min moste ir wol we-
sen. We dit bricht, dat wel de rad vorderen bi
oren eden ane gnade.

Welk mekelere dar an beuunden wert, dat he 93ª
dat bewét vnde darto hilpet, dat vse borghere
bescadet werden mit unbescedeneme borghe, dat
geyt ome an sin lif.

De ioden, de bir wonhaftich sin,[13] heft de rad in 94
ore beschormnisse gheuomen: dar scal sik malik
an bewaren dat he sik an on nicht vorgripe.[14]

1) 1387—1400; myt — holden *jüngere Aenderung der ursprünglichen* den en wel de rad hir nicht liden noch he-
waren. 2) *b'.* 3) 1377—1380. 4) *Früher als an dieser Stelle war dasselbe in* § 104 *verfügt.* 5) *Die
Handschrift hat* bewaret. 6) *Ausgestrichen* vnde des rades ghesinde is, *darüber* vacat. 7) 1387—1400.
8) *a'.* 9) *Ausgestrichen* Gy herren dhe rad kundeget jv dat dat. 10) *e' wie in* § 148. 11) *In der Hand-
schrift ist* an, *welches zu dem durch* an de breue *ersetzten dar gehört, nicht ausgestrichen.* 12) *Dieser Para-
graph ist der letzte auf fol.* 13'; *das Blatt, welches ursprünglich zunächst folgte, ist ausgeschnitten, und auf dem
oberen Rande des jetzt als fol.* 14 *gezählten von einer curiavischen Hand bemerkt:* quere in papiro. 13) *e'.*
14) *Dieser Paragraph lautete ursprünglich:* Jordane vnde Ysnacke de ioden, ore huszrowen vnde ore kindere
heft de rad dorch bede willen etc.; *dieselbe Hand, von welcher der Zusatz in* § 74 *herrührt, hatte ihm die
Form gegeben:* Metten Jordenes wedewen de ioden, ok de ghearonen joden heft de rad to desser tyd etc. Werot
ok, dat jenich iode missedede, dar scolde he senne broke vmme lyden ghelik eneme kerstenen. *Von welcher der
beiden späteren Hände die Worte* dorch bede willen *ausgestrichen sind, ist nicht zu erkennen.*

95 **A**lle olde lonede scal men holden. Der stad ghe-
XVI. 65 meyne mach nicht voriaren.

96 **W**elk gast en perd wel anevangen, de scal al-
sodane kunscap darto hebben, dat men ome ghe-
louen moghe, dat he rechte do. Vortmer scal
he verwisnen, dat dat selue perd dat he anevan-
gen wel eme nicht auegan si in eneme openbaren
orleghe.[1]

*97 **N**a sunte Michelis daghe m°. ccc°. xlix° scal
nement nenne rok draghen, he en si ener hande
bret lang beneden dem kny. We des nicht en
dede, de scal deme rade 1 mark vor den rok
gheuen. Dat sulue scalme holden, we ok nv enne
nyen rok sniden lete. Welk sceradere ok nv mer
anderes enne rok snede, de scal deme rade v
sol gheuen.

*98 **N**a desser tyd scal ok nement beselere noch
lange stekemetzede draghen, noch gheste noch
borgere. We dat dede, de scal deme rade[2] v sol
gheuen vor dat metzet. Dyt scal iowelk werd
bewaren mit sinen ghesten, de rad wel eme dar
anders vmme tospreken.

99 **E**t en scal nement nen vromet beer tappen sun-
der de de rad dar to ghesat heft. We dar an
breke, de scolde deme rade vor iowelk stucke x
sol gheuen,[a] he en dede dat mit rades willen.[4]

100 **W**elk jungkneeht beneden achteyn jaren wat
winnet mit dobelen, deme scalmes nicht betalen.
Vorlust he ok, he en scal es ok nicht betalen,
vnde en scal dar nene not vmme lyden.

101 **W**elk vser borghere eder borgherschen sin tes-
tament anders iemede beuele wenne vsen bor-
gheren eder borgherschen, dat testament en
scolde nene macht hebben, alen dat et deme
rade wol gheantwordet were.

Welk vase borger edder borgersche na dusser tijd ok 102
syn testament settet, wat he in dem testamente vorghifft
buten de stad, dar der stad ore plicht mede affgeyt, vn-
de wat ok von testamentis edder von erustales wegen
buten der stad gweme, des schol de dridde penning dem
rade vnde der stad bliuen, vnde dat scal de rad keren in
der gemeynen stad nvt.[a]

Anno domini m° ccc° lij°. lxvij) post Trinitatis.[5]

Et en scal nen vser borghere rôden planten 103*
eder buwen buten der stad gherichte. Ok en
scal nement rôden kopen de ghewassen si buten
der stad gherichte. He en schal er ok nicht dro-
ghen. We dat dede, de scal vor iowelk disser
stucke deme rade vif punt gheuen ane gnade.
Welk vser borghere ok buwet xv morghen lan-
des eder dar enbouen wo vele des is, de en scal
nicht mer hebben eder buwen wenne vif morghen
nyer vnde older mit rôden. We ok min heft
wenne xv morghen landes, de mach den dridden
deyl sines landes buwen mit rôden nyer vnde ol-
der tosemene, vnde nicht mer. Et en scal ok
nement nene kumpenye hebben mit deme an-
deren to plantende, vnde ok nenerhande list hir-
to don. We dit anders helde, de schal deme rade
vor iowelken morghen vif punt gheuen ane gnade.[7]

We neghen morghen landes buwet, de mach dre mor- 104
ghen mid rôden buwen vnde planten, vnde nicht mer. Bou-
wet he ok mer landes wenne neghen morghen, nochten
scal he nicht mer bouwen wenne dre morghen mid rôden.
Bouwet he ok myn landes wen neghen morghen, so mach
he den dridden del sines landes bouwen mid roden, vnde
nicht mer. We dyt anders helde, de scolde deme rade
vor[s] iewelken morghen gheuen ver mark, vnde de ro-
den scolde he tovoren verloren hebben. Hir wel
de rad lude to sweren laten: wen de bedraghet
de scal den broke lyden.[8]

---

1) Am Rande 1377—1380 lege.   2) rade am Rande.   3) Ausgestrichen ane gnade.   4) ho — willen 1387—1400.
5) Wiederholung von § 125, 1387—1400 am untern Rande mit Bezeichnung der Einschaltungsstelle nachgetragen.
6) Beide Data sind auf der Linie zwischen den §§ 101 und 103, das erste mit derselben Bücherschrift geschrie-
ben. Auf welchen von beiden diesen sich bezieht, bleibt ungewiss, wenn es auch durch Einschiebung des § 102
dem § 103 zugewiesen zu werden scheint. Noch weniger ist die Beziehung der zweiten Datiens zu erkennen;
§ 102 damit zu verlängen, lasst die Schrift nicht zu.   7) Der Inhalt dieses Paragraphen ist mit verandertem
Maasbestimmungen in den drei folgenden aufgenommen.   8) Ausgestrichen enen.   9) Am Rande non.

105 **Ok** en scal nomen röden planten noch leggen synder hir vp' der stad gherichte. Ok en scal nement nene kympenyge hebben,[1] anders wur ienighe röden to plantene. We dat dede, de rad wil eme volghen mid der vestinge.

106 **Et** en scal nement enen stouen hebben dar he röden inne droghe, et en sı mid des rades willen. We dat dede, de scholde deme rade x mark gheuen vor den stouen. Weme ok de rad orlouet enen stouen to hebbende, de scal sweren, dat he nene vromede röden droghen en wille, sunder de hir vp deme richte ghewassen sy, vnde dar nene kole to bederuen en wille, se en sint ghebrant ouer ver mile weghes van hönne. Vnde van alle de röden de he dar inne droghet scal he vor iowelken cintenere ı lot dem rade gheuen bi sworene ede.[2] Aldus willet de rad holden vmme de röden, de wile et deme rade haghet.

107 **Et** en scal nement enen nigen garden maken. We dat dede, de rad wel den garden ōydun, vnde wel eme volghen mid er vestinge. Et en scal ok nement grauen buten syme garden, et en sy by des rades willen. We dat dede, de rad wel eme volghen mid der vestinge.[3]

'108 '**Wene** de rad to deme rade hebben welde in deme rade to sittende, eder dar to to swerende, we deme rade daran wederstreuich worde, vnde des nicht don en welde, den wel de ghemene rad vervesten van allen steden in deme wicbelde dar et inne geschen were, vnde de scolde der stad en iar enberen ane gnade, vnde denne darna hir nicht weder in to komende, he en hebbe des menen rades willen irworuen.

Welk denestknecht[5] eder maghet erme heren 109 eder erer vrouwen to bytiden antghinge vt erme brode ane eren willen, den en scal nen vser borghere noch borghersche bynnen deme neysten iare to deneste in syn brot nemen. We dat dede, de scolde deme rade ıı pvnt gheuen.[z]

Et en scal nemen[t] nene[6] wůlle slan laten de 110 vermeyget sy mid ropewůlle. We dat dede vnde deme rade dat vermeldet worde, de scolde deme rade x sol gheuen. Ok scullen et de lakenmekere also holden by deme suluen broke alset de rad ghesat heft.[8]

Et en scal nemen[t] nen holt kopen vp enen vor-111[9] kop, dat he houwen late vnde wederuerkope. We dat dede, de scolde deme rade x mark gheuen ane gnade. Grepe he ok dat selue holt mer an na der tyd dat he deme rade x mark ghegheuen hedde, so welde eme de rad volghen mid er vestinge.[7] Et en scal ok nement nene kvmpenige hebben mid yemende holt to kopene, eder ienighe vordernisse darto don mid ghelde eder mid louede, eder mid ienighen dingen. We dat dede, de scolde dessen seluen broke darvmme lyden.[8]

Actum anno domini mᵇ. cccᵃ. lx. feria 2ᵈᵃ post Trinitatis.[9]

¹⁰**Neyn** vser borghere eder borgherschen sco-112[10] len vromede boere enteln anders wůr halen laten eder kopen, eder to beere sitten, wenne in den tauernen de de rad to eyner meynen nut ghesat heft. We dat anderes holde, vnde dem rade ghe-

---

1) Ausgestrichen na desser tyd. Es folgt Rasur, in welcher mer zu lesen ist. 2) Vnde van alle — ede bᶜ am oberen Rande mit Bezeichnung der Einschaltungsstelle. 3) Am Rande 1387.-1400 dic. 4) Früher als das Uebrige ist ausgestrichen De ghemene rad is des vp en ghekomen. 5) Es folgt Rasur, in welcher denest zu lesen ist. 6) nene bᶠ übergeschrieben statt des ursprünglichen nyne. 7) Früher als das Uebrige ausgestrichen We ok nv rede holt ghekoft heft, de mach des bruken wente nv sunte Johannsees daghe to middensomere vort ouer en iar. Grepe he et ok denne dar na an, de scolde dessen seluen brake lyden. 8) Am Rande vacat bᶜ wie in den §§ 138–142, nnn 1387–1400. 9) Es ist ungewiss, ob das Datum sich auf die vorhergehenden acht -oder auf die folgenden zwei Paragraphen bezieht; von jedem der beiden Abschnitte ist es durch eine offene Linie getreunt, der Dintenfärbung nach scheint es zum Folgenden zu gehören, doch ist der Unterschied nicht merklich genug, um zu entscheiden. 10) Die Schrift der §§ 112 und 113 hat alle Eigenthümlichkeiten der uhshatvorgehenden, nur ist diese mehr cursivisch abgerundet, jene sorgfältiger und eckiger gehalten, wie wenn der Schreiber sich in der Bucherschrift versucht hätte.

meldet worde, de scolde io vor den broke vif schillinge gheuen.[1]

113 **W**ur eyn vrowe, eder en juncfrowe beraden worde, de bededinget warde mid lyftucht, eder mid anderm gude dat ore volghen vnde bliuen scolde na ores mannes dode, vnde ghinge de man af, also dat se kindere hinder sek leten, vnde neyn testament en deile eder andere schedinge ile dem rade withiek[2] were, so scolde de vrowe mid dem dat ore bescheden were mid den kindern vorscheden wesen.[3]

114 **It** en scal ok nement[4] vt eder in weghen sunder mit wichte dat mit des rades tekene ghetekent is. We dat anders helde, do rad wil sine broke darvmme nemen, vnde dar wel de rat eynon to setten, de dat teken schal.[5]

115 [6]**B**orghere eder gheste moghet ok[7] win lopen laten in den steden dar de rad des vp en ghedraghen heft. Welk oror dat don wil de scal gan[8] to dem rade in dem wikbelde dar he don wyn inne lopen laten wel,[9] vnde de scolet dat orlouen also alse de mene rad des vp en ghekomen is.[10]

Welk borgher ok gud beer bruwen wil na des- 116 ser tid,[11] dat he durere gheuen wil dat stoueken wen to twen penninghen, dat magh he don; he scal aner io[12] dar vmme komen to deme rade in deme wicbelde dar he inne wonet, vnde scal dat bi des rades willen don, de willet one des wol berichten, wo he dat holden scal.[12]

Nen borghersche en scal[14] mer listen maken 117 wenne vppe twene hoyken, vnde der hoyken magh en ghevodert wesen, vnde de andere vngevodert. Vnde de listen mit se wol maken eder maken laten woryan se wil. Vnde de listen vppe der twier hoyken cneme en scolet nicht mer kosten mit arbeyde vnde mit al deme dat dar to gheyt wenne n[15] lodighe mark, vnde en scolet nicht betere wesen. Desse listen en scal ok nen borghersche draghen eder hebben, se en si beliftughteghet to deme minnesten mit teyn mark gheldes.[16] Welk vrowe ok des ghemeldet worde, dat se de listen betere hedde, eder de listen vppe mer hoyken[17] droghe, wenne alse hir vore screuen steyt, de scolde deme rade io den broke vorheteren mit ener[18] marke aue gnade, eder se eder ore man scolden sek des mit orome rechte entledighen.[19]

1) *Am Rande* non. 2) witlick doppelt, ein Mal ausgestrichen. 3) *Im Rande* 1387—1400 die. 4) *Ebenfalls* von ,b' statt des ursprünglichen De mene rad is des vppe en ghekomen, dat nement, en scal. 5) *Dieser Paragraph war später als der Eingang noch bis zum Worte nemen ausgestrichen; dass er nachher wieder zur Geltung kam geht daraus hervor, dass die Worte vnde dar etc., welche* 1387—1400 *hinzugefügt wurden, nicht mit ausgestrichen sind. Er ist dann auch in das Echteding aufgenommen.* 6) *Ursprünglich war der Anfang dieses Paragraphen:* De mene rad heft des vp en ghedragen to besokende dar an de menen nud, dat *was ebenfalls nach von ,b' durch überschriebenes vacat ausgeschieden ist.* 7) ok ,b' übergeschrieben; *ausgestrichen mit übergeschriebenem* vacat ,b' *aus dieser tid.* 8) gan ,b' übergeschrieben. 9) to dem rade — wel 1387—1400 *statt des ursprünglichen* to den winheren. 10) *Am Rande* non. *Dieser Paragraph ist auch mit Ausnahme der Aenderung von jüngster Hand ausgestrichen und demnach schliesslich wieder in Geltung gewesen. In das Echteding ist er in verkürzter Fassung aufgenommen.* 11) na desser tid *ebenfalls von ,b' mit Bleistift übergeschrieben.* 12) io ,b' übergeschrieben. 13) de willet etc. *späterer Zusatz: von ,b' ursprünglich mit Bleistift geschrieben, dann mit Dinte hergestellt. Am Rande* 1387—1400 die. 14) *hinzugestrichen na desser tid mit übergeschriebenem* vacat ,b'. 15) n ,b' statt des ursprünglichen ene. 16) *Durch übergeschriebenes* vacat ,b' *ist hier folgender Satz ausgeschieden:* De listen vnde de borden de disse vrowen ok rede hebbet de moghet se draghen vppe twen hoyken, vnde dar en houene nicht. *In diesem Satze stand ursprünglich de statt desse, und* wente to dessene neghesten tokom<a>den</a> sunte Mertens daghe *statt* vppe twen hoyken. 17) vppe mer hoyken ,b' *statt des ursprünglichen* lenghere. 18) ener ,b' *statt des ursprünglichen* vif lodighen. *Vor dem folgenden ursprünglichen* marken *ist* n *ausradirt.* 19) *Am Rande zu Anfang des Paragraphen* non; *neben einer offenen Linie zwischen diesem und dem folgenden* 2^m, *worauf eine Hand hinweist. Auf fol.* 19, *wo dieser Paragraph von Worte* hebbet *des ausgefallenen Satzes an steht, ist* von ,b' am obern Rande mit demselben Dinte wie die §§ 138—142 geschrieben: vnde vppe ridehoyken ¡ mark mit knopen vnde mit b., ohne dass zu ersehen ist,

118 **W**elk vrowe ok also[1] nicht beliftughteghet en
were, de mochte ok wol listen draghen vppe twen
hoyken. vnde vppe nene mer. De listen en
scolden auer nicht betere wesen vnde nicht mor
ghekostet hebben mit arbeyde vnde mit alle de-
me dat darto queme wenne ene halue mark,[2]
erghero mosten se wol wesen. We dat verbreke,
vnde deme rade des ghemeldet worde, des scol-
de sek der vrowen man eder de vrowe siluen
entledighen mit oreme rechte, eder scolde den
broke deme rade vorbeteren mit ener[3] mark ane
gnade.[4]

119 **N**en vrowe eder iuncvrowe en scal ok[5] koghelen
kopen, tughen, eder draghen[6] de mer koste wenne
ene lodighe mark mit arbeyde vnde mit alle de-
me dat dar to gheyt, vnde en werkeldaghes ko-
ghelen van ı fd,[7] bi ener[8] mark, vnde de broke
scal stan ane gnade.

120 **O**k en scal nen iuncvrowe listen draghen wenne vppe
XXXIX, 18 eneme hoyken, vnde de en scolet nicht mer kosten mit
arbeyde vnde mit alle deme dat darto gheyt wenne ene
halue mark, vnde en scolet ok nicht betere wesen, vn-
de vp enema rocke beslande eder mit heue-
ghende dat koste mit arbeyde vnde mit al deme
dat darto gheyt ıj ferd[9] ane mowenspangen, vn-
de en scal ok nicht betere weean, bi ener[10] mark
ane gnade. Were dat se dat betere hedden, dar
scolden ore elderen, eder ore vormunden to ant-
worden.

121 **K**indere benedden achte jaren en gat in dissem broke
XXXIX, 18 nicht.

122 **W**elkes mannes vrowe heft two sorkoten de se

dreght,[11] de scal deme rade to deme minuesten
drittig mark vorschoten, vnde dat scal me om
stauen an sine ede, wenne he to deme schote
sweret. Vnde disse vrowen, vnde de nicht belif-
tughteghet en sint, en scolet[5] nene koghelen ko-
pen, tughen, eder draghen de mer koste mit ar-
beyde vnde mit al deme dat darto gheyt wen ıj[12]
verding, bi ener[13] marke ane gnade.

It en scal ok nen denstmaghet[14] sorkoten dra- 123
ghen. Welk orer des nicht laten en welde, de
scolde ore here vnde ore vrowe van staden an
laten vte oreme denste, bi twen lodighen mar-
ken ane gnade.

Welk gast eder pape hir dobelspel heghet, eder 124*
iodet, de rad en wil ome hir nicht bewaren, vn-
do wil sin hir ok nicht liden.[15]

Welk vser borghere eder borgherschen na des- 125*
ser tid mer ok sin testament settet, wat he in
deme testamente vorghift dar dat der stad ore plicht
mede afgheyt, vnde wat ok van testamentes eder
van eructales weghene buten de stad queme,
des scal de dridde penning deme rade vnde der
stad bliuen, vnde dat scal de rad keren in der
menen stad nud wor deme rade dat dunket nütte
vnde bequeme wesen.[16]

Vnde desse vrowen moten ok wol dantzelrocke 126
hebben vnde draghen, vnde der rocke en scal ok
men en ben't eder belecht wesen mit golde, mit
parlon, eder mit suluere, eder wormede se willet,
vnde nen mer. Vnde alle dat also vppe den rok
kumpt dat en scal nicht mer kosten mit arbeyde

an welcher Stelle die Worte eingeschaltet werden sollten. 1) also *b* übergeschrieben. 2) halue mark *b* statt
ıj verding, was auch schon eine Aenderung des ursprünglichen enen verding war. 3) ener *b* wie in §§ 138—
142 statt des ursprünglichen dren. 4) Zu Ende dieses Paragraphen am Rande 3m, worauf eine Hand hin-
weist. 5) Ausgestrichen na desser tid mit übergeschriebenem vacat *b*. 6) Ausgestrichen ane de se rede
hebben. 7) vnde en — fd *b* wie in den §§ 138—142 am obern Rande des Blattes, gleichfalls ohne Bezeich-
nung der Einschaltungsstelle, welche jedoch hier kaum zweifelhaft ist. 8) ener *b* wie in den §§ 138—142 statt
des ursprünglichen twen. 9) ıj ferd 1377—1380 statt des ursprünglichen ene halue mark, was jedoch nicht
ausgestrichen ist. 10) ener *b* uw. in den §§ 138—142 statt des ursprünglichen dren. 11) Ausgestrichen
mit übergeschriebenem vacat *b* na aller manne vastelauende de nülkest tokomende is. 12) ıj *b* statt des ur-
sprünglichen enen. 13) ener *b* wie in den §§ 138—142 statt des ursprünglichen twen. 14) Ausgestrichen
mit übergeschriebenem vacat *b* na disseme neysten aller manne vastelauende. 15) Zu Ende dieses Paragraphen
am Rande 4m. Er ist in § 133 wiederholt. 16) Zu Anfang dieses Paragraphen am Rande 1w. Fr wurde
1387—1400, um einige Worte am Schlusse verkürzt, nach §. 101 eingetragen. S. § 102.

vnde mit alle deme dat darto ghcyt wenne ȷȷ[1]
lodighe mark, vnde en scal ok nicht betere we-
sen ane mowenspanghen eder knope to deme
mowen.[2] Ok en scal nener vrowen hoghgheben-
de betere wesen de vse borghersche is[3] wenne ȷ[4]
mark mit alle deme dat darto kumpt ane vin-
gheren. Welk vrowe ok des vermeldet worde,
dat se desser stueke ienigh vorbreke, des scolde
sek der vrowen man eder de vrowe suluen ent-
ledighen mit oreme rechte, eder scolde deme ra-
de den broke vorbeteren mit ener[5] marke ane
guade. Ok en scal nen vser borgherschen[6]
gordele draghen, bi dren lodighen marken ane
gnade.[7]

127 Vnde desse vrowen moten ok wol dantzelrocke
hebben der en beneyt eder mit suluere, golde,
eder parlen beleeht were, eder wormede se wil-
len, vnde nene mer. Alle dat dar auer vpghe-
neyt eder ghelegbt wert, dat en scal nicht mer
kosten mit arbeyde vnde mit alle deme dat dar-
to kumpt wenne ȷȷ verdingh,[8] ane mowenspan-
gen, vnde en scal ok nicht betere wesen, bi ener[5]
mark ane gnade.[9],

128 Welk vser borghere eder borgherschen deme
rade tinses plichtigh is, de scal[6] den gheuen bin-
nen den neysten[10] xiiȷ nachten,[11] alse men de
tinseloeken darto lût. We des nicht en dede, de
scolde deme van staden an in siner herberghe
blinen, vnde nicht vtgan,[12] he dede dat myd wil-
len des rades.[13]

*129 It en scal ner vser borghere oder gast bir[14] dobelen
XXXIX. 77 wenne vppe teyn schillingho. We dar bouene dobelde,

vnde[15] deme rade des vermeldet worde, de scolde dem
rade i lodighe mark[16] gheuen, vnde scal sweren,
dat he van staden an in sine herberghe gan wille,
vnde en verdendel jares darinne bliuen, eder he
magh dat verdendel jares losen mit dren punden, vnde
de scolde he van staden an deme rade gheuen ane gua-
de. Worde ok vser borghere ienigh vor ghe-
richte eder vor deme rade verclaghet vmme ghelt
dat he bouen teyn seillinghe verdobelt hedde, dar
en scolde he nene nod vmme liden. Were ok, dat
vser borghere ienigh den anderen vmme dobel-
ghelt sculde mit bösen worden, eder bôse breue
darvmme sereue, de scolde dar ene vorsate an
don, vnde scolde de deme rade like ener an-
doren vorsate verböten mit teyn punden ana .
gnade.

It en scal ok nen vser borghere mit eneme gaste·130[*]
dobelen bouen x seillinghe. We dat verbreke,
vnde deme rade des vermeldet worde, de scolde
deme rade ij punt gheuen, vnde scal sweren, dat
he van staden an in sine herberghe gan wille,
vnde en verdendel jares darinne bliuen, eder he
magh dat verdendel jares lôsen mit dren pun-
den, vnde de scolde he van staden an deme rade
gheuen ane gnade.

Wat ok vser borghere ienigh eneme gaste af·131[*]
wint mit dobelende bouen x scillinge, dat seal
he sweren, wanne he deme rade des vermeldet
wert, dat he deme rade den dridden penningh
gheuen wille alle des dat om dar af worde, vnde
dar af manen kone.

Welk vser borgher ok dobelspel heghet in bôuen eder 132[º]
in busen, eder witliken des stadet borgheren eder·XXXIX. 78

1) ȷȷ 1377—1380 statt des ursprünglichen enc. 2) eder — mowen ,b' wie in den §§ 138—142. 3) Ausgeschie-
den durch übergeschriebenes vacat: dat se nå desser tid mer draghen scole. 4) ȷ ,b' wie in den §§ 138—142
statt des ursprünglichen ene lodige. 5) ener ,b' wie in den §§ 138—142 statt des ursprünglichen dren. 6) Aus-
gestrichen mit übergeschriebenen vacat: na desser tid mere. 7) Zu Anfang des Paragraphen am Rande 2u.
8) Zuerst war das ursprüngliche halue mark von ,b' wie in den §§ 138—142 in verdingh verandert; 1377—1380
ist über ene gesetzt iij, jenes jedoch nicht ausgestrichen. 9) Zu Anfang des Paragraphen am Rande 3u.
10) neysten ,e' übergeschrieben. 11) xiiij nachten 1387—1400 statt des ursprünglichen achte daghen. 12) Aus-
gestrichen bi der vestlugbte. In einer hierauf folgenden Ramer ist noch zu lesen: vnde dit wel de rad holden ane
guade. 13) he en dede ete und dic om Rande 1387—1400. 14) oder gast hir ,e' mit derselben Feder
und Dinte wie in § 143 statt des ursprünglichen mit den anderen hoghere. 15) Statt vnde übergeschrieben
oder wieder ausgestrichen alse dicke alse he ,e' wie in § 143. 16) i lod. mark ,e' wie in § 143, am Raude
statt des ursprünglichen twey pund.

10

ghesten, oder jõdet,[1] vnde deme rade des ver-
meldet wert, de scal deme rade v[2] mark ghenen.[3]

[*]133 Welk pape eder gast hir ok dobelspel heghet
eder jodet, den en wil de rad hir nicht liden,
vnde en wil one hir ok nicht bewaren.[4]

[*]134 Wanne me to deme schote sweren scal, der
wil de rad dre daghe to luden laten, vnde bin-
nen den dren daghen scolet de komen de in de-
me wicbelde wonet dar men denne darto lût,
vnde scolet to oreme schote sweren, it en were,
dat it orer welkeme echt nod beneme, eder hir
to hus nicht en were. We des nicht en dede,
de scolde deme rade teyn schillinghe gheuen,
vnde scolde nochten darto vppe sin schot swe-
ren, vnde scolde deme rade dat gheuen. We
des nicht en dede, eder des nicht en vermochte,
de scolde de stad versweren also langhe wente
he des rades willen erwerue.[5]

135 Weme de rad beuelet vppe den doren to sla-
pende, de scal dar vppe slapen, eder scal dar
enen vromen knecht vp senden vor one, dar de-
me rade dunket dat se mede bewaret sin. We
des nicht en dede, de scolde deme rade io vor de
nacht de he also versumede vif schillinghe gheuen.[6]

[*]136 It en scal nement nene nye bõden mer maken,
he en do dat mit vulborde des rades des wicbel-
des dar he inne wonet. We ok nu rede ene bõ-
de hedde de deme rade dûchte dat se vnbe-
queme were, de wil de rad heten bidon, vnde
we de bõde vormedet, de scal scikken, dat deme
rade schot vnde plicht daraf sche, eder de rad
wil dat van on eschen wol hebben.

137 It en scal nene iuncvrowe eder vrowe de to
oren jaren komen is nenen rok eder haluen rôk
van guldenen, eder van fluwele, eder van side-
nen stucken draghen, bi twen marken.

Vmme de brudlacht, bij 11 marken ane gnade.[1]

[*]Nement en scal to den brutlachten mer lâde 138
bidden vnde hebben sunder xxx vrowen vnde
xxx man mit den drosten, alse dat de drosten
scolet wesen in deme tale der xxx man;[6] min
magh er wol wesen, vnde io nicht mer. Vnde
desse ghesta magh men ok hebben des auendes
to deme etende, wanne de brodegam bislapen
scal, vnde ok dar na des morghene vnde ok des
auendes oft men wil. Me en scal ok nene kost
vore eder na don. Ok en scal me nemende win,
eder beer, eder ienegerleye spise buten dat hus
van der brûtlacht gheuen eder senden. Ok en [XXXVIII, 3]
scal me nene kost mer don van des brûdegomes vnde
der brût weghene na der wechterclocken.[5]

We ok en kind inopperen wil in en kloster, de 139
en scal to der tid nene sunderlike kost sinen
vrunden to der opperinge don binnen eder buten
deme clostere, vnde ok nogh vore eder na, sun-
der dat denat des me plichtigh is to donde den
de in deme clostere beghenen sint dat magh he
don. Vnde dat gheuette des rades van den ses
vrowen de mit eneme kinde to clostere varen
moghen[10] scal bliuen[11] alse men dat kundeghet
vnde dat ghesat is.[5]

Were ok dat me ene begheuene iuncvrowe inme 140
clostere in den hilghen daghen to winachten to
ener ebbedissen, eder prouestinnen, eder wo men
dat heten welde kôre, alse in itliken closteren
en wonheyt is, dar en scolde men ok nene kost
vmme hebben to der tid, eder vore eder na mit
vrunden, ane dat des men der samminghe darvan
plichtigh were dat magh men don.[5]

Wor ok en begheuen man sine ersten missen 141
sûnghe in vser stad, dar en scolde vse borghere
eder borghersche der sone eder magh de were
mit den vrunden to der tid, nogh vore eder na,
nen koste don binnen eder buten deme clostere,

---

1) oder jodet ,c[e] am Rande.   2) v ,c[e] statt des ursprünglichen x.   3) Früher als das Uebrige ist ausgestrichen
vnde scal der stad en half jar enheren ane gnade.   4) Wiederholung des § 124.   5) Am Rande notu.   6) Am
Rande 1387—1400 die.   7) 1380—1387 auf einer offenen Linie zwischen den §§ 137 und 138 nachgetragen.
8) Die §§ 138—142 sind mit einer lebhaft ins Auge fallenden gelblichen Dinte geschrieben, welche im Memoran-
denbuche in den Jahren 1373 und 1374 zu beobachten ist.   9) Vgl. den jüngeren § 17.   10) S. die §§ 91
und 92.   11) scal bliuen gleichzeitig übergeschrieben.

sunder wes men den plichtigh is de in deme clostere begheuen sint dat magh men don. We desser stucke ienigh vorbreke, de scolde deme rade io dat stucke vorbeteren mit vif lodigen marken ane gnade.[1]

142 We de burseap heft vpghegheuen, vnde den de rad hir liden wil, de scal mit den sinen alle desse stucke de hir vore ghelesen vnde ghekundeghet sint lik anderen vsen borgheren holden.[2]

---

143 Malk scal siner word scone hebben: we des bedraghen worde, dat he vnbescedene bose word vp den rad spreke, de rad wil one dat also keren ete.[3]

144 Wanne en rochte werd des nachtes,[5] so scal iowelk wicbelde von stad an mit oren wapenen vp eren market komen vnder ere banner, vnde bliuen dar alse langhe wente se de rad heet wat se don scullen. We dat also nicht en helde, de rat wel ome dat also keren, dat it ome vnbequeme is.[6]

*145 Wanne we? ok to velde toghen, so seolde iowelk wicbelde vnder siner banner bliuen de wile dat on de rad anders nicht en hete. We des nicht en dede, sin lif vnde sin gud scal an des rades gnade stan.

146 Werct ok dat des nachtes en vur vpqueme binnen der stad, so en scolde nemand lopen to deme vure buten sin wicbelde. We dat anders holde, de seolde deme rade x schillinghe gheuen ane gnade.

Wanne vnse borghere vnde ore denere mit den 147 wapenen to welde komet, we denne deme houetmanne vnde vnsen borgeren[9] entvlut, sin lif vnde gud scal an des rades gnaden stan.[10]

Wame de rad ok wat don hete, vnde des nicht 148 en dede,[11] de scolde deme rade v schilt gheuen. We ok vnse borgere vnde vnse denere anrepe, 149 eder bose word spreke vp dem velde oder in der stad, vnde dat von twen bederuen mannen behort worde, de scolde dem rade 1 mark gheuen.[12]

Wanne des dages en rochte werd, we denne 150* perde heft de men riden mach, de scal darmede komen vp den market in sin wicbelde alse vele alse he der perde hedde. We des nicht en deyt, de scal vor iowelk perd v schilt gheuen ane gnade.

We ok wagene vnde perde heft to der suluen 151* tid, de scal de alle bringhen vp den market in sin wicbelde to der stad nod. We des nicht en dede, de scolde vor iowelken wagen x schilt gheuen ane gnade.

Iowelk werd scal suluen waken, oder scal vor sek enne 152 senden dar de stad mede bewart sie. Alse dicke alse he des nicht[13] en dede, so scolde he 1 schill gheuen ane gnade.[14]

It en scal nemand des nachtes na der clocken 153 ane lecht vppe der strate gan sunder de wechtere. We dat dede, den scal men panden vor 1 schill.[15]

We dem anderen by nacht sin holt nympt, wert 154* he des bedraghen, de rad wil ome dat also keren, dat id ome alte swar werd.

---

1) Am Rande non. 2) Zu Anfang des Paragraphen am Rande 1387—1400 (?) vltimum. 3) Am obern Rande nachgetragen. Sein Platz in der Reihenfolge ist diesem Paragraphen durch ein beigesetztes [angewiesen, da § 144 g hat. 4) Ausgestrichen De rad vnde de ghemeynen gylden sin auer eyn komen. 5) des nachtes gleichzeitig übergeschrieben. 6) de rad wel ome ete. 1387—1400 statt des ursprünglichen sin lif vnde sin gud scal an des rades gnade stan. Am Rande 1377—1380 lege; 1387—1400 zu verschiedenen Zeiten die und non. 7) we gleichzeitig übergeschrieben. 8) Früher als das Uebrige ausgestrichen ane gnade. 9) vnde vnsen borgeren am Rande mit Bezeichnung der Einschaltungsstelle. 10) Am unteren Rande von .x nachgetragen. Danebens 1377—1380 lege, 1387—1400 die. 11) Ausgestrichen oder wen de rad vorboden lete, vnde nicht en queme. 12) Ausgestrichen ane gnade; am Rande 1377—1380 lege, 1387—1400 die. 13) nicht übergeschrieben. 14) Vgl. § 135. Am Rande 1387—1400 die. 15) Am Rande 1377—1380 lege.

LIV. EIDE.

Unmittelbar nach den vorstehenden Stadtgesetzen, auf fol. 25, 26, 29—32 des bei XXXIX beschriebenen Codex, folgt eine Reihe von Eidesformeln. Die ältesten derselben, schon unter XLII abgedruckt wo die vorliegende Aufzeichnung als B aufgeführt wird, sind mit derselben Bücherschrift eingetragen wie der älteste Bestandtheil der Gesetzsammlung. Von Händen, welche auch an dieser weitergeschrieben haben, wurden dann, mit einer einzigen Ausnahme, die im Folgenden mitgetheilten Nachträge und neuen Formeln hinzugefügt. Nähere Nachweise geben die Noten. Es wird daraus hervorgehen, dass jene Veränderungen nach und nach innerhalb des nämlichen Zeitraumes wie die mitgetheilten verschiedenen Gestalten der Gesetzsammlung eingetreten sind. Die ursprüngliche Formel des Eides der Gildemeister, XLII, 3, ist in der vorliegenden Aufzeichnung durch nichts als ungültig bezeichnet; da aber am Schlusse eine etwas abweichende Formel hinzugefügt ist, so wird jene hier nicht wieder abgedruckt.

Hn.

1 **D**essen edh scullet de herren sweren de in den nyen rad ghekoren werdet.

Gy scullet sweren: Dat gi dit iar de menen stad vnde de borghere[1] vorestan na iuwen vif sinnen so gi best kunnen vnde moghen na der stad nvt vnde vromen, vnde der stad helpen ere eninghe holden, armborste nicht to entfernende, vor de burscap nicht min dan enen verding to nemende, vnde nicht to eghenende dat to wicbelde lecht, dar der stad ere plicht mede afga, gi en den dat mit des menen rades vulborde, des rades hemelike dingh by gik to holdene,[2] vmme brudnichte, dobelspel, vnd wat de rad louet vnde kundeghet bi den edhen to holdene, dat gi dat holden; dat iu god etc. Ok en scal neyn rad synes wicbildes behelpinge soken van dem schoote, alse myt eyner summen geldes hoger wenne dre mark, ane dat de rad ghifft to tynse, liffgedinge, godeshusen; burmesteren, vnde alsodanem slete vnde plicht alse dem rade witlich is. Ok scullen vnse heren von dem rade de to dem rade gesworen hebben des rades gudes nicht geneten wenne 1 mark vppe teyne. Dyt scholde men on in den eed stauen. Hir scolden enbuten bliuen de burpenninge, scriuelpenninge, vnde de koste de se pleghet to hebbende in den wycbilden, vnde dat geschenke. Weme ok de rad wat geue vor syn rydent vnde vor syn denst openbare, dat en scolde an synem

ede nicht schaden. Ok scoldeme dat holden vmme de perde vppe den marstellen alse des de rad enich geworden is.[3]

Dessen edh scullet sweren de de to deme rade sweret.[2]

Gy scullet sweren: Dat gi to deme rade gan, wanne de rad gik bebodet, vnde helpen raden vnde de stad vorestan na der stad nvt vnde vromen, vnde helpen der stad ere eninghe holden, vnde wat de rad kundeghet vnde lonet bi den edhen to holdene, dat gi dat mit an holden; dat iu god etc. Vnde dat gi des rades gudes nicht geneten willen hoger wenne 1 mark vppe teyne, alz dus de rat enich geworden is. Hir scholen enbuten bliuen de burpenninge, de scrivelpenninge, vnde de kost, vnde dat schenke dat se openbare hebben. Weme ok de rad wat gheue vmme syn rident vnde vor syn denst openbare, dat en scolde an synem ede nicht schaden.[4]

Dessen edh scal sweren des rades ridene scriuer wanne he vntfanghen is. 3

Gy schullet sweren: Dat gy dat werff dat gik van des rades wegene bevalen wert truweliken wernen willen bynnen vnde buten der stad na iuwen viff synnen alse gy best künnen vnde moghen, des rades hemelike dingh by gik tō beholdene, vnde deme rade vnde der stad also truwe syn alse gy ōn van denestes weghene plichtich syn.[5]

---

1) 1377—1380. 2) „c" mit derselben Feder und Dinte wie LIII, 148. 3) 1387—1400. 4) 1387—1400. *Unter diesem Eide ist 1377—1380 ohne Ueberschrift folgende Formel eingetragen*: Dat ek des rades vnde der borghere ghemenliken der stad to Brunswic beste wetten vnde wernen wille binnen vnde buten der stad de wile ek in orem denste bin: dat mek ghod also helpe etc. 5) *Von einer Hand, welcher mit einiger Sicherheit nur eine Aufzeichnung aus dem Jahre 1380 im ältesten Memorandenbuche des Rathes zugeschrieben werden kann.*

4 **D**issen edh scal sweren der stad scriuere wanne he vnt-
fangen is.

Dat gy deme rade vnde der stad also truwe sin also gy
to rechte van denescea weghene en plichtich sin, vnde dat
gi der stad vnde des rades mit deme rade ere bemelicheyt
holden, vnde nicht en openbaren mit jenegher hat, it
werde iv beuolen eder nicht, wanne jv de rad wes an-
sinnende is, dat gi on deme raden dat ernste dat gi
kunnen, vnde wat de rad van openen breuen gift dat gi
de registreren, vnde wat de rad van breuen vtbsende, dat
gi se dar an bewaren so gy best moghen.

5 **W**e de burscap wint de scal sweren:

Dat gi der herscap to Brunswich vnde deme rade to
Brunswich also truwe vnde also hold sin alse eyn bur-
ghere to rechte wesen scal, vnde ofte gi icht vernemen
dat weder den rad si, dat gi dat deme rade melden, vnde
nene vnrechte kumpenye en hebben: dat gik god etc.

6 **D**er burmestere edh.

Wanne de burmestere des rades ingbesinde werdet, se
scullet sweren: Dat gi deme rade vnde der stad alse
truwe vnde holt sin, alse gi van denestes weghene en to
rechte plichtich sin, vnde den rad vnde de stad vor scu-
den halpen bewaren, vnde eren vromen wernen dar gi
kunnen vnde moghen, vnde des rades hemelicheyt helen
wor gi it weten, dobelspel vnde wat gi vornemen dat
weder den rad si, dat gi dat deme rade melden: dat jv
god etc.

7 **O**k schullen de burmestere vnde de bodele swe-
ren, wanne me schoten schal, dussen eed:

Dat gy dit iar deme rade willen melden vnde
scriuen laten wat gy weten eder gik to wetende
werde dat schotbar sy: dat gik god alzo helpe
etc. [1]

8 **D**issen edh scullet sweren de den men dat dor beuelet:

Dat gi dat dor dat gik de rad boulen heft truweliken
bewaren alse gi best kunnen vnde moghen, vnde to des

rades hand holden, vnde dor nenerleye lucs nod anders
jemende antworden, vnde sunderleken des machtes nicht
hodelos ne laten stan, vnde we dar mit jv vppe slapen
scolde, versumcde he dat, dat gj dat deme rade melden,
vnde nene bose kumpenye, dobelspel, noch nenerhande
vnvoghe en staden dar vppe to donde: dat jv god etc.

Dissen edh scullet sweren de den me de waghe 9
beuelet:

Dat gi de waghe also holden, vnde van der wichte
also nemen alse de rad des op en ghekomen is, vnde
malkeme rechte don, vnde wat dar van valt
dat gi dat den kamerern antwerden, dat gi dit
holden also gi best kvnnen vnde moghen na ju-
wen vif sinnen: dat gik god etc. [2]

Dessen eed scullen sweren de meystere van den 10
goldsmeden dem rade, wan se ghekoren syn.

Dat gy deme rade bystan aller dinge, vnde helpen der
stad ore eninge holden, vnde werde gyk icht to wetene
dat weder den rad sy, dat gy dat deme rade melden, vn-
de dat gy neyn nye ding ne setten in inwer ghil-
de, gy ne don dat by des rades vilborde: dat
gyk etc.

Vnde dat gy dene bref dene gyk de rad ghelesen
heft ghelaten vnde dene gy suluen habbet also
holden willen, alse de vtwyst, wur he vorbroken
worde, dar et gyk to wetene worde, dat gy dat
deme rade melden willen, vnde de tekene holden
in deme gheverde alse de rad de stifte heft: dat
gyk? [3]

Der ghildemestere eed. 11

Dat gi deme rade bistan aller dinge, vnde helpen der
stad ere eninghe holden, vnde werde gik icht to wetene
dat weder den rad si, dat gi dat deme rade melden, vn-
de dat gi nene settinge en setten in iuwer ghilde,
gi en don dat bi des rades witscap vnde willen:
dat gik etc. [2]

---

1) 1387–1400. 2) *Von derselben Hand wie LIII*, 112, 113. 3) b' wie in LIII, 114.

LV. HULDEBRIEF HERZOG FRIDERICHS VON GRUBENHAGEN.

1384 Febr. 16.

Das Original dieses bisher nicht gedruckten Huldebriefs befindet sich im Stadtarchive: Perga-
ment, 17″ breit, 12″ hoch. Das runde grüne Wachssiegel an grün und rother Seide hat im massivisch
mit schrägen Linien und Kreuzen durchzogenen Felde den links schreitenden Löwen in einer von der ge-
wöhnlichen etwas abweichenden Stellung und die Umschrift sigillum bel gracia frederici bucis in brunsfwic.
S. die Abbildung in Rehtmeyers Chron. 559. Dieser Huldebrief ist gegen den der Brüder Herzog Fri-
derichs vom Jahre 1361, welchem er übrigens mit unwesentlichen Ausnahmen wörtlich gleichlautet, um
den § 20 und um einen Zusatz in § 3 vermehrt. Hn.

Van goddes gnaden we hertoghe Frederik hertoghen
Ernstes sone des elderen hertoghe to Bruneswich vnde
vnse rechten eruen bekennet openbarliken jn dessem[1]
breue, dat we noch vnse rechten eruen ne schollen nene
clostere eder couente mid gheystliken luden mannen eder
vrouwen setten, orlouen, edder vulborden to wonende
bynnen der stad vnde der muren to Bruneswich, vnde ok
2 buten der stad also verne alse ore vedrift is. We be-
kennen ok des, dat we vnde vnse rechten eruen hebbet
der siluen vnser stad to Bruneswich vnde vnsen leuen bör-
gheren dar jnne, by namen jn der Oldenstad, jn deme Ha-
ghen, jn der Nygenstad, jn der Oldenwik, vnde jn deme
Sacke, de gnade vnde dat recht ghegheuen: de dar ny
jnne syn vnde bürghere eder börgherschen syn de schullen
3 vry wesen van allerleyge ansprake. Swe na desseme
daghe ok alse desse bref ghegheuen is jn de siluen vor-
segheden vif stede vnsir stad to Bruneswich vöre, vnde bör-
gher eder börgherscho wörde, vnde openbare dar jnne
were jar vnde dach sne ansprake, de scholde des siluen
rechtes bruken vnde vry börgher eder börgherscho
4 wesen, alse hir vore bescreuen is. Wörde ok jemand an-
spraket bynnen jare vnde daghe de de burschap ghe-
wonnen hedde, den en scholde de rad to nenems bör-
ghere hebben, he en hedde sek vorliketnet mid der her-
5 schap. We ok vnde vnse rechten eruen willen vnde
schullen de vif stede vnsir stad to Bruneswich beschermen
vnde vordeghedynghen alle eres rechtes vnde orer vri-
heyt, also se se oldynges van vnsen elderen ghehad heb-
ben vnde hebbet, vnde öre rechte to beterende vnde nicht
6 to ergherende. Were ok dat also, dat jenich man der
siluen vnser börghere jenegben vorderen wölde vor lat
eder vor eghen, eder jenegbe ansprake dön wolde, eder
jenighe schult gheuen wolde, de scholde antworden vor

vnseme richte jn der stad to Bruneswich. Vnse vor- 7
ghenömeden börghere der vif stede vnsir stad to Brunes-
wich möten ok öre recht wol beteren war se möghen ane
vnsen schaden, vnde wör dar nemand en claghet dar en
darf neman richten. We bekennen ok vnde vnse rech- 8
ten eruen, dat vnse börghere der vorbenomeden vif stede
vnsir stad to Bruneswich vnde ore jud schollen tollenvrij
wesen ju vnserme lande jn vnsen steden, vnde to alle vn-
sen sloten. We ok in der stad to Bruneswich voghet is 9
van vnsir weghene, de schal richten jn der stad vnde bu-
ten also verne also ore vedrift went. Vortmer vppe dat 10
dat voder vnsen mannen vnde vnsen vorbenomeden bor-
gheren neen twidracht en werde, so schölle we en enen
marschalk setten, de vnsen börgheren richte ouer vnse
manne des ön not sy. We en willet des ok nicht, dat 11
vnsir denestmanne jenich jenegben vnser börghere to Bru-
neswich mid lengude wise an enen anderen heren de bene-
den öme sy; des wille we önse irstan. We dön ön ok de 12
gnade: welk börgher gud hedde to lene van vnseme de-
nestmanne, störue de ane eruen, so scholde de börgher
volghen an vns, vnde we wellen vnd beleuen mid deme
siluen gude ane weddersprake. We schullen se ok vnne 13
nene sake schuldeghen, de by vnses heren vnses vader
tiden, vnde vnser elderen, vnde vnser bruder ghe-
vallen were. We ne schullen ok neuerleyge gud dat me 14
to der stad eder van der stad vörde, drene, eder dröghe
hinderen lathen, ed en sy vnser openbaren viende. We en 15
schullen ok nemende to gheynelde nemen dene we wedder
de stad vnde orem rechte vordeghedingen, vnde willen
ene ön to rechte setten, vnde ön rechtes van ene hel-
pen. Weret ok, dat vnser börghere jenich bröke dede 16
wedder vns, an dem börghere noch an synem gude en
wille we neyn sulfrichte dön, jd ne were, dat he worde

---
1) *Ausgelassen* isghenwordighen.

begrepen vppe der hanthaftighen dad enes dotslaghes, we en deden dat witlik deme rade aller erst vnde der stad: hulpen se vns dar vmme mynne eder rechtes, dar scholde 17 we vns an ghenoghen laten. Wille we ok eder jenich man den rad vnde de stad schildeghen, dat to elen ghedelet wörde, des möghen twene radman den rad vnde de 18 stad ledeghen mid öreme rechte. We bekennet ok des, dat we vnde vnse rechten eruen schullen vnde willen alle de brene de vnse vader hertoghe Ernst, vnde vnse elderen, vnde vnse brödere ghegheuen hebbet derne rade vnde der stad vnde den börgheren to Bruneswich gans vnde stede 19 holden sunder jengherleyge rede. We willet ok de sul uen, vorbenomeden borghere verdeghedinghen vnde beschermen alle ores rechtes, dat se van vsen elderen vnde van vnsen voruaren ghehad hebbet, vnde willet ön dat 20 stede vnde gantz holden. Weret ok dat se ore moriberners, oder öre stratenröuere an quemen bynnen vnsem lande, eder in vnsen sloten, dar scholde we vnde welden ön rechtes ouer staden,

vnde se möchten claghen ane vare vnde ane bröke, vnde dar welde we on to helpen. Welde 21 se ok alle desser vorsegheden gnade vnde rechtes dat we, vnde vnse elderen, vnde vnse brödere ön ghegheuen hebbet jenich man vorvnrechteghen, des wille we öre-beschernuere wesen nü rode to allen tiden vnde to alle ören nöden. An eyn orkunde vnde stedicheyt alle desser vorbescreuenen dinghe hebbe we vor vns vnde vor vnse rechten eruen vnse jngheseghel ghehengt laten to desseme brene. Desser dyngh syud tughe: her Hans van Olderdeshusen ridder; Diderik van Wallenstidde, Conrad Rebok knapen; vnde Diderik Hardenberch to desser tid radmester tho Eymbeke; junge Holtnicker, Hennyngh van Adenstidde, Ludelef van Inghelene, Ludelef Reben vnde Hans Grotejan borghere to Bruneswich. Desse bref is ghegheuen na goddes bord dusent iar drehundert iar jn deme vere vnde achtenteghesten iare, des neghesten midwekens vor vastelauende.

LVI. PRIVILEGIEN VON ALLEN HERZÖGEN.
1386 April.

Die von den Herzögen Friderich und Bernhard ausgestellte Urkunde dieser Privilegien ist in Rehtmeyers Chron. 668 nach dem damals im Rathsarchive noch vorhandenen Originale abgedruckt, welches jetzt fehlt. Auch die nachstehende etwas abweichende Urkunde Herzog Friderichs von Grubenhagen ist nur in einem Copialbuche aus dem 15. Jahrhundert erhalten. Dort folgt auf dieselbe auch noch Eingang und Datum der Urkunde Herzog Ottos von Göttingen: Von der gnade godes wir Otte hertzauge ezu Brunswich hertzaungen Ernstes saliger etc. Datum anno domini m ccc lxxx sexto, Letare; darüber steht die Bemerkung: Dusse ludet alse de erste bref hir touoren. Die §§ 1, 5 und 6 enthalten zwei der von Herzog Magnus 1367 gemachten Zusagen: s. XLVI, 1 und 10.   Hn.

Van der gnade godes we Ffrederick hertoge to Brunswigk hertogen Ernstes söne saliger dechtnisse bekennen openbare jn dussem brene, dat we vns myt vnsen leuen getruwen deme rade[1] to Brunswigk fruntliken dene wol berichtet hebben aller schulde vnde schelinge de twisschen vns vnde on gevallent sind went an dussen dach,[2] vnde we schullen vnde willen se by gnaden, by rechte vnde bij

orer wonheit laten. Vnde wad se ok gesad heb- 2 ben vppe wyn vnde vppe beyr, vnde vmme den pennig den se nemen van deme schepele kornes den men[3] vte der stad voret, vnde ok vmme den penning den se nemen van deme schepele kornes in den molen, dat mogen se don, vnde we[4] en schullen noch en willen se dar nichtes vmme[5] beidegedingen, vtgeseget vnse papen, riddere,

---

In der Urkunde bei Rehtmeyer 1) ist hinzugefügt vnde den borgeren   2) folgt zunächst vnde we schullen vnde willen ou den huldebref den we one besegelt gegenen hebben stede vnde ganz holden de twischen vns vnde on godegedinget ward, do si vns huldigeden   3) ist hinzugefügt dar   4) ist hinzugefügt noch vnse eruen   5) fehlt vmme.

knechte, vnde vnse bur de scolen vor dat korne dat se to orem behoue hebben willet in oren husen, edder ore eghen is, dat me vt der stad voret,[1] vnde jn de molen bringet, vnde vt der molen, vnde wor dat vromede beir dat se kopet an voderen, an haluen voderen, vnde an tunnen, vnde suluen drinken willet: dar en schullen se dem rade nicht aff geuen, vnde dat schullen[2] vnse vorbenomden papen, riddere, knechte, vnde vnse[3] gebur holden sunder argelist. Wat me ouer to der heidewort voret,[4] dar mach de rad de schepelpenninge aff nemen,[5] dar en wille[6] we se 3 nichtes vmme bedegedingen. Wolden ok de vorbenomde rad[7] vppe sek vnde ore[8] borgere to Brunswigk vortmer wat setten, dat scholde vnse gude wille wesen, vnde we en scholden se dar 4 nichtes vmme andegedingen. Were ok dat de sul-

uen[9] vorgenomden rad vnde borghere to Brunswigk eyne egene molen to watere buwen welden vppe dat bleck dat de Ghiseler heyd, offte vppe der stad grauen, dat scholde vnse gude wille wesen.[10] Ok schulle we vnde willen de eignenomdou rad 5 vnde de borgere to Brunswigk vnse leuen getruwen[11] truweliken vordegedingen alle ores rechten wor vnde wanne vn des noth is. Ok en schullen myt dussem 6 breue de anderen brene de de herscopp to Brunswigk vnde we on gegenen hebbet nicht gekrenket sin, sunder bij gantzer macht bliuen. To orkunde hebbe wij Frederijk hertoge to Brunswigk vorbenomd dussen breff laten besegeld myt vnsem groten jngesegele na godes vnses heren gebord dritteynhundert jar dar na jn deme ses vnde achtentigesten jare, des sondages jn der vasten alz men singet Judica.

LVII. HULDEBRIEF DER HERZÖGE BERNHARD UND HEINRICH.
1400 Juli 17.

Das Original dieses in Rehtmeyers Chron. 686 gedruckten Huldebriefes befindet sich im Stadtarchive: Pergament 20" breit, 13" hoch mit zwei runden grünen Wachssiegeln an rothen Seidenschnüren. Herzog Bernhards Siegel fand sich schon an dem Huldebriefe d. d. 1374 Febr. 3; das Herzog Heinrichs ist bei Rehtmeyer abgebildet: links gelehnter Schild mit dem Löwen, darüber der Helm mit Krone und Federbusch, vor dem langen Schafte desselben das springende Pferd; Umschrift s' hinrici ducis in brunswich et luneborch. Neu sind in diesem Huldebriefe die §§ 16 und 19; die Zusage in § 25, welche in solcher Fassung noch in keinem der früheren vorkam, ist gleichwohl eine altherkömmliche, § 26 aus dem Huldebriefe Herzog Friderichs von Grubenhagen herübergenommen. Ausserdem wiederholt der vorliegende Huldebrief den schon angeführten der Herzöge Friderich und Bernhard mit einigen Auslassungen, welche in den Noten angezeigt sind, und mit geringen Zusätzen in den §§ 6, 11. 12. 13, 16, 17, 20, 22, 23, 24, 27, 28, 29. Hn.

We juncher Bernd vnde her Hinrik van der gnade godes hertogen to Brunswich vnd to Luneborch bekennet openbare in dessem breue, dat we noch vnse rechtes ernen en schullet nene clostere[12] gheistliker lude man eder vrowen setten, orlouen, eder vulborden to wonende bynnen der stad vnd der müren to Brunswich, vnd ok buten der stad so verne alse ore vedrift is. We bekennen 2 ok des, dat we vnd vnse rechtes ernen hebben der zulnen vnser stat to Brunswich vnd vnsen leuen borgheren dar jnnen, by namen in der Oldenstad, jn dem Haghene,

---

In der Urkunde bei Rehtmeyer 1) *ist hinzugefügt* in dat brunswikesche land 2) *ist hinzugefügt* dusse 3) *fehlt* vnse 4) voren welde 5) van dem schepele dei penning nemen. 6) schulle 7) se ok 8) vppe de 9) *fehlt* suluen 10) *ist hinzugefügt* vnde we en scholden se dar ok nichtes vmme andegedingen. *Hierauf folgt statt des* § 6: Vortmer schulle we vnde willen vpsen leuen getruwen dem rade vnde den borgeren to Brunswic alle ore priuilegia vnde breue de vnse heren vnse elderen, vnde we, vnde de herschop to Brunswic on gegenen hebbet stede ganz vnde vnvorbroken holden sunder jenigerley rede, vnde de breue en schullen mit dussem breue nicht gekrenket sin, sunder by orer vullen macht bleuen. 11) *fehlt* to — getruwen. 12) *Ausgelassen* eder couente.

ju der Nygenstad, ju der Oldenwik vnd in dem Socke, de
gnade vnd dat recht gheghenen: de dar an junc sin vnd
borghere vnd borgerschen sin, de schullen vry wesen ver
3 allerleige ansprake. We na dessem dage ok alse desse
breff gheghenen is in de zulnen vorsproken viff stede vn-
ser stat to Brunsswick vore, vnd borgher worde, vnd
openbare dar junc were jar vnd dach ane ansprake, de
scholde des zulnen rechtes bruken, vnd vry borgher wesen,
4 alse vorscreuen is. Worde ok iement anspraket myd
rechte bynnen jare vnd dage de de bnrschop ghewunnen
hedde, den scholde de rad to nenem borghere hebben, he
en hedde sik vorliket myd der herschop myd fruntschop
5 oder myd rechte. We ok vnd vnse rechten eruen willen
vnde schullen de viff stede vnser stat to Brunsswich be-
schermen vnd vordedingen alle eres rechten vnd orer vri-
beit, alse ze de oldinges van vnsen elderen gehat hebben
vnd hebbet, vnd ore recht to beterende vnd nicht to er-
6 gherende. Were ok, dat jenich man der zulnen vnser
borghere jenighen vorderen wolde vor lat eder vor eghen,
eder jenighe ansprake don wolde, eder anders wur
vmme jenige schult geuen wolde, de scholde antworden
7 vor vusem gerichte in der stad to Brunsswich. Vnse
vorgenomoden borghere der viff stede vnser stat to
Brunsswich moten ok or recht wol beteren wur ze mo-
gen, vnd wur dar nement en claget dar en darf nement
8 richten. Were ok, dat ze iement schuldigen wolde, so
scholden ze antworden dar yd an vnu rechte gheborede
to antwordende, vnd des schulle we ze vordegedingen.
9 Were ok, dat jenich schelinge velle twisschen vns vnd dem
rade to Brunsswich, wat denne twene man vte dem rade
myd orem rechten beholden, dat or wonheit vnde recht
hedde ghewesen, dar scholde we ze bi laten vnd bi bebol-
10 den. Wolde den rad anders iement schuldigen, wat
denne twene man vte dem rade entledigeden myd rechte,
des scholde de rad ledich wesen, vnd des scholde we ze
vordegedingen, vnd schullet des rades vnd der stad to
11 Brunsswich recht beteren vnd myd nichte krenken. Vort-
mer bekenne we ok vnd vnse rechten eruen, dat vnse
borghere der vorgenomden viff stede vnser stat to Bruns-
wich vnd ore gud schullet tollen vry wesen in vnsem

lande, vnd in vnsen steden, vnd to alle vnsen sloten na
older wonheit, alse dat van aldere gewesen heft.
We oc in der stad to Brunsswich voget is,[3] de schal 12
richten bynnen der stad vnd enbuten so verne alse or re-
drift vnde ore lantwere wenden. Vortmer rppe dat 13
vader vnsen mannen vnd vnsen vorgenomden borgheren
nen twidracht en werde, so schulle we on enen marschalk
setten, de vnsen borgheren richte ouer vnse man des en
nod zy. We en willen des ok nicht, dat vnser denst-14
manne ienich jenighen vnser borghere to Brunsswich myd
lenghude vise an enen anderen heren de beneden ome zy;
des wille we ze vurdegedingen vnd one bibestan. We 15
don on ok de gnade: welk borgher gud hedde to lene
van vnsen denstmann, sterue de ane eruen, so scholde de
borgher volgen an vns, vnd we scholden one beleuen mrd
dem gude ane wedersprake vnd ane ghaue. Ok en wille 16
[we] des nicht, dat jenich vnser man sek jenich gud
lenen late dat vnse borghere vnd borgersschen to
Brunsswich vnd oren lensschen weren hebben.[4] We 17
en schullen ok vnme nene suke schuldigen de bi vnses
heren vnses vader vnd vnses broder hertogen Fre-
derik seligher dechtnisse tiiden gevallen weren wente
an dessen dach. We en schullen ok nenerleige gud 18
dat me to der stad eder van der stad vorede, dreue, eder
dröge, hinderen eder[5] hinderen laten, yd en sy vnser
openbaren vigende. We en willet ok neymende to ge-19
sinde nemen den we wedder de stad vnd wedder or recht
vordedingen, we en willen den on to rechte setten, vnd
on rechtes van onne helpen. We en willet ok nemen-20
de husen noch heghen, eder verdedingen weder
de stad vnde borghere de ze eder de ore vorvn-
rechtigede, eder de in der stad vorvestet eder
dar vt vordrenen were, vnd wolden den van vns
laten, wanne ze vns dat witlik deden. Weit ok, 21
dat vnser borghere eder orer meigere jenich broke
dede wedder vns, an dem noch an orem gude en wille
we nen sulfgerichte don, yd en were, dat de worden be-
grepen vppe hantaftigher dat enes dotslages, we en de-
den dat witlik dem rade allererst vnd der stad: hulpen
ze vns dar vunne mynne eder rechtes, dar scholde we vns

Ausgelassen 1) olde   2) den rad   3) van veer weghene   4) Den Bürgern war dies von Raths wegen schon
um die Mitte des 14. Jahrhunderts verboten: s. XXXIX, 26; LIII, 30.   5) In dem Huldebriefe der Herzöge
Friderich und Bernhard fehlte hinderen eder, doch waren diese Worte schon in dem Herzog Ernsts von 1374
hinzugefügt.

11

22 an genogen laten. Ok schulle we vnd willet ze truwe-
liken vordedingen to orem rechte wedder allermalken,
vnd schullet ze bi gnaden, bi wonheit, vnd bi rechte
23 laten vnd beholden to allen tijden. Vnd we eder de vnse
en willet noch en schullet ze vnd ore meigere, ore
gud, vnd de ore nicht beswaren myd bede, eder myd
24 denste, eder in senicherleie wijs. Were ok, dat ze, eder
ore meigere, eder de ore broke deden, de on myd rechte
gerunden worden to beterende, dat scholde we vnd de
vnse on gnedichliken korea, dat ze des vurorderfft bleuen.
25 Ok en wille we vnd en schullet noch de vnse nene[1] set-
tinge in vnsem lande ouer ze, vnd or gud, vnd ouer
ore meigere vnd de ore setten eder setten laten, dar ze
26 eder de ore mede beschadet werden. Vnde we schullen
vnd willen ze laten by alsodanen gnaden, wonheit, vnd
27 rechte, alse ze weren bi vnser olderen tijden. Were ok,
dat ze ore mortbernere eder stratenrouere an quemen in
vnsem lande, in vnsen steden, slotes, eder dorpen, de
28 mochten ze angripen ane vare vnd ane broke. Vortmer
bekenne we, dat we vnd vnse rechten eruen willen vnd
schullen alle de breue de vnse here vnse vader, vnse
vorgenante broder, vnd vnse olderen gheghenen hebben
dem rade vnd der stad to Brunswick, vnd enen iowelkeu
borghere to Brunsswich den breue van on gheghenen
zint, ghancz stede vnd vnverbroden holden, vnd we ste-
digct alle ore priuilegia in aller wüse alse we de mil-
29 nen besegelt hedden. We willet ok de vorgenanten vnse

louen getruwen den rad vnd de borghere truwehken
vordedingen vnd beschermen alle ores rechten dat ze
van vnsen elderen[2] gehat hebben, vnd willet on dat stede
vnd ghantz holden. Welde ze ok alle desser vorspre-
30 kenen gnade vnd rechtes, eder iowelkes bisunderen
de we vnd vnse elderen on gheghenen hebben ieruch mau
vorvnrechtigen, des wille we ore beschermere wesen mi
vnd to allen tyden, vnd to alle oren noden. An er. or-
kunde vnd stedizheit alle desser vorgescreuen dingh hebbe
we vor vns vnd vnse rechten eruen vnse inghezegelo wi-
liken vnd myd gnden willen ghehenget laten to dessem
breue. Desser dingh sind ok tughe vnse leuen getruwen
man vnd borghere de dar an vnd ouer gewesen hebben
vnd hir na beschrenen stan: de edele her Ludolff van
Werberge, her Ludolff her Hinrik vnd her Haus
brüdere van Velthem, her Ludolff van Honlage,
her Curd van Weuerligen, her Ortghis Klenckok
rittere; Pardem van dem Knesbeke, Rabode Wale,
Johan van Beruelde knapen; her Harneyd vnd
her Herman vnse schriuere; Curd Elers, Hinrik Do-
ringh, Hermen Vechtelde, Curd van Vrsleue, Hen-
nygh Horneborch, Ludolff van Ingeleue, Ffricke
Twedorp, vnd andere vrome lude genüch. Vnd
is geschen na godes bort in dem verteynhun-
dersten jare, des negesten sonnauendes na aller
apostole daghe.

LVIII. HULDEBRIEF HERZOG OTTOS.
1400 Sept. 24.

*Das Original dieses Huldebriefes befindet sich im Stadtarchive: Pergament 11" hoch, 16" breit.
Das runde grüne Wachssiegel an rothen Seidenschnüren hat den links gelehnten Schild mit den Leopar-
den, darüber den Helm mit Krone und Federbusch, vor dem langen Schafte desselben das springende
Pferd, zu jeder Seite des Helmes einen Stern; Umschrift:* S' ottonis ducis iunioris i brunfwic. *Dieser Hulde-
brief war bisher nicht gedruckt; in Rehtmeyers Chron. 630 ist nur der Eingang und die Zeugenreihe
mitgetheilt. Er fügt dem Huldebriefe Ottos des Quaden von 1368 in § 21 den § 20 des Grubenhagen-
schen Huldebriefs von 1384, in § 22 eine neue Bestimmung hinzu.*   Hn.

Von gods gnadin wir Otte herczauge zeü Brunswig   vnse rechte erbin en sollin kyne clostere adir couente mit
herczeugen Ottin sane seligen vnde vnse rechte er-   geistlichin luden mannen adir frouwen seczen orloben adir
bin bekennen offinbar in dusseme briebe, daz wir noch   fulborden zcü wonende bynnen der staid vnde der inren

---

Ausgelassen 1) nye   2) vnde vorvaren.

zcñ Brúnswig vnde ouch vszwendich der staid alsze verne
2 alszc ore vedrifft is. Wir bekennen ouch dez, daz wir
vnde vnse rechte erbin der selbin vnsir staid zcñ
Brúnswig vnde vusin liehin borgeren darynnen, mit namen
in der Aldinstaid, ju deme Hagene, jn der Núwenstaid, ju
der Aldenwig, vnde in deme Sagke, die gnade vnde daz
recht gegebin: die dar nú yune sin, vnde borgere vnde
borgerssehin sin, die sollin fry° wesin von allirley° anne-
3 sprache. Wer ouch dússzme tage ouch alze dusse brieff
gegebin is in die selbin vorgeschrebin vúnff stedde vnsir
staid zcñ Brúnswig fúre, vnde borger worde, vnde offin-
bare dar yune were jare vnde tagh ane annsprache, der
solde dez selbin rechtes gebrnchin, vnde fry° borger wesin
4 alze hir vorguschrebin is. Worde ouck yemand aunge-
sprochen mit rechte bynnen jare vnde tage der die búr-
schafft gewunnen hette, den en solde die raid zcñ kyrne
borger habin, ber en hette sich vorlichent mit der her-
5 schafft. Wir ouch vnde vnse rechte erbin wollin vnde
sollin die vúnff stedde vnsir staid zcñ Brúnswig bescher-
men vnde vorteydingen alle ores rechtin vnde orer fry°-
heit alszo se die oldinges van vusin eldern gehat habin
vnde habin, vnde ore recht zcñ bezzeroda vnde nicht zcñ
6 ergerade. Were ouch daz alszo, daz yenich man der
selbin vasir borgere synichen vordern wolde vor lat adir
vor eygben, adir eyniche annsprache tún wolde, adir ey-
niche schult gebin wolde, der solde antwortin vor vnsz-
7 me gerichte in der staid zcñ Brúnswig. Vnse vorbeno-
meden borgere der vúnff stedde vnsir staid zcñ Brúnswig
entzuxen ouch ore recht wol bezzern wúr sij° mögen an
vnsen schaden, vnde wúr dar nemand en clagat dar en
8 darff nemand richten. Wir bekennen ouch vnde vnse
rechte erbin, daz vnse borgere der vorbenomeden vúnff
stedde vnsir staid zcñ Brúnswig vnd ore gúd sollin zcolles
fry° wesin in vnszme lande, vnde ore steldiu vnde zcñ
9 allin vnsin sloszin. Wer onch in der staid zcñ Brúns-
wig voget is von vnsir wegin der sal richten in der staid
vnde vszwendich alse verne alsze ore vedrifft wendet.
10 Vortmer uffe daz vnsir vnsin mannen vnde vusin vorge-
nanten borgeren kya scwy°dracht en werde, so sollin wir
ôn eynen margschalk seczen die vsen borgeren richte obir
11 vnse man dez on neid sij°. Wir en weltin dez ouch
nicht, daz vnsir dinstman eynich yeuigen vnser borgere
zcñ Brúnswig mit lehengude wij°se an eynen andern her-
ren de beneden yuse sij°; dez wollin wir yme erstau.
12 Wir tún ôn ouch die gnade: wilch borger gúd hette zcñ

lehen von vnszme dinstmanne, storbe der ane erben, so
solde der borger folgen an vns, vnde wir wolden ôn be-
lehen mit dem selbin gúde ane widdersprache. Wir en 13
sollin sie ouch vmbe keyne sache beschúldigen die bij°
vnsis herren vnsses facus seligen gezcúden vnde vnser al-
dern gefallin weren. Wir en sollin ouch keynerley° gúd 14
daz man zcñ der staid adir von der staid fúrte, trebe,
adir trüge hinderen laszin, es en were vnsir offinba-
ren fykende. Wir en sollin ouch nemande zcñ gesinde 15
nemen den wir widder die staid vreme oreme rechtin vor-
teydingeten, wir en wolden ôn ôn zcñ rechte seezen vnde
on rechtes von y°me belffin. Werez ouch daz vnsir bor- 16
ger eyniche broche thede widder vns, an deme borgere
noch au syme gúde en wollin wir neya sellgerichte tún,
ex en were, daz he worde begreffin uffe der hanthafftigen
dad eynes dotslages, wir en teilen ex wissiutlich deme
ralde allirerst vnde der staid: helffin sij° vns dar vmbe
wynne adir rechtes, dar solden wir vns anne gnúgen
laszin. Wollin wir ouch adir yenich man den raid vnde 17
die staid beschuldigen daz zcñ eyden geteilet worde, dez
mogen zewene raidmann den raid vnde die staid ledigen
mit oreme rechtin. Wir bekennen ouch dez, daz wir 18
vnde vnse rechte erbin wollin vnde sollin alle die briebe
die vnse fatir herzcange Otte vnde vnse elderen gegebin
habin deme ralde vnde der staid vnde den borgeren zcñ
Brúnswig ganz vnde stede halden sunder jengerley° redde.
Wir wollin ouch die selbin vorbenomeden borgere vortey- 19
dingen vnde beschermen alle ores rechtin daz sij° von vn-
sin elderen vnde vorvaren gehat habin, vnde wollin ôu daz
stede vnde gancz halden. Wolde sij° ouch alle dusser 20
vorgenantin gnade vnde rechtes daz wir vnde vnse elderen
on gegebin habin eynich man vorunrechtigen, dez wollin
wir ore beschermer wesin nú vnde zcñ allin zciiden vnde
zcñ allin oren nôiden. Werez ouch, daz vnse egenantiu 21
borgere ore rechtin mordbernere adir ore rechtin strasziu-
roubere yrgende anquemen in vnszme lande vnde sloszin,
dar wollin wir ôn rechtes obir staden ane vare vnde ane
broche, vnde wollin ôn dar zcñ belffin. Wir habin ôn 22
ouch die gnade getain: werez daz vnse fetern
vnde gaenerbin von Brúnswig adir von Lune-
búrg die parren in der staid zcñ Brúnswig byn-
nen der múren yemande uff laszin adir incorpo-
riren welden laszin, dar en sollin noch en wollin
wir noch vnse erbin keynen fulbord zcñ gebin in
keynewijs. An eyn orkúnde vnde stedicheit dússir vor-

11*

geschrebin dinge bahin wir voc̄ vns vnde vnsē rechte erbin vnse jngesegel gehenget lassin zcū dussme briebe. Düssir dinge sint gezcüge der hochgebornne fürste lantgrebe Herman zcū Hessin vnse liebir herre, her Heise von Gladebeke, her Heise von Kerstelingerode, her Bode von Adelewessin, her Borghard von Goddinstedde, Szander-Sterren, Henrich von Üsslacht, Henrich von Magkinrode, Cord Ey-

lers, Henrich Doringor, Herman von Felchelde, Cord von- Vrslebe, Hennyng Horneborg, Ludolff von Yngeleiben, Hans Wedegen, vnde Frigke von Zcweydorile, vnde anderer frommer lude genßch. Dusser brieff ist gegebin noch goddes gebord in deme vierzcenhundirstigen jare dez fry'tages neist. noch sancti Mathei tage.

LIX. HULDEBRIEF HERZOG ERICHS VON GRUBENHAGEN.

1401 April 18.

Das Original befindet sich im Stadtarchive: Pergament 19'' breit, 12'' hoch mit einem runden gelben Wachssiegel an grünen Seidenschnüren. Dasselbe hat in einem von Ranken und Blumen durchzogenen Felde den links schreitenden eingelnden Löwen mit niederhangendem Zagel, und die Umschrift 𝕾𝖎𝖌𝖎𝖑𝖑𝖚𝖒 𝖉𝖎 𝖌𝖗𝖆𝖈𝖎𝖆 𝖊𝖗𝖎𝖈𝖎 𝖉𝖔𝖈𝖑𝖘 𝖎𝖓 𝖇𝖗𝖆𝖓𝖋𝖜𝖎𝖈𝖍. *Dieser Huldebrief war bisher nicht gedruckt; in Rehtmeyers Chron. 554 ist nur der Eingang und die Zeugenreihe gegeben. Er enthält den Huldebrief von 1384 ausser dessen § 17; in den §§ 7, 8, 9 die §§ 5. 6, 7 der Privilegien von 1367; in § 23 den § 22 des Huldebriefes vom 24. Sept. 1400. In der Fassung des § 20, der in § 18 des Huldebriefes von 1384 ertheilten Zusage, sowie in einigen unwesentlichen Abweichungen folgt er dem Huldebriefe vom 17. Juli 1400, welchem ausserdem zwei Zusätze in den §§ 12 und 17 entlehnt sind.* Hn.

Van godis gnaden wy Erich hertoghe to Brūnswich hertoghen Albertis sone seligher vnde vnse rechten eruen bekennen openbar in dissem breue, dat wy noch vnse rechten eruen en scholen neyne coste eder couente mit geystliken luden mannen eder vrowen setten, irlouen, eder vulborden so wonende bynnen der stad vnde der müren to Brunswich, vnde oūk būten der stad so verne alse ere 2 vrilrāt is. We bekennen oūk des, dat wy vnde vnse rechten eruen hebbet der seluen vnsir sted to Brūnswich vnde vnsen leuen borgeren darinne, hi namen in der Oldenstad, in dem Haghene, in der Nyenstad, in der Oldenwūk, vnde in deme Sacke, de gnade vnde dat recht gegheuen: de dar nu° inne sin vnde borghere eder borgherschen sint 3 de scholen vry wesen van allerleyge ansprake. We na dissem dage oūk alse desse bref ghegeuen is in de suluen vorbenompden vif stede vnsir stad tho Brūnswich vnde, vnde borgher¹ worde, de borgher dar ynne were jar vnde dach one ansprake, de scholde des suluen rechtes bruken vnde vry borger¹ wesen, alse hir vorgesoruen is. 4 Worde oūk yemant anspraket bynnen jar vnde dughe de de hurschop gewūnnen hedde, den er scholde de rad to-

neynem borger hebben, he en hedde silk vorliket mit der herschop. Wy oūk vnde vnse rechten eruen willen vnde 5 scholen de vif stede vnsir stad tho Brūnswich beschermen vnde vordegedingen alle ores rechten vnde orer vryheit, alse so oldinges van vnsen elderen gehat hebben vnde hebbet, vnde ore recht to beterende vnde nicht tho ergerande. Were oūk dat also, dat yenich man der suluen 6 vnsir borgere yenigen vorderen wolde vor het eder vor egen, oder yenighe ansprake den wolde, afte yenighe schult ghenen wolde, de scholde antworden vor vnsem gerichte in der stad tho Brūnswich. Were oūk dat so 7 yemant schuldigen wolde, so scholden se antwerden dar ld on van rechte borde tho antwerdende, vnde des schole wy so vordegedingen. Were oūk, dat yenich schelinge 8 velle twisschen vns vnde on, wat den twene man vte deme rade¹ mit orem rechte bebelden dat vor recht¹ wonheyt vnde recht hedde gewesen, dar scholde wy se bi laten vnde beholden. Wolde den rad oūk anders yemant schuldigen, 9 wes denne² twene man vte deme rade vordegedigen mit rechte, des scholde de rad ledich wesen, vnde des scholde wy so vordegedingen. Vnse vorbenompden borgere der 10

Ausgelassen 1) eder borghersche   2) olde   3) den rad *wie in dem Huldebriefe vom* 17 *Juli* 1400.

vif stede vnsir stad tho Brunswich moten oũk ore recht
wol beteren wor se mogen ane vnsen schaden, vnde wor
11 dar neymant claget dar darf neymant richten. Wy be-
kennen oũk vnde vnse rechten ernen, dat vnse borgere
disser vorgenanten vil stede vnsir stad tho Brunswich
vnde ore gũt scholen tollenvry wesen in vnsem lande, in
12 vnsen steden vnde tho alle vnsen sloten. We ouk in der
stad tho Brunswich voget is van vnsir wegene, de schal
richten in der stad vnde bu'ten also vere alse ore va-
13 drift vnde lantwere¹ wenden. Vortmer up dat vndir vn-
sen mannen vnde vndir vnsen vorgenanten borgeren neyn
twidracht en werde, so schole wy on eynen marscalk
setten, de vnsen borgeren richte ouer vnse manne des on
14 nod si. Wy en willet des oũk nicht, dat vnse denstmanne
yenichem vnsir borgere tho Brunswich mit lengũde wise
an eynen anderen heren do beneddeu ome si; des wille wy
15 on irsten. Wy don ou oũk de gnade: wilk burger gũt
hedde tho leene van vnsen denstmannen, storue de ane er-
uen, so scholde de borger sulpen van vns, vnde wy wolden
one belenen mit deme suluen gũde ane wedersprake.
16 Wy en scholen² oũk vnnne neyne sake schuldigen de bi
vnses heren vnses vader tijden vnde vnsir elderen ge-
17 vallen weren. We en scholen oũk neynerleyge gilt dat
men tho der stad eder van der stad vorde, dreue, eder
droge, hinderen eder³ hinderen laten, jd en si vnsir open-
18 bareg vyngende. Wy en scholen oũk neymande tho ge-
siude nemen den wy weder de stad vnde orem rechte vor-
dedingeden, wy en willen on den tho rechte setten, vnde
19 on rechtes van ome helpen. Were oũk, dat vnsir bur-
gere yenich bróke dede weder vns, an deme borgere noch
an syneme gũde wille wy neyn sulfgerichte don, jd en
were, dat he worde gegrepen up der hantaftigen dayt
eynes dotslages, wy en deden dat witlik deue rade aller-
erst vnde der stad: bulpen se vns darvanne fruntscop
20 eder rechtes, dar scholde wy vns an genogen laten. Wy
bekennen ouk des, dat wy vnde vnsen rechten ernen
scholen vnde willen alle de breue du vnse here vnse va-
der hertoge Albert, vnde vnse elderen, vnde vnse ved-
dere hertoge Frederik vnses heren vnses vader
broder de vnse vormunde gewest is gegeuen hebbet
deme rade, vnde der stad, vnde cynem jouelken burgere
to Brunswich den breue vnn on gegheuen sint, gantz vn-

de stede holden sõnder yenigerleye rede, vnde wy stedi-
get alle de breue vnde priuilegis de de sulue vnse
here vnse vader, vnde vnse elderen, vnde vnso
vorgenante veddere on gegheuen hebben in aller
wise alse eft wy de suluen besegelt hedden. Wy willet 21
oũk de suluen vorgenanten vnse borghere vordegedingen
vnde beschermen alle ores rechtes dat se van vnsen el-
deren vnde van vnsen vorvarnen gehat hebben vnde hebbet,
vnde willet ou dat stede vnde gans holden. Were oũk 22
dat se ore mortbernore vnde ore stratenronere an kemen
bynnen vnsen lande, eder in vnsen sloten, dar scholde
wy vnde wolden on rechtis ouer staden, vnde se mochten
clagen ane vrar vnde ane broke, vnde dar wolde wy on to
helpen. Wy hebben oũk on de gnade ghedan: weret dat 23
vnse vedderen van brunswich vnde Lupelborch vnde ore
eruen de parten in der stad tho Brunswich hynnen der
müren yemande upkaten eder incorporeren wolden laten, dar
er scholde wy noch en willen wy eder vnse eruen neyne
vulbord to gheuen neynerleige wis. Wolde se oũk alle 24
disser vorghescreuenen gnade vnde rechtes eder iuwelkes
bisũnderen de wy vnde vnse elderen on gegheuen hebbet
jenich man vorvnrechtigen, des wille wy ore beschermer
wesen nũ vnde to allen tijden vnde to allen oren nodeu.
An yene orkunde vnde stedicheit alle disse vorgescreuen
dingh hebbe wy vor vns vnde vnse rechten eruen vnse
jughesegel williken gehenget laten to dissem breue. Dusser
dingh unser gheuige de strengen rittere vnde knechte
her Borchart von Godenstede, her Ernst van Va-
ler, her Hinrik van Bortfelde alle rittere: Hans
Mese, Herman van Medem, Johan van Oldendorpe,
Ludolf van Walmede, Herman vnde Ludolf van
Oldershusen alle knechte: de erbarn lude Her-
man van Veebelde, Cord Doring, Cord Elers, Cord
van Vrslene, Hinrik Doring, Hennyng van Aden-
stede, Ludolf van Inghelene, Cord Horneborch,
Hans Wedeghen, Frieke Twedorp, Hinrik Lüthar-
dis, vnde aller anderen vrome lude ghenoch alle
borgere to Brũnswich. Vnde is geschen nach go-
dis vnses heren gebort dusent verhundert jar dar-
na in deme ersten jare, des mandagis neist nach
der domineken alse men singet Misericordia do-
mini.

1) vnde lantwere Zusatz des Huldebriefes vom 17. Juli 1400.   2) Ausgelassen se, wie im Huldebriefe vom 17. Juli
1400.   3) hinderen eder Zusatz des Huldebriefes vom 17. Juli 1400.

LX. EIDE.

In einem Pergamentcodex in 4°, welcher in rothes Leder gebunden ist, finden sich die Amtseide und die Stadtgesetze zusammengetragen, diese in zwei Sammlungen: der Stadt Recht und Echteding. Ueber die Entstehung dieses Codex ist auf der Innenseite des vordern Deckels mit grosser rother Schrift angemerkt: Dit bōk led scryuen de rad in der Oldenstad na goddes bord m cccci̯ iar to wynachten. Dar vintme inne to dem ersten de eyde de me dem rade deyt. Item dat echte ding vnde der stad willekore vnde recht to Brunswig. Queme it wur anders, so scholdeme yd io weddere schaffen dem rade in der Oldenstad to Brunswig.

Nachstehend sind zuvörderst die Eide abgedruckt. Von diesen scheinen 2—34: kräftige aber wenig sorgfältige Schrift, der Titel jeder Formel roth auf einem in rothen Umrissen dargestellten Bande, ohne Unterbrechung eingetragen zu sein. Dieselbe Hand hat in ähnlicher Weise, nur dass die rothen Ueberschriften nicht auf Bändern stehen, die Formeln 35— 45 geschrieben. Da schon die 38. eine veränderte Fassung der 36. ist, wie weiterhin die 40. 41. und 42. veränderte Fassungen der 18. 13. und 8., so wird mit der 37. oder 38. eine neue Folge der Sammlung begonnen haben. Von einer zweiten flüchtigeren Hand sodann, welche im Stadtrecht und Echteding Gesetze aus den Jahren 1407—1417 hinzugefügt hat, rühren mit Ausnahme der 49. und 50. die Formeln 46—57 her, desgleichen auch die 1. Formel nebst der angehängten Instruction zur Einforderung des Schosses, welche ganz auf Rasur und daher ohne Zweifel an der Stelle älterer von erster Hand eingetragenen Fassungen stehen. Zu jenen zehn Formeln sind die Ueberschriften später mit schwarzer Dinte nachgetragen. Eine dritte Hand endlich, dieselbe von welcher die unten zu erwähnenden Stücke und Neustädter Sammlungen angelegt sind, hat die 58. und 59. Formel geschrieben. Eide von jüngerer Hand, welche weiterhin noch folgen, werden an späteren Stellen mitgetheilt werden.

Die Eide, das Echteding und das Stadtrecht sind auch in einem andern Pergamentcodex in 4° enthalten, welcher 1584 mit Papierhandschriften verwandten Inhalts in gepresstes Schweinsleder zusammengebunden ist. Er scheint gleichfalls zum Gebrauche der Altstadt angelegt zu sein: es sind darin mehre speciell für dieses Weichbild erlassene Verfügungen aufgenommen. Da aus dieser Sammlung die in dem vorliegenden Abdrucke als 8, 9, 13, 18, 36 mitgetheilten Formeln, welche später durch die 42. 17. 41. 40. 38. ersetzt wurden, weggelassen sind, dagegen nicht mehr die 41. Formel, die ältere Fassung der 48., so muss sie nach jenen und vor dieser entstanden sein. Es fehlen ihr ausserdem noch die 24. 56. und 59. Formel, wogegen ihr die nachstehend als 49, 50, 60 und 61 gezählten eigenthümlich sind. Alle diese Eide sind von derjenigen Hand eingetragen, welche jenen ersten Altstädter Codex angefangen, diesen zweiten bis zum Jahre 1426 fortgeführt hat, gezählt und mit Ueberschriften versehen, welche bis auf die letzten sieben roth und von rothen oder blauen Linien eingeschlossen sind.

Ein dritter Codex, welchen laut der Deckelinschrift der Rath im Sacke zu Pfingsten des Jahres 1433 hat anfertigen lassen, und ein vierter von derselben Hand geschriebener, welcher seinem Inhalte nach dem Neustadtrathe angehört hat, enthalten ausser dem Stadtrechte und Echteding auch eine geringe Anzahl von Eiden. Unter den ursprünglich eingetragenen befindet sich von einigen Zusätzen abgesehen keiner, welcher nicht auch in einem der Altstädter Bücher eingetragen ist. Aeusserlich gleicht die Aufzeichnung des Säcker Codex der der beiden Altstädter; im Neustädter sind die Ueberschriften der Eide von jüngerer Hand mit schwarzer Dinte hinzugefügt.

Dem nachstehenden Abdrucke liegt der an erster Stelle aufgeführte hier A genannte Codex zum Grunde. Die geringen Abweichungen des zweiten A', dritten S, und vierten N in den ihnen gemeinsamen Eiden sind, mit Ausschluss unwesentlicher Verschiedenheiten der Titel, in den Noten mitgetheilt, die vier dem Codex A' eigenthümlichen Formeln jedoch in den Text aufgenommen. Derselbe bietet demnach die etwa in den ersten beiden Decennien des 15. Jahrhunderts gebräuchlich gewesenen Eide.

Hn.

[1]Dessen eyd schullet sweren de heren de in den nyen
LIV, 1 rad gekoren werden.

Dat gy dyt tar de ghemeynen stad vnde borgere to
Brunswigk vorstan na der stad nvt vnde ffromen, vnde
helpen de stad in eyndracht holden, armborste .nicht
to entfferende, ver de bu'rschop nicht man to nemende
wenne eynen fferding,[2] vnde nicht so egbenende dat to wyn-
bilde .licht dar der stad ore plicht mede affga, gy en don
da: myt des ineynen rades vulborde, des rades hernelike
ding by gik to beholdende, vermeldede brôke van brut-
lachten vnde[3] dobelspele to ffôrderende, vnde wat de
rad kundighet by den eiden to boldende dat gy dat hol-
den, vnde ney'norleye bohelpinge to hebbende van dem
schote to inwen wychbilde sinderlihen, vnde dat gy
dat schot ffôrderen helpen[4] alze de radt vnde de
radsworen des enich gheworden syn, vnde dat to
vuller rekenschop bringen edder bringen laten[5]
vppe de muntsmeden sunder alle list, vnde dat
gy des rades gindes ane des rades witscop vnredde-
liken nicht en neten, vnde dat gy dat holden vrome
de perde vppe dem marstalle alze de rad des
enich gheworden is, vnde dat gy dyt bolden na in-
wen vifff synnen vnd wetene alze gr best kunnen vnde
moghen: dat gik god alzo helpe vnde de hylgen.[6]

[7]Aldus is de rad vnde[8] radsworen enich gewor-
den dat schot to ffôrderende dar dusse vorge-
sechte[9] eid van ynne holt.

Alzo dat vnse borghere vnde borgherschen schul-
len to dem schote sweren bynnen den ersten ver-
teyn dagen van den neghesten vêr weken vor der
schoteltijd de dem rade to schote vermeldet wor-
den, vnde de me bynnen der tijd hebben konde,

alzo ffôrder dat se eghen gud hebben dar se myt
oren elderen, edder brôderen ofte susteren eder
ffründen an iteschede weran, vnde neyne slichte
densten[10] weren,. dat de rad bekennen môchte
na orer leghenheyt, vnde to oren iaren komen
weren. We des nicht en dede, den scholde de
rad inleegen alzo langhe, dat he sweren welde to
synem schote, edder he en hodde des inleghers
des rades willen. We naer to. den hilghen swôre,
dat he nicht en hedde dryer mark wert[11] ghü-
des, myt deme môchte de rad deghedingen vmme
syn schot. We ok hir eyne ghilde hedde, vnde
der ghebrukede, de scholde sweren to synem
schote. We ok eyn hus[12] edder eyne bôde hedde
de hir to wychbildes rechte leghen vnde .de myd
vorsate wôste steen lete dorch den wyllen, dat
he der to sinem behone gebrukede edder bruken
welde, de scholde eyn voreschot dar van ghenen.
Van desses schotes weghene scholden wesen de
jenne de myt dem rade van der wegen vorword
hebben, eder vorword hebbende worden,[13] des
vtghesecht des se vorwort denne hedden.[14]

[15]Dessen eyd schullet sweren de heren de to dem 2
rade sweret. LIV, 2

Dat gy to dem rade gan, wanne de rad gyk bebodet,
vnde helpen raden vnde de stad vorstan na der stad nud
vnde ffromen, vnde helpen de stad in êndracht holden,
des rades hemelken ding by gik to beholdene,[16]
vnde wat de rad kundighet[17] by den eyden to boldenet,
dat gy dat myt one holden, vnde dat gy des rades gndes
ane des rades witscop vnredeliken nicht en neten:
dat gik god alzo helpe et e.[18]

1) A': 1 Dessen eyd schullet sweren de radheren de in den sittenden rad etc.; N: der ratmanne eyd.   2) wenne
eynen ferdingh in N ausgestrichen; am Rande Aenderungen aus verschiedenen Zeiten, die früheste anscheinend
aus der zweiten Hälfte des Jahrhunderts.   3) brutlachten vnde in N ausgestrichen.   4) helpen in A über-
geschrieben.   5) edder bringen laten, in A am Rande von einer Hand aus der zweiten Hälfte des Jahrhun-
derts, ist in A', N, S gleich ursprünglich aufgenommen.   6) ffôrderen — hylgen in A' auf Rasur.   7) Diese
Instruction ist in N an anderer Stelle und anscheinend erst in der zweiten Hälfte des Jahrhunderts aber völlig
übereinstimmend eingetragen.   8) de A'.   9) vorschreuen S.   10) en N.   11) eghens A'.   12) hedde S.
13) Ausgestrichen von dunstes weghene, was in A', N und S fehlt.   14) vnde de myt vorsate — hedden in A'
auf Rasur.   15) A': 11 De radsworen sweret dessen eyd; N: Der tosworen eyd.   16) des — beholdene, in A
und N anscheinend in der zweiten Hälfte des Jahrhunderts nachgetragen, fehlt in A' und S.   17) In A und
A' folgt Rasur, in welcher in A noch en knan vnde lauet.   18) ane — et c. in A und A' auf Rasur. Nicht
ausradirt, aber ausgestrichen sind in A die Sätze einer ältern Formel Hir sculden enbuten bliuen de koste vnde
dat geschenke dat gy openbare hebben. Wenne ok etc. wie LIV, 2.

3 ¹We de burschop wynnet de swerd dessen eyd.

LIV. ⁶ Dat gy der herschop van Brunswik, vnde² dem rade to Brunswik³ alzo truwe vnde alze holt syn alze eyn borgher to rechte wesen schal, vnde offt gy icht vornemen dat wedder den rad sy, wedder de gylden, vnde wedder de gantzen⁴ meynheyt sy, dat gy dat dem rade melden willen, vnde neyne vnrechte kumpanie en hebben willen.⁵ dat gyk et c.

₁ ⁶Wu des rades scryuer werd, edder der stad syndicus, edder ore vorspreke vor gerichte edder vor godinghen, de swerd dessen eyd.

Dat gy dem rade vnde der stad vnde den gemeynen borgheren vnde borgerschen to Brunswik alze truwe vnde holt syn alze eyn dener synen heren to rechte schal dem se kledere vnde lon geuen, vnde dat gy des rades heymelike ding by gyk beholden de wyle gy leuen, vnde offt gyk icht to wettene worde dat wedder den rad, vnde de stad, vnde borghere, vnde borgherschen were, dat gy dat dem rade melden willen, dat sy an geystliker achte edder an werliker achte wu dat scheghe, vnde ok wenne gy vt des rades denste quemen dat gy denne neynerleye wijs wedder den rad, borghere vnde borgherschen don edder wesen willen van juwer eghenen vpsate. rades edder dudes, geystlik edder werlik, de wyle gy leuen, dat gyk god etc.

₅ ⁷Dessen eyd swerd des rades rydende scryuer.

LIV. ³ Dat gy dat werff dat gyk van des rades weghene beualen werd truweliken weruen⁸ willen bynnen vnde buten der stad na juwen viff synnen alze gy best kunnen vnde moghen, des rades heymelike ding by gyk to beholdene, vnde des rade vnde der stad alzo truwe syn alze gy one van denstes weghene to rechte⁹ plichtich syn. dat gyk etc.

₆ ¹⁰Dessen eyd swerd des rades scryuer wen he vnttfanghen is.

Dat gy deme rade vnde der stad alze truwe syn alze gy one van denstes weghene plichtich syn, vnde dat gy der stad vnde des rades nyt dem rade ore heymelicheyt holden, vnde nycht en openbaren myt jennegherleye list, yd werde gyk beuolen edder nycht, wanne gyk de rad wes ansynnonde is, dat gy one denne raden dat schneste dat gy kunnen, vnde wat de rad van openen breuen gyfft dat gy de registreren, vnde wat de rad van breuen vtsend dat gy se dar ane bewaren so gy best moghen. dat gyk god etc.

¹¹Dessen eyd sweret de kemerere wen se reke-₇ nen schult van der kemereie dem meynen rade.

To iare do gyk de kemerie beuolen ward, wes gyk do de olde kemerer antwerdede an radeschop vnde an schult van dem anderen iare, vnde des wes gy suluen entffanghen hebben in dessem iare van der Oldenstad¹² weghene van der kemerie, vnde wu van dat yd juwen wichelde geworden sy, vnde wes gy gehandelt hebben van tynse to kopende edder to vorkopende, vnde to vorsettene, vnde to losende, vnde wat gy hir van wedder vtgheuen hebben, vorhuwet, scheukinghe vnde koste, vnde alzodanne slote alze juwe wichelde jarlang gehad hefft, dat gy dat dem gemeynen rade, wu he dat affsitten wille vnde affbeyden wille wen gy dat don, to rechter vullem rekenschop bringhen willen na juwen viff synnen alze gy dat enkedest kunnen vnde best wetten vppe desse tijd sunder arghelist. Weret auer, dat gy gyk vppe desse tijd wes vorgeten, edder vorlecht worde ane vorsate, dat enscholde gyk an dem eyde nycht schaden, wu gy dat by, ver wekenen meldeden, wen gy dat andenckende worden. Dat gyk god etc.

¹⁵Dessen eyd sweret de burmestere wen se entffanghen synd. ₈

Dat gy dem rade vnde der stad alze truwe vnde alze holt LIV. ⁴ syn, alze gy one van denstes weghene to rechte plichtich

---

1) A' III; N: borger eyd. 2) der herschop van Brunswik vnde in S ausgestrichen. 3) Am Rande einige hier einzuschaltende Worte, welche jedoch wieder ausgestrichen und nicht zu lesen sind. 4) gantzen von gleicher Hand übergeschrieben. 5) vnde neyne — willen fehlt in A'. 6) A' IIII Dessen eyd sweret nu mer alle des rades scryuere, der stad causidicus, vnde ore syndicus, vnde der borghere vorspreke vor dem godinghen, fehlt in N und S. 7) A' v, fehlt in N und S. 8) vnde vorhegen in der zweiten Hälfte des Jahrhunderts an den Rand geschrieben. 9) to rechte von zweiter Hand übergeschrieben. 10) A' VI, im Register Item der stad scryuer, fehlt in N und S. 11) A' VII, — van den kemerien —, fehlt in N und S. 12) etc. A'. 13) Fehlt in A', N, S.

syn, vnde den rad vnde de stad vor schaden helpen bewaren, vnde oren framen werden wur gy kunnen vnde moghen, vnde des rades heymelike ding helen wur gy yd wetten, dobbelspel vnde wat gy vornemen dat wedder den rad sy dat gy dat dem rade melden: dat gyk god alzo etc. *8 [1]Ok schullen de[2] bodele sweren wenne schoten schal LIV. [7] dessen eyd.

Dat sy dyt iar dem rade willen melden vnde scryuen laten wat gy wetten edder gyk to wettene worde dat schotbar sy: dat gyk god etc.

10 [5]Dessen eyd schullet sweren de gyldemestere dem rade. LIV. [11] Dat gy dem rade by bestan aller dinghe, vnde helpen der stad ore euinghe holden, vnde worde gyk icht to wettene dat wedder den rad sy, dat gy dat dem rade melden, vnde dat gy neyne settinghe en setten in juwer gylde, gy en don dat by[4] des rades witschop vnde willen; dat gyk god etc.

11 [4]Dessen eyd schalt sweren de mestere van den goldLIV. [10] smeden dem rade wen ze koren synd.

Dat gy dem rade by bestan aller dinghe, vnde helpen der stad ore euinghe holden, vnde worde gyk icht to wettene dat wedder den rad sy, dat gy dat dem rade melden, vnde dat gy neyne ding en setten in juwer gylde, gy en don dat by des rades vulborde, vnde dat gy dene breff den gyk de rad hefft gelezen laten vnde den gy suluen hebbet alzo holden willen, alze de rtwyset, wur he vorbroken worde, dar yd gyk to wettene worde, dat gy dat dem rade melden willen, vnde de tekene holden in dem geverde alze de rad de stifte hefft: dat gyk god alzo helpe etc.

12 [5]Dessen sweret de den de rad[7] de dar bevelet dar LIV. [9] vp to slapen.[6]

Dat gy dat dor dat gyk de rad bevolen hefft truweliken bewaren alze gy best kunnen vnde moghen, vnde to des rades hand holden, vnde dorch neynerleye lynes nod anders jemende antwerden, vnde sunderliken des nachtes nycht laten hodelos sian, vnde we myt gyk dar vppe slapen scholde, vorstunede he dat, dat gy dat dem rade helpe etc.

melden, vnde neyne böse kumpanie, dobbelspel, noch neynerhande vnvoghe en staden dar vppe to donde: dat gyk god alzo helpe vnde hilghen.

[1]Dessen eyd schult sweren de den me de wagbe bevelet. 13*
Dat gy de wagbe alzo holden, vnde van der wichte alzo LIV. [9] nemen alze des de rad vp eyn gekomen is, vnde malkeme rechte don, vnde wat dar van valt dat gy dat den kemerero antwerden, vnde holden dyt na juwen viff synnen alze gy best kunnen vnde möghen: dat gyk god alze etc.

[9]Dessen eyd aweret de suluer bernet to dem te- 14 kene.

Wat gy brunswikesches suluers bernen to dem tekene dat yd holden schulle an ffyneme eluen lot, vnde dat gy dem gelde gonen eyn byteken in juwem tekene, vnde dat gy dyt holden willen na juwen viff synnen so gy best kunnen vnde moghen, de wyle yd dem rade behaghet: dat gyk etc.

Ok is one mydde gesecht: weret dat yd suluer mer beelde wen xi lot, dat en scholde on an dem eyde nycht schaden.

[10]Dessen eyd sworen de de schepen weren a° 15 m cccc.

Dat gy gyk willen bir an[11] der stad rechte genoghen laten, vnde van dem rade vnde van[12] vnsen borgheren vnde borgerschen bir recht nemen vnde genen vor dem rade edder vor gerichte, de wyle gy leuet: dat gyk god et c.

[13]Aldus sworen de vordreuen weren in der 16 schicht.

De orueyde de gy dem rade gelouet hebben dat gy de holden willen sunder jennegerleye arghelist, vnde dat gy, noch nement van juwer weghene des gy mechtich syn, neynerleye wrake don schullen vnde willen vmme de schicht de an juwem vadere vnde an juwen ffrunden in der schicht gescheyn is: dat gyk god etc.

Ichteswelke sworen darto: Vnde dat gy willen der stad beste wetten, vnde wat gyk to wettene

---

1) *Fehlt in A', N, S.*   2) *ausradirt* burmestere vnde *N.*   4) myt *A'.*   5) *A'* x, *fehlt in N und S.*   6) *A'* xi Dem de rad dat dor bevelet dar vppe to slapende de *etc. fehlt in N und S.*   7) de rad *von zweiter Hand mit schwarzer Dinte statt des ursprünglichen* me.   8) dar vp to slapen *Zusatz zweiter Hand, mit schwarzer Dinte.*   9) *A'* xiii, *fehlt in N und S.*   10) *A':* xiiii Alle borghere to Brunswich de schepen synd, *fehlt in N. N und S.*   11) in *A'.*   12) van *fehlt in A'.*   13) *A'* xv, *fehlt in N. N und S.*

3) *A':* ix — — — wen se erst gekoren synd; *fehlt in N.*

worde vnde rede wüsten van des rades gelde-
breuen, vnde van anderen stucken de dem rade
to gude komen mochten, dat gy dat dem rade
melden willen: dat gyk etc.

17 ⁴Dessen eyd sweret de bodele dem rade.

LIV. ¹ Dat gy dem rade melden vnde scryuen laten wat gy
wetten edder gyk to wettene worde dat schedaur sy,
vnde dem rade, vnde der stad, vnde den meynen
borgheren vnde borgerschen² alze truwe vnde
alze holt syn³ alze eyn dener synem heren we-
sen schal de ome kledinghe vnde penninge gifft,
dobbelspel, vnde wat gik⁴ to wettene worde dat
wedder den rad vnde de stad sy,⁵ dat gy dat
dem rade melden, vnde wat to luwem ammechte
hord dat gy dat vorstan na juwen viff synnen
alze gy best kunnen, vnde vorwaren dem rade
slote, helden, vnde keden, vnde wat gyk to vor-
warende bord, de wyle dat⁶ dem rade behaghet:⁷
dat gyk etc.

*18 ⁵Dessen eyd sweret de tollenscryuer.

Dat gy alle dat gyk geantwordet werd to tollen
vnde vor tekene dat dem rade vnde der stad ge-
boret in de kesten steken willen in der tollen-
bode, vnde dat vorheghen willen dem rade to
gude na juwen viff synnen so gy best kunnen vn-
de möghen, vtghesproken jowelkem mollere vnde
jowelkem dorwerdere de des synnauendes tekene
vpbringhet eynen penning dar aff to geuende,
vnde der fferlinghe alzo vele dar en buten to be-
holdene, vnde de penninge de gy mit fferlinghen
wesselen ok in de kesten to stekende, vnde de
penninghe de de tauernere vnde de browere to
tollen bringhet edder we de bringt van orer we-
ghene dat se de suluen in de kesten schuuen
schuilen, vnde dat gy de nyen browere melden

de dem rade nycht gesworen hebben, wau gyk
dat to wettene worde, vnde dat gy des rades
heymelike ding by gyk beholden willen: dat gyk
god etc.

⁹Dessen eyd sweret de hir wel wyn lopen laten. 19
Wanne de wyn affgetoghen sy, dat gy dar denne
neynerleye wyn invullen willen¹⁰ edder invullen
laten myt juwer witschop sunder iowelken myt
dem wyne na der land ard dar de wyn hergekomen
sy,¹¹ vnde dat gy hir¹² neyn vad wynes
vp don willen to tappene, de rad en hebbe dar
erst by gesand vnde den wyn gesad laten wu men
one¹³ geuen schulle, vnde wanne de wyn gesad sy,
dat gy dar denne nycht mer invullen edder in-
vullen laten myt juwer witschop, vnde offt gy sul-
uen¹⁴ wyn tappeden, dat gy denne malkeme syne
rechten vullen mate geuen, vnde dat gy dem rade
ore rechten tzyze geuen van jowelkem vate wyns
vnde van allem wyne den gy tappen edder tappen
laten: alze des gy geuen benedden xvm d dat
stoueken dat gy io van der ame geuen ; fd, vn-
de des gy to xvm d vnde dar enbouen dat stoue-
ken geuen dat gy dar io van der ame m lot ge-
uen, vnde darto van albeyden io den twelfften
penning, to rekenende alle pagiment vppe nye
brunswikesohe penninghe dat gy myt wyne ko-
pen, vnde dat gy de penninghe de dem rade dar
aff boret bringhen willen in de tollen bode in de
tzyzekesten, vnde de penninghe suluen in de ke-
sten schuuen willen, wanne dat vat¹⁵ vtgetappet
vnde geamet is, so fforder alze gy to hus syn,
edder dat gyk dat neyn krancheyt en beneme,¹⁶
vnde wanne gy eyn vatwyns gantz vorkopen edder
halff van dem leghere vt dem kelre, dat¹⁷ gy dar
aff geuen willen¹⁸ van der ame ij lot, vnde dat gy

---

1) A' xviii, Erweiterung der neunten Formel. 2) ausgestrichen willen wesen. 3) syn von erster Hand über-
geschrieben. 4) dobbelspel — gik auf Rasur. 5) were A'. 6) yd A'. 7) de wyle — behaghet auf
Rasur. 8) Fehlt in A', N, S. 9) A': xix De suluetheren de wyn lopen laten edder orer eyn vt orer krim-
luote sweret dessen eyd, fehlt in N und S. 10) willen fehlt A'. 11) neynerleye — sy in A auf Rasur. 12) hir
in A und A' von zweiter Hand übergeschrieben. 13) Für one hat A' dat stoueken von erster Hand, das auf
Rasur, stoueken übergeschrieben. 14) suluen in A' von erster Hand übergeschrieben. 15) vat in A am Rande
von zweiter Hand statt des ausgestrichenen erst, in A' ursprünglich. In A' ist noch von erster Hand am
Rande nachgetragen 16) vnde so schulle gy dat beuelen juwem knechte to doude de dem rade to wyntappende ok
gheswroren hedde 17) ware luttek elder grad 18) edder die vorgheschreuen juwen ghesworen knecht, oft
gi nicht to hus edder vmmechtich weren, gheuen laten, to

de penninghe denne[1] ok in de kesten bringhen willen alze vorghescreuen is, vnde dyt holden ane allerleye list, de wyle gy den keller hebben,[2] vnde de wyle yd dem rade behaghet, na juwen viff synnen so gy best kunnen vnde moghen: dat gyk god etc.

We wyn lopen let des dat stoueken gelt benedden xviii d, de swert to geuende io van der ame | fd vnde den twelfften penning.[4]

20 **Dyt** is des knechtes eyd de den wyn tappet.

Wanne de wyn affgetoghen ey, dat gy dar denne neynerleye wyn invullen willen edder invullen laten myt juwer witschop sunder iowelken myt dem wyne ua der land ard dar de wyn hergekomen sy, vnde[5] dat gy neyn vat wyns vpdon willen to tappene de rad en hebbe dar erst by gesand, vnde den wyn gesad laten wume on gauen schulle, vnde wanne de wyn gesad sy, dat gy dar denne nycht mer invullen willen edder invullen laten myt juwer witschop, vnde dat gy malkem syne rechten vullen mate geuen willen, vnde weret dat iuwe here des de wyn hord nycht to hus en were, edder krank were, dat gy denne dem rade ore rechten tzyze geuen willen van iowelkem vate wyns vnde van allem wyne den gy tappen edder tappen laten bynnen der tijd, offt juwe here gyk dat bevelede: alze den[6] gy geuen benedden xviii d dat stoueken dat gy io van der ame geuen | fd, vnde des gy to xviii d vnde dar en bouen[7] dat stoueken geuen dat gy dar io van der ame uy lot geuen, vnde dar to van albeyden io den twelfften penning, to rekenende alle pagiment vppe nyo brunswikesche penninghe dat gy myt wyne kopen, vnde dat gy de penninghe de dem rade dar aff boren denne bringhen willen in de tollenbode in de tzyzekesten, vnde de penninghe suluen in de tzyzekesten steken willen, wanne

dat wat vt getappet vnde geämet is, vnde offt gy eyn vat wyns gantz[8] vorkofften van dem leghere,[9] dat gy dar van geuen willen io van der ame ij lot, vnde dat gy de penninghe denne[1] ok bringhen willen alze vorghescreuen is, vnde dat gy dyt holden willen ane allerleye list na juwen viff synnen alze gy best kunnen vnde moghen, de wyle gy hir gesinde syn wyn to tappene, vnde de wile yd dem rade behaghet: dat gyk etc.

[10] **Dessen** eyd sweret de tauernere dem rade. 21

Dat gy Cernostes, Embekes, Nortems, Duderstadesch, Gotinghesch vnde Geysmers ber nycht durer vorkopen willen wenne dat stoueken vmme um d, vnde dat gy Halberstadesch, Wernigrodesch, Goslersch, Hildensemsch, Alueldesch vnde alle andere ffromede beer nycht durer vorkopen willen wenne dat stoueken vmme dre d, ane dat gy schencken myt krosen, vnde dat gy, vnde juwe wiff, vnde juwe gesynde malkem syne[11] vullen mate geuen, vnde dat gy, juwe wiff, vnde juwe gesynde dat ber nycht vorvullen wen eyn ffromet ber myt dem anderen: alze dat gy geuen to uiy d dat gy dat dar mede vullen, vnde dat gy geuen to dren d dat gy dat dar mede vullen, vnde dat gy den tollen de dem rade bord van juwem bere oft vnde nye alze dat gesad is willen bringhen io over de uy wekene vppe den sunnauent in de kokene in der Nyenstad: dat gyk etc.

Ok is one gesecht, dat se ore ber schullen vtsellen, de wyle se dat hebbel. Ok is on gesecht, dat se neyn ffromet ber schullen halen laten, wente nemen se dar schaden ouer, de rad en kunne se dar nycht to vordeghedinghen.

Ok hefft on de rad gesecht: konden se dat alzo vogben, dat me on de vat amede, vnde loten sek gewaren alze yd sek geborede, dat seghe de rad

---

1) denne fehlt A'. 2) hir wyn tappen A' von erster Hand auf Rasur. 3) We — penning fehlt in A'. 4) A': xx — — — de knechte dede wyn tappet van orer heren weghen; fehlt in N und S. 5) denne — vnde von erster Hand auf Rasur. 6) des A'. 7) dar enhouen überschrieben. 8) edder half in A' von erster Hand übergeschrieben. 9) In A' ist von erster Hand übergeschrieben: vt dem kelre dat were luttek edder grod. In A folgt ausgestrichen: des gy dat stoueken geuen beneden xviij d dat gy dar van geuen willen io van der ame i lot, vnde des gy dat stoueken geuen bouen xviii d, was in A', gänzlich weggelassen ist. 10) A' xxi, fehlt in N und S. 11) syne rechten A'.

I 2*

gerne. Ok so schullen se de tekene geuen vor den doren alze se hebben vore gedan.

22 [1]Dessen eyd sweret de de brunswikesch ber browet.

[2]Dat gy dem rade van juwem bere vnde etike alze dicke alze gy browen willet yo van dem schilling eynen penning geuen na antale alze gyk[3] dat molt vnde de hoppe gekostet hefft dat gy dar todon[4] willen, vnde dat gy dat suluen[5] bringen willen in de tollenbode er gy dat molt melen laten, vnde dat gy de penninge[6] suluen in de kesten schuuen: dat gik god alzo helpe vnde de hilgen.

23 [7]Dessen eyd sweret de gherdenere de roden buwet.

Dat gy dem rade geuen willen io van deme tzyntenere juwer roden eyn halff lot: dat gyk etc. Ok is one gesecht, dat se den tyns gheuen scullen vppe paschen alle iar, we den vorkofft edder nycht, doch so[8] wel yd de rad one nycht to vare holden, wu se den tyns to sunte Wolborgis daghe geuen.

[9]24 [10]Dessen eyd sweret de koechte de de metten vorheghet in den molen de des rades synd.

De mette de gyk de rad bevelet dat gy dar rechte mette mydde nemen van allem korne dat gyk in de molen kumpt to melende, alze sek dat gebord, vnde dat gy dem rade alle ding truweliken to gude holden, vnde allen luden ore korn in der molen truweliken vorwaren willen, de wyle gy in des rades denste syn, vnde dat gy dyt holden willen na juwen viff synnen so gy best kunnen vnde moghen: dat gyk god alzo helpe et c.

[10]De werkmester des rades sweret dessen eyd. 25 Dat gy dem rade vnde der stad, vnde den meynen borgheren willen wesen alze truwe vnde alze holt alze eyn knecht synem heren wesen schal de ome kledinghe vnde penninghe gifft, vnde offt gy jenneghe samninghe edder vpsate vornemen dede wedder den rad edder de stad sy,[11] dat gy dat dem rade melden willen,[12] vnde alle ding dem rade myt truwe to gude holden: dat gyk god et c.

[13]Dessen eyd sweret de marketmester. 26 Dat gy vorwaren willen dat nement jennegherleye vissche veyle hebbe vppe dem markede edder vppe dem kerchoue de wandelbar syn, wur gy dat vornemen, dat gy de van dem markede wysen, vnde dat me neyne leuendeghe vissche vnvorkofft van dem markede dreghe, vnde wat de hoken vnde de garbradere vorkopen vnde veyle hebben dat yd nycht wandelbar en sy, we hyr broklafftich ane worde dat gy dat dem rade witlik don, vnde dat gy willen inmanen de penninghe de dem rade boren van vischbencken, stidden, tunnen, vnde van den kolhoken, vnde van anderen dinghen, alze gyk dat de rad bevelet, vnde antworden de dem kemerere, vnde dat gy vorwaren[14] dat de geste to dem markede slan myt oren soltenen visschen dre daghe eer se de enwech vören, vnde wur gy vornemen, dat geste hir[15] vnder sek kopslagheden, dat gy dat dem rade melden,[16] vnde dat gy dyt vorwaren na juwen viff synnen alze gy best kunnen vnde moghen: dat gyk god alzo et c.

[17]De eyervoghet swaret dessen eyd. 27

---

1) A[1] xxii; S: — de brunswikesch beir vnde etick browen willet. 2) Die ursprüngliche Fassung in A lautete: Dat gy dem rade van juwem bere alze dicke alze gebrowet [is] van dem schilling eynen penning geuen willen na antale alze gyk dat molt vnde de hoppe gekostet hefft wen dat beer vetich is, vnde dat gy de penninghe bringhen willen in de tollenbode, vnde suluen· in de kesten schunen willen: dat gyk etc. Die im Texte angegebene Fassung ist von zweiter Hand durch eine zweite Correctur hergestellt; nach der ersten stimmte sie mit den Formeln in A[1], N und S überein. In A[1] ist die ganze Formel von den Worten bere vnde etcke an auf Rasur aber noch von erster Hand geschrieben. 3) gyk fehlt A[1]. 4) vorbrowen A[1], N, S. 5) dc penninge de sldus deme rade boreden A[1], N, S. 6) dat gy vnd penninge fehlt A[1], N, S. 7) A[1]: xxiii De gherdenere dede roden planten vnde droghen later —, fehlt in N und S. 8) so en A[1]. 9) Fehlt in A[1], N, S. 10) A[1] xxv, fehlt in N und S. 11) weren A[1]. 12) willen fehlt A[1]. 13) A[1] xxvi, fehlt in N und S. 14) dat gy vorwaren noch von erster Hand übergeschrieben. 15) hir übergeschrieben. 16) vnde wur gy — melden in A[1] ausgestrichen. 17) A[1] xxvii, fehlt in N und S.

Dat gy vorwaren willen, dat nement en kope vppe dem markede de wile dat de banre steket, dat sy ffruwe edder man, vlas, lynengarn, botteren, kese, eyere, bonre, edder göse vppe vorkop, wene gy hir ouer bevynden wat he alzo gekofft hefft dat gy ome dat nemen, vnde hir neymende an vorschonen noch dorch leues willen noch dorch bate, vnde ok dat gy vorwaren dat nement en ga myt vnseneren vnd weghe vppe dem markede, we dat dede dat gy ome ok de vnsener nemen, vnde wat gy aldus nemen dat gy ome[3] des nycht wedder geuen, yd ne sy myt des rades hete, vnde dat gy dat aldus vorwaren willen na juwen viff synnen so gy best kunnen vnde moghen: dat gyk god et c.

Vnde wat de eyervoghet aldus genomen hedde des de rad nycht weddergeue bynnen veer wekenen, des scholde de dridde deyl des eyervoghedes wesen.

28 **Der stad vtridere** sweret dessen eyd.

Dat gy dem rade denen willen alze gy truwelikest moghen, vnde veyden de de rad reydet, vnde des rades beste weruen vnde don,[5] vnde wat gik de rad bevelet dat gy dat neymende openbaren wenne deme vnde alze gik de rad dat bevole:[4] dat gik god alzo helpe etc.[5]

29 **Dessen eyd** sweret de teygheler dem rade.

Dat gy dat teyghelwerk dem rade to gude truweliken vorstan willen, vnde dat gy edder juwe geaynde steyn, holt, brede, vnde alzodanne gerede alze to dem teyghelhoue hord van dem teyghelhoue nycht willen bringhen edder bringhen laten, yd ne sy myt des de dat teyghelhus van

des rades weghene vorsteyt witschop vnde vulbord,[7] na juwen viff synnen so gy best kunnen vnde moghen: dat gyk god etc.

Dyt sweret de dat teygbelhus vorsteyt van des[30] rades weghene.

Dat gy dat teyghelhus deme rade to gude vorstan willen na juwen viff synnen alze gy best kunnen vnde moghen, vnde neynen steyn laten van dem houe bringhen, gy en hebben dar des rades bescreuen bezegelde cedelen erst van vntffanghen, alzeme de dar vp plecht to genende in der tollenbode, vnde de[9] scryuen edder scryuen laten[10] in juwe bok[11] vnde dat gy dem rade dar van rekenen willen na juwen viff synnen alze gy best kunnen vnde moghen: dat gyk god etc.[12]

Dyt sweret de steynbrekermester vp dem Not-[31] berghe.

Dat gy dyt jar[14] dem rade alze truwe vnde holt syn alze eyn knecht synem heren to rechte wesen schal, vnde[15] des rades steyn vnde gud truweliken vppe dem Notberghe vnde Lyntberghe[16] vorwaren, vnde de hope steynes lecghen vnde lecghen laten in aller mate alze dat oldinghes plach to wesende, vnde neynen steyn vorkopen edder van dem[17]berghen vören laten, gy en hebben dar des rades bescreuen bezegelde cedelken erst van vntffanghen alze me de plecht dar vp to genende in der tollenbode, wate steynes vnde wu vele[18] alze de sulue cedele vtwisede, vnde dat gy dem rade neyn knechtelon mer torekenen men alze dem rade bord, vnde des rades knechte truwelken to werke holden, de wyle dat se in des rades werke syn, vnde se neyne halue daghe ar-

1) ome *fehlt A'.*   2) *A'* XXVIII, *fehlt in N und S.*   3) vnde don *fehlt A'.*   4) wenne — bevele *fehlt in A'.*
   In der zweiten Hälfte des Jahrhunderts ist in A an dieser Stelle eingeschaltet: vnde oft gij hirnamalzs van one vnde der stat tegen, vnde jenige sake tom rade vorreimden to hebbende, edder to oren borgeren vnde jnwoneren wynnen mochten, dat gij der van der börger vnde jnwonere wegen bi dem rade bliuen, vnde van des rades wegen bi orem lantfursten to rechtes vthdrage ane alle list: dat gik etc.   5) rades — etc. *von zweiter Hand auf Rasur.*
   6) *A'* XXIX, *fehlt in N und S.*   7) vnde dat gy dyt holden na *A'.*   8) *A'* XXX, *fehlt in N und S.*   9) de wedder *A'.*   10) edder scryuen laten *fehlt A'.*   11) scryuen edder — bok *auf Rasur und am Rande.*   12) na — etc. *ausgestrichen; statt dessen am untern Rande in der zweiten Hälfte des Jahrhunderts:* vnde neyne egene muth dar ane token to juwem fromen ane vulbort des rades: dat gijk got so helpe.   13) *A'* XXXI, *fehlt in N und S.*   14) dyt jar *ausgestrichen und dafür von dritter Hand übergeschrieben:* de wile gy hir to des rades geuinde sin.   15) vnde dyt jar *A'.*   16) vnde Lyntberghe *von erster Hand mit anderer Dinte übergeschrieben.*
   17) *Ursprünglich* Notberghe, *dann wurde die erste Sylbe ausradirt und der Platz offen gelassen.*   18) steynes *A'.*

beyden laten,[1] vnde dat gy des rades karen tru-
welken vorwaren myt botene wen se des bedor-
uen, vnde alle ding dem rade truwelken vppe
den berghen to gude holden na juwen viff syn-
nen so gy best kunnen vnde moghen: dat gyk
god etc.

32 [7]**D**essen eyd sweret de mekelere.

Offt gy ffresscheden dar[3] eyn gast myt dem an-
deren kopslaghede hir,[4] dat gy dat dem rade
melden, vnde dat gy noynerleye gelt noch kum-
panye myt neymende en hebben dar gy hir vor-
deyl ane soken an kopenschop, vnde dat gy vn-
sen borgheren vnde borgherschen alle ding myt
juwer mekeldye truweliken[5] to gude holden na
juwen viff synnen so gy best kunnen vnde mo-
ghen de wyle gy mekeler syn vnde de wyle yd
dem rade behaghet: dat gyk god so helpe etc.
Vnde wu de mekelere de mekeldye holden schul-
len dar is aff gescreuen in dem lesten blade dus-
ses bokes[6] anno m ccccij°.

33 [7]**D**yt swerd de de muntsmeden vorsteyt.

Dat gy dyt iar de muntsmeden truweliken vor-
stan willen[8] dem rade vnde der stad to nud vn-
de to ffromen, vnde dar neyn eghen vordeyl an
soken willen, vnde des nycht fforder geneten bo-
uen juwe lon dat gyk de rad gifft, vnde des ra-
des heymelke ding de gyk dar aff to wettene
werden dat gy de by gyk beholden willen[8] de
wyle gy leuen, vnde dat gy dem rade alle ding
truweliken to gude holden sunder alle list: dat
gyk god etc.

34 [9]**D**e voghede sweret dem rade deesen cyd.

Dat gy willen[8] rechte richten in allen saken de
gyk werden angebracht na gerichte na der Bruns-
wikeschen[10] rechte vnde wonheyt na juwen viff
synnen so gy best wetten vnde moghen, vnde dat
gy neymende heymeliken schatten vnde broke
van jemende esschen olfte nemen ane dat vor

gherichte openbaren gehandelt worde, vnde icht
gyk icht to wettene worde dat wedder den rad
vnde de stad were, vnde dobbelspel bouen der
stad kōre wen gyk dat to wettene worde, dat
gy dat dem rade melden, vnde wur herwede be-
storne dar dem rade de dridde penning all bo-
ren mochte edder dat harnesch, dat gy dar vor
syn dat yd dem rade worde, alze gy fforderst
kunnen: dat gyk god etc. Ok is one gesecht bu-
ten den eyd: weret dat dem rade duchte, dat
de broke vnredelik weren de se esscheden, vnde
offt on de rad wes ansynnende were van des rich-
tes weghene, dat se dat holden schullen na des
rades betende vnde rade.

[11]**D**essen eyd sweret de den marstal vorwaret. 35

Dat gy den marstal vnde des rades gud dar vppe,
alze perde, baueren, vnde hawe, vnde wat dar is
vorwaren willen,[8] vnde dem rade vnde der stad [']
dat truweliken to gude holden, vnde den rad be-
sorghen vnde bewaren myt den knechten alze gy
best kunnen, de wyle yd dem rade behaghet:
dat gyk etc.

Ok is ome secht, dat he mach hebben n swyn
vnde by einem schok honre vppe dem houe, vnde
nycht mer.

[12]**D**e pündere sweret dessen eyd. 36[*]

Offt gy voresscheden dar eyn gast mit dem an-
deren hir kopslaghede, dat gy dat dem rade mel-
den willen, vnde dat gy willen rechte pünden,
vnde dyt holden na juwen viff synnen so gy best
kunnen vnde moghen de wyle gy pünden vnde
de wile dat dem rade behaghet: dat gyk god
etc. Ok is one secht, dat se schullen nycht mer
nemen wen ı d vor dat puntswar to pundene.
Ok schullen se geuen io in dem wichelde dar me
pundere hefft dem rade ı fd des iares alze ı in
der Oldenstad, ı in dem Haghen, vnde ı in der
Nyenstad.

1) vnde se neyne — laten ausgestrichen. 2) A' xxxii, daneben von erster Hand he is ghewandelt; fehlt in N
und S. 3) dat hir A'. 4) hir fehlt A'. 5) truweliken fehlt A'. 6) lesten blade dusses bokes auf Ra-
sur von der Hand, welche den Sücker Codex angelegt hat. Es wird hier auf § 170 des Eehtedinges verwiesen. A':
deghedingboke. 7) A': xxxiii We de muntsmeden vorsteyt van des rades weghen, fehlt in N und S. 8) willen
fehlt A'. 9) A': xxxiiii, fehlt in N und S. 10) stad Brunswich A'. 11) Fehlt in N und S. A': xxxv
De den marstal vorstoyt sweret dyt; im Register: Des marstalwarders. 12) Fehlt in A', N und S.

37 ¹**De** bauerwender² swerd dyt.

Dat gy des rades baueren truweliken vorwaren vp vnde aff to melende, to wendende vnde vmme to stekende vppe dem marstalle offte wur one de rad hefft, de wyle dat gy des rades gesinde dar to syn, na juwen viff synnen alze gy best kunnen vnde moghen: dat gyk god etc.

38 ³**De** dregere dede pundet vnde amst⁴ sweret dessen eyd.

Offt gy voressebeden dat h r eyn gast myt dem anderen gaste kopslaghede, dat gy dat dem rade melden, vnde dat gy malkem rechte amen vnde rechte punden, vnde dem rade truweliken alle ding to gude holden na juwen viff synnen alse gy best kunnen vnde moghen, de wyle gy hirto des rades gesynde syn, vnde de wyle dat dem rade behaghet: dat gyk god alzo helpe etc.

Ok is one gesecht, dat se schullen nycht mer nemen wen i d⁵ vor dat pundewar to pundene. Ok schullen se geuen io hu deme wiebelde dar me pundere beht dem rade i ſd des iures, alze i in der Oldenstad, i in dem Haghen, vnde i in der Nyenstad.

39 ⁶**De** des rades molen vorstad sweret dyt.

Dat gy noch nement van juwer weghene noynerleye korn vntffanghen in de molen to melende, des rades mettentekene dar van an syn erst in der kesten alze sek de dar vp boret, vnde dem rade den slam truweliken to gude holden alze dat eer gewesen beht, vnde dat gy allerhande korne dat gyk in de suluen⁷ molen bracht werd to melende den luden truweliken vorwaren vnde juwe medekumpane vorwaren laten na iuwen viff synnen alze gy best kunnen vnde moghen de wyle yd dem rade behaghet: dat gyk god etc.

⁸**D**yt sweret de Elber moller darto: ⁹Offt gik wat gebracht worde to melende ane mettentekene,

dat gy darvan de rechten metten nemen, vnde de in des rades kesten don eer dat ghemalen worde.

¹⁰**D**e tollenscryuer jn der tollenbode sweret des-40 sen eyd.

Dat gy dem rade vnde der stad vnde den gemeynen borgheren vnde borgerschen to Brunswyk alze truwe vnde holt syn alze eyn dener synen heren to rechte scha. de om kledere vnde lon gifft, vnde wat gyk werd gebracht in de tollenbode van des rades weghene, alze van tollen, tzyse vor allerhande steyn, vnde van mettenpenninghen dat gy dat ouerseen, vnde nemen des alzo vele na der wyse alze gyk dat de rad bevolen hefft, alze dem rade vnde der stad van iowelkem dcyle boren mach¹¹ an brunswykschen penninghen aye edder olt, scheruen edder ferlingen,¹² vnde bestellen dat io alzo, dat de lude de dat bringhen dat al suluen in de kesten schuueu eyn jowelk dar sek dat gebord, ane de mettenpenninghe dat gy de suluen in de kesten schuuet,¹³ vnde dat vorwaren myt den tekenen vnde myt den codelen, dat gy der neyn van gyk don, gy en hebben dar erst van vntffanghen to des rades hand alze sek dar van bord, vnde dat vord holden alze gyk dat de rad bevolen hefft, vnde dat gy de nyen browere vnde de jenne de wyn tappen, se syn heren edder knechte, de dem rade dar to nycht gesworen hebben melden, wen gyk dat to wettene worde, de wyle dat dem rade behaghet, vnde dat gy des rades heymelike ding by gyk beholden de wyle gy leuet, vnde offt gyk icht to wettene worde dat wedder den rad, vnde de stad, vnde borghere vnde borgerschen were, dat gy dat dem rade melden, dat sy an geystliker achte edder an werliker achte, wu dat scheghe, vnde ok wen gy

---

1) A¹ xxxvi, fehlt in N und S.   2) bauerwemler von zweiter Hand übergeschrieben statt des rades baueren vorwaret.   3) A¹ xxxvii, fehlt in N und S.   4) dregere — amet von zweiter Hand übergeschrieben statt pundere.   5) eyren haluen penning A¹; haluen van jungerer Hand übergeschrieben.   6) A¹ xxxviii, im Register De des rades molen vorstan vnde het eyn kostgeuer, fehlt in N und S.   7) suluen übergeschrieben.   8) Dieser Zusatz, in A von zweiter, in A¹ von erster Hand am Rande nachgetragen, wird dort nach den Worten vorwaren laten, hier nach den Worten dar vp boret eingeschaltet.   9) Vnde offt A¹.   10) Erweiterung der 18. Formel, A¹ viii, fehlt in N und S.   11) In A ausgestrichen an brunswikeschem suluere edder.   12) scheruen edder ferlingen am Rande aus der zweiten Hälfte des Jahrhunderts.   13) ane — schuuet in A ausgestrichen.

vt des rades denste quemen, dat gy denne ney-
nerleye wijs wedder den rad, borghere vnde[1]
borgherschen don edder wesen wilen van juwer
eghenen vpsate rades edder dades, geystlik ed-
der werlik, de wyle gy leuen. vnde alle ding dem
rade truweliken to gude holden na juwen viff
synnen so gy best kunnen vnde moghen: dat gyk
god alzo helpe vnde etc.

41 [2]Weme de rad de waghe bevelet swert dyt.

Dat gy de waghe alzo holden vnde van der wichte alzo
nemen alze des de rad vp eyn gekomen is, vnde malkem
rechte don, vnde offt gy voresscheden dat hir eyn
gast myt dem anderen gaste kopslaghede, dat gy
dat dem rade melden, vnde wat dar van werd to we-
ghegelde, dat gy dat al dem kemerere antworden vppe
de tijd alze de rad dat van gyk esschen led, vnde
dyt holden na juwen wiff synnen alze gy best kunnen
vnde moghen, de wyle dat gy hirto gesynde syn,
vnde dat dem rade behaghet: dat gyk god etc.

42 [3]Der burmestere eyd.

LIV. [7] Dat gy dem rade melden vnde scryuen laten wat gy
wetten edder gyk to wettene worde dat schotbar sy, vnde
dem rade vnde der stad truwe vnde hold syn alze gy
one van denstes weghene to rechte plichtech syn, vnde
den rad vnde de stad vor schaden helpen bewaren, vnde
oren fromen weruen wur gy kunnen vnde moghen, dob-
belspel vnde wat gy vornemen, dat juwe denste alze gy
dat gy dat dem rade melden dyt iar, offt gy so langhe
in dessem denste des rades gesynde syn, vnde dat
gy des rades heymelike ding helen wur gy dat wetten
juwe leuedaghe: dat gyk god etc.

43 [4]Des rades boden eyd.

Dat gy dem rade vnde der stad vnde borgheren
vnde borgherschen to Brunswik alze truwe vnde
hold syn alze gy one van denstes weghene to
rechte plichtech syn, vnde wat gyk do rad be-
velet to weruende vnde to donde dat gy dat don

alze gy truwelikest kunnen, vnde offt gy icht
vornemen van sampninghen, vpsaten, edder[5] an-
deren dinghen, dat were bynnen der stad offte
dar en buten, dat wedder den rad vnde de stad
were, dat gy dat dem rade melden alze gy erst
kunnen, de wyle gy des rades bode syn, vnde de
wyle dat dem rade behaghet, vnde dat gy des
rades heymelike ding helen wur gy dat wetten
de wyle dat[6] gy leuen: dat gyk god etc.

[7]Des rades mollenmester sweret dyt.   44

Dat gy dem rade vnde der stad to Brunswich
buwerk, hold vnde yserne werk, vnde allerleye
ding, dat sy olt edder nye alze de rad gyk dat
bevolen hefft, dat to den molen hord de des ra-
des syn dem rade vnde der stad truweliken vor-
waren vnde to gude holden, alze eyn knecht sy-
nem heren de ome lon vnde cledinghe gifft to
rechte plichtech is, na juwen viff synnen alze gy
best kunnen vnde moghen, de wile dat dem rade
behaghet: dat etc.

[8]Dyt sweret yo twe gherdenere in vēr[9] wiebil- 45
den, alze in der Oldenstad, in dem Hagen, in der
Nyenstad vnde in dem Zacke.[10]

Offt gyk to wettende worde, edder dat gy rede
wusten, dat dem rade vnde der stad affgegrauen
worde edder were, edder affgetunet an garden,
an grauen, offte an dem gemeynen,[11] dat gy dat
dem rade melden alze gy erst kunnen: dat gyk
god alzo helpe vnde de hilghen.

[12]De eyd der de landwēre bewaret.   46

Dat gy den berchffrede vnde de landwēre de gik
de rad bevolen hefft dem rade vnde der stad to
Brunswich truweliken to gude verwaren, vnde
den berchffrede neynerleye wijs van gik antwor-
den, sunder dat gy den bewaren[13] alze gy mech-
tighest vnde fforderst kunnen, vnde offt gy yen-

---

1) edder A'. 2) Erweiterte Fassung der 13. Formel. In A' war dieselbe als XI. eingetragen; durch Correctur ist
ihr dort dann die wenig veränderte Fassung gegeben, welche hier als 48. folgt. Sie fehlt in N und S. 3) Erwei-
terung der 8. Formel, A' XVI. 4) A' XVII, fehlt in N und S. 5) edder van A'. 6) dat fehlt A'. 7) A'
XXXIX, fehlt in N und S. 8) A' XXIII, fehlt in S. 9) den XII A'. 10) Von zweiter Hand mit blasser
rother Dinte. 11) edder oft jemant were de dat anders helde myt der roden to plantende, edder hoppen to
leggende wan dat achtedag jancholt N. 12) A' XII: We vppe des rades berchffreden vppe den lantweren wo-
net dede sw. fehlt in N und S. 13) vorwaren A'.

nige sampninge edder vpsate vernemen de wed-
der de stad vnde dat land to Brunswich sy,[1]
dat gy dat dem rade melden, vnde dat gy ney-
mende dor laten de dat land ofte de stad to
Brunswich bescheddigen wille, ofte bescheddiget
hebbe, alzo fforder dat gy dat wetten, vnde dat
gy dyt holden alze gy best krnnen vnde mogen
na iuwen viff synnen, de wyle gy des rades ge-
sinde syn, vnde id dem rade behaget: dat gik
god alzo helpe vnde de hilgen.
47 [2]Der dorwêrdere eyd.

Dat gy neynerleye bêr in vaten vnde in tunnen
in de stad bringen laten dorch dat dor dat gik
de rad bevolen hefft, gy edder de iuwen en heb-
ben dar erst van entffangen alzodane des rades
teken van syneme yowelken bêre alze dar vp bo-
ret, vnde de in des rades kesteken steken, eder
vor de tekene nôgbhafftige pande entffangen, vn-
dat gy achten dat de pande myt tekenen ghe-
lozet werden alze gy erst konden, vnde neyn gelt
vor tekene nemen, vnde dat gy dor vnde slach
truweliken bewaren vnde holden to des rades
hand, vnde dat dor anders neymende antworden
dorch neynerleye lues nod, vnde dat gy alle
dusse dingh dem rade truweliken to gude holden
na iuwen viff synnen alze gy best krnnen vnde
moghen: dat gik god alzo helpe vnde de hilgen.
46 [3]Dessen eyd sweret de yn der wage ys.

Dat gy de wughe alzo holden, vnde van der wichte alzo
nemen alze des de rad vp eyn gekomen is, vnde malkem
rechte don, vnde offt gy ffresscheden dat hir eyn ghast
myt dem anderen gaste kopslagede, dat gy dat dem rade

melden,[4] vnde wat dar van wert to wagheghelde dat gy
dat al in des rades kesten steken alze gik de rad
dat bevolen hefft,[5] vnde dyt holden na iuwen viff syn-
nen alze gy best kennen vnde mogen, de wyle dat gy hir
gesinde to syn, vnde dat dem rade behaget: dat gik god
alzo helpe etc.

[6]Dessen eyd sweret me to dem schote. 49
Alzodanne gud alze gy vnde juwe husfruwe heb-
ben bynnen vnde buten der stad dat gy dat dem
rade vorschoten willen, alze leff alze gy dat heb-
ben, ij sol to voren vnde u d van drittich schillin-
ghen mid[7] nygen brunswikeschen pennighen nu
des ersten mandaghes[8] na suntte Mertens daghe,
vnde offt gy to jennegem gude vormunder syn dar
dem rade schod aff boren moghe,[9] vnde offt gy
anders jemende tyns geuen wen dem rade vnde
vnsen borgheren vnde borgherschen, dat gy dat
dem rade melden vor der schoteltijd: dat gik
god etc.

[10]Ok secht gyk de rad in den eyd:[11] weret dat
gy[12] husen myt gyk[13] inne hedden, dat weren
ffruwen edder man, edder de[14] nu to gik[15] inko-
men wolden, edder de nu kortliken van gyk[15]
getoghet weren, de scholde gy[16] melden, dat me
se to dem schote scryue.[17]

Ok secht gyk de rad buten den eyd:[18] weret dat
gy[19] hedden anwardinghe an gude dar eyn an-
der syne lifftucht ane hedde, de anwardinghe
scholde gy[19] vorschoten alze leff alze gy[19] de
hedden.[20]

Dyt is der vormundere eyd to dem schote.[21] 50

1) weren A'.   2) A' XLV, je wandelt.   3) Veränderte Fassung der 41. Formel, A': XL We dat wachhus vor-
beghet, N: wachmester eyd, fehlt S.   4) vnde offt — melden in A' auzgestrichen.   5) in des rades — hefft
in A' auf Rasur.   6) A' XLI, S: Dussen eyd schullen sweren de jenne de to dem schute sweret, fehlt A und
N.   7) drittich schillinghen mid in beiden Handschriften auf Rasur von jüngerer Hand, und leere Rasur
nach dem Worte pennighen.   8) andern donnersdaghes S, andern übergeschrieben, donnersdaghes auf Rasur.
9) dar — moghe in A' auzgestrichen und von jüngerer Hand wieder hinter borgherschen eingeschaltet.   10) Das
Folgende in S auf einem andern Blatte unter der rothen Ueberschrift: Dyt schal me den luden by den eyd seggen.
11) Ok scholde de rad den luden seeghen by den eyden S.   12) orer welk S.   13) sek S.   14) de noch
S.   15) on S.   16) se S.   17) vnde de scholde de rad to dem schote schriuen laten S.   18) Ok scholde
me den luden seeghen buten den eyd S.   19) he S.   20) S fügt noch hinzu: Ok se scholde de vruwen nicht
sweren vor den man, jd se were echt neyd. Vormunder schot vnde schot van tinsse de dem rade vormeldet wor-
den dat scholde malk bringen to der rechten schoteltijd.   21) Dussen eyd schullen sweren de kindere vormun-
deren S.

Dat gy dat gud dar gy vormunder to syn van
der kyndere weghene N. dat se hebben bynnen
vnde buten der stad dem rade vorschoten willen
alzo gud alze gyk duncket dat yd sy na juwen
viff synnen, ij sol tovoren vnde ij d van der
mark[1] myt nyen brunswikeschen pennighen ed-
der myt olden penninghen na orem werde denne[2]:
dat gyk etc.

----

51 [3]**D**essen eyd sweret de kostgener vnde molen-
mester.

Dat gy noch neymend van iuwer wegene neynerleye
korn ontfangen in de molen dar gy kostghener ynne
syn to malende, des rades mettentoken dar van en syn
erst in der kesten alze zck dar op borst, vnde dem rade
den slam truweliken to gude holden alze dat er ghewesen
helft,[4] vnde dat gy allerhande korn dat gik in de suluen
molen bracht wert tomelende den luden truweliken ver-
waren vnde iuwe medekumpane verwaren laten, vnde dat
gy dem rade vnde der stad to Brunswich buwerk, holt,
vnde ysern werk, vnde allerleye ding, dat sy olt eder nye
alze de rad gik dat bevalen helft, dat to alle den molen
hort de des rades syn dem rade vnde der stad truwe-
liken verwaren vnde to gude holden, alze eyn knecht
synem heren de ene lon vnde kledinge ghifft to rechte
plichtich is, na iuwen viff synnen alze gy best kunnen
vnde moghen, de wyle dat dem rade behaget: dat gyk
god alzo etc.

52 [5]**D**essen eyd sweren de sendwroger.

Wat mek hir bynnen dusser tijd dat ek wrõ-
gher byn to wetende wert dat witlik vnde openbar
is weder ghod vnde weder de kristenheyt,
dat myne wrõghe anrõrende is, dat ek dat vor
dem zende wrõghen wille: dat mek god alzo
helpe etc.

53 [6]**D**essen eyd sweren de tauernere dem rade.

Alzodane bér alze gy vtsellen willen to kope,

·dat gy, vnde[7] iuwe wyff, vnde iuwe gesinde de bers nicht
vervullen willen wenne eyn ffromet bér myt dem anderen:
alze des de rad gesat hefft dat stoneken to vér
penningen dat gy dat dar mede vullen, vnde des de rad
gesat helft dat stoneken to dren penningen dat gy
dat dar mede vullen vnde anders nicht, vnde dat gy aller-
leye tollen olt vnde nye de van iuwen bere boret, id sy
in tunnen, eder in vaten, eder wur ynne dat were
dar de tappe ingesteken worde to sellende van
iuwer weghene, alze dat ghesat is[8] bringen yo ouer
de ver weken vppe den synsavent in de tollenbode[9] in
de Nyenstad: dat gik god alzo helpe etc.

Ok wel de rad van gik hebben, dat gy Ceruestes,
Einbekes, Northems, Duderstadesch, Gotingsch, vnde Geytz-
mers bere nicht durer verkopen vnde vtsellen wenne
dat stoueken vmme vér penninge, vnde Halbirstadesch,
Wernigrodesch, Goslers, Hildroisems, Alueldes, vnde alle
andere ffromede bere nicht duyer verkopen vnde vtsellen
wenne dat stoueken vmme dre penninge ane dat gy seben-
cken myt krõzen.

Ok enscholde gy eyn bér vor dat andere nicht
verkopen edder vtropen laten, sunder eyn yowelk
vor alzodan na der stad dar id gebrowen is.
Ok scholde gy, iuwe wyff, vnde iuwe gesinde malkem syne
rechten vullen mate gheuen, alzo dat gy dar malkem
mede waren mochten. Ok scholde gy iuwe ber vt-
senden vnde verkopen ouer de dele van den vaten
de vppedan weren de wyle gy den bedden.[10] Vnde
weret dat gy an dussen vorsechten stncken wel-
kem brochafftich worden, vnde dat dem rade ver-
meldet worde, alze de rad myt orem gesinde
den se dat bevolen des bedrögen, de scholde dem
rade yo vor den broke ij sol geuen. Dyt schal
stan de wyle id dem rade[11] behaget.

[12]**D**es rades emed.

Dat gy dem rade truweliken verwaren ore perde
myt hoffslaghe vnde berichtinge in dem munde,

----

1) van xxx nyen schillingen nu des ersten dunneradages na zunte Mertens daghe: dat, etc. S, jüngere Hand auf Rasur.
2) myt nyen — denne fehlt S, in A' bis werde auf Rasur aber noch von erster Hand.   3) Aus der 89. und
44. Formel combinirt, A' XLIII; We molenmester is vnde kostgener tohope de sw. etc., in Register: De molen-
mesters vnde kostgeuers tohope, fehlt N und S.   4) is A'.   5) A' XLVI.   6) Jüngere Fassung der
21. Formel, A'; XLIII De t. sw. d. e. nu mer, N: Tauerner eyd olt.   7) vnde fehlt A'.   8) allerleye tollen—
ghesat is in A' auf Rasur und am Rande.   9) tollenbode in A auf Rasur; A': hokene.   10) Es folgt in
A Rasur, worin noch zu lesen bouen eyne tunnen was in A' ausgestrichen ist.   11) Ausgestrichen vnde gik.
12) A' XLVII, fehlt N und S.

vnde myt artzedye wes gy des wetten, wanne dat
van gik geeschet worde, vnde dem rade ore
yserue werk nye vnde old, vnde alzodane touwe
vnde gherede dat de rad gik to dem smedewerke
bevôle truweliken verwaren na iuwen viff synnen
alze gy best kvnnen vnde mogen, de wyle gy des
rades gesinde hirto syn, vnde de wyle id dem
rade behaget: dat gik god alzo helpe etc.

55 ¹Hoppen meter.

Dat gy meten allerleye hoppen myt der mate
alze gik de rad² bevalen hefft dem³ verkôpere
vnde kôpere yowelkem alze gy rechtest kvnnen,
vnde dat gy neyn vordêl nemen bouen iuwe lon
van metendes offte kopes weghene, vnde de lude
rechte des kopes berichten offt gy dar vmme
vraghet worden alze gy dat wusten: dat gyk
god etc.

56 ⁴Wyntapper.

Wanne de wyju affghetoghen sy to Brunswich den
gy hir to dem tappen verkôpende eder vtsellende
werden dat gy dar denne nicht invullen eder neyner-
leye ding dar in don edder indon offte in vullen
laten myt iuwer witscop, sunder yowelken wyn to vullen-
de myt wyne van der land ard dar de wyn hergekomen sy
den gy invullen willen, vnde wanne de wyju to tap-
pende vpgedan is, dat gy dar denne nicht mêr invullen
offte indon eder dat don laten myt iuwer witschop, vnde
offt gy suluen wyju tappeden, dat gy denne malkem syne
rechten vullen mate gheuen, vnde dem rade syne rechten
txyze gheuen van allem wyne den gy tappeden edder tap-
pen leten: alze des gy gheuen benedden xvu d dat stou-
neken dat gy yo van der ame gheuen ¡ sd, vnde des gy
gheuen to xvui du vnde dar en bouen dat stoueken dat
gy yo van der ame iij lot gheuen, vnde dar to van allem
wyne den gy tappeden eder tappen leten yo den
twelfften penning, to rekeuende den wyju na antale

alze de wyju ghulde vppe nye brunswikesche pen-
ninge, yo bynnen dem ersten daghe darna alze
dat vtgetappede wyjuvat gheamet is, alze fforder
dat gy denne te hus weren edder gik dat neyn vnmacht
en beneme, so scholde gy⁴ dat bevolen todonde iu-
wem knechte de dem rade to wyjntappende ge-
sworen hedde, vnde offt gy welk vat wynes dat were
lüttek edder grot dat to dem mynsten eyne
ame helde ghantz verkoften van dem leghere vt dem
kelre, dat gy dar van genen eder dan vorgherorden
ghesworuen knecht offt gy nicht to hus edder
vnmechtieh weren gheuen leten yo van der ame
iij lot, vnde dat gy de penninge offte dat gelt dat dem
rade van iuwem wyne borde na der wyze alze
voregescreuen is bringen willen in de tollenbode, vnde
dem tollenseriuere secgen wu vele dar sy, edder
ome de tellen, vnde gy de denne suluen in de kesten
schuuen, vnde dat gy alle dusse stucke holden na iuwen
viff synnen ane urghelist alze gy best kvnnen vnde mo-
ghen, de wyle id dem rade behaghet: dat gik god etc.⁵

⁶Des mekelers eyd.   57

Offt gik hir to wetende worde tollenbar gud, dat
gy de lude de dat handelden anriehten, dat se
den tollen hir dar⁷ van gheuen, vnde offt des wat
vnvertollet bir were, edder vnvertollet enwech
gebracht worde, dat gy dat dem tolnere edder
dem tollenseriuere melden, vnde neynerleye gelt noch
krumpanye myd neymende en hebben, dar gy hir vordeil an
söken an kopmanschop, vnde dat gy vasen horgeren vnde
horgerschen alle ding myt iuwer mekeldye truweliken to
guide holden na iuwen viff synnen so gy best kvnnen vnde
mogen, de wyle gy hir⁸ mekeler syn, vnde de wyle dat
dem rade behaget: dat gik god alzo helpe vnde de hilgen.⁹

—

¹⁰Tolner eyd nige.   58

Dat gy de lude de tollenbar sin anriehten oren

tollen to gheuende jn de tollenbode van aller-
hande gude dar gy by quemen edder gik to wet-
tende worde dat tollen plichtich were, vnde dat
gy dar acht vp hebben, offt marketgud hir byn-
nen der stad verkofft edder handelt worde dat
tollenplichtoch were, dat gy den tollen dar van
manen vnde vpnemen, vnde tollenbreue dar vp
gheuen, also vorder dat de lude dat dem tollen-
schriuere edder iuwem medekumpane nicht vor-
tollent hedden offte vortolleden, vnde vppe kop-
mansgud neyne tollenbreue gheuen, vnde mit
dem tollen to vorwarende dat holden alse gik
dat de rayd vnde de tollenheren bevolen, vnde
wat gy van tollenghelde vpnemen dat gy dat al
deme tollenschriuere vpantworden jn de tollen-
bode des ersten edder des andern daghes alse
gik dat geworden were, vnde vorneme gy wene
de den tollen vntferde, dat gy dat dem rade mel-
den vnde des dem rade vormanen, wenne me de
hebben konde, vnde dem rade vnde den tollen-
heren alle dingh van des tollen weghen truwe-
liken to gude holden na juwen viff synnen also
gy best kunnen vnde moghen, de wile gy hir toller-
ner sind vnde dat dem rade behaget: dat gik

59 [1]Der voghede eyd van der slote weghen.

Dat gy dem rade de borch N. truweliken vor-
waren, vnde de nemande anders antwerden vmme
neynerleyge liues not, sunder dem rade de wedder
jn antworden so alse se[2] gik de hebben beuolen,
wen de rad dat van gik esschet, vnde dem rade
den acker truweliken vruchtigen, vnde ore quers
vlitigen vorwaren laten, vnde de tobehoringhe der
borch truweliken verwaren, vnde dar van nicht
vorlaten ane vulbord des rades, vnde one alle
dingh tom besten holden so gy vorderst mogen,
de wile id dem rade behaget: dat gik god so
helpe vnde alle sine hilligen.

[5]**D**es marschalkes eyd.

Das gy dem rade vnde der stad to Brunswic alzo
truwe vnde holt syn alze gy van denstes weghene
one to rechte plichtech syn, vnde dat gy deme ra-
de truweliken vorwaren vnde vorwaren helpen ore
perde myt voderende vnde vor den krübben, vnde
to vnwysen se nicht to hawende edder to slande
wen se in juwe hode gyk bynnen der stad offte
dar enbuten bevalen werden, vnde wur se ghe-
stallet worden edder to stande quemen wen se
in juwer hode weren dat se sek vnder andern
edder myt ffromeden perden nicht slôghen edder
betten alze gy dat best vorwaren konden, ok dat
gy deme rade truweliken vorwaren helpen vnde
vorwaren dat voder, vnde den haueren, vnde des
marstalles gherede, vnde harnesch dat gyk be-
volen worde, dat de nycht to vnwysen dem rade
vntffernet, vntdraghen, edder vorspildet werden,
vnde lecht vnde vür vorwaren, dat dem rade neyn
vorsümech schade dar van en sehe vppe dem mar-
stalle, al na juwen viff synnen alze gy best kun-
nen vnde môghen, de wyle gy in dessem denste
weren: dat gyk god etc.

[3]**D**es bussenschutten eyd.

Dat gy dem rade vnde borgheren to Brunswic
alzo truwe vnde holt syn alze gy one van den-
stes weghene to rechte plichtech syn, vnde bus-
sen, puluer, steyne, lôde vnde andere radschop
de to dem bussenschote gyk bevolen worden tru-
weliken vorwaren vnde to vorwarende bestellen
alzo langhe dat yd dem rade wedder in ore egheue
hode ghebracht worde, ane dat dat darvan in der
stad behoff bederuet worde, vnde juwe ammecht
myt bussenschetende, vürschote, vürwes gy dar-
to kunden don alze gyk van des rades weghene
dat bevolen worde, de wyle gy hirto des rades
gesynde syn na juwen viff synnen, alze gy best
kunnen vnde moghen: dat gyk god etc.

---

1) *Fehlt A', N, S.* 2) *se übergeschrieben.* 3) *Fehlt A, N, S.*

LXI. STADTRECHT.

Zunächst auf die Eide folgt im ältern Altstädter Codex das Stadtrecht. Es ist in 34 Artikel geordnet, welche von derselben Hand wie die ersten 15 Eide geschrieben und jeder mit einer grossen rothen Ueberschrift und eben solchen Anfangsbuchstaben versehen sind. Auch die einzelnen Paragraphen haben mit Ausnahmen, zu denen regelmässig die ersten Paragraphen der Artikel gehören, rothe Titel in gewöhnlicher Schrift, deren meiste, zuweilen nur durch die Anfangsworte angedeutet, je einen leeren Raum auf der letzten Zeile des vorhergehenden Paragraphen füllen. Zu diesen 34 Artikeln sind mehre spätere Verfügungen nachgetragen. Zuerst wie es scheint 1413 eine neue Redaction des ursprünglich als 15. Artikels eingereihten Statuts vom Herwede. Dieselbe ist nachstehend in den §§ 268—278 wiedergegeben. Hiervon stimmen 268—271 mit den §§ 127—130, 273 mit 134, 277 mit 132 überein; § 278 ist ebenfalls eine genaue, 272 eine etwas verkürzte Wiederholung des § 133; dagegen sind die §§ 275 und 276 neu, und § 274 eine vielfach veränderte Fassung des § 131. Dieser Nachtrag und ein zweiter, die §§ 279 und 280, sind von derjenigen Hand, welche die 46. und folgenden Eidesformeln geschrieben hat. Von der Hand des Säcker und Neustädter Codex sodann, aber anscheinend aus verschiedenen Zeiten rühren die §§ 287—292 her, der erste aus dem Jahre 1424; von einer vierten Hand die §§ 285 und 293. Letzterer ist auch im Neustädter Codex und zwar augenscheinlich sogleich bei Anlegung desselben eingetragen und demnach keinesfalls jüngern Ursprungs als dieser. Nur § 286 scheint erst nach 1445 hinzugekommen zu sein.

In dem jüngern Altstädter Codex folgt das Stadtrecht auf die Eide und das Echteding. Es ist hier von derselben Hand wie in dem ältern aufgezeichnet, aber sumptuöser ausgestattet: die Haupttitel sowohl im Register als auch im Texte sind abwechselnd blau und roth, die rothen mit blauen, die blauen mit rothen Zahlen versehen; im Texte haben sie und desgleichen der erste Paragraph jedes Artikels abwechselnd blaue und rothe resp. roth und blau verzierte Anfangsbuchstaben. Diese Aufzeichnung umfasst nur 32 Artikel. Es sind nämlich der 15. 32. und 33. der ältern, obschon letztere beiden in den voranstehenden Register als 33. und 34. mit aufgeführt werden, weggelassen, der 15. jedoch durch den 32. Van dem herwede vnde struwengerede ersetzt, welcher aus der in A nachgetragenen jüngern Redaction des Statuts vom Herwede mit Ausschluss des § 278 und aus § 267 besteht. Hierauf folgen noch die §§ 279 und 280, und endlich zwei in A nicht verzeichnete, welche nachstehend als 281 und 282 abgedruckt sind, alle von erster Hand, die letzten beiden aber später als das Uebrige wahrscheinlich 1418 geschrieben.

In den Säcker Codex ist das Stadtrecht gleichfalls nach dem Echteding und den Eiden und durchgehends wie schon angeführt von derjenigen Hand eingetragen, welche in A als dritte geschrieben hat. Sonst gleicht diese Aufzeichnung äusserlich vollkommen der in A. Das voranstehende Register führt auch dieselben 34 Haupttitel auf; es sind indessen nur 33 eingetragen, indem zwei, die Van brutlachten und Van weddene vnde dobbelspele fehlen, und als 33. Van vruwenrede das nachstehend in § 267 gegebene Statut gezählt wird. Der 15. Artikel Van herwede enthält die mehrerwähnte jüngere Redaction dieses Statuts ausser § 272. Gleichzeitig mit diesen 33 Artikeln und ebenfalls unter rothen Ueberschriften aber ungezählt sind hier dann auch die §§ 278—284 eingetragen, deren letzte beiden sich in keinem andern Codex finden.

In dem Neustädter Codex endlich ist das Stadtrecht an erster Stelle von derselben Hand wie in dem Säcker Codex und mit Beobachtung derselben Aeusserlichkeiten aufgezeichnet, nur dass die Zahlen der Artikel später mit schwarzer Dinte hinzugefügt sind, und in den letzten fünf die Titel, für welche indessen Raum gelassen, fehlen. Ein Register war wie es scheint vorhanden ist aber ausgerissen. Wie die ältere Altstädter Aufzeichnung enthält auch diese 34 bis auf den 15. und 34. übereinstimmende Artikel: der 15. enthält die §§ 268—278, der 34. schliesst schon mit 264, worauf noch 267, 279—282 und 293 folgen.

Etwa ein Drittel dieser Sammlung besteht aus bekannten älteren Statuten. Das Stadtrecht, welches 1227 von Otto dem Kinde, 1265 von den Brüdern Albrecht und Johann bestätigt war (II. VI), ist bis auf die §§ 4, 5, 6, 19, 20, 22, 37, 38, 39, 45, 54, 66, einverleibt. Von diesen waren 4, 20, 22, 39, 54, 66 schon zur Zeit der dritten Redaction des Stadtrechts im Rechtsbuche der Neustadt (XVI) in Abgang gerathen; von den dreizehn Zusätzen dieser Redaction sind nur acht, die §§ 20, 38, 39, 40 41, 42, 45, 68 in 149, 175, 122, 6, 89, 8, 201 aufgenommen. Ausserdem finden sich Bestimmungen der Sühne von 1299 (XV) in 11 und 12, das Statut vom Herwede (XVII) in Artikel 15, Bestimmungen der Dobbelordnung (XXVII) in 255 und 259, der Schiedsgerichtsordnung (XXVIII) in 236, des Statuts vom Brautgelage (XXXVIII) in 239—244, 248, 251; Gesetze endlich aus den unter XXXIX und LIII abgedruckten Sammlungen in 24, 55, 57, 58, 64, 72, 81, 111, 145, 163, 164, 208, 211, 214, 249, 254, 266, 288.

Den Söcker Codex hat Bode in Hagemann und Spangenbergs prakt. Erörterungen IX, 542 abdrucken lassen. Dem nachstehenden Abdrucke liegt wiederum der ältere Altstädter Codex zu Grunde. Die in den Noten gegebenen Varianten der drei jüngeren Codices sind nur geringfügig, doch werden sie dienen die vorherrschende Uebereinstimmung zwischen A und N auf der einen, A' und S auf der andern Seite zu constatiren. Die je zwei A', N, S gemeinsam und S allein eigenthümlichen Paragraphen sind zum Texte gezogen, welcher somit den Bestand des Stadtrechts bis in den Anfang der dreissiger Jahre des 15. Jahrhunderts darstellt. Hn.

Dyt is dat register des stadrechtes.[1]

1) Stadtrecht A.   2) vnde eynighe S; in A' der vollständige Titel.   3) vnde vor A'.   4) ichteswelken hr. A'.
5) luden A'.   6) V. a. alles gudes A'.   7) V. w. vorkofftes gudes A'.   8) d. des erues A'.   9) to n. vnde to
beholdene A'.   10) den fehlt A'.   11) vnde fehlt A'.   12) toueren S.   13) lodderen A', S.   14) vnde van
A'.   15) m. des rades A'.   16) den fehlt A'.   17) Van dobelspele vnde van weddene A'.

] [1]'Van dem richtere, van eninge vnde wur malk to richte[2] sculle stan.

1 **W**elk voghet eynen richter set in syne stad, wat vor
[XVI.] [3] deme gelent werd dat schal gelike stede wesen alze yd
de voghet sulnen stedeghede.

2   We neynes rechtes pleghen wel.

[XVI.] [11] **W**elk borgher vor dem voghede vnde vor der stad ney-
nes rechtes pleghen wel de en schal neyn recht hebben
an der stad.

3   Wat der borghere recht is.[8]

[XVI.] 59 **A**lzodanne recht alze de[9] borghere van Brunswik had-
den by vnses olden heren tyden an lande vnde an watere
dat sulue recht hebbe we nu van vnser heren gnaden.

4   Wu dicke me dinghes plichtich sy.[5]

[XVI.] 58 **I**d en is neyn borger dinghes plichtich wen dryes an[6]
dem iare.

5   Van eninghe.[7]

Wes de rad myt den wysesten vnde myt den
mesteren ouer eyn werdet, wan se dat kundeghet
myt den klocken, we dar wedderspriki de mot
dar vmme leuen an des rades mynne.

6   Van to rechte[8] stande.[9]

[XVI.] 40. 41 **W**elk borgher brikt an man oftte an denstman vnses
heren, de schal to rechte stan vor vnses heren voghede.
Id sy man oftte denstman dede brikt an vnsem borghere,
dar schal vnses heren voghet richter ouer wesen gelike
alze ouer eynen vnsen borgher.

7   We rechtes pleghen wel.[10]

Welk borgher wel rechtes pleghen vor dem vo-
ghede vnde vor der stad, dene wille we vor eynen
vnvorvesteden man helden, vnde we doruet dorch
recht neyn pand vor one doghen.

    Van richtene.[11]   8

Vmme welkerhande sake de voghet nycht richten wel, [XVI.] 45
so schal de rad van den dren steden to samene komen,
vnde we des rades word sprikt de schal sitten to richte,
vnde dat schal stede syn alze yd de voghet richtede. Wat
dar vorboret werd dat schal vnseme heren gelike alze de
voghet dar sete.

    Van eninghe des rades.[12]   9

Wes de merer deyl an dem rade ouer eyn drecht,
des schal de mynre deyl volghen ane wedder-
sprake.

    Wur der stad richte wend.[13]   10

Der stad recht wend alzo verne alze ore veweyde
went vnde de[14] lantwere.

Desse naghescreuenen senen[15] sake holdet inne 11
der heren[16] breue dar me one[17] vp huldeghet
van dem rechte vnde van richtene.[18]

We schullen one by bestan vnde se vordeghedinghen to [XV.] 2
alle oren noden alze we one plichtech syn.

Ore recht to beterende vnde nycht to ergherende.

Se schullet ok alzodanne recht hebben alze se hadden
by vnses olden vaders tyden, vnde dat beteren vnde nycht
ergheren.

Ore recht moghen se wol beteren wur dat se kunnen [XV.] 5
ane vnsen schaden.

Wur nement claghet dar en darff nement richten.[19]

Schut aner eyn broke de witlik is twen radmannen in [XV.] 8
dem richte dar yd schud, des en mach he nicht vnt-
gan.

II   Van vorbedene vnde van[20] claghe.

12 **W**eme claghe nod is de schal claghen vor dem richte
[XV.] 10 dar inne syt oner[21] dene me claghen wel.

    Wu eyn beholt de ersten claghe.[22]   13

Welk man den anderen anverdeghet in der strate myt [XVI.] 8

---

1) Vau dem richtere, van eninge vnde rechte S.   2) rechte A'.   3) So A' und S; in A und N ist durch ein
Versehen des Schreibers der Anfang der Ueberschrift des § 4 hieher gesetst: Wy dicke me dinghes.   4) we A'.
5) W. d oyn borgher d. p. is A'; Vmme dingplichtech S.   6) in S.   7) Dyt is van eninghe des rades A'.
8) to st. A'.   9) standen S.   10) Van deme de r. pl. w. A' S.   11) Wan de voget nicht richten wel A'; Van
dem vogede S.   12) Vau volghen der eninghe A'; Van volgende S.   13) Wu verne d. st. recht w. A'.   14) ore
A'.   15) senen fehlt in A' und S. Als siebenter Punkt scheint § 12 gerechnet zu sein.   16) huldehrue S.
17) den heren S.   18) Rechte Schrift.   19) Ueber diesen Puncte in S der Titel: Dat me sunder clage nicht richte.
20) van fehlt in S.   21) de ouer A'.   22) Van beholdene de ersten claghe A'; Van der ersten claghe S.

gewalt, vnde sek jenne irwert, myt den screymannen mach
he beholden de orsten claghe, offt syne vyende so stark
synt dat he nycht vore komen en darn.

14   Van claghe ouer denstman.

XVI. 13 **W**elk denstman eynen borghere schuldich is, he schal
one vorclaghen vor dem marschalke myt wettene: en rich-
tet ome de marschalk nycht, he mot synen waghen wol
vpholden vor syn galt.

15   Van claghe ouer borgher.[1]

XVI. 16 **W**elk denstman schuldeghet eynen borgher, he 'schal
komen vor den voghet vnde schal dar der stad recht nemen.

16   Van vorbedene.[2]

II. 31 **W**elk man dem anderen schuldich is, he schal one twe
warue vorbeden, vnde to dem dridden male myt wettene:
en[3] kumpt he nycht vore, he[4] schal one vpholden myt
gherichte vnde schal one vore bringhen oft he ane were
is. Hefft he auer de were, me schal dat crötze dar vp
steken, wente he vore kome vnde rechtes pleghe, vnde
offt he danne vnder deme crutze sittet verteyn nacht, dat
he nycht en gilt, de andere hefft syne schult mede ir-
woruen.

17   Van claghe vnde van besate.[5]

Vmme alle sake schalme eynen jowelken man
vorclaghen vor synem richtere. Besad auer eyn
man dem anderen syn gud de zeker is vnde vn-
vorffluchtech de neynes rechtes weygherd hefft
noch en wel, de weddet dem voghede sestich
schillinghe vnde dem zakewolden drittech schil-
linghe[6] vnde dre scherff. Hefft yd ome ok de
rad vorboden, he mot darvmme an oren mynnen

leuen. Is eyn man auer vorffluchtech, so mach
me wol one vnde syn gud besetten.

18   Van claghe der gilden.[7]

Ein gylde mach den anderen vmme schult edder
vmme[8] broke wol vorclaghen vor synem mestere
offt he wel. Ne mach ome dar neyn recht ge-
scheyn, edder wyset one de mestere an den vog-
het, so mach he synen gylden wol vor dem vo-
ghede vorclaghen.

19   Van claghe ouer radman.

Deyt eyn man eynen broke dar he dem rade gelt
vmme gifft, vnde gifft de brochaffteghe man vor
dem voghede schult dar vmme eynem radmanne
wan he kumpt vt dem rade, de brochaffteghe man
weddet[9] dat hogheste wedde.

20   Van vpschetene der claghe.[10]

Wan eyn man syne nod claghet dem rade to
rechter tijd vnde rechtes biddet, vnde myt des
rades willen stan let, so mach yd ome nycht scha-
den to synem rechte.

21   Van swigende der claghe.[11]

We syne claghe vorswighet ouer de dwernacht
de mach nycht claghen sunder vmme eyne tijd.

22   Van claghe ouer nothucht.[12]

Werd eyn ffruwename genodeghet, dat schal se
bescryen in der dad, vnde darna tohand kunde-
ghen wen se van ome komen mach.[13]

23   Claghe vmme kost.[14]

Vmme gare kost schalme claghen alze vmme
andere schult vnde anders nycht.

[II] Van antwerdene vor dem rade vnde vor gerichte.

24 **W**e wert vorboden, de schal suluen antwerden dar
LII. 27 de clegher suluen jeghenwordich is, vnde nycht
vore noch na.

25   Van antworde.[15]

Vmme schult mach eyn man suluen bekennen
edder vorsaken vor gerichte ane broke.

---

1) Wen denstman claghet ouer borgher *A'*; Van clage denstmannes *S.*   2) Wu me vorbodan vnde verwynnen schal
A'; Vmme vorbedent *S.*   3) en *fehlt A'.*   4) Statt des Folgenden bis zu Ende hat *A'*: to der dridden klaghe,
offt yd ome neyn echt nod en benympt, de schal der schu(l)d vorwunnen syn. Kumpt he vore vnde bekand, so
schalme ome syne daghe holden.   5) Wu me eynen borgher nycht besetten mach *A'*; Wu me nicht besetten
schal *S.*   6) vnde dem zakewolden drittech schillinghe *fehlt N.*   7) Wu eyn gilde ouer den anderen claghen
mach *A'.*   8) vmme *fehlt A'.*   9) de weddet *A'.*   10) Van vorienghinghe der claghe *A'*; Van vorlenginge *S.*
11) Van swigende *N und S.*   12) Van notucht *S*, fehlt in *A und N.*   13) is *A'.*   14) Van claghe der kost
A'.   15) Fehlt in *A, N, S.*

26 Van der olvringen.[1]

Eyn borgher mach setten syne olewringben bynnen syne ver wende: deyt he aver synen neyburen schaden, he mod one antwerden an gerichte.

27 Van bekantnisse vor twen radmannen.[2]

Wes eyn man vor twen radmannen bekant des en mach he nycht vorsaken.

Van dem heyten ysern. 28

Welk man dat heyte ysernedraghen schal de helftusts wekene XVI. 61 dach, yd en sy dat he yd[e] suluen willekore eer to draghende.

Van biddene eyns[4] dinghes.[3] 29

Welk man geladet werd by dem halse, biddet he eynes XVI. 10 dinghes eer dan he vorspreken biddet, so werd eme dat neyste ding, biddet he eynes echten dingbes, dat synd ses wekene, dat werd eme.

IIII Van tughen.

30 **W**alk man sek synes tughes beropt vrame gelt, vnde XVI. 3 es[e] ome borst werd, he ne darff dem richte nycht wedden wanne ver sol.

31 Van dem voghede.[7]

VI. 63 **N**eyn voghet ne mach neynen man vortöghen, he ne mach es had votgan, he en moghe one vorwynnen myt dem merera dayle des dinghes.

32 Van tuchnisse des rades.[6]

Wes eyn man bekant vor twen radmannen, des en mach he nycht vorsaken, he en hebbe dat myt erer witlicheyt vulbracht. Sterift der radmanne eyn, do leuendeghc tughet like offt se beyde leueden.

Van tughen vor gerichte.[8] 33

We sek tughes beropt vor gerichte, he sy borgher edder gast, de schal sulff dridde sweren.

Wu de rad tughen schal.[10] 34

Wat de rad tughet dat schult se don by den eden de se sworen hebben.

Van scheldinghe des rades tüch.[11] 35

We beschilt dat de rad tughet vor gerichte, de weddet dem voghede dre pund[e]vnde mot biyuen in des rades mynnen.

Van tughinghe der zone.[12] 36

Myt den zönmannen machme ouergan eynen man der zöne.

V Van eyden.

37 **W**ur so lude to sammene syn, vnde wert eyn man geXVI. 6 wundet myt eyner wunde, vnde wel he darto mer lude bespreken dan den zakewolden, so möghen es bad vntgan myt eres eynes hand, dan yd ienne vppe se bringhen moghe.

38 Van eyden.[13]

14. 14 **W**elk man dem anderen schuldich is, vnde bekant he es ome an dem suchtbedde vor guden luden, he mach bad beholden myt sek dridden syne schult wen de eruen entseghen, se ne moghen ore vorguldene schuk vortiguen.

39 Van vntgande der düne.[14]

VI. 26 **W**elk man myt düne besproken werd, vnde vorsonet

vnde weldergifft, de eyn besprake man is de mot to dem ersten male wol vntgan myt synes eynes hand, darna myt sek seueden, vnde to dem driddem male myt dem ordele.

Van weddeschatte.[15] 40

Welkerhande weddeschat eyn man an synen weren hefft, 17. 31 dene mod he had an synen weren beholden wen en ome jement entveren moghe, he en spreke duue offte roff an.

Van dem meynen asnen. 41

Welk man synen meynen asnen vorderet vor dem voVI. 45 ghede, he schal yd bewysen witliken wur he one vordenet hebbe, so mach he one had myt synes eynes hand beholden, wen on jenne myt synes eynes hand entseeghen

1) Van der A', fehlt A und N. 2) Van kautnisse S, fehlt A und N. 3) dat A'. 4) des A'. 5) Van dem dinge S. 6) es fehlt N. 7) Van vorthughe des voghedes A'; Tuchnisse des vogedes S. 8) Van bekantnisse vor twen radmannen A', S. 9) Myt wu vele tughen dat me tughen mach A'; Wu vele to tughe boret S. 10) W. d. r. tughet S, fehlt A und N. 11) Van bescheldinge tuchnisse des rades S. 12) Wu me zone tughen mach A'; Van der zone tughe S. 13) Van bekantnisse an A'; An dem suohtbedde S. 14) Wu me duue entgeyt A', S. 15) Van beholde weddeschatties A', S.

14

moghe. He mach ys nycht mer beholden wen viff
schillinghe, yd en sy datme om mer bekonne.

42   Van notucht.

XVI. 84 Neyn frruwe ne[1] mach notucht vppe iemende sweren, se
ne moghs den vulkomen myt den sereymannen.

43   Van bekantnisse vor twen radmannen.[2]

XVI. 12 Wat men vor twen radmannen louet vmme schult, das
en machme myt neynen eden breken.

44   Van vnrechtem eyde.

Welk man louet eynen eyd vor gherichte, vnde
bekant vor gerichte dat de eyd vnrecht is, de
schal wedden dat boghuste wedde.

45   Van tynse to beholdene.

Eyn man mach synen tyns vppe neynen man
beholden, he ne sitte vppe eynem gude, he ne
mach des ok nycht mer beholden wen to eynem
iare.

46   Van vulst.

Werd eyn man benomet to eynem vnrechten
vulste an eyne vestinghe, de tud sek vt myt sy-
nes eynes hand ane broke.

VI   Van broken.[9]

52 Welk man dem anderen schuldich is vnde ome des
XVI. 2 vorsaket, entgeyt he es ome myt tôghe, edder myt synem
eyde, he ne hefft wedder dat gerichte nycht vorloren wen
dat gelt alleee.

53   Van myshandelinghe.

VI. 10 Welk man dem anderen sleyt eynen orslach, edder ey-
nen dunslach, he weddet dem voghede mj sol, vnde dem
sakewolden xu sol, offt he eyn gud man is.

54   Van misdat.[10]

VI. 11 Eyn man mach synen hals wol vorwerken vnde syner
eruen anewarde nycht.

55   Van smyde.[11]

XXXIX. 14 Golt, suluer, parlen schal nement draghen by viff marken;
de der marke nycht en hedde de schal der stad
eyn iar vmberen, sunder kyndere heneddan achte iaren.

Van eruetinse.[3]   47

Wat eruetinses vorseten werd, den beholt men
bat in deme erue, wen es jement entgan moghe.

Van panden to beholdene.[4]   48

Welk pape by synem leuendeghen lyue, he sy
sok edder sund, antwerdet van syner were ve
edder ander[5] gud eyneme vnser borghore vor
syne schult in de stad, dat mach he had behol-
den wen yd ome moghe jement affwynnen.

Van verwynnende myt dingluden.[6]   49

Myt dem merern deyle des dinghes mach eyn
man den anderen ouerwynnen, dat motten se
sweren.

Van schedinghe to tughende.[7]   50

Wur lude gescheden werdet an eruegude, dat
moghen tughen ffrome lude de dar ouer syn myt
orem eyde, so schal yd stede syn.

Van der[8] were to tende.   51

Thut eyn man eyn swerd edder eyn messet, swe-
ret he, dat he dat gedan hebbe dorch syne rechte
nod, he ne darff neyne bote gheuen.

Wat dat wedde is.   56

Dat boghuste wedde[12] dat me weddet dem vo-
ghede dat syn lx sol, dat mynre syn mj schil-
linghe.

Van der were to tende.[13]   57

We thut eyn swerd edder eyn messet, de syn des vo- LIII. 27
ghedes. Vor dat messet giftme dem rade viff schillinghe,[14]
vor dat swert teyne.[15] Dar ne hefft de voghet nycht
mer an, noch vord vp to clughene.

Van anverdinghe.[16]   58

We den anderen anverdoghet myt vorrade, de schal LIII. 32
gheuen viff pund.[17]

Van mes lieghende vp der straten.[16]   59

We synen mes lieghen let vppe der strate mer
wen dre daghe, de schal v sol gheuen.

---

1) ne fehlt A'.   2) Van tuchnisse S. fehlt A und N.   3) V. e. to beholdene A'.   4) Van panden der papen t.
b. A'; Van papen S.   5) ander fehlt S.   6) Van ouerwinnende A', S.   7) Van ingende S, fehlt A, N.
8) der fehlt A', S.   9) Van ichtaswelken br. A', S.   10) Wu eyn synen eruen nycht vorwerken mach A';
Wat eyn vorwereken mach S.   11) Van perlen S. Dieser Paragraph fehlt A'.   12) wedde is S.   13) Van
swerdtoghe A'; Van mestbroken S.   14) dre sol A'.   15) ses sol A'.   16) Van anverdinghe myt vorsate
A', Van vorsate S.   17) geuen dem rade teyn pund A'.   18) vp der straten fehlt S.

60   Van swynemesse.

We de strate vnreynet myt swynemesse, de schal viff sol gbeuen.

61   Van wyne to vorkopende.

We wyn vpstikt sunder orleff des meynen[1] rades, edder, kumpanie daran heift myt eyneme gaste, vnde vpstikt ane orleff, de schal eyn pund gheuen.

62   Van wyne to vorkopende.[2]

Weme de rad wyn sad, vnde dar enbouen deyt, de schal eyn pund gheuen.

63   Van den zeken.[3]

We sunder orleff eynen zeken bringt vppe den nyen spettal[4] by de langhen brücghe, de schal teyn schillinghe geuen.

64   Van kope myt der geste penninghen.[5]

LIII. 53 **W**elk vuser borgher kofft korn vppe dem markede myt eynes gastes penningben, de schal v pund[6] gheuen. Kofft eyn gast korn vppe dem markede, de gifft ok viff pund.[7]

65   Wu dem voghede neyn broke bord.[8]

Wur dem voghede neyn claghe schud, dar aff werd[9] ome neyn bote.

66   Van vorsuminghe der bote.[10]

Welk wedde de voghet vorsümet, des mach[11] he sek nycht irhalen.

67   Van sprekende an de ere.

Welk man sprikt dem anderen an syne ere, des

---

he nycht vullenkomen mach, de weddet dat hogheste wedde.

       Van dotslaghenen etc.[12]   68

Wert eyn man dod geslaghen vppe eynem richte dar he nycht wonhafftich is, edder wundet, dat ome draghens nod is, syne ffrund moghen oue bringhen an syne herbergbe sunder broke, offt yd geschut bynnen der stad offte bynnen[13] der stad veweyde: dat schadet neymende an synem rechte, offtme den voghet nycht hebben mach.

       Van husen to makende.[14]   69

We van twen ernen edder mer eyn maket in der Oldenstad, de schal gheuen x mark.

       Van molt makende.[15]   70

Neyn gast schal molt maken in der stad: is dat he dat deyt, de ienne des dat hus is de schal vor dat multede cyn pund gheuen.

       Van moltmakende.[16]   71

Welk borgher maket eynem gaste molt to kope, de gyfft eyn pund.

       Van reyse rydene.[17]   72

We ryd des anderen reyse ane des rades orleff, de LIII. 1 schal gheuen x mark.

       Van ffruwendöken.[18]   73

Neyn ffruwe edder iuncffruwe schullen draghen doyke de[19] myt golde edder myt groner, roder, blawen syden gestripet syn. Welker yd dede, alze dicke alze se yd dede scholde se gheuen i mark.

VII   Van besate vnde[20] vpholdinghe.

74 **W**elk man dem anderen schuldich is, vnde begeyt he 21, 15 one bynnen dem wicbelde, he met one wol vpholden myt synen borgheren, offt he des richters nycht hebben en mach to der tijd, wente he ome gelde, offte rechtes plegbe: dar ne darff he nycht vrume wedden dem voghede.

       Van entsettene.[21]   75

We besad werd myt gerichte, dene mach de voghet XVI. 4 nycht ledich laten sunder des sakewolden willen.

       Van besate denstmans.[22]   76

Welk borgher besad eynen denstman, de wed-

---

1) meynen fehlt N.   2) Van wine S, fehlt A'.   3) Van dem hospitale A', S.   4) hospital S.   5) Van korne-kope vnnne d. g. p. A'; Van korne kope S.   6) v sol A'.   7) ok viff pund fehlt A'.   8) bote werd A', Van bote dem voghede S.   9) en werd A'.   10) Van versmmenisse des weddes A'.   11) des mach doppelt, ein Mal ausgestrichen.   12) Van dotslaghen edder wundeden laden A'; Dotslaghe S.   13) bynnen fehlt S.   14) Dyt is van etc. A'; Van delinge des huses S.   15) Van molte S.   16) Van gesten molt to makende A'; Van molte S.   17) We dem anderen reyse rijd A'; Van ridende der stad to schaden S.   18) Dieser Paragraph fehlt A'.   19) de fehlt S.   20) vnde van S.   21) Van ledich to latende vt der be uate A'; Van los-latende S.   22) V. b. eynes d. A'; Van besate S.

14*

det darvmme dem marschalke my sot, he ne wille
dar vore syn recht don, dat he des nycht ne
wuste, dat de sulue besette man denstman were.
Ore meghede vnde ore kneohte mot me wol be-
setten ane broke.

77   **Van besate kornes.**[1]
Eynes gastes korn[2] dat gevoret is in de stad
vnde vppegoten dat schal nement besetten sun-
der by willen des rades.

78   **Van vpholdinghe.**[3]
Holt eyn gast vp vnser borghere eynen vor schult
myt gewalt ane richte, vnde thüt one myt gewolt
an synes werdes. hus de vnse borgher is: schul-
deghet de voghet vnde de rad den gast vmme
den broke, he schal darvmme blyuen an des ra-
des vnde an des voghedes vnde des zakewolden
mynnen. Borghet auer syn werd den gast alzo
dat he nycht vt der stad kome, noch eyn gud
vtbrngge, he en antwerde an rechte: let de bor-
gher den gast vtvaren, ofte wanderen, edder dat
syn vorkopen edder vtbringhen, gifft me dem bor-
ghen schult, he schal den gast vnde dat gud ant-
werden. Ne mach he des nycht hebben, he mod
sek suluen antwerden darvore rede to gheuande
lik deme gaste. So ne mach de voghet, noch de
rad, noch de zakewolde deme gaste schult gheuen.

       Van eyns borghers vpholdinghe.[4]
Eyn vnser borgher mach den anderen vnsen bor-

gher wol vpholden vmme schult ane gerichte, he
mod auer sweren dat he yd do dorch angst sy-
ner schult, offt de schuldener des nycht wol vm-
heren alzo langhe went he dat richte hebben
moghe.

       Van vpholdinge.[5]   80
Neynes mannes sone machme vpholden vmme
tyne den de vader gelouet hefft, de wyle de va-
der leuet, he en hebbe one mede gelouet.

       Van vpholdinghe[6] **vmme dobbelspel.**   81
Vmme dobbelspel schalme neymende vpholden,
he sy jung edder olt. Den junghen de neyn eghen [LII. 100]
gud en hefft mach me nycht vmme dobbelspel
vorclaghen vor gerichte. Den olden de eghen
gud hefft mach me vor gerichte vorclaghen vm-
me dobbelspel.

       Van vpholde wyues edder kyndes.[7]   82
Neynes mannes wiff noch kynt machme vpholden
vmme schult de de man schuldich is, de wile he
leuet, se en hebben yd gelouet.

       Van gude dat to hudene dan is.[8]   83
Deyt eyn man gud to hudene eyneme[9] dem he
schuldich is, wanne he syner schult nycht vm-
beren wel, so mach he dat gud vnder sek beset-
ten myt dem gerichte, vnde vpbeden, vnde na
der stad rechte mede don. We aldus nycht en
deyt, de schal yd wedder[10] antwerden.

VIII   Van husffrede, stadffrede[11] vnde van[12] ffryheyt.

84   **W**elk man den husffrede brikt, de hefft to rechte synen
A. I. 7 hals vorloren.

       Van busffrede.[14]   86
We eyn hus gemedet hefft, deme schal me be-
teren, offt ome wold dannne schud, vnde nycht
deme des dat hus is.

85   **Van kopmansffrede.**[13]
A. 56   **W**elk kopman kumpt in de stad myt synem gude, he
schal hebben geliken ffrede alse eyn borgher, mer synem
rechten tollen schal he geuen.

       Van ffryheyt.[15]   87
Welk man to Branswich borgher is iar vnde dach sun- VI. 42
der ansprake, den mach nement vorderen.

---

1) V. b. geste kornes A'; Van korne der geste S.   2) Van vpboldinge kornes S.   3) V. v. der borghere A'; V. v.
eynes borgera S.   4) Van vpboldinghe ane gerichte vmme angeschult A'; Vmme angestschult vptoholdene S.
5) Van vpholdinghe des sones vmme tyns A'; Van vpboldene vmme tyns S.   6) Van vpholdinghe fehlt S.
7) Fehlt A, N, S. In S sind die §§ 80 und 81 in der umgekehrten Ordnung eingetragen.   8) Fehlt A und N.
9) eyneme fehlt N.   10) de wold van sek wedder S; yd wedder van sek N.   11) stratenfrede N.   12) van
fehlt A'.   13) Van dem kopmanne S.   14) Werne dat me den hutffrede beteren schal A'; Van beterende S
15) Van ffryheyt der borghere A', S.

88 ¹Van gruntroringhe.²

XVI. 35 **W**elk man schepbrokech werd twisschen hir vnde der salten see, so wat he gudes vtewynnen mach, dat is syn, vnde dar ne mach neman vp verduren.

Van fryheyt.³ 89

XVI. 47 Welk vnse borgher veret in vnses herru richte vnme syne kopvard, de schal syn vryhekindert van synen vogheden, offt he tynen rechten tellen gene.

IX Van erwervinghe vnde vorwunnenem gude.⁴

90 **W**e eynen man irwerft vor syn gelt byanen wichelde

91. 14 edder bynnen der muren vor gerichte, he mot one wol bringhen an syne were, went he one gelde; dar mede heift he wedde noch bote vorvehult an neyname richte. He schal one alsodanne spise gouen alse vyuen inghesinde. Entgeyt he one ane synen dank, we one darna erst begript vor syn gelt, de niot one wol vor gerichte bringhen vnde irwerueu myt rechte, vnde holden alse one de erste helt.

91 Van weddeschatta to holdene.⁵

XVI. 32 **W**elk man heft eruegud to weddeschatte, dat schal he holden seuen wekene sodder he yd vpgeboden hefft, edder weddeschat dar woker vp geyt, dat schalme ok seuen wekene holden. Anderen weddeschad dar neyn woker vp en geyt, dat me bringhen mach van eyner were in de anderen, dat schalme vertcyn nacht holden.

92 Van vorwunnenem manne.⁶

Welk man van dem voghede vnde van dem rade vorwunnen werd, deyt? de man den vorfflucht, in welk hus he kumpt dar volghet me ome

in sunder broke. Hindert dat auer de werd, he is like schuldech.

Van vorwunnenen panden.⁷ 93

Eyn pand dat eyn man irweruet myt rechte, he sy borgher edder gast, dat schal de vughet eghenen sunder gyfft.

Wat me eghent vor gerichte.⁸ 94

An eynes mannes erue schal me neymande nycht eghenen wen syne penninghe. Dem yd geeghent is de mach id wol vorkopen edder beholden, offt yd ome de rad werdeghe. He schal auer jenneme des dat erue was gheuen wat ome werd bouen syne d.

Van vorvolghende des¹⁰ vorvesteden. 95

Eyneme vorvesteden manne schal neman volghen in de were, he ne wynne one eer vt myt gerichte, nyt dem voghede vnde myt dem rade.

We dem vorvolgheden erue neyst is.¹¹ 96

Werd eyn erue vorvolghet vor gerichte vor schult, dem synd de frund neyst, offt se willet.

X Van der vestinghe.

97 **W**elk man myt rechte vorvestet werd, de ne mach dar

XVI. 37 nycht vtkomen, wen myt den sakewolden, vnde myt dem gerichte, vnde myt der stad, vnde vnder der wile is ke sunder recht.

98 Van beterende.¹²

Wert eyn man vorvestet to Brunswich, beteret he dem sakewolden vnde der stad, wel ome dat richte na wesen, he gifft ome to dem meysten

sestich schillinghe, vnde vntgeyt dar mede dem richte. Ne wel dat richte nycht, de man blifft doch in der stad by synem rechte.

Wu me vorvesten schal.¹³ 99

Me ne mach noynen man vorvesten, dar en sya twene radmanne ouer, dene scrifft me in den breff. Dar ne mach he nycht vtkomen, yd ne sy des rades wille.

---

1) Dieser Paragraph fehlt A'. 2) Van schepbrocheyt S. 3) Van fryheyt der borghere buten der stad A'. 4) vorwunnenen baden A'. 5) holdene wofur S beholdene, fehlt A vnd N. 6) Van volghende den vorwunnenen A'; van volgende S. 7) Statt deyt, hat N offenbar durch einen Schreibfehler den. 8) Van eghenende des irwervenen panden A'; Van egende des vorwunnenen pandes S. 9) Wat me eghenen mach vor schult A'; Wat me eghenen mach S. 10) volghende den A', S. 11) Vorvolginge des erues S. 12) Van bote der vestinghe A'; Van bote S. 13) Diese Ueberschrift ist in N durch ein Versehen des Schreibers über § 100 gesetzt; an dieser Stelle findet sich gar keine. Wu me vt der vestinghe laten sebal vnde vorvesten A'; Wu me ja de vestinge kumpt S.

100   Van hantruwe ane de ffrund.[1]

Welk knape handtruwet eyne maghet sunder
der ffrunde willen, dene mach me vorvesten.

101   Van wunden.

Wur wunde gesched luden de sittet vppe twen

richten edder mer, der en schal neyn den anderen
vorvesten, eer de rad van den suluen richten
deyle wes de broke sy. Weme de merer deyl
des suluen rades delet den broke, de mot on
lyden.

XI Van anevanghe perde vnde anders gudes.[2]

102 **U**nder welkem manne werd eyn perd anevanghet in de-
VI. 23 me wichelde, ne mach he synes waren nycht hebben, he
schal sweren, dat he ne wette syne vtvard, noch syne in-
vard, noch synen namen, oйt he eyn vmbesproken man is.

103   Van anevanghe der perde.[3]

11. 24 **V**nder welkem manne eyn perd anevanghet wert, thut
he vppe synen waren, he schal yd holden de ersten ver-
teyn nacht de vnder der perdes wedder gelt. Ne werd yd denne nycht
geendet, so schal yd de holden de dar vp sprikt de an-
deren verteyn nacht. Werd yd denne nycht geendet, so
holde yd echt de erste, vnde ienne wedder, wante sere
wekene visine komen. Is he eyn vmbesproken man, vnde
werd one borst, he schal wedden dem voghede tx sol,

vnde dem manne xxx sol to bote vnde dre scherff. Is
he eyn besproken man, vnde werd one borst, yd geyt
ome an synen hals. Bringhet de ware synen anderen
waren, so schal id de ware holden alze yd de andere
ware geholden hefft andere ses weken, de dridde alzo
wente achteyn wekene enden. Wat veer vote hefft dat
hefft dat sulue recht.[4]

Van anevanghe anderes gudes.[5]   104

Wat eyn man anevanghet gudes, dat schal he don myt XVI. 24
gerichte, vnde schal yd don ane gemeyne hand wente vor
gerichte, dat yd dar geendet werde. Ne kan he synes
waren nycht hebben, he schal sweren, dat he synes huses
noch houes nycht en wette, noch synes namen, vnde ghene
dat yd wedder, edder bringhe synen waren an ses
wekenen.

XII Van deuen, düue vnde van roue.

105 **W**elk deff begrepen werd daghes edder nachtes, dat
XVI. 25 schalme don myt gerochte, vnde schal one vorbringhen
myt gerochte, vnde myt der suluen haue der he sek vo-
derwunnen hefft, de schal ome vppe den ruGhe gohun-
den wesen, vnde dar mede ouerwynnen myt synes eynes
hand.

106   Van roueren.

XVI. 10 **W**e den anderen gerouet hefft, he schal one vredelos
leeghen, so mach he one vorwynnen, edder myt der hand-
hafftegen dât.[6]

Van stolnem gude.[7]   107

Welk vorduvet gud dat richte vphaldet, kumpt de sake-
wolde an, dat richte beholt den dridden deyl, ne kumpt
de sakewolde nycht, dat richte beholt yd al.

Van den scraderen.[8]   108

We eynem scradere bringt want dar he ome cle-
dere van[9] snyden schal, vorkofft edder vorsed he
scrader dat want, des dat want is de schal yd[10] to
sek tên vppe den hillighen ane broke, vnde me
schal dem scradere volghen myt der veme.

XIII Van waringhe perdekopes vnde anders gudes.[11]

108 **W**elk man kofft eyn perd, de andere schal ome ge-
VI. 25 waren stedeghes, starblindes vnde vnrechtes anevan-
ghes.

Van waringhe[12] des erues.   110

Welk man eyn erue vpled vor gherichte, mach he
des[13] gewaren, he geyt des aff sunder wedde.

---

1) Van hantruwende ane der fhunde willen A'; Van hantruwende S; fehlt N. 2) alles gudes A', S. 3) Fehlt A, N.
4) S fugt mit rother Schrift eine Erweiterung von II, 25, VI, 25, XVI, 28 hinzu: Nota dusser stucke schal eyn
kopman dem anderen waren an eynem perde: hertslages schal me waren suer de dwernacht, starblindes dre dage,
houetsekes xiuj nacht, vnrechtes anevanges de wile dat perd waret. 5) Fehlt A, N. 6) hanthafftigen hand
S. 7) Van vorduuedem gude A', S. 8) Van scr. A'; Van vutruwen scraderen S. 9) aй A'. 10) dat A'.
11) V. w. vorkofftes gudes A', S. 12) ware A', S. 13) In N ist an dieser Stelle später übergeschrieben nicht.

111   Van molenware.[1]   [2]Van cruewaringbe.[2]   112

LIB. 51 We in der molen kofft mel odder klyen des de werd edder werdinne ocyht waren wel, dat is dane.

We eyn erue vorkofft, de schal des waren: wel yd auer de rad gelden, dat mach he don.

XIV Van delinghe.[3]

113 Welk man syn kynt vtgifft myt gude, wel denne dat
11, 33 kynt na syner eldren dode vorderen an dat andere gud, id schal dat erste gud wedder to dele bringhen, vnde nemen denne liken deyl.

114   Van den ffruwen.[5]

VI, 33 Welk ffruwe ane man kuschliken lenet na ores mannes dode, vnde oren kynderen wel vore red, de ne moghen ore kyndere to neyner delinghe dwinghen de wyle se ane man is.

115   Van dem kynde vnde vadere.[6]

VI, 34 Neynes mannes kynt mach synen vader to delinghe dwinghen de wyle de vader lenet.

116   Van delinghe na der elderen dode.[7]

Wur so sterfft vader vnde moder, vnde der kyndere syn en deyl beraden, edder en deyl noch vmberaden, welker wel to deyle gan de schal inbringhen dat he hefft vpgeborel. He schal vore willekoren, wer[6] he wille to deyle gan edder nycht: wel he to deyle gan vp auenture, dat schal he beborghen; en willen de anderen des nycht vmberen, offt ome bore to kerende, dat he dat do to dem drittigesten, is he bynnen landes, darvp rekenet se, vnde bringhet in vppe wyn
117 vnde vppe vorlust. De schult gylt me vor den doden van dem redesten gude, beschedeliken van varender haue, dar na van erue, darna van leugude,[9] darna van herwede.[10] Offt der schult so vele is dat dar ouer blifft, dat scholden se gelike delen sustere vnde brodere sunder lengud: daran treden de sustere nycht, yd en sy one gelenet, so hebben se ore liffzucht daran. Hefft
118 auer eyn man synem kynde geuen lengud, vor

benomet gelt daran gad de sustere like den brodderen to dele. Let eyn man synem sone in syne lenschen were lengud vor vmbenomet gud: wel he to dele gan, dat schal he delen myt synen broderen vnde den susteren. Ghifft de vader 119 lengud vnde varende haue eynem kynde, wen se to dele gan so schal he dat lengud delen myt den broderen, de varende haue myt den susteren vnde myt den broderen.

     Van ffruwendeyle.[11]   120

Eyn ffruwe ne darff clenode noch cledere to deyle bringhen.

     Van delinghe[12] der papen.[18]   121

Den papen bord like deyl den susteren. Hefft he auer borsam gedan eynem clostere, so ne werd ome nycht.

     Van deylinghe dar[14] neyne eruen syn.   122

Welk mynsche sterfft ane eruen, dat gud dat he lenet XVI, 19 edder eruet schal me don an gemeyne hand iar vnde dach. Kumpt nement de dar recht to hebbe, de dridde deyl des gudes schal to der kercken in dem kerspele dar he sterfft, de dridde deyl den[15] armen, de dridde deyl dem vogbede, yd ne sy, dat he yd witliken vorgheuen hebbe: dat schal stede syn.

     Van delinghe dar eruen twidraohtich syn.[16]   123

Welk erue bynnen[17] der stad de ffrund nycht delen en kunnet myt mynnen, dat schal de rad delen sunder weddersprake.

     Wen de ffruwe sek vorandert.[18]   124

Nympt eyn wedewe de eyn kynt hefft edder mer eynen anderen echten man, stadet de kyndere vnde ore ffrund, dat de man der moder gudes

---

1) Van kope in der molen A', S. 2) Dieser Paragraph fehlt A'. 3) Van kope des erues S. 4) Van delinghe des erues A', S. 5) Wo me de moder nycht to delinghe dwinghen mach A'; Van delinge der moder S. 6) Van des vaders delinge A', S. 7) Fehlt A, N. 8) we N. 9) darna van leugude in A' ausgestrichen. 10) darna van herwede in A von erster Hand am Rande. 11) Van vruwendelinge S; fehlt A, N. 12) deyle A'. 13) Van papendeyle S. 14) Van gude dar A', S. 15) In A folgt Nasur. 16) Wur de ffrund nycht enich eyed A'; Vnme delinge der vrund S. 17) bynnen hir in S. 18) Fehlt A, N.

vnde der kyndere sek vnderwynt, vnde nycht be-
nomet werd wat[1] sy der moder edder[2] der kyn-
dere sunderliken: wanne de kyndere vnde de
fhrund willen, so moghen se den man to dele
dryuen: so mot he one gheuen den haluen deyl
alle[2] des gudes des he vnde syn wiff denne heb-
bet, wente dat gud steyt vp wyn vnde-vorlust.

125 Van deyle dar twyerleye kyndere synd.[4]

Heift eyn man echte kyndere by eyner firuwen
edder twen edder mer firuwen, leuet de laste
firuwe ores mannes dot, se nympt myt oren kyn-
deren de se hefft by ome dat erue halff, vnde

schal ore vormunde wesen to gude nycht to ar-
ghe. Wel se sek van one scheden, so nympt se
dyt halff, vnde de kyndere halff. Hefft se ok
neyne kyndere, se nympt yd doch halff, de an-
deren helffte nemet de anderen kyndere ge-
like.

Delinghe broder kyndere vnde suster kyndere.[5] 126

Wur broder kyndere edder suster kyndere
schullen to dele gan myt den vedderen edder
myt den ömen, wu vele der kyndere is, nycht mer
moghen se vorderen wen alze ore vader edder
ore moder vorderen mochten.

XV. [?]Van dem herwede to geuende vnde nemende.

127 Welk man eyn herwede leift, is he dar jeghenwordich
XVI. 49 de yd hebben schal, me schal yd ome antwerden. En is
he in dem lande nycht, me schal yd don in gemeyne
hand iar vnde dach, vnde offt he nycht en kumpt, so
schal yd de voghet hebben, sunder harnesch dat werd
den eruen[7] de stad mede to hodene.

128 Wur besterfft rede edder herwede bynnen der muren,
XVI. 50 dar en hefft de voghet neyn recht an, me en gheuet bu-
ten de stad, so is dea voghedes dat stucke neyst dém
besten.

129 Dar twyerhande kyndere syn, dat herwede schal
me gheuen van der ersten kyndere gude. Synd
dar mer gordele wen eyn, dat beste schalme
geuen to herwede. Kolten schalme gheuen to
herwede.

130 Eyn lad offte eyn eghen mach nycht nemen her-
wede noch erue eynes borghers in der stad.

XVII To dem herwede hord dat beste ors. Is des dar nycht,
so schalme gheuen dat beste perd offt yd dar is. Heddе
eyn man deyl an eynem orse edder eynem perde, dene
schalme geuen.[6] Dat beste stucke van dessen dren
schalme geuen, dat beste harnesch, kouerture, platen,
messet,[6] spoldenér, samitenér, tester, helm — is de

helm dar nycht, me gifft eynen ysernen hod — horta-
leder, dokene knylinghe, sadel, swert, sporen, steuele,
ghauen, byl — is den biles dar nycht me gift eyne exe
offt se dar is — selden, eyn par tasschen, schilt, eyne
malen, twene yserne hantschen, scrapen, eyne schalen
offt se hefft eyn voder, anders en schalme neyn saluerne
vad geuen. De besten kledere schalme geuen, heyken,
koghelen, hod, syn beste gordel, schedemesset, rok, eyne
kolten de eyn man plecht myt sek to torende — hefft
me dar nycht, so schalme geuen eyne kolten de men
deghelikes vp syn bedde gelecht hefft; hefft eyn firuwe
eyne kolten vnde twey lynene lakene to oren eren, de
schalme nycht gheuen — eyn kussen, twey slaplakene,
twe lynene kledere, dischlaken, twe hosen, twene scho,
brokremen, beckene offt se gekedenet synt, kettel dar me
mach inne seden eyne schulderen, eyne kupperne blasen,
kettellaken myt twen hoken. Bringt jemant jennich ding 132
by vnwitliken dat to dem herwede hord, dat schal he
wedder bringhen edder alzo gud by swornem ede sunder
bote. Wat dar nycht is alze de man sterfft, des darfme
nycht kopen. Is de erue dar nycht de dat vpbore to
dem drittegésten, so schal me yd don in gemeyne hand
iar vnde dach. Wenne de dach vmme komen is, so schal

---

1) wat dat N, wat übergeschrieben   2) edder in A' übergeschrieben für vnde; edder wat N.   3) alle fehlt S, N.
4) Fehlt A, N; Twyerleye kyndere S.   5) Fehlt A, N, S.   6) Diese Fassung des Statutes vom Herwede fin-
det sich nur in A. Vgl. die Einleitung.   7) den eruen stand ursprünglich wohl auch hier noch. Eine Hand
des 16. Jahrhunderts hat dafür gesetzt dem rede, rade auf Rasur. Vgl. § 268.   8) Aus den Worten dene schalme
geuen erhellte der Sinn von XVII, 1.   9) In dem Originale von XVII ist platenmesset unverkennbar als ein
Wort geschrieben; hier sind es ebenso unverkennbar zwei Worte, zumal da messet wie jeder der aufgeführten
Gegenstände einen roth durchstrichenen Anfangsbuchstaben hat.

de rad dar to helpen, dat yd ome werde de dar recht to beſt. Vnde oſft he nycht en kumpt, so schal yd de voghet hebben, ſunder dat harnesch dat schal den eruen de ſtad mede to hodene.

133   Wat harnesches dem rade bord.

De meyne rad is enich geworden: Welk herwede buten de ſtad kumpt, edder dat dem voghede werd, wat wapens vnde harnesches dar is dat

schal dem rade vnde der ſtad blyuen, yd ne ſy dat dar eruen ſyn bynnen der ſtad den dat harnesch to rechte boren moghe. Anno m° ccccj°.

Wat hynnen der ſtad beſterfft an herwede dat vnsen 134 borgheren antryt, dar en hefft de voghet nycht an, me ne ghuuet buten de ſtad: so is des voghedes dat ſtucke neyst dem besten.

XVI Van erue to nemende vnde to beholdene.

135 Welk maghet vatvaret wedder ores vaders vnde orer moder willen, so ae hefft an ſynem erue nycht to wardene.

136   Van lengude.[1]

Wat van lengude kumpt in de were bynnen[2] de ſtad dat is erue.

137   Van erue des vnechten.

Neyn man de vnecht geboren is mach erue nemen. Vnechtes mannes erue mach me nemen.

138   Van erue to beholdene.[3]

Des vader[4] edder der moder erue ſynt na to

beholdene de ſöne wen de dochtere. Vnder den sonen is de iunghere sone eyn neyst, vnder den dochteren is de iunghere dochter neyst ene, oſft dar neyn ſone is. Kunnen ſe der schattinghe des erues nycht ouer eyn draghen, so schal yd schatten de rad.

Van erue to sek to butene.[5]   139

Neyn man dem dat erue to rechte boren mach schal yd to sek buten,[6] he ne willet beholden,[7] wen yd bilker blifft den eruen wen met en vnthee.

XVII Van kope, betalinghe, vnde van lone.

140 Eyn man mot wol ſuluer vnde god kopen an ſynem huse vauerdouet ſunder wedderſprake.

141   Van betalinghe eynem gaste.[8]

Wat eyn man eruem gaste gelden schal, kumpt he is vor gherichte, he schal ome gelden hude vnde morne.

142   Van geldene vor dat kynd.[9]

Steruet eyn man bynnen der tijd dat ſyn vader edder ſyn moder leuet: blifft he schuldich, orer neyn darſf vor ene gelden. Hefft he auer ſunderlik gud, dat schal me vor ome gelden.

143   Van der olewringhen.[10]

We eyn hus vorkofft dar eyn olewringhe inne ſteyt, de horet to dem huse nycht, se ne werde darto bevorwordet.

Van kope berneholtes.[11]   144

Neyn man schal kopen bernehoit in der ſtad dat he wedder vorkopen wille edder vtsenden, by eynem punde, darto schal he dat holt vorloren hebben.

Van angheuelle vnde[12]   145

Neyn man schal wynnen des anderen borghers gudes aneval vnde dat he in ſynen lenschen weren hefft ane ſynen willen: we dat dede dene schuluoe vorvesten.

Van reder[13] betalinghe.   146

We wot kofft vppe dem markede vnde louet dat rede to beredene: bered he is denne nycht, dene schal me panden. Hefft he nycht pandes genoch, me schal ene vorvesten.

---

1) Wo lengud erue is A'. 2) in A'. 3) We dem erue to beholden negest is A'. 4) vaders erue S. 5) We dat erue bilker beholt A'. 6) sek tobuten S. 7) In A ist am Rande in der zweiten Hälfte des Jahrhunderts nachgetragen und an dieser Stelle eingeschaltet vnde eyn jar tom mynsten bewonen. 8) Fehlt A. S, N. 9) Van betalinghe der elderen vor dat kynt A'. 10) Olwringhe S. 11) Van bernehold to kopende A', fehlt S. 12) Wo eyn des anderen gudes nycht wynnen schal A'; Van angeuelle S. 13) reder fehlt S.

15

147   Van vorkopende cramerie.[1]

Des sunnauendes[2] in der Oldenstad, vnde des dinsedaghes in dem Haghene mach eyn man de der cramer inninghe nycht en hefft veyle hebben[3] ses schillinghe werd allerhande cramerie sunder glaswerk vnde holtwerk. Is yd[4] beter, dat mach gelden we de wel, sunder to iarmarkeden.

148   Van betalinghe der firuwen.[5]

Welk firuwe ores mannes erue nycht vpboret, wel se dat[6] vorstan myt orem rechte, se ghilt nycht vor den man. Werd ore gud an syn[7] erue, se gilt doch nycht, se en hebbe de schult suluen louet. Dat sulne recht hebbet de kyndere.

149   Van betalinghe.[8]

xvf. 2[9] **W**elk man werd vorffluchtech vmme schult, edder sterfft vppe synem bedde, edder deyt eynen broke vppe syn lif, vnde dar vmme kumpt in de hechte, ore gud bynnen der stad vnde geldene gud buten der stad schal like gan in de communien vor schult, vnde nement schal sek des sunderliken vnderwynden.

150   Van schult de me buten vorderet.[9]

Arbeydet eyn man vrome syne schult na dem vorfluchteghen manne buten de stad, ervolghet he, he en darff dat nycht bringhen an de communien. Bekant gud vor dem voghede edder vor dem rade dat geyt vore aff.

151   Van tynskope des rades.

De rad mach allen tyns gelden vnde beholden[10] wu one eyn ander gekofft hefft.

152   Van kope der borghere.

Steyt eyn vnser borghere ouer eynem kope, kumpt de andere vnde sprikt, he wille dar mede an stan, he schal is ome gunnen. Kumpt de dridde edder mer, he schal is ok one gunnen.

Van wyne.[11]   153

Neyn vnser borghere schal wyn vorkopen[12] in dem Sacke, de wyn hefft hy viff punden. Anders mach he on wol vorkopen wur he wel.

Van vorlone.[13]   154

Vord eyn man dem anderen gud, werd dat gud genomen, edder de perde, alzo varne alse he dat geroret hefft alzo lonet me ome na wechtale.

Van betalinghe van liffgedinghe.[14]   155

Eyn firuwe ne darf vor oren man van orem liffgedinghe nycht gelden, se en hebbet gelouet.

Van betalinghe de wyle eyn buten landes is.[15]   156

De wyle eyn man is buten landes[16] an rechter kopenschop en darff syn will noch syn gud neyne nod lyden vmme schult.

Van borkenkope.[17]   157

Neyn borgher schal borken voren vt dem lande. Hefft he borken, he schal se vorkopen in der stad. We ok borken hir inbrochte,[18] de schal he hir inne laten, vade en schal se nycht wedder enwech voren.

Van holdinghe des kopes.[19]   158

Wur lude redeliken kopen myt goddes penninghen vnde heerkop, orer neyn mach des wedderkomen, offt de beerkopeslude des bekennet.

Van geldene des kyndes.[20]   159

Welk vnser borgher to borghe deyt eynem vnses borghers sone de wyle he is an synes vaders kost mer wen syne kledere werd syn, dat darff he nycht gelden, men schal one darvmme nycht spannen.

Wur van mulk betalen schal.[21]   160

We dem anderen schuldich is de schal betalen myt synem redesten gude by swornem eyde.

Van der brodere betalinghe.[22]   161

Wur brodere to sammene syn vnvorscheden ore

---

1) Wat me van kramerie veyle hebben mach A'.   2) In A ist am Rande in der meisten Hälfte des Jahrhunderts hinzugefügt vnde des mytwekens.   3) veyle hebben in A' von gleicher Hand übergeschrieben. ·   4) de S; dat A'.   5) Wat de firuwe vor den man gelden schal A'.   6) dat fehlt N.   7) sinem N.   8) Van schult to betalende A'.   9) Fehlt A, N, S.   10) vnde beholden fehlt S.   11) Van wynkope A'; V. w. to kopende S.   12) kopen S.   13) Van lone A'.   14) Vruwenbetalinge S, fehlt A und N.   15) Fehlt A, N, S.   16) In S is wiederholt.   17) Van borken to voreade S.   18) in fehlt S.   19) Van wynkope A'.   20) Van kynderen A'; Van kindere betalinge S.   21) Van betalinge S, fehlt A und N.   22) Wu brodere vnder anderen ore schult betalen A'.

erues: wen se sek scheden willen, orer io welk schal helpen dem anderen gelden syne redeliken schult.

162 Wat des schulthafftegen mannes wiff beholt.[1]
Werd eyn man verfluchtich vnme schult, edder sterfft, alse dat me syne schult nycht gelden mach, vnde wel me syner ffruwen na wesen, me

schal ore laten ore deghelikes kledere, vnde alzo vele beddewandes, dat se vp vnde vnder hebbe, offt se de schult nycht gelonet hefft.

Van kope liffgedinghes.[2]   163
We liffgeding kopen wel de schal yd van dem rade ko-[LIII, 61] pen, yd ne sy by vulborde des rades anders wur to kopende.

XVIII Van tynse vnde tynses rechtecheyt.

164 Wur eyn man hefft eruentins an eynem huse edder erue,[4] des erues mach he nycht vorkopen, yd ne sy deme witlik des de eruetyns sy. Lustet is ome to geldene vnme den suluen kop alze yd gelden mach, dar is he negher wen eyn ander.
[LIII. 6] Wel ynne de den eruentins[5] hefft den suluen tyns vorkopen, de des dat erue is de is dar negher to geldene.
[LIII, 5] wen eyn ander. Desse erue vnde alle erue schal me vplaten vor dem voghede to dingtijd daghes in dem dinghus dar twene radmanne oner syn, yd ne is anders nycht stede, sunder de erue de me vorgyfft in suchtbedden.

Van pandinghe vnrwe tyns.[4]   165
Welk man hefft busgelt, he mot wol darinne panden[XVI, 23] sunder gerichte.

Van ergheringhe eruetynses.[7]   166
Welk man gifft eruetyns van synem hus, vorbrand dat hus, vnde swerd de werd vppe de hilghen, dat he is nycht wedderbuwen moghe noch tyns geuen van armoyde, he geyt is aff.

Van eruetinse.[8]   167
Welk man hefft eruentyns, blifft de den tyns vtgifft schuldich ome, he beholt syne schult an dem erue to voren, offt he anderen luden ok schuldich is.

XIX Van vrede vnde ban.

168 We eyneme ffrede werd gewracht, vnde he dermede [11, 31] begyt iar vnde dach, dat ne mach nement breken.
169 Van erue to kopende.[9]
[11, 54] We eyn erue kofft de schal kommen vor den voghet, vnde schal sek des laten ffrede werken, vnde schal syne ffredepenninghe geuen. Ne wel de voghet des neynen ffrede werken noch syne ffredepenninghe nemen, so schal yd de yd vorkofft hefft vplaten, vnde jenne schal vullfan vor der stad: dat is like stede alse icht de voghet ffrede werchte.
170 Van vplatende ffrede vnde ban des krancken.[10]
Licht eyn mynsche bedderese, de mach sek laten draghen vor den voghet, vnde laten syn gud dar vp.

Wur[11] de rad ffrede vnde ban[12] hefft.   171
De rad hefft ffrede vnde ban vppe beyde sijd des waters der korten brughe vnde der langhen brucghe vnde der brughe vppe der sudern halff des spettales.[13]

Van weddersprake.[14]   172
Ffrede vnde ban mach me nycht wedderspreken sunder ryt vorspreken an geliegbedem dinghe to dingtijd daghes.

Van weddersprake ffrede etc.   173
We ffrede vnde ban weddersprikt, deme mach schult geuen de sakewolde: so mot de wedderspreker sweren, dat he yd gedan hebbe dorch angst syner schult de he ome schuldich is, nycht ome to schaden.

1) Van schult S, fehlt A und N.   2) Van liffgbedingho to kopende A'.   3) yd sy denne S.   4) In A' von gleicher Hand übergeschrieben edder weddeschattes tyns.   5) eruen in A' auerradirt.   6) Van pandene vnme busgelt A'.   7) Van afgande eruetinses A'.   8) Van beholdinghe des A'.   9) Wo me ffrede vnde ban laten schal A'.   10) Fehlt A, N, S.   11) Wu verne etc. A'.   12) vnde ban fehlt S.   13) hospitales N.   14) Wo me ffrede vnde ban weddersprikt A'.

15*

XX Van vormunderen.

174 **W**ur eyn man sterfft, de eruen buten dem hus
moghen wol besluten dat in deme hus is ane
broke offt se willen, deste se pleghen wente an
den drittegesten orer notorffte dem ingheeinde.

175 Wu de rad werd vormunder.[1]

XVI. 38 **W**elke kyndere ore elderen vorleset vnde neynen guden
rad van oren maghen en hebbet, de rad schal raden vor
kyndere vnde vor gud wente se to oren iaren kommen.

176 Van vnsetten vormunderen.[3]

Wur eyn man sterfft de kyndere leuet de nycht
to oren iaren komen synd, ore neyste ffrund

mach wol ore vormunder wesen to gude nycht
to arghe. Duncket auer der kyndere ffrunden,
dat de vormunde se nycht meyne to gude, so mo-
ghen de ffrund myt des rades helpe one affsetten,
vnde eynen anderen vormunden setten de se
meyne to gude. En willen der kyndere ffrund
des nycht vmberen, he schal one des gudes reken-
schop don alle iar.

Van vormundeschap wedder des kyndes willen.[1] 177
Wedder des kyndes willen dat twelff iar olt is
mach neyn man syn vormunde wesen.

XXI Van tollen.

178 **W**elk man medet eynen waghen in der stad offte buten
II. 46 der stad eyn gud vt vnde in to draghene, he en gyfft ney-
nen tollen, wer de borgher edder de waghenman.

179 Wen de vorman nedder locht.[2]

II. 47 **V**ored eyn man dor de stad myt vullem vodere, vnde
iecht he syne disle nedder, he gyfft haluen tollen, iecht
he nycht nedder, he ne gyfft neynen.

180 Van wate kope me tolnen schal.[1]

II. 48 **W**at eyn man vorkofft benedden eynem schillinghe, dar
en gifft he neynen tollen aff, wen van dem schillinghe
gifft he eyn scherff.

181 Van ffryheyt des tollen.[3]

II. 49 **W**elk borgher[4] hefft geldere gud buten der stad, syn
meyer is like tollenffry alze de borgher suluen. Doch
schullen alle lude de voirwerck hebben dede wo-
nen buten dem lande to Brunswig, vnde neyne
borghere meyghere to Brunswik sin, edder der
goddeshuse meygere de dem rade todan syn
nicht en sin, ore waghenschillingh to Wulfen-
buttel gheuen so alse dat van older her hefft ge-
wesen, se voren watte gud se voren.[5]

182 **W**elk borgher vered eyne wyle vt der stad, vnde plecht
II. 50 hir ynne schotes vnde rechtes, he is gelike tollenffry alze
he hir inne wore.

183 Van tollenffry.[3]

II. 51 **W**elk borgher medet eynen waghen edder biddet de syn

korn edder thegkoden hir in vord dat he gekofft hefft, de[6]
en gifft neynen tollen.

De broke we tollen vntfford.[7] 184
We den tollen vntfford, deme ne mach de tolner
nicht når wen dat he den tollen neghentvalt gelde.

Wen vnse borghere voret edder voren latet van 185
Luneborch to Tzelle to Giffhorne allerhande led-
der, kalk, botteren, stocvisch, vnde allerhande
visch, kopper, bly, tên, zalsmer, was, perde, gifft
neynen tollen to Tzelle edder to Giffhorne, noch
allerhande pundswar.

Wat me van ichteswelkem gude to tollen gifft.[1] 186
Van hardeme korne, van[8] hoppen, van honneghe,
van olye, van bere, van wyne, van swynenem smere,
van ghagheulakenen, van lynenem lakene jowelk
pundswar vortollet men myt uj d.

Van tollen to Tzelle vnde[1] 187
Wat gudes me voret to Bremen, to Staden, dat
tollenbar is, vnde wat gudes me wedder voret
dat auer[9] tollenbar is, de betere tolne is des tol-
ners to Tzelle edder to Gyffhorne.

Van tolne.[10] 188
Van dem vate edder halff vate wynes, beres,
botteren, zalsmeres, vnde alle bodemtolne gifft
me uij d to tolne, van der last koppers edder
haringhes teyn penninghe.

---

1) Fehlt A, N, S. 2) Van den aegesten ffrunden A'. 3) Van tollen S, fehlt A und N. 4) man A'.
5) Doch — voren in A. am Rande von der Hand des Sacker und Neustädter Codex nachgetragen. 6) he
A'. 7) Van entvorende S, fehlt A und N. 8) vnde S. 9) auer fehlt A'. 10) Wat me to tollen gifft
van -I'.

189 **Van tolne.**[1]

Vord eyn man olye hir in, vnde vorkofft on hir, he gifft vor den tzyntener ɪ d. Kofft he one hir vnde vort on vt, he gifft den suluen toln. Vor den schepel manes mɪ penninghe.

190 **Wagentolne.**[2]

Eyn waghen, wat he vored, gifft mɪ penninghe. Lecht he dat gud nedder, he gyfft haluen tollen. Lecht eyn man eyn gud nedder, vnde vated yd eyn ander waghen vp, he gyfft io vor dat pundswar ɪɪ d. Vorkofft he yd hir, he gyfft vor den deker bokvel vnde rintvel ɪɪ d, vor den[2] deker schapvel eynen d. Den suluen toln gifft de dat kofft. Vor tosneden lodder gifft me nycht. De kare gifft ɪɪ d, vnde vor dem dore[4] eyn scherff. Alze se wedder kumpt gifft se den suluen toln.

191 **Echt van tolne.**[5]

Bringt eyn waghen yeern, he gifft mɪ d vnde geyt ane tollen vt, offt he vord molt edder spise

sunder haring de nycht en schal to syner kost. Vord he baken edder syden, he gifft vor dat swyn ɪ d. Vor dat swyn dat me kofft[6] edder vorkofft ɪ d. Vor dat rintve ɪ d. Vor mɪ schap edder mɪ tzegen ɪ d. Van dem perde dat me kofft edder vorkofft ɪɪ d, offt de tolner darrp kumpt, anders nycht. Kofft me hir lakene vnde sleyt se to in eyne packen, de packe gifft io ver penninghe. We lakene entelen hir kofft de gifft io vor dat laken eynen penning.

192 **S**es elne vor dem wantsnydere offt de tolner darrp kumpt ɪ d, vor dat hundert lenewandes ɪɪ d, vor den steyn garnes ɪ d, vor dat worpede ɪ d, vor den zak wulle mɪ d, vor den amber honneghes edder botteren ɪ d, vor dat hundert stoovissches ɪɪ d, vor dat voder buckinghes ɪɪ d, vor dat voder stintes mɪ d, vor dat voder rissche mɪ d, vor den las eyn scherff, vor dat merswyn ɪ scherff, vor de tunnen stores mɪ d.

193 **E**yn waghen de brod hir in vored ɪ d.

XXII Van der inninghe vnde van den gilden.

191 **N**eyn man mach sek eɪ ner inninghe vnderwynden, he
XVI. M en de yd myt der mestere edder der[7] werken arleue.

195 **Wu de inninghe steyt.**[8]

De inninghe schal stan alze hy keysere Otton tyden.

196 **Dat de gildemestere dem rade sworen schult.**[4]

Jewelk gyldemester schal alle iarlikes wan he is gekoren sweren, syne gylde to rechte to vorstande vnde dem rade bytostande.

197 **Van settinghe in der gilde.**[6]

De gylden moghen wol kore vnder sek kesen de one cuene komen. Kesen se aver dat der stad edder deme lande vneuene kumpt: duncket des deme rade vnde vorbud one dat de rad, dat schullen se laten. Don se des nycht, dar vmme mötten se blyuen an des rades mynnon.

198 **Wu eyn man syne gilde vorgheuen mach.**[9]

Neyn man mach syne gylde vorkopen, he mach

se wol vorgheuen. En willen de gylden one des nycht vorlaten, he mot sweren dat he darvmme neyne gaue hebbe genomen noch neme, noch besched hebbe gedan, dat mot ho ok sworen de se vntffangt.

199 **Wu me neyne gilde setten mach.**[5]

Nement mach neyne gylde setten edder hoghen ane des rades willen.

200 **Van dem vnechten sone.**[9]

Eyn vnecht sone de sek wol handelot de mach wol gylde wynnen.

201 **Van dem vorwunnenen eyner misdat.**[10]

Welk man vorwunnen werd eɪ ner myssedat de ome[XVI. 66] geyt an syne ere, dar mede heift he syne gylde vorloren.

202 **Van gilde to hebbene.**[11]

Neyman schal gylde hebben, he en sy borgher.

---

1) Wat me to tollen gifft van olie ɪ, fehlt S. 2) Fehlt A, ɪ', N. 3) deker — vor den fehlt S. 4) dore fehlt S. 5) Fehlt A, S, N. 6) vorkofft S. 7) den N. 8) Van kore S, fehlt A und N. 9) Van gilde des vnechten ɪ'. 10) Wu eyn syne gilde verboset ɪ', Van vorleninge der gilde S. 11) We gilde hebben mach ɪ'.

203 Wur de gylden oren mester hebben schult.[1]
Jowelk gylde schal oren mester hebben myt sek
wonende in orer stad dar se de gylde hebbet. Al-
dar schal ok de morghensprake wesen by v punden.
204   Van sulver bernende.[1]
Eyn goltsmed vnse borgher mach sulver bernen

to synem behoue, vnde nycht vmme lon, wente
yd hord an dén muntmester.
    Affdelinge.[2]   205
Me schal neymende eyne inninghe vorbeden, se
en sy ome affgedelet van den de to dem werke
sworen hebbet.

XXIII Van veme vroghe.[3]

206 Id ne schal nement den anderen wröghen in dat
vemeding bi wane, yd ne sy witlik dem rade vn-
de den noyburen.
207   Van veme.[4]
Welk man vnse borgher nycht en is, de en

mach vnse borghere nycht wroghen an dat veme-
ding.
    Van gande van der veme.[5]   208
We van dem vemedinghe geyt eer orloff is gegeuen [LIIt. 75
de schal boten myt viff schillinghen.

XXIV Van tröneren,[6] loderen, vnde van rufferschen.

209 Welk man hauent vnde holt tronere vnde ke-
ghelere vnde ore geliken mer dan eyne nacht
vnde eynen dach, de schal wesen betichtich
man.
210   Van rufferschen.[1]
De dryuen de meghede edder andere fruwen

vorschundet de schal me leuendich begrauen, offt
se des vorwunnen werdet.
    Van loderen to ghauende.[7]   211
Weme van buten her in de stad eyn loder werd ge- [LIIt. 30
sand, de schal ome nycht mer geuen wen eyn sward lot,
by eynem punde.

XXV Van schote vnde van stadplicht.

212 Welk erue to wicbeldes rechte licht dat schal
schoten, so wes dat is, vnde rechtes pleghen.
213 Alle garden edder wörde de to wicbelde lieghet,
se syn papen edder goddeshuse, de schullen
dem hortoghen vnde der stad pleghen wicbeldes
recht.
214   Van erue to vorgheuende dur der stad ore
plicht affgeyt.[1]
[LIIt. 7 Neyn man de borgher is schal erue vorkopen[8]
offte vorgheuen jemende dur der stad ore recht

mede afga. We dat deyt de heft dat erue verloren to
voren, vnde me schal ome vorvesten.
    Van erue to vormedene.[8]   215
Neyn borgher schal eyn hus vormeden offte vor-
kopen, de dat medet offte kofft ne wille schoten
vnde waken alze eyn borgher.
    Van schotende.[10]   216
De mark liffgedinghes schal me vorschoten vor
achte mark, dat pund vor viff mark, den schepel
wetes edder rocghen vor twe mark.

XXVI Van myshandelinghe des rades.

217 We eynen radman myshandelet in des rades
werue, de brikt like offt he one myshandelde vor
dem rade, mach des de radman vulkomen. An-
ders ne brikt he nycht mer an om wen an ey-
nem anderen.

    Van mishandelinghe des vronenboden.[11]   218
We den vronenboden in der stad denste mys-
handelet edder[12] ane schuld, de schal ome bete-
ren na des rades hete, vnde mot in des rades
mynnen dar vmme leuen.

---

1) Fehlt A, N, S.   2) Diese Ueberschrift fehlt A, A', N, in A und A' scheint sie ausradirt zu sein.   3) Ist in
N muthmasslich durch ein Versehen über § 207 gesetzt.   4) We nycht wroghen mach A'.   5) Van wechgande
S, fehlt A', N.   6) toueren S, indem das erste r ausradirt ist.   7) Van loderen A'.   8) kopen N.   9) Van
lnuen S, fehlt A, N.   10) Van liffgedinge S, fehlt A, N.   11) Van dem boddele S, fehlt A, N.   12) edder fehlt A'.

219 **We** den rad vmbilkau bandelt in des rades stad:
drecht de rad des ouereyn, he schal der stad
vmberen eyn halff iar sunder alle bede. Wel he
wedder komen, so mot he darna blyuen in des
rades mynnen.

220 Van vnvoghe des voghedes an eynem radmanne.[1]
Stot de voghet eynen radman in des rades bode-
schop myt bulgeme mode wedder eyne wand, ed-
der des gelijk, de schal geuen jowelkem rad-
manne dre puud, vade dem richtere dre pund,
offt de claghe an yd gebracht werd.

XXVII Van der burscop.

222 **N**eynes borghers sone ne darff burschop wynnen
edder sweren, yd ne sy dat he vt der stad vare
vnde sek anders wur wonhafftich nedderlecghe
iar vnde dach. Kumpt he wedder: wel me den
nycht vmberen, he mot wynnen de burschop. Is
auer eyn man an synem werue teyn iar, myn
edder mer; darmede verlust he nycht syne bor-
gherschop.

XXVIII Van gifft vnde van testamenten.

225 **E**yn man mach vorgheuen in synem suchtbedde
syn gud edder syn erue weme he wel. Dar
schullen ouer wesen twene radman, yd ne is
anders uycht stede. Sunder dat erue schal he
nerghen geuen dar der stad ore plicht mede aff-
ga. Is he ok schuldich, dat schal me tovoren aff
gelden.

226 Van gifft des kyndes.[4]

Wat eyn kynd vorgifft eer yd werd achteyn iar
olt dat is vnstede.

227 Van gifft der ffruwen.[5]

Neyn ffruwe de vormunder is orer kyndere mach

XXIX Van den[9] beckeren.

230 **E**yn becker de eynen ouen heefft in synem hus de
mach backen vmme bescheden lon sunder brod
to kope.

Van vnvoghe vor dem rade.[1] 221

Welk man vngbeuoghe deyt vor dem rade in
der Oldenstad. in dem Haghen, edder in der
Nyenstad, edder vor dem meynen rade in des
rades bank, edder wur de rad tosammene is,
dat de rad vor eyne vnvoghe hebben wel, deme
schalme volgben myt eyner vestinghe, vnde he
schal der stad alzo langhe vmberen byt he des
meynen rades hulde in der Oldenstad, in dem
Haghene, in[2] der Nyenstad irwerue.

We de burschop vpgifft.[1] 223

Welk man de burschop vpgifft, dat schal he vore
dou verteyn nacht eer he jenneghe saku wille an-
gan de der stad schaden mach, by eyner vestinghe.

Van vpgheuende der burscop.[5] 224

We ryd to vreuden vnde vpgyfft de burschop,
de gifft twyntech mark. Husffruwe, kyndere, al
gesynde schal ome volghen.

eynem kynde geuen dat dem anderen to schaden
komen mach.

Van eruen to vorgheuende.[6] 228

Welk erue werd gegeuen synem goddeshuse
edder mer goddeshusen, dat schalme vorkopen
bynnen[7] iare vnde daghe.

Van sattinghe testamentes.[8] 229

Welk man vor twen radmannen settet syn testa-
ment, vnde he secht, dat he icht edder nycht
schuldich sy, der schult der he bekant de schal-
me gelden, vnde anders neyne, offt iement na
synem dode wolde schult vorderen, men willet
doch gherne don.

Van willekore der beckere.[10] 231

De beckere ouer al de stad hebbet willekoret:
Wen de schepel wetes geld vuj sol, so schal de

1) Fehlt A, S, N.   2) vnde in A'.   3) We to vreuden ryden wel A'; dor burscop fehlt S, N.   4) Fehlt N.
5) V. g. d. moder A', fehlt N.   6) Van gifft to goddeshusen A'; Van erue S.   7) by S.   8) Wate schult me
gelden schal A', fehlt S.   9) den fehlt A', S.   10) Van den beckeren N, fehlt A, S.

wecghe ıx fd weghen der me twene vmme ı d kofft, vnde ıj semelen xi fd. Vnde wan he gilt ıx sol, so schal de wecghe weghen vıııj fd, vnde ıj semelen ıiı mark. Wan he gilt x sol, so schal de wecghe weghen vıiı fd, vnde ıj semelen teynde-half fd. Wan he xıı sol gilt, so schal de wecghe weghen vıı fd, vnde ıj semelen vıııj fd. Wan he gilt xııij sol, so schal de wecghe wecghe vi fd weghen, vnde ıj semelen vııj fd. Wan he gilt xvıj sol, so schal de wecghe v fd weghen, vnde ıj semelen vıı¹ fd. Wan he gilt xvııj² sol, so schal de wecghe weghen ı mark, vnde ıj semelen vı fd. Wan he gilt ı tai, so schal de wecghe weghen ı mark, vnde ıj semelen v fd.

XXX Van twidracht to schedene vor dem rade.⁵

233 **W**elke lude wot to sakende hebbet vor dem rade, ore ffrund, se syn in dem rade edder buten dem rade, schullen alle vt dem rade gan, went de sake endet is.

234   Van schedinge vor dem rade.⁶

Wat vor dem rade delet werd vmme alle sake, dar schal sek jowelk ane genoghen laten vnde neyne claghe dar en bouen don.

XXXI Van geleghenen dinghen.¹⁰

237 **B**iddet eyn man perde edder oynen waghen, de mach he veleghen, den man de dar mede kumpt nycht.

Van dem rocghen brode.³   232

Wanne de schepel rocghen gelt v sol, so schal eyn brod weghen ıij mark der me ıiij kofft vmme ı d. Wen he gilt vj sol, so schal ı brod weghen ıij mark. Wen he gilt vıj sol, so schal ı brod weghen nghendehalf fd. Wen he gilt vıij sol, so schal ı brod weghen ıj mark. Wen he gulde x sol, so schal ı brod weghen vıj fd. Wen he gulde xıj sol, so schal ı brod weghen ıj mark. Wen he gulde xıııj sol, so schal ı brod weghen v fd. Wen he gulde xvj sol, so schal ı brod weghen ı mark. Wen he gulde xvııj sol, so schal ı brod weghen ıiıj fd. Wen he gulde ı tai, so schal ı brod weghen ıj fd. Grotter mach id al wol wesen ane broke.⁴

Van giff dem radmanne.⁷   235

Eyn radman schal neyne gaue nemen vmme jenneghe sake vortostande by synen eyden.

Wu de rad twidrachtege lude scheden schal.⁶ 236

Wur lude twidrachtich syn, de⁸ schal de rad beden, xxvııı, ? dat se den vppe se gan schollen, offt dar neya vestinghe vorschult is. Brikt dat jement, de schal gheuen hundert pund. Bedet dat twene radmanne, dat is like stede alze dat de rad al dede.

Van wedderdonde leghenen dinghes.¹¹ 238

Wat eynem geleghen is, dat schal he wedder antworden. Steyt he dat myt synem rechte vore, so schal he neyne nod dar aff lyden.

Dassa naghescreuen stucke schal de rad holden by den eyden.¹²

XXXII Van brutlachten.¹³

239 **N**ement schal to brutlachten mer hebben wen to sestich xxxvııı ⁴ schottelen, vnde ses drosten, ses schencken, ses ffrawen vppe de kameren, twene spelmanne, twene koekelere. Wat junghfer denet, dat is ane vare.

Van gesten buton der stad.¹² 240

Biddet me geste buton der stad de gat in de tale. Ore xxxvııı. ¹⁰ knechte vnde ore meghede mach de se biddet wol bekosteghen wur he wel sunder dar de brut-

---

1) In N corrigirt vıı. 2) xvııı S. 3) Fehlt A, N. 4) A' und S fugen hinzu: Were auer, dat hir we ane bruckhafftech were, de scholde dem rade yn vor den broke geuen twene sol. 5) Fehlt N; vor dem rade fehlt A' und S. 6) Wat de rad delet dar geyn neyn claghe bouen A, fehlt N. 7) Van gaue S, fehlt A, N. 8) Twidracht S, fehlt A, N. 9) den N. 10) Fehlt N. 11) Van wedderdoude S, fehlt A, N. 12) Fehlt N, S. 13) Fehlt N.

lacht is. De suluen geste mach he edder syn
ffrund hebben darna alze langhe alzet ome be-
queme sy. Alze manneghe ffruwen alze der is
de dar geste syn mach me hebben darto offt me
wel, vnde nycht mer. Dyt sulue mach syn van
den mannen.

241   Van smyde to der brutlach.[1]
Suluerne vat schal me nycht hebben wen eyn
der brud vnde deme brodegamme, vore noch na.
xxxviii.5 Vnde wanne de hochtijd is schal de brodegam noch
neyn syn ffrund sunderlike kost don.

242 **V**an der brutlacht weghene biddet de brödegam syne
xxxviii. ffrund vppe dat hus to dem beborde, wat he dar kost an
11   lecht dat is ane vare.

243 **W**anne eyn brodegam kost deyt edder hö-
uescheyt synen ffrunden edder synen kumpanen,
xxxviii.7 dat mach he don to teyn schottelen kost myt ver sü-
uelen wynes io to dem etende, vnde mach dat don
twene sunnauende to voren.

244   Van den richten to der brutlacht.[1]
xxxviii.6 **N**icht mer wen ses richte schal me hebben. Neyn wilt-
brad schal me hebben.

245   Van den lechten.[1]
Twey lecht iowelk van twen punden mot me wol
hebben, de anderen alle van eynem punde, nycht
groter.

246 **N**eyn klenade schal me geuen wen der brud
vnde dem brodegamme mot me wol geuen suluer
edder golt offte ander nutte ding.

Van gifft.[1]   247
Wat de brud edder de brodegam gifft deme in-
ghesinde dat is sunder vare.

Van dem dantze.[1]   248
xxxviii.
Na wechterkloeken schal me nycht däntzen.   11

Eyn iar vore noch na schal de brodegam noch neyn 249
syn ffrund gheuen mer loderen wen achten de to der LIII. 19
hochtijd synd. Me schal or ok nycht mer vorsenden.

Wenne me voret eynem manne to Brunswik eyn 250
wiff de he nympt buten der stad, de schal me brin-
ghen vp eynem waghene. Wel de brodegam denne
kost don, de schal nycht grotter syn wen eyn
brutlacht, sunder de geste de myt ore komet de
synd ane tale.

Ses ffruwen vnde ore meghede de moten wol gan myt 251
der brud to deme bade, vnde nycht mer. Na dem bade xxxviii.9
etet dar denne twyntech ffruwen, dat is ane vare.

Van dem eyde.[1]   252
Wenne de hochtijd ghedan is, so schal de bró-
degam vor dem rade sweren, dat he bouen desse
gheloude nycht gedan en hebbe, edder he gifft
viff pund.

Mynre kost mot me wol don.   253
Van clenode.[1]   254
Welk mynsche syn kynd edder synen ffrund to LIII. 15
manne gifft de schal an kledinghe, vnde an klenade,
vnde an alle inghedome nycht mer legghen sunder vertich
mark, by teyn marken. Myn mach he wol don. Worde
ok van der ffrunde weghen icht darto geuen,
dat schal me in de suluen xl mark rekenen.

· Desse naghescreuen stucke holt de rad ok by den eyden.[1]

XXXIII Van weddene vnde van dobbelspele.[1]

255 **A**lse dicke eyn vnser borghere eynes daghes wedder
xxxix. 17 eynen anderen, edder mannegheren man vordobbelet ed-
der vorweddet bouen v schillinghe, alzo mannich
pund schal he geuen.

256 **W**e wynnet bouen v sol myt dobbelende edder wed-
dene, dat schal he dem rade geuen.

257 **S**weret he, dat he de broke nycht geuen ne
möghe, eyn half iar schal he der stad vmberen. De
plichtenoten hebben dat sulue recht.

We holt dobbelschole heymeliken edder openbare 258
de schal geuen viff pund. Mach he er nycht geuen, xxxix. 78
ane schal one vorvesten.

Van meldene.   259
Wat eynem radmanne wel to wettene van dessen xxxix. 84
stucken de hir vorbescreuen syn, de wyle he[2] radman
is, dat schal he wroghen by synen eyden, offt id ge-
scheyn is de wyle he in dem rade is, vore noch
na nycht.

---

1) Fehlt N.   2) de N.

XXXIV Van dem gemeynen der stad.[1]

260 **A**rmborst vnde schõt, tartzen,[2] blyden, euenho, vnde wat hord gemeyne to der stad wêre schal me nycht lenen buten der stad by den eyden.

261   Van affgrauende dem gemeynen.[3]

Greuct eyn man eynen grauen by synem hus edder houe in dem meynen weghe ane orloff richtes vnde rades, de weddet dem richte dre pund vnde mot blyuen in des rades mynnen.

262   Van mestene myt blode.[4]

We dar an beuunden worde. dat he myt blode swyn mestede, syn gud schal stan an des rades wolt, wente yd is wedder de ee.

263   Van der muren.[5]

We der stad muren-bebuwet hefft edder bebuwet, valt de mure, he schal se myt syner kost wedderbuwen.

264   Van[6] der stad muren.[7]

We eyn erue hefft by der muren, vnde der muren nycht bebuwet hefft, valt de mure, denne schal de rad den dridden deyl geuen to der muren wedder to buwende, vnde des dat erue is vnde des de tyns is de schullen de twene deyl gheuen.

265   [8]Van perden de me der stad holt.[9]

De perde de me der stad holden schal de schal de rad werdeghen jowelk perd vmme syn gelt. De suluen perde de dar gewerdeghet syn de ne schal me nycht voranderen, id ne sy des rades wille. Worre ok eynem perde wot, dat scholde me deme rade vorstan laten. Wes perd men esschet dat schal me antworden dar de rad wel, edder he schal geuen vor dat ors x sol, vor dat perd v sol. Vorsumede ok jennich man syne

perde an voderne, de rad en wolde er om nycht gelden. Ne redde ok eyn man nycht wen ome de rad ryden hete. de scholde vor dat ors x sol vnde vor dat perd v sol gheuen. Dat wel de rad nemen by den eyden, vnde me schal yd ome an syner tzolt afslan. Vorlore ok iement syne perde, edder dat se ome vordoruen in des rades denste, dat he myt synem rechte vorstan wolde dat yd in der stad denste ghescheyn were, alzo dat yd ome de rad to rechte gelden scholde, dar schal de rad in synen mynnen vmme blyuen. Malk schal gude knechte hebben. [10]Vorspreke ok de rad iennich perd, vnde denede ienne vord mede des yd were: vordorue yd, edder worde yd vorloren, de rad en darff is nycht gelden, vnde me schal ome ok neyn tzolt dar vor gheuen.

[11]Van den denreperden.   266

De perde de der stad knechte hebben de ne horst to XXXIX, 75 dem herwede nycht, wente se stan vppe des rades auenture.

      Van ffruwengerede.   267

To dem ffruwengerede hord de beste keste, dat beste bedde myt allem gerede: alze eyn par lakene, eynen bouetpole, eyne deckene vnde dat darto hord, vnde dat kyndelbeddesgerede wat dar to hord, eyn taffellaken, eyn hantdwele, eyn dwele, ore gesmyde, vnde alle ore wifflike kledere, ore hantruwe, vnde alle de ffyngherne de ore weren, armgolt, tzapël, salter vnde alle boke de to goddes denste horet de ffruwen pleghen to lezene, lyn, vlas, lynengarn, lenewant dat se suluen gearbeydet vnde arbeydet laten hefft in orem hus. Anno m° cccciij*.

Herwede.

268 **W**elk man eyn herwede lõft, ja he dar reginwordich de id hebben schal, me schal id ome antworden. Es is he an dem lande nicht, me schal id don in ghemeyne hand

iar vnde dach. Vnde offt he nicht en kumpt, so schal id de vogad hebben, sunder harnesch dat wert dem rade, de stad mede to hodene.

Wur bozorfft redo eder herwede bynaan der muren, 269

---

dar en hefft de voged neyn recht an, me en gheuet buten
de stad, so in des voghedes dat stucke neghent dem
besten.

270 **D**ar twyerhande kyndere syn, dat herwede schal me ghe-
uen van der ersten kyndere gude. Syud dar mer ghor-
dele wenne syn, dat beste schal me gheuen to herwede.

271 **E**yn late offte eyn eighen mach nicht nemen herwede
noch erne eynes borgers in der stad.

272 **W**elk herwede buten de stad kumpt, eder dat dem vo-
ghede wert, wat wapens vnde harnesches dar is dat schal
dem rade vnde der stad bliuen. Anno m° cccc° i°.

273 **W**at bynnen der stad besterfft an herwede dat .nen
borgeren antryd, dar en hefft de voged nicht an, me en
ghenet buten de stad, so is des voghedes dat stucke ne-
gest dem besten.

274 **T**o dem herwede hort dat beste ors. Is des dar nicht,
so schal me gheuen dat beste perd, offt id dar is. Hefft
eyn man dell an¹ eynem perde, den schal me gheuen.
Dat beste stucke van dussen ören schal me gheuen, dat
beste harnesch² dat de man hadde to eynes man-
nes liue do he starff dat syn was: alze³ eyne
stalene hiuen myt eynem henge, eder eynen
yserne höt myt eyner slappen, kraghen, pantzer,
yacken, stekemesset, borst, schoet, armwapen
vnde wapenhantschen, vnde allerleye heenwapen.
Weret ok dat dat besternen were eyn plate myt
grüzenere vnde schoete vnde dat dar tö horde,
dat mochte de yenne dem dat herwede börde
nemen vor pantzer, yacken, borst, vnde schoot
offt he welde. Vortmer schal me gheuen toem,
zadel myt syncm gherede, swerd, sporen, steuele,
gleuien, harnssack,⁴ byl — js dat byles dar nicht, so
schal me gheuen eyne exc offt se dar is — eyne mecke-
len,⁵ slappenvöder, eynen reyseschilt, eynen wåt-
zak, eyne schrapen, eyne schalen offt se hefft ein vö-
der, anders en schal me neyn suluerne vat gheuen. De
besten kledere schal me geuen: alze eynen hoyken, ey-
nen rok, eyne kogheleu, eynen höt, syn beste ghor-
del, schedemesset, eyne kolten eder eyne dekene de
eyn man plecht myt suk to vörende — hefft me der nicht,

so schal me gheuen eyne deckene de eyn man plecht
deghelikes vppe syn bedde to leggende — twe slap-
lakene,⁶ hefft eyn ffruwe kolten eder deckene vnde⁷
lynene lakene to oren eren, der en schal me nicht ghe-
uen. Eyn hönetkussen schal me gheuen, eyn par
lynene kledere, eyn par hozen, twe schö, eyn degelikes
dischlaken,⁸ beckene offt se ghekedenet synd, eynen ket-
tel dar me mach ynne zeden eyne schulderen, eyne kup-
perne blasen dar me mach ber ynne balen, eynen
ketelhaken myt twen haken. Van dussem vorbenome-
den herwede schal me gheuen yo dat beste, vnde
dat mochte de yenne kezen de dat nemen scholde.
Anno domini m° cccc° xiii°, sabbato post Epipha-
niam domini.

Wat to dem herwede hort des en mochte ney- 275
mend anders wur gheuen eder bescheden na ty-
nem dode wenne dar id van rechte boren mochte.
Actum vt supra.

Were ok dat yemend herwede hir vorderen 276
welde van buten tö, alzodan herwede alzeme van
dussen vorbenomeden stucken pleghe to ghe-
uende in dem gherichte dar de wonhafftich were
de dat fforderen welde, alzodan stucke scholde
me ome bir weder geuen, vnde anders nicht, doch
myt beholtnisse vnser stad rechticheyt. Actum
vi° supra.

Brincet yemend yenich ding by vnwitliken dat to dem 277
herwede hort, dat schal he weder bringen eder alzo gud
by swornem eide sunder böte. Wat dar nicht en is alze
de man sterfft des darff me nicht kopen. Is de erue dar
nicht de dat vpböre to dem dritteghesten, so schal me id
don in ghemeyne hand jar vnde dach. Wanne de dach
vnime komen is, so schal de rad darto helpen, dat id ome
werde de dar recht to hefft. Vnde offt he nicht en kumpt,
so schal id de voghed hebben, sunder dat harnsch dat
schal den eruen¹⁰ de stad mede tö bodene.·

¹¹**D**e ghemeyne rad is euich geworden: welk herwede 278
buten de stad kumpt, edder dat dem voghede wert:
wat wapens edder harneschos dar is dat schal dem rade
vnde der stad bliuen, jd en sy, dat dar eruen syn byn-

---

1) § 131 fügt hinzu cynem oresc eder. 2) N fügt hinzu schal me gheuen; in § 131 folgt kouerture, platen, messet,
spoldener, sansftener, tester, helm — is de helm dar nycht etc. — hurteleder, dokene knylinge, sadel. 3) alze
fehlt N. 4) harnsak fehlt § 131, wird jedoch schon XVII, 2 mit aufgeführt. 5) In § 131 folgt eyn par tas-
schen, schilt, eyne malen, twene yserne hantschen. 6) twey slaplakene in § 131 hinter kussen. 7) § 131 fügt
hinzu twey. 8) § 131 fügt hinzu brokremen. 9) vbi S. 10) dem rade A', S, N. 11) Dieser Paragraph fehlt A'.

16*

nen der stad den dat harnesch horen moghe. Anno m°
cccc° r°.

279   Van saken vor den rat to teende.[1]

We eyne zake van dem gherichte vor den rad
thüt, vnde der zake neddervellich worde, de
schal dem voghede de broke ghenen alze de won-
heyt is. Worde he nicht neddervellich, so en
weren dem voghede neyne broke verboret, wer
van deme de de zake[2] vor den rad thüt, eder
van deme de syn wedersate was. Anno m° cccc° x°.

280   Van vrede vnde ban.[1]

We ffrede vnde ban entffanghet vor gherichte,
de schal ghenen de ffredepenninge;[2] seuen pen-
ninge dem voghede vnde eynen penning dem
ffroneboden. We hir ok neyn borgher eder bor-
gersche en[4] were, dem en schal me vor gherichte
neynen ffrede werken ouer gud dat hir to wic-
bildes rechte leghe. Anno m° cccc° x°.

261 **W**eret dat eyn wolde stan laten de beteringhe
synes huses vor den tyns, dat scholde he don to
der tynstijd, vnde ghenen darmede den tyns.
Lete he ok dat hus stan vor den tyns to byty-
den, so scholde he ghenen den tyns na antale
de sek denne boren mochte. Anno m cccc mj°,
feria quarta ante purificacionis Marie.[6]

262 **V**nse borghere vnde[6] borgerschen schullen oren
tyns de vorseten were manen vnde fforderen alze
tynses recht is, alze oft de tyns vorjarede vnde
to rechten tyden nycht betalet en worde, dat yd
denne neyn schult heten edder wesen scholde.
Anno mcccxvmj°, feria quarta post Letare.[7]

285   Van herwede.

Offt wol twene man edder meer to eynem her-

wede allyke na geboren syn, so nympt id doch
de eldeste allene, vnde weret dat id de eldeste
na vnser stad rechte vnde wonheyt des nycht
forderen mochte, so mochte id de andere nemen
de negest deme de eldeste vnde mit ome darto
lyke na vnde vnse borgher were. Vnde were de
dar nicht, so nemen id de vegede, suuder dat harnesch
nympt de rad alse vorscreuen js.

De denstknechte de hir bynnen der stad denen 256
wan ore swertmage steruen de mogen herwede
vorderen, se syn van wate iegenode se syn. Ko-
men se auer hir jn to denste wan ore mage rede
in orem suchtbedde legen, so en hebben se an
dem herwede nicht.

[6]**E**yn juncfruwe edder vrnwe de vnse borgersche 357
eddere jnnewonersche were en schullen nicht dra-
ghen hoyken edder röck der eyn bysunderen hed-
de gekostet bouen teyn pund. Ok en scholden
se nicht draghen gebende edder krantz der eyn
bysunderen bouen viff pund ghekostet hedde.
Vnde de spanne de se dragen wolden en schol-
den bouen teyn ghuldenen nicht hebben gekostet.
Vnde welk juncfruwen[9] de[10] vyngherne vnde
boge[11] vppe dem krantze edder vppe dem ge-
bende draghen wolde,[12] de scholden der juncfru-
wen vnde eres vaderes vnde erer moder[13] egen
wesen. Vnde welk fruwe de de dragen welde,
de scholden der fruwen vnde eres mannes egene
wesen.[14] Vortmer de dok den de[15] fruwe dragen
welde de[16] en scholde bouen xxx schillinge mit
smyde vnde tzyringhe dat[17] dar vppe weren[18]
nicht gekostet hebben, vtghesecht[19] kruse doke
vnde beyersche doke. Vnde de kostinghe van

1) Fehlt A, A', N.   2) wer deme de sake N.   3) to ffredepenninghen A', S.   4) en fehlt A', S, N.   5) M.
virginis gloriose S; M. virginis N.   6) Statt vnde hat S durch einen offenbaren Schreibfehler vnse.   7) J. Jeru-
salem N.   8) Die folgenden Verfügungen sind in A', N, S vom Echteding geschrieben, in S unter dem Titel
Van juncfruwen vnde vruwenkleideren vnde kyken.   9) welk firuwe edder juncfruwe A', N, S; firuwe edder
in A' übergeschrieben.   10) welk juncfruwen de in A von anscheinend gleicher Hand am Rande; de fehlt A',
N, S.   11) vnde boge in A und A' von gleicher Hand übergeschrieben.   12) wolden S, N.   13) juncfiruwen
edder firuwen edder orer elderen edder eres mannes A', N, S; in A' zum Theil übergeschrieben zum Theil auf
Rasur.   14) Vnde welk fruwe — wesen fehlt A', N, S.   15) eyn A', N, S.   16) de scholden der junc-
fruwen vnde eres vaders etc. — de in A von anscheinend gleicher Hand am Rande.   17) do A'   18) were
N, S.   19) vtghenomen A'.

dessen vorghenomden rocken, hoykenen, kran-
tzen, ghebenden vnde doken de scholde me re-
kenen eyn jowelk na deme ghemeynen lope alse
me der stucke eyn jowelk pleghe hijr to kopende
na werde to der tijd alse dat denne were, wen
malk dat dregen wolde, myt alle deme dat darto
queme: myt makelone, houetgate, smyde, vode-
ringhe los edder gehechtet dar vp edder dar vn-
der, vtghenomen smyde dat scholde me rekenen
na deme ghemeynen lope alse dat plecht to
kostende to der tijd alse dat erst gemaket were.
We an desser stucke welkem brokhafftech worde
edder were de scholde dem rade so vor dat
stucke eyn pund gheuen also vakene alse se des
vormeldet vnde vorwunnen worde.[1]

268 [2]**Ok** en scholden desse juncfruwen vnde vruwen
nicht draghen hoyken edder röck de also langh
weren, dat se one vppe der[3] erden wen se vppe
neynen holtschoen ghingen naslepen mochten, by
x schillingen. Actum anno domini millesimo qua-
dringentesimo vicesimo primo, pro festo sancti
Martini episcopi gloriosi.

389 Van gifft jn testamenten vnde leste willen.

We wat vorgifft jn sinem testamente dar der stad ore
plicht midde adgheyt, vnde ok wat van testamentes edder
eruetales wegen buten de stad queme, des schal de dridde
penningh dem rade vnde der stad bliuen, vnde dat schal
de rad keren jn der meynen stad nut.

290 **Dat** mach me aldus vorstan: We wat vorgifft in
sinem testamente, alse gheystliken luden edder
vthluden de neyne stadplicht plegen to donde,
alse schoten, waken, vthjagen, edder der stad
behulpelik to wesende van oren personen wegen,
se woneden binnen der stad edder dar enbuten,
vnde dat dat gud dat also vorgheuen worde also-
danne were, dat me dar plicht bilken van don
scholde, id hedde borger edder vthman, alse huse,
tins an husen edder an garden, worden, liegghen-
de watere, vnde bogende grunde hir binnen der
stad vnde dar enbuten de to wiebeldes rechte

liegghen: van der gifft borde dem rade de dridde
penningh, vnde dar to scholde me dat vorkopen
vnde laten plichtbaren luden bynnen jare vnde
daghe alse brunswikesch stadrecht jnne hefft.
Vnde ok wat van testamentes edder eruetales weghen 291
buten de stad queme etc.

Dussen artikel mach me vorstan vppe allerleye
varende haue: alse gelt, redeschop, jngedome,
queck, vnde slichtes allerhande gudere de also-
danne sin, wen se komen vt plichthaffteger lude
handen dat me dar denne van der stad wegen
neyne plicht to rechte vp vorderen mach, vnde
ok allerleye plichtbar gud: wat der gudere ghe-
uen werden in testamenten, edder ghevordert van
luden de buten der stad woneden, vnde nicht ding-
plicht[ich] edder stadplichtich weren, edder offt
de gudere wol anquemen luden de vppe de gifft
edder vppe dat erue wareden edder jn ghastes wi-
sen in der stad weren mit der vorsate, wen se
dat ghevordert hedden dat ore wonent denne hir
nicht lengh en were: wat des gudes an se queme
des scholde de dridde penningh der stad bliuen.
Also mach me dussen artikel vorstan.

Worde in testamente weme wat ghegheuen, 292
edder vorderde we wat van eruetales weghen de
alsodanne were, dat he wonede edder denede hir
binnen der stad, he were ghestlik edder wertlik,
edder goddeshus hir binnen der stad, vnde doch
hir jn der stad willen hedde to bluende, one
queme alsodanne gud an edder nicht, alse vn-
echte kindere der borgere edder borgerschen,
edder kindera de neyne borgerschop hedden,
monneke de hir begheuen weren, papen de hir
belenet weren: van den gifften borde denne deme
rade nicht, also vorder dat dat neyne plichthaff-
tege gudere weren alse dusse erste artikel jnne
hefft.

We schult vorderen wel vppe de doden hand, 293
recht dejenne de seck des doden gudes vnderwin-
det, sin frunt sij ome nichtes plichtich gewesen

---

1) In A' folgt hier das Datum wie unter § 268. 2) Die folgende Verfügung ist in N, S zum Echtedinge ge-
schrieben, in S unter dem Titel Van naslepende der kledere, in A' ist sie ausradirt. 3) In A folgt Rasur.

do he starff, vnde but he dat to beholdene myt syneme eyde, den eyt schal de andere nemen: so en gilt he ome vor den doden nicht. Bud he auer dar entigen, he wille dat beholden myt syneme eyde, dat sin frund ome de schult schuldich bleue do he starff, den eyd mach jenne nemen oft he wel. Nympt he den eyd, so schal jenne vor den doden gelden na eruerechte, en wel auer de beclagede den anderen allene to den eyden nicht staden, vnde de beklagede antwordet darto mit vnwitschup: mach denne de clegere deme be-

clageden der schult jrinnen sulff dridde bekander vromer tuchwerdiger lude de besetene horgere sin to Brunswigk, so schal de beclagede de schult gelden van dem erue also verne also dat erue warende were. Heßt auer de dode sin testament gesath vor twen ratmannen, vnde gesecht, dat he icht edder nicht schuldich were, dat schal me holden alz der stad Brunswigk recht jnneholt. Dijt is nicht geredet van schult de me vordert myt witscup des rades, myt bekantnisse des richtes, edder mit liegenden orkunden.

LXII. ECHTEDING.

Das Echteding folgt in dem ältern Codex der Altstadt auf die Eide und das Stadtrecht, in dem jüngern ist es zwischen beiden, in dem Säcker Codex an erster, in dem Neustädter an zweiter Stelle eingetragen, und in allen vieren in dreissig Artikel geordnet, denen eine Reihe einzeln stehender Paragraphen hinzugefügt sind. In N und S ist es durchgehends, in A und A' seinem ursprünglichen Umfange nach je von derselben Hand wie das Stadtrecht geschrieben. Mit Ueberschriften sind in derselben Weise wie es in der Einleitung zum Stadtrechte von jedem Codex angegeben wurde in A' und N die Artikel, und in S sowohl diese als die einzelnen Paragraphen versehen; in A dagegen fehlen Ueberschriften gänzlich, obschon Raum für sie gelassen ist.

Die erste Aufzeichnung in A bestand aus den §§ 1—117, 119—131 des nachstehenden Abdrucks: 118 findet sich nur in den übrigen drei Codices. Hieran sind allmählig von derjenigen Hand, welche die §§ 268—280 des Stadtrechts geschrieben hat, 141—155, 158, 159 und der Anfang von 160, von der Hand des Säcker und des Neustädter Codex 161, 162 und 167—170, von einer dritten 175—177, von derselben endlich wie § 286 des Stadtrechts § 178 nachgetragen.

Soviel zu erkennen ist umfasste die Aufzeichnung in A' ursprünglich 132 Paragraphen, zwei mehr als A, indem dem 29. Artikel § 118 angehängt, und im 30. § 160 vor § 160 eingerückt ist. Dieser Bestand zeigt sich jedoch mehrfach abgeändert. Auf Rasur an der Stelle von § 13 steht die hier im Texte daneben gestellte neuere Fassung desselben, an der Stelle von 52 § 148. § 74 ist zu der Fassung corrigirt, welche gleichfalls im Texte beigefügt ist. Der 30. Artikel ist bis zu dem vor § 126 eingeschobenen § 160 ausradirt; auf dem gewonnenen Raume sind 155, 156, 157, 154, 158, 159 eingetragen. Durchstrichen endlich sind 37, 38, 41, 46, 117. Alle diese Aenderungen rühren noch von erster Hand her. Von eben derselben sind nachgetragen 132—141, welche mit Ausnahme des letzten diesem Codex eigenthümlich aber durchstrichen sind, hierauf 142—147, 149—153, sodann die Kleiderordnung, welche in A zum Stadtrechte geschrieben und unter LXI als § 287 abgedruckt ist — § 288 scheint ausradirt zu sein — und endlich 161—164. Von der Hand des Säcker und des Neustädter Codex ist § 165, von einer dritten 171, 172, und schliesslich von einer vierten 173 und 174 hinzugefügt.

Die Aufzeichnung im Säcker und die im Neustädter Codex stimmen grösstentheils überein. In beiden sind bereits einige von den in den älteren Codices gelegentlich nachgetragenen Bestimmungen an passenden Stellen eingeordnet. So die §§ 164 nach 8, 150—153 nach 60, 143 nach 62, 158—160 zwischen 116 und 127, während die §§ 119—126 weggelassen sind. Die neueren Fassungen der §§ 13 und 74 sind hier gleich ursprünglich eingetragen. Von den in A' durchstrichenen Paragraphen fehlen der 37. 38. 44. 46. und ausserdem der 52. welcher durch die entgegengesetzte Verfügung in 148 aufgehoben ist. Nach § 131 folgen die §§ 141, in S auch 142, welcher N fehlt, 144—149, 153—157, darauf die hier als §§ 287 und 288 des Stadtrechts gedruckte Kleiderordnung, sodann die §§ 161 162, 163, 166, und schliesslich in N noch 165, 171, 172.

Unter Berufung auf Scherzers Glossarium deutet Bode in Hagemann und Spangenbergs prakt. Erörterungen IX, 130 das Wort echteding als zusammengesetzt aus echt legitimus und ding pactum, conventio, durch statutorum formula populo solemni modo recitari solita. Nach Artikel 120 und 132 des Ordinarius wurde das Echteding zwei Mal jährlich in gehegtem Gericht den Bürgern verkündigt. Mit Rücksicht auf diesen Gebrauch wie es scheint ist es auch gesondert vom Stadtrechte zusammengetragen. Wenigstens stehen beide nicht dadurch im Gegensatze, dass das Echteding „diejenigen gesetzlichen Bestimmungen" umfasst, „welche der Rath ohne der herzoglichen Genehmigung zu bedürfen und ohne Zuthun des herzoglichen Vogtes erlassen hatte": dasselbe gilt ohne Zweifel auch von einem beträchtlichen Theile des Stadtrechts, für welchen „eine Nachweisung darüber, dass die Bestätigung des Landesherrn ertheilt oder nachgesucht worden" gleichfalls vergeblich gesucht wird. Und ebenso wenig wie dem Ursprunge nach sind Stadtrecht und Echteding nach ihrem Inhalte durchgreifend geschieden. Das Echteding enthält grösstentheils polizeiliche Verordnungen, aber untermischt mit Rechtssätzen, das Stadtrecht, in welchem Rechtssätze vorherrschen, auch Polizeigesetze. Die Kleiderordnung, welche in A dem Stadtrechte angehängt, in den anderen drei Handschriften dem Echtedinge einverleibt ist, kann jenen Platz allerdings durch ein Versehen erhalten haben. Aber in allen vier Handschriften findet sich eine Reihe anderer Bestimmungen in mehr oder weniger abweichender Fassung sowohl im Stadtrechte als im Echtedinge. Diese sind im Folgenden durch Marginalnoten bezeichnet. Zur grössern Hälfte ist das Echteding der unter XXXIX und LIII abgedruckten Sammlung entlehnt.

Bode hat das Echteding in Hagemann und Spangenbergs prakt. Erörterungen IX, 522 nach dem Sücker Codex abdrucken lassen. Dem nachstehenden Abdrucke liegt der ältere Codex der Altstadt zu Grunde; die den übrigen eigenthümlichen Paragraphen sind jedoch je im Anschlusse an den letztvorhergehenden gemeinschaftlichen in den Text aufgenommen, und ebenso die Ueberschriften der einzelnen Paragraphen, welche S bietet.   Hn.

Dyt is dat register des echten dinghes.[1]

j Van eruen.[2]	xvj Van vure to vorwarende.[6]
ij Van brudlachten.	xvij Van hore.
iij Van gerichte.	xviij Van tollen.
iiij Van beschadinge.	xix Van herbergende.
v Van der burschop.	xx Van entrochtende vnde vnvoge.
vj Van sunderliken broken.	xxi Van willenwerke.
vij Van penningen vnde van smyde.	xxij Van tynse.
viij Van yodden.	xxiij Van garden.[7]
ix Van korne.[3]	xxiiij Van schedynge.
x Van ve vnde van swynen.[4]	xxv Van rtiacht vnde van wapene.
xi Van dobbelende.[5]	xxvj Van lifgedynge vnde veltgut to kopen.[8]
xij Van testamenten.	xxvij Van holte[9] vnde van vnvoghe.
xiij Van deynsten.	xxviij Van were to dragende.
xiiij Van tauerneren.	xxix Van sunderliker enynge.[10]
xv Van vorhoken.	xxx Van arbeydesluden.

1) Echteding A; Register des e. N, fehlt S. 2) Sunderlik verbod A'. 3) Van korne vnde van molte A'. 4) Van heerden vnde van ve A' 5) Van dobelspele A'. 6) Van vure A'; V. v. to bewarende N. 7) Van garden vnde van gherdeneren A'. 8) to kopen fehlt N. 9) Van holt to nemende A'. 10) Sunderlik eninghe A'.

I Sunderlik vorbod.[1]

1 **W**e twidracht maket twisschen der herschop vnde der
[LIII. 1] stad, twisschen den rade vnde den[2] gilden, edder twis-
schen dem rade vnde der meynheyt, syn liff vnde syn gud
steyt in des rades wolt.

2 Van sampninghen.

[LIII. 2] **I**d en schal nement jennegbe samninghe maken des nach-
tes one des rades witschop, by lyne vnde by gude.

3 Van ridende.

[LII. 3]
[LXI. 72] **N**eyn vnser borghere schal reyse riden ane des rades wit-
schop dar de stad io schaden van kome, by teyn marken.

4 Van eruen.

[LIII. 4] **W**e eyn erue vorkofft, de schal des eyn were wesen.

5 **I**d en schal neyment eyn erue vplaten noeb heynerleye
[LIII. 5]
[LXI. 164] gelt dar an sunder vor dem vegbede openubare so rechter
dingtijd daghes.

We gelt vorkofft an synen crue, de schal dat scryuen 6
laten in der stad bok, wudanne wijs dat he dat vorkope, [LIII. 6]
edder yd en schal nycht bynden.

We syn erue vorkofft edder vorgifft ane des rades wit- 7
schop vnde rulbord, dar der stad ore plicht mede affgeyt, [LIII. 7]
dat erue befft. la covoren vorloren, vnde me schal ome [LXI. 214]
volghen myt eyner vestinghe.

Van tinsse.

We tyns edder guide hedde an eynes anderen erue 8
de he vorkopen wolde, dar en is nement negher to gel- [LIII. 8]
dene wen de de beteringbe daruae befft, sander de rad is [LXI. 164]
dar negher.

Welk man verd vp eyn ander blek der he der stad ore 9
plicht midde entflct, deme schal me volghen myt eyner ve- [LIII. 9]
stinghe.

II Van brutlachten.

10 **W**e eyne juncffruwen edder ffruwen enwech vord ane
[LIII. 11] der ffrunde willen, ore erue en schal or nycht volghen,[4]
vnde me schal ome volghen myt eyner vestinghe.

11 **W**e den anderen eyn trawelofite ansprikt vmne echt-
[LIII. 12] schop des he nycht valkomen mach myt rechte, he sy ffruwe
edder man, deme schalme volghen myt eyner vestinghe.

12 **W**e eyne juncffruwen edder ffruwen bered, de mach
[LIII. 13] leeghen an ore kledere vnde ingbedome xl marken, vnde
[LXI. 254] nycht mer: myn mach he wol don. Dyt schal[5] me hol-
den by teyn marken.

13 **W**e eyne juncffruwen edder ffruwen bered, de en schal
[LIII. 14] neymende aier gouen sunder dem brodegamme, vnde sy-
nem vadere, vnde syner moder, vnde den de in des bro-
degammes hus wonbafftich[6] syn, vnde synen broderen
vnde synen susteren de hir in der stad wonbafftich syn:
gordele, bodele, vnde lyneue kledere. Vnde wat me dem
brodegamme gifft dat en schal nycht beter wesen wen eyn
mark. Vnde de brodegam en schal ok nayne vorkost don.
We dat anders helde, de scholde dem rad viff mark geuen.

We eine juncffruwen edder ffrowen bered, de vnde
de brud en schullen neymende mer gheuen to der
tijd alze me klenode vnde giffte plecht to vor-
sendende wen dem brodegamme, vnde synem vadere,
vnde eyner moder. Vnde wat me dem brodegamme gifft
dat en schal nycht beter wesen wen eyn mark. Ok mach
me gheuen den de in des brodegammes hus wonbafftich
syn, vnde synen susteren, vnde broderen de hir in der
stad wonbafftich syn, vnde dat en schal dessen dry-
erleyen nycht beter wesen wen jowelkem vppe
x schillinghe. Deme ghesynde alze mededen me-
gheden vnde kneobten[7] in des brodegammes hus
schal me denno nicht[8] beters gheuen wen jowel-
kem vppe jj schillinghe. Myn mochte dyt al wol
wesen. We dyt anders holde, de scholde dem rade viff
mark gheuen. Actum anno m cccc xxvj°, feria quarta
post Misericordias domini.[9]

To den brutlachten schal[10] me nycht mer bebben wen lx 14
lude, ffruwen vnde man, vnde vij juncffruwen,[11] vnde [LIII. 17, 18]
[20 24]

---

1) Sunderlik vorbod vnde echtedingh S. 2) den fehlt N. 3) Auf § 8 folgt in N und B die biet als § 184 ge-
druckte Verfügung. 4) en schal me ore nicht volgen laten N. 5) scholde N, S. 6) wonbafftich in A von
zweiter Hand übergeschrieben. 7) alze megheden vnde knechted de ghemeded sin S. 8) In A' ausgestrichen
mer. 9) Diese Fassung hat in A', N, S § 13 erhalten. S. die Einleitung. 10) en schal N, S. 11) vnde vij
juncfruwen in A und S' am Rande, dort von der Hand des Sücker und Neustädter Codex, hier von gleicher Hand.

achte drosten, vnde des lateren suenden nycht mer wenne
xxx lude vnde vu: junefruwen.[1] Ok en schal me neyne
spellude mer setten edder vorsenden sunder achte. We
dy? anders helde de scholde vor iowelken myruschen
vnde spelman geuen viff schillinghe ane guade.
15   Vmme erste missen.
In der suluen wyse wel yd de rad helden myt
den ersten missen vnde myt nyen monneken de
thser borghere kyndere syn.
16 **W**elk spelman van buten hir in gesand werd, deme en[2]
schal me nycht mer geuen, wen eyn lot by eynem punde.
17   Van kinderen jn dat closter te geuende.
We syn[3] kynd buten der stad[4] to klostere geuen

wel vnde inopperen laten, dar en schullen myt deme
kynde nycht mer ffruwen varen to klostere sunder sesse
vnde ore meghbode. Ok en scholde neyn ffruve vore edder
na varen edder gan to der suluen opperinghe. Vnde wen
se van klostere komen, so en schal dar nement
mer eten sunder de ses ffruwen de mede to
klostere wesen hebben. We dyt anders helde, de
scholde der stad geuen alze maunich pund penninghe,
alze maunich ffruwe was to der opperinghe houen sesse.
Myn meste[6] orer wol wesen. Ok en scholden bouen
tweyne manne einer mage to der suluen operin-
ghe vnde etende nicht wesen, by deme suluen
broke.[6]

III Van gherichte.

18 **W**elk vnser borgere des anderen meyer to schulde-
gende heft, vor dene syn here recht tind, de schal hir
in der stad recht van ome nemen, vnde en schal one vor
neyn ander gerichte teen, ome en[2] werde hir erst rech-
tes[8] brok, by eynen punde.
19   Van laden.
Neyn vnser borgher edder borgersche schal den anderen
laden vor iennich recht, ome en werde erst recht brock
vor dem voghede, by x marken. Hefl he der nycht, he
schal der stad alze[9] langhe vnberen, went he se geue.
20   Van antworde.
Jowelk man schal suluen antwerden vor dem voghede,
bekennen edder vorsaken, vnde nement van syner we-
ghene, yd en do ome lyues nod.

Van vorbodene.   21
We vor gerichte bodea werd de schal vorko-
men. Deyt he des nycht to der dridden claghe,
offt yd ome neyn echt nod en benympt, de schal
der schult vorwunnen syn. Kumpt he vore vnde
bekant, so schal me ome syne daghe holden vnde
de rad wel dat vord holden alze se dar aff ge-
scheden syn. We des nycht en wette, de late sek
de richteheren des berichten.

Weme de rad boden sand de schal komen ane andere 22
boden, by ii sol.

De rad giff: manghem vorword ber[10] in de stad dorch 23
zake willen: dar schal sek malk ane bewaren,[11] dat he
neymende an en verdege, he en do dat by wlsschop des
rades dee[12] wichbildes dar he inne wonet.

IV Van beschadinghe.[13]

24 **N**eyn vnse borghere schal des anderen gudet angevelle
vnde dat he in synen lenschen wéren heft kopen ane sy-

nen willen. We dat dede, deme scholde me volghen myt
eyner vestinghe.

---

1) vnde vu̧ junefruwen in A von der Hand des Säcker und Neustädter Codex übergeschrieben, in A' am Rande von gleicher Hand, steht in S und N ursprünglich. 2) en fehlt S. 3) eyn in A auf Rasur. 4) buten der stad to klostere geuen in A von der Hand des Säcker und Neustädter Codex für edder synes wynes kynd to klostere geuen wel vnde inopperen laten, wovon indessen nur die Worte edder — kynd ausgestrichen sind. In A' lautete der Anfang ursprünglich We synd (für syn) kynd edder eynes wynes kynd to klostere etc. Hiervon sind die Worte synd die Worte — wynes ausgestrichen, dafur eyn, und hinter inopperen laten die Worte buten de stad übergeschrieben. 5) machte S. 6) Ok — broke wie in n. 1 beschrieben. 7) eyn S. 8) rechtes fehlt S. 9) so S. 10) bir N. 11) vorwaren N, S. 12) rades des fehlt S; des rades in A' von der Hand des Säcker und Neustädter Codex übergeschrieben. 13) V. b. eynes anderen S.

17

25 **W**e van henne verd van schult weghene vnde vnsen
LIII. 31 borgheren ore gud entflord myt vorsate, den wel de rad
suluen vorvesten in deme wichbilde dar dat inne stheyn
is. Hefft he eyne inninghe, de schal he verloren hebben,
me wel yd ok vor ddue hebben, vnde me schal yd in de
veme scryuen.

Welk vnse borgher sek in¹ der stad rechte nycht wel 26
genöghen laten, vnde myt drowe van henne verd, den wel LIII. 32
de rad vor eynen vnbeschedenen, sulffmödeghen man hebben, vnde de schal der stad vnberen myt wyue vnde myt
kjnderen de wyle he leuet, sunder gnade.

V Van der burscop.

27 **W**e de burschop ffreueliken vpgifft ane nod, van deme
LIII. 33 wel de rad hebben, dat he swere to der saluen tijd, dat
he bynnen verteyn nachten vt der stad wyke, nycht wedder in to komende, yd en sy by des rades willen. We
des nycht don en wolde, deme wel de rad volghen myt
eyner vestinghe.² We ok so dorhafftich were, dat he der
vestinghe nycht achten en wolde, kricht one de rad bynnen der stad,⁵ me wel yd ome alzo keren, dat yd ome
to swar werd. Wolde he ok na der tijd dat he des rades willen irwornen hedde de burschop wedder wynnen,
alzodanne schut alz he bynnen der tijd hedde vorsetet.

dat he van henne wesen hedde, dat scholde he geuen bynnen ver wekenen wan he hir in queme by swornem eyde.
Wat ok vor de burschop geboret darna vp eyn nye to
wynnende dat steyt vppe des rades gnaden des wichbeldes
dar he in wel, wu se ome dat keren willen.

We na dessur tijd⁴ vnse borgher werd, vnde sprikt vor 28
dem rade, wen he de burschop wynnet, he sy firy noch LIII. 34
en besta neymende, werd he des darna bedragben, dat he
iemendes lad edder eghen is,⁵ de rad wel ome volghen
myt eyner vestinghe.⁶

VI Van sunderliken broken.

29 **W**e eyn swerd edder eyn messet thut, vnde wel he sek
LIII. 37 des nycht ledeghen, dat he dat dorch lyues nod willen
LXI. 57 gedan hebbe, he schal vor dat swert dem rade geuen ses
schillinghe, vnde vor dat messet dre sol, ane gnade.⁷

30 Van dotslande.

LIII. 38 **W**e den anderen dot sleyt de schal der stad viff iar
enberen ane jennegherleye rede.

31 Van wunden.

LIII. 38 **W**e ok den anderen vorwundet, dar he vmme vorvestet
werd, de schal der stad eyn iar vmberen.

32 Van vorsate.

LIII. 39 **W**e den anderen vnverdeglcht myt eyner vorsate myt
LXI. 58 worden edder myt dadeu, de schal dem rade teyn⁸ pund
geuen. Hefft he der nycht, he schal der stad so langhe
vmberen, went he se geue. Dit wel de rad hebben ane

gnade, vnde⁹ wo in dem rade is, de schal yd melden wur
yd ome to wettene werd. Lodere vnde bouen en gad¹⁰ in
dessen broke nycht.

Van roffgude.   33

We roffgud kofft witliken, edder findet dat koplulen ge- LIII. 43
nomen is edder vorfimet, de schal syne inninghe verloren
hebben, vnde syn liff vnde syn gud steyt in des rades wolt.

Van wichte.   34

Malk schal syne wichte vnde mate recht hebben.   LIII. 44

Van wichte.   35

Id en schal nement nu mer¹¹ vt edder in weghen sun- LIII. 114
der myt wichte de myt den rades tekene getekent is. We
dit anders hedde, de rad wel syeen broke darvanne nemen, vnde de rad wel eyneu darto setten de de wichte
tekenen schal.¹²

---

1) an S. 2) Ausgelassen der Satz We ok nv rade — xiiii nachten. 3) der stad gheriebte A', N, S; in A'
ist gherichte am Rande wie es scheint von gleicher Hand nachgetragen. 4) na dessur tijd in A' ausgestrichen,
fehlt S, N. 5) ay S. 6) In A' am Rande, wie es scheint von erster Hand, Nu nicht. 7) LXI, 57 verfügt höhere Brüche. 8) LXI, 58: viff. 9) vnde fehlt A', N, S. 10) de ghan A', N, S. 11) nu mer in
A' ausgestrichen. 12) In A' unter § 35 am Rande quere infra.

VII Van penninghen vnde van munte.

36 **De** penninghe[1] schal me nemen vnde scherff vnde fferlinghe na orem werde welkere rechte munte hebben vnde \ tebroken syad, de wyle se nycht vorlut en syn,[2] by twen sol.

37 **Den** olden penning schal me nemen na sancte Ylien daghe vor dre fferlinghe.

38 **Welk** man penninghe belese er so vorlouet worden, werd he des bedraghen, me wel yd vor valsch hebben.[3]

Van pennigen.   39

We penninghe besnede, werd he des bedraghen, me schal yd vor dune hebben.

Van smide.   40

We gesmyde buten der stad maket led, yd sy van suluere edder van golde, ergher wen der stad gesette is, dat wel me vor valsch hebben.

VIII Van jodden.

41 **De** jodden de hir wonhafftich syn hefft de rad in ore beschermninghe nomen. Dar schal sek malk ane vorwaren, dat he sek an one nycht en[4] vergripe.

42 **Welken** jodden eyn pund gesad werd, vorsaket he des,[5] me schal yd vor dune hebben.

Van panden.   43

Neynerleye tosneden wand en schullet de jodden to pande nemen. We yd dar enbouen dede, de rad wel synen broke dar vmme nemen.

IX Van korne vnde van molte.[6]

44 **We** korne to borghe deyt, de schal ome eynen nomen schippen, wu me dat schulle gelden, by v punden.[7]

45 Neymant schal korne kopen vppe dem markede vmme der geste penninghe, by v sol.

46 **De** meyne rad vnde alle de to dem rade sworen hebben syn enfeh geworden, dat neyn vnser borghere noch borgersche en schullen kopen edder kopen laten neynerleye korn dat me hir in de stad bringt odder voren wel to kope, wen myt brunswikeschen penninghen nye edder olt by schepeltale, vnde schullet dat myt penninghen betalen vnde nycht myt suluere, vnde en schullen hir neynerleye list anders ane soken. We dyt anders helde, vnde des dem rade vormeldet worde, vnde sek des myt synem rechte nycht entledeghen wolde, de schal dem rade geuen vor jowelken schepel den he alzo kofft hefft ı sol ane gnade. Anno m cccc°, vigilia Mathei.[8]

47 **We** korn hir in de stad voren wel, he sy ridder, pape, edder[9] knecht, we he sy, wanne de rad dorch nod vorlouet korne to kopende, de schal dar by doen alze eyn vnser borghere. Dyt schal iowelk werd seeghen den de korn willet in syne herberghe voren, vnde schal devor antwerden.

Van korne.   48

Id en schal nement buten de stad gan edder ryden korne to kopende vppe vorkop dat me hir to markede bringhen wel, edder dat dar in laten, suuder malk schal yd hir kopen vppe dem markede. We des alzo nycht enhelde, vnde des dem rade vormeldet worde, de scholde geuen dem rade vor jowelken kop v sol des he sek nycht ledeghen wolde. Dyt scholde malk holden ane arghelist. Anno m cccc iy°, circa festum omnium sanctorum.[10]

Van molte.   49

Neyn vnser borghere noch geste schullet[11] ffromede molt hir in de stad[12] voren. We dat herbergheda edder kofte de schal dem rade von iowelken scheppel eyn pund geuen.

Van molte.   50

Neyment schal molt kopen sunder van vnsen borgheren.

---

1) brunswikeschen penninghe A', S, in A' br. von zweiter Hand ubergeschrieben.   2) de wyle — syn in A' ausgestrichen, fehlt N, S.   3) Dis §§ 37 und 38 in A' ausgestrichen, fehlen N, S.   4) en fehlt N, S.   5) dat S.   6) Van korne S, fehlt N.   7) In A' ausgestrichen, fehlt N, S.   8) In A' ausgestrichen, am Rande nycht, fehlt N, S.   9) edder fehlt S.   10) In A' am Rande zwischen den §§ 48 und 49 quere infra.   11) schullet in A doppelt.   12) der stad gherichte A', N, S, in A' gherichte am Rande, anscheinend noch von erster Hand.

17*

odder borgerschen.[1] Welk vnse borgher edder borger- | We dat dede, de scholde dem rade in van der mark dre LIII. 54
sche dat anders iemende affkoffte de scholde dem rade | sol ghenen. Hir schallet de mekelere to sweren.[3]
vor sowelken scheppel v sol genen.

51 Van moltmakende.

LIII. 59 Na myddensomer wente to sunte Ylien daghe schal[2] ne- | ### Van anevanghe perdes. 55
ment molt maken. We dat dede de schal vor den schep- | Welk gast wel eyn perd anevangen, de schal also- 7.III. 96
pel eyn pund genen. | danne kuntschop dar to hebben, dat me ome geloven
52 Eyn gast en schal myt dem anderen nycht kopslaghen. | moghe, dat he rechte do. Vortmer schal he vorwisen,
                                | dat dat sulue perd dat he anevanghen wel ome nycht aff-
                                | gegan sy in eynen openbaren orloghe.

X Van herden vnde van vee.[4]

54 Id en schal nyement eynen sunderliken herde hebben, bi | ie dat swyn vor dre penninge. Schud ok den swynen
LIII. 60 viff sol. | schale, me schal[5] dar neyne nod vmme lyden.

55 Van swinen. | ### Van vee kopende. 56

LIII. 61 We swyn hefft de drifftich syn de schal he vor den | We vee buten der stad kofft, dar he rede geld vor LIII. 62
herde dryuen, wen de herde drifft, edder beschutten. | louet, queme dar klaghe ouer, dat he des nycht en gulde,
Vint me se vppe der straten, de rad wel se panden laten, | me schal ome volghen myt eyner vestioghe.

XI Van dobbelspele.[6]

57 We dobbelt bouen teyn schillinge vnde des dem rade | dem rade eyne mark genen ane gnade. Vnde wur dat
LIII. 84 vormeldet werd, de[7] schal deme rade eyne mark gonen | gescheghe dar schal de werd antworden biz deme dede
LIII. 87 ane gnade. Vnde we in deme rade is vnde to deme rade | penninghe videyt. Dyt en schal nycht vorloren.
gesworen hefft de schal dat melden by den eyden, vnde | Welk iungknecht beneuken achteyn jaren wet wanne 59
de tavernere schullen[9] dat ok melden. | myt dobbelende, deme en darff me des nycht betalen. LIII. 101
                                | LXI. 89
58 Van dobbelende. | Vorlust he ok, he en darff des ok nycht betalen, vnde en
XXXIX. 76 We ok dobbelspel holt bouen teyn schillinghe, edder | schal dar neyne nod vmme lyden.
penninghe videyt,[8] yd sy eluene vppe twelue, edder wu
he so videyt to dobblende[10] dorch bate willen, de schal | ### Van allerleye spele. 60

                                | Alle spel dat penninghe gelt geyt in dessen broke. XXXIX. 23

XII Van testamenten.

61 Welk vnse borgher edder borgersche syn testament set- | dat schal de rad keren in der meynen stad nud.[11] Anno
LIII. 102 tet, wat he in dem testamente vorgifft dar der stad ore | m ccc lxvy.[12]
plicht mede affgayt, vnde ok wat van testamentes edder
van ernestales weghene buten de stad queme, des schal | ### Van testament achrinende. 62
de dridde penning dem rade vnde der stad blyuen, vnde | Welk vnse borger edder borgersche anders weme syn LIII. 103
                                | testament bevelet wen vnsen borgheren edder borgerschen,

---

1) In A ausgestrichen edder van dem rade.   2) en schal A', N, S.   3) Fehlt N, S. In A' ist an der Stelle dieses Paragraphen auf Rasur noch von erster Hand § 148 geschrieben.   4) Van herden en vnde swinen S.   5) en schal A', N, S.   6) Van dobelende S.   7) he S.   8) schulde S.   9) darto videyt N, S.   10) darto to dobbelende N, S.   11) vnde dat — nud in A' ausgestrichen, fehlt N, S.   12) Durck diese Datirung und die von § 62 scheint die S. 69 n. 6 hervorgehobene Ungewissheit aufgeklärt. Indessen wird in dem Originale jener ältern Gesetzsammlung § 102 mit augenscheinlicher Absichtlichkeit zwischen § 101 und die Zahl m ccc lxy eingeschaltet, indem der verweisenden Linie, welche zuerst nicht hoch genug ging — § 102 steht am untern Rande — ein verbessernder Zug angehängt ist; lxvy post Trinitatis sodann erscheint der Schrift nach durchaus ältern Ursprungs als § 102, und so ware denn auch moglich, dass der Schreiber des Echtedings bei Benutzung des

dat en schal neyne macht hebben, allen dat yd dem rade wol antwerdet were. Anno m ccc lij. [1]

63 **W**e den bullen vnde den beer vtdrifft, dar he in geyt, LIII. 59 de schal v sol geuen.

We vlas reppellen let in synem hus, de en schal ney- 64 mende na lopen laten[2] vp de strate, by dren sol. Wel LIII. 6v sek auer malk wur inropen laten, dat mach he don.

XIII   Van densten.

65 **W**elk denstmaghet[3] schalen elder knope drecht de vorguldet syn, de schal dem rade schoten.

66 **W**elk denstknecht elder maghet oren heren elder orer LIII. 109 ffruwen to bytyden vntghinghe vt orem brode ane oren

willen, den en schal neyn vnse borgere elder borgersche bynnen dem neysten iare to denste in syn brod nemen. We dat dede de scholde dem rade dre punt geuen.

XIV   Van tauerneren.[4]

67 **I**d en schal nement ffromede beer hir tappen, wenne de LIII. 90 de rad durto gesad hefft, ane des rades willen vnde vulbord. We dat vorbrete de schal dem rade geuen vor jowelk stucke teyn schillinghe.

68   **Van beiretolle.**

De tauernere schullen oren rechten tollen geuen. We des nycht en dede vnde des bedragben worde, den wel de rad tuchteghen, dat yd malk leuer bewaren mach.

69   **Wintappend.**

LIII. 115 **W**elke borghere elder geste hir willen wyn lopen laten,

de schullen komen to dem rade in dem wichelde dar se den wyr[5] willen lopen laten: de schullet se berichten, wu se dat holden schullen.

Beir brauwent.   70

Welk borgher ok gud beer hir browet dat he durer LIII. 116 geuen wel dat stouseken wen to twen penninghen, dat mach he[6] don. He schal auer io darvmme komen to dem rade in dem wichelde dar he inne wonet, vnde schal dat myt des rades willen don: de willet ene wol berichten, wu he dat holden schal.

XV   Van vorhoken.

71 **T**ymberholt, latten, vnde schouersteyn en schal neyment[7] LIII. 66 to voren kopen, dat he yd hir wedder vorkope.[8] We des bedragben werd, de schal dem rade vor jowelken kop v sol geuen des he sek nycht leddeghen wel.

72 **I**d en schal neyn vorhoke elder vorkoper neynerleye

gud kopen eer yd to dem markede kumpt. Ok en schul- LIII. 67 let de vorhoken nycht kopen edder vorkopen de wyle dat de baure stekket. We dat deyt, wat he alzo gekofft[9] hefft, dat schal me ome nemen, vnde en schal ome des nycht weddergeuen.

XVI   Van viire.

73   Van viire to bewarende.[10]

LIII. 70 **M**alk schal seen to synem viire. Wes gesynde yd

vorsumede, yd geyd an syn liff. Werd he vorvluchtech, me schal om volghen myt der vestinghe.

XVII   Van hore.

74 **D**at hor schal me buten de tzyngelen voren. We des nycht LIII. 71 en dede de scholde vor iowelke vore ses penninghe geuen.

Dat hor schal me buten de tzyngelen,[11] edder vppe dat brok voren. We des nycht en dede, de scholde vor jowelke vore ses penninghe geuen. Vnde wat me

ältern Codex einem allerdings nahe liegenden Missverständniss jener Jahreszahlen verfallen ist.   1) S. die vorhergehende Note.   2) laten fehlt N.   3) In Δ ausgestrichen spangken.   4) Van beire tappende S, fehlt N.   5) wyn fehlt S.   6) de mach dat N.   7) nement hir A', N, S, in A' hir von jüngerer Hand übergeschrieben.   8) In N die Silbe vor auf Rasur statt eines längern Wortes.   9) verkofft N   10) vorwurende N.   11) tzingheleu voren S.

vppe dat brok bringhet dat schal me nedder
lecghen achter de merkepale to velde word de
vppe deme broke stan. We des nicht en dede
de scholde dem rade gheuen io vor de waghen-
vore m̄ d, vnde io vor de karevore u d, vnde io
vor de dracht ı d. Vnde dar mochte de rad ok
vmme panden laten. Actum anno m cccc xxıı̃ͦ,
feria sexta[1] post Quasi modo geniti.[2]

———

75 **Den**[2] market vnde de straten schal me reyne holden.
LIII.72 Me schal ok neyn hor in de goten keren by twen sol.
76   Van hore.

Eyn iowelk schal dat hor van der strate bring-
ghen laten twye[4] des iares, malk van dem steyn-
weghe de to dem hus hord, dar he wonet, alze

vor sancte Wolborghe daghe[5] vnde vor alle god-
des hilghen daghe, by u sol. Anno m cccc jͦ.
De Oueker schal me reyne holden, vnde neyn hor darin 77
werpen, by twen schillinghen.   LIII.73
       Van steynweguen.
Wur de steynwech tobroken is, den schal me boten by LIII.74
wedersdaghen, de rad wel dar anders alsodanne bote vor
nemen, dat yd malk leuer bewaren mach.
       Van steynwegen.   79
Id en schal nement eynen[6] steynwech setten edder ho- LIII.75
ghen, de rad en sy darby.
       Van verne.   80
We to dem vernodinghe nycht en queme, den scholde[7] LIII.76
me vor eynen vnrechten man hebben. We ok van dennen LXI.207
ghinghe eer der rechten tijd, de scholde viff schillinghe geuen.

XVIII   Van tollen.[8]

81 **Me** schal vnsen heren oren rechten tollen geuen. We dene
LIII.77 vntforde, alsodanne broke alze daryp geyt de wot he lydan.
82 **We** ok des rades takene esschede, vnde leue der geste

edder vrumede lude broken, de der to rechte nycht bra-
ken scholden: werd he des bedraghen, syn lif vnde syn
gud schal in des rades welt stan.

XIX   Van herberghende.

83 **We** ok in groten banne were den en schal neyment
LIII.78 herberghen.
84 **Malk** schal seen wen he herberghe, dat he dar vor[9] ant-

werden moghe. Scheghe dar schade alf au morde, an LIII.80
brande, au duue, edder an jenneschen anderen dinghen, de
rad wel ome darvmme tospreken.

XX   Van vntrochtene vnde van vnvoghe.[10]

85 **We** breue screue vnde de an der lnde hus edder an
LIII.90 andere stede worpe, aeghelde, offte steke de vppe iemen-
des schaden edder rochte ghinghen, den wel me vor ey-
nen vnrechten man hebben. Werd he des bedraghen,
deme wel yd de rad alzo keren, dat yd ome nycht euene
kumpt. Ok en wel ack de rad nu de breue nycht keren.
86 **In** reyen vnde in spele schal nement snode word noch

neynerhande ryme spreken de iemende au syne ere gan. LIII.81
We den bedraghen werd, dem wel yd de rad alzo keren,
dat yd ome nycht euene kumpt.
Ok en schal nement reyen myt aulaten dat he iemende 87
by dem reyen sla, by viff punden.   LIII.82
Ok en schal nement myt vordeckedem antlate dan 88
auenddes in den dantz gan, he sy pape edder leye.

XXI   Van wullenwerke.

89 **Neyment** schal nemen brunswiksesche lakene to pande,
LIII.99 noch neyne lakenschere, noch wulle, noch wullengarn.

We yd bouen dat neme de scholde syne penninghe daran
vorloren hebben, offt de[11] daryp queme, den[12] yd syn

———

1) sexta proxima N. 2) Diese Fassung fehlt A. Das Neue derselben ist in A' noch von erster Hand theils über-
geschrieben, theils am Rande, theils auf Rasur geschrieben. 3) Dem A'. 4) drye A', N, S, in A' auf Rasur
von erster Hand. 5) A', N, S fügen hinzu vor sante Margareten daghe; in A' sind diese Worte noch von
erster Hand übergeschrieben. 6) neynen N. 7) schal S. 8) Fehlt N. 9) dat vorantworden S. 10) Fehlt
N. 11) he S. 12) dat S.

were, yd en were wollengarn: were dar wol ane vordenet,
dat lon scholde me weddergeuen.   *

90   Van vulle.

L10, 110 **I**d en schal nement jenneghe wulle slan laten de vor-

menghet sy myt röpwulle. We dat dede vnde des dem
rade vormeldet[1] worde, de scholde dem rade x sol geuen.
Ok scholtet yd de lakenmekere ok holden by dem suluen
broke[2] alzo yd de rad gesad hefft.

XXII Van tynse.

91 **W**elk vnse borgher edder borgersche tyns van synem
L111, 35 hus gylft anders jemende, wen vnsen borgheren, edder
borgerschen, edder den de stadplicht dar aff don, de

schullen dar gud vor syn, dat dem rade syn schot dar aff
werde, ane dat geffryet is. In der suluen wise schal me dat
holden myt den gherdeneren, de tyns genen van den garden.

XXIII Van garden vnde gerdeneren.

92 **I**d en schal nement eynen garden buwen de to wichelde
L111, 10 licht, he en schippe, dat der stad vnde dem rade ore
plicht dar aff schE.

93 **I**d en schal nement nye gurden maken. We dat dede, de
L111, 101 rad wel den garden bydon, vnde wel ome volghen myt
eyner vestinghe. Id en[4] schal ok noment[5] grauen buten
synem garden, yd en sy myt des rades willen. We dat
anders dede, de rad wel ome volghen myt der vestinghe.

94   Van roden.

L111, 83 **D**e rad hefft lude darto gesworen[6] laten de dat bewn-
ren schullet, dat malk dat alzo holde myt der röden al-
ze yd de rad gesad hefft. We des bedraghen worde, dat
he dat anders helde, de moste synen[7] broke darvmme
lyden. We des nycht en wette, de late sek des berichten.

95 **W**e neghen morghen landes buwet de mach dre mor-
L111, 104 ghen myt roden buwen vnde plaaten, vnde nycht mer.
Buwet he ok mer landes wen neghen morghen, nochten
schal he nycht mer buwen wenne dre morghen myt ro-
den. Buwet he ok myn landes wen ix morghen,[8] so mach
he den dridden deyl synes landes buwen myt röden, vnde

nycht mer. We dyt anders belde, de scholde dem rade ge-
uen vor jowelken morghen my mark, vnde de röden scholde
he to voren verloren hebben. Hir wel[10] de rad lude to swe-
ren laten: wen de bedraghet, de schal den bröke lyden.[11]

Ok en[12] schal nement roden planten noch leeghen wen 96
hir vppe der stad gerichte. Ok en schal nement neyne[13] L111, 105
kumpanye hebben anders wur jenneghe röden to plantene.
We dat dede, de rad wel ome volghen myt der vestinghe.

Id en schal neyment eynen stonen hebben, dar he ro- 97
den inne dröghe, yd en sy myt des rades willen. We L111, 106
dat dede dar en houen de scholde dem rade x mark ge-
uen vor den stonen. Wene ok de rad orlenet eynen sto-
nen to hebbene, he schal sweren, dat he neyne fromede
röden dröghen en wille sunder de hir vppe dem richte
gewassen sy, vnde dat neyne kole to bedernen en wille,
se eyn gebrand ouer my mark van heune. Vnde van alle
der[14] röden de he dar inne dröghet schal he vor jowel-
ken tagtuener dem rade eyn halff lot geuen by swornem
eyde. Aldus wel dyt de rad holden vmme de röden de
wyle yd dem rade behaghet.

XXIV Van schedinghe.

93 **W**ar eyn juncffruwe edder eyn[15] firuwe beraden worde
L111, 113 de bedeghedinghet worde myt hfftncht de or volghen vn-
de blyuen scholde m. ores vmmes dode, vnde ghinghe
de man alf, alzo dat se kyndere hinder sek leten, vnde
neyn testament en dede, edder andere schedinghe de den

rade witlik were, so scholde de fruwe myt deme dat ore
bescheden were myt den kynderen vorscheden wesen.

                                              99
Van dorslapende.

Wéme de rad bevelet, vp den doren to slapende de L111, 115
schal darvppe slapen; edder schal eynen vnser bor-

---

1) meldet *A*', *S*.   2) den suluen broken *A*'.   3) Van garden *S, fehlt N.*   4) en *fehlt S.*   5) nement nicht *S.*
6) wel l. d. sweren *S, N.*   7) sine *N.*   8) In *A*' am Rande jam non von jüngerer nicht naher zu bestim-
mender Hand.   9) morghen landes *S.*   10) hefft *N.*   11) Am Rande in *A*' non.   12) en *fehlt N.*   13) keyne *S.*
14) aller *N, S.*   15) eyn *fehlt S, N.*

ghere darvp senden vor sek, offt yd ome echt nod
benympt, dar dem rade dancket, dat se mede vorwaret
syn. We des nycht en dede de scholde dem rade to vor
de nacht 11 sol geuen.

Malk schal syner word schone hebben. We des bedraghen ᴸᴵᴵᴵ· ¹⁴⁴
worde, dat he vmbeschedene word vppe den rad sprcke, de
rad wel ome dat alzo keren, dat ome dat.¹ nycht su bequeme⸱ is.

XXV Van vtiacht vnde van wapene.

101 **M**alk schal syne wapene hebben in synem huse, de rad
ᴸᴵᴵᴵ· ⁶⁹ wel anders syne penninghe daruane nemen.

102 **W**en vnse borghere vnde donre myt der wapene to velde
ᴸᴵᴵᴵ· ¹⁴⁷ komen, we denne dem houetmanne vnde vnsen borgheren
entfliet, syn liff vnde syn gud schal in des rades gnaden stan.

103 Van rechte vnde klokenslach.

ᴸᴵᴵᴵ· ¹⁶⁴ **W**anne des daghes eyn rochte werd, dar me de
groten klocken to lud, so schal eyn yowelk vn-
se borgher van stund an myt synen wapenen vor
dat dor komen dar dat geroehte is, vnde schullet
der vader orer houren blyuen, vnde schullet don wat
one de rad edder do houetman het. We ok to
dem rochte nycht en queme myt syner wapene,
vnde des dem rade vormeldet worde, de schal
dem rade eynen ffarding geuen.

Van wapende. 104

Ok is de meyne rad enich geworden:² We to der
tijd blot vnde ane wapene dorch kogheringhe
willen to velde lopt, deno wel de rad panden la-
ten vor riff sol.

We ok syne kyndere vppe de strate edder vor 105
dat dor to der tijd lopen let: schüt den vnghe-
mak, dar en darff me dem rade nycht ouer kla-
ghen.

Van anropende. 106

We ok vnse borghere edder vnse denre anrepe edder ᴸᴵᴵᴵ· ¹⁴⁹
boze word ome sprcke vppe dem velde edder in der stad,
vnde dat van twen bedderuen mannen behord worde, de
scholde dem rade 1 mark geuen.

XXVI Van liffgeding vnde veltgud to kopende.

107 **N**eyn vnser borghere edder borgerschen schullen liffge-
ᴸᴵᴵᴵ· ⁸⁵ ding kopen, sunder by dem rade, se en don dat myt
ᴸˣᴵ· ¹⁶³ willen des rades wente de rad wel de ienne wol
dar an vorwaren de gulde by one kopen. We
dyt vorbreke de scholde dem rade x mark ge-
uen.

Ok en schullen neyne vnse borghere noch² bor- 108
gherschen van neymende neyn veltgud kopen wenne ᴸᴵᴵᴵ· ²⁶
van vnsen borgheren edder borgerschen, sunder
myt vulbord des rades. We yd dar enbouen dede,
deme wolde yd de rad alzo keren, dat yd ome
nycht drochlik were.⁴

XXVII Van holt to nemende vnde van vnvoghe.⁵

109 **W**e dem anderen by nacht syn holt nympt, werd he
ᴸᴵᴵᴵ· ¹³⁴ des bedraghen, de rad wel yd ome alzo keren, dat yd
ome nycht euene kumpt.

110 **W**eret ok, dat jement dem anderen syne ven-
stere, scrank edder dore slotte, edder jenneghe

vnvoghe dede, queme dar klaghe ouer, so wolde
de rad dar alzo ouer⁶ stüren ouer den edder
de de dat gedan hedden, edder in volghe vnde
in geverde dar mede weren, dat yd ome nycht
euene queme.

XXVIII Van were to dragende.⁷

111 **O**k en schullen neyne geste offte nement de hir
neyn borgher en were swerd, jendrek noch bar-

den hir draghen by daghe edder by nacht ane
des rades vulbord. Dyt scholde malk den iennen

---

1) yd ome S, N. 2) Ok — geworden fehlt N. 3) edder A', N, S. 4) en were A', N, S. 5) Van holte
vnde vnvoghe S; Van holts to nemende N. 6) ouer fehlt S. 7) Fehlt N.

secghen de myt one to herberghe weren. We dyt vorbreke den wel¹ de rad panden laten vor u sof.

112   Van dem meste to dragende.

Ok en schal hir nement eyn messet draghen² dat lengher sy vor dem hechte wen eyn sperine.

We dat dede, deine scholde me dat mest nemen, vnde² de scholde dem rade u sol geuen. Dyt scholde malk secghen den iennen de myt one to herberghe weren, dat malk sek darane vorware. Anno m cccj°, Cantate.

XXIX Sunderlik enynge.⁴

113 **Neyn** vnser borghere schal schepe werden, yd en sy myt vulbord des gemeynen rades. We yd dar enbouen dede, deme wolde yd de rad alzo keren, dat yd ome nycht bequeme en were. Anno in cccc, circa pentecosten.

bernen laten, wenne alzo vele alze de geltsmede be- ᴸˣᴵ· ²⁹⁴ bonen to vorarberdene dat mutten se wol ffyn bernen. We yd hir enbouen dede vnde sek des myt eynem rechte nycht ledeghen wolde, wanne he vormeldet worde, de scholde dem rade dre mark geuen ane gnade. Dyt schal me holden de wyle yd dem rade behaghet. Anno m cccc, sabato ante festum beati Mathei.⁵

114   Van borge to doude.

Id en schal nement to borghe don ffruwenklosteren. We yd dar enbouen dede, de klostere en schullen dar neyne nod vmme lyden van der stad gerichte. Anno m cccc, circa pentecosten.⁵

115   Van opperpennigen.

Neyn vnser borghere noch borgerschen schullen opperpenninghe geuen, sunder malk mach wol opperpenninghe geuen in synem hus den synen.

116   Van helende.

Ok en schal nement mer heylen. We dyt vorbreke de scholde dem rade u sol geuen. Anno m cccc, circa festum omnium sanctorum.

117   Van suluerbernende.

Ok is de gemeyne rad enich geworden, dat neyn vnser borghere schullen suluer ffyn bernen edder

Van butten to vadder to werdende.   118

Ok en schullen vnse borghere vnde borgerschen nycht vaddere werden buten der stad. We dat dar enbouen dede de scholde dem rade dre mark geuen ane gnade, jd ne were, dat se rede weren vppe der stede, alze se to vadderen beden worden vnde to der tijd alze se vadderen werden scholden, dar me dat kynt döpen scholde: dat mochten se don ane broke, alzo fforder dat se dorch dene willen dar nicht ghekomen weren.⁷

XXX Van arbeydesluden.

119 **Den** tymberluden schal me geuen to lone van sancte Gregorius daghe an wente to sancte Ylien daghe xi d ane koste edder vij d to den kosten, van sancto Ylien daghe wente to sancte Gallen daghe x d ane koste edder vj d to den kosten.

120 **Den** steyndeckeren schal me geuen to lone van sancte Gregorius daghe wente to sancte Ylien daghe myt eynem knechte xvij d ane koste edder xuj d myt eynem knechte to den kosten, van

sancte Ylien daghe wente to sancte Gallen daghe myt eynem knechte xvj d ane koste edder xi d myt dem knechte to den kosten. Vnde we neynen knecht en hedde de scholde nemen i sol ane koste edder ix d to den kosten.

Dessem gelijk scholden ok nemen de myt tey- 121 ghele decket alze vorghesecht is van den steyndeckeren.

De steynworchten de steyn howet edder myt ru- 122

---

1) wolde N, S.   2) A', N und S fügen hinzu ane vulbord des rades; in A' sind diese Worte noch von erster Hand an den Rand geschrieben.   3) deme scholde me dat mest nemen vnde in A' und N ausgestrichen; dafür am Rande in A' von jüngerer, in N von gleicher Hand vnde dei vormeldet worde.   4) Sunderlik eninghe des rades S, fehlt N.   5) Abänderung der Verfügung LIII, 41.   6) In A' durchstrichen.   7) Fehlt A; die Worte jd ne were — gekomen weren in A' von gleicher Hand mit anderer Dinte nachgetragen.

18

hem steyne muret scholden nemen van sancte Peters daghe de vmme de vasten kumpt wente to sancte Wolborghe daghe x d, van sancte Wolborghe daghe wente to sancte Ylien daghe i sol, van sancte Ylien daghe wente to sancte Gallen daghe x d, van sancte Gallen daghe wente to sancte Peters daghe de vmme de vasten kumpt vj d. Dyt scholde wesen al ane koste.

123 De myt teyghele müret scholden nemen van sancte Peters daghe de vmme de vasten kumpt wente to sancte Ylien daghe xxij d myt eynem knechte ane koste, van sancte Ylien daghe wente to sancte Gallen daghe xx d myt dem knechte ane koste, van sancte Peters daghe wente to sancte Ylien daghe xv d myt dem knechte to den kosten, van sancte Ylien daghe wente to sancte Gallen daghe xij d myt dem knechte to den kosten.

124 De steynwechsettere schullet nemen van sancte Gregorius daghe wente to sancte Ylien daghe xi d ane koste edder vij d to den kosten, van

sancte Ylien daghe wente to sancte Gallen daghe x d ane koste edder vj d to den kosten.

De lementerere scholden nemen vij d ane koste 125 edder iij d to den kosten.

Vnde wanne de rad esschet van dessen vorge- 126 sechten arbeydesluden, dat se dem rade arbeyden, dat schullen se don vmme alzodanne lön alze vorgesecht is. We des nycht en dede de scholde dem rade ij sol geuen alzo dicke alze he des weygherde.

We ok mer lones hir neme de scholde dem ra- 127 de vor iowelk dachwerk ij sol geuen, wan he des vormeldet worde vnde sek des myt synem rechte nycht ledeghen wolde.

Vnde nycht mer lones en scholden vnse borghere 128 vnde borgherschen one vor jowelk dachwerk geuen wenne alze hir vorgesecht is. Konde sek auer malk bad bedeghedinghen, dat mochte he don. Dyt wel de rad hebben geholden vmme desse arbeydeslude de wyle yd dem rade behaghet. Anno m° cccc°, feria quarta ante Jacobi.[2]

---

129 **Van der burschop.**

We de burschop heft vpgegeuen, vnde den de rad bir lyden wel, de schal myt den synen alle dusse stucke de vorghelezen vnde kundeghet syn lik anderen vnsen borgheren holden.

130 Alle olde louede schal me holden.
LIII. 95

131 Der stad gemeyne mach nycht vorkaren.

De rad vnde alle de to dem rade sworen hebben syn enich ghoworden, dat me dyt holden schal dat hir na ghescreuen steyt.[1]

132 Welk vnse borgher ghesmyde draghen wel, alze ratinghe, düsinghe, edder spanghen vppe hoyken, vppe röcken, vppe koghelen, edder vppe vormowen, de schal sek vnde der stad to gude kopen vnde holden eyn perd van viff marken edder beter, vnde so mochte syn husffruwe draghen alzodanne kledere vnde ghesmyde alze hir naghe-

screuen is, vnde des van syner weghene ghebruken de wyle he dat perd helde.

Neyn vnse borghersche schal eynen rock dra- 133 ghen noch eynen langhen höyken de bouen ses mark ghekostet hebbe myt alle deme dat darto kumpt: alze myt wande, rajt voderinghe, myt ghesmyde, myt borden, myt beneyende, vnde myt makelone. We dyt vorbreke de scholde dem rade vnde der stad geuen viff mark alzo dicke alze dem rade dat vormeldet worde, des der ffruwen man edder ae suluen sek myt orem rechte nicht vntledeghen wolden.

Welk vnser borghersche draghen wel eynen rok 134 edder eynen langhen hoyken, edder desser twyer stucke eyn, der eyn besunderen mer ghekostet hefft wenne veer mark: alzo dat der eyn ghekostet hefft twisschen veer marken vnde ses marken, edder ses mark, der ffruwen man scholde

---

1) A', N, S fugen hinzu dat he myn geue.   2) Das Datum fehlt A', N, S.   3) Die §§ 132—140 finden sich nur in A' und sind hier durchstrichen.

sek vnde der stad to gudę kopen vnde holden·
eyn perd van viff marken edder beter. Vtghesecht
voderde bruchoyken myt bremeltze de mochten
se wol draghen, auer de en scholden bouen viff
mark myt alle nicht ghekostet hebben noch
kosten. Vnde der ffruwen beste korte hoyke vn-
de koghele en scholden nicht mer gekostet heb-
ben wenne vér mark, vnde de ffruwen mochte
denne ok draghen eyne vatinghe vnde eynen dü-
sing, de en scholden nicht mer ghekostet hebben
wenne teyn mark. Vnde ore bende[1] en scholde
nicht mer ghekostet hebben wenne dre mark myt
makelone vnde myt alle deme dat darto queme,
ane vingheren vnde sponne de darto quemen.[2]
Auer de spanne en scholden nicht mer ghekostet
hebben wenne teyn guldene. De wedewen de vnse
borgherschen syn de desser stucke welkes bruken
wolden de scholden dyt ok dessem ghelijk hol-
den. Welke vnse borghere edder borgherschen an
jenneghen dessen stucken brochaftlech worden,
des sek de man edder de ffruwe nicht vntlede-
ghen wolde myt orem rechte, de scholde dem
rade vnde der stad twe mark gouen alzo dicke
alze se des ghemeldet worden.

135 Desse perde scholde me kopen bynnen den ne-
gesten ses wekenen darna alzo vnse borgere ed-
der borgerschen desser stucke welkes ghebruket
hedden. We des nicht en dede de scholde dem
rade vnde der stad dre mark gouen, vnde schol-
de darto nochten dat perd holden vnde kopen,
offt he edder ayn husffruwe desser stucke welkes
vord bruken wolden. We ok dat perd vorkoffte
de schal eyn ander darna wedderkopen bynnen
den negesten ses wekenen: so scholde dat ane
varo stan, wu he dat myt neyner vorsate en dede.

136 Welk vnser borgersche drecht eynen rok edder
eynen langhen boyken de nicht mer ghekostet
hefft wenne veer mark, ore beste korte hoyke
vnde koghele en scholden nicht mer kosten wenne
dre mark, ore bende twe mark ane vingbere de
darto quemen.[3]

137 Welk vnser borghere syn gud vorschotede be-

nedden hundert marken, syner husffruwen beste
rok en scholde nicht mer kosten wenne dre mark,
vnde ore beste langhe hoyke dre mark, ore beste
kortehoyke vnde koghele twe mark myt alle de-
me dat darto queme, vnde ore bende eyne halue
mark ane vingherne, by eyner mark.

Welk vnser borgher ok eyn gud nicht en vor- 138
schotede bouen drittech mark, syner husffruwen
beste rok en scholde nicht mer kosten wenne
twe mark, ore beste langhe hoyke twe mark, ore
beste korte hoyke vnde koghele anderhalue mark.
ore bende eynen flerding, by eyner mark.

De wedewen de vnse borgherschen syn de schul- 139
len eyn jowelk na orer achte de vorghesechten
stucke holden, by deme suluen broke.

Kyndere benedden twelff iaren vnde juncffrowen 140
de en gan in dessen broke nicht. Actum anno
m ccccix", feria secunda post Misericordias domini.

Van borge to donde vp korne. 141

Ok en scholden neyne vnser borgere vnde[4] bor-
gerschen den landluden neyn ghelt touorn to
borghe don vppe korn bouen twintich mark an
penningen yo des iares. Dyt scholde me holden
sunder argelist. We dyt verbroke de scholde dem
rade yo van der mark de he alzo hir enbouen to
borghe don hedde viff schillinghe gouen ane gua-
de. Actum anno domini m° ccccix, feria secunda
post Misericordias domini.

Van suluer weeb to bringende. 142

De ghemeyne rad vnde alle de to dem rade swo-
ren hebben synd enich geworden, dat neymend
schal verkopen edder bringen neynerleye bruns-
wikesch suluer buten de stad to Brunswich to
geuende vor kopenschopware, gholt edder vor an-
der pagiment, edder dat don laten ane myt wit-
scop vnde vulbord des rades, jd en were dat de
jenne de dat vtbringen welde hir darvor gheue
alzo vele ffromedes pagymentes, dat me alzo vele
brunswikesches suluers wedder aff bernen krnne
alze he van hennen bringen welde: dat mochte

---

1) Vnde ore bende auf Razur. 2) de darto quemen, mit anderer Dinte aber von gleicher Hand übergeschrieben.
3) de darto quemen von gleicher Hand mit anderer Dinte nachgetragen. 4) noch A' N, S.

13*

he don. We dyt verbreke de scholde dem rade yo van der mark eynen fferding ghenen ane gnade. Dyt schal me holden ane alle list de wyle id dem rade behaget. Ok en scal neymend myt witscap fforderinge darto don, by eyner mark. Actum anno m° cccc° x°, feria quinta post Gregorii.[1]

143 **De** ghemeyne rad is enich geworden:[2] Welk vnser borgere eder borgerschen wel syn testament setten, de mach dat suluen scriuen eder eynen anderen scriuen laten de in dem sittende rade were eder to dem rade gesworen hedde, eder des rades geswornen scriuers.[3] Ok so mach eyn synen sone syn testament scriuen laten. Dyt schal me holden de wile id dem rade behaget. Actum anno domini m° cccc° vij°, feria quarta post vincula Petri.[4]

144   Van doden to grauende.

Wenne eyn mynsche sterfft des nachtes eder des dages vor myddage, den dodon lycham schal me yo begrauen des suluen dages. Storue auer eyn mynsche des daghes na myddaghe, den lycham scholde me yo begrauen darna des morghens vor myddage, jd en beneme denne vrost des wynteres: so scholde me se begrauen alze me erst konde. Vnde de doden lychname scholde me nicht in de kerken bringen, sunder de lyknisse allene. Actum anno m cccc° x°, pro festo sancti Magni.

145   Van spende gheuent.

Wanne me vigilie holt in den husen, so en schal me neyne spende gheuen wenne allene den scholren de myt rüchelen to der vigilie weren. Actum vt supra.

146   Van gasten to hebbende.

Wanne eyn mynsche begrauen wert, to der grafft eder to dem drittigghesten schal me nicht mer lu-

de to ghaste hebben wenne x, by v sol yo vor den mynschen. Actum vt supra.

        Van kindere dopent.   147

We eyn kynd döpeu lete de en scholde nicht mer wenne vi lude to der tijd alze me dat kynd gedofft hedde to gaste hebben, by v sot yo vor den mynschen. Actum vt supra.

        ⁹Van kopslagent.   148

Ok mach hir[7] ghast myt ghaste wol kopslagen ane broke myt allerhande kopmanschop ane nyt korne vppe dem markede, de wyle dyt dem rade behagbed. Actum m° cccc° xij°, Galli.[8]

        Van ewigen dechtnissen to makende.   149

⁹**W**elk vnser borgere eder borgerschen wel maken ewighe dechtnisse, ewighe myssen eder altare stichten, de schal dat don myt witscop, rade vnde vulbord des ghemeynen rades. Vnde by weme me de dechtnisse, myssen, eder altare maken welde, de scholde dem rade vnde dem[10] dat anrorende were touorn[11] nöchafftigen vorwysuen, also dat dem rade vnde on des yo duncke, dat id stede vnde ewich bliuen moge. We dyt anders dede in testamentes wyse, dat testamant en scholde in dem artikele[12] nycht bynden.[13] Dede id ok we anders ane witscop, rad vnde vulbord des rades by synem leuende, des gud scholde stan in des rades wold. Dyt schal me holden de wyle id dem rade behaget. Anno m° cccc° xij°, sabbato post Philippi et Jacobi.[14]

        ¹⁵Van dobelande.   150

We dobelt bynnen eynem daghe vnde eyner nacht bouen eyne mark, vnde des dem rade vermeldet worde, de scholde dem rade eyne mark gheuen,[16] vnde scholde darto sweren to ghande in eyn ghomak dar one de rad hebben welde, vnde

---

1) *In A' durchstrichen, fehlt N.*   2) De — geworden *fehlt N, S.*   3) schriuer *S.*   4) *In A' am Rande supra legitur. In N und S folgt dieser Paragraph auf* § 62.   5) scholde *N, S.*   6) *In A' an Stelle des* § 53 *auf Rasur.*   7) hir *in A von gleicher Hand übergeschrieben.*   8) *Das Datum fehlt N.*   9) A' *beginnt:* De ghemeyne rad vnde radsworen syud enych gewordon: Welk *etc.*   10) den de *A', S, N.*   11) dat touoren *A', N, S.*   12) in dem artikele *in A' von gleicher Hand aber mit anderer Dinte übergeschrieben.*   13) *A' fügt hinzu* like wol dat yd dem rade antwerdet were.   14) *In A' am Rande von jüngerer Hand* renocatum est.   15) *Die* §§ 150—152 *folgen in N und S auf* § 60.   17) de scholde dem rade eyne mark gheuen *in A' ausgestrichen und dafür am Rande von derjenigen Hand, welche* § 171 *geschrieben, wat de also bouen ene mark wunne dat scholde he deme rade gheuen.*

dar allene ynne blnen, alzo dat neymend to ome
qweme ane des rades vulbord de negesten toko-
menden see weken ane gnade sunder allene de
ffronebode, de[1] scholde on spisen vppe des do-
belers eghene koste. Darweder van to komende
na den ses weken dat[2] scholde stan vppe des
rades gnade, yd en were, dat he van echter nod
weghene dar eer affkomen moste.[3] Actum anno
m° cccc° xv°, vigilia Thome apostoli.

151   Dobbelspel to hegende.

We ok dobelspel vorsatliken beghede bouen
eyne mark, dat eyn wünne eder verlôre in syner
hegherye bynnen eynem daghe vnde eyner nacht,
eder dat fforderde sampninge darto to makende,
ghelt eder anders wat darto to doude dorch bate
willen myt witscop, de scholde dem rade teyn
mark gheuen vnde der stad darto eyn jar en-
horen. Gheue he der[4] mark nicht, he scholde
der stad so lange enberen went he se gheue,
ane gnade.[5] Actum vt supra.[6]

152   Dobelspel in den laffernen.

De lauernere vnde de veylebrowere[7] en scullen
myt alle neyn dobelspel beghen. We dat dede
benedden eyner mark de scholde dem rade eyne
mark gheuen. Heghede he auer bouen eyne mark,
dat eyn wünne edder verlôre twisschen eynem
daghe vnde eyner nacht, de scholde dem rade
teyn mark gheuen, vnde der stad darto enberen
eyn iar. Gheue he[8] der mark nicht, he scholde
der stad enberen so langhe went he se gheue,
ane gnade. Actum vt[9] supra.

153   Wu geste schullen korne kopen.

Welk borger edder ghast hir korn koffte dat he
vt der stad voren welde, qweme darby vnser bor-
gere welk eyn eder orer[10] mêr de dar mede an
stan welden, wanne he dat korn laden welde,

eder he dat rede gheladen hedde hir bynnen der
stad, vnde zeden, dat se de vôre betalen welden,
de scholden dem kope de neghesten wosen to be-
talende vor also vele penninge alze dat to der
tijd gekofft was, ane alle list. Den kop scholde
me ôn volgen laten alzo fforder, dat se dat heb-
ben welden to oren behoue vnde nicht vppe vor-
kop, sunder dat mekeldyegelt scholde me dem
vôrmanne weddergheuen. Welk vôrman eder
kopman des nicht volgen laten wolde, den en[11]
scholde de dorwerder nicht vtvaren laten, wanne
ome dat gesecht worde, ane des rades vulbord.
Dyt schal stan de wyle id dem rade behaget.
Actum vt supra.[12]

       Van dem officiale.   154

De rad heff in beschermenisse den official de
hir in der stad wonhafftich is: dem en schal ney-
mend vnvôghe don myt worden eder myt wer-
ken. We sek daran vorgrepe, dem welde yd de
rad alzo keren, dat id ome nicht euene en qweme.
Anno m° cccc° xvij°, feria secunda post Mychahelis.

Van sunte Autors daghe to virende.   155

Sante Autors dach vnde des hilgen cruces dach
alze yd irheuen wart schal me vyren, by v sol,
alze dat oldinges van der stad wegen ghelouet
vnde gesat is.[13]

        [14]Vau vôte wasschent.   156

Id en schal nement vote wasschen edder[15] wene
schatten[16] van der weghene in der kercken, vppe
dem kerchoue, edder vp der straten, by u sol.
Anno m cccc xx°, feria 2da post Quasi modo
geniti.

Van suluer fin to bernende.   157

Welk vnser borgher edder borgersche wolde
suluer ffyn bernen edder ffyn bernen laten, de

1) de in *N* ausgestrichen.   2) dat in *N* ausgestrichen.   3) In *A'* von der Hand, welche § 171 geschrieben, am
Rande, hier einzuschalten: We ok bynnen enem daghe vnde ener nacht bouen ene mark vorlore, de scholde deme
rade ene mark gheuen, vnde scholde ok darto sweren to gaude in eyn gemack in aller wise alze de yenne de bo-
uen ene mark gewunnen hedde.   4) In *A* ausgestrichen teyn, was in *A'* und *N* stehen geblieben ist, in 3 dagge-
gen fehlt.   5) ane gnade fehlt *N*.   6) *N* wiederholt vigilia Thome apostoli.   7) de voyle browen *A'*, *N*, *S*.
8) En gheue he *A'*.   9) vbi *N*.   10) orer fehlt *N*.   11) en fehlt *S*, *N*.   12) In *A'* am Rande Nu nycht.   13) *S*
und *N* fügen hinzu anno m° cccc° ljv°. In diesem Memorandenbuche 7' indessen ist die betreffende Verfügung
zum Jahre 1350 eingetragen.   14) Die §§ 156 und 157 fehlen *A*.   15) edder nicht *S*.   16) beschatten *S*.

scholde dat suluen don edder don laten vppe des
rades asschen vppe der muntsmeden, vnde an-
ders uerghen, vnde de rad wel wene darto set-
ten de dat bernen schal, offt me dat van ome
easschede, sunder alzo vele alze de goltsmede des
vorarbeyden wolden:[1] dat mochten se suluen wol
ffyn bernen wur se wolden. Anno m° cccc xx°,
feria secunda post Quasi modo geniti.

158 **D**en tymmerluden, den stendeckeren dede decket
myt scheuersteyne edder myt teygelsteyne, den
steynwerchten dede steyn howet eder myt rü-
em steyne müret, vnde den steynwechsetteren
schal me gheuen to lone yo vor de stunde de se
arbeydeden eynen penning, sunder we myt tey-
ghele mürede: deme scholde me dar enbouen
gheuen yo des dages u d ane[2] koste. Gheue me
on auer de koste, so scholde me one yo des da-
ges affrekenen van orem lone iıj peuninge vor
de koste. Oren knechten scholde me geuen yo
des dages vj d ane koste vnde iıj d to den kosten.

159 **D**en lementereren scholde me geuen yo vor de
stunde de se arbeydeden myt lemen eder to mü-
rende vnder den sullen iıj verlinge ane koste.
Gheue me on auer de koste, so scholde me on
hir van affrekenen iıj d yo des dages vor de koste.

160 [3]**O**k en scholden desse vorghesechten arbeydes-
lude neyn dranckgelt bouen dyt vorghesechte lon
esselien.

161 Van ouete.[4]
Id en schal nement ouet kopen, breken, edder
by sinen kosten edder lone breken laten buten
dere lantwere,[5] dat me hijr vppe vorkop wedder
vorkopen wolde, sunder malk mach dat wol ko-
pen hire in dere stad, wen dat hire in to kope
bracht worde. Dit schal me holden ane alle list.
We dyt vorbreke de scholde dem rade gheuen io
vor eyne karevore x sol, vnde vor eyne waghen-
vore eyn pund. Actum m° cccc xiıj, feria secun-
da post Dyonisij.

Ok en schal neyment nu dere wechterklocken
twisschen sante Gallen daghe vnde der vasten
allene edder in eyner rote gun vppe dere strate
ane openbar leeht, yd ne were mit vulborde des
rades, by twen schillinghen dar me eynen bysun-
deren edder sine[6] rote ensammel vor panden
mochte. Weret ok, dat we van desser weghene
pandes weygherde, edder suluen mit wold pan-
des vtginghe, deme scholde de rad in dem wic-
belde dar dat schege volgen mit der vestinghe.
Actum ybi supra.

We hir hoppen koffte de scholde sek den hop-
pen meten laten myt dem rechten hoppenhimpten,
vnde nyeht myt deme kornehimpten, by eynem
schillinghe io vor den himpten. Actum anno m
cccc xxiıj, feria sexta post Francisci.

We hir eyn hus hedde, dar eyn ander tyns ane
hedde, de schal der stad, sek suluen. vnde den
tynsheren to gude dat hus in boteringhe holden.
We des nycht en dede, vnde dat hus vorsalliken
ergherde myt vtbrekende, myt dake, edder myt
anderer vorsumenisse: queme dar elaghe ouer,
dat wolde de rad richten, alze dyt oldinghes des-
ser stad reeht vnde wonheyt ghewesen is. Actum
anno m° cccc xxvi, feria secunda post Misericor-
dias domini.

We hir wonhafftech were vnde dem rade to 165
vorantwordene borde de schullen nieht visschen
in jennigherleye wateren de anders wes wen sin
weren, edder de he to vortinsende hedde, mit
jennigherley tauwen vnde neynerleye wijs, jd en
were mit dere willen der de watere horden, edder
der de se to vortinsende hedden. We des vor-
meldet vnde vorwunnen worde de scholde dem
rade des wicbildes dar he wonede vnde dem kle-
ghere jowelkem v schillinghe gheuen, vnde dem
kleghere darto den schaden beteren vppe reeht.

---

1) wolden *fehlt S.*   2) al ane *A′, S, N.*   3) *A hat von diesem Paragraphen nur den Anfang* Ok enscholden
dusse vorsechten arbeydeslude etc. *Für das Folgende, welcher hier aus A′ hinzugefugt wird, ist Raum gelassen.*
4) ouetkopende *S, fehlt N.*   5) stad lantwere *A′, S, N.*   6) eyne *A′, S, N.*   7) *Fehlt A.*   8) *Fehlt A, S.*

Actum anno domini m̄, cccc⁰ xxxiiȷ⁰, feria quinta post Egidii.

166 ¹Van brunswikeschen pennigen.

De rad vornymt wol, dat de borgere to Brunswik sere besehadet werden mit vromedem pagimente, dar de brunswikeschen penninge vnde suluer midde enwech gebracht werden, darvmme dat me brunswikesche penninge neger gifft, wenne me se tughen kan. Hir vmme schal hir eyn jowelk na pinxsten erst komende sine kopenschap borch vnde betahnge don by vnde mit brunswikeschen penningen edder suluere brunswikescher witte vnde wichte, by eynem schillinghe benedden eyner mark, vnde dar enbouen yo van der mark i sol. Doch mochte malk wol gheuen vnde nemen vromet pagiment na antale dar me des brunswikeschen penninges edder suluers midde bekomen konde ane broke. We ok vromet pagiment rede verwillekoret hedde to nemende edder to gheuende, dat en scholde hir nicht ane hinderen, sunder na meir scholde me dat handelen by brunswikescher weringhe, alse vorgesecht is. Actum anno domini m⁰ cccc xxviiȷ, feria secunda post Misericordias domini.

167 ²Mekelere.

Dre mekelere schult wesen: eyn in dere Oldenstad, eyn in dem Hagen, vnde eyn io dere Nyenstad. Desse dre schult vorkopen wat kopmans gud is ane korne. Vnde des ghelijk schult dre wesen, de en schullen nicht handelen wen korn.

168 **Desse** ersten dre mekelere scholden nemen van eynem perde van xx marken ½ ſd, twisschen xx marken vnde xii marken van dem perde i lot, dar benedden van dere mark ii d, van der last koppers vnde tenes i sol, van der last blies vm d, van dem scheppund wasses vnȷ d, van dem tymber werkes i d, van dem tymber lasseken i penningh, van dem tymber harenbalghe iȷ d, van

dere spisserie de to kramwerck hord van dere mark ii d, van dere last heringes vm d, van den entolen tunnen io van dere tunnen i d, van der tunnen vissches ii d, van dem ambere i d, vnde des ghelijk van dere botteren, van allerleyem stocvissche van dere mark i d, van talghe, vlesche, olye, vnde smere, vnde van allerleyem wetten gude io van dere mark i d, vnde ok van vulle³ io van dere mark i d, van dem langen lakene, vnde van allerleyem verwerden waude, vnde van vngheverwedem waude, vnde van grovem wande vnde van brunswikeschem wande io van dere mark i d, des ghelijk van zijden wande, vnde van wijne, vnde van bere, vnde ok van velen anderen stucken de hijr nicht en benomet en sind io van dere mark i d. Desse mekeldye scholde halff gheuen dede koffte, vnde dede vorkoffte de anderen helffte. Ouer wat kope neyn mekeler en were dar en docht me nicht van gheuen. Dat de mekelere dit holden willen dat schullen se sweren.

Dusse mekelere van dem korne schult nemen 169 van der mark i d wat se kopen vnde vorkopen, vnde en schult nicht kopen mer wen van vnsen borgeren vnde borgerschen van den bouen.

Ok en schult desse mekelere neyuerleye gheit 170 noch kumpanie hebben mit nemande dar se vordel ane soken an kopenschop, vnde schullet vnsen borgeren vnde borgerschen alle dingh hijr an to gude holden alse se vordlerst kunnen.

⁴**De** rad vornymt wol, dat me mannigerleye pa- 171 giment van golde vnde van suluere hir in de stad⁵ bringet dar me de brunswigschen penninge sere mede vt der stad⁶ in ander jeghenode vnde muntye enwech voret,⁷ de⁸ in werde also gud nicht en syn alse de brunswigsche penning is: darmede de jnnewonere desser stad⁹ sere vorarmet werden.¹⁰ Dorch des menen besten willen wel de rad, dat me hir myd brunswigschen suluerepenningen¹¹ vnde na brunswigscher weringe na mer

---

1) Fehlt A, A'. 2) Die folgenden vier Paragraphen finden sich nur in A, und zwar als letzte Aufzeichnung der Handschrift. Sie sind hier, weil der Schrift nach ältern Ursprungs, den §§ 176—178 vorangestellt. 3) Ursprünglich vullen, das in unvudirt. 4) Die §§ 171 und 172 fehlen A und S; § 171 beginnt in N: Leuen frundes, de rad etc. 5) in de stad fehlt N. 6) mede — stad fehlt N. 7) Für enwerch vorst hat N bringet. 8) de fehlt N. 9) darmidde dusse stad N. 10) wert N. 11) markenpenningen N.

kopen vnde vorkopen schal, vnde vor brunswig-
sche penninge den rinschen gulden nicht durer
kopen, rekenen, edder betalen schal wen vor
achtehaluen schilling nyger brunswigschen pen-
ninge edder myn. Vnde hir en schal nement, he
sy borgher edder gast, neynerleye andere list ane
soken, by vêr schillingen ane gnade yo van enem
rinschen gulden, de wile dat dem rade behaghet.
Actum anno m° cccc° xxxij°, in die sancti Vrbani.

172 **Vor**mer penninge, grossen vnde ander pagiment
van anderen muntyen der schal me nemen na
brunswigscher penning tale so vele, dat me na
torekenende den brunswigschen dar wedder aff
maken kunne. Actum ut supra.

173 ¹**De** rad vnde de radsworn sint enich geworden,
dat hir nu mer vorsetliken neyn vnser borgher,
borghersche edder inwonere schullen myt jeni-
ghem suluergelde kopen edder dar vore vorko-
pen sunder myt brunswikesschem suluer edder
myt brunswikeschen penningen alse hir en were
is. Doch mochte de koper edder de vorkoper
nemen vnde geuen vromet pagiment vor bruns-
wikessche penninge edder in der betalinge, doch
nicht gelik vnsen penningen alse se wente her-
to myt one ghelik gheghulden hebben, vthgesecht
rechte nyge Goslersche penninge. Doch mochte
me gheuen edder nemen eyn vromet pagyment
vmme ander vromet pagiment de jenne den des
to donde is. We des so nicht en helde vnde des
bedraghen worde, de scholde dem rade dar vore
to broke geuen teyn schillinge.

174 **Ok** alse dat schut vnde scheyn is, dat me pagy-
ment sleyt in siner werde ghud, vnde dem suluen
pagimente jn anderen stidden gelik vppe den slach
geslaghen wert doch nicht so gud, vnde des vele
bracht wert hir in de stad dar de lude mede be-
droghen werden: by weme men sodanne pagy-
ment vünde de id hir hedde bracht edder bracht
laten, den scholde me vor eynen bedregher hol-
den, vnde de rad welde id ome also keren, dat
id ome vnbequeme were. Vnde dyt scholde me

holden van stunt an desser vorkundeginge. Actum
anno domini m° cccc xxxvij, by twolfften.

De rad vnde de radgesworen sind eyn geworden,
dat neyn vnser borger, borgersche noch inwonere
na dussem negestkomenden sunte Michaelis dage
hir nemen schal den schilling durer wanne to vere
nigen penningen, den Valkenberger nicht durer
wanne to dren olden penningen, den blafferd nicht
durer wanne to eynem nigen scherue, den Hildens-
emschen nicht durer wanne to olden scheruen,
vnde dre hole Lubesche vnde der gelike vor ey-
nen nigon penningh. Buten vnser stad vnde ge-
bede mach malk de wol durer geuen vnde nemen
jn syner kopenscopp na dem dat om dat gelegen
js. Vnde we hir der vorscreuen pagimente welk
durer neme edder geue wanne alse vorscreuen js:
nemen he edder geue de durer benedden eynem
ferdinge, de scholde deme rade geuen ij sol nige,
vnde bouen [mark ij sol, vnde bouen eyne mark
jo van der mark vij sol, so vaken des malk vor-
meldet worde.

We ok suluer, golt, ballivn edder brunswikesche 176
penninge hir vtsende, vnde snode pagimenté dar
wedder vore halede edder halen lete, de scholde
deme gemeynen rade vefftich mark geuen ane
guade. Anno domini m° cccc xl primo, jn vigilia
sancti Mathei apostoli et euangeliste.

Anno xiiij° xliij decretum sequens: 177
De rad vnde de radesgeworen sind eyn gewor-
den vmme dat pagiment: Nach dem dat hir vele
boses pagimentes gheyt, vnde bisunderen grosszen
olt vnde nige, so hebben se tom ersten beprouet
vor dat buste, dat de beckere vor or brod, de
bruwere vor or beir, de vromet beir sellen vor
or beir, vnde de wyn sellen wes malk enteleu
ouer de deyle sellet dar vor en schal de nicht
nemen wanne brunswigkesche penninge, scherue
vnde verlinge, vnde grote Goslarsche, by viff schil-
lingen. Vnde dyt schal malk holden, wanne one
de rad darvmme vraget dat he synen eyd darto

---

1) Die §§ 173 und 174 finden sich nur in *A*.   2) Die §§ 175—177 finden sich nur in *A*.

do, offt me des nicht enbereu wel, wente de rad
wel de broke nemen ane gnade also vakene alse
dat schege. Vnde dyt schal stan de wile dat jd
deme rade behaget. Actum anno domini xuij⁰ jm
xlu jare, am sonnaucnde nach vnses heren hym-
meluard.

Den olden grossen vor ı olden pennige
Den schillinger vor vefftehalf nigen penningen
Den Valkenberger vor uj olde pennigen
Den blafferd vor ı nige scherff
Den Hildensemschen vor ı olt scherff
Dre hole Lubesche edder der gelijk vor ı nigen
penninge.

178 **De** rad vnde ratsworen sind eyns geworden, dat
gij schullen wesselen
Den nigen grossen vor uj nige pennigen

Anno xuij⁰ xlmj, des vordages Valentini do satte 179
de rad den nigen grossen vppe uj nige d, vnde
den olden grossen vppe v ferlinge.

LXIII. ORDINARIUS.

Das Original des Ordinarius ist verschollen. Im Stadtarchive befindet sich nur eine Copie, der Schrift nach aus der ersten Hälfte des 17. Jahrhunderts. Dieselbe füllt 148 Quartblätter Papier, welche nebst 38 unbeschriebenen Blättern in Schweinsleder gebunden sind. Wasserzeichen: auf einer unten kuppelförmig zugespitzten Grundlage zwei Festungsthürme verbunden durch einen niedrigen Giebel mit einem Thore. Auf beiden Deckeln des Bandes ist der Stadtlöwe eingepresst mit der Umschrift WAPEN EINS ERBARN RATS DER STAT BRAUNSWICH. Fol. 39 ist grösstentheils offen gelassen: hier fehlen die Artikel 32 und 33. An einigen anderen leeren Stellen dagegen sind keine Lücken anzunehmen. Sowohl im Register wie im Texte wird der hier unter cı abgedruckte Artikel als cij gezählt, der folgende als cuj u. s. w.; wahrscheinlich im Register durch ein Versehen, indem dort mit cı die Rückseite eines Blattes beginnt, im Texte, um mit den Zahlen des Registers in Uebereinstimmung zu bleiben.

Mit dieser Copie stimmt der Abdruck bei Leibnitz SS. III, 446 völlig überein: in der Lücke und der irrthümlichen Zählung, welche eben erwähnt wurden, in anderen gleich augenfälligen Fehlern, und selbst in der Orthographie; die Mehrzahl seiner geringfügigen Abweichungen sind Druckfehler. Hiernach ist mit grosser Wahrscheinlichkeit die Copie des Stadtarchivs das „Manuscript", nach welchem dieser Abdruck hergestellt wurde.

In der königlichen Bibliothek zu Hannover befinden sich zwei anscheinend jüngere Aufzeichnungen des Ordinarius in folio. Die eine weicht von der des Stadtarchivs beträchtlich ab und liefert offenbar eine spätere Redaction: im zehnten Artikel wird als Norm des Rechtsverfahrens statt der stad Brunswic recht vnde wonheyt die Untergerichtsordnung hingestellt, welche erst 1553 erlassen ist. Diese Aufzeichnung war daher hier nicht zur Vergleichung zu ziehen. Die andere ist eine oft sinnlose hochdeutsche Uebersetzung der ältern Redaction. Auch in diesen beiden Abschriften fehlen die Artikel 32 und 33.

Nachstehend ist die Copie des Stadtarchivs abgedruckt, jedoch mit Verbesserung augenfälliger Fehler und möglichster Herstellung der Orthographie des 15. Jahrhunderts. Hn.

Dyt is de ordinarius des rades to Brunswik, den leyt de ghemeyne rad scryuen na Cristi vnses heren gebort verteynhundert iar, darna im achteden iare to paschen, vnde hir is inne ghescreuen de handelinghe des rades, alse wat de rad van tyden to tyden to donde heft: alse den rad to settende, öre ammechte to settende, ghesynde to holdende, vnde wat eyn iowelk van synes ammechtes vnde denstes weghen to donde hebbe,

vnde wat de rad don schulle in sunderliken tyden dat iar ouer, alse dat nu begrepen is.
Dyt bok schal me antworden dem borghermester in der Oldenstad, vp dat he seen möghe, wat he to reden by dem rade bringhen schulle, vp dat des rades handelinghe vnverborghen vnde vnvorgeten blyue wat öne gheböre to donde, vnde deste beteren vortgangk hebbe. To dem ersten is hir ghescreuen

19

147

lxij Van vormunderen to sunte Bartolomeus.
lxij Van vormunderen to dem damme to Vechelde.
lxiiij Van wroghen des affgrauendes.
lxv Van rodenwroghen.
lxvj Van den de de wichte tekenet.
lxvij Van dem botterstôter.
lxvij Van den mekeleren.
lxix Van den watervôreru.
lxx Van den ammechten des rades imme Haghen.
lxxj Van den ammechten des rades in der Nigenstad.
lxxij Van den ammechten des rades in der Oldenwyk.
lxxiij Van den ammechten des rades imme Sacke.
lxxiiij Van dem houetmanne vnde vtryderen.
lxxv Van dem rydende koke des rades.
lxxvj Van den de de lantwere beryden.
lxxvij Van den scryueren.
lxxviij Van dem rydende scryuer.
lxxix Van der stad syndico.
lxxx Van dem tollenscryuer.
lxxxj Van dem muntemester.
lxxxij Van den de vor de godinghe rydet.
lxxxiij Van dem werkmester.
lxxxiiij Van des ghemeynen rades tymmermester.
lxxxv Van dem môlenmester.
lxxxvj Van den kostgheueren in der môlen.
lxxxvij Van dem stalwerder.
lxxxviij Van dem hauerwender.
lxxxix Van dene de de teyghelhuse vorwaren.
xc Van den teyghelmesteren.
xcj Van dem scharprichter.
xcij Van den burmesteren in der Oldenstad.
xciij Van dem boden.
xciiij Van dem froneboden.
xcv Van den wechteren in der Oldenstad.
xcvj Van dem wachmester in deme wachhuse.
xcvij Van dene de vppe den bynnersten doren slapen.
xcviij Van den dorwerderen.

xcix Van dene de den berchfrede vorwaret vp den lantweren.
c Van dem tornemanne to sunte Marten.
cj Van dem vischer in der Oldenstad.
cij Van den steynwechkerers in der Oldenstad.
ciij Van deme de den langen grauen vorwaret.
ciiij Van den herden in der Oldenstad.
cv Van den bullen vnde beren in der Oldenstad.
cvj Van dem markmester.
cvij Van dem eyervoghede.
cviij Van dem grauenmester.
cix Van dem steyndecker in der Oldenstad.
cx Van dem ghesynde des rades imme Haghen.
cxj Van dem ghesynde des rades in der Nigenstad.
cxij Van dem ghesynde des rades in der Oldenwyk.
cxiij Van dem ghesynde des rades imme Sacke.
cxiiij Van der hemelyken rekenscop to lesende.
cxv Van den seuen budelheren wan de rekenen schullet.
cxvj Van den kunstauelen to settende.
cxvij Van haringhe, lessen vnde mandeln to vorschenken buten de stad.
cxviij Van gheschenke vppe den guden donnersdach in der Oldenstad.
cxix Van dem echtendinghe to kundeghende.
cxx Van der barvôten afflatesdaghe, van des hilligen lichames processien.
cxxj Van dem ghesynde to lonende vp pinxsten.
cxxij Van der frowen geschenke wan se vmme krüde gan.
cxxiij Van deme sarke sancti Auctoris vmme de stad to gande.
cxxiiij Wu men vnderstunden de wachte sterken schal.
cxxv Van der hagelspende to geuende.
cxxvj Wu men de lude in de erne dryuen schal.

19*

170

1   Van dem drefoldighen rade, wu de ghosat wort to dren iaren in iowelkem wykbelde, vnde wu vele der wesen schal.

To dem ersten schal me weten, dat eyn wonheyt is, dat me plecht den rad to Brunswik to settende in eynem iarc to dren iaren in dusser wyse, dat de rad in der Oldenstad küst vnde benomet ses vnde dertig erlike fromc manne, der twelue in den sittenden rad ghekundeghet werden des ersten iares, vnde de anderen vēr vnde twintich heten tosworen, also dat sc sweren to dem radc alse ōr eyd vtwyset. Vnde den eyd stauet ōn de borghermester to dren iaren, ane de tyd de sek vorlopen heft van dem mandaghe de neghest vorganghen is na twelften wente an den dach alse se den eyd don, myt deme vnderscheyde: weret dat de rad orer welken bedaruen wolde in den sittenden rad bynnen den dren iaren, des iares scholde de eyd nycht bynden. Des anderen iares darna küst me van den vēr vnde twintich tosworen twelue, de men kundeghet des iares in den sittenden rad: de rad de denne also des anderen iares sitten geyt vorbodst dcienne de vor ōn in dem sittenden rade ghewesen hadden, vnde biddet vnde let sc to dem rade sweren de ne-

ghesten tokomenden twe iar, ane de tyd de sek vorlopen heft van dem mandaghe neghest na twelften wente vp den dach alse se den eyd don, myt alsodanem vnderscheyde alse se vorghedan hadden vnde alse vorscreuen is. Des dridden iares küst me vnde kundeghet de lesten twelue van den vēr vnde twintich in den sittenden rad in der suluen wyse alse de anderen vor weren. Vortmer in der suluen wyse küst me in dem Haghene vēr vnde twintich erlike frome manne, der io des iares achte werden ghekundeghet in den sittenden rad, vnde de anderen blyuen tosworen to twen iaren, alse vorghescreuen is. In der Nigenstad küst me achteyne in dersuluen wyse, der io des iares sesse in den sittenden rad ghekundeghet werden, vnde de anderen blyuen tosworen to twen iaren. In der Oldenwyk küst me vefteyn der io des iares viue in den sittenden rad ghekundeghet werden, vnde de anderen blyuen tosworen to twen iaren io myt vnderscheyde alse vorghescreuen is. In deme Sacke küst me twelue der io des iares vēr in den sittenden rad ghekundeghet werden, de anderen blyuen tosworen to twen iaren myt vnderscheyde ok alse vorghescreuen is.

Doch schal me weten: Weret dat in dussen wyk-
belden welk were ghekoren in den sittenden rad
edder to eynem toeworen, de dat vorbōsede, edder
dar de rad dat van erfōre, dat ōne duchte dat
he dem rade vnde der stad nycht bequeme darto
were, den mochte de rad wesen laten, also dat
se der cyde nycht van ōme nemen, edder one in
den eyden de he ghedan hedde sitten leten, vnde
doch nycht vorbodeden to der stad rade vnde
ghescheffte, darna dat deme rade duchte dat he
sek ghehandelt vnde gheholden hedde.

Ok schal men weten, dat in der Oldenstad eyn
wonheyt is, dat men der camerer eynen de in
dem sittenden rade ghewesen is de vtgeyt wedder-
kundeghet in den nigen rad, vp dat de camerya
deste best vorwaret werde, vnde ok dat de nige
rad wene by sek hebbe myt dem se spreken
moghen, wu de olde rad ghehandelt hebbe ichtes-
welke sake de nycht al hy oren tyden to ende
komen syn, vnde offt dar we were de eyne sake
worue van dem nigen rade de rede vor dem olden
rade to ende komen were, vnde dorch vele an-
deres dondes willen.

ı) Wu sek de wykbelde eynighen den drefoldi-
ghen rad to settende.

Vortmer is eyn ghewonheyt, dat de ghemeyne
rad vt allen wykbelden tohope gan vp dat radhus
in der Nigenstad alle iar des mandaghes neghest
na twelfften des morghens, vnde raden darvp eyn
wykbelde myt dem anderen, wene se willen in
den rad kundeghen laten to dem tokomenden iare
in iowelk wykbelde, vnde ok wene se willen to
deme rade sweren laten, wen sek dat bōret na
der wyse alse vorghescreuen is. Vnde dat holt
me aldus: De vt der Oldenstad laten dem ghe-
meynen rade lesen deiennen de se vorramet heb-
ben in den rad to kundeghen, vnde gat van der
dorntzen, also dat de anderen vēr wykbelde
darvmme spreken moghen, offt ōne dat ok also
gud dunke alse se vorramet hedden. Schelet ōne
dar wat ane, dat laten se ōne vorstan, vnde set-
ten dat denne eyndrechtliken na rade aller viff
wykbelde. En kunnen se auer nycht eynich wer-
den in dem kōre, wes denne de meyste deyl dar-

vmme eyns wert, des schal de mynste deyl volghen
alse kōres recht is. Doch schal me io darna wesen,
dat me eyndrechtlik darane sy, alse me best kan.
Dussem gelyk deyt me ok denne myt den anderen
vēr wykbelden eyn na dem anderen, alse vorvt
myt den vte der Oldenstad ghedan is.

ıı) Van der kundinghe des rades in iowelkem
wykbelde.

Vortmer alse de ghemeyne rad eynich is wene
me in den sittenden rad kundeghen schal, so geyt
eyn iowelk rad in syn wykbelde vnde let luden
myt den klocken neghen warue, vp dat de lüde
komen vor dat radhus, vnde hōren wene men in
den rad kundeghen wille, sunder de vte dem Sacke
de en ludet nycht, doch enbedet se dat ōren borg-
gheren by ōrem boden. So secht de borgher-
mester in iowelkem wykbelde van der lōwene to
deme volke: Gy fromen lüde, alse de wonheyt is
dat me vp dusse tyd plecht den rad to vornigende,
so schal de scryuer gyk lesen vnde kundeghen
deienne de dyt tokomende iar in dem rade wesen
schullen, vp dat malk wette weme he tospreken
mōghe van des rades weghen, wen des to donde
vnde behōff were.

ııı) Van dem nigen rade, wu de sitten geyt in
syn wykbelde.

Wen de rad aldus ghekundeghet is, des suluen
daghes na middaghe ludet me dem nigen rade to
radhuse, vnde vorbodet se to der suluen tyd. So
komet de vt dem olden rade eyn iowelk vp syn
wykbelde, vnde bringhet dar myt sek de slōtele
to den doren vnde andere des rades vnde der
stad slōtele, clenode, boyke vnde gherede de der
stad hōren, vnde laten by sek sitten in des rades
bank den nigen rad, vnde laten ōne schenken wyn
offt me dat hebben mach edder bōr. Wen dat
ghescheyn is, so antwordet ōne de olde rad slō-
tele, clenode, boyke, alse se dat myt sek ghe-
bracht hadden. Vnde de olde rad biddet de
borghermestere, dat se des rades wort spreken,
vnde bevelet vnde bēt ōne dat to donde alse de
wonheyt is vnde alse hirna ghescreuen steyt,
vnde biddet se, dat se myt ōne gan vp dat rad-
hus in de Nigenstad. Alse gan se in eyner pro-

cessien wente in de Nigenstad: de olde rad geyt vorhen in orem ordene, vnde de nige rad na in dem ordene alse se ghekundeghet werden.

v Wu de nige rad sweret vnde sitten geyt in de Nigenstad.

Vortmer wen se in de Nigenstad komen, so settet sek de olde rad alse se dat iar ouer seten hedden, vnde geuen den burmesteren orloff in allen wykbelden. Wen dat ghescheyn is, so laten se vor sek komen to dem ersten den nigen rad in der Oldenstad, vnde biddet, dat se dem rade sweren willen to eynem iare. So lest ône de scryuer den eyd, wen he den vtghelesen hefft, so stauet de olde borghermester vt der Oldenstad ône den eyd vnde secht: Alse gyk de scry-

LX. t uer ghelosen hefft, dat gy dat holden dyt iar na iuwen viff sinnen alse gy best kunnen vnde môghen, dat gyk god also helpe vnde hilligen. So geyt denne de olde rad vt der Oldenstad enwech, vnde de nige rad settet sek denne wedder in de suluen stede. In dusser suluen wise don denne ok de anderen wykbelde, alse vorghescreuen is van den vt der Oldenstad, dat eyne na dem anderen, vnde de olde borghermester in iowelkem wykbelde stauet dem nigen rade in synem wykbelde den eyd, vnde gat enwech, vnde latet den nigen rad wedder in de stede sitten alse vorghescreuen is.

vj Wu de borghermestere des rades wort spreken schullet.

Ok schal me weten, dat eyn wonheyt is dat me settet in der Oldenstad twe borghermestere, vnde we de hogheste borghermester is de sprikt des ghemeynen rades wort, wen de ghemeyne rad vt allen wykbelden bysunderen tohope is. Weret dat de hôgheste borghermester dar nycht ieghenwordich were, so deyt yd de ander. Aldus holt me dat ok vmme des rades wort to sprekende in der Oldenstad. Dussem gelyk settet men ok twe borghermestere imme Haghen, eynen in der Nigenstad, eynen in der Oldenwyk, vnde eynen in deme Sake, der eyn iowelk synes wykbeldes wort bysunderen spreken schal.

Vortmer: weret dat dar we were de in den sit-

tenden rad ghekoren were edder to eynem tosworen, vnde des weygherde, dat he des nycht don wolde, de scholde dem rade hundert mark geuen.

vij Wu de rad de dore to der stad bewaren schal vnde de ammechte setten.

Vortmer des suluen mandaghes na twelfften so geyt eyn iowelk rad vp syn wykbelde, vnde beveiet der dor slôtele to der stad, alse to sunte Michaelis dore, to dem hoghen dore, io dren vt dem rade eyn dore, sunder der borghermestere twene vnde eyn camerer de dat bok bewaret de en slutet nycht. Vnde de slôtele ensendet me vmme de vêr wekene, vnde settet de ammechte de eyn iowelk rad in synem wykbelde vnder sek plecht to hebbende. En hebben se der tyd vp den dach nycht, so don se dat des ersten daghes alse se wedder tohope komen eyn iowelk vp synem wykbelde. Vnde weret dat dar we were de syn ammecht dar he to ghesat were nycht don en wolde, de scholde deme rade hundert mark geuen vor dat iar.

viij Van dem camerer in der Oldenstad.

To dem ersten settet men in der Oldenstad twene camerer de des rades camerye vorstan. De eyne vorwaret dat bok, alse dat he vpnympt vnde vtgifft van der camerye, vnde dat berekent vor dem ghemeynen rade alse he best wet vnde kan. Vnde dat ghelt dat he vpnympt en schal he nycht mengen mank syn ghelt, sunder schal dat bysunderen dem rade to gude vorwaren, vnde myt der vtgifft des rades beste don: wen men dat also wol vorwaret, dat fromet dem rade, sunderlik geld. Ok schal he syner rekenschop scryuen dre bôke: eyn antwordet he dem ghemeynen rade, eyn dem rade in der Oldenstad, vnde eyn mach he suluen beholden. Ok schal he de brôke vnde des rades gerechticheyt vntfanghen, vnde dat darmede holden alse dat de rad hebben wel.

Vortmer schal he vntfanghen dat naschot vnde dat tor rekenschop bringhen vp de muntsmede. Ok schal he vntfanghen offte dem rade willbret ghesant worde, vnde dat darmede holden na rade der borghermestere. Vortmer wen de rad tobope eten wil, so schal der camerer eyn den rad in syn hus vorboden, vnde ône dar de koste bereden laten, vnde orer pleghen alse de wonheyt is. Ok bevelet ome de rad to vorwareude des rades suluersmyde: alse eynen groten schauer, eynen kop den me tobope stulpet, sulueren schalen, eyn sulueren erüdevat in eynem vöder, vnde eyn grot venedesch besnttet glas myt den stucken de darto hôret. Dyt smyde schal he bewaren in dem smydeschappe vp der darutzen, dar deyt me ome de twe slôtele. Vnde de andere camerer schal ome helpen raden to dem buwerke vnde rodewerke dat he don let van des rades weghen. Ok bevelet ome de rad eynen slôtel to der kesten in der Nigenstad dar der camerer rekenschoppe, vnde der ghemeynen stad tynsbok von den cameryen, vnde der godeshuse tynsbok pleghen inne to wesende.

ix Van den wynheren.

Vortmer settet de rad orer twene vte orem hope to dem wyne, dat heten wynheren. Ore ammecht is dyt: Wen de rad suluen wyn kôpen leten, so scholden se dem rade orem wyn vorwaren, also dat se den halen vnde kopen leten vmme de rades ghelt, vnde den vorwaren myt vullende, myt amende, vnde de knechte darto to hebbende de den tappeden, vnde dat geld darvan to vntfanghende, vnde an pagiment edder ware wedder to leeghende de dar nutte to weren dat men de wyne mede bringhen lete, vnde des rades beste darmede don, vnde dem rade darvan rekenen alse sek dat ghobôrde. Ok scholden se de wyne setten wu men de gelden sebolde de hyr borghere edder ghoste lopen laten wolden, de rad lete wyn suluen lopen edder nycht, vnde scholden dat ok vorwaren, we hyr wyne wolde tappen, dat beyde heren vnde knechte de dat don wolden dem rade sworen de eyde alse de rad des eynich is. Vnde der wynheren tyd geyt an vp sunte Pauels dach alse he bekart wart. Vnde wen me de wyne setten scholde bôrgheren edder ghesten, so scholden de wynheren vt dem Haghen vnde vt der Nigenstad dar ok by wesen.

x Van den richteheren.

Vortmer settet de rad vt orem hope dar twene to, de des richtedaghes edder wan eyn richte ghelecht worde in de Oldenstad by dat richte sitten gan, dat hetet richteheren. Or ammecht is dyt, dat se by dem richte sittet van des rades weghen, vnde helpen de voghede an richten alse se best kunnen vnde weten, dat vnsen borgheren vnde borgherschen, ok innewoneren, vnde eynem iowelken de vor dem gherichte to sokende hefft, na schulden vnde antworden rechte richtet werde na der stad Brunswik rechte vnde wonheyt. Vnde we dar ouerwunnen worde myt ordelen vnde myt rechte, also dat men weme to der were gan seholde, dat scholden se vulborden van des rades weghen to donde, wen malkem syne daghe holden weren, vp dat dem kleghere von tôgheringhe neyn hinder effte schade queme to synem wunnen rechte, offt vnrechte edder twyunlachtige ordele edder brôke vor gherichte vunden worden, dat se der nycht ouergan laten ane rad des rades, offt se de sakewoldeghen suluen nycht vor den rad tôghen. Vortmer scholden se vorwaren, watte sake sek wolden enden laten myt rechte vor gherichte edder myt mynnen dat der vor den rad getoghen worden, alse men mynnest moehte. Ok scholden se vorwaren, dat nemende neyn frede vnde ban ginghe ouer dat to wykbeldes rechte leghe, dar der stad ore plicht mede affgan mochte. Werst ok dat dar we laten wolde frede vnde ban tynses offte gudes, des ône düchte dat se deme rade bequeme weren, dat scholden se deme rade to wetende don eer dar frede edder ban ouer ginghe, wente de rad allem kope hyr in der stad de negheste is.

Vortmer wenne me seud sit to sunte Marten, dar schullen se ok by sitten van des rades weghen vnde vnse borghere, borgherschen vnde innewonere vorwaren vor vnrechte vnde vngnaden alse se best kunnen, vnde dat de eydswerers anders neynen eyd sweren wen dussen: Wat mek hir byn-LX. 32 acn dusser tyd dat ek wrôgher hyn to wetende wert, dat witlik vnde openbar is weder god vnde weder de eristenheyt, dat myne wroghe anrôrende is, dat ek dat vor dem sende wrôghen wille: dat mek god helpe. Vnde offte

we dar wat anders wrôghen wolde, des he van
dusses eydes wegben nycht don en dôchte, dat
be des nycht en dede, vp dat de official des vor-
der neyne wonheyt en krighe wen alse he rede
hefft.

xj Van den buwmesteren.

So settet de rad dar twene to edder dre vte
orem hope, dat heten buwmestere. Or ammecht
is dyt: Wur eyn wel buwen nige buwe by den
straten edder by dat ghemeyne anders wen dat
vor ghewesen is, de schullen darby gan wen ône
de rad dat het, vnde besên dat dem ghemeynen
in dem buwende nycht to kort ghedan werde.
Weret ok, dat we setten wolde pale vnder veu-
sterlede to der straten word vtmaken, edder we
synen steynwech setten edder hôghen wolde, wur
tway neybure schelhafftich weren vmme ôre buwe,
dar scholden se alle by gan, vnde dat besên:
konden se de nycht anwysen, dat se dat make-
den alse sek dat ghebôrde, so scholden se vort
dat deme rade vorstan laten, dat de dar vorder
vp rede.

xij Van den musemesteren.

Ok settet de rad dar twene to vte orem hope,
de der stad vnde des rades were vorwaren vnde
verdich holden, dat heten musemestere. Ore am-
mecht is dyt, dat se van dem rade vntfanghen
de slôtele to dem welue dat is vp sunte Martens
torne, vnde vorwaren vnde holden verdich des
rades blyden, donnerbüssen, armborste, pyle,
büssen, puluere vnde allent wat to der stad were
mare horet, dat men in der Oldenstad plecht to
vorwarende beyde vp den doren, berchfreden, pyle
vnde stormtartzen vp dem radhuso vnde ok vp
dem welue vnder dem radhuse. Vnde de schullet
bescryuen alle dat ône geantwordet worde to vor-
warende van tyden to tyden, vnde wat men by ôren
tyden totughede. Vnde wen dar eyn hervart worde,
edder dat men des vtsende vp des rades edder der
herschop slote, so scholden se enkede scryuen wat
se darto van sek deden vnde wat one des wed-
der antwordet worde, vnde bleue des wes na dat
me wedder eesschen môchte, dat scholden se deme

rade witlik don, vp dat yd der stad nycht vor-
bistert worde. Weret ok dat de rad hedde pul-
uer liegbende dat vorgan wolde, dar scholden se
des rades vnde der stad beste mede prôuen myt
rade des rades, vnde wen sek dat also makede,
dat men dem rade puluer, vûrpyle, edder ander
dingk myt bate totughen môchte, dat se dem
rade dat ok vorstan laten. Dussen vorghescreuen
musemesteren schal men ouerantworden alle dat
harnsch dat dem rade wert van hergheweddes we-
ghene: wat des deme rade nycht bequeme is dat
schullen se verkopen, vnde de penninghe leoghen
in de muserye.

xij Van den de den murengrauen vorwaret, vn-
de van dem tekemestere der mate.

Ok settet de rad twene vte orem hope darto,
de dat iar ouer gan vp den murengrauen, vnde
seen darto, offt dar we ane wonede de de muren
vorvullen lete edder der muren myt water scha-
den dede, dat se dut dem rade witlik deden, vp
dat de rad de broksamheit erkenne, vnde bete
den lüden, dat se dat maken alse yd sek ghe-
bôrde. Vnde we vp de muren buwet hedde de scholde [I.XL. 262.
dat alleyne bekostighen de muren wedder to makende, 261]
anders scholde de rad den den dridden penning.

Ok settet de rad eynen darto, de darby geyt in
dat likhus to sunte Marten, wen dar we is de
dar wel mate tekenen laten, vnde dat het eyn te-
kemester. Den antwordet de rad den slôtel to der
kesten in dem likhuse dar dat tekenysern inne is
vnde dat gharede, vnde de en schal nemende
syne mate tekenen myt der stad teken, he en sê
erst, dat de ghemeten vnde ghelikent syn myt
des rades kopperen mate.

xiij Van dem de by der tauerner zise geyt.

Ok settet de rad eynen darto vte orem hope,
dede io ouer de ver wekene geyt in de Nigenstad
in de kökene by de zise de de tauernere dem
rade denne dar brinhget, vnde de schal dat vor-
waren helpen myt hulpe der heren vte dem wyk-
belde de dar ok by gan, dat de tauerner de zise
geuen alse sek dat ghebôret, vnde myt dem rade
nycht borghen, vnde dat de penninghe komen in

de zisekesten. Vnde weren dar welke mank den tauerneren de dat nycht en belden alse se scholden, dat scholde he deme rade melden.

xv Van dene de der lantwêre vorstan.

Ok settet de rad eynen darto edder twene vte dem rade vnde radessworen, de de landwêre rumen, buwen vnde beteren laten de to der Oldenstad hort, van dem ghelde dat darto lecht is. Vnde de schullet darvan rekenen alse se enkedest kunnen, wen de rad dat van one hebben wel.

xvj Van dem de dat borgherghelt vorwaret.

Vortmer settet de rad vt der Oldenstad eynen vte orem hope darto, dat he vntvanghet de borgherpenninghe vnde de scryuelpenninghe, vnde de dem rade vorwaret. Vnde wat he vntvanghet van borgherpenninghen van iowelkem mer wan eynen ferding dat schal he antworden to der ghemeynen stad nut vp de muntsmede, dat ander van den borgherpenninghen vnde scryuelpenninghen schal he delen dem rade, vnde nycht der stad. Oldinghes ouer vij iaren wat van borgherpenninghen dem rade wart dat delde me dem rade all, vnde nycht der stad. Aldus hebben de van Embeke dat in orem stadrechte na anrichtinge des rades to Brunswik.

xvij Van den slôtelen to dem groten ingheseghel.

Vortmer alse de rad de ammechte ghesettet hefft, so bevelet de rad eyneme vte deme rade den slôtel to dem groten ingheseghel. Vnde wen me beseghelen schal, so schal de suluen darby gan myt syneme slôtele, vnde seen vnde horen watte breue dat·syn de me myt dem groten ingheseghele beseghelt. Dussem ghelyk bevelet de rad in der Nigenstad eynem vte orem wykbelde den anderen slôtel to dem suluen ingheseghele, de schal dat ok holden alse vorgheschreuen is.

xviij Van den slôtelen to den breuekesten.

Ok bevelet de rad twen vte dem rade vnde vt den tosworen to dren iaren de ône dar dunket bequeme to wesen de slôtele to den breuekesten, de darby gan schullen suluen myt den slôtelen, wenne me breue in de kesten leoghen wel, edder dar vt nemen, vnde helpen dat vorwaren dat de breue io in de kesten wedder komen dar se vt ghenomen worden. Der slôtele hort eyn to der groten besmededen kesten in dem gherhuse, den anderen bevelet de rad imme Haghen.

Vortmer hebben de suluen twene vte der Oldenstad twene slôtele to der lutteken breuekesten by dem pylre middene in dem gherhuse. Ok syn breue in dem hilligheastocke in der kerken to sunte Marten in der vorderen lade, dar boret twe slôtele to: eynen hefft vnd bevelet de rad imme Haghen, den andern de rad in der Nigenstad. Dusse breue rôret an de ghemeynen stad, vnde eyn deyl den rad in der Oldenstad, wuwol dat se neynen slôtel darto hebben.

Ok schal me weten, dat dre slôtele horet to der besmededen kesten vp der dorntzen: de bevelet men io den de camerer pleghen to wesen de dre iar ouer, iowelkem eynen slôtel. In de kesten lecht me wat de rad in der Oldenstad behôdeliken bewaren wel.

xix Van den slôtelen to der gheltkesten in dem gherhuse.

Ok so bevelet de rad in der Oldenstad eynem vte dem rade den slôtel to der gheltkesten de in sunte Martens gherhuse steyt. Dar hort noch eyn slôtel to, den bevelet me den olderlüden to sunte Marten. In der kesten schullen se vorwaren alsodane ghelt alse to des rades lenen hort, dat nycht an rente lecht is, vnde also langhe dat me dar rente mede kopen wel.

xx Van dem tohopegande des ghemeynen rades.

Vortmer des middewekenes darneghest alse de rad ghekundeghet is vorbodet de borghermestere in der Oldenstad den ghemeynen rad in de Nigenstad. Alse se dar tohope syn, so spreken se darouer in der ersten, wu se dat holden willen vmme or tohopegaend, vnde werden des eynich aldus, dat se vmme goddes vnde eyndracht willen tohope gan willen, vt allen wykbelden, dem ghemeynen vnde der stad to nut vnde to fromen, vnde raden der stad vnde des ghemeynen beste

20

in alsodanen saken alse van tyden to tyden der
stad anlieghende syn, vnde forderen des rades
rechticheyt vnde bröke, vnde scheyden vnse bor-
ghere vnde innewonere de twydrechtich syn vn-
der anderen in den saken de vor se ghebracht
werden na schulden vnde antworden, in frunt-
schop edder in rechte. Weret auer, dat lude
schelhafftich weren de beyde in synem wykbelde
woneden, de schal de rad des wykbeldes irsche-
den dar se inne wonet, doch mochte de rad des
wykbeldes sek wol beleren laten den ghemeynen
rad der schedinghe, offte de sake alsodan were
dat se des bedorfften, Vnde dyt vorghescreuen
tohopegaend don se alle middewekene wen neyn
viredach is, also dat se syn vp der dorntzen in
der Nigenstad des morghens wen de klocke neghen
sleyt twisschen twelfften vnde paschen, vnde twis-
schen sunte Micheles daghe schullen se dar syn
wen de klocke achte sleyt: we dar vppe dusse
vorghescreuen tyd nycht en were, also dat he
spader kome, edder dar nycht en kome, de schol-
de dre penninghe geuen to broke in de büs-
sen, vnde dusse broke schal me nemen na dem
seyghere dede lest neghene edder achte sleyt.
Were auer, dat dar we witliken in des rades
werue were, edder orloff hodde, edder de nycht
to hus en were, edder krank were, edder ander
echte nod öme dat beneme, de en dochte dusses
brokes to der tyd nycht geuen. Dyt schal men
aldus holden alle middewekene de werkeldaghe
weren, men vorbode malken edder nycht. Weret
auer, dat de rad vp dusser tyde welker nycht to-
hope gan wolden, dat scholden de borghermestere
malk in synem wykbelde wedderbeden.

xxj Van dem gheleyde to geuende.

Ok spreken se des suluen middewekenes dur-
vmme, offte den borghermesteren edder orer wel-
kem bysunderen worde anghesunnen gheleyde to
geuende fromeden lüden hyr in de stad, dat de
borghermestere des mechtich syn dat gheleyde
to geuende van des ghemeynen rades weghen.
Vnde welk borghermester aldus weme gheleyde
geue, de scholde dat vmmebeden den anderen
borghermesteren in den wykbelden, vp dat se
dat mode wusten alse se erst kunnen.

xxij Wu men to dem rade sweret.

Des suluen middewekenes, is dat in dem ersten
iare alse de drevolde rad ghesat is alse vorghe-
screuen steyt, vorbodet de rad iowelk vte synem
wykbelde deienne de to dem rade sweren schullen,
vnde stauet öne den eyd alse in dussem boke
erst anghescreuen steyt. Is yd auer dat ander
iar, so vorbodet men deienne de des iares tovoren
in dem rade ghewesen hebben, vnde let se to dem
rade sweren alse vorghescreuen is. Des dridden
iares sweret me nycht.

xxiij Van den burmesteren to vntvanghende.

Des suluen middewekenes vntvanghet de ghe-
meyne rad de burmestere wedder to ghesynde
den orloff ghegeuen was, so vorder dat se öne
bequeme wesen dunket, vnde men stauet öne
dren eyd. Weret auer, dat we öne nycht be-
queme wesen duchte, dar scholde de rad vor
raden in dem wykbelde dar he inne ghewesen
hadde, wene se dar wedder to nemen wolden.
Vnde der burmestere hefft me vêr in der Olden-
stad, twene in deme Haghen, twene in der Nigen-
stad, eynen in der Oldenwyk vnde eynen in deme
Sacke.

xxiiij Van dem tohopegande des rades vnde
radsworen.

Ok schal me weten: Weret dat deme ghemeynen
rade alsodane bedreplike sake wedderstunden,
dat se sek alleyne nycht gerne mechteghen wol-
den, se weren van der stad weghene, van des lan-
des weghene, edder van vnser borghere vnde in-
newonere weghene, so mach de rad vorboden
den ghemeynen rad vnde alle de to dem rade
gheswaren hebben, vnde raden eyn myt den an-
deren vp der stad beste, darna alse id denne
vmme de sake gheleghen is, wan des behöff is.

xxv Van tohopegande in de köken.

Vortmer is eyn ghewonheyt, dat de eldesten, alse
de borghermestere vnde de öne darto nutte we-
sen dunket, beyde vt dem rade vnde vt den to-
sworen vt allen wykbelden, tohope gan in de
köken in de Nigenstad dem rade vnde der stad

to nut vnde fromen, wen des den borghermeste-
ren dunket, dat der stad vnde dem rade also-
dane sake wedderstan dar der meynen stad ed-
der den borghcren ghemeynliken edder ichtes-
welken bysunderen ane to donde is, vnde dar
dat werff also hastich is van vtwendighen heren
vnde lüden, dat me dat tohopegaend des ghe-
meynen rades nycht wol affoeyden kan, vnde
wan dem rade hemelike saken wedderstan, also
dat yd nycht nutte were dat eyn iowelk darvor
raden scholde: darvp raden de eldesten in der
kóken, vnd beweghen dat wente an den rad.

xxvj Van der wykbelde sprake vmme sake by-
sunderen.

Vortmer is eyn ghewonheyt: Wan dem ghemeynen
rade eyn bedreplike sake weddersteyt, so sprikt
eyn iowelk wykbelde bysunderen, vnde eyn iowelk
wykbelde bringhet in syn antworde. Syn se nycht
alle eynich, so volghet de mynste deyl dem mey-
sten na wykbeldes tale, vp dat se eyndrechtliken
don eyn myt dem anderen wat se to donde heb-
ben. Des ghelyk deyt de rad ok in der kókene.
Ok don dem also rad vnde radessworen in allen
saken dar se vmme tohope gan.

xxvij Van vtgande wan de rad spreken wel.

Vortmer wan de rad spreken wel vmme sake de
eyn wykbelde bysunderen anrórende is, so schal
de rad des wykbeldes vtgan den dat anrórende
is. Wel ok de rad spreken vmme sake de eyne
gylde anróret, we in deme rade is vnde de gylde
hofft de schal vt deme rade gan de wyle de rad
darvmme sprekende is. Wel ok de rad spreken
vmme saken de vnser horghere welken anróret,
he sy in dem rade edder nycht, he vnde syne
frundes vnde maghe de ome toboren, de in deme
rade edder radessworen syn, schullen dem rade
vntwyken also lange wente darvmme ghesproken
is, yd en were dat se de rad vor sek esschede
vnde se suluen raden bete, edder se worvmme
vraghen wolde.

xxvij Van tohopegande des rades in der Ol-
denstad.

Ok schal me weten, dat de rad in der Olden-
stad vmme goddes willen vnde dorch ores wyk-

beldes vnde orer innewonere willen alle midde-
wekene vnde ffrydaghe, wan neyn hillich dach is,
vp ore radhus tohope gan, also dat se dar io
syn vp der dorntzen wen men de lesten klocken
lüd to dem nachtsanghe. We dar denne nycht en
is de schal geuen to broke twene penninghe, yd
en were, dat he witliken in des rades werue were,
edder orloff hedde, edder nycht to hus en were,
edder krank were, edder ander echte nod om
dat beneme: so en dochte he de bróke nycht ge-
uen. Weret auer dat de rad vp dusser tyde welker
nycht tohope gan wolden, so scholde de borgher-
mester den heren wedderbeyden. Vnde wen se
aldus tohope syn, watte sake denne vor se kumpt
twisschen oren innewoneren, de schullen se vnt-
richten in fruntschop edder in rechte alse sek
dat ghebórde. Ok schullen se fforderen bróke
vnde des wykbeldes rechticheyt, vnde der stad
vnde des wykbeldes nut vnde ffromen don alse
se vorderst konden.

xxix Van tohopegande des rades in der Olden-
stad vp de bode.

Ok so is eyn wonheyt in der Oldenstad, dat de
eldesten van dem rade vnde radessworen vn-
derwylen, wen des den borghermesteren dunket
dat des behóff sy, tohope gan vp de bode bo-
uen dem scranke in sunte Martens kerkhoue,
vnde raden dar des wykbeldes vnde der stad be-
ste in den saken de one denne anlieghende syn.

xxx Van tohopegande des rades vnde radsworen
in der Oldenstad.

Vortmer wen ok deme rade bedreplike sake
wedderstan in der Oldenstad, der se sek nycht
gern alleyne vnderwynden willen, so moghen se
to sek vorboden de tosworen, vnde raden darvp
eyn myt dem anderen. Vnde is des to donde, so
spreken de rad darvmme bysunderen, vnde eyn
iowelk bringhe in syne antworde, vnde don eyn-
drechtliken wat se darau to donde hebben.

xxxj Van tohopegande des rades imme Haghen
alse van óren ammechten, cämereren, heren, vn-
de richteheren.

Vortmer schal me weten, dat de rede der ande-

20*

ren wykbelde, alse imme Haghen, in der Nigen-
stad, in der Oldenwyk, vnde imme Sacke, ok to-
hope gan eyn iowelk in synem wykbelde, vnde
raden alse van den in der Oldenstad vorghescre-
uen is, vnderwylen de rad alleyne, vnderwylen
de rad vnde radessworen, wen des to donde is,
vnde setten ôre ammechte de eyn iowelk rad
in synem wykbelde plecht to hebbende. Beschey-
deliken geyt de rad imme Haghen tosamene alle
— — — wenn neyn virledach is wen de klocke
sleyt. Vnde wen se erst tosamene gat, bevelet se
ône de slôtele, alse to dem Wendedore, to dem
Vallersleueschen dore, vnde to dem Steyndore, io
twen eyn dor to slutene, vnde setten ôre ammechte.
To dem ersten eynen camerer, de schal do came-
rye vorwaren imme Haghen alse vorghescreuen is
van dem camerer in der Oldenstad, vnde vor dem
ghemeynen rade darvan rekenen. Dussem came-
rer antwordet me — — — — — — —

— — — — — — — — —

xxxiij Van tohopegande des rades imme Sacke,
vnde van oren ammechten.

Vortmer settet de rad imme Sacke tohope alle
— — — yd en were dat grote fest dat bouene
tygens, dat de klocke eyn sleyt na middaghe, vn-
de raden vor ore wykbelde vnde ore innewonere
in der wyse alse vorghescreuen is. Vnde wen se
erst tohope gan, so setten se ôre ammechte. To
dem ersten eynen camerer, de de camerye vor-
waret vnde darvan rekent alse vorghescreuen is.
Vnde deme bevelet me de slôtele to dem schappe,
to der lütteken camer vppe der dorntzen, to der
besmededen kesten in der lutken camer, to dem
grashaue vnde sulueren schalen. Ok syn dar an-
dere slôtele, alse to der lade dar des wykbeldes
priuilegia inne syn, vnde to der anderen kesten
vp der dorntzen; de bewaret de borghermester
dre vnder sek.
Vortmer setten se vt orem hope twe richtehe-
ren, de by dat gherichte gan alse van den ande-
ren wykbelden vorghescreuen is.

xxxv Van des ghemeynen rades ammechten
alse van den viuen dede tins edder gud kopen
edder vorkopen.

Vortmer alse de rad ghesat is vnde de ammechte
vp iowelkem wykbelde de de rad vnder sek vp dem
wykbelde pleghen to hebben, so schal me weten,
dat de ghemeyne rad dusse naghescreuen am-
mechte plecht to settende vnde to hebbende van
der ghemeynen stad weghene. To dem ersten set-
tet de ghemeyne rad vnde biddet orer viue vt
deme rade vnde den radsworen, de sek darmede
bearbeyden myt rade vnde hulpe des rados, dem
rade vnde der stad eyns edder ander gud to ko-
pende, weddeschattestins edder lyfftucht by dem
rade to vorkopende, vnde den to mynnerende
vnde afftolôsende wur dem rade vnde ône dat
duchte bequeme wesen. Vnde dusser viue biddet
men dre vt der Oldenstad, eynen vt dem Haghen,
vnde eynen vt der Nigenstad. Vnde de rad ant-
wordet ône darto eyne kesten vp der muntsmede
myt dren slôtelen, dar se dat ghelt vnde ore reken-
bôke inleoghen schullen. Der slôtele hefft eynen
ôrer eyn vt der Oldenstad, den anderen hefft
ôrer eyn vt deme Haghen, den dridden de vt der
Nigenstad. Ok so schullen se dem rade rekenen,
wen den oldesten vnd ône suluen düchte, dat
des behôff were.

xxxvj Van den seuen büdelheren.

Vortmer settet vnde biddet de ghemeyne rad
orer seuene vt deme rade vnde radsworen, de
der meynen stad vpname dede vtgyft vorwaren
schullen, alse twe vt der Oldenstad, twe vt dem
Haghen, eynen vt der Nigenstad, eynen vt der
Oldenwyk, vnde eynen vt dem Sacke. Dussen
seuen schal de ghemeyne rad antworden vnde
se vpnemen laten alle wat dem rade werd ghe-
bracht in de tollenbode in de beyden zisekesten,
dat sy wynzise, bertollen, van den teyghelen, van
deme Notberghe, Lyntberghe, mettenpenninghe
vnde wur van dat sy dat men in de twe ziseke-
sten plecht to schuuende: dar moghen se to gan
io ouer de ver wekene edder wan ône dat be-
queme wesen dunket, vnde dat dar vtnemen, vnde

vp de muntsmeden bringhen, vnde dar wedder van vtgeuen alse hirna ghescreuen is.

Ok schullen se vpnemen wat dem rade van den wynkelleren bören mochte. Ok schullen one de geteheren vnde de muntemestere ouerantworden wat se deme rade woruen vnde der muntye. Ok scholden se vpnemen wat de vöghede deme rade geuen van der voghedye. Ok scholde men öne antworden alle de bröke de de ghemeyne rad forderde, vp synem wykbelde: dat scholde me darmede holden alse de rad des eynich were. Ok scholden se vntvanghen de bede der ioden, vnde dat scholde men io also vöghen, dat se vpqueme vppe pinghesten. Ok scholde me öne antworden wat van dem gherichte tor Asseborch geouert worde. Vortmer scholden se vntvanghen alsodan ghelt alse dem rade ouerbleue van dem schote bouen den tins den de rad darvan plecht to geuende, vnde wat van naschote velle in allen wykbelden, vnde wat de ghemeyne rad hedde van tinse, alse ix punt vp der muntye van den van kinde, vnde des gelyk.

Weret ok dat dem ghemeynen rade we wat schuldich were van ghelde, dat scholden se ok vpnemen wen dat betalet worde. Ok scholden se vpnemen wat dem rade hörede van testamenten edder van dem dridden penninghe van gifte edder van eructale buten der stad, vnde wat worde vor de burschop bouen eynem gulden. Vnde wat se aldus vpnemen dat scholden se bringhen vppe de muntsmede in der Oldenstad, vnde dat tellen, weghen, vnde in dr bok scryuen, penninghe vor penninghe, ghelt vor ghelt, pagiment vor pagiment alse one dat worde, vnde scholden dar wedder van vtgeuen alse hierna ghescreuen is. **T**o dem ersten slete vp den slöten de dem rade stan, slete vnde koste vppe dem marstalle, alse an perden, an vodere, der stalwerdere lon, des houetmannes vnde der denere sold, vnde höffslach. Ok scholden se vtgeuen teringhe buten der stad den de van des rades weghen vte weren, item wat de herschop dem rade van Brunswik kostet, item wat de rad vorgifft vnde vorschenket, vnde wat de erewyn kostet, vortmer wat deme rade orleghe vnde hervarde kosten. Item schullen

se vtgeuen to den lantwêren to rumende vnde to beterende, item to pladerende, item to der ghemeynen stad buwe, item molenslete, item bodelon. Vortmer scholden se ghelt lenen darto dat men de teyghelhuse, den Notberch vnde den Lyntberch mede bearbeyden lete. Ok scholden se hyrvan vtgeuen alle den anval der ghemeynen stad, alse me dat van orer vpname vorderst don konde.

Vortmer schal me antworden dussen vorghescreuen seuen de slötele to den zisekesten in der tollenbode, vnde der slötele is io viue to eyner kesten, vnde de schal me deylen, also dat io vp dem wykbelde to iowelker kesten eyn slötel sy. Ok schal me one antworden de kesten vp der smeden, de hefft viff slöte vnd viff slötele, dar se inne bewaren möghen ore rekenböke vnde des rades ghelt, vnde de slötele scholden hebben de twene vte der Oldenstad malk eynen slötel, twene vte dem Haghen malk eynen slötel, vnde eyn vte der Nigenstad eynen slötel, vnde de rad scholde dusse seuen bidden, dat malk myt synem slötel suluen slöte, also den anders nemende dede darmede to slutende, vnde dat se io tohope to der kesten gan in de Nigenstad, vnde wedder van dar tohope gan vp de smeden, vnde dar tohope blyuen wente se de penninghe tellet hebben, dat suluer ghewoghen vnde naghescreuen, vnde ok darvan wedder vtghegeuen wes se to der tyd vtgeuen schullen. Vnde wat se aldus handelen van vpname vnde vtgifft des scholden se io des iares eyn bok scryuen, vnde dem ghemeynen rade dat berekenen.

Weret ok, dat dusser seuene welk vtwanderde, so scholde dat wykbelde dar de vte weren eynen anderen in de stede setten also langhe went de wedder to hus queme.

Ok scholde de rad der eyneme vte der Oldenstad don eyne wesselbode de to der muntsmede hort, vnde öme antworden dat ghelt dat to der teringhe horde vnde to der kleynen entelen vtgifft, dat he darvan entelen vtgeue alse langhe went se alle seuene vp de smeden ginghen: so scholde he dat in der seuen bok scryuen laten.

xxxvij Van den geyteheren.

Vortmer biddet de ghemeyne rad vnde settet örer vere vte deme rade edder vte den tosworen darto dat se helpen vorstan de muntye, vnde de heten geyteheren. Vnde der schal me bidden twene vte der Oldenstad, eynen vte dem Haghen, vnde eynen vte der Nigenstad. Or ammecht is dyt, dat se vntfanghen des rades ghelt dat de rad hedde to dem slaghe, vnde offte des to donde were dat me mer gheldes behöue dar to, dat se dat van den luden vpnemen, vnde ôn darvor penninghe wedder geuen, vnde se edder örer io eyn to dem myusten darby syn, wan me geten wolde, vnde vorwaren, dat de muntemester dat sulner helde in alsedaner witte alse de rad ome dat beuolen hedde, vnde dem muntemester vorweghen, vnde sek ône wedder weghen laten also swar alse men ôme vorgewoghen hedde. Ok scholden se edder örer twene geuen den tins van der muntye den de tins darane hedden vp sunte Michaeles dach, vnde wat me worne vp der muntye dat scholden se antworden den seuen de der ghemeynen stad budel vorwaret vp der smede. Ok scholden se edder örer twene dem rade to gude de penninghe vorkopen vnde vttellen, vnde des rades beste darmede don, suluer edder sware vtwippende penninghe darmede to kôpende, vnde se en scholden dar vorder neyne koste van don wen alse dat nu begrepen is.

Ok scholden se darvan rekenen wen de rad dat van ône esschede. Vnde wu me dat vort holden schal myt der muntye vnde myt dem muntemester, des vindet men wol eyne wyse in den bôken de van der handelinghe vp der smeden syn.

xxxvij Van dene de by de papheyt gan.

Vortmer schal me weten, dat de papheyt ghemeynliken vnde de ghemeyne rad vnderwylen sek fruntliken tohope setten vnde eynighen also: Welk stichte edder pape to schuldighende hedde eynen borgher edder innewoner, de scholde on vorklaghen vor dem rade, dar de borgher edder innewoner eynen papen to schuldighen hedde, dat scholde he don vor synem capitele vnde dar neyne andere vtwendighe ghorichte to besôkende,

edder wu sek de voreninghe denne hedde. Vnde konden se sek dar nycht richten, so setten se dat vp achte personen, alse vêr van der papheyt vnde vêr van des rades woghene, de se io denne scheyden scholden in fruntschop edder in rechte. Dusse vêr van des rades weghen settet vnde biddet de ghemeyne rad, alse twene vt der Oldenstad, cynen vt dem Haghen, vnde eynen vt der Nigenstad. Ore ammecht is, dat se deme also don alse de papheyt vnde de rad sek vordraghen hebben edder hedden.

xxxix Van den de to deme tekene bernet.

Vortmer settet de ghemeyne rad twene edder örer mer vt der munter ghilde de dat kunnet vnde don willet, dat se bernet to dem tekene. Vnde de sweret dem rade den eyd alse de rad den hebben wel. Wen se de eyde ghedan hebben, so antwordet ône de rad der stad tekenyserne, vnde wat suluers se tekenen myt des rades tekene, dar schullen se orer eyn iowelk syn eghen teken by setten, vppe dat me wete wat malk ghebrant hebbe, darto he antworden môghe effte des nod were. Vnde wu se dat holden schullen dat wyset ôre eyd vt.

xl Van des ghemeynen rades bûwmesteren.

Vortmer biddet vnde settet de ghemeyne rad örer seuene vt dem rade edder radsworen, de der ghemeynen stad bûwerk vorstan vnde ouerpröuen, de heten der ghemeynen stad bûwmestere. Der schullen wesen twe vt der Oldenstad, twe vt dem Haghen, eyn vt der Nigenstad, eyn vt der Oldenwyk, eyn vt dem Sake. Ore ammecht is dyt: weret dat den wykbelden edder orer welkem sunderlik bûwerk anvelle bouen dat se van oren tinsen schullen don, des se van nod nycht vmmegan môchten, so scholden se tohope gan vp dat wykbelde dar des nod were, vnde scholden sek dat bûwerck wysen laten, vnde dat scholden se besen wor me dat beteren konde, edder dat me dat nige bûwe bûwen moste: dat scholden se denne nasecghen in der kokene den de dar pleghen in to gan.

Ok scholden se gissen vnde ouerpröuen wat dat vppet negheste kosten môchte: dar scholde de rad denne vp raden, vnde sek vordraghen wat me dar scholde to geuen: wes se sek vordrôghen, dat scholden de seuen büdelheren vtgeuen van der smede.

xl) Van deme de dat lütke inghesеghel vorwaret.

Vortmer biddet de ghemcyne rad cynen vte der Nigenstad van deme rade edder radessworen, de dat lütke inghesеghel vorwaret. De schal myt dem scryuer helpen den rad vnde de stad vorwaren an den breuen de de rad myt dem inghesеghele besеghelen wolde luten alse he best konde, vnde he scholde io dar suluen by wesen, wen me besеghelen scholde. Ok scholde he dat grône was kôpen vnde don to besеghelende des rades breue van der stad penninghen. Weret ok, dat men fromeden boden drankghelt geuen wolde, dat scholde he ok vtgeuen. Ok scholde he ok vtgeuen teringhe vnde bodenlon den iennen de des rades brсue ouer velt draghen, vnde sek dat de büdelheren wedder geuen laten, vnde dat wedder rekenen dem rade.

xl) Van dem buwmester der môlen.

Vortmer biddet vnde settet de ghemeyne rad eynen vt der Oldenstad de to alle des rades môlen dem buwerke vorstcyt vnde dat coddewerk. Vnde deme schal me antworden alle dat van slamme in den môlen wert: dar schal he dat van don alsc he vorderst kan. Wes ome daran enbreket, dat schullen ome antworden de seuen van der smede.

xl) Van den de de môlensteyne kôpen.

Ok biddet vnde settet de ghemeyne rad twene vt der Oldenstad darto dat se kôpen dem rade de môlensteyne. Vnde wur me der behôuede vp den môlen de des rades syn, de scholde me van ône nemen vnde ône de betalen, vppe dat se dat ghelt by sek hedden, wen se de wedder kôpen edder bringhen laten wolden. Konden se der ok vtwendighen luden vorkôpen myt bate, dat scholden se don, vnde wat darvan velle to winninghe, dat scholden se dem rade antworden alle iar den seuen vp der smeden.

xbu) Van dene de dem marstalle vorstan.

Vortmer settet vnde biddet de ghemeyne rad vere vt deme rade vnde radsworen darto dat se dem marstalle vorstan. Der schal wesen twe vt der Oldenstad, eyn vt dem Haghen, vnde eyn vt der Nigenstad. Or ammecht is dyt, dat se vntfanghen dat ghelt dat de rad darto ghelecht hefft, vnde kôpen, ok laten darmede kôpen haueren vnde voder den perden, vnde wanne me perde kôpen schal vppe den stal, dat se de dem rade kôpen. Weret ok dat me vorredene perde verkôpen scholde, dar scholden se den stalwerder to nemen, vnde laten de vorkôpen, vnde prôuen darmede des rades beste. Ok scholden se io vakene vp den stal gan, vnde sên wer dar iennich brok were an den perden, edder vorsumenisse an den knechten. Ok scholden se vtgeuen vor hôffslach wat des hyr in der stad velle.

xl) Van dene de dem rade steyn breken laten.

Vortmer biddet vnde settet de ghemeyne rad eynen edder twene van dem rade edder radessworen vt der Oldenstad darto dat se spreken vnde sek vordraghen van des rades weghene myt den steynbrekermesteren vp deme Notberghe vnde Lyntberghe, wo se dat holden schullen vmme de steyne to brekende vnde to leeghende vnde van sek to antwordende, vnde don darmede des rades beste, vnde ône lone na orer vordracht, vnde laten sek rede geuen van touwe vnde gherede dat des rades is, vnde dat de steynbrekermester dem rade eyde do. Vnde wat se also vtgeuen scholden, dat scholden ône de seuene don vnde lenen van der smede. Vnde wat se hyrvan handelen dat scholden se dem rade berekenen, wan de rad dat van ône esschedo.

xlvj) Van den vogheden.

Vortmer settet de ghemeyne rad twene wyse manne to vogheden, dede richten na schulden vnde antworden alse recht vnd wonheyt is. Vnde de schullet deme rade sweren eynen eyd alse in deme eydeboke ghescreuen. Vnde de nympt me gerne offt me kan also, dat eyn wone in der Oldenstad, vnde de ander in deme Haghen. Vnde we de voghedye annympt, de schal deme rade borghen setten vor dat ghelt dat he deme rade louet. Vnde wu de voghede öre dingk holden schullen, dat wyset vt dat bescreuene stadrecht vnde de toghelatene wonheyt, vnde ok de eyd den se dem rade pleghen to donde.

xlvij Van borgheren to makende.

Vortmer wanne de rad ghesat hefft vnder sek de ammechte de se vnder sek pleghen to hebbende, so schal eyn iowelk rad vp synem wykbelde dat gantze iar ouer dar acht vp hebben vnde de burmestere darvp hebben laten, offte hyr iemend wonede de billichlik de borgherschop wynnen mochte, vp dat de ienne de hyr woneden myt dem rade vnde vnsen borgheren eyndrechtlich weren, alse van der eyde weghene de se denne don mochten. Vnde wen dar we queme de de borgherschop wynnen wolde, de scholde geuen dem rade tom mynsten eynen verdingh, dem ghesynde eynen schillingen, vnde dem scryuer sess penninghe. Vnde we de borgherschop wunne, dem LXII, 28 scholde de rad segghen tovoru aldus: Weret dat gy jemendes weren late edder eghene, zo verlöre gy dusse penninghe de gy geuen vor de borgherschop, darto volghede gyk de rad myt eyner vestinghe offt gy des bedraghen worden. Geue sek denne we ouer des dat he jemendes late edder eghene were, den en scholde de rad vor neynen borgher nemen. Ok scholde om de rad segghen aldus: Weret dat gy myt iemende ienighe schöl edder twydracht hedden ghehat edder noch hedden wente an dusse tyd, dar en verdeghedinghet gyk de rad nycht vore, sunder wat gyk numer anlicghende were des verdeghedinghet gyk de rad gerne ghelyk oren borgheren. Wanne ome dyt aldus ghesecht is, so stanet men ome den borghereyd. Wanne he den eyd ghedan hefft, so antwordet ome de borghermester edder deienne de des rades wort sprikt de borgherschop, also dat he one tasten let an syne koghelen edder an synen houet: Hyr antworde vnde orloue ek gyk de borgherschop van des rades weghen, also dat gy

möghen kopen vnde vorkopen vnde ghebruken alles rechten vnde gnaden ghelyk anderen vnsen borgheren. Ok anrichtet he om, wu he den lesten artikel in dem eyde vorstan schulle de aldus ludet: vnde neyne vorechte cumpanye en hebben willen, vnde secht aldus: Alse gy ghesworen hebben, dat gy neyne vnrechte cumpanye hebben willen, dat schulle gy aldus vorstan: offte gy selschop hedden in kopenschop edder handelinghe myt weme de hyr neyn borgher en wore, den en scholde gy der tollentekene to synem gude nycht bruken laten, also dat der herschop to Brunswik ore tollen darmede affgingben, sunder to juwem gude möghe gy der tollentekene bruken ghelyk anderen vnsen borgheren. Weret auer eyn frowe de de borgherschop wynne, myt der scholde men dat holden in aller wyse alse vorghescreuen, sunder se en sweret nycht, doch so secht me ör den eyd, vnde so louet dem rade den eyd to holdende. Is yd auer eyn iodde, de en sweret ok nycht, doch louet he dem rade stede vnde vast to holdende alse de eyd inne hefft, vnde wenne me ome de borgherschop antwordet, so secht me öme aldus: Ek orloue gyk de borgherschop, vnde neme gyk in des rades bescherminghe van des rades weghen ghelyk anderen iodden de hyr wonhafflich syn. Ok schal me woten: We aldus de borgherschop wynnet, hefft he kynder de gheboren syn er der tyd dat he borgher wert, de en hebben an der borghorschop nycht. Welk kynd auer gheboren wert dewyle syn vader borgher is vnde sak an de borgherschop helt, also dat he stadplicht vnde borgherrecht deyt, dat eruet de borgherschop. An eynes borghers echte wyff eruet de borgherschop, an vnechte wyff vnde kyndere eruet de borgherschop nycht. Weret ok dat hyr we koffte hustins, edder gud dat to wykbeldes rechte leghe, edder gylde wunne, de scholde erst borgher werden. We ok sek anders wor nedderleyde to LXI. 22 wonende iar vnde dach, wolde he hyr wedder komen to wonende, he möste de borgherschop vp syn nyo wynnen vnde sweren. Wandert auer eyn borgher vt na syner kopenschop edder na synem werue teyn iar, myn edder mer, de en vorlust syner borgherschop dar nycht mede, also vorder dat he schota vnde stadplichte do.

xlvij Wu dat me huldeghen schal.

Ok schal me weten, wu de rad dat plecht to holdende wan se vnsen heren van Brunswik huldeghen schullen. To dem ersten schal me myt ^XXX. ¹ one vtdeghedinghen, dat se leuen vnde reden dem ghemeynen rade van allen wykbelden, dat se willen belden stede vad vast alle de breue de ôre elderen, ôre brôdere, ôre vormundere van orer weghen ghegenen hedden dem rade vade der stad to Brunswik vnde vnsen borgheren de bysundern breue van der herschop hedden, se weren vp welkerley wike dat se weren. Kan men dat ok bededinghen dat se dyt in dem huldebreue beseghelden, dat scholde me versöken. Ok schal me myt one vtdedinghen, dat ^XXX. ² an reden vnde louen dem rade eyne rechte gantze sûne vmme alle schelinghe vnde schicht de vor dusser tyd gescheyn weren, dat se des ayelt mer denken vnde darvp saken en wolden. Vnde we dar ane vnde oner is wer dyt gelouet worde, de tughe scholde de rad scruyuen laten we de weren van beyden haluen.

^XXX. ³ Ok scholde men myt one touoren bededinghen, dat de herschop genen alsodane breue beseghelet denne rade vnde der stad alse one êre elderen vore ghegenen vnde beseghelet hebben, myt alle den stucken de darinne stan. Were ok den rade vnde der stad mer dinghes nod, des schullen se sek ok bededinghen wes se konden vnde möchtes dar se or recht mede betereden.

^XXX. ⁷ **O**k schal me alle breue de se dem rade vnde der stad genen schullen beseghelet to sek nemen van den scryueren er men de huldinghe do, vnde men schal dat touoren bededinghen, dat me dem rade de breue vorgenen genen schal. Wolde men denne darna den scryueren vnser heren eyne redelike fruntschop den, des schullet se warende wesen to des rades gnaden, aner se en schullet den rad myt den breuen touoren nycht beschatten, wente des neyn wonheyt er ghewesen hefft. Ok schal me touoren vt ^XXX. ⁸ dedinghen myt den heren, dat se vnse borghere, dede gud van one to lene hebben, schullen belenen in dersulken stunde wan one gehuldeghet is, ane weddersprake vnde vmme neynerleye gifft: also hebben oldinghen ore elderen ghedan wente an dusse tyd. Is der heren mer wen eyn den me huldeghet, de iungen heren schullen des dem rade oren beseghelden breff genen, dar se sek ane vorwillekoren, dat se vnse borghere belenen willen ane weddersprake

vnde ane ienigherleye gifft, wen de lenware an se queme. Wen dyt aldus to ende ghededinghet were, so scholde me de heren bringhen vp de dorntzen ^XXX. ⁴ vp dat radhus in der Oldenstad, dat se dar seten myt oren mannen. So schal one denne de rad huldeghen vnde sweren dussen eyd: Dat gy vnsen heren hertoghen N. N. to Brunswik vnde to Luneborch, de hyr jegenwordich stan, willen alse truwe vnde holt syn alse borghere oren heren to rechte schullen, dewyle dat se gyk by ^VI. XXX. ⁹ gnaden, by rechte, vnde by wonheyt laten, dat gyk god also helpe etc.

Darna schal de den rades word holt den suluen eyd ^XXX. ⁶ stauen der meynheyt van der lôwene, weute de rad schal de meynheyt vorboden vt allen wykbelden vp den market in de Oldenstad.

Ok en scholde de rad sek vp neyne löffte edder vp neyne ^XXX. ⁵ andere eyde then laten noch vp ienigherleye dingk, offt men dat wol van ôn esschede.

Wen de huldinghe aldus ghescheyn were, so hefft de rad des eyne wonheyt, dat se den heren schenken iowelkem eynen schouwer vnde twintich gulden darinne, edder in anderen klenoden, wat one gud dunket, doch en is dat neyne plicht.

Alse vorghescreuen is watte ammechte de stad vader sek plecht to hebbende, dar [plecht] me rad vnde radessworen to to settende. Nu is hyrna ghescreuen, watte ammechte de rad settet dar se to nemen frome borghere, de syn in dem rade edder nycht.

xlix Van vormunderen vaderloser kyndere.

To dem ersten schal me weten: Weret dat hyr eyn borgher edder borghersche affginghe van dodes weghen dode kyndere na sek vorlete, den se neyne vormundere ghesat hedden in orem testamente, edder worde dem rade to wetende, dat de vormundere edder der kyndere moder de kyndere nycht wol vorstunden, also dat dat ore vorbistert worde, so scholde de rad in dem wykbelde dar de inne wonede sek rekenschop dôn laten, also dat se wusten wat der kyndere ware, vnde den kynderen vormundere setten vt dem rade edder andere frome borghere, de den kynderen vorstunden van dem oren alse se best kon-

21

den also langhe dat me so berede, edder also
langhe dat se achteyn iar old worden vp dat
mynste. Weret ok, dat kynderen vormundere
ghesat weren in testamenten edder alse vorghe-
screuen is, dede alle affghinghen edder also wor-
den, dat se den kynderen nycht nutte weren, so
scholde de rad andere setten alse ône duchte
bequeme wesen. Vnde we aldus to vormundere
LXI. 176 ghesat were de schal deme rade vnde der kyndere
frunden, offt se dat nycht enberen willen, rekenschop don:
is de rekenschop redelik, so schullen se dar vor-
der neyne nod vmme lyden.

1 Van dem proueste vp dem Rennelberghe.

Vortmer settet de rad in der Oldenstad eynen
fromen prester to eynem proueste dem kloster
vnde den iungkfrowen vp dem Rennelberghe,
vnde wene se darto setten den laten se bestede-
ghen van dem bischope to Hildensem, offt he
stede dar blyuen schal, dat het eyn ewich . pro-
uest, alse dar nu her Jacob is. Vnde den en mach
de rad edder de iungkfrowen nycht wedder aff-
setten ane synen willen, yd en sy, dat men also-
dane sake vp ône bringhen kônde dar he in dem
· rechten vmme to berôrende sy: so mach dat
don de bischop van Hildensem. En wel de rad
dar neynen steden prouest to setten, so môghen
se de prouestye eynem prester bevelen laten.
Deme bischope to Hildensem mach me wedder
vpseeghen wan me wel. Also is dat den meysten
deyl gheholden wente herto.

Ok schal me weten: Weret dat dar we ghesat
worde to eynem steden proueste, so is dat eyn
wonheyt, dat he vorwilkore vor dem conuente
vnde vor eynem notario: offte syner to kort worde
van dodes weghen dewyle he prouest were, wat
he nalete van gude dat syn were dat sodanes by
dem klostere blyuen scholde. Des en darff de
nycht don dem de prouestye bevalen wert.

Vnde we aldus to der prouestye ghesat wert, he
sy stede edder bevalen, de scholde wol eyde dar-
to don, dat he der prouestye vorstan wille alse
he best vnde truwelikest kunne.

Ok schal de prouest des klosters beste don wur
he kan, vnde offt me ome van des klosters weghen

wedderstunde dar macht ane were, dat scholde
he vorstan laten den vormunderen de de stad ok
dem kloster plecht to settende, vnde don dat myt
oreme rade. Is ône vorder rades behôff, so schal
he radvraghen myt dem rade.

Ok schal de prouest rekenen van vpname vnde
vtgifft, ok van kosten vnde allem slete der pro-
uestye bynnen vnde buten dem kloster vor den
ammechtfrowen, vor dem rade vnde vor des klo-
sters vormunderen, wan se dat von ome esschet.

Ok en schal he des klosters gudes ane des con-
uentes vnde des rades vulbort nycht vorsetten,
vorpenden, edder vorlaten, noch neyne lyfftucht
vorkopen ane ore vulbort.

lj Van vormunderen vppe dem Rennelberghe.

Vortmer settet vnde biddet de rad in der Olden-
stad twene frome manne in deme rade edder dar
enbuten vt der Oldenstad to vormunderen des
klosters vppe dem Rennelberghe, vnde de schul-
len dar acht vp hebben, offte de prouest des klo-
sters gude also nycht vorstunde alse he bilken
konde, scholde, vnde môchte, dat se ome darto
raden helpen, edder dem rade dat vormelden,
vnde offt dem proueste, der ebbedeschen, edder
den iungkfrowen saken vorstunden dar se des
rades to behôueden, dat se ome darto helpen,
offte se one ansynnende weren, vnde dat se
dat kloster helpen vorstan vnde or beste don
wur se kunnen. Ok scholden se gan by des pro-
uestes rekenschop alse vorghescreuen is.

lij Van vormunderen to vnser leuen frowen.

Vortmer settet de rad in der Oldenstad vnde
biddet twene orer borghere to vormunderen des
hospitals to vnser leuen frowen vor der langhen
brucghe. De schullen vorheghen vnde vorstan dat
sulue goddeshus, vnde syn beste prôuen vnde
don alse se vorderst kunnen, vnde deme houe-
mester heten don vnde laten alse ône dat nutte
vnde bequeme dunket wesen, vnde des goddes-
huses priuilegia vnde breue bezluten vnde bewa-
ren, vnde rekenschop van dem houemesteresschen
wan ône dat bequeme vnde nutte wesen dunket,
vnde by der rekenschop myt dem rade wesen

wan de houemester de deyt. Vnde werel, dat de
houemester vnbequeme dem goddeshuse were,
dat scholden se dem rade melden.

luj Van dem houemester to vnser leuen frowen.

Vortmer settet de rad in der Oldenstad eynen
fromen man, he sy prester edder leye, to eynem
houemester des hospitals to vnser leuen frowen
vor der langhen brucghe. De schal don vnde la-
ten wat ome de vormundere darsulues heten van
des goddeshuses weghen, vnde schal ryden buten
de stad wur dat goddeshus gud effte tynse hefft,
vnde dat bemeyren, de tynse manen, knechte
vnde ghesynde meden, buwen, codden, plöghen,
seyghen, meyghen vnde dorschen laten, vnde des
goddeshuses gud vorstan bynnen vnde buten alse
he best vnde truwelikest kan, io myt rade vnde
vulborde der vormundere, vnde dat kokent, ba-
kent vnde bruwent vorstan, vnde de prouende
geuen alse ome dat bevolen worde.
Ok scholde he wol eyde don, dat he dyt truwe-
liken vorwaren wolde. Vortmer schal he hyrvan
rekenen den vormunderen vnde dem rade wan
se dat van ome esscheden. Hyrvor scholde öme
dat goddeshus geuen alse de vormundere sek des
myt öme vordröghen.

luj Van vormunderen to sunte Thomas.

Ok settet de rad in der Oldenstad twene vor-
mundere to sunte Thomas vor dem Petersdore.
De schullen holden alle dingk van des goddes-
huses weghen in dersuluen wyse alse van vnser
leuen frowen vormunderen ghescreuen is. Vnde
de settet eynen houemester myt vulborde des
rades alse ome bequeme dunket wesen, vnde de
houemester schal don myt orem rade alse van
dem houemester to vnser leuen frowen vorghe-
screuen is.

luj Van vormunderen to sunte Lenerde.

Ok schal me weten, dat de rad in der Oldenstad
settet twene vormundere to sunte Lenerde, vnde
so vort eynen houemester. De schullen ok holden
or dingk van der seken weghen alse vorghescreu-
en is van den vormunderen vnde houemesteren
to vnser leuen frowen.

lv Van olderluden to sunte Marten.

Vortmer schal me weten, dat de rad in der Ol-
denstad settet vnde biddet twene frome manne
vt der parre to sunte Marten, de dat goddeshuse
vorstan, vnde heten olderlude. Ore ammecht is,
dat se vntvanghet des goddeshuses rente vnde
ghelt, vnde de almosen dede ghegeuen werden
dem goddeshuse in testamenten edder vp de taf-
felen edder wurvan dat dem goddeshuse worde,
vnde bekostighen darvan buwe, coddewerke, ghe-
luchte, czyrade der kerken, vnde den slete de dem
goddeshuse anliegheude is, ok don vnde prouen
des goddeshuses beste wur se kunnen. Vnde we-
ret, dat dem goddeshuse bedreplik buw edder
ander doent wedderstunde, wat se darane deden
dat scholden se don myt des rades vulborde vn-
de rade. Ok scholden se neyne lyfftucht ane des
rades vulbort vorköpen.
Vortmer schullen se dem oppermanne beuelen
to bewarende vnde to beslutende de kerken, dat
hillegheddom, böke, kelke, myssewand vnde an-
dere ornat dat dar were, vnde dat geluchte, vn-
de der achtinghe vp hebben, dat de opperman
vnde syn schólere truwe weren vnde don alse sek
dat ghehörde.
Vortmer schullen se des mechtich wesen to schi-
ckende vnme de frowenstöle alse dat bequeme
were. Doch en scholden se nemande vt den stó-
len wysen dar malk van dem goddeshuse inne-
wyset were, ane synen willen. Ok en scholden se
nemande wysen ane synen willen vt den stólen
dar malkes wyff, moder, grotemoder, suster edder
broderswyff inneghewyset were.
Ok en scholden se vor de stöle vnde vor de grafft
nycht esschen edder vorbededinghen, wente dat
is simonye. Ok scholde orer eyn vmmegan myt
dem sceme des hilligen daghes alse de wonheyt
plecht to wesende. Vortmer schullen se bescryuen
alle vpname vnde vtgiffte van des goddeshuses
weghen, vnde dem rade darvan rekenen wan se
dat van one esschet.

lv Van deme oppermanne to sunte Marten.

Vortmer vntvanghet vnde settet de rad in der
Oldenstad vnde de olderlüde to sunte Marten ey-
21*

nen opperman dem goddeshuse to gude. Vnde
wene se vntvanghet de schal deme rade vnde den
olderluden borghen setten truwe to wesende vn-
de wol to vorwarende wat ome gheantwordet
wert, wente vorlöre he wat, des were he plichtich
to geldende. Vnde wene se tom oppermanne vnt-
vanghet de schal holden twene schölere. He vnde
de schölere beyde schullen alle dre slapen alle
nacht in der kerkene, vnde vorwaren dat dem
goddeshuse nycht gestolen werde. Vortmer schal
he maken alle lechte der me behöuet in der ker-
ken ane sunderlik lon.

lvij Van den olderluden to sunte Peter.

Vortmer settet vnde biddet de rad in der Olden-
stad twene frome manne vt sunte Peters parre
to olderluden darsulues. De schullen don alle
dingk alse van sunte Martens olderluden ghe-
screuen is. Ok holt me dat vmme den oppermau
alse van sunte Martens oppermanne ghescreuen
is, sunder he holt men eynen schöler.

lviij Van den olderluden to sunte Michele.

Ok settet de rad in der Oldenstad twene older-
lude to sunte Michele, de dar in de parre horet,
vnde de holden dat ok alse vorscreuen is. Ok
holt me dat vmme den opperman alse van sunte
Martens oppermanne ghescreuen is, sunder he
holt eynen schöler.

lix Van vormunderen tom hillighen geyste.

Ok settet de rad vt der Oldenstad twene frome
manne vt der Oldenstad to vormunderen to dem
hillighen geyste. De schullen holden alle dingk
alse van sunte Martens vormunderen ghescreuen
is, sunder myt den frowenstölen. Ok holt me dat
anders myt dem ghelnchte, wente dat don de pre-
stere suluen malk to syner myssen. Ok vntvanghet
se den opperman vnde lonet öne.

lx Van vormunderen to sunte Auctor.

Ok settet vnde biddet de rad in der Oldenstad
twene frome manne to vormunderen to sunte
Auctoris capellen, de schullen ore doent holden
alse van den olderluden vorghescreuen is.

lxj Van dem oppermanne to sunte Auctor.

Vortmer medet de rad in der Oldenstad eynen
opperman to sunte Auctor. De schal vorwaren
de capellen myt vpslutende vnde toslutende, vnde
vorwaren dat myssewand, kelke, böke, vnde an-
deren ornat, vnde sitten by der taffelen: wat
darvp gooppert wert, dat schal he antworden den
vormundcren, vnde schal den beren dar helpen
mysse lesen.

lxij Van vormunderen to sunte Bartholomeus.

Vortmer settet de rad vt der Oldenstad twene
olderlude to sunte Bartholomeus.

lxiij Van vormunderen to dem damme to Ve-
chelde.

Vortmer settet de rad in der Oldenstad eynen
edder twe to vormunderen to deme damme to
Vechelde. De schullen vpnemen wat darto ghe-
geuen worde, vnde dar den wech mede beteren,
vnde dat dem rade berekenen, vnde dat also vort
holden alse dem rade duchte gud wesen.

lxiiij Van wröghcren des affgrauendes.

Vortmer biddet de rad in der Oldenstad twene
gherdenere vnde settet se darto: ofte se vorne-
men edder wusten, dat der stad vnde der ghe-
meyno wur affghegrauen edder affghetunet worde
edder were, dat se dat dem rade melden. Darto
sweret se eynen eyd alse de in dem eydeboke
ghescreuen is. Desghelyk scholden ok don de
rede imme Haghen, in der Nigenstad, vnde in der
Oldenwyk.

lxv Van rodenwröghcren.

Ok schal de rad in der Oldenstad [setten] twene gher- LXII. 34
denere de dat vorwareden, dat de gherdenere dat holden
myt der roden to plantende vnde to buwende alse de rad
dat ghesat heft vnde alse in dem echten dinghe
ghescreuen is. Vnde dar scholden se dem rade eyde to
don. Des ghelyk scholden ok don de rede imme
Haghen, in der Nigenstad vnde in der Oldenwyk.

lxvj Van deme de de wichte tekent.

Vortmer settet de rad in der Oldenstad eynen
darto, de de wichte tekenen schal myt der stad

tekene. De en schal neyne lode tekenen, he en sê, dat de lode rechte ghewesen syn. Ok en schal he neyne blyen lode tekenen.

lxvij Van dem botterstôter.

Vortmer settet de rad in der Oldenstad eynen botterstôter. De schal meten den luden botteren vnde honnich, vnde sweret dussen eyd: Dat gy malkem recht meten willen botteren vnde honnich na iuwen viff synnen alse gy best kunnen vnde môghen, dewyle dat yd deme rade vnde gyk behaghet etc. We botterstôter wert de schal dem olden botterstôter geuen eynen verdingh vor dat gherede, vnde holden dat in alsodaner beteringhe alse he dat vntvanghe.

Dyt is dat gherede: eyn amber, eyn verndel, eyn halff verndel, eyn küle vnde eyn strikebret. Ok schal he vorwaren alse he best kan, dat malk vorkôpe de botteren vor dat dat se sy, alse Vreysch vor Vreysch, Norrensch vor Norrensch etc. Vnde wen he botteren mit, de schal he reineghen, dat yd kôpmans gud sy.

lxviij [1]Van den mekeleren.

LXII, 167–170 Vortmer settet de rad in der Oldenstad twene mekelere, eynen de schal vorkôpen dat kôpmans gud is, ane korne, vnde de andere en schal anders nycht handelen wen korn. Vnde se schullet handelen ôre dingk aldus: De erste mekeler schal nemen van eynem perde van twintich marken vnde twelff marken eyn lot,[2] dar benedden van der mark twene penninghe, van der last koppers vnde tenes eynen schillingh, van der last blyes viij đ, van dem scheppunt vlasses[3] viij đ, van dem tymber werkes i đ, van dem tymber lasteken eynen penningh, van dem tymber harenbalghe twe penninghe, van der specerye de to kramwerke hort van der mark ij đ, van der last haringhes achte đ, van der entelen tunnen io van der tunnen i đ, van der tunnen vissches ij đ, van dem ember i đ vnde desghelyk van der botteren, van allerleye stockvissche van der mark i đ, van talghe, van vleysche, olye vnd smere, vnde van allem vetten gude io van der mark eynen penningh, vnde ok van wulle io van der mark eynen penningh, van dem langhen lakene, van allerleye vorwadem wande, vnde van g r o u e m wande,[4] vnde van brunswikeschem wande io van der mark eynen penningh, desghelyk van sydem wande, van wyne vnde van bere, ok van velen anderen stucken de hyr nycht benômet en syn io van der mark i đ. Dusse mekeldye scholde halff geuen dede vorkôffte, vnde de andern helffte dede kôffte. Ouer wat kope neyn mekeler en were, dar dochte men ome nycht van geuen.

De mekeler van dem korne de schal nemen van der mark eynen penningh wat he kofft vnde vorkofft, vnde en schal nycht kôpen wen van vnsen borgheren vnde borgherschen van den kônen. Ok en schullet dusse beyde mekelere neynerleye ghelt noch kumpanye hebben myt nemende dar se vordeyl ane soken myt kopenschop, vnde schullen vnsen borgheren vnde borgherschen alle dingk hyr ane to gude holden alse se vorderst kunnen, vnde schullet deme rade sweren oren eyd. Dussulfghelyk schullen de rede imme Haghen ok hebben twene mekelere, vnde de rad in der Nigenstad ok twene.

lxix Van den watervôrern.

Vortmer settet de rad in der Oldenstad twene vôrmeune darto dat se den lüden water vôret, alse eynen de vôret dat water vor dem Petersdore vor der Petersbrucghe, de ander vôret water van dem sutmôlendore. De watervôrer vor dem Petersdore schal de kôpe waters vôren vor dre scherff van sunte Peters brucghe wente to der keden vor der breden strate, vnde to der gulden strate, vnde dar enbinnen. Wat he ok vôret ouer de keden dar schal he nemen vor de kôpe twe penninghe vnde nycht mer, sunder in sunte Micheles naberschop: wat he dar vôrde dar schal he vor de kôpe nemen iiij đ vnde nycht mer. Wat he ok vôrde vp de langhen strate dar schal he vor de kôpe nemen ix verling. Aldus hebben dat oldinghes de watervôrer vor dem Petersdore ghe-

---

1) *Nachstehende Fassung dieses Statutes ist älter als die unter den Anhängen zum Echtendinge befindliche, welche von derselben Hand wie die Codices des Sackes und der Neustadt, also um 1433 geschrieben ist.* 2) *In der jüngern Fassung ist bestimmt:* van eynem perde van xx marken i đ, twisschen xx marken vnde xii marken van dem perde i lot. *Vielleicht ist in der Abschrift des Ordinarius an dieser Stelle eine Lücke.* 3) *In der jüngern Fassung* wasses. 4) *In der jüngern Fassung:* vnde van vngheverwedem wande. *Die Handschrift hat* g r o n e m, *was wahrscheinlich auf falscher Lesung beruht.*

holden. De watervôrer vor der sutmôlen dore schal na antale woghen ok nemen aldus.

lxx Van ammechten des rades imme Haghen: van vormunderen vaderloser kyndere, vormunderen to sunte Joste, olderlüden to sunte Catharinen, vormunderen tom damme to Schopenstede, van wrôgheren des affgrauendes, van rodenwrôgheren, van wrôghers [der] de hore in de Oueker warpen, vnde van mekeleren.

Vortmer settet de rad imme Haghen dusse naghescreuen ammechte, dar se to nemen frome lüde, so syn in dem rade edder nycht: To dem ersten setten se vormundere den kynderen in orem wykbelde vnde de neyne vormunderen hebben, vnde dat schal me darmede holden in dersuluen wyse alse vorghescreuen is. Vortmer settet se twene vormundere to sunte Joste, de scholden ore dingk holden myt der vormundeschop vnde myt orem houemester alse vorghescreuen is van den vormunderen to vnser leuen frowen to dem hospitale vor der langhen brueghe. Item settet se twe olderlüde to sunte Catharinen vt der parre, de schullet dat holden alse van sunte Martens olderlüden screuen steyt, desghelyk myt dem oppermanne. Vort settet de rad imme Haghen twe vormundere to dem damme to Schepenstede, de schullet ôre dingk holden alse de vormundere des dammes to Vechelde. Item scholden se setten twe gherdenere darto, dat se dat affschuuent vnde affgrauent vorwareden, vnde dar eyde to deden also vorghescreuen is. Item schal de rad imme Haghen setten lude twene edder mer de by dem grauen wonbafftich weren, de dat vorwareden vnde eyde darto deden to meldende, offte se vornemen dat dar we hor in den grauen worpe, dat se dat dem rade melden. Vnde dat scholde malk vorwaren eyn iar, eyn naber na dem anderen. Vortmer settet de rad imme Haghen twe mekelere, eynen dede handele köpmannes gud, vnde eynen dede handele korn, vnde schullet holden ore dingk alse van den mekeleren in der Oldenstad ghescreuen is.

lxxj Van ammechten des rades in der Nigenstad, alse van olderlüden to sunte Andreas, van wrôgheren des affgrauendes, van rodenwrôghers, van mekeleren etc.

Dusse naghescreuen ammechte settet de rad in der Nigenstad, darto se nemen frome lüde, se syn in dem rade edder nycht: Tom ersten setten se twene olderlude to sunte Andreas, de ôre dingk holden alse van sunte Martens olderluden vnde oppermanne ghescreuen steyt. Item se settet twene gherdenere to vorwarende dat affgrauent vnde afftunent alse vorghescreuen is. Item settet se twene gherdenere, de dat vorwaren myt der roden alse vorghescreuen is. Ok settet de rad in der Nigenstad twe mekelere ghelyk alse de in der Oldenstad.

lxxij Van ammechten des rades in der Oldenwyk, alse van olderlüden to sunte Magnus, van wrôgheren des affgrauendes, van rodenwrôgheren. De rad in der Oldenwyk settet twe olderlüde to sunte Magnus in der wyse alse vorghescreuen is van sunte Martens olderlüden, vnde ok eynen opperman darsulues. Item setten se twene gherdenere to vorwarende dat afftunent vnde affgrauent alse vorghescreuen is. Item setten se twe gherdenere to vorwarende dat rodenbuwent alse vorghescreuen is.

lxxiij Van ammechten des rades imme Sacke, alse van olderlüden vnde oppermanne to sunte Olrike. De rad imme Sacke settet vnde biddet myt rade der parlüde to sunte Olrike twe olderlüde vt der parre darsulues, vnde nemen se vte der Oldenstad edder vte dem Sacke, wur se ône boqueme dunket wesen. Vnde setten one den opperman darsulues in der wyse alse van sunte Martens olderlüden vnde oppermanne vorghescreuen is.

lxxiiij Van dem houetmanne vnde vtryderen. Alse vorghescreuen is van den ammechten, so volghet hyrna wat de rad plecht to holdende vor ghesynde dem se lon geuen.

To dem ersten is hyrna ghescreuen van dem ghesynde dem de ghemeyne rad plecht to lonende. De ghemeyne rad holt der ghemeynen stad eynen houetman vnde andere denere vttorydende. De schullen dem rade denen na der wyse vnde vor alsodanen sold alse sek de rad myt one vordraghen wolde, edder myt anderen vtryderen de vppe sold deneden. Hedden se ore eyghene perde de se in des rades denste ryden scholden, so scholde de rad myt ône deghedingen beschedeliken vmme ore perde, also dat de rad neynerleye ergheringhe der perde gelden wel, wen hôuetsek, bewyslike openbare lemenisse vnde blindnisse in beyden oghen edder in eynem oghe, vnde anders nycht.

Ok scholde me heymeliken myt ône ouerspreken vmme ôre venghnisse, dat men des eynen wan wete wo or dingk gheleghen sy, vnde wo se dat myt dem rade holden wolden. We dyt vorspreke vnde dat anders hebben wolde den wolde de rad buten orem denste laten. In dersuluen wyse schal men dat ok holden myt vnsen borgheren de dem rade perde holdet, dat men one neynerleye erringhe ghelden schal wen alse hyr vorghescreuen is.

Weret auer, dat de rad dem houetmanne edder den anderen oren vtryderen de perde don wolde van dem marstalle wen se vte weren, so scholde men one beuelen, dat se der perde truweliken warden scholden, vnde se vorsatliken nycht vorryden edder vorsumen. Ok scholde me one secghen: wenne se myt dem rade vte weren dat se denne vp den rad warden scholden, vnde deden wat me one hete vp dem velde edder in steden, wo sek dat ghevelle. Ok scholde men one secghen, dat se gude knechte holden scholden. Ok scholden se dem rade sweren ôren eyd.

lxxv Van dem rydende koke des rades.

Vortmer holt de rad eynen mank den vtryderen, dede koket dem rade vnde den borgheren wen se vte syn to daghen edder in hervarden. De en schal neyn kokerecht noch hüde hebben van rades kosten, sunder he schal deme rade dat arbeyd don vor dat lon des me ome mer gifft wen eynem anderen vtryder.

lxxvj Van dene de de lantwêre beryden.

Ok schal me weten, dat de ghemeyne rad holden schal dre edder vêre, de schullen ryden by de lantwêre er de herde vtdrifft, vnde besên de bynnen vnd buten, offt dar iement ouertoghen sy, edder offte dar ienich slagbe buten weghes ghetredet sy. Vorfaren se wat, dat scholden se erst dem herde witlik don, dat he dat vê warede, vnde darna den borghermesteren.

lxxvij Van den scryueren.

Vortmer holt de ghemeyne rad dre scryuere, eynen in der Oldenstad, vnde eynen in der Nigenstad, vnde eynen imme Haghen. De scryuer in der Oldenstad schal vorwaren dat scryuent in des rades boke in der Oldenstad vnde imme Sacke, vnde vorwaren den rad vnde vnse borghere in den scrifften alse he best konde. Ok scholde he scryuen vnde registreren de breue de de rad in der Oldenstad vnde imme Sacke by sunderen beseghelen laten wolden. Ok scholde he by dem ghemeynen rade vnde by dem rade in der Oldenstad, vnde by dem rade imme Sacke wesen wen se tohope gan, by one to sittende, vnde helpen dem rade raden dat beste dat he wuste in alsodanen saken dar yd ome vôghede, offte ome de rad wes ansynnende wore.

Ok scholde he scryuen to dem schote in der Oldenstad vnde imme Sacke. Ok scholde he kundeghen dat echte dingk vnde wat de rad kundeghen laten wolde van der lôwene, offte ome de rad dat hete.

Vortmer scholde he myt dene de van des rades weghen darto ghesat weren by der stad breue gan de to sunte Marten besloten syn, vnde de to synne nemen, offte sek dat also velle in saken dar de breue der stad to gude komen môchten, dat he des dem rade vormanede wat ôme des to synne queme.

Ok scholde he truweliken weruen wat ome de rad bevôle to weruende bynnen der stad. Vordrôghe sek ok de rad des myt ome, dat he des rades werff buten der stad ryden scholde: wat ome de rad bevöle dat scholde he warnemen alse he best möchte.

Ok scholde he dem rade sweren den eyd de van ome in dem eydeboke ghescreuen steyt.

Vortmer de scryuer in der Nigenstad scholde scryuen des ghemeynen rades breue, se weren open edder sendebreue, vnde alle opene breue de de rad geue registreren edder registreren laten, vnde vorwaren den rad in alle oren breuen alse he best konde. Ok scholde he vorwaren alle de breue dar ane to donde were de dem rade ghesant worden.

Ok scholde he scryuen wat de seuen büdelheren vp der smede van vpnanne vnde vtgiffte van des rades weghen to scryuende hedden.

Ok scholde he scryuen in des rades bok vnde to dem schote in der Nigenstad.

Ok scholde he dem rade, offt se ome wes ansynnende weren, raden dat beste dat he wuste in saken dar yd ôme ghevôghede.

Ok scholde he dem rade sweren den eyd de van ôme in dem eydeboke ghescreuen steyt.

Vortmer de scryuer imme Haghen scholde scryuen in des rades bok vnde to dem schote imme Haghen, vnde vort scryuen, weruen vnde don wat ome de rad imme Haghen hete.

lxxvij) Van dem rydende scryuer.

Vortmer holt de ghemeyne rad eynen rydende scryuer, de schal ryden des rades werff buten der stad, vnde weruen des rades werff bynnen der stad vnde buten der stad alse he truwelikest vnde best kan. Vnde wan he rede buten der stad in werue dat vnser borghere welk bysunderen anrörde, de seholden ome denne teringhe pleghen. Wan he auer der stad vnde des rades werff rede, so seholde ome de rad de teringhe don.

Vortmer wan de rad wur to daghe rede, dar scholde he myt dem rade ryden, offt ome de rad dat hete, vnde scryuen wu men van dem daghe ghescheyden were, vnde scholde des rades terghelt vören ok bewaren, vnde ôre teringhe vorstan dewyle se buten weren, by synen eyden.

Ok scholde he scryuen in des rades bok vnde to dem schote in der Oldenwyk.

Ok scholde he dem rade sweren den eyd de van ôme in dem eydeboke ghescreuen is.

lxxix Van der stad syndico.

Vortmer holt de rad eynen syndicum, de schal den rad vnde de stad vorantworden in gheystliken richten bynnen effte buten, offt ome des wat anlieghende were, vnde der stad vnde der borghere beste weten vnde weruen wur he kan vnde mach. Vnde weret, dat one de rad bedaruen wolde in ichteswelken saken vor eynem notario, dat schal he don, vnde dem rade de instrumenta geuen ane sunderlik ghelt sunder dat pergament. Vnde in watte saken de dem rade vnde der stad anlieghende weren he arbeydede, dar en dochte ome de rad nycht sunderlikes vor geuen bouen syn gemedede lon. Denede he auer vnser innewonere welkem bysunderen, van dem scholde he nemen to lone wat redelik were. Wolde one de stad bedaruen vorder wen to Mentze, des scholde de rad myt ome bededinghen êr se one dar senden wat se ome darvor geuen seholden, weqte dat en tryt an syn beschedene lon nycht. Ok scholde he dem rade don den eyd de van ome in dem boke ghescreuen is.

lxxx Van dem tollenscryuer.

Vortmer holt de ghemeyne rad in der tollenhode eynen tollenscryuer. De schal wesen den dach ouer alle daghe in der tollenbode vnde darvor, vnde warden der zise, tollens, mettenpenninghes vnde gheldes vor allerhande steyn alse ome de rad dat bevelde, vnde holden dat vort alse syn eyd vtwyset.

lxxxj Van dem muntemester.

Vortmer holt de rad eynen muntemester wen de tyd is dat men penninghe slan schal. De schal geyten in ieghenwordicheyt der geytoheren edder orer eynes vp dat mynste, vnde van den geyteheren dat suluer vntvanghen, vnde dar penninghe van maken, ok knechte darto holden, vnde wedder alse swar den geytoheren an penninghen de gemuntet syn vpweghen alse he vntvanghen hadde, vnde allen slete stan, vnde dat vort holden alse he sek myt dem rade vordraghen hedde.

Vnde wu de rad vnde he dat vort holden möch-
ten, des vindet men wol eyn scrifft in der mun-
tye boke vp der smeden.

lxxvij Van deme de vor de godinghe rydet.

Vortmer holt de ghemeyne rad eynen eyghen
darto vnde lonet dem, de des erfaren sy dat he
myt dem rade edder myt den borgheren wen
des to donde is vor de gödinghe offte vor an-
dere werltlike gherichte ryden möghe, vnde se
vorspreke, vnde öne rade dat beste dat he wete.
Vnde de schal deme rade sweren den eyd de van
ome in dem eydeboke ghescreuen is.

lxxxiij Van dem werkmestere.

Vortmer holt de ghemeyne rad eynen werkme-
ster vnde lonet om. De schal deme rade ore
armborste verdich maken vmme lon, vnde offte
de rad wolde vnderstunden schutten hebben vp
slöten edder in hervarden, de schal he dem rade
tobringhen, vnde prouen darmede des rades beste.
Weret ok, dat eyn vtiacht worde edder eyn her-
vart, so scholde he de schutten regeren darna
alse om dat bevölen de van des rades weghen
vte waren.

lxxxiiij Van des ghemeynen rades tymmermester.

Ok holt de ghemeyne rad eynen mester tymmer-
man vnde klodet dene. De schal dem rade ar-
beyden myt synen knechten bynnen der stad vnde
dar enbuten vmme lon, in welk wykbelde dar one
de rad arbeyden heyte, vnde prouen der stad
beste myt dem tymmerwerke, na rade des rades
vnde der buwmestere de de rad darto schicket
hedde.

lxxxv Van dem mölenmestere.

Vortmer holt de ghemeyne rad eynen mölen-
mester vnde lonet dem. De schal vorwaren deme
rade holt, ysernwerk vnde allerleye dingk, dat
sy old edder nye, dat to alle des rades mölen
hort, vnde se to in allen mölen, offte dar ien-
nich gebrek were, edder versümenisse valle an
den mölen edder an den knechten, dat he dat
vorware offte dat dem rade melde, vnde were an

den mölen wat to buwende edder to coddende,
dat he dat do myt rade des den de rad to eynem
buwmester to den mölen ghesat hefft, vnde alle
andere dingk helde alse om de rad dat bevöle.
Vnde he scholde deme rade sweren synen eyd.
Ok schal me weten, dat vnderwylen dusse mölen-
mester in eyner mölen kost geuen mot: so swe-
ret [he] eynen andern eyd.

lxxxvj Van den kostgeueren in-den mölen.

Vortmer holt de rad viff kostgeuere in den mö-
len de des rades syn: alse eynen in der sutmölen,
eynen in der dammölen, eynen achter der borch,
eynen in der Wendemölen vnde eynen in der
Nigenstad mölen. Vnde dusser kostgeuere schal
eyn iowelk knechte holden vnde den geuen eten
vnde drinken vnde one lonen, de one helpen der
lüde korne malen vnde vorwaren dat öne in de
mölen to melende ghebracht worde. Vnde se en
schullen neyn korne vntvanghen to melende in
de mölen, se en hebben dar erst van des rades
mettentekene in de kesten ghestoken. Ok scholde
dar eyn iowelk bekosteghen in syner mölen haghe-
dorn, schüffel, brede, lecht, vet, vnde anderen
slete ane buw, alse sek de rad myt öne vordra-
ghen hedde. Se vnde ore knechte schullen dem
rade sweren oren eyd.

lxxxvij Van dem stalwerdere.

Vortmer holt de ghemeyne rad eynen stalwerder
vp dem marstalle. Dat schal wesen sodan man,
dat he wete wu men myt perden vmmegan schal.
De schal holden frome knechte vnde bekosteghen
se, de perde warden myt om. Vnde he vnde de
knechte scholden ryden wenne vnde wur de rad
dat van one hebben wolde, in dem harnsche ed-
der anders, vnde scholden dat vort holden alse
sek de rad myt öne vordröghe. Ok scholde he vp LX. 35
dem marstalle neyn queck mer hebben, twe swyne,
twe schok honere.

lxxxvij Van dem hauerwender.

Vortmer holt de ghemeyne rad vnde lonet ey-
nem de des rades haueren helpe vpmeten vnde
wedder affmeten in allen steden dar one de rad
22

liegben let. Vnde schal den wenden vnde vmme-
steken wen he des behouet, vnde schal sweren
dem rade darto synen eyd.

lxxxix Van den de de teyghelhuse vorwaren.

Vortmer holt de ghemeyne rad twene darto dat
se vorstan den teyghelhusen, alse eynen in der
Oldenstad vnde eynen imme Haghen. De schul-
len dar achte vp hebben eyn iowelk to synem
teyghelhuse vnde bescryuen, wat de erde kostede
to grauende vnde to vorende wente vp dem tey-
ghelhuse to eynem iare, vnde wat dat holt ko-
stede to howende vnde to vorende, vnde wu men-
nich voder dat des sy, vnde sek den teygheler
den steyn antworden vnde tellen laten, vnde darto
sên, dat de steyn io gar vnde gantz sy, vnde dem
teygheler lonen na dusenttal alse sek de rad
myt ome vordraghen hedde. Vnde scholde de ze-
delen scryuen vnde bewaren wente dat he rekende
de ome vor teyghele vt der tollenbode ghesant
worden, vnde dat vort holden alse sek de rad
myt öme vordröghe vnd syn eyd vtwysede.

xc Van den teyghelmesteren.

Ok holt de ghemeyne rad twene teyghelmestere,
vp iowelkem teyghelhoue eynen. De schullet den
steyn maken vnde vtbernen, ok gantz vnde gar
dem rade vpantworden, vnde dat vort holden al-
se sek de rad myt one vordröghe vnde ore eyd
inne hefft.

xcj Van dem scharprichtere.

Vortmer holt de ghemeyne rad eynen scharp-
richter vnde lonet deme vnde kledet öne. Wat syn
ammecht [is] dat weyt me wol. To dem lone dat
ome de rad gifft schullen ome geuen de ghemey-
nen openbaren wiuer: alse de in dem roden klo-
stere, vnde vp der murenstrate, vnde deienne de
openbare eynem iowelken meyne syn geuen de
werdinnen iowelk to der wekene eynen penningh,
vnde ore meghede iowelk to der wekene eyn scherff.
Sunder myt deniennen de io neynem openbaren
huse syn schal he sek beweren vnde sek an one
nycht begrypen.

xcij Van den burmesteren in der Oldenstad.

Alse vorscreuen is van dem ghesynde dat de
ghemeyne rad holt vnde dem de ghemeyne rad
lonet, is hyrna ghescreuen dat ghesynde dat eyn
iowelk wykbelde holt, de me vte der camerye
lonet.

To dem ersten holt de rad in der Oldenstad ver
burmestere, dede warden vppe de borgherme-
stere vnde vppe den rad wen se tohope syn, vnde
weruen wat one de rad bevelet, vnde gaa wur se
de rad sendet. Vnde wen de rad wel wyn schen-
ken fromeden luden, den schullen se draghen in
de Oldenstad, in de Oldenwyk vnde in den Sack.
Ok schullen se dem rade melden vnde scryuen
laten wat schotbar sy, vnde de lude vorboden to
dem schote.

Vortmer dusser burmestere twene, alse de in sunte
Olrikes burschop, schullen de denere vorboden,
dat sy dach edder nacht, wan de wur ryden
schullen. Ok schal de burmester in der hoghen-
dorsburschop dem marktmester vnde dem bodel
manen helpen des rades marketpenninghe. Vnde
wen de olde rad vtgeyt, so schal or denst ok vte
wesen, yd en were dat se edder orer welken de
nye rad wedder vntvanghen vp eyn nige. Vnde
also dicke alse me vntvanghet schullen se dem
rade sweren oren eyd.

xciij Van dem boden.

Ok holt de rad in der Oldenstad der gantzen
stad to gude eynen boden. De schal gan edder
ryden dem rade ouer velt myt breuen edder myt
warue alse ome de rad dat bevelet. Wen he to
hus is, so schal he warden vp den rad lyk eynem
burmestere, vnde helpen den burmesteren wyn
schenken, ofte des behöff is, sunder anne den
schenkelpenninghen hefft he neynen deyl. Vnde
schal dem rade sweren synen eyd.

xciiij Van dem froneboden.

Vortmer holt de rad in der Oldenstad eynen fro-
neboden. De schal de lüde vorboden vor ghe-
richte vnde besetten van des gherichtes weghene
den de dat van om esschet in der Oldenstad, vnde
warden vppe den rad wen se tohope syn.

Ok schal he de lüde angrypen vnde de vorwaren in des rades hechte de wedder den rad vnde de stad ghedan hebben, alse ome de vōghede vnde de rad dat bevelen. Weret ok, dat de rad vangben hedde de se schatten wolden, de scholde he ok bearbeyden. Vortmer schal he vnde syn knecht de swyne panden de vp der straten ginghen, vnde antworden dem camerer wat darvan to broke keme.

Ok scholde he melden vnde scryuen laten wat he wuste dat schothar were, vnde scholde holden in synen kosten eynen knecht den de rad ok bedaruen möchte: deniennen kledet de rad vnde gift ome neyn lon. Ok schal de fronebode dem rade sweren synen eyd.

xcv Van den wechteren in der Oldenstad.

Vortmer holt de rad in der Oldenstad ses wechtere vnde lonet dene. De schullen waken alle nacht vor dem wynkeller edder wur one de rad dat hete, van der tyd an dat men de wechterklocken lut wente dat yd dach is. Vnde der schullen dre vmmegan vor mydnacht vnde dre na mydnacht vor de dore, vnde spreken den lüden to vppe den doren also langhe wente se öne antworden, vnde wedder, vnde vort in den straten in der Oldenstad, vnde hebben dar acht vp, dat de dore vorwaret syn myt slutende, vnde sūn effte se ierghen vornemen duuerye, vorretenisse, mord, edder schedelike samminghe, edder vnvorwart vür, dat se dat meldeden. Vnde effte wur vür vpstunde, dat were dach edder nacht, dar scholden se dreghen de vürhaken, vnde dat vür loschen helpen, vnde de haken wedder indreghen vor dat scrank. Ok so scholden se de keden vnde de slaghe sluten vp vnde to alse wan de rad one dat bevelde. Ok scholden se dem rade gan ouer velt vmme lon, wan de rad dat van one edder ōrer welkem esschen leten. Vnde welk ōre eyne nacht vte wesen wolde, de scholde van dem camerere orloff nemon: were he vte in des rades werue, so en dochte he neymende in syner stede hebben, anders scholde he eynen anderen hebben in syner stede. Ok schullen se brod ropen wanne men dat geuen wolde vp dem klederhoue. Ok schullen se holt vnde blydenwerk vp vnde afflecghen wan dat de rad esschen lete. Ok schullen se dem wedder helpen entygen luden, wen de opperman dat van one esschet edder wan he one myt der lütken klocken vorlut deme wedder entygen. Ok schullen se helpen luden to allen festen alse de wonheyt is, vnde schullen deme rade to denste wesen wan dat de rad van one esschet. Ok en schullen se neymende husen edder heghen den de rad nycht lyden wolde.

Mank dussen ses wechteren schullen wesen twe kurwechtere. De schullen dat achten dat de anderen ore cumpane dyt holden alse vorghescreuen is alse se best kunnen, vnde de schullen dem rade sweren dussen eyd eyn iowelk bysunderen:

Dat gy acht vp hebben dat iuwe viff medecumpanen dat holden myt dem wakende, myt dem vmmeganghe, myt den vürhaken to draghende, alse gyk vorghelesen is, vnde de keden vnde de slaghe to slutende alse vnde wanne gyk dat de rad bevelde, vnde weret, dat darvnder welk were de des also nycht en helde, dat gy dat dem rade also melden, vnde dat gy dat don na iuwen viff synnen alse gy best kunnen vnde möghen, dewyle yd dem rade behaghet: dat gyk god so ete.

xcvj Van dem wachmester in dem wachhuse.

Vortmer holt de rad in der Oldenstad eynen wachmester in dem wachhuse in der Oldenstad, de den lüden ore gud weghe wen de rad dat wachhus suluen hefft. De schal dem camerer vpantworden alle weghegbelt dat ome wert. Vnde offte hyr eyn gast myt dem andern gaste kopslaghede, dat scholde he melden dem rade, offt ome dat to wetende worde. Ok scholde he sweren synen eyd.

xcvij Van dene de vp den bynnersten doren slapen.

Ok holt de rad in der Oldenstad dre manne der des nachtes vppe iowelkem dore eyn slapen schal, vnde lonet one: alse eyn vp sunte Micheles dore, eyn vp dem hoghen dore, vnde eyn vp dem Petersdore. Vnde de sweret dem rade eynen eyd, de eyd wyset wol vt wu de dat holden schullen.

22*

xcviij Van den dorwerderen.

Vortmer holt de rad in der Oldenstad vnde lonet den dorwerders: eynem vor sunte Michaelis dorê, eynem vor dem hoghen dore, eynem vor dem Petersdore. Dusse schullen des daghes sitten in der dorbode, vnde des nachtes slapen se vp dem bustersten dore, vnde hebben dar acht vp alse se best kunnen: efft dar we were vnde queme de in de stad wolde edder darvt myt roue den se ghenomen hedden, edder [de] dat lant vppe der reyse beschadet hedden, dat se de nycht darin leten une des rades heten. Ok so scholden se dem rade oren tollen bewaren vnde ander diugk, vnde dat holden des daghes myt dem slaghe alse de rad bevolen hedde.

xcix Van den de de berchfrede vorwaret vppe
den lantwêren.

Ok holt de rad in der Oldenstad twene manne vp dem berchfrede vp der lantwêre: alse eynen vppe dem Rafftorne, vnde eynen vppe dem berchfrede to Broitzem. De schullet dach vnde nacht darvppe wesen vnde darby, vnde vorwaren, dat nement in de lantwêre ryde edder ga edder darvte der stad to schaden, also vorder dat he dat wete: vormodede he sek, dat dar we inne were dede schaden dede, den scholde he hinderen myt den zinghelen vnde bômen, edder dat rôchtich maken alse he vorderst konde, vnde scholde dat vort holden alse syn eyd vtwyset.

c Van dem tornemanne to sunte Marten.

Ok holt de rad in der Oldenstad eynen torneman, de des daghes sitte vppe sunte Martens torne, vnde vorware effte iennighe honelüde to der stad word ryden wolden edder de dat lant vnde stad beschedeghen, edder offte he schedelik vür vorneme in der stad dat he dat rôchtich make, vnde buten de stad myt tosênde vorware, alse he best konde.

cj Van dem visscher in der Oldenstad.

Vortmer holt de rad in der Oldenstad eynen visscher vnde lonet ôme, de dem rade visschet in oren dyken vnde wateren wen ône des to donde is.

cij Van den steynwechkerers in der Oldenstad.

Vortmer holt de rad in der Oldenstad vêr knechte, vnde dat schullen neyne wechtere wesen, vnde lonet one, vnde schullen in der Oldenstad des rades steynwegbe, brucghe vnde markct reyne maken, vnde dat hor vpladen helpen myt oreme gherede wan men dat vtvôren wel. Ok scholden se punden, amen, vnde dre wesen, vnde scholden dem rade alle iar van dem punden to tynse geuen eynen verding. Vnde alle ledderen, vnde repen, vnde keden de se bederuen, vnde de punde horen dem rade. Ok schullen se sweron oren eyd. ^{LX, 26}

cij Van dene de den langhen grauen vorwaret.

Vortmer holt de rad in der Oldenstad vnde lonet eynem manne, de den langhen grauen vorwaret, vnde darto süt dat de nycht inghetreden werde. Vnde verneme he wene de den grauen tredede edder schaden darane dede, dat scholde he dem rade vormelden.

ciiij Van den herden in der Oldenstad.

Vortmer medet de rad in der Oldenstad vusen borgheren vêr herden: twene dede vtdryuet vt dem Petersdore, vnde twene dede vtdryuet vt dem hoghen dore. Den en lonet de rad nycht, doch synd se schotes vry, sunder we one vordrifft de lonet ône. Vnde der herden denst schal anstan to pinxsten, vnde welk ôrer orloff hebben wolde de scholde dat dem rade touoren vpseeghen to sunte Martens daghe. Vnde io twene schullen to sek hebben dre knechte, vnde schullen den luden vorwaren truwelikeu ore vê, alse sek dat van herdescop weghene bôren mach.

cv Van den bullen vnde beren in der Oldenstad.

Vortmer holt de rad in der Oldenstad vnde bekosteghet vêr bullen vnde twene bêre, also dat myt dem herde vor dem Petersdore vtgan twene bullen vnde eyn bêr myt dem herde, vnde twene bullen vnde eyn bêr myt dem herde vt dem hoghen dore.

cvj Van dem markmestere.

Vortmer holt de rad in der Oldenstad eynen

markmester vnde kledet dene. De schal dem rade sweren synen eyd, vnde don alse de eyd vtholt.

cvij Van dem eyervoghede.

Vortmer holt de rad in der Oldenstad eynen eyervoghet vnde lonet deme. De schal sweren dem rade synen eyd, vnde don alse de eyd vtholt.

cviij Van dem grauemestere.

Vortmer holt de rad in der Oldenstad eynen grauemester vnde kledet dene. De schal dem rade grauen vnde arbeyden vmme lon in der lantwêre vnde wur de rad dat van ome esschede, vnde sên darto dat syne medekumpane truweliken arbeyden wur se jn des rades arbeyde weren.

cix Van dem steyndecker in dar Oldenstad.

Vortmer holt de rad in der Oldenstad vnde lonet eynem steyndecker. De schal deme rade decken, vnde bestygen vmme dachlon wen de rad dat van ome esschede radhuse, wachhuse, kromen, haken, dore, berchfrede, vnde wat de rad to bestygen vnde to decken hedde.

cx Dat ghesynde des rades imme Haghen.

To dem ersten holt de rad imme Haghen twene burmestere vnde lonet dene. De schullen don alse van deu burmesteren in der Oldenstad vorghescreuen is.

Ok holt de rad imme Haghen eynen fronenboden. De schal don alse van dem fronenboden in der Oldenstad vorghescreuen is. Dar enbouen schal he vorwaren eyne burscop ghelyk eynem burmestere. Ok schal he de denere vorboden wen se ryden schullen, dat sy dach edder nacht: dar gift ome de rad eynen penningh vor.

Ok holt de rad imme Haghen vêr wechtere vnde lonet one. De schullen dat holden myt dem wakende, myt dem vmmegande, myt den vûrhaken, vnde myt dem broderopende, myt dem ouerveltgande vnde myt anderen des rades densten, alse van den wechteren in der Oldenstad vorghescreuen is.

Vortmer holt de rad imme Haghen eynen wachmester in dem wachhuse imme Haghen. De schal don alse van dem wachmester in der Oldenstad ghescreuen steyt.

Vortmer holt de rad imme Haghen dre manne vnde lonet one, der des nachtes vp iowelkem dore io eyn slapen schal: alse eyn vppe dem bynnersten Wendedore, eyn vppe dem Vallersleueschen dore, vnde [eyn] vppe dem steyndore. De schullen ore dingk holden alse ore eyd inneholt.

Vortmer holt de rad imme Haghen dre dorwerdere vnde lonet one: alse eynen vor dem butersten Wendedore, eynen vor dem Vallersleueschen dore, vnde eynen vor dem steyndore. De schullen ore dingk holden alse van den in der Oldenstad vorghescreuen is, ok schal eyn iowelk syn dor sluten.

Vortmer holt de rad imme Haghen twene manne vp den berchfreden vp der lantwêre vnde lonet one: alse eynen vp der lantwêre to Rudem, den anderen vppe dem berchfrede to Glismerode. De schullen alse van dene dede vp den lantwêren syn in der Oldenstad vorghescreuen is.

Ok holt de rad imme Haghen eynen torneman vp sunte Catherinen torne. De schal don alse van dem tornemanne vp sunte Martens torne vorscreuen is.

Vortmer holt de rad imme Haghen eynen visscher vnde lonet ome, de one visschet in oren dyken vnde wateren wen one des to donde is.

Vortmer medet de rad imme Haghen herde, de schullet hebben vêr knechte. Dene en lonet de rad nycht, sunder we one vordrifft. De schullen or doent holden alse van den herden in der Oldenstad vorghescreuen is.

Ok holt de rad imme Haghen vnde bekosteghet twene bullen vnde eynen bêr, de myt den herden vtgan.

Ok scholde de rad imme Haghen holden eynen eyervoghet. De schal don vppe dem Haghenmarkede vnde vppe sunte Catherinen kerkhoue alse de eyervoghet in der Oldenstad deyt vnde alse de eyd vtwyset.

cxj Dyt is dat ghesynde des rades in der Nigenstad.

To dem ersten holt de rad in der Nigenstad twene burmestere vnde lonet dene. De schullen don alse van den burmesteren in der Oldenstad vorghesereuen is.

Ok holt de rad in der Nigenstad eynen froneboden vnde lonet dem. De schal don alse van dem froneboden in der Oldenstad vorghescreuen is. Dar enbouen schal he vorwaren eyne burscop lyk eynem burmestere.

Vort holt de rad in der Nigenstad twene wechtere vnde lonet dene. De schullen waken vnde don alse van den wechteren imme Haghen vorberôret is.

Vortmer holt de rad in der Nigenstad eynen de den torne to Olbere vorwaret vnde de lantwêre, vnde lonet deme. De schal don alse van den lantwêrwerders in der Oldenstad vorghescreuen js.

Ok holt de rad in der Nigenstad eynen man de des nachtes vppe dem bynnersten Nigenstaddore slept, vnde lonet ôme. De schal sweren vnde don alse van dene de vppe dem dore slapen in der Oldenstad vorghescreuen is.

Vort holt de rad in der Nigenstad eynen dorwerder vor dem butersten Nigenstaddore. De schal don alse van den dorwerderen in der Oldenstad vorghesereuen is.

Vortmer holt de rad in der Nigenstad eynen wachmester in dem wachhuse in der Nigenstad. De schal don alse van dem wachmester in der Oldenstad vorscreuen is.

Vortmer medet de rad in der Nigenstad twe herde, de dat vê vorwaren vnde vtdryuen in der Nigenstad vnde imme Sacke. De schullen hebben vêr knechte. Dene en lonet de rad nycht, sunder deienne de one vordryuet. Vnde de schullen dat holden alse van den herden in der Oldenstad vorghescreuen is.

Ok holt de rad in der Nigenstad twe bullen vnde eynen bêr, de myt den herden vtgan. Wat dat kostet des deyt de rad in der Nigenstad twe deyl, vnde de rad imme Sacke ok twe deyl.

cxij Dyt is dat ghesynde des rades in der Oldenwyk.

To dem ersten holt de rad in der Oldenwyk eynen burmester vnde lonet deme. De schal don

---

alse van den burmesteren in der Oldenstad vorghescreuen is.

Ok holt de rad in der Oldenwyk eynen froneboden vnde lonet deme. De schal don alse van dem froneboden in der Oldenstad vorghescreuen is. Dar enbouen schal he waren eyne burscop lyk eynem burmestere.

Vortmer holt de rad in der Oldenwyk vêr wechtere vnde lonet dene. De schullen waken vnde don alse van den wechteren imme Haghen vorghesereuen is.

Vortmer holt de rad twene dorwerdere: eynen vor sunte Magnus dore, vnde eynen vp sunte Ylien dore, vnde lonet dene. De schullen don alse van den dorwerderen in der Oldenstad vorghesereuen is.

Ok holt de rad in der Oldenwyk twene edder eynen man, de vppe den bynnersten doren slapen: alse eynen vppe sunte Ylien dore, deme lonet de rad nycht, vnde eynen vp sunte Magnus dore, deme lonet de rad nycht. Vnde de schullen don alse van den de vppe den doren in der Oldenstad slapen vorghescreuen is.

Ok holt de rad in der Oldenwyk eynen visscher vnde lonet dem, de one risschet in oren wateren.

Vortmer holt de rad in der Oldenwyk eynen man vp dem berchfrede to Schepenstede, de den berchfrede vnde lantwêre vorwaren schal, vnde don alse van den in der Oldenstad vorghescreuen is.

Ok medet de rad in der Oldenwyk twene herde, de der lude vê in der Oldenwyk vorwaret. Den en lonet de rad nycht, sunder deienne de one vordryuen. Vnde se schullen hebben twene knechte to sek, vnde don alse van den herden in der Oldenstad vorghescreuen is.

cxiij Dyt is dat ghesynde des rades imme Sacke.

To dem ersten holt de rad imme Sacke eynen burmester vnde lonet deme. Vnde de schal don alse van den burmesteren in der Oldenstad vorghescreuen is.

Ok holt de rad imme Sacke eynen froneboden vnde lonet deme. De schal don alse van dem froneboden in der Oldenstad vorscreuen is. Dar en-

bouen schal he vorwaren eyne burscop lyk·ey-
nem burmestere. ·

Vort holt de rad imme Sacke twene wechtere
vnde lonet dene. De schullen waken vnde don
alse van den wechteren imme Haghen vorghe-
screuen is. Vnde se schullen wesen waterdreghers
darto imme Sacke, vnde anders nemend, effte de
rad sek des also myt one vordrôghe.

Vortmer holt de rad imme Sacke eynen man
vp dem berchfrede to Runinge vnde lonet deme.
Vnde de schal don alse van den lantwêrwerders
in der Oldenstad vorghescreuen is.

cxiij Van der hemeliken rekenscop to lesende.

Alse vorscreuen is, wu men den rad settet, vnde
de rad vort settet de ammechte vnde ghesynde,
so is hyrna ghescreuen, wat de rad don schal
dat iar ouer vp bescheydene sunderlike tyden.
Tom ersten schal me weten, dat de rad schal
lesen laten eyn bok, dat het de hemelike reken-
scop,[1] bynnen den ersten vêr wekenen na twolfften
des iares alse de drefoldighe rad ghesat is, dat
is io vmme dat dridde iar. Vnde in dem boke is
ghescreuen, wu de rad vnde de stad to Bruns-
wik to eyner tyd sêr neddervelhch vnde vnstad-
bafftich worden was, vnde myt wat wyse dat se
dar weder vt quam. Vnde to dem boke schal me
vorboden to lesende de eldesten vt dem rade
vnde radsworen, alse dat proheminm des suluen
bokes vtwyset.

cxv Wan de seuen büdelheren rekenen schullen.

Vortmer schullen de seuene de den meynen bü-
del vorwaret vppe der smeden rekenen dem mey-
nen rade, alse den eldesten de in de kôken pleghen
to gande in der Nigenstad, van vpname vnde vt-
gifft des dat se ghehandelt hebben van des mey-
nen büdels weghen. Vnde dusse rekenscop schul-
len se don na twolfften by des nyen rades tyden
van deme vorganghenen iare dorch dussen willen:
wente se hebben denne vutvanghen, vnde vtege-
uen, vnde inghescreuen alle dat van dem vullen
iare dem rade werden môchte. Ok schal de meyne

1) Befindet sich im Stadtarchive.

rad de denne by der rekenscop is to dersuluen
tyd besproken, weme se hering schenken willen
tygen de tokamenden vasten, edder lesse, vnde
bevelen dat weme dede sek darmede bearbeyde
dat de hering vnde lesse ghekofft worden also
tydighen dat me des kôre hebben môchte, dat
yd io gud sy vnde versch wat de rad vorschen-
ken wolde.

cxvj Van den kunstauelen to settende.

Vortmer verteyn nacht vor lutteken vastelauen-
des daghe edder darby plecht eyn iowelk rad vp
synem wykbelde de kunstauele to settende vnde
to biddende, de dat bekosteghen vnde vorbeghen,
dat de lüde vppe dem radhuse dantzen vnde gu-
den hoghen syn der stad to erbarheyt, alse de
wouheyt is vnde vp iowelkem wykbelde plecht to
wesende. De rad in der Oldenstad biddet twene
vt orem sittende rade vnde teyn vte der Olden-
stad darto de one dunket dat se dat hilken don
môghen, darvmme dat se vnde ore husfruwen ple-
ghen vp dat hus tom dantze to gande. De vor-
screuen twolue vorstan der kunstauelye vppe
deme huse in der Oldenstad van orer eghen ko-
sten, vnde de rad biddet se, dat se de koste met-
lik maken, vnde neyne ouermetighe teringhe don,
men alse dat oldinghes was, vp dat deienne de
de rad darto biddet sek dar nycht swar to ma-
ken. Vnde de rad süt gerne, dat deienne de van
des rades weghen kunstauele syn dat also be-
spreken myt oren kumpanen, dat de koste met-
lik werde.

cxvij Van heringhe, lessen vnde mandelen to
vorschenkende buten der stad.

Vortmer verteyn nacht edder dre wekene vor der
vasten schal de rad eynem iowelken dem so he-
ring schenken willen dat witlik don, wu vele se
one schenken willen, dat se den môghen halen
laten wen se willen. Ok vorsendet de rad vnder-
wylen lesse edder mandelen: de vorvoret ore eghe-
ne bode edder orer gheschickeden welk, weme
de rad dat bevelet.

cxvuj Van gheschenke vp den guden donnersdach in der Oldenstad.

Vortmer is eyn wonheyt, dat de rad in der Oldenstad alle iar visschen let in der palmweken edder darby, vnde sendet [dene] de in dem rade syn vnde dene de in de kőken pleghen to gande vissche eynem iowelken vnde eyn halff stőueken wynes vp den guden donnersdach.

cxix Van dem echten dinghe to kundeghende.

Vortmer in der weken na dem sondaghe alse me singhet quasi modo geniti schal de rad kundeghen laten dat echte dingh: des mandaghes in der Oldenstad, des dinxedaghes imme Haghen, des middewekenes in der Nigenstad, des donnersdaghes in der Oldenwyk vnde imme Sacke. Denne so schal men aldus don: In welkem wykbelde men kundeghen wel, so schal men touoren to storme luden laten neghen warue. vp dat dat volk kome vor dat radhus, ane imme Sacke lud men nycht, sunder de burmester vnde fronebode secht vm-me, dat se komen to dem echten dinghe. Wen dat ghescheyn is, so let de rad des wykbeldes dar me kundeghen schal eyn richte heghen. De vōghede vnde de fronebode werfft van des rades weghene, dat de ghemeynen borghere de dar syn gan in de achte, vnde secht on vnde esschet in gherichte van one van des rades weghen: weret, dat iemend were de wat wuste dat wedder de herscop were to Brunswik, wedder den rad, wedder de gylde, edder wedder de gantze meynheyt, dat he dat deme rade meldede, alse he dem rade plichtich were. Wert denne deme rade wat ghemeldet, dar prouet de rad vp. Wen dat ghescheyn is, so secht de borghermester to den vōgheden: De rad de danket gyk des dat gy vnser borghere gnedighe richtere synd ghewesen, vnde biddet vordan, dat gy ore gnedighe richtere vorder syn. Darna geyt de rad vppe de lōwene, vnde de borghormester secht to dem volke van der lőwene aldus: Gy fromen lude, de rad wel gyk kundeghen laten dat echte dingh, dar schal malk na hőren, vp dat malk wete wat he don vnde laten mōghe, vnde vp dat malk sek vor schaden vnde vor brő-

ken vorwaren mōghe. Darna list denne de scryuer dat echte dingh.

cxx Van der baruőten afflatesdaghe.

Vortmer des sondaghes alse me ʼsinghet vocem iucunditatis sō is der baruőten brōdere kerkwiginghe. So hefft de rad eyne wonheyt, vnde en is doch neyn recht, dat se senden vnde schenken den heren to den baruōten brōderen twe stőue-kene wynes des myddaghes de wyle se ouer der maltyd sitten. Vnde des wynes plecht nycht mer wen ij stőuekene to wesende, effte me de hyr hebben kan.

cxxj Van des hillighen lichames processien.

Vortmer schal me weten, dat de stad to Luneborch myt velen heren vyende weren hertoghen Frederike, hertoghen Bernde, hertoghen Hinrike to Brunswik vnde Luneborch, vnde weren allmeystich mechtich der slote in deme lande to Lune-borch, ane Zelle vnde Winsen, vnde Zelle wolden se ok vorbuwen. Des gaff god eyn lucke, dat her-toghe Frederik vnde hertoghe Hinrik myt oren hulperen vnde myt der stad to Brunswik vor Winsen vp der Alre den van Luneborch eynen stryd affwunnen, [vnde] wol by vᵉ ghewapender guder lude, de dar mede ghevānghen worden: de bi-schop van Mynden, greue Otto van der Hoye, vnde de greue van Scbomborch, de myt den ōren alle gheschattet worden, also dat de heren van Brunswik mede mechtich worden des gantzen landes to Luneborch. Dat schach na guddes bort xiijᵉ in dem lxxxvij iare, in des hillighen lichams daghe. Hyrvmme dat god de gnado gaff vp den dach so worden de vorghensnten heren, alse her-toghe Frederik, vnde hertoghe Hinrik, vnde de rad to Brunswik, des enich dat se wolden to ewi-ghen tyden den hillighen lichame to loue vnde to eren alle iar eyne processien loffliken vnde er-liken van der papheyt vnde van dem meynen volke myt vanen, myt lechten gan laten, den hil-lighen lichame to draghende vt der kerken to sunte Blasien wente in de kerken vp den berch sunte Cyriacus, vnde wedder to sunte Blasien. Vn-de de gantze papheyt schal dar singhen eyne missen van dem hilligben lichame ghelyk den hoghesten festen. Vnde to der processien is ok sunderlik afflat geworuen van deme houede to Rome.

In deme stryde weren mede de van Steynberghe, vnde her Hans van Schwichelde, de hadden ghevangben sitten to Bodenborch hertoghen Berend. Vnde de suluen van Steynberghe vnde Schwichelde hulpen den stryd wynnen, vnde schatteden de greuen van Schomborch to orem deyle ok darsuluest to Bodenborch.

Vnde dusse vorscreuen processie schal me aldus bestellen: De heren van Brunswik vnde Luneborch schullen dat bestellen myt ören capellanen, alse myt den heren to sunte Ylien, myt den heren in der borch, vnde myt den heren vp sunte Cyriacus berghe, vnde de heren to sunte Johanse, dat se de procession gan. Vnde de rad in der Oldenstad schal bidden laten den perner to sunte Olrike, den perner to sunte Marten, den perner to sunte Peter vnde to sunte Michele, dat se vnde ore capellane de procession mede gan willen. Ok schullen se darto bidden laten de heren to den baruoten. Vortmer schullen se by eynem burmestere ore byleghene capellane edder ore officianten bidden, dat se myt der processien gan. Desghelyk schal de rad imme Haghen dat bestellen to biddende den perner to sunte Catherinen myt synen capellanen edder oren officianten. De rad in der Nigenstad schal desghelyk don by dem perner to sunte Andreas vnde synen capellanen. De rad in der Oldenwyk schal bidden den perner to sunte Magnese vnde syne capellane vnde ore byleghene capellane, de rad imme Sacke den perner to sunte Olrike myt synen capellanen, vnde ok byleghene capellane.

Vortmer schal eyn iowelk rad in synem wykbelde bestellen myt den gylden vnde myt den bröderscoppen dede lechte holden, dat se de lechte mydde procession draghen laten, vnde de vorgherörden missen vnde bernen laten. Vortmer is dat wol gheuallen vnderwylen, dat deiennen de de lechte draghen schelhafftig weren: hyrvmme heft de rad ghesat dussen orden de lechte to draghende:

To dem ersten schullen de dem hilligben lichame neghest gan de florerede lechte edder luchten draghen, se syn vte wat gylden dat se syn. Na den florereden lechten schullen volghen de köplude vnde de multer, [darneghest] der wantsnyder lechte ouer al de stad, also dat mank one de ersten syn de vte der Oldenstad, darna vte dem Haghen etc. darneghest der wesseler lechte, darneghest de goldsmede, darneghest de cramere, darneghest de lakenmeker, darneghest de knokenhowere, darneghest de garuere, darneghest de schomekere, darneghest de beckere, darna de beckenwerken, darna de scradere, darneghest de smede, darna de mestwerken, darneghest de lyneweuer, darneghest de hôtwerken, darneghest des kalandes lechte to sunte Gerdrude, darna des kalandes to sunte Magnese, darna des kalandes to sunte Peter, darna de vt der broderscop to sunte Michele, darna vt vnser lenen frowen gylde, darneghest de vte der dreyer gylde, darneghest der môlre lechte, darna der stônere.

cxx) Van dem ghesynde to lonende vppe pinxsten.

Vortmer vp pinxsten schal eyn iowelk rad vp synem wykbelde vnde de senen de don ghemeynen büdel vorwaren vppe der smeden lonen eyn iowelk dem ghesynde na der wyse alse dat begrepen is. Vnde vp desulue tyd schullen de iodden vt vtgenen oren schot dat se dem meynen rade geuen, vnde antworden dat den seuen vppe de smeden, vp dat se dat to hulpe hebben to dem lone.

cxx) Van der frowen ghoschenke wan se vmme krüde gan.

Des myddewekenes in den pinxsten is eyn wonheyt, dat de iunghen frowen in der Oldenstad pleghen vmme krüde to gan. Vnde des auendes wen se tosamene syn, so sendet vnde schenket den iunghen frowen de rad twe stöuekene wynes, efftic se ok tohope syn. Dyt is eyn wonheyt vnde doch neyn plicht, ok deyt me dyt in der Oldenstad alleyne. Dyt schal me nycht vorbôghen.

23

cxxiij Wanne me myt sunte Auctoris sarke vmme de stad geyt.

Vortmer des frydaghes vor sunte Johanneses daghe baptisten geyt me allvmme de stad myt sunte Auctoris sarke. Dat hebben eyndrechtliken ghesat de papheyt vnde de rad dorch sunderlike gnade vnde bescherminghe willen de sunte Auctor, der gantzen stad houet, der stad in manneghen nöden hefft van vnsen heren godde beholden, alse dat vormiddelst manneghen openbaren goddestekenen witlik gheworden is in vortyden. Hyrvmme schal me godde beyden de ere vormiddelst dem hillighedome sunte Auctoris, dat me drecht myt der processien der gantzen papheyt myt crützen vnde myt lechten allvmme de stad, vp dat de hillighe here sunte Auctor by godde vort vorwarne gnade vnde bescherminghe der stad Brunswik in allen oren nöden. To dusser processien en darff de rad nycht sunderliken bidden laten de heren to sunte Ylien, in der borch, vnde vp sunte Cyriacus berghe, wente se des in vortyden eynich gheworden syn myt dem rade, sunder de redo in iowelkem wykbelde schullen ore perners, moneke, vnde papen, vnde capellane bidden laten, vnde dat holden myt den lechten in der wyse alse vorscreuen is to der processien des achten daghes na des hillighen lichames daghe. Sunder de wonheyt is, dat de rad in der Oldenwyk biddet de heren to sunte Ylien vmme dat sark to lenende myt dem hillighedome dat dar plecht inne to wesende, vnde dene lenet de heren to sunte Ylien, dar one dat hillighedom vnde de sark wedder werden schal. Vnde de vte der Oldenstad draghen den sark myt deme hillighedome vmme de stad, vnde bringhen one wedder in dat munster to sunte Ylien. Vnde wenne me geyt aldus vmme de stad, so leset de heren van sunte Ylien vêr ewangelia in vêr enden der stad vor vêr doren.

cxxiiij Wu men vnderstunden de wachte sterken schal vnde der stad dore bewaren.

Vortmer vppe sunte Peters vnde sunte Pauels auende vnde daghe wen de Luttersche vart is, vnde ok wu sek de rad vormodede, dat vele fro-

meder houelüde vnde volkes in de stad komen wolde, so scholde eyn iowelk rad in synem wykbelde bestellen, dat de dore vorwaret werden myt luden darvppe to slapende, vnde myt luden darvore to sitteude des daghes myt orem wapende vorder wente vp eyne ander tyd. Dyt scholden se bestellen darna alse one bedüchte dorch sekericheyt willen dat des behöff were. Ok scholden se desulue tyd ouer de wachte des nachtes vp den straten sterken myt vnsen borgheren, vp dat malk vor vnghevöghe möghe vorwaret werden.

cxxv Van der hagelspende to geuende.

Vortmer hefft de rad ghelouet to geuende van der stad gude in de ere goddes armen lüden eyne spende des frydaghes io vor sunte Margareten daghe alle iar, vp dat god de gnade geue, dat de frucht vppe dem velde den lüden inkome ane hagels nod vnde ane wedders nod, vnde het de hagelspende. Dusse spende schal me geuen in allen wykbelden van der camerye vp eyne tyd tolyke, alse wen me darto lüt de groten klocken to sunte Marten.

cxxvj Wu men de lüde in de erne dryuen schal.

Vortmer tygen sunte Margareten daghe vnde de etne ouer bevelet de rad deme henghere, dat he de lüde de arbeyden möchten, vmme brod gan, van der straten dryue to arbeydende vp der erne, vp dat den lüden vppe de tyd der arbeydeslüde neyn hynder en sy in der ernen. Doch en schal he neymende schedelik slan. Ok en schal he neyne gaue nemen darvore dat he den eynen blyuen late vnde den anderen nycht.

cxxvij Wu men sunte Auctoris dach began schal.

Vortmer schal me weten, dat de ghemeyne rad vnde de ghemeynen borghere ghelouet hebben ouer langhen tyden, godde vnde dem hillighen heren sunte Auctor sunderliken ere to beydende vmme sunderlike nod willen der stad dar se god vormiddelst bede sunte Auctoris van erlöset hefft. Hyrvmme vnde dorch hulpe goddes vnde sunte Auctoris in tokamenden tyden is de rad des eynich gheworden myt der meynen papheyt, dat me dat fest sunte Auctoris began schal alse eyn summum festum, vnde singen vppe den orghelen in allen kerken ouer al de stad. Darto so hefft de rad ghelouet to offerende alle iar viff erlike waslechte to sunte Ylien vor deme hillighedome sunte Auctoris to bernende in den hoghesten festen, de me dar in eyner processien alle iar bringhen schal, alse vt iowelkem wykbelde eyn lecht. Vnde dusse processien schullen gan de ghemeyne papheyt ouer al de stad, vnde dat meyne volk darvor. Vnde vor dyt fest to begande hefft de rad gbegeuen vnde ghemaket in den stichten den heren sunderlike consolatien darto vt ören cameryen: hyrvmme en darff de rad se sunderliken nycht hidden laten to der processien, sunder eyn iowelk rad schal syne byleghene capellane enbeden by eynem burmestere, dat 'se mede in der processien syn. Ok schal dat meyne volk den suluen dach sunte Auctoris vyren, vnde sunderlik de gylden myt orem ammechte: we [de] vyre bröke de scholde deme rade viff schillinghe geuen to bröke.

cxxviij Wu men de nigen penninghe kundeghet.

Vortmer in sunte Ylien auende let de rad kundeghen de nigen penninghe. Vnde wenne me dat don wel, so let de rad drye lüden to storme in der Oldenstad, vppe dat de lüde komen vor dat radhus. Vnde de borghermester secht to dem volke aldus: Gy fromen lüde, de scryuer schal gyk vorkundeghen, wu men dat holden schal vmme de nigen penninghe, dar höret na. So kundeghet de scryuer aldus: To sunte Ylien daghe so schullet de nigen penninghe vtgan alse eyn wonheyt is. Dar schal me to backen vnde to bruwen. Der nigen penninghe schal me geuen xxix sol mj d vor de mark vnde nycht myn, sunder mer mach me dar wol geuen vnde nemen.

cxxix Wu men spende geuen schal vor deme steruent.

Vortmer schal me weten, dat eyn grot steruent was na goddes hort xuj° darna in deme vefftighesten iare, also dat vele volkes starff in der pestilentien, dat der stad groten schaden dede. Vp

dat god syne gnade der stad tokerede, so wart de ghemeyne rad eynich, dat se wolden alle iar spende geuen armen lüden vp allen wykbelden vt oren cameryen des frydaghes neghest vor des hillighen cruces daghe alse yd irhauen wart. We dar syne almese to senden vnde geuen wel de mach dat don. Dusse spende schal me geuen tolyke in allen wykbelden, wenne me darto lüt de groten klocken to sunte Marten.

cxxx Wu men des hilligen cruces fest began schal.

Dorch dusses vorscreuen steruens willen, vnde vp dat god behöde de stad vnde dat volk ghemeynliken vor anderen nöden, so is de rad eynich gheworden myt der papheyt, dat me dat fest des hilligen cruces alse yd irhauen wart, van des rades vnde der stad weghene began schal myt itliken senghen vnde vp den orgholen to singhende in allen kerken lyk anderen groten festen. Dar hefft de rad consolatien to ghemaket den stichten, vnde dem perner gifft eyn iowelk rad in synem wykbelde dar consolatien to vt orer camerye. Ok schal dat volk dussen dach vyren, vnde sunderlik de gylden myt orem hantwerke: we dat vorbröke de scholde dem rade viff schillinghe geuen, wente van bodes weghen des rades schal me vyren.

cxxxj Van dem echten dinghe noch eyns to kundeghende.

Vortmer in der ersten weken na sunte Micheles daghe alle iar schal de rad dat echte dingh kundeghen laten, vnde schal me dat holden myt lüdende vnde myt den richten to kundeghende in den wykbelden alse vorscreuen is des mandaghes na Quasimodogeniti.

cxxxij Wan me to dem schote scryuen schal.

Vortmer in der andern weken na sunte Micheles daghe schal eyn iowelk rad vppe synem wykbelde bestellen myt den scryueren vnde myt den burmesteren, dat se scryuen dat schotbok, vnde dat de burmestere vm svraghen vnde vmmesén, wur de lude vt vnde in toghen, vnde we husen

23*

myt sek inne hebbe, vppe dat se in deste bat
weten, wené me to dem schote scryuen schulle.
Vnde de scryuer schal syne dinghe don aldus:
To dem ersten schal he scryuen eyn schotbok
dar he in scryue de namen alle der de to deme
schote ôme meldet werden, vnde wen de lude to
dem schote sworen, we to vullem schote sweret
dar schal he by scryuen juravit, vnde wur eyn
vor den anderen swere, alse de in dem samenden
gude weren, edder van vruntschop, dat schal he
ok tekenen welker vor den anderen sweret, vnde
myt wu vele vorschoten. We ok sweret, dat he
nycht hefft dryer mark wert gudes, dat schal he
beteken aldus, vnde scryuen vore an wat he ge-
uen schal. Ok so schal he maken eyne quaterne,
dar he in scryue den tyus de gemeldet wert den
vnse borghere geuen van gude dat to wykbeldes
rechte licht anders weme wen dem rade vnde vn-
sen borgheren vnde borgherschen, vppe dat de
rad dat schot darvan esschen môghe. Ok schal
he scryuen in dat schotbok, wur malk vormunder
to is, vnde weme malk syn schot ghegeuen hefft:
so schal he dene vtscryuen, vp dat men wete,
wene me to dem naschote vorboden schulle.

cxxxij Wan me to dem schote sweret.

Vortmer de rad vnde radsworen vnde de lude
dede schotbar syn in der Oldenstad de schullen
betenghen to deme schote to swerende des man-
daghes dede kumpt vêr wekene vor dem ersten
mandaghe na sunte Martens daghe, de imme Ha-
ghen des ersten dinxedaghes darna, in der Ni-
genstad des ersten myddewekenes darna, in der
Oldenwyk vnde imme Sacke des ersten donners-
daghes darneghest. Vnde vp welkem wykbelde
dar me sweren schal dat schal me aldus hande-
len: Des morghens schal me vorboden vp dat rad-
hus rad vnde radsworen des wykbeldes dar me
sweren schal, vnde senden in twene vt orem ra-
de, de schullen dar by wesen wen deienne swe-
ren vp dem wykbelde de dar in deme rade syn.
Vnde we dar kumpt van des rades weghen imme
Haghen, de schal den radheren in der Oldenstad
den eyd stauen, vnde we dar kumpt van des ra-
des weghen in der Oldenstad in de anderen vêr

wykbelde de schal den radheren in den wykbel-
den den eyd stauen. Vnde den eyd schal me. sta-
uen alse des de rad eynich were vppe iowelkem
wykbelde, alse sek dat borde na orem schoteleyde.
Wen de radheren vp eynem wykbelde aldus ghe-
sworen hebben, des suluen morghens schal de
rad des wykbeldes dede ghesworen hefft den sul-
uen eyd vort stauen alse se vor ghesworen hed-
den. Darna des suluen daghes na middaghe schal
de rad des wykbeldes vorboden to lüde de schot-
bar syn in dem wykbelde vp dat radhus myt der
klocken vnde myt boden, vnde stauen one den
suluen eyd. Were dar we mede de vp de schotel-
tyd nycht to hus wesen wolde, deme môchte men
den eyd stauen vp eyn ander tyd vor der scho-
teltyd, syn schot to geuende. Vortmer en wolde
de rad tomale nycht vp dat radhus gan den lu-
den den eyd [to] stauen, so môchte do rad dat
bevelen twen edder dren de des wareden, alse
de camerer vnde we ône duchte dar gud [to] to
wesende. Dyt schal men aldus holden den lüden
den schoteleyd to stauende vnde des to warende
de ersten vorteyn daghe ouer van der vêr weke-
nen vor der schoteltyd, wente vnse borghere vnde [LX. 1]
borgherschen de to oren iaren komen syn vnde de
hyr husittende syn, de me bynnen der stad hebben
mach, schullen in bynnen den ersten vorghescreuen ver-
teyn nachten to dem schote sweren, by eynem inlagher.
Ok schal me dat vort holden myt deme schote to
fordernde alse de rad vnde de radsworen des ey-
nich gheworden syn vnde alse ore eyd vtholt.

cxxxiij Wu men dat schal holden vmme de de
nycht inheymisch syn, wan de to dem schote
sweren.

Ok schal me weten: Weret dat dar we were de [LIII. 134]
nycht to hus en were bynnen den vorgerôrden ver-
teyn nachten, edder dene me nycht hebben
môchte dat he to dem schote swere bynnen der
tyd, dene scholde me doch to dem schote swe-
ren laten also alse me ersten môchte, dat were
vor der schoteltyd edder darna. Doch schal me
so vôghen alse men best kan, dat vnse borghere
vnde borgherschen vnde ok andere innewonere
vnde innewonerschen de des schotes plichtich

syn óre schot geuen vppe de rechten schoteltyd, vp dat de rad deste bat don môghe wat se van dem schote don schullen.

cxxxv Van wyne to schenkende buten de stad vppe sunte Martens dach.

Vortmer tygen sunte Martens auende achte daghe touoren schullen de eldesten van dem meynen rade de in de kôken pleghen to gande darvmme spreken, weme de rad wyn schenken laten wel van vtwendighen luden. Vnde wat se malkem senden willen dat schal de rad enbeden by ôren boden den den se wat senden willen also tydighen touoren, dat malk syn deyl môghe halen laten, wen he wille. Doch schal me weten, dat de rad nemende plichtich is to sendende, sunder weme se wat senden, dat don se van gudem willen, darna alse se myt dem rade vruntliken ane sitten.

cxxxvj Van wyne to schenkende dem rade vp sunte Martens auende.

Vortmer in sunte Martens auende schenket de rad in der Oldenstad, imme Haghen, in der Nigenstad vnde imme Sacke eynem iowelken de in dem sittende rade is, vnde den de in de kôken pleghen to gande eyn halff stouken wynes, vnde den borghermesteren eyn gantz stôueken: dat lopt sek in der Oldenstad vp xuj stôueken, imme Haghen vp xij stôueken, in der Nigenstad vp vnj stôueken, imme Sacke vp nj stôueken.

cxxxvij Wan de schoteltyd is wu me dat denne vmme dat schotent holden schal.

Vortmer schal men weten, dat de schoteltyd der vt der Oldenstad is des ersten mandaghes na sunte Martens daghe. De vt dem Haghen schotet des dinxedaghes darna, de vt der Nigenstad des myddewekenes darneghest, de vt der Oldenwyk vnde vt deme Sacke des donnersdaghes darna. Vnde vppe welkem wykbelde dat me schoten schal, dar schullen de rede vnde de anderen wykbelde io twene senden vte dem rade, de dat vorschot vpnemen. Ok so schal de rad dar sesse to setten vt dem rade edder vt den tosworen, de by dem

rechten toschote sitten: alse twene vt der Oldenstad, vnde eynen vte dem Haghen, eynen vte der Nigenstad, eynen vte der Oldenwyk, eynen vte dem Sacke, sunder wen me schotet in der Oldenwyk vnde imme Sacke, so schullen sek dusse sesse delen, also dat dre eyn in der Oldenwyk, vnde dre imme Sacke. Ok doruen de vt der Oldenwyk in den Sack nemende senden efft se dat laten willen by or schot, vnde desghelyken de wedder vte dem Sacke by dat schot in der Oldenwyk. Doch môghen se alle beyde ôrer cumpane enberen van orem hus to der tyd, so sut de rad leuest, dat se io vt allen wykbelden darby syn wur me schoten schal. Vnde we by deme rechten schote sit de schal dar acht vp hebben, wat eyn iowelk to schote gifft na syner leghenheyt, vnde holden dat hemelik wat se hyrvan erfaren. Vnde misdüchte one an weme, dat he vorecht schotede, so scholden se dat schot bysunderen leeghen, vnde dat dem rade vorstan laten hemeliken, dat se darvp reden. Vnde we dar kumpt vp eyn wykbelde dar me schotet, den schal de rad des wykbeldes van ôrer camaryc kosten bereden laten, dat se den dach ouar dar by dem schote blyuen môghen.

Vortmer wen dat schot ghegeuen is, des auendes schullen deienne de by dem schote gheseten hebben dat schot tellen vnde vpweghen, vorschot bysunderen vnde dat ander schot bysunderen in iowelkem wykbelde, vnde bringhen dat vppe de muntsmede in de kesten, vnde de schotbôke mede.

cxxxvij Van eyner quaternen to scryuende van deue den de rad tynsplichtich is van schote.

Vortmer des dinxedaghes edder des myddewekenes darna alse in der Oldenstad gheschotet is, so schal de rad scryuen laten eyne quaternen: darinne stan alle deienne den de rad tyns gifft van deme schote, vnde wu vele eyn iowelk hebben schal na vtwysinghe der register, dat sy lyfftucht edder weddeschat.

cxxxix Wu de rad den tyns gifft vamme schote.

Vortmer des neghesten frydaghes darna alse in der Oldenwyk vnde imme Sacke gheschotet is, so

vorbodet de rad alle deienne den se tynsplich-
tich syn van dem schote vppe de muntsmede, also
vorder dat me se hebben môghe, vnde gifft one
ôren tyns. Vnde myt weme de rad dat hebben
kan dat he penninghe neme, edder halue pen-
ninghe vnde halff stüluer vor synen tyns, dat mach
de rad myt ome touoren ouerspreken, vp dat de
penninghe de dem rade syn to schote worden
wedder mank de lüde komen. We auer io neyne
penninghe nemen wolde, dem scholde de rad ge-
uen also syne breue de he van dem vptynse hedde
inhelden, vp dat de rad by louen blyue, vnde
orem breue vul doe. Vnde wat dar van ghelde
bleue bouen den tyns dat schal de rad antwor-
den den seuen büdelheren vp der smede, dat se
dat darmede holden alse one de rad bevolen
hefft.

cxl Van louende des rades ghesynde vp Martini.

Vortmer des sunnauendes edder des mandaghes
darna alse den lüden ore tyns ghegeuen is, schul-
len de seuen büdelheren vorboden laten vppe de
smede alle des meynen rades denere den de mey-
ne rad plecht to louende, vnde geuen malkem
wat ome boren mach. Vnde weret dat dar we
were de dem rade wat to borghe dan hedde an
ghelde, an perden, edder an anderen dinghen,
dat scholden se denne ok betalen, also vorder
dat se dat van des rades vnde der stad gude
hedden.

cxlj Wan me rekenen schal van môlenwerke,
van môlensteynen, vam marstalle, vnde lantwêren.

Vortmer twisschen sunte Catharinen daghe vnde
sunte Andreas daghe schal de rad vorboden de
eldesten vt dem rade vnde vt den radsworen,
alse deienne de in de kôken pleghen to gande,
vnde we ône dar nutte to wesen dunket vp dat
radhus in der Nigenstad, edder in de kôkene.
Vor dene schal me rekenen van allem môlen-
werke, van môlensteynen, van dem marstalle vn-
de van den lantwêren, vnde dat schullen don de-
ienne de dyt vortostan hebben van des rades
weghene dat iar ouer.

cxlij Wan me rekenen schal van teyghelhusen,
Notberghe vnde Lyntberghe.

Vortmer des neghesten daghes na sunte Andreas
daghe schullen rekenen deienne de vortostan heb-
ben dat iar ouer van des rades weghene de tey-
ghelhuse, den Notberch vnde den Lyntberch, ok
vor den oldesten de in de kôken pleghen to gande,
vnde vor dene de dem rade dar nutte dunket by
wesen, vp dem Nigenstadhuse edder in der kôkene.

cxliij Wu men de schodüwele kundeghet.

Vortmer is hyr eyn wonheyt, dat de iunghen
lüde pleghen to hebbende eyne kumpanye, also
dat se lopen schodüwel in den hillighen daghen to
wynachten. Hyrvmme schal de rad touoren in des
hillighen Karsten auende drye storme lüden laten
in der Oldenstad, vnde kundeghen van der löwene
aldus. De borghermester secht: Gy fromen lüde,
de scryuer schal gyk kundeghen, wu de schodü-
wele ore dingk holden schullen, dar môghe gy na
hôren. So kundeghet de scryuer aldus: Yd en
schal nemend schodüwele lopen, de schaffere van
iowelker rotte en bringhen erst pande vor teyn
mark by den rad. Ok en schullen de schodüwele
nycht lopen in de kerken, edder vp de kerkhôue
badstouen edder scholen. Dusse pande schullen de
borghermestere to sek nemen eyn iowelk in sy-
nem wykbolde dar schodüwele lopen willen, vnde
holden de to des rades hand darvp, effte [in] io-
welker rotte we wesen hedde de vnghevôghe ghe-
dan hedde in dem schodüwele in kerken edder vp
kerkhôuen, edder in geystliken personen, dar me
dedinghe na hebben môste, edder kost darvp ly-
den, dat me sek darme verhalede also langhe dat
de namhafftich ghemaket worde de de vnghevôghe
ghedan hedde, vnde den rad vnde de partye van
derweghen schaden beneme.

cxliiij Wan de camerere rekenen schullen.

Vortmer twisschen dem uigen iar vnde twolfften
schullen rekenen de camerere van allen wykbel-
den, eyn iowelk van syner camerye, by eyden in
iegenwordicheyt der eldesten vt dem rade vnde
radsworen vt allen wykbelden, alse vor dene de
in de kôkene pleghen to gande, vnde vor den de

dem rade darby nutte dunket wesen, vp dem rad-
buse in der Nigenstad edder in der kôkene.

cxiv Wu eyn iowelk syne rekenschop by den
ghemeynen rad locht.

Ok schal me weten: Weret dat dusser vorscre-
uen berorden rekenschoppe welk also langk wor-
de, dat de rad des by eynem morghen nycht wol
affsitten môchte, so scholde de camerer in der
Nigenstad koste bereden laten [den] de dar by
der rekenschop weren, vp dat malk io dar bleue
also langhe by, dat dar to ende rekenet were.

Vortmer wat eyn iowelk rekenet, dat sy van mô-
lenwerke, van môlensteynen, van marstalle, van
lantwéren, van teyghelhusen, vamme Notberghe,
vamme Lyntberghe, edder van den cameryen,
des schal eyn iowelk antworden dem meynen
rade eyne scrifft, vnde de rekenschoppe schal de
rad tohope leeghen van iaren to iaren in de ke-
sten by dem schorstoyn bouen der kôkene in der
Nigenstad.

cxlvj Van brôke to forderende vppet leste.

Vortmer in den lesten verteyn nachten vor der
tyd alse me den nigen rad kundeghen schal, so
schal de meyne rad vnde eyn iowelk rad in sy-
nem wykbelde forderen de brôke, vnde schul-
deghen deienne de by oren tyden ghemeldet syn
dat se schullen ghebroken hebben tygen den rad,
vnde bringhen to ende alsodane sake alse by oren
tyden vpghegeuen vnde ghevallen syn, alse se
best kunnen, vp dat de rad dem nigen rade
arbeydes beneme alse he vorderst môghe.

cxlvij Wene men in den nigen rad kundeghen
schal.

Vortmer des neghesten mandaghes na twolfften
schal de meyne rad vt allen wykbelden de dat
iar ouer in dem sittende rade ghewesen weren
tohope gan vp dat Nigestadhus, vnde bespre-
ken, wene me in den nigen rad kundeghen schulle
to dem tokomeden iare. Vnde dat schal [me]
holden in der wyse alse in dussem boke erst an-
ghescreuen is.

Vortmer vmme sunte Micheles daghe vt schullen

de vine by sek vnde de seuen by sek de de ghe-
meyne rad ghebeden befft vnde ghesat to des ra-
des vnde to der stad ghelde vnde budele to vorn,
tohope gan vnde berekenen by sek, wu yd ghe-
leghen sy vmme der stad ghelt vnde gud, vnde
prouen dat ouer, offt de rad darane wes torueghe
syn edder touoren syn, vnde secghen dat den el-
desten de in de kôken pleghen to gande, also dat
se myt dem rade dar vort vp raden môghen, wer
me dat tokamende schot hôghen edder mynneren
edder dat blyuen laten [scholde] alse dat er was.
Wen de eldesten vnde de rad darvp gheraden
hebben, darna vor der tyd alse men betenghen
schal to dem schote to swerende schal de rad vp
eyne tyd, wen one dat bequeme wesen dunket,
de radsworen vorboden to sek, vnde so dar mede
vp raden laten, wu hoch vnde wu syde dat me
dat schot setten scholde.

Vortmer wen de tyd vmme kumpt, also dat me
den drefoldighen rad setten schal, darvore vmme
wynachten vte schal me vorboden laten rad vn-
de radessworen, vnde bespreken sek des tosamen-
de, wer me by der wyse blyuen schulle, dat me
den drefoldighen rad also sette [alse] dat ghe-
wesen is wente herto, des nu alse men scrifft
xniie vnde x iar des mandaghes na twolfften xxiiij
iar syn, edder effte iemend ghedacht hebbe eyne
wyse dede beter sy, dat me dar cyndrechtlik vp
raden môghe. Vnde scholde dat nu by der wyse
blyuen, so scholden secghen de in dem rade we-
ren vnde to dem rade sworen hedden van der
meynheyt edder der gylden weghen, dat se [vn-
der] sek vnde myt den gyldemesteren dat be-
spreken, dat eyn iowelk gylde dem rade bescre-
uen geue erlike frome lüde vt oren gylden, dar
de rad vt kesen môghe de ône nutte vnde bequeme
dunket wesen darto, dat me se in den rad edder
to dem rade to swerende kesen môghe. Vnde de
wyse to kesende rad vnde radsworen is, dat me
küst in der Oldenstad neghen van der meynheyt,
vj van den wantsnyderen, vnde sesse van deu
wesseleren vnde iij van den garueren, vnde iij
van den schowarten, vnde iij van den knokenho-
weren, vnde twe van den krameren, vnde twe van
den goldsmeden, vnde twe van den beckeren, vn-

de eynen van den scraderen. To der suluen tyd mach me ok darvp raden, efft des rades edder der tosworen eyd wuran to vorbeteren edder to vorwandelen sy, dat dem rade vnde der stad vromheyt, bate edder bequemicheyt don mõghe. Vortmer twisschen des nigen iares daghe vnde des mandaghes neghest na twolfften gan de eldesten vp iowelkem wykbelde tohope, malk vp synes wykbeldes radhus, vnde raden darvp, wene de rad mõghe kesen des ersten iares wenne me den drefoldigheu rad setten schal in den rad edder to dem rade to swerende, vnde weghet ouer efft iennich vorsumenisse ghescheyn sy van des rades weghen, edder efft iemend ghedacht hedde, dat to der tyd dem rade vnde der stad nutte were, dat men dat an den nigen rad bringhe, vp dat me dar dat beste vt prõuen mõghe. Alse de eldesten aldus tohope wesen hebben, vorbodet de borghermestere eyn iowelk synen rad in synem wykbelde, vnde radet dar ok vp alse de eldesten vorghedan hebben, vnde settet denne den rad to dem tokameden iare, vnde ok de tosworen des neghesten iares. Darna settet de erste rad den rad to dem anderen iare, vnde de andere den dridden. Vnde wu de ghesat werden in iowelkem iare, dat steyt ghescreuen erst an in dussem boke. Vnde wenne me eynen nigen rad settet effte setten schal, dat sy in iowelkem iare dat yd sy, so mot me io dar touoren vp raden, alle iare vp dusse sulue tyd.

LXIV. ERWERBUNG DES RECHTS PFENNIGE ZU SCHLAGEN.
1412.

Die Originale der folgenden fünf Urkunden, deren erste in Bodes Münzw. NSachsens 187 gedruckt ist, sind nicht mehr vorhanden; der nachstehende Abdruck nach einem Copialbuche des Raths aus dem 16. Jahrhundert. Im Wesentlichen stimmen dieselben mit einander überein; auf einige Verschiedenheiten weisen die Anmerkungen hin. Ausser den eingangs dieser Urkunden dargelegten Gründen der Aufgebung dieses Münzrechts führt eine Urkunde d. d. 1413 an s. Matthias auende, durch welche das Alexanderstift zu Einbeck auf eine Hebung aus der Münze zu Braunschweig verzichtet, auch den auf, dass me sek des vormedede, dat de muntye doch dorch der sake vnde vele anderer sake wyllen hedde neddervellich gheworden van sek suluon.

Hn.

A.

1412 März 13.

Wij Bernd vnde Otto vnse sone, van godes gnaden hertogen to Brunswigk vnde Luneborch, bekennen openbare jn dussem breue vor vns, vnse eruen vnd nakomelinge hertogen to Brunswigk vnde Luneborch: Alse vnse ouerelderen vnde elderen van langen tijden vnde we na wente an dusse tijd hebben gehad de muntye to Brunswigk, vnd pennige smedet laten, alle jar eynen nigen sunderliken slach, also dat de suluen nigen pennige, wen dat erste jar vorekomen was, des verdendeyls myn gulden wenne se eir gedan hadden, vnde de suluen munte vnsen leuen getruwen dem rade vnde den borgeren vnser stad Brunswigk vorpendet vnde vorsad is, alse de breue riwisen de one darupp gegeuen vnde besegelt sind: des hebbe wij nv angeseen vnde betrachtet den mannicbuoldigen bedrepliken groten schaden, de vns, vnsen vndersaten, dem gemeynen armode vnde volcke de jn vnsem lande to donde hebben gescheyn is vnde schut van der vorgerorden wandelinge der pennige, vnde darvan dat neyn stede ewich pennig jn vnsem lande to Brunswigk ginge vnde geue is, vnde hebben sunderliken gemerket, dat vele koplude vnse land mydet myt orer kopenscopp dorch der vorlust willen de so hebben moten vnde lyden an den suluen pennigen, dat vns an vnseren tollen, gulde, vnde ok an anderer vnser handelinge groten schaden deyt. Vnde hebben darup geraden myt vnsen frunden vnde mannen jn dusser wis, dat we der vorgerorden muntye, alle der rechticheit vnde alle des dat we, vnse eruen vnde nakome-

linge dare ane hebben edder ane hebben mochten in tokomeden ewigen tijden, wad vns des anroren mach, hebben gantze afflichte dan, also dat wo noch nemant van vnser wegene der pennige nicht meir smeden edder maken laten en willen noch en schullen jn tokomeden ewigen tijden. Doch rype dat jn vnsem vorscreuen lande 2 pennige wesen de dare ghinge vnde geue sin, so hebbe wij de vryheit vnde gnade gegeuen vnsen leuen getruwen dem rade vnde den borgeren vnser stad to Brunswigk, also dat se pennige mogen munten, maken vnde smeden laten wanne vnde wu dicke one dat bequeme wesen duncket, myt alsodannen merken vnde tekenen alse one dat bequeme were, de ghinge vnde geue wesen schullen jn alle vnsem lande to Brunswigk, alse dat drittich schillinge eyne brunswigkesche mark weringe gelden schullen. Vnde dare wille wij, vnse s eruen vnde nakomelinge noch en schullen neyne rente noch sleyschat ane vorlenen, vorpenden, vorkopen, noch suluen ane hebben, sunder de muntye schal vry wesen vnde bliuen der vorgenomten vnser leuen getruwen des rades vnde der borgere vnser stad Brunswigk to ewigen tijden. Vortmeir vorwilkoren wij vns, vnse eruen vnde 4 nakomelinge, dat wij noch neymant van vnser wegen neyne muntye anheuen, hebben, edder holden schullen noch en willen jn vnsem lande to Brunswigk jn jennigerleie wijs. Weret auer, dat 5 vromet pagiment van golde offte van suluere jn vnse vorgescreuen land gebracht worde, dat mochte me wol geuen vnde nemen, eyn jowelk na sy-

24

nem gewerde, doch wille wij, dat brunswigkesche wichte vnde witte suluers na marktale ghinge vnde geue bliuen schal, alse dat eire gewesen hefft. To orkunde vnde openbaren bewisinge so hebbe wij vnsen vorgenomten leuen getruwen dem rade vnde den borgeren vnser stad Brunswigk dussen breff gegeuen myt wolberadenem mode vnde myt gudem willen, vnde den laten vestent vor vns, vnse eruen vnde nakomelinge myt vnseu anhangenden jngesegelen, vnde js gescheyn na Christi gebord verteynhundert jar dar na jn deme twelfften jare. des sondages jn der vasten alsme singet jn der hiligen kerken dat officium Letare Jerusalem.

B.
1412 Mai 11.

Van godes gnaden wij Hinrick vnde Wilhelm vnse sone, hertogen to Brunswigk vnde Luneborch, bekennen openbare jn dussem breue vor vns, vnse eruen vnde nakomelinge hertogen to Brunswigk vnde Luneborch: Alz vnse ouerelderen vnde elderen van langen tijden vnde wij nu[1] hebben gehad de muuthie to Brunswigk, vnde pennige smedet laten, alle jar eynen nygen sunderliken slach, also dat de suluen nigen pennige, wen dat erste jar vmmekomen was, des veirden deyls myn gulden wen se eire gedan hadden, vnde de suluen muntye vnseu leuen getruwen dem rade vnde den borgeren vnser stad Brunswigk vorpendet vnde vorsatzt is, alse de breue vtwisen de one darupp gegeuen vnde vorsegelt sin: des hebbe wij nv angeseen vnde betrachtet mannichfaldigen groten schaden de vns, vnsen vndersaten, dem gemeynen armode vnde volke de jn vnser vorgescreuen stad to donde hebben gescheyn is vnd schut van der vorgerorden wandelinge der pennige, vnd dar van dat neyn stede ewich pennigh dar ghinge vnde geue sij, vnde hebben sunderliken gemerket, dat vele koplude dat land vnde de stad to Brunswig mydet myt orer kopenschop dorch der verlust willen de se lyden moten an den suluen pennigen, dat vns an vusen tollen, gulden, vnde ok an anderer ruser handelinge groten schaden deyt. Hir umme hebbe wij[2] gantze alsüchte dan der vorgerorden muntye vnde alle der rechticheit de wij, vnse eruen vnde nakomelinge dare ane hebben edder hebben mochten jn tokomeden tijden, wad vns des anroren mach edder an vns komen mochte. Vnde orlouen vnde vulborden[2] den vorgenomten vusen leuen getruwen dem rade vnde borgeren vnser stad Brunswigk, dat se pennige mogen munten, maken vnde smeden laten wanne vnde wu dyke one dat bequeme wesen duncket, myt alsodannen merken vnde tekenen alse one bequeme were, de ghinge vnde geue sin jn dem lande vnde jn der stad to Brunswigk, also dat drittich schillinge eyne mark brunswigkescher weringe gelden schullen. Vnde dare en wille wij, vnse eruen vnde[3] nakomelinge noch en schullen neyne rente noch sleyschat ane vorlenen, vorkopen, noch suluen ane hebben, sunder de muntie schal vry wesen vnde bliuen vnser vorgenomten leuen getruwen des rades vnde der borgere vnser stad Brunswigk to ewigen tijden. Vortmer vorwilkore wij vns,[4] vnse eruen vnde nakomelinge, dat wij noch neymant van vnser wegene neyne muntie anheuen, hebben, edder holden schullen noch en willen jn dem lande to Brunswigk jn jennigerleie wijs. Weret auer, dat vromet pagyment van golde[5] ofte van suluere in vnse vorgescreuen land gebracht worde, dat mochte men vol geuen vnde nemen eyn jowelk na synem gewerde, doch wille wij, dat brunswigkesche witte vnde wichte suluers na marktale ginge vnde geue bliuen schal, alse dat eire gewesen hefft. Dat alle dusse vorscreuen stucke vnde eyn jowelk bisunderen to ewigen tijden also bliuen vnde schullen geholden werden, so hebbe wij to orkunde vnse jngesegel vor vns, vnsen sonen hertogen Wilhelme, vnde vnse eruen vnde nakomelinge an dusaen breff heten hengen, de gegeuen js na godes bord veirteynhundert jar vnde twelff jar, an vnses heren hymmeluardauende.

---

1) *Ausgelassen* wente an dusse tijd. 2) *Kürzer gefasst* als in der Urk. der Herz. Bernd und Otto.

C.

1412 Juli 4.

Van godes gnaden we Otto hertoge to Brunswig,[1] hertogen Otten sone seligen, bekennen openbare jn dussem breue vor vns, vnse eruen vnde nakomen hertogen to Brunswig:[1] Als vnse oreelderen vnde elderen[2] van langen tiden vnde we na wente an dusse tijd hebben gehad de müntye to Brunswig, vnde pennige smeden laten, alle jar eynen nigen sunderliken slach, also dat de suluen nigen penninge, wanne dat erste jar vnmekomen was, des verden deyles myn gulden wan ae eir gedan hadden, vnde de sulue müntye vnsen leuen getruwen dem rade vnde den [borgeren][3] vuser stad to Brunswig gehad vnde vorpendet[4] is, alse de breue ewisen de one darup gegeuen vnde vorsegelt sind: des hebben we nv angeseen vnde betrachtet den mennichueldigen groten bedrepliken schaden de vns, vnsen vndersaten, dem gemeynen armoyde vnde volke de jn dem lande to Brunswig to donde hebben geschein is vnde geschuit van der vorgerorden wandelinge der penninge, vnde dar van dat neyn stede ewich pennigk jn dem lande to Brunswigk ghinge vnde geuc en is.[5] Vnde hebben darupp geraden myt vnsen frunden vnde mannen jn dusser wijs, dat wij der vorgerorden muntie, alle der reetlicheit vnde alle des dat we, vnse eruen vnde nakometinge dar ane hebben edder ane hebben mochten jn tokomenden tiden, wad vns des anroren mach, hebben gantze auericht gedan, also dat we noch nemant van vnser wegen der penninge nicht mer smeden edder maken laten en schullen noch en willen jn tokomenden ewigen tiden. Doch vppe[6] dat jn dem lande to Brunswigk penninge wesen de dar ghinge vnde geuc sin, so hebbe we de friheit vnde gnade gegeuen vnsen leuen getruwen dem rade vnde den borgeren vuser stad Brunswigk, also dat se penninge mogen munten, maken vnde smeden laten wanne vnde wu dicke one dat bequeme wesen dunket, myt alsodannen merken vnde tekenen alse one dat bequeme were,[7] dar drittich schillinge eyne mark brunswigkesscher weringe gelden schullen. Vnde dar en wille we, vnse eruen vnde nakomelinge noch en schullen neyne reute noch steysschad ane vorlenen, vorpenden, vorkopen noch suluen hebben, sunder de müntye schall vry wesen vnde blyuen vuser vorgenomten leuen getruwen des rades vnde der burgere vnser stad Brunswigk to ewigen tiden.[8] Werst aner, dat frommet pagiment vu golde ofte van suluere jn dat lant to Brunswigk gebracht wurde, dat mocht men wol geuen vnde nemen eyn iowelk nach synem gewerde, doch wille we, dat hrunswikessche witte vnde wichte suluere na merktale ghinge vnde gene bluen schal, alse dat eyr gewesen hefft. Dusser dingh sind getugen vnse rede vnde frunde, alse her Bode van Adeleuessen vnse amptman, her Heyse van Kerstingrode riddere, her Johan van Scheden vnse scriuer, vnde Lamprecht van Stockhusen. To orkunde alle dusser vorscreuen dingh, vnde dat de stede, vast vnde vnuorbroken schullen gebolden werden to ewigen tiden, hebbe we vnse jngesegel witliken gehangen heten an dussen breff, de gegeuen is to Moringen des mandages neist na vnser fruwen dage visitacionis, anno domini m° quadringentesimo duodecimo.

D.

1412 Juli 25.

Van godes gnaden we Erik hertogen Alberies sone, hertoge to Brunswigk,[1] bekennen openbare jn dussem breue vor vns, vnse eruen vnde nakomelinge hertogen to Brunswigk:[1] Alse vnse oureelderen vnde elderen van langen tiden vnde we na wente an dusse tijd hebben gehad de müntye to Brunswigk, vnde pennige smedet laten, alle jar

---

1) Ausgelassen vnde Luncboreh. 2) In der Handschrift steht für vnde elderen — walrscheinlich durch ein Versehen — voreelderen. 3) borgeren fehlt in der Handschrift. 4) Die Handschrift wiederholt vnde vorpenden (sic!) 5) Ausgelassen ist der Satz vnde hebben sunderliken gemerket — schaden deyt der beiden voranstehenden Urkunden. 6) Statt vppe hat die Handschrift üo. 7) Ausgelassen sind die Worte de ghenge vnde geuc — Brunswik der voranstehenden beiden Urkunden. 8) Ausgelassen ist der vierte Punct der voranstehenden beiden Urkunden.

24*

eynen nigen sunderliken slach, also dat de suluen nigen
penninge, wan dat erste jar vrmmekromen was, des ver-
den deyles myn gulden wan se eir gedan hadden, vnde de
sulne muntie vnsen leuen getruwen dem rade vnde den
borgeren vnser stad Brunswigk gesath vnde vorpendet is,
alse de brene vtwiset de on darup gegeuen vnde besegelt
sind: des hebbe we nv angeseen vnde betrachtet den man-
nichuolden bedrepliken groten schaden de vns, vnsen vn-
dersaten, dem gemeynen armoyde vnde volke de jn dem
lande to Brunswigk[1] to donde hebben geschein in
vnde geschut van der vorgerorden wandelinge der pen-
ninge, vnde dar van dat neyn stede ewich penning jn dem
1 lande to Brunswigk ghinge vnde geue is.[2] Vnde hebben
darup geraden myt vnsen frunden vnde mannen jn dusser
wijs, dat we der vorgerorden muntye, alle der rechtichelt
vnde alle des dat we, vnse eruen vnde nakomelinge dar
ane hebben edder ane hebben mochten jn tokomenden
ewigen tiden, wad vns des anroren mach, hebben gantze
auclicht dan, also dat we noch neyment van vnser wegen
der penninge nicht mer smeden edder maken laten en
willen noch en schullen jn tokomenden ewigen tiden.
2 Doch vppe dat jn dem lande to Brunswigk[1] penninge
wesen de dar ghinge vnde geue sin, so hebbe wij de fry-
heit vnde gnade gegeuen vnsen leuen getruwen dem rade

vnde den burgeren vnser stad Brunswigk, also dat se pen-
ninge mogen munten, maken vnde smeden laten wanne
vnde wu dicke one dat bequeme wesen dunket, mit also-
dannen merken vnde teikenen alse one dat bequeme were,[3]
der drittich schillinge eyne mark brunswigkesscher we-
ringe gelden schullen. Vnde dar en wille we, vnse eruen 3
vnde nakomelinge noch en schullen neyne rente noch sley-
schad ane vorlenen, vorpeudm, vorkopen, noch suluen
ane hebben, sunder de muntie schal vry wesen vnde bliuen
vnsen vorgenomen leuen getruwen des rades vnde der bor-
gere vnser stad Brunswigk to ewigen tiden.[4] Weret auer, 4
dat vrommet pagiment van golde ofte van suluere jn dat
lant to Brunswigk[1] gebracht worde, dat mocht men
wol geuen vnde nemen eyn jowelk nach synem gewerde,
doch wille we, dat brunswigkessche witte vnde wichte sul-
uers nu martsle ghinge vnde geue bliuen schal alse dat
eyr geweson heft. To orkunde alle dusser vorscreuen
uen dingh, vnde dat de stede vnde vast vnde vn-
uorbroken vnde vnuorwandelt schullen geholden
werden to ewigen tiden, hebbe wij vnse jngesegel
witliken henget heten an dussen breff, de gegeuen
is nach goddes bord vnses heren veyrteynhundert
jar darua jn dem twelfften jare, an sunte Jacobs
dage des hilgen apostels.

E.

1412 August 15.

Van godes gnaden wij Frederick hertogen Ernstes
sone, vnde Otto hertogen Froderikes sone vorge-
nomt, hertogen to Brunswigk[5] bekennen openbare jn
dussem breue vor vns, vnse eruen vnde nakomelinge her-
togen to Brunswigk:[5] Alse vnse ouerelderen vnde elderen
van langen tijden vnde wij na wente an dusse tijd hebben
gehad de muntye to Brunswigk; vnde pennige smedet la-
ten, alle jar eynen sunderliken nigen slach, also dat de
suluen nigen pennige, wen dat erste jar vmmekomen was,
des verden deyls myn gulden wen se eire gedan hadden,
vnde de sulne muntye vnsen leuen getruwen dem rade

vnde den borgeren vnser stad Brunswigk vorpendet vnde
versath is, alse de breue vtwisen de on daruop gegeuen
vnde vorsegelt sind: des hebbe wij nv angeseen vnde be-
trachtet den manichuoldigen bedrepliken groten schaden
de vns, vnseren vndersaten, dem gemeynen armode vnde
volke de jn dem lande to Brunswigk[1] to donde heb-
ben gescheyn js vnde schut von der vorgerorden wande-
linge der pennige, vnde dar van dat neyn ewich stede
pennig jn dem lande to Brunswigk ginge vnde geue is.[2]
Vnde hebben darup geraden myt vnseren frunden vnde 1
mannen jn dusser wijs, dat wij der vorgerorden muntye,

---

1) Uebereinstimmend mit der voranstehenden Urkunde.
Satz der unter A und B vnde hebben — schaden deyt.
die Worte der unter A und B de ghenge vnde geue — Brunswik.
Urkunde der ganze vierte Punct der unter A und B abgedruckten Urkunden.
kunden unter C und D vnde Luneborch.

2) Ausgelassen wie in der voranstehenden Urkunde der
3) Ausgelassen wie in der voranstehenden Urkunde
4) Ausgelassen wie in der voranstehenden
5) Ausgelassen wie in den Ur-

alle der rechticheit vnde alle des dat wij, vnse ernen vnde nakomelinge dar ane hebben edder dar ane hebben mochten in tokomenden ewigen tijden, wad vns des anruren mach, hebben ganße affichcin dan, also dat wij noch neyment van vnser wegene der pennige nicht meir smeden edder maken laten en willen noch en schullen ja tokomenen 2 ewigen tijden. Doch vppe dat jn dem lande to Brunswijk[1] pennige wesen de dere ginge vnde gene sin, so hebbe wij de vryheid vnde gnade geuen vuseren lenen getruwen dem rade vnde den borgeren vnser stad Brunswigk, also dat se pennige mogen munten, maken vnde smeden laten, wanne vnde wu dicke on dat bequeme wesen dunckel, myt alsodanen merken vnde tekenen alse on dat bequeme were,[2] der drittich schillinge cyne mark bruns-3 wigkescher weringe gelden schullen. Vnd dare en wille wij, vnse ernen vnde nakomelinge noch en schullen neyne rente noch sleyschad ane vorlenen, vorpenden,[3] noch tuluen ane

hebben, sunder de mnme schal vry wesen vnde bliuen vnser vorgenomten leuen getruwen des rades vnde der borgere vnser stad Brunswigk to ewigen tijden.[4] Worde auer 4 dar tromet paginneat van golde ofte van suluere in dat land to Brunswigk[1] gebracht, dat mach men wol geuen vnde nemen cyn jowelk na synem gewerde, doch wille wij, dat brunswikesch witte vnde wichte sulners na marktale ginge vnde geue bliuen schal alse dat eire gewesen heft. To orkunde alle dusser vorgescreuen dingk, vnde dat de stede vnde vnuorwandelt bliuen schullen vnde geholden werden to ewigen tijden, hebbe wij Ffrederick vnde Otte sin vnse vorgenant hertogen to Brunswigk vnse ingesegel witliken gehenget heten an dussen breff, de gegeuen is na godes geberd vnseres heren veirteynhundert jar dar na jn dem twelfften jare, an vnser leuen frowen dage der wortwinge.

LXV. PRIVILEGIUM KÖNIG WENZELS.
1385 März 28.

Das Original befindet sich im Stadtarchive: Pergament, 13″ lang, 8″ hoch, mit Wenzels fast 4″ im Durchmesser haltendem Majestätssiegel aus gelbem Wachs an einem Pergamentstreifen. Dasselbe zeigt zu jeder Seite des Thrones einen kleinen Schild, links mit dem böhmischen Löwen, rechts mit dem einfachen Adler, und die Umschrift WENCESL : DEI : GRACIA : ROMANORUM : REX : SEMPER : AUGUSTUS : ET : BOEMIE : REX † *. Ein Gegensiegel aus rothem Wachs hat den Doppeladler und vor dessen Rumpfe einen ovalen Schild mit dem böhmischen Löwen. Auf der Rückseite der Urkunde steht:* R. Wenceslaus de Jenykow. *Sie ist gedruckt in Linmäci jus publ. III, cap. 9, n. 8, Rehtmeiers Chron. 656 und Hempels Staatsrechtsler. IV, 801.* Hn.

Wir Wenczlaw von gotes genaden romischer kunig, czu allen czeiten merer des reichs, vnd kunig czu Beheim, bekennen vnd tun kunt offenlichen mit diesem briue allen den die ja sehen oder horen lesen, das fur vns komen ist der hochgeborn Albrecht herczog czu Sachssen vnd czu Luneburg vnser lieber oheim vnd furste, vnd hat vns czuwissen getan, wie das etliche lute, die in dem luntfride czu Westhfalen vnd czu Sachsen sein, vor die lantrichter doselbist laden rete vnd burger vss den steten, czweinczig, sechsczig, hundert, mynner oder mere, die sie doch alle nicht

schuldig en wissen, sunder uff die rede vnd in dem namen, das sie dieselben rete vnd burger zu koste vnd zu arbeyt bringen mugen, doran auch wir nicht anders sunder grossen verderpnusse vnd schaden derselben vnserr vnd des reichs stete mercken vnd prufen mugen, des wir ouch mit nichte gestaten wollen indheyneweis. Vnd douon mit wolbedachtem mute, rate vnser fursten vnd getrewen, vnd von rechter wissen, so haben wir dem egenanten vnserm oheim diese besunder gnade vnd recht getan vnd gegeben, tun vnd geben ym die von romischer kuniglicher mechte in craft

---

1) *Uebereinstimmend mit den Urkunden unter C und D.*   2) *Ausgelassen wie in den beiden voranstehenden Urkunden die Worte der unter A und B ghenge vnde geue — Brunswigk.*   3) *Ausgelassen vorkopen.*   4) *Ausgelassen wie in den beiden voranstehenden Urkunden der ganze cierte Punct der unter A und B.*

diez briues: wer es saehe, das die rete, burger, oder yonewoner der stete die er vorteidinget, mit namen Brunswig, Hanover, vnd aller der stete die er in dem lantfride genomen hat oder noch einemen wirdet, das der ezweinczig, dreyssig, mynner oder mere [vor]¹ ienichen lantrichter geladen wurden besamet oder besunder, wann vnd wie dicke das geschee, so mugen ezwen vss dem rate von derselben stete dorauss sie geladen werden, die geladten vorantworten vnd ledigen vor dem lantgerichts noch lantfrides recht, vnd sullen sechsse vnuorlegender man die dem lantfride gesworn haben ezu im nemen, vnsehedlich doch dem lantfride den seliger gedeehtnusse vnser vater der romisch keyser, die weil er lebte gemacht hat, vnd den wir mit vnsern kuniglichen brifen bestetigt haben in sulchen artiklen vnd stucken die dorynne begriffen sein. Vnd diese genade sal weren au vnser widerrufen, vnd dorumb gebieten

wir allen fursten geistlichen vnd wertlichen, grauen, freyen, dinstluten, rittern, knechten vnd allen lantrichtern, vnd gemenclichen allen den die in dem lantfride sein oder noch dorein komen, das sie den vorgenanten vnsern oheim von Sachsen an der obgenanten vnser genade vnd rechten nicht hindern oder yrren sullen indheyneweis, sunder yn dabey gerulichen bleyben lassen, als lieb yn sey vnser vnd des reichs swere vngenade wollen vermeyden. Mit urkund diez briues, versigelt mit vnser kuniglicher maiestat jnsigel, geben ezu Prage nach Cristus geburte dreyczenhundert jar dornach in dem fumffvndachczigisten jare, am nehsten donnerstag vor palmentag, vnser reiche des Behemischen in dem czweivndezweinczigisten, vnd des romischen in dem newenden.

Ad mandatum domni regis Capplerio Vrborar', referente Wlachnico de Weytenmule.

LXVI. PRIVILEGIUM KÖNIG RUPRECHTS.
1402 Sept. 25.

Das an einigen Stellen schadhafte Original befindet sich im Stadtarchive: Pergament, 17" lang, 11" hoch, mit Ruprechts etwa 4" im Durchmesser haltendem Majestätssiegel aus gelbem Wachs an gelb und blauen Seidenschnüren. Dasselbe zeigt unter einer gewölbten Stufe, auf welcher die Füsse des Königs ruhen, eine kleine Thiergestalt, anscheinend einen Bären, zu jeder Seite der Stufe einen Löwen mit rückwärts dem Könige zugekehrten Kopfe, und über diesen Wappenschilder, rechts den königlichen, links den pfalzgräflichen; Umschrift: Rupertus divina favente clemencia romanorum rex semper augustus. *Auf der Rückseite der Urkunde steht:* R. Bertholdus Durlach. *Sie ist gedruckt in Abdruck der Acten i. S. Brschw. c. Brschw. 1602, S. 243; Rehtmeiers Chron. 690. In § 1 wird das von Wenzel in der vorstehenden Urkunde ertheilte Privilegium auf Vertretung vor allen weltlichen Gerichten ausgedehnt; die Privilegien, welche in den §§ 2 und 4 zu allgemeiner Geltung erhoben werden, waren für die herzoglichen Hoheitsbezirke ersteres durch den Huldebrief vom 30. Mai 1323, letzteres durch die Urkunde von 1304 verliehen — s. XXV und XVIII — und seitdem in allen Huldebriefen erneuert.* Hn.

Wir Ruprecht von gots gnaden romischer kunig, ezu allen ezijten merer des richs, bekennen vnd dun kunt offinbar mit diesem brieff, daz wir haben angesehen getruwe vnd geneme dienste, die vns vnd dem heiligen riche die burgermeister, der rat vnd die burgere gemeinlich der stat zu Brunswig offte vnd diecke vnuer[dross]enlich getan han vnd

noch dun mogen in kunfftigen ezijten, vnd haben darvmb denselben burgermeistern, dem rat, den burgern gemeinlich vnd der stat ezu Brunswig vnd iren nachkomen burgern daselbs mit wolbedachtem mude, gutem rat vnd rechter wißen diese nachgeschriben besunder gnade vnd frijheit geben vnd verlijhen, geben vnd verlijhen sie yn auch

---

1) Ist im Originale ausgelassen.

also in craftt diß briefs vnd romischer kunigk-
1 licher mechte, mit namen daz zwene rß dem rat
der stat zu Brunswig, die derselbe rat darczu schicket
vnd yn daz enphielket, verwten, verantwerten vnd entledi-
gen mogen die rete, burgere vnd jnnewonere der stat zu
Brunswig als sie mit der muren begriffen sint samentlich
oder besunder, an vnserm vnd des richs hoffgeriechte,
an allen vnd iglichen lantgeriechten vnd andern wernt-
lichen geriechten, sie sin heimlich oder offinbar,
fur die die obgenanten burgermeistere, burgere vnd jnne-
wonere der stat czu Brunswig geheischen oder geladen
worden vmb welcherley hande werntliche sache daz
were, ane allermenglichs hinderniß vnd wieder-
2 rede. Auch werez, daz einichem burgere der stat
zu Brunswig der lehen hette sin lehenherre von
todes wegin abegienge ane manneserben, so tun
wir denselben burgern die besunder gnade, daz
sie mogen dieselben lehen entphaen, haben vnd
tragen von dem obernherren oder dem der vor-
geschriben lehenherre, ee er von todes wegin abe-
gienge, die egenanten lehen gehabt vnd getragen
3 hatte. Vnd wann der burger czu Brunswig der
die lehen von dem obernherren entphaen wurde
ym doruber gewonlich buldung getan hat, so sol
er nicht schuldig sin, dieselben lehen von ymand
anders, in welchem state oder wesen der were,
anderwerb czu entphaen, oder buldung daruber
4 zu dun in dhein wise. Wer ez auch, daz der bur-
gere der stat czu Brunswig lehenherren, von den
sie lehen hant oder hernach gewynnent, dieselben
burgere vmb die lehen czu entphaen wolten wijsen
an einen andern der nicht als gute were von ge-
burte als derselbe lehenherre, daroff dun wir den-
selben burgern die besunder gnade, daz daz nicht
sin sal, sunder werez, daz der lehenherre diesel-

ben lehen nicht selbs lijhen wolte oder mochte,
so solte er den burgere dem die lehen czugeho-
reten wijsen an einen der ym an geburte gliche
oder hoher were, ane allerley intrag vnd wider-
rede, vnd sol wieder diese vorgeschriben frijheit
vnd gnade nichts sin, oder die egenanten burgere
daran jrren oder hindern dhein gesecze, gewon-
heit oder rechte romischer keyser vnd kunige, der
fursten, herren, stetde, oder andere des landes czu
Sahssen, wie die begriffen oder bizher gehalten
weren, in dhein wise. Vnd hervmb so gehieten
wir allen vnd iglichen fursten geistlichen vnd wernt-
lichen, grauen, frijen, herren, dinstlutden, riettern,
knechten, gemeinscheften der stedde, merckte vnd
dorffere, vnd sust allen andern vnsern vnd des
richs vndertanen vnd getruwen ernstliche vnd fe-
sticlich mit diesem brieff, daz sie die obgenanten
burgermeistere, rete, burgere vnd jnnewonere der
stat zu Brunswig an diesen vnsern gnaden vnd
frijheiden, wie die von wort zu wort hievor be-
griffen sin vnd geschriben stent, nicht hindern
oder jrren in dhein wijse, sunder sie dabij geruck-
lich lafen bliben vnd hanthaben, schuczen vnd
schermen, als liebe yn sij vnser vnd des heiligen
richs swere vngnade zuuermyden. Orkunt diß
briefls, versigelt mit vnserm kunigklichem maiestat
ingesigel, geben czu Herffelden off den nehsten
mantag nach sa[nct Matthe]us [des] heiligen
zwolfbotden vnd ewangelisten tag, jn dem jare
als man czalte nach Christi geburt vierczehen-
hundert vnd zwey jare, vnsers richs in dem [dritten
jare].

Per domnum R. episcopum Spirensem.
Cancellarius Otto de lapide.

LXVII. KÖNIG SIGMUNDS PRIVILEGIUM DE NON EVOCANDO.
1415 Febr. 1.

*Das Original befindet sich im Stadtarchive: Pergament, 20" lang, 10" hoch, mit König Sigmunds
4½" im Durchmesser haltendem Majestätssiegel aus gelbem Wachs an einem blau und rothen Seidenstrange.
Dasselbe zeigt den König unter einem Bogen zwischen Thürmchen thronend, zu beiden Seiten je zwei
Wappenschilder, rechts den königlichen und böhmischen, links die von Ungarn, und zu den Füssen des
Königs rechts den luxemburgischen, links den dalmatischen. Umschrift:* sigismondos . dei . gra . romanor . rer .
femp . avgoft . ec . hogar . bohmar . croat . rome . f'oie . gallicie . lodomcie . comair . bulgarieq; . rer . marchio . brandenbur-

gräf . necno . bohemie . et . lüceburggraf' . heres . *Auf der Rückseite der Urkunde* R *und von der Hand eines nicht viel spätern städtischen Schreibers* Indultum contra schabinos und R¹ᵃ. *Sie ist gedruckt in Abdr. der Acten etc.* 1603 I, 138; Br. *Händel* II, 708, 938; III, 1438; *Illustre exam. i. S. Brschw. c. Brschw.* 1608, S. 155; *Werdenhagen de reb. publ. Hans.* I, 43; v. d. *Hardt, Acta conc. Const.* V, 163; *Limnaei jus publ.* III, cap. 9, n. 9; *Rehtmeiers Chron.* 700; *Limigs Reichsarch. pars spec. cont.* IV. II, 222; *Hempels europ. Staatsrechtslex.* IV, 802. *Einen gleichfalls im Stadtarchive vorhandenen Transsumpt dieses Privilegiums beglaubigte* 1423 *Kreuzerhöhung Herzog Otto:* nach dem male dat me den rechten houetbreff dorch vnzeckerheit der weghe vnde dorch anderes schedelikes jnvalles willen ju alsodanne stidde dar one des behöf were nicht wol secker bringen en mach. Hn.

Sigismundus dei gratia Romanorum rex semper augustus, ac Hungarie, Dalmatie, Croatie etc. rex, ad perpetuam rei memoriam. Et licet circa universorum quietem promovendam quodam fervore regio nostra continuo versetur intentio, ad illorum tamen libertates ampliandas et novas gratias concedendas nostri culminis asspirant interna quos in nostris et imperii sacri fidelitate et constantia novimus singuluri affectione perstitisse, ut tandem ipsorum fidelitates, regio benigno respectu preventi, etiam pro reipublice cura pervigili meditatione sollicitos se exhibere possint et fructuosos. Sane pro parte honorabilium proconsulum, consulum, incolarum et universitatis opidi Brunswicensis, Hildesemensis et Halberstadensis dioc. nostrorum et imperii sacri fidelium dilectorum, nostre celsitudini oblata petitio continebat, quatenus ipsis ut in quibuscunque causis mere civilibus et etiam criminalibus extra dictum opidum Brunswicense ad quecunque forensia et secularia juditia etiam publice vel privatim ac in spetie et in genere, salvo ad nostre majestatis curiam et juditium, evocari vel trahi non possint, de spetiali nostre majestatis clementia indulgere et auctoritate romana regia concedere gratiosius dignaremur. Nos igitur dictorum proconsulum, consulum, incolarum et universitatis sincere fidei affectionem, approbate constantie integritatem, et sedule devotionis puritatem, quibus dicti proconsules, consules, et incole, ac universitas in nostre majestatis oculis gratiosos sibi meruerunt suffragari favores, debita consideratione reventes, ipsorum supplicationibus favorabiliter inclinati, eisdem proconsulibus, consulibus, incolis et universitati Brunswicensi animo deliberato, non per errorem aut improvide, sed sano et maturo

principum, comitum, baronum, procerum et nobilium, ac aliorum sacri imperii fidelium nostrorum accedente consilio, et ex certa nostra scientia, ut in quibuscunque causis mere civilibus et etiam criminalibus extra dictum opidum Brunswicense ad quecunque seu qualiacunque forensia et secularia juditia publica vel privata in spetie vel in genere, salvo nostre ad majestatis audientiam, trahi seu evocari nequeant, quinymmo ibidem in dicto opido, si et in quantum actori vel actrici justitia manifeste denegata non fuerit, juxta dicti opidi municipalia jura et imperialia statuta juri et diffinitioni stare debeant, indulgemus et auctoritate romana regia de plenitudine romane regie potestatis concedimus per presentes. Volumus tamen et eadem auctoritate decernimus, quod unicuique coram sibi competente judice et non suspecto jus prout equitatis et ordo dictaverit rationis ministretur, obstaculis semotis quibuscunque, nostris et imperii sacri juribus semper salvis. Mandamus igitur universis et singulis principibus ecclesiasticis et secularibus, comitibus, baronibus, nobilibus, militibus et clientibus, ac quorumcunque civitatum, opidorum et communitatum rectoribus, ceterisque nostris et imperii subditis et fidelibus, quatenus dictos proconsules, consules, incolas et universitatem Brunswicensem contra nostras concessionem et gratiam ac indultum supradictum nequaquam coram quibuscunque judicibus in quibuscunque juditiis etiam publicis vel secretis extra dictum opidum ad causam seu litem trahere presumant, sub pena indignationis nostre gravissime et quinquaginta marcarum auri purissimi, quas ab eo qui contrafecerit exigi earumque medietatem imperiali erario sive fisco, residuam vero partem injuriam passorum usibus volumus appli-

cari. Presentium sub nostre majestatis sigilli te-
stimonio litterarum datum Constantie, anno a na-
tivitate domini millesimo quadringentesimo quin-
todecimo, prima die Februarii, regnorum nostro-
rum anno Hungarie etc. vigesimo octavo, Roma-

norum quidem electionis quinto, coronationis ve-
ro primo.

Ad mandatum domni regis Johannes
prepositus de Strigonio vicecancellarius.

LXVIII. BESTÄTIGUNG DER STÄDTISCHEN PRIVILEGIEN DURCH KÖNIG SIGMUND.
1415 Febr. 2.

Das Original befindet sich im Stadtarchive: Pergament, 19" lang, 11" hoch, mit König Sigmunds bei LXVII beschriebenem Majestätssiegel aus gelbem Wachs an einem blau und rothen Seidenstrange. Auf der Rückseite der Urkunde R. Sie ist gedruckt in Br. Händel II, 923; Thes. homag. I, 146; v. d. Hardt Acta conc. Const. V, 165; Rehtmeiers Chron. 701. Hn.

Wir Sigmund von gotes gnaden romischer
kung, ze allen zeiten merer des reichs, vnd zu
Hungern, Dalmatien, Croatien etc. kung, beken-
nen vnd tun kunt offenbar mit disem brief allen
den die jn sehen oder horen lesen: Wann fur vns
kommen ist der burgermeistere, rete vnd burgere
gemeinleich der stat ze Brunsweich, Hildesemer
vnd Halberstader bistum, vnserer vnd des reichs
lieben getruen erber vnd mechtige botschaft, vnd
vns diemieticleich gebetten hat, daz wir densel-
ben burgermeistern, reten vnd burgere gemein-
leich der stat ze Brunsweich alle vnd igleiche ire
gnade, frijheite, rechte, gute gewonheite, brieue,
priuilegia vnd hantuesten, die sy von romischen
keisern vnd kungen vnsern vorfarn an dem reiche,
vnd den hertzogen von Brunsweich vnd Lunen-
burg, vnd sust von andern fursten vnd herren
geistlichen vnd werntlichen erworben vnd her-
bracht haben, ze bestetigen gnedicleich geruchen:
des haben wir angesehen soliche ire diemietige
bette vnd ouch ire stete willige vnd getrue dien-
ste die die vorgenanten burgermeistere, rete vnd
burgere vnd yre vordern vnsern vorfarn an dem
reiche alzeit vnuerdrossenleich vnd getreulichen
getan haben, vnd vns vnd dem reiche furbaß
tun sollen vnd mugen in kunftigen zeiten, vnd
haben dorumb mit wolbedachtem mute, gutem
rate vnser fursten, greuen, edeln vnd getruen,
vnd rechter wißen den vorgenanten burgermei-
stern, reten vnd burgern der obgenanten stat
ze Brunsweich, iren nachkommen, vnd derselben
stat Brunsweich alle vnd igleiche vorgenante ire
gnade, frijheite, rechte, gute gewonheite, brieue,

priuilegia, vnd hantuesten, wie die von worte ze
worte lutend vnd begriffen sind, die sy von den
egenanten vnsern vorfarn romischen keisern vnd
kungen, vnd den hertzogen von Brunsweich vnd
Lunenburg vnd sust andern fursten vnd herren
erworben vnd redlich herbracht haben, gnedic-
leich bestetigt, vernewet vnd beuestnet, besteti-
gen, vernewen vnd beuestnen jn die ouch in craft
diß briefs vnd romischer kungleicher machtvol-
kommenheit, vnd meynen vnd wollen sy daby
ouch gnedicleichen hanthaben, schirmen vnd be-
liben lafen, doch vnschedleich vns vnd dem
reiche an sinen rechten. Vnd gebieten ouch dor-
umb allen vnd igleichen fursten geistlichen vnd
werntleichen, grauen, frijen, rittern, knechten
vnd amptleuten, vnd sust allen andern vnsern
vnd des reichs vndertanen vnd getruen ernst-
leich vnd vesticleich mit disem brief, daz sy die
vorgenanten von Brunsweich an den vorgenanten
yren gnaden, frijheiten, rechten, guten gewon-
heiten, brieuen, priuilegien vnd hantuesten nit
hindern oder irren in dhein wiß, sunder sy daby
gerulichen heliben lafen als lieb jn sey vnser
vnd des reichs sware vngnade zu uermeiden.
Mit vrkund diß briefs versigelt mit vnser kung-
leicher maiestaed jnsigel, geben ze Costentz,
nach Cristi gepurt viertziehenhundert jar vnd
dornach in dem funftziehenden jare, an vnser
frawen tag purificacionis, vnser reiche des Hung-
rischen etc. in dem achtundzweyntzigisten, vnd
des romischen in dem funften jaren.

Per d. Johannem prepositum de Strigonio
vicecanc. Michel de Priest canonicus Wratisl.

25

LXIX. PRIVILEGIUM VON PAPST ALEXANDER IV.

1256 Jan. 11.

Das Privilegium, auf welches nachstehendes Executorialmandat sich bezieht, ist mir durch dieses überliefert. Das Original desselben befindet sich im Stadtarchive: Pergament, 9" breit, 8" hoch, sehr zierlich geschrieben, mit bleierner Bulle an einer Hanfschnur. Auf der Rückseite der Urkunde † Brunswich †. Sie war bisher nicht gedruckt. Hn.

Alexander episcopus, servus servorum dei, dilecto filio abbati monasterii sancte Marie de Redaxhusen ordinis Cisterciensium, Halberstadensis dioceseos, salutem et apostolicam benedictionem. Cum dilectis in Christo filiis tam clericis quam laicis in Brunswich, Hildesemensis et Halberstadensis diocesium, constitutis ex spetiali gratia duxerimus concedendum, ut nullus ordinarius, nec delegatus, subdelegatus, executor, seu conservator a sede apostolica vel ejus legatis datus infra muros ipsorum divina officia inhibere presumat absque mandato sedis apostolice spetiali, de eodem indulto plenam et expressam de verbo ad verbum mentionem facicnte: discretioni tue per apostolica scripta mandamus, quatinus prefatos super premissis non permittas contra concessionis nostre tenorem a quoquam indebite molestari, molestatores hujusmodi per censuram ecclesiasticam, appellatione postposita, compescendo, non obstante si aliquibus a sede apostolica sit indultum, quod interdici, suspendi, vel excommunicari non possint per litteras apostolicas non facientes plenam et expressam de indulto hujusmodi mentionem. Datum Lateran. iij Idus Januarii, pontificatus nostri anno secundo.

LXX. EXEMTION DER STADT VOM DIÖCESANVERBANDE.

1256 Aug. 12.

Das Original dieser schon in Rehtmeiers Kirchenhist. II, Beil. 172 gedruckten Urkunde ist nicht mehr vorhanden; der nachstehende Abdruck nach einem Copialbuche des Raths aus dem 15. Jahrhundert. Unter demselben Datum erging an den Abt von Riddagshausen das Executorialmandat, welches gleichfalls nur in dem bezeichneten Copialbuche erhalten ist. Beide Urkunden werden von Hempel im Verz. niedersächs. Urk. fälschlich in das Jahr 1255 gesetzt. Hn.

Allexander episcopus, servus servorum dei, dilecto filio nobili viro duci de Brunswik salutem et apostolicam benedictionem. Ut tua supplex devotio et devota supplicatio nos inducunt, ut tibi quantum cum deo possumus gratiam et favorem inpendamus, eapropter, dilecte in domino fili, tuis devotis precibus favorabiliter inclinati ecclesias conventuales necnon parochiales cum suis capellis extra et infra civitatem Brunswicensem, Hildesemensis et Halberstadensis diocesium, a jure diocesanorum cum omni libertate auctoritate apostolica duximus eximendas, non obstantibus aliquibus literis seu indulgentiis a sede apostolica vel legatis[1] ejus impetratis, aut eciam impetrandis per quas hujusmodi consessio veleat inpediri. Decernimus eciam, ut si aliquid[2] contra hujusmodi concessionis nostre tenorem a quoquam exstiterit propria temeritate presumptum, sit irritum et inane. Nulli ergo omnino homini liceat hanc paginam nostre concessionis infringere vel ei ausu temerario contraire. Si quis autem hec attemptare presumpserit, indignacionem omnipotentis dei et beatorum Petri et Pauli apostolorum ejus se noverit incursurum. Anagnie pridie Ydus Augusti, pontificatus nostri anno secundo.

In der Handschr. 1) legatorum.   2) aliquis.

195

LXXI. PAPST BONIFACIUS IX PRIVILEGIUM DE NON EVOCANDO.
1390 Mai 19.

Das Original befindet sich im Stadtarchive: Pergament, 19" lang, 10" hoch, mit bleierner Bulle an roth und gelbem Seidenstrange. Auf der Rückseite der Urkunde R Jacobus, und von einem städtischen Schreiber des 15. Jahrhunderts Priuilegium dat me nicht vtladen schal R^{ts}b. Sie ist gedruckt in Rehtmeiers Kirchenhist. II, Beil. 161. Als Executoren dieses Privilegiums wurden unter gleichem Datum der Abt von S. Ägidien und der Dekan zu S. Blasius in Braunschweig angewiesen. Hn.

Bonifatius episcopus, servus servorum dei, dilectis filiis proconsulibus, consulibus et universitati opidi Brunswicensis, Halberstadensis et Hildesemensis diocesium, salutem et apostolicam benedictionem. Sincere devotionis affectus quem ad nos et romanam geritis ecclesiam non indigne meretur, ut peticionibus vestris, illis presertim que pacem et tranquillitatem vestram respiciunt, quantum cum deo possumus favorabiliter annuamus. Sane peticio pro parte vestra nobis nuper exhibita continebat, quod vos et singulares persone etiam utriusque sexus ex vestra universitate opidi Brunswicensis, Halberstadensis et Hildesemensis dioces. ab ordinariis vestris ac archidiaconis loci et eorum officialibus multipliciter veramini, vosque et persone hujusmodi extra dictum opidum sepius ad judicium citamini ad comparendum coram ordinariis, archidiaconis aut officialibus antedictis, et propterea enormia scandala presertim muliebri sexui ejusdem opidi oriuntur, vobisque et personis prefatis inutiles expense et damna intollerabilia frequentius subsecuntur, ac nonnulla homicidia premissorum occasione quandoque perpetrata fuerunt. Quare pro parte vestra nobis fuit humiliter supplicatum, ut providere vobis et hujusmodi personis super hoc de oportuno remedio de benignitate apostolica dignaremur. Nos igitur qui Christi fidelium quietem et pacem querimus singulorum,

hujusmodi supplicationibus inclinati, auctoritate apostolica vobis tenore presentium indulgemus, ut vos et hujusmodi persone in dicto opido pro tempore commorantes nequentis et nequeant etiam per litterarum apostolicarum seu legatorum sedis apostolice impetratarum, per quas nondum ad citationem partium est processum, seu etiam impetrandarum, quorumcunque tenorum existant, non facientes plenam et expressam ac de verbo ad verbum de indulto hujusmodi mentionem, seu earum vel ordinariorum, archidiaconorum aut officialium prefatorum auctoritate extra dictum opidum conveniri vel trahi, dummodo infra opidum ipsum vos et predicte persone sitis et sint parati, de vobis vel illis conquerentibus exhibere justicie complementum coram judice competenti, decernentes irritum et inane quicquid contra hujusmodi indulti nostri tenorem per quoscunque quavis auctoritate scienter vel ignoranter contigerit attemptari. Nulli ergo omnino hominum liceat hanc paginam nostre concessionis et decreti infringere vel ei ausu temerario contraire. Si quis autem hoc attemptare presumserit, indignationem omnipotentis dei et beatorum Petri et Pauli apostolorum ejus se noverit incursurum. Datum Rome apud sanctum Petrum, xiiij Kal. Junij, pontificatus nostri anno primo.   Pro T. de Nyen
                    Ja. de Papia V.

LXXII. ANORDNUNG DES OFFICIALATS IN DER STADT DURCH PAPST BONIFACIUS IX.
1391 Aug. 8.

Das Original dieser bisher nicht gedruckten Urkunde ist verschollen; der nachstehende Abdruck nach einem Copialbuche des Raths aus dem 15. Jahrhundert. Der Inhalt der voranstehenden Bulle wird wörtlich wiederholt; die weiterhin erwähnte, durch welche jene cassirt wurde, ist nicht bekannt.

25*

Bonifacius episcopus, servus servorum dei, ad futuram rei memoriam. Sincere devocionis affectus et constans fidelitas quos dilecti filii proconsules, consules et universitas opidi Brunswicensis, Halberstadensis et Hildesemensis dioc. ad nos et romanam ecclesiam gerere conprobantur, merito promerentur, ut illa eis liberaliter concedamus que ad salubrem statum eorum et dicti opidi verisimiliter cedere dinoscuntur. Dudum siquidem pro parte dictorum proconsulum, consulum et universitatis nobis exposito, quod cum ipsi et singulares persone utriusque sexus ex dicta universitate ab ordinariis eorum ac archidiaconis loci et eorum officialibus multipliciter vexarentur et extra dictum opidum sepius ad judicium traherentur ad comparendum coram ordinariis, archidiaconis aut officialibus antedictis, et propterea enormia scandala eciam muliebri sexui ejusdem opidi, ac eisdem proconsulibus et consulibus et universitati ac personis inutiles expense et dampna intollerabilia frequencius subsequebantur, [sic][1] nonnulla homicidia premissorum occasione quandoque perpetrata fuerunt: nos eisdem proconsulibus, consulibus et universitati per nostras literas duximus indulgendum, ut ipsi ac eciam persone in dicto opido pro tempore commorantes nequirent per literarum apostolicarum seu legatorum sedis apostolice impetratarum, per quas nondum ad citacionem parcium esset processum, seu eciam impetrandarum, quorumcumque tenorum existerent, non facientes plenam et expressam ac de verbo ad verbum de indulto hujusmodi mencionem, seu earum [vel][2] ordinariorum, archidiaconorum aut officialium prefatorum auctoritate extra dictum opidum conveniri vel trahi, dummodo infra ipsum opidum proconsules, consules, universitas et persone hujusmodi essent parati de ipsis conquerentibus exhibere justicie complementum eorum judice competenti, dilectis filiis abbate[3] monasterii sancti Egidii et decano ecclesie sancti Blasii Brunswicensium dictarum dioc. executoribus earundem literarum per alias nostras literas deputatis. Et subsequenter per nos accepto, quod indultum hujusmodi in non modicum prejudicium venerabilium fratrum nostrorum Halberstadensis et Hildesemensis episcoporum et dilectorum filio-

rum ipsorum archidiaconorum et capitulorum necnon cleri civitatum et dioc. Halberstadensis et Hildesemensis cedere noscebatur: nos per alias nostras literas ex certis causis tunc ad id nostrum inducentibus animum indultum hujusmodi et quecunque inde secuta auctoritate apostolica revocavimus, cassavimus et irritavimus, ac nullius esse voluimus roboris vel momenti, prout in predictis litteris plenius continetur. Cum autem, sicud exhibita nobis nuper pro parte proconsulum, consulum et universitatis peticio continebat, pro eo quod predictum opidum ab Hildesemensi fere per unam et ab Halberstadensi civitatibus predictis, in quibus dicti ordinarii, archidiaconi et officiales suam jurisdictionem excercent seu sua tribunalia tenent pro tempore, et ad quas quidem civitates predicti proconsules, consules et persone per ordinarios, archidiaconos aut officiales ipsos in casibus seu causis quorum coguicio de consuetudine vel de jure ad eos communiter vel divisim pertinet, pro tempore ad judicium evocantur, ultra unam dietas legales uctorie distent, et quandoque contingat tum propter hujusmodi locorum distanciam tum eciam propter indiscretas citaciones et processus, quos faciunt sepedicti ordinarii, archidiaconi seu officiales pro tempore, hujusmodi homicidia necnon rancores, scandala eciam enormia plurima sint exhorta et suscitentur, ac valde onerosum sit proconsulibus, consulibus, universitati et personis eisdem coram ordinariis, archidiaconis seu officialibus predictis in civitatibus antedictis stare juri in casibus seu causis antedictis: pro parte dictorum proconsulum, consulum et universitatis, asserencium quod ipsi et persone hujusmodi de se conquerentibus pro tempore infra ipsum opidum juri ut prefertur sint stare parati, nobis fuit humiliter supplicatum, ut non obstante revocacione predicta providere ipsis super premissis de oportuno remedio de benignitate apostolica dignaremur. Nos itaque predictos proconsules, consules ac universitatem, ut eorum devocio hujusmodi erga nos et predictam romanam

---

1) *Fehlt in der Handschr.*   2) *Statt earum vel hat die Handschr.* eorum.   3) *In der Handschr.* abbati.

ecclesiam eo fervencius accrescat, quo per nos specialius favoribus et graciis prospexerint se munitos favoribus presequi graciosis, ac hujusmodi eorum in hac parte supplicacionibus inclinati, auctoritate apostolica tenore presencium statuimus ac eciam ordinamus, quod iidem ordinarii et archidiaconi ac eciam successores eorum pro tempore existentes aliquem seu aliquos vicarium seu vicarios, officialem seu officiales ydoueum seu ydoneos et ad id aptum vel aptos ad examinacionem seu ad descisionem hujusmodi emergencium casuum seu causarum tam civilium quam criminalium, que inter eosdem proconsules, consules et personas necnon incolas ejusdem opidi presentes et futuros oriri seu contra eos conjunctim vel divisim per quoscunque moveri contigerit, et quorum examinacio seu descisio ad forum dictorum ordinariorum seu archidiaconorum locorum de consuetudine vel de jure communiter vel divisim ut prefertur seu alias quomodolibet spectat, debeant pro tempore deputare. Districtius eciam inhibemus auctoritate presata ordinariis, archidiaconis et officialibus quibuslibet per eosdem ordinarios seu archidiaconos extra dictum opidum deputatis hactenus seu eciam deputandis,[1] ne ipsi vel aliquia eorum per se vel alium seu alios proconsules, consules et universitatem, personas et incolas antedictos communiter vel divisim, quamdiu infra dictum opidum coram eisdem vicariis seu officialibus ibidem ut prefertur deputandis parati fuerint rea-

liter stare juri, in jus vocare seu contra eos procedere extra idem opidum de cetero auctoritate ordinaria predicta presumant. Et quia nemo propriis sumptibus militare tenetur, ac mercenarius mercede sit dignus, volumus eciam et eadem auctoritate apostolica decernimus, quod proconsules, consules et universitas predicti pro tempore vicario seu vicariis aut officiali seu officialibus antedictis, qui per ordinarios et archidiaconos ac successores suos predictos ad hoc deputabitur seu deputabontur, hujusmodi jurisdictioni presidenti seu presidentibus pro tempore dictorum ordinariorum et archidiaconorum in opido memorato debeant de convenienti salario pro sumptibus suis, moderacione previa, annis singulis providere. Nos enim ex nunc irritum decernimus et inane, si secus super hiis a quoquam quavis auctoritate scienter vel ignoranter contigerit attemptari, non obstantibus revocacione predicta necnon constitucionibus apostolicis et aliis contrariis quibuscunque. Nulli ergo omnino hominum liceat hanc paginam nostre constitucionis, ordinacionis, inhibicionis et voluntatis infringere, vel ei ausu temerario contraire. Si quis autem hoc attemptare presumpserit, indignacionem omnipotentis dei et beatorum Petri et Pauli apostolorum ejus se noverit incursurum. Datum Rome apud sanctum Petrum, vi Idus Augusti, pontificatus nostri anno secundo.

Auschultatum per me Gherwinum
notarium et secretarium j. c.

LXXIII.
ERNEUERUNG DES OFFICIALATS IN DER STADT DURCH PAPST BONIFACIUS IX.
1395 Juli 5.

Das Original dieser Urkunde ist nicht mehr vorhanden; der nachstehende Abdruck nach einem Copialbuche des Raths aus dem 15. Jahrhundert. Nach einer andern sehr incorrecten Abschrift des 16. Jahrhunderts ist sie gedruckt in Hessenmüllers Heinrich Lampe, Brschw. 1852, S. 98. Der Inhalt der vorstehenden Urkunde ist in diese fast wörtlich aufgenommen. Hn.

Bonifacius episcopus, servus servorum dei, ad futuram rei memoriam. Romanus pontifex in

eminenti apostolice[2] dignitatis speculo constitutus, paterna diligencia sedulo vigilans omnium

---

1) *In der Handschr.* deputati — deputandi.　2) *In der Handschr.* apostolico

fidelium, quorum cura generalis sibi celitus est commissa, profectibus veluti solicitus pater, intendit potissime, ut litigiorum et jurgiorum ac turbacionum quorumlibet dispendia removeat ab eisdem, studens nichilominus ipsorum commoditatibus congrue consulere, ipsosque in unitatis et concordie vinculo quantum sibi ex alto permittitur solertius conservare. Dudum siquidem pro parte dilectorum filiorum proconsulum et consulum ac universitatis opidi Brunswicensis, Halberstadensis et Hildesemensis diocesium, nobis exposito, quod eum ipsi et singulares persone utriusque sexus ex dicta[1] universitate ab ordinariis eorum et archidiaconis loci et eorum officialibus multipliciter vexarentur et extra dictum opidum sepius ad judicium traherentur ad comparendum coram ordinariis, archidiaconis et officialibus antedictis, et propterea enormia scandala eciam muliebri sexui ejusdem opidi, ac eisdem proconsulibus, consulibus et universitati ac personis inutiles expense et dampna intollerabilia frequencius subsequebantur, et nonnulla homicidia premissorum occasione quandoque perpetrata fuerant: nos eisdem proconsulibus, consulibus et universitati per literas nostras duximus indulgendum, ut ipsi ac eciam persone in dicto opido pro tempore commorantes nequirent [per][2] literarum apostolicarum seu legatorum sedis apostolice impetratarum, per quas nondum ad citacionem parcium esset processum, seu eciam impetrandarum, quorumcunque tenorum existerent, non facientes plenam et expressam ac de verbo ad verbum de indulto hujusmodi mencionem, seu ordinariorum, archidiaconorum aut officialium prefatorum auctoritate extra dictum opidum conveniri vel trahi, dummodo infra ipsum opidum proconsules, consules, universitas et persone hujusmodi essent parati, de ipsis conquerentibus exhibere justicie complementum coram judice competente, dilectis filiis abbate monasterii sancti Egidii et decano ecclesie sancti Blasii Brunswicensium dictarum diocesium executoribus earundem literarum per alias nostras literas deputatis. Et subsequenter per nos accepto, quod indultum hujusmodi in non modicum prejudicium venerabilium fratrum nostrorum Halberstadensis et Hildesemensis episcoporum et dilectorum filiorum ipsorum archidiaconorum et capitulorum necnon cleri civitatum et diocesium Halberstadensis et

Hildesemensis cedere noscebatur: nos per alias nostras literas ex certis causis tunc ad id nostrum inducentibus animum indultum hujusmodi et quecunque inde secuta auctoritate apostolica revocavimus, cassavimus et irritavimus, et nullius esse volumus roboris vel momenti. Et subsequenter pro parte proconsulum, consulum ac universitatis predictorum nobis exposito, quod pro eo quod predictum opidum a Hildesemensi fere per unum, et a Halberstadensi civitatibus predictis, in quibus dicti ordinarii, archidiaconi et officiales suam jurisdictionem exercebant seu sua tribunalia tenebant pro tempore, et ad quas quidem civitates predicti proconsules, consules et persone per ordinarios, archidiaconos aut officiales ipsos in casibus seu causis quorum cognicio de consuetudine vel de jure ad eos communiter vel divisim pertinebat, pro tempore ad judicium evocabantur, ultra unam dietam legales notorie distaret, et quandoque contingeret eciam propter indiscretos citaciones et processus, quos faciebant sepedicti ordinarii, archidiaconi seu officiales pro tempore, quod hujusmodi homicidia, necnon rancores, scandala eciam[3] enormia plurima essent exorta et suscitarentur, et valde onerosum esset proconsulibus, consulibus seu universitati[4] predictis in civitatibus antedictis stare juri in casibus seu causis antedictis, et pro parte dictorum proconsulum, consulum et universitatis, asserencium quod ipsi et persone hujusmodi de se conquerentibus pro tempore infra ipsum opidum juri ut profertur essent stare parati, nobis humiliter supplicato, ut non obstante revocacione predicta providere ipsis super premissis dignaremur: nos per alias nostras literas statuimus et eciam ordinavimus, quod iidem ordinarii et archidiaconi ac eciam successores eorum pro tempore existentes aliquem vel aliquos vicarium seu vicarios, officialem vel officiales ydoneum seu idoneos et ad hoc aptum vel aptos ad examinacionem seu descisionem hujusmodi emergencium casuum seu causarum tam civilium quam criminalium, que inter eosdem proconsules, [consules][2] et personas necnon incolas ejusdem opidi presentes et futuros oriri, seu contra eos communiter vel divisim per quoscunque moveri contingeret, et quorum examinacio seu descisio ad forum dictorum ordinariorum seu archidiaconorum locorum de consuetudine vel de jure communiter vel divisim ut profertur seu alias quomodolibet spectabat,

---

1) In der Handschr. dietis.   2) Fehlt in der Handschr.   3) In der Handschr. et.   4) In der Handschr. officialibus.

deberent pro tempore deputare, districtius eciam in hi-
bendo auctoritate predicta eisdem ac ordinariis et archi-
diaconis eorumque officialibus deputatis hactenus seu
eciam deputandis, ne ipsi vel aliquis eorum per se vel
alium seu alios proconsules, consules et universitatem,
personas et incolas antedictos communiter vel divisim,
quamdiu infra dictum opidum coram eisdem vicariis seu
officialibus ibidem ut prefertur deputandis parati forent
realiter stare juri, in jus vocare seu contra eos procedere
extra idem opidum de cetero auctoritate ordinaria pre-
dicta presumerent. Ac voluimus et eadem auctoritate
apostolica decrevimus, quod proconsules, consules et
universitas predicti pro tempore vicario seu vicariis aut
officiali seu officialibus antedictis, qui per ordinarios et
archidiaconos et successores suos predictos ad hoc depu-
tarentur, hujusmodi jurisdictioni presidenti seu presiden-
tibus pro tempore dictorum ordinariorum et archidiaco-
norum in opido memorato deberent de convenienti sala-
rio sumptibus suis, moderacione previa, annis singulis
providere, eciam abbate[1] [sancti Egidii][2] et sancti
Blasii predictis ac dilecto filio beate Marie Ham-
burgensis, Bremensis dioc. ecclesiarum decanis,
eorum nominibus propriis non expressis, ipsarum
ultimarum literarum nostrarum per nos execu-
toribus deputatis, prout in predictis literis ple-
nius continetur. Postmodum vero, sicud exhibita
nobis nuper pro parte dictorum proconsulum,
consulum et universitatis peticio continebat, cum
dilectus filius Wernerus decanus ejusdem eccle-
sie beate Marie solus in hujusmodi execucionis
procedens negocio, prout ex forma earundem ul-
timarum poterat literarum, ad ipsorum procon-
sulum et consulum et universitatis ac persona-
rum instanciam certos processus fecisset: vene-
rabilis frater noster Gherardus episcopus Hilde-
semensis, ac dicti capitulum necnon dilecti filii
prepositus et decanus ejusdem ecclesie Hildese-
mensis, ac Theodericus de Dasle archidyaconus
de Stockem in eadem ecclesia Hildesemensi, cum
infra limites archidyaconatus de Stockem in ipsa
ecclesia Hildensemensi [dictum opidum][3] pro una
parte consistat, pretendentes se per predictos
processus indebite fore gravatos, ad sedem pre-

dictam appellarunt. Nosque hujusmodi appella-
cionis et negocii principalis et successive eciam
illam quam venerabilis frater noster Ernestus
episcopus Halberstadensis et predicti capitulum
et dilecti filii prepositus et decanus predicte ec-
clesie Halberstadensis, ac Albertus Schenke ar-
chidyaconus in Atlevesen in eadem ecclesia Hal-
berstadensi, cum reliqua pars predicti opidi in-
fra limites archidyaconatus in Atlevesen in ea-
dem ecclesia Halberstadensi consistat, predictis
proconsulibus, consulibus et universitati ac per-
sonis predictarum ultimarum literarum per nos
eisdem proconsulibus, consulibus et universitati
et personis ut premittitur concessarum seu pre-
missorum occasione movere communiter vel di-
visim intendebant causas dilecto filio Nicolao
electo Ferentinatensi, tunc capellano nostro et
auditori causarum palatii apostolici, ad eorun-
dem episcoporum, prepositorum, decanorum, ca-
pitulorum et Theoderici ac Alberti archidyaco-
norum instanciam audiendas commisimus et fine
debito terminandas, non obstante quod cause
ipse de sui natura ad romanam curiam legitime
devolute et apud eam tractande et finiende non
essent. Et deinde postquam dictus electus, tunc
auditor, in hujusmodi causa ad nonnullos actus
inter partes ipsas processerat, nos causas ipsas
ex certis causis animum nostrum moventibus ad
nos advocantes, eas dilecto filio nostro Bartolo-
meo, tituli sancti Martini in montibus, presbytero
cardinali duximus committendas et fine debito
terminandas, qui similiter in causis ipsis ad non-
nullos alios actus inter partes ipsas dicitur pro-
cessisse. Cum autem, litibus ipsis sic coram eo-
dem cardinali ut premittitur indescise penden-
tibus, pro parte proconsulum, consulum, univer-
sitatis et personarum hujusmodi nostris fuerit
auribus reseratum, quod si cause hujusmodi for-
san protenderentur in longum, verisimiliter pos-
sent exinde pericula, rancores, guerre ac schan-
dala gravia exoriri: pro parte proconsulum, con-
sulum, universitatis et personarum predictorum
nobis fuit humiliter supplicatum, ut in premissis

1) *In der Handschr.* abbaŭi.   2) *Fehlt in der Handschr.*

salubriter eisdem partibus hincinde providere de speciali gracia dignaremur. Nos igitur quorum interest, eciam per relacionem predicti cardinalis nobis factam premissis omnibus et eorum circumstanciis universis plenius intellectis, et ex certa sciencia hujusmodi licium anfractus amputare ac eciam predictis scandalis et aliis malis que exinde alias forte possent, quod absit, verisimiliter suscitari salubri remedio succurrere cupientes, eciam in hiis omnibus quantum nobis possibile fuit per nos equitate servata, de fratrum nostrorum consilio auctorite apostolica eciam de plenitudine potestatis lites hujusmodi tenore presencium exnunc penitus tollimus, cassamus et de medio removemus, ac partibus ipsis hincinde super causis seu litibus predictis et quibuslibet controversiis premissorum occasione hactenus qualitercunque inter partes ipsas conjunctim vel divisim inceptis vel pendentibus indescisis perpetuum silencium imponimus per presentes, eciam districtius inhibentes universis judicibus apostolica vel quacunque alia auctoritate forsan per quascunque literas sub quacunque verborum forma datas vel dandas[1] de presentibus plenam et expressam ac de verbo ad verbum non facientes mencionem, [causis][2] eciam jam ceptis seu forte per appellacionem pendentibus, [ne][2] pretextu dictarum literarum ad eos conjunctim vel divisim per ipsos episcopos, prepositos, decanos, capitula, archidiaconos et clerum [contra][2] proconsules, consules, universitatem et personas forsan obtentarum in dicta civitate vel extra ulterius procedere, seu eciam aliquid circa hec contra eosdem proconsules, consules, universitatem et personas communiter vel divisim qualitercunque attemptare seu innovare presumant. Preterea eadem auctoritate apostolica statuimus et eciam ordinamus, quod considerata ipsius opidi officiique et fori dignitate et qualitate, moderacione previa, unus officialis literarum sciencia ac vita et moribus approbatus in eodem opido de cetero existat, qui spiritualem jurisdictionem pro cisdem episcopis et archidiaconis ibidem ex-

ercere et illi pro tempore debeat presidere, cui per predictos proconsules, consules et universitatem annis singulis certa congrua pensio aut certum salarium, de quaquidem pensione seu de quoquidem salario dictus officialis pro tempore decenter vivere valeat, eciam per predictos executores racione previa moderanda seu moderando, super quo cis eciam tenore presencium concedimus facultatem, contradictione et eciam more dispendio quibuslibet cessantibus, pro tempore efficaciter persolvatur. Ac proconsules et consules pro tempore tam presentes quam posteri in proconsulatus et consulatus officiis in eodem opido constituti, ac eciam hujusmodi universitas in casu retardacionis seu negligencie forte solucionis pensionis aut salarii hujusmodi, ad faciendam solucionem ipsam, vice qualibet negligencie seu retardacionis hujusmodi solucionis, per oportuna juris remedia per predictos executores in ipsis ultimis literis ut premittitur deputatos[3] compellantur. Quod si forte predictis episcopis et archidiaconis sive ordinariis magis placuerit, quod proconsules et consules ac universitas ipsi officiali prefato, qui pro tempore jurisdictioni hujusmodi in eodem opido ut premittitur presidebit, curiam seu locum congruum et honestum pro sua habitacione pro tempore in eodem opido necnon certos annuos perpetuos redditus, de quibus dictus officialis pro tempore condecenter vivere valeat ut prefertur assignent: id in libero arbitrio et libera electione ac voluntate sit seu pendeat episcoporum et archidiaconorum predictorum, et id quod episcopi et archidiaconi pro tempore predicti circa hoc fieri maluerint seu elegerint, eciam predicti proconsules, consules et universitas facere ac realiter efficere sint astricti. Ita eciam, quod ipsi proconsules, consules et universitas ac singulares persone predicti opidi pro tempore prefatum officialem, qui jurisdictioni hujusmodi eciam pro tempore presidebit ut prefertur, debeant permittere exercere libere jurisdictionem spiritualem hujusmodi tam in proconsules et consules pro tempore quam eciam singulares personas utrius-

---

1) *In der Handschr.* datis vel dandis.　　2) *Fehlt in der Handschr.*　　3) *In der Handschr.* deputatis.

que sexus et universitatem et incolas antedictos in opido memorato in omnibus et per omnia prout predicti episcopi et archidiaconi seu locorum ordinarii, cessante forsan indulto hujusmodi, eam possent seu alias potuerint ante indultum primum supradictum nostrum postea per nos ut premittitur revocatum conjunctim vel divisim de consuetudine vel de jure in eisdem civitatibus seu extra in hujusmodi occurrentibus casibus exercere. Et sentenciis seu censuris ecclesiasticis, quas ipsi officiales pro tempore rite tulerint in contumaces seu rebelles seu aliis occasione vel causa quibuscunque, predicti proconsules, consules et universitas, incole ac persone, in quos conjunctim vel divisim late fuerint, humiliter parere ac eas eciam observare ac observari permittere teneantur, officiali pro tempore prefato existenti circa hujusmodi exercicium jurisdictionis ejusdem in eodem opido vim aut metum seu molestiam vel oppressionem aliquos publice vel occulte seu alias sub quovis quesito colore aut directe vel indirecte nullatenus inferendo, neque alias eum in exercicio libero jurisdictionis ejusdem pro tempore in eodem opido ut premittitur perturbando, aut quantum erit in eis perturbari sinendo seu quomodolibet permittendo, ymmo eum pocius pro tempore circa illam defendere ac eciam conservare teneantur. Qui quidem officialis temporalis existat, ac poni et removeri, ac alter ut supra vir literatus, sufficiens et ydoneus pro tempore loco ipsius remoti, et sic perpetuis futuris temporibus, fieri possit et debeat tamen juxta arbitrium et voluntatem episcoporum, archidiaconorum pro tempore existencium predictorum, in quantum ipsi episcopi et archidiaconi pro tempore in hoc concordent aut sint contenti. In quantum vero ipsi episcopi et archidiaconi de hoc aliquando forsitan non contentarentur, vel circa illud negligentes existerent seu remissi: extunc vice qualibet hujusmodi negligencie, seu quociescunque predicti episcopi ac archidiaconi talem officialem in eodem opido deputare non curaverint, aut forsan inutilem seu minus idoneum aut insufficientem removere, aut ipsi officiali deputato pro tempore forte dicte ju-

risdictioni ulterius preesse non curante vel non valente, alium ad hoc aptum et ydoneum officialem deputare noluerint, eciam predicti executores in predictis ultimis literis per nos ut premittitur deputati in hoc supplere teneantur vice qualibet negligenciam hujusmodi pro tempore episcoporum et archidiaconorum predictorum, scilicet ponendo ydoneum et literatum officialem, et positum forsan insufficientem aut alias ex racionabili causa removendo in casibus antedictis, prout eis vel eorum alicui videbitur expedire. Ita eciam. quod predicti episcopi et archidiaconi in casu negligencie hujusmodi super hoc per ipsos executores vel eorum aliquem vice qualibet ante omnia debite requirantur, videlicet ut infra certum peremptorium competentem terminum, quem ipsi executores vel eorum aliquis pro tempore ipsis episcopis et archidiaconis super hoc duxerint seu duxerit statuendum, talem officialem ponant in opido predicto pro tempore, aut eodem officiali posito forte preesse jurisdictioni prefate nolente vel non valente, ut de alio officiali hujusmodi provideant, alium officialem loco ammoti officialis vel nolentis aut non valentis eidem jurisdictioni preesse vice qualibet surrogent ac deputent, prout superius est expressum. Et quia quandoque nonnulli, ut rerum experiencia eciam sepe docuit, nescientes gaudere concessis, eis temere abutantur, volumus et eadem apostolica auctoritate adjicimus ac decernimus, quod si forte proconsules et consules ac successores pro tempore ac universitas antedicti premissa omnia et singula, prout consulte et provide per nos superius sunt statuta et ordinata ut prefertur, quantum ad eos pertinet aut pertinebit quomodolibet in futurum, quod absit, non adimpleverint cum effectu, prius tamen ipsis per eosdem executores in dictis literis ultimis per nos ut premittitur deputatos, super quibus eciam dictis executoribus plenam et liberam tenore presencium concedimus potestatem, monitis, ut infra certum terminum peremptorium competentem, per ipsos executores eis prefigendum, ea adimplere studeant ac procurent infra eundem terminum, racionabili seu legitima causa cessante, ac contumaciter adim-

26

plere omiserint: extunc presencium literarum commodo careant ipso facto, ipseque litere de cetero ipsis in nullo suffragari debeant aut prodesse. Volumus eciam, quod exercicium jurisdictionis hujusmodi in eodem opido pro tempore per eundem officialem, qui illi pro tempore presidebit, intelligatur de primis causis tantum. Et si per proconsules, consules, universitatem, incolas et personas hujusmodi conjunctim vel divisim in quocunque casu seu quibuscunque casibus ab eodem officiali in ipso opido pro tempore deputato appelletur ad immediatum seu proximum superiorem, si persone que coram eo litigabunt sint infra archidiaconatus de Stockem, tunc intelligatur ad Hildensemensem, si vero fuerint infra archidiaconatus in Atlevessen predictorum limites constitute, tunc ad Halberstadensem episcopos pro tempore existentes intelligatur fore appellatum: [coram][1] eis seu eorum officialibus aut delegatis ab eis pro tempore hujusmodi appellacionum cause extra dictum opidum pertractentur. Et sic eciam fiat, si ulterius ad curiam metro-

politicam ab ipsis episcopis seu eorum officialibus aut delegatis appelletur, ita quod extra dictum opidum similiter decidantur, nisi de parcium voluntate seu alias cause appellacionum hujusmodi in eodem opido delegarentur. Et alias in ea parte juris ordo prout ante hujusmodi indulta fieri consuevit seu fieri potuit et debet in omnibus observetur. Et insuper ex nunc irritum decernimus et inane, si secus super hiis a quoquam quavis auctoritate scienter vel ignoranter contigerit attemptari. Nulli ergo omnino hominum liceat hanc paginam nostre cassacionis, imposicionis, statuti, ordinacionis, adjectionis, voluntatis et constitucionis infringere, vel ei ausu themerario contraire. Si quis autem hoc attemptare presumpserit, indignacionem omnipotentis dei et beatorum Petri et Pauli apostolorum ejus se noverit incursurum. Datum Rome apud s. Petrum, tercio Nonas Iulii, pontificatus nostri anno sexto.

Auschultatum per me Ghervinum notarium et secretarium.

LXXIV. WIDERRUF EINES PRIVILEGIUMS DURCH PAPST JOHANN XXIII.
1415 März 3.

Das Original dieser bisher nicht gedruckten Urkunde befindet sich im Landesarchive zu Wolfenbüttel: Pergament, 12" hoch, 20" lang, mit bleierner Bulle an gelb und rothen Seidenschnüren. Auf der Rückseite R und ausser mehren unleserlich gewordenen Bemerkungen in einer Zeile Resignare proponit/ . . Cassacio cujusdam prave concessionis circa excommunicationem, darunter facultas pro abate absolvendi monacos Pr'.....; an einer andern Stelle von anderer Hand Veneris ij Octobr. Jo. Ember proconsul . . prod.   Hn.

Iohannes episcopus, servus servorum dei, ob futuram rei memoriam. Cum nemini deferre contra justiciam intendamus, in quo sumus omnibus debitores, decet nos ad equitatem attendere, ut si forsan aliqua a sede apostolica emanarunt eciam causa racionabili suggerente, illa tamen si tendant in noxam, postea debeant per sedem ipsam in statum pristinum consulcius revocari. Sane dudum pro parte dilectorum filiorum proconsulum, consulum et universitatis opidi Bruns-

wicensis Hildesemensis et Halberstadensis dioc. nobis suggesto, quod plerumque contingeret aliquem ex sancti Martini, sancte Cathrine, sancti Andree, sancti Odalrici, sancti Magni, sancti Petri, sancti Michaelis, sancti Blasii opidi predicti et sancti Ciriaci extra muros opidi et Hildesemensis dioc. predictarum parrochialium ecclesiarum rectoribus, qui essent pro tempore, propter excessus per eum commissos seu alias apostolica vel ordinaria auctoritatibus excommu-

---

1) *Fehlt in der Handschr.*

nicacionis sentencia innodari, et illi, ejus exigente contumacia, sibi participacionem parrochianorum suorum et aliorum Christi fidelium interdici, propter quod ipse taliter excommunicatus a suis parrochianis et incolis ipsius opidi suadente juris ordine vitaretur, ac parrochianorum et incolarum devocio lentesceret predictorum: nos tunc proconsulibus, consulibus et universitati necnon parrochianis et incolis predictis, ut quociescunque aliquem ex eisdem rectoribus excommunicacionis sentencia hujusmodi innodari contingeret, ipsa excommunicacione durante aliam ex eisdem ecclesiis, cujus rector excommunicatus non foret, pro ipsorum libito voluntatis accedendi, et in ea divina officia audiendi ac ecclesiastica sacramenta interim recipiendi, necnon prefatis aliis rectoribus illa ipsis ministrandi, et infirmos parrochianos atque incolas dicti excommunicati rectoris eciam cum sacramentis eiisdem, si foret expediens, visitandi, ipsorumque confessiones audiendi concessimus facultatem. Cum autem, sicut exhibita nobis nuper pro parte dilectorum filiorum cleri predicti opidi peticio continebat, propter eandem concessionem magnum valde disturbium et scandalum in clero hujusmodi et dilectis filiis populo ipsius opidi subsecutum fuerit hactenus, illudque de die in diem augeatur, et propterea eciam plures ex hujusmodi parrochialibus ecclesiis absque celebracione divinorum remaneant velut horrea suis rectoribus et ministris, quo ad eorundem celebracionem divinorum in eisdem, quasi peni-

tus destitute, cum parrochiani utriusque sexus earum per hoc sicut oves errabunde ad quandam periculosam muneris[1] dissuetudinem ab eisdem suis parrochialibus aut matricibus ecclesiis passim devient, et quam vitam in hiis salutis eligant prorsus ignorent, ipsique proconsules, consules et universitas eciam concessione predicta quandoque permaxime sint abusi et frequencius abutantur: pro parte hujusmodi cleri fuit nobis humiliter supplicatum, ut pro eorum pace et tranquillitate, dicti cultus augmento in ecclesiis supradictis in premissis salubriter providere de benignitate apostolica dignaremur. Nos igitur qui pacem et salutem querimus singulorum, et scandalis eorum libenter obviamus, hujusmodi supplicacionibus inclinati prefatam concessionem ac eciam litteras apostolicas, si que super ipsis confecte appareant, ex certa sciencia cassamus et revocamus, ipsasque et quecunque inde secuta decernimus nullius existere firmitatis, ac eciam exnunc irritum et inane, si secus super hiis a quoquam quavis auctoritate scienter vel ignoranter contigerit attemptari. Nulli ergo omnino hominum liceat hanc paginam nostre cassacionis, revocacionis et constitucionis infringere vel ei ausu temerario contraire. Si quis autem hoc attemptare presumpserit, indignacionem omnipotentis dei et beatorum Petri et Pauli apostolorum ejus se noverit incursurum. Datum Constancie, v Non. Marcii, pontificatus nostri anno quinto.

Adolphus ⁊ ⁊ ⁊

LXXV. PRIVILEGIUM KÖNIG SIGMUNDS ÜBER DIE FREIHEIT DER BÜRGER.

1417 März 18.

Das Original, an einigen Stellen schadhaft, befindet sich im Stadtarchive: Pergament, 21" lang, 14" hoch, mit König Sigmunds bei LXVII beschriebenem Majestatssiegel an roth und blauer Seidenschnur. Auf der Rückseite der Urkunde R und von der Hand eines wenig jüngern städtischen Schreibers we hir jar vnde dach wonet wart frij. Sie ist gedruckt in Br. Händel II, 939; v. d. Hardt Acta conc. Const. V, 173. Die nachstehend eingeklammerten Stellen sind im Originale unleserlich und nach dem erstbezeichneten Drucke ergänzt. Durch diese Urkunde wird zu reichsrechtlicher Geltung ein Privilegium erhoben, welches von Anfang an unter den von den Herzögen ertheilten Rechten war: s. I, 9; II, 42.

Hn.

---

1) *Vielleicht ist munis zu lesen.*

26*

Wir Sigmund von gotes gnaden romischer kung, ezu allen ezijten merer des richs, vnd zu Vngern, Dalmacien, Croacien etc. kung, bekennen vnd tůn kunt offenbar mit diesem brief allen den die jn sehen oder horen lesen: Wann vnser kůnglichen maiestat von wegen der burgermaister, ratmanne vnd burgere gemeinlich der stat zu Brunswig furbraht ist, wie wol durch manicherley swerer vnd grosser kriege willen, die vmb vnd vmb dieselb stat verre vnd nahe oft gewesen sind, vile vnd maniche lute wiplichs vnd manlichs geslehts vnd von manicherley wesen vnd eygenschaft durch beschirmung vnd sicherheyte willen jre libe vnd gütere in dieselb stat Brunswig kommen vnd geczogen sin, vnd sich dorinn als andere burgere zu Brunswig, der vorderen in derselben stat allezu gesessen vnd herkommen sind, enthalden vnd burgerrecht daselbs empfangen haben, vnd ouch von den burgern zu Brunswig als jr rehte mitburger geachtet vnd gehalden sin, vnd also in solicher masse jr mitburgerschaft der stat vnd burgere zů Brunswig fryheite me wann jare vnd tag in beseß gewesen sin vnd der genossen haben, vnd das ouch die vorgenanten burgermeister, ratmanne, vnd gemende mit jn als mit jren fryen mitburgern gewonet vnd allerley handlung gehebt haben. Yedoch so sin ettliche geistlichs vnd werntlichs wesens, die wider die vorgenanten fryheite, gewonheite vnd fridlich besiczung, ettwann nach dryen jaren, ettwann nach fünffen, ettwann nach zehen, vnd ettwann nach zwenczig jaren, mynner oder me, die[1] vorgenanten lute frowen vnd man die sich dann jn die vorgenante stat geczogen, dorinn gewonet vnd der vorgenanten fryheite fridlich vnd gerůlich genossen haben, als vorbegriffen, ettwann durch nydes oder hasses oder anbrengung willen nydiger lůte rf dienste oder eygenschaft anlangen, ansprechen vnd swerlich betrůben, vnd vber die besiczung der vorgenanten fryheite manigfelticlich leydigen, nicht on [merclich scheden] schemde vnd verspotnůsse der vorgenanten burgere vnd der stat Brunswig, daselbs

sůlich lůte, die also angelangt vnd geleydigt werden, langezijt gewonet, koufmauschacz getriben vnd als fry lute zu der heiligen ee gegriffen vnd fruntschaft gemaht haben, vnd das noch harter ist, das die obgenanten, die dann die iczgenanten burgere, die von der vorgeschriben sache vnd kriege wegen sich gen Brunswig geczogen haben,[2] als vor erludet hat, den burgern vnd jnwonern gemeinlich der stat Brunswig dorumb widersagen vnd groß scheden tůn vnd zucziehen. Wann nů keyserlich geseczt vßwisen, dorumb das herschefte in vngewissheit icht jrregeen, vnd das nymand in vordrung sins rehten sumig werde mit betrubnuß eins andern ein ezijt in fridlicher fryheit besiczung allermeiste eyns geverbten tytels jn eyn fry sache gezogen werden mőge, vnd als dann solich keyserlich geseczte die nůczlich gewere vnd vorschribung, mit den sich die die die fryheit besiczen wider die sy dorůber jn eygenschaft wider rüfen wolten beschirmen mőgen, vnd wann wir von wegen der obgenanten burgermeister, ratmanne vnd burgere gemeinlich der stat zu Brunswig diemieticlich gebetten vnd angerůffen sin, das wir sy bij den vorgenanten keyserlichen geseczten den nachczůuolgen vnd anczulangen, vnd ouch by rehten vnd gewonheiten die dann von eygner lůte wegen jn dem riche gemeinlich bisher gehalden sin vnd gehalden werden zu beliben lassen vnd zu behalden, vnd sy ouch mit besundern vnsern kunglichen gnaden dorinn zů bedenken gnediclich gerůchen, vnd wann vns furgeben ist, das in ettweuil des richs steten vnd landen gewőnlik vnd herkommen sij, so sich ein eygen mensch jn ein stat ziehe, vnd jar vnd tag oder me dorinn wone, vnd on alle vordrung vnd anspruch des der dasselb mensch fur sin eygen mensch haldet, offenlich vnd håslich vnd heblich sicze, das dasselb mensch nach denselben jar vnd tage von solicher eygenschaft wegen des der es also fůr sin eygen mensch gehalden hat, nit mere angelanget werde, sunder furbaßmere von jm embrochen vnd fry sin, geheissen vnd gehalden wer-

1) In der Urkunde steht zweimal die, ausgelassen zu sein.   2) Hier scheint etwa anlangen, ansprechen vnd swerlich betrüben ausgelassen zu sein.

den solle, vnd wann wir pflichtig sin keyserlich
geseczte allczijt zů sterken vnd gůte vnd lobliche
gewonheite zu meren, vnd wir ouch von angebor-
ner gůtikeit aller der die jn dem riche wider so-
lich iczgenante geseczte vnd gewonheite oder suß
wider rehte oder bescheidenheit bekummert oder
beswáret werden notdůrft vnd gebrechen gern be-
denken: dorumb haben wir den obgenanten bur-
germeistern, ratmannen vnd burgern gemeinlich
der vorgenanten stat Brunswig angesehen vnd
betrahtet solicher trewe die sy zů vns vnd dem
riche haben, vnd ouch jr williger dienste die sy
vns vnd demselben riche wol getůn mögen vnd
zu tůnd allczijt bereyte sind, vnd sy bij den vor-
genanten geseczten vnd gwonheiten[1] gnediclich
zu behalden dise nachgeschriben besunder gnade
getan, vnd tůn jn die mit rehter wissen jn craft
diß briefs vnd römischer kunglicher mahtvolkom-
menheit: welich menschen, sy sin menlichs oder
wiplichs geslechtes, jn die vorgenante stat Bruns-
wig geczogen, vnd dorinn ein jare vnd einen tag
oder mere offenlich, huslich oder heblich gesessen
vnd gewonet haben, oder furbaß in dieselben stat
Brunswig ziehen vnd dorinn eyn jare vnd einen
tag offenlich, huslich oder[2] heblich siczen oder[2]
wonen werden, also das sy von den herren oder
löten, sy sin geistlich oder werntlich oder weli-
cherley wesens die sind, die dann meynen eygen-
schaft vf denselben menschen czu haben, in den-
selben eynem jar vnd einem tag nit geuordert
oder angesprochen werden, das dieselben men-
schen alle vnd igliche nach solichen jare vnd tag
von solicher eygenschaft embunden, frij vnd ledig

sin, vnd ouch als andere burgere zu Brůnswig,
der vordern frij burger daselbs von alter her ge-
weßt sind, gehalden, geahtet vnd genant werden
sollen von allermenigclichen vngehindert, doch
herinn usgenommen ynuerrechent amptlute vnd
kneht vnd megde, die vmb genant lone [vnd]
rente gedinget weren, vnd solich czijte nit vßge-
dienet hetten. Was ouch menschen sich in die
vorgenante stat heimlichen stelen, vnd dorinn
offenlich huslich oder heblich jar vnd tag nit si-
czen, die sollen der vorgeschriben vnser kungli-
cher gnade nit geniessen. Vnd wir gebieten ouch
dorumb von römischer kůnglicher maht allen vnd
iglichen fůrsten geistlichen vnd werntlichen, gra-
uen, fryen, rittern, knehten, amptluten, burger-
meistern, reten vnd gemeinden, vnd allen andern
vnsern vnd des richs vndertanen vnd getruen
ernstlich vnd vesticlich mit disem brief, das sy
die vorgenanten burgere vnd stat zu Brunswige
an den vorgeschribenn vnsern kůnglichen gnaden
furbaßmere nicht hindern oder jrren, noch sy
dorůber durch der vorgenanten menschen willen
anlangen oder bekriegen in dhein wis, sunder sy
bij denselben vnsern gnaden hanthaben, schirmen
vnd gerůwiclich beliben lassen. Mit vrkund diß
briefs versigelt mit vnser kůnglicher maiestat jn-
sigel, geben zu Costencz nach Crists gebůrt vier-
czehenhundert jare vnd darnach in dem siben-
czehenden jar, an dem achtczehenden tag des
mondes Merczen, vnser riche des Vngrischen etc.
in dem drißigsten, vnd des romischen in dem si-
benden jaren.   Ad mandatum domni regis
                              Johannes Kirchen.

LXXVI. BESTÄTIGUNG DES OFFICIALATS DURCH PAPST MARTIN V.

1421 Decemb. 3.

*Das Original dieser bisher nicht gedruckten Urkunde befindet sich im Stadtarchive: Pergament,
25" lang, 20" hoch, mit bleierner Bulle an gelb und rother Seidenschnur. Auf der Rückseite an verschie-
denen Stellen R Ja. und Couilli Jo. de Bertzow; von der Hand eines städtischen Schreibers des 15.
Jahrh. Rta ad librum d[ominorum] vppe dat officialat. Der Inhalt der Urk. d. d. 1395 Juli 5 wird
in dieser wenig abgekürzt wiederholt.*   Hn.

1) n im Worte gesewzten, vn, und g in gwonheiten auf Rasur.   2) oder auf Rasur.

Martinus episcopus, servus servorum dei, ad futuram rei memoriam. Sincere devotionis affectus quem dilecti filii proconsules, consules ac universitas opidi Brunswicensis, quod veluti per medium transitum fluminis dividunt Hildesemensis et Halberstadensis dioc. existit, ad nos et romanam gerunt ecclesiam, non indigne meretur, ut ipsorum peticionibus, illis presertim per quas scandalis obviatur ac eorum quieti consulitur, quantum cum deo possumus favorabiliter annuamus. Dudum siquidem quondam¹ Bonafatio in sua obedientia, de qua partes ille erant tunc, vuj nuncupato pro parte eorundem proconsulum, consulum et universitatis exposito, quod ipsi proconsules, consules ac singulares persone utriusque sexus de universitate predicta ab ipsorum ordinariis et archidiaconis loci et illorum officialibus multipliciter vexabantur et extra dictum opidum sepius ad judicium trahebantur ad comparendum coram ordinariis, archidiaconis aut offitialibus antedictis, et propterea enormia scandala etiam muliebri sexui ejusdem opidi, ac etiam proconsulibus, consulibus et universitati ac personis inutiles expense et damna intollerabilia frequentius subsequebantur, et nonnulla etiam homicidia premissorum occasione quandoque perpetrata fuerant: prefatus Bonifatius eisdem proconsulibus, consulibus et universitati, ut ipsi et persone in dicto opido pro tempore commorantes nequirent litterarum apostolicarum seu legatorum sedis apostolice impetratarum, per quas nondum ad citacionem partium erat processum, seu imposterum impetrandarum, quorumcunque tenorum existerent, non facientes plenam et expressam ac de verbo ad verbum de indulto hujusmodi mentionem, sive ordinariorum et archidiaconorum ac offitialium prefatorum auctoritate extra dictum opidum conveniri vel trahi, dummodo ipsi proconsules, consules et universitas infra dictum opidum essent parati de ipsis conquerentibus exhibere justitie complementum coram judice competenti, per quasdam duxit indulgendum, super illis dilectis filiis abbate monasterii sancti Egidii et decano ecclesie sancti Blasii dicti opidi executoribus per alias suas litteras deputatis. Et deinde per eundem Bonifatium accepto, quod indultum hujusmodi in non modicum prejudicium venerabilium fratrum nostrorum Halberstadensis et Hildesemensis episcoporum, ac dilectorum filiorum ipsorum

archidiaconorum et capitulorum, ecclesiarum² necnon cleri civitatum Halberstadensis et Hildesemensis et illarum dioc. cedere noscebatur, idem Bonifatius per alias suas litteras indultum hujusmodi et quecunque inde secuta revocavit, cassavit et irritavit, nullosque esse voluit roboris vel momenti. Et subsequenter pro parte proconsulum, consulum et universitatis predictorum eidem Bonifatio reserato, quod dictum opidum ab Hildesemensi fere per unam et ab Halberstadensi civitatibus predictis, in quibus dicti ordinarii, archidiaconi et officiales suam jurisdictionem exercebant seu sua tribunalia tenebant pro tempore, et ad quas quidem civitates predicti proconsules, consules et persone per ordinarios, archidiaconos aut offitiales ipsos in casibus seu causis quorum cognitio de consuetudine vel de jure ad eos communiter vel divisim pertinebat, pro tempore ad judicium evocabantur, ultra unam dietas legales notorie distarent, et quod quandoque contingebat etiam propter indiscretas citationes et processus quos faciebant predicti ordinarii, archidiaconi seu officiales pro tempore, quod³ hujusmodi homicidia, rancores, scandala et enormia plurima erant exorta et suscitarentur, et valde onerosum esset proconsulibus, consulibus seu universitati predictis, in civitatibus eisdem stare juri in casibus seu causis antedictis: prefatus Bonifatius per alias suas litteras statuit et etiam ordinavit, quod iidem ordinarii et archidiaconi ac successores eorundem pro tempore existentes aliquem vel aliquos vicarium seu vicarios, offitialem vel offitiales ydoneum seu ydoneos, id hoc aptum vel aptos ad examinationem seu decisionem hujusmodi emergentium casuum seu causarum tam civilium quam criminalium, que inter eosdem proconsules et personas necnon incolas ejusdem opidi presentes tunc et futuros oriri, seu contra eos communiter vel divisim per quoscunque moveri contingeret, et quorum examinatio seu dicisio ad forum ipsorum ordinariorum seu archidiaconorum locorum de consuetudine vel jure communiter vel divisim, ut prefertur, seu alias quomodolibet spectabat, deberent pro tempore deputare, inhibens districtius eisdem ordinariis, archidiaconis et offitialibus tunc deputatis seu in antea deputandis, ne ipsi vel aliqui ipsorum per se vel alium seu alios proconsules, consules, universitatem, personas et incolas antedictos communiter vel divisim, quamdiu infra dictum opidum coram eisdem vicariis seu officialibus, ut

---

1) — quidem quondam *auf Rasur*   2) — ov' ecclesiarum *auf Rasur*.   3) *Im Originale* quo.

prefertur, deputandis parati forent realiter stare juri, in jus vocare, seu contra eos extra dictum opidum de cetero auctoritate ordinaria predicta procedere presumerent. Ac voluit et decrevit, quod proconsules, consules et universitas predicti pro tempore vicario seu vicariis aut offitiali seu offitialibus antedictis, qui per ordinarios et archidiaconos ac successores suos predictos[1] ad hoc deputarentur et pro eis hujusmodi jurisdictioni pro tempore presiderent in opido memorato, deberent de convenienti salario suis sumptibus, moderatione previa, annis singulis providere, etiam abbate et sancti Blasii predicte ac dilecto filio beate Marie Hamburgensis Bremensis dioceseos ecclesiarum decanis, eorum etiam propriis nominibus non expresse, ipsarum ultimarum litterarum executoribus deputatis. Et subsequenter postquam dilectus filius Wernerus prepositus, tunc decanus ejusdem ecclesie beate Marie, solus in hujusmodi executionis negotio procedens, prout ex forma earundem ultimarum poterat litterarum, ad ipsorum proconsulum, consulum et universitatis ac personarum instantiam certos processus fecisset, et bone memorie Gerhardus episcopus Hildesemensis et dicti capitulum necnon dilecti filii prepositus et decanus ejusdem ecclesie Hildesemensis, ac Theodericus de Dasle archidiaconus de Stockem in eadem ecclesia Hildesemensi, cum infra limites archidiaconatus de Stockem in ipsa ecclesia Hildesemensi dictum opidum pro una parte consistat, pretendentes se per processus predictos fore gravatos indebite, ac propterea ad sedem apostolicam appellassent, ipseque Bonifatius hujusmodi appellationis et negotii principalis et successive etiam illam quam bone memorie Ernestus episcopus Halberstadensis et predicti capitulum ac dilecti filii prepositus et decanus predicte ecclesie Halberstadensis, et quondam Albertus Schoncke archidiaconus in Atteleuessem in eadem ecclesia Halberstadensi, cum reliqua pars predicti opidi infra limites archidiaconatus in Atteleuessem in eadem ecclesia Halberstadensi consistat, predictis proconsulibus, consulibus ac universitati et personis predictarum ut premittitur concessarum litterarum seu premissorum occasione movere communiter vel divisim intendebant causas, venerabili fratri nostro Nicolao episcopo Theatineusi, per antea Ferentinatensi, tunc vero capellano dicte sedis et auditori causarum palatii ejusdem Bonifatii, ad eorundem episcoporum, prepositorum, decanorum,

capitulorum et archidiaconorum instanciam primo, et deinde ex certis causis bone memorie Bartholomeo tituli sancti Martini in montibus presbytero cardinali audiendas commisisset, et in causis ipsis ad nonnullos actus inter partes ipsas processum fuisset, pro parte proconsulum, consulum, universitatis et personarum hujusmodi ipsi Bonifatio reserato, quod si cause hujusmodi forsitan protenderentur in longum, verisimiliter possent exinde pericula, rancores, guerre et scandala gravia exoriri: idem Bonifatius, per relationem predicti cardinalis sibi super hoc factam premissis omnibus et eorum circumstancus universis plenius intellectis, ex certa scientia hujusmodi litium amfractus amputare ac etiam predictis scandalis et aliis malis que exinde alias provenire possent verisimiliter suscitari succurrere cupiens, de suorum tunc in eadem obedientia cardinalium consilio lites hujusmodi penitus tollens, cassans et de medio removens, ac partibus ipsis hincinde super causis et litibus predictis ac quibuslibet controversiis premissorum occasione extenus qualitercunque inter ipsas partes conjunctim vel divisim inceptis aut pendentibus indecisis perpetuum silentium imponens, per alias suas litteras districtius inhibuit universis judicibus apostolica vel quacunque auctoritate alia forsan per quascunque litteras sub quacunque verborum forma datas vel dandas, ne contra proconsules, consules, universitatem et personas in dicta curia vel extra procedere, seu contra illos aliquid circa hoc communiter vel divisim qualitercunque attemptare vel innovare presumerent,[2] statuens preterea et ordinans, quod consideratis ipsius opidi officiique et fori dignitate et qualitate, moderatione previa, unus offitialis litterarum scientia ac vita et moribus approbatus in eodem opido existeret de cetero, qui spiritualem jurisdictionem pro eisdem episcopis et archidiaconis ibidem excercere et illic pro tempore presidere deberet, cui per predictos proconsules, consules et universitatem annis singulis certa congrua pensio aut certum salarium, de qua seu quo dictus offitialis pro tempore decenter vivere valeret, etiam per predictos executores ratione previa moderanda seu moderando, concessa super hoc eisdem executoribus facultate, efficaciter persolveretur, et qui quidem proconsules et consules pro tempore in proconsulatus et consulatus officiis in eodem opido constituti, ac etiam hujusmodi universitas in casu re-

---

1) suos predic — auf Rasur.   2) — erent auf Rasur

tardationis seu negligentie solutionis hujusmodi per predictos executores compellerentur. Quod si forte predictis episcopis et archidiaconis magis placeret, iidem proconsules, consules et universitas ipsi offitiali pro tempore curiam seu locum congruum et honestum pro sua habitatione in eodem opido necnon certos annuos perpetuos redditus, de quibus dictus offitialis pro tempore decenter vivere valeret ut prefertur, assignarent: id in libero arbitrio ac voluntate esset seu dependeret eorundem episcoporum et archidiaconorum, juxta quorum voluntatem et arbitrium essent astricti ita etiam, quod proconsules, consules et universitas predicti prefatum offitialem jurisdictionem spiritualem hujusmodi tam in consules et proconsules pro tempore quam etiam singulares personas utriusque sexus ac universitatem et incolas antedictos in opido memorato in omnibus et per omnia, prout episcopi et archidiaconi predicti seu locorum ordinarii cessante indulto et ante revocationem hujusmodi in civitatibus predictis seu extra illas quomodolibet poterant exercere, permittere necnon sententiis seu censuris ecclesiasticis, quas ipse offitialis in eorum quoslibet contumaces seu rebelles etiam quacunque occasione vel causa conjunctim vel divisim rite proferret, humiliter parere et observare ac observari facere, nec eidem offitiali circa exercicium jurisdictionis hujusmodi in eodem opido vim, metum, aut molestiam vel oppressionem publice vel occulte, directe vel indirecte, seu quovis quesito colore inferre, aut cum in illo perturbare vel perturbari permittere deberent, sed potius circa hoc defendere ac conservare tenerentur, quodque offitialis predictus temporalis ac vir litteratus, sufficiens et ydoneus existeret, qui juxta episcoporum et archidiaconorum predictorum, si in hoc concordare possent, alioquin etiam in eorundem episcoporum et archidiaconorum negligentie casibus ad executorum predictorum in ultimodictis litteris deputatorum arbitrium poni et removeri, et alius litteratus sufficiens et ydoneus deputari deberet. Voluit etiam prefatus Bonifatius viij et decrevit, quod si forte proconsules et consules pro tempore ac universitas antedicti premissa omnia et singula per eum sic consulte statuta et ordinata ut prefertur, quantum ad eos pertinebat aut pertineret quomodolibet, in futurum non adimplerent, ipsis per executores prefatos in ultimodictis litteris deputatos primitus requisitis et monitis infra peremptorium competentem terminum

---

illis per eosdem executores prefigendum, rationabili seu legitima causa cessante, et contumaciter adimplere obmitterent, extunc eorundem ultimodictarum litterarum suarum commodo carerent ipso facto. Voluit etiam idem Bonifatius viij, quod exercitium jurisdictionis hujusmodi in eodem opido pro tempore per eundem offitialem exercende intelligeretur de primis causis tantum. Etiam si per proconsules, consules, universitatem, incolas et personas hujusmodi conjunctim vel divisim in quibuscunque casibus ab eodem offitiali ipsius opidi appellaretur, ad immediatum seu proximum superiorem intelligeretur fore appellatum, et hujusmodi ac aliarum ulterius forsan ab episcopis vel archidiaconis ipsis ad metropolitanum emittendarum appellationum cause extra ipsum opidum pertractarentur, nisi alias per illos ad quos spectaret de voluntate partium inibi delegarentur. Et nichilominus in premissis et circa ea nonnulla alia racionabilia et honesta statuit et etiam ordinavit, quemadmodum in predictis omnibus ipsius Bonifatii superinde confectis litteris plenius continentur. Cum autem, sicut exhibita nobis nuper pro parte proconsulum, consulum et[1] universitatis predictorum peticio continebat, predicti proconsules, consules et[1] universitatis, prout ex forma ultimarum poterant litterarum, eidem offitiali pro jurisdictione hujusmodi exercenda in dicto opido pro tempore curiam seu locum habitationis decentem ut premittitur assignaverint, illique pro ejus sustentacione congrua quosdam perpetuos redditus seu quandam certam annuam pensionem, episcopis et archidiaconis predictis in hoc minime contradicentibus, annis singulis perpetuis futuris temporibus persolvendam deputaverint et assignaverint, ac extunc persolverint, et deinceps solvere sint parati, dictisque statutis et ordinatis extunc usi fuerint ac de presenti utantur pacifice et quiete in opido memorato : pro parte eorundem proconsulum, consulum et universitatis nobis fuit humiliter supplicatum, ut statutis et ordinatis predictis ac omnibus et singulis in eisdem ultimis litteris contentis et ex illis secutis pro illarum subsistentia firmiori robur apostolice confirmationis adjicere de benignitate apostolica dignaremur. Nos igitur hujusmodi supplicationibus inclinati statuta et ordinationes predicta in dictis ultimis litteris contenta et quecunque inde secuta, sicut provide facta sunt et prout iidem proconsules, consules et universitas in eorum pacifica possessione ut prefertur existunt, rata habentes et grata, illa auctoritate apostolica tenore presentium confirmamus et presentis scripti patrocinio communimus, supplentes omnes defectus, si qui forsan intervenerint in eisdem, non obstantibus omnibus et singulis que idem Bonifatius vitj in suis ultimodictis litteris voluit non obstare, ceterisque contrariis quibuscunque. Nulli ergo omnino hominum liceat hanc paginam nostre confirmationis, communitionis et suppletionis infringere, vel ei ausu temerario contraire. Si quis autem hoc attemptare presumpserit, indignationem omnipotentis dei et beatorum Petri et Pauli apostolorum ejus se noverit incursurum. Datum Rome apud sanctum Petrum, Nonis Decembria, pontificatus nostri anno quarto.

R^{ta} gratis.

Jo. de Montemartis. V ⌐ ⌐

LXXVII. HULDEBRIEF HERZOG OTTOS ZU OSTERRODE.

1422 Sept. 13.

Dieser Huldebrief ist nur noch in einem im Stadtarchive befindlichen Vidimus des Capitels zu Hildesheim d. d. 1596 Nov. 26 auf Pergament mit anhangendem Siegel vorhanden. Er war bisher nicht gedruckt; Eingang und Zeugen sind in Rehtmeiers Chron. 543 angegeben. In 23 seiner Paragraphen ist Herzog Erichs Huldebrief vom 18. April 1401 enthalten; doch ist § 7 desselben ausgelassen und § 23, hier § 4, abweichend gefasst; auch haben die meisten übrigen Paragraphen kleinere Zusätze erhalten. Die §§ 21, 28, 29, 30, 31 wiederholen die §§ 16, 24, 20, 23, 25 des Huldebriefs der Herzöge Bernhard und Heinrich vom 17. Juli 1400, auf welchen auch mehre in den Noten angezeigte Abweichungen zurückzuführen sind. § 9, theilweise neu: die Sanction der schon in der ältesten Notiz über Huldigung (IX) und weiter in der Huldigungsordnung von 1345 (XXX, 9), sowie im Huldigungseide des Ordinarius (LXIII, xlvii) ausgedrückten Anschauung, bestold anderntheils aus § 1 des Privilegiums vom 8. April 1386. Gänzlich neu endlich sind die Zusagen in den §§ 2, 3, 12, 15, 24, 25, 33, 34.

Van goddes gnaden we Otto hertoge the Brunschwigk, hertogen Frederickes sohne selliger, bekennen openbare jn dussem breue vor vnß vndt vnse eruen, dat we neine clostere edder conuente geistlicker lude, manne, fruwen edder junckfruwen willen noch en schullen setten, üronen edder vulborden tho woneude binnen vnser stadt vndt der muren tho Brunschwigk vnde ock d a r enbuten alse ferne alse dersuluen stadt vchedrift vndt land- 2 wehren sint. Ock en willen we nha desser tydt neinen canonicke edder we belehnet wehre tho sante Blasiee edder tho sante Cyriacuse tho Brunschwick tho vnser parkercken welcke binnen Brunschwick praesenteren, vnde ohnen de 3 nicht lehnen. Vnde wo ock rede hedde eine parkercken binnen Brunschwick van vnß edder anders, dame en wolden we noch en scholden dartho nein vnser geistlicken lehen jn den vorgeschreuen stichten, dat wehre prouestie, canonie, edder vicarie, lehnen edder öhn dartho praesen-

teren noch vulbordt dartho geuen, jdt en wehre, dat he dat erste lehen edder kercken de he vore hedde, erst gentzlicken vndt ahne alle list vorlathen hedde. Wehret auer, dat dusser stucke welck alsne vordaneken, vorgettenheitt edder anders van vnß schege, odder vnß edder vnse eruen dat mit list anders thogebracht worde, datt en scholde neine macht hebben, vndt we roipen dat vp jn dussem breue. Ock en willen we noch en schul- 4 len nicht vulborden edder staden na alle vnser macht, dat jemende edder jengen jn welck stichte vnse parkercken binnen Brunschwick thogelegt edder incorperiret werden neinerleje wyß. Ock hebbe we vor vnß vnde vnse 5 eruen dersuluen vnser stadt the Brunschwick vnde vnsen leuen getruwen den borgern darinne, by nehmen ju der Oldenstadt, jn deme Hagene, ju der Nigenstadt, jn der Oldenwieck vnde jn dem Sacke, de gnade vnde dat recht gegeuen, dat de jenne de dar nu jnne sint vndt borgere edder borgerschen sint, dat de vnde wat van ohne 27 getelet worde schullen frig wesen van allerleje ansprake 6 egendomes, denstes vnde lates. We ock na dhusseme dage, alse desse breff gegeuen iß, jn desuluen vorbenomeden riß wickbelde welck vnser stadt Brunschwick vore, vnde borger edder borgersche[1] worde, vndt openbare dar-inne wehre jhar vnde dag ahne rechte ansprake, de vnde wat van ohme geiehlet worde scholden des-suluen rechtes brucken vndt vrig[2] wesen alse vorgeschre- 7 uen iß. Werde ock jemandt anspracket binnen jhare vndt dage alse he edder borger edder borgersche wor-den wehre, de en scholde de rath the neinem borger edder borgerschen hebben, se en hedden seck erst mit vnser herschop dar umme verliken in frundt- 8 schop edder mit rechte.[3] Wehret ock, dat we ed-der jement vnser vndersaten dersuluen vnser borgere jennigen forderen wolde vor laet, denst, edder vor ei-gen, edder ohn jennige anspracke doen, edder jennige schuldt geuen wolde, de scholde andtworden van der sake wegene vor vnseme gerichte jn der stadt the 9 Brunschwick, vndt deß wille we se vordegedingen. Vort-mehr alse de vorgeschreuene borgere vnser stadt Brunschwick vnß ohre hulde na ohrer wonheit heb-ben gedaen, de wile we se bi gnaden, by rechte LVI, 1 vnde bi wonheit lathen, so wille we vnse vnse eruen vndt schullen se by gnaden, rechte, vnde wonheit lathen tho allen tyden, vnde se heschermen vnde vordegedin-gen alle ohres rechten vndt ohrer frigheit, alse se de ul-dinges van vnsen eldern hebben gehadt, vnde van vnß 10 hebben, wedder allermalckem. Vnde se motten ohre recht wol beteren ane vnsen schaden wur se mogen. 11 Vnde we willen vnde schullen ohn öre recht be-teren vnde mit nichte krencken,[4] vnde wur dar ne- 12 ment en claget dar en darff nement richten. Weret ock, dat jennig schelinge velle twischen vnß vnde dem rade vnde vnsen borgern tho Brunschwick sam-met effte besundern, dar wolde we tho kesen einen vth dem rade edder radschworen tho Brunschwick, vnde se scholden dartho kesen ei-nen vnser guden manne vth vnsem rade: de twej scholden vnß der schelinge enscheiden mit frundt-

achop edder in rechte, vnde ahn de scholde malck sine anclage bringen binnen den negesten achte dagen, vnde de andere sine andtworde dar en-gegen, darna by achte dagen vnde darnegest bin-nen veer wecken scholden se dat scheden alse vorgeschreuen steitt. Weret auer, datt de twene seck in der rechtschedinge nicht vordragen kon-den, so scholden de twene einen ouerman kesen, den wolde we ahn beidentsiden dartho bidden, dat he dat annemen wolde: mit wehme donne de tho velle mit dem rechten binnen den negsten vertein nachten, dar scholde dat by bliuen. Vndt wat also jn frundtschop edder mit rechte enscheden worde, dar scholde vnß wol ane genoigen, vnde we en wolden noch en scholden de schedeslude, den rath edder borgere vorgenömet van der we- gen jn neiner vorwite hebben. Wehre we ock ed- 13 der anders jemendt mit ohne schelhafftig vmme öhre rechtl vnde wonheitt, wat denne twene man vth ohrem rade mit oren eiden beheldea, dat öre recht ed-der wonheit were edder wesen hedde, dar scholde we vndt wolden se by lathen vnde by beholden. Weret 14 ock, dat den rath, borgere, edder jnwonere tho Brunschwick we edder anderß jement schuldigen wolde, so mogen twey vth dem rade tho Brunsch-wigk, de desulue rath dartho schicket vnde ohne dat befehlet, se vorstahn, vorantworden vnde entdegen, dat rathuß jn de Oldenstadt tho Brunschwick, de breue vnde priuilegia dar tho beseende, efft we dar suluen nicht en quemen: vorder en dochten se öre breue vnde priuilegia tigen vnß nicht senden. Vortmehr bekenne we ock 16 to Brunschwick tigen vnß edder vnse eruen noth were öre breue edder priuilegia tho bewisende, dar wolde we vnde scholden twene edder dre tho schicken den we deß beloueden, vnde de darumme senden vppe dat rathuß jn de Oldenstadt tho Brunschwick, de breue vnde priuilegia dar tho beseende, efft we dar suluen nicht en quemen: vorder en dochten se öre breue vnde priuilegia tigen vnß nicht senden. Vortmehr bekenne we ock 16

1) Wie im Huldebriefe von 1384.   2) Ausgelassen borger.   3) Wie im Huldebriefe der Herz. Bernhard und Heinrich vom 17. Juli 1400.   4) Wie in § 24 des Huldebriefes Hersogs Magnus vom 14. Febr. 1371.   5) Vor dem kaiserlichen Landrichter konnten die Bürger von Bramschweig und andere niedersächsischer Städte laut König Wenzels Privilegium d. d. 1385 März 23 sich in derselben Weise vertreten lassen.

vor vnß vndt vnse eruen, dat vnse borgere der vor-
genanten vyff wickbelde tho Brunschwick vnd öre
gutt schullen tollen frig wesen ju vnsem lande, vnde in
17 vnsen steden, vnde tho allen vnsen schloten. We ock in
der stadt tho Brunschwick vogett iß van vnsere wegen,
de schal richten binnen der stadt vnde dar enboten alse
18 ferne alse öhre veledrift vndt kndtwehre weuden. Vort-
mehr vppe dat vnder vnsen mannen vnde vnder vnsen
vorgenanten borgern nein twidracht eu werde, so schullen
we vnde willen öhn einen marschalck setten, de vnsen
19 borgeren richte ouer vnse manne deß öhne noth sy. We
en willen deß ock nicht, dat vnser manne jennich jenne-
gen vnser borgere tho Brunschwick mit lehengude wise
ahn einen anderen heren de beueddten öhme sy: des wille
we se verdegedingen vndt öhn deß bybestahn.[1]
20 Vortmehr wekk..borger tho Brunschwick hedde edder
noch krege gudt tho lehne van vnser manne wel-
ckeme: storue de man ahne leenerucn, edder dat
ohme dat gutt vordelet worde, edder ahn vnß
queme, so scholde de borger folgen ahn vnß, vnde we
scholden vnde wolden ohm belehnen mit dem gule
21 ahne wedderspracke vnde ahne gaue.[?]
LVII.[16] we deß nicht, dat jennig vnser man seck jennig guth
lchmen lathe dat vnse borgere edder borgerschen tho
22 Brunschwick jo phrem lehne hedden. We en willen
ock noch nement van vnser wogene den radt vndt
borgere tho Brunschwick vnd uelne sake schuldigen
de by vnses heren vnsers vaders vndt vnser olderen tyden
23 vnde wente ahn dussen dag gefallen waren. Vort-
mehr we vnde vnse manne willen noch eu schullen
neinerlej gut dat me tho der stadt edder van der stadt
tho Brunschwick bröchte, vörde, dreue, edder droige,
hindern edder hindern lathen, jdt en wehre denne vnser
24 edder vnser manne openbaren vigende. Ock en wille
we vnde vnse manne noch en schullen vnse bor-
gere tho Brunschwick öhre liff vnde gudt bewe-
gelick edder vnbewegelick nicht besetten, hin-
deren, edder verbeden mit richte edder ahne ge-
richte, dewile se der sake dar me dat vmme doin
wolde vnuorwunnen sin mit rechte, vnde dewile
se rechtes plegen wilt vor deme rade edder vn-
seme gerichte binnen Brunschwick edder dar idt

öhne hördt, vnde dewile se vnuorfluchtig vndt
secker sint. Vnde weret, dat we edder vnse man- 25
ne tho schuldigende hedden weicken vnser bor-
ger tho Brunschwick, van der sake edder van
deß mannes wegene an wolde we vndt vnse man-
ne noch en scholden andere vnse borgero tho
Brunschwick vndt öhre gudt nicht hinderen, be-
setten, noch vppe se vndt öhre gudt clagen, jdt
en wehre, dat se der sake mede sulffschuldig we-
ren vnle neines rechtes plagen en wollen, edder
alsodanne wehren alse vorgeschreuen steit. We 26
en willen ock nemende tho gesinde nehmen den we wed-
der den rath vnde de borgere tho Brunschwick[2]
vordegedingen, we en willen öhne dene tho rechte setten,
vnde öhne rechtens van öhme helpen. Weret ock, dat 27
vnser vorgenanten borgere jennig edder öhre meigere[1]
bröke deden wedder vnß, ahn deme borgere edder mei-
gere, noch ahn ohren gudern en willen we noch de
vnse en schullen nein sulfgerichte doin, jdt eu wehre,
dat se worden begrepen vppe handhaftiger thatt eines todt-
schlages, we en deden dat witlick alder erst dem rade vnde
der stadt: hulpen se vnß darumme frundtschop edder rech-
tes, dar wolde we vnde de vnse vnde scholden vnß ahne
geuoigen lathen. Weret ock, dat se edder ohre meigere 28
edder de öre bröke deden, de ohne mit rechte thoge- LVIII.[21]
hinden worden tho beterende, dat scholde we vnde de
vnse wolden öhne gnedighcken kehren, also dat se des
vnuerderfft bleuen. We en willen ock nemende husen, ed- 29
der hegen, edder verdegedingen wedder den rath vnde LVIII.[26]
borgere tho Brunschwick, de se edder de öhre vorun-
rechtede, edder dede jn der aaluen stadt vorfestet edder
daruth vordreuen wehren, vnde we wolden de van vnß
lathen, wen de rath dat vnß wittick dede. Vnde we 30
vnde vnse eruen noch nement van vnser wegene LVII.[31]
eu willet noch en schullet vnser borgere vorgenant
öre meigere, ahr gudt, vnde de öre nicht beschweren mit
denste edder mit bede ju jennigerlej wyß. Ock eu wille 31
we vnde de vnse noch en schullen neine settinge in vu- LVIII.[23]
seme lande ouer se, öre gudt, öhre meigere vnde de öre
setten edder setten lathen dur se edder de öre mede be-
schadet werden. Weret ock, dat se öre mortbernere 32
edder strateurouere aaquemen jn vnseme lande, jn vnsen

---

1) *Wie im Huldebriefe der Herzöge Bernhard und Heinrich d. d. 1400 Juli 17.*   2) *Ausgelassen* vnde erem rechte.

schloten, steden, edder dorpern, de mochten se an-
gripen, vnd ouer de clagen ahne bröke vnde ane vare,
vnde we wolden öhne dar rechtes ouer staden, vnde
33 ohne dartho helpen. Ock en wille we vnse vorge-
nanten borgere nicht esschen tho kleinen edder
lichtliken saken by örer hulde, sunder efft vnß
örer noth were se by ohrer hulde tho esschen-
de, dat mochte we doin jn bedreplicken saken
de vnse personen, vnse landt vndt lude, frigheit
34 vnde recht anrorende wehren. Ock hebbe we
ohne de gnade gedahn: Wehret dat ynß felle ein
prouestie, ein parkercke, edder ein canonie de
vns börden tho uorlenende edder dartho tho prae-
senterende, binnen edder by Brunschwick, darahn
scholde de rath tho Brunschwick hebben by vnß
eine primarien vnde de arsten bede, vnde we en
wolden de anders nemande lehnen wen vor wehne
35 dat se vnß denne beden. Vormehr bekenne we vnde
vnse eruen, datt we willen vnde schullen alle de breue
de vnse here vnse vader sehliger vndt vnse elderen gege-
uen hebben deme rade vnde der stadt tho Brunsch-
wick vnde einem juwelckem borgere darsulues den
breue van vnß edder öln gegeuen sindt, gantz stede vn-
de vnuorbroken holden, vnde we stedigen vnde vhe-
stenen öln alle öre gnade, frigheitte, rechtte vnde
gude wonheide, breue, priuilegia, vnde handtfesten,
wu de van worde tho worden luden vnde begrepen
sintt, de de vorgenanten vnse borgere hebben
van vnß, edder van vnsen elderen, edder van anderen
fürsten edder heren erworuen, de vnß gelick ed-

der benedden vnß syn. Vnde we willen se der vor-
degedingen vnde se dar by bliuen lathen. Wolde 36
ock jemendt vnse vorgenante borgere tho Brunschwick
vorunrechten ahn ohren gnaden, rechten, guden won-
heiten, frigheiden, edder priuilegien sampt met effte
besundern, dat wolde we öhre beschormer wesen nu
vndt tho allen tyden vnde tho alle öhren nöden, dar se
deß van vnß begerende wehren. Dusser ding
sint tugen her Werner Boldewin deken tho sante
Alexander tho Einbeke, her Hildebrandt Lindaw
sangmester, her Johan Hardenberges, her Johan
Westphall vnse schriuer canonike darsulues, de
eddele Berndt greue tho Regenstein, de eddele
Goddeschalck here tho Plesse, Henningk van dem
Steinberge, Hermen von Meden, Timme Hoye,
Siuerdt von Freden knapen, Gise Vffers borger-
mester tho Einbecke, Diderick Junge ridemester
darsulues, Fricke vanme Damme, Henning Salge,
Cordt van Vrßchleue, Stacius Vehlenhawer, Thile
vanme Broke, Hans Horneborch, Cordt Horne-
borch, Fricke Twedorffp, Hinrich Lutherdeß, Hin-
rick Engelmestede, vnde vele mehr loffwerdiger
lude genoch. Tho orkunde aller dusser vorschre-
uen stucke vnde eines jowelcken besunderen jß
vnse grote jngesegele witlicken heten gehenget
ahn dessen breff, de gegeuen iß tho Brunschwigk
na Christi gebordt vertheinhundertt jhar dama in
deme twey vnde twintigesten jhare, des sontages
allernegest vor deß hilligen Cruceß dage als idt
erheuet wartt.

LXXVIII. BESTÄTIGUNG DES KAISERLICHEN PRIVILEGIUMS DE NON EVOCANDO DURCH PAPST MARTIN V.

1424 Juni 1.

Das Original dieser bisher nicht gedruckten Urkunde befndet sich im Stadtarchive: Pergament, 20" lang, 14" hoch, mit bleierner Bulle an gelb und rothem Seidenstrange. Auf der Rückseite der Ur-kunde an verschiedenen Stellen Ŕ Franciscus de Angello, P de Montello Adolphus, P de Mon-tello; von der Hand eines nicht viel jüngern städtischen Schreibers Contra judicium schabinorum con-firmacio. Als Executoren wurden am 11. August desselben Jahres der Bischof von Flekta (episc. Electensis) und die Decane zu S. Nicolaus in Magdeburg und zu S. Maria in Hamburg angewiesen.
Hn.

Martinus episcopus, servus servorum dei, ad fu-
turam rei memoriam. Sincere devotionis affectus

quem dilecti filii proconsules, consules, incole et
universitas opidi Brunswicensis, Hildesemensis et

Halberstadensis dioces. ad nos et romanam gerunt ecclésiam promeretur, ut votis eorum quantum cum deo possumus favorabiliter annuamus. Exhibita siquidem nobis nuper pro parte proconsulum, consulum, incolarum et universitatis prefatorum petitio continebat, quod dudum carissimus in Christo filius noster Sigismundus Romanorum rex illustris eisdem proconsulibus, consulibus, incolis et universitati, ut in quibuscunque causis mere civilibus et etiam criminalibus extra dictum opidum ad aliqua forenea et secularia judicia publica vel privata in genere vel in specie ad judicium evocari seu trahi non possent, per suas litteras indulsit, prout in dictis litteris, quarum tenorem de verbo ad verbum presentibus inseri fecimus, plenius continetur. Quare pro parte proconsulum, consulum, incolarum et universitatis predictorum nobis fuit humiliter supplicatum, ut litteris predictis et omnibus in eo contentis robur apostolice confirmationis adjicere de benignitate apostolica dignaremur. Nos igitur hujusmodi supplicationibus inclinati, litteras et contenta hujusmodi rata habentes et grata, ea auctoritate apostolica tenore presentium confirmamus et presentis scripti patrocinio communimus. Volumus autem, quod per confirmationem nostram hujusmodi ecclesiastice libertati nullum prejudicium generetur. Tenor vero dictarum litterarum talis est: Sigismundus Dei gratia Romanorum rex semper augustus — — coronationis vero primo.[1] Nulli ergo omnino hominum liceat hanc paginam nostre confirmationis, communitionis et voluntatis infringere vel ei ausu temerario contraire. Si quis autem hoc attemptare presumpserit, indignationem omnipotentis dei et beatorum Petri et Pauli apostolorum ejus se noverit incursurum. Datum Rome apud sanctos apostolos Christi, xi Kal. Iunii, pontificatus nostri anno septimo.

Rñª gratia   Jo. Symonis.

LXXIX.
BESTÄTIGUNG DER EXEMTION VOM DIOCESANVERBANDE DURCH PAPST MARTIN V.
1426 April 29.

Das Original dieser bisher nicht gedruckten Urkunde befindet sich im Landesarchive zu Wolfenbüttel: Pergament, 19' lang, 12" hoch. Die Bulle ist von der noch vorhandenen Hanfschnur abgeschnitten. Auf der Rückseite der Urkunde an verschiedenen Stellen R, B. de monte solis ιιιeimal, und S. Garnerii. Auf Erfordern des Abts von S. Aegidien und der Decane zu S. Blasius und S. Ciriacus befahl Theodorich, Abt zu S. Michael in Hildesheim, durch eine Urkunde d. d. Brunswic in dormitorio et ante cellam decani ecclesie S. Blasii, 1430 prima mens. Aprilis die sabbatiali Beobachtung des Privilegiums von 1256, welches ebenso wie nachstehende Bestätigungsurkunde wörtlich eingerückt ist. Auch jene Urkunde befindet sich im Landesarchive zu Wolfenbüttel. Hu.

Martinus episcopus, servus servorum dei, dilectis filiis .. sancti Michaelis Hildesemensis et .. sancti Michaelis Luneburgensis Verdensis dioc. monasteriorum abbatibus, ac .. decano ecclesie Verdensis salutem et apostolicam benedictionem. Justis petencium desideriis facilem prebemus assensum, et ecclesiis quibuslibet presertim Romane ecclesie immediate subjectis et degentibus in eisdem, ut in suis juribus preserverentur illese, libenter cum a nobis petitur favorem apostolicum impertimur. Exhibita siquidem nobis nuper pro parte dilectorum filiorum nobilium virorum Bernardi, Ottonis, Wilhelmi, Henrici et Friderici ducum Brunswicensium peticio continebat, quod olim felicis recordationis Alexander papa iıȷ predecessor noster conventuales et parrochiales ecclesias cum suis capellis extra muros et infra opidum Brunswicense, Hildesemensis et Halberstadensis dioc. consistentes a jure diocesanorum

---
1) *Wörtlich übereinstimmend mit LXVII.*

cum omni libertate per suas certi tenoris litteras graciose duxit eximendas, prout in illis dicitur plenius contineri. Cum autem, sicut eadem peticio subjungebat, licet rectores et beneficiati alieque persone ecclesiarum et cappellarum predictarum centum annis citra in pacifica possessione vel quasi privilegii exempcionis hujusmodi fuerint et existant, dicti tamen duces dubitant, rectores, beneficiatos, personas, ecclesias et cappellas predictos per aliquos, qui nomen domini invacuum recipere non formidant, contra formam et effectum hujusmodi privilegii molestari posse tempore procedente. Quare pro parte ducum eorundem nobis fuit humiliter supplicatum, ut super hiis statui ecclesiarum et capellarum predictarum providere de benignitate apostolica dignaremur. Nos igitur malignancium quorumlibet conatibus obviare volentes, hujusmodi supplicacionibus inclinati, discrecioni vestre per apostolica scripta mandamus, quatenus vos vel duo aut unus vestrum, si et postquam de hujusmodi exempcionis originali privilegio et aliis premissis vobis legitime constiterit, ipsique privilegio non sit hactenus in aliquo derogatum, rectoribus, beneficiatis et personis

predictis super hiis efficacis defensionis presidio assistentes non permittatis, eos super ecclesiis et capellis prefatis contra hujusmodi exempcionis privilegium quomodolibet molestari, molestatores necnon contradictores quoslibet et rebelles auctoritate nostra per censuram ecclesiasticam, appellacione postposita, compescendo, non obstantibus felicis recordacionis Bonifacii pape viij predecessoris nostri qua cavetur, ne quis extra suam civitatem et dioc. nisi in certis exceptis casibus et in illis ultra unam dietam a fine sue dioc. ad judicium evocetur, ac de una et duabus dietis in concilio generali et aliis constitucionibus apostolicis contrariis quibuscunque, aut si aliquibus communiter vel divisim a sede apostolica sit indultum, quod interdici, suspendi, vel excommunicari aut extra vel ultra certa loca ad judicium evocari non possint per litteras apostolicas non facientes plenam et expressam ac de verbo ad verbum de indulto hujusmodi mencionem. Datum Rome, apud sanctos apostolos, ij Kal. Maji, pontificatus nostri anno undecimo.

R la gratis
Meynhardus ꝛ ꝛ ꝛ

LXXX. ERWERBUNG DES MARKTZOLLES.
1428 Mai 19.

Das Original dieser bisher nicht gedruckten Urkunde ist verschollen; der folgende Abdruck nach einem Copialbuche des Raths aus dem 15. Jahrhundert. Hn.

Vppe dat de handelinge der dinge de gheschen van den luden de nu jegenwordich sint, den nakomeden luden ok witlik werden vnde jete steder vnde vaster geholden werden, so js des noyd dat me dar aff make scriffte vnde breue de myt louenwerdigen jngesegelen besegelt sin. Hirvmme van goddes gnaden we Otto hertoge to Brunswig, hertogen Ffrederikes sone saligen bekennen openbare jn dussem breue vor vns, vnse eruen vnde nakomelinge, vnde bisunderen vor de hochebornen fursten hern Hinrike, hern Ernste vnde hern Alberte hertogen to Brunswig vnse leuen vedderen, hertogen Erikes saligen sone, der we geborne vnde rechte vormundere sin to dusser

tijd alse se noch bynnen eren jaren sind, dat we habben betrachtet vnde angeseen alsodanne truwe denste, willen vnde woldat de vns, vnsen elderen vnde vnser herscopp to Brunswig vnse leuen getruwen de rad vnde borgere vnser stad Brunswig vakene vnde vele gedan hebben. Vnde alse se vns to dusser tijd gegeuen habben eyne summen geldes, der vns vnde vnser herscopp behoff was to dusser tijd, vnde de we witliken gelecht vnde gekard hebben jn vnser herscopp nud vnde noyd, also dat we darmede vnde myt anderem gelde hebben jnnelost vnse sloyd to dem Solte to der Helden, alse dat swerliken vorpendet was: hirvmme hebbe we dem rade vnde borgeren to Brunswig vorgenomet gelaten, eghent, gevryet, vnde egenen, vryen vnde laten on myt crafft dusses breues van vnser vnde vnser leuen wedderen wegen vorgenomt alse ore rechte vormunder vor vns vnde vnser aller eruen sampt vnde bisunderen vnsen haluen markettollen bynnen Brunswig mit alle siner nut vnde to behoringe na wonheit vnde rechte, one den to hebbende vnde des to brukende to ewigen tijden. Vnde we vortyen aller herscopp, egendomes vnde besittinge daran, vnde laten de deme rade vnde borgeren to Brunswig vorgenomt, vnde willen on der rechte waren wesen, vnde se entleddigen van aller rechten ausprake, wur vnde wanne one des noyd were vnde dat van vns geesschet worde. Vortmer alze Herwich van Vtze de eldere sek dussen suluen haluen tollen van vnser vnde vnser vorgenomten vedderen herscopp to leene secht, vnde he den vort gelegen hebbe Hanse vnde Ludolue geheten de Netwege to eruen manliken leene, vnde de rad vorgenomet sek myt den suluen Netwegen vmme de vpname vordragen hebben : de vordvacht vulborde we vnde stedigen de myt dussem breue. Vnde we beholden vns de macht : de wile we vnde Herwich van Vtze vorbenomet van dusses haluen tollen wegen vns vnde anderen leenrechtes vorplichtet sin, dat we al vnde vnse eruen dat leenrecht darmidde mogen dōn, vnd dat vns wedder don laten, auer dat en schal deme rade vnde

den borgeren vorbenomet neyn hinder edder schade wesen an orer vryheit vnde egendome dusses suluen haluen tollen, alse de on jn vorscreuener wise gheegent vnde vryet is, de wille dat de Netwege one de brukinge ghunnen moten na orer vordracht, vnde ok wen van Herwiges wegene van Vtze vns edder vnsen vedderen edder al vnsen eruen vorgenomet desse halue tolle vnde dat leen daran vorledegede edder los worde : wente we den haluen tollen jn neyne andere slechte, wer van Vtze edder anders, gelegen hebben, behaluer Herwige vorgenomt allene. Ok vorplichte we vns, vnse vedderen vnde vnse eruen, dat we neyne leyninge meir an dussem haluen tollen don en willen noch en schullen, vtghesecht Herwige vorgenomt vnde synen manliken leeneruen allene, offt on dat leen jo van rechte borde. Wen auer Herwich edder syne leeneruen an manlike leeneruen affingen, edder dusse halue tolle van one vorleddeghede, so were de halue tolle des rades vnde der borgere to Brunswig gensliken vry vnde eghen ane leen jn aller wise alse vorscreuen is. To orkunde alle dusser vorscreuen ding sampt offte besunderen js vnse jngesegele vor vns, vnse vedderen vorbenomet vnde vor vnser aller eruen vnde nakomelinge witliken gehenget an dussen breiff, de gegeuen js na der bord Christi verteynhundert jar darna jn deme achte vnde twintigesten jare, jn sancti Seruacij dage des werdigen heren.

LXXXI.
BESTÄTIGUNG DER STÄDTISCHEN PRIVILEGIEN DURCH KAISER SIGMUND.

1434 Aug. 11.

Das Original auf 11" hohem, 19" breitem Pergament befindet sich im Stadtarchive. An einem braunen Seidenstrange hing Sigmunds doppelseitiges kaiserliches Majestätssiegel von 5" im Durchmesser, welches jetzt abgerissen aber völlig gut erhalten beiliegt. Auf der einen Seite zeigt dasselbe zur Rechten und Linken des Thronenden je einen zweiköpfigen Adler, diesen mit dem Wappenschildern von Ungarn, jenen mit dem kaiserlichen und dem böhmischen in einer Kralle und einem Schnabel; zwischen zwei Säulen, auf denen der Thron erhöht ist, den Schild von Luxemburg, und in zwei Zeilen die Umschrift SIGISMVNDVS · DEI · GRACIA · ROMANORVM · IMPERATOR · SEMPER · AVGVSTVS · AC · HVNGARIE · BOHEMIE · DALMACIE; · CROACIE · RAME · SERVIE · GALLICIE · LODOMERIE · COMANIE · BVLGARIEQ; REX · ET LVCEMBVRGENSIS HERES. *Die andere Seite hat den kaiserlichen Adler mit Heiligenschein und der Umschrift* AQVILA EZECHIELIS etc. *Das Pergament ist an drei Stellen vermodert; die dadurch unleserlich gewordenen Worte sind in nachstehendem Abdrucke aus einer beiliegenden etwa gleichzeitigen Copie ergänzt und eingeklammert. Gedruckt ist diese Urkunde in Br. Händel II, 941; Thes. homag. I, 148. Dem Privilegium Sigmunds aus dem Jahre 1415, welchem sie übrigens, abgesehen von einem kleinern Zusatze, gleichlautet, fügt sie den Ansatz einer Geldstrafe auf Verletzung dieses Privilegiums hinzu.* Hn.

Wir Sigmund von gotes gnaden römischer keiser, zu allen ziten merer des rijchs, vnd zu Hungern, zu Behemen, Dalmacien, Croacien etc. kunig, bekennen vnd tun kunt offembar mit diesem briene alien den die jn sehen oder horen lesen: Wann fur vns komen ist der burgermeistere, rete vnd burgere gemeinlich der stat zu Brunßwig[1] vnser vnd des rijchs lieben getruwen erbere vnd mechtige botschafft, vnd vns diemuticlichen gebeten hat, daz wir denselben burgermeistern, reten vnd burgeren gemeinlich der stat zu Brunßwig alle vnd iglche jre gnade, friheite, rechte, gute gewonheite, brieue, priuilegia vnd hantfesten, die sie von römischen keisern vnd kunigen vnsern vorfarn an dem rijche, vnd den herczogen von Brunßwig vnd Lunenburg, vnd sust von anderen fursten vnd herren geistlichen vnd werntlichen erworben vnd herbracht haben, zu bestetigen gnediclich geruchten: des haben wir angesehen soliche jre diemutige bete vnd auch jre stete willige vnd getruwe dienste, die sie vnd jre vordern vnsern vorfaren an dem rijche alleczijt vnuerdrossenlich vnd getruwelichen getan haben, vnd vns vnd dem rijche furbaß tun sollen vnd mogen in kunfftige zijten, vnd haben darumb mit wolbedachtem mute, gutem rate vnser fursten, greuen, edlen vnd getruwen, vnd rechter wissen den vorgenannten burgermeistern, reten, vnd burgern der stat zu Brunßwig, jren nachkomen vnd denselben stat alle vnd igliche vorgenante jre gnade, friheite, rechte, gute gewonheite, brieue, priuilegia vnd hantfesten, wie die von worte zu worte lutende vnd begriffen sint, die sie von den obgenanten vnsern vorfaren römischen keisern vnd kunigen, vnd den herczogen von Brunßwig vnd Lunenburg, vnd sust anderen fursten vnd herren erworben vnd redlich herbracht haben, gnediclich bestetiget, vernuwet vnd beuestenet, be-

stetigen, vernuwen vnd beuesteuen jn die auch in crafft dieses brienes vnd römischer keiserlicher machtvollenkomenheit, vnd meynen vnd wollen sie auch daby gnediclichen handhaben, schirmen vnd bliben lassen, doch vnschedelich vns vnd dem rijche an vnsern diensten, vnd suft yderman ann sinen rechten. Vnd gebieten darumb allen vnd iglichen fursten geistlichen vnd werntlichen, greuen, frien, rittern, knechten vnd amptluten, vnd suft allen anderen vnseren vnd des rijchs vndertanen vnd getruwen ernstlich vnd vestiglichen mit diesem brieue, daz sie die vorgenanten von Brunßwig an den obgenanten jren gnaden, friheiten, rechten, guten gewonheiten, brieuen, priuillegien vnd hantfesten nicht hindern oder irren in dheine wise, sunder sie daby geruhlich bliben lassen, als lieb jn sij vnsere vnd des rijchs swere vngnade zu vermyden, dann [wer da widder tete] der solte so dicke daz geschee in vnsere vnd des rijchs sware vngnade vnd in eyne pene funffvndzwenzig margk lotigs goldes verfallen sin, [halb in vnsre vnd des] richs kameren, vnd die anderen helffte den egenanten von Brunswig vnleß[lich] zu beczalen. Mit orkunde dieses brieffes, versiegelt mit vnserer kaiserlicher [maie]stat insigel, geben zu Vlme nach Christ geburt viercznehnhundert jar vnd darnach in dem vierunddrissigesten jare, an nechsten mit[wochen nach sant Laurencien taghe], vnsers rijchs des Hungrischen etc. jm achtvndvierczigesten, des römischen jm vierundzweinczigesten, des Behemischen jm funficzehenden, [vnd des keiser]tumbs jm anderen jaren.

Ad mandatum domni imperatoris domno G. cancellario referente Theodericus Ebbracht.

LXXXII. HULDEBRIEF HERZOG OTTOS DES GROSSEN.

1435 Juli 3.

Das Original dieses bisher nicht gedruckten Huldebriefes befindet sich im Stadtarchive: Pergament, 24" lang, 16" hoch, mit Herzog Ottos Siegel aus grünem Wachs an grün und rother Seidenschnur.

---

1) *Ausgelassen Hildesemer vnd Halberstader bistum.*

Dasselbe zeigt den quartirten Schild mit den Wappen von Braunschweig, Lüneburg, Everstein und Hom-
burg, darüber einen gekrönten Helm mit Stehein und Federbusch an langem Schafte, vor diesem das
springende Pferd; Umschrift: **s'. ottonis . ducis . in . brunswik . et . luneborg.** *Zum grössten Theile beruht*
dieser Huldebrief auf dem der Herzöge Bernhard und Heinrich vom 17. Juli 1400. Einige Abweichun-
gen und Zusätze dieses Bestandtheils sind meistens auf den Huldebrief Herzog Ottos vom 1422 zurück-
zuführen, welchem ausserdem die §§ 2, 3, 21, 22, 34 entnommen sind. Neu ist § 32 und ein Zusatz
in § 31.

Hn.

Van goddes gnaden wij Otto hertoghe to Brunswijk vnde Luneborgh bekennen openbare in desseme breue, dat we vnde noch vnse rechten ernen en schullet neyne clostere gheystliker lude manne edder fruwen noch conuente setten, erlouen edder vulborden to wonende bynnen der stad vnde der muren to Brunswijk vnde ok buten der stad so verne alse ore lantwere vnde veedrift wen-2 den.[1] Ok en wille we na desser tijd neynen canonik edder we belenet were tho sunte Blasiese edder to sunte Ciriacuse to Brunswijk to vnser parkercken welk to Bruns-3 wijk presentieren vnde on de nicht lenen. We ok rede hedde eyne parkercken binnen Brunswijk van vns edder anders, deme wolde we noch en scholden darto neyn vnser gheystliken leen in den vorschreuen kercken, dat were promistye, cannaye, edder vicarie, lenen edder darto presenteren, noch vulbord darto ghenen, jd en were, dat he dat erste leen edder kercken de he vore hedde erst gentzliken vnde an alle list verlaten hedde. Weret aner, dat desser stucke welk ene vordancken, vorghetenheit edder van vns anders gheschaghe, edder vns edder vnsen ernen dat myd list anders toghebracht worde, dat scholde 4 neyne macht hebben. We bekennen ok des, dat we vnde vnse rechten ernen hebben der suluen vnser stad to Brunswijk vnde vnsen leuen borgeren dar inne, by namen in der Oldenstad, ja deme Haghene, ja der Nyenstad, ja der Oldenwijk, vnde in deme Sacke, de guade vnde dat recht ghegheuen: de nv dar jnne sin, vnde borgere edder borgerschen sin, de schullen vry wesen van allerleye ansprake. 5 We ok na desseme daghe so desse bueff ghegheuen is jn desse vorschreuen viff stede[2] to Brunswijk queme, vnde borger edder borgersche[1] worde, vnde openbare dar jnne were jar vnde dach ane ansprake, de scholde des suluen rechtes bruken vnde fry borger vnde borger-6 sche[1] wesen, so vorschreuen is. Worde ok yement an-sprakel myt rechte bynnen jare vnde daghe, de de ber-

plierschop ghewunnen hedde, den en scholde de rad to neyneme borgere edder borgherschen[1] hebben, he en hedde sek erst[1] vorkinent myd der herschop in frunt-schop edder in rechte. We ok vnde vnse rechten ernen 7 schullen vnde willen de viff stede vnser stad to Brunswijk beschermen vnde vordegbedingen alle ores rechten vnde orer vryheyt, so alse se de oldinghes van vnsen elderen ghehad hebben vnde hebben.[3] Were ok, dat we ed- 8 der[1] jennich man der sulnen vnser borgere jenneghen vorderen wolde vor lad edder eghene, edder jenneghe an-sprake doyn wolde, edder anders wur vmme jenneghe schuld ghenen wolde, de scholde antwerden vor vnseme richte[4] to Brunswijk. Vnde vnse vorbenomeden borghere 9 der viff stede to Brunswijk motten ore recht wol beteren wur se moghen, vnde wur se nemend claget, dar en darff nemend richten. Were ok, dat se yemend schuldeghen 10 wolde, so scholden se antworden dar id one van rechte borde to vorantworden, des schullen wij se vordeghedin-ghen. Weret ok, dat jennich schelinghe velle twisschen 11 vns vnde deme rade to Brunswijk, wat denne twene manne vt deme rade to Brunswijk myd orem rechte beheiden, dat ore wonheyt vnde recht hedde ghewesen, dar scholde we se bi laten vnde beholden. Wolde we[1] 12 den rad edder[1] anders yemend schuldeghen, wat denne twene manne vte deme rade entleddigen myt rechte, des scholde de rad leddich wesen, vnde [we][5] scholden se des vordeghedinghen, vnde we schullet des rades vnde der stad to Brunswijk recht beteren vnde myd nichte kreu-cken. Vortmer bekenne we ok vnde vnse rechten ernen, 13 dat vnse borgere der vorsereuen vif stede[2] to Brunswijk vnde ore gud schullen tollenfry wesen in vusem lande, ja vnsen steden vnde to allen vnsen sloten na older wonheyt, so dat van aldere ghewesen is. We ok in der stad to 14 Brunswijk voged is, de schal richten in der stad vnde bu-ten der stad so verne alse ore veedrift vnde lantwere wen-

---

1) *Uebereinstimmend mit dem Huldebriefe von 1422.*   2) *Ausgelassen vnser stad.*   3) *Ausgelassen vnde ore*
recht to beterende vnd nicht to ergherende.   4) *Ausgelassen in der stad.*   5) *Fehlt im Originale.*

28

den.' Vortmer vp dat under vnsen mansen vnde vorbenomeden borgeren ueyn twidracht werde, so schulle wij one eynen marschalk setten, de vnsen borgeren richte[1]

16 des one nod sy. We en willen des ok nicht, dat vnser manne yenneeh yennighen vnser borgere to Brunswijk myd leengude wisen an eynen anderen heren de benedden ome sy: des wille we se vordeghedingen vnde one bibestán.

17 We doyn one ok de gnade: welk vnser borger ghud hedde to lene van vnsem manne, stérue de ape eruen, edder worde ome dat gud myt rechte vordelet,[2] so scholde de borger volghen an vns, vnde we scholden one belenen myd deme ghude ane weddersprake vnde ane ghane.

18 Ok wille we des nicht, dat jennich vnser manne ock yennych ghud lenen late dat vnse borgere edder[a] borgersche

19 in orem lene[a] hebbe. We en schullen ok vnme neyne zake schuldegen de bi vnses heren vnses vaders vnde vnser elderen[a] tiden ghevallen weren wente an dessen

20 dach. We noch vnse eruen noch manne[2] schullen noch en willen[a] neynerleye ghud dat me to der stad edder vsu der stad to Brunswijk brochte,[b] voyrde, drefe edder droighe, nicht hinderen edder hinderen laten neynerleye wijs, jd en sy denne vnser openbaren vyan-

21 de. Ok en willen we vnde vnse manne noch en schullen vnsen borgeren to Brunswijk ore lijf vnde ghud heweghelik vnde vnheweghelik nicht besetten, hinderen edder vorbeden myt gherichte edder an gherichte, de wile se der sake dar me dat vnme doyn wolde vnrorwunnen ein myd rechte, vnde de wile se rechtes pleghen willen vor deme rade edder vnseme gherichte bynnen Brunswijk edder dar id one hord, vnde de wile se vnvorflichteh vnde secker

22 sind. Vnde weret, dat [we][4] edder vnse manne to schuldigende hedden welken vnser borgere to Brunswijk, van der sake edder van des manues weghene en wolde we vnde vnse manne noch en scholden andure vnse borgere to Brunswijk vnde ore ghud nicht hinderen, besetten, noch vppe se vnde ore gud claghen, jd en were, dat se der sake mydde suffschuldich weren, vnde neynes rechtes pleghen

23 wolden, edder alsodanne were so vorschreuen steit. We en willen ok nemende to ghesinde nemen den we wedder den rad vnde de borgere to Brunswijk[3] vnde wedder ore recht vordeghedingen, we willen den an to rechte

24 setten vnde on van ome rechtes helpen. We en willen

ok nemende husen noch heghen edder vordeghedingen wedder de stad vnde de borgere de se edder de ore vorvnrechteghe, edder de in der stad vorvestet edder dar vt vordreuen were, vnde wolden den van vns laten, wen so vns dat witlik dedan. Were ok, dat vnser borgere edder

25 orer meyger yenneeh broke deden wedder vns, an den noch an oreme ghude wille we neyn sulfsgherichte doyn, jd ne were, dat de worden begrepen vppe hanthaftigher dád eynes dotalages, wij eu deden de one dat erst witlik deme rade vnde der stad: hulpen se vns dar vnme fruntschop edder rechtes, dar scholde we vns an ghenoyghen laten.

26 Ok schulle we vnde willet se truwelikeu vordeghedingen to oren rechten wedder allermallijeen, vnde schullet se bi gnaden, wonheit vnde rechte laten vnde darbi beholden

27 to allen tiden. Vnde we edder de vnse en willet noch an schullet se vnse en meygere, ore ghud vnde de ore nicht beswaren myd bede, edder myd denste, edder yennygeerleyewijs. Were ok, dat se edder ore meygere edder

28 de ere broke dedeu, de one myd rechte toghevunden worden to betorende, dat scholde we vnde de vnse one gnedichliken keren, dat se des vnvorderft bleuen. Ok en

29 wille we noch en schullen [noch][4] de vnse neyne settinghe in vnseme lande ouer se vnde ore ghudere vnde ouer ore meygere vnde de ore setten edder setten laten, dar se edder de ore mydde beschadeget werden. Vnde we

30 schullen vnde willen se laten bi sodannen gnaden, wonheyde vnde rechte, so se weren bi vnsen elderen tiden. Were ok, dat se mortbernere edder stratenrofere anque-

31 men in vnsen lande, in vnsen sloten, steden vnde dorperen, de mochten se angripen ane vare vnde ane broke, sunder wat ghescheyn were in vnser openbaren veyde. Ok schullen alle de jenne de der bor-

32 gere meygere sin, se sin lad, edder eghen, edder wat eghendomes vnde behoringhe se sin, fry wesen de tijd ouer so alse se ore meygere sin, vtgheseeht beddemund vnde budelinghe vnde plichtich sin. Vortmer bekenne we, dat we vnde vnse

33 rechten eruen willen vnde schullen alle de breue de vnse bere vnde vadere vnde vnse elderen ghegheuen hebben deme rade vnde der stad to Brunswijk vnde eynem yowelken borgere to Brunswijk den breue van on ghegheuen sind, gantz stede vnde vnvorbroken holden, vnde we

---

1) Ausgelassen ouer vnse manne.   2) Zusatz des Huldebriefes von 1422.   3) Uebereinstimmend mit dem
Huldebriefe von 1422.   4) Fehlt im Originale.

stediget alle ore priuilegia jn aller wise so alse we de
34 suluen besegghelt hedden. Weret ok, dat dem rade vnde
borgeren to Brunswijk tighen vns edder vnse eruen nod
were ore breue edder priuilegia to bewisende, dar wolde
we vnde scholden twene edder dre to schicken, den we
des beloueden; de willen se darto jn vnse stad to Bruns-
wijk to komende af vnde to velighen vnde gheleyden, vn-
de de dar vmme senden vp dat Oldestadhus to Brunswijk,
de breue vnde priuilegia dar to beseynde, eft we suluen
dar nicht en quemen: vorder en dorften se ore breue vn-
35 de priuilegia nicht senden. We willet ok de vorghenan-
ten vnse leuen ghetruwen den rad vnde borgere to Bruns-
wijk truweliken vordeghedinghen [vnde][1] beschermen alle
ores rechten, dat se van vnsen elderen ghehad hebben, vn-
36 de willet one dat stede, gantz vnde vast holden. Wolde
se ok alle desser vorschreuen gnade vnde rechtes edder
eynes yowelken besonderen, de wij vnde vnse elderen on
ghegheuen hebben, yement vorrnrechten, den wille we ore
beschermere sin to allen tiden.[2] An eyn orkunde vnde
stedicheit alle desser vorghescreuen dingh hebbe we Otte

hertoge to Brunswijk vnde Luneborgh vorghe-
schreuen vor vns vnde vnse rechten eruen vnse jnghe-
segel witliken vnde myd gudeme willen ghehenget laten
to desseme breue. Dusser dingh sind ok tughe vnse leuen
ghetruwen manne vnde borgere, de dar an vnde ouer ghe-
wesen hebben vnde bir na beschreuen sind: de ghestren-
ghen Hartwich van Bůlauwe, Maneke van Estorppe,
Jaen van deme Knesbeke, Gherd van Wustrauwe,
Cord vnde Dyderik van Marnholte brodere, Wer-
ner Bêre knapen, her Hinrik Schule vnde her Hin-
rik Grope vnse schriuere, Alberd van Vechtilde,
Cord van Vrsleue, Tyle van Strobeke, Stacius
Velehauwer, Ghereke Pawel, Tyle Adenstidde,
Hans Horneborch, Tyle van deme Broyke, Cord
Horneborch, Hinrik Lutherdes, Detherd van Les-
se, Fricke Twedorp vnde andere vrome lude ghe-
noch. Vnde is ghescheyn na der bord vnses he-
ren Jhesu Cristi verteynhundert jar vnde darna
in deme viuevndedrittegesten jare, am sondage
sunte Olrikes auende des werden bisschoppes.

LXXXIII. BESTÄTIGUNG DES KAISERLICHEN PRIVILEGIUMS DE NON EVOCANDO DURCH PAPST EUGEN IV.

1436 Juni 27.

Das Original dieser Urkunde befindet sich im Stadtarchive: Pergament, 21" lang, 13" hoch, mit blcierner Bulle an einer Hanfschnur; auf der Rückseite R und Jo. de Monte. Sie ist gedruckt in Reht-
meiers Kirchenhist. II, 132.

Iln.

Eugenius episcopus, servus servorum dei, dilec-
tis filiis .. abbati monasterii sanctorum apostolo-
rum Petri et Pauli in Regali Lutter, et .. sanctorum
Symonis et Jude Goslariensis, ac sancti Alexandri
Emberensis, Halberstadensis, Hildesemensis et
Maguntinensis dioc. decanis ecclesiarum salutem
et apostolicam benedictionem. Sincere devotionis
affectus quem dilecti filii proconsules, consules, in-
cole et universitas opidi Brunswicensis, Hildese-
mensis et Halberstadensis dioc. ad nos et roma-
nam gerunt ecclesiam non indigne meretur, ut
ipsorum peticionibus, illis presertim que eorum
commodum quietemque respiciunt, quantum cum
deo possumus favorabiliter annuamus. Dudum si-

quidem felicis recordationis Martinus papa v pre-
decessor noster certas carissimi in Christo filii no-
stri Sigismundi imperatoris semper augusti, tunc
regis illustris Romanorum, litteras et contenta in
eisdem, per quas prefatis proconsulibus, consu-
libus,[3] incolis et universitati ut in quibuscunque cau-
sis civilibus et etiam criminalibus extra dictum opidum ad
aliqua foranea secularia judicia, publica vel privata in ge-
nere vel in specie ad judicium evocari seu trahi non pos-
sent indulserat, auctoritate apostolica confirmavit
et communivit per quasdam, primo volens in illis,
quod per confirmationem hujusmodi nullum libertati eccle-
siastice prejudicium generaretur, et deinde per alias
suas litteras certes super indulto et confirmatione

---

1) *Fehlt im Originale.* 2) *Ausgelassen* vnd to alle oren noden. 3) — ibus *auf Rasur.*

28*

premissis conservatores et judices deputavit, prout in eisdem predecessoris littoris plenius continetur. Nuper vero proconsulum, consulum, incolarum et universitatis conquestione percepimus, quod nichilominus nonnulli duces, comites, barones, scabini aliique et alie seculares judices et persone dictos proconsules, consules, universitatem et incolas contra indultum et confirmationem predicta ad diversa etiam alias prohibita foranea et secularia judicia trahere presumunt, ac multiplices molestias et injurias eis inferunt et jacturas. Nos igitur adversus presumptores, molestatores et injuriatores hujusmodi illo volentes cisdem proconsulibus, consulibus, incolis et universitati remedio subvenire, per quod ipsorum compescatur temeritas et aliis aditus committendi similia precludatur: discretioni vestre per apostolica scripta mandamus, quatinus vos vel duo aut unus vestrum per vos vel alium seu alios, etiam si sint extra loca in quibus deputati estis conservatores et judices, prefatis proconsulibus, consulibus, incolis et universitati efficacis defensionis presidio assistentes non permittatis, eosdem ab illis vel quibusvis aliis contra indultum et confirmationem prefata ad hujusmodi foranea et secularia judicia extra dictum opidum evocari seu alias indebite molestari, vel eis gravamina, injurias sive damna irrogari, facturi dictis proconsulibus, consulibus, universitati et incolis, cum ab eis vel procuratoribus suis aut eorum aliquo fueritis requisiti, de quibuslibet injuriis atque damnis presentibus et futuris, in illis videlicet que judicialem requirunt indaginem summarie et de plano sine strepitu et figura juditii, in aliis vero prout qualitas negotiorum exegerit, justitie complementum, dicta libertate in omnibus semper salva, presumptores, molestatores et injuriatores hujusmodi necnon contradictores quoslibet et rebelles, cujuscunque dignitatis, status, gradus, ordinis vel conditionis extiterint, quandocunque et quotienscunque expedierit, auctoritate nostra per censuram ecclesiasticam appellatione postposita compescendo, invocato ad hoc si opus fuerit auxilio

brachii secularis. Preterea si per summariam informationem per vos desuper habendam vobis constiterit, quod monitiones et citaciones contra presumptores, molestatores et injuriatores hujusmodi faciende eis tute publicari nequeant, vos monitiones et citationes easdem per edictum publicum locis publicis partibus illis circumvicinis affigendum, de quibus sit verisimilis conjectura, quod ad notitiam monitorum et citatorum eorundem pervenire valeant, quotiens opus fuerit, eadem auctoritate nostra publicare curetis. Volumus antem et auctoritate apostolica predicta decernimus, quod monitiones et citationes hujusmodi perinde ipsos monitos et citatos arctent, ac si eis intimate et insinuate presentialiter et personaliter extitissent, non obstantibus tam felicis recordationis Bonifacii pape viii, predecessoris nostri, quibus cavetur, ne aliquis extra suam civitatem vel dioc. nisi in certis exceptis casibus, et in illis ultra unam dietam a fine sue dioc. ad judicium evocetur, seu ne judices et conservatores a sede apostolica deputati extra civitatem et dioc. in quibus deputati fuerint contra quoscunque procedere, seu alii vel aliis vices suas committere, aut aliquos ultra unam dietam a fine dioc. eorundem trahere presumant, dummodo ultra tres dietas aliquis auctoritate presentium non trahatur, seu quod de aliis quam de manifestis injuriis et violentiis que judicialem requirunt indaginem, penis in eos si secus egerint et in id procurantes adjectis, conservatores seu ullatenus intromittant, quam aliis constitutionibus apostolicis contrariis quibuscunque, aut si aliquibus communiter vel divisim a dicta sit sede indultum, quod excommunicari, suspendi, vel interdici, seu extra vel ultra certa loca ad judicium evocari non possint per litteras apostolicas non facientes plenam et expressam ac de verbo ad verbum de indulto hujusmodi mentionem. Datum Bononie, anno incarnationis dominice millesimo quadringentesimo tricesimo sexto, sexto Kal. Julii, pontificatus nostri anno sexto.

pro H. Raiscop
Ste. Garnerii. V ⌐ ⌐ ⌐

LXXXIV. KAISER SIGMUNDS PRIVILEGIUM ZUR VERFOLGUNG DER STRASSENRÄUBER.

1436 Dec. 4.

Das Original dieser Urkunde befindet sich im Stadtarchive: Pergament, 15" lang, 16" hoch, mit dem bei LXXXII beschriebenen Siegel aus gelbem Wachs an gelb und schwarzem Seidenstrange. Auf der Rückseite der Urkunde R^{ta}, und von der Hand eines gleichzeitigen städtischen Schreibers Privilegium vppe de stratenrouere, R^{tab}. Sie ist gedruckt in Rehtmeiers Chron. 723. In den herzoglichen Landen war der Stadt die Verfolgung ihrer Schädiger zuerst durch den Huldebrief Herzog Friderichs von Grubenhagen vom 16. Febr. 1384 (LV) und weiter durch alle folgenden freigestellt. Hn.

Wir Sigmund von gotes gnaden romischer keiser, zu allen ziten merer des richs, vnd zu Hungern, zu Behem, Dalmacien, Croatien etc. kunig, bekennen vnd tun kunt offembar mit disem brieff allen den die sehen oder horen lesen, das vns die ersamen burgermeister, rat vnd burgere der stat zu Brünswig, vnser vnd des reichs lieben getruen, haben zu erkennen geben vnd furbringen lassen, wie in denselben lauden vmb sy gelegen groß posheit geschehen mitstrafrauben, mortprennen, diebereyen, mordereyen vnd schyndarey, vnd ander vnfuren, dadurch manicherley leut grosse schaden vnd verderben leiden, vnd haben vns angeruffet, ein solichs mit keiserlicher fursichtikeit gnediclich zu versehen. Vnd wann vns das nu von ampts wegen des heiligen reichs vns vonigot beuolhen wol zimet, sunderlich das missetat getilget vnd fride geschaffet werden, dorumb von keiserlicher gewalt vnd miltikeit vnd von notdurft wegen der strasse vnd anderer vrsach willen so geben wir den egenanten burgermeistern, rat vnd burgern vnd jren nachkomen dise freiheit vnd gewalt, das sy soliche missetetcr vnd schedlich leute mogen angreiffen, vffhalten, erlangen vnd vahen lassen in welichen lannden oder gebieten man soliche haben oder erkriegen kan oder mag, vnd das dann zwen oberste burgermeister der egenanten stat die dann zu zeiten sein werden, oder

ir ayner, oder wen sy samentlich oder besonder einem pidermanne das beuelhen werden, von vnserer keiserlichen macht wegen nber solich schedlich leut richten mogen nach gebure jrer missetat zu hawt, zu hore vnd zu dem tode, mit gericht vnd recht, wie sich dann in dem rechten billich geburen wirt, damit wir dann jr gewissen vnd eyde nemlich beladen. Vnd dicz alles sollen sy tun von vnsers gebots vnd beuelhnuß wegen, des wir sy dann mechtigen zu kunftigen zeiten in krafft dicz brieues. Sy sollen vnd mogen ouch solche gefangen vnd schedlich leut durch alle lantgericht vnd andere gericht furen vngehindert von allermeniclich, allein stet, merckte vnd gemaurte sloß die jr aigen halsgericht haben, dodurch sollen sy nicht furen, sunder fur vnd vmb die egenanten stete, merkte vnd sloß vffwendig hyn mogen sy sy wol furen, vnd doran sol sy nyemand jrren, als lieb einem iegliehen sey vnser vnd des reichs swere vngnad zu nermeydem. Mit vrkund diß briefs, versigelt mit vnserr keiserlichen maiestat jnsigel. geben zu Prag nach Crists gepurd vierczehenhundert jar vnd dornach im sechsvnddrissigisten jare, an sandt Barbaren tag der heiligen junckfruwen, vnserr reiche des Hungrischen etc. im funffczigisten, des romischen im sibenvndczweinczigisten, des romischen im sibenczehenden vnd des keysertumbs im vierden jaren.

LXXXV. KÖNIG ALBRECHTS WAPPENBRIEF.

1438 Oct. 15.

Das an einer Stelle durchlöcherte Original dieser Urkunde befindet sich im Stadtarchive: Pergament, 22" lang, 13" hoch, mit König Albrechts 4½" im Durchmesser haltendem Majestätssiegel an schwarz und gelbem Seidenstrange. Die sechs Wappenschilder, welche den Thronenden umgeben, sind unkenntlich geworden, ein grosser Theil der zweiseitigen Umschrift ist abgebröckelt. Der Rahmen des in die Urkunde aufgenommenen Wappenbildes ist roth, der mittlere Grund blau, die Ranken darin gelb mit rothen und weissen Blumen. Auf der Rückseite der Urkunde R[ta]. Sie ist gedruckt in Br. Händel II, 702; III, 1447; Illustre exam. 170; Linnaei jus publ. IV, 214; Rehtmeiers Chron. 723; Lünigs Reichsarch. pars spec. cont. IV. II, 223. Die im Originale zerstörten, in nachstehendem Abdrucke eingeklammerten Stellen sind ergänzt nach der Copie in einem gleichzeitigen Copialbuche des Raths, welche Herschilt, confirmacion der wapene des roeten lauwen *überschrieben ist.* Hn.

Wir Albrecht von gotes gnaden romischer konig, zu allen tzijten merer des rijchs, vnd zu Hungern zu Beheimen etc. künig vnd hertzog zu Osterrich, bekennen vnd tun kunt offenbar mit diesem brief den die jn sehen oder hören lesen: Wann vnsere vnd des rijchs lieben getruwen die burgermeister, rate vnd burger gemeinlich der stat zu Brunswig vns durch jre erbere botschafft hant furbringen lassen, wie sie vnd jre vordern vor langen zijten vnd lenger dann in menschen gedechtniß sij vnd bißher in jren wapen vnd banyr einen wissen schilt vnd darjnn einen erhaben roten lewen mit

eynem vfgeworffen tzagel vber sich vber des lewen rucke gestrecket, zu schimphe vnd zu ernste gefuret vnd gebruchet haben, diemutiglichen bittende, das wir jne solich wapen vnd kleynod zu vernuwen vnd zu bestetigen geruchoten: des so han wir angesehen vnd gutlichen betrachtet der abgenanten burgermeister, rete vnd burger gemeinlich der stat zu Brunßwig gnome vnd getruwe dienste, die sie vnd jre vordern vns, vnsern vorfaren vnd dem rijche dicke vnd offt fißiglich getan haben, teglich tun vnd hinfur nutzlichen tun sollen vnd mogen jn kunfftigen zijten, vnd haben

darvmb mit wolbedachtem mute, gutem rate,
rechter wifsen vnd von besunder gnade soliche
vorgemelte wapen vnd kleynod, als die dann in
der mitte diß genwertigen vnsers brieffs gemalet
vnd mit farbe eigentlicher vfgestriechen sin, den
egenanten burgermeistern, reten vnd burgern ge-
meinlich zu Brunswig von nuwes gnediglich ge-
geben, bestetigt vnd confirmiret, geben, besteti-
gen vnd confirmiren ju die von romischer könig-
licher macht genwertiglich in kraft diess brie-
ues. Vnd wir meynen, setzen vnd wollen, das sie
vnd jre nachkommenn zu Brunswig soliche vor-
gemelte wapen vnd kleynod zu felde vnd an allen
a[nde]rn enden zu schimphe, zu ernste vnd zu
herenschildes rechte jren lehenrechten zu folgen
furen vnd gebruch[en sollen] vnd mögen von aller-
menigklich vngehindert, doch vnschedlichen an-
dern lüten die derglichen furen [an jren wappen
vnd] kleynod. Vnd wir gebieten darumb allen
vnd iglichen fursten geistlichen vnd werntlichen,

[grauen, fryen,] herren, rittern, knechten, steten
vnd gemeinschefften, vnd andern vnsern vnd des
rijchs vndertanen vnd lieb[en g]etruwenn von rö-
mischer kuniglicher macht ernstlich vnd vestig-
lich mit diesem brieff, das sie die vorgenanten
burgermeister, ratmanne vnd burger zu Bruns-
wig an solichm obengenanten jren wapen, kleynod
vnd herschilde nicht hindern oder jrren in dhei-
newise, sunder sie die gerühlichen füren vnd ge-
brüchen lassen, als lieb jn sij vnsere vnd des rjchs
swere vngnade zu uermeyden. Mit orkunde diess
brieues, versiegelt mit vnser kuniglichen maiestat
anhangenden jngesiegel, geben zu Prage vff mit-
wochen vor sant Gallen des heiligen abs tage,
nach Crists geburt viertzehenhundert vnd dar-
nach in dem acht vnddrijssigsten jare, vnsere rj-
che im ersten jare.

Ad mandatum domini regis dno G. cancell.
referente Theodericus Ebbracht.

LXXXVI. BESTÄTIGUNG DER STÄDTISCHEN PRIVILEGIEN DURCH KÖNIG ALBRECHT.
1438 Oct. 22.

*Das Original dieser Urkunde befindet sich im Stadtarchive: Pergament, 21" lang, 10" hoch, mit
einem gleichen Siegel wie der vorstehenden Urkunde anhangt, aus gelbem Wachs an einem schwarz und
gelben Seidenstrange. Dasselbe ist ebenfalls stark beschädigt. Auf der Rückseite der Urkunde R^α, und
von der Hand eines gleichzeitigen städtischen Schreibers Confirmacio priuilegiorum regis Alberti R^isb.
Sie ist gedruckt in Br. Händel II, 702. 799; Thes. honiay. 1610 III, 150. Mit Kaiser Sigmunds
Privilegienbestätigung von 1424 stimmt diese bis auf die namentliche Aufführung des Priuilegiums von
König Ruprecht und eine Auslassung wesentlich überein.* Hn.

Wir Albrecht von gotes gnaden römicher könig,
zu allen zeyten merer des rijchs, vnd zu Hungern,
zu Beheimen etc. könig vnd hertzog zü O°sterrjch,
bekennen vnd tun kunt offenbar mit diesem brief
allen den die jn sehen oder hören lesen: Wann
vnsere vnd des rijchs lieben getruwen die burger-
meister, rate vnd burgere gemeinlich der stat zu
Brunswig durch jre erbere botschafft vns diemu-
tiglichen gebeten hand, das wir ju vnd derselben
stat Brunswig alle vnd igliche jre gnade, frijheite, rechte,
gute gewonheite, brieue, priuilegia vnd hantfesten, die sie von
römischen keisern vnd künigen vnsern vorfarn am rijche,
vnd hertzogen von Brunswig vnd Luneburg, vnd sust von
andern fursten vnd herren geistlichen vnd werntlichen,

vnd sünderlichen eynen brieff den sie von vuserm
vorfarn seligen konige Ruprechte vber jre lehen-
rechte, als sie vns ertzelt haben, erworben vnd her-
bracht haben, zu bestetigen vnd zu ueruuwen gnedig-
lich geruheten: des so han wir angesehen der obgenan-
ten burgermeister, rete vnd burgere von Brunswig diemu-
tige bete vnd auch jre stete willige vnd getruwe dienste,
die sie vnd jre vorfarn vns vnd vnsern vorfaren an dem
rijche dicke vnd oft vnuerdrossenlichen getan haben,
teglieh tun vnd furbas tun sollen vnd mogen in kunff-
tigen zijten, vnd haben darumb mit wolbedachtem müte,
gutem rate vnser fürsten, grauen, edeln vnd getruwen, vnd
rechter wiesen den vorgenanten burgermeistern, reten vnd
burgern der stat zu Brunswig vnd jren nachkommen alle

vnd igbche jre gnade, frijheite, rechte, gute gewonheite, brieue, priuilegia vnd hantfesten, wie die dann von worten zu worte ludende vnd begrieffen sind, die sie von vnsern obgenanten verfarn römischen keisern vnd kunigen, vnd in besunderheit des obgenanten konigs Ruprechts brief, vnd dartzu auch von hertzogen zu Brunswig vnd Luneburg vnd sust von andernn fursten vnd herren erworben vnd redlich vnd gerahlich herbracht haben, gnediglich bestetiget, befestnet, vernuwet vnd confirmiret, bestetigen, befesten, vernuwen vnd confirmiren jn die von romischer kuniglicher macht genwertiglich in crafft diess brieues, vnd wir meynen, setzen vnd wollen, das sie furbaßer mee da bij bliben vnd der auch an allen enden gebruchen vnd geniessen sollen vnd mögen von allermeniglich vngehindert, doch vns vnd dem rijche vnschedlichen an vnserm dienste.[1] Vnd wir gebieten darumb allen vnd iglichen fürsten geistlichen vnd werntlichen, grauen, frijen, herren, rittern, knechten, amptluten vnd furter allen an-

dern vnsern vnd des rijchs vndertanen vnd lieben getruwen ernstlich vnd vestiglich mit diesem briefe, das sie die vorgenanten von Brunswig vnd jre nachkommen an den vorgemelten jren gnaden, frijheiten, rechten, guten gewonheiten, brieuen, priuilegien vnd hantfesten nicht en 'jrren nach en hindern in dheine wise, sunder sie darbij gerdhlich blihon lassen, als liebe jne sij vnsere vnd des rijchs swere vngnade zu uermyden: dann wer durwider tet, der sol so dicke vnd oft das geschehe in vnsere vnd des rijchs swere vngnad vnd in ein pene funffvndtzwentzig margk lediges goldes verfallen sin, halbe in vnsere vnd des rijchs kammern, vnd die andern helffte den obgenanten von Brunswig vuleßlich zu bezalen. Mit orkunde diess brieues, versiegelt mit vnserer kuniglichen maiestat anhangenden jugesiegel, geben zu Prage an sant Seuers tag, nach Crists geburt viertzehenhundert vnd darnach in dem achtvnddrijssigsten jare, vnsere rijche jm ersten jare.

Ad mandatum domini regis dno G. cancell.
referente Theodoricus Ebbracht.

LXXXVII. HERZOG HEINRICHS DES FRIEDSAMEN HULDEBRIEF.

1440 April 24.

Von diesem Huldebriefe finden sich im Stadtarchive zwei Originale auf Pergament, das eine 16" lang, 13" hoch, mit Herzog Heinrichs Siegel — der mit den Leoparden und dem Löwen quartirte Schild, Unschrift **hinrich to brunfwig vnd luneborg hertog** *— aus grünem Wachs an einer grün und rothen Seidenschnur; das andere 17" lang, 13" hoch, mit gleichem Siegel an einem Pergamentstreifen. Beide Ausfertigungen sind völlig gleichlautend, in beiden ist auch die Zeugenreihe und das Datum mit anderer Dinte geschrieben als der übrige Inhalt. Gedruckt ist dieser Hulddrief in Br. Hendel I, 100. 489; Thes. honag. I, 92; Rehtmeiers Chron. 725. Er wiederholt wörtlich den Huldebrief der Herzöge Bernhard und Heinrich vom 17. Juli 1400, nur dass in den §§ 2, 3, 4, 33 die resp. §§ 4 des Huldebriefes von 1422 und 2, 3, 34 dessen von 1435 in etwas abweichenden Fassungen und § 4 mit einer Clausel erweitert, und in § 5 eine neue Bestimmung eingeschoben sind.* Hn.

Van godes gnaden wy Hinrick to Brunßwig vnd Luneborch hertoge bekennen openbare jn dussem breue, dat we noch vnse rechten eruen en schult neyne clostere geistliker lude man edder frauwen setten, orlouen, edder vulborden to woueude bynnen der stad vnde der muran to Brunßwig vnde ok buthan der stad so verne alse ore 2 vedrift is. Ok en wille we noch en schullen neynerleige wijs vulborden,[2] dat de cappittele vnser kerken sancti Blasij vnde sancti Ciriaci to Brunßwig

jennige parkerken bynnen Brunßwig belegen sick edder oren stichten incorporeren laten. Ok en 3 schulle we[3] neynen canonicum edder jemande dede beleuet were to sunte Blasiusse edder to sunte Ciriakese to Brunßwig to vnser parkerken welk bynnen Brunßwig presenteren edder belenen. We ok rede cyue parkerken 4 bynnen Brunßwig hedde,[4] deme en wolde we[5] vnser geistliken lene jn den vorgeschreuen kerken to sunte Blasiusse edder to sunte Ciriakese[6] neyn lenen noch

one darto presenteren,[1] vigezeght de lene de we vnde
5 vnse eruen leuen schullen na orem willen. Were
auer, dat vnse broder effbe vedder dusser leen
jenich lenede tegen dusse wise, vnd vnse vulbord
darto esschede, so mochte we vnse vulbord darto
6 gheuen. We bekennen ok des, dez we vnde vnse rech-
ter eruen hebben der suluen vnser stad to Brunßwig vn-
de vnsen leuen borgeren dar ynne, bij namen jn der Ol-
denstad, jn deme Hagene, jn der Nigenstad, jn der Ol-
denwick, vnde jn deme Sacke, de guade vnde dat recht
gegeuen: de dar, na jare sin, vnde borger edder borger-
schen sin, de schullen frig wesen vor allerleye ansprake.
7 We na dussem dage ok, alse dusse breff gegenen is, jn de
suluen vorsproken vijf stede vnser stad to Brunßwig fore,
vnde borger worde, vnde openbar darynne were jar vnde
dach ane ansprake, de scholde des suluen rechtes bruken,
8 vnde frig borger wesen, alse vorscreuen is. Worde ok
jemant anspraket bynnen jare vnde dage mit rechte de
de bursschap gewunnen hedde, den en scholde de rad to
neynem borgere hebben, he en hedde sick vorlikent mit
9 der herschap mit frunsschap edder mit rechte. We ok
vnde vnse rechten eruen willen vnde schullen de vijf stede
vnser stad to Brunßwig beschermen vnde vordegedingen
alle ores rechten vnde orer friheid alse se de oldingen
van vnsen elderen gehad hebben vnde hebbet, vnde ore
10 rechte to beterende vnde nicht to ergerende. Were ok,
dat jenich man der suluen vnser borgere jenigen forderen
woldo vor lad edder vor eglich, edder jenighe ansprake
don wolde, edder anders wur vmme jenighe schult ghe-
uon wolde, de scholde antworden vor vnsen gerichte jn
11 der stad to Brunßwig. Vnse vorgenomeden borgere der
vijf stede vnser stad to Brunßwig methen ok or recht wol
beteren wur se mogen, vnde wur dar nement en claged
12 dar en derff nement richten. Were ok, dat se jemant
schuldigen wolde, so scholden se antworden dar id on
van rechte geborde to antwordende, vnde des schulle we
13 se vordegedingen. Were ok, dat jenich schelinge velle
twisschen vns vnde deme rade to Brunßwig, wad denne
twene man vthe deme rade mit oren rechte beholden, dat
oro wonheid vnde recht hedde wesen, dar scholde we se
14 bij laten vnde bij beholden. Wolde den rad ok anders
jemant schuldigen, wes deme twene man vth dem rade
den rad entleddigen mit rechte, des scholde de rad led-

dich wesen, vnd des scholde we se vordegedingen, vnde
schullet des rades vnde der stad to Brunßwig recht bete-
ren vnde mit nicht krenken. Vortmer bekenne we ok vn- 15
de vnse rechten eruen, dat vnse borgere der vorbenoemten
vijf stede vnser stad to Brunßwig vnde ore gud schullet
tollen frigh wesen in vnsem lande, vnde jn vnsen steden,
vnde to alle vnsen sloten, na older wonheid, alse dat van
older gewesen heft. We ok in der stad to Brunßwig vo- 16
get is, de schal richten bynnen der stad vnde enbuten so
verne alse ore vedrift vnde ore lantwere wenden. Ffort- 17
mer vppe dat vnder vnsen mannen vnde vnsen vorgenom-
den borgeren neyn twidracht en werde, so scholle wij on
eynen marschalk setten, de vnsen borgeren richte oner
vnse man des on noid sij. We en willen des ok nicht, 18
dat vnser denstmanne jennich jenighen vnser borger to
Brunßwig mit kngude wise an eynen anderen heren de
beneden eme sij: des wille we se vordegedingen vnde on
bijbestan. We don on ok de guade: welk borger gud 19
hedde to lene van vnsem denstmanne, storue do ane er:
uen, so scholde de borger volgen na vns, vnde we schol-
den one belenen mit dem gude ane weddersprake vnde
ane ghaue. Ok en wille we des nicht, dat jennich vnser 20
man ane jenich gud lenen laten den vnse borgere edder
borgerschen to Brunßwig jn oren leenschen weren hebben.
We en schullen ok vnmo neyne sake schuldigen de bij vn- 21
sen heren vnses vader tijden geuallen weren wente na dus-
sem dach. We en schullen ok neynerleye gud dat me to der 22
stad[2] to Brunßwig brochte forende, dreue, edder druge,
hinderen edder hinderen laten, id en sij vnser openbaren
vigende. We en willen ok nemande to getinde nemen 23
den we wedder de stad vnde wedder ore recht vordege-
dingen, we en willen don on to rechte setten vnde on
rechtes van ome helpen. We en willet ok nemande hu- 24
sen noch hegen edder vordegedingen wedder de stad vnde
borgere, de se vnde de ore vorunrechtigede, edder de in
der stad vorvested edder darvth vordreuen were, vnde
wolden den van vns laten, won se vns dat wittlick deden.
Were ok, dat vnser borgere edder orer meyger jennich 25
brolte dede wedder vns, an den noch an orem gude en
wille wij neyn antigerichte don, id en were, dat de wor-
den begrepen vppe handhafftiger daed eynes dotslages, we
en deden dat wittick deme rade allererst vnde der stad:
haipen se vns darvmme mynne edder rechte, dar scholde

Ausgelassen 1) der Satz jd en were — vorlaten hedde.   2) eder van der stad.

29

26 we vns ane genoghen laten. Ok schulle wij vnde willed
se truweliken vordegedingen to orem rechte wedder aller-
malken, vnde schullet se bij gnaden, lij wonheid vnde bij
27 rechte laten vnd beholden to allen tijden. Vnde we ed-
der de vnse en willet noch en schullet se vnde ore mey-
gern, ore gud vnde de ore nicht beswaren mit bede, ed-
28 der mit denste, edder jn jenigherleye wijs. Were ok, dat
se edder ore meyger edder de ore broke deden, de on
mit rechte gevunden worden to beterende, dat scholde we
vnde de vnse on gnedcliken keren, dat se des vuorderft
29 bleuen. Ok en wille we noch en schulled noch de vnse
neyne settinge jn vnsem lande ouer se, ore gud, vnde ouer
ore meigere vnde de ore setten edder setten laten, dar se
30 edder de ore mede beschadet werden. Vnde we schullen
vnde willen se laten bij alsodannen gnaden, wonheit vnde
31 rechte, alse se weren bij vnser elderen tijden. Were ok,
dat se ore mortberuere edder stratenrouere ankemen in
vnsem lande, jn vnsen steden, sloten, edder dorperen, de
32 mochten se angripen ane vare vnde ane broke. Ffortmer
bekenne we, dat we vnde vnse rechten eruen willen vnde
schullen alle de breue de vnse here vnse vader vnde vnse
broder hertoge Wilhelm, vnde vnse fedder her-
toge Bernd milder dachtnisse, vnde wes vnse fed-
der hertoge Otte edder hertoge Ffrederick mit
der welkem vorsegelt hedde, vnde vnse elderen vnde
voruaren gegenen hebben dem rade vnde der stad to
Brunßwig vnde eynem jnwolken borgere to Brunßwig den
breue van on gegenen sind, gantz stede vnde vnuorbroken
holden, vnde we bestedtged alle ore priuilegia in aller
33 wise, efft wij de suluen besegelt hedden. Weret ok, dat
dem rade vnde den borgeren to Brunßwig tegen vns edder
vnse eruen noid were ore priuilegia to bewisende, dar
wolde we vnde seholden twene edder dre to schieken, den

wij des beloueden; de willen se darto jn vnse stad Brunß-
wig to komende aff vnde tho veligen, vnde de dar vmme
senden vppe dat radhus in der Oldenstad to Brunßwig,
de breue vnde priuilegia dar to besehende, to lesende, vn-
de to horende, jcht we dar saluen nicht en kemen: forder
en doruen se ore priuilegia vnde breue nicht senden. We 34
willet ok de vorgenomden vnse letten getruwen den rad
vnde de borgere truweliken vordegedingen vnde bescher-
men alle ores rechten dat se van vnsen elderen gehad
hebben, vnde willet on dat gantz vnde stede holden. Wol- 35
de se ok alle dusser vorsprokenen gnade vnde rechtes ed-
der juwelkes besunderen, de we vnde vnse elderen on ge-
geuen hebbet, jenich man vorunrechtigen, des wille wo ore
beschermer wesen on vnde to allen tijden vnde to allen
oren noodu. An eyn orkunde vnde stedicheit alle dusser
vorgeschreuen dingh hebbe we vor vns vnde vnse rechten
eruen vnse jngesegel wittliken vnde mit gudem willen ge-
henget laten to dussem breue. Dusser dingh sint ok tuge
vnse leuen getruwen de erbaren heren Johann Swa-
neflogel domdeken to Hildensem, hern Cord van
Rederen compthur to Supplingeborch, Ludolff
van Aluensleue, Hinrick van Velthem, Gunther
van Bertensleue, Hans van Marnholte, Hinrick
van Beruelde, Henne Doringh, Gereke Pauwal,
Albert van Vechelde, Hans van Schopenstede,
Hans Kale, Tyle van dem Broke, Hans Horne-
borch, Hinrick van Twedorppe, Dethard van Les-
se, Hinrick Luthardes, vnde Fricke van Twe-
dorppe. Vnde iss gescheen na godes bort verteyn-
hundert jar darna jn deme vertigesten jare, des
sondages alse me jn der hillighen kereken singed
Cantate etc.

LXXXVIII.
VERTRAG ZWISCHEN DEM RATHE DEN GILDEN UND DER MEINHEIT.
1445 Juli 12.

Von den zwanzig Originalen, in welchen diese gewöhnlich als „grosser Brief" bezeichnete Urkunde laut ihrer eigenen Angabe ausgefertigt wurde, finden sich im Stadtarchive noch zwei: Pergament, 27" breit, 15" hoch, mit funfzehn Siegeln an Pergamentstreifen. Das erste derselben, aus gelbem Wachs und 3⅞" im Durchmesser haltend, ist das Stadtsiegel, von welchem die Titelvignette dieses Buches ein verkleinertes Bild giebt. Die übrigen Siegel sind sämmtlich aus grünem Wachs und in Wachskapseln, die zunächst folgenden der dreizehn Gilden in (Sacks) Alterthümer der Stadt und des Landes Brschw. Tab. XIV und XV, das letzte, das der Meinheit, im Brschw. Kalender für 1861 ziemlich correct ab-

gebildet. Auf der Rückseite des hier abgedruckten Originals ist von gleichzeitiger Hand bemerkt: Toho-
pesate des rades, gilde vnde meynheit R¹⁰ c. *Gedruckt ist diese Urkunde in Br. Händel I, 90;*
Knichen Epopsis 183. Hn.

We de rad der stad to Brunswigk jn allen riff
wicbelden, vnde we mestere der wantsnider, der
lakenmeker jn dem Hagen, der lakenmeker jn der
Nyenstad, der lakenmeker jn der Oldenwick, der
scowerten vnde der gherwere, der gherwere vnde
der scowerten, der kuokenbauwere, der smede,
der wesseler, der goltsmede, der beckenwerten,
der becker, der kramer, der scrader vnde der kor-
senwerten, vnde de gemeynen gildebrodere van
alle dussen vorscreuen gilden, vnde we houetlude
der menheit vnde gantze menheit jn allen riff wic-
belden, hebbet vns eyndrechtliken des gans vor-
eynet dorch eyndracht vnde vrede samitheit wil-
len, vnser eyn bij dem anderen to bliuende vnde
to helpende myt alle vnser macht wedder to stande
deme vnde alle den dat der stad, dem rade, den
gilden vnde der gantzen menheit to Brunswigk
1 to schaden komen mochte. To dem ersten: weret,
dat de rad jennige gilde edder gildebrodere edder
jemande mangk der menheit jn tichten hedde, ed-
der de gilde offte de jemande jn dem
rade jn tichten hedde van des gebrekes wegen
dat gewesen hefft wente an dusse tijd, dat schal
gensliken dot wesen alse offt dat nu gescheyn en
2 were. Ok wan de tijd is dat me den rad wande-
len schal, alse io vmme de dre jare, so schullen
de mestere vnde de geswornen van den gilden ke-
sen radmanne bij oren eyden vth orer gilde, de
jenne de one duncken der stad nutte vnde be-
3 qweme wesen, alse dat van alder gewesen is. ¹ Ok
schullen de menheit jn allen wicbelden houetlude
kesen jn jowelker burscupp twene, vnde de ho-
uetlude schullen jn jowelkem wicbelde kesen bij
oren eyden radmanne van der menheit, de jenne
de one der stad duncken nutte vnde beqweme we-
sen, vnde jn dussem kore schal de mynste deyl
4 dem meysten deyle volghen. Ok schullen de rad
vnde radsworen de borgermestere kesen, eyn jo-
welk jn synem wicbelde, der se behouen to deme
dreqolden rade, vnde wan de rad alsus gekoren

1) *Vergl.* LXIII, exlvn.

is, wes denne de rad radet vor der stad beste,
des schullen de gilde vnde de menheit dem rade
bibestan vnde dat dem rade truwelken to gude
holden. Ok en schullen neyne twey brodere noch 5
de vadere myt dem sonen jn des rades eyden sit-
ten edder radsworen sin jn eynem wicbelde. Ok 6
schullen nene twe brodere noch de vader myt dem
sonen eynes jares jn den eyden sitten jn allen riff
wicbelden. We ok eynes borgermesters dochter 7
edder suster neme edder hedde to der ee, der
dochter man edder suster man en scholde me to
neynem borgemestere kesen dewile dat de vader
edder de swager jn des rades eyden sete. Des- 8
gelijk twiger broder kindere, edder de broder myt
des broders sonen, edder twiger suster kindere,
edder suster kindere vnde broder kindere, edder
twiger suster menne en schullen nicht beide bor-
germestere sin jn eynem wicbelde. We vnecht 9
is edder van eynem vnechten geboren, edder eyne
husfrauwen neme edder hedde to der ee de vn-
echt were edder der vr vader edder moder vn-
echt geboren were, den scholde me jn den rad
nicht nemen. Ok en schall de rad neyn nye ge- 10
sette setten vppe de gilde noch vppe de menheit,
edder veide don, se en deden dat myt witscupp,
willen vnde vulborde der mestere van alle dussen
vorscreuen gilden vnde der houetlude van der
menheit. Ok en schullen de gilde vnde de men- 11
heyt neyn nye gesette setten vppe den rad, se en
deden dat myt witscupp vnde vulborde des ra-
des. Vnde wes de rad myt den gildemesteren 12
vnde myt den houetluden der menheit enich
wert, dat schal me holden, vnde dat echtedingk
schal me holden, vnde dat nicht wandelen, jd
en sche myt willen vnde vulborde des rades, der
gildemestere vnde der houetlude der menheit.
Vnde wes de rad myt dem mereren deyle dusser 13
vorscreuen gildemestere vnde der houetlude der
menheit enich wert, des schult de anderen volgen.
Worde ok jemant vth den gilden edder van der 14

29*

menheit jegen den rad besecht van vnnutter sage wogen, done mach de rad darumme beschuldigen, 15 vnde mo schal one laten to antworde komen. Wor de ok jennich dusser gilde edder de menheit in ichteswelkem wicbelde dem rade, den gilden edder der menheit wedderstreuich edder towedderen, edder dat se twidracht maken wolden de wedder de stad were, den schal me beschuldigen jn deme wicbelde dar he wonet vor dem rade, vor den gilden vnde vor der menheit: des wolde de rad myt den gilden vnde menheiden samptliken mechtich 16 wesen to sturende. Worde ok jennich gildebroder siner gilde vnhorsam edder wedderstreuich, done mochte sin gilde darumme straffen, vnde dar wolde one de rad to behulpen wesen, offt der gilde des 17 behouff worde. Were ok, dat jomant vth dussen vorscreuen gilden edder menheyt dem rade, den anderen gilden edder der menheit wedderstreuich edder towedderen worde, den scholde de rad darumme straffen: des scholden de gilde vnde de 18 menheit dem rade truwelken bibestan. Ok mach me vnser borger meygere behinderen vnde vor- 19 uolgen myt rechte weme des noth is. Ok en schal de rad nemande geleiden vor penningeschult ane vulbort des jennen deme he schuldich were, jd en were, dat he myt vnser gnedigen fursten edder furstynnen van Brunswigk welkeren hir jukeme, edder se one ores werues myt jnsendeden, edder dat one de rad hir ja vorbodede vmme sake wil- 20 len dar der stad ane to donde were. Ok en schal na dusser tijd nemant weddeschat, tinsgut offte veltgud kopen ane van vnsen borgeren offte borgerschen, noch lengud sijk lenen laten dat he edder vuse borgere rede jn lone nicht en hadden, edder sin vederlike erue nicht en were, jd en schege myt vulborde rades vnde radsworen jn dem wicbelde dar he wonet, vigesecht jn steden edder bij ste- 21 den: doch so mach malk sineu lone volgen alse recht is. [1] Dusen vorscreuen artikel schal me holden ane alle list, wente we den vorbrake, de scholde dem rade geuen so vele alse de wedde- schat droge, vnde dat gud gewert were dat he so 22 gekufft hedde edder sijk gelegen laten hedde. Vn-

de werot, dat so weine kopes edder lenes jn eynem wicbelde van dem rade vnde radsworen gousoygert worde, des schal donne de rad vnde radsworen jn dem anderen wicbelden dem suluen edder eynem anderen ok weygeren vnde nicht tostaden. Ok 23 en schal de rad ueyne rente vorkopen, wer bijge- dingk offte weddeschat, jd en schege myd vulbor- de der jenner de de rad vnde radsworen dar to geschicket hedden. Ok scholen de senen de der 24 gemeynen stad gud entfanget alle jar eyns rekenen vor allen borgermesteren vnde vor den kokenheren. Vnde der gemeynen stad schat vnde gelt schal me 25 besluten myt viff sloten, [2] der slotele eynen scholde vorwaren eyn borgermester jn der Oldenstad, den anderen eyn borgermester jn dem Hagen, vnde den dridden slotel scholde vorwaren eyn borgermester jn der Nyenstad, vnde de anderen twe slotele wil- len dusse vorscreuen dre wicbelde houelen den ey- nen slotel eynen borgermestere jn der Oldenwick, vnde den anderen slotel eynem borgermestere jn dem Sacke, den de rede jn den suluen wicbelden dar to schickeden, de wile de Oldenwick vnde de Sack dussen anderen vorscreuen dren wicbelden togedan vnde vorpudet sin, alse se nu sin. We 26 na dusser tijd rente edder tins kofft an husen byn- nen der stad, dat schal me scriuen jn der stad bouck vppe pennige, drittich nige schillinge vor de mark. Vortmer wan schulde vnde antworde vor den 27 rad gekomen sin van vnseu borgeren offte borger- schen, dat schal de rad scheden bynnen eynem jare edder eyr, so vorder alse de jenne de die sake gol det de sake vorderen edder vorderen laten wan de rad tohope kumet. Wert ok eyn ordel vor den rad 28 getogen, dat schal de rad scheiden byunen eynem verndeyl jares edder eyr, so vorder alse de jenne den de sake geldet de sake vorderen edder vorde- ren laten wan de rad tohope kumet. Wolde ok de 29 rad wene holden jn studiis, dat scholden wesen vn- ser borger kindere echt vnde recht geboren, de sek wol rogerenden. We vnecht geboren were, deme en schal me des rades leen nicht leuen. Worde eyn 30 borger offte borgersche vureyne, deme schal me geuen de prouende to sunte Louarde vmme go-

des willen, so vorder alse dar eyn prouene led-
31 dich wore. De prouende to sunte Thomas, to
sunte Joste, to vnser leuen fruwen schal me ge-
uen den se gemaket sin, vnde schal dar neyn gelt
32 vor nemen. Wor neyn fundacie en were, dar
schal me geuen de prouende vnsen borgeren offte
borgerschen de des behouff hebben, vnde der
negest anderen armen luden vmme godes willen.
33 Komet ok, dar god vor sij, dat der stad krich
wedderstode, so dat des noth worde dat me de
borgere vppe perde vnde knechte to holdende
setten moste, so scholden de rede der viff wic-
belde vth orem rade vnde radsworen dar wene
to schicken, alse nemliken de rad jn der Olden-
stad viff persouen, de rad jn dem Hagen veire,
de rad jn der Nyenstad dre, de rad jn der Olden-
wick tweue, vnde de rad jn dem Sacke twene.
Dar schal me to schicken vth jowelker gilde ey-
nen man van den mesteren, vnde vth jowelkem wic-
belde eynen man van den houetluden der menheit.
Vnde duese scholden dar samptliken ouer to hope
komen vnde darupp raden, dat se de borgere set-
teden perde vnde knechte to holdende na malkes
mogelicheit vnde legenheyt, so dat dar nemant
34 ane vorsconet en worde. Vnde de seuen sitten-
de borgermestere jn den viff wicbelden scholden
dusse sesteyn personen vth dem rade vnde de
gildemestars vnde de houetlude der menheit de
darto geschicket sin, ok setten perde vnde knechte
35 to holdende, offt se dat vermochten. Ok en schul-
len de gilde noch de menheit neyne breue van sijk
scriuen ane vulbord des rades, jd en were, dat id
orem amnachte edder kuechten anliggende were.
36 Weret ok, dat breue gescreuen worden an jennige
gilde edder an de menheit, de breue mogen se
lesen: sind se dem rade anlaugende, so schal me
se bringen dem sittende borgermestere jn orem
37 wicbelde. Ok mogen dusse vorscreuen gildeme-
stere vnde houetlude der menheit to hope gan,
38 wan ou des noth is. Weret ok, dat jn vortiden
jennige vordrachtbreue gegeuen weren twisschen
dem rade, den gilden vnde der menheit, de en
scholden nu mer ueyne macht hebben, vnde schol-
den vormiddelst dussem breue gans vornichtiget
vnde dot wesen, vtgenomen breue edder schrifft

de antreden eyner jowelken gilde edder menheit
rechticheyt. De rad schal eyne jowelke gilde vn- 39
de menheit jn allen viff wicbelden beholden vnde
laten bij oren vryheyden vnde gnaden, de se heb-
ben van den firsten, van dem rade, offte van ol-
der wonheyt. Vnde me scholde sijk na dussen 40
breuen nu mer weten to richtende. Vnde dat wij
de rad der stad to Brunswigk jn allen viff wic-
belden, vnde wij gildemestere vnde gemeynen gil-
debrodere van alle dussen vorbenomeden gilden,
vnde wij houetlude der menheit, vnde de gantze
menheyt jn den suluen viff wicbelden gods al-
mechtich to loue vnde to eren vnde vmme be-
stentnisse willen dusser stad vns aldus alse vor-
beroret is vnder anderen fruntliken vnde leffliken
to hope gesat, voreyniget vnde vordragen hebben,
dijt so stede vnde vast to holdene vor vns vnde vn-
se nakomelinge, de wilede Oldenwick vnde de Sack
dussen anderen vorscreuen dren wicbelden toge-
dan vnde vorpendet sin alse se nu sin: des to or-
kunde vnde openbaren bewisinge hebbe wij de rad
der stad to Brunswigk der stad to Brunswigk jn-
gesegel, vnde wij gildemestere vnde gomeynen gil-
debrodere vnser gilde jngesegele, vnde wij houet-
lude der menheit vnde gantze menheit jn allen viff
wicbelden vnse jngesegele vor vns vnde vnse na-
komelinge witliken gehenget laten an dussen breff.
Vnde dusser breue der sint twintich van eynem
lude besegelt, eyn jowelk mit veffteyn jngesege-
len: der schullen de rede in den viff wicbelden
eynen hebben, vnde dusse nabenomeden gilde
schullen ok malk eynen hebben: alse de want-
snidere jn der Oldenstad, de lakenmekere jn dem
Hagen, de lakenmekere jn der Nyeustad, de la-
kenmekere jn der Oldenwick, de scowerten vnde
de gherwere, de gherwere vnde de scowerten
schullen eynen tosampde hebben, de kuokenhau-
were, de smede, de wesselere, de goltsmede, de
beckenwerten, de beckere, de kramere, de scra-
dere vnde de korsenwerten. Ok schullen de ho-
uetlude jn jowelkem wicbelde eynen hebben. Vn-
de dusse vordracht is vultogen vnde gegeuen na
der bord Jhesu Cristi vnses heren verteynhundert
jn dem viffvndeveirtigesten jare, am dage der
hilgen juncfruwen sancte Margarete.

LXXXIX. EIDE.

Unmittelbar auf den LX, 59 abgedruckten Eid folgen im ersten Codex der Altstadt von jüngeren Händen geschrieben nachstehende Formeln. Die 3.—7. derselben rühren von einer Hand und anscheinend — etwa mit Ausnahme der letzten — auch aus gleicher Zeit her; die 1. und 2. von zweierlei anderen Händen. In dem zweiten Codex der Altstadt finden sich nur die 4. und 5. Formel, welche hinter den bussenschutten eyd (LX, 61) von einer jüngern Hand hinzugefügt sind, die 5. ohne die angehängten zwei Nota. Dieselbe Hand hat diese beiden Formeln in den Säcker Codex eingetragen: die 5. auch hier ohne Zusatz; nach der LX, 55 gedruckten eine andere Hand auf dem folgenden vorn leeren Blatte die 1. Formel. Der Neustädter Codex bietet nur die 1. und 2.: jene, mit dem Datum versehen und von der Hand geschrieben, welche den Codex angelegt hat, steht vor, diese von gleicher Hand wie der dorwerder eyd (LX, 59) hinter diesem. Hn.

1 **B**rauwer eyd.[1]

Dat gij dem rade jo van eluen hympten moltes geuen teyn nye pennige, vnde van entelen hympten[2] eynen pennigh dat gij verbrauwen wilt, vn- LX, 22 de dat gij de pennighe de al dus deme rade boreden suluen in de tollen kesten schufen, eir gij dat mold melen leten: dat gijk god also helpe vnde de hilgen. Ok secht gijk de rad buten den eyd: We to kope brauwen wel, de schal eynerleye beyr brauwen, der eyn dat sthofeken to sellende ouer de dele vor twey penninghe, edder dat stofeken vor eynen pennigh vnde anders nicht, ane dat gij schencken vppe juwer dele myd krösen ane des rades vulbord, vthgesecht couend vnde dunnebeyr. Wat gij ok in vaten edder in tunnen vtsenden, dat schal in der suluen goyde wesen, vnde na siner goide vnvormenget bliuen, eyr gij dat van gijk dedon. Ok wel de rad: We beyr vtsellen wolde, were dat beyr dat stofeken to twen penninghen, des en scholde gij to tappende bynnen den ersten achte dagen nicht vtfoyren laten edder vtdoyn,[3] vtgesecht beere de[4] malk bi sek sulleuen vullen wolde. Hellinghbeyr vnde couend mochte malk[5] vtsenden vnde sellen wen he konde.[6]

Dit schal aldus wesen[7] de wille dat deme rade behaget.

Vploger vnde dreger eyd.[8] 2

Dat gij vle jowelkem vate vnde tunnen beires smecken vnd beseen, vnde welk beir dat sur, schalich, edder also wlom were, dat sek nicht konde scheiden, edder also dunne were, dat id vor brunswigkesches beir nicht varen mochte: dat en scholde gij nicht toslan, edder dar neyn teken vp geuen. Vnde dyt schal me[9] also holden, de wile dat id dem rade behaget.

Roden eyd vmme de kole. 3

Dat gij dyt jar neyne kole to juwer rode to drogende de neger wanne veir myle gemeynes weges, van dusser stad gebeten vnde gerekent, gebrant syn, myd juwer witscopp bederuen willen,[10] vnde dat gij vppe dem wege alseme de kole hir to dem markede edder to kope bringen wille, noch hir vppe dem markede dar to nicht kopen noch dar to kopen laten: dat gijk god etc.

Der houetlude eyd. 4

Dat gij hir to Brunswigk[11] in dem Hagen[12] van nu an wente des mandages negest na sunte An-

1) Dyt is de eyt der brawer S.   2) N und S fügen hinzu dar enbouen in van eynen hympten.   3) vpdon N, S.
4) ber dat S.   5) S fügt hinzu wol.   6) N fügt hinzu Actum anno domini m° cccc xxx tercie, des sunnuendes na Seruacij.   7) schal stan N.   8) Dregbere eyd N.   9) schal me fehlt N.   10) Dieser Theil der Formel muss schon in der zweiten Hälfte des 14. Jahrh. im Gebrauch gewesen sein: vgl. LIII, 106.   11) to Brunswigk fehlt A'.   12) yn der Oldenstad A'. Aus dieser Abweichung vnd der Correctur von 1488 in A (s. p. 231, n. 1) scheint hervorzugehen, dass dieser Codex der Altstadt nach einander in den Gebrauch des Hagens und der Neustadt übergegangen ist. — jn dem Sacke S.

dreas dage erst komende vort ouer dre jar¹ der menheyt houetlude wesen willen, vnde de wile² de menheyt truwelken vorstan² na juwen viff synnen so gij best kunnen vnde mogen, vnde willen kesen radmanne, wanne de tyd is bynnen dussen dren jaren alse me den rad to vornigende plecht, vte juwer menheyt,⁴ de gijk duncken der stad, dem rade, den gilden vnde der menheyt nutte vnde enen wesen, vnde helpen raden wes⁵ vor de stad sij, wanne gij darto vorbodet vnde geesschet werden, vnde dat gij de borgere vnde de stad helpen in eyndracht holden;⁶ dat gijk god so helpe.

5 Der meynheyt eyd.

Weret, dat dem rade, der⁷ gilden vnde der⁸ menheyt jennich schade wedderstunde, dem wedder to stande⁹ wille gij myt on samptliken bij enander bliuen: dat gijk god so helpe etc.

¹⁰Nota. In der Oldenstad vnde jn dem Hagen holt desse artikel vmme den rad to kesende alsus: Vnde willen kesen radmanne etc. vte juwer menheyt. Vnde jn den anderen dren wicbelden: Vnde willen kesen radmanne etc. van juwer menheyt wegen etc. Quod deficiunt in personis ydoneis.

Nota. Dussen eyd sworen de houetlude jn der Oldenstad vnde jn dem Hagen des mandages des lateren dnges sancti Odalrici, vnde was do erst gemaket anno domini xiiij² xlv.

Des wachmesters.   6

Dat gij de wage also holden vnde van der wichte also ᴸˣ·⁴⁸ nemen alse des de rad vpp eyn gekomen is, vnde malkem rechte don, vnde wat dar van wert to wegengelde, dat gij du suluen jn des rades kesten schuuen¹¹ willen, vnde offt gij vresscheden, offt hir eyn gast myt eynem gaste kopslagede, dar dem rade tollen van boren mochte, dat gij dat den tolner vormelden willen, vnde dat gij dit holden na juwen viff synnen alse gij best kunnen vnde mogen, de wile dat gij hir to gesinde sin, vnde dat dem rade behaget; dat gijk god so helpe etc.

Der gyldemester eyd.   7

Gy seggen dem rade bij den eyden de gij juwer gilde gedan hebben, dat gij kesen willen radmanne to dussen tokomenden dren jaren vth jower gilde, na vtwisinge des artikels des breues van dem kore des rades, de jenne de gijk duncken der stad nutte vnde beqweme wesen.

XC.
BESTÄTIGUNG DER STÄDTISCHEN PRIVILEGIEN DURCH KÖNIG FRIDERICH III.
1446 Juli 4.

Das Original dieser Urkunde befindet sich im Stadtarchive: Pergament, 21" breit, 13" hoch, mit König Friderichs doppelseitigem Majestätssiegel von mehr als 5" im Durchmesser aus gelbem Wachs an einer grün und violetten Seidenschnur. Auf der Vorderseite desselben ist zwischen den Füssen des Thronenden ein kleines Gegensiegel aus rothem Wachs eingedrückt: ein vierfaches bärtiges Gesicht. Auf der Rückseite der Urkunde R. Jacobus Widerl, und von der Hand eines gleichzeitigen städtischen Schreibers Confirmacio priuilegiorum regis Friderici Rᵗᵇb. Sie ist gedruckt in Br. Händel II, 709; Illustre exam. 164; Thes. ham. 152; Rehtmeiers Chron. 726. Am Donnerstag nach S. Ulrich wurde das Execusionsmandat an die Bischöfe Magnus von Hildesheim und Burchard von Halberstadt, an Herzog Heinrich und an den Grafen Ulrich zu Regenstein erlassen.   Hn.

---

1) Von späterer Hand verändert in van en mandage an negest etc. Eine zweite noch jüngere Hand, welche weiterhin einen Eid aus dem Jahre 1488 eingetragen, hat ohne die entsprechenden Worte auszustreichen über der Zeile und am obern Rande beigeschrieben: [jo] der Nigenstad van nu an vort ouer dre jar der meynheijt houetlude.   2) tyd A'.   3) helpen versun A'.   4) Anscheinend um 1488 und gleichfalls ohne Ausmerzung der entsprechenden Worte ist an dieser Stelle übergeschrieben van [juwer menheyt] wegen die jenne [de] etc. juwer stad meynheit A', van juwer meynheit wegen S.   5) wat A', S.   6) beholden A'.   7) den A', S. 8) der fehlt A', S.   9) wedderstande A', S.   10) Die beiden folgenden Nota fehlen A', S.   11) Am Rande um 1488 eite schuuen laten.

Wir Fridrich von gotes gnaden romischer kunig, zu allen ziten merer des richs, herczog zu Osterrich, zu Steir, zu Kernden vnd Krain, herre auf der Windischenmarch vnd zu Portenaw, graf zu Habspurg, czu Tirol, zu Phirt vnd zu Kyburg, marggraf zu Burgaw vnd lanntgraf zu Ellsass, bekennen vnd tůn kunt mit disem brife allen den die jn sehen oder horn lesen, das fur vns komen ist vnser vnd des richs lieben getrewn burgermeister, rates vnd burgere gemeinlich der stat czu Brunswig erber botschafft, vnd hat vns diemuticlich gebeten, das wir denselben burgermeistern, rate vnd burgern vnd der stat zu Brunswig all vnd yeglich jr gnad, freiheit, brife, priuilegia, rechte, gůt gewonheit vnd altherkomen, die sy von romischen keysern vnd kunigen vnsern vorfarn an riche[1] herbracht vnd erworben haben, vnd besunder sőlh bestettigung vnd freiheitbriue die sy von loblicher gedechtnuss kunig Albrechten vnserm lieben vettern erworben haben, vnd der von wort zu wort hernachgeschriben steet, zu bestettigen vnd zu confirmirn gnediclich gerůchten. Vnd stat vnd lautet derselb brief also: Wir Albrecht — — — vnser riche im ersten jare.[2] Des haben wir angesehen dieselben von Brunswig dienstlig bete vnd auch die getrewn dienste die sy vnd jre vordern[3] vnsern vorfarn romischen keysern vnd kunig vnd dem riche allezeit williclich vnd vnuerdrossenlich getan haben, vnd vns auch hinfur in kunfftigen zeiten wol tun sullen vnd mugen, vnd haben darumb mit wolbedachtem můte, gůtem rate[4] vnd rechter wissen den vorgenanten burgermeister, rate, burgern vnd stat zu Brunswig[5] all vnd yeglich jr gnad, freiheite, brife, priuilegia vnd besunder die freyheite so sy von kunig Albrechten vnserm vettern,

als vorstat, erworben haben, vnd darzu all ander jr rechte, gůt gewonheit vnd herkomen, die sy bisher redlichen behebt, gebrauchet vnd herbracht haben, genediclich bestettiget vnd confirmiret, bestetten vnd confirmiren jn die von romischer kuniglicher machtvolkomenheit in krafft diss briefs, vnd mainen, seczen vnd wellen, das si der an allen ennden vnd steten gebrauchen vnd geniessen sullen von allermeniclich vngehindert.[6] Vnd gebieten darumb allen vnd yeglichen forsten geistlichen vnd weltlichen, grauen, freyen, herren, rittern, knechten, richtern, hofrichtern, lanntrichtern, vrteilsprechern, vogten, phlegern, ambtleuten, burgermeistern, reten vnd gemeinden aller vnd yeglicher stete, merkte vnd dorffere, vnd sust allen andern vnsern vnd des richs vndertanen vnd getrewn von romischer kuniglicher macht ernstlich vnd vesticlich, das sy die vorgenanten burgermeister, rat vnd burgere der stat zu Brunswig an solhen jrn gnaden, freiheiten, briefen vnd priuilegien, rechten, gewonheiten vnd herkomen, vnd an dem vorgeschriben kuniglichem freyungsbrife nit sawmen noch hindern in dhainweis, sunder sy dabei von vnsern vnd des richs wegen getrewlich schaczen vnd schirmen, als ein yeglicher vnser vnd des richs swere vngenad vnd darzu die pene in jrn vorgemelten freiheiten vnd priuilegien begriffen vns vnd jn zu beczaln welle vermeiden. Mit vrkund diss briefs versigelt mit vnserr kuniglichen maiestat insigel geben zu Wyenn nach Krists geburd vierczehenhundert vnd darnach in dem sechsundvierczigisten jar, an sand Vlrichs tag, vnsers richs im silbenden jare.

Ad mandatum
domini regis.

XCI. PRIVILEGIEN VON HERZOG HEINRICH DEM FRIEDSAMEN.
1453 März 11.

Das Original dieser Urkunde auf Pergament befindet sich im Stadtarchive. An einem Pergamentstreifen hängt Heinrichs kleineres Siegel aus grünem Wachs in einer Wachskapsel: der Helm allein mit dem Federbusche und dem Pferde, Umschrift: secret heinrici i brvnswich et lvneborg dvc'. *Auf der Rückseite der Urkunde von gleichzeitiger Hand R"b vppe mennigerleye friheit. Sie ist gedruckt in Rehtmeiers Chron. 728.* Hn.

---

1) Ausgelassen die Worte der Confirmationsurkunde von 1438 vnd den herczogen — wenutlichen.   2) Bis auf sprachliche Verschiedenheiten völlig übereinstimmend mit LXXXVI.   Ausgelassen 3) vns vnd   4) vnser furten etc.   5) vnd jren nachkommen   6) doch vns — dienste.

Van godes gnaden wij Hinrick to Brunßwigk vnde Luneborch hertoge bekennen openbare in dussem breue vor vns, vnse eruen vnde vor vnse nakomelinge der herschopp to Brunßwigk: so alse wij mit vnsen lenen getruwen deme rade to Brunßwigk inschele gewesen hebben vmme dusse nabescreuen stucke vnde artikele, so hebben wij vns vmme sodanne stucke vnde artikele mit on in nascreuener wijse vnde ok vmme allen anderen vnwillen, gebreck vnde schel de twisschen vns, vnsen denren vnde knechten vnde on gewesen sin wente an dusse tijd, van watte saken de sijck erhauen hebben vnde vpgestan weren, gutliken vnde fruntliken 1 voreniget vnde vordragen. Tom ersten alse vnse amptlude vnde vogede van oren borgeren to Wulffelbuttele vnde in anderen stedden vnser herschopp wintollen vnde wagenschillingh geesschet vnde genomen hebben, dat wille wij bestellen bij vnsen amptluden vnde vogeden, dat se des nicht 2 mer van one eesschen edder nemen schullen. Ok mogen de borgere panden ore meygere vmme ore maldere, tynse vnde schuld vpp orem gude in vnser herschopp, dar on des to donde is, vnde darbij faren alse pandes recht is, alse se dat van alder gedan hebben vnde des van der herschopp besorget sin. Vnde vppe dersuluen borgere hoeffen schullen vnse amptlude, vogede offte denre nicht 3 panden. Ok moget der borgere meygere van orem gude theen, vnde eyn ander dar wedder vpp to rechten tijden, vth eynem dorpe ofte gerichte in dat andere bynnen vnser herschopp, ane broke vnde gaue, alse se des ok rede van vnsen vor- 4 uaren vnser herschopp begnadet sin. Ok mogen

de borgere ore meygere vpp vnde aff setthen to rechten tijden, wan on des to donde is, ane broke vnde ane gaue, jd en were, dat sijck de meygere vnredeliken helde vnde nicht en dede dat geborlick were: so mochte me one to bijtiiden affsetthen. Ok en willen wij den borgeren vnde oren 5 meygeren nicht vorbeden noch vorbeden laten vnse frigen strate, noch water offte weyde, jd en were denne, dat we so vngehorsam worde, dat he sijck anders nicht en wolde dwingen laten. Ok en willen wij den borgeren to Brunßwigk ore 6 gud nicht vorbeden noch vorbeden laten, de wile se nicht rechtes en weygert. Ok en schal der 7 borgere to Brunßwigk neyn der vnser bringen in borgen hand vor gerichte, edder anders vpholden, jd en were, dat se begrepen worden vp handhaftiger daet eynes openbaren dotslages. Ok en wil- 8 len wij der borgere to Brunßwigk meygere nicht besweren, vns koye, schapp, swine noch perde to voderende, vnde dat darbi laten, alse se des van vnser herschopp besorget sin. Vnde dusse vordracht schal vnschedelick wesen allen anderen oren fryheyden, rechticheyden, wonheyden vnde priuilegien, de se van vns, vnse elderen vnde vor-uaren rede hebben, so dat se hijr mede nicht schullen gekrencket noch geseriget werden in jenigerleye wise. Dusses to bekantnisse hebben wij vnse jngesegele witliken hethen hengen an dussen breff, dede gegeuen is nach Cristi vnses heren gebort veirteynhundert jar darna in deme dre vnde veifftigesten jare, amme sondage to midvasten, alsme in der hilligen kercken singet Letare.

XCII. BESTÄTIGUNG DER PRIVILEGIEN DE NON EVOCANDO DURCH PAPST PIUS II.
1463 Jan. 28.

Das Original dieser bisher nicht gedruckten Urkunde ist verschollen; ein Transsumpt derselben von 1465 befindet sich im Landesarchive zu Wolfenbüttel, eine gleichzeitige Abschrift in einem Copialbuche des Raths. Nach dieser der nachstehende Abdruck; die Varianten des Transsumptes in den Noten.

Pius episcopus servus servorum dei dilectis filiis sancti Jacobi Scotorum Erfurdensis et sancti Egi-dii Brunswicensis monasteriorum abbatibus, ac decano[1] beate Marie Hamburgensis, Maguntinen-

---

1) In dem Transsumpte ecclesie beate.

sis, Halberstadensis et Bremensis diocesium, salutem et apostolicam benedictionem. Exigit dilectorum filiorum proconsulum, consulum et universitatis hominum ac singularum personarum utriusque sexus ex universitate hujusmodi opidi Brunswicensis, Halberstadensis et Hildesemensis diocesium, devocionis affectus, quem ad nos et romanam gerunt ecclesiam, ut in hiis que sunt favoris et gracie nos sibi promptos gaudeant invenisse. Dudum siquidem felicis recordacionis Bonifacio pape[1] vuij predecessori nostro pro parte proconsulum, consulum, universitatis et personarum eorundem exposito, quod cum ipsi ab eorum ordinariis et archidiaconis loci ac ipsorum officialibus multipliciter vexarentur et extra dictum opidum sepius ad judicium citarentur ad comparendum coram archidiaconis, ordinariis, aut officialibus antedictis, et propterea enormia schandala presertim muliebri sexui ejusdem opidi orirentur, necnon proconsulibus, consulibus, universitati et personis predictis inutiles expense et damna intollerabilia frequencius subsequerentur nonnullaque homicidia premissorum occasione quandoque perpetrata fuissent: dictus Bonifacius predecessor proconsulibus, consulibus, universitati ac personis predictis per suas litteras concessit, ut acquirent per apostolicas seu legatorum apostolice sedis, quorumcunque tenorum existerent, non facientes plenam et expressam ac de verbo ad verbum de indulto hujusmodi mencionem, seu eciam ordinariorum, archidiaconorum aut officialium prefatorum litteras extra dictum opidum conveniri vel trahi, dummodo infra opidum ipsum parati essent, de eis conquerentibus exhibere justicie complementum coram judice competenti, decernens irritum et inane quicquid contra hujusmodi induiti tenorem per quoscunque quavis auctoritate scienter vel ignoranter contingeret attemptari. Necnon Martinus papa v eciam predecessor noster certas recolende memorie Sigismundi imperatoris, tunc regis Romanorum, litteras et contenta in eisdem, per quas proconsulibus, consulibus, universitati et personis predictis, ut in quibuscumque causis civilibus et eciam criminalibus extra dictum opidum ad aliqua foranea secularia judicia publica vel privata, in genere vel

in specie ad judicium evocari seu trahi non possent, concessum fuerat, auctoritate apostolica confirmavit, volens, quod per confirmacionem hujusmodi nullam libertati ecclesiastice prejudicium generetur, et super indulto et confirmacione premissis conservatores et judices deputavit, prout in diversis inde confectis litteris plenius continetur. Cum autem, sicut ex proconsulum, consulum, universitatis[2] et personarum predictorum conquestione percepimus, nonnulli archiepiscopi, episcopi aliique ecclesiarum prelati et clerici, ac ecclesiastice persone tam religiose quam seculares, necnon duces, marchiones, comites, barones, nobiles, milites et laici, communia civitatum, universitates opidorum, castrorum, villarum et aliorum locorum, et alie singulares persone civitatum et diocesium et aliarum parcium diversarum prodictos proconsules, consules, universitatem et personas contra indulta et confirmacionem hujusmodi[3] ad diversa judicia extra dictum opidum trahere presumant aliasque ipsis premissorum occasione multiplices molestias et injurias inferant et jacturas: pro parte proconsulum, consulum, universitatis et personarum predictorum nobis fuit humiliter supplicatum, ut cum eisdem valde reddatur difficile, pro singulis querelis occasione premissorum ad sedem predictam habere recursum, providere ipsis super hoc de benignitate apostolica dignaremur. Nos igitur adversus presumptores, molestatores et injuriatores hujusmodi illo volentes eisdem proconsulibus, consulibus, universitati et personis remedio subvenire, per quod ipsorum compescatur temeritas et aliis aditus committendi similia precludatur, discrecioni vestre per apostolica scripta mandamus, quatinus vos vel duo aut unus vestrum, per vos vel alium seu alios, eciam si sint extra loca in quibus deputati estis conservatores et judices, prefatis proconsulibus, consulibus, universitati et personis efficacis defensionis presidio assistentes non permittatis, eosdem ab illis vel quibusvis aliis contra indulta et confirmacionem hujusmodi extra dictum opidum ad judicium evocari seu alias

---

1) papa.   2) universitati.   3) hujusmodi im Transs. doppelt.

indebite molestari, vel eis gravamina seu damna vel injurias irrogari, facturi dictis proconsulibus, consulibus, universitati et personis, cum ab eis vel procuratoribus suis aut eorum aliquo fueritis requisiti, de molestiis, injuriis atque damnis hujusmodi presentibus et futuris, in illis videlicet[1] que judicialem requirunt indaginem summarie et de plano sine strepitu et figura judicii, in aliis vero prout qualitas eorum exegerit, justicie complementum, dicta libertate ecclesiastica in omnibus semper salva, presumptores, injuriatores et molestatores hujusmodi necnon contradictores quoslibet et rebelles, cujuscunque dignitatis, status, gradus, ordinis vel condicionis extiterint, quandocunque et quociensunque expedierit, auctoritate nostra, per censuram ecclesiasticam appellacione postposita compescendo, invocato ad hoc[2] si opus fuerit auxilio brachii secularis. Ceterum si forsan presumptorum, molestatorum et injuriatorum eorundem presencia, pro citacionibus, monicionibus et requisicionibus per vos de ipsis faciendis, tuta, secure vel commode haberi" nequirat, nos vobis, constito de non tuto accessu, citaciones, moniciones et requisiciones hujusmodi per edicta publica locis affigenda publicis, de quibus sit verisimilis conjectura, quod ad noticiam citatorum, monitorum et requisitorum hujusmodi pervenire valeant, faciendi plenam et liberam concedimus tenore presencium potestatem, volentes quod citaciones, moniciones et requisiciones hujusmodi perinde ipsos citatos, monitos et requisitos ut premittitur arctent,[4] ac si eis facte et insinuate presencialiter et personaliter extitissent, non obstantibus tam felicis recordacionis Bonifacii pape viij, eciam predecessoris nostri, quibus cavetur, ne aliquis extra suam civitatem et diocesin nisi in certis exceptis casibus, et in illis ultra unam dietam a fine sue dioceseos ad judicium evocetur, seu ne judices et conservatores a sede predicta deputati extra civitatem et diocesin in quibus deputati fuerint, contra quoscunque procedere, sive alii vel aliis vices suas committere,

aut aliquos ultra unam dietam a fine dioceseos eorundem trahere presumant, dummodo ultra duas dietas aliquis auctoritate' presencium non trahatur, seu quod de aliis quam de manifestis injuriis et violenciis et aliis que judicialem requirunt indaginem, penis in eos si secus egerint et in id procurantes adjectis, conservatores se nullatenus intromittant, quam aliis quibuscunque constitucionibus a predecessoribus nostris romanis pontificibus tam de judicibus delegatis et conservatoribus, quam personis ultra certum numerum ad judicium non vocandis, aut aliis editis que vestre possent in hac parte jurisdictioni aut potestati ejusque libero exercicio quomodolibet obviare, seu si aliquibus communiter vel divisim a predicta sit sede indultum, quod excommunicari, suspendi, vel ipsi et eorum loca eciam pro pecuniario debito interdici, seu extra vel ultra certa loca ad judicium evocari non possint per litteras apostolicas non facientes plenam et expressam ac de verbo ad verbum de indulto hujusmodi et eorum personis, locis, ordinibus et nominibus propriis mencionem, et qualibet alia indulgencia dicte sedis generali vel speciali, cujuscunque tenoris existat, per quam presentibus non expressam vel totaliter non insertam vestre jurisdictionis explicacio in hac parte valeat quomodolibet impediri, et de qua cujusque toto tenore de verbo ad verbum mencio habenda sit in nostris litteris specialis. Ceterum volumus et apostolica auctoritate decernimus, quod quilibet vestrum prosequi valeat articulum eciam per alium inchoatum, quamvis idem inchoans nullo fuerit impedimento canonico prepeditus, quodque a dato presencium sit vobis et unicuique vestrum in premissis omnibus et eorum singulis, ceptis et non ceptis, presentibus et futuris, perpetuata potestas et jurisdictio attributa, ut eo vigore eaque firmitate possitis in premissis omnibus, ceptis et non ceptis, presentibus et futuris, et pro predictis procedere, ac si predicta omnia et singula coram vobis cepta fuissent et jurisdictio vestra et cujus-

---

1) videlicet *fehlt*.   2) hoc.   3) *Nach dem Transsumpte, im Copialbuche des Raths* habere.   4) arcent.

libet vestrum in predictis omnibus et singulis per citacionem vel modum alium perpetuata legitime extitisset, constitucione predicta super conservatoribus et alia qualibet in contrarium edita non obstante, presentibus perpetuo valituris. Datum Rome apud sanctum Petrum, anno incarnacionis dominice millesimo quadringentesimo sexagesimo tercio, quinto Kal. Februarii, pontificatus nostri anno sexto.

XCIII. RATHSORDNUNG.
1453 Dec. 19.

In dem mehrfach erwähnten Codex des Sackes ist inmitten der Eide nachstehende Rathsordnung eingetragen. Eine andere Aufzeichnung derselben findet sich in einem die Jahre 1424—1593 umfassenden Degedingsbuche der Altstadt. Beide stimmen bis auf eine geringe Abweichung überein. Hn.

De rad, radesworne, ghildemestere vnde houetlude der meynheit vth allen wickbelden synt eynich 1 geworden, dat de ghildemestere vnde houetlude schullen kesen radlude na jnneholde des breues van dem kore des rades, van dem rade, ghilden vnde houetluden beseghelt jn dem jare do men schreff na godes bord verteynhundert jn deme vyff vnde vertigesten jare, jn sunte Margareten 2 daghe, alse se wente herto gedan hebben. Vnde de jenne de se jn den rad kesen de schullen jn dem rade blyuen dewyle se leuen, jt en were, dat van dem gemeynen rade vnde van den ghildemesteren offte houetluden van der weghen[1] de by den rad gekoren weren irkand worde, dat welk to dem rade nicht bequeme were: den [LXIII, n] mochte men zitten laten. Desgeliken schal men dat ok 3 holden myt den jennen de van den radsworen to borgermesteren na jnneholde dessuluen breues gekoren werden: de schullen ock borgermestere blyuen ore leuedaghe, jt en worde van dem gemeynen rade vnde van den radsworen des wigbeldes de se gekoren hedden erkand, dat se to dem ample nicht bequeme weren: so mochte men se affsetten. Diit ward gehandelt vnde so gesloten vppa dem Nygenstat huse, des mandages na sunte Lucien daghe anno dom. m° cccc° lx tercio. Vnde duese enynge schal men schryuen jn des gemeynen rades boyck, vnde eyn jowelk wigkbelde in ore boyck.

XCIV — XCIX. MÜNZEDICTE.
1464 — 1475.

Die unter den Anhängen zum Echtedinge LXII, 166. 171— 179 mitgetheilten Verfügungen eröffnen eine Reihe von Münzedicten, deren Zusammenhänge das Shigtbök in dem Abschnitte Van der pagemunte, S. 165 der Ausgabe von Scheller, darlegt. Amtliche Aufzeichnungen der zunächst folgenden sind bis jetzt nicht aufgefunden; der nachstehende Abdruck nach den beiden auf herzoglicher Bibliothek zu Wolfenbüttel befindlichen Handschriften des Shigtbökes, welche bei XI näher bezeichnet sind. Hn.

XCIV.
1464 Nov. 13.

1 Rad vnde radsworen is[2] enich geworden, dat ney-
met myt den krossen schal kopen vnde vorkopen,
2 wente de rad wil de krossen broberen laten. De-
de dre brunswicsche penigk gewert sin wel de
3 rad teken laten myt eynem b. Vnde we dar vn- getekende krossen heft, vnde wil se teken laten, de schal de muntemester teken: dede dre pennigk gewert sin jo eyn hundert[3] vor twe penigk, vnde vefftich vor eynen pennigk, vnde vinsvnde twintich vor eyn scherff, dritteyne vor eynen ver-

---

1) *Im Degedingsbuche der Altstadt meyne* statt *weghen.*   2) sint *B.*   3) dat hundert *B.*

ling, dar benedden vmmesus, vnde darbi kopen
4 vnde vorkopen. Vnde we darbouen dede, de
scholde[1] dem rade to broke geuen vor twintich
5 vngetekende krossen twe nige schilling. Doch
we de krossen bedde dede nicht dre brunswick-
sche penigk gewerdt sin, de mach se sliten vnde
vthgeuen vor twey pennigk ror dussen tokomende

wynachten. Anno domini m° iiij° lxiij jar, au dem
auende sante Martini.

Ok de Doringesschen, Nyssenschen vnde Hessen- 6
schen krossen myt deme groten schilden wel de
rad teken laten myt eynem lauwen vppe vefte-
haluen brunswickschen pennigk.

XCV.
1466 Sept. 22.

1 **R**ad vnde radsworen, gildemester vnde houetlude
XCIV. 1 4 sind endrechtliken eyns geworden, dat me de krossen de-
de hir nicht getekent en sin vnde vngetekent,[2] dat me de
hir nicht vthgeuen schal efte vpnemen, vnde neyn kor-
ne darvor kopen vnes borger vnde borgerschen vnde in-
woners, by dussem broke: van twintich krossen twe nie
schilling, van teyn krossen eynen nigen schilling,
van viff krossen ses pennigk. Vnde dut wel de rad
ernestliken vorderen, vnde dut schal anghan to
sunte Gallen dage erstvolgende. Anno etc. m° iiij°
lxvi jar, amme daghe sante Mauricii.

We de ock gelt, suluer, brunswicksche penninge vt- 2
sende efte ballium, vnde ander pagimante darvor halde LXII. 176
edder halen lete, de schal deme rade to broke geuen vef-
tich marck, we des bedragen[3] worde.

Eyd. 3
Dat gij de krossen de hir nicht getekent en sin
se nicht vthgeuen noch de juwen vthgenen laten,
noch vpnemen noch de juwen vpnemen laten en
willen juck to ghude hir bynen der stad gerichte,
vthgesecht[4] Bemesche krossen by dem suluen
eede: dat ju also got helppe.

XCVI.
1469 Jan. 16.

De rad is enich geworden, dat me der Hildessem-
sche seslinge myt dem rudenkranse vnde ock der
Gottingsche seslinge hir jn der stad gerichte nicht
durer vthgeuen noch vpnemen schal men vor dre
pennigk, vnde de Hildessemsche myt dem schilde
2 vor drittehaluen penigk. Vnde seuen hole Hil-
dessemsche penigk schullen gelden dre brunswick-
3 sche pennigk. Desgeliken schullen don seuen
4 hole Gottingsche. Vnde we van vnsen borgeren
vnde borgerschen efte orem gesinde dusse vor-
schreuen munte anders neme efte vthgeue hir in

der stad gerichte, de schal deme rade van juwel-
kem ferding geuen achteyn penigk, vnde van dem
haluen ferding neggen penigk, dar benedden veer
penigk to broke geuen. Vnde wes dusses deme 5
rade vormeldet wert, den mach de rad darvmme
beschuldigen, vnde we sick des nicht entledigen
wolde, de schal den broke geuen. Vnde duth 6
schal anghan to den hiligen passchen negest vol-
gende. Anno m° iiij° vnde lxix jar, amme dage
santi cadedra Petrij jn der hiligen vasten.

XCVII.
1470 Sept. 26.

XCVI. 1–4 **D**e gemeyne rad is enich geworden, dat me der Hildessem-
sche seslinge myt demc rudenkransé vnde de Gottingsche

sesling hir in der stad gerichte nicht durer vthgeuen noch
vpnemen schal men vor dre penigk, vnde de Hildessem-

---

1) schal *B.*   2) vngeteicknet vien *B.*   3) betropen *B.*   4) vthgesettet *B.*

2 sche myt dome schilde vor driddebaluen penigk. O hole Hildesscmsche vnde Gottingsche schullen gelden dre fers ling. Vnde we van vasen borgeren vnde juwoncren dusse vorschreuen intuate anders neme edder vtlgeus hir jn der stad gerichte, de schal deme rade van juwelkem ferding twe schilling oit, vnde dar benedden neggen penigk vnde veer penigk to broke geuen.

4 Vppe dat duth fuste stedeger[1] geholden werde, so schullen alle de in dem sittende rade sin[2]

vnde radsworen voreydem,[3] so dat se duth rades bot so holden willen. Vnde hir wel de rad be-[5] schicken vth anderen wickbelden: na der wise al-se me to dem schote plecht to swerende, so schal cyn juwelik wickbelde oren borgeren soden eyd don laten, ofte soden vorschreuen broke van one vorderen. Vnde dut schal anghan to sunte Gal-len dage erstkomende. Anno m' iiij[e] vnde lxx jar, an dem auende sante Cosma Damianus[4] etc.

<hr>

XCVIII.
1472 Juni 10.

1 De rad vnde radsworen sind enich geworden, dat de Hil-[XCVII,1] dessensche sesling myt dem radenkranse vnde de Gotting-sche sesling schullen gelden dre penigk in vaser stad ghe-richte, vnde de Hildessensche myt deme schilde dridde-2 haluen penigk, vnde ij hole Gottingsche dre ferling. Vnde de nige Gosselersche pennigk de hir nicht ge-tekent en is schal ock dre ferling gelden, vnde de gulde neggen nige schilling niger penigk, edder vor seavudedrittich krossen hir to dren pennigk 8 geteckent. Vnde we dut anders neme ofte vtlgeue, de [XCVI,6] schal to broke geuen vor eynen juwelken ferding achteyn pennigk, vor den haluen ferding neggen penigk, dar be-uedden veer penigk, vnde vor den gulden twe nige schilling.

Vo[r] der is de meyne rad auescheden,[6] dat se vnse 4 borger vnde borgerschen vor sunte Martens dage, wenem to deme schote sweren schal, fragen wil-len by oren eeden, wer se duth gesette ock so geholden hebben: we denne wes dar jn bekande,[8] de schal dussen vorschreuen broke geuen. Vnde 5 denne to densuluen tijt wel de rad den luden dat in den [XCVI,5] schoteleydt don, dat se duth gesette dat tokomende jar van eyner schoteltijt to dem anderen so hol-den schullen.

Vnde duth schal anghan to sunte Jacobes dage erstvolgende. Anno m' iiij[e] lxxij jar,[7] des mid-dewekens vor sunte Vites dage.

<hr>

XCIX.
1475 Oct. 14.

De rad vnde radsworen synd enich geworden, dat de nige brunswicksche penigk gelden schal viff ver-ling, vnde de ander pagimunte schal gelden alse de rad dat in vortiden rede gesat hefft. Wur ouer

malkem nyge pennigk vorseggelt vnde vorschro-uen sin, dar[9] schal me[9] nige penigk edder ore ge-werd geuen. Anno m' iiij[e] vnde lxxv jar, am daghe santus Kalixstus.

<hr>

C. HULDEBRIEF HERZOG WILHELMS DES ÄLTEREN.
1476 Febr. 17.

Das Original befindet sich im Stadtarchive: currentartige Schrift auf einem 24" breiten, 15" hohen Pergamente mit Herzog Wilhelms Siegel aus grünem Wachs in einer Wachskapsel, an braun und

<hr>

1) feste vnd stediger B.   2) ein fehlt B.   3) In der Handschr. voreyden schullen.   vereyded sin B.
4) Cosmi dominiano B.   5) vor den gemeynen rade auegescheidet B.   6) we dar ichtes bekennede B.
7) In B ist über 1472 gesetzt 1474.   8) deme B.   9) me fehlt B.

gelber Seidenschnur. Dasselbe zeigt den mit den Leoparden und dem Löwen quartirten Schild, und auf einem Bande die Umschrift sigillum · bei · gracia · wilhelmi · ducis · de brunfwik ꝛ luneburg. *Gedruckt nas dieser Huldebrief schon in Ult. exc. 1602 S. 100; Thes. hom. I, 110. Er ist dem Herzog Heinrichs vom 24. April 1440 durchaus gleichlautend.*

Hn.

Von godes gnaden wir Wilhelm der elder to Brunſ-wig, ock des brunſwikeschen landes ouere wolt, bij der Leyne vnde to Luneburg hartoge, to Euer-steyn, Wunstorppe, Hallirmunt, tore Wolppe etc. graffe, vnde here to Homburg, bekennen opinbar in deesem breue, dath wij noch vnse rechten ernen en schul-len ueyne cloistere geystliker lude man edir frowen setzen, erlouen edir fulborden to wonende bynnen der stadt vnd der maren to Brunſwig vnde ock buten der stadt so verne 2 ůr vedrifft is. Ock en wilen wij noch en schullen nay-nerlege wilſ fulborden, dat de capittele vnser kercken sinte Blasiſ vnd sinte Ciriaci to Brunſwig jennige parker-cken bynnen Brunſwig gelegin sick edir oren stifften jn-3 corporeren laten. Ock en schullen wij neynen canonicum edir jemande dede belehnt were to sinte Blasieſe edir to sinte Ciriacuſe to Brunſwig to vnser parkerckin welck 4 bynnen Brunſwig presenteren edir belehnen. We ock reide eyne parkerckin bynnen Brunſwig hedde, deme en wolden wij vnserer geystliken lône jn den vorgescreuen kerckin to sinte Blasinsse vnde to sinte Ciriacusse neyn lehnen noch one darto presenteren, vilgesecht de lehne dede wij vnde vnse eruen lehnen schullen nach orem wil-5 len. Were afir, dat vnseꝛ vedderen desser lehu jennich lehaden tegen desse wise, vnd vnse fulbordt darto hey-6 schede, so mochten wij vnse fulbordt darto genen. Wij bekennen ock des, dath wij vnd vnse rechten eruen heb-ben dersuluen vnser stadt to Brunſwig vnde vnsen lenen borgeren darbynnen, by namen jn der Oldenstadt, jn dem Hagene, jn der Nigenstadt, jn der Oldenwijck vnde in den. Sacke de gnade vnd dat recht gegeuen: de dare nu jnne sin, vnd borgere effte borgerschen sin, de schul-7 len frij wesen ar allerleye ausprake. We na desseu dage ock alse desse breiff gegeuen is jn de suluen vor-sproken viff steede vnser stat to Brunſwig vôre vnd bor-gere worde, vnde opinbare dar jnne were jar vnde dach ane ausprake, de scholde densuluen rechtes bruken vnde 8 frij borger wesen, alse vorgeschreuen is. Worde ock ie-ment auspraket bynnen jare vnd dage mit rechte de de borgerschupp gewunnen hedde, den en scholde de raidt

to ueynem borgere hebben, he en hedde sick vertijkent uit der herschupp mit fruntschupp edir mit rechte. Wij 9 ock vnde vnse rechten eruen willen vnd schullen de viſ steede vnser stadt to Brunſwig beschermen vnd vordege-dingen alle oren rechten vnd frijheit, alse see de oldinges von vnsen eldren vnd von hertogen Hinricke vnsem zaligen leuen broder gehatt hebben vnde hebben, vnd ore recht to beterande vnd nicht to ergerande. Wore ock, 10 dat jennich man der sulfften vnser borgere jennigen for-dren wolde vor laidt edir eygen, edir jennige ausprake dôn wolde, [2] de scholde antworden vor vnsem gerichte jn der staidt to Brunſwig. Vnser vorgenomden borgere der, viſ 11 steede vnser stadt to Brunſwig moiten ock ore recht woll beteren wur see mogen: wur dar neymant en claget dar en dorff neymant richten. Wore ock, dat see jemant 12 schuldigen wolde, so scholden see antworden dare idt ore von rechte geborde to antwordende, vnde des scholden wij see vordegedingen. Wore ock, dat jennich schelinge velle 13 twischen vns vnd dem raide to Brunſwig, wat deme twe-ne man vth dem raide mit oreu rechten beholden, dat ore wonheit vnde recht hedde gewesen, dar scholden wij see bij laten vnd bi beholden. Wolde den raidt ock anderst 14 jemant schuldigen, wes deme twene man vth dem raide den raidt entledigeden mit rechte, des scholde de raidt le-dich wesen, vnde des scholden wij see vordegedingen, vnde scholen des rades vnde der staidt to Brunſwig recht be-teren vnde mit nichte krenckin. Vortmere bekennen wij 15 vnde vnse rechten eruen, dat vnse borgere der vorbenomp-den viſ steede vnser stadt to Brunſwig vnde ore gût schul-len tollenfrijg sin jn vnseme lande, vnd jn vnsen steeden, vnde to allen vnsen sloten, na aldere wonheit alse dat von oldere gewesen is. We ock in der stadt to Brunſwig ro-16 guдt is, de schull richten bynnen der stadt vnde enbuten so verne alse ore vedrifft vnd ore lantwere wenden. Vort-17 mere vppe dat vnder vnsen mannen vnde vnsen vorgenom-den borgeren neyn twidracht en werde, so schullen wij vnse eynen marschalck setten, de vnsen borgeren richte ouer vnse manne des en noit sij. Wij en willen des ock 18 nicht, dat vnser deinstman jennig jennigen vnser borgere

Ausgelassen 1) broder effte   2) edder anders wur vmme jenighe schult ghouen wolde.

to Brunſwig mit leengude wise an eynen anderen heren
de beneddlem ome sii: des willen wii see vordegedingen vnd
19 one Lihestan. Wii dôn one ock de gnade: welck borger
gůt hedde to lehns von vnsem deuistmanne, storue de ane
eruen, so scholde de borger volgen au vus, vnde wii schol-
den on̄ belehmen mit dem gude ane weddersprake vnde
20 ane gaue. Ock en wille wij des nicht, dat jennich vn-
ser man sick jennich gût lehnen late, dat vnse borger edir
borgersschen to Brunſwig in oren lehnsschen weren hed-
21 den. Wii en schullen ock vnde neyne sake schuldigen de
bi vnses heren vnses vaders vnd brudors tiden geuallen
22 werd wente au desten dag. Wii en schullen ock neyner-
leye gût dath me to der stadt edir von der stadt to Brunſ-
wig brochte, vorede, dreue edir droge, hinderen edir hin-
23 deren laten, jdt en sii vnser opinboren vigende. Wii en
willen ock neymande to gesynde nemhen den wii wedder
stadt vnde wedder ore recht vordegedingeu, wii en willen
den one tó rechte setten vnd one rechtes van ome hel-
24 pen. Wi en willen ock nehmande lusen noch hogen edir
vordegedingen wedder de stadt vnde borgere de see vnd
de ore vornrechtigede, edir de in der stadt voruestet edir
dar vth vordreuen were, vnde wolden den von vus laten,
25 waune see vns dat witlick dede. Were ock, dat vnser
borgere edir orer meyger jennich bröke dede wedder vns,
an den noch au orem gude en willen wii neyn sulflge-
richtle don, jdt en were, dat see worden begreppen vppe
hantaftiger daet eynes doitslages, edir mit deynste, mit
lick deme raide alldere erst vnde der stadt: hulpen see
vns darvmb myane edir rechtes, dar scholden wij vns ane
26 genoigen laten. Ock schullen vnde willen wij see truwe-
liken vordegedingen to orem rechten wedder allermalckem,
vnde schullen see bü gnaden, bii wonheit vnd bii rechte
27 laten vnde beholden to allen tiden. Vnde wii edir de vnse
en willeu noch en schulleu see vnd ore meygere, ore gût
vnd de ore nicht besweren mit bede, edir mit deynste,
28 edir jn jennigerleye wijſ. Were ock, dat see edir ore
meygere edir de ore broke deden, de one mit rechte ge-
funden worden to beterende, dat scholden wii vnde de
vnse one guedigliken keren, dat see des vnuerderffet ble-
29 uen. Ock en willen wij noch en schullen vnde de vnse
neyne settinge jn vnsem lande ouer see vnd ore gût,
vnde ouer ore meygere vnd de ore setten edir setten la-
30 ten, dar see edir de ore mede beschattet werden. Vn-
de wii schullen vnd willen see laten bij alsodanen gnaden,
wonheit vnd rechte, alse see weren hij vnser elderen

vnde bij vnses broderſ zaligen hartogen Hinrickes
31 tiden. Were ock, dat see ore mortbernere vnde straten-
rouere ankenten jn vnsem lande, jn vnsen stecdlen, sloten
edir dorpperen, de mochten see angripen ane vär vnde
ane broke. Vortmer belenunen wij, dath wij vnde vnse
32 rechten eruen willen vnd schullen alle de breue de vnse
here vnde vader, vnde vnse broder hartoge Hinrick,
vnde vnse vedder hartoge Berndt milder dechtnisse, vnde
weß vnse ffedderen hartoge Otte edir hartoge Ffrederick
mit der wolckeme vorsegilt hedde, vnde vnse elderen vnde
vorfaren gegeuen hebben dem raide vnde vnde der staidt
to Brunſwig vnde eynem jowelcken borgere to Brunſwig
den breue von one gegouen sin, stede, vast, gantz vnd
vnuorbroken holden, vnde wii bestedigen alle ore prinile-
33 gia in allerwise, eff wii de saluen besegilt hedden. Weret
ock, dat deme raide vnd den borgeren to Brunſwig tegen
vns edir vnse eruen noit were ore priuilegia to bewisende,
dar wolden wii vnd scholden twene edir dre to schigken
den wij des beloueden: de willen see dare to in vnse stadt
to Brunſwig to komende aff vnde to veligen, vnde de dar
vmbe senden vppe dat rathuß in de Oldenstatt to Brunſ-
wigk, de breue vnde priuilegia to beseende, to lesende vn-
de to horende, jcht wi saluen dare nicht en kemen: for-
dor en dorsten see ore priuilegia vnde breue nicht senden.
34 We willen ock de vorgenanten vnse leuen getruwen den
rait vnde de borgere truweliken vordegedingen vnde be-
schermen alle ores rechten, dath see von vnsen elderen vn-
de von vnsem saligen broder hartogen Hinricke
gebatt hebben, vnde willen one dat stede vnd ganls hol-
35 den. Wolde see ock alle desser vorsprokene gnade vnde
rechtes edir jowelckes bisunderen, de wi vnde vnse elderen
vnde hartoge Hinrick saliger vnnse leue brodere
one gegeuen hebben, jennigh man vorvnrechtigen, den
willen wij ore beschermer syn nu vnd to allen tiden vnd
to alle oren noden. An eyn orkunde vnde stedicheyt aller
desser vorgeschreuen dingk hebben wij vor vus vnde vnse
rechten eruen vnse ingesegile witligen vnd mit gudem wil-
len gehenget laten to desseme breue. Desser dinge sin
ock tuge vnse leuen getruwen manne vnde borgere
de dar anne vnde ouer gewesen hebben vnd hir
nageschreuen stan: de eddelenn, gestrengen, er-
baren vnd duchtigen juncheren Borchardt here to
Warberge, eren Guntzell von Veltem ritter, eren
Johan Woldenberge deckin sinte Blasii kerckin,
Bode von Adeleuessen, Riddag von Wenden, Hu-

nere von Samplenen, Ludeleff von Marenholte, Diderich von Llenthe, erenn Johan Weddingebusen, erenn Johan Glisseman, Hinrick van Walbocke, Cordt von Broistede, Cordt von Scheppenstede, Alberdt von Vechtelde, Hans Block, Henningh Calm, Hans Slachman, Fricke von Twe-

dorppe, Hans Rythusen vnde Henningh Rodere. Vnde is gescheyn nach godes gebort veyrteynhundert darna jn dem sces vnd senentigsten jaren, am donnerstage nach sinte Valentins dage des hilgen martelers.

CI. CII. MÜNZEDICTE.

Nach den beiden Handschriften des Shigtbökes. Der Stelle nach, an welcher dort das zweite undatirte dieser Münzediete eingerückt ist, wurde es zwischen 1477 und 1483 erlassen. Hn.

CI.
1477 Oct. 16.

De rad heft broberet laten de Collensche witte, vnde heft bevunden, dat dar jtlike mede sin, vnde de wel de rad laten teken myt eynem lauwen, vppe veer brunswicksche pennige, vnde jtlike de sin nicht men drier nigen penigk gewert: de wel 2 de rad teken laten myt eynem ₰. Vnde so mach malk duth pagimente sliten vor sunte Martens daghe erstkomende: wente na sunte Martens da-

ge so en schal me der munte nicht durer rthgenen edder vpnemen bir bynen der stad vnde bynen der lantwere, men alse vorschreuen is. Vn- 3 de vor dat tekent schal me nicht geuen, wente de rad wel dat belonen. Vnde de Myssensche vnde 4 Doringesche krossen bir getekent myt dem B de schullen ock nicht mer gelden men dre penigk. Anno m° iiij° lxxvij jar, an dem daghe santi Gallij.

CII.

De rad is enich geworden, dat me de krossen dede getekent sin myt den teken ₰, ₰, ₩ myt den kronen, de schal me nicht durer nemen men vor 2 dre pennigk. Vnde dede getekent sin der suluen krossen ane kronen myt dem ₰, ₰ ₩, der en schal

me nicht durer nemen dan vor twey penigk vnde eyn scherff. Ock so en schal me neyn gelt 3 nemen vor scherue anne brunswicksche scherue vnde Hildessemsche, Gottingsche vnde Stendelsche pennigk.

CIII.
BESTÄTIGUNG DER EXEMTION VOM DIOCESANVERBANDE DURCH PAPST SIXTUS IV.
1481 Jan. 3.

Das Original dieser Urkunde befindet sich im Landesarchive zu Wolfenbüttel: Pergament, 20" breit, 13" hoch, mit bleierner Bulle an gelb und rother Seidenschnur. Neben der Unterschrift ist von anderer Hand angemerkt: pro A de Cortesiis fl iiij. pro L de Cortesiis fl iiij. residuum pro scriptore; auf der Rückseite der Urkunde R^a apud me L Gritum. Sie ist gedruckt in Rehtmeiers Kirchenhist. II, 174. Hn.

Sixtus episcopus, servus servorum dei, ad perpetuam rei memoriam. Regimini universalis ecclesie quanquam immeriti, disponente domino, presidentes curis perurgemur assiduis, ut juxta cre-

dite nobis desuper dispensacionis officium quieti personarum quarumlibet, presertim ecclesiasticarum, in quarum utique prosperitate reficimur, jugi quantum nobis ex alto concessum fuerit so-

3 1

licitudinis studio intendamus, et ut suis solitis gaudeant libertatibus, ipseque illibate persistant, libenter eis, cum a nobis petitur, apostolici adjicimus muniminis firmitatem. Sane pro parte dilectorum filiorum abbatis et conventus monasterii sancti Egidii, ordinis sancti Benedicti, ac prepositorum, decanorum, singulorumque canonicorum sancti Blasii intra et sancti Ciriaci extra collegiatarum, necnon rectorum sancti Martini et sancti Andree, ac sancte Catherine sanctique Magni et sancti Udalrici, ac sancti Petri et sancti Michaelis parrochialium intra et extra muros Brunswicensis, Halberstadensis et Hildesemensis diocesium ecclesiarum, perpetuorumque capellanorum, vicariorum, ac beneficiatorum in eisdem ecclesiis et in illis sitorum altarium rectorum, prepositi quoque ac dilectarum in Christo filiarum conventus monasterii sancte Crucis etiam extra et prope muros predictos per prepositum soliti gubernari, Cisterciensis ordinis, nobis nuper exhibita peticio continebat, quod ipsi a ducentis annis et ultra a tempore cujus initii hominum memoria non habetur, fuerunt et sunt habiti, tenti, tractati et reputati pro exemptis ac liberis ab omni jurisdictione, dominio et superioritate ordinariorum dicti loci et ab omni onere servitii, ac caritativi subsidii, collectarum et munerum ordinariorum prestatione, ac in quasi possessione pacifica exemptionis et libertatis ac immunitatis hujusmodi tam pro se ipsis quam pro eorum monasterio, ecclesiis, dignitatibus, capellis, capellaniis, vicariis, altaribus et aliis beneficiis ecclesiasticis et bonis eorundem existunt. Quare pro parte eorundem abbatis, conventus, prepositorum, decanorum, canonicorum, rectorum, vicariorum, capellanorum et beneficiatorum nobis fuit humiliter supplicatum, ut exemptioni, libertati et earum quasi possessioni hujusmodi, in qua sunt ut prefertur, pro earum subsistencia firmiori robur nostre confirmationis adjicere, aliasque in premissis oportune providere de benignitate apostolica dignaremur. Nos igitur hujusmodi supplicationibus inclinati, exemptionem, libertatem et immunitatem predictas auctoritate apostolica prosentium tenore confirmamus et approbamus, eos-

que de cetero quoad omnia servitia, caritativa subsidia et munera ac alia premissa pro exemptis et liberis. prout hactenus extitit observatum, haberi, tractari et reputari debere, necnon irritum et inane, si secus super hiis a quoquam quavis auctoritate scienter vel ignoranter contigerit attemptari, eadem auctoritate decernimus. Et nichilominus dilectis filiis abbati monasterii sancti Blasii in Northem, et beate Marie virginis Erffordensis ac ejusdem beate Marie Hamburgensis ecclesiarum decanis, Maguntinensis et Bremensis diocesium, per apostolica scripta mandamus, quatinus ipsi vel duo aut unus eorum per se vel alium seu alios ubi, quando et quotiens expedire noverint, fuerintque desuper pro parte abbatis, conventus, prepositorum, decanorum, canonicorum, vicariorum, beneficiatorum ac rectorum predictorum, aut alicujus eorum legitime requisiti, sollemniter publicantes non permittant, eos ad subeundum onera et munera predicta solvendumque collectas et caritativa subsidia invitos compelli, aut alias contra exemptionis, libertatis et immunitatis ac confirmacionis nostre predictarum tenorem ab ordinariis locorum vel quibusvis abis quomodolibet indebite molestari, contradictores auctoritate nostra appellatione postposita compescendo, non obstantibus constitutionibus et ordinacionibus apostolicis contrariis quibuscunque, seu si ordinariis prefatis vel quibusvis aliis communiter vel divisim ab apostolica sit sede indultum, quod interdici, suspendi, vel excommunicari non possint per litteras apostolicas non facientes plenam et expressam ac de verbo ad verbum de indulto hujusmodi mentionem. Nulli ergo omnino hominum liceat, hanc paginam nostre confirmationis, approbationis, constitutionis et mandati infringere, vel ei ausu temerario contraire. Si quis autem hoc attemptare presumpserit, indignationem omnipotentis dei ac beatorum Petri et Pauli apostolorum ejus se noverit incursurum. Datum Rome apud sanctum Petrum, anno incarnacionis dominice millesimo quadringentesimo octuagesimo primo, tertio Non. Januarii, pontificatus nostri anno undecimo.

A. Ingheramius.

CIV.

BESTÄTIGUNG DER PRIVILEGIEN DE NON EVOCANDO DURCH PAPST SIXTUS IV.

1482 Juni 21.

Das Original befindet sich im Stadtarchive: Pergament, 22" breit, 13" hoch, mit bleierner Bulle an gelb und rother Seidenschnur. Neben der Unterschrift ist angemerkt: Pro A Lucentino; *auf der Rückseite:* R apud me L Gritum, *und an verschiedenen Stellen von einer andern Hand ein lateinisches Regest dieser Urkunde und folgende Nachricht:* Anno domini m° cccc° lxxx tercio, indictione prima, pontificatus sanctissimi patris et domini nostri domini Sixti pape quarti anno terciodecimo, coram domino Johanne abbate monasterii sancti Egidii Brunswicensis, me notario publico et testibus infrascriptis personaliter constitutus venerabilis vir magister Hinricus Ronnstorp, sindicus magnifici consulatus opidi Brunsw. hujusmodi litteras apostolicas prefato domino abbati presentavit, qui ipsas cum ea qua decuit reverencia ad se recepit et michi notario ad legendum tradidit. Quibus perlectis idem magister Hinricus sindicus nomine dicti consulatus secundum ipsarum tenorem cum et quando necesse fuerit per ipsum dominum abbatem procedi petiit et debite obtinuit. Acta fuerunt hec in curia abbatiali prefati domini abbatis, presentibus discretis viris Martino de Colonia et Tilemanno Meyneken clericis Coloniensis et Maguntinensis dioc. testibus ad premissa rogatis. — Hinricus Hageman clericus Magunt. dioc. ad premissa notarius requisitus. *Gedruckt ist diese Urkunde in Rehtmeiers Kirchenhist. I, 165; Vaterl. Archiv f. Niedersachsen 1835 S. 217.* Hn.

Sixtus episcopus, servus servorum dei, dilectis filiis proconsulibus, consulibus et universitati hominum et personarum utriusque sexus opidi Brunswicensis, Halberstadensis et Hildesemensis diocesium salutem et apostolicam benedictionem. Sincere devotionis affectus, quem cum summa fidei integritate ad nos et romanam geritis ecclesiam promeretur, ut illa vobis libenter concedamus per que obtentorum per vos vestris exigentibus meritis a sede apostolica indultorum, sublatis quibuslibet impedimentis, votivum consequi possitis effectum. Dudum siquidem Bonifatius vuij in sua obedientia, de qua vos tunc eratis, nuncupatus ex certis rationabilibus causis tunc expressis vobis per quasdam gratiose concessit, ut acquiretis per apostolice sedis vel legatorum ejus non facientes plenam et expressam de concessione hujusmodi mentionem, seu etiam ordinariorum, archidiaconorum et officialium litteras extra opidum vestrum trahi, quamdiu parati essetis de vobis conquerentibus in opido vestro exhibere justicie complementum et stare juri coram judice ipsius opidi. Decrevit quoque irritum et inane quicquid contra concessionis hujusmodi tenorem per quoscunque quavis auctoritate scienter vel ignoranter contigeret attemptari. Et deinde felicis recordationis Martinus papa v pre-

decessor noster certas recolende memorie Sigismundi imperatoris tunc regis Romanorum litteras et contenta in eis, per quas vobis concedebatur, ut in quibuscunque causis civilibus et criminalibus extra dictum opidum ad aliqua forensa secularia judicia publica vel privata in genere vel in specie ad judicium evocari non possetis concesserat,[1] per alias confirmavit, ita tamen quod per confirmationem hujusmodi nullum ecclesiastice libertati prejudicium generaretur, certis desuper conservatoribus deputatis. Postmodum vero pie memorie Pio pape ii etiam predecessori nostro pro parte vestra exposito, quod nonnulli archiepiscopi, episcopi aliique ecclesiarum prelati et clerici, ac ecclesiastice persone tam religiose quam seculares, necnon duces, marchiones, comites, barones, nobiles, milites et laici, communia civitatum, universitates opidorum, castrorum, villarum et aliorum locorum, ac alie singulares persone civitatum et diocesium ac aliarum partium diversarum vos contra indulta et confirmationem hujusmodi ad diversa judicia extra dictum opidum trahere presumpserant, aliasque vobis premissorum occasione multiplices molestias et injurias inferebant et jacturas: idem Pius predecessor dilectis filiis sancti Jacobi Scotorum Erfordensis et sancti Egidii Brunswicensis monasteriorum abbatibus, ac decano ec-

---

1) concesserat *ist offenbar überflüssig.*

clesie sancte Marie Hamburgensis, Maguntinensis, Halberstadensis et Bremensis diocesium, per reliquas suas litteras inter alia dedit in mandatis, ut ipsi vel duo aut unus eorum, etiam si essent extra loca in quibus erant deputati conservatores et judices, vobis efficacia defensionis presidio assistentes non permitterent, vos ab illis ac quibuscunque aliis contra indulta et confirmationem hujusmodi extra dictum opidum ad judicium evocari seu alias indebite molestari, et alia tunc expressa facerent, prout in singulis litteris predictis plenius continetur. Cum autem post datum litterarum predictarum a sede predicta diverse littere conservatorie nuncupate pro diversis ecclesiis et ecclesiasticis personis cum diversis clausulis et derogationibus in eis contentis emanaverint et quotidie emanant, et, sicut exhibita nobis nuper pro parte vestra petitio continebat, a nonnullis asseratur, concessis vobis litteris predictis per easdem litteras conservatorias que isto postmodum emanarunt sufficienter derogatum fore, vosque illarum pretextu extra opidum predictum trahi posse: pro parte vestra nobis fuit humiliter supplicatum, ut quod per hujusmodi litteras aliis concessas et quas concedi contingeret in futurum extra opidum predictum trahi non possitis, declarare, aliasque in premissis vobis oportune providere de benignitate apostolica dignaremur. Nos igitur ad quos spectat dubia litterarum hujusmodi interpretari, vobis adversus hujusmodi dubitationes quoad futura providere volentes, hujusmodi supplicationibus inclinati, per hujusmodi litteras conservatorias, qualescunque sint, et contentas in eis clausulas spetiales et insolitas ac quantumcunque efficaces litteris et indultis predictis vobis concessis nullatenus derogatum esse aut in futurum derogari, nisi dum et quando de eisdem litteris vobis concessis specifica et individua mentio fieret, non autem per clausulas que in hujusmodi conservatoriis litteris apponi consueverunt, aut alias quascunque et quantumcunque efficaces, etiam que hujusmodi spetialem expressionem et specificam importare viderentur, nunquam censeri derogatum, auctoritate apostolica presentium tenore declaramus, sicque per quoscunque auditores et judices tam in romana curia quam extra eam in quibusvis causis movendis interpretari et judicari debere, sublata eis et cuilibet eorum quavis alia interpretandi sive judicandi facultate vel auctoritate. Necnon irritum et inane quicquid secus contigerit attemptari eadem auctoritate decernimus, eisdemque abbatibus et decano per apostolica scripta mandamus, quatinus ipsi vel duo aut unus eorum per se vel alium seu alios premissa ubi, quando et quotiens expedire cognoverint, fuerintque desuper legitime requisiti, sollemniter publicantes non permittant, vos contra dictarum litterarum ac declarationis et decreti nostri hujusmodi tenorem extra opidum predictum trahi seu alias quomodolibet molestari, contradictores per censuram ecclesiasticam appellatione postposita compescendo, non obstantibus premissis ac constitutionibus et ordinationibus apostolicis, necnon omnibus illis que predecessores nostri prefati in suis litteris predictis voluerunt non obstare, ceterisque contrariis quibuscunque. Nulli ergo omnino hominum liceat, hanc paginam nostre declarationis, decreti et mandati infringere vel ei ausu temerario contraire. Si quis autem hoc attemptare presumpserit, indignationem omnipotentis dei ac beatorum Petri et Pauli apostolorum ejus se noverit incursurum. Datum Rome, apud sanctum Petrum, anno incarnationis dominice millesimo quadringentesimo octuagesimo secundo, duodecimo Kal. Julii, pontificatus nostri anno undecimo.

Sinolfus.

CV. ZOLLFREIHEIT DER NEUBÜRGER.

1484 Febr. 11.

Nach der LXI, 282 abgedruckten Verfügung, der letzten des Stadtrechts im Codex des Sackes, ist daselbst noch folgendes bisher nicht gedruckte Statut eingetragen, mit welchem dieser Codex überhaupt abschliesst. Hn.

We na mer hir borger wardt, de mach aller
rechticheit vnde friheydt de vnse borger hebben
gebruken, vtgenommen der vryheit der tollen vn-
ser herschvp vnde hir bynnen der stadt: de schal
he gelick eynem vtmanne geven, ydt en sij denne,
dat he in vnser stadt myd sinem eliken wyffe, dat
he touoren to der ee genomen hedde, getochet
sij vnde hir wone, edder hir gevriget hebbe vnde
hir wone, edder dat he, so he eyn ledich geselle
js, hir eyn hus effte woninge hebbe de sin egen
sij, in der andacht, dat he sick hir besetten vnde
hir wonen wille ane yenigerlie argelist vnde ge-
uerde: wan he der dryerleige eyn gedan hefft
vnde deith, denne will ohne de rad aller vriheid
ok der tollen haluen vor einen fullenborger hol-
den. We ouer hir borger geboren is, den will de

rad ane vnderscheit in allen stucken vor eynen
fullenborger holden. Vnde dit schall stan vppe
des rades behach. Datum anno domini dusend
verhundert dar na ym veer vnde achtigesten, des
mitwekens na Scholastice virginis.

We ok vor dusser tidt hir borger gheworden
wore, der schall der vriheid der tollen vnser her-
schup vnde hir bynnen der stad denne ersten bru-
ken, wan he mit sinem elicken wyue, dat he to-
uoren genommen hadde, hir in de stad getochget
is vnde hir wonet, edder wen he hir vriget hefft
vnde hir woned, edder wan he hir eyn hus effte
woninge hefft de sin egen is, in der andacht, dat
he sick hir besetten vnde wonen will ane arge-
list vnde geuerde. Datum anno domini m° cccc°
lxxxiij, des mitweken na Scholastice virginis.

CVI. VOM BRAUTGELAGE.

*Unmittelbar hinter der LXII, 166 abgedruckten Verfügung, aber von derselben Hand, welche das
voranstehende Statut geschrieben hat, ist noch folgendes bisher nicht gedruckte in den Stücker Codex einge-
tragen. Zum Theil wiederholt es, wennschon in veränderter Fassung, ältere Bestimmungen.* Hn.

Wu me dat mit den bilachten holden schall.

1 To den brutlachten en schal me nicht mer hebben wenne
achtentich, vnde to juwelker maltidt twolleff junc-
frowen vnde twolleff drosten, bij viff schilligen yo var
den ouerigen mynschen to geuende, vthbescheden dat ge-
sinde der geladen geste de van buten her to der warschup
gekomen waren: de mochte de brodegam in sinem hu-
se laten spisen, de en schullen in dussen tall nicht gan.

2 Ok en schall men to den brutlachten nemande vthsenden,
noch kotte, noch gedrengk, noch frunden, noch fromeden,
wen dussen nabenomeden parsonen: den schal me
gelt dar vor geuen. Also nemlicken de yenne de
brudtmissen laten holden de schullen hir vor ge-
uen deme oppermanne, deme tornemanne, deme
herde, deme vronsboden neigen penninge weringe,
auer de yenne de neyne brudtmissen laten holden
schullen dussen vorbenompten parsonen vifftehal-
uen penninge weringe geuen, vnde deme schar-
penrichtere dre penninge, vnde den calcanten vp-
pe den orgelen juwelken eynen penningk vnde
darto eyn gudt vedt wekebrodt.

We dit vorbreke de schall yo vor dat gerichte 3
dat he vtgespiset hedde deme rade viff schillinge
geuen, edder sick den entledigen mit sinem eyde,
dat he nemande vthgespiset en habbe.

Ok en schall me to der vorgifft, to der warschup 4
vnde to deme brutdanse neyn withhrat, neine grone
vissche, vthbescheden in der vasten spisen, nach
betteren win wen Eltzetzern edder rinsschen win
schengken. Ok en schal men nicht mer richte hebben
to juwelker maltit wenn veer richte, bi viff marcken.
Wolde we ouer bijrichte hebben, de schullen ge-
backen sin. Wolde ok we kese vnde fruchte dar-
to geuen, dat schall bij ehme stan.

Ok en schall de brudt noch de brodegam noch 5
neyn orer vrunde welleck edder ore nabere des
ersten auendes des mitdages noch des anderen
auendes to der warschup neyne andere geste heb-
ben, dat der brut noch deme brodegamme gelde
edder ome to willen, wen de¹ alse vorgescreuen
js, sunder argelist.

Ok en schall me to der vargifft nicht mer lude 6

1) de vbergeschrieben.

habben wen sestich, vthbescheden de juncfruwen. Desgelicken schal men dat ok holden to deme brutdantze, bij viff schillingh yo vor den ouerigen parsonen to geuende.

7 Vnde wan de warschup gescben is, so scal de radt des wigkbeldes dar de brodegam ynne woneet bynnen den ersten xiiij dagen na der warschupt vnde brutdantze den brodegam vorboden laten bij deme burmestere, vnde ohme dusse artikelle laten lesen, vnde ohne vragen, efft he dit ok also geholden habbe. Vnde wat he des bekennet, dar var schall he de broke geuen, wes he des ouer vorsaket, des mach he sick mit sinem eyde ontledigen, ane gnade.[1]

CVII. MÜNZEDICT.
1485 Febr. 28.

Nachstehendes Münzedict findet sich in dem die Zeit von 1443 bis 1490 umfassenden Degedingsbuche der Altstadt. Gedruckt ist es in der Schellerschen Ausgabe des Shigtbökes S. 185. Hn.

Dusse nabescreuen schrifft holt inne dat gesette der munte etc.

1 De gemeyne radt vnde radefsworen sint eynich geworden des mandages na Reminiscere yn deme viffvndeachtigesten yare, dat vp tokomende sondach Trinitatis vnde denne forder yn tokomen tiden schall hir eyn brunsfwigkissche nige pennigk eyn penning sin vnde heten, vnde veer verlinge ofte twe scharff gelden, vnde me schall darbij kopen, vorkopen, allen handell mede don vnde arbeidesluden bij lonen. Me schall ok tinse effte renthe vnde schuldt de na deme genanten sondage Trinitatis gekofft edder gemaket werden edder wedderkofft, ofte afflosinge de na der tidt vorscreuen edder togesacht werden, bij vnde mit deme brunsswigkesschen pennigh vnde gelde betalen vnde geuen, alfe me dat vor dussen negen yaren vor langen yaren geholden hefft.

2 Desgelicken schullen twolleff nye brunsfwigkessche pennige eynen nyen schillingk, achtehalue nyge schillingk eynen ferdingk, veffteyn nye schillinge eyne halue marck, vnde drittich nye schillinge eyne marck gelden. Vnde de rinssche gulden schall achte nye brunsswigkessche schillinge vnde dre brunsswigkessche nye penninge gelden.

3 We vor suncte Calixtus dage amme viffvndeseuentegesten yare der mynrentall, do de brunswigkessche nye pennigk vppe viff verlinge gesedt wardt, tinse gekofft hedde, edder men ohme schuldich gebleuen wore, de tinse vnde schuldt schal me ohme geuen vnde betalen, ok den wedderkop don vnde wedder afflosen bij vnde mit brunsfwigkesschen nyen pennigen vnde brunsfwigkesschen marcken brunsswigkesscher niger pennige, drittich schillinge nye vor de marck to rekende, alse ydt vor der tit geholden wardt.

4 We twisschen suncte Calixtus dage amme[2] viff vndeseuentigesten yare der mynretall vnde deme sondage Trinitatis totokomende tinse gekofft hedde edder koffte, oddor in des rades boike hedde laten togescreuen, edder toscriuen lete, edder men ohme bynnen der tit ouer schuldich gewarden edder schuldich worde, de modt nu yn tokomeden tiden sick der tinse edder schuldt mit brunsswigkesschen nygen pennigen laten vernogen na werderinge der Goflerschen munte, alse de Goflersche munte de tit ouer gegulden hefft: nemelicken eyne marck mit veer vnde twintich nigen schillingen nyer brunsswigkesscher pennige to varnogende. Desgelicken schal me et mit deme wedderkope vnde der afflosinge holden.

5 Hir ynne sint vthgenomen de tinse offte schuldt, desgelicken de houetsummen des wedderkopes effte afflosinge de bynnen dusser tit eygentliken bij brunsswigkesschen nigen pennigen edder bij nigen schillingen niger brunsswigkesscher pennige varscreuen sin edder varscreuen warden, wente dat schal me holden na brunsswigkesschem gelde

1) *Ausführung des Gesetzes in LXI, 252.*   2) *In der Handschr. vii.*

niger brunsswigkesscher penninge, alse efft et var der tidt gescheyn ware, edder na dusson totokomenden Trinitatis geschege.

6 **De** radt hefft ok etlicke andere vthmunte de hir ginge sin proberedt, vnde de gesadt vnde gesettet de: nemclicken den groten Gosslerschen schillingk vppe achtehaluen brunsswigkesschen nigen pennigk, den luttiken Gosslerschen grossen vppe verdehaluen brunsswigkesschen nigen pennigk, dre Gosslersche pennige vppe tue brunsswigkessche nige pennige, den olden Lubischen schillingk vppe vifftehaluen brunsswigkesschen nigen pennigk. den nigen Lubischen schillingk vppe veer brunswigkessche nige pennigh, den Gottingesschen grossen vppe twe brunsswigkessche nige pennigh vnde eynen verlingk, den Hildensemschen grossen mit deme rudenkranse vppe twe brunssw. nige pennigh vnde eynen verlingk, den Missenschen grossen hir getekent vppe dre brunssw. nige pennigh, de groten Bremer groten vppe viff brunssw. nige pennigh, den luttiken Bremer groten vppe driddehaluen brunssw. nigen pennigh, vnde tue Hil-

densemsche pennigh vppe eynen brunssw. nigen pennigh.

Mit den vthmunten mach me den brunsfw. pen- 7 nigk, schillingk, ferdingk, effte marck an schuldt vnde tinsen, vnde forder nicht na orer werden alse de gesad sin varnogen. Ander vthmunte de hir nicht genomedt en sin, de wile de radt de nicht gesad hefft, is nemant varplichtet to nehmende. Ouer dusse artikell dere vthmunte schall stan de wile idt deme rade behagedt, wente de radt will vp juwelke vthmunte eyn vpseen habben, de van tiden to tiden proberet vnde de anderß, ifft darmede gefellet worde, setten edder gans vorbeden, alze dat deme rade nuttest dunckot wesen.

Alle dusse bouen gesatten gesette vnde artickelle 8 schullen anghan vppe tokomenden sondach Trinitatis, vnde eyr nicht.

Ok schall nehmand den brunssw. penningk smel- 9 ten edder bernen: we dat dede, den will de radt straffen.

CVIII. HULDEBRIEF HERZOG WILHELMS DES JÜNGERN.

1487 Aug. 5.

Das Original befindet sich im Stadtarchive: Pergament, 18" breit, 17" hoch, mit Herzog Wilhelms Siegel aus grünem Wachs in einer Wachskapsel und an einem Pergamentstreifen. Dasselbe zeigt den Schild mit den Wappen von Braunschweig, Lüneburg, Everstein und Homburg, darüber den Helm mit dem Federbusch und dem Pferde zwischen Sicheln, und auf einem Bande die Umschrift s' wilhelmi ducis in brunswik et luneborg. *Dieser Huldebrief ist gedruckt in Ult. except. 108; Thes. hom. I, 108. Er wiederholt fast wörtlich den Herzog Wilhelms des Aeltern von 1476.* Hn.

Von gots gnaden wij Wilhelm to Brunswig vnd Luneborg hertoge etc. bekennen openbar jan dussem breue, dat wij noch vnse ernen en schullen neyne clostere geistliker lude manu edder friwen setten, erlouen edder vulborden to wonende bynnen der staidt edder muren to Brunswig vnd ock buten der staidt so verne 2 ore vehedriftt is. Ock en willen wij noch en schullen neynerleyewijs vulborden, dat de cappittell vnser kerken sancti Blasij vnd sancti Ciriacj to Brunswig jenige parkerken bynnen Brunswig gelegen sick edder oren stifften ju-3 corporeren laten. Ok en schullen wij neynen canonicum edder jemande de de belehnt wore to sunte Blasio edder

to sunte Ciriaco to Brunswig to vnser parkerken welken bynnen Brunswig presenteren edder helehnen. We ok 4 alreide eyne parkerken bynnen Brunswig hedde, dem wolden wij vnser geistliken lehne jn den vorgeschreuen kerken to sunte Blasio vnd to sunte Ciriaco neyn lehnen noch one darto presenteren, vthgesecht de lehne dede wij vnd vnse ernen lehnen schullen nach oreme willen. Wore 5 aner, dat vnse vedderen dusser lehne jenig lehneden tegen dusse wise, vnd vnse vulhort darto heischeden, so mochte wij vnse vulhort darto geuen. Wij bekennen ok des, dat 6 wij vnd vnse rechten eruen hebben der suluen vnser staidt to Brunswig vnd vnsen leuen borgern dar bynnen, bij unmen jn der Oldenstalt, jn dem Hagen, jn der Nigenstalt, jn der Oldenwick vnde jn dem Sacke, de gnade vnd dat recht gegeuen: de dar nu jnne sin, vnde borger vad bor- gersschen siu, de schullen frihe wesen vor allerleye an-

7 sprake. We na dussem dage ock als dusse breff gegeuen is jn de suluen vorgesproken viff stede vnser staidt to Bruns- wig vore vnd borger worde, vnde openbare dar jnne were jar vnd dach ane ansprake, de scholde des suluen rechts

8 bruken vnd frihe borger wesen als vorgeschreuen is. Wor- de ock jemant anspraket bynnen jare vnde dage mit rechte de de borgerschupp gewunnen hedde, den en scholde de raidt to neynem borger hebben, he en hedde sick vorii- kent mit der herschupp mit fruntschupp edder mit rechte.

9 Wij ock vnd vnse rechten eruen willen vnd schullen de viff stede vnser staidt to Brunswig beschermen vad vor- degedingen alle ores rechten vnde friheit, als se de oldin- ges van vnsen vor eldern, vnd von hertogen Heinriche vn- sem zaligen leuen vedderen, vnd den hochgeborn fur- sten hertogen Wilhelme vnsem zaligen leuen hern vnd vadere gelatt hebben vnde hebben, vnde oro recht

10 to beterende vnd nicht to argernde. Wore ock, dat je- nich mann der sulfften vnser borger jenigen forderen wol- de vor laet edder eigen, edder jenige ansprake doin wol- de, de scholde antwerden vor vnsem gerichte jn der staidt

11 to Brunswig. Vnse vorgenohmenden borger der viff stede vnser staidt to Brunswig moiten ock ore recht wol beteren wor se molgen: wor dar neymant en clagt, dar en darff

12 neymant richten. Wore ock, dat se jemant schuldigen wolde, so scholden se antwerden dar id one von rechte geborde to antwordende, vnd des schullen wij se ock vor-

13 dedingen. Wore ok, dat jenich schelinge gefelle twi- schen vns vnd dem raide to Brunswig, wat denne twene mann vth dem raide mit orem rechten beholden, dat en gewontheit vd recht hedde gewesen, dor schullen wij se

14 bij laten vnde bij beholden. Wolde den raidt ock ander jemant schuldigen, wes denne twene manne vth dem raide den raidt entledigeden mit rechte, des scholde de raidt led- dich wesen, vnd des scholden wij se vordedingen, vnd schullen des raides vnd der staidt to Brunswig vor-

15 betteren vnd mit nichte kreucken. Vortmer bekennen wij vnd vnse rechten eruen, dat vnse borgere der vorbenomb- den viff stede vnser staidt to Brunswig vnd ore gudt schul- len tollenfrihe sin jn vnsem lande vnd jn vnsen steden vnd to alle vnsen sloiten na older wontheit, als dat von alder

16 gewesen is. We ock in der staidt to Brunswig voget is,

de schall richtenn bynnen der staidt vnd enbutten so ver-

ne ore vehedrifft vnd lantwere wenden. Vortmer vp dat 17 vader vnsen maunen vnd vnsen vorbenombden borgeren neyn twiidracht en werde, so schullen wij one eynen mar- schalk setten, de vnsen borgern richte ouer vnse manne des one noidt sij. Wij willen des ock nicht, dat vnser 18 denstmanne jenich jenigen vnser borgere to Brunswig mit lehngude wise an eynen anderen hern de benedden ome sij: des willen wij se vordedingen vnd one bijbestain. Wij doin one ock de gnade: welk borger gudt hedde to 19 lehne von vnsem denstmanne, storue de ane eruen, so scholde de borger volgen an vns, vnd wij scholden one be- lehnen mit dem gude ane weddersprake vnd ane gaue. Ok en willen wij des nicht, dat jenich vnser manne sick 20 jenich gudt lehnen late dat vnse borger edder borgerschen to Brunswick ju oren lehnschen wehren hedden. Wij en 21 schullen ock vmme neyne sake schuldigen de bij vnsers hern vnd vaders vnd vedderen hertogen Heinrichs zeligen tijden geuallen wore wente an dussen dach. Wij 22 schullen ock neynerleye gudt dat men to der staidt edder von der staidt to Brunswig brochte, forede, dreue edder droge, hindern edder hinderen laten, jd en sij vnser openm- barn figende. Wij en willen ock neymande to gesinde neh- 23 men den wij wedder de staidt vnd wedder ore recht vor- dedingen, wij en willen denne one to rechte setten vnd one rechts von ome helpen. Wij en willen ock neymande 24 husen noch hegen edder vordedingen wedder de staidt vnd borgere de se vnd de ore vorvnrechtigede, edder de jn der staidt vornested edder darvth vordreuen wore, vn- de wolden den von vns laten, wanne se vns dat witlick deden. Wore ock, dat vnser borgere edder orer meigere 25 jenich broke dede wedder vns, an den noch an oreme gu- de en willen wij neyn sulfgerichte doin, jd en wore, dat se worden begrepen vp handhafftiger daet eynes doitslages, wij en deden dat witlick deme raide allererst vnd der staidt: hulpen se vns dar vmme myune edder rechts, dar scholden wij vns ane benoigen laten. Ock schullen vnd 26 willen wij se truwelicken vordedingen to orem rechten wedder allermalkem, vnd schullen se bij gnaden, bij went- heit vnd rechte laten vnd beholden to allen tijden. Vnd 27 wij edder de vnse en willen noch en schullen se vnd ore meigere, ore gudt vnd de ore nicht besweren mit bede edder mit deinste, edder jn jenigerleyewiis. Wore ock, 28 dat se edder ore meygere edder de ore broke deden, de one mit rechte gefunden worden to betternde, dat schol-

den wij vud de vnse one gnedicliken keren, dat se des vn-
29 nerderuct bleuen. Ock en willen wij noch en schullen
noch de vnse neyne settunge jn vnserm lande ouer se vnd
ore gudt vnd ouer ore meiger vnd de ore setten edder
setten laten, dar se edder de ore mede beschattet worden.
30 Vnd wij schullen vnd willen se laten bij alsodanen gna-
den, woutheit vnd rechte als se weren bij vnser voreide-
ren vnd vnsers vedderen zaligen hertogen Hein-
rikes vnd vnsers zaligen hern vnd vaders tijden.
31 Were ock, dat se ore mortbernere vnd stratenrouuere an-
qwemen jn vnserm lande jn vnsen steden, slotten edder
dorperren, de mochten se angripen ane vare vnd ane bro-
32 ke. Vortmer bekennen wij, dat wij vnd vnse rechten er-
nen willen vnd schullen alle dr breue de vnse here vnd
vader, vnd vnse veddere hertoge Heinrich, vnd vnse ved-
dere hertoge Berndt milder gedechtnisse, vnde wes vnse
vedderen hertoge Otte edder hertoge Ffroderick mit der
welken vorsegelt hedden, vnd vnse elderen vnd vorfaren
gegeuen hebben dem raide vnd der staidt to Brunswig
vnd eynem jowelken borgere to Brunswig den breue von
one gegeuen sin, stede, vaste, gantz vnd vnuorbroken hol-
den, vnd wij bestedigen alle ore priuilegia ju aller wise
33 eff wij de suluest besegelt hedden. Wore ock, dat dem
raide vnd den borgeren tho Drunswig tegen vns edder vnse
eruen noit wore ore priuilegis to bewisende, dar wolden
wij vnd schelden twene edder dreie to schicken, den wij
des tobeloueden: den willen se darto jn vnse staidt to
Drunswig to komende aff vnd to veligen, vnd de dar vn-
me senden vp dat raidthus jn de Oldenstait to Brunswig,
de breue vnd priuilegia to besehnde, to lesende vnd to
borende, eff wij dar suluest nicht en qwemen: fardor es
34 deruen se ore priuilegia vnd breue nicht senden. Wij
willen ock de vorgenunten vnse leuen getruwen den raidt

vnd de borger truweliken vordedingen vnd beschermen
alle ores rechtens dat se von vnsen elderen vnd von vnsem
zaligen vedderen hertogen Heinriche vnd desglick von
vnsern zaligen hern vnd vader hertogen Wilhelmen
gehatt hebben, vnd willen one dat stede vnd gantz holden.
35 Wolde se ock aller dusser vorsprokener gnade vnd rechts
edder jowelkes bysundern de wij, vnse voreldern, vnd
hertoge Heinrich zaliger vnse leue vedder, ok velege-
dachte vnse leue here vnd vader milder gedecht-
nisse one gegeuen hebben, janich mann vorvarechtigen,
des willen wij or beschermere sin nu vnd to allen tijden
vnd to allen oren noiden. Jn eyne orkunde vnd stedicheit
aller dusser vorgeschreuen dingk hebben wij ver vns vnd
vnse rechten eruen vnse jngesegell witliken vnd mit gudem
willen gehanget laten to dussem breue. Dusser dinge sint
ock tuge vnse leuen getruwen rede, manne vnd borger de
dar anne vnd ouer gewesen hebben vnd hir nageschreuen
stain: de edelen gestrengen vnd erbaren junckhor Bor-
chert hers to Werberge, her Nickell von Polenczk
compturere to Luckelem, Bartolt von Oldershusen
marschalk, Johann von Heuenhusen houemei-
stere, Diderick vonn Vflere, Hunre vonn Samp-
leuen, Jacobb vonn Bartensleue, Heise vonn Ker-
stelingerode, Gerdt von Hardenberge, Ludolff
vonn Saldere, Siuert Schencken vnd Ludolff von
Wenden, Albert von Vechelde, Cordt von Broye-
stede, Ludecke Broyere, Bode Glumere, Luder
Horneborch, Henning Calm, Henning Schulte,
Gerwin Witkopp, Ludeke Krage vnd Heinrich
von Hamelen. Vnd is geschein na godes gebort
verteynhundert dar na jm seuen vnd achtigesten
jare, am sondag Oswaldi martiris.

CIX. MÜNZEDICT.

1487 Dec. 18.

Nach den beiden Handschriften des Shyftbokes. Zum grössten Theile besteht dieses Münzedict
aus den §§ 1, 2, 6, 7, 8, 9 dessen vom 28. Febr. 1485; neu sind nur die §§ 5 und 8. Hn.

De gemeyne rad vnde radesworen, de gyldemesteren
van allen gijlden vnde de[1] houetlude der meyn-
heyt stad enich geworden des dinxsedages na Lucie

anno domini m° iiij° lxxxvii jar, dat vp tokomende
der hilligen drier konigk daghe vnde denne forder
in tokomende tiden schal hir eyn nige brunswicksch pe-

1) de fehlt D.

nigk eyn penigk sin vnde heten, vnde gelden veer ſerling efte twey ſcherff, vnde me ſchal dar bi kopen vnde vorkopen,[1] vnde arbaydesluden mydde lonen.[2] Me ſchal ock tynſe, renthe vnde ſchult de na dem genanten der hiligen drier konigk dage gekoft edder gemaket werden, edder wedderkop, edder afloſinge de na der tijt vorſchreuen[3] togeſecht worden, by vnde myt dem brunswickschen penigk vnde gelde betalen, vnde geuen alſem dat vor daſſen jaren vor langhen jaren geholden hefft.

2 **D**esgeliken ſchullen twolff brunswicksche penigk eynen[4] schilling weſen, achtehaluen[4] schilling eynen ſerdiug, vn de ſo vort dritteh[4] schilling eyne marck, vnde de rinsche 3 gulden achte nige schilling vnde dre pennigk gelden. **O**ck hefft de rad jtliike vtmunte de hir gengbe, broberet laten vnde geſat, vnde ſetten benomeliken de grote Goſſelersche schilling vor achtehaluen brunswickschen penigk, verdehaluen den lutken Goſselerschen brunswickscher penigk, dre Gosselersche pennigk twey pennigk,[6] veſtehaluen penigk den olden Lubschen schilliger, veer penigk den nigen schilliger, de Gottimschen, den Hyldessemschen myt dem rudenkranse twey penig j ſerling, dre pennigk de Mysſensche kroſse hir getekent, viff pennigk de Bremer groſe,

driddehaluen pennigk de lutke Bremer, twey hole Hildesſemsche eynen penigk.

Myt der vtmunte mach me nige brunswicksche penigk, 4 schilling, ſerding efte marke an ſchult vnde tynſe forderen,[6] nicht na orer werden alse de geſat sin vornogen. Ander munte de hir nicht genamet sie, de wile[7] de de rad nicht geſat hefft, en ſchal nemet neme. Aner duſse artikele der vtmunte ſchal ſtan de wile yd deme rade behaget, wente de rad wil vp jowelik vtmunte eyn vpaeynd hebben, de van tiden to tiden broberen vnde de anderst, yfft darmede getellet worde, ſetten vnde[8] gans vorbeden, alse dat dem rade nuteſt dunkt weſen. **O**k en schal 5 me neyne scherue nemen men brunswicksche scherue vnd Hildessemsche pennigk. Alle duſse 6 bouen gheſatte geſette vnde artikele ſchullen angan vp tokomende der hiligen driiger konigk dage, vnde ere nicht. **O**ck entschal neymmet brunswicksche penigk 7 ſmelten [noch][9] vorbarnen: we dat dede, den wel de rad ſtraffen. Vnde we dut in jennigen ſtucken 8 vorbreke, de ſchall deme rade viff schilling geuen. We de ock jeghen dut geſette froueliken dede, den wel de rad vorfeſten laten.

CX. EIDE.

1488 Febr. 13 — März 31.

Unter den Eidesformeln, welche im ältern Codex der Altstadt auf die unter LX und LXXXIX mitgetheilten folgen, sind an verschiedenen Stellen nachstehende vier eingetragen. Der vorangestellte Zuſatz zu dem alten Eide der Rathmannen und Rathsgeschwornen und die 3. und 4. Formel rühren von einer und derselben Hand her; von einer andern die 2. Formel. Sie sind wegen ihres engen Zusammenhangs mit der folgenden Urkunde hier zusammengestellt.   Hn.

Additio ad juramentum novi consulatus et adjuratorum lecta novis consulibus et ab eis jurata feria quarta post Scholaſtice anno domini xiiii lxxxviii, in majore estinario nove civitatis.

1 **V**nde dat gij neyn dingk sluten, id en ſche myt wetten viff ſittende borgermeſters vtb viff wicbolden, vnde ok neyne vorſegelinge vppe gelt edder jennich rekenschup ſche ane wetten der veirvndetwintich manne, vnde neyne frunde soken

de der vorſtrickinge vnde eyden entigen sin de de gilde vnde meynheit vnderlanges gedan hebben. **V**orſtendere der hoſpitale eyd.   2

Dat gy dat ampt dare gy to geschicket syn van dem rade, den veervndetwintich mannen, den gildemeſteren vnde houetluden der meinheijt, truweliken vorwaren willen der ſtad to gude na juwen viff synnen so gy beſt kunnen vnde mogen duth jare all vmme: dat gik etc.

---

1) *Ausgelassen* allen handell mede don.   2) belohnen B.   3) verſchreuen vnde togeſegt B.   edder tog. 1485.
4) *Ausgelassen* nygen.   5) penni Bransch. B.   6) *Ausgelassen* vnde forder.   In B *fehlt* auch nicht.
7) de wile *fehlt* B.   8) edder B.   9) noch *fehlt nur in der ältern Handschr.*

Juramentum prescriptum juratum fuit secunda feria post Oculi post incarnationis Christi millesimo quadringentesimo octuagesimo octavo anno, in presentia consulatus et viginti quatuor virorum, in estuario magno pretorii nove civitatis Brunswick a magistris gildonum et capitaneis communitatum ad hoc deputatis.

8 **Der denere eyt.**

LX. 28 **Dat** gij dem rade, den xxiiij mannen, ghilden vnde gildemesteren, houetluden vnde der gantzen meynheyt der stad to Brunswik denen also gij truweliikest mogen, vnde veyden de de rad, xxiiij manne, gilde vnde gildemestere, houetlude vnde gantze meynheyd veydet, vnde or beste voraemen vnde don, rade wat juw vamme rade vnde xxiiij mannen beualen werde dat gij dat nemande openbaren wen deme vnde alz gijk dat beualen worde, vnde eft gij hirnamals van one vnde der stad togen, vnde jennige sake tome rade vnde xxiiij mannen vormeynden to hebbende, edder hirnamals to one, oren borgeren vnde jnwoneren wynnen mochten, dat gij der van der borgere vnde jnwonere wegen by dem rade bliuen vnd van des rade vnde xxiiij mannen wegen by orem lantforsten to rechtes vtdrage ane alle list: dat gijk etc. Datum anno domini m° ccc° lxxxviij, ammen mandage post palmarum.

De ampten eyt.

Dat gij dat ampt vnde denst dar gij to geschicket sin vamme rade vnde xxiiij mannen, gilden vnde gildemesteren, houetluden vnde gantzer meynheyt truweliken vorwaren willen der stad to gude na juwen vif synnen so gy best kunnen vnde mogen, de wile gij jn orem denste sin: dat gijk god so helpe etc.

CXI. RECESS ZWISCHEN DEM RATHE, DEN GILDEN UND DER MEINHEIT.

1488 Apr. 20.

Von diesem bisher nicht gedruckten Recessbriefe befinden sich im Stadtarchive zwei Ausfertigungen: Pergament, 25' breit, 19'' hoch, mit dem grossen Stadtsiegel aus gelbem Wachs an Pergamentstreifen. Er wurde dem Rathe in dem Aufstande abgetrotzt, welchen das Shigtbôk unter dem Titel Shigt Ludeken Hollandes, S. 71 der Ausgabe von Schiller, darstellt, und blieb in Geltung bis zum Tage nach Andreä 1490, wo er auf dem Altstadtrathhause feierlich vernichtet wurde — wie der Verfasser des Shigtbôkes meinte, in sämmtlichen Ausfertigungen. Schon am Agatentage, 5. Februar 1488, war nach oben diesem Berichte ein Recess in 75 Artikeln dem Rathe vorgelegt und Tags darauf beschworen. Der dort S. 79 mitgetheilte Auszug desselben weist nicht alle Bestimmungen des Recesses vom 20. April aus, bringt dagegen aber zwei, welche diesem fehlen. Die Reihe beginnt nämlich: So scholde de docter aff, de rad scholde neynen docter hebben, darvor scholdem by dem rad setten veervndetwintich man vth den gilden vnde meynheit. Es folgen Bestimmungen, welche in den §§ 2 (?), 62, 27 des nachstehenden spätern Recesses enthalten sind. Dann: De richtschriuer Antonies den wille wij nicht liden, de schal plat ane sin. Vnde den tollenschriuer schal me straffen, dat he vnse borger vmberopen late. Das hierauf noch Uebrige entspricht den §§ 45, 54, 33, 44, 14, 48, 7, 4, 9, 13, 15, 17, 20, 32, 28, 58, 59, 26, 31, 34, 39, 41, 46, 49, 51—53, 55—58, 63, 69—73, 76, 77, 80—82, 87, 88, 12, 103, 89 des folgenden Recesses. Diese gemeinsamen Artikel haben im Shigtbôk nur selten dieselbe Fassung wie in der nachstehenden Urkunde: ausser dem dass sie meistens stark abgekürzt zu sein scheinen, zeigen sie an einzelnen Stellen auch eigenthümliche und selbst widersprechende Züge. Wie weit der Auszug hierin authentisch, lässt sich nicht ermitteln; ein Mal wenigstens ist er ungenau. § 9 des Recesses vom 20. April zieht u. a. auch die Münzsatzungen unter die Mitbestimmung der Vierundzwanzig und, durch deren Hinterbringung, der Gildemeister und Hauptleute. In dem entsprechenden Artikel des Auszuges ist die Münze nicht genannt und erscheinen auch sonst nur die Gildemeister und Hauptleute ohne Dazwischenkunft der Vierundzwanzig mitwirkend. Der Eid aber, welchen das Shigtbôk übereinstimmend mit § 89 der nachstehenden Urkunde überliefert, lässt die Annahme nicht zu, dass etwa erst in der Zeit

32*

vom 5. Febr. bis zum 20. April die Befugniss der Vierundzwanzig sich derart erweitert habe. Bei dieser Unzuverlässigkeit des Auszuges erschien ein vollständiger Abdruck desselben hier nicht geboten. Auf die erheblicheren Abweichungen wird in den Noten hingewiesen. Die mit B bezeichneten Varianten sind die der andern Ausfertigung. Hn.

LXXXVIIJ **W**i de radt der stadt to Brunswigk jn allen viff wickbalden, de veyrvndetwintich manne, gilde vnde gildemester, houethde vnde gantza meynheit der stadt to Brunswigk darsulues jn allen viff wickholden bekennen openbar in dusseme recessesbreue vor vnſ, vnse nakomelinge, vnde allesſweme, dat wij vns jn enicheit gesammet vnde frunttlicken vmbe fredezamicheit vnde bibestendicheyt willen des gemeynen besten vereniget vnde dorchstricket habben, vnſer eyn bij dem anderen to blinende,[1] myt alle vnser macht wedderstande deme vnde alle den de der stadt, deme rade, den veyrvndetwintich mannen, gilden vnde gildemesteren, houethluden vnde gantzer meynheit to Brunswigk to schaden komen mochten, vnde dusse nabescreuen gesatte albijr nafolgende willen geholden habben. To dem ersten der munte haluen, dar denne twinerdicheyt von entstan js, so de erlicke radt to Brunswick eyne vpſate gedan hadde von der munte de deme armode gnß swarlick to holdende was: dar vmbe sijck de gilde vnde meynheit vorbunden myt beuestinge der eede, offt orer jenigem onerfall dar aff entstunde, deme se bij fall don wolden. Vnde darna to denne eyn vthſettinge vte deme rade gescheyn js von etlicken parsonen de sick machlick woren, vnschedelick oren eren, dat de sulfften parsonen so ok alle[2] frijwillich bewilden vnde lifflicken myt vpgerichteden vingeren to den hilligen gesworen myt ſampt als radeſparsonen, dat de machlicken nicht scholden to rade ghan, darvan vusen borgeren vnd vorkorttinge vnde vorsumenisse jn oren saken geschein js, vnde vmbe den vorsegelden breff, de ouer dren vnde vertich jaren von den gilden vnde meynheiden vomme rade vorsegelt,[3] jn velen artikellen vorbleuen vnde vorbroken was: doch bouen dat habben gilde vnde meynheit etlicke mach-

licke vorbeden vnde jn deme rade beholden vmbe wettener gelegenheit willen der stadt nuth vnde de fromen de tijt ores leuendes. Vnde dar na[3] schal me dat holden so hiirna[4] jn dusseme recesse gescreuen js van der fruntschupt, so dat de vmbefrundeten ok kunnen vnde mogen oren guden radt myt gantzem frigen harten entdacken. So[4] jß me enich gewarden, dat neymant na dusser tijd LXII. 137 von[5] pagimente barnen schall noch barnen laten schall, biſunderen vp des radeß anschen vp der muntsmede, bij vorlesinge veftich mark pennige ane guade. Wore[5] ok jemandt bewandt, dat he byunen dren jaren LXII. 137 nillikest vorleden von pagimente twintich mark fins suluers edder dar enbouen gebarnet hedde edder barnen laten, vnde namhaftich gemaket worde, de sick myt apnem ede nicht entledigen wolde, de schall deme rade viff mark fins suluers ane gnade to bote geuen, edder der stadt so lange enberen, dat he dar vmbe des rades willen habbe. Ok[6] schal me de brunswigkeschen pennige vntobroken myt CVII. 2 alle nicht barnen, bij der vorgescreuen bote, ane alle list. We ok gude munte de[6] hijr ginge vn-[7] de gene woren von hijr forde, vnde ander qwa-XCV. 2 de vthmunte weddervmbe jn de stede brochte darvor, de schall deme rade ok veftich mark guen ane gnade. Biſunderen so vele alse de goltsmede des vorenteuy-[8] den willen: dat mogen sä sulten woll fin barnen war se LXII. 137 willen. Ouer pagimente so hijr ginge vnde gene woren schullen de goltsmede noch neymant barnen. Ok[7] schal me geyne veyde don, aye vpſate maken, edder munte setten,[7] jdt an sche denne myt vulborde des rades, radeſsworen vnde der veyrvndetwintich manne van den gilden vnde meynheiden gesat,[8] ok one vorgunnen, ſodannet binder sick an gildemester vnde houetlude der meynheit to bringende, vnde den gildemesteren vnde

---

1) *Im grossen Briefe* vnde to helpende *mit etc.* 2) *allo fehlt B.* 3) *Es ist allerdings ungewiss, ob in den Worten des Auszuges* Ok schal me den groten breiff holden, dede ouer dre rade vertich jaren gemaket js *diese Bestimmung angedeutet liegt.* 4) hiir *E.* 5) *von fehlt B.* 6) dec *B.* 7) edder munte setten *fehlt im Shb.* 8) *Im Shb.* gildemestere vnde houetlude.

honetluden ok vorgunnen torugge to sprekende myt gilden vnde meynheiden, vnde nach der anbringinge wes denne de veyrvndetwintich manne myt deme rade oyndrechtlicken besluten, dar schullen de gilde vnd meynheide dat bii laten.

10 Wur de radt ok wes raden vnde jn der stadt beste vornemen wolde, dat scholde schein myt rade vnde radesfworen wettene vnde vulborde, myt todaet der genanten veyrvndetwintich manne, sunder papen radt edder geistlicker parso-

11 nen, de buten des rades eden woren. Dat me ok forder alzo vorstan schall, dat enfsodannes neynen papen geopenbaret werde edder anderen geistlicken parsonen, darvon jdt deme rade vnde

12 der stadt to schaden vthkomen mochten.[1] Vnde sus schullen de obgerorten veyrvndetwintich manne alle jar so vell genets nehmen, alze eynem rathmanne de jn deme fsittende rade woren, fallen vnde barcn mochten: sunderliken an schottellen visschen vnde[2] wilbrade, borgerpennigen vnde sorinergelde, darto schal me laden de veyrvnde twintich manne jn juwelkes gerichte to des rades lagen, benomelick to sunte Auctoris vnde des kemmerers lagen, vnde[3] to allan anderen erlicken lagen dar de radt de lage helde, dar ok alle de jenne de jn deme rade woren, so me de lage vp deme rathuse helde, so snfs lange wontlick gewesen js, mede tohoren schullen. Vnde de vifse de de slotell to der kisten habben schal me setten negest den borgermesteren,[4] vnde de ande-

13 ren negest den kemmereren vnde anderen den ol- desten radefsparsonen dorch eynander her. Ok schullen vnde willen wij de radt vnse borger forderen jn alle oren saken de vor vns komen, alze ordell in veyr weken, muntheke sake jn eynem ferndeyl jares, vnde schriftlicke sake jn eynem jare scheden,[5] so dat gifte vnde gaue des nicht vorhinderen: we alzodanne gifte mer nehme, den en willen vnse borger nicht erlick holden,[6] vnde

van sinem state vorwisen, doch myt beholdinge dnr sake haluen to schedende, so verne dat écht nodt nicht benohme, vnde ok van den sakewolden gefordert warde, dat vp jrkantnisse des rades vnde der veyrvndetwintich mannen stan schol-

14 de. Ok schal me vnsen borgeren vorwessellen nye pennige tome schote vnde to der tzise,[7] vnde nyge scharue, de juwelk borger edder borgersche to orer behoff parsonlick bij eden halen schullen, so lange de radt vnde veyrvndetwintich manne ne des anders beraden worden. We ok deme ra-

15 de schuldich js gelegen gelt offte von ampten, schall vnde wil de radt manen, dar roggen vor to kopende vusen borgeren to gude, dat vp des rades hufs bii den broderen edder jn ander gelechlicke stede, wur dat beqwemest wore, to getende,[8] vnde darmede to behoff armen luden, wen des nôt wore, vmbe eynen gelicken pennigk to geuende, darto twey parsonen to schickende: eynen van des rades wegen, vnde den anderen van der meynheit wegen, den handell vnde kopenschupt truwelick to uorwarende, vnde darvan rekenschupt to doude. Wur de radt ok wedde-

16 schat to sick genomen hafft van papen, nunnen, offte anderen vthluden: so verne alzo vnse borger dat willen vthdôn, de de betteringe deme rade vorschoten schal me jnnehmen, vnde den anderen vpgerort de lose kundigen. Ok en schall

17 neyn van den ouerstem noch van den slechten, borgeren offte jnwonern sino egen perde vp deme marstalle van der stadt geldo beslan laten noch van der stadt gude, vnde ok en schall des radef wagen edder perde neymandt bruken wen de radt. Wen ok de radt myt oren borgeren to

18 velde thût, dar schullen viff borgermestere medetheen vthe allen viff wickbelden, vnde radesfworen, vnde de schullen fampt myt den houetluden myt todaet otheicker dor veyrvndetwintich manne darto geschicket ouer vuse borger raden, dat se

1) mochte D.   2) vnde fehlt B.   3) vnde ok B.   4) In Shb.: De veervndetwintich man schalt sitten negest deme borgermestere, vnde van den veervndetwintich schal viue sin in deme hemelicken rade in juwelkem wichelde.   5) Vergl. LXXXVIII, 26.   6) Vergl. LXI, 235.   7) In Shb.: nige penuige, scherue vnde ferling tome schote, to den moteutekeu, vppe der muntsmeden.   8) In Shb.: vnde de schall me eyn horuchus to buxre.

19 vorwardt sin. Wen ok deme rade des nodt js,
LXXXVIII. vnse borger vppe perde to sentende, dar schal me de
33
veyrvndetwintich man to nehmen, de deme ra-
de helpen raden, dat jdt redelicken ua eynes
juwelken vormogen dorchgha vnde gesat wer-
20 de. Ok warde vnser borger welk vorwoldiget,
berouet, edder gefangen, schall de radt wreken
myt macht, so se der stadt gesworen hebben, ge-
lick offt jdt oren egen geslechten geschein wo-
re, vnde dat mede na rade der veyrvndetwintich
manne alle na gelegennicheit bij one to stande.
21 Ok schal me vnse borger geleiden, wen se jn
22 markede theyn, so dat von older wesen js. Wo-
ret ok, dat de radt offte vnse borger bouen recht
hefeydet worden: we alzodann veyde dede, ed-
der we den husede edder begede, den schall de
radt nummer to gnaden nehmen, jdoch sodanns
wur deme rade vnde den veyrvndetwintich man-
23 nen des nodt duchte to metigende. Vnde so des
to donde worde eynen heren offte anderen to
leydende, scholde myt vulborde der viffe von den
veyrvndetwintich mannen schein, ouer vor stra-
tenroff vp vnse borger, schult vnde des rikes
24 achte scholdem neymande geleide geuen.[1] Vnde
so des forder van noden worde, eynem geleyde
to geuende jn der audacht de myt der stadt jn
veyden wore sick to besonende, scholde ok myt
25 wettende der gedachten viffe schein. Ok[2] so des
jo geleides halnen de dinge so jlich vnde von
noden woren, so mochte me dat geleide wol ge-
uen, dar yo tome mynsten eyn edder mer van
den viffen der veyrvndetwintich manne to vulbor-
26 dende mede woren. Worde ok we der stadt vi-
gent, he wore cleyne ofte groth, de veyde vnde
ok de sone scholdem vnsen horgeren vorwit-
27 licken. Ok en schal me neynen houetman set-
ten de hijr jn dussen landen vmbeher befrundet
sij, ouer eynen borger bijr geboren mochtem
28 wol to eynem houetmanne schicken. Deyner de
me ok to denste jn der stadt beste annehme,[3]

dat de werden angenomen myt rade viff borger-
mester vte allen viff wickbelden vnde der viffe
van den veyrvndetwintich mannen. Vnde so de 29
sweren deme rade vnde der meynheit, dat de me-
de jn den eedt nehmen: so se vmme rade vnde der CX, 3
stadt togen, vnde jenige sake to deme rade[4] vormeynden
to hebbende, edder hijr namals to ohne, oren borgeren
vnde jnwoneren wynnen mochten, dat se der van der bor-
ger wegen vnde jnwonere bij deme rade bliuen, vnde van
des rades wegen bij oren lantforsten, wen te to rechtes
vihdrage. Vnde dar eyn vpseen to habben, dat so
me vorfaren knechte jn des rades denst nehme.
Ok schall de radt jn der Oldenstadt to der mu- 31
serie myt den veyrvndetwintich mannen eynen
schicken, deme eynen to hulpe geue vte den
wickbelden[5] dat mede to regerende. Ok schal 32
me belden vnde maken schuttebrede de me kunne
vppatheyn,[6] vor deme steyndore vnde anderwegen
dar dat water synen ganck habbe. Ok wil de 33
radt Embeckeschs beer to uorsokende myt rade
der veyrvndetwintich manne tor tijd tappen, vn-
de dat stoueoken vor sees Gollersche pennige ge-
uen, vnde de tzise deme rade. So denne eyn tijd
vorschonen wore, alzo willen se denne dar sampt-
licken vpseen to habben: mach denne de radt
nicht julangen, dat jdt denne forder dar vmbe
der gebor vnder des rades schaden moge jrkant
werden, edder denne den borgeren vmbe de tzise
to sellende des gunnen, des ok jn juwelkem wick-
belde darto twey parsonen dat to uorwarende
schullen geschicket werden. Ok schal de radt 34
vnde de veyrvndetwintich manne setten vnde be-
stellen twey buwheren, eynen vte der Oldenstadt
vnde eynen vte den anderen wickbelden, dar de
bequemest js, des gemeynen rades buwarck to
vorhegende to allen molen vnde wur des to don-
de is,[7] vnde dar des jares eynes rekenschup van
don deme rade vnde den veyrvndetwintich man-
nen. Vnde de suluen schullen raden ouer der 35
stadt muserie to uorhegende,[8] schot, puluer vu-

---

1) Vergl. LXIII, xxj; LXXXVIII, 19.   2) Vnde B.   3) Im Shb.: den houetmann vnde deners schal
me annemen myt vulborde der veyrvndetwintich manne.   4) CX, 3 wird hinzugefugt: vnde xxiiij
mannen.   5) Im Shb.: vt den gilden.   6) Im Shb. wird hinzugesetzt: wan dat grote water kumt, dat
malkem neyn schade en sche.   7) Vergl. LXIII, ij. xl. xlij.   8) Vergl. LXIII, xij.

de alle ander rasschupt, de bussen vnde stridt-
36 wagen. Darto setten wij ohne noch twey, de dar-
tho helpen, dat alle jfserenwarck to bussen vnde
stridwagen gefordich sij wur des nodt js to maken-
37 de. ¹Ok ouer juwelke molen schullen raden orer
twey jn deme wickbelde dar de mole gelegen js,
vnde dar vp soen, dat vnsen borgeren dat or wed-
38 der werde ane jenich behelpt offte argelist. Vnde
de twey schullen straffen jn den molen alle des nod
is, de moller vnde dat gesinde to vorwarende wen
39 des van noden js. De moller en schullen ok neynen
slam malen,² de twey gesatteden schullen jdt be-
seyn, wurvon jdt sij, vnde den suluen slam schal
me kopen jn der tollenboden, vnde teken bringen
jn de molen: anders schal me den nicht von sick
40 don, ok neymande wen vnsen borgeren. Ok schal
me den teygelhoff vnde kalkbarch³ buwen vnde
jn betteringe holden, so⁴ dat de arme so vele
vmbe sin gelt krige so de rike, dar me neyne
41 giffte noch gaue vor nehmen schall. Darto schall
me to der borger vnde der stadt beste noch ey-
non teygelhoff vp ander sijdt der stadt buwen.
42 Welk vnser borger ok win sallen wolde, den schall
de radt setten, vnde darvan de tzise nehmen,
watte win dat sij, bisunderen wyn de better wo-
re den Elsettzer wyn: darvan en schal me neyne
43 tzise gauen. Ok schullen twey rathmanne vnde
eyn van den veyrvndetwintich mannen jnme wick-
belde dar me den win tappen wolde, den win to
settende de darto geschicket werden macht hab-
44 ben.⁵ Ok mach me⁶ win jn allen wickbelden tap-
45 pen. Ok schal me der stadt muren alle jar eyn
stucke betteron vnde buwen der gantzen stadt
46 to gude. Ok en schal me neynerleye vorkop
47 LXN. ⁷ don jn der stadt odder dar enbuten jn des rades
gebede, des wente herto vill geschein js vnde den
borgeren ghar schedelick. Ok en schal me der
meynheit nicht affbreken water vnde weyde, jdt

on sche myt vulborde des rades, der gilde vnde
meynheit. Ok schal me de proueden to vnser leuen 48
fruwen to sunte Lehnarde, to sunte Thomas, to sunte ᴸˣˣˣᵛᴵᴵᴵ, ³⁰, ³¹
Joeste vmbe goddes willen geuen vnsen borgeren
vnde borgerschen ane gelt, so dat van older ge-
maket js. Ok mach me de jenne de to rathuse ghan, 49
myt rechte gelick anderen borgeron⁷ vnde den ar-
men vorgerichte anlangen, vthbeschoden radeßpar-
sonen vnde de veyrvndetwintich manne schal me
vor deme rade erst vorclagen. Bekennen se den-
ne der schult, so schal me ohne veyrteynnacht tijdt
geuen: so se denne bynnen veyrteynnachten nicht
betalden, so schal me se vor gerichte wisen den-
ne tor stunt ane forder tijd, tor schult to ant-
wordende vnde jn rechte to folgende. Worde ok 50
jenich borger jegen den radt besacht,⁸ den schal de radt ᴸˣˣˣᵛᴵᴵᴵ, ¹⁴
beschuldigen jn synem wickbelde, vnde laten ohne to
antworde komen. Ok schall vnser borger harnesch 51
frij sin van schots wegen, alzo dat jn anderen ste-
den js. Wan ok de gilde edder de houetlude der 52
meynheit jn den radt kezen, de schal deme rade
gudt gonoch⁹ sin, he sn hynnen edder buten ge-
boren, vnde me wil den ok vnvorwiset hebben.
Ok schal me vnser borger lage alze schutten- 53
lage holden bij older wonheyt. Ok schullen de 54
vnerlicken fruwen affteken dragen, dat me de vor
anderen erlicken fruwen kenne, vnde en schullen
ok neynerleye smyde, ok parlebende noch koral-
lensnoer dragen, vnde tome affteken schullen se
korte heiken hebben. Ok schal me de brugge 55
to Lere jn buwe vnde betteringe holden vmbe der
stadt beste willen. Ok schullen de smede vnde 56
beckenwarthen macht hebben, dat se eyn vpseynt
habben to den kolen, des eynen kolmeter¹⁰ to
settende, vnde darbij des jars twye eynen rede-
licken kopt wat de kole gelden schullen der gantzen
meynheyt to gude.¹¹ Ok en schal me neyne geyst- 57
licke frome predigers vorwisen, alze obseruanten.

1) Vergl. mit den folgenden drei Bestimmungen LXIII, xlij. lxxxv. 2) Im Shb. wird hinzugefügt: noch gifft
vnde gaue nemen; das Uebrige fehlt dort. 3) vnde kalkbarch fehlt im Shb. 4) so fehlt B. 5) Vergl.
LXIII, ix. 6) Im Shb.: Ok schullen de borger etc. 7) borgeren fehlt B. 8) Im grossen
Briefe wird hinzugesetzt: van vanutter suge wegen. 9) Im Shb.: nodhafftich. 10) Im Shb.: kolme-
stere. 11) Im Shb. findet sich keine Andeutung der in den Worten vnde dat bij etc. enthaltenen Bestim-
mung; dagegen die eigenthümliche: De koldreghers schullen neyne kole mer kopen.

58 Ok en schal me neyn korne myt gastes gelde, dar
LIII, 65 wente herto wenich vp geseen js, kopen,[1] vnde
ok van Michaelis wente to wynnachten schal me
neyn korne sunder molt vthforen, dat me truwe-
lick torne alderbesten schall vorwesen, dat jdt
der gantzen meynheit to gude vorwardt werde.
59 Ok schal me zegell vnde breue vor allen dingen
60 holden. Woren ok welke jn dem rade de alzo-
danne dinge redden, darvan de radt vnde de
meynheit to twynerdicheit qwemen, dat me de
61 affsette. Woredt ok, dat jenich gilde wore de
noch neyn vullenkomen bewiß hedden gelick an-
deren gilden, de schal me ohne noch gelick an-
62 deren nochaftigen geuen. Ok schal me bouen alle
LXXXVIII,
17 63 dingk dat enbiedingk holden. Ok en schullen de va-
der myt deme sone, twey broder, twyer broder
kindere, twyer suster menne,[2] twyer suster kin-
dere, de vader myt der dochter man, dusse
vorgescreuen schullen noch borgermesters wesen
noch jn des rades eden sitten jn allen viff wick-
64 belden.[3] Ok schal de vorgescreuen fruntschupt
geholden werden mangk den veyrvndetwintich
mannen vnder sick, ouer mageschupt twisschen
dem rade vnde den veyrvndetwintich mannen
65 schall vnschedelick sin. Ok dat de houetlude
jn eynem wickbelde nicht machlick en sin myt
den radeßparsonen. Ouer sin se machlick vnde
wonen jn eynen anderen wickbelde, js nicht scho-
66 delick. Ok habben de gilde vnde meynheide deme
rade to hulpe veyrvndetwintich manne gesat, dat
alle artikell dusses recesses vorgescreuen vnde
ok bijr nafolgende geholden werden den gilden
vnde ok der meynheit to gude, vnde deme rade
der stadt beste helpen raden, vnde medewetten,
wu der stadt gelt vnde gudt vorhegat sij. Der
suluen manne schal me kesen seesse jn der Ol-
denstadt, seosse jmme Hagen, seesse jn der Ny-
genstadt, dre jn der Oldenwick vnde dre jmme
Sacke: de schullen wesen van den gilden vnde
67 der meynheit. Ok wes de onersten befrundeden
von der gemeynen weyde gebrocht hedden, dat

enfodannes dar wedder bij kome. Ok schullen 68
de bruwer eyns vnhe de achte dage von veyr
scheppel moltes beer bruwen, vnde nicht mer,
myn mot he woll bruwen, alze dat van older we-
sen js, vnde nicht jn tweyn husen: we dat vor-
breke, de scholde vor juwelken scheppell moltes
viff schillinge vyge to bote geuen. Bisunderen
hiir enbouen mach juwelk bruwer jn den tiden
so sick dat behoren will veyr marscbs beer bru-
wen. Ok en schal me neymande jn dat gerichte 69
setten, he en sij denne drittich jar olt. Woret 70
ok, dat jemandt vnse borger beschedigede, edder
dat er nehme, edder se sloge, de vnse vigent nicht
en wore, edder alrede gescheyn wore, vnde wuste,
we dat dede edder gedan hedde, vnde wur vnser
borger gudt gekomen wore: deme edder den schal
me stan na liue vnde gude, dat me dat wreke,
vnde dat vnsen borgeren dat or gegulden werde.
Ok en schal me neymande to borgere nehmen, 71
he bringe bewiß, wur he her geboren sij, vnde wu
he van dar gekomen sij, vnde me schall neyne
Schotten vnde vorwisede lude to borgeren neh-
men. Ok en schal neyn voecht kindt des rades 72
lehn[4] habben. Wur ok vnsen borgeren dat or be- LXXXVIII,
kummert worde dar se qwemen bynnen ofte bu- 73 29
ten, wur enfodanns geschege, vnde vns nicht ge-
lick togeholden worde, der entigen schal me vn-
sen borgeren weddervmbe gunnen, dat se an-
dar lude wedder kummeren mogen. Woret ok, 74
eyn kindt bynnen achteyn jaren eyn herwede
van synem vader, de jn godt vorstorue, edder
eynem anderen synen frunde toge vnde neh-
me: vorstorue dat sulne kindt bynnen achteyn
jaren, sodann hoerwede scholden de vogede
vonne vorstoruen kinde nicht wedder nehmen,
noch sick ofte ander sine frunde amme kin-
de ok neynes herwedes bereden, sunderen vor
erue an syne negesten eruen myt anderem synen
nagelaten gude fallen, edder dar dat hen besche-
den wore.[5] Ok schullen viff borgermestere jn al- 75
len viff wickbelden eynen slotell habben to dem

1) Im Shb.: Myt neynes gastes geldz schall me kopen noch buten edder bynnen der stad.   2) tweyer suster menne erscheinen im Shb. nicht ausgeschlossen.   3) Verschärfung der Gesetze in LXXXVIII, 6—8.   4) In den jüngeren Handschr. des Shb.: sines vaders lehn.   5) Vergl. LXI, 268.

groten jngelegell, to den priuilegien vnde rech-
ticheiden, vnde wanime van der stadt wegen wes
vorsegellen schall, dar schullen viff borgerme-
stere vto allen viff wickbelden myt eynem van
den veyrvndetwintich mannen anne vnde ouer sin.[1]
78 Ok schall de richtescriuer alle jarlickes des ge-
richtes bouck jn juwelck wickbelde[2] bij den radt
bringen, offt jenigem vnsem borger etlicker arti-
kell uodt wore jn des richtes bocke vortekent,
dat he de to sinem besten darvth leren vnde so-
77 ken mochte. Ok en schall na dusser tijd neymandt
LXXXVIII. weddescluat, nnfgtzt ofte veltgudt kopen ane van vnsen
  20—22
borgeren offte borgerschen, noch lehngud sick lehnen la-
ten, dat he edder vnse borger jmme lehne nicht en hed-
den, edder sin vederlike erue nicht en were, jdt en
echege myt vulherde[3] des rades vnde der veyrvnde-
twintich manne, vthgesacht jn steden vnde bij steden.
Doch mark malk synem lehne volgen alze dat recht js.
78 Dusse vorgescreuen artikell schal me holden an alle list,
wente we den vorbreke, de scholde deme rade geuen so
vele alze de weddeschat droge, vnde dat gudt gewerdt
wore dat he so gekoft hedde edder sijk gelegen laten
79 hedde. Woret ok, dat weme alzo kopen edder lehnes ge-
weygert worde in eynem wickbelde, schall de sulue dat
80 dar bij laten nach orer jrkantnisse. We ok vis-
sche vte der gemeyne fenge vnde de vorkoffte,
edder gelt darvan nehme, deme wil de radt vol-
81 gen myt eyner vestinge. Ok en schall neyn bor-
ger to Bruuswigk wonen dede kopper schulle bar-
nen edder nitze, dar he saluer vth make, vth-
genomen Swedeschs kopper, dar me kettel vnde
becken aff make. Wes ouer des alrede eyn bij
siok hedde, dat mach he vorarbeyden. Wes'des
mer schein scholde, schal atan vp des rades vnde
82 vp der veyrvndetwintich manne jrkantnisse. Ok
en schal me neymande setten vp des rades borge,
he sij borger offte borgers sone, so verne dat me
den dar beqweme to hebben mochte: wur des jo
nicht en wore, schall bij dem rade vnde veyrvn-
detwintich mannen der stadt vnde meynheit to
83 gude stan. Wur dar ok vnsen borgeren des not-

sake anleghe, nicht jnlangen mochten, de schol-
dem eyne nacht harbargen, one redelicker wiß
eten vnde drincken genen. Ok schall juwelk bor- 84
ger sinen naber, so deme ouerlast von eynem
gaste, knechte edder anderßweme geschege, so
he der gewolt eyn rochte repe, jn syner notsake
to hulpe komen, so verne he dat horde vnde vor-
nehme, bij broken viff schillinge nyge. Vnde so
de woldiger dar ouer gewundiget, gehauwen vn-
de geslagen worde, des en scholdem neyne broke
liden. Ok we sick vppe tugen berepe, vnde[4] sy- 85
ner sake haluen faren wolde, scholde vp den radt
vnde veyrvndetwintich mannen na gelegennicheit
der sake, offte me de justaden wolde to tugende,
genßlick myt wettende der richteheren werden stan
to jrkennende. Woredt ok, dat eyn hußwerdt, 86
sin gesinde, knecht edder maget furs nodt eyn
gerochte, dar fur wore cleyne offte groth, repe,
de scholde des ane schaden bliuen. Ok schullen 87
de solter[5] de olden wonheit holden myt den strick-
holteren, dat de gedreyget sin, vnde de ferdeváth
gelicke setten, bij eynem broke, dar wente herto
grodt bedreygerye mede wesen is. Ok schal me 88
jnume Hagen eynen fromen manßpersonen darto
nehmen, de graue make to den doden corperen
gelick jn anderen wickbelden, dat ok to des ra-
des darsulues jrkantnisse stan schall. Ok schall 89
de edt, de hür nabescreuen js, alsus luden den de
veyrvndetwintich manne don schullen : Dat gij
borgermesters helpen kesen, vnde kemmerers hel-
pen setten, vnde alle ampte bynnen vnde buten
na juwen viff synnen der stadt to bate, dar ju-
we nuth nicht jnne to sokende, vnde deme rade
helpen raden gilde vnde meynheit jn eynicheit to
holdende, vnde neyne dingk besluten van veyde,
munte, edder jennigerleye rekenschapt, edder ny-
ge vpsate dede schedelick sij, [jdt][6] en sche bij
spreken torugge myt gilden vnde meynheiden,
vnde to rade ghan wen des van noden js, alle
ampte besetten helpen myt tweyn parsonen der
neyn borgermester offte kammerer sij, vthbesche-

---

1) Vergl. LXIII. xvj. xvij.   2) Im Shb. in juwelkem richte.   3) Im Shb. in bywesende.   4) vnde
de B.   5) Im Shb. de soltfarers vnde hendelere; vorher der Satz: De solter gelijk meten, dar eyn vpselnd
to hebben, dar wente herto vele bedreygerie mede gewesen is.   6) Fehlt in beiden Originalen.

93

den borcheren vnde stalheren: dat juw god so
90 helpe etc. De veyrvndetwintich man schullen
ßamptlicken eynem erlicken radt in synem wick-
belde helpen kezen borgermestere bij oren eden,
vnde kemmerers helpen setten, vnde alle ampte
buten vnde bynnen der stadt, yo eyn ampt myt
tweyn parsonen edder myt veyr parsonen nach ge-
wanten dingen, vthbescheden borgermesters vnde
kemmerers dar nicht to to brukende. Borcheren
vnde stalheren schullen de veyrvndetwintich man-
ne helpen kesen jntßampt myt den kokenheren, vta
allen viff wickbelden de parsonen to nehmen, ouer
borcheren schal me nehmen halff vamme rade,[1]
halleff van den veyrvndetwintich mannen, von bor-
germesters offte van den gemeynen, we dar be-
91 qweme to wore. De suluen parsonen schullen
deme rade vnde veyrvndetwintich mannen alle jar
twye rekenschupt don, alze vp Michaelis vnde pa-
schen, vp deme Nygenstadthuse to vorhandellen-
de, alleyne vamme marstalle vnde van den bor-
gen: de anderen ampte schullen eynes des jares
reken[2] vor deme rade vnde veyrvndetwintich man-
92 nen darsulues vp deme Nygenstadthuse. Ok schul-
len de veyrvndetwintich manne schicken eynen
van den oren bij des gemeynen rades kemmerer,
alle dingk to uorhandellende wes dar to donde js.
93 Ok wen de radt dagen schall, schullen dusse twey
gelt offte golt döu eynem parsonen de darto ge-
schicket wart, dede rekene vnde betale van des
rades wegen, vnde dat myt scriftlicker reken-
schupt wedder van sick to antwordende, wu dat
94 vorteret sij, so he erst to huß kumpt. Ok schul-
len dusse vorgescreuen twey des gemeynen rades
kemmerer alle jar twye rekenschupt dön von der
stadt gude, wen de borcheren vnde stalheren re-
ken, vor deme rade vnde veyrvndetwintich man-
nen. Vnde dusse artikell schall doch stan bij deme
rade vnde veyrvndetwintich mannen, na gelegen-
nicheyt forder to schickende wu dat alder beqwe-
95 mest wardt. Ok schullen de veyrvndetwintich man-
ne wetten alle rechtschedinghe de de radt deyt
von erue edder anderer swarer sake, vnde de jenne
dede wolden forderen sodanne rechtschedinge bii

deme rade vnde veyrvndetwintich mannen, schol-
den de kost dön van beyden parten. Ok dat de 96
radt dusse veyrvndetwintich manne alle vmbe de
veyr weken vorbode vp dat Nygestadthuß, vnde
ohne vorwitlicke, wes bynnen der tijt van ordel-
len vpgebracht sij gescheden werden na juholde
des recesses myt vpseende des rades vnde der
veyrvndetwintich mannen. Ok wen de radt da- 97
gen schall myt forsten offte heren, ryddeven vn-
de steden sware marcklicke sake to bandellende,
dat jdt schee myt wettende der veyrvndetwintich
manne. Vnde de denne van radeß wegen so to 98
der dagelestinge geschicket werden, schullen den
veyrvndetwintich mannen den vorlath der dinge
vnde handels alle wedder jnbringen vnde berich-
ten. Ok schullen de veyrvndetwintich manne 99
alle ferndel jares myt den gilden vnde houetlu-
den der meynheit tosammende komen vp dat Ny-
gestadthuß, dar sick to besprekende, offt jder-
man wes veylinge hedde, dat men dat vorbringe
deme rade vnde der gantzeu stadt tome besten.
Ok so hebben sijk de gildemesters vnde de ho- 100
uetlude der meynheit de macht beholden, dat se
alle jar eyns tosammende ghan offte komen mo-
gen, vnde lutteren de veyrvndetwintich manne, vn-
de oft we darjnne wore edder mangk wore de der
gilde vnde meynheit nicht gedelick en wore, vth-
tosettende: vnde dat schal den jannen de so vth-
gesath worden, an orer ere nicht schedelick sin,
so forder de dat sulues nicht vorboset en hed-
den. Vnde vor den edder de so vthgesath wor- 101
den schal me welke ander jn de stede kesen vte
der sulleßten gilde vnde meynheit jn den nege-
sten veyrteyn nachten na der vthsettinge. Vn- 102
de wen ok so we gekoren worde, vnde des nicht
wolde don, offte sijck dar wolde vththeyn, de
schal myt syner fruwen vnde myt synen kinderen
von stunt vte der stadt, vnde der eyn jar ane
gnade enberen, edder sweren jn syn huß vnde
dar jn eynem jare nicht wedder vthtogande. Ok 103
so me alle vmbe de dre jar den radt vornyget,
vnde we denne van den gilden vnde[3] meynheiden
deme rade worde vpgebracht, den offte de schol-

1) vnde halleff R.   2) reken aus B ergänzt.   3) offte B.

dem den veyrvndetwintich mannen scriftlicken
ouergeuen de to lutterende na vthwisinge dusses
recesses de mageschupt belangende, vnde wen de
denne nicht mechaftich woren, de mogen de veyr-
vndetwintich manne lutteren vnde vthsetten, vnd
dat en scholde dem jennen an synen eren vnde
104 wadanicheit vnschedelick sin. Ok schullen dusse
viße geschickten van den veyrvndetwintich man-
nen sitten jn allen viff wickbelden bij deme rech-
ten schote, vnde dat schot helpen-bringen vp de
muntsmede, vnde wesen medo darbij wemme den
tiuß von sick gift edder rente, vnde wes denne
dar ouerblift, helpen dat schicken dat jdt kome
105 jn der stadt beste. Ok schullen dusse viffe von
den veyrvndetwintich mannen den de slotell be-
volen sin, alletijt jn de tollenbouden mede ghan,
vnde helpen dar vthalen tollen vnde tzise, dat

jdt der stadt to gude vorwardt bliue. Offt ok 106
jenich wore jn dusser stadt jmme rade, mangk
den veyrvndetwintich mannen, in gilden offte
meynheiden, dede reden offte dadeden, edder je-
nich behelpt sochten de den eden vnde dusser
vorstrickinge entigen wore de de radt, gilde vn-
de meynheit vnderlangk gedan habben: sin liff
vnde gudt schall stan jn des rades vnde der veyr-
vndetwintich manne hant. Dusses recesses to ey-
ner openbaren bekantnisse vnde bewisinge vest-
licken to holdende hebben wij de radt der stadt
to Brunswigk vnser jngesegell witlicken neden an
dussen recessesbreff don hengen na Christi vnses
heren gebordt amme veyrteynhundersten darna
jmme achtenvndeachtigesten jare, amme mytwe-
ken na der dominiken Misericordias domini.

CXII. VERTRAG ZWISCHEN RATH, GILDEN UND MEINHEIT.

1490 Nov. 30.

Von den zwanzig Originalen, in denen diese Urkunde laut ihrer eigenen Angabe ausgefertigt wurde, ist im Stadtarchive nur noch eins vorhanden: Pergament, 26" breit, 18" hoch, mit funfzehn Siegeln aus grünem Wachs in Wachskapseln an Pergamentstreifen. Das erste derselben, von nicht ganz 2" im Durchmesser, das Secret der Stadt, zeigt den aufgerichteten Löwen über einer Mauerzinne zwischen zwei Thürmen, welche einen mit Zierrathen besetzten Giebel stützen, und die Umschrift secretum · burgensium · in · brunswik. *Unter den übrigen hat das der Knochenhauergilde, abweichend von dem am grossen Briefe vom J. 1445 (LXXXVIII) hangenden, in (Sacks) Alterth. der Stadt und des Landes Brschw. Tab. XIV. e abgebildeten, ein schlecht gezeichnetes Rind und die Umschrift* s' der knokenhaouer alle to brufwik; *das der Wechsler und Münzer ist fast bis zur Unkenntlichkeit verschliffen, scheint aber gleichfalls verändert zu sein. Von den übrigen Gilden dagegen und von der Meinheit sind die gleichen Siegel angehängt, wie an dem grossen Brief vom J. 1445. Auf der Rückseite der Urkunde hat eine Hand des 16. Jahrhunderts angemerkt: die grote breiff anno etc. xc datert.* Hn.

LXXXVIII **W**ij de radt der stat to Brunswigk jn allen wickbel-
den, vnde wij mester der wantsnyder in der Oldenstadt,
jn deme Hagen, in der Nigenstadt, ok der lakennma-
ker ju deme Hagen, ha der Nigenstadt, in der Oldenwigk,
der schowarten, der garuer, der garner vnde der scho-
warten, der knokenhauwer, der smede, der weller, der
goltsmede, der beckenwarten, der becker, der kremer, der
scrnder vnde kortzewarten, de gemeynen, gildebroder van
alle dussen vorgescreuen gilden, vnde wij honetliede der
meynheit vnde gantze gemeynheit in allen viff wickbolden,

bekennen openbar in vnde mit dussem breue var
vns, vnse nakomelinge vnde allessweme, dat wij
vns eyndrechtliken vp giffte vnde dato dusses bre-
ues gans vardragen habben dorch eyndracht vnde fre-
desamicheit willen, vaser eyn bij deme anderen to bli-
uende,[1] mit alle vaßer macht wedder to stande deme vn-
de alle den dat der stat, deme rade, den gilden vnde
gantzen meynheit to Brunswigk to schaden komen mochte.
Tome ersten vnde var allen dingen: waredt, dat de 1
radt jenige gilde edder gildebroder edder jemande mangk

---

1) *Ausgelassen vnde to helpende.*

33*

der meynheit in tichten bedde van alle des gebreckes
wegen dat gewesen heft wente vp dato dusses
brenes, schall gentzlicken doet vnde machtlos sin, alze
2 lft idt nu geschein wore. Ok schall dusser geschicht
vnde handelinge wegen neymandt den anderen
myt worden, warcken effte scrifften varwisen, be-
seggen, bewanen, bescrigen edder verlegginge dön
3 schall effte don laten jonigerleyewis. Wij schul-
CXt, 62 len vnde willen ok sampt vnde bisunderen voret-
mer ernstlicken bolden vnde holden laten dat stadt-
recht vnde dat echtedingk, alze idt erst var deme
4 recesß jm begripinge gewesen is. Ok schall vnser
eyn deme anderen vnde de sine wedder komen
laten bij sine frijheit, wonheit, olde herkoment,
herlicheit vnde rechticheit, gelick be touoren ge-
5 hadt hafft. Ok willen vnde schullen wij gilde
vnde meynheit jn tokomenden tijden neyne vor-
segelinge dön, jdt en sche myt witschupt, willen
6 vnde fulborde des rades. So denne hij dren ja-
ren vorgangen veervndetwintich manne von vns
gilden vnde meynheiden bij vns den radt gesat
woren, des sin wij samptlicken auereyngekomen
vmbe der stadt vnde vnsen besten willen, dat de
schullen auesin, so dat me der nu meer nicht heb-
7 ben en schall. Ok schall de nye recessesbreff in
dußen vorgangen dren jaren gemaket vnde var-
segelt geworden jn alle sinen stucken vnde arti-
kellen machtlos vnde nicht bindende sin, vnde
dar vp hebben wij de gilde vnde meynheit mit
wolbedachtem mode vnde ripom rade vnde gu-
dom frigen willen den vorbenanten recesß vns
deme rade ouergeantwardet, den gentzlicken to
8 uornichtende. Ok so van vns gilden vnde meyn-
heiden eyn sunderlick vorstrickingesbreff van vns
gegeuen vnde varsegelt in der vargescreuen tijt,
den suluen habben wij vs ok deme rade ouerge-
9 antwardet vnde machtlos gesacht. So wij ok
radt, gilde vnde meynheit sampt vnde bisunde-
ren ede vnde geloffte gedan habben vp den ge-
nanten recesßvarstrickinge vnde anders, schullen

affgedån vnde von neynen werden sin. Ok schul- 10
len vnse borgere jn eynem juwelken wickbelde
yo eyr yo leuer nye borgarede dön to merer be-
standicheit dusser handelinge, vnde sick vartmer
na deme rade alze gehorsam borgere holden vn-
de schicken. Ok so wij varbenompten gilden vn- 11
de meynheide deme ersamen Ludecken Hollande
borgermester oynen varplichtesbreff, ohme bijbe-
stant to donde, mit lengeren varmoge auergeuen
scholden hebben, ja besproken, dat wij varbe-
nompten gilde vnde meynheide ohme den nicht
geuen schullen, des he so tofrede vnde eyne be-
noginge hafft. Ok is farder vorlaten, dat wij de 12
radt, gilde vnde meynheide schullen vnde willen
vortmer holden den vardrachthreff in alßen sinen
artikellen vnde puncten, de twisschen vnsen vor-
faren vnde vns yn vortijden jm jare do me screff
dusendt veyrehundert jm viffvndevertigesten jare,
amme dage der hilligen juncfruwen sunete Mar-
gareten besproken, besulbordet vnde varsegelt is,
stede, vast vnde vnvarbroken woll to holdende,
de van worden to worden ludet alzo: Wij de radt
der stadt to Brunßwigk in alßen viff wickbelden —
amme dage der hilligen juncfruwen sunete Margareten.[1]
Alle dusse vargescreuen stucke vnde artikell.
sampt vnde bisunderen reden vnde louen wij de
radt, gilde vnde meynheide der stadt to Brunß-
wigk vnßer eyn deme anderen in guden truwen
stede, vast vnde vnvorbroken woll to holdende
sunder alle list vnde geuerde, vnde dusses to
merer tuchnisse habben wij vorgenante radt der
stadt to Brunßwigk secret vnd wij gilde vnde
meynheide vnße sunderlicke jngesegell witliken
gehangen laten an dussen breff. der twintich sin
jn deme tale, der wij de radt cynen, de gilde
malk eynen vnde[2] de meynheide in den wickbelden
malk[3] eynen varsegelt hij vns genomen hebben
na der gebort Christi vnnßes heren amme ver-
teynhundersten dar na jmme negentigesten jare,
amme dage sancti Andree des hilligen apostels.

---

1) Transsumpt des grossen Briefes vom J. 1445.   2) Im Originals in statt vnde.   3) Im Originale malk.

CXIII. EIDE.

*Nachstehende vierzehn Eidesformeln sind während der letzten Hälfte des 15. Jahrhunderts auf-
gekommen. Vier verschiedene Hände haben die 1., die 2. und 3., die 6. und 7., die 8. und 9. in den oft
erwähnten ältern Codex der Altstadt eingetragen. Die 1. ist nach einer später hinzugefügten Notiz aus
dem Jahre 1461. Wenn diese Notiz, wie es allerdings den Anschein hat, von derselben Hand herrührt
wie die unmittelbar sich anschliessenden Formeln 2 und 3, so können diese nicht viel später entstanden
sein. Dass schon vor dem Jahre 1488 die 6. und die 7. hinzugekommen sind, darf daraus geschlossen
werden, dass letztere zu Anfang einer Seite steht, während der denere eyt (CX, 3) den untern Rest der-
selben einnimmt. Die 8. und 9. Formel sind von der nämlichen Hand wie der vorstehende der hospi-
tale eyd (CX, 2), aber entweder vor 1488 oder nach 1490 aufgezeichnet, da nach einer in der Einleitung
zu CXI angeführten Uebereinkunft des Recesses vom 5. Februar 1488 in der Zwischenzeit der Rath kei-
nen doctor gehabt zu haben scheint, jedenfalls aber ein solcher auch den Vierundzwanzigen hätte schwö-
ren müssen, wovon in der 8. Formel nichts verlautet. Im Säcker Codex finden sich die Formeln 4, 13
und 14. Die 4. ist von derselben Hand wie die Rathsordnung von 1463 (XCIII), und wie diese inmitten
älterer Eide geschrieben: dieses in Verbindung mit dem Inhalte spricht für die Gleichzeitigkeit beider
Aufzeichnungen. Die 13. und 14. Formel folgen dem Brauereide (LXXXIX, 1), rühren aber von einer
Hand her, welche eine gleich danebenstehende von 1497 datirte Aufzeichnung gemacht hat. Die unter 5
abgedruckte Instruction für den Wächter, Artikel xcv des Ordinarius mit einigen Zusätzen, folgt im
jüngern Codex der Altstadt auf der meynheyd eyd (LXXXIX, 5) und stammt in dieser Gestalt der
Schrift zufolge, welche die der Statute CV — CVII ist, aus den achtziger Jahren des Jahrhunderts. In
den Neustädter Codex endlich ist die 10. Formel von der Hand, welche die 8. und 9. geschrieben hat,
und an einer entfernten Stelle die 11. und die 12. Formel vom Schreiber des vorstehenden Recesses
eingetragen. Nach der ungefähren Zeitfolge, welche sich hieraus ergiebt, sind diese Eide nachstehend
geordnet.* Hn.

1 **¹Der amer.**

LX. 98 Dat gij willen rechte amen vnde meten de gantzen
vate, de haluen vate, de tunnen vnde de haluen
tunnen, vnde de tekenen myt der stad merke,
vnde dat vath schal holden uij tunnen, dat halue
vath ij tunnen vnde viij stoucken; de tunne xxx
stoueken, de halue tunne xv stoueken, vnde der
stucke neyn tekenen, id en holde so vele alz vor-
screuen edder mer: dat gijk got so helpe. Actum
anno xiiiᵒ lxj, des mitwekens na pinxsten.²

2 **³Des teygelmesters eyt.**

LX. 99 Dat gij dat teygelwerck dem rade to gude truweliken
vorstan willen, vnde dat gij vn de juwe gesinde steyn,
halt, brede vnde dat gerede d a t to dem teygelhous hort
van dem teygelhous nicht willen bringen edder bringen
laten, jd gesche mit wettende vnde vulborde des jen-
nen dem dat teygelhus van der radcs wegen be-

ualen is, vnde dat gij de erde dar men den tey-
gel van maken schal to sees malen slan edder
juwe gesinde willen slan laten, vnde de erde so
boreden, dat de lude darmede vorwaret werden,
vnde willen des rades boltes nergan to gebruken
wanne to dem teygele to beredende vnde to ber-
nende, vnde nicht to juwer behouf, vnde willen
dem rade alle dingk mit dem holte, mit dem slan-
de de erde, vnde mit dem bernende truweliken
to gude holden, vnde dar neyne ogene nuth jnne
soken ofte soken laten, vnde dem rad ore holt,
erde vnde gerede to dem houe horende nicht vn-
nuthken vorspilden, de wile gij hirto des rades
gesinde sin: dat gijk got so helpe.

⁴De topper eyt. 3

Dat gij alsodanne Embeckesche beyre so gij hir in **LX. 53**
der stad keller sellen willen vnde sellen laten, mit

1) Aus A. 1461. 2) Actum — pinxsten von einer andern Hand, anscheinend derselben, welche die beiden
folgenden Formeln geschrieben hat, doch mit anderer Dinte. 3) Aus A, cc. 1461.

neynen brunswikeschem beyre vullen, vnde ok
anders nergen mede vormengen willen, edder
mit juwer witscup, id sy bynnen edder buten[1]
der stad, vullen edder vormengen laten, wenne
mit beyre dessuluen namen vnde werdes, alze
Embekes mit Embekeschen beyre, vnde wat gij
vtb dem keller sellen, dat gij des rechte vullo
mathe geuen, vnde juwe gesinde ofte do jenne de
mit gijk plegen vrmetogande truweliken darto hol-
den, alze gij vorderst mogen, vnde also hebben dat
se dusses vullendes ofte vormengendes ok anders
nicht en don wenne alze vorgesecht is, vnde ok
vth dem keller malkem syne rechten vullen ma-
the geuen, vnde dat gij allerleye tollen olt vnde nye
dat van dem beyre boret dar gij den tappen inste-
ken edder insteken laten to sellende, alze dat ge-
sat is bringen io ouer de veyr weken in de tollenboude
in der Nigenstad van alle den vaten de gijk byn-
nen den veir weken gekomen syn, vnde dat golt
dat gij mit dem beyre kopen vngetalt in de ke-
sten steken de darto geschicket is, sunder alle
geuerde vnde geneth: dat gijk god helpe vnde
syne hilgen.

4 [2]De eyd borgermestere to kesende.

Dat gy vth gijk gekoren radmannen hir jn
dem Sacke[3] vort kesen willen dre borgermestere
to dussem dreveldem rade to dussem negestiko-
menden dren jaren, de jenne de gik duncken der
stad, dem rade, den gilden vnde der meynheit to
Brunswigk nutte vnde bequeme wesen: dat gik
god so helpe vnde de hilghen.

5 [4]Der wechter eydt.

In der Oldenstadt schulledt wesen sees wechter, de
schulledt waken mit oren wapenen alle nacht vor de-
me wynkellere edder wur ohne de radt dat hete, von der
tidt an dat me wechterklocken ludt wente dat jdt dach
js. Vnde der schullen dre vmbe gan vor mydtnacht vn-
de dre na mydtnacht vor de dore, vnde spreken den lu-

den to vppe den doren also lange wen se ome antworden,
vnde gan wedder vnde vordt in den straten in der Ol-
denstadt, vnde hebben dar acht vp, dat de dore vorwa-
redt sin mit slutende, vnde seen t h o offt se yergen vorneh-
men dunerie, vorredtnisse, mord, edder schedelicke samp-
linge, edder vnwarei vir, dat se dat melden. Vnde efft
wur vir vpstode, dat wore dach edder nacht, dar schol-
den se dragen de vurhaken, vnde dat vir leteelten helpen,
vnde de haken[5] wedder indragen vor dat schrangk.[6] Ok
schullen se de leden vnde de slage sluten vp vnde tho,
alse[7] one de rad dat beuole. Ok scholden se deme rade
gan ouer veldt vmbe lone, wen de rad dat von one ed-
der orer welkem eeschen lete. Vnde wellick orer eyne
nacht vte wesen wolde, de scholde vomme kemmerer erst
orleff nehmen: wore he vthe in des rades warus, so en
dorffte he nemande in siner stede hebben, anders scholde
he yo eynen anderen hebben in siner stede. Ok schuldt
se brodt vth ropen wemme dat geuen wolde vppe deme
clederhoue. Ok schuld se helpen bussen vnde stelle
vnde alle rasschup so dat darto hordt vp vnde af-
leggen, wen dat de rad eeschen lete. Ok schuld se deme
wedder helpen eutigen luden, wen de opperman dat von
ohne eeschet, edder wen he mit der luttiken clocken vor-
ludt deme wedder entigen. Ok schuld se helpen luden to
allen festen also de wonheid is, vnde schuld deme rade
to denste wesen, wan de[8] radt dat von ohne eescheth.
Ok en schuld se nehmande hosen edder hegen den de
radt nicht liden en wolde. Ok schuld se dar acht vp
hebben offt den market we vnfledech makede, off-
te bij deme kerckhoue, edder vmbe den markedt
vtlen: we dat dede, den scholden se panden vor
y sol: we ohne des pandes wegerde, den scholden
se deme rade melden. Vnde we deme rade de
broke geue, dar scholdem ohne yo von dem bro-
ke de helleffte geuen.

Mangk dussen sees wechteren schullen wesen twene kur-
wechtere: de schullet dat achten, dat de anderen ore kum-
pane dith holden also vorgescrenen js alse se best kunnen,
vnde de schullen deme rade sweren dussen eyd eyn ju-
wellick alleyne:

1) edder buten in der Handschr. zwei Mal.   2) Aus S. cc. 1493.   3) Zwischen Sacke und vort Rasur.
4) Aus A'. cc. 1485.   5) Eine Hand des 16. Jahrh. hat an den Raad geschrieben und hier eingeschaltet:
leddern, ammer vnde wat darto hort fort wan dat fur geloschet.   6) Eine Hand des 16. Jahrh. hat an den
Rand geschrieben und hier eingeschaltet: vnd darken se gehoren, vnd dat alles truweligen vorhegen.   7) Aus-
gelassen vnde wan.   8) In der Handschr. den.

Dat gij dar acht vp hebben, dat juwe viff medekum-
pane dat holden mit deme wakende, mit deme vmbe-
gande, mit den vurhaken to dragende, alse gick vorgele-
sen ist, vnde de keden vnde de slnge to slutende alse vnde
wanne de rad gick dat beuelide, vnde woret, dat der
vyuer vellick wore de des also nicht en helde, dat gij
dat dem rade melden, vnde dat gij dith don na juwen
viff synnen also gij best kunnen vnde mogen, de wile
id deme rade hagedt: dat gijk god also etc.

Dith schal me ohne seggenn hij den eydt: Wo-
ret, dat de lude vppe deme dore ohne yo nicht
tospreken en welden, dat en scholde an orem
eyde nicht schaden, also forder dat se oren vlit
mit tosprekende to one deden.

6 **Des apotekers eyt.**

Gij sweren, dat gij der apoteken des rades tru-
weliken willen vor wesen, vnde se in wesen hol-
den[2] gelijk efft se juwe egen were, doch van des
rades gelde dat me juw darto handelagen schal,
vnde efft jtlike materialia dar jnne beboufl weren
edder worden, dat gij dat willen den vorstende-
ren der apoteken de de rad darto gesath heftt
edder setten vnde jemandes van den vor-
witliken, vnde denne na beuelinge vnde gebete
der edder des solke materialia truweliken byn-
nen edder buten landes kopen, bij juw schicken,
vnde der apoteken edder orer materialibus to
juwen egen nuth vtgesecht to juwer not vnde to
guder wijß nicht genoten bouen juwe vordingede
vnde togesechte ramme rade lon, vnde willen
ok neyne egene materialia in der suluen apote-
ken to juweme egen nuth hebben noch schicken,
vnde dat gij de recept de juw vnse doctor edder
eyn ander doctor toscrifft truweliken na orem jn-
holde vnde nicht anderst willen dispenseren vnde
maken, vnde efft gij etliker der part gebrock
hedden, dat schulle gij dem doctori vorwitliken,
vnde wes he juw denne vort secht juw darna
richten, vnde wes gy vnsen borgeren, borgerschen

edder jemandes bynnen edder buten der stad ma-
ken edder vorkopen, dat gij dat vorkopen vnde
rekenen willen alz des de rad is myt juw eyns
geworden, vnde dat gij alle gelt vnde golt wat
juw, juwer fruwen edder juwen deneren van der
apoteken edder oren materialibus keme, jn des
rades kisten jn der apoteken darto geschickel
truweliken warpen willen, edder dat alzo schicken
dat dat alzo gesche, vnde dat gij nemande buten
der stad borgen edder vp louen ichtefwat don
willen edder van juw senden,[3] gij en hebben dar-
vor wisse pande offte borgen de vnse borger effte
jnwoner syn, vnde dem rade van solker nasten-
diger schult vnde van dem gelde dat juw de rad
to der hand deyl anwisinge vnde rekenschup don,
wan dat van juw geesschet wert, vnde dat gij
vorgifft, venena, corrosiua edder abortiua, dar gij
gijsfen dar et schaden bringen mochte, ane des
rades doctors willen, gehete vnde vulbort nicht
vorkopen, vorgeuen edder van juw laten, sunder
de flitigen bewaren vor eynem ydermanne, vnde
dat gij neyne opiata tovorderst tiricam in des ra-
des apoteken kopen willen, se syn denne bestent-
lijk vnde so gedan, dat de rad dar mede bewarl
sij, vnde dat gij dem rade so truwe vnde holt
sin willen, alze eyn man synem heren sin schal,
vnde dat gij dusse ouenbescreuen stucke vnde
artikele alle vnde eynen ifliken bisundern alzo
holden, don vnde laten willen alze juwe viff syn-
ne vtwisen: dat juw god so helpe vnde alle hilgen.

Des doctors in der artzedie eyt. 7

Gij sweren, dat gij vnsen borgeren vnde borger-
schen de des van juw begeren jn oren noden vn-
de kranckheyden helpen vnde raden willen truwe-
liken na juwen viff synnen, vnde dat gij se nicht
bouen redelijk lon drengen willen, vnde dat gij
dem rade anwisinge vnde rad geuen willen getru-
weliken na juwen viff synnen de apoteken vnde
wat dare jn vnde to gehort bedrapende, vnde se
jn wesen helpen holden, so vele alze juw gebort,

1) Aus A. spätestens 1487.   2) Von späterer Hand ist hier eingeschaltet to des rades besten.   3) buten
— senden ist ausgestrichen und dafur von der Hand, welche die 8. und 9. Formel geschrieben, to borge don
gesetzt. Die folgenden Worte gij — nastendiger schult sind unterstrichen, aber anscheinend nicht um sie un-
gültig zu machen, da ein Strich durch die Worte effte borgen — effte sogleich wieder eerweischt worden ist.
4) Aus A. spätestens 1487.

et wérde van juw geesschet edder nicht, vnde dat
gij des rades hemelike dingk wes des an juw ko-
me getruweliken bij gijk beholden willen: alse juw
god helpe vnde alle hilgen.

8 [1]Doctorie juramentum.[2]

[I.X, 4. 5. 6] Dat gij dem rade vnde der stad to Brunswigk also
truwe wesen alse gij ene van denstes wegen plichtich
syn, vnde dat gij der stad vnde des rades heimelike dingk
by juw beholden willen,[3] vnde wai juw de rad wes an-
synnende iß, dat gij one denne raden scriftliken edder
muntliken dat beste, vnde oft juw van des rades we-
gen wes befolen worde, dat gij dat bynnen vnde buten
der stad na juwer vornufft alse gij best kunnen vnde mo-
gen warnen: dat juw also god helpe etc.

9 [1]Dussen nabenomden eijdt schullen sweren de
de tuchnisse don vor dem rade.

Gy sweren samptliken vnde eyn jowelck van juw
bisundern, dat gij willen seggen de warheijt de
gij wetten, wan men juw darumme fragende wart,
jn der twiferdigen sake de steijdt vnde iß twi-
schen N. eynß vnde N. des anderen deles, vnde
der vmme gaue, bede, leue, vrochten edder sun-
derlikes hates willen nicht sparen noch vorhol-
den: dat juw god so helpe etc.

10 [4]De nige eydt der dorwerder.

[I.X. 47] Dath gy acynerleye beyer jn vaten edder jn tunnen,
qweck vnde andere ware jn de stadt bringen laten
dorch dat doer dat gick de radt beuelen hefft, gy laten
dat erst vortollen, edder nochafftige pande darvör
entfangen, als denne gy ok jn juwe hande plegen
to nemende de wachpenninge, desulue tollen vn-
de wechpenninge schulle gy nu vorthmer den lu-
den sulues in de kesten laten steken,[5] offt ock
jenich man weldichlick den wechpenningk nicht jn
de kesten steken wolde vnde in den dreck wor-
pe, den schulle gy vpnemen vnde by densuluen
eeden in de kesten steken, ok darvoer wesen vn-

de achtinge darna don, dat dem rade der sullen-
komene rechte tolle werde, ok dat gy doer vnde sla-
ge truweliken bewaren vnde holden to des rades handt,
vnde dat dor anders nemande antworden dorch neyner-
leye liues noet, vnde dat gy alle dusse dinge dem rade
truweliken to gude holden an juwen viff synnen alse gy
best kunnen vnde mogen: dat gick god also helpe vnde
hilgen.

[1]De nie brewereed.   11

Dat gy to eynem bruwelse beers nicht mer vor-
bruwen dan veer scheppel moltes, yo xi himpten
vor eynen scheppel to rekende, vnde dem rade jn
de tollenboede van dem scheppel moltes xv bruns- [LXXXIX, 6]
wicksche nie penninge, vnde van dem entolen himpten
1[']mien penning er gy dat molt melen laten genoe wil-
len, vnde nicht mer moltes melen laten wen gy
dem rade vortziset hebben, vnde de moltaken
sulues vthe der tollenboede halen, wur juw dat
de ehafftige noeth nicht benimpt, wur gy ock to
wettende krigen, dat we mere tor weken bruwe-
de dan eyns, dat gy sodans[7] juwen borgermestere
willen vormelden, vthbescheiden wat de rad er-
louet jn den martzbeeren, vnde duth also holden
de wile juw de rad dussen eed nicht vorlet: dat
juw god also helpe.

Ok secht juw de rad benenen vnde buten denne eede,
dat gy thor weken nicht mere dan eyns vnde ey-
nerleye beer bruwen, alse dat stoeuken vor 1['] brunß-
wicksche nie penninge, jd erloue denne de rad jn
den martzbeeren mere to bruwende, by vorlust
x marck.

Vnde dat gy nergen mere beer tappen laten dan
jn juwem huse, ok by penen teyn marck.

Dat gy sulflander jn eynem huse noch alleyne
jn twe husen nicht bruwen, by penen x marck.

Vnde dat gy neyn beer bruwen na vnses heren
himmelfart dage dat gy vor martzbeer vorkoepen
willen, by vorlust des vthgesanden beers, vnde

---

1) Aus vl. cc. 1490.   2) Mit blasserer Dinte als das Folgende.   3) Ausgelassen aber von einer Hand des
16. Jahrh. am Rande nachgetragen de wyle gy leuan.   4) Aus N. cc. 1490.   5) Eine Hand des 16.
Jahrh. hat den Rand geschrieben und an dieser Stelle eingeschaltet: ok de teken vth der tollenbode vnde
molen in de kisten laten steken, ok neyn mel in dat dor vaten vnde komen laten, gy hebben darvon ersten dat
teken vth der tollenbode edder dat teken uth der Olber molen entfangen ofte daruon nochafftige pande.   6) Aus
N. cc. 1490.   7) Es war zunächst dem rad geschrieben, aber sofort wieder ausgestrichen.

darto vor jowelck vath dem rade sunder gnade
eyne marck to geuende.

Ok neyn martzbeer vthsenden, jd sy denne er-
sten besichtiget, geprouet vnde besmecket dorch[1]
denjennen den de rad dartho settende wart, by
vormidinge toyn marck.

Vnde dat vath beers nicht myn dan xvij schil-
linge olt vorkoepen: we des hedragen worde, schol-
de dem rade yo van dem vathe jn eyner marck vor-
fallen syn.

12 **¹Do** smecker eyd.

xxxix,₂ **Gy** sweren sampt vnde bisundern, dat gy willen
dat beer, wur gy dartho gefordert werden, be-
smecken, vnde na juwen viff synnen, vornufften
vnde mogenheit vorwaren de goede des suluen,
vnde ensodans nicht sparen noch vorholden vm-
mé gaue, bede, leue, frochten, edder vmme sun-
derlikes hates willen: dat juw god etc.

Ok secht juw de rad buten den eyd. dat gy neyne
vate martzbeers myt dem lauwen vnde dem B te-
kenen dat nicht geamet sy.

Vppe dat ok fortmere nemant sick jn der vnwet-
tenheit des eedes vnde hysetteden artikle myt oren

penen entschuldigen dorue, so syn de vp eyn jo-
welk radhus gehenget: we des to doende hefft, de
mach dar hy gan vnde seck darjnne besichtigen,
wes he vorplichtich js, vnde vor schaden to wa-
rende.

<hr>

²Duth iß de eyt der molre.   13

Dat gi noch nement van juwer wegen neynerleye
korn ontfangen in de molen to melende, deß ra-
deß mettentekene darvan en sin erst in de kiste-
ne, alse sick de dar vp boret, vnde dem rade den
slam truweliken to gude holden, alse dat eyr ge-
wesen hefft, vnde dat gi allerhande korne, dat
gik in de suluen molen gebrocht werdt to melen-
de, den luden truweliken vorwaren vnde juwe me-
dekumpane vorwaren laten na juwen viff synnen,
alse gi best kunnen vnde mogen, de wile idt dem
rade behaget: dat gik god also helpe vnde hilgen.

³Duth iß de eyt der molenknechte.   14

Dat gik bevolen wart to melende van juwen he-
ren vnsen borgeren ore gudt, dat malkem sin gudt
wedder in de secke geschicket werde, vnde gi deß
nicht vnredeliken geneten: dat gik godt also hel-
pen vnde hilgen.

<hr>

CXIV. HERZOG HEINRICHS DES ÄLTERN MARKT- UND MÜNZPRIVILEGIUM.

1498 Aug. 9.

*Das Original dieser Urkunde ist nicht mehr vorhanden; sie folgt hier nach einer im dritten Ge-
denkbuche des Raths unter der Ueberschrift* hertogen Hinrekes willchreff der fryen markede vnde der
munte to slande *angelegten Copie. Hiernach ist sie auch in Bodes Münzw. NSachsens 197 abge-
druckt.*   Hn.

Wy Hinrek de elder von gots gnaden hertoge
to Brunswigk vnde Luneborch etc. bekennen open-
bar jn vnde myt dussem breue vor vnß, vnse er-
uen, nakomen vnde alfweme, dat wy den ersa-
men dem rade to Brunswigk vnsen leuen getru-
wen vth sunderliker toneginge de gnade gedan
hebben vnde geuen ohnn vnde den oren de gna-
de jegenwordigen in crafft dusses breues vor vnß,
[1] vnse eruen vnde nakomelinge, dat se hynnen der
stadt Brunswick twe frye markede alle jar heb-
ben vnde holden mogen, sick der gebruken to

orem besten vnnd de vorkundigen laten vp tyde
one drechlick. Wy willen ok den kopman vnde 2
andere de de fryen markede besoikende werden
myt orem gude vnde haue vp wontliken tollen jn
vnsenn landen vnde gebeden beschutten vnde be-
schermen. So ok eyn bystrate vnde eyn wech 3
dorch de trendell vorgenommen jft worden bouen
olde herkominge myt mennigerleye guderen, dar
vnse tollen, ok der vnsen neringe jnne besweket
vnde vorkortet warth, willen wy darvor wesen,
dat ensodanß nicht mber geschein schal, sunderen

<hr>

1) *In der Handschr.* doch.   2) *Aus S. cc.* 1490.   3] *Aus N. cc.* 1497.

34

na oldem herkomende den dorganck to Bruns-
4 wick hebben vnde holden schullen. Ok hebben wy
deme vorbemelten rade to Brunswigk togesecht
vnde irlouet, dat se mogen beneuen orem bruns-
wickeschen pennigk vnschedelick orer gerecht-
ticheyt vp ore munte nige munte slan vnde de
metigen, dat der twolffe eynen nien ꝑ, vnde x
nie ꝑ vp eynen gulden, vnde drittich ꝑ nie vp
5 eyne mark gan schullen. Darto mogen se dichte
munte slan vnde de setten na werderinge des
6 suluen nigen penniges also gemetiget. De salue

munte jn allen vnsem furstendome gelick jn der
stadt Brunswigk ginge vnde geue sin schal. Dus-
ses to forderer orkunde vnde merer bestendicheyt,
dat de vorbenomten puncte alle sampt vnde eyn
jtlick bisunderen schullen van vnꝑ, vnsen eruen
vnde nakomelingen stede vast geholden werden,
hebbe wy vnse jngesegel wytliken gehenget heten
an dussen breff, de gegeuen ist na Christi vnses
heren geborth dusent verhundert jnme achte vn-
de negentigesten jare, amme auende sancti Lau-
rentii martiris.

CXV. CXVI. MÜNZEDICTE.
1499.

*Von den nachstehenden beiden Münzedicten ist das erste hier wie schon in Bodes Münzw.
NSachsens 199 aus dem dritten Gedenkbuche des Raths abgedruckt, wo die §§ 6—8 von gleicher
Hand aber mit anderer Dinte wie die vorhergehenden aufgezeichnet sind. Das zweite findet sich dort
nicht und folgt hier nach den beiden Handschriften des Shigtbökes, welches dagegen das erste nicht hat.*

Hn.

CXV.
1499 Sept. 22.

Des rades to Brunswik ernstlike meninge jꝑ vn-
de vortbmer wol vnuorbroken geholden hebben,
dat men vp sunte Michaelis dach na giffte dusser
CVII, 1 scriffte negestfolgende by den brunsw. nien pen-
nigen schal kopen, verkopen vnde allen handel fo-
ren, ok darna bruwen vnde backen so besche-
delick, dat de bruwer eyn stoueken beyers vor
twe brunsw. nie penninge, eyn halff stoueken vor
eynen brunsw. nigen d̄, eyn quarteer vor eyn
brunsw. nie scherff, den bolteken vor eynen fer-
2 ling geuen schullen vnde anders nicht. Dergeli-
ken schal ok dat brot van den beckeren na so-
danem vorgescreuen nien gelde gebacken werden.
CVIII, 7 3 Ok schullen de bruwer nicht mer den vmme de

achte dage eynꝑ bruwen. Vmme de merꝑbeyer 4
vnde ernebeyer wol de rad to siner tydt vp ra-
den. Forder wol de radt dusse vorgescreuen nige 5
brunsw. munte wesselen van der muntstuede vor
gulden vnde vor de bouengescreuen vthmunte. [
Gegeuen nach Christi vnses heren gebort xiiij [
darna jmme xcix jare, amme mandage na sancti
Mauricii dage vnde siner geselscoff.
Ok sy wytlik allen borgeren vnde jnnewoneren 6
der stadt Brunswik, dat men alle schulde dede gemu- CIX, 1
ket sin wente vp dussen sancti Michaelis dach myt
sodaner weringe so sufſlange ginge vnde geue
gewest iſ, alse drittich nie schillinge der suluen
weringe vor de marck to rekende, betalen schal.

---

1) *Sie wird in dem zugleich publicirten herzoglichen Edicte d. d. 1499 Sept. 12 (in Bodes Münzw. NSachsens 198)
dahin angesetzt: dat de grote Goslersche grosse nicht wurdiger vnde beter jꝑ wan achte brunsw. sodaner vpge-
nanten nien penninge, de Goslersche soſ penning grosse viſ brunsw. nier penninge, de Goslersche vnde Gottinge-
sche kortelinge driddehaluen dersuluen brunsw. nier d̄, de olden Hildensemschen grossen myt dem rodenkrantze dre
brunsw. penninge, de Hildesemsche vnde Embeeksche kortelinge twe brunsw. penninge vnde eynen ferling, de
Markesche grossen verdehaluen brunsw. penningk, de Misensche grosse to Brunswik getekent viſ brunsw. pen-
ningk, de olde Lubecksche schilliger seſ brunsw. penningk, de nie Lub. schilliger viff brunsw. penninge.*

7 Fforder schullen alle tynße dede vor dusser tydt wente vp dussen sancti Michaelis dach bedaget worden sin, myt der vorberorden weringe entrichtet werden, vnde vor paschen tokumfftich schal men neyne tynße by nien pennigen geuen. Denne schal me ½ jar by nien d de tynße

vornoigen, vnde denne also vordanne alle tydt. Den dachloneres auer schal men forthmer nach vormoge des echten dinges by nien pennigen loenen. Darnach mach eek eyn jowelk wetten to richtende.

CXVI.

CVII. 1 **Rad** vnde radsworen, gyldemester vnde bouetlude sind einich geworden, dat dusse nige penigk geslagen eyn penigk schal sin, darbij kopen vn-
2 de vorkopen vnde alle handel mede don. Vnde xij nige¹
CIX. 2 penigk ein schilling, achtehaluen schilling eyn ferding, vnde so vord drittich schilling eyne marck gelden, vnde de gulde teyn nige schilling gelden, vnde dre gulden eyne
3 marck. Vnde wat vppe sunte Mychaelis dage tinß-
CXIV. 6. 7 schult bedaget worde efte were, dat scholdem myt der munte betalen also² in vortiden geguldem heft
4 na Gosselersche weringhe. Ouer na der gesatten tijt⁶ denne by dussem nigen penigk krossen be-
5 talen vnde geuen, darna backen vnde bruwen. Vnde denne in dem erstkomende paschen jn dem jar veffteynhundert⁴ na dem nigen gelde tynße, liffgedinge geuen vnde betalen schal, vnde so vort vnde vort de jare volgende jo drittich nige schilling der nigen brunswickschen pennigk vor de mark, vnde so vordan de⁵ halue mark vnde sd.
6 **Der** teyn krossen vppe den gulden geslagen sin,

der schal eyn gelden twolffe der nigen brunswickschen pennigk, vnde der twintich vppe den gulden geslagen sin, der schal eyn sesse⁶ gelden der nighen brunswickscher penige, vnde der vertich vppe den gulden geslagen sin, der⁷ schal eyn gelden dre der nighen brunswickscher pennigk. De 7 grote Gosselersche krosse achte pennigk, de Matties CIX. 3 krosse verdehaluen penigk, de Hildessemsche myt dem rudenkrosse dre pennigk, de ander Hildessemsche geheten de kortling twey pennigk j ferling, twey hole Hyldessemsche eynen penigk, da Gottimsche krosse twey pengk j ferling, de Embeckesche⁸ krosse twey penigk, de olde Lubsche, Hamborger, Wysmar, Luneborger⁹ schilliger ses pennigk, de nyge schilliger riff pennigk.¹⁰
8 **De** ander vthmunte de hir nicht benomt sin, de wer- 8 den plat vorboden vppe des rades behach. Vn- CIX. 4 de vorder de vthmunte hir benomet dar wel de rad eyn vpseynd hebben: jeht darjnne gevelt worde, wel de rad darna setten eft plat vorbeden.

CXVII. PRIVILEGIUM HERZOG HEINRICHS DES ÄLTERN.
1503 Nov. 13.

Das Original im Stadtarchive: Pergament 16" breit, 10½" hoch, an Pergamentstreifen ein Siegel von 1½" Durchmesser, welches den mit dem Löwen und den Leoparden quadrierten Schild und auf einem Bande die Umschrift b' · hinrici · dei · g · senioris · brufwicnfis · et · lnebgef · ducis zeigt, aus grünem Wachs, in einer Wachskapsel. Auf der Rückseite der Urkunde von jüngerer Hand: Kleines privileg. Hinrici des eldern, Wilhelmi sone, dusses hertog Hinnr. des jungern vader. Sie ist gedruckt in Rethmeiers Chron. 847, Thes. homag. I, 115, Ult. exc. 1602 f 115. — Mit ihr setzt die Reihe der sogenannten „Kleinen Huldebriefe" ein, welche von da ab neben den althergebrachten, nun als „grosse" unterschiedenen hergehen.

1) nige fehlt der jüngern Handschr. 2) In der jüngern Handschr. also lt. 3) In der ältern Handschr. na der tijt gesatten tijt. 4) In der ältern Handschr. wird an dieser Stelle den wiederholt. 5) In der jüngern Handschr. vor de. 6) Die ältere Handschr. wiederholt hier der eyn. 7) In der ältern Handschr. de. 8) In der ältern Handschr. Embesche. 9) In der jüngern Handschr. unt Luneb. 10) Vergl. CXIV, n. 1.

34*

Vonn gots gnadenn wy Heinrick de elder hertoge
tho Brunswig vnnde Luneburg etc. bekennen opin-
bar jnn vnde mit diessem brieffe vor unns vnde
vnse eruen, dat wy vns mit den ersamenn vnnsen
leuen getruwenn dem raide vnser stait Brunswig
gutliken vereynigct vnde vertragen hebben aller
jrrige, twietracht vnde widderwillen die jenigerley
wis twuschen vnns vnde ohenc mochtin gewest sin,
nichtes vthbescheiden, vnnde hebben vns mit ohen
als vnsen vndirsathen vnde lethmaten vnses for
stendomes thobope geseth vnde thun keginwir-
tigen jo vnde mit crafft diesses brieffos jn diesser
nabeschreuen wise. Thom chirstenn hebben wy
vns vorplichtiget vor vns vnde vnse eruen dem
raide tho Brunswig vnde denn oberen tho holdenn
alle obere priuilegia, gnade, frichcide, vorschri-
ninge vnde olde herkominge von vnsen vorfurstenn,
eldern vnde vns suluest gegeuen, so wy ohen dy
reide besigelt vnde bestetiget hebben, vnde willen
ohenn die fordir vorsiegeln, bestetiget vnde
holdenn, wor die nicht reide bestedigen vnde vor-
sigelt weren, vnnde willen des vnde vpp vnse
rechticheit yo chir de loucr die huldunge
von dem raide tho Brunswig vnde den oren
na woentliker wise entpfangen vnde se ock
vnde die oren als ore bchuldigode landesfurste
tegen ydermanne beschutten vnde vordedingen.
Thom andern, wor wy segil vnde briefe hebben
von dem raide tho Brunswig vnde oren vorfarn
gegeuen, die willen sie uns vnde unsen eruen
holden mit dem vndirscheide, dat wy sie des

noglichen besorgen, dat sie derhaluen anclage
von andern herrnn vorsorget vnde vorwart
mogin werdin. Dergliken willen wy vnde vnse
eruen widderumbe dem raide tho Brunswig segel
vnde briene holden, die vnse vorfursten vnde el-
dern vor sick vnde die oren wie ock suluest
gegeuen hebben, ein vmbe den andern, allet ane
geuerde. Thom dredden, wor wie des raides tho
Brunswig tho eren vnde rechte mechtig siu vnde
des widderpartes nicht, eder dat die sulne widder-
parth jn geborliken steden rechts vorweigerunge
dede, vnde dat sick des de rait na vnsem mede-
raide holden vnde heben willen, dar en willen wy
den raith tho Brunswig nicht vorlaten, sundern
des den rait vnde stait tho Brunswig mit landen
vnde luden reden vnde entsetten helpen, vnde
so widderumbe jn aller wise de rait vnde stait
to Brunswig vns vorphichtiget wesen willen, jdoch
wan dat geschen scholde, dat dan sodans gescho
mit raide, wettende, willen vnde folborde vnser
vnde des raides tho Brunswig, so dat ein des
bie dem andern bleue. Dat wie allet wu vorge-
schreuen, gereden vnde louen vor vns vnde vnse
eruen dem raide vnde stait tho Brunswig ju
guten waren truwen stede, veste vnde unuer-
broken wol tho holdende sundern allen behelp
vnde geuerde. Hebben des tho orkunde vnnse
jngesegil an diessen brieff williken dohen hengen,
vnde gegeuen na Cristi vnses heren geborth
viffleynhundirt vnde drie jare am mondage na
sanct Martins dage.

CXVIII. HULDEBRIEF HERZOG HEINRICHS DES ÄLTERN.

1503 Dec. 12.

Das Original befindet sich im Stadtarchive: Pergament, 21" breit, 14" hoch, mit Herzog Hein-
richs Siegel von 2³/₄" Durchmesser aus grünem Wachs, in einer Wachskapsel an grünen, rothen und
gelben Seidensträngen. Dasselbe zeigt von zwei Löwen gehalten den vierfeldigen Wappenschild, darüber
den gekrönten Helm mit Federbusch, Sicheln und Pferd und auf einem Bande die Umschrift s' : heinrici :
senior : ducis : in : brunswig : et : luneburg. *Gedruckt ist dieser Huldebrief in Ulter. exc. 1602 I, 117.*
Er stimmt wörtlich mit dem Herzog Wilhelms des Jüngern vom 5. August 1487 überein.

Vonn godeß gnaden wy Hinrick de elder hertoge to
Brunswig vnnd Luneborgh etc. bekennen openbar jn dussem
brene, dat wy noch vnse eruen en schullen neyne closter
geistliker lude man edder fruwen setten, erlouen oder ful-

borden to wonende bynnen der stadt edder muren tho
Brunswigk vnd ok buten der stadt so verne ore vdtrifft
is. Ok en willen wy noch en schullen neynerleywyß
vulhorden, dat de capittele vnser kercken sancti Blasii

---

1) Wäre deste zu lesen?

vnnd sancti Ciriaci to Brunswigk jennige parkercken bynnen Brunswigk gelegen sek edder oren stifften jncorporeren laten. Ok en schullen wy neynen canonicum edder jemande de belehnet were to sunte Blasio edder to sunte Ciriaco to Brunswigk to vnser parkercken welcken bynnen Brunswigk presenteren edder belehnen. We ok alrede eyne parkercken bynnen Brunswigk hedde, dem wolden wy vnser geistliken lehne jn den vorgeschreuen kercken to sunte Blasio vnd to sunte Ciriaco neyn lehnen noch ohne darto presenteren, vthgesecht de lehne dede wy vade vnse eruen lehnen schullen nach orem willen. Were auer dat vnse veddern duasser lahne jennich lehneden tegen dusse wyse vnnd vnse fulbort darto esscheden, so mochten wy vnse fulbort dartho genen. Wy hekennen ok des, dat wy vnd vnse rechten eruen hebben dersuluen vnser stadt to Brunswig vnd vnsen leuen borgeren darbynnen, by namen jn der Oldenstadt, jn dem Hagen, jn der Nyenstadt, jn der Oldenwick vnnd jn dem Sacke, de gnade vnd dat recht gegenen: de dar nu jnne syn vnd borger vnd borgerschen syn, de schullen frye wesen vor allerleye ansprake. We na dussem dage ok alse dusse breff gegeuen is jn de suluen vorgesproken viff stede vnser stadt Brunswig vore vnd borger worde, vnd openbar dar jnne were jar vnd dach ane ansprake, de scholde des suluen rechten bruken vnnd frye borger wesen, alse vorgeschreuen is. Worde ok jemant anspraket bynnen jare vnnd dage mit rechte de de borgerschop gewunnen hedde, dene en scholde de rath to neynem borger hebben, he en hedde sek vorlikent mit der herschop mit fruntschop edder mit rechte. Wy ok vnd vnse rechten eruen willen vnnd schullen de viff stede vnser stadt to Brunswig beschermen vnnd vordedingen alle ores rechten vnnd fryheit, alse se de oldinges von vnsen voreldern vnd von hertogen Hinricke vnsem zeligen veddern, hertogen Wilhelme dem eldern vnsem seligen leuen groteuader, vnnd den hochgebornnen fursten hertogen Wilhelme vnsem zaligen leuen herrn vnd vader gehat hebben, vnnd ore recht to beterende vnnd nicht to argerende. Were ok, dat jennich man der sulften vnser borgere jennigen fordern wolde vor laet edder egen, edder jennige ansprake doin wolde, de scholde antworden vor vnsem gerichte jn der stadt to Brunswik. Vnse vorgenomeden borgere der viff stede vnser stadt to Brunswik moten ok ore recht woll beteren wur se mogen: wur dar nemant en claget, dar en dorff nemant richten. Were ok, dat se jemant schuldigen wolde, so scholden se antworden dar yd ohne von rechte borde to antwordende, vnd des schullen wy se ok vordedingen. Were ok, dat jennich schelinge [13] velle twischen vns vnd dem raide to Brunswigk, wat denne twene maane vth dem rade mit orem rechten beholden, dat ore gewonheit vnnd recht hedde gewesen, dar schullen wy se by laten vnnd by beholden. Wolde den rath ok [14] anders jemant schuldigen, wes denne twene manne vth dem rade den rath entleddigeden mit rechte, des scholde de rath leddich wesen, vnd des scholden wy se vordedingen, vnnd schullen des rades vnd der stadt tho Brunswigk recht vorbeteren vnnd mit nichte krencken. Vorthmer bekennen wy vnnd vnse rechten eruen, dat vnse borgere der vorhenompten viff stede vnser stadt to Brunswig vnnd ore gult schullen tollenfrye syn jn vnsem lande vnnd jn vnsen steden vnd tho allen vnsen slothen na older wohnheit, alse dat von older gewesen is. We ok in der stadt to [16] Brunswig voget is, de schall richtenn bynnen der stadt vnd enbuten so verne ore vehedrift vnnd landtwere wenden. Vorthmer vppe dat vnder vnsen mannen vnnd vnsen vorbenompten borgern neyn twydracht en werde, so schullen wy ohne eynen marsschalck setten, de vnsen borgeren richte ouer vnse manne des ohne noith sy. Wy willen [18] des ok nicht, dat vnser denstmanne jennich jenningen vnser borgere to Brunswigk mit lehngude wyse an eynen andern heren de benedden ohme sy: des willen wy se vordedingen vnnd ohne bybestain. Wy doin ohne ok de [19] gnade: welck borger gudt hedde tho lehne von vnsem denstmanne, storue de ohne eruen, so scholde de borger folgen an vns, vnd wy scholden ohne belehenen mit dem gude ane weddersprake vnd ane gaue. Ok en willen wy [20] des nicht, dat jennich vnser manne sick jennich gudt lehnen late dat vnse borger edder borgersschen to Brunswig jn orem lehenschen wehren hedden. Wy en schullen ok [21] vmme neyne sake schuldigen de by vnses hern vnd vaders vnd veddern hertogen Hinrickes zeligen tyden gefallen were wente an dussen dach. Wy en schullen ok neynerleye [22] gudt dat men to der stadt edder von der stadt to Brunswigk brochte, forede, drene edder droge, hinderen edder hinderen laten, jdt en sy vnser openbaren vigende. Wy [23] en willen ok nemande tho gesynde nehmen, den wy wedder de stadt vnnd wedder ore recht vordedingen, wy en willen denne to rechte stellen vnd ohne rechtes von ohne helpen. Wy en willen ok nemande husen noch hegen edder vor- [24] dedingen wedder de stadt vnd borgere, de se vnd de ore vorvnrechtigede, edder de jn der stadt vorfestet edder dar vth vordreuen were, vnd wolden den von vns laten wanner

25 se vns dat witlick deden.   Were ok, dat vnser borgere
edder orer meygere jennigen brokede dede[1] wedder vnnt,
an den[2] noch an orem gude willen wy neyn sulffgerichte
doin, jdt en were dat se worden begrepenn vp hanthaf-
tiger doet eynes doetslages, wy en deden dat witlick dem
rade aller erst vnnd der stadt; hulpen se vnns dar vnsse
mynne edder rechtes, dar scholden wy vnt atte benoigen
26 laten.   Ok schullen vnnd willen wy se truweliken vor-
dedingen to orem rechten wedder allermelkenn, vnnd schul-
len se by gnadenn, by wonheit vnnd rechte laten vnnd beholden.
27 tu allen tyden.   '   Vnnd wy edder de vnse en willen noch
en schullen so vnd ore meygere, ore gudt vnnd de ore
nicht besweren mit beden edder mit denste offte jn jen-
28 nigerleye wyß.   Were ok, dat se edder ore meygere
edder de ore bröke deden, de one mit rechte gefunden
worden to beterende, dat scholden wy vnd de vnse ohne
29 gnedichliken keren, dat se des vnuordaruel bleuen.   Ok
en willen wy noch en schullen noch de vnse neyne seltinge
jn vnsem lande oner se vnnd ore gudt vnd oner ore meygere
vnd de oren setten edder setten laten, dar se edder de
30 ore medde beschattet worden.   Vnd wy schullen vnd
willen se laten by alsodanen guaden, wonheit vnnd rechte
alße se weren by vnser vorelderen vnd vnsers vedderen
zeligen hertogen Hinrickes, hertogen Wilhelmes des
elderen vnd vnses zaligen herren vnnd vnders ty-
31 den.   Were ok, dat se ore morthbarner vad suraten-
rouer anquemen jn vusem lande, jn vnsen steden, slotun
edder dorpern, de mochten se angrypen ane vare vnnd
23 ane broke.   Vorthmer bekennen wy, dat wy vnd vnse
rechten eruen willen vnnd schullen alle de breue de vnse
hero vnd vader vnnd vnse vedder hertoge Hinrick vnd
vnse vedder hertoge Bernd milder gedechtnisse, vnd wes
vnse vedderen hertoge Otte edder hertoge Frederick myt
der welckem versegelt hedden, vnd vnse elderen vnnd
vorfaren gegeuen hebben dem rade vnnd der stadt to
Brunswig vnd cynem joweloken borger to Brunswig den
breue von ohne gegeuen syn, stede, vast, gantz vnd un-
uorbroken holden, vnnd wy bestedigen alle ore priuilegia
33 jn aller wise, offt wy de suluest vorsegelt hedden.   Were
ok, dat dem rade vnd den borgern to Brunswigk tegen
vns edder vnse eruen noet were ore priuilegia to wisende,
dar wolden wy vnnd scholden twe edder dre by schicken
den wy des tobeloueden: de willen se darto jn vnse stadt
to Brunswig to komende aff vnnd tu veligen vnd de darumh

1. So im Orig.   2. Im Orig. der.

senden vp dat rathuß jn de Oldenstadt to Brunswigk, de
breue vnnd priuilegia to besebeude, to lesende vnnd to
horende, offt wy dar suluest nicht en quemen: forder en
doruen se ore priuilegia vnnd breue nicht senden.   Wy 34
willen ok de vorgnanten vnse leuen getruwen den rath
vnnd de borgere truwelikan vordedingen vnnd beschermen
alle ores rechten dat se von vnsen elderen vad von vnsem
saligen veddern hertogen Hinricke, hertogen Wilhelme
dem eldera vnsem grotenader vnd dergelick von
vnsem saligen herrn vnd vader hertogen Wilhelme
gehat hebben, vnd willen ohne dat stede vnd gantz holden.
Wolde se ok alle dusser vorgesprokener gnade vnd rechts 35
edder jowelkes besundern, de wy vnd vnse vorelderen,
vnd hertoge Hinrick saliger vnse leue vedder, ok velege-
dachte vnse leuen heren grotevader vnd vader milder
gedechtnisse ohne gegeuen hebben, jennich man vorvnrech-
tigen, des willen wy ore beschermere sin nu vnnd tho
allen tyden vnnd to alle oren noeden.   In eyns orkunde
vnnd stedicheit alle dusser vorgeschreuener dingk hebben
wy vor vns vnnd vnse rechteen ernen vnse jngesegell
witliken vnnd mit gudem willen gehenget laten to dussem
breue.   Dusser dinge sint ok tuge vnse leuen getruwen
rede, manne vnnd borgere de dar anne vnnd ouer gewesen
hebben vnnd hirna geschreuen stain: de edlen vnnd wol-
gebornnen, gestrengen vnnd erbaren Hinrick graue
vnnd here von Wunstorp, Hinrick eddel here to
Werberge, hern Marten von Toppern cumptur
to Luckelm, her Maneken von der Schulenborch
cumptur tho Suplingborch, Gosschalk von Cram-
me, Huner von Sampleue, Ludolff von Mornholte,
Ludolff von Salder, Huner von Bartenßleue,
Borchart vnd Cordt gebroder von Steinberghe,
Cordt von Veltem, Wilken Klencke vnnd Claus
von Warpe, Dirick Schacht, Tile van Reten,
Albert von Vechelde, Wedego Velstidde, Henningk
Kalmes, Gerwin Wittekop, Tile Broytzem Hen-
ningk Heißen, Gercke Pauwel, Jorden Holle, Bodo
Kalen, Meyne von Peyne, Hinrick Elors, Cordt
Plaggemeyger, Fricke Grieß, Tile Voget, Henningk
Bardenwarper, Flor Valhusen, Jordden Popper
vnnd Arndt Sprancke.   Vnnd iß geschenn na godes
bort dusent vifhundert vnnd jm dorden jare,
amme dinstaige na vnser leuen fruwen dage con-
ceptionis.

CXIX. BESTÄTIGUNG DER STÄDTISCHEN PRIVILEGIEN DURCH KÖNIG MAXIMILIAN.
1505 Juli 28.

Das Original befindet sich im Stadtarchive: Pergament, 22" breit, 18" hoch, auf der Rückseite R. Jo. Renner. Des Königs Siegel von 3" Durchmesser aus rothem Wachs, in einer Wachskapsel, an schwarzrothgelber Seidenschnur hangend, zeigt unter einer Krone zwischen den aufgehängten Schilden von Oesterreich und Burgund den Schild mit dem einfachen Adler, von zwei Greifen gehalten, diese mit der andern Vorderkralle die Feuerstahle fassend, an denen inmitten der Schilde von Habsburg und Tyrol das goldne Vliefs hangt, und im Doppelkreise die Umschrift: S : MAXIMILIANI : DEI : GRA : RO : REGIS : SEMPER : AVGVSTI : ARCHIDVCIS: AVSTRIE : DVCIS : BVRG : BRABAN : STIRIE : CARINTHIE: KARNIOLE: LVXEMB: ET: GELDRIE: COMITIS: FLANDRIE: TIROLIS: PALATINI: HANONIE : HOLLAN : LANTGRAVI: ELSACIE : SACRI: IMPERII: MARCHIOIS: DOMIN: Q; FRIS : Angeheftet ist ein Pergamentblatt mit nachstehender Registratur. Alse de alderdorchluchtigeste vnde grötmechtigeste ffurste vnde here her Maximilian romischer konningk etc. hertogen Hinricke den eldern, des rades to Brunswick landesfursten, bynnen Collen by syner konnichliken maiestadt to synde geesehet, vnde syn gnade dat to donde beleuet hefft, des isset gescheyn, dat de rad to Brunswick de suluen syne gnade vnder andern demodigen angefallen vnde gebeden hefft, dat syn gnade ohne alle ore priuilegia, gnade, ffryheit, vorschriuinge vnde olde herkominge de se hebben van romischen keysern, konningen vnde andern herschoppen, den genanten romischen konningk bestedigen, befestigen, vornuwen vnde confirmeren laten wolde: wat ensodan kostede, wolde de rad synen gnaden weddergeuen. dat van synen gnaden to bescheynde angenamet is, vnde de bestedinge wu dusse vorgeschreuen breif vormeldet erlanget. Den de rad to Brunswick der herschop van Brunswick vnde Luneborch vnde den oren sampt edder bisundern jn tokomen tyden neynerleye wys vorleggen schall, so de ohne vnde den oren gantz schedelick vnde vorfengklick is, nochtem dar jnne de priuilegia etc. syn golecht vnder dat recht bouen ore natür jn dem artikle: vos vnde deme hilligen rike an vnser ouercheit vnde rechten vnde sust eynem jdern an synen rechtecheiden vnuorfengklick vnde vnschedelick, ock dat de vornuwinge vorhenget is tegen vnde wedder alle andere bestedinge, de van romischen keysern, konningen vnde andern herschoppen jn vortiden dem rade to Brunswick gnedichliken gegeuen worden syn, so de lüth der dat medebringet. dardorch dat angelechte gold vnde geschencke verloren is. So denne de suluc vornuwinge des romischen konninges de rad to Brunswick van dem gedachten orem landesfursten myt besweringe entfangen hefft, des hefft seck do de landesfurste horet laten, syn gnade kunne vnde wille van dem vorberorden romischen konninge de bestedinge orer priuilegien etc. geliick de vorheren gegeuen hebben, noch erlangen ane nyge vnde forder goldgeuinge, vthbescheiden jn de kentzelye, vnde dar vp is synen gnaden van deme rade to Brunswick eyn concept wu de breiff luden scholde behendet geworden, auer de bestedinge des romischen konninges is wente an dusse tid vorbleuen. Dar vth nicht anders is afftonemende, men dat syn gnade den rad to Brunswick jn alle oren priuilegien etc. gemeynet is noch to uorkortenn vnde to krenkende, so syn gnade ehrmals jn deme jugange des landes vor der feyde, jn der feyde vnde stedes darna gestan hefft ensodan to donde, dat men uthe den milden rechteserbedingen van deme genanten ffursten gedan egentliken befunden hefft, to dem ende vth, dat de priuilegia etc. dardorch vnder dat recht scholden hebben gebrocht worden, dat vorwaret is wente an dusse tyd: wolde god, dat id forthan vorwaret mochte werden. Item hefft de vilgenante ffurste hertoge Hinrick de eldere dem rade to Brunswick jn muntliken sagen anno quingontesimo quinto des donnerdages na assumpcionis Marie vorgeholden laten dat, de konningklike majestat hebbe de stadt to Brunswick an syne gnade stedes to blinende gewiset. Darvmme forderde syn gnade van dem erbenomden rade to Brunfwigk des eynen vorplichtesbreiff synen gnaden to genende, dar se jnne bekennen scholden, dat se fortmher synen gnaden vnde nicht deme romischen konninge deinstbarich erschinen vnde wesen wolden vnde scholden. Soda vorholdent vnde forderinge is openbar tegen de macht des vorbenomden nyen konnichliken brenes, so syn konningklike maiestat dar jnne sick beholt de ouericheit der stad to Brunswick na lude des artikels vorberord. Wan nu de rad to Brunswick orem genanten landesfursten des brenn gene vp syner gnade ansokent, darvth wolde sick begenen, dat de rad vnde de stad to Brunswick jn twefelde deinste vallen mosten, dar se suslange jn eynem gebleuen syn. Wat gnade jn sodanem erbenomden vornemende befunden wart, is van eynem jowelken vornufftigen to besorgende vnde jn vorwaringe to stellende. Vnde dusse schriffte syn vth guder wolmenmge vorhenget, vppe dat de nakoemelinge des eyne wettenheit hebben, wu darjnne do herschop de stad vnde jnwoners to Brunswigk menet vnde gemenet hefft. — *Im Wortlaut nähert sich dieses bisher nicht gedruckte Privilegium bald dem König Albrechts, bald dem König Friderichs (Nr. LXXXVI u. XC), doch ist ein früheres Privilegium weder eingerückt noch auch nur namentlich angeführt.*

Wir Maximilian, von gottes genaden romischer kunig, ju allenn tzeiten merer des reichs, zu Hungern, Dallmation, Croatien etc. kunig, ertzhertzog zu Oesterreich, herzog zu Burgundi, zu Brabannt vnd pfalitzgraf etc. bekennen offenulich mit disem brief vnd tun kunt allermeniglich. Wiewol wir allen vnd yeglichen vnnsern vnnd des heiligen reichs vnnderthanen vnd getrewen ere, nutz vnd bestes zu furdern geneigt sein, wir doch mer begirlich gegen denen so vnns vnd dem heiligen reiche mit nutzparn diennsten getrewlichen anhanngen. Wann vnns nu die ersamen vnnser vnnd des reichs lieben getrewen burgermeister vnd rate der statt Brunfwigkh diemutiglich haben anrueffen vnd bitten lassen, das wir jnen jr vnd gemeiner statt Brunfwigkh genaden, freyheitten, priuilegien, hanndtuesten, gaben, gute alte gewonheit vnd herkumen, die jren vorfordern vnd jnen von weylennt vnnsern vorfarn am reiche romischen keysern vnd kunigen, zu confirmirn vnd zu bestetten genedichlichen geruchten: des haben wir angesehen solich jr diemutich zimlich bete, auch die annemen, getrewen vnd vleissigen diennst, so die berurten jre vorfordern vnd sy den egemelten vnnsern vorfarn, vnns

vnd dem heiligen reiche offt williglichen getan haben vnd sy hinfuro in kunfftig zeit vnns vnd dem reiche wol thun mugen vnd sullen, vnd darumb mit wolbedachtem mute vnd gutem rate den selben burgermeister vnd rat zu Brunfwigkh vnd jren nachkomen all vnd yeglich vorberurt jr vnd gemainer statt Brunswigkh genaden, freyheitten, priuilegien, brief, handtuesten, gaben, gute allte gewonheiten vnd herkumen, die jren vorfordern vnd jnen von weylennt vnnsern vorfarn am reiche, romischen keysern vnd kunigen vnd vnns oder anndern fursten vnd herrn gegeben vnd sy redlich erworben vnd loblich herbracht hebben in allen vnd yeglichen jren jnnhaltungen, meynungen, begreiffungen, stucken, puncten vnd artigkeln, gleicherweise als ob die von wortten zu wortten hier jnn begriffen vnd geschriben stunden, als romischer kunig genediglich ernewt, confirmirt vnd bestelt, ernewen, confirmirn vnd bestetten die auch also von romischer kuniglicher macht wissenntlich vnd ju crafft diss briefs, vnd mainen, ordnen vnd wellen, das die selben burgermeister vnd rat vnd jre nachkumen von gemeiner statt wegen dabey beleiben vnd sich der nach jrer jnnhaltung vnd aufweysung gepranchen vnd geniessen sullen vnd mugen, von allermeniglich vnuerhinndert, doch vnns vnd dem heiligen reiche an vnnser oberkeit vnd rechten vnd sunst einem yeden an seinen gerechtigkeitten vnuergriffennlich vnd vnschedlich.[1] Vnd gepieten darauf allen vnd

---

[1] *Auch in der Urk. von 1438 findet sich die Clausel: doch vnns vnd dem heiligen reiche vnschedlich; 1446 hingegen wurde sie ausgelassen.*

yeglichen churfursten, fursten geistlichen vnd weltlichen, prelaten, graven, freyen herrn, rittern, knechten, hawbtlewten, vitzthumen, vogten, pflegern, verwesern, amptlewten, schultheissen, burgermeistern, richtern, reten, burgern, gemeinden vnd sunst allen anndern vnnsern vnd des heiligen reichs vnnderthanen vnd gotrewen, in was wirden, stannds oder wesenns die sein, ernnstlich mit disem vnnserm kuniglichen brief vnd wellen, das sy die vorgemelten burgermeister vnd rat zu Braußwigkh vnd jre nachkumen an denselben jren genaden, priuilegien, briefen, hanndtuessten, guten gewonheiten vnd herkumen vnd diser vnser kuniglichen ernewung, confirmacion vnd bestettung nicht hinndern noch jrren, sonnder sy dabey beleiben vnd der geruelich gebrauchen vnd geniessen lassen, vnd hiewider nit thun oder yemands anndern zu tun gestatten in dhein weyse, als liebe einem yeglichen sey, vnnser vnd des reichs vngnad vnd dartzu die pene in

den vorberurten jren priuilegien vnd briefen begriffen vnd dartzu ein sonnder pene, nemlich viertzigkh march loetigs golds, zu vermeiden, die ein yeder so offt er freuelich hiewider tette vnns halb in vnnser vnd des reichs camer vnd den anndern halbenteil den vorbestimbten von Brunßwigkh von derselben statt wegen vnd jren nachkumen vnablößlich zu betzaln verfallen sein sol. Mit vrkunde diss briefs bes gelt mit vnserm kuniglichem annhanngendem jnnsigl, geben jn Collen am achtundzwaintzigisten tag des monets July nach Cristi geburt funfftzehenhundert vnd im funften, vnnser reiche des romischen im zweintzigisten vnd des hungerischen im sechtzehennden jaren.

Per regem.

Ad mandatum domini regis proprium Serntein.

CXX. MARKTPRIVILEGIUM KÖNIG MAXIMILIANS I.
1505 Juli 29.

Das Original befindet sich im Stadtarchive: Pergament, 20" breit, 10" hoch, das Siegel wie an der vorstehenden Urkunde, die Siegelschnur aus schwarzer und gelber Seide. Auf der Rückseite der Urkunde R. Jo. Renner. Sie ist gedruckt als Anlage der Marktgerichts- und Wechselordnung von 1686 und in Lünigs Reichsarchiv pars. spec. cont. quarta II 225, an beiden Stellen jedoch irrthümlich vom 21. Juli datirt.

Wir Maximilian von gottes gnaden romischer kunig, zu allenn czeiten merer des reichs, zu Hunngern, Dalmatien, Croatien etc. kunig, ertzherzog zu Osterreich, hertzog zu Burgunndi, zu Brabannt etc. vnd phalennczgraue etc. bekennen offentlich mit disem brief vnd thun kund allermenniglich, das wir auf diemutig anrueffen vnd bitt der ersamen vnnser vnd des reichs lieben getrewen burgermaister vnd rate der stat Brawnnswigkh, gemainen nucz zu furdrung vnd gutem, denselben burgermaister vnd rate die gnad gethan, gonnet vnd erlawbt haben, also das sy vnnd jr nachkomen nu hinfuro in derselben stat Brawnswigkh zwen jarmergkht, nemlich den ainen auf freitag nach vnnsers lieben herrn Cristi auffarttag vnd den anndern den negsten tag nach vnnser lieben frawen tag jrer emphenngkhnuß anzuheben, vnnd jr yeder zehenn tag die negsten darnach zu weren, eins yeden iars haben, hallten, vben vnnd ge-

brauchen mugen, thunn, gonnen vnd erlawben jnen auch solhs also von romischer kunigklicher macht wissenntlich io craft diß briefs, vnnd meinenn, seczenn vnnd wellen, das zu solhen jarmergkhten die vorgemelten burgermaister vnnd rate zu Brawnswigkh vnnd jr nachkomen, auch alle die so dieselben mit jren kawfmanuschaczn', waare, haben vnnd gutern oder in annder weg besuechen, darzue vnnd dauon ziehen, in der obestimbten zeit der jarmergkht, auch zehen tag vor einganng vnnd zehen tag nach ausganng derselben jarmergkht, alle vnnd yeglich gnad, freihaiten, recht, frid, glaitt, schucz, schirm vnd gewonhait haben, gebrauchen vnnd geniessen sollen vnnd mugen, die annder stette in dem heiligen reiche vmb sy gelegen zu jren jarmergkhten vnnd die personen so darzue vnnd dauon ziehen haben, gebrauchen vnnd geniessen von recht oder gewonhait, von allermenniglich vnuerhinndert, doch

85

unndern steten, mergkhten vnnd dörffern in zwaien meil wegs vmb dieselb stat Brawnswigkh gelegen an jrenn jarmergkhten vnnd sunnst menigklich an seinen rechten vnnuergriffennlich vnnd vuschedlich. Vnnd gebieten darauf allen vnnd yeglichen churfursten, fursten geistlichen vnnd weltlichen, prelaten, grafen, freien herrn, rittern, knechten, hawbtlewten, vicztumben, vogten, phlegern, verwesern, anibtlewten, schultheyssen, burgermaistern, richtern, reten, burgern, gemeinden vnnd sunnst allen anndern vnnsern vnnd des reichs vnnderthannen vnd getrewen, in was wirden, stat oder wesens die sein, erunstlich vnnd wellen, das sy die vorgemelten burgermaister vnnd rate zu Brawnswigkh vnnd jr nachkomen an den obgemelten vnnsern gnaden, gonung, erlawbung, auch vbunng vnd gebrauch der obbestimbten jarmergkht nicht hinndern noch jren, sonnder ay vnnd alle die so dieselben jarmergkht besuechen, darzu vnnd dauon ziehen, der vorbestimbten freihaiten vnnd gnaden geniessen vnd geunezlich

dabey beleiben lassen, vnnd hirwider nit tun noch yemannds anndern zu tund gestatten in dhain weise, als lieb ainem yechlichen sey, vnnser vnnd des reichs vngnad vnnd straff vnnd darzu ain pene nemlich zwanczig margkh lotigs goldes zu uermeiden, die ein yeder, so oft er freuenlich hirwider tete, vnns halb in vnnser vnnd des reichs camer, vnnd den anndern halben tail den egemelten burgermaister vnd rate zu Brawnnswigkh vnnd jren nachkumen vnablesslich zu beczallen verfallen sein sol. Mit vrkunndt diß briefs besigelt mit vnnserm kuniglichem anhangennden jnsigel, geben zu Cholen an erchtag den newnunndczwainczigisten tag des monets July, nach Cristi geburde funnfczehenhunndert vnnd im funnften, vnnser reiche des romischen im zwainczigisten vnnd des hunngrischen im sechtzehenden iaren.

Per regem

Ad mandatum domini
regis proprium
Serntein.

CXXI. BESTÄTIGUNG DES KÖNIGLICHEN MARKTPRIVILEGS DURCH HERZOG HEINRICH DEN ÄLTERN.

1505 August 29.

Das Original befindet sich im Stadtarchive: Pergament, 11" breit, 7" hoch, mit des Herzogs kleinerm Siegel (vgl. Nr. CXVII) an einem Pergamentstreifen; auf der Rückseite von etwas späterer Hand: meldet van twen frien markeden. Vollständig eingerückt ist diese Urkunde in den gedruckten Publicationsanschlag des Rathes d. d. 1505 am sonnanende nach decollacionis sancti Johannis baptiste (Sept. 6); spätere Abdrücke in Rethmeiers Chron. 1525, Pfeffingers Braunschw. Gesch. II 549, Marktgerichts-Ordnung 37.

Vonn gots gnadenn wy Hinrick de elder hertoge to Brunswig vnde Luneborch etc bekennen openbar jn vnde mit diessem breue vor vns, vnse eruen, nakommelinge vnde alsweme: So de Romsche konniglicke maiestait vnse allergnedigste herre up vnse bede vnde ansoikent den ersamen rait vnser stait Brunswig vnde ore nakommen mit twen frien marckeden jarlickes binnen der gnanten vnser stait to holdende gnediglicken vorsorget hefft, na lengerm vormoge siner konniglichen maiestait breues one darouer vorsegelt gegeuen, dat wy dan vor vns, vnse eruen vnde nakommelinge jn allen sinen puncten vnde ar-

likeln beleuet vnde befolbort hebbenn, vnde doin dat jeginwerdigen ju crafft dusses breues. Wy 2 willen ock den koppman vnde andere de de culuen frien willen [...] merckede besokende werdin, mit erem gude vnde haue up wontlicken tollen jon vnsen landen vnde gebieden goleidigen, beschutten vnde beschermen. Dusses to fordir orkunde vnde mehirer wissenheit, dat ensodans vonn vns, vnsen eruen vnde nakommelingen stede, fast vnde vnuorbrockenn schal geholden werden, hebben wy vnse jngesegil witlickenn hengen lathen an dussen brieff na Cristi vnses herrn gebort thusent viffhundert vnde viff jare am friedage nach Bartholomei appostoli.

CXXII. HERZOG HEINRICHS DES ÄLTERN MÜNZ- UND MARKTPRIVILEGIUM.

1506 Jan. 27.

Das Original dieser Urkunde ist nicht mehr vorhanden; sie folgt hier nach der gleichzeitigen Abschrift in einem Copialbuche des Raths. Im Auszuge ist sie auch in Bodes Münzw. N.Sachsens abgedruckt.

Wy Hinrick de elder van goddes gnaden hertoge to Brunswick vnde Luneborg etc. bekennen openbar jn vnde myt dussem breue vor vns, vnse eruen, nakoemelinge vnde alsweme, dat [wy]¹ jn vortiden vth redeliken orsaken vnsen leuen getruwen dem rade to Brunfwick hebben togesecht, erlouet, befulbordet vnde vorsereuen, dat se mochten hole munte slan vnde de metigen, dat der xij ¾ [vp]¹ eynen nyen schillingk, vnde der x nye ß vp eynen gulden, vnde xxx nye ß vp eyne march gan scholden, darto dat se dichte munte slain mochteu vnde de ordineren vnde setten na wesdexinge der suluen nyen penninge also gemetiget, doch vnschedelick orer gerechtichelt vp ore munte.

2 Darmede wy vnde de rad to Brunswick vp ausoeksnt des erwerdigen jn godde vaders vnde heren heru Bertoldes bisschops to Hildensem vnde administratoris der kerken to Verden, ock des hochebornen fursten vnde heren heru Erickes to Brunswick vnde Luneborch ock hertogen vnses leuen broders, vnde der ersamen rede der stede Hildensem, Gottingen, Honouer, Eymbecke vnde Northem an se gekomen syn vnde des myt ohn eyns eyndrechtlike sate der munte beleuet vnde befulbordet hadden, na vormeldinge eyner vordracht daromer vorlaten vnde vorseggelt, jn de tonorsicht, dat dar vth vele gudes den landen vnde den jnbesetenen scholde bejegent hebben worden. De vns, vnsen landen vnde den ergenanten vnsen leuen getruwen dem rade to Brunswick dar nedderfellich geworden syn to dreplickem schaden. Vp dat wy nu myt den vnscu jn sodanem schaden vort nicht besitten bliuen, hebben wy vor vns, vnse eruen vnde nakoemelinge dem genanten rade to Brunswick, so se den suluermuntegangk hebben, noch erlouet vnde befulbordet, vnde don dat ock jegenwordigen jn crafft dusses breues, dat se vnd ore nakoemelinge de

1) Fehlt in der Handschr.

holen vnde slichten munte, wu ehrberort, slan mogen. So wy denne warliken befinden, dat de suluerkoep seder der tid sick vorandert vnde bouen eynen rinschen gulden de mark jn dem vorkoepende vorhoget hefft: geuen, vorgunnen vnde erlouen wy vorgenante furste vth macht der regalien dem ergedachten rade to Brunswick vnde oren nakoemelingen, dat se de suluen, alse se de van der herschop hebben, darna metigen vnde ordineren mogen. Vnde offt de sulue koep des suluers jn tokomenden tiden sick vorhogende edder vorminrende worde, denne schullen vnde mogen se vnde ore nakoemelinge sick jn dem ordinerende der munte holden vnde bewisen. Ock schullen sodane muntegenge des suluers jn alle vnsem furstdome gelick in der stad Brunswick genge vnde geue is gelden vnde genomen werden. Vnde jn sodaner vorberorden suluermuntoslaninge schullen vnde willen wy, vnse eruen vnde nakoemelinge den rad to Brunswick vnde ore nakoemelinge hanthauen, beschutten vnde beschermen vnde darby beholden wan vnde wur des to donde wart. Alse wy oek twe frye markede dem genanten rade to Brunswick vnde den oren jaclikes bynnen orer stad to holdende vnde de vp beqwemlike tide vihtosettende, ock den koepman myt synen gudern to vnde aff jn feylicheit to besorgende vnde vp woutliken tollen staden to komende, rede vnde jn bisundernheit vorgunnet vnde befulbordet vnde darto de suluen twe fryen markede van der romischen konnichliken majestat vnsem allergnedigesten heren jrlanget hebben, na lengern vormoge vorsegelder breue darouer gegeuen: deme na syn de suluen twe frye markede van dem vorbeuomden rade to Brunswick vihgesath, der de eyne des andern dages na conceptionis Marie, vnde de andere des fridages na ascensionis domini negest folgende

35*

schollen anghan vnde geholden werden. De wy ock je-
genwordigen vor vns, vnse eruen vnde nakoeme-
linge vp de genanten beyden tide beleuet vnde
ŋ befulbordet hebben to holdende. Wy vnde vnse
cxxı, ʒ medebenomeden schullen vnde willen ok den koep-
man vnde syne gudere jn vnsen landen vnde gebeyden
vp wontliken tollen befeligen, beschutten vnde bescher-
men na allem vormoge. Dusses to forderer or-

kunde vnde merer wissenheit, dat de ergerorden
artikle sampt vnde bisundern schullen stede, vast,
vnuorbroken vnde ane geferde geholden werden,
hebben wy vor vns, vnse eruen vnde nakoemelinge
vnse jngesegel witliken gehenget heten an dussen
breiff, de gegeuen js des dinxdages na conuersionis
Pauli anno etc. vᵉ vjᵒ.

CXXIII. BESTÄTIGUNG DER STÄDTISCHEN PRIVILEGIEN DURCH KÖNIG MAXIMILIAN I.
1506 Oct. 24.

*Das Original befindet sich im Stadtarchive: Pergament, 27'' breit, 17'' hoch, das Siegel wie
an den beiden Urkunden vom 28. und 29. Juli 1505, die Siegelschnur von schwarzer und gelber Seide.
Auf der Rückseite der Urkunde Rⁿ Sixtus Olhafen. Sie ist gedruckt in den Braunschw. Händeln
auszugsweise II 701, vollständig ebd. 926 und III 1444; Illustre examen 165; Ulter. exc. 1602
S. 154; Thes. hom. III 154. Dieses Privilegium ist überwiegend eine wörtliche Wiederholung des
1446 von König Friderich ertheilten, nur dass, wie im einzelnen die Noten ausweisen, die Clausel
und einzelne Worte aus dem vom 28. Juli 1505 herübergenommen sind. Unter gleichem Datum wurde
das Executorialmandat an die Bischöfe von Halberstadt und Hildesheim und an den ältern Herzog
von Braunschweig und Lüneburg erlassen.*

Wir Maximilian von gots gnaden romischer ku-
nig, zu allenn czeiten merer des reichs, zu Hun-
gern, Dalmatien, Croatien etc. kunig, ertzhertzog
zu Osterreich, hertzog zu Burgundi, zu Lotterick,
zu Brabannt, zu Steir, zu Kernndten, zu Crain,
zu Lymburg, zu Lutzemburg vnnd zu Gheldern,
lanndtgraue im Eltsas, furst zu Swaben, phaltz-
graue zu Habspurg vnnd zu Horngew, gefurster
graue zu Burgundi, zu Flanndern, zu Tirol, zu
Gortz, zu Arthois, zu Holannd, zu Selannd, zu
Phiert, zu Kiburg, zu Namur vnnd zu Zutphen,
marggraue des heiligen romischen reichs der
Enns vnnd Burgaw, herr zu Frießlannd, auf der
Wynndischen march, zu Mecheln, zu Portennaw
vnnd zu Salms etc. bekennen öffennlich mit disem
brief vnnd tun kund allermenigclich, das für vns
komen ist vnnser vnnd des reichs lieben getrewen burger-
maister, rat vnnd burgere gemeinclich der stat zu Brawns-
wig erber botschafft, vnnd hat vnns diemutiglich gebeten,
das wir denselben burgermaister, rat, burgern vnnd der
stat zu Brawnswig all vnd iglich jr gnad, freihaithrief,
privilegien, recht, gut gewonhait vnnd alt herkomen die sy
von romischen kaisern vnnd kuniges vnnsern vorfarn am
reiche herbracht vnnd erworben haben, vnnd besonnder ein

bestettigung vnnd freihaithrief die sy von weilennd kunig
Albrechten vnnsern vorfarn am reiche loblicher ge-
dechtnuss erworben haben, der von wort zu wort
hernachgeschribn¹ stet vnnd also lauttet: Wir Albrecht
von gots gnaden — — - - vnnserr reiche im ersten jare,¹
zu confirmirn vnnd zu bestetten gnediclichen¹ geruelten.
Des haben wir angeseben derselben von Brawnswig die-
mutig bete vnd auch die getrewen dinste die sy vnnd jre
vordern vnnsern vorfaren romischen kaisern vnnd kunigen
vnnd dem reiche altzeit willigclich vnnd vnuerdrossennlich
getan haben, vnnd sy vnns auch hinfur in kunfftign¹ zeiten
wol tun mugen vnd sullen, vnnd darumb mit wolbedach-
tem mut, gutem rat vnnd rechter wissenn den yetz-
genanten burgermaistern, rate vnnd burgern der stat zu
Brawnswig all vnd iglich gnadn¹, freihaithrief, privilegia
vnnd besonder den freihaithrief so sy von kunig Albrech-
ten als vorstet erworben haben, vnnd dartzu all annder
jr rechte, gut gewonhait vnnd herkomen die sy bisher
redlichen behebt, gebraucht vnnd herbracht haben, gne-
diclich bestettiget vnd confirmirt, bestetten vnnd confirmirn
jn die von romischer kunigclicher macht volkomenhait in
crafft diß briefs, vnnd mainen, setzen vnnd wellen, das
sy sich der an allen ennden vnd stetten gebrauchen vnd
geniessen sollen vnnd mogen von allermennigclich vnuer-

---

1) *König Albrechts Brief ist vollständig eingerückt.*

hundert, doch vnns vnnd dem heiligen reich, vnnser ober-
keit vnnd dienn ate hierin[1] vorbehalten.[1] Vnnd
gebieten darumb allen vnnd iglichen churfursten,[2] fursten
geistlichen vnnd weltlichen, prelaten,[3] grauen, freyen herrn,
rittern, knechten, richtern, hofrichtern, lanndtrichtern, vrtail-
sprechern, vogten, phlegern, ambtleuten, schulthaisen,[4]
burgermaistern, reten, burgern[5] vnd gemeinden aller vnnd
ieglicher stete, merckt vnd dorffer, vnnd sonnst allen ann-
dern vnnsern vnnd des reichs vnnderthannen vnnd getrewen,
in was wirden, stats oder wessenns die sein',[6] von romischer
kunigclicher macht ernnstlich vnnd vestigclich, das sy die
vorgenannten burgermaister, rate vnnd burgere zu Braunns-
wig an solhen jren gnaden, freihaiten, briefen vnnd priui-
legien, rechten, gewonhaiten vnnd herkomen, auch dieser

vnnser kunigclichen confirmation vnnd bestettung[7] nit
irren noch verhindern in kain weiß, sonnder sy dabey
von vnnsern vnnd des reichs wegen getrewlich schutzen
vnnd schirmen, als lieb einem iglichem sey,[8] vnnser vnnd
des reichs swer vngnad vnnd darizu die pen in den vor-
gemelten freihaiten vnnd priuilegien begriffen v n n k l e ß l i c h
zu betzalen zu uermeiden. Mit vrkund dits briefs besigelt
mit vnnserm kunigclichen a n h a n n g u n d e m insigl gebenn
zum Rotenman am vierundzwaintzigisten tag des
monets October nach Cristi geburd funfftzehenn-
hundert vnd im sechsten, vnnser reiche des ro-
inischn' im ainsundzwaintzigisten vnnd des hun-
grischen im sibenntzehennden iaren.

Per regem.   Serntein.

CXXIV. FEUERORDNUNG.

Nachstehendes Statut findet sich im dritten Gedenkbuche des Raths unmittelbar nach der letzten
Eintragung des Jahres 1611.

Duese nabescreuen artikele wel de rad, so eyn
fuer effte ander gerochte by dage offte nacht,
dat god vorhoiden moithe, vpstunden, ernstliken
geholden hebben.

1 Item dat sesse van den houetluden myt veren
oren namhafftigen naberen schullen myt orem
harnsche vnd were wan eyn fuer worde endigen
na dem füre lopen, nicht vpt negeste sunderen
na orem eigenen gudtduncken de orde der by-
tweten vnd straten jonemen. eyn vpseynth vp dat
vthdragent to hebbende vnde de stelerie to vor-
hoidende; weß one deß also beiegende, mochten
se na orem gudtduuckende jn eyner beqwemen
stede vorwaren lathenn.

2 De waterforerß schullen by eeden eyn jtlick eyne
kopen waters sunder sument tom fure bringen
jn dem gerichte dar de wonet vnd dar dat fuer
were, vmme eynen geliken penningk, weß de rad
darjune erkennende worde. We dess nicht en
dede, de scholde de waterkopen eyne tydtlangk
vp dess radeß behach staen lathenn.

3 De monneke, steyndeckere, steynhauwere, kalck-
slegere, wechlers, vptoegerß vnd fruwen, ok wene

de rad bisunderen darto schicket, schullen vp
dat fur warden, dat to loschende, vnd nemunt
anderß darto lopen.

De gemeynen anderen borgere vanorschicket 4
schullen samptlick by oren eeden dem rade ge-
daen myt orer were vor dat rathuß des wicheldeß
dar malck june besethen iß, by ore berenn vnnd
anderß nergen komen, dene horsamich to siende.
We deß nicht en dede, schal men vor eynen vmman
holden.

De houetman vnd de denere schullen myt orem 5
harnsche vnd were sek vp dem marstalle vor-
gadderen vnd deß radeß bodeschop aldare to uor-
wachtende.

De borgere den gebort de weken vp dem dore 6
to slapende myt sampt dem dorslapere, schullen
hy eeden sek foigen vp dat dor, vnd dar nicht
afftogaende, dat gerochte sy gestillet.

De radespersone de dat dore sluth schall sek 7
foigen vor dat dore myt seß borgeren dar negest
vore besethen myt orem barnsche, dat flitlick to
uorwarende.

1) *Die Clausel* doch vuns — vorbehalten *ist hier aus dem Priuilegium vom* 28. *Juli* 1505 *wiederholt.* *Ebendaher ist*
entnommen   2) churfursten   3) prelaten   4) burgern   5) schulthaisen   6) in was — seyn   7) auch
dieser — bestettung   8) als lieb — sey

CXXV. BESTELLUNG DER ZEHNMÄNNER, SCHOSS- UND ZOLLSATZUNGEN.

1512 im Advent.

Die nachfolgenden Verordnungen sind im dritten Gedenkbuche des Rathes unter der von einer andern wenig spätern Hand herrührenden Ueberschrift eingetragen: Vth nafolgenden artikellen was de rploip anno etc. vorgangen xiij vororsakit. *Von diesem Auflauf erzählt das Shigtbök S. 221 der Ausgabe von Scheller. Die Artikel über Kornzoll und Schoss, welche es auszugsweise und etwas abweichend mittheilt, werden dort auf einen Rathsbeschluss vom Lucientage 1512 zurückgeführt.*

Szo jn korteß vorschenen tyden de ersamen koekenheren deß radeß to Brunßwick sick tigen de ersamen radessworen, gildemestere vnd houetlude der meynheyt der erbenompten stadt Brunßwick beclageden, dat de stadt jn swarem nadele vnd schaden were, vnde deß darto oren radt, hulpe vnd trost begeredenn, darup se seck do horen leten, dat de erbenompten koekenheren alse ore eldesten darup weß vorramen scholden vnd one dat vortogeuende, dar men de stadt mede redden mochte: dem na hebben de vorgenanten koekenheren dusse nagerorden artikele vp oror aller medebelouent angetekent laten.

1 Vor allen iß der koekenheren gude meyninge, dat teyn personen von de gilden vnd houetluden der meynheyt schullen gekoren werden, de alle vpname vnde vthgaue der stadt Brunßwigk jn vorwaringe nemen schullen, nemlick dre vthe der Oldenstadt, dre vthe dem Hagen, twe vthe der Nigenstadt, eyn vthe der Oldenwyck, eyn vthe dem Sacke, vnd darto deß gemeynen radeß caemerer.

2 Item dat de borgere vp sunte Johanniß dach to middensommere dem rade ore gudt noch eynß vorschoten, geliker mathe alse idt beschuet jarlikeß na sunte Martenß dage, vnd dat sodanß seß jarlangk bescheyn mochte negest na eynander folgende. Szo denne de radt orer swaren schulde nicht mede gereddet syn, willen se myt orem mederade weß vp de huse, venstere vnnd schor-

steyne setten, darmede de stadt vthe oren schulden komen mochte.

Item dat de bruwere vor dat scheppel molt teken 3 drittich brunßwigksche penninge jn de tollenbowde geuen.

Dede couent bruwen von dem scheppel molteß xxj d.

Vor dat roggen teken vom scheppel xij d.

Von dem scheppel roggen de buten gemalen wart vij d.

Van dem scheppel weteß teken xv d.

Van dem scheppel weten de buten der stadt gemelet wart x d.

Vor dat scheppel groteß teken ix d.

Van dem scheppel groteß deß men buten malet vj d.

Item dat men jtlikem rade van jtlikem vate beierß 4 dat hir vthgetappet wart eynen schilling nige, vnd dat hir vthgefoert wart vj d tor tzise mochten gegeuen werden.

Item dat der borgere wage mochten affgestellet 5 werden, vnd wat se wegen laten wolden, dat idt geschege vp deß radeß wage, vnd dat dat wagegelt dubbelt gegeuen worde, also dat de koepere vnd vorkoepere dat wagegelt beyde geuen.

Ok iß de radt geneiget vp de gudere de men hir 6 hantert, alse hoppen, wulle, laken vnd andere ware, weß to settende, ßo dat eyn jtlick de darmede handelt deß nicht sere schall besweret werden. Gescheyn im aduente anno domini xvᶜ xijᵒ.

CXXVI. INSTRUCTION FÜR DIE ZEHNMÄNNER.

1513 Januar 29.

Nach dem dritten Gedenkbuche, wo diese Instruction sich dem vorstehenden Statute anschliesst.

Duth nabescreuen schall den teyn bisitteren deß radeß vthe dem rade, radessworen, gilden vnd meynbeyden der stadt Brunßwigk darto vorordent vorgeholden werden, der iij syn in der Oldenstadt, iij jm Hagen, ij jn der Nigenstadt, j jn der Oldenwygk vnd j jm Sacke.

1 **D**usse vorgescreuen teyne sampt deß gemeynen radeß caemerere schullen vpnemen vnd entfangen alle dat dem rade wart gebracht jn de tollenbowde, jn de tzisekesten, dat syn wyentzise, beiertolle, van dem teygele, Notberge, Lyntberge, molenpenningen vnd wurvan dat sy dat men jn de tzisekesten plecht to schuuende, vthe den wâchbowden, wynkelren vnd eymheckeschen beierkelren, ok wat vorouert worde van der apoteken, teygelhofe, jm richte toer Asseborch, vnd darto dat schoth vnd naschoth jn allen wichelden entfangen. Wat one alduß ouergeantwordet wart, schullen se tellen, wegen vud jn ore bouck scriuen, vnd dat fort jn deß radeß beste vud dar de radt schuldich iß to kereude vnd beutogeuende.

2 **O**k schullen se entfangen dat golt effte gelt vp weddeschat vnd lifflucht, ok darvan de losekun-

dinge to donde myt mederade der seuen kestenheren vnd deß gemeynen radeß caemererß. [1]

Wan deß van noeden iß myt dem groten segele [3] deß rades to uorsegelnde, schullen darto twe van one dar mede bi to wesende geschicket werden.

Wan de seuen kestenheren vnd deß gemeynen [4] radeß caemerere to der tollenbowde gaen, schullen twe van den vorbenompten teynen beneuen one dar mede by syn, dat gelt daruth to halende, vnd de anderen achte schullen orer vp der muntsmede, so lange de myt den anderen wedderkomen, erwachten, vnd dat golt vthe der tollenbowde so samptlick to entfangende.

Ok en schullen se nemande golt oftte gelt lehnen [5] ane fulbort vnd medebelement der koekenheren alle. Gescheyn am sonnauende nach conuersioniß Pauli anno domini xv⁰ xiij⁰.

CXXVII. VERTRAG ZWISCHEN DEM RATHE, DEN GILDEN UND DER MEINHEIT.
1513 Juni 7.

Durch diesen Vertrag, den sogenannten Kleinen Brief, wurde der Aufruhr, welchen die gegen Ende des Jahres 1512 beschlossenen Steueraufschläge hervorgerufen hatten, vorläufig gestillt. Laut dem Shigtbök (S. 227 der Schellerschen Ausgabe) war er, gleichwie die ähnlichen Verträge von 1445, 1488 und 1492, jeder der fünf Meinheiten sowie jeder Gilde in besonderer Ausfertigung zugestellt, doch scheint sich keine derselben erhalten zu haben. Desto grösser ist die Zahl der vorhandenen Abschriften. Nachstehendem Drucke liegt diejenige zu Grunde, welche im Shigtbök (S. 243) am Schlusse des Berichtes über diesen Aufruhr von einer zweiten, anscheinend wenig spätern Hand nachgetragen ist und einstweilen für die älteste gelten darf. Eine andere in der gegen Ende des Jahrhunderts geschriebenen und mit dem zweiten altstädter Rechtscodex (A': vgl. die Vorbemerkungen zu Nr. LX) in eins gebundenen Abschriftensammlung wird als officiell zu betrachten sein, zeigt sich ober sprachlich zu sehr verderbt, um als Grundlage des Textes dienen zu können. Doch liefert sie die Ergänzung einer Lücke in jener ersten Copie.

Wi de radt der stadt tho Brunswick bekennen openbar ihn vnd mit crafft dusses breues vor vns 1 vnde vnsen nakamelingen² : So ihn vortidenn ⁸ twiscenn vns dem genannten rade, den gilden vnde meinheidenn dusser stadt Brunswick⁴ vorbenompt itlike vorsegelinge gegeuenn vnde gemaket wordenn sindt, dat sodane vorsegelden breue schullen 2 uuuorbrocken geholden werden⁵. So sick denne itzundes vp gifte dusses breues itliker vpsathe

haluenn sware sorchuoldige vorgaderinge tigen vnde wedder vus den radt von vorbenompten gilden vnd meinheidenn dusser jegenwordigenn stadt begeuenn hebbenn, des vorplichten wi vns⁶ vnde vnse nakomen ihn crafft dusses suluen breues, dat de genannthen gilde vnde meinheide vonn vns vnde vnsenn⁷ nakomenn sodaner schicht vnde sorchuoldicheit wegenn nein vorwit noch jennige bededinghe⁸ liden schullenn, auer sodansschal genu-

---

1) Ausführung von CXXV, 1.   2) vnsre nakomende A'.   3) vorgegungen tiden A'.   4) Brunswick fehlt A'.   5) sindt — werden fehlt im Shigtbök.   6) A' fügt hinzu für vns.   7) vnsere A'.   8) beleidigung A'.

likenn bigelacht wesenn, wu idt nhu geschein were, darvmme neimande armen edder riken to besche-[3] digende. We[1] ock dem rade schuldich is, schal [4] sodaus dem rade betalen. Vnde mhe schal nhumher schatenn vp Martini wu van olders geschein, twei nige schillinck thouorne, twe penni van drit-[5] tich schilling nie. Ok schulle we de radt neine nie vpsathe dhonn, idt geschega denne mit witschop vnde ffulborde gildemester vnde houetlude, vnde ohna des ruggesprake tho uorgunnen mith

gildebroiderenn vnde meinheidenn. Vnde mhe schal [6] de sise in der tollennbode vnde de wachpenni vp der wage geuen wu van olders gescheinn is, vnde de tinse vortuer betalen alse itzundes gannckbar is. Dat dut wu vorschreuenn alle vnuorbrokenn schal gcholdenn werdenn, hebben wi de genanthe radt vnse zegel neddenn ahn dussen breiff don hangen, gegeuen na Christus[2] gebort vefftenhundert vnde dritteinn jar am dinxstage na Bonifaci martiris.

CXXVIII. SATZUNGEN ZUR ERRETTUNG DER STADT.

1513 October.

Nachdem die 1512 beschlossenen Steueraufschläge im Sommer des Jahres 1513 in den unteren Bürgerkreisen eine wilde Bewegung hervorgerufen hatten, welche sich schon nicht mehr gegen die Herrschenden allein, sondern gegen alle Besitzenden richtete, suchte der Rath im Einverständniss mit den Zehnmännern und den von Gilden und Meinheiten dazu „Geschickten", durch die nachfolgenden Artikel der herrschenden Finanznoth zu steuern und die Aufrührer zu versöhnen. Es liegen von diesen Artikeln zwei Aufzeichnungen der nämlichen Hand vor. Die eine im dritten Gedenkbuche, wo die nicht viel spätere Hand, von der die Ueberschriften der anderen daher entnommenen Stücke sind, Anno etc. xiij darübergesetzt hat; ohne Zweifel jedoch datirt richtiger das Shigthôk (S. 230 der Schellerschen Ausgabe) wie oben angegeben ist. Die zweite Aufzeichnung, auf einem losen Doppelblatte und gänzlich undatirt, ist an einigen Stellen von verändertem Wortlaut und enthält in den §§ 6, 9, 11, 13 und 14 Bestimmungen, welche sich im Gedenkbuche nicht finden. Dem Anschein nach war diese zweite Aufzeichnung eine etwas frühere Redaktion. Ihre Abweichungen und Zusätze werden hier in den Noten mitgetheilt.

So alße ehemals iß vorgegeuen to betrachtende, wu de erbare stadt Brunßwigk mochte gereddet vnnd geregert werden, so iß vam ersamen rade, teyn mannen vnd geschickeden[4] vor dat beste bewegen vnde to reddinge der stadt vorgenomen [1] **Tom ersten,** dat alle tynse vnde vpkoement der wichelde caemerie schullen komen dem gemeynen rade vp do muntsmede vnd so dem gemeynen rade gentzliken togelacht werden.

[2] **Vnnd als me suß lange vth** den sufften caemerien gebuwet hefft to der wichelde behouff, vnnd julick wichelde eynen sunderliken buwheren hadden, so schullen nu dre bwheren syn, vnd de sufften schullen buwen aller viff wichelda behouff van dem

brokegelde so verne dat wardet, so dat se dat olde buw ja beteringe vnd dake holden, dat idt nicht vorga, vnd darto brugge, steynwege na notrofft. Wan[5] auer weß nigoß to buwende van noeden syn wolde, schall scheyn myt rade des gemeynen rades[6].

Ok als me suß lange vth den sufften caemerien [3] hefft den borgermesteren vnnd radespersonen jarlikeß vor ore arbeyt geschencke dnen an vischen, wyne, tenen schotteln vnd anderem alste, schall gantz aue syn, vnd dat eyn islick borgermestere effte radtman dusse seß jarlangk arbeyde vmbe deß gemeynen besten willen.[7]

Vnnd alle der stadt grauen, watere vnde dike [4]

---

[1] Wol A'. 2) nach Christi vnsers heren A'. 3) Am Rande von einer Hand des 17. Jahrhunderts Media de exsolvendo aere alieno civitatis. 4) teyn mannen vnd geschickeden *fehlt* B. 5) wen B. 6) myt rade der kokenheren allevndgeschickeden B. 7) vmbe godeß willen B.

schal me vorhuren vnnd vorpachten vmbe tynß, vnd sodau gelt schall komen jn deß gemeynen radeß budell vp de muntsmede.

5 **Ok** alle grauen, garden, wysche, huse, kelre, de suß lange vam rade vorhuret synt, allwur me de kan jn beter vorhuringe effte vormedinge bringen, dat schal me jn flitiger achte hebben, vnd jn deß gemeynen radeß budel vp de muntsmede komen.

6 **Ok** alle deß radeß lage schullen aue syn vnd darvan neyne slete wesen.[1]

7 **Ok** alle gelt dat men van den nigen borgeren nymṗt effte erlangen mach, dat schall ok komen jn deß gemeinen radeß budel vp de muntsmede, vnd de broikeheren schullen de nigen borgere vp dem Nigenstadt rathuse annemen.[2]

8 **Item** alle deß radeß slete dat men de[3] mynre, dat sy an gesynde offte anderen dingen, wu de syn, allwur dat men kan.

9 **Item** schall men to rade stellen, offt men dem rade konde fordell doen jn affstellinge deß marstalles, also dat men dem houetmanne vnde den deneren deß radeß perde jn de huse dede[4] vmbe eyn gelick gelt so me begert konde, vnde de suluen jn fowdere vnnd slete halden.[5]

10 **Item** so ok to betrachtende iß, wu Brunßwigk jn einheyt moebte geregert werden, meynt de radt, de teyn manne vnd geschickeden vor gudt,[6] wo alße jn dem groten breue eyn artikel meldende iß, dat

gildemestere vnde houetlude schullen tosamde gaen so vaken deß van noeden iß, dat gildemestere vnd houetlude noch tosamde gaen so vaken alse deß noedt ie, vnd jo tom weynigesten twige deß jares.

11 **Vnnd** ifft denne gildemestere vnnd houetlude jenige erringe, gebrecke effte seyll am rade funden effte wusten, dat denne gildemestere vnde houetlude deß dem rade eyne gutlike vnderrichtinge deden.[7]

12 **Ifft** ok were jenich persone in dem rade, idt were borgermestar, eaemerer effte radtman, de gilde vnd meynheyt nicht euen were, idt were van olders haluen, kranckheyt, vnuorstendicheyt, effte vp den radt nicht en warde wu sick eigende, effte ander gebreck effte feyle[8] der vmbeqwemicheyt by om weren, ßo schullen mach thebben gildemestere vnde houetlude, sodauß an den radt to bringende vnd myt fulborde deß[9] sodanen vmbeqwemen personen vth dem rade to settende, synen eren vnschaedelick.

13 **Vnnd** de gilde effte meynheyde, dar de vthegesetteden van werern, schullen na older wonheyt andere jn ore stede keßen.[10]

14 **Vnnd** alse jtlicke twischelinge hir gewesen syn, dat de radt myt sampt gilden vnd gemeynheyden sick myt eeden to frede vnnd enicheyt vorstricken, dar alle vnwille mede affgelecht sy.[11]

CXXIX. FINANZSATZUNGEN.
1514.

Nachdem gegen Ende des Jahres 1513 die Niederwerfung der Empörer gelungen war, konnte der Rath in Uebereinstimmung mit den Gilden und Meinheiten die seit Mitte des Sommers aufgegebenen Steuerzuschläge wenigstens theilweis wieder herstellen. Auf Erhöhung des Schosses verzichtete

---

1) *In B folgt hierauf:* Vnd alse me jn fastelsnaude vp den rathußen lage vnd dentze heftt, we de holt effte holden will, schall an deß radeß slete syn, vnd schullen dar neyn fordeel vam rade to hebben noch an luchte effte an holte effte an neynen dingen. 2) vnd — annemen *fehlt B.* 3) den *B.* 4) Item dat men den marstall affstelle vnd dem houetmanne vnde deneren — do *B.* 5) *In B. folgt:* Auer myt dussen dingen wu vorgescreuen iß kan de stadt noch nicht gereddet werden, vnd were wol derhaluen mehr tolage van noeden. sunder deß itzunt weß vortaommende bedunckel dem rade nicht radtsam, went idt gcydt jegen eyn swar ferndel jares. 6) meynt eyn radt vor gudt *B.* 7) *In B. hinzugefügt:* vnd de radt soek ock dar aue baterde vnd anderß helde. 8) felle *B.* 9) sodanß — deß fehlt *B.* 10) *In B. folgt hierauf:* Willen ok gilde vnd gemeynheyt welck personen mer by dem rade hebben effte mynren, dat settet de radi genta jn oren willen vnd gefalle. Vnnd wen denne so eyn radt na willen vnd gefalle gilde vnd meynheyt gesettet iß, ßo will van noeden wesen, so alse itlike *etc.* *wie* § 14. 11) *In B. folgt noch:* Vnnd to merer reddinge der stadt denekenn.

36

man, der Scheffelpfennig wurde etwas niedriger gesetzt; hinzu aber kamen die 1512 nur ganz allgemein ins Auge gefassten Waarenzölle (vgl. CXXV, 6) und die freiwillige Zulage. Die bezüglichen Satzungen liegen mit wenigen Ausnahmen (§§ 19—22) nicht in eigentlich statutarischer Redaction, sondern nur in der Form vor, wie der Rath sie theils den Gilden und Meinheiten zur Begutachtung, theils den betheiligten Aemtern zu ihrer Instruction verkündigen liess; doch bestätigt das Shigtbök (S. 212 der Schellerschen Ausgabe), dass sie wesentlich so zur Geltung gelangten. Nach der im Gedenkbuch eingetragenen Aufzeichnung sind sie hier unter B abgedruckt. Ebendaher sind auch die anderen vier Actenstücke entnommen, welche schätzbare Aufschlüsse über die obwaltenden Motive und die geschäftliche Behandlung dieser schwierigen Angelegenheit liefern und deren Mittheilung an dieser Stelle daher ausnahmsweise statthaft und wünschenswerth erschien.

A. Vorverhandlung mit Gilden und Meinheiten.

Anno etc. xiiij.[1]

Ersamen guden frunde, jdt hefft sick begeuen, dat de radt, radesworen, gildemester vnde houetzlude vmbe der stadt beste willen hebben tosamede gewesen. Szo iß van gildemestern vnde houetluden betrachtet vnde dem rade to beradende vorgegeuen, ßo alse de erbar stadt Brunswick ju scaden iß, dat van noden sy, dat me sodanem scaden vorkome vnde de stadt Brunswick redde, vppe dat wy alle mogen frige lude bliuen vnde de stadt nycht kume to ewigem valle. Deß eyn radt sere in besweringe iß vnde nycht woll wat vorgeuenn dorue. Alßo iß vor dat beste bewegen, dat eyn itlick myt den synen eyne sprake holde vnde juwen ersamicheyden vorgeue, ßo alße gy juck ermals hebben horen lathenn, dat gy de stadt na juwem[2] vormoge gerne helpen redden, offt gy

ock noch geneigt syn de stadt to reddende gunnen na juwem vormoge, vnde deß eyn gutlick antworde geuenn.

Offt denne de erliken gilde vnde gemeynheide willen helpen de stadt redden, ßo iß van nodon, dat me erlange, wene se willen de vpsate to reddinge maken schulle. Spreken se denne, idt schulle doen de radt, teyn manne vnde gescickeden, ßo late sick eyn jowelck de van eyner gilden effte meynheyt iß jn dem rade, jn den teynen, effte jn den gescickeden, eyn gelofste doen, dat one dat moge ane alle var syn, vnde efft one dar van willen weß to nadeile wedderrore, dat se onne dar van ruggefoninge doen vnde behulpen syn. Wente dar schall nycht vorgenomen werden, se schullen deß ersten eyne frige ruggesprake hebben vnde beleuen wu idt one behaget.

B. Verkündigung der vereinbarten Satzungen.
1514 Apr. 8.

Ersamen guden frunde, ßo alse juwe ersamycheide seck hebben horen lathen am dinsdage vor mituasten, dat gy den scaden der erbaren stadt Brunswick gerne helpen redden willen na juwem vormoge, deß gutliken antworde bedanken jw de radt, radesworen, gildemester vnde houetzlude, de teyn manne vnnd geschickeden denstlick.

Szo alse denne alle gilde vnde alle gemeynheide jn den suluen oren gutliken antworden vpbringen lethen, dat eyn radt, de teyn manne vnde gescickeden von gilden vnde meynheiden scholden to-

sampde gaen vnde beraden, wu de erbare stadt mochte gereddet werden, vnde deß eyn begriep maken vnde weß in tolage vorramen, dat one ane alle vare wesen scholde, vnde de sulften beramynge eyner jowelken gilde vnde meynheyde vorgeue vnde eyne frige ruggesprake vorgunde, na vormeldinge der vorsegelden breue de gilden vnde meynheiden gegeuen syn, vnde deß wolde denne eyn jowelck eyn gutlick antworde geuen. Vnnd vp de sulften worde, ock gude touorsicht, vnd vmbe der erbaren stadt gemeyne beste willen,

---

1) *Von der Hand, welche die übrigen Stücke mit Inschriften versehen hat.* 2) *In der Hs. juwen.* 3) *Darüber von der erwähnten wenig spätern Hand: Anno etc. xiij dinsdages vor mitfasten, was indes nicht das Datum dieser Aufzeichnung, sondern der von den Gilden ertheilten Antwort ist: vgl. weiterhin. Am Rande von einem Schreiber des 17. Jahrh. Media zu ablegung der schulde.*

vp dat wy mochten frige lude bliuen: ſo syn de
erbaren radt, teyn manne vnd geschickeden von
gilden vnnd meynheyden tosampde gewesen vnde
to reddinge [1] der erbaren stadt duth nabescreuen
vor dat beste bewegen, vnde hedden de radt,
teyn manne vnde gescickeden frynden kondt de
borgero wayniger to beswerende, hedden ʒe leuer
gedaen. Dat juwen ersamycheyden ſo in guder
wolmeynynge vorgeuen mede to beradende, vnde
geuen des juwe gutlike antworde.

1 **T**om ersten, dat juwe ersamycheyde wolde vor-
ᵛᵈ· gunnen, dat men geue vor eynen scheppel roggen
ᶜᴿˣᵛ,³ leken jn de tollenborde x penninge, jſ de hympte
j d, vor eynen schepell weteteken xij d, iſ de
hympte v ſerlinge, vor eynen scepell grothteken
vij d, yſ de hympte iij ferlinge.
Vnnd dat de veilebruwere geuen vor eynen schepell
moltteken twe schillinge nige.
Vnde de couentſbruwer, de deſ beigerſ nycht
vorkofft, geue vor eynen schepell moltteken xxij
d, dat iſ de hympte ij d.²
Vnde dat duth ſo mochte staen seſ jare langk,
vnd wen de seſ jar vmbe syn, schall dat wedder
aue weſen.

2 **V**nde alle dat seck vppe der wage to wegende
gebort, dat men dat dar wege, vnde geue van dem
cyntenere ij d. benedden dem cyntener. j d, vnde
idt ock sta vj jarlanck.

3 **I**tem dat juwe ersamicheyde willen vorgunnen, dat
schot mochte syn ij ſ to vorschote vnde iij d van
der marck to naschote, vnde dat ok vj jarlangk
ſo staen mochte.

4 **I**tem alle korne dat vth der stadt vorkofft wardt,
dat de vorkoepere dem rade vou dem scepale j d,
vnde von jowelckem scepele hoppen ok j d geue.

5 **I**tem dat juwe ersamycheide wolden vorgunnen,
dat deſ frommeden koopmanſ gudere an eyne
stede hir jn de stadt mochte gefoeret werden, vnde
darvan men rade stedegelt to genende. Scholde
gescheyn vmbe den willen, dat men deste beth
vorwaren konde, dat gast myt gaste nicht koop-
ſlagede, vnde dem rade syn rechte tolle vnde
tziſe worde na older gebor.

———————————
1) In der Hs. reddioginge
als die von 1512.

Item dat ok vnſe kooplude van dussen nauor- 6
tekenden guderen dem rade to dem schaden to
hulpe geuen wu nagescreuen iſ.
Alſo von dem packe varueder laken de men jn-
foeret eynen gulden. van dem sacke wulle ij ſ
nie. van dem stucke grawer laken j gulden. von
dem syntenere kopperſ j d. von dem cyntener
wasſeſ vj d. von eynem stucke schullen vij d.
von eynem schrmjseren vij d. von eynem vate
rossynſ vij d. von dem vathe mandelen xv d.
von dem stucke suckerſ xv d. von dem vathe
riſeſ iiij d. von eynem vate komeſ ij d. von
der ballien parchemſ eynen ſ, von eynem vathe
peperſ xvij d. von der last vigen ij ſ nie. von
der last haringeſ eynen ſ nie. von der last vor-
scherſ vnd von der last graſ von jowelcker last j ſ.
von der last honnigeſ iiij ſ. von der last botteren
iiij ſ. von der last smaler botteren iiij ſ. von
der last alſ ij ſ. von der last sepen ij ſ. van
dem vathe oliaſ iiij d. van dem cyntenare mis-
singdrades j d. von dem vathe victrielſ vj d.
von de vathe salpeterſ j ſ nie. von dem vathe,
allunſ vij d. von der last swefelſ iiij nie ſ. von
der last solten lasseſ ij ſ nie. von der last
solten hekedeſ vnd brarzem ok ij ſ. von der
last pynnekeſ iiij nige ſ. van der last negeno-
gen j ſ. von dem korſe rochen vij d.
Vnde duth vorgescreuen wolden de radt, teyn
manne vnd geschickeden jn dem besten forderen,
so forder alse juw dat beleuede.

Item dat de rentenere von dem vpkoemende 7
syner rente dem rade geue alle jare von dem
guldewert syner rente j d, idt sy von korue offte
gelde, bynnen offte buten der stadt.

Erſamen guden frunde, dat juwe ersamycheide 8
wolde vorgunnen, dat de radt, teyn manne vnd
geschickeden mochten erfordaren vnde anspreken
de riken borgere de dat vormochten, dat eyn
jtlick dem rade eynen summen geldes lenede seſ
jarlangk vnuorschadet, vnd ſo mochten eynen
summen geldeſ tosammede bringen vnde darmede
affloſen ſo man meyst konde. vp dat men den
houetsummen deſ schaden lichter makede.

———————————
2) Mit Ausnahme dieses letztern sind die voraufgehenden Sätze etwas niedriger

36*

We ßo ju rikedom were vnd deß reden geldeß
nicht en hedde offte vth ayner neringe nicht
enberen kunde, dat de dem rade dusse seß jar-
langk eyn genant gelt deß jareß vortynßede to
dem schaden to hulpe, ßo vele malck vormochte.
Vnd hir schall de arme nicht mede besweret syn.
Hirto hebben seck de radt, teyn manne vnd ge-
schickeden horen laten, dat ße hir na alle orem
vormoige hulpe to don willen.

10 Vnd alle wat dem rade [vnde] der stadt von
dussen vorgescreuen artikelen komende wart vnde
alle der stadt vpkomende schullen deß radeß cae-
merer vnd de teyn manne entfangen, bescriuen
vnde besluten, vnde wedder jn der stadt beste
keren vnd geuen dar de radt schuldich iß, vnd
alle jare darvon dem rade vnd den geschickeden
rekenschop doen.

11 Ok will de radt alle ore herlicheyt vnd vpko-
CXIII,3. mene, de se jn orer brukinge gehatt hebben, der
stadt to reddinge seß jarlangk fallen laten,
vnd dem gemeynen besten to gude gerne den
arbeyt don willen.

12 Wat sust der stadt jn tolage geschuet, schall
nicht lenger dan seß jarlang warden.

Item dat gy jn achtinge hebben vnnd waren
dusse nabescreuen stucke.[1]

13 Item alle korne dat hir vorkofft iß vnd men
henvthfoeren will, gifft me von dem scepele j d,
jdt sy watterleye korne dat sy, vnd schullen dat
nicht faren laten, gy hebben de teken darvan,
vnde dat de vthe der tollenbowde geloeßet syn
von dene de dat korne vorkofft hebben, vthbe-
scheiden j scepel vnd hympten.

14 Ok dat tunnenmel dat vth der stad schall gifft
de tunnen j d. dar latet juw ok eyn teken von
geuen, dat vthe der tollenbowde geloset sy.

15 Item alle hoppe de vth der stadt geyt, gifft de
scepel j d. vnd latet den nicht vthfaren, men
gy hebben erst deß eyn scrifftlick teken vth der

lollun-bowde von dem tolner, dat dar von ge-
geuen sy.

Item alle wulle de vth der stadt geyt gifft de 16
sack ij d nie, eyn stucke grauwer laken j gulden.
schal men jn de tollenbowde geuen vnd juw deß
vthe der tollenbowde eyn teken bringen.

Item alle des koopmanß gudt dat jn de stadt schall, 17
schulle gy achtinge vp hebben vnd sehn wat vp
den wagen iß, vnde laten juw von den foerluden
eyn pandt doen, dat se willen dar voer syn vnd
by den bestellen den se dat gudt bringen, dat
dem rade syn rechte tolle vnde taiße werden, vnd
deß von dem tolnere de teken bringen.

Vnd waren de wechpenninge ßo von older weßen is 18
vnde andere dinge de ok jn juwe ambacht horen
so seck eigent.

Allent dat seck vp der wage to wegende gebort, dat men 19
dat dar wege, vnde geuen von dem cyntenere ij d. wat oben j
benedden dem j cyntenere iß, gifft men j d, benedden
dem steyne j scherff.

Wat auerst malck jnn aynem huße wecht, dat 20
seck neyn ferndel vam cyntenere belopt, mach
men woll don.

Eyn jowelck borger de vorplichtiget iß, dem rade 21
vnd der stadt, ock seck sulueß to gude eyn tael
roggen to holdende, schall dar voer syn, dat he
dene twischen gifft dusser scrifft vnd sunte Wol-
burgen dage negestfolgende to behouf eyneß jareß
gewyslick by seck hebbe. sodanß will de radt
besichtigen laten.

Ok will neyn werdt noch gastgouer hir hebe- 22
ten jenigeß kuopmanß gudere de hir gebrocht wer-
den, jn offte vor synem huße laten affleggen, sunder
schall de vp den marstal wifen, dar fyndet men ey-
nen to geschicket de sodane gudere schall jn gude
vorwaringe nemen.[3] dar dorch eyn jtlick werdt
offte gastgeuer vorhenant deß besten sy gewarnet.
Gescreuen am sonnauende na dem sundage Judica 1511 Apr. a
jnn der billigen vasten anno dni xv^c xiiij° .

C. *Anweisungen zur Einforderung der freiwilligen Zulagen.*

De tolage der borgere to forderade vp de ar-
tikel de anno etc. xiiij beraden.[4]

Dat de borgermestere myt sampt den teynen
vnd geschickeden eyn jdtlick parth jn synem 1

---

1) vnde fehlt.   2) §§ 13—18 wird als Anweisung für die Thorwärter (vgl. CXIII, 10) zu fassen sein.   3) Vgl.
das Skiglbök, S. 242 bei Scheller.   4) vp — beraden von der zweiten wenig spätern Hand.

wickbelde de borgere vnd borgerschen seck in tolage vorplichtiget vorboden laten an de stede ohne bequemest duncket, vnd eynen jdtliken bisunderen vor sick eschen vnd erstmals ohreß komendes bedancken.

2 **Vnd** vortellen eynem jderen: Leue N. eyn radt hefft jw hir vmbe vorbodeschoppet laten, so alse gy wetten, dat gy vam rade eermals gebeden syn vmme hulpe den schaden to reddende dar de stadt jnne je, deß gy jw gudtwillich hebben horen laten, na juwer macht gerne belpen reddew willen, deß jw eyn radt hochlick bedancket, vnd hebben dem rade seß jarlangk deß jars to hulpe N. to uorttynsende louet. Vnd so je nhu eyneß erbaren radeß fruntlike bede, vordan willen gudtwillich syn vnd willen sodan geldt jn veer weken N. bringen, dem rade to hulpe, vnd so vort dusse sen jarlanck alle jar up dusse tidt. Vnd horen eyneß jdtliken antworde.

3 **Vnd** den me awarmodich vindet edder wedderwillich vorehtet, schal me nicht boger forderen men alse syn geloffte js, vnd myt den besten vnd fruntlickesten worden[1] so me best mach bidden, jn benombder tidt wille beschaffenn, vnd by eiden befelen, wat he geue nicht melde.

4 **Auer** welke personen de me willich vindet vnd weit dat se gudtwillich syn, mochte me wol to seggen nha ohrem antworde: eyn radt bedancke ohne ohreß guden willen, vnd hebbenn wol gedacht ohne to biddende, wen jdt jn syner macht were vnd hedde sodan houetsummen alse he dem

rade jarlikeß to vortinsende vorplichtet, dem rade jn redeschop dusse seß jarlanck lehnen konde, dat were dem rade wol sere vordelich, vnd wat me dem rade so lehnede, were dusse tidt schoteßfry. vnd borde deß malkomeß antworde.

Wen den de sulfften sick beclageden, neyne leh- 5 ninge don konden, mochte me seggen: Ja leue Hans N. dat wyll wy dar by lathenn. wenne juck denne to doende were vnd konden so vele geldeß alse gy dusse seß jarlanck geuen willen, vp eyne effte twey tyde vthgeuen[2], dat were dem rade ock wol batlick.

Vnde were denne we so willich, denne mochte 6 me wol langer tidt geuen, alse wente to pingsten effte dar by.

We sick auer beawerede, sodans nicht doen 7 konde, scholdem endigen vp antworde geuen: dat sy nicht de menynge ohne bouen macht tho teende, sunder de radt do men eyne frage, vnd me wolde ohne node bouen synen guden willen drengenn, vnd hidden ohne, sodan gelt wo he jarlikeß gelouet hefft jn veer weken N. wille bringen, vnd befelen ohme ock by den eden, nicht melden wille wat he geue.

Were auer we de sick dem rade geltienenth 8 touorplichtiget bedde, mochte me vorderen, jn veer weken wolde by den radt bringen. Begerde de auer langer tidt, scholde me nicht weigern, wo dat to pingesten effte kort darna mochte vpkomen. vnd ock befelen by syneme eede, nicht melde wath he geue.

D. *Verlängerung der Steueraufschläge 1520.*

Anno etc. xx, alse de vj jar der tolage sin vmme geweaen, je dat nabescreuen gilden vnd gemenen vorgehalden[3].

1 **Ersamen** gunstigenn guden frunde, so alse juw ehrmals vorwitliket is, dat de erbare stadt Brunßwick jn schaden sy, so alse denne de radt, radesworen, gildemestere vnd honetlude to reddynge der stadt koren vnd setteden vor dem jare teyn manne, de der stadt gudt vpnemen entfangen scholden vnd geuen to den enden dar jdt de radt schuldich were, so denne der stadt gudt ge-

ryngert je, kan men nycht von sodaner vpkome der stadt alete holden vnd schulde vnd jarlike tynse betalen, dardorch de erbenompten teyn manne mylsampt den geschickeden gudtliken ohreß ambachtes haluen dem rade, radesworen, gildemesteren vnd houetluden bedancket hebbenn vnd vmme vorlatynge gebedenn, wente se befrochten sick, wen men sodane jarliken tynse malckem den de radt schuldich is, nicht betalen konde, darouer wolden de klagen, manen, laden, bannen, hindern, kummern vp unse borgere, ock vigende

---

1) *In der Hs.* vordere.   2) *Die Hs.* wiederholt *hier* kondenn.   3) *Von der wenig spätern Hand, welche die vorhergehenden Stücke mit Ueberschriften versehen hat.*

werden vnd de stadt myt veyden beswern, dar vns alle godt vor behoyde, dat denne dar vnwylle van vp de sulften teyn manne vnd gheschickedenn komen mochte, wuwol se deß van vmmacht der stadt gude nycht vormochten. Darvmb js ohr fruntlike bede, dat men se vorlaten wylle vnd laten se gemene lude wesen.

2 **W**uwol dat jdtlike gilde vnd gemeyne seck hebben horen laten, dat eyn radt myt sampt den teyn mannen vnd gheschickeden wat vornemen vnd bereden, wes to setten to der stadt reddinge vnd schaden mede vortokomende, vnd ohne dat vorgeuen vnd des eyne frye ruggesprake gunne-

den, wyllen de gudtlike antworde darup geuen: des besweret sick eyn erbar radt, de teyn manne vnd gheschickeden, vnd dorn dorch angest, frochten vnd vnwyllen, de ohne dar von komen mochte, nichtes vornemen effte vpsetten, vnd synt deß gantz besweret.

Dar vmbe is van noden, dat juwe ersamycheyde 3 alle sampt vnd bysundern wyllen dartho trachten, beraden vnde dencken, wu de erbare tadt Brunßwick mochte gereddet vnd geregeret werden, so dat wy alle frige lude mochten blyuen vnd de erlike stadt by werden vnd eren, wente nemant js de vpsate maken dorn.

E. Zweite Verlängerung der Steueraufschläge 1526.

Ersamen vorsichtigen heren, leuen gildebroidere vnde guden frundeß alle. Ein ersame rad, radessworen, gildemestere vnde houetlude, teyn manne vnde geschickeden der stadt Brunswigk bedancken juwem ersamicheyden fruntlicken, dat gy dusse nilkesten vorgangen seß jare jn tolage willich gewesen syn, welcke tolage ok jn grote reddinge der stad hedde gekomen. Auerjuwe ersamichende wetten, dat ein radt iß gekomen to dusser groten langwardigen swaren veyde, darjnne de rad ein veltlager vor Peyne myt swarer koste gehad, ok itlicke knechte vor Gronauw, Hundesrugge vnd andera vnsen gnedigen heren geholden, darmede vnse borgere vorschonet, dat desuluen vp dat mal nicht to velde thein dorften, ok vp dem huse Vecchelde, vp den lantweren, vp der Olber molen itlick knechte besoldet, vnde ok mercklick buwent an der stad veste, an den stridweren vor den Vallersleueschen vnde Magnuß doren, an den wallen vnde grauen darsulueß, an dem nigen walle, jn dem brouke, ok an den waellen vor

sunte Michaeliß vnde Peters doren aware buwinge vnde vnkoste gedaen, bouen dat grauengelt dat vnse borgere darto gegeuen. Derwegen dusse seß jare dem rade jn der afflose so nicht to hulpe gekomen, alse ift dnt vorgeschreuen nicht geschein were, welke veyde vnde buwinge doch allo myth juwem rade vnd sulborde gescheyn syn. **H**irvmme, guden frunde alle, iß deß ersamen radeß, radessworenn, gildemestore vnde houetlude, der teyn mannen vnde geschickeden fruntlike bede, gy dusse negestkomende seß jare jn tolage gutwillich syn, dat id noch seß jare so staen mochte, ja verhoepeninge, dat men donne vnsen borgern jn geuende weß aflaten konde, so vnß god vor sunderliker swarer veyde bewarede. Juwe ersamycheide hirjnne gutwillich syn, dat willen ein ersame rad, radessworen, gildemestere, houetlude, x manne vnde geschickeden von den erliken gilden vnd meynheyden vmme einen jtlicken oreß hogesten vormogendeß gerne vordenen.

CXXX. EIDE.
1513.

Nachstehnde Eide, welche im Verlaufe des Aufruhrs von 1513 zur Anwendung kamen, sind von mehreren Händen an verschiedener Stelle aufgezeichnet worden. Von dem Schreiber der unter CXXV, CXXVI und CXXVIII mitgetheilten Stücke, wie diese im Gedenkbuche (G) und unmittelbar auf sie folgend, die 1. Formel; von dem nämlichen Schreiber im ersten Rechtscodex der Altstadt (A: vgl. die Vorbemerkungen zu No. LX) die 3. 4. 5. 6. 8. und 9. Von der Hand, welche eben *jene früheren Stücke mit Ueberschriften versehen hat, die 10. in diesem ersten, die 1. in dem andern altstädter Codex (A'). Von einer dritten Hand die 7. Formel in A, von einer vierten die 2. Formel in A', die 4. und 9. im Rechtscodex der Neustadt (N). In doppelter Aufzeichnung liegen demnach die 1. Formel (G u. A') sowie die 4. und 9. (A u. N) vor. — Einer neuen Eidverstrickung zwischen Rath und Bürgerschaft geschieht auch im Berichte des Shigtbök, S. 231 der Schellerschen Ausgabe, Erwähnung; doch werden dort einige Gelöbnisse aufgeführt, von denen die hier bei 4 und 5 mitgetheilten Eide nichts enthalten, und ebenso weicht von letzteren jener Bericht in der Zeitbestimmung ab. Zu 8 und 9 vgl. CXXVIII, 2 und 7, zu 10 CXXIX.*

1 Der teyn togesatteden manne eedt.

Gy sweren sampt vnde bisunderen, dat gy dat ampt darto gy gesettet syn dusse seß jarlangk[1] dem rade vnde der stadt Brunßwigk[2] jn der[3] entfanginge deß geldeß vthe der tollenbowde, nemlik an wyntzise, brunswigkschem beisre tollen, molenpenningen, van tergele, Notberger vnde Lyntberger[4] steynen, beiertzise, an schote, naschote, vthe der spoteken, van den wachbowden, ok van der oueringe[5] jm gerichte tor Asseborch[6], der munthie[7], vnd darentigen deuthgenynge jn scrifften eyn ligen dat andere truweliken vorwaren, vnde deß anderßwur[8] nergen to gebruken edder bruken laten sunder to dem suluen ampte, ok jn bisunndernheyt darvan[9] nayn golt, gelt edder anderß weß jemands vorichum an der koskenheren alle wetten, willen vnde fulhort, ok dat gy nayn golt, gelt edder suluer sampt edder bisunderen vpnemen edder vthgeuen willen, dat golt edder gelt sy ersten gotellet vnnd dat suluer[10] gewegen, vnd by dem schote riede to sittende, ßo de radt deß myt juw seck wart vorenigende, vnd darvan jarlikeß dem rade fullenkomene rekenschop don, ok deß radeß bemelike dingk de juw daraff to wettende werden, by juw to beholdende de wile gy leuen: dat juw alßo etc.

Anno domini xv° vnd xiij am dinsdage na dem zondage Jnuocauit jn der hilligen vasten vp der muniamede hebben de teyn manne dussen vorgescrenen eedt gedaen.[11]

2 Der nigen houetlude eydt, actum up deme Nigenstadt rathuse mandages na Johannis et Pauli jn a° 13.

3 Doth gj der stadt to Brunswick de menheit eyn jowelk jn sinem wichelde boueslude weten willen, vnde sodane tit suer de menheit truweliken helpen vorstan na juwen vif synnen so gj best kunnen vnde mögen[12], vnde helpen raden wath vor de stadt sy, wanne gj darto vorboidet vnde geeisket werden, vnde ofte gj wes to wetten kregen dat wedder den radt vnde de stadt sy, datth gj sodens dume rade eyn jowelk jn sinem wichelde sinem bormester melden, ok neyne vorsammeninge hinder deme rade maken willen noch tostaden[13], vnde weret dat deme rade, gilden vnde menheiden yennich schaden wedderstunde, des wedderstandes willen myth one bj eynander bliuen: datth jw god helpe etc.[14]

4 Anno domini xv° xiiij am mandage na Jahannis baptiste hebben de radt der stadt Brunßwigk allen gilden vnde meynheyden dussen nabescreuen eedt eyn jtlick vp synem rathuße gedaen.

Szo alße kordt jn vorleden tyden twischen vnß dem rade, gilden vnde meynheyden vnwille, vp-

---

1) dusse seß jarlangk fehlt A'.　2) Hier folgt in A'; de wile gi darbi sin vnd dat vorhegen.　3) der fehlt A'
4) vnd Lintberger in A' später durchstrichen.　5) voroueringe A'.　6) Hier folgt in A vnd Eike. Später ist dort zunächst Eike ausgestrichen und dafur von vierurben Hand mit anderer Dinte gesetzt Verehelde; noch später wurde anstatt jm gerichte tor Asseborch gesetzt: vth deß rades gerichten vnd derporn, und dem zuletzt hinzugefügt: wie auch von den steinkulen in denselben gerichten.　7) Hierauf in A': vnd allent wes de radt inher fallende vnd vplouemende hedde.　8) wur fehlt A'.　9) darvan fehlt A'.　10) In A' hat statt des durchstrichenen suluer die Hand, welche oben Verehelde setzte, gell übergeschrieben.　11) Dieser Zusatz fehlt A'.　12) In der älteren Formel folgt hier das Gelöbniss der Musterung bei den Rathwahlen.　13) vnde — tostaden ist hier an Stelle des einfachern Eintrachtgelöbdes der ältern Formel getreten.　14) In diesen Worten ist der meynheyt eydt von 1445 herübergenommen.

ror vnde ernisse entstanden iß etc., de nu tor
tydt[1] twischen vnß dem rade, gilden vnd meyn-
heyden gantzlik bigelecht vnd vordragen syn,
louen wy de radt vnde radessworen vmbe sodaner
schichte vnde wat darvan gescheyn iß nemande
darumbe, jdt sy van gilden offte meynheyden, weß
dön offte doen laten edder jenigen wedderwillen
darumbe vorhengen. Dat wy alßo ane alle ge-
ferde louen stede vnd vast to holdende: dat
vnß godt etc.

4 Anno et die quibus supra prestitum est jura-
mentum subsequens ab omnibus gildonibus et
tota communitate civitatis predicta dominis de
senatu[2].

LX. 3 Dat gy der herschop vnde[3] dem rade to Brunßwigk alßo
truwe vnde holt syn alße eyn borger to rechte weßen
schall, vnd efft gy jcht vornemen dat wedder den radt,
de[4] gilde vnde gantzen meynheyt sy, dat gy dat dem
rade vormelden willen,[5] vnde offt de radt, de teyn
manne myt den geschickeden den gilden vnde
meynheyden vth orem befele weß begreppen, dat
one ßodanß ane alle ferde blyuen moige, vnde
offte dar weß mangkt were dat gilde vnde meyn-
heyde nicht beleuen wolden[6], ßo men vorplichtet
iß ßodanß an ße to bringende, dat ße denne
ander reddinge der stadt to gude wolden vor-
geuen[7] vnd begripen etc.

5 Dussen eedt sworen de geschickeden fulmech-
tigen der gilden vnde meynbeyde to Brunßwigk
dem rade darsulueß vp der groten doerntzen
vp dem Nygenstadt rathuse anno domini xv[c] vnd
Juli 10 dritteyn am mandage na Kiliani.

Dat gy deß radeß hemelike dinge de juw jn
dusser rekenschop van vpname vnd vthgiffte der
stadt Brunßwigk openbaret werden by juw der
stadt to gude willen beholden de wyle gy leuen.

6 Des sloetmanns eedt.

LX. 5º Dat gy dem rade der stad Brunswigk dat slot
Vechelde myt syner tobehoringe, ßo id juw von

one jugeantwordet iß, willen truweliken vorwaren vnd
dat von jw ane oren willen vnd fulbordt nicht
laten komen, ok dat sulue sloth myt syner to-
behoringe na den jartyden de gy darane hebben
dem rade willen wedder ouerantworden, jd were
denne, dat gy gick mit one deß forder vordroigen
wu idt darumme syn scholde, vnd dat gy jock
ßo holden alße eyn sloethman synem heren vor-
plichtet iß: dat gick etc.

Des houetmans edt.   7

Dat gy dem rade vnde der stat to Brunßwigk[8] CX. 1
also truwe wesen willen also gij öne von deyn-
stes wegen plichtich syn, vnde wen juk de rad
esken leth to ryden, daßß gy willich syn sodenß to
doende[9], vnde veyden de de radt veydet, vnde des
rades beste myt rade vnde mänheyt also eynem
fromen manne gebort beraden vnde bedadehufftich
syn wolden, ore beste ok waruea vnde dön, vnde wat
gik de radt benelet dat gy dat neymande openbaren denn
den jdt gebort, vnde offte gij hir nämals van deme
rade vnde der stät tegen vnde jenige sake to deme rade
vormeynden to hebbende, edder to oren borgeren vnde
jnweneren wynoet mochten, dat gy der von der borgere
vnde jnwonere wegen by deme rade bliuen vnde von des
rades[10] wegen by orem landesfursten to rechtes vthdrage
ane alle list vnde geuerde: dat gigk also got helpe etc.

Des tymmermeesters eedt.   8

Dat gy dem rade to Brunwigk jn orem arbeyde[11]
dat juw beuolen wardt flitliken denen, vnd juwe
knechte anholden dem ok alßo to donde, deß
rades beste to wettende vnd oren schaden wur
gy den to wettende krigen nach juwem vormoige
helpen vorboiden, de tydt deß arbeideß nicht
vnnutliken tobringen, ore holt vorsatliken nicht
to vorhauwende noch vorhauwen laten, vnd dat
olde holt deß men to buwende noch gebruken
mach one dat to schaden nicht vorspilden vnd
deß to juwem besten ane deß radeß willen vnd
vulbordt nicht to genetende, de instrumente vnd

---

1) tor tydt *durchstrichen*.   2) Nie *borger eidt* N.   3) *der herschop vnde in* A *später durchstrichen*.   4) wed-
der de N.   5) *In der ältern Formel folgt hier noch* vnde neyne vorechte kumpanie en hebben willen.
6) wolde A.   7) *In* N *von späterer Hand corrigirt* vorgunnen.   8) vnde der stad to Br. *anstatt* den xxiij
mannen, ghilden *etc. der ältern Formel*.   9) vnde — doende *von derselben Hand am untern Rande des Blattes*
eingeschaltet.   10) 1488 *hinzugefügt* vnde xxiij mannen.   11) *Von jüngerer Hand überschrieben* vnde oren borgeren.

tauwe juweß ampleß dem rade tobehorich tru-
welik vorhegen: dat juw alßo god belpe etc.

9 **Der brokefordererß** eedt.[1]

Dat gy de broke na vormoige deß echten dingeß
de gy wetten[2] vnde[3] to wettende krigen[4], dut
jar dem rade vnde der stadt Brunßwigk tom
besten wekelikeß[5] twige offte eyneß tom weynige-
sten, so forder juck deß echte noeth nicht beneme,
vp dem Nigenstadt radthuse willen truweliken
fordern vnd deß dorch fruntschop, mageschop
noch anderer toneiginge wegen nicht torugge
laten, vnde de jn eyne kesten vp dem suluen
Nigenstadt radthuse[6] dar sunderliken to gemaket
willen steken, de wile dut dem rade, radesworen,

gildemesteren vnd houetluden der meynheyt also
behaget: dat juw godt[7] etc.

Der karntoger eidt.   10

Dat wi nein molt edder korn den borgeren von
oren doren edder husen in de molen foren willen,
jd si dan dat se uns de molenteken darbi ouer-
antworden, vnd dat wi sodane molt edder korn-
teken willen in de molen mit dem molte edder
korn bringen vnde[8] dem moller edder synem
gesinde behanden, ok von vnsen karen dat molt
edder korn nicht laden sunder darbi stande bliuen
wente so lange de teken von dem moller edder
sinem gesinde jn de kisten darto vorordent ge-
steken werden, vnd dat wy in vnsem ampte tru-
welick willen handelen[9], alse vns godt helpe.

CXXXI. PRIVILEGIUM VON HERZOG HEINRICH DEM JÜNGERN.

1515 Febr. 26.

*Das Original befindet sich im Stadtarchive: Pergament, 13" breit, 7" hoch. Das mit Perga-
mentstreifen angehängte, von einer Wachskapsel umgebene grüne Siegel zeigt in den unteren beiden
Feldern des quartierten Schildes und in dem obern rechts den Löwen, in dem linken obern die Leo-
parden und auf einem Bande die Umschrift: S : HINRICI : JVNIORIS : DVCIS : BRVNSWICEN : ET
LVNEBVRGEN : — Von Heinrichs des ältern „kleinem Huldebriefe" (Nr. CXVII) weicht dieser bei
wesentlich gleichem Inhalte in der Form stark ab. Er ist gedruckt in Thes. homag. 123, Ulter.
except. 123, Rethmeiers Chron. 865, Pfeffingers Brschw. Gesch. I 642.*

Vonn gots gnaden wy Hinrick de junger hertoge tho
Brunswig vnnd Luneborch etc. bekennen openbar jn
dussem breue vor vnns, vnnse eruenn, nakumelinge vnnd
alsweme, dat wy vnns alße de oldeste vnnd regernnde
furste mede vonn wegenn der hoichgebornn fur-
stenn hernn Wilhelms vnnd hern Ericks vnnser
leuenn brodere mit dem erßamenn vnßenn leuen ge-
truwen dem raide der stad Brunßwig vnnd denn orenn
guthlikenn voreyniget vnde vordragen hebbenn, vorcy-
nigenn vnd vordragen vns[10] jegenwerdigen jn crafft
dusses breues vmb allenn gram vnnd vnwillens de twis-
schenn vns vnnd ohne mochtenn gewesen hebben wente an
datum dusses breues, ßo dat wy ße vnnd ße vnns

wedderumbe der qwydt, leddich vnnd loes gelatenn
hebbenn. Vnd wy hebben denn vorhenompten 2
vnßen leuen getruwen deme raide tho Brunß-
wig geredet, gelouet vnnd thogesecht, redenn,
louenn vnd thoseggen jn crafft dusses suluen
breues, dat wy ße, ore medeborgere vnnd de ore
geistlig vnnd wertlick bynnen vnd buten Bruns-
wig schullenn vnd willen laten by oren privilegien
gnaden, rechticheiden, fryheydenn vnnd older won-
heit, alße ße do by vnßes grotvaeders, vaders vnd
reddern hertogen Wilhelmes vnd hertogen Fre-
derikes vnd by ßaligen vnnßer elderuaders vnd
veddern hertogenn Wilhelms vnd hertogen Hin-

---

1) de brokehern eidt N. 2) gi wetten *in N durchstrichen; dafür von etwas späterer Hand. jw werden* ange-
bracht. 3) vnde so N, so *später übergeschrieben.* 4) na — krigen *von derselben Hand am untern Bande des
Blattes eingeschaltet.* 5) wekelinges N. 6) *In N von späterer Hand hinzugefügt:* edder jn dar koken.
7) dat juw godt *fehlt N.* 8) vnde *fehlt.* 9) vnde — handelen *von anderer Hand am Rande eingeschaltet.*
10) 1503: vnnde hebben vns *mit oben als vnsen vndirstriben vnde lothmaten vnses furstendomes tkohope geseth.*

37

rickes vnnd by vnßer vorfarn tyden hertogen tho Brunswig wente an dussen dach gehat hebben, vnde ße darann nicht vorhindern noch vorkorten ſ jn jenigerleye wis. Wy schullen ock vnd willen de vorbenomedenn vnße leuen getruwen vnnd de ore beschutten vnd beschermen vor vnrechter gewalth, vnnd orer nicht vorlaten dar wy orer tho eren vnde rechte mechtich sin. Dat redenn vnnd louen wy Hinrick de junger vor vns vnnd vnnße leuen brodere vorbenomet hertogen tho Brunßwig vnnd Luneborg etc. sampt vnd beſundern vor vns, vnßer aller eruen, nakomelinge der herschop tho Brunswig,

jn crafft dusses breues in gudenn truwen dam raide, borgern vnnd den oren vnßonn louen getruwen stede, vaste vnnd vnuorbroken woll tho holdende ſunder jenigerleye list edder hulperede. Des tho forderor bekantnisße vnd openbarer bewisinge hebben wy Hinrick de junger vor vns vnd vnße leuen brodere vnnd vnnßer allersith eruen vnnd nakomelinge vnße jngesogell witbliken gehengot betten an dussen breiff de gegeuen ist na Cristi vnnßes hern gebort vifftein-hundert jm viffteinden jare am mandage na dem sondage Jnnocauit jn der hilligen vastenn.

CXXXII. HULDEBRIEF HERZOG HEINRICHS DES JÜNGERN.

1515 Juli 17.

Das Original befindet sich im Stadtarchive: Pergament, 27" breit, 13" hoch, mit dem bei Nr. CXXXI beschriebenen Siegel an rothweisser Seidenschnur. Dieser Huldebrief, vorher gedruckt in Braunschw. Händel I 100, Thes. homag. I 124, Ulterior. except. 124. wiederholt den Herzog Heinrichs des ältern m. m. fast wörtlich.

Vonn gotts gnadenn wy Hinrick de junger hertoge to Brunswig vnnd Luneborch etc. bekennenn openbar in dussem breue, dat wy noch vnnße cruenn en schullenn neyne clostere geistlicker lude mann edder fruwen settenn, erlouenn ader fulbordenn tho wonende bynnenn der stadt edder muhernn tho Brunswig vnnd ock buthenn der stadt so verune orc vehedrifft ſ is. Ock en willenn wy noch en schullenn neynerleye wiß fulbordenn, dat de capittelle vnser kergkenn sanncti Blasii vnnd sancti Ciriaci tho Brunswig jennige parkerckenn bynnenn Brunswig gelegenn seck edder orenn jncorpore-3 renn laten. Ock enn schullenn wy neynenn canonicum edder jemande dede belehnet wehre tho sunnte Blasio edder to sunnte Ciriaco tho Brunswig tho vnser parkerckenn welckenn byn-4 nen Brunswig presenterenn edder belennen. We ock alrcide eyne parkerkenn binnenn Brunswig hedde, deme woldenn wy vnser geistlickenn lehene in denn vorgeschreuenn ker-ckenn tho sunnte Blasio vnnd tho sunte Ciriaco noynn lehenenn noch ohne dar tho presentterenn, vthgesocht de lehene dede wy vnnd vnse eruenn lehenenn schullenn nach orem willenn. Were auer, dat vnnse veddernn dusser lehne jennich lehenen-den tegenn dusse wyse, vnnd vnnse fulbort dar tho eschehe-denn, so mochtenn wy vnnse fulborth dar tho geuenn. 5 Wy bekennenn ock des, dat wy vnnd vnnße rechtenn eruenn hebbenn der suluenn vnser stadt tho Brunswig vnnd vnnsen[1] louen getruwenn dar binnenn, by namenn ju der Olden-

stadt, jn dem Hagenn, jn der Nigennstadt, jn der Oldenwyck vnnd jn deme Sacke, do gnade vnnd dat recht geguenn, de dar nu jnne synn vnnd borgera vnnd borgerschenn syn, de schullenn frye wesenn vor allerleye ansprake. We na 6 dussem dage ock alße dusse breiff geguenn js, jn de suluenn vorgesprokenn viff stede vnnser stadt Brunswig focre vnnd borger werde vnnd openbar dar jnne were jar vnnd dach ane ansprake, de scholde des suluenn rechtenn brukenn vnnd frye borger wesenn, alse vorgeschreuenn is. Worde 7 ock jemannt angespraket bynnenn jare vnnd dage myt rechte, de de borgerschop gewunnen hedde, dene en scholde de raidt tho neynem borger hebbenn, he en hedde sick vorliket mit der herschop myt fruntschop edder myt rechte. Wy ock vnnd vnnse rechtenn cruenn willonn vnnd schullenn 8 de viff stede vnnser stadt Brunswig beschermenn vnnd vor-dedingen alle ores rechtenn vnnd fryheyt, alse se de ol-dinges vonn vnsen voreldernn vnd von hertogenn Hinricke vnnsenn saligen veddern, hertogen Wilhelme deme eldern vnsem saligen eldervadere, hertogenn Wilhelme dem jun-gornn vnsem grotevader, dem hochgebornn fur-stenn hern hertogenn Hinricke dem eldern sali-genn vnsem leuenn hernn vnd vadere gehat hebbenn vnd hebben, vnd ore recht tho boternde vnd nicht tho argernde. Were ock, dat jennich mann der sulfftenn vnser 9 borgere jennigenn fordernn wolde vor lathe edder aigenn,

---

1) *In der Hs.* vnnen.

edder jennige ansprake donn wolde, de scholde antwordenn
10 vor vasem gerichte jnn der stadt tho Brunswig. Vnse
vorgenomden borgere der viff stede vaser stadt tho Bruns-
11 wig mothen ock ore recht woll beternn wor se mogenn. Wur
12 dat nemant en claget, dar en darf nemant richtenn. Were
ock, dat se jemandt schuldigen wolde, so scholdenn se
antwordenn dar jdt ohne von rechte burde tho antwordende,
13 vnd des schullen wy se ock vordedingenn. Were ock, dat
jennich schelinge selle twisschenn vns vnd dem raide tho
Brunswig, wat denne twey manne vth deme rade mit orem
rechtenn beholden, dat ore gewonheit vnnd recht hedde
gewesenn, dar schullen wy se bi laten vnd bi beholden.
14 Wolde den raidt ock annders jemannt schuldigenn, wes
denne twene manne vth dem raide den raidt entledigenn
myt rechte, des scholde de raidt leddich wesenn, vnnd des
scholdenn wy se vordingenn, vnnd schulleuu des rades vnd
der stadt tho Brunswig recht vorbetern vnd mit nichte
15 krencken. Vortbmeber bekennenn wy vnnd vnnse rechteun
eruenn, dat vnnse borgere der vorbenomden viff stede vnnser
stadt tho Brunswig vnnd ore gudt schullenn tollenfrye
sin jnn vnsem lande vnd in vnnsenn stedenn vnd tho al-
lenn vnnsenn slotenn na older wonheit, alse dat vonn ol-
16 der gewesenn js. We ock jn der stadt tho Brunswig
voget is, de schall richtenn binnen der stadt vnnd enbutenn
17 so verone ore vehedriift vnnd laundbwere weudenn. Fort-
meber vp dat vader vnnsenn maunenn vnd vnsenn vorbe-
nomden borgernn neyne twidracht en werde, so schullenn
wy ohne eynen marschalgk settenn, de vnnsenn borgerun
18 richte oner vnnse manne des ohne noidt si. Wy willenn
des ock nicht, dat vnnser deinstmanne jennich jennigenn[1]
vnnser borgere tho Brunswig mit lehengude wyse ann ey-
nenn anderun hernn de benedden ohne sy: des willenn wy
19 se vordedingen vnd ohne bybestann. Wy ebon ohne ock
de gnade: wallick borger gudt hedde tho lene vonn vnsen
deinstmanne, storue de ohne eruenn, so scholde de borger
folgen an vnns, vnnd wy scholdenn ohne bekenenn myt
20 deme gude ohne weddersprake vnd ohne gaue. Ock en
willeun wy des nicht, dat jennich vnser manne sick jennich
gut lehenenn lathe, dat vonse borgere edder borgerschenn
tho Brunswig jnn ereun lehenuschenn weberen heddenn.
21 Wy en schullenn ock vmb neyne sake schuldigenn de hy
vnnses herrn vnnd vaders, vonser vorelderon vnnd vedde-
rerun saligenn tiden gefallenn were wenthe ann dussen
22 dach. Wy en schullenn ock veynerleye gut, dat menn to

der stadt edder von der stadt tho Brunswig brochte, vorda,
dreue edder droge, hindernn latenn, jd en sy vnnser open-
barenn vihende. Wy en willenn ock nemande tho gesinde 23
nehmenn, den wy wedder de stadt vnnd wedder ore recht
vordedingenn, wy en willenn dene tho rechte stellenn vnnd
ohne rechts vonn ohme helpenn. Wy en willenn ock ne- 24
mande husen noch begenn edder vordedingenn wedder de
stadt vnnd borgere, de se vnd de ore vorunrechtigede
edder jn der stadt vorfestet edder dar vth vordreuenn
were, vnd woldenn den vonn vns latenn, wancher se vnns
dat wittigk deden. Were ock, dat vnnser borgere edder 25
ohre meygere jennige kroke dede wedder vnns, an den
noch an orem gude willenn wy neynn sulffgerichte dhoun,
jd en were dat se wordenn begrepenn vp hanntbastiger
dath eines dothslages, wy en dedenn dat wittick deme raide
allererst vnnd der stadt: hulpen se vns darumbe mynne
edder rechts, dar schullenn wy vns ane benogenn latenn.
Ock schullenn vnd willenn wy se truwiglickenn vorde- 26
dingenn tho orem rechten wedder allermalgkenn, vnnd schul-
lenn se by gnaden, by wonheit vnd rechte latenn vnd
beholdenn tho allenn tyden. Vnnd wy edder de vnnse 27
en willenn noch en schullenn se vnd ore meygere, er guth
vnd de ore nicht beswerenn mit bedenn edder mit deinste
efte jn jennigerleye wis. Were ock, dat se edder ore 28
meygere edder de ere broke dedenn, de ohne mit rechte
gefundenn wordenn tho beternnde, dat scholdenn wy vnd
de vnse ohne gnedichligkenn kerenn, dat se des vnvor-
deruet bleuenn. Ock en willenn wy noch en schullenn noch 29
de vnnse neyne setlinge jnu vnsem lande oner se vnd ore
gut vnnd oner ore meygere vnd de orenn settenn edder
settenn latenn, dar se edder de ore mede beschattet wol-
denn. Vnnd wy schulleun vnnd willenn se latenn by also- 30
danenn guadenn, wonheit vnnd rechte, alse se werenn by
vnnser vorelderun vnd vnses vedderun Saligenn hertogenn
Hinricks, hertogenn Wilhelms des elderno vnnd vnuses sa-
ligenn hern vnnd vaders tydenn. Were ock, dat se ore 31
morthbarnnere vnd stratenrouere anqwemenn iu vnnsenn
lande, ju vnsen stedenn, slotenn edder dorpernn, de moch-
tenn se angripenn ane fahere vnd ane broke. Fortmer 32
bekennenn wy, dat wy vnd vnse rechten eruenn willenn vnd
schullenn alle de breue de vnnse hern vnd vader, older-
vador vnnd grotvader vorbenomedt vnnd vnnse ved-
dere hertoge Hinrick, vnnd vnnse veddere hertoge Bernndt
milder gedechtnisse, vnnd wes vnnse veddernn hertoge Otte

---

1) Im Orig. jennigem.

edder hertoge Frederick mit der welligkenn versegelt hed-
denn, vnd vnse eldern vnnd vorfaherenn gegeuenn hebbenn
deme raide vnd der stadt tho Brunswig vnnd eynem jowel-
lickem borgere tho Brunswig denn breue vonn ohne ge-
geuenn synn, stede, vast, gantz vnd vnuerbroken hol-
denn, vnd wy bestedigen alle ore priuilegia jnn aller
33 wyse effte wy de suluest vorfegelt heddenn. Were ock,
dat dem raide vnd borgeron tho Brunswig tegenn vns
edder vnse eruenn noth were ore priuilegia tho wisende,
dar woldenn wy vnnd scholdenn twey edder drey by schig-
kenn denn wy des thobelouedenn: de willenn se dar tho
jn vnse stadt tho Brunswig thokommende aff vnd tho
veheligenn vnnd de darumbe scudenn vp dat ruthuß jnn
der Oldenstadt tho Brunswig, de breue vnd priuilegia tho
besennde, tho lesennde vnd tho horennde, efft wy dar suluest
nicht en qwemenn: forder en dorffenn se ore priuilegia vnd
34 breue nicht senden. Wy willenn ock de vorgenantenn
vnse leuenn getruwenn den radt vnnd de borgere truwe-
ligkenn vordedingen vnd beschermenn alle ores rechtenn
dat se vonn vnsenn eldern vnd von vnsenn[1] saligenn
vedderan hertogen Hinricke, hertogenn Wilhelme dem el-
dernn, hertogenn Wilhelme dem jungeran vnnd vonn
vnsem hernn vnd vadere hertogenn Hinricke dem
eldernn gehatt hebben vnd willenn ohne dat stede vnnd
35 gantz boldenn. Wolde se alle dusser vorgesprokener
gnade vnnd rechts edder jowelligkes besundern, de wy
vnnd vnse voreldernn vnnd hertoge Hinrick vnse salige
leue veddere, ock volgedachte vnse leue hernn elderva-
der, grotevader vnnd vader milder gedechtnisse ohnn gege-
uenn hebbenn, jennich mann vorunrechtigenn, des willenn wy
ohre beschermer synn ou vnnd tho allenn tydenn vnnd
tho alle oren noden. Inn eyne orkunde vnd stedicheit
alle dusser vorgeschreuener ding hebbenn wy vor vnns
vnnd vnnse rechtenn eruenn vnnse jngesegell witlickenn
vnnd mit gudem, willen gehenget latenn tho dussem breue.

Hir by, anne vnd ouer synnd gewest de hochge-
bornne furstenn herre Wilhelm vnnd here Erick
ock hertogen tho Brunswig vnnd Luneborch etc.
vnnse frunntlickenn leuen brodere, de duth alle
wu vorgeschreuenn mede bewilliget, ock deme
raide vnd gemeynen borgern tho Brunswig in
guden truwenn tho holdende thogesecht hebben.
Dusser dinge synn ock tugen vnse leuenn getruwen rede,
manne vnnd borgere de dar anne vnd ouer gewesen hebbenn
vnnd hir nagescreuenn staann: de eddele, gestrengen,
erbarnn vnd ersamenn Hinrick here to Werbarge,
Hermann von Oldershusenn vnse erfmarschalgk,
Cordt von Velthem Gotschalgks seliger sonn vnnse
erff kokemester, Henning von Neyndorp vnse erff-
schenngke, Otbraue von Velthem vnnse erff kam-
mer, Ludolff von Marnholte de elder, Ludolff vonn
Wenden, Cordt vonn Steinberge, Wilgke Klengken
Ludolffs seliger sonn, Cordt vonn Marnholte, Jo-
hann von Obbershusenn, Hermann von Mandelslo
gnant Koborch, Loddewich von Sampleuenn, Jost
vom Werder, Jacob vonn Salder, Vlrick vonn
Weuerlingen, Matthias von Aluensleuen vnd Jost
vonn Redenn, Hennigk vom Damme, Hanns Schra-
der, Hanns Valberch, Wedigo Velstede, Gerke Pa-
well, Henning Kalms, Hinrick Brandes, Henning
Roder, Ludecke Kragenn, Bode Kalenn, Jorden
Holle, Ludolff Bodenn, Hermann Hornneborch,
Hinrick Ellers, Cordt Plaggemeyer, Tyle Botell,
Henning Bardenwerper, Tyle Vogel, Diderick Vri-
genlugenn, Hinrick Jungenn, Wilgkenn Hauer-
landt, Tile Dorring, Tile vom Brocke vnd Arend
Ellers. Vnnd is geschenn na godes borth dusennt vif-
hundert jm vefftcinden jare am dinxstage na di-
uisionis apostolorum.

CXXXIII. MÜNZEDICT.
1517 März 27.
*Dieses bisher ungedruckte Münzedict wird hier sammt der den Gilden und der Meinheit vorge-
tragenen Motivirung nach den Aufzeichnungen in dem mehrerwähnten Gedenkbuche mitgetheilt.*

Anno etc. xvij vor mitfasten js de munte na
dem brunschwigschen d gesettet worden.[2]
Erst dancksage oreß komendes.

Ersamen leuen borgere (gildebrodere)[3] vnd gu-
den frunde, jdt hefft sick begeuen, dat de rad,
radsworen, gilde vnde houetlude, tein manne

1) Im Orig. vnsem. 2) Von der Hand, welche die vorhergehenden Stücke mit Ueberschriften versehen hat. 3) bor-
gere und gildebrodere in der Hz. über einander.

vnd geschickeden syn tosamede gewesen, dar do van dem ersamen rade is vorgegenen, dat jn dem vorgangen jare de brunswichschen penninge van den vthmannen de se hir vpgenomen hebben, vthe der stad syn wechgefoert vnd in andere stede vnd stidde gebracht dar se more gelden wen hire.

2 **D**er haluen de rad jegen duth vorgangen schot nauwe so vele penninge bekomen konde, dat men den borgernn do se schoten wolden to verwesselende hadde.

3 **V**nd befinden, dat der suluen brunßwichschen penninge soder der tidt vele mer syn wechgefoeret worden wen touoren, wente se syn hire nicht vele ganckbar. Derhaluen js to frochtende, wu deme nicht worde vorgekomen, so mochten de sulfften penninge so sare wechkomen, dat men tigen de tidt wen me schotede weinich brunßwichscher penninge bekomen konde vnd ock denne to der tollenboude' bruken mochte, dat denne dem rade, den borgeren vnd der gemenen stadt to velem schaden lopen mochte.

4 **W**ente dat de rad penninge scholde wedder slan laten, dar is dat sulver vele to duer to, vnd dat wolde myt grotem schaden wesen.

5 **D**erhaluen wel van noeden syn, dat de mathiesgrosße vnde deme gelick werden gesettet vp dre penninge, vnd ander grossen ohrer werde na.

Dat sick doch ein radt nicht vnderwinden will 6 effte vornemen sunder gilde vnd meinheit wotten, willen vnd fulborde.

Dar vmbe js jn rade gefunden, dat men sodans 7 an gilde vnd meinheit bringe, dar vmme eyn jowelck gilde vnd meynheit by sick eine frige ruggesprake hebben vnd sick hir jnne bespreken, wat ohne lidelick sy vnd de rad hir jnne vornemen moge, wente de rad wil ane willen vnd fulbort gilde vnd gemeinheit hir jnne nichtes vorhengen.

Vnd js darvmme des ersamen radeß, radswo- 8 ren, gildemestore vnd houethlude, der tein manne vnd geschickeden fruntlicke bede, juwe [1] ersamycheide hirjnne sick willen fruntliken bespreken, wes jw dunckel nutte vnd gud syn, des wedder gudtlicke antwort van jw geuen, dar na seck de ersame radt richten moge.

Wan de antworde jngekomen syn.

Vnd wan denne fulbort effte ja gegeuen edder 9 to dem rade gestaldt js, so schullen de anbringere ein jdtlick den sinen fruntlicker antworde bedanckenn.

Vnd bespreken sick myt ohne, wen ser one gud 10 dunket dat sodans angaen schulle.

Stellen se dat denne to dem ersamen rade effte 11 nomen de tidt, dat jß alle gudt.

Geschein am fridage nach dem sondag Letare 1547 jn der hilligen vasten anno domini etc. xvij°. Mert 27

Witlick sy allen vnd einem jderen, dat de rad, radtßworen, gildemestere, houethlude, tein manne, de geschickeden, ock alle gilde vnd gemeinheide der stad to Brunßwigk sick hebben voreniget CXVI 1 vnd vnder seck besloten, de brunßwichschen pennige hire to ganckbarem gelde tho beholdande. Derhaluen vthe ehafftiger nodt beraden de grossen darna to settende, dat dem rade, teyn mannen vnd gheschickeden to beraden be-

folen vnd van dene befunden, sick nicht anders erliden mach, wen dat de nabeschreuen grossen vp vthgesettede tidt gelden wu hier vnder vorteikent is.

De grote goßlersche grosse myt dem helmteken, den 1 men den burgrossen nomet, teyn brunßwichsche pen- CXVI 1 nighe.

De mariengrossen hir vnd to Gosler gemuntet vj brunßwichsche pennige.

---

1) In der Hs. jwue.

De matbiergrosse to Gossler gemuntet
De petersgrosse alhir gemuntet,
De honouersche grosse, ⎫ jdtlick myt dem ⎫ dat stucke dre brunßwichsche penninge.
De hildensemsche grosße, ⎬ crutze getekent ⎬
De embeckesche grosße, ⎭ ⎭
De hildensemschen kortelinge ⎫ dat stucke twe penninge.
De embeckeschen kortelinge ⎭

2 **Ok** sy einem jowelcken witlick, dat de nigen gottingeschen grossen nicht syn jn orer werde ßo gud alse de kortelinge vorgeschreuenn.

3 **Duth** wu vorgeschreuen schall einen anganck hebben vp den sondach Trinitatiß, js nomlick de sondach nach pingesten negestfolgende, vnd nicht eher, vp dat ein jder sick middeler tidt darna myt siner handelinge richten vnd schicken moghe.

Vnd offt we wehre de eher der tidt mith der munthe anders handelde, begeuen vnd nemen wolde weu sußlange ganckbarich gewesen, scholde dem rade, so vaken de des bedragen worde, jn teyn schillinge nige penen vorfallen syn. **Geschein** am fridage nach dem sondage Letare jn der hilligen vasten anno etc. xvijo.

CXXXIV. DECLARATION VON KAISER MAXIMILIANS MARKTPRIVILEGIUM DURCH KAISER KARL V.
1521 März 7.

Das Original dieser bereits in Rethmeiers Chronik 868 gedruckten Urkunde befindet sich im Stadtarchive; Pergament, 26" breit, 15" hoch, das Siegel von 3" Durchmesser an Pergamentstreifen. Dasselbe zeigt unter einer Krone, von Bändern umschlungen, zwei an einander gelehnte Schilde, im rechten den einfachen Adler, im linken die Wappen von Castilien, Leon, Sicilien, Burgund, das Ganze im Doppelkreise von der Umschrift eingeschlossen: CAROLVS DIVINA FAVETE CLEMETIA E . ROMANORVM REX SEMPER AVGVSTVS HISPANIAE (!) VTRIVSQ SICILIE ET HIERLM REX AC ARCHIDVX AVSTRIE, DVX BVRGVNDIE COMES FLANDRIE TYROLIS ETC. PRINCEPS SVEVIE ETC. *Auf der Rückseite der Urkunde R. C. Stockhamer; am untern Rande ist, ehe er umgebrochen wurde, der Vermerk gemacht:* Mutatio diei nundinarum civitatis Braunswigensis, aliis tamen sine prejudicio.

Wir Karl der funfft von gotts gnaden erwelter romischer keyser, zu allenn tzeitten merer des reichs etc. kunig in Germanien, zu Castilien, zu Arragon, zu Legion, beider Sicilien, zu Hierusalem, zu Hungern, zu Dalmacien, zu Croacien, zu Nouarra, zu Granaten, zu Toleten, zu Valentz, zu Galicien, Majoricarum, zu Hispalis, Sardinie, Cordubie, Corsice, Murcie, Giemis, Algarou, Algecire, zu Gibraltaris vnd der insulen Canarie, auch der insulen Indiarum, vnd terre firme des mers Oceani etc. ertzhertzog zu Osterreich, hertzog zu Burgundi, zu Lotterigkh, zu Brabanndt, zu Steyr, Kerndten, Crain, Lymburg, Lutzemburg, Gheldern, Wirtemberg, Calabrien, Althenarum, Neopatrie etc. graue zu Flanndern, zu Habspurg, zu Tirol, zu Gortz, Parsilani, zu Arthois vnd Burgundi etc. phaltzgraue zu Henigeu, zu Hollandt, zu Seelandt, zu

Phirt, zu Kiburg, zu Namur, zu Rossilion, zu Territan vnd zu Zutphen, lanndtgraue in Elsass, marggraue zu Oristani, zu Gotziani vnd des heiligen romischen reichs furst zu Swaben, zu Cathilonia, Asturia, etc. herr in Frieslanndt, auf der Windischen marckh, zu Portenaw, zu Biecaia, zu Monia, zu Salins, zu Trippoli vnd zu Mecheln etc. bekennen offenlich mit disem brief vnd tun kundt allermenniglich, das vnns die ersamen vnnser vnd des reichs lieben getrewen burgermeister vnd rate der statt Brunsweig durch jr erber botschafft einen briefe von weilendt dem allerdurchleuchtigisten keyser Maximilian vnnserm lieben herrn vnd anherrn loblicher gedechtnuss ausganngen, darjnn sein keyserlich mayestat jnen gegonnt vnd erlaubt hat, das sy vnd jre nachkomen nu hinfur alle jar in dorselben statt Braunsweig zwen jarmerckt, nemlichen den einen auf freitag nach vnnsers lieben herrn auffartstag vnd den anndern auf den anndern tag nach vnnser lieben frawen tag jrer emphengknuss anzuheben vnd yeder zehen tage die nechsten darnach zu weren, haben, halten, vben vnd gebrauchen mugen, des datum steet zu Coln an eritag den neunundzweintzigisten tag des monets July nach Christi gepurt funffzehenhundert vnd jm funfften jaren, haben furbringen vnd vnns diemuetiglichen anrueffen vnd bitten lassen, das wir juen solch zwey jarmerckt (aus den vrsachen vnd beweglicheiten, das juen noch den vmbsessen vmb die statt Braunsweig nit sueglichen noch gelegen sein welle, dieselben auf die obbestimbten zeitt zu halten vnd zu besuchen) auf annder gelegen zeitt im jar zu uerennden vnd zu uerkeren, auch die zeitt der zehen tag, so in weilendt keyser Maximilians brief zu yedem jarmerckt ausgedruckt ist, zu erkurtzern gnediglichen geruechten. Des haben wir angesehen solch jr diemuetig bete, auch die annemen willigen dienste darjnn sy sich gegen vans vnd dem heiligen reiche willig erbieten vnd wol tun mugen vnd sollen, vnd darumb mit wolbedachtem muete, guetem rate vnd rechter wissen declariert, gesetzt vnd erklert, declarieren, setzen vnd erkleren auch von romischer keyserlicher macht wissentlich in crafft dits briefs also, das sy die obbestimbten jre zwen jarmercht, vnd nemlichen den einen der janhalt keyser Maximilians brief auf freitag nach der auffart Cristi zu halten bestimbt, nu hinfur auf montag nach Misericordias domini, vnd den anndern der allwegen den anndern tag nach vnnser lieben frawen emphengknuss gehalten, nu hinfur alle jar auf den anndern tag nach Egidy oder auff annder zeitt die juen burgermeister vnd rat der statt Braunsweig vnd jren nachkomen, auch den vmbsessen gelegen vnd bequemlichen sein werden, halten, setzen vnd ordnen mugen, vnd yeder derselben jarmerckt nu hinfuro nit lennger dann sechs tag weren solle. Vnd meinen vnd wellen, das die obgenannten burgermeister vnd rat der statt Braunsweig vnd jre nachkomen bey solcher vnnser declaration vnd erklerung der obbestimbten zweyer jarmerckt beleiben vnd die also nu hinfur alle jar wie obsteet legen vnd

halten vnd sy vnd diejbenen so dieselben jarmerckt mit jren kauffmannsschatzen, waar, hab vnd guetern oder in anndern wege besuechen, all vnd yegclich gnad, freiheit, recht, frid, glait, schutz, schirm vnd gewonheit haben, gebrauchen vnd geniessen sollen vnd mugen, die annder stette im heiligen reiche vmb sy gelegen zu jren jarmerckten, vnd die personen so also darzue vnd dauon ziehen, haben, gebrauchen vnd geniessen von recht oder gewonheit, von allermenniglich vnuerhindert, doch anndern stetten, merckten vnd dörffern in zweyen meiln wegs vmb dieselb statt Braunsweig gelegen an jren jarmerckten vnd sonst menigclichem an seinem rechten vnuergriffen vnd vnschedlich. Vnd gebieten darauf allen vnd yegclichen churfursten, fursten geistlichen vnd weltlichen, prelaten, grauen, freyen herrn, rittern, knechten, hauptlewten, vitzthumben, vogten, phlegern, verwesern, ambtleuten, schultheissen, burgermeistern, richtern, reten, burgern, gemeinden vnd sonst allen anndern vnnsern vnd des reichs vnderthanen vnd getrewen, in was wirden, stats oder wesens die sein, ernstlich mit disem brief vnd wellen, das sy die vorgemelten burgermeister vnd rate der statt Braunsweig vnd jre nachkomen an der obgemelten vnnser declaration vnd erklerung der vorgenannten weilendt keyser Maximilians gnaden, erlaubnus vnd bewilligung der zweyer jarmerckt nicht hindern noch irren, sonnder sy vnd alle die so dieselben jarmerckt besuechen, darzue vnd dauon ziehen, der obbestimbten gnaden vnd freiheiten berueblichen gebrauchen vnd geniessen vnd gentzlichen dabey beleiben lassen, vnd hiewieder nicht tun noch yemandts anndern ze tun gestaten in kein weise, als lieb einem yeden seie, vnnser vnd des reichs vngnad, straf vnd pene in weilendt keyser Maximilians brief begriffen, auch darzue noch ein pene nemlich zweintzig marck lotigs goldes zu uermeiden, die ein yeder, so offt er freuenlich hiewieder tete, vnns halb in vnnser vnd des reichs camer vnd den anndern halben teil denselben burgermeister vnd rate der statt Braunsweig vnd jren nachkomen vnableslich zu bezalen verfallen sein sol. Mit vrkundt dits briefs besigelt mit vnnserm keyserlichen anhanngenden jnnsigl, geben in vnnser vnd des reichs statt Wormbs am sibenden tag des monets Marcij nach Cristi gepurt funffzehen hundert vnd im ainundzweintzigisten,

Carolus.

vnnser reiche des romischen im aundern vnnd der anndern aller im sechsten jaren.

Ad mandatum domini imperatoris proprium.

Albertus cardinalis Mog^e archicancellarius f[?].

CXXXV. BESTÄTIGUNG DER STÄDTISCHEN PRIVILEGIEN DURCH KAISER KARL V.

1521 März 14.

Das Original befindet sich im Stadtarchive · Pergament, 27" breit, 16" hoch, mit dem bei Nr. CXXXIV beschriebenen Siegel an einem Pergamentbande. Auf der Rückseite der Urkunde R^{ta} C. Stockhamer; innen auf dem umgelegten Rande Confirmatio privilegiorum civitatis Braunewigensis. *Die Confirmation König Maximilians vom 24. October 1506 wird hier fast wörtlich wiederholt. Gedruckt ist diese Urkunde in Ullerior. except. I 156, Thes. homag. 156, Braunschw. Händel II 711 u. 927.*

Wir Karl der funfft von gotts gnaden erwelter romischer keyser, zu allenn tzeitten merer des reichs etc. kunig in Germanjen, zu Castilien, zu Legion, beyder Sicilien, zu Hierusalem, zu Hungern, zu Dalmacien, zu Croacien, zu Nouarra, zu Granaten, zu Toleten, zu Valentz, zu Galicien, Maioricarum, zu Hispalis, Sardinie, Cordubie, Corsice, Murcie, Giennis, Algaron, Algecire, zu Gibraltaris vnd der jnsulen Canarie, auch der jnsulen Jndiarum vnd terre firme des mers Oceani etc. ertzhertzog[1] zu Osterreich, hertzog zu Burgundi, zu Loterigk, zu Brabanndt, zu Steyr, Kerndten, Crain, Lymburg, Lutzemburg, Gheldern, Wirtemberg, Calabrien, Athenarum, Neopatrie etc. graue zu Flanndern, zu Habspurg, zu Tirol, zu Gortz, Barsilani, zu Arthois vnd Burgundi etc. phaltzgraue zu Henigew, zu Holanndt, zu Seelanndt, zu Phirt, zu Kiburg, zu Namur, zu Rossilion, zu Territan vnd zu Zutphen, lanndtgraue in Elsass, marggraue zu Burgaw, zu Oristani, zu Gotziani, vnd des heiligen romischen reichs furst zu Swaben, zu Catlilonia, Asturia etc. herr in Frieslanndt, auf der windischen markh, zu Portenaw, zu Biscaia, zu Monia, zu Salins, zu Trippoli vnd zu Mecheln etc. bekennen offenlich mit disem brief vnd thun kundt allermenigclich, das fur vnns kumen ist vnnser vnd des heiligen reichs lieben getrewen etc. burgermeister, rat vnd burger gemeinlich der statt Braunsweig erber petschafft,

vnd hat vnns diemuetigelichen gebeten, das wir denselben burgermeistern, rat, burgern vnd der statt zu Braunsweig alle vnd yegclich jr gnad vnd freiheit, brief, priuilegien, recht, guet gewonheit vnd alt herkomen, die sy von romischen keysern vnd kunigen vnnsern vorfarn am reiche herbracht vnd erworben haben, vnd besonder ein bestetung vnd freiheitbrieff, die sy von weilend kunig Albrechten vnnserm vorfarn am reiche loblicher gedechtnuss erworben vnd weilendt der allerdurchleuchtigist keyser Maximilian vnnser lieber herr vnd anherr loblicher gedechtnuss auch bestet hette, der von wort zu worte hernach geschriben steet vnd also lautet: Wir Albrecht von gotts gnaden romischer kunig — — — geben zu Prag an saudt Seners tage, nach Cristi gepurt vierzehenhundert vnd darnach in dem achtunddreyssigisten jarn, vnnser reiche im ersten jare, zu confirmieren vnd zu besteten guediglich geruechten. Das haben wir angesehen derselben von Braunsweig diemuetig bote vnd auch die getrewen dienst die sy vnd jre vorfarn vnnsern vorfarn romischen keysern vnd kunigen vnd dem reiche allezeit willigclich vnd vnuerdrossenlich getan haben vnd sy vnns auch hinfurter in kunfftig zeit wol thun mugen vnd sollen, vnd darumb mit wolbedachtem muete, guetem rate vnd rechter wissen den yetzgenanten burgermeister, rat vnd burgern der statt zu Braunswigk all vnd yegclich gnaden, freiheit, brief, priuilegien vnd besonder den freiheitbrief von kunig Albrechten ausgangen, vnd darzue alle annder jre rechte, guet gewonheit vnd herkomen, die sy bisher redlichen gehebt, gebraucht vnd herbracht haben, gnedigclich ernewt

---

1) *Im Orig.* ertzhertz.

bestotigt vnd confermirt, ernewen, bestelen vnd confirmieren jaen die auch von romischer keyserlicher macht
volkomenheit wissentlich in craft dits briefs, vnd mainen, setzen vnd wellen, dat sy sich der an allen enden
vnd stetten gebranchen vnd geniessen sollen vnd mugen
von allermeniglich vnuerhindert, doch vns vnd dem heiligen reiche vnser oberkeit vnd dienste hierjnne vorbehalten. Vnd gebieten darauf allen vnd yegclichen churfursten, fursten geistlichen vnd weltlichen, prelaten, grauen,
freyen herrn, rittern, knechten, haubtlewten, vitzthumben, hofrichtern, landrichtern, vrtispprechern, vogten,
phlegern, verwesern, amptlewten, schultheissen, burgermeistern, richtern, reten, burgern, gemeinden aller vnd
yegclicher stett, merckte, dorffere vnd sonst allen anndern
vnnsern vnd des reichs vnderthanen vnd getrewen, in was
wirden, stats oder wesens die sein, von romischer keyserlicher macht ernstlich vnd vestigclich mit disem brief

Carolus.

vnd wellen, das sy die vorgenannten burgermeister, rat
vnd burger zu Braunsweig an solchen jren gnaden, freiheiten, briefen vnd priuilegien, rechten, gewonheiten vnd
herkomen, auch weilendt keyser Maximilians vnd dieser vnnser keyserlichen ernewung, confirmation vnd
bestetung nicht jrren noch verhindern in kein weise, sonnder sy dabey von vnnsern vnd des reichs wegen getrewlich
schutzen vnd schirmen, als lieb einem yegclichen sey vnnser vnd des reichs swer vngnad vnd darzue die pene in
den vorgemelten freiheiten vnd priuilegien begriffen vnablestlich zu bezalen zu vermeiden. Mit vrkundt dits briefs
besiegelt mit vnnsern keyserlichen anhangenden jnnsigl, geben in vnnser vnd des reichs statt Wormbs
am vierzehenden tag des monets Marty nach Christi gepurt funffzehenhundert vnd im einundzweintzigisten, vnnserer reiche des romischen im anndern vnd der anndern aller im sechsten jaren.

Ad mandatum
domini imperatoris proprium
Albertus cardinalis Moguntinensis archicancellarius (L.

CXXXVI. PRIVILEGIUM DER HERZÖGE OTTO UND ERNST VON LÜNEBURG.

1525 Januar 25.

Das Original dieser schon in Rethmeiers Chronik 1346 gedruckten Urkunde befindet sich im Stadtarchive: Pergament, 15" breit, 8" hoch; auf der Rückseite von der Hand eines städtischen Schreibers Cleine priuilegium der ffursten to Luneborg. Die Siegel, an Pergamentstreifen, beide von etwa 2½" Durchmesser, aus grünem Wachs und in Wachskapseln, zeigen das erste einen geteilten Schild mit den Leoparden oben links und den Löwen in jedem der drei übrigen Felder, darüber den Helm mit Sichteln, Pfauenschweifen, Säule und Ross, und auf zwei wallenden Bändern rechts und links die Legende: S' OTTO HERTOG TO BRUNSWICK VN LVNEBVRCH; das andere gleichen Schild und Helmschmuck, den Schild aber aufrecht, und die Umschrift: ERNST HERTOG TO BRONSWICK EN TO LVNEBORGK. Abgesehen von dem Zusatze in § 2 und geringen Abweichungen im Wortlaut, wiederholt diese Urkunde lediglich den kleinen Huldebrief Herzog Heinrichs des jüngern.

1 Wenn goddef gnaden wy Otto vnd Ernust gebroder hertogenn tho Brunswick vnnd Lunehorch, bekennen apenbar jnn dussem vnsem breue vor vnß, vnse eruen, nakomen vnd vor alsweme, dat wy vnß mit denn eramena vnsern leuenn getruwenn deme rade der stadt Brunswick vnd denn orenn gutlikenn vorniiget vnd vordragem hebben, vercinigenn vnd vordragenn vnß jegennwardigenn jn craft dusses brenes vmb allenn gram vnd vnwillenn de twischenn vnß vnd ohne mochtenn gewest synn wenthe an dalho dusses brenes, so dat wy se vnd

Se vnß waddersume der qwit, ledig vnd loß gelatenn hebben. Vnd wy hebben denn vorbenanten vnsenn leuenn 2 getruwenn deme rade tho Brunswick vp ore vndirdenige ansokennt vnd bidde, vnd deme na so ock gegenn vnß als de getruwenn vndirdane jegenn oren landesffurstenn tho dohende schuldich to erzeigenn sick erbodenn, geredet, gelouett vnd togesecht, redenn, louenn vnd toseggenn jn kraft dusses breues, dath wy se vnde ore mitburger vnnd de orenn geistlick vnd wertlick bynnenn vnd butenn Brunswick schutlenn

vnd willenn latenn by oren priuilegien, gnaden, gerech-
ticheidenn, friheidenn vnd older wanheit, alße ße de by vn-
ser vorfaren tidenn herthogen tho Brunswick wente an
dussen dach gehat vnd hebben, vnd ße dar anne nicht
vorhinderenn noch verkortenn jn neynarleye wiß. Wy
schullenn ock vnd willenn de vorbonompteun vnse leuenn
getruwenn vnd de oreun beschuttenn vnd beschermenn vor
vnrechter gewalt vnd orer nicht vorlaten dar wy orer tho
erenn vnd rechte mechtlich synn. Dat redenn vnd louenn
wy obgenanten hertogk Otto vnd hertog Ernst
vor vnß, vnse erunen vnd nachkomen der herschop tho

Brunswick in crafft dusses breues in gudenn truwenn denne
rade, burgern vnnde den oreun vnsenn leuenn getruwenn vor-
genannt stede, vaste vnd vnuorbrokenn woll tho holdende
sunder jenigerlei list effte hulperede. Des tho furder be-
kanntnusße vnd openbarer bewistnge hebben wy vpge-
nanteun furstenn vor vnnß, vnse erunenn vnd nako-
menn der herschop Brunswick vnse jngesegell wit-
likenn gehenget hetenn an dussen vnsen breff, de gege-
uenn iß na Cristi vnses herrn gebort jn vefteinhunder-
sten vnd vifundtwintigesten jare am mandage na
Vincentji.

Ott hertzogh etc. m. pp².

Ernst m. ppria.

CXXXVII STADTRECHT.

1532 Aug. 22.

*Ein in gepresstes Schweinsleder gebundener Pergamentcodex in 4° enthält Bl. 2—45 das
Stadtrecht, Bl. 48—62 die Untergerichtsordnung und Bl. 64—98 das Echteding, alles vom J. 1532
und gleichzeitig von einer Hand geschrieben, Titel und Ueberschrift roth, jedoch weder die Abschnitte
noch die Paragraphen gezählt. Das hier zunächst folgende Stadtrecht weicht von der Redaction des
15. Jahrhunderts erheblich ab. Fast die Hälfte dieser letztern, 110 Paragraphen (§§ 3—6, 8, 11, 14, 17,
28, 29, 32, 41, 45, 55, 73, 76, 78, 89, 89, 101, 110, 114, 121—125, 129, 131, 133, 134, 136,
139, 153, 161, 177—193, 200, 202, 205—209, 211, 218, 220, 230—232, 234, 239—254, 256,
258, 259, 262, 265, 266, 268—273, 275—288, 291, 292) sind gänzlich ausgeschieden, von den
übrigen nur die allerwenigsten unverändert herübergenommen, viele sehr stark umgestaltet und nament-
lich ausführlicher gefasst. Neu hinzugekommen sind, abgesehen von der vorangestellten Ordenunge
des richtlichenn processus etc. 45 Paragraphen. — Gedruckt ist diese letzte Ausprägung des alten
Stadtrechtes in Pufendorfs Observ. IV. app. S. 78, Engelbrecht De font. jur. Brunsv. 38, Riccius
Stadtr. 151.*

Hirnha volget dath stadtrecht der erbaren stadth
Brunßwig, dardorch vth der gnad gottes des al-
mechtigen dath vterliche goddes gerichte vnd re-
gimenth schal ano jenich anseyndt der personen
vorheget, vnderholden vnd bestellet, de gemene
stadt vnd juwonende borger mith frede vnd rechte
regert werden, dath de erßame radt, radtsswo-

ren, gildemestere vnd houetlude, gilde vnd ge-
meno, alß men heft gescreuen nha der geborth
Christi vnßes leuen herru dusenth vifhunderth
tweivnddrittich jar donnerdages na Agapiti, mit
guder vorbedacht vnd wißliken jm namen des
heren henfort vnuorbroken to holdende gewil-
korth vnde angenomen hobben.

Ordenunge des richtlichenn processus der saken de vhor den gemeinen radth derr stadth Brunß-
wig richtliken gebracht vnnd darsuluest vorhandelth werdenn.

1 **W**enn eyne sake werdt vorgedragen de nicht
also balde vp dem stadthuse mach entscheiden
werden, ßo wil men de tho gütlickem handel
wiesen, dath de mach so vele desto gründtlicher

jngenohmen werden. Wen de eins edder twie
nach orer gestalth jun der güde verhört vnd
verhandelth werdt, vnnd dar men de jn der güde
nicht könde vordragen, ßo schöllen de heren de

by dem gůdtlicken handel gewesen de parthie tom negisten richtsdage vhor den gemeynen radt bescheiden vnnd alßdenne der ßake einen bericht doin. Vnd wan den de sake noch etas grůntlichen verhôrth vnd vordragen, jß de sake na dem stadtrechte klar vnd so wichtich nicht, ßo will de radth deß richtdages darjane ein ordel spreken. Were ouerst de sake wichtich vnd nha dem stadtrechte edder sůnstendt nicht so clar, vnd dath dartho jeniger bewysynge van nôiden, darmede de radth tho einem gewissen rechtmethigen ordel khomen môge, so schal dath darmede vp nachunlgende wiese geholden werden. De kleger schal syne schriftlicken klage, deßgeliken de beclagete syne schriftlicken anthwordt jnbringen. Doich so schal de beclagte in derenhingen syner ersten antwordesschrifft thor clage klerlicken vnd vprichtigen antworden vnnd den krich mit jha edder nein beuestigen. Darnha schal de kleger noich eine vnd de keclagte syne wedderschrifft jnleggen, welckem dele ock van nöiden syn wil thůgen to foirende edder ander kůntbschop, brefe vnnde segell vorthobhringende, dath schal mede geschein nha der jnlage der ersten twier schrifft. Vnd also nha beuestinge des krieges so schullen

de tôgen vp artikell vnd fragestůcke, wo recht, vnd de andern kunlschop richlick vorgebracht, erôpent, auesohrifft vnd gebůrliche frist vnd thidt gegeuen werdenn. Darnha so mach ein jtlicks deill eyne schrifft tho syner jnn vnd wedderrede jegen vnd vp de geforden vnd vorgebrachten tůgen vnd kunsschop jnleggen, vnd darmede scholen ße tho beydersyedth thom endtlichen ordel beschluten, doich nicht niges vhor vnd jnbringen. Wen dath geschein, ßo schůllen de parthie mith dem ordel nicht vpgeholden sůnder thom alderersten geforderth vand endtlich entscheiden werden.

Eth schollen ock ettliche procurator thom richte 2 voreydet vnd angenohmen werden, de dat echteding vnd stadtrecht scholden flitich jnnemen vnd wetten, de sake im gerichte edder ock in gůtlichen handelungen nicht vptboholdende, sůnder thor billicheidt vnd vordrage edder tho ordel nach vormoge ohres eides den se dem rade dohn schollen, trůwelicken helpen fordernn.

Doich schůllen de sake de nicht wichtich ayndt 3 tho keinen schriften gestadet sůnder nach verhôr ane vortoch van dem gemenen rade mith ordel gescheiden werden.

Hiernha volgeth dath wyllchôrde stadtrecht.

I Vann dem richtere.

1 **W**elck vogedth einen richter ßettet an syne stydde mith wettende deß rades, wat vor deme verhandelth werdt, dath schal so főllen komen ayn gelick effte sodans vhor dem vogede sůluest geschein were.

2 **W**elck borger wil des rechten plegen vhor den vôgeden vnd dem rade, denn wil me vhor vnnerwiesel holden. Welck borger au er des rechten vhor

den vogeden vnd dem rade nicht plegen wil, de schal deß stadtrechtes nicht geneiten vnd vorwieseth werdenn.

Weß de mehreueil in dem rade ouerein drecht, deß 3 schal de myunerdeil folgen ahne weddersprake.

Der stadt recht wendeth also ferne alße de vehewyde 4 vnd hadthwer wendeth.

II Van vorbeidende vnd van klage.

5 **W**ehme klagendes noidth ys, de schall klagen vhor dem richte darjne de syth ouer den mon klagen will.

6 **S**zo ein borger den andern vhor den vögede vnd richteheren vorclaget, so mach me vhor dem vnderrichte van dem ordel shick beroipen vhor vnd an den gemeinen radth.

7 **D**e kleger schal syner clage eine gewondtliche

were bestellen mith panden, borgen edder synem rechten, also dath he syne clage nicht wil vorhôgen, vorringern edder vorendern vnd deß endtlichen ordels vorwachten vnd vornamende, vnd wenn de klage ohne endtschop heft, dath he denne alseforth thor wedderklage antworden will.

De beklageth werdt de kan nha hergebrachter 8

39*

gewonheit van stundt an nicht wedder klagen,
eth sy denn sake, dath de erste klage mit or-
del vnd rechte gescheiden sy: dunne mach he
balde den ersten kleger woll wedder vorklagen.
De moidt ohne denne ock vor dem rade tho
syner klage anthworden vnd deß ordels er-
wardenn.

9 Welk man den andern anferdigeth vp der straten mit
LXI. 13 gewalth, vnd sick jenne erwereth, mith dem schroymanne
mach he beholden de ersten klage, offt syne viende so
starck syndt, dath he nicht vorkomenn darff.

10 Welk deiner effte vthman beschuldigeth synen borger
LXI. 15 de schal khomen vhor de vögede edder vhor den
radth vnd schal dar der stadt rechti nehmenn.

11 Welk man den andern vmme schuldt för-
LXI. 16 derth, de schal den schüldtman twoimhal vor-
boden laten, vnd thom derden male durch deß ge-
richts geschworen deiner süluest de derden klage
LXII. 21 mith synem wetten anseggen lathen: kompt he nicht
vhor thor derden klage, so ohne dath neine echte noldth
benolmen hedde, de schal der geforderden schüldt
ouerwunnen syn. Kompt he auer vhor vnd bekennet,
fo schal me ohne syne dingdage holden. [1]

12 Wue schuldt fordern will vp de dodenn haudth, secht
LXI. 299 dejenne de syck des dodan gudes vnderwündelh, syn
fründth sy ohne nichtes plichtich gewesen do he starff,
vnd büth he dath tho beholdende mit synem eyda, den
eydt schal de andere nehmen: so he der schuldt
keinen vollstendigen bewiß hefft, so en gilt he ohne
vhor den doden nicht. Büth de kleger auer darjegen,
he wil dath beholden mith synem eide, dath ohne syn
fründt de schuldt schüldich bleiff do he starff, den eydt
mach de beklagete nehmen, so he will. Nympt he

III Van anthworde vor rade vnd gerichte.

19 Wue werdth vorgeboden tho jha edder neyn, de
LXI. 24 schal synen anthworden dar de kleger süluen jegenwor-
dig sy, vnd nicht vor edder nha. Sünst in andern
saken mach ein jder dorch synen sülmechtigen
klagen vnd antworden laten.

20 Vmme schuldt mach ein man süluest bekennen vnd vor-
LXI. 23 saken vhor gerichte ahne broicke.

den eidt, so schal he vhor den doden geldem uha erues
rechte, wil auer de beklagete den andern alleine tho den
eyden nicht staden, vnd do beklagete anthwordeth dartho
mith vnwitschop: mach denne de kleger den beklageten
mith twen tögen, fromen, leifwerdigen lüden [2], der
schuld erjunnern, fo en darff he nicht schweren,
so schal de beklagethe de schuldt gelden van dem erue,
fo ferne seck dat erstrecketh. [3] Düth ys nicht
geredeth van schuldt de men forderth mith witschop deß
rades, mith bekantnisse des gerichts edder mith liggende
edder genochsamen leuendigen orkhunden.

Deyth ein man einen broke dar he dem rade geld vmme 13
gift, vnd de bruckhaftige man darvmme vhor den vögeden LXI. 19
einem radtmanne de schuldib gyfft wen he kompt vth
dem rade, de bröckhaftige man weddet dath högeste wedde.

De moderation vnd metynge des högesten wed- 14
des schal syn de helffte, vnd schal vann dem
armen als dem rikenn ahne gnade geforderth
werdenn.

Eyn gilde broder mach den andern vmme schuldt edder 15
broicke wol verklagen vhor synem mester. Mach ohme LXI. 18
dar neyn recht schein, edder wicget ohne de mester ahn
den radt, so mach he synen gildebroder wol vhor dem
rade vorklagen.

Wenn ein man klageth vhor dem rade tho rechter thidt 16
vnd rechtes biddet, vnd mith deß rades willen stahn leidt, LXI. 20
so mach jd ohne nicht schaden tho synem rechte.

Werdt ein frowesnam genoittoget, dath schal he be- 17
schrien jn der daeth vnd darnha althohaudt dath kündi- LXI. 22
gen, wen se van ohme khomen mach.

Vmme euer konst schall me klagen als vmme schuldib 18
vnd nicht anders. LXI. 23

Eyn borger mach setthen syne öluryngen bynnen syne 21
voier wende: deisdh he auer synem naher schaden, he LXI. 26
moidt ohme antworden vor gerichte.

Weß ein man vhor twen ratmannen van rades wegen 22
dartho geschicket bokenneth, des mach he nicht vor- LXI. 27
saken.

1) Im Echteding 1401 folgt noch: vnde de rad wel dat vord holden alze se dar aff gescheden syn. We des nicht
en wette, de late sek de richteheren des berichten. 2) Ausgelassen de besetene borgere sin to Brunswigk.
3) Ausgelassen Hefft auer de dode sin testament gemath vor twen ratmannen, vnde geseelt, dat he nicht edder
nicht schuldich were, dat schal me holden alz der stad Brunswigk recht jnne holt; doch ist dieser Satz weiter-
hin als § 219 aufgenommen.

IV Vann thügen.

23 **W**elk man seck synes tügen berömeth vmme schuld, vnd ohne def mangel wurde, he weddeth dem richte nicht mehr als veier schilling.

24 **N**ein vogedt mach jemandth ouerthügen, eth were denne dath he ohne ouerwönne mith def dynges lif denn.

25 **W**be sick tho der tüchenisse beroipt vhor dem gerichte, he sy bürger edder gast, de schal dath mith twen thügan beschweren lathen.

Wasth de radtmanne thügen, [1] dat scholen se dohn 26 by den eyden de se geschworen hebbenn.

Whe beschildt wadth de raidth tügeth vhor gerichte, 27 de weddeth dem vogede dre punth ahne alle gnade vnd afbroick. [2]

Mith dem sohnemann edder handelern mach me 28 de sohne vnd vordracht bewisen. [3]

V Vann eydenn.

29 **W**hår löde thosammende syn, vnd eyner werdth dar manck gewundeth mith eyner wunden, vnd wil he dartho mehr löde bespreken dan de sakeweldigen, se mögen ohme beth enthgan mith ohres eynes handth dan jdt jenne[4] vp se bringen möge.

30 **W**elck man in eynem suchtbedde vhor guden löden bekenneth, dath he schuldich is, de gelöviger mach beth beholden syne schuld sülffdrüdde, wen dath ohme de ernen der entseggen, se mögen denne ohre verguddene schuldt bethügen.

31 **W**elck man mith düse bespraken werdth vnd vnuorsömet weddergift, de ein besproken man is de moldt thom ersten mhael wol satigann mith synen rechten[5], darnha sülff dardle[6], vnd thom darden mhal mith dem ordel.

32 **W**attberleye gudth[7] ein man ja synen wehren heft, sodann mach he beth ahn synen wehren beholdenn, wen dath ohme solckes ein ander euthweren möge, he spreke düse edder rof ahn, denn nemands mach syn süluest richter syn. Darumme schal he darup klagen vnd des ordels erwachtenn.

33 **N**ein frowe mach nottucht vp jemande schweren, se möge des vulkhomen mit denn schreymannen.

34 **W**alk men vhor twen radtmannen bekenneth edder loueth vmme schuldt, vnd dath de radtmanne beyde bekennen, dath mach men mith nenem eide breken.

35 **W**elck man einen eidt dboen wil[8] vhor gerichte, vnd bekenneeth[9] edder nachmals befunden würde dath de eidth vnrecht were, de schal wedden dath högeste wedde. Whur he auerst vnrecht schwöre, dar

dath bewist würde, scholde me ohme de beyden finger alhawen vnd der stadth ane gnade verwieseth werdenn.

Ein vnberüchtet man mach synen tins de ohm 36 versethen is, mith synem rechten beholdenn mehr dan ohme ein ander mit synem rechtenn enthga.

Werth ein man benöhmet mit vnrechte[10], dath he 37 scholde in volge vnd verde gewesth syn ahn eine vhestinge, he thöt sick vth mith synes eines hanth ahne broicke.

Wadth eruentynsen versethen werdt, den beholdt men 38 beth in dem erue, wen def jemandth entgan möge.

Welk pape by synem lewendigen liue, he sy seck edder 39 sundeh, anthwordeth van syner were rehe edder ander fundeh, dath mach de borger beth beholden mith synem rechten wen dath ohme möge jemandth affwynnen mith synem rechten.

Mith dem mordende des dinges mach eyn man den ander unerwynnen, dat möten se sweren. 40

Whur löde gescheiden werden an crigude, dath mögen 41 thügen frome löde de dar auer sin mith ohrem eyde, so schal jdt stede syn.

Thüth ein man ein schwerdth edder mest, wil he dath 42 mith synem rechten beholden[11] dath he sodann gedhaen hebbe dorch syne echte noidt, so en darf he seine bothe geuenn.

---

1) *Ausgelassen* vor gerichte. 2) *Ausgelassen* vnde met blyuen in des rades mynnen. 3) 1401: mach me ouergan tynen man der zöne. 4) *In der Handschr.* denne. 5) 1401: myt synes eynes hand. 6) 1401: myt seck seneden. 7) 1401: weddeschat. 8) 1401: louet. 9) *Ausgelassen* vor gerichte. 10) 1401: to eynem vnrechten vulste. 11) 1401: sweret he.

VI Van broiken.

43 **W**he vmme schuldth beklageth werth[1] vnd
LXI, 52 der vorsaketh, entgeith he ohme mith tügen edder sy-
nem rechten[2], he en heft wedder dath gerichte nicht
verloren.[3]

44 **W**elck man schleidth dem anderen einen vnscheid-
LXI, 33 lichen orschlach edder dunschlach edder eine wunde
de nicht kamferdich yß, de weddeth dem rade
thein ß[4] vnd dem sakeweldigen tein ß[5].

45 **E**in man mach synen hals vorwerckenn vnd syner eruen
LXI, 54 anwardinghe nicht.

46 **D**at hogeste wedde ßo men dem vogede weddeth yß ßo-
LXI, 36 stieb ß, dath ringeste veier ß.

47 **W**he thut ein schwerdth effte ein mest, dath iß deß
LXI, 37 rades[6]. Vhor dath mest gilt me dem rade iij ß[7] vnd
vhor dath schwerdth sößs[8] ß.

48 **W**he den andern anferdigeth mith vorsate[9], de schal
LXI, 38 geuen dem rade tein[10] punth nha jnholde deß
echten dinges.

49 **W**he synen meß vp der strathen lenger liggen ledth
LXI, 59 als dre dage, de schal dem rade viß schillinghe geuen.

50 **W**he befunden wörde, dath he syne schwyne mith bloido
LXI, 2?2 mestede, syn guth schal stan jan deß rades handth[11].

51 **W**he de strathen mith schwyndrecke vtsuer ma-
LXI, 60 keth, de schall dem rade vyß schillinghe geuen.

52 **W**he wyn vpsticketh sünder orloff des meynen rades,
LXI, 61 edder mith einem gaste masschop darahnn hedde vnd
den vpsteicke une orloff, de schal eyn punth geuen.

53 **W**oene de radth wyn zetteth vnd darbouen deyth, de
LXI, 62 schal eynn punth geuen.

54 **W**he sunder vorloiff einen krancken mynschen
LXI, 43 bringeth vp den nygen spittal vhor der langen brücke,
de schal tein ß geuen.

---

55 **W**elcker vnser borger kuifft korne vp dem marckede
mith eines gastes pennige, de schal v pundt geuen. Koifft LXI, 64
ein gast hir korn vp dem marckede, de gifft ock v punt.

56 **W**hur den vögeden[12] neyne klage en schüth,
daraff werdth ohne ock neyne bothe. LXI. 65

57 **W**elck wedde de vogedth vorßümeth jhar vnnd dach,
deß mach he Vick nicht erbalenn. LXI. 66

58 **W**elck man spricki dem andern ahn syne echre vnd
deß nicht volkomen kan, de weddeth dath hogeste wedde. LXI. 67

59 **W**erdth ein man doidt geschlagen jn einem gerichte
dar he nicht wohnhofftigh iß, edder vorwundeth dath LXI. 68
ohme dragendes noidth yß, syne fründe mögen ohne wol
bringen ahn syne herberge ßunder broike, efft dath ge-
schüdth bynnen der stadth edder der stadth vehewoyde
effte landtwehre; dat schadeth neimande an synem
rechte, ßo men den vogedth nicht hebben kan.

60 **W**er van twen eruen edder mear ein maketh hir jn
der stadth[12] ane wetten vnd volborth deß ge- LXI. 69
meynen rades, de schal teyn margk geuen.

61 **N**eyn gast schal molth maken jnn der stadth:
jn welß hube anerst dath schüth, de jenne dem LXI. 70
dath huß iß, schal dem rade vhor jüwelcke molthe
ein punth geuen.

62 **W**elck borger einem gaste molth maket van synem
garsten edder gelde tho kope, de gift van jüwelker LXI. 71
molthe ein pundth.

63 **W**elcker borger edder borgerschoe hyr vth
der stadth en redth dede, daruan dem rade vnd LXI. 72
der stadth schaden khomen möchte, de schal dem rade LXII. 3
x marg geuen.

64 **D**ede he onerst eynen vngeborlicken angrep,
scholde ahn dem halse gestraffeth werden.

VII Van bouethe vnnde vpholdende.

65 **W**elck man dem andern schüldich iß, he mach ohne
LXI, 74 wol mith wetten des rades[14] vpholden[15], solange

he ohme gelde edder rechts plege, vnd darf dath dem
vogede nicht vorbothen.

---

1) 1401: welk man dem anderen schuldich is.   2) 1401: synem syde.   3) Ausgelassen wen dat golt allene.
4) 1401: dem vogeda iij sol.   5) 1401: xj sol. efft he eyn gud man is.   6) 1401: des vogedes.   7) 1401:
viß schillinge.   8) 1401: teyne. Ausgelassen Dar ne heft de voght nicht mer an noch vord vp to claghene.
9) 1401: vorrade.   10) 1401: viß.   11) Ausgelassen woute yd is wedder de ee.   12) 1401: dem voghede.
13) 1401: in der Oldenstud.   14) 1401: mit synen borgheren.   15) Ausgelassen offt he des richters nycht
hebben en much to der tijd.

66 **W**he besathet werdth mith gerichte, den mach de vo-
LXI. 10 gedt edder de radth nicht leddich laten ahne deß
sakewoldigen willenn.

67 **E**ynes gastes korn dath jn krieges noiden gebracht
LXI. 77 iß jn de stadth vnd vpgegoten, dath schal nemandth be-
setten sünder wetten deß rades.

68 **E**yn vnser borger mach den andern vnsen borger wol
LXI. 78 vpholden vmme schuldt ane gerichte, he woldt ouerst
schweren, dath he jd darvmme dho, dath syn schül-
dener vorflüchtigh sy edder jn korth wil vor-
flüchtich werden, dath he des eine genoich-
same vordechtnisse hebbe wedder synen schül-
dener, edder so he nicht wil schweren, so
mach he deß eine themelicke bewießinge doen[3].

69 **N**eines mannes sohne mach me beschüldigen[2] vmme
LXI. 80

Une den de vader geloueth hefft[2], he hebbe ohne denne
mede geloueth.

Dewile dath doppelspel jm echten dinge vor- 70
boden werdth, so schal ock neine klage darop LXI. 81
thogelathen sünder aferkanth werden.

Neines mannes wiff noch kindth mach me beschüldi- 71
gen[4] vmme schuldt so de man schüldich yß, dewiele he LXI. 82
leuet, se hebben denne geloueth.

Deyth ein man[5] gudth jn bewaringe deme he schül- 72
digh iß, van de syner schuldth nicht enberen wil, so LXI. 83
mach he so dan gudth mith dem gerichte by syck
bestellen vnde vpbeden lathen, vnd nha der stadt rechte
mede dhoin. We alse darby nicht doit, de schal dath
wedder anthwordenn.

73 **W**elck man dem andern mith vorsathe syn huß
LXI. 84 vpstötte edder einen darjnne schloige edder ge-
waldt darjnne dede, vnd also den husfrede bricketh,
de heft tho rechte synen hals verlorenn.

74 **W**elck kopman komt jn de stath mit synem gude, de
LXI. 85 schal hebben geliken frede als eyn borger, aner synen
rechten tollen schal he geuen.

Whe in einem mededen huse wohnet, vnde 75
waldt darjnne schüth, dem medelinghe schal de waldt LXI. 86
gebeterth werden vnd nicht dem dath huß eigen
hördth.

Welck man tho Brunschwigh borger iß jar vnd dagh 76
sünder ansproke, den mach nemandth forderen. LXI. 87

77 **W**he einen man erwernedth bynnen wickbelde edder
LXI. 90 bynnen der muren vhor gerichte vhor syn geld, he moith
ohne wol bringen ahn syne wehre, wenthe he ohne gelde:
dormede heft he noch wedde edder bothe vorschüldeth
ahn neinem gerichte. He schal ohne sodane spike geuen
als synem gesyude. Enthgeit he ohne an synen danck,
whe ohne darnha erst begript vmme syn geld, de moith
ohne woll vhor gerichte bringen vnd erwernen ohne
mith rechte vnud holdenn ohne als de erste dede.

73 **W**elck man heft ernegudth tho wedderschatte edder
LXI. 91 tho pande, dath schal he holden souen weken dar-
nha wen dath vpgeboden iß. Ander bewechlick
gudth[6] schal men holden verthein macht.

79 **W**elck man von den vögeden edder van dem rade
LXI. 92 vorwunnen werdth, deith de sülnige den vorflucht, jn

welck huß he komt dar folgt me ohne jnn sünder bröke.
Hinderth dat auer de werdth, he iß lyke schüldigh.

Eyn pandth dath eyn man erwerneth mith rechte, he 80
sy borger edder gast, dath schal de volgedth eigen sin- LXI. 83
der gifte.

Ahn eynes mannes erue schal me nhemandes wath 81
eigen wen syne pennige. Dem jdt geeigenth iß de mach LXI. 94
jdt wol vorkopen edder beholden, So dat ohne vam
rade gewerdigeth iß. He schal auer jennem dem dath erue
gehörth heft geuen wath ome werth bouen synen penning.

Eynem vorhesteden manne schal nemant volgen jn de 82
wehre, he do denn dath mith gebhurlickem rechte[7]. LXI. 95

Werdth eyn erue vorfolgeth vhor gerichte vnme 83
schuldth, dem syndt de fründe negest jm kope, so se LXI. 96
willenn.

1) 1401: dat he yd ße dorch angst syner schult, offt de schuldener des uycht wol vmberen also langhe went he
dat richte hebbe moghe. 2) 1401: vpholden. 3) _Ausgelassen_ de wyle de vader leuet. 4) 1401: vp-
holden. 5) _man fehlt_. 6) 1401: Anderes weddeschat dar neyn weker vp en geyt, dat men bringhen mach
van eyner woro in de anderen 7) 1401: he ue wynne one eer vt myt gerichte, myt dem voghede vnde myt
dem rade.

X. Van der vhestinge.

84 **W**elck man mith rechte voruesteth wert, de mach vth
LXI. 97 der vhestinge nicht komena dan mith des sakeweldi-
gen, des gerichts vnd rades willen, vnd by nuen
der tidth Po iß he sunder recht.

85 **W**erdth ein man voruesteth to Brunßwig, betterth he
vgl. dem sakeweldigen vnd der stadth de vhestinge, Po
LXI. 98 schal he vhor dem vuderrichte vth der vhestinge
gelőset werden ¹.

Men mach neymande voruesten, de vhestinghe sy 86
denne van dem gemeinen rade vorlathen, vnd LXI. 99
der syn denne twey raidtmanne ouer. Den vorueste-
den schrifft men in dath boik. Dar mach he nicht uth-
komen, jdth sy denne des rades wille.

Welck knabe handtruweth eine mageth sőnder der 87
frűnde willen, den mach me voruhestenn. LXI. 100

XI. Van ansprake eins perdes vnd anderer gűdere.

88 **V**nder welkerem manne werdth eyn perdt angespro-
LXI. 102 ken jn dem wickbelde, mach he synen werßman nicht
hebben, he schal schweren, dath he nicht en wethte noch
syne vthfarth edder jnfarth noch synen nahmen, offt he
eyn vnbesproken man is.

89 **V**nder welkerom manne werdth ein perdth angespro-
LXI. 103 ken, thut he vp synen werßmann, he schal eth holden
de ersten verteinnacht. Iß de beklagede vnbeseten,
he schal borgen Petten dath he dath perdth edder
deß perdes whergeld vhorbringen wille. Werdth jdth
denne nicht geendigeth, Po schal jd holden dejenne so
darup spricket de anderen vertheinnacht. Werdth jd
denne nicht geendigeth, Po holde jd echt de erste vnd
jenne wedder so lange dath xöß weken vmme khomenn.
Is he ein vnbesproken man, vnd mangelt ohme syn
werßman, he schal wedden den vőgeden söstich schil-

ling vnd drey schorf, vnde dem manne xxx schilling
to boite ². Iß he auer ein besproken man, vnde syn
werßman feileth ohme, jdt geith őme an synen hals.
Bringeth auer de werßman noch einen andern warn,
Po schal jdt de werßman holden als id de ander ware
geholden hefft ander soß weken, de drűdde also,² wenthe
dath sick xvuj weken 'endigen. Wath veir vőthe hefft,
dath heft dath Pűinige recht.

Wadth gudes ein man anspricket, dath schal he doin 90
mith gerichte jn de gemene hand wenthe vor dath ge- LXI. 104
richte dath jdt dar geendigeth werde. Kan he synen
werßman nicht hebben, he schal schweren, dath he sy-
nes huses vnd hofes nicht en wethte noch synen nahmen,
vnd geue dath gut wodder, edder bringe synen werß-
man jn soss weeken.

XII. Van deuen, dőfe vnd roue.

91 **W**elck deiff begreppen werth dages edder nachtes, dath
LXI. 105 schal me doin mith geröchte, vnd schal ohne ⁴ mith der
der schuigen huse der he sock vndernhomenn heft dem
richter thobringen⁵ vnd ohne darmith auerwynnen
mith synes eynes handth.

92 **W**he den andern beroueth heft, de beroude mach
LXI. 106 ohne fredelos leggen vnd auerwynnen edder mith
handtaftiger daet angripen.

93 **W**elck vordűfet gudt dath gerichte vphőlt, komt de
LXI. 107

sakeweldige nha, dath gerichte behőlt den dridden pen-
nig. blift de sakeweldige vthe, dat gerichte behőldt
jdt alle.

Whe einem schroeder bringeth wand dar he ohme kloy- 94
der van schniden schal, vorkoift edder vorsetieth de schni- LXI. 108
der dath wandt, deme dat wandt iß de schal jd ime syck
them mith synem rechte⁶ ohne broicke, vnd men schal
den schnider voruestenn.

---

1) 1401: wel ome dat richte na wesen. he gifft ome to dem ncysten sestich schillinghe vnde vntgeyt darmede dem
richte. Ne wel dat richte nycht, de man bliift doch in der stad hy synem rechte. 2) 1401 folgt hier vnde
dre scherff. 3) In der Hschr. als. 4) Ausgelassen myt gerochte vnd. 5) Ausgelassen de schal ome vppe
den rueghe gebruoden wesen. 6) 1401: vppe den hilleghen.

XIII Van weringe perdekoips vnnd anders gudes.

95 **W**elck man koifft ein perdth, de ander schal ohne we-
LXI. 109 ren vhor vnrechter ansprake, dat jd nicht stedigh,
stairblindth,[1] höuetseick edder hardtflegigh sy, veir
weken na dem koipe.

96 **W**he jn der molen koifft mehl edder klien, vnd des
de werdt vnd werdynne nicht geweren wil, dath jd düfe. LXI. 111

97 **W**he eyn erue vorkoifft, de schal deß veren. Will jdt
de raidth gelden, dath mach he dhein. LXI. 112

XIV Van erue vnnd delinge.

98 **W**elck man syn kindth vtgifft mith gude, wil denne
LXI. 113 dath kindth nha syner olderenn dode fordern an dath
ander gudth, jd schall dath erste gudt wedder tho deile
bringen vnd nehmen denne liken deill.

99 **N**eines mannes kyndth mach synen vader thor delinge
LXI. 115 dwingen, dewile de vader leueth.

100 **W**enn vader vnd moder syn gestoruen, vnd der kyn-
LXI. 116 der eyn ein deil beraden vnd ein deill noch vnberaden:
welcker wil tho deile gan, de schal jnbringen dath he heft
vpgebörth. He schal thoubrn wilkörn, wer he wil tho
deile ghan edder nicht: wil he tho deile gan vp euenthr,
dat is to gewyn vnd vorlust, dath schal he vor-
101 borgen, willen de andern des nicht entheren.[2] De schuldth
LXI. 117 gilt me vhor den doden van dem redesten gude, bescholdt-
lichen van fharender haue, darnha van erue, darna van
102 hergewede, offt der schuldth so uele yß. De liues lehens
eruen schullen vth den jharliken renten vnd tin-
sen ohrer eldern schuldth bethalen, auer broder
vnd vedderen doruen ohrer vorstoruen broder
vnd vedderen schuldth van dem lehenguds dath
an se gefallen nicht bethalen. Dath daruner blifft,
dath schullen se like deilen süster vnd bröder, sunder
lehengudt: darnha treden de süster nicht, eth sy dne
denne geloueth eilder se hebben ohr liftucht darnhan.
103 Deß vaders edder der moder buß vnd hoff mo-
gen mehr becrefftigen de söhne alse de doch-
tere, vader den söhnen velemehr de jüngeste
alse de andern. So dar neyne sohne syn, so
is de jüngeste dochter de negeste dartho. Ko-
nen se nicht de werderinghe ouerein komen,
104 ßo schall dath de radth schatten. Heft auer
LXI. 119 ein man synem kinde geuen lehengudt vor benömet geldt,
darjegen gan de süstere lyke den broidernn tho deile.
Leth eyn man synem sohne in synen lchenschen weren

lehengudth vor vnbenohmeth gudth: wil he tho deile gahn,
dath schal he deilen mit synen broidern vnd nicht mith
den süstern. Gifft de vader lehengudt vnde fharende 105
haue einem kinde: wen se tho deile ghan, ßo schal he LXI. 118
dath lehengudth deilen mith den brüderen, de varende
haue mith den süsteren vnd brüderen.

106 **D**e frowe derff noch kleyder edder clenodia tho deile
hryogen. LXI. 120

Welch jungfrowe edder magedt wedder den willen 107
ohrer olderen enthfeirth werdt, de heft ahn der ol- LXI. 135
deren erue nicht tho warende, vnd men schal ohne vgl. s 67
folgen mit einer vhestinge.

Papen, mönnicke, nonnen, de syck thor whar- 108
heit deß götlichenn wordes opentlick bekennen,
de scholen hir lyke den anderen erue nehmenn,
ock dartho gestadet werden. Deß geliken schal
men ock erue van ohne nehmen, doich tho dem
erue dath sich hefft begeuen nha der tidth vn-
ser bewilligeden christlichen vpgerichtedenn or-
dinantien. Syndt ouerst ohre elderen edder
blothfründe vhor den angenohmen ordinantien
gestoruen, ßo schal eth darmede de gestaldth
hebben: wo se jn testamenten ohrer elderen ed-
der fründen nicht thomelick bedacht syn, edder
ohr darjnne gar nicht gedacht jß worden, edder
dar kein testamenth jß vorhanden, ßo schal me
ohne tho behoeff vnd vnderholdinge eines ehr-
licken leuendes vnd der eelickenn ytbstür ein
thomeliches nach ohrer gelegenheitt vnd nha
vormoge ohrer eldern vnd ohrer fründe nachge-
laten gødera thokeren vnd folgen lathen. Dath
schal ock de radth tho erkennende hebben. Eth
schal ock mith ohrer eelicken huesfrowen vnd
kinderen, dewile ohr ehestandth nha goddes wor-

---

1) *Ausgelassen* vnde varechtes vnevnghes. 2) *Ausgelassen* offt ome bere te korende, dat he dat do te dem drit-
tigesten, is he bynnen landes, dar vp rekenet se vnde brynghet in vppe wyn vnde vppo vorlust.

de recht vnd thogelathen werdt, jnn allen saken
vha vermoge des stadtrechtes vnd echtedinges als
mith andern vnsen borgern vnd borgerschen ge-
holden werden.

Nachdem jn erffellen manniggerleye recht vnd
gebruck, dar ock vele vngewisses medc vnder-
loipt, ock allerleye wahn vnd opiniou vorhanden,
vnd hir dûsses ordes der gebruck nicht gewisse,
daruth denne merkliche beschweringe erfolgen,
so schal dat vp nachfolgende gewiße wiese, war
kein testament vorhanden, darmede ło ge-
holden werden.

Wen kinder vnd afstigende eruen dar syn.
109 **W**enn kein testamenth vorbanden iß, ło syndt
de eelicken kynder ohres vaders vnd moders ne-
geste eruen. Syndt ock etliche kinder vhor dem
vader edder der moder vorstoruen, ło treden
tho des grolevaders vnd grotemoder erue kin-
deskinder jn de stede ohres vaders vnd orer
moder. Doich mögen se nicht mehr forderen
denne als ohr vader vnd ohr moder gefordert
hedde, who de im leuende weren.
Wen allene eldern vnd vpstigende eruen dar sin.
110 **W**en jemandes sterueth ane kinder vnd aff-
stigende eruen, ock ahne bröder vnd suster van
fuller geborth, vnd ock ahne vorstoruen fuller
bröder vnd süster kinder, vnd leth nha syck
syne elderen, als nemlick vader vnd moder: ło
nehmen de tho likem deile ohres kindes erue.
Eth yß ock de vader edder de moider tho oh-
res kindes erue neger dan de grotheuader edder
de grotemoder. Iß auer de moder vhor vor-
storuen, ło iß de vader neger tho synes kindes
erue den de grotheuader vnd de grothemoder.
Iß auer de vader vhor vorstoruen vnd de moider
im leuende, ło iß ße neger tho ohres kindes erue
dan de grotheuader vnd de grothemoder. Vnd
wen also elderen syndt nicht jn einem grade, ło
werden de negesten vorgethogen, als vader vnd
moder vhor dem grotheuader vnd grothemoider,
vnd so vordthan. Vnd de jn einem grade syn,
de scholen dath erue also delen, dath de elde-
renn van deß vader wegen, dar ßin ein edder
mehr personen, scholen nehmen de helffte, vnd

de andern gelick besibden elderen van der mo-
der wegen de anderen helffte, der personen syn
ock ein edder mehr, ahne alle vnderscheidinghe
der gûder, se syn eruoruen edder wur ße ock
syn hergekhomen. Als nemlick wen vader vnd
moder dodth weren, vnd dath denne wehren im
leuende de grotheuader van vaders wegen vnd
de grotheuader vnd grotemoder van der moder
wegen, ło nimpt de grotheuader van vaders we-
gen de helffte van dem nhagelathen gude synes
kindeskindes, vnd de groteuader vnd de grothe-
moder van der moder wegen nehmen de andern
helffte. Leuede ock de grotemoder van vaders
wegen, so neme de mith dem grotheuader van
vaders wegen ohrem manne de helffte.

Wen allene eldern vnd eruen van sidthaluen
vorhanden sin.
Wen jemandts sterueth ane kinder vnd liues 111
eruen, vnd leth nha sick süster vnd broder van
fuller borth vnd vhorvorstoruen fulsüster edder
broder kinder: de nehmen dath erue mith deß
vorstoruen negesten vpstigende eruen tho likem
dele, ein so vele als de andere. Doich nehmen
de vorstoruen fuller süster vnd broder kinder
nicht mehr dan so vele ohr vader edder moder
genohmen hedden, wen de im leuende wehrann.
Sterueth jemandt ahne kinder vnd liues eruen, 112
ock ahne vader vnd moder, vnd leth nha ßick
grotheuader vnd grothemoder vnd synen broder
edder süster van fuller geborth, edder synes vor-
storuen fullen broder edder süster kinder: de syn
tho dem nagelathen gude lyke nha vnd deilen
dath ock tho likem dele. Doich nehmen des ful-
len broders edder süster kinder nicht mehr dan
als ohr vader edder moider, wen de im leuende
wehren, genohmen hedden.
Wen nhw de vorstoruen nhalethe synen grothe- 113
uader vnd synes vorstoruen fullen broders ßöß
kinder, ło nympt de groteuader dath halue gudth,
vnd de berorden ßöß broder kinder de anderen
helffte deß gudes.
Sterueth ock jemandth ane kinder vnd afsti- 114
gende eruen, ock ahne vader vnd moider, vnd
leth nha ßick broder vnd süster van fuller ge-
borth vnd synen grotheuader edder grothemoder,
edder whur de nicht weren synen elderuader

edder eldermoder: fo nehmen se dath nhage-
lathen erue tho likem deile. Begene eick ock,
dath jm lenende weren de grotheuader van va-
dersbaluen vnd de grotheuader vnd grothemoder
van moider wegen vnd twey deß vorstoruen bro-
der van fuller geborth: fo scholen de viff per-
sonen dath nhagelathen erue tho lyke deilen vnd
ein jder person nha synem höuede syn andeil
nehmen. Wen nhw dar wehren deß vorstoruen
grotheuader vnd grothemoider, vnd des vorstor-
uen fullen broders kinder twey, vnd der vhorvor-
storuen fullen süster sohne, fo werdth dath erue
gedeilth jnn voir deile: eynen parth nymp¦ de
grothouader, vnd den andern parth de grotemo-
der, vnd der süster sohne den anderen deil, vnd
des vhorvorstoruen broder beyden kinder den
veirden parth. Vnd schollen also van siedthal-
uen neyne mehr mith deß vorstoruenn eldern
vnd vpstigenden eruen denne allene deß vorstor-
uen broder vnd süster van fuller geborth vnd
orer vorvorstoruen fuller süster vnnd broder
kinder thogelathen werdenn.

Wen allene eruen van sidthaluen dar syn.

115 Wen de verstoruen keyne af noch vpstigende
eruen nha fick ledt, fo yß ein broder edder sü-
ster van fuller gebborth tho des broder edder
süster erue noger dan de halfbroder edder half-
süster. Fullen broders vnd fullen süster kynder
schüllen, als dath hir geholden werdth, mith deß
vorstoruenn halfbroder edder halfsüster tho ly-
ker deylinge ghan.

116 Ledth auer jemandt nha fick twierleye halfbro-
der edder haluesüster, dar keyne fulle brodere
edder süstere vorhanden syn, als nemmelicken
eynen halfbroder edder mehr allene vaders hal-
uen, vnd ock eynen broder edder süster echte
mehr allene van vaders wegen: de deylen syn
nhagelathen gudt dath he süluest erworuen heft
tho lykem deyle. Hefft he ouerst gudt dath
van eynem vader edder synes vaders linien hal-
uen hergekhomen, dath nehmen syne haluen bro-
der vnd süster van vaders wegen allene tho ly-
kem deyle. Hefft he ouerst ethlick gudth nha
syck gelaten dath van syner moder edder ohrer
linien haluen ahne ohme gekhomen, dath neh-

men syne haluen broder vnd süster van moder
wegen alleyne tho lykem deile. Is ock nicht
mehr als ein halfbroder edder ein süster dar, de
nimpth dath alleyne.

Broder edder süster kinder mogen to deile gan 117
tho ohres vaders vnd ohrer moder broder vnd
süster gude, dar de ane lynes eruen vorstoruen
weren, mith ohres vaders edder moider broidern
vnd süstoren tho gelikem dele. Doich mögen de
süster vnd bröder kynder nicht mehr fordern, wha
vele ohrer syn, dan als ohra vader edder ohre
moder hedden geforderth, wenn de im leuende
weren.

Deß vorstoruen broder edder süster kynder 118
findt tho synem nhagelathen noger als syns va-
ders broder vnd syner vader süster, ock syner
moder broder vnd syner moder süster.

Storueth frowe edder man ahne lines eruen, ock 119
ahne elderen, vnd heft ock neyne leuendige bro-
der edder süster, fünder broder edder süster
kinder: de sóluigen broder edder süster kinder
sindt tho synem nhagelathen gude lyke nha, vnd
dath nhagelathen gudth schal nha den höueden
vthgedeylet werdenn.

Storueth auer frowe edder man ane eldern vnd 120
lynes eruen, ahne broder vnd süster, ock ahne
broder vnd süster kinder: fo trith nein kindth
mehr jn de stede synes vaders edder syner mo-
der. Wer denne de negeste im grade der sybde
iß, de sóluige nympt syn guth allene. Syndt ock
mehr personen als eyne in eynem grade, de
syndt lyke nha, vnd fo schal nicht mehr stede
hebben noch angesein worden de fulle edder
halue borth ruder den sydthaluen eruen, se sti-
gen den vp edder aff in der sydthaluen linien.
Als nemelicken wen jemandes storue ahne kin-
der vnd eldern, vnd also ahne aff vnd vpstigende
eruen, ock ahne broder vnd süster, ledth ock
nicht na fick broder edder süster kinder, sün-
der syns vader halfbroder vnd syns vaders bro-
der van fuller geborth: de schüllen dath nhage-
lathen erue tho lyke nehmen vnd delem. Der
geliken schal dath ock in geliken edder andern
fellen wo vorberörth geholden werdenn.

39*

Nafolgende sette sind na der stadt gelegen-
heith gestelleth.

121 **W**enn eyn borger ahne testamenth vorsterueth,
vnd dar ock neyne bewißlicke eestichtinge vor-
handen, so schal syne nagelathen weddewe öhr
bewißlicke jngebrachte gudt, wadt ohr jn der
brudtaffeln gegeuen vnd ohr frowengerede tho
sick nehmen. Vnd syndt denue ohrer vnd ores
mannes kinder ouer veir in der thale dar vor-
handen, so schal se dartho mit öhren kindern
tho dele ghan vnd kindes deil nemen. Weren
auer der kinder vnder veir, so schal se den veif-
ten deil deß nhagelathen gudes nemen vnd dar-
mede van dem gude afgescheiden syn. Who
auerst de man keyne kinder, ock keyn testa-
menth worde nha sick laten, dar ock keine be-
wißlicke ehestichtinge vorhanden, ßo mach de
frowe dath halue gudt, vnd des mannes negesten
bloituorwandten frûnde de andern helfte des gu-
des nemen. Vnd schollen ock tho lykem deile
des vorstoruen mannes schûlde betbalenn.

122 **S**torue ock de man vnd lethe nha seck van
einer, twier edder mehr frowen kinder, ßo schal
de lateste frowe nehmen ohren brudtschath, wath
ohr in der brudtaffeln gegeuen vnd ohr frowen-
gerede, vnd ßo der kinder ouer veier weren, so
ginge se mith ohne tho kindes deile, vnd de
süluigen kinder van allen frowen, ßo de vader
ahne testamenth vorstoruen, deilen ohres vaders
gûder tho lykem deile.

Dewile ouerst hir vnd an andern örden wan-
bordige natûrlicke kinder befunden werden, vnd
sick derhaluen allerleye ertfelle thodragen, so
schal eth nach volgender wieße darmit gehol-
denn werdenn.

123 **A**lle kinder de jn vnd vth dem eebroeke, ock

XV Van dem hergewede.

126 **W**elck man ein hergewede haft, is he dar jegenwordich
LXI, 127 de jd hebben schal, men schal jd ohme aathwerden. Is
he bynnen landes nicht, so schal me dath doin jn de
gemene bandth jhar vnd dagh: ßo he nicht en kompt,
so schal dath de vogedt hebben, sûnder dath harnisch

van bloith edder vorwandten frûnden geboren
werden, mogen keyn erue forderna.

Wen wanbordighe natûrlicke kinder synd vor- 124
handen, vnd ohre vedere keine ehelicke kinder
vnd ehelicke husfrowenn nha syck laten, ßo schal
dat darmede nha jnholde der key° rechte jn
aucten. Licet. c. De natu. libe. geholden werden.

De moder yß neger tho ores wanbordigen kyn- 125
des nagelaten gude dan de vader. Darvmme so
nympt ock solck natûrlick kindth syner moder
erue.

Wenn de moder gelick ehelicke kynder naleth, 126
ßo geyt ohr natûrlicke kindth mit den ahn oh-
rem gude tho lyker delinghe.

Ein wanbordigh edder natûrlick kyndth kan nicht 127
fordern dath erue synes vaders noch jenniger
frûnde des vaders. Vnde ock weddervmme de
vader vnd des vaders frûnde mogen deß natûr-
licken kindes eruen nicht syn. Eth kan ock ein
natûrlick sûster edder broder nicht ein erue we-
sen syns broders edder sûster de jm eelichen
stande syn geboren. Sind afer wanbordige ed-
der natûrlicke kinder van eyner moder geboren,
so beeruet einer den andern, vnd des vaders
frûnde werden daruth geschloten. Syn se auer
van eynem vader vnd van tween môderen, so
bearueth ock eyn dath ander nicht. Wen ein
wanbordigh edder natûrlich kindth sterueth ane
kinder vnd ledt nha öick syne moder vnd vnehe-
licke brôder vnd sûster van fuller geborth, de
einen vader vnd eyne moder gehat hebben: de
eruen dath nhagelaten gudth tho lykem dele.
Sindth auer dar vorhanden de moder vnde deß
wanbordigen vorstoruen halfbroder edder sûster
van vaders wegen, ßo nympt de moder dath
gudth alleine.

vnd de wehre feldt dem rade[1]. Mith denjennen
so dath herwede bûtten fordern, schal dath mith
dem harnische vnd der wehre ock so geholden
werdenn.

Whur besterueth herwede[2] byunen der muren, dar heb- 129

1) 1401: sunder harnisch dat werd den eruen, de stad mede to hodene.   2) 1401: rode edder hemede.

LXI, 128 ben de voigede neyn recht anne. Szo men dath
134 gift butten der stadth, daruan schal me geuen den
vogeden den derden penningk[1].

130 **Whur** ein man sterueth, de eldeste sohne nimpt
dath hergewede vth dem gemenen gude.

131 **Eyn** iathe effte eigen mach nicht nemen hergewede[2] hir
LXI, 130 in der stadth.

132 **Tho** dem hergewede borth[3]

LXI, 271 dath beste perdth, sadel, thom, sieuele, schwerdth
vgl. XVII vnd wath dartho horth, allerleye harnisch tho ei-
nes mannes liue, dat syn waß do he starff, syne
besten kleider — whur ouers eyn lang rock vnd
ein langh hoycke tho beyden deilen syn vorhan-
den, dar schal me nehmen ein stücke, nömlick
dath beste — dath beste wammes vnd hosen, eyn
pare scho, syn beste höuethgewandth, eyn par
lynen kleider, eyn par laken[4], eyne dischdwelen, ein
xvu. 5 höuethkössen, eine decken effte kolthen de ein
man dagelickes vp synem bedde hefft, synen besten de-
gen effte schedemest mith der taschken vnd gordel,
eyn schwerdt edder rüttingk, eine exe effte biel,
ein speidt, ein kettel dar men mith eynem sporen
intreden kan[5], ein kettelbake, ein halfscheppelsack.

LXI, 121 Wadth dar nicht yß dath dar me nicht geuen.

Van dössen vorgeschreuen bergewede schal me 183
geuen dath beste, vnd dath mögen forderen de-
jenne ßo dath thein scholen.

Bringeth jemandth jennigh ding by witliken edder 134
vnwitliken, dath tho dem hergewede horth, dath schal he LXI. 172
weddergeuen edder by geschwornem eide so gudth
dath gewesen erstaden[6].

Whur ock ein man sterueth de van dem rade 185
vp eine bössen tho holdende ghesadt ys, vnd
nenen schwerdtmagen nhaleth de hergewede for-
dern mach, de bösse schal by dem rade deß wick-
beldes dar ßodans fellt vnd der stadth bliuenn.

Woferne men bulten de stadt dat herge-
wede folgen ledt.

Hergewede mogen fordern dejenne ßo hir woh- 186
nen im lande tho Brunschwig dath tho Wulfen-
büttel thohordt, ouerst nicht ouer de Fusen.
De van Czelle vunde de in de vogedie tho Czelle
horen mogen hir ock hergewede fordern. Deß-
geliken de van Helmstede: van dene mach so-
dans ock geforderth werden. Actum anno vef-
teinhundert vnd negen vnd souentich ahm daghe 1479
sancti Galli. Oct. 16

LXI, 367 : **XVI** Van frowenngerede.

137 **Tho** dem frowengerede horth de beste koste, dath beste
bedde mith allem gerede: als eyn par laken, eyn höueth-
poel, ein decke vnd wadth dartho horth, vnd dath kinder-
beddestuch dath se gebracht hefft vnd dath nicht
andern löden deß geschlechta gehordt[7], ein tafel-
laken, eine hylanddwele, ein dwele, ohr geschmide vnd
alle ohr wiflicke kleider, ohre handtruwe vnd alle de fin-

gern de ohr weren, zalter vnd alle boiker de tho goddes
denste hören, dar de frowen plegen jnne tho lesende,
lihn, flas, lylnengarn, lynnewandth dath ße ßuluen ge-
arbeidelh vnd bereden laten hefft jm ohr huss. Vnd
dath frowengerede hefft nehmendth tho forde-
rende dann de frowe allcine, vnd sünst neman-
des mehr.

XVII Van koipe, bethalynge vnnd lohn.

138 **Eyn** man moidth wol shluer vnd gudt koipen dath vn-
LXI. 140 nerduneth iß jnn synem huse.[8]

139 **Nehmandth** mach treden jn einen vorkop eynes

huses edder erues, eth khome denne dath ßül-
uige erue her van dem groteuader edder grote-
moder effte voreldern. Ock schollen de dath

1) 1401: so is des vogedes dat stucke neyst dem besten. 2) 1401: hergewede noch erue eynes borgers.
3) Die folgenden Bestimmungen sind gegen die entsprechenden von 1401 stark verändert. 4) Aus dem Statute
von 1304 herübergenommen (XVII, 3): twey ataplakene. 5) 1401: dar me mach inne seden eyne scholderen.
6) Ausgelassen nander bote: entsprechend dem Zusatze. 7) 1401: wat darto hord. 8) Ausgelassen nander
weddersprake.

eruen vhor sick beholdenn vnd mach schein van
kindes kindern, broideren vnd süsternn vnd oh-
ren kindern, vnd nicht wider.

140 **W**ath ein man einem gaste gelden schall, kumpt he
LXI. 141 vhor gerichte, he schal ohme gelden hüde vnd morne
wath he bekenth edder wath ohme dar werdth
thogefundenn.

141 **S**terueth ein man hynnen der tidth dath syn vader edder
LXI. 142 syn moder leueth: blift he schüldich, ohrer nein derff
vhor ohme gelden. Heft he auer fünderlick gudt, dath
schal me vhor ohme gelden.

142 **W**he ein huß vorkoifft dar ein olwringhe ynne steich,
LXI. 143 de horth tho dem huse nicht, fe werde denne jm koipe
mede besproken.

143 **N**ein man schal koipen berneholth ju der stadth edder
LXI. 144 anderßwur, dat he wedder vorkoipen wille edder vth-
sende, by einem punde, darto schal he dath holt verlorenn
hebbenn.

144 **W**ath ein man koifft vp dem marckede, vnde loueth
LXI. 140 dath rede tho bethalende: betaldt he jd denne rede
nicht, denne schal me pauden. Heft he nicht pandes ge-
nock, men schal one voruesten.

145 **N**ein vnser borger schal den andern gudes angefelle ed-
LIII. 90 der gedinge dath he in synen lehnsscheu weren vnd
(LXI. 145)
LXII. 24 darahn he de samende handth edder fünstendth
mede vorsamelinge vnd lebeninge hedde, koipen
vnd ahn fick bringen ohne synen willen. Whe dath
dede, dem schal me folgen mith einer vhestinghe.

146 **D**eß sonnauendes vnd middawekens jn der Olden-
LXI. 147 stadth vnd deß dingstages jm Hagenn mach ein man de
der kramer gilde nicht hefft veile hebben vj ß werdth
allerhande kramerye, sünder glasewerck vnd holthwergh.
Isset ock gulick bether, mach vorkopen[1] we de will.[2]

147 **W**elck frowe ohres mannes erue nicht nimpt edder
LXI. 148 vpborth, wil fe dath mit ohrem rechten beholden, de
behalt neyue schuldth vhor den man. Hedde
fe ock ohr gudth manck dem erue, fo gelth fe doich
nicht, fe hebbe denne süluen geloueth. Dath fülue recht
hebben ock de kinder.

148 **D**e frowen scholen ohr jngebrachte gudth vnde
brudtschath, dath sodans jngebracht vnd vpge-

khomen sy, bewisen vnd alßdenne den gelöui-
gern ohres mannes vorghan. Auer ohr fruwen-
gerede, als kleider, clenodia, vnd weß ohr ju der
brudtaffeln gegeuen, mach se bewisen edder mith
ohrem rechten beholdenn. Whur auer de brudt-
schath vnder veßlich gülden were, vnd de per-
sone so geloßhalftich, alßdenne mach se sodans
mith ohrem rechten beholden.

Werdth ein man vorflüchtigh vmme schuldth, edder 149
de sünst nicht bethalen kan, edder sterueth, vnd LXI. 142
dath me syne schuldth nicht gelden mach, vnd wo syne
frowe daruor hedde geloueth: so moth se be-
thalen.[3] Doch schal me ohr lathen ohr dageliche kleidth
vnd so nele beddewandes dath fe vp vnd vnder hefft.[4]

Welck man werth vorfluchtich vmme schuldth, edder 150
sterueth[5], edder deith einen broicke vp syn liff vnd dar- LXI. 149
vmme kompt jn de hechte: syn gudth bynnen der stadth
vnd geldene gudth butten der stadt schal na antale ge-
lick ghan in de communion der gelouiger[6], so ferne
darup geforderth werth, vnd nehmandt schal sick des
fünderlick vadervinden. Auer vorpendeth gudt[7] vor LXI. 150
dem gerichte[8] dath geith voraff.

Welck man auer arbeidede vmme syne schult vhn 151
dem vorflüchtigen manne butten der stadt, weß he dar- LXI. 150
mede erfolgede, dath derff he nicht jn de communien
bringenn.

De rath mach allen tyns gelden vnnd beholden, who ohne 152
ein ander gekroifft heft. LXI. 151

Steidth ein vnser borger ouer einem koipe, kompt de an- 153
der vnd spricht, he wille dar mede an stahn, deß schal LXI. 152
he ohme günnhen. Kompt de derde edder ohrer mehr,
he schal ohne des geliken ock günnhenn.

Vereth ein man dem andern gudth, werdth dath gudth 154
genohmen edder de perde: so ferne he mith dem gude LXI. 154
geforen iß also loueth me ohne vhn anthale edder
wechtale.

Ein frowe derf van ohrem { brudthschatte 155
frowengerede LXI. 155
dath ohr ju der brudt-
taffelen gegeuen
lyffgedinghe

---

1) 1401: gelden. 2) Ausgelassen sunder to inrmarkeden. 3) 1401: vnde wel me syner ffruwen as wesen, me
schal etc. 4) Ausgelassen oßt se de de schult nycht gelouet hefft. 5) Ausgelassen vppo synem hedde.
6) 1401: vor schult. 7) 1401: bekant. 8) 1401: vor dem vogede edder vor dem rade.

vhor ohren man nicht gelden, so hebbe denne geloueth.

156 **D**ewiele ein man yß butten landes an rechter kopenschop,
LXI, 156 vnder dem derff syn wyff noch syn gudth acyn aoidt
liden vmme schuldth. Iß he auerst jhar vnd dach
ouer sehe vnd eyn halff jar ouer landth, ßo
mach syn frowe edder syn gudth angesproken
werdenn.

157 **N**eyn borger schal borcken foiren vth dem lande. Heft
LXI, 157 he borcken, he schal se vorköpen hir jn der stadth. Wne
ock borcken hir jone brochte, de schal he hir jone laten
vnd schal se nicht wedder barnth foiren.

158 **W**hur lüde redeticken koipen, dar dath tho rechte
LXI, 158 bewieseth edder thor witbsschop gestelleth vnd

bekanth worde¹, denne möchte ohrer weyn des koi-
pes wedderkbomenn.²

Welck vnser borger tho borge deyt einem vnsen bor- 159
gers sone edder dochter kindern, dewile de syn jn LXI, 159
ohrer eldern koist, mehr dan ohr kleider werdth, dath
darff he nicht geldenn, men schal ohne ock nicht dar-
vmne spannen.

Whe dem andern schuldigh iß de schall betalen mit sy- 160
nem redesten gude, hy schwornem eyde. LXI, 160

Whe liffgeding koipen wil de schal dath van dem rade 161
koipen, ein radt vorwillige denne sodans anderß- LXI, 161
wur tho kopende. Whe dath anders helde de scholde LXII, 167
dem rade teyn marg geuen nha lude des echten dinges.

XVIII Van tinsen vnd tyußes gerechticheit.

162 **W**hur eyn man hefft eruentinß an eynem huse edder
LXI, 164 erue, deß erues mach he nicht vorkoipen sünder me-
dewettenth deßjennen dem de eruetynß iß³. Wil
jenne de den erntynß heft den tins vorkoipen, deß dath
erue hörtt iß neger den tyns tho geldende wen ein ander.
Sodan erue vnd alle tinse⁴ schal me vplaten vor den
vögeden tho rechter richtethidt dages⁵, dar twey
LXII, 5 raidthmanne by syn, idt heft vormöge des echten din-
ges: jd ys anders nicht bündich, sünder de erue de
menn vorgifft jn testamente edder sachtbedde vhor
twen radespersonen van dem borgermester ßünder-
lick dartho geschicketh.

163 **W**elck man heft medegeldt⁶ an einer boden eße
LXI, 163 huse, he moidt vol dar vmme pendenn sünder gerichte.

Welck man gifft eruentins van synem huse, vorbrenth 164
dath huß, vnd wil dejenne ßo mith dem brande LXI, 166
beschedigeth, mit synem rechte beholden⁷,
dath he armodes haluen nicht wedderbuwen edder den
tyns geuen konne, he geith deß afß.

165
Weleker man heft ⎰ eruentinß   LXI, 167
⎱ tynß vhor rade vnd richte vp-
gelathen vnd ingeschreuen
tynß xxx jar rawsam beseten.

blifft dejenne welcker den tinß vthgeuen schal schul-
digh, de den tins daranne hefft beholdth syne
schuldth thouoren an dem erue, so he andern lüden
ock schuldlich wehre.

XIX Van frede vnd banne.

166 **W**eß einem frede werth gewrocht, vnd he darmede ba-
LXI, 166 sydt jhar vnd dagh, dath mach nemandth breken.

167 **W**he ein erue koifft de schal komen vhor dath ge-
LXI, 160 richte⁸ vnd schal sick des laten frede wercken, vnd
schal synen fredepenning geuen⁹.

168 **L**icht ein wyasche beiderßßigh vnd is vornüfftigh,
de mach ßick lnthen dragen vhor gerichte⁸ vnd laten
syn gudth vp.

De radth hefft frede vnd ban vp beider syed deß wathers 169
der korthen vnd langen brügge¹⁰ vp der fordern¹¹haluen LXI, 171
deß spittals.

Frede vnd ban mach me nicht wedderspreken sünder 170
mith forspreken vhor gerichte¹² tho rechter richte- LXI, 172
tiddhages.

Whe frede vnd ban wedderspricht, dem mach schuldt 171
geuen de sakewoldige: ßo moidt de wedderspreker schwe- LXI, 173

---

1) 1401: myt goddes pennighen vnde boerkop.   2) Ausgelassen offt de beerkopesinde des bekennet.   3) Aus-
gelassen: Lustet is ome to geldene vmme den suluen kop alse yd gelden mach, dar is he neger wen eyn ander.
4) 1401: erue.   5) Ausgelassen in dem dinghns.   6) 1401: husgolt.   7) 1401: swerd de werd vppe de bilghen.
8) 1401: vor den voghet.   9) Ausgelassen: Ne wul de voghet des neynen frede werken noch syne ßredepen-
uingbe nemen etc.   10) Ausgelassen: vnde der bröghe.   11) 1401: andern.   12) 1401: vor gehegbedem dinge.

ren, dat he de wedderaprake gedhan hebbe durch angest syner schuldth de he ohme schüldich is, nicht ohme tho schaden.

172 **W**he jnsprake doith bynnen geborliker tidt ja testamente, erue edder tinse, de sülnige schal de jnsprake nha düsser tidth bynnen jhar vnd

dage richtlicken vorfolgen, edder schal der vormeinten jnsprake vorfallen syn. Who ouerst jm testamente thokünfftige felle begrepen syn, wen de sülnigen felle komen, so vnd alsdenne schal de vorgeschreuen jnsprake bynnen jhar vnd daghe vorfolget werden.

XX Vann vormunderen.

173 **W**hur ein sterueth, de eruen bynnen vnd butten dem LXI 174 huse mogen wol mith wetten deß rades dath nhagelathen gudth jm huse beschlöten[1] vnd nha der begraffnisse dath sülnige alle jnuenteren lathen jn bywesende twier radeßheren, edder jn thidt der pestilentie twier anderer lofwerdiger borgere vnd eins geschworen scriuers, alle vam rade sünderlick dartho vorordenth. Sodans mach ock van einem edder mehr eruen geforderth werden. Vnd wenn sodans van eynem edder mehr eruen by dem rade werdth geforderth, so schal alle dath nhagelaten gudth, klein vnd groith, nichts vthgeschloten, verschloten vnd jnuentarie werdenn, vnd wen dath jauentarium beschloten, denne schal dath mith deß rades pitzscher dartho vorordent verseggelth vnd den eruen samptlick thon handen gestalth werden. Who dath ock begerth worde, so schal einem jtlicken eruen ein vorpitschert jnuentarium eins ludes thogestelth werden.

174 **W**hur einer sterueth de nha sick leth vnmündighe kynder, vnd hefft jn synem testamente synen kyndern vormünder vhorordenth, de bliuen billick darby vhor andereo. Syndt de jm testamente den kindern nicht vorordenth, so mach ohr moder edder ohr grothemoder, so de moder doidt were, so ferne se sick ehrlick vnd tüchtich holden vnd dartho ock düchtigh weren vnd syck ock nicht ebelick wedder voranderden, der kynder vormünder syn. Wen sick de moder wil wedder vorandern, so schal se dem rade dath vorwitlicken, so yß ohr vormünderschop vthe: se edder der kynder styffuader konnen nicht vormünder syn der vnmündigen kynder.

Hebben de vormündigen kynder keine moder 175 edder grothemoder jm leuende, edder wil de moider edder grothemoder de vormünderschop nicht annehmenn, so syndth de negesten bloidthuorwan- LXI, 176 then schwerdtmagen der vnmündigenn kinder vormünder. De den vnmündigen kinderen negist thohoren, de syndt ock de nogesten vormünder. Syndth neyne bloidtuorwanthe schwerthmagen vorhanden, edder dar de schwerdtmagen de vormünderschop nicht willen annehmenn, so schal de radth ohrer twey edder drey ehrliche LXI, 176 borger tho vormünden setten. Doich schal kein vormünder thogelathen werden, eth syndt denne thouorn der vnmündigen kynder güdere alle who berörth jnuenterth vnd beschreuenn wordenn.

Who ein man sterueth vnd kinder nhaledth de nicht 176 tho ohren mündigen jharen gekhomen syndt, ohr negeste LXI, 176 fründth mach wol ohr vormünder wesen tho gude vnd nicht tho arge. Bedünketh auer den fründen der kynder, dath de vormünder se nicht meyne tho gude, so mögen de fründe mith des rades hülpe ohne der vormünderschop enthsettthen lathen vnd einen anderen setten de se mene tho gude.

Eth schollen ock alle vormünder den negi- 177 sten fründen alle jhar van aller jannahme vnd LXI, 176 vthgaue rekenschop doin. Werdt de radt angelangeth vmme etliche radespersonen darby tho schickende, dath schal vergünth werden. Dath geld der vnmündigen kynder schal ock den kinderrn vp gewisse renthe belechtt werdenn.

Welcker vormünder der vnmündigen kinder 178 güder vorsümen edder durch ohre vorsümenisse vorargen lathen, efte nachdeylich edder künder-

---

1) *Ausgelassen* ane broke, offt se willen, deste se pleghen wenis an den drittegesten orer nottorffte dem jughesinde.

listigen mith den gůderen vmmegahn, de mogen
nha gedhaner rekenschop vhor dem rade dar-
vmme angesproken werden, scholen ock, dar so-
dane vp ße bewieseth worde, dartho anthworden.

179 **E**th schollen ock neyne vormünder der vnmün-
digen kynder hůsere, eructynße, edder renthe
vorkopen, vorlathen edder vorsetten, vnd jn
kaynerley wiese vorminderen, se hebben denne
thouorn vhor dem gemeynen rade ohrsake dar-
ghedhan, dath der kynder ciderna weren schul-
digh gebleuen, vnd dath me de schůlde sůnst

nicht bethalen konde, edder dath me scholde
ethlicke van den kyndern beraden, edder dar
ander redeliche nödighe orßake wehren. Wen
dath de radth erkendth vnd nagift, ßo schal dath
macht hebben. who dat nicht geschůth, ßo schal
alles wath de vormünder hir wedder handelnn
vnbůndich, von vnwerden vnd den vnmůndegen
kindernn ahn ohrem gude vnschedlich syn.

Eth scholen ock de vnmündigen kynder ohre 180
vormünder hebben vnd beholden wenthe tho
vthgande deß achteinden jhars.

XXI Van innyen vnd gylden.

181 **N**eiu man mach sick einer junyen vnderwinden, he en
L.XI. 194 ßho jd mith der mester addor werkenn orlofe.

182 **D**e jnnye schal stann alse by kreisers Otten thidenn.
L.XI. 195

183 **J**öwelck gildemester schal alle jharkr, wan he iß gekoru,
L.XI. 196 schweren syner gildenn recht vortbostande vnd
den rade bytoetande.

184 **D**e gilde mogen wol khöre vnder sick keysen de ohne
L.XI. 197 euen khomen. Keysen ße auer dath der stadth edder dem
lande nicht euen kompt: dünketh deß dem rade vnd vor-
bůth ohne duth de radth, dath scholen ze lathen. Doin
ße deß nicht, ßo schůllen se dem rade viff punth
geuen ßo vaken dath gescheyge, vnnd den klůr
wedder affdoin.

185 **N**eymandth mach syne gilde vorkoipen.[2]
L.XI. 198

186 **N**eymandth mach eine gilde setthen edder hoygen ahne
L.XI. 199 deß rades willenn.

187 **W**elck man vorwunnen werdth erner missedath de ohne
L.XI. 201

goith an ßyne eehre, darmede heft he syne gilde vorloren.

Whe einen scheldeth ahn syne eehre vnd deß 188
nicht fullenkomen mach, de schal de gilde ock
vrorlorenn hebben, vnd dåth schal by jdermen-
nichlick ßo geholden werdenn.

Nehmandth schal gylde hebben, he ßy denne thono- 189
renn eyn borger.

Jewelck gilde schal ohren mester hebben mith ßeck wo- 190
nende in ohrer stadt dar se de gilde hebben. Dar schal L.XI. 202
ock de margensprake weeen, by viff punden.

Eyn golthsmeth de vnse borger iß mach sůluer bernen[c] 191
tho synem behoue, vnd nicht vmme loha noch tho vor- L.XI. 204
kopende.[4]

Men schal nemande syne junyen vorbeden, ße en sy 192
ohme afgedeileth van den de tho dem wercke geschwo- I.XI. 205
ren hebbenn.

XXII Vann warseggeren[5], lodderaren vnnde rößerynchen.

193 **W**elck man[6] hůseth edder hegeth sodane lůde
L.XI. 206 vnde der gelickenn mehr als eine nacht vnd eynen dach,
de schal ein vordechtlich man weeen.

194 **D**e jenne[7] de megede edder fruwen vhorschůmdede, an-
L.XI. 210 heilde vnd hustede edder begede tho borerie,

koppelie edder röfferie dreue, vnd des befunden
edder ouerwyseth worde, de schal de schandt-
steine dragen, der stadth vorwieseth vnd nům-
mber darjnn vorstadeth werdenn.[8]

---

1) 1401: dar vmme môtten se blygen an des rades mynoen. 2) *Ausgelassen* he mach se wol vorgheuen.
En willen de gylden one des nycht vorleteo etc. 3) *In der Handschr.* berner. 4) *Ausgelassen* wonto yd
bord an den mantmester. 5) 1401: trônerea. 6) man *fehlt in der Handschr.* 7) 1401: De dryuen.
8) 1401: de schal me lenenlich begrauen, offt se des vorwunnen werdet.

40

XXIII Van schote vnd van stadeplichte.

195 **W**elck erue tho wickbeldesrechte licht, daruan schal
LXI. 212 schoten dejenne dem dath is.[1] De nein borger
yß schal dath erue edder den tyns bynnen jhar
vnd dagh vorkopen, by vorlust desßßluigen gu-
des, edder ßick deß mith dem rade vordragenn.

196 **A**lle gnrden edder worde de tho wickbelde liggen, se
LXI. 213 syn den papen edder goddeßhusen, de schollen[2] der stadt
wickbeldesrecht plegen.

197 **N**emandth dede burger is schal erue[3] vorkoipen edder vor-
LXI. 214 geuen jemande jder de stadt ohr recht mede afgha. Whe
dath deyth de heft dath erue vorloreun, vnd men schal
ohne voraestenn.

198 **N**ein bürger schal ein huß vormedes edder vorkoipen,
LXI. 215 de dath medeth edder koifft. ßy[4] denne eyn bürger,
edder dath geschey mith deß rades willen, vnd
de schal schoten vnd waken als ein burger.

199 **E**yne margk jharlicker vpkumpft vann lehngude
schal dem rade vhor twolff marck vorschotet

werdenn.

Eyne marg lyfgedinges van tynsen vnd andern gu- 200
dern dath nicht lehn iß. schal jarlix van der per- LXI. 215
sonen de de lifftucht heft vbor acht marg[5], vnd
demjennen de den eigendhom vnd de anwar-
dynge darahn heft vhor x marg vorschotet wer-
den.

Wen de liftucht vorleddigeth werdt, so scho- 201
len de tinße edder dath gudth ßo leiff vnd werdth
ein jder dath hefft vorschoteth werdenn.

Eyne marg lifgedinges van lehngude schal de 202
persone de de lyftucht darahne heft vhor ach-
te marg vnd dejenne de de ahnwardinghe dar-
ahn heft de ouermate, dath is vhor xii marg, vor-
schoten. Wen auer de liftucht vorleddigeth
werdth vnd ahn den lehenseruen veldth, ßo schal
he eyne marg jarlicker vpkumpft vbor xii marg
vorschotenn.

XXIV Van mißhandelinge des rads.

203 **W**he eynen raidtman mißhandelt jn deß rades werue
LXI. 217 de brickt gelick offte he ohne mißhandelde jn dem rade.
Much deß de raidtman fulkhomen[6], so schal de broick-
hafftige dem rade viff punth geuen ahne gnade.
Doith he dath mith vorsathe, ßo brickett he
duppeldth.

204 **W**he den froneboden in der stadth deinste mißhandelth[7]
de schal ohme betern nha des rades erkanthniße, vnd
schal darvmme dem rade x nie ß tho broicke
geuenn.[8]

Whe den radth vnbillicken handelth in des rades staeth: 205
drecht des de radt ouerein, he schal der stadth enberen LXI. 218
ein jhar ßunder alle bede. Wil he wedderkomen,
vnd dar neyn vorsathe were, ßo schal he dem
rade de vbestinge mith x nige ß betteren.[9]

Wolck man vngefoige deith vor den rade eins jderen 206
wickbeldes[10] edder vhor dem gemeinen rade[11], dath LXI. 221
de rath vhor eine vngefoige erkendth, denne schal me
folgen mith eyner vbestinghe[12].

XXV Van der borgerschop.

207 **N**ehmandth schal hir jn der stadth frien vnd
wohnen, he hebbe denne thouoren de borger-
schop, by einer vhestinge.

Neines borgers sohne darf de borgerschop wynnen[13], 208
eth were denne dath he vth der stadth thoge vnd an- LXI. 221
derßwur wonhafftich were jhar vnd dach. Kompt he

---

1) Ausgelassen vnde rechtes pleghen.   2) Ausgelassen dem hartoghen vnde.   3) Ausgelassen vormedens offte.
4) In der Handschr. he sy.   5) Ausgelassen dat pund vur viff mark, den schepel wetes edder rooghen vor
twe mark.   6) 1401 folgt auf diese zum vorigen Satze gezogenen Worte: Anders ne brickt he nycht mer an
om wen an synem andern.   7) Ausgelassen edder ane schult.   8) 1401: vnde mot in des rades mynnen dar
vmme touen.   9) 1401: so mot he derna blyuen in des rades mynnen.   10) 1401: in der Oldenstad, in dem
Haghen edder in der Nyenstad.   11) Ausgelassen in des rades bank edder wur de rad tossammene is.   12) Aus-
gelassen vnde he schal der stad alzo langhe vmberen byt he des meynen rades hulde in der Oldenstad, in dem
Haghene, in der Nyenstadi irwerue.   13) Ausgelassen edder sweran.

wedder¹, so moidth he de borgerschop wynnen⁷.

209 **W**elck man de borgerschop wil vpseggen eyner
LXI, 223 sake haluen dar de radt mochte beschweringe
vnd schaden van nehmenn, de schal de borger-
schop veir weken⁵ thouoren vpseggen vnd also
fordt by eyner vhestinge de stadth rhûmenn.

210 **W**he viendth wordth edder sick gift thonn vien-
LXI, 224 den der stadth vnd also darmede vpgifft de bor-
gerschop, de gifft xx murg. Syn husfrowe, kinder vnd
gesynde scholen ohme folgen.

211 **W**en jemandes eyner sake haluen werth ange-
langeth darvth thokûmpstiger schade ock viendt-
schop der stadt komen möchte, so schal de radt

de beklageten tho rechte beden vnd sick befli-
tigen, so dath recht worde vthgeschlagen, als
dath leder offte kumpt, dath de sake vth dem
grunde verhoreth werde, vnd who denne de vn-
foige deß beklageten vormerckteth worde, ßo schal
ohme de radth tho billickem vordrage vormogen
vnd anholden. Who querst foigh vnd recht by
dem beklageten gesporeth worde, vnd de sake
jnn gude nicht bygelecht konde werden, so schal
vnd wil ohne de radth tho rechte vordedingen,
vnd offt darouer moidtwillige befhedinge vor-
genohmenn wôrde, deß schal he, ßo ferne he
recht liden kan vnd wil, nicht entgelden.

XXVI Van gifften vnd testamenten.

212 **V**ader vnd moider effte de eldern, wen ße ge-
lick testamenth maken, ßo syn ße schûldich oh-
ren kyndern oren natûrlicken deil ahne alle be-
schweringe fry to latende. Syndth der kinder
veire edder weniger, ßo iß dath de dridde deil
obres gudes, sindt der kinder mehr als veire,
so iß dath de helfte ohres gudes. Eth konen
ock de eldern ohre kindere nicht entheruen wen
vth folgenden orsaken, doich môthen de bewieß-
lick gemaketh werdenn.

213 **V**erthein orsaken der
vndanckbarheit de in keiserlicken rechten wer-
den vtdrûcklichen angezeiget, dardurch de el-
dern ore kinder in oren testamenten mogen ent-
eruen, erflois maken edder orer nicht geden-
cken. Doich moit dat darna bewislick gemaket
werden.

Thom ersten.
Wenn de kynder ohre eldern schlahen vnnd
ohre hende ahnn ße leggenn.

Tom andern.
Wenn de kynder ohr elderen groifflicken schme-
hen vnnd vneehrenn.

Thom darden.
Wenn de kynder de elderenn jnn pynlickenn
ßaken anclagenn.

Thom veirden.
Wenn eynn kyndth mith thôuerern vnd tho-
uerye vmmegeyth.

Thom voifften.
Wen ein kindth trachten worde syne elderen
mith vorgifft edder durch ander wege vnmetho-
bringende edder schadehaftich tho makende.

Thom sôsten.
Wen dath kyndth mith der steffmoider fleisch-
lickenn tho schaffende hedde.

Thom sôuenden.
Wen de kinder ohre oldern angeuen edder vp
se wath anbringen worden vnd ße jn grothe vn-
kostynge vnd schaden foirden.

Thom achten.
Wen de elderen jn gefengnisße edder sûnst
schuldt haluen vorhaft weren, vnd ohre kynder
eyn edder mehr menlichs geschlechts, de genoig-
sam besethen weren, ahnlangeden⁴ ße vththobor-
gende edder vhor ße tho louende, vnd sick des
weigern worden.

Thom neggenden.
Wen de kynder den eldern vorhinderden vnd
vorbeden worden testament to makende.

Thom teynden.
Wen eyn kyndth eyn lodderboue edder gôkeler
worde wedder der eldern willen, eth were denne

---

1) *Ausgelassen* wel me des nycht vmberen.   2) *Ausgelassen* is auer ein maa an synem werue seyn, nyn ed-
der mer, darmede vorluss he nycht syne borgerschop.   3) 1401: dat schal he vore den verloyn nacht der he
jenneghe sake wille angan de der stad schaden mach.   4) *In der Handschr.* ahnlangende.

sake dath de elderen ock mith der handterynge hedden vmmeghan.

Thom elften.

Wen de vader syne doichter edder synes kindes doichter nha synem vormoige thonn eehren beraden worde, vnd de doichter darjnne vngehorsam were vnd ſick tho einem wilden vnsüchtigen leuende begeue, eth were denne sake dath de elderen se ouer xxv jhar oldth lethen werden vnnd ſüluest vorschünnedenn.

Thom twölfften.

Wen de elderen synlois worden, vnd de kinder alle edder etlicke, edder wur de kinder nicht weren ohre andern negesten fründe, ohrer nicht wolden achten noch mith themelicker handthreickynge plegen. Wen denne de eldern tho ohren vornüfftigen synnen wedder kemen, ſo möchten ſe de kynder edder fründe erflois maken. Who ock jemandes von den eldern so synloiß worde, vnd syne kynder edder syne negesten fründe edder dejennen de he thouoren jn synem testamente, als he by guder vornunfft gewesen, thom erue vorordenth, syner themelicker handtreickinge vnd wardinge nicht plegen vnd darahune ſümich worden, vnd syck ein fromeder deß synloisen erbarmen wurde, so werdth dem frömden nachgegeuen, dath he dath den kynderen, fründen edder eruen schriftlick anzeige: who se obres schüldigen ampts jo vorgetthen vnd by der vngoidicheit vorharren wolden, dath he denne vmme barmherticheith bewogen were den synloisen jn syn huß tho nehmende, noittrufftigen tho plegende vnd tho uorsorgende. Vnd wen he ohne also de tidth synes leuendes vnderhelde, so werdth he ein erue synes nhagelathen gudes, de kynder vnd fründe hebben ſick tho dem erue vnwerdigh gemaketh.

Thom darteindenn.

Wen der eldern welck jm kryge van den vienden gefangen worden, vnd de kynder vorsümen vnd vorachten worden de elderen tho uorlosende: wen he weder loiß worde, ſo mochte he se entheruenn.

Thom verteinden.

Wen de eldern vormercken worden, dath ohr kinder ein edder mehr nicht cristen weren ſünder wedder den christlicken gelouen handelden vnnd sick jn dem nicht bekerdenn.

Söuen orsake wurdorch de kynder ohre eldern jn ören testamenten enteruen edder ohrer nicht gedenckenn mögenn. Doich moidth dath darna bewißlick gemaketh werden. **214**

Thom ersten.

Wen de eldern ohre kinder worden jnn pinlicken saken anclagen vnnd ahn ohrem leuende richten lathen.

Thom andern.

Wen de oldern mith vorgifft, thouerie edder ander wyse ohren kyndern nha öhrem leuende trachten worden, edder sick vnderstünden mith vorgifft vmme ohre synne vnnd vornunfft tho bringende.

Thom darden.

Wen de vader mith synes söhns frowen fleischlicken tho doude hedde.

Thom veirden.

Wenn de eldern vorhinderden edder vorbeden wordenn, dath ohr kynder neyn testamenth maken mochtenn.

Thom vefften.

Wenn eyn edder mehr kynder synlois wörden, vnd de eldern ohrer nicht worden achten edder plegen jn aller mathen als by der xi) vorberorden orsaken js angezeigt worden.

Thom sösten.

Wen ein edder mehr van den kyndern jm kryge gefangen vnd van den eldern tho loßende vorsümeth edder vorachteth worde.

Thom söuenden.

Wen eyn edder mehr van den eldern nicht christen weren vnd den christengelouen thowedder handelen vnd sick darjnne nicht betteren wordenn.

Ein man mach vorgouen jn synem suchtbedde sin gudth edder syn erue wehme he wil. Dar schullen auer by wesen twey raidthmanne van dem borgermester deß **215**

LXI, 2/5

wickbeldes ßünderlick dartho geschicket.[1] Eth schal ock dejenne de solcke giffte dohen will by guder vornufft syn, vnd dath schüllen de thwe radespersonen vhor dem rade bethûgen, vnd dath schal ock jn deß rades boeck alse forth thor gedechtnisße vnd bewysinge geschreuen werdenn.

216 **W**adth ein kindth vorgifft vber dath werdth xxv[2] jhar olth, dath iß vnstede. Mach aner woll ein testamenth maken, wenn jdth iß xvii jhar olth. LXI. 725

217 **N**ein frowe se vormûnder iß vhrer kynder der mathen wy ouen geschreuen, noch neynem kynde geuen dath dem andern tho schaden khome. LXI. 727

218 **W**elck crue werdth gegeuen einem goddehufe edder LXI. 728

mehr goddeßhûsen, dath schal me vorkoipen bynnen jhar vnd dage, vnd schal dem rade vorschoteth werdenn.

Welck man edder fruwe vhor twen raidthmannen 219 setteth ein testamenth, vnd secht dath he edder ße schüldich sy[2], de bekaathen schuldth schal me geldenn[4]. LXI. 729

Whe wath vorgifft in synem testamenthe dar der stadth 220 plicht mede afgeith, vnde ock ßo weł vann erfftale edder testamenten butthen de stadth keme, daruan schal de dridde pennig by dem rade vnd der stadth blyuen, vnd dath schal de radth keren jn der gemeynen stadth beste. LXI. 730 Iß dath ahn liggenden gûderen, dath schal he bynnen jhar vnd dage vorkoipen, als dath ock bithher geholdes werdenn.[5]

XXVII Van twidracht tho scheidende vhor dem rade.

221 **W**elcke lûde wath tho schickende hebben vor dem rade, ohre frûnde, se syn bynnen dem rade edder butthen dem rade, schüllen alle vth dem rade ghaen, wenthe dath de sake endigath yß. LXI. 732

222 **E**in raidthman schal neyne guue nhamen vmme jennige sake vhor dem rade dath wordth tho holdende, by syneme eydthe. LXI. 733

Whur lûde schelde, schölde edder drauworth 223 hałnen thwidracht hebben[6], den schal de radt bo-denn, dath ße sodans schelinge vp ße stellen schollen, jßt dar nene vestinge vorschûldet iß. **W**he dar-gegen handelth, schal geuen vyff[7] punth. Beden dath twey radtmanne, dath iß jho so vele offt[8] dath de radth dode. LXI. 736

XXVIII Van gelegenen dingen.

224 **B**iddeth ein man perde edder wagen tho syner behoiff, de mach me nicht besathenn.[9] LXI. 737

225 **W**adth einem gelegen iß dath schal he wedder anth-LXI. 738

worden. Who he dath mith synem rechte will erholden, ßo schal he neyne noidth daraff liedenn.

XXIX Van wedden vnd van dobbelen.

226 **N**emandth schal vmme geldt dobbelen jn den bûdel hir bynnen der stadth vnd deß rades gebede edder vhor den doren, vp den marschen, jn deß rades vnd andern. Whe hir entkygen handelde, dem wil de radth folgenn mith einer vhestinge.

227 **D**e tauerners vnd vhelebruwers, de werde, alle an-

dere borger vnd inwoner scholen ock mith alle nein LXI. 151 dobbelspel dûlden vnd lidenn, ock in der karthen edder im brethspele edder anderm spele dar men geldth mede wynnen edder vorlesen kan ouer v nige ß tho spelen de nicht begen edder LXI. 255 vorstadenn.[10] Whe hir entkygen jennigh dobbel, karten edder ander spel hegede,[10] de schal dem

---

1) *Ausgelassen* yd ne is anders nycht stede. Sunder dat crue schal he nerghen geuen dar der stud ore plicht mede affga. Ia he ok schuldich, dat schal me tovoren aff gelden. 2) 1401: nchteyn. 3) 1401: dat he icht edder nicht schuldich sy. 4) *Ausgelassen* vnde anders neyne, offt iemant na synem dode wolde schuit vorderen, men willet doch gluerne doo. 5) 1401: vnde darto schalde me dat vorkoipen vnde laten plichtbaren luden bynnen jare vnde dage, alse brunswikeschb stadtrecht jnne hefft. 6) 1401: Wur lude twidrachtich syn. 7) 1401: hundert. 8) 1401: lika stede offt. 9) 1401: de mach he veleghen, den man de darmede kumpt nycht. 10) 1405: We dat dede benedden syner mark ere. Heghede he aner houen ayne mark ere.

rade eine margk tho broike geuen. So offt je-
mandt ock bouen v nie ß mith der karten edder
jm brethspele edder sust spelet edder weddeth,
schal dem rade x nie ß to bröke geuenn.

Schwereth ouerst jemandes, dath he dusser broi- 228
cke ein edder mehr dath spelenth, weddenth vnd XXI. 257
helendt belangende nicht geuen könde, de schal
der stadth ein balff jhar enthberenn.

XXX. Van dem gemene der stadt.

229 **A**llerleye bußßen vnd wahre, löde vnd puluer
LXI. 260 vnd wadth dartho berdh dath der gemenen stadt
thokrampt, schal me nicht vorlehnen butten de stadth,
by den edenn.

230 **W**he dhar groue by synem huse edder heue edder
LXI. 261 jn dem meynen wege einen grauen ahne verloif des rades[1],
de schal dem rade jn pundth tho broike geuen.[2]

231 **W**he der stadth muren bebuweth heft edder bebuweth:
LXI. 263 valth de muren, he schal ße mith syner koist wedder buwen.

232 **W**he ein erue heft by der muren vnd der muren nicht
LXI. 264 bebuweth heft: valdth de mure, denne schal de radth den
dridden deyl geuen tho der muren wedder tho buwende, vnd

deß dath erue iß vnd de tinß iß schullen twey dele geuen.

Dith gewilkörde stadtrecht schal tho vnvor- 233
rückeder holdynge vnd to mehrer vorjunerynne
alle jhar vrume Michaelis, wen de radth, rades-
schworen, gildemester vnd bouethlude by eyn-
ander ßin, mith vlithe opentlick gelesen werdenn.
Eth schal ock darneffen eyne vormanynghe ge-
schein: offt jemandes jnne worde vnd vhornehme,
dath woß dar enjegen jn eynem edder mehr
stücken vorgenohmen worde, dath sodans ange-
zeigt vnd dem stadtrechte ahne jennigbe vor-
anderinge geleueth werde.

CXXXVIII. UNTERGERICHTSPROCESS.

Der Untergerichtsprocess, welcher hier nach der bei No. CXXXVII beschriebenen Original-
handschrift abgedruckt ist, nimmt an einigen Stellen auf das Stadtrecht ausdrücklich Bezug, und an
mehreren anderen klingt dieses an; eigentliche Uebertragungen indessen geben sich nirgends zu erkennen.

Deß vndergerichtes process vnnd gebruck der stadt Brunßwig.

I Van klage.

1 **T**weymhal schal me vnsen borgernn dath ge-
CXXXVII,11 richte thoseggen, vnde dath darde mal de frone-
bode persoulick ßülnest vnd nicht durch syne
frowe effte magoth. Quemeth ock, dath der
fronen ein effte mehr kranck edder nicht ja-
beymsch en were, schal der andern fronen ein
vth dem andern gerichte de darden klage dem
borger mith wetten thoseggenn.

2 **W**en syck de borger thor darden klage nicht
willen finden laten vnd laten syck vorsaken, vnd
syn doich jn orer behusynge, ßo mach de frone-
bode tho den borgern jn ohre wonynge ghan
vnd one de darden klage mundtlick anseggenn.
Gynge de frone ouerst twy edder drey mal vme-
sust, vnd me wüste dath de borger tho huß were,
so schal he der frowen anseggen, dath ße ohrem

manne segge: hebbe he jennige jnrede, dath
denne ohr man vhor gerichte khome vnd bringe
de jnsprake vhor, dath gerichte wil ghan lathen
wath recht yß.

Welker borger dem de darde elage durch den 3
fronen mundtlick werdt togesecht vnd de klage
vorsumeth, de is mith der klage ouerwunnen
nha vthwiysynge vnses stadtrechtes. CXXXVII,11

Wen ein vnser borger mith der darden klage 4
ouergewunnen werdth, so schal de kleger de
darden klage jn deß gerichtes boick vorteicken
laten, wur vmme effte worvhor vnde vp wat dagh.

Der kleger vnde de beklagede schüllen thor 5
darden klage beyde vhor gerichte erschienen, vgl.
wen de kleger den beclageden vp syn jha vnd CXXXVII,11
vp syn nein beschüldigen wil. Ouerst vp be-

---

1) 1401: richtes vnde rades. 2) 1401: de weddet dem richte dre pund vnde not blyuen in des rades mynnen.

wißlicke schuldt vnd ander sake mach ein ful-
mechtiger wol forderen vor gerichte.

6 Whe den ersten penning dem fronen deith de
hefft de ersten klage. When he ouerst der klage
thom negisten richtsdage nicht en folgeth, so
gildth dath nicht.

7 Wen ein gast einen borger effte gast vor go-
richte vorklagen wil, vnd de beclagethe begerth
van dem kleger eine wehre, fo iß de kleger
plichtigh de wehre tho dhonde nha vthwisynge

CXXXVI.7 vnses stadtrechtes.

8 Wen ein borger effte gast also mit der darden
klage auergewunnen werdt, also fort hinderth
de frone ohne vnd syn gudth.

9 Deß negesten gerichtsdages ßo büth de frone-
bode dath gudt vp vp anforderinge des klegers.

10 Werdth dath gudth vpgeboden vmme schuldth,
ßo findth dat gerichte vertben dage. Wert dath
gudth vpgeboden vmme tins, findth dath ge-
richte hüde vnd morgen. Vordeinth lohn gelick
tinß. Gar kost findt me gelick schuldth.

11 Wen de dingkdage vmme schuldth vmme fyn,
also kumpt de kleger wedder vhor dath gerichte
vnd leth dem gerichte durch den fronen anseg-
gen, de syn dage syn vmme, vnd leth fragen,
who lange he dath gudth noch holden schulle.
Szo findt de vogt hüde vnd morgen, dath iß tho
dem negesten gerichte.

12 Hefft de beclagede de schuldth bekanth jnt ge-
richte, so gifft men einen dingkdach, dath is by
schynender sunnen.

13 Wenn ßodans alle vhor gerichte geschein iß,
ßo ledt de kleger dem beclageden tho dem ne-
gesten richtsdage de wher thoseggena.

14 Wen de wehre dem beclageden wert thoge-
secht, so leth de kleger ße vhor gerichte vth-
weruenn, vnd de vogt eiget ohme synen pen-
ning ahn dem beklageten gude, vnd de eygen-
dhom werdth also fordt geteikenth, wurvmme
edder wurvhor, vnd de kleger lecht vp neggen
penninge, dath is de pandeschilling.

15 Wen ßodans alle vp anforderynge
des klegers, so geith de vogt mith dem kleger
jn des beclagethen behusynge vnd nymbt dar so
vhele pande vth als seck de schuldth beloipt.

16 De pande deith de vogt jn gemeine handth

wenthe tho dem negesten gerichtsdage. Szo
kumpt de cleger vhor gerichte vnd ledt de pande
vpbeden vnd leth fragen, who lange he de hol-
den schülle. So findt dath gerichte hüde vnd
morgen, iß de negiste richtsdagh.

Tho deme negesten gerichte werdenn dem kle- 17
ger de pande geeygeneth, vnd werth jn des ge-
richtes boick geschreuen watb ydth vhor pande
syndth. Szo mach de kleger also fordth dath
syn daranne soicken.

Geith me einem borger tho der wher, wen 18
he also who vpsteith mith stadtrechte vthge-
klageth jß, vnd men jm huse so vele gudes
nicht ouerkhomenn kan als fick de schulth be-
loipt: beloipt syck de schuldth so hoich, dath
me den kleger mith panden nicht bethalen kan,
ßo hinderth men des beclageten syn erue, who
he mith einem erue beseten iß, vnd büth dath
vp vhor gerichte, vnd de kleger leth fragen, who
lange he dath holden schülle. Szo findt dath ₍vgl.
gerichte seuen weckenn. CXXXVII.26

Wen de ßöuen weckenn vmme syn, ßo kumpt 19
de kleger wedder vhor dath gerichte vnd leth
durch den fronen andragen, dath me ohme wille
eigen aynen penning ahn dem erue, vnd de kle-
ger leth dath teicken jn des gerichts boick, whur-
vmme, worvhor vnde vp wath dagh, vnd de kle-
ger lecht vp negen penninge.

Wen ßodans geschein is vp anforderent des 20
klegers, geith me dem beclageten vor dath erue
vnd holt darvhor ein gerichte, vnd de voigt deith
dem kleger den rinck jn de handth vnd secht:
he moge dath erue vorkoipen, vorsetten, vor- ₍vgl.
panden so with als fick syne schuldth beloipt. CXXXVII.31

Szo werdt dem beklageten ein ordell gefunden, 21
dath he sick des huses entholden schall vnd dar
nicht noch vth edder jnghan, by lx ß nie (doich
den dach iß he frigh) eth en schey denne mith
des sakewoldenn vnd deß gerichts willen.

Wen einer nhw nicht besethen vnd nene pande 22
heft, vnd de kleger begerth den beclageden fre-
delois tho leggende, dat moit de kleger opint-
lick vhor dem gerichte weruen, vnd leth jdt
teicken, wurvmme vnde vp wadth dagh, vnd de
frone moidth jd ome thoseggen.

Werdth einer ßo fredelois gelecht, syn persone 23

jß fry ju synem huse vnd vp synem steinwege, vnd nicht syn gudth.

24 **E**yn man dede fredelois geiecht werdth, den mach de kleger wol annehmen vp syne bekostinge.

vgl. CXXXVII.??

25 **W**en einer so fredelois gelecht is vnd handelth jn andern steden effte dorperen, vnd de kleger begerth des einen schin vth dem gerichte, schal

ohme nicht geweygerth werden vmme synen penning.

Wen cyner voruesteth werdth, de schal jn de stadt nicht, he hebbe fick erst wedder jnwernen lathen vhor gerichte.

26

vp. CXXXVII.88

Wen sßnst de sake vordragen werden, vnde de vhestinge nicht en geith, darmidde schall dem rade vnd dem gerichte nicht afgebroiken werden.

27

II Van gerichtsbrefen.

28 **E**in erbar radth will dem gerichte thwey geschworne bodenn vhorordenenn.

29 **D**e geschworen richtsboden schüllen mith den brefen nicht ßßmich syn, alse fordt de breue tho rechte bringen ju den steden, den burgermeisteren effte schülten handelagen, ock einen schin van den sülften forderen. Ock den dach schüllen se anteicken vnd ock vp den breif schriuen, wen se den breif van sick dhon, vnd dem gerichte wedder anseggen. Vnd de ansage schal me jm gerichte vorteickenn.

30 **V**p den dorpern schüllen de boden des gerichts breue den junckheren effte vogeden vnd hogreuen effte burmesteren handelagen, vnd kunden

se dath tho wege bryngenn, schüllen se darby twe thßgen namen vnd schriuen who de thßgen heiten. Konden se de thßgen dar nicht hebben, schüllen se darup schriuen wie ouen steith.

Wen gerichtsbreue an dat gerichte vt andern steden geschreuen werden, so schal me den gerichtsbreif dem burgermester ju dem gerichte dar de beclagede wonde tho handen schaffenn.

31

Wen de borger ju forderinge deß gerichtsbrefes ßßmich werden vnd ju den ersten xiiij dagen nicht en forderen, fo iß de kummer loiß.

32

De gerichtsbrefe de me schicken wil ouer sehe vnd ouer sandt, de dingkdaghe ßyndt drey monat.

33

III Van kummehr.

34 **N**eyn vnser borger mach dem andern syn gudt bekummeren, he hebbe ohne erst mit stadtrechte vthgeklageth, dath sy denne vp de vhar, by pene ix ß nie. De vhar moidt he redelicken bybringen effte mith synem ehede beholdenn.

vgl. CXXXVII.48

35 **W**en ein borger effte gast einen andern bekummerth vnd des negisten gerichtadages den kummehr nicht vp en bßth, so is de kummehr lois. Who auer ein gast den richtsdach nicht aftouen konde effte fick dath syn wolde entlsetten laten, mach he also ein gastrecht koipen vnde hegen laten.

36 **B**ekummerth vnse borger einem gaste syn gudth, vnd de werdt dar dath gudth jm huse wehre bekummerde dath ock effte eyn fromeder, de schüllen nha anthale der schuldth dem gude gelick nha syn, dar were denne dath dar whe

sßmich ju synem rechte worde vnd forderde dath mith rechte nicht vth.

Ledth ein gast synen andern gasth bekummeren vmme schuldth, vnd de kleger bewiesen kan dath de contract edder de koip hir geschein is dar de schuldt van herkompt, effte he ohne de bethalinge hir heft thogesecht, edder bewilligeth hedde dath he ohne mochte beklagen whur he auer ohne gweme: fo schal vp deß klegers forderenth recht vergönth werden.

37

Eyn borger schal dem andern kummers staden effte de perde edder dath gudth vth synem huse theyn lathen. Dar he dath nicht doin wolde vnd syck dargegen vphelde, brickt dem gerichte eine margk.

38

Wen ein vnser borger by dem andern gelth effte gudth bekummerde, vnd dar jd bekummerth

39

worde de wolde deß vorsaken: wil de kleger ohm des nicht vorlaten, he moidt ohme deß entgan mith synem eyde.

40 Wen ein erue bekummerth werth, dat schal me holden seuen weken, vnd schal dath dem sakewoldigen ßüluest thoseggen. Ok schal me den dach jn dath gerichtsboik vorteicken lathen, wen dath erue vpgebodenn werth.

Bekummerth ein borger einen gast, men schal 41 ohne nicht lois geuen abn des sakewoldigen wetten vnd willen. Vareth he darouer enwech, de de besathe jngenohmen hefft schal dartho anthworden.

Welcker borger eynen man bekümmerth de 42 bynnen landes tho huß hordt, de schal den kummber bynnen veir weken vthfordernn.

IV Van dingkdagen.

43 Werdth eyner beklageth vmme schuldth, fyndth de vogedth vertheyn daghe.

44 Werth einer vorklageth vmme tynße, fyndth de vogedth büde vnd morgen.

45 Werdth einer vorklageth vmme vordeinth lohn, findeth de vogedth büde vnd morgen, jß de negiste richtsdach.

46 Werdth eyner vorklageth vmme ghare kost, findeth de vogedth gelicke schuldth.

47 Whe eyn pandth vpbüth vmme schuldth, findt de vogedth verthein nacht. Werdth jd vpge-

hoden vmme tinß, büde vnde morgenn.

Werdth ein pandt vpgeboden dat dar hört but- 48 ten landes, fyndt de voigt drey vertheinnacht.

Werdth ein pandth vpgeboden, hördth jdt byn- 49 nen landes. findth dath gerichte vertheinnacht.

Wen güder gehinderth werden de tho hus bören 50 ouer sehe vnd ouer sandth, findth dath gerichte drey monat.

Vp de geklageden pande fyndth dath gerichte 51 büde vnd morgen, dath js thom negesten richts-dage.

V Van eygendome.

52 Wen ein perdth effte ander güder by den borgern bekummerth werden, den eigendom schal de frone dem werde süluest thoseggen effte der werdynnen, so de werdth nicht jnheimsch en were.

53 Ok schal de frone den eygendom ouer eyn huß effte ouer pande de eyner jn hebbender were hedde dem sakewoldigen süluest personlick thoseggen.

54 Welck borger perde pandede effte ander güder jnclageth vhor gerichte vnd den eigendhom darauer gahn ledth, vnd leth dath jn deß gerichts boick vorteicken, de schal vpleggen den frede-

penning, jß neggen penning.

Ok allenth wadth gast mith gaste vnd ok de 55 juden ßick eygen lathen vhor gerichte vnd dath tho boke geschreuenn werdth, de schüllenn vpleggen neggen penninge.

Wen ein borger eynen vthgeklageth hedde, vnde 56 dath de eygendhome darouer gegan were, vnd eyn ander borger qweme nha mith syner klage vnd gedachte den güdern so na tho syende als de erste, dath schal nicht thogelaten werdenn. Ouerst js dar betteringe ahn den güderen, dar mach ßick de nhakleger ahn holdenn.

VI Van vnderpanden.

57 Neyn borger mach liggende gründe effte stande erue effte tinse eynem andern borger ofte gaste tho einem vnderpande setten, he do dath mit wetten des gerichts vnd late dath jn dat gerichtsboick vorteiken, worrvmme vnde worvhor, vnde men schal den summen vtdrücken.

Wen ein borger geldt videde vp liggende grün- 58 de vnd stande erue effte tinse, vnd scheige nicht mith wetten deß gerichts, vnde ein ander borger effte gast klagede vp de ßülfften güder, ßo schal de kleger den güdern jho ßo nha syn nha anthale syner schuldth als dejenne

41

de¹ dath galth ahne wetten des gerichts vp dath pandth gedhan hedde. Were auer ohme dath vor sin pandth mith wetten des gerichts geset-teth, so ginge he vhor.

59 **N**ein borger mach sůluest panden, eth sy denne vmme huftins efte ghar koist. We des anders bedrogen werdth brickt lx ₰ nige.

CXXXVII, 165

60 **W**an sin borger pande jnklageth mit stadt-rechte, de schal he sůluest nicht beholdenn, he schal de eynem anderen vorkoipen vnd den an-seggen lathen durch den fronen dem de pande hörth hebben: he hebbe de pande vorkoisst deme edder dem so vnd so dur. Will he sodans vth-geuen, so sy he de negiste.

61 **W**en dar betheringe ahn den panden were, vnd de beklagede de sůlstigen nicht wedder tho sick wolde nehmenn, de schal me leggen jn dath gerichte vnd dem beklageden durch den fronen sodana anseggen lathenn.

62 **W**en eyn borger einem anderen borger efte gaste wes bekummerth, vnd ein ander sede, dath sodans syn were, dath schal he thein wo recht.

vnd mith synem eyde vhor gerichte beholdenn, dath he dem dath gudth bekummerth jß an dem gude noch pardth noch deill en hebbe, vnd ohme dar nichts ahn thosta.

63 **V**nd wenn ein wes vorsettede dath ohne tho truwer handth were tho warende gedan efte ge-lehneth, vnd ohme nicht tho en stůnde, dath jß vnsüchtig.

64 **W**en perde, schwyne, ossen, koe, geldth effte geldes werdth hir mith rechte bekummerth worde dath gestolen jß: whe syck des 'vndernaten wil schal dath vhor dem gerichte mit rechte theiu vnd leggen beide finger vp dath gudt vnd schwe-ren dath godde, dath dath gudth syn sy vnd anders nemande, dath he den dciff ock nicht en kenne, ock van syner ankunnst efte vthflucht nicht en wette. Wen sodans geschein jß, so blifft de darde penningk by dem rade.

CXXXVII,90 CXXXVII,18

65 **W**elck vnser borger vordůsseth gudth koifft, vor-lůst darahn synen penning vnd moidt dem ge-richte synen werssman anzeigen nha jnholde des stadtrechts.

CXXXVII, 85 K.

VII Van der where.

66 **W**en sick jemandth nicht wil panden lathen vnd holdt syk jegen dath gerichte vp mith vn-nütthen worden: werdth he van dem gerichte vorklageth, dath gerichte schal ohne voruesten. Hôlth he syck vp jegen dath gerichte mit wa-pender handth, men schal ohne mith einer vor-salhe voruesten.

67 **W**en dath gerichte wil einem² tho der were gan, vnd men vhor dem gerichte de dôr thodeydth, dath erste mhal schal ohme vorgeuen ayn, de frone ouerst schal ohme thoseggen, dat dath gerichte tho dem andern gerichtsdage wedder khomenn wil, efte he neynen willen maket. Vnde wen denne de dhôr tho wer, so schal de vuigt de dôr vpdoin lathen vnd dem kleger pandes vorhelpen.

68 **D**ath were frowe effte man de de gerichte mit vnfoichlicken worden nakreygerde, dem schal me folgen mit einer vhestinge, vnd schal so lange darbutthen bliuen dat he den vhesteguldeu ge-geuen hefft.

69 **O**ck wen me eynem manne tho der wers ginge vnd nehme pande de de frowe vor dath ohr vor-dedingen wolde, dath schal se vordedingen nha vthwysynge vnses stadtrechts.

CXXXVII, 145

70 **H**esst de frowe ouerst mede geloucht vnde ge-koifft, so moidth se mede bethalenn.

71 **W**elck borger den andern vtklageth wente vp de were vnd leth jd teicken, dath steith jar vnde dach. Fordert he des jn jare vnde dage nicht, he moit vp dat nic wedderahn klagenn.

---

1) *In der Hs.* dem.   2) *In der Hs.* einen.

VIII Van vplatynge erue vnnd tynses.

72 **A**lle liggende gründe, stande erue vund tinse de dem gerichte dingplichtigh syn, schullen vhor gerichte tho rechter dingtidtdages verlathen wer-
CXXXIX, 2 denn, nha jnholde deß echtendinges.

73 **W**en ein borger dem andern erue efte tins vhor
vgl. gerichte vpledt vnd ohne deß nicht geweren kan,
CXXXIX, 7 de brickt dem gerichte söstich ß nie.

74 **O**ck wen ein borger dem andern erue eßte tins
vgl. vorlathen wil, erschüllen se beide parsonligk vhor
CXXXIX, 8 dem gerichte erschienen, jdth were denne dath jdt echte noidt benehme vnd wen he krank were: so mach he eynen fulmechtigen maken vhor den richteheren vnd vögeden.

75 **W**en solcke vplatinge geschüth, so fndth de vogedt, me schal jdt holden veir weken: heßt dar whe jnthoredende, de moidt jd doin bynnen veir weken. Vnd de vogedt frageth openthig vth dem gerichte, whur vnd an wes huse da tins sy vnd wur dath erue belegen iß.

Szo dar whey jnsprake dede vnd der jnsprake 76 nicht fulkomenn konde, de brickt jn dath gerichte söstich schillinge nie.

De jnsprake schal he fordern jn jhar vnd dage 77
CXXXVII. 177 nha vthwisinge vnses stadtrechts.

De vorsethen tynse schal me manen vp de were 78
CXXXVII, 165 nha vthwysinge vnses stadtrechtes.

Wen tinse vorkoißt werden an den hūsen, vnd 79
vgl. de besytter doin wil dar vhor wat ein ander,
CXXXVII. 162 so iß de besytther de negeste, wen he dath vhor jßick beholdenn will.

De koiper is vorplichteth dem besytter des bu- 80 ses tho seggende by synen eyden, who dür he den tinß gekoißt heßt, who jdth ohne de besytter nicht vorlathenn will.

IX Van fulmacht.

81 **N**ein fulmechtiger mach van vnsen borgern eyde
vgl. nehmen: dewiele de kleger vnd beclagede beyde
CXXXVII.19 jn leuende syn, schüllen se beide persönlich vhor gerichte erschienenn vnd öhr recht tho jha vnd tho neyn vthfordernn.

82 **O**ck schollen de richteheren noch vögede vnd scriuer ock de fronebode neine fulmacht van vn-sen borgeren eßte vthlöden annehmen, eßte wes vhor gerichte vthfordern edder vorlatinge dhoin, dath gelde denne ohrer persone ßuluest.

Wen ein fromeder fulmechtiger einen borger 83 eßte gast beklagen wolde, schall he sine bestendighe fulmacht vorleggenn.

X Van ehedenn.

84 **W**elck borger eßte gast syck vhor gerichte tho
vgl. den eyden bode, vnd me deß vulkomenn könde
CXXXVII,25 dath he syck mith vnrechte dartho geboden hedde, de brickth dem gerichte lx ß nige.

85 **W**elck borger eßte gast synen meynen eydth
vgl. schwore, vnd me ohne deß mith loßwerdigen thū-
CXXXVII,35 gan ouerthūgen konde, dem schal me afhawen beyde fynger vnd schall der stadth enbereun.

86 **E**yn frowe de schwanger iß mach me nicht drengen tho dom eyde, se ßy denne ersten van dem natürlicken bande entbleddiget. Iß se ock in den soß weken, so mach me ohr de tidth ouer nicht ghan tho der were. Dith jß stedes thouoren ock ßo geholden worden.

Wen eyn borger den andern vhor gerichte be- 87 klageth eßte sünst vmme eyne summa geldes anlangeth, vnd de beklagede van dem kleger scheideth vnd ohne dath geldth geue vnd wil dem kleger nicht tho jha edder tho neyn stan, vnd de baklagede will hernhamals dath ßulßte geldth van dem borger wedder mith rechte fordern: dath mach vnd schall nicht syan.

Hefft ouerst de beclagede tho dem kleger jen- 88 nige ander ansprake, de mach he fordern.

Welk borger den andern beklaget vhor gerichte 89 vmme eyne summa geldes eßte sünst, vnd de beclagede bekenth jnth gerichte dath he den summen geldes entfangen hedde, he hedde ouerst
41*

dem kleger fodans wedder betalt: dath moidth he bewiesen vnd mach dath mith synem eide nicht beholdenn.

90 **Off** whe klagede nha der doden handth vnd syne klage vhor gerichte nha der doden handth bewiesen scholde, darmith schal jdt geholden werden nha vthwiesynge vnses stadtrechtes. cxxxvii,12

Whe den schadenn will mahnen, de moidth 91 denn schaden bewiesenn.

XI   Van koipen vnd vorkoipen.

92 **Wen** ein borger dem andern einen koip vorkoifft vnd den kuip ohme nicht geweren kan: wil de koiper ohme deß nicht vorlathen, he moith ohme holden edder he mach ohme folgen myth einer vhestinghe.

93 **Eyn** borger schall dem andern kopmans wery gewardenn. Befindth de koiper jennigen feil ahn der whar, denn schal he den vorkoiper alsofordth darby heischen vnd lûde darby nehmenn de deß vorstandth hebben. Seggen ße denne,

dath jdt nicht kopmans whare en sy, vnd de vorkoiper de ware nicht wil weddernehmenn, ßo mach he ohne darvmme beklagen.

Vorßameth jemandth syne whare ßlucet vnd ße 94 who vorberôrth nicht besichtigen ledth, vnd den vorkoiper dar nicht by ehn nympth, vnd wen he bethalen schal ersten jnrede maketh: dath mach ohme nicht helpenn.

Warynge deß perdekoipes schall me ßick hol- 95 denn nha vthwiesynge vnses stadtrechten. cxxxvii,45

XII   Vaun borgenn.

96 **Wenn** eyn borger vhor den andern loueth, so schal de lôuiger den sakewoldigen erst vthklagen mith stadtrechte. Kan he denne van dem sakewoldigen nicht betalth werdenn, so schal ohme de borge dartho anthworden.

Loueth ein borger dem andern, vnde de borge 97 vorsterueth jn der borgeschop, syne kynder effte erfuehmer môthen dartho anthworden, dath were denne sake dath jd ju der borgesschop anders besproken were.

XIII   Van den fronebodenn.

98 **De** fronen schûllen tho dem gerichte schweren vnd ju ohren eidth nehmen, dath ße de darden klage vnd den eygendhom vnsen borgern willen sûluest personlick thoseggen vnd dar nemande jnne verschonen vmme gelt edder geldes gewerth, vnd dath se des rades heymelicheidt schwigen willen weß mith den fangen vorhandelth werdth,

vnde den fangen nicht vorhen anseggen wen de heren willen tho ohne khomen, vnd dath ße ßick nicht ouerdrincken wen ße tho den fangen ju pynlichen saken ghan willen, vaand richten ßick nha ohren heren vnd vôgeden, weß de ohne beuelen dath ße dhon dat vnd nicht wyder.

XIV   Van broiken.

99 **Whe** jnsprake deyth vhor dem gerichte jn eyn erue effte lins vnd der jnsprake nicht fulkhomen kan, bricketh lx ß nige.

100 **Welcker** borger dem andern ein erue vorleth vhor gerichte vnd ohme deß nicht geweren kan, bricketh lx ß nie.

101 **Whe** dath gerichte schilt vnd wedderspricket

wath de richtehcren vnd vogede vordragen hebben, bricketh lx ß nie.

Welck borger den anderen vmme dûfe vhor 102 gerichte anspricket edder ahn syne eehre schel- vii. cxxxvii,58 det vnd des nicht fulkhomen kan, brickt lx ß nie.

Whe den broiken jnbringen schal vnde deß 103 nicht dhoin will, bricketh veir ß nige.

104 **W**he eyn den anderen legen hedth vhor gerichte de bricketh veir schillinge nige.

Wem de voigt van gerichtswegen stille schwi- 105 genn hedt vnd des nicht en deit, bricketh my β nie.

XV Van dem hergewede.

106 **W**elck man ein hergewede fordern wil, vnd dath gerichte der frundschop nicht bekenmich yf, so schal de dath herwede thein wil de sybsechop bewiesen, vnd schal dath sulfdarde thon heilligen schweren, dath he de negiste vnd oldeste schwerdtmage sy vnd neyn neger.

107 **W**en eyn knecht hir deinde dem ein hergewede angestoruen, vnd syne sybschop bewiesen konde wy vorsteith, de mach dath thein, ouerst de dridde penning blifft by dem gerichte.

108 **W**en ein man vorsterueth vnd ein herwede hindar fick ledth, vnd dem dat hergewede van rechts wegen gehoren wolde wonde ahn der stede dar me jd nicht hen en geue, vnd ein ander vnser borger dem [1] euenbordigh were: de mochte dath hergewede thein. Is de ohne nicht euen-

$$\left\{\begin{array}{l}\text{vnder v marck} \\ \text{ouer v marck} \\ \text{bouen c gulden}\end{array}\right\}$$ js de sake schal dem vndergericht ja $\left\{\begin{array}{l}\text{my} \\ \text{x} \\ \text{lx}\end{array}\right\}$ β nie to broke verfallen syn.

112 **W**er fick auer vam vndergerichte ahn den gemeynen radth beroipt, de schall de klage vnd anthworde thosampt dem gesproken ordel schrift-

hordigh, so mach he jdt nicht thein.

De erfame radth sueth vhor rechtmetich vnd 109 schicklick ahn, dath de richteheren vnd vogede de ordel fuluest gefunden vnd gefelleth, also de by vnd vmmestande borger myth ordel tho findende vnd jnthobringende vorschoneth hedden.

Radth. radesschworen. gyldemestere vnd houet- 110 lude hebben eyndrechtichlicken bewilligeth vnd vorlathen, dath nhw henforth de vogede vnnd richteheren de ordell fuluest sellen vnnd vthspreken schollen. Actum vp dem Nigenstadt rathhuse sonnauendes nha dem sondage Inuocauit anno xv[e] vnnd jmme drevnddruttigsten jhare.

Szo jemandth fick vam vndergerichte vhor den 111 gemeinen radth beroipt vnd jnn der sake vnrecht befunden werdth: lick thom negesten gerichtsdage vhor den erbaren rath bringen, by vorlust der sake.

1533
Mie 8.

CXXXIX ECHTEDING.

Das Echteding vom 22. August 1532, mit welchem der bei No. CXXXVII besprochene Codex abschliesst, zeigt gegenüber der Redaction des 15. Jahrhunderts bedeutende Umgestaltungen. Zunächst in seinem Bestande. Von den 179 Paragraphen dieser ältern Redaction ist nämlich die grössere Hälfte, 93 Paragraphen (§§ 12, 15, 17, 18, 23, 28, 36—38, 41—44, 46, 47, 51, 57— 60, 67, 69, 70, 74, 80, 83, 86—88, 94—97, 100, 108, 111, 113—117, 119—128, 130, 132— 140, 142, 145—155, 157—161, 165—179) gänzlich beseitigt, die beibehaltene kleinere Hälfte grossentheils mehr oder weniger abgeändert, dieser derart verminderte Grundstock dann aber durch eine überwiegende Masse neuen Stoffes wiederum angeschwellt. Ein Theil von letzterem ist nachweislich, wennschon ebenfalls unter grösserer oder geringerer Abwandlung, anderweit bekannten Stücken entlehnt. Dahin gehören die bis dahin nur in Form von Eiden oder als beiläufige Anweisungen für die Eidleister vorhanden gewesenen Normen in §§ 37, 88, 90, 134; Verfügungen aus der gegen Ende des 15. Jahrhunderts erlassenen Brautgelagsordnung sind in §§ 33, 44, 46, 49 übergegangen; dem Stadtrechte von 1532 sind entnommen §§ 11, 159, 183, 184, 185, 195, 196, während in

---

1) In der Handschr. d e dem.

§ 197 Vorschriften des Stadtrechts von 1401 auftauchen, welche sich in dessen jüngerer Redaction nicht mehr finden. Neben den Bestandtheilen dieser Art endlich eine Reihe von 95 hier zuerst begegnenden Paragraphen. Schon dies Ueberwiegen des Neuen bringt es mit sich, dass das Echteding von 1532 mit dem von 1401 zweitens auch in der Eintheilung fast nirgends mehr übereinkommt; zugleich aber lässt sich hierin der Versuch einer sachgemässern Anordnung nicht verkennen. Daher denn nicht nur die Mehrzahl völlig neuer Capitelüberschriften: auch wo frühere vorkommen, sind sie nach Verwandtschaft der Gegenstände zusammengefasst, und während das Stadtrecht von 1532 das seinem Vorgänger Entlehnte meist wenigstens gruppenweise in der alten Ordnung vorführt, finden wir hier die analogen Bestandtheile nach allen Richtungen versprengt.

Hirnha volgeth dath echteding, am jare vnd dage als dat stadrecht vorleuet vnd angenommen.

I Van goddeslesteringe.

1 **D**ewile goddeslesterynge vnchristlick is, kan men der nicht vordulden, vnd will dejennen ßo goddes wordth lesteren, erstmhall gůdtlicken vormanen daruan afftostande: whur denne neyne vormanynge by denßůluen¹ wolde helpen, schůllen ße, whur se des ouerwunnen, vth der stadth voruesteth werden.

II Van sacramenthschendern vnde wedderdöpern.

2 **R**aidth, radesschworen, gildemestere vnde houedtlůde hebben ßick voreynigeth: nachdem mennichlick durch Swingels schriuenth tho schwarem² erdhom des hoichwerdigen sacraments des lyues vnd bloides vnsers erlosers Jhesu Christi werdth bewogen, vnd ock de erdhom der wedderdoipe mede jußalth, dardurch vhele harten der mynschen tho eynem mißgelouen gebracht werden: dem vhorthokomende jß beschloten, dath nehmandt sodanen twen secten anhengigh alhir bynnen Brunschwig henfurder schal geleden werden, vnd so jemandth darouer worde befunden, he were borger, juwoner, jnkhömelingk, loiß effte handtwerkesgeselle, den wil ein erbar gemeine radth darvmme beschuldigenn: dar he denne darvan nicht wolde affstan vnd ßick lathen wiesen, wen he eyn mhal darvmme were vormaneth worden, scholde hir nicht geledenn vnd mith einer vestinge vorfolget werden.

III Van twidracht, sampninge, reißeriden vnd dörschlapen.

3 **W**e twydracht maketh twischen der herschop vnd der
LXII, 1 stadth vnd twischen dem rade vnd gilden, edder twischen dem rade vnd der meynhelth, syn lyff vnd gudth steith jn deß rades handth.

4 **I**dth schal neymandth sampninge maken heymelicken
LXII, 2 des dages edder nachts ahne des rades wytschop, by lyue vnd by gude, dar der stadth schade möchte af khomenn.

5 **N**ein vnser borger schal reise ryden dar de stadt mochte
LXII, 3 van tho schaden komen, efft sick jn frommede bestellung vtherhalue der stadt begeuen sunder des rades witschop, by them marken.³

Weme de raidt beueleth vp dem dorc tho schlapende, 6
de schal dar sůluest vppe schlapen edder schal einen be- LXII, 89
quemen borger darup senden vor sick, jß ohme dat echte noidt benympt, dat dem rade bedůnketh dar ße mede vorwardth ßin. In kriges noiden schall de burger suluest waken. We des nicht en dede he scholde dem rade jo vor de nacht twey schillinge geuen.

---

1) 1401: *In der Hs.* demßůluen. 2) *In der Hs.* schwaren. 3) dar — marken *von andrer Hand nachgetragen.*

IV Van erue, veltgůdern, tinße, lifftucht vnd truwloiße.

7 Whe ein erue vorkoifft de schal des ein ware wesen, by eyner rhestinge, vnd deß geliken des tinses.

8 Idtb schal neymandth erue vplaten noch neynerleye geld darahne ßuder vhor dem rade vnd voigeden openbar tho rechter dinghtidthdogen jn gerichte, vnd de alßo ein erue edder tinß darahne vorleth, schal jn eigener person vhor gerichte komen vnd de vorlatinge doin, jdt were denne dath ohme sodans echte noidt beneme: ßo mach he durch synen fulmechtigen dath erue edder tinß vhor gerichte vorlathen, jedoich dath alßdenne de also erue edder tynß durch synen fulmechtigen vorleth vor gerichte namhafftich gemaketh werde.

9 Whe ook einem anderen syn huß, hoiff edder garden vnd gudth vorpenden edder vhor eyn vnderpandth insetten wil, de schal allerleye bedroich vnd hinderlist tho vorkhomende de vorpendinge also jm gerichte jn dath richteboick schriuen laten, vnd scholen de personen who vorberört hir jegenwordich ßyn.

10 Wht geldth koifft ahn synes anderen erue, de schal dath schriuen laten jn der stadth boick wodanewiß he dath koipe, edder jd schal nicht byzden, vthbescheiden eruetins vnd wordttynß vnd tins den me bouen dryttich jhar jn vpnahme ahne wedderspracke gehadth hedde; he edder de synen de bleue by syner gerechticheidth. Ock schal me segel vnß brefe holden.

11 Neyn vaser borger schal des anderen angefelle edder gedinge dath he jn synen lehnschen werea edder darahn he du sumbde bandth edder sixtendth mede vorsamelinge vnd de lehnynge hedde, koipen vnd ahn ßick bringen ane synen willen. Whe dath dode, deme schold me folgen mith eyner rhestinge.

12 Whe eyn erue vorkoifft edder vorgifft ane deß rades vixaschop, dar der stadt erue plicht mede afgeidt, dath erue boß he touoren vorloren, vnd me schal ohme folgen mith eyner rhestinge.

13 Whe tinß edder gůldt hedde ahn cines anderen erue

de he vorkopen wolde, deß js neymant negger tho geldende wen de de dar de betheringe ahne beß, ßuder de raidth is dar negger tho der stadt behoiff. Wen ock ein ander tinß also vorkoifft, vnd vor gerichte schal vpgelathen werden, so schal de de betheringe am erue hefft ock vhor gerichte geforderth, vnd also de tinß mith synem wetthen vorlathen werdenn.

14 Whe hir ein huß hedde dar ein ander tyns ahne hedde de schal der stadt, syck ßßoen vnd den tinßheren tho gude dath huen jn betheringe holden. Whe des nichs en dede vnd dath hues vorseißtucken vorargherde mith vthbreken, mith lake edder anderer vorstmenisße: kheine dar klage ouer, de raidth wil ohne voruesten.

15 Welck vaser borger edder borgersche jemande anders tins gift van synem huse edder andern gůdern de tho wickbeldes rechte liggen wen vasen borgern edder borgerschen edder den de der stadth plicht daraf doin, de schüllen dar gudth vhor syn, dath dem rade syn schott daraß werde, ahne dath gefrieth iß, by x marcken.

16 Neyn vaser borger edder borgerschen schüllen lifgeding koipen ßuder by deme rade, so en doin duscht denne mith wettsen des rades. Wenthe de radth wil dejennen dede by ohne gůlde koipen, daran wol vorwaren. Whe dith vorbreke scholdu dem rade x margk geuen.

17 Wor eine frouwe edder jungfrouwe beradon worde mith lifftucht de ohr nha ohres mannes dode folgen vnd bliuen scholde: ginge de man aff, also dath he kinder hinder ßick lethe, vnd he neyn testament en dede edder neyne ander schedynge de dem rade witlick were, so scholde de frowe mith dem dath ohr bescheiden mit den kindern vorscheiden wesen, jedoich dat de frowe nha ohres mannes dode, he hedde eyn edder nein testamenth gemaketh vnd dar weren eruen edder neyne van ohne beyde geboren, de macht hebbe by ohrer besproken lifftucht tho bliuende edder de helifte der lifftucht tho voranderende vnd daruor de helifte ohres jngebrachten brudtschats

1) 1401: vorkofft an synem erue. 2) CXXXVI, 145 und LXII, 24: gudos angefelle. 3) 1426: dat wolde de rad richten alse dat oldinghen desser stad recht vnde wonheyt ghewesen is. 4) Ausgelassen, dem ersten Zusatse entsprechend: In der sulwen wise schal me dat holden mit den gherdenoren, de tyns genan van den garden. 5) Ausgelassen de bodeghadinghet werde.

vth ohres vorstoruen mannes reidesten güderen ahn barschop edder an weddeschatte, vnd de anderu helffte ahn derßölßten besproken lißlucht to beholdende.

18 **O**ck schüllen alle ehestichtinge de nicht dorch de parthe vorsegelth, jn dath stadtboick jn den wickbelden dar se jnne besproken, vorteickenth werdenn.

Whe eine frowen edder jungfrowen enwech foirde ahne 19 der frände willen, ohr erue schal me ohr nicht folgen LXII 10 lathen, vnde me schall ohne folgen mith einer vhe- slinge.

Whe dom andern vmme eine truwloißte ansprickoth 20 vmme echteschop, deß he nicht fallenbriagen kan mith LXII 11 reohte, he sy frowe edder man, deme schal me folgen mith einer vhestinge.

V Van kledingen, brudtlechten, czirode vnd leddigen frowen.[1]

21 **N**ademe de frowen alhir eine tidtlangk jn oh- rer zcyringe ouermetigh gewesen syn, schullen ßo forthmer neine gülden noch süluern halßbande noch klein edder groth vmme ohre helse dra- gen, sünder an örem halßgolde, gülden edder ßüluern kedenn, dede xxx goldgülden vnd nicht dar enbouen gewerdth sy, schüllen se ßick by der pene twier margk benoigen lathen. Wolden se ock mehr van perlen, golde edder süluer weß jn ohren helsen dragen, dath alles scholde bouen viff margk pennige nicht gewerdth syn. Ock schüllen se neyne kedden ahn ohren helßen dragen dede vorgüldeth synn.

22 **D**e frowen schüllen vorthmer neyne perlde horst- doyke noch perlde röcke van perlen edder sül- uern perlen dragen. Deßgeliken scholden ße de syden roeke vnd vnderröcke van dammaschk, kammeloth, athlaß, zindel, sieden, setthenyn aff- leggen, ock de menne vnd de frowen den sam- mith van ohren hoicken vnd rocken afstellen, by broicke v nige ß, vthbescheiden de horger- mester, der stadth thonn eehren. Jodoich fro- wen vnd jungfrowen mögen sammith tho den borstdoicken vnd kolren to besettende, ock sam- mitskoller bruckén vnd dragen.

23 **O**ck mogen de frowen vnd jungfrowen syden borden dragen, de schüllen ouerst bouen twey marg penninge mith dem schmide nicht gewerdth wesen.

Ock schollen de vatinge vnd dwerkedden afge- 24 lecht syn vnd hirna nicht mer gedragen werden.

Ock schüllen de frowen nicht mer wen eyn 25 span edder eine brätzen dragen to einer tidt, vnd dath span schal bouen xxv rinsche gülden nicht gekosteth hebben.

Alle hoycken mith spangen, schmide vnde foi- 26 der schüllen ock afgelechtt vnd hirnha nicht gedragen werden.

Ock schüllen de frowen henforder neyne span- 27 gede rocke dragen.

Ock schal neine jungfrowe jennigen krantz dra- 28 gen de beter sy wen drey marg pennige, vth- bescheiden de fingeren: de schal me dhar nicht mede jnreyken. Vnd düsse jungkfrowe scholde jho tein jhar olth wesen, vnd de fingern schol- den ohres vaders, ohrer moder, edder ohr eigen syn, vnd de fingern scholden de jungfrowen nicht dragen, ße weren vorloueth. Ock schal se nicht mer den eyn span vhor dem krantze dragen. Whe an düsser stücke welck broighafftich worde de scholde dem rade jho vhor dath stücke dar he hroickhafftich ahnne worde ein punth niger pennige geuen ßo vaken he deß vormeldet vnde ouerwunnen worde.

VI Vann brudtlechten.[2]

29 **A**uendtkoist tho holdende schal einam jdern fry syn, vnd whe auentkoist wolde holden, scholden brüdegam vndt brudth mith ohren fründen twi- schen Gallen vnd Walborgen dage des auendes tho veir sehlegen, vnd van Walborgen wenthe tho Gallen dage tho viff schlegen jn der kercken

1) *Am Rande von der Hand des Nachtrags zu § 5:* Dusse vnd de nafolgende artikel van brutlochten syn verän- dert. 2) *Am Rande von der erwähnten Hand:* je verändert.

erschienen vnd Pick aldar eeliicken lathen vor-
truwen, dar alßdenne eyne korthe christliche
vormaninge mith goddes worde vam eehstande
schall werden geholdenn.

30 **Brudth** vnd brüdegam schollen ock den win-
ther vhor viff schlegen vnd den sommer vhor
vi schlegen vth der kerckenn wesen, vnd schol-
de ock dat taffelaken vor negen schlegen syn
vpgehouen, by pene v nie ß.

31 **Ock** mach de brudth der spelltide, wen se tho
vnnd van der truwe geidth, woll gebruckenn.

32 **Whe** myddageskoist holden wolde, so mach de
vortruwyngbe ock wol des sondages nha der
oommunion edder vp ander dage jn der kercken
gescheen nha vorbeschreuener wiese, dath de
brudth vnd brüdegam tho tein schlegen vhor
myddage mith obren frŭnden jn der kercken
ßin vnd vhor xi dar wedder vth, vnd dath tafe-
laken schal ock des myddages vhor twen slegen
vpgehouen wesen, by pene v nige ß.

33 **We** eyne frowen edder jungfrowen thon eehren be-
LXII, 15 ;ßdth, de vnd ohre frŭnde schollen den brŭdegam
nicht mehr geuen edder senden wen ein par lynen
kleider.¹ Vnd was de ohme dartho gifft edder son-
det dath en schal bouen eine marck nicht werdth
wesen,² by pene einer margk.³

34 **Wolden** se ock hirtho des brödegams frŭn-
den vnd gesynde jchtwes geuen edder senden
van der hoichtiidt wegen, de giffte alle schüllen
bouen achtehalff punt nicht werdth wesen, by
pene x nige ß.

35 **Wolde** ock de brodegam bouen der gifte de
he der brudth gesandth hedde, ohren elderen,
süstern edder broidern, oren frŭnden edder ge-
synde jchtwes geuen edder senden, dath alle
schal bouen xv punt pennige nicht werdth syn,
min möchte dŭth alle wol wesen, by pene eines
nien pundes. Vnd dŭsse giffte schüllen jn der

brudth vnd brodegams husen⁴, ouerst nemande
dar buten gegouen werdenn.

36 **Dath** luckebedenth⁵ der brudth mith der na- 36
folgenden gesterie des auendes schal genßlicken
aue syn. Doich möchten de brodegam veir vnd
de brudth ock veir personen to seck bidden.⁶

Ock schall dath brudthbedde tho makende mith 37
der gesterie de alßdenne schlŏth genßlicken aff-
gestelleth syn.

Dath hymmeth dath de brudt dem brodegam 38
gifft thor brudtlacht schal mith perlen, ßŭluer
effte golde vhor der borst nicht gestioketh syn.
Ock schŭllen der de menne edder frowen vorth-
mer nicht dragenn.

Men schal ock deß myddages vor teynen vor 39
dem huse der wersschop drey mhal vpspelen,
vnd wen dath tein hefft geschlagen de maltidth
begynnen.

Tho den brudtluchten schal me nicht mehr hebben als 40
veßtich par volcks, twolf jungfrowen, twolf drosten CVI. 1
vnd nicht mehr, by v ß jo vhor den ouerigen myn-
schen to geuende. Wil jemandth weniger hebben,
dath steith by ohme. De geladen geste⁷ de van
butthen her khomen mith ohrem gesynde tho der
wersschop⁸ gaa ja dŭsse bröke nicht. Vnd me mach vgl.
vp den middagh, wen de brudth jß jn der ker- CVI. 4
cken gewesen, drey edder veir gerichte spisen vnd
nicht dar entbouen, sŭnder wildtbrath vnd fischke
vnd watterleye beyr vnd wyn malck wil schen-
cken. Wolde me ock byrichte hebben, de schŭllen CVI. 5
gebacken syn: der schal me nicht mehr als ein
edder thom meisten twey hebben. Whe dŭth
vorbroike scholde dem rade vyff margk geuen.
Wolde jhemandth kese vnd frŭchte dartho geuen, schol-
de by ohne stahn. Ouers vp den auendt des fŭllf-
ten dages schal me drey gerichte vnd dar nicht
enbouen spisen, dartho watterleye beyr malck
will, vnd neynen wyn schencken, vnd dath taffe-

---

1) 1401: de en schal seymŭude mer geuen sunder dem brodegamme, vade syuem vadere, vnde zyner moder vnde
den de in das brodegammes hus wonhafftich syn, vnde synen broderen vnde syuen susteren de hir in der stad
wonhafftich syn: gordele, bŭdele, vnde lynene kledere.   2) *Ausgelassen* vnde de brodegam en schal ok seyne
vorkost don.   3) 1401: We dat anders heide de scholde dem rad viff mark geuen.   4) *Vgl. Note* 1.
5) geschenecke des lŭckbedens: *Corrcctur der spätern Hand am Rande.*   6) de brodegam — bidden
ausgestrichen indem von der spätern Hand dafür gesetzt wurde: thom geloiffte myt drosten, junckfrowen tho
xxviij par folcks geste hebben.   7) CVI, 1: Dat geainde der geladen geste: *vgl.* LXI, 240 vnd 250.
8) *Ausgelassen* de mochte de brodegam in syuem huse lateu spisen.

42

laken schal ock deß sůlfften auendes vhor ıx slegen vpgenohmen wesen, by pene x ß.

41 **D**e auendtdantz tho den groten kôsten schal genßlicken afghedhan vnd henforder na der myddageskoist vp dem radthuse geholdenn werden.[1] Vnd de brudt schal des nhamiddages tho dren slegen tho radthuse ghan vnd vhor sössen des auendes dar wedder van mith fründen jn dat hus der wersschop gan.

42 **D**eß nhafolgendes dages wen de wersschop jß geschein mach men tein parr folckes vnd sôß jungfrowen vnd sôß drosten hebben, als tho veer veirkanden discken hörth, by pene v ß nige vhor den ouerigen.

43 **V**nd de brudtdantz schal genßlick afgedan syn myth dem kerckgange.

44 **O**ck schal henforder de brüdegam der brudt neyne paternoster geuen van sůluer edder korallen.

45 **O**ck schal me tho den brudtlachten nemande vthsenden,
CVI. 2 noch koist edder gedrencke, noch fründen[2] edder frommeden, wen düssen nha beschreuen personen: den schal me gelth daruor geuen. Als nômelick de de groten spellůde hebben[3] de schüllen hirvhor dem oppermanne, dem tornemanne, dem herde vnd froneboden eynem jtlicken negen penninge, auer de de grothen spellůde nicht en hebben[4] schüllen dűssen vorgenanthen personen veyffschaluen penning geuen vnd dem scharprichter nj pennige.[5]

46 **O**ck schüllen de köke vnd schlüter ahn koist vnd ahn gedrencke nicht vthdragen noch vthdragen laten, by x ß, vnd ße schüllen syck truwelick bewiesen nemande dath syn tho entfrommende: whe des andropen werdth, den will de

raidt darvmme straffen. Vnd men schal ohne ohr schlichte lohn geuen ahne hemmede. Whe důth vorbreke schal jo vhor dath gerichte dath he vthgespiset hedde dem rade x ß geuen edder ßick entleddigen mit synem ehede, dath he nemande vthgespiseth hedde. Doich hefft de brodegam macht twier richte tho spisende.

47 **O**ck schal de brudth edder de brüdegam noich neyn obCVI. 5 rer frůnde welck edder neyber deß myddages noch des auendes tho der wersschop neine andere geste hebben dath der brudt edder dem brüdegam gelde edder ohne tho willen, wen als de vorgeschreuen, einder argelist, by v ß nige vor den ouerigen personen tho geuende.

48 **O**ck schal me neyne spellůde mehr setten edder vorLXII. 14 senden den vife.[6] Whe důth anders heilde de scholde vhor jowelcken spelmann vnd mynschen v ß geuen ahne gnade.

49 **W**elck spelman van butten her jn de stadt gesandt LXII. 16 werdt, dem schal me nicht mehr geuen wen v ß?, by eynem punde.

50 **W**en de wersschop geschein iß, so schall de raidth des CVI. 7 wickheldes dar de brodegam juno wonet bynnen den ersten xin dagen nha der wersschop den brodegam vorboden laten by dem burmeistere vnd ohne dűsse artickel lesen laten vnd ohne fragen, wher he důth also geholden hebbe. Vnd wath he deß bekendt, dar vhor schall[9] he de broike geuen, wes he des ouer vorsaketh, deß mach he ßick mit synem eyde entleddigern.[10] Wolde he syck des ouers mith synem ehede nicht entleddigen, ßo scholde dejenne ßo tho radthuse horde vnd de groten spellůde hedde eine marg, vnd de tho raidthuse nicht en hörde vand de grothen spellůde hedde eyne halue marg dem rade geuen.[11]

VII Van den vntüchtigen wyuern.

51 **D**e vntüchtigen frowen de openbar ein vnerlick leuendth foiren schollen neine korallenschnöre, sůluerwerck, voderde suben, noich arresche hoy-

ken, noich neine syden röcke, noich syden vnderrocke nedden myth syden ringen, noich jenigh ander kleidth dath mith syden besettet js dragen

---

1) werden fehlt. 2) In der Handschr. fründe. 3) CVI, 2: deyenne de brudtmissen laten holden. 4) CVI, 2: deyenne de neyne brudtmissen laten holden. 5) Ausgelassen vnde den calcanten vppe de orgellen juwelkens eynen penningk vnde darto eyn gudt vedt wekebrodt. 6) 1401: sunder nehte. 7) 1401: eyn lot. 8) Ausgelassen vnde brudtanixe. 9) schall fehlt. 10) Ausgelassen ane gnade. 11) § 50 durchstrichen, darüber von der spätern Hand Mutatus articulus.

openbar vp der straten, sûnder ße schüllen kor-
the wandeshoicken vp ohren höueden dragen.
Whe dûth vorbreke vnd anders heilde, den schül-
len de marghmester sodans nehmen. De kle-
dinge[1] mogen ße van dem rade loisen mith v ß,
sünder dath geschmide schall by dem rade bliuen.
52 **De** rath wil ock den vntuchtigen wyuern de
hir befunden worden[2], vorboden vnd dath se
ßick ohres vntûchtigen leuendes entholden, ßick
beteren edder thom ehestande gripen mith ern-

ste anseggen lathen. Who ouerst de ßülßten
wyner sodans vorachten vnd in orer vntucht
vorharreden, vnd dar wyder klage ouer keme,
de wyl men vth der stadth vorwisen vnd hir
nicht lieden.
Who ock eewyuer de anders whur ohre echten 53
menne hedden vnd van ône sünder redelicke
oreake weren befundenn worden, de wil de
radt hir nicht liden besünder vth der stadth
vorwiesen.

VIII   Van inopperende der kinder.

54 **De** artickel[3] van jnopperende der kinder[4] schül-
len genßlick vpgehouen vnd afgestelleth syn.
Ock schal henforder nein borger syne kinder
jn ein kloster geuen. Who ouerst jemandth
dûth vorachten vnd hir enbouen syne kinder

jn eyn kloster geuen edder jncleiden worde, de
schal dem rade vif pundt tho brocke geuen vnd
dath kyndth wedder tho sick vth dem kloster
nehmenn.

IX   Van döpen vnd vaddern.

55 **Whe** ein kyndth döpen ledth de schal tho des kin-
LXII, 147 des vaddern nicht mer wen achte[5] lüde hebben tho
gaste tho der tidth alß men dath kyndth gedoßt heßt,
by v ß jho vor den ouerigen mynschen tho geuende.
56 **Ock** schüllen vnse borger noch borgerschen nicht vad-
LXII, 148 der werden butten der stadt. Whe hir enbouen dede

de scholde dem rade drei margk gouen ahne gnade, eth
were denne, dath ße rede weren vp der stede dar me
dath kindth döpen scholde, vnd tho der tidth denne
tho vaddern beden wordenn: dath mochten ße denne
dhon ahne broicke, so forder se durch den willen nicht
gekomen weren.

X   Van testamenten.

57 **W**elck vneer borger edder borgerschen ohr testamente
LXII, 81 settet, walth de jm testamente vorgeuen dar der stadth
ohr plicht mede afgeith, vnd ock wath van testamenten
edder van erflais wegen butten[6] de stadth keme, deß
schal de dridde penning by dem rade vnd der stadt bliuen.[7]
58 **W**elck vnser borger edder borgersche andern weme syn
LXII, 82 testamenth beneleth wen vnsen borgern edder borgerschen,
dath schal neyne macht hebben, wowol dath jd dem
rade geanthwordeth were.
59 **Whe** ock ein testament maketh de schal ey-
nen haluen verdingk thom weinigsten geuen tho
wegen vnd stegen ju dem wickbelde dar he jnne
wohnet. Wil we mehr dartho geuen, schal by

ohme stan. We dûth vorßümede, dar schollen
de vormündere dem rade tho anthwordenn.
Wen ein borger edder borgersche by suntheit 60
lyues ohr testament by den radt des wickbel-
des dar de jnne wohnet bringeth edder dath
wedder haleth, edder wen eyn krancke syn testa-
menth twen radespersonen oueranthwordeth, ßo
schal de dach jn welckerem sodan testament
by den radth gebracht edder wedder gehaleth,
alsofordth jm ßülßten wickbelde durch den scri-
uer vorteickendt werden. Vnd de twey rades-
personen de also van eynem krancken ein testa-
menth gehalet, schüllen alsofordth deß ßülßten

---

1) *In der Handschr.* kleinudinge: vgl. CXLII, 26.   2) *In der Handschr.* befunde: worden *fehlt.*   3) *In der Handschr.* artiker.   4) LXII, 17.   5) 1410: vj.   6) *In der Handschr.* butter.   7) *Ausgelassen* vnde dath schal de rad keren in der meinen stad vnd.

42*

edder jho gewißlicken des andern nachfolgenden
dages sodan testamenth by den radth ohres
wickbeldes bringen. Vnd de testamente schül-
len also mith vlithe bygelecht vnd vorwarth
werdenn.

61 Wen twei radespersonen van eynem krancken
ein testamenth tho halende geforderth werden,
ßo schüllen ße tho dem kranken ghan vnd ohne
fragen, wer sodan syn testamenth sy. Who
denne de krancke vornüfftigh syner synne mith

vorstendigen vnd bescheidlicken worden dath so-
dan sin¹ testamenth were seggen wörde, ßo schül-
len de rade ßherendath vorschluten testamenth
vth deß krancken haudth entfangen vnd by den
raidth bringen.

Ock mach ein jder syn testamenth ßäluen schri- 62
uen edder durch deß rades scriuer dartho ßönder- LXII. 163
licken vorordenth vnd ohre eyde gedhaen, schri-
uen lathenn.²

XI Van grafft vnde viren.

63 Wen eyn mynsche sterueth deß nachts edder deß dages
LXII, 144 vor myddage, den doden lycham schal me jho begrauen
deß ßüluen dages. Steruo anerst de mynsche deß dages
nha myddage, den licham schal me jo begrauen alß me
ersten könde deß anderen dages vhor myddage,
jdth kheme denne frost des winters: so schal me ße be-
grauen alß me erst kan.

Den sondagh vnd de andern hilligen dage jn 64
vnser ordenynghe vthgedrücketh vnd genömeth
schal me vyren, vnd de singelen vhor den do-
ren schüllen denne geschlaten syn, alßo dath
dar neymandth eher de sermon vhor myddage
endigeth iß vth edder jnfhare.

XII Van dem gerichte, eden, anfangen der perde.

65 Neyn vnser borger noch borgersche schal den andern
LXII, 19 laden noch laden lathen vhor jenigh recht, ohne en
werde bir erst rechts broick vhor dem rade edder
vhor den vogeden, by x marcken. Heft ße der nicht,
he schal der stadt so lange enthberen wanthe ße ße geue.

66 Jowelck man schal ßüluen anthwordenn vhor den vö-
LXII, 20 geden, bekannen edder vorsaken, vnd nemandth van sy-
nentwegen, jdth benehme ohme sunsi liues noidth.

67 Whe eynen meyneidth schwore vor gerichte,
deß me ohme auerghan könde mith dem rade
edder dem gerichte, dath wil de raidt richten
CXXXVII,35 nha vormöge vnses stadtrechten. Hir mach ßick
malck nha richten vnd darvhor wetten tho wa-
rende.

68 Whe vhor gerichte vorbodeth werdth de schall vor-
LXII, 21 komen. En deyth he deß nicht tho der dridden klage,
offt ohme dath neine echte noidt benehme, ße schal der
schuldth vorwunnen syn. Kompt he vhor vnd bekenneth,

ßo schal men ohme syne dage holdenn, vnd de radth will
dath so forth holden als de proces des vndergerichts CXXXVIII,
solchs wider vormeldet.³ Whe deß nicht en weith 12 g.
de ßelbe ßick deß de richteharen leernn.

Ock schal neymandth vhor den radth noch vhor 69
gerichte ghan de eyne sake dur hedde men sülf
voirde, by twen schillingen jho vhor den oueri-
gen mynschen tho geuende, vthbescheiden gil-
demester van der gilde wegen, höuetlüde van
der meynheidth wegen.

Weme de radth boden schicketh ße schal ßäluen 70
khomen ahne ander boden, by tween schillingen. LXII, 22

Welck guet wil ein perdth anfangen, de schal sodane 71
kunthschop dartho hebben, dath me ohme geluen geuen LXII, 53
moge dath he recht do. Ock schal he vorwissen, dath⁴
dat perdt so he anfangen wil ahne nicht sy afgegan jn
eynem openbaren ordell⁵ edder veydde.

---

1) sin *fehlt*.   2) 1407: edder eynen anderen scriuen laten de in dem sittende rade were eder to dem rade ge-
sworen hedde, eder des rades gesworen scriuers. Ok so mach eyn synen sone eyn testament scriuen laten etc.
3) de proces — vormeldet *von anderer Hand auf offengelassenem Raume hinzugefügt*. 1401: eine se dar af
gescheiden syn.   4) dat *fehlt*.   5) 1401: orieghe.

333

XIII Van den herden vnd queke.

72 Idth schal nemandth einen þünderlicken herde hebben
LXII. 34 de ohre boidtlinge hebben, hy viff þ, vthgesecht
de knokenhawer mögen jn jöwelckem wickbelde
eynen herde hebben de ohre boitlinge hoiden de
se hir the der scharne schniden willen. Doich
schal ein jowelck nicht mer vordriuen alß þe
deß nhw thor tidth by syck einigh syn.

73 Doich whe schape hir jn de stadt bröchte, de
mochte he veirthein dage tho selde driuen vnd
þünderlick hoiden lathen. Whe düsse tidth nicht
en hoilde de scholde vhor jöwelck schap, þo
vaken he darvmme bedinget vnd betreden wor-
de, vorboiten mith nj brunschwickeschen pen-
nigenn.

74 Ock de schape de men hir jn den frien mar-
ckeden tho koipe broichte, de scholen bouen
achte dage vp der stadt weide nicht gedreuen
werden, se werden vorkoifft edder nicht. Deß-
geliken whe hir schwyne tho marcke bröchte,
de schüllen bouen achte daghe hyr vp der stadth
weide nicht þünderlicken to felde gedreuen wer-
den, by dem vorgeschreuen broicke, als vhor jß-

lick höueth nj d. Vnd whe þo boitlinge, schape
edder schwyne sünderlicken wolde hoiden la-
then, þo vorgeschreuen ja, de scholde dar whene
by schicken de de hödde, so dath þe nemande
schaden deden vp dem synen.

Whe schwyns heßt de dryftich syn, de schal he vhor 75
den herde dryuen lathen wan de berde üryßt, edder LXII. 35
de beschütten. Vindth men se vp der straten nha der
tidth, de radth wil se panden lathen jho vhor dath
schwyn einen penning.[1] Schüeth ock den schwyner
schade, men schal dar neyne noidth van lydenn.

Ock schal neymandth bouen drey dage vp der 76
stadt weyde perde, ossen edder koige hoiden
edder dryuen lathen. Whe dath ouertrede de
schal van jöwelckem höueda dem rade nj nie ß
tho broicke geuen.

Whe buthen der stadth vehe koifft dar he rede geldth 77
vor loueth: queme dar klage ouer, dath he deß nicht en LXII. 36
gilde, jn xltj dagen nha der klage schal me ohne
folgen mith einer vbestinge.

Whe den butlen edder beren vthdrift na klocken, 78
dar he jageith, de schal dem rade v þ geuen. LXII. 83

XIV Van pagimente, smide vnd süluer.

79 We pagimente beschnede, werdth he des bedrogen, 79
LXII. 39 me will jd vhor düse hebben.

80 We ock schmide butten der stadth maken ledt, jd sy
LXII. 40 van süluer edder golde, erger wen der stadth gesette is,
dar wil men vor falsch hebben.

De radth wil tho bequemer tidth de gultamede 81
vnd kannengeter vorboden vnd furdern laten
vnd dath þe fyn säluere vnd klar gudth nha
der wonheitt düsser loifflicken stadth maken
schüllen mith vlithe anseggenn.

XV Van wichte, mathe, teiken, tollen.

82
LXII. 84 Malk schall zyne mathe vnnd gewichte recht hebbenn.

83 Idth schall nemandth vth edder jnwegen sander mith
LXII. 35 wichte de hir mit des rades teiken getekenth jß. Whe
des anders bedrogen worde, dath he mith vnge-
teikender wichte vth edder jaweige², de schal
dem rade vor jöwelcke vngeteickende wichte x
þ geuen.² Weren ock de vngeteickenden wichte
tho licht edder tho schwar, dath wil me vhor

falsch hebben vnd dath will de raidth richteon
als rechtt yß.

De radth will ock wene dartho schicken de de wichte 84
teicken schal, vnd ock de mathe, wichte vnd ellen LXII. 85
besein lathen. Vnd wur de wichte, mathe vnd
ellen tho rynge edder tho klein befunden werden,
so vaken de deß betreden, schal vhor de tho
ringenn wichte edder mathe v þ geuen.

---

1) 1401: dre penninge. 2) 1401: We dat anders helde. 3) 1401: de rad wel synen broke darvmme nemen.

85 **W**he deß rades teyken esschede vnd des geste edder
LXII, 82 frommede brukeden de der thö rechte nicht bruken
schullen: werdth d e deß bedrogenn, syn lyff vnd gudth
schal ju deß rades gewaldth stahn.

86 **M**en schall vusen heren den rechten tollen geuen. Whe
LXI, 84 ouers den tollen enthfoirde, sodanen bruike als dar
vp vorordent moth he lyden,[1] vnd de werde schöl-
len dath oren gesten toseggen, dath se den
rechten tollen geuen.

87 **D**e tauerner schöllen ock ohren rechteu tollen geuen.
LXI, 88 Whe des nicht en dede de schal dem rade) pundth

penninge geuenn.[2]

Ock schullen de tauerner ohre fullen mate ge- 88
zeiseth bedde jn de mollen sackede vnd des LXI, 21
dem huse den gesten schencken, vnd de radth
wil wehne dartho schicken de dath beehr nha-
meten schal. Whe hirahne broickhaftich worde
de schal deme rade jho vhor de mate vnd vhor
jöwelcke mathe deß he[3] nicht vth en selde ij ß
geuen. Vnd whe tho veer malen by eynander
broike de schal jn eynem jhar neyn beir sel-
lenn.

XVI Vann beirbruwende.

89 **T**we personen schöllen jn einem buse nichtt bru-
CXII, 21 wen noch ein persoue ju twen hüsen, by pene x mark.

90 **O**ck syn de radth, radesschworen, gildemestere
vnd houethlüde eynich geworden, dath me neyn
vnser borger kyndth wil thom bröwerampte sta-
den dath he vhor feck füluen bruken, eehr de
xvij jhar olth syn vnd tho ohren fullenkomen
jharen gekomen syn, vnd denne füluen by den
radth kemen vnd dem rade den bruwereidth
füluen schworen, darnha de syck mith sampt
den andern bygesetteden artickelenn wette tho
holdende.

91 **O**ck schal ein jder bruwer tho eynem hruwelde
OXIII, 11 beehr veir scheppel molts,[4] who van olders her ge-
wesen js, vnd dar nicht enbouen sacken, by
pene vnd straffe viff nie ß vhor jderen himpten
de he also bouen de veir schepel vnd eynem
himpten gesacket hedde. De radth wil ock
wene dartho schicken de dath molth vnd korn
namethenn schall. Auer mith dem wittenbeer
schal jd geholden werden nach der ordeninge

so ein erbar rath tho jderer tidt mit den wit-
bruwern maket.[5]

Whur ock jemandth mehr korns wenn he vor- 92
zeiseth bedde jn de mollen sackede vnd des
also befunden, scholde vhor jderen ouerigenn
hympten vyff schillinge nie tho bröke geuen.

Eyn jder schal ock synen knecht vnd gefinde 93
truwelicken warschuwen vnd anseggen, dath he
hir nicht enbouen who vorgemeldth jn der mo-
len sacke vnd fick vhor schaden wette tho wa-
rende. Who ouerst de knecht hir juue broick-
haftich worde befunden, scholde de vorgemel-
then bothe van jderm ouerigen himpten tho ge-
uande vorplicht syan.

Im jderen wickhelde schollen wo van olders 94
her twey radespersonen alle merschbeir de but- vgl.
ten landen schollen geförth tho schmeckende CXII, 12
vorordenth werden, de de merßber prouen, schme-
cken vnd teicken schöllen. Vnd wath daruan
vnduchtich worde befundeu, scholde nicht ge-
teickenth edder vthgestadeth werdenn.

XVII Van koipen vnd vorkoipen.

95 **G**ast mith geste schal hir nicht koipen noich koi-
LXII, 22 pen lathen, by vorlust deß gudes, vthbescheyden
vgl. jn friben marckedenn.[6]
LXII, 148

Whe roißgudth koift vnwitlicken de vorlöst syn 96
geldth dath he darumme gyft.

Whe vordüßeth gudth[7] koifft witlicken edder vor- 97
LXII, 23

---

1) vp — ly- von anderer Hand auf offen gelassenem Raume oder Rasur.   2) 1401: vnde des bedregen worde,
den wel de rad tuchteghen, dat yd malk leuer bewaren mach.   3) In der Hs. se.   4) Ausgelassen yo xj
himpten vor eynen scheppel to rekende.   5) Auer — maket von anderer Hand am Kopfende des Blattes
hinzugefügt.   6) 1401: We dat dede de scholde dem rade is van der mark dre eot gheuen.   7) 1401:
roßgud.

hudth¹ de schal ayne penninge vorloren hebben de
he darvmme gaff,² vnd lyff vnd gudt steidth jn deß
rades handth.

98 **De** hoken schüllen nha gelegenheitt des jnko-
pes ohre vitallien sellen, als kese botterun vnd
vischwarck.

99 **I**dth schall neyn vorheike edder vorkoiper neynerleye
ᴸˣᴵᴵ·⁷² gudth koipen,³ dewile de banneher stecketh. Whe dith
anders hölt, wadth he alsus gekofft heft daih schal
me ohne nemen vnd me schal ohne des nicht wedder-
genenn.

100 **Whe** dem andern jn den koip valth, js vam
rade vorlathen dar vhor v nie ß tho broke tho
geuende, vnd sünst van anderem vorkope.

101 **Oc**k schal neymandth hir ja der stadt gerichte
ᴸˣᴵᴵ·⁷¹ edder gebede thouern koipen wildtbradth, grone
vische vnd tymmerholdt⁴, dath he hir wedder vor-
koipen wil. Whe deß anders bedrogen worde scholde
dem rade vor jöwekken koip v ß geuen. Men schal
ok neine vische hir kleyner wen der drey einen
brunschwikeschen d ghewerdth syn veile heb-
ben, vthbescheiden bleken vnd gründtlynge, by
x ß nige.

102 **N**emant vnser borger schal hyr bwholt kopen
men allene dat he hyr binnen Brunswig vorbu-
wen wil.⁵

103 **O**ck schal malck ßuluen holth vnd kole koipen
edder syn gesinde koipen lathen jn der stadth
vnd nicht butthen den dohren, vnd de koeldre-
gers schüllen des ok nicht doin, by ψ ß wen
ße des bedrogen worden. Vnd de köle schal
me vorthmer nha oldem harkhomende vp dem
marckede afleggen vnd de secke methen lathen.

104 **O**ck schal neymandth einem andern tho gude
hir vische vorkoipen vnd dranckgeldt dar van
nehmen, men ein jder de hir van butthen vische
tho marckede bringeth schall ße ßuluen vorkoi-

pen vnd vthsellen.

Whe hir hoppen kofft de schal ßick den hoppen me- 105
then lathen mith dem⁶ hoppenhimpßhen vnd nicht mith
dem korahimpten, by eynem ß jhe van dem himpten.

Ock schal nemandth twisschen der landthwehr 106
vnd der stadth hönre, botteren, göße, enten,
keyse noch eiger koipen, by v ß.

Idth schal ock nemandth koipen standen, tö- 107
uer, ammer, melckfate, molden, tröge, schopen,
schuffelen, rennen noch elren, espen edder ffue-
ren brede, wendissche latthen noch neynerleye
holten hole geuethe dath vthlüde hir tho dem
marckede bringen willen, sünder hir vp dem
marckede dar de den market holden wil schal
me dath koipen. Vnd nein vorkoiper schal so-
dans tho sick koipen, jdth were denne, dath
dejenne de sodans bröchte hir vp dem mar-
ckede eynen haluen dach darmede geholden
hedde. Ock schal nein vorköper jemande geldth
thouorenn darup doin vnd ßick des vhorvoer-
worden ohme tho bringende, by x ß.

Nemandth schal vth dem Lehrewolde holt ha- 108
len dath he tho backende edder bruwende heb-
ben edder hir wedder vorkoipen wolde, beßun-
dern ein jder mach woll tho syner füringe vp
dem herde vnd jn den kachelofen holth halen,
jodoch dath sodan holth vnfruchtbar, vnnütte
vnd neyn vorboden holth sy. Whe dith anders
heilde, dem scholde me folgen mith einer vhe-
stinge. By dem ßuluen broike schal nemandth
grönn holdth mit schufkaren hir jnfoiren. Whe
ock des rades wieden vp den welden edder vhor
den doren vnd jn der landthwer edder de wy-
den by den garden afhauwede edder de thüne
thoretthe, tobreke vnd dar schaden ahne dede,
vnd deß also betreden vnd ouerwunnenn, den
will de raidth lathen voruesten.

XVIII Van koren, molte, tho borge doen, hüßen vnd bönen.

109 **N**emandt schal korn koipen vp dem marckede vmme der
ᴸˣᴵᴵ·⁴³ gesiu penninge, by v ß jhe vhor den scheppel. Whe

ock eine voher korns vp dem marckede koiffte.
keme vnser borger welck de dar aff hebben

---

1) *Ausgelassen* dat kaplnden genomen is edder vortdunt. 2) 1401: de schal syne inninghe vorloren hebben.
3) *Ausgelassen* eer yd to dem markede kumpt. Ok eu schullen de vorhoken nycht kopen edder vorkopen dc
wyle etc. 4) *Ausgelassen* latten vnde scheuersteyn. 5) § 102 *von anderer Hand am Kopfende des Blattes.*
6) 1424: dem rechten.

wolde eynen scheppel edder myn tho synem be-
houe, datb scholde he ohme folgen lathen vhor
sodan geldt als he dath gekoifft hedde, by v ß
ßo manmigem als he deß weygerde.

110 **I**dth schall nemandth butten de stadt gaen edder ryden
LXII. 48 korn tho kôpende hir jn dem lande tho Brunschwig
vp vorkolp dat me hir tho dem marckede bringen wil,
edder dat doen lathen, vtgesecht jn staden vnd vp
borgen¹, sŭnder makk sabal dath hir koipen vp dem
merckede. Whe des ouerst also dicht en heilde vnd
van dem rade alßo vormeldeth worde, de schal dem
rade geuen vhor jŏwelcken **scheppel**² vif ß deß he ßick
nicht entleddigen wolde. Dŏth schal me holden ahne
alle list. Sŭnder malck mach dath koipen vp
synem steinwege tho synem behoue tho backen,
mŭlten vnd bruwen.

111 **N**ein vaser borger noick geste schŭllen fremmeth molth
LXII. 49 hir ju der stadt gerichte³ foiren. Whe dŏth wit-
licken herbergede edder koiffte de schal dem rade vhor
einen jŏwelcken scheppel ein punth pennige gouen.

112 **N**emandth schal molth koipen sŭnder van vasen borgeren
LXII. 50 edder borgerschen. Welck vaser borger edder borgersche

dath jemande aaders afkoiffte, de schall dem rade vhor
jŏwelcken scheppel v ß gouen.

Ock schal nemandth mith vthlŭden geselschop 113
noch handelinge hebben molth tho makende,
noch weithen edder gersten dartho hir vthsen-
den dath ohme mede gelde edder bathe darahn
thouorn hebben wil, by dem ßŭluen broicke.

Ock schal neyn vaser borger edder borgerschen den 114
landthlŭden guld thouorn⁴ doin vp korn bouen xx marck LXII. 141
jho des jars. Dŏth schal me ßŭnder alle list holden.
Whe dŏth vorbreke de schal dem rade geuen jho van der
marg de he wo hir entbouen tho borge daen hedde v nie ß
ahne gnade.

Wath van molthe butthen der stadt vorkoifft 115
worde, schall de vorkoiper van synem jdern schep-
pel dem rade vj pennige geuen.⁵

Neyn borger noch borgersche schal vthwendi- 116
gen lŭden hir hŭse noch bodem vormeden, by
pene eyner marck, jdth geschey denne mith des
rades willen. Vnd de schal schoten vnd waken
als ein borger.

XIX Van laken vnd van wulle.

117 **N**eymandth schal brunschwikesche laken noch neine la-
LXII. 99 kens. heren⁶, noich nein wŭllengarn tho pande nehmen.
We ouerst dŭth andere heilde de scholde syne
pennige darahn vorloren hebben, efft de darup keme deß
jd syn werd, jd were denne wŭllengarn: were dar wath
ahne vordeyneth, dath lohn scholde me wedder geuen.

Nemandth schal wulle schlaen lathen de vormengeth sy 118
mith kalkwulle.⁷ Whe ouerst dath dede vnd deß dem LXII. 90
rade vormeldeth worde, de schal dem rade x ß geuen.
Ock schŭllen dath de lakenmakers holden by dem ßŭliff-
ten broike als de radth gesath hefft.

XX Van hore vnd straten reyns tho holdende.

119 **D**en marckteth vnd de straten schal me reyne holden,
LXII. 75 vnd me schal neyn hoer efft **dreck**⁸ ju de gothen
keren.⁸

120 **E**yn jŏwelck schal dath hoer van der straten bringen
LXII. 76 deß jars drye,¹⁰ malck van synem steinwege de tho
dem huse hŏrth dar he jnne wohneth, als vhor sŭnte
Wolborge, Margarethe vnd vhor allen goddes hilligen
dage, vnd so vaken als de radth kŭndigen ledth,

by twen ß.

De Oker schal me reyne holden vnde neyn hoer darjnn 121
werpen, by twen ß. LXII. 17

Dath hoer schal me butten de singelen b r y n g e n ed- 122
der butten de stadt vp dem welle, vthbescheiden
den schwineneß: den schal me butthen de sin-
gelen vp de pagenkulen foiren. We des nicht en
dede de scholde dem r a d e geuen vhor de wagenfoir

1) vnd vp borgen *von anderer Hand am Rande hinzugefügt.* 2) 1402: kop. 3) 1401: in de stad. 4) *Aus-*
gelassen to borge. 5) *Nach* § 115 *eine halbe Seite Rasur.* 6) *Ausgelassen* noch wulle. 7) 1401: röpwulle.
8) efft dreck *von anderr Hand am Rande.* 9) *Ausgelassen* by twen sol. 10) tweye; *vgl. S.* 184, *Note* 4 u. 5.

uij d, vhor de karre ij d vnd vhor de dracht i d. Dar mach de radt emme panden laten.

123 **Idth** schal nemandth graß schniden edder nie meigen lathen vp dem broke hir vhor der stadth dath he vorkoipen wil, by ij ß, sunder tho syner behoiff mach malck deß gebruken.

XXI Van steinwegenn, steinßettern, tymmerlüden, garden vnd gardener.

124 **Whor** de steinwech tobruken jß, den schal me betteron LXU. 75 vnd buwen by wedderlagenn.[1]

125 **Idt** schal nemandth steiuwege setten edder bögen laßen, LXII, 76 de radt hebbe denne dar twe radespersonen by geschicketh[2]. Vnd wen denne de steinwech gemaketh, schüllen de twe radespersonen dar wedder hen gan vnd besichtigen, wer de steinwegh ock tho hoich edder den nabern tho nadeil gemaketh sy; whu dar denne jennich feil ane befunden, schal de wedder vpgebroken vnd anders gemaketh werden, vnd de also einen steinwech hefft maken lathen, schal dem rade jn v ß broike gefallenn syn. Ock schüllen jm jdern wickbelde twey vorstendige radespersonen, de dar steidtlick by bliuen mögen, de steinwege tho besichtigende vorordenth, de steinwege scholen ock, dar de tobroken, wedder gemaketh werden. Ock schüllen derhaluen de steinsetter des jhars twie vorbodeth werden.

126 **De** tymmerlüde schüllen vorthmer wur ße buwen willen neyne sülle, de steindecker neyne rennen, de steinsetter neine steinwege vpnehmen, so eschen denne de naber dar ersten by vnd wysen dene wu ße dath maken willen; wo denne de naber des nicht thofreden syn, schüllen ße twey radtherrn darby vorboden lathen vnd ßick vhor dene vordragen. Who dath anders geholdenn worde, scholde de hußhere vnd de mester malck v ß geuen. By deme ßüluen broike schüllen de steinsetter vp de rody van der gothen nha der wandt nicht mehr vorhoigen.

Idth schal nemandth garden buwen de tho wickbelde 127 liggen, he beschaffe denne dath dem rade vnd der stadth LXII, 81 ohre plicht daruan werde.

Welck gardener jennigen unß gifth van synem 128 garden wen vnsen borgern edder bergerschen edder den LXII. 91 de der stadth plicht daruß doin, de schüllen dar gudth vhor wesen dath dem radth syn schudth daruan werde, ahne dath gefreit yß.[3]

Nemandth schal nie garden maken ßünder fullbordth 129 deß gemoynen rades. We dath anders dede, de LXII, 92 wil de radth byduin vnd ome folgen mith einer vhestinge.

Ock schal nemandth grauen butten synem garden, jdt 130 en sy mith des gemeinen rades willen.[4] LXII, 93

XXII Van deinsten vnd megeden.

131 **Welck** deinstmageth[5] knope de vorguldet syn, syden LXII, 83 edder atlassche kollerde edder parlen dreeth de schal dem rade schoten.[6]

132 **Welck** deinstknecht edder mageth ßick vormedeth vnd darnha eynem andern ßick de sülfften tidth ock vormedeth, de schal de ersten medynge holden. Wha de rede jn dem brode hedde tho deinste de were dar neger tho beholdende, efte de deinste mith ohme bliuen wolde, aner de scholde dath deme de se ersten gemedeth hedde veir weken vor Passchen edder mj weken vhor Michaelis dage thouorenn seggen, dar öhr here edder frowe se beholden vnd se mith ohme bliuen wolde. Welck knecht edder mageth deß anders beklageth vnd vorwunnen worde, dei des nicht so en heilda, de scholde dem rade x ß geuen edder scholde hir so lange deinstes enberen wenthe he de geue.

---

1) *Ausgelassen* de rad wel dar anders alsodenne bote vor nemen, dat yd malk leuer bewaren mach.   2) 1401: de rad en si darby.   3) *Ausdrückliche Anwendung der allgemeinen Bestimmung auf die Gärtner*, nach *Massgabe des schon* 1401 *hinzugefügten Satzes*: In der suluen wise schal me dat holden myt den gherdeneren de tyns genen van den garden.   4) *Ausgelassen* we dat anders dede, de rad wel ome volghen myt der vestinghe.   5) *Ausgelassen* schalen edder.   6) vorguldet — schoten *von anderer Hand auf grösserer Rasur.*

43

133 **W**elck deinstknecht edder deinstmagedt ohrem heren
LXII. 60 edder frowen tho bytiden entginge vth ohrem brode ahne
ohren willen, den deinsten schal nein vnser borger
noch borgersche to deinste nehmen jn syn brodth bynnen
dem jhare. Whe düth hir entbouen dede de schal
dem rade eyn pundt[1] pennige geuen.

134 **O**ck welck deinstknecht edder deinstmagedth
ohrem heren edder ohrer frowen vnthodancke

deyneth vnd ohne nicht wolde gehorsam syn jn
themelicken dingen, vnd ohre here edder frowe
dem knechte odder mageth darvmme orloiff geue,
de scholde ohne nha antal der tidth als se mith
ohme gewesen hedde vnd nha anthale deß loh-
nes als se ohne geloueth hedde tho lone geuen
als ohne tho der tidt geborde, wen men ohne
orloiff geue.

XXIII Vann den mollern.

135 **D**e moller vnd ehr gesinde schollen malckem
vgl. dath syn truwelken vorhegen vnd wesen dar-
CXIII. 19 vhor dath malkem dath syne wedder werde.
Whe deß nicht en dede vnd deß bedrogen worde,
dem wil jdth de radth also keren dath jdth oh-
me vnbeqweme schal wesenn.

136 **O**ck schal tho den mollenheren ein vorstendich
becker edder borger de vp mollenwerck vor-

standth hebbe vorordenth werden, de mit sampt
den molenheren de molen besichtigen vnd weß
ahn dem moller vnd jn der mollen feils befun-
den edder thobraken were dem moller billicker
darjnne klick tho schickende vnd de molen wed-
der tho betherende anseggen moge.

Ock mach malk syn koren jn der mollen Mil- 137
uest vpdragen vnd vpdragen lathen.

XXIV Van herbergen vnd van vûre.

138 **M**alck schal seyn vene he herberget[2]. Scheige dar
LXII. 54 ouers schade van[5], vnd de werdth bewanedth
worde dath he nein flitigh vpseyndth vp den
gast gehadth hedde, dar scholde he tho anth-
worden.

139 **M**alck schal seyn tho synem vûre. Wes gesynde dath
LXII. 73 vorfűmeth, dath gesynde wil de radth voruesten
So lange wenthe se den schaden ergelden vnd
de vhestinge beternn.[4]

140 **W**hur de raidth erfoire edder dem rade ge-

klagoth worde, dath ein vhærlick vnuorwardth
vûrstede were: dem de vûrstede hoirde wolde
de radth the stundth entbeden, dath he dar
neyn vûr en hedde, de radth hedde dar ersten
by gesendth vnd erkandth dath de vûrstede vor-
wardth were.

We jn fûres noden ahn ammern efft anderem 141
gerede wes entfrombdet, dat wil men vor duue
hebben.[4]

XXV Van nachtgange, vngefoige, fenster edder doer tostotende, berymen, reygen, vastelauende, haßonkurenn, vischenn.

142 **V**an sûnte Gallen dage wenthe to der vasten schal
LXII. 152 nemands nha wechterklocken vp der straten gahn allene
edder jn eynem rotths de hyr nicht borger en were
ahne openbar lichte, by vj schillingen.[5] Hedde he

ock wehre by syck de de radth verboden hedde
tho dragen, edder hedde he vnbescheiden worde
jegen des rades gesynde, den wil de radth dar-
vmme vpholden lathenn.

---

1) 1401: dre pund.   2) *Ausgelassen* dat he dar vor antworden moghe.   3) *Ausgelassen* an mõrde, an brande,
an dûne edder an jenneghen anderen dinghen.   4) 1401: yd geyд an syn lift. Werd he vorslachtech, me schal
om volghen myt der vestinghe.   5) § 141 *von anderer Hand am Kopfende des Blattes.*   6) 1401: auc open-
bar lecht, yd he were mit vulborde des rades, by twen schillingen, dar me eynen braunderen edder eine rote
ensammet vor pnaden mochte. Weret ock, dat we van desser weghene paades weygherde *etc.*

143 Szo ock jemandth dem anderen vngefoige dede, schal dem rade x vie ß geuen ßo vaken he deß vormeldeth worde. Szo auer jemant dem an-deren hir jn des rades kelleren, vp den radt-hüsen. apoteken vnd lagen vngefoige dede, de schal dem rade jn vyff pundth niger d vorfal-len wesen.

144 Whe dem anderen by nachttiden ßin holth newe, werdth he deß bedrogen, de schal darvmme vorue-steth werdenn.[1]
LXII, 107

145 Wereth ock dath jemandt dem anderen syne fenster, schruncke edder düre thostötte edder vngefoige dede: kheme dar klage auer, de schal lyden eyne vhestinge mith einer vorxathe.[2]
LXII, 110

146 Whe ock breue schreue vnd de jn ander lüde hüse edder jn ander stede worpe, negelde edder steicke,[3] ed-der wene berymede, beßünghe edder bedichtede, den wil me vhor einen vngerechten man hebben, werth he deß bedrogen. De schal de schandtsteine dra-genn vnde der stadth enberenn.[4]
LXII, 85

147 De wachte de deß nachtes geholden werdt dorch den marckmester heßt de radh jn beschermynge ghenomenn: dar schal dick nemandth ahnne vorgripen. Whe jd dar enbouen dede, den wil de radth straffen myth einer vhestinge.

148 Dath vastelauendth tho loipen vnd vmme tho ridende, dewiele jd gantz vnchristlick is, schall hirmode gantzlicken afgedan syn, vnd wo je-mandth hir entiegen handelde, schölde gefencklich jugetogen vnd dartho vmme eine mark ge-broket werden.[5]

149 Ock schal dath worstesammelendth genßlick af-gestelleth vnd henforder nicht mehr geholden werden, vnd so jemandth hir enbouen broick-hafftigh worde, schölde v ß tho broke geuen, vnd de wardth deß huses dar sodane worste vorterth

vnd dath lach hegede, scholde eine marg geuen. Jodoch mogan de naber wol thosamende ghan vnd vastelauendeslage holden, se schollen auer de worste by huselangk nicht sammelen.

Ock wil de erbar radth jm jdern wickbelde ein 150 flitig vpseindt hebben mith den radeslagen, dath de vorthmer gemetiget vnde nemandth tho den lagen tho holdende moge gedrungen werdenn.

Idth schal nemandth voithe waschen edder wene be- 151 schatten van der wegen[6] vp der straten, by ij schillingen. LXII, 156

Whe das röpen ledt ja synem huse de schal nemande 152 nhalotpen lathen vp der straten, by dren schillingen. Will LXII, 64 lick malck whur jnropen lathen, dath mach he dhoin. Men schal ock jn der Ouker bouen der stadt, ock jn der stadt vnd marschgrauen nein flas jn de rothe leggen, by pene einer vestinge.[7]

Nein vnser borger schal hasen kuren noich mith 153 dem koegange jentigerleye wildtbradth fangen dath he hir vorkoipen will. Whe deß anders bedrogen worde vnd fick deß nicht entleddigen wolde, so vaken schall he dem rade eine marg geuenn alme guade. Ock schal me neine rebe edder hasen scheiten, by x ß.

Ock en schal nemandth jn der stadth grauen, 154 dyken noch jn der landtwher vischken ahne vul-bordth deß rades. Whe deß anders beilde vnd darouer bedrogen worde, den wil de radth vor-uhesten, vnd de vestynge schal he so lange li-den wenthe he den schaden gelde vnd de vhe-stinge boithe.

Ock schal neymandth vischken jn der gemene 155 de vische de he hir vorkoipen wil, by x ß.

Tho deme schal ock nemandt mit korningen 156 vnd vngeborligen netten vissche fangen, by straffe einer vestinge.[8]

---

1) 1401: de rad wol yd ome alzo keren, dat yd ome nycht euene kumpt. 2) 1401: so wolde de rad dar alzo ouer stüren etc. 3) Ausgelassen de vppe jemendes schaden edder rochte ghingen. 4) 1401: deme wol yd de rad alzo keren dat yd ome nycht euene kumpt. Ok wel sock de rad an de breue nycht keren. 5) ge-fencklich — werden von anderer Hand auf Rasur. 6) Ausgelassen in der kercken, vppe dem kerchoue edder. 7) Men — vestinge von anderer Hand nachgetragen. 8) § 156 von anderer Hand am Kopfende des Blattes.

45*

XXVI   Van eebrekerie, jungfrowenschenden vnde rofferie.

157 **W**elck man edder frowe jn openbarer ehebrekerie begreppen vnd betreden edder ouerwieseth worde, scholde........¹ vth der stadt vorwieseth werden vnd der twey jharlangk ahne gnade enberen.

158 **V**nd who vormercket, dath de hülffte Bick jn der tidth dewile de also vth der stadth were betterde, möchte alßdenne nha den twen jharen wedder jn de stadt gestadet werden, vnd scholde ersten dem rade tein marck to broiken geuen. Were ouerst jenigh man edder frowe des ebrocks beröchtigeth vnd beschuldigeth, vnd syck des mith synem rechte nicht entfrien worde, scholde thom ersten mhale twe mark geuen. Who he syck denne nicht betterde vnd thom anderen male deß ebrocks beschüldigeth vnnd seck des who rechtt nicht entleddigen worde, scholde vth der stadth werden voruestet vnd sick der ein gantz jhar entholdenn. Who Bick de denne betterde, möchte nha jhare der stadt wedder geneiten. Jedoich so scholde de dem rade ersten viff marck geuen edder sick der stadt so lange entholdenn dath he den vorgnanten broke geue.

159 **W**he eine jungfrowen schendeth de schall ße thor ehe nehmen vnd se also wedder eeren, edder schal ohr ßo vhele geuen vnd toleggen darmede ße themelicken nha ohrer gelegenheidt könde thon eehren beradenn werden. Who he se ouerst thon eeren nicht wolde nehmen vnd hedde ock ßo vele nicht dath he ohr temelicken thon eehren helpen vnd se beraden könde, scholde der stadth enberen vnd dar nicht wedder jn gestadet werdenn, he hedde denne mith ohr afedracht gemaketh. Vnd de also eine jung-

frowen schwockerth, jß he ein loiß geselle, schal dem rade eine marg geuen, vnnd de persone de also geschweckerth de schal dem rade jn eyne marg broike gefallen syn, edder der stadth nicht geneiten so lange se sodans geuenn.

160 **W**ere ock jemandth, he were man edder frowe, de mith synen döchtern, megeden, gesynde, frowen fründen edder frommeden koppelie edder rofferie gestadede vnde deß also befunden edder ouerwiseth: scholde²............ vth der stadt vorwieset vnd dar nicht wedder jn gestadet werden.

CXXXVII, 194

161 **D**e eelöde de ahne oreake van ander syn, is christlick dath se mogen wedder thohope geforderth werden, vnd ein erbar radth wil Bick ock darjnne, wennêr de ersoicht werth, wol forderlick bewysen. Vnd who de nha flitiger vorhöer der sake syck nicht wedder thohope geuen wordenn: ahn welckerem de feil befunden schal vth der stadt vorwiset werden. Who se ouerst tho beider sydeth schüldigh befunden vnnd wolden gelicke nichtt wedder thosammende, schüllen ße beyde der staidth ahne gnade entberenn.

162 **W**elck man ock eine eelicke hußfrowen hedde vnd de von seck dreue vnuorschuldes dinges ahne erkantnisße des rades, de schal syne ehlicken husfrowen wedder to Bick nehmen vnd dath dem rade myth einer marg vorboiten, edder schal de stadth rümen, dar nichtt wedder jntokomende, jdth geschey mith deß rades willenn.

163 **W**he ock syne frowen schwarlicken schlöge edder vorwundede vnuorschüldes dinges de schal dem rade eine marg geuen. Vnd whur de radth dath vernehme, dar will de radth sünder klage den broike forderenn.

XXVII   Van woker vnd dene ßo öhr gudth vnnütthe vorbringen.

164 **N**hademe de woker vnchristlick is vnd jn allen rechten vorboden, schal de ock jdermennichliken, he sy christe edder jodde, vorboden bly-

uen, vnd so jemandth hir ouer schüldigh befunden, de schal dath gewoikerde geld demjennen so he dath afgewoikerth wedder geuen vnd

---

1) *Nach* scholde *etwa eine Zeile Rasur.*   2) *Nach* scholde *etwa eine Zeile Rasur: es fehlt u. a. wohl die* CXXXVII, 194 *hinzugefügte Bestimmung de* schandsteine *dragen.*

dem rade jn v pundt pennige tho broike gefallen syn. Wadt ouerst wolker jd edder syn schal dath will de radth nha jnholde der rechte erkennenn.

165 Men vormercketh ock, dath etlicke junge gesellen ohr gudth gans böflicken vnd öuel vorbringenn. Whur nhw jemandt, he were jungk edder oldth, befunden, dath he syne gůders so öuel vnl lesterlicken vmmebrechte, vnd dath

vam erbaren rade erkandth worde, so scbölde de radth deme vormunder setten, vnd so denne jemandth mit dem handelen edder wadth tho borge dhoen worde, dath scholde vnkrefftigh vnd nicht hindende syn. Wen he Pick auer wedder betterde, vnd sodans erkandth worde, so möchte he synem gude wedder vorthowesende vorlöuet werden.

XXVIII. Van der wehre tho hebbende vnde tho dragende.

166 Malck schal syn wapen hebben jn synem huse, de radt wil anders syne pennige darvmme nemen.

167 Wanner vnse borger vnd deyner mith dem wapen tho felde khomen: whe denne dem hüsethmanne vnd vnsen borgern entflücht, syn lyff vnd gudth schal ahn des rades gnade stahn.

168 Wen des dages ein röchte werdt dar men de grothen klocken tho lůdt, so schal syn jowelck vnser borger van stundt mith synem wapen malck vhor syn radthus[1] khomen vnd dar vnder dem banneher blyuen vnd gehorsam wesen vnde dhon wadth ohne de radt vnd houetman hedt.

169 Whe ock tho dem röichte nicht en keme mith synem wapen, vnd dath dem rade vormeldet worde, de schal dem rade einen ferdingk pennige geuen.

170 Whe ock bloidt tho ahne wapen tho der tidth dorch köcklerie wilen tho velde loipe, den wil de radt panden laten vp v ß.

171 We ock syne kyader tho der tidth vp der straten edder vhor dath dohr loipen leche: schöldth dem vagensack, dath darf me dem rade nicht klagenn.

172 Whe ock vnse borger edder deyner anrepe edder ohne böse wordth spreke ja der stadt edder vp dem felde, vnd dath van twen bederuen mennen gehört worde, de schal dem rade eine marg geuen.

173 2Ock schal nemandt, he sy radtman, borger edder jnwoner, des rades deyner, borgerkyndth, knechte, hir bynnen der stadth schwerdt, stridthamer, noch neynerleye mest dath lenger vhor dem

rechte sy wen syner haluen ellen langk, noch bardenn dragen, vthbescheiden des richters knechte.

Whe düßes dem rade vormeldeth worde4 dath he dath vorbreke, vnd Pick des nicht entleddigenn wolde, de schal dem rade einen ferdingk geuen4.

By weme ock henförder de margkmestere de wehre lenger syndeth, den schüllen se panden vhor ij ß, vnd de were schal he vorloren hebben.

Auerst vnse borger, jnwoner, horgers gesynde 174 edder vthman, dewila de jn de stadth edder dar vth gingen, mögen de vp dem wege ohre wehre de lenger sy by sick dragen vth ohror herherge vnd dar wedder jn ahne broike. Doch mogen forderlůde vnd ander lůde de hir vth vnd jnfoiren by ohrem tauwe ohre wehre hebben edder dragen vhor ohrer herberge vnd hir vp der straten des dages ahne broke.

Ock hefft de radth de mathe van dűssen me- 175 sten vhor allen stadtdoren vnd radhüsen hengen lathen, dar me syck nha richten mach. Duth schal malck seggen de mith ohme thor herherge syn, dath se6 Pick daran vorwaren.

Whe ein schwerdth edder mest thůt, vnd wil he Pick 176 des nicht entleddigen dath he dath dorch lyses noidth gedhan hebbe, he schal vhor dath schwerdth vj ß vnd vhor dath mest vj ß dem rade tho broike geuen ahne gnade. LXII. 20

Ock schal neynmandt jn der stadt edder vhor 177 den doren twisschen den garden vnd eingelen

---

1) 1401: vor dat der dar dat geröichte is.   2) §§ 172—174 durchstrichen; am Rande, von der Hand, welche die früher angemerkten Nachträge gemacht hat: Dusse nafolgende dre artikel syn nicht wider jn gebruke.   3) Vgl. S. 137 Note 3.   4) 1401: We dat dute, deme scholde me dat mest nemen, vnde de scholde dem rade ij sol. genen. Dyt scholde malck seggen etc.   5) In der Hs. he.

ock jn dem broke mith büssen scheiten, vthbescheiden vhor den scyuen, by v ß. Vnd ßo jemandth des rades singelen, schlöte, dore ed-

der landthwer thoschote vnd schaden darahn dede vnd des also befunden: dem scholde me folgen mith einer vhestinge.

XXIX Van doidtschlage, wunden vnd vorsathe.

178 **W**he den andernn vth vorsathe doidtbschloige scholde der stadt veittigh jhar enberenn ahne gnade vnd denne der fründe willen maken vnd dem rade xxx gülden geuenn.

179 **W**he ouerst den andern vnuorsichtlicken dodt-
LXII. 30 schlnige schal der stadt vif jhar enberenn ahne jennigerleye wedderrede, vnd wen he der fründe willen gemakoth heft, schal he dem rade x gülden geuen, vnd mach alßdenne wedder jn de stadth gestadeth werden. Vnd de werdth des huses dar de doidtschlagh jnne geschein js schal dem rade eyne margk geuen, edder dhsse schollenn der stadth ßo lange enberen wenthe ße de geuenn.

180 **W**he gewundeth worde mith einer kamferdigen wunden: wil de vorwundede nicht klagenn, de radth wil deß broikes darumme nicht enberen vnd wil den gelicke woll forderenn.

181 **W**he vorwundeth worde mith einer kamferdigen wunden, vnd wolde de vorwundede nicht klagenn, ßo scholde de handthdeder gelike woll vth der stadt wiken. Who he ouerst ßo moidtwillich were vnd vth der stadt nicht wiken besonder darjnne begreppen worde: den wil de radth aleofordt vnuorklagt jn de hefte vnnd vaste vorwaringe lathen setten, vnd schal alsofordt de vorwundede dorch twey vorstendige barberer jn medebywesende twier radespersonen besoicht vnd de wunde, were se doidtlick edder nicht doidtlick, besichtiget werden. Who denne dorch flitige besichtinge der barberer vermerket, dath de wunde doidtlick ayn worde,

schal de deder jn den hefften beholdenn, vnd so denne daruan de vorwundede störue, ahm halse gestraffet werden. Who ouerst de wunde dorch besichtinge der barberer nicht worde doidtlick vormercketh, schal de deder dem rade v pundt geuen, sick mith synem jegenparte vhordragenn vnd also wedder vth den hefften gefrihet werdenn. Stünde ouerst de wunde jn twiuel, also dath de beiden barberer nicht eigentlick wetten eddor vormarketh konden, wer de wunde doidtlick edder nicht doidtlick were, schal de deder neggen dage jn den hefften syne vhare sytthen, vnd so de vorwundede jnwendigh den ix dagen van der wunden störue, scholde me den deder ahm halse straffenn. Who ouerst de vorwundede de neggen dage ouerleuen worde, mach de handtdeder weder vth der gefengniße entbunden werdenn vnd schal alßdenne dem rade v pundth tho broike geuen vnd ayck mit dem vorwundeden vordragenn. Hedde he des geldes nichtt, he scholde vth der stadth vorwiseth vnd dar nicht wedder jngestadeth werden beth so lange he dat geue, ahne gnade.

We ock den andern vorwundet, vnd darvmme vorse- 182
set werth, de schal de stadth eyn jhar enberenn. LXII. 31

Whe den andernn anferdighet mith einer vorsathe, mith 183
worden edder mith daden, de schal dem rade x pundth LXIV. 32
geuen, vnd heft he der nicht, he schal der stadt enberenn wenthe he se geue. Dath wil de radth hebben ahne gnade. Whe jn dem rade js de schal jdt vormelden, who jd ohne te wettende werdth.[1] Vnd düße vpsathe schal stahn vp deß rades erkenthnisse.

XXX Vann dobbelspele.

184 **N**emandth schal vmme geldt dobbelen jn den büdel hir
CXXXVII. bynnen der stadth vnd jn deß rades gebede edder vhor
226 den doren, vp den marsschen, jn deß rades vnd anderenn

schenken. Whe hir entkiegen bandelde, den wil de radth folgen mit einer vhestinge.

De tauernerns vnd velebruwers, de worde, alle ander bor- 185
CXXXVII.
227

---

1) *Auszgelassen* Lodere vnde houen en gad in dessen broke nicht.

gere vnd juwouer, schollen ock mith alle nein dobbelspel
dülden vnd lydena, ock jn der karten edder jm bredt-
spale edder anderm spale dar men geldth mede wynnen
vnd vorlesen kan, ouer v nige schillinghe tho spelende
nicht hegen edder vorstaden. Whr hir en bouen jen-
nigh dubbel, karthen edder ander spel hegede de schal
dem rade eine mangk geuenn.

Szo offte als jemaudth ock bouen v ß mit der karthen, 186
jm bredtspele edder sünsth speleth effte weddeth: schal [CXXXVII, 227]
dem rade x ß nige tho broke geuen, vnd wadth ßo
bouen viff nie schillinge mith spelende edder
weddende gowunnen werdth dath schal de radth
tho ßick forderenn.

XXXI Van bröken to forderende.

187 **D**e brökeheren schöllen ohren geburlichen eidt
dartho doin, dath se den ryken als den armen
vnd den armen als den riken bröken vnd straf-
fen willen.

Item wadth den brokehern werdt angebracht 188
vnd also tho wettende krigen van allen articke-
len des stadtrechtes vnd echtendinges de ßo nicht
geholden werden, den broke scholen se forderen.

XXXII Van der borgerschop vnd vorflucht.

189 **W**he nha düßer tidth borger to Brunschwig
werden wil de schal vor dey borgerschop nicht
myn als thein mark[1] alsofort geuen.

190 **W**elck man vereth vp ein ander bleck vnd dem rade
[LXII, 8] schotes plichtigh were dath he rede vorschuldeth
hedde, edder hir wadth hedde dath tho wick-
belde lege, vnd dem rade darvan nóyn schodt
schaffen wolde[2]: dem schal me folgen mith einer vhe-
stinge.

191 **W**he van bynnen vereth van schuldth wegen vnd vnsen
[LXII, 25] borgernn effte borgerschen ôhr gudth enthfoiresh mith
vorsathe, den will de radth ßüluen voruesten ju dem wick-
belde dar dath june geschein jß. Heft he eine gilde[4],
de schal he verloren hebbenn, vnd me wil jd vhor düße
hebben.

192 **W**he mith vorsathe geldth borgede van vnsen
borgernn effte borgerschen vnd mith dem gelde
gudth efte renthe vhor ßick ßüluest brukede
edder syner husfrowen efte kynderen lehnen
lethe, dem wolde de radt folgen mith eyner
vhestinge vnd hir nicht wedder justadenn beth
ßo lange he dat gelt dath he also geborgeth
wedder betalth hedde. Wolde ßick ock syne
frowe edder kinder sodans gekoifften gudes tho

gebrukende vndermathen, de scholde men ock
voruesten, doich so scholde de frowe beholdenn
ohr frowengerede, als dath stadtrecht vthwiseth. [CXXXVII, 145, 155]

Welck borger ßick nicht wil jn der stadt rechte ge- 193
noigen lathen vnd[1] van hynnen veret, den wil de radt [LXII, 26]
vhor eynen vnbescheidenn ßülfmoidigen man hebben, vnd
de schall der stadth mith wrue vnd kinderenn enberen
dewile he leueth, ahne gnade.

Whe de borgerschop freuelicken ahne noidth vpgifft, 194
den wil de radth hebbenn dath he sware tho der ßüluen [LXII, 27]
tidth, dath he hynnen den ersten xiiij nachten vth der
stadt wike, nicht dar wedder jn tho komende, jd en sy
mith deß rades willenn. Whe deß nicht en dode edder
doin wolde, dem wil de radt folgen mith einer vhestinge.[5]

Wolde he ock nha der tidth als he des rades willen 195
vorworuen hedde de borgerschop wedder wynnen: also- [LXII, 27]
dan schodt als he bynnen der tidth hedde vorsethenn
alse he van hynnen wesen hedde, dath scholde he geuen
bynnen voir weken, wen he hir wedder jn de stadth
gekomen ware, by eynem geschworen eyde. Wadth
ock vhor de borgerschop gebörth daraha vp dath nie
tho wynnende, dath steith jn des rades gnade deß wick-
beldes dar he june wonen will, who ße dath dar mede
ohme holdenn vnd keren willenn.

---

1) thein mark von der andern Hand auf Rasur. 2) 1401: dar he der stadt ore plicht midde enthült. 3) 1401:
inninghe. 4) Ausgelassen myt drowe. 5) Ausgelassen We ok so dorhafftich were, dat he der vestinghe
nicht achten en wolde, kricht one de rad bynnen der stad, me wel jd ome also keren, dat jd ome to swar werd.

XXXIII Van twidracht, jnlager vnnd der vhestynge.

196 **W**hur lüde twydrechtigh syn schûlde, schelde ed-
CXXXVII. der drauworth baluen, den schal vnde mach de radth
222 beden, dath se det vp se gabn schüllen,[1] jfft dar neyne
voruestynge vorschuldeth jß.[2]

197 **W**adth twe heren den rades vth beuele deß
CXXXVII. rades jn fründschop handelen vnd vordragen,
223 dat schal like stede syn vnd fast[3] jfft dat de radt
alle dede.

198 **W**adth ock vher dem rade jn rechte deileth werdth
LXI. 234 edder jnn gudtlicheidt vordragenn, dar schal syck
jowelck ahne nolgen lathen vnd neyne klage dar enbouen
LXI. 236 dhoin. Bricket dat jemandth, de schal geuen hundert
brunschwickesche pundth edder der stadth mith wiue
vnd kinderenn enberen so lange he dath geue.

199 **W**he ock jngelachtt werdth vnd dat vorachtet,
den wil de raidth lathen voruestenn.

200 **W**enn jemandth vmme eyner daet willen dar-
mede he den hals vorbroken hedde voruesteth
LXI. 27 worde, vnd so dörhafftigh were dath he dar vhe-
stinge nicht achtenn wolde: kricht ohne de radth byn-
nen der stadt gerichte, de schal ahm halse ge-
straffet werden. Whur ouerst de halß nicht

vorbrokenn, edder so jemandth vmme schult,
edder eyne schlichte gemeyne kamferde wunden
de nichtt doidtlick vnd ock mith vorsathe nicht
geschein were, edder sünst mith einer schlichten
voruestinge darmit de hals nicht vorbrokenn,
voruestet jn der stadt gerichte begrepenn wor-
de: de schal ju deß rades befste werden geset-
teth vnd dem rade x pundth geuen vnnd vth
der stadt woddor wykenn so lange des rades
vnd deß partes wille gemaketh js wordenn. Who
ouers jemant mith eyner vorsathe voruesteth
jn deß rades gerichte begrepen worde, scholde
dem rade xx punth geuen. Hedden de vorge-
meldth sodans brokes nicht, se scholdenn der
stadth enberen beth so lange se sodans geuen,
ahne gnade.

Whe de borgerschop heft vpgegeuen, vnd den de 201
radth hir wedder lyden wil, de schall mith den synen LXII. 129
alle düsse stücke de vorgelesenn vnd kündigeth synn bol-
den gelick anderna vnsern borgeren vnd borgerschenn.

Der stadth gemene schal nicht vorjaren. 202
LXII. 131

CXL. ANWEISUNGEN ZUR SCHOSSERHEBUNG.

Nachfolgende Bestimmungen, welche sich der zu Anfang des XIV. Jahrhunderts dem Raths-
herrneide beigefügten Instruction anschliessen, finden sich in einem der Gedenkbücher, dem Liber ci-
vitatis de anno 1534 usque 1571 inclusive (M 7). Nach den voraufgehenden und folgenden datir-
ten Eintragungen zu schliessen sind sie auf der Scheide der Jahre 1538 und 1539 erlassen.

Wu sick de hern des wigbeldes van de bor-
ger vnd borgerschen tom schote sworen holden
vnd schicken schullen.[4]

1 **I**tem dath de radt eynes juwelcken wickbeldes,
wan de ore borgere vnd[5] borgerschenn tho oh-
rem scote sweren lathen, wyllen thouorn ey-
nem jdern seggen, dath nein boedener ja efte
de ock[6] weme anders tinse geuenn van ohren

husen ofte garden de tho wickbeldes recht lig-
genn vnnd vann olders[7] vam swothe nicht ge-
frigeth synn, men alse vnsenn borgeren ofthe
borgerschen.

Vnnd by weme dar men ensodans befindeth, 2
mede ja ore eide nemenn lathenn, dath de so-
danen houetsummen alse de tinse staen dem
rade vorschoten wyllen so seck eygenth, wente

---

1) dath — schullen *übereinstimmend mit* LXI. 236.   2) *Ausgelassen* Whe dargegen handelth; schal geuen vyß
punth.   3) CXXXVII. 223: Beden dath twey radtmanne, dath ja jho so vele etc.   4) *Die Ueberschrift von*
andrer Hand; ebenso am Rande Vom schote.   5) vnd *fehlt.*   6) *Hier liegt augenscheinlich eine Textver-*
derbniss vor.   7) *In der* Hs. oldes.

dar geboreth dem rade dat schoth van gelick anderm[1] gude, wente de tho wickbeldesrechte liggenn.

3 Vnnd oft we fragede, wu se sick darjune holden schoidenn, wen de tynsenemer vmb denn tyns maneden vnnd ful hebben woldenn, alsdenne js dene tho seggende: se mogen so vele geldes alse se dem rade darvan tho schote geuenn ahnn dem tynse korthenn.

4 Frageth ock we, wu hoch efthe wo dure se de margk geldes vorschoten schullenn, js dene tho seggende: eyne tynsmargk js itzunt twe gulden ofte xx ß, so moth men den houethsummen vor xiij margk x ß vorschotbenn, js summa dath schoth vor eyne margk gheldes iij ß v d.

5 Vnnd de ensodans tho uorschotende mede yn ohre eide nemen schal men vp eyn register schriuen vnnd by ohrenn geduenenn eyden seggen, dath se sodanenn schoth besundern beneuenn ohrem schothe denjennen geuen de by dath degedyngeth schoth geordenth synn, vnnd dene dath register antworden vnnd seck darna geuenn lathen.

6 Item dath men ock de borgere vnnd borgerschenn denne frage, wer de ock wur vormunder tho synn efte van ohrer stefkinder weghenn schothenn, vnnd wur men dath befindeth, denn schall menn seggen beneuen dem eide, dath de dat schoth der vormunderschop efte vann wegen ohrer stefkynder dem rade besundern vnnd nicht mangk ohrem schothe geuenn schullen, dath sy vorschoth efthe naschoth, vnnd seggenth den herenn wenn se sodan schoth geuenn, wurvan dath sy.

7 Item alse ock jtlicke papenhuse hebben de tho wickbeldesrechte liggenn, dat[2] men dar acht vp hebbe, we den frede ahn denn husenn hebbe,[2] vnnd de sweren lathe efthe mede jn ohre eyde doen, dat de sodanen papenhues dem rade vorscothen alse dath werth is, vnnd dem rade dath schoth sunderligen geuen, dath sy vorschoth efte

naschoth, vnnd seggen den voer: wann de sodanenn scoth bryngenn, denn heren anseggenn, wurvan dath id sy, vnnd seggen: werde jd bether gefundenn wenn id vorschothet wert, de rad wyl dath hues beholdenn darvor id vorschoteth.

8 Befindeth men ock, dath papenhuse synn vnnd den frede nemanth heffth, dath dar de rath jnne rade, dath beschee dat id dem rade alse dath wert js vorschoteth werde.

9 Hebben ock jtlicke[4] papengardenn de tho wickbeldesrechte liggenn[5], vor wath dore de synn, dath de radth dar flitigenn acht vp hebbe dath de ock vorschotett werden.

10 Item befindeth men ock, dath huse efte gudere syn dar we mede beliftuchtigeth ys efte liftucht ane hebbe[6], dath menn dar acht vp hebbe vnnd flitigen nafrage, van weme de vorschotet werden vnnd wurvor de vorschotett, vnnd sein suen tho dath de dem rade ock vorschoteth werdenn.

11 Item dath men vp ein register schriue eynes jdern goddeshuses tynse de tho wickbeldesrechte liggen, vnnd rathslage darvp so vorlathenn js.

12 Wor wedewen mith ohren vnmundigen kindern jn vngedeildenn godern sitten bliuenn, wor denne der kynder goider nicht ouer hunderth gulden gewerth is, mag de wedewe vam sampctgudhe eyn vorschoth geuenn. Wor sick auer der kynder gudth hoger worde vorstrecken, scholde se bouen ohr eygen vorschoth van der kynder wegenn ein sunderlick vorschoth tho geuende vorplichtet synn.

13 Wor ock de kynder eygen vnnd gedeylth gudt hedden, dar schall eyn jder besundern van schotenn.

14 Item men schal ok erjnnerings doin, dath ein jder sin hus vnd hoff so leiff alse se dath jztunder hebben vnnd nicht darna alse jd von one edder oren elderen gekofft vnd an sick gebracht sy, vorschoten schullen.[6]

---

1) In der Hs. andern. 2) In der Hs. der. 3) In der Hs. hebben. 4) jtlicke fehlt. 5) Hier folgen in der Hs. die augenscheinlich auszuschcidenden Worte: dat de radt dems de tho wickbelde liggen. 6) § 14 von der Hand, welche die Ueberschrift hinzugefügt hat.

44

CXLI. BRAUEREID.

1544 Dec. 20.

Nachfolgender Brauereid, in welchem einige von den Sätzen der gegen Ende des 15. Jahr-
hunderts aufgestellten Formel (CXIII, 11) erhalten, einige des Echtedings von 1532 wiederholt sind,
findet sich in dem Liber memorandorum ab anno 1527 usque 1566 exclusive (M1).

Nige bruwereidt vnd ordenunge,
bewilliget vp dem Nigenstadt rathuse sonnauen-
des am achten dage Lucie anno etc. xltij.

1 **D**at gy tho einem bruwelse beers nicht mehr sacken
vnd vorbruwen noch dorch juwe knechte vnd ge-
sinde sacken vnd vorbruwen laten willen wen
veir scheppel gestreken moltes vnd vp einen jdern
schepel einen hupeden bimpten, vnd dem rade
in de tollenboude von dem schepel bouen de achte
pennig molenpennig sestein brunswigksche nige pen-
ninge edder so vehel brunswigksche grossen gro-
uer munthe alse sick na anparte der pennig
belopen, dewile de penninge nu so ganckbar
nicht sin, eer gy dat molt malen laten thor zeise ge-
nen willen, vnd nicht mehr moltes malen laten wen gy
dem rade vorzeiset hebben, vnd de moltzeiken suluen vth
der tollenboude halen, wen jw dat neine ehaftige noth be-
nimpt, vnd dat gy nein vath versch beers vnd
eluen vathe afgetogen eft merschbeerß vnd nicht
darenthouen von veir schepel moltes, jo eluen
himpten wu vorgemelt vor den schepel gerekent,
bruwen eft bruwen laten willen — doch thor
tidt eine tunnen in thom wege edder vth dem
wege schal vngeferlick sin, weiniger auer moth
dar wol wesen — wor gy ock tho wethen kregen,
dat jemant hir entbouen worde handelen, dat gy
sodanes juwen borgermestern vormelden willen, vnd dat
also holden dewile jw de radt dussen eidt nicht vorlath;
dat jw godt helpe.

2 **O**ck secht jw de radt bouen vnd butten dem eide, dat
gy mogen von veir schepel vnd iij himpten vij
vath versch vnd vij vath marschs beers maken,
des gy dat halfstoneken vor iij scharf bynnen
der stadt vnd buten ein vath vor xxij ß nige
vorkopen[1] vnd daruon jo von einem bruwelse
jn de tollenboude vorzeisen vnd molend xij ß
nige geuen schullen so lange dat dem rade be-

haget, vnd schullen tho der weken nicht mehr den
eins, jodoch des jars nicht mehr wen xxxvj mael
vnd twierleie beir wo bouen berort bruwen, vnd
des beers des gy von veir scheppeln vnd veir
himpten x vath versches vnnd xj vath marschs
gemaket hedden, dat stoueken vor ij brunswigk-
sche ß vnd ein vath vor xviij schillinge nige ge-
uen willen, vnnd auer vorberorten tail nicht
bruwen, de radt vorlone idt denne jn merschbeern tho
bruwen, by vorlust theim marcken.

3 **D**at gy ock dem tolner de zeise in der tollen-
boude thotellen vnd beneuen ohme in de kisten
willen steken.

4 **V**nd dat gy beer maken, dat idt vor gudt bruns-
wigks beer kunne gesmecket werden vnd waren
moge. wente wat dunne, vathfuel, vnclar eft
gebroken edder dergeliken is, schullen de sme-
ckers nicht teiken.

5 **V**nd dat gy neine beir bruwen de gy vor af-
getogen beir vthsenden vnd vorkopen willen, jdt
gesche denne twisschen Martini vnnd Wolbor-
gen dage: vor edder na schullen gy der nicht
bruwen. Vnd dat gy nicht mehr wen sestein
marschbeir bruwen willen.

6 **V**nd nein merschbeer vthsenden, dat gy denne ersten
besichtiget, geprouet vnnd gesmecket dorch dejenuen de
de radt dartho settet, by broke einer marck.

7 **V**nd dat vath beir nicht min dan vor achtein nige
schillinge wo vorberort geuen vnnd vorkopen wil-
len, jdt vorlone dan de radt sunderlick jn beern
de gebroken vnd nicht wol geraden weren.

8 **V**nd dat gy ock juwen krogern, kroigerschen
vnnd obrem gesinde eft anderen von der wegen
neine piltze, listucke, ouervathe in den koep
eft ander geschencke vnd gaue geuen schullen
noch willen. We auer dusses anders bedrogen
worde scholde jo dem rade von dem vathe, ock

---

1) vorkopen *fehlt.*

van jderm geschencke, jo eine marck broke ge-
fallen sin.

9 **O**ck dat gy sulfander in einem huse edder allene in twen
huten nicht bruwen, vnd ock neinerleie wegen mehr
GXXXIX.r beer tappen laten wen in juwem huse, allet by
peene thein marckenu.

10 **V**nd dat gy thosehen vnnd rechte sacken, so
dat dem rade daranne neine vntruwe geschege,
vnd dat gy ock tho xj vathen marschbeers vnd
x vathen verschbeers nicht ringer alse veir
scheppel moltes, jo eluen himpten wo vorgedacht
vor einen schepel gerekent, vnd also nach antael
von dren efte twen schepeln moltes hebben vnnd
GXXXIX. bruwenn willen. Ein rad wil tho tiden, wen idt
81. 92 ohne beqweme is, in de mohlen senden vnnd
methen laten, vnnd wor denne befunden, dat
sick de hußwert edder an ain wettent vnd be-
uehel de knecht eft gesinde ja dem sackende
hedde vorgeten, scholde dem rade vor joweicken

1) *Vgl. LXIJI, cvj.*

ouerigen himpten eft den he tho ringe gesacket
hedde ja vif nige schillinge broke gefallen sin, vnd
scholde ohme ock dat ouerige genhomen vnd
nicht weddergedaen werdenn.

Begeuet sick ock, dat de knecht, gesinde eft 11'
andere ahne betant vnd beuehel des heren vor
veir schepeln moltes wo gemelt mehr wen xj
vath afgelogen vnd x vath versches beers vnd
also nach antael von dren eft twen schepeln
moltes, vnd des geliken von uij schepel vnd uij
himpten ouer vij vath verschs vnnd marschs
bruwen vnnd des also betreden worde, scholde
de ouertreder dem rade thom ersten male in
eine marck, thom andern male in twe marck
broke gefallen sin edder der stadt so lange ent-
beren went he de geue. wor auer jemandt thom
dridden male, twen eft mehr
heren, ouertrelen vnd des also ouerwiset worde;
scholde der stadt ane gnade entberenn.

CXLII. MARKTMEISTERORDNUNG.
1549 Aug. 24.
Nach der Aufzeichnung in dem bei No. CXLI bezeichneten Liber memorandorum.

Artikele de markmester belangende, thom deile
vth dem echtendinge vnd vth dem tollenregister
vnd tollenbode extraheret vnd getogen vad sunst
vom erbarn kokenrade vnd theinmannen jm rade
befunden, den marckmestern benolen vnd ouer-
geuen anno etc. xv⁼ vnd negenvndvertigesten
jare Bartholomei.

1 **T**we knechte schal me holden dede marckme-
sters heten, den einen in der Oldenstadt, den
andern jm Hagen 1. Desulten twe marckmester
schullen gaen vp de marckede, jn de wachhusere,
ock jn alle herberge ouer alle de stadt, sunder-
lick wur men sick der koeplude vormodende
were, vnd de frombden lude guthlick berichten,
wodane wise se einem erbarn rade tollen vnd
zeise van ehren hyr jngebrachten ock hyr ge-
koñten ok vthgesendeten goidern schuldig syn
to geuende, vnd de ahn den tollenschriuer wi-
sen, darvp ok acht hebben nicht allene by den
luden besundern ok by dem tollenschriuer, dat

jd also geschege vnd nicht vorholen blyue. Wor
auer nach goitliker vormaninge vormercket vnd
befunden worde dat vntruwelick darmit gehan-
delt, dat se ensodans einem erbarn rade also
vort willen vormelden.

Dusse beiden marckmestere schullen neinen 2
tollen vpnehmen van koepluden noch foerluden
de mit ohrem gude jn, vth edder sunst dorch
de stadt faren willen, densuluigen edder andern
neyne teiken noch breue geuen, sunder se schul-
len de lude aurichten vnd wisen se vor de tol-
lenboude.

De vorbenomede beiden marckmester mogen 3
auer wol wo ohne beuolen den tollen van sol-
the vnd potten vnd sunst de tunnenpenninge
vp dem markede sammelen vnd vpnehmen vnd
datsuluige by einen erbarn rath vnd theinmanne
vp de munthe bringen vnd ohne sodans truwe-
lick ouerantworden.

Den tollen vam solte, vam wagen twe verde· 4

44⁻

vuth vnd der karen ein verdevath, datsulue solt schal men ahn orden vnd enden bringen alse jd de rath hefft beuolenn. Jodoch ju Hagen den Brojtzomen ahn olrer hergebrachten gerechticheit des tollensoltes vnschetliok[1].

5 **M**alck schal syne mathe vnd wichte recht hebben, by CXXXIX.82 pene einer marck.

6 **I**d schal nemant vth edder jnwegen sunder mit wichte CXXXIX.59 de hyr mit des rades teiken geteiRent js, by vorberorder pene[2].

7 **G**ast mit gaste schal hyr nicht kopen noch kopen laCXXXIX.65 then, by vorlust des gudes, vthbescheiden jn frien markeden.

8 **D**e hoken schullen na gelegenheit des jnkopes ohre viCXXXIX.98 tallien selien, alse kese, botteren vnde visckwerck.

9 **I**d schal nein vorhoke edder vorkoper neynericie guth CXXXIX.99 kopen dewile de banner stecket. We dat anders holt, wat he altsus gekofft hefft dat schal me ohme nemen vnd me schal ohme des nicht weldergeuen.

10 **W**e dem andern jn den koop velt, js vnn rade vorCXXXIX.102 lathen darvor vyff nige schillinge tho broke tho geuende, vnd sunst van anderm vorkope.

11 **O**ck schal nemant ja der stadt gerichte edder geleide CXXXIX.104 thouorn kopen wilthrath, grone vissche, tymmerholt dat he hyr wedder vorkopen wil. We des anders bedrogen worde scholde dem rade vor jewelcken koep v schillinge gouen. Man schal ok neyne vissche hyr kleiner wen der dre einen brunswiglcschan schilling gewerth syn veyle hebben, vthbescheiden bleiken vnd gruntling, by x schilling.

12 **O**k schullen de vissche so tho markede gebracht vor thein slegen vorkofft werden.

13 **O**k schal nemant einem andern tho gude hyr vissche CXXXIX.104 vorkopen vnd drenckgelt darvan nemen, men ein jder de hyr van buthen vissche tho markede bringet schal se sulnen vorkopen vnd vthsellen.

14 **O**k schal nemant twisschen der lantwere vnd der stadt CXXXIX.106 boyner, botteru, geise, enthe, kese noch eiger kopen, by v schilling.

15 **S**o schullen ok de eiger vp dem eigermerkede werden vorkofft.

16 **I**d schal ok nemant kopen standen, touer, ammer, melckCXXXIX.06 vathe, molden, troge, schopen, schulfelen, rennen, noch elren, espen edder fueren lnede, wendessche latten noch

neynericie holten hole genethe dat vthlude hyr tho dem marckede bringen willen, sunder hyr vp dem markede der de dem market holden wil schal me dat kopen. Vnd nein vorkoper schal sodans tho sick kopen, jd were denne dat dejhenne de sodans brochte hyr vp dem marckede einen haluen dag darmede geholden hedde. Ok schal nein vorkoper jemande gheit thonoren darvp doen vnd sick des vorvorworden olme tho bringende, by x schillingen.

17 **O**ck schal meick sulnen holt vnd kole kopen edder syn CXXXIX.103 gesinde kopen lathen jn der stadt vnd nicht buten den doren, vnd de koldregers schullen des ock nicht doen, by ij schilling wen se des bedrogen worden. Vnd de kole schal me vortmehr nach oldem herkomeude vp dem marckede aflleggen vnd de secke metheu, vnd so de secke tho klein befunden worden, de vorbernen lathen.

18 **N**emant schal sick vth der stadt den holtwagen entiegen holt tho kopende begeuen vnd vmb dat holt handelen efft jenich vording vnd vorworde maken vnd also by den wagen jn de stadt gaen, sunder ein jder schal binnen der stadt, wen men vor den ersten slagen de dar syn ouer js vnd vor dem Wendedorn ouer der steinen brugge vnd nicht eer, holt bedingen vnd kopen. De auer twisschen den doren vnd slagen vnd der steinen brugge ouer dem steinwege tho synem behoue ohne alle argelist. De auer hyr entiegen handelde schal dem rade vor jder foider einen gulden tho broke geuen vnd mit einer vestinge vorfolget werdenn.

19 **D**e wachte de des nachtes geholden wert doruh de CXXXIX.147 mareknester hefft de rath jo beschermiuge genohmen: dar schal sick nemant ahne vorgripen. We dat ent-bouen dede, den wil de rath atrafen mit einer vestinge.

20 **V**an sunte Gallen dage wenih tho der vasthen schal meCXXXIX.142 mast na der wechterklocken vp der strate gaen allene edder jn eynem rotte de hyr nicht borger en were ahne openbar lichte, by ij s. Hedde he ock were by sick de de rath vorboden hedde tho dragende, edder hedde he vnbescheiden wort jegen des rades gesinde, den wil de rath darvmme vpholden lathen.

21 **D**e mareknuester schullen acht geuen vp de so des vormiddages jn den hilligen dagen vp den

---

1) Jodoch — vnschetiick *von gleicher Hand nachgetragen.* ren ock etc.

2) 1532: de schal dem rade.... *x* s geuen. Weren ock etc.

marsehen vor den doren vnd jn andern steden
dobbelen vnd spelen.

22 **Item** dat nemant ouet efft anders wes vp den
markeden by efft vp den kerckhouen des hilli-
gendages vnder dem sermone vnd eer de com-
munion gescheen schal vorkopenn.

23 **Dat** ok de barnewyner des morgens jn den
hilligendagen neyne geste setten vnd ohne bran-
tewyn tappen efft schencken schullen, by pene
j marck.

24 **Wor** ok vormercket, dat welcke jn vntucht le-
uen, dat de sunderlick jn den hilligen nachten
thobope mogen vpgehouen werden.

26 **De** vntuchtigen fruwen de opentlick ein vnerlig leuent
CXXXIX,51 foiren, schullen neyne krellensnor, suluerwerck, foderde
suben, noch arrasche beiken, noch neyne siden rocke,
noch siden vuderrocke medden mit siden ringen, noch je-
nich ander kleidt dat mit siden besettet je dragen openbar
vp der strasen, sunder se schullen korthe wandescheiken
vp ohren heueden dragen. We dut vorbreike vnd su-
ders hilde, den schullen de marckmester sodans nehmen.
De kledinge mogen se van dem rade losen mit v schil-
lingen, sunder dat geanide schal by dem rade blyuen.

26 **De** marckmester vnd ohr gesinde schullen ok

flitige acht vnd vpsehent hebben vp dobbel-
speel, vnd wur solcks wert gehoget vnd geschuet
dat dem rade efft brokeheren vormelden.

Wen ok ein rath efft de sittende borgermester 27
den marckmestern worde beuelen, dat men je-
mande gefencklick scholde annehmen, dat se
solcks heymelick by syck holden vnd dem so
truwelick nakomen schullen vnd willen.

De marckmester vnd ohr gesinde schullen alle 28
dusse vorgeschreuen artikele vnd wes ohne wi-
der werl beuolen vestichlick, getruwelick, mit
flithe vnd wol holden vnd vthrichten, vnd sick
ok sunderlick des nachtes, wen se de wacht be-
stellen vnd gewarden, vor fullem drinckende
vorhoiden, vnd sick ok suluen des brantewyns
jn den hilligen dagen, dewile jd anderen vorbo-
den, entholden, dartho ok neyn sunderlick ge-
schencke van den brantewynern efft andern ne-
men efft fordern, darmit jegen dusse ordaninge
vnd ohr beuolen ampt mochte werden gehandelt,
sunder alle list efft geferde. We auer van ohne
hyr entiegen worde handelen, scholde darvmb
jn geborlige straffe werden genohmen.

CXLIII. FEUERORDNUNG.

1550 Juni 20.

*Abgesehen von der 1528 zu Wittenberg erschienenen Der erbarn stadt Brunswigk christlicke
ordnunge ..... dorch Jo. Bugenhagen Pomer ist die nachfolgende Feuerordnung neben der etwa
gleichzeitigen Ordenunge der dre waterkünste etc. (vgl. S. 351, Note 1) das älteste gedruckte Statut
der Stadt Braunschweig. Ein Exemplar hat dem verstorbenen Kreisgerichtsregistrator Sack vorge-
legen: nach dessen Beschreibung in 4°, ohne Angabe des Druckorts, der Titel Füerordeninge der
stadt Brunswigk MDL von Randleisten in Holzschnitt umgeben, in deren oberer ein „Engel“ auf der
Posaune bläst, während zu beiden Seiten ein solcher die Keule schwingt, unten zwei „blasen und spie-
len“ und eine andere Gruppe einen Wagen zieht. Unter dem Sack'schen Nachlasse ist dies Exem-
plar bisher nicht aufzufinden gewesen; auch den Bibliotheken zu Wolfenbüttel und zu Hannover
ist keins vorhanden. Sonach wird dieser Druck jedenfalls als Seltenheit anzusehen und ein Wieder-
abdruck nach der von Sack hinterlassenen Copie ausnahmsweise gerechtfertigt sein. — Aus der ersten
Feuerordnung (No. CXXIV) sind nur einige wenige Bestimmungen in stark veränderter Fassung
herübergenommen, an einer Stelle ist auf das Editeding von 1532 zurückgegriffen.*

Wy börgermester vnde radt der stadt Bruns-
wigk doen allen vnde ydern vnser stadt bör-
gern, jnwonern vnde vorwanten, ock denen de

sick by vns yn vnde vor vnser stadt entholden
kundt vnde tho wetten:

Nach dem ytziger tidt, als[1] landröchtig, veel vor-

---

1) In Orig. alles.

wegener[1] vnde vortwiuelder lüde tho dem erschreckligen vnde grwsamen laster des mordthrandts sick gebrucken lathen, ock darbeneuen tho tiden vth allerley vnachtsambeit vnde vorsümenisse sick füeresschaden erögen: Demnach hebben wy vth vederliker thoneginge, schüldiger vnde getruwer plicht, darmede wy juw allen thogedaen vnde geneget syn, de vnseren vormiddelst gödtliker gnade vnde guder vorhedacht vor sölckem vorderfflikem vnrath tho vorwaren vns nafolgender füerordeninge voreniget vnde vorgeliket.

Gebeden darup allen vnde ydern vnser stadt börgern, jnwonern, vorwanthen vnde frömmeden gesten de sick by vns entholden, dat se sick yn vorfallender füresnoth, de godt der almechtige gnedichlick affwende, dersüluigen allentbalben gemeß holden vnde darwedder nicht handelen schöllen noch willen yn nenerley wise edder wege, by vormydinge vnser ernstliker straffe.

1 Erstlick schöllen alle jar vmme Wolburgis vnde Michaelis yn allen viff wigbelden vnser stadt Brunswig dorch de sünderlike dartho vorordente füerhern alle füerstede besichtiget werden, vnde dar den vnvorwarde geferlike füerstede hefunden wörden, schal den huswerden also balde ernstlik vperlegt vnde heuolen werden, dat se desüluen vnuorwarden füerstede jn den fristen so öhnen de vorordente füerhern vpleggen wörden, hy pene eines gulden anders vnde vorwarliker na der füerhern rade vnde heuel huweu vnde beteren schöllen.

2 Thom andern schal na yder werdt ein gudth vpscent hebben wen he beherberget. Queme öuerst schade daruan, vnde de werdt bewanet wörde dat he nön gudt vpscen tho synen gesten gehat hedde, de scholde tho dem schuden antworden. Vnde tho mehrer vorwaringe schal ein yder werdt so gemenlick vnde mit velen frömmeden gesten beladen, der tidt wenn he sodane frömmede geste yn synem huse hedde einen wechter dartho holden vnde bestellen, de by nachte de füerstede vnde dat gantze huß vnde hoff allentbaluen bewaken vnde beseen möge, vnde

wenn desülue enige vordechticheit an den gesten edder füersnodt vormerkede, scholde sodanes dem werde anseggen vnde ein geschrey maken, hy pene einer marck so vaken ein yder werdt sodanen wechter nicht bestaldt vnde vorordent hedde.

Thom drüdden schöllen de börger vnde jnwo- 3 ner vp allen strathen ein yder na synem vormögen tho vnderholdinge ydtliker füerleddern, geffeln vnde haken, leddern emmer, strenthen vnde anderer gereithschafft so yn füersnöden bedörfftich vnde tho gebrukende syn möchten, taxeret vnde angesiagen werden, vnde dar geringe straten vnde vnuormögelicheit dersülnen vormerket wörde, also dat se den andern gelick sick nicht köänden beleggen lathen, scholden so vele strathen vnde tweten thohope gelecht werden, dat se den andern gelick edder na örer gelegenheit mit vnderholdinge obgemoldter gereitschafft sick köänden anslan lathen. Vnde wes alscdenn also vp eine ydere strate vorordenet, scholden de füerleddernn, geffeln vnde haken vthwendich an de hüse, vnde de emmer vnde strenthen yn ein buß vorwarlick gelecht vnde dorch einen namhafftigen börger vp dersüluen strate mit wetten vnde willen des füerhern vorwart werden.

Thom veerden so ein füer entstünde, vnde 4 dorch den hußmann, einen klockenslach edder geröchte kundt vnde vormeldet wörde, scholden de dorwerder by ören plichten vnde eeden de vtersten singeln an den doren angesichts sluthen. Dar öuerst se de dorwerder edder örer einer byrynne sümich wörden, scholde van vns alse ein menediger vnnachlessig gestraffet werden. Desgeliken scholden alle gildemester vnde höuetlüde de dore negest den wellen also fort ock heslathen. Vnde de werdt yn des huse sodan füer entstünde, scholde angesichtes vnde vngesümet dorch sick edder syn gesinde ein öpentlich geschrey maken, darmede dat füer yn der jle so vele mögelick gedempet werden möchte. Wörde darwedder jemandes handelen, scholden na vnser des rades erkantnisse gestraffet

1) Im Orig. veelerwegener.

373

werden. Vnde wenn also ein fuer entstünde vn-
de öpentlick dorch den bußman edder klocken-
slach vormeldet wörde, schöllen de börgermestere,
CXXIV. 4 rathshern vnde alle börgere ein yder vor syn radt-
huß yn yuwelikem wigbelde mit örer were komen vnde
darsüluest eins erbarn radts benels vnde be-
scheits erwachten vnde sick dessüluen tru-
ort. welliken gemeß holden. Idoch scholden hiruth
CXXIV. 3 timmerlüde, steindecker vnde batstöuer, timmer-
vnde smedeknechte eximirt syn, denn desüluen
schöllen ane allen middel vorplichtet syn, an
den örden dar dat fuer entstanden tho erschi-
nen vnde tho redden. Tho deme scholden de
naber so yn vnde hinder der gantzen strate wo-
neden dar dat fuer entstanden, tho dem füre
sick begeuen vnde redden helpen, by pene einer
marck. Ock möchten de fründe desyennen so
den brandtschaden bequeme mit welten öres
regerenden börgermesters örem fründe helpen
thoseen vnde dat syne vthbringen.
Vnde schöllen alsedenn de hern yn yderm wig-
belde na older hergebrachter gewohnheit de
welle, thörne vnde dove, ock personen na dem
füre vnde andere noturfft wol tho bestellende
welten.
CXXIV. 5 Desglicken schöllen eins erbarn raths hüuet-
lüde, wepener vnde de reisigen knechte vp
dem marstalle tho voete mit örer were erschinen
vnd eins erbarn raths gewerdig syn.
Ferner schöllen de hern der wigbelde an orden
des füres tho bestellen wetten, dat darsüluest
keine kindere edder andere vndüchtige, werlose,
vnuorordente personen schöllen geleden werden,
vnde so dersüluen ydtige dorch des raths vor-
ordenten affgewiset nicht wiken wolden vnde
derwegen geslagen wörden, schal densüluen dar-
öuer keine klage gestadet werden. Wörde ock
daruunder jemants befunden de sick stelens der
emmer edder anderer gereitschafft befütigen, dat
water vorhindern, edder de emmer vorbernen
wörde, scholde am liue ernstlig gestraffet werden.

Thom vöflten schöllen de füerhern des wigbel- 5
des dar dat fuer vpgekomen were dartho thom
förderiigsten trachten, dat de gereitschafft des
wigbeldes vnde der gilden an leddern, haken
vnde emmern an den ort dar dat fuer entsian-
den, vorschaffet werden mögen, vnde dar dann
mehr gereitschaft nödig vorfallen wörde, schol-
den de nabere vnde andere vmbgesetene nach
gelegenheit ock darumb angelangt werden.
Thom sösten scholden frömmede personen so hir 6
gastes wise vnde nicht wonhafftlich weren, sick
yn ören herbergen yn sodanen werenden füeres-
nöden entholden vnde dar nicht vthgaen. vnde
scholde vp desüluen dorch des werdes frouwen
vnde gesinde gude acht gegeuen werden. Wörde
öuerst hirentkegen yennig gast handeln, scholde
nach gelegenheit van vns ernstlich gestraffet
werden.
Thom söuenden schal ein yder börger vnde jn- 7
woner by synem gesinde bestellen, dat vp de
öuersten bönen by de rennen vnde yn den hoff
water gedragen werden möge, darmit dat fiege-
füer, so dat vorhanden wörde, gehindert vnde
gelösschet werden möge.
Thom achten nachdem allhir eine stadtlike 8
waterkunst vorhanden,[1] schal kein pipenpal yn
keinem wege affgehauwen werden, sunder schal
ein yder dem anderen mit vpwringen der hanen
so vele mogelich sick vnderstan tho denen, dar-
mit, so yn mehr örden füer vorfallen wörde,
dat water den andern örden nicht entogen wer-
den möge, by pene drier marck.
Thom negeden schöllen alle waterförer mit den 9
waterköpen nach dem füre tho förende vor- CXXIV. 2
plichtet syn, vnde scholde deyenne so de ersten
waterkopen bröchte einen gülden, de de andern
bröchte dre ort vnde de de drüdden bröchte
einen haluen gülden thor vorehrung bekömen,
welkes öcen van demyeunen yn det luse dat
füer erst vpgekomen entrichtet werden scholde.[2]
Thom teinden wil ein erbar rath yn allen wig- 10

1) Von Harwort Tafelmaker 1527 im Sacke, 1529 in der Neustadt, 1540 im Hagen, 1541 in der Altstadt angelegt.
De Ordenunge öuer de dro waterkünste tho Brunschwigk etc. (in Sack, Hagen und Altstadt: in der Nyenstadt
heßt de waterkunst eine andere arth, so heßt so ock eine andere ordenunge) liegt gedruckt vor.   2) 1511:
vmme eynen geliken penningk etc.

belden lichte wagen vorordnen de mit geladenen leddern, fûrhaken vnde anderer gereitschafft schöllen vorseen syn, dar man ym falle der noth förderlick möge hebben tho gebruken.

11 **Thom** ölfften schollen alle tornlûde nach dem orde dar dat ffuer vpgangen by dage ein blodtfeulin vnde by nachte ein laterne mit brennenden lichten vthstecken.

12 **Thom** twölfften schal ein yder werdt dartho trachten, dat yn synem huse by nachte mit flasse, hannepe, pecke, talgo vnde anderm vette nicht möge gehandelt werden, by pene einer mark.

13 **Thom** dörtteinden wil ein erbar rath yn yuwelikem wigbelde einen wechter bestallen, welker alle stunde vnde klockenslege by nachte vpropen vnde wenn fûresnodt vorhanden wörde, ein geschrey möge anrichten.

14 **Thom** veerteinden schöllen alle voerlûde wenn ein fûer by dage edder nachte vpstünde, ein yder yn synem wigbelde mit öhren perden sick an de örde dar de lichten wagen mit der gereitschafft vorordent begeuen, de perde also fort anspannen vnde de lichten wagen nach beuele des fürhern an de örde fören dar dat ffuer entstanden, darmit man desûluen ylich tho gebruken, ock dar mehr alse yn einem orde ffuer entstünde, yn vnderscheitlige örde tho förende hebben möge. Ouerst de andern foerlûde, so tho faren kein beuel hedden, scholden mit öhren perden an den wagen wente vp erlöuinge öhrer ffuerhern stille holden, by peen einer marck.

Ock willen wy by denyennen so yn den vörsteden, vp den Rennelberge vnde Stenwege wonen, de vorsehung doen, dat se vp ydtlike emmer vnde ffuerhaken belecht vnde angeslagen werden mögen. Tho dem willen wy na gelegenheit öhnen ffuerleddern vnde hülpe vorordnen, so dat fûer darsfûluest by dage vpqueme. Ydt schal öuerst dar entbouen nemants vth der stadt ane vnsern besundern beuel an örde des fûres sick begeuen. Wörde öuerst yn bemelten vörsteden by nachte ein fûer vpkomen, willen wy nach gelegenheit tho dem fûre ock vorsehung tho vorschaffende wetten.

Dat wy also ydermennichlick darnach tho richten vnde sick sûluen mede vor schaden vnde nachdeil möchte wetten tho vorhöden, guder getruwer wolmeninge nicht wüsten tho vorholden. Vnde wy börgemester vnde radt vbgenant vorbeholden vns yn dem allem na gelegenheit der tidt vnde leuffte anderinge tho maken, ane geuerde.

Actum sonnauendes nach Viti jm veffteinhundert vnde veffligesten jare.

CXLIV. OBERGERICHTSPROCESS.

1553 Febr. 24.

Offieielle Aufzeichnungen des Obergerichtsprocesses von 1553 scheinen nicht erhalten zu sein, Absehriften dagegen bieten sich in fast allen den zahlreichen während des 16. und 17. Jahrhunderts zum Privatgebrauch angelegten handschriftlichen Sammlungen von Privilegien, Verfassungsurkunden, Statuten und gemeinen Bescheiden der Stadt dar. Ueberall nur in hochdeutscher Redaction, auch in solchen Handschriften, die das Niederdeutsch anderer Stücke und namentlich der gleichzeitigen Ordnung des Untergerichtsprocesses (No. CXLV) beibehalten haben: man wird also annehmen dürfen, dass der Obergerichtsprocess gleich anfangs hochdeutsch abgefasst war. Bis auf unwesentliche Abweichungen in einzelnen Ausdrücken und eine geringe Anzahl Bestimmungen, welche in einigen Handschriften angetroffen, in anderen vermisst werden und wohl als jüngere Zusätze anzusehen sind, zeigen die verschiedenen Texte grosse Uebereinstimmung. Der hier gegebene Abdruck folgt der muthmasslich ältesten, dem Anschein nach aus dem letzten Viertel des 16. Jahrhunderts herrührenden Handschrift der hiesigen Stadtbibliothek; doch hat die sehr verwilderte und ungleichmässige Schreibweise derselben einer leichten Ueberarbeitung müssen unterworfen werden. Drei andere Handschriften der Stadtbibliothek, vom Ende des 16. oder aus dem Anfange des 17. Jahrhunderts, sind zur Vergleichung gezogen, deren Wortverschiedenheiten in den Noten angegeben, Wörter und Sätze aber, welche gewissen

Handschriften eigenthümlich sind, in Klammern zum Texte genommen. — Mit der kurzen Ordenunge *des richtlichen processus etc., welche dem Stadtrechte von 1332 voraufgeschickt ist, steht diese ausführlichere Ordnung in keinem Zusammenhange.*

Einfeltige vnd kurtze ordenunge deß processus so im obergerichte diser stadt Braunschweig mehrenteilß im gebrauch gewesen vnd hinfurder gehalten werden sol, von einem erbarn rathe, rathsgeschwornen, zehenmannen, geschickten, gildemeistern vnd haubtleuten auff dem Newenstadt rathhause berathschlagt vnd beschlossen freitags nach Inuocauit anno Christi 1553.

I Von den personen so das obergericht besitzen sollen.

1 Nachdem ein erbar rath aus teglicher erfarunge befindet, daß nicht alleine die rechtsachen sondern auch andere hendel sich dermaßen [heuffen vnd] mehren, daß es hinfurder nicht wol muglich ist denselben allen im volkomen sitzenden rathe jeder zeit obzusein vnd abzuhelfen, vnd dannoch der burger loge notdurft erfurdert die vorordenunge zu thunde, daß einer kegen den andern geburliches rechten furderlich bekomen vnd ihre saeben in die lenge nicht gezogen[1] oder[2] aufgehalten[6] werden muegen: ist fur rathsam, nutz vnd notwendig bedacht worden, obgleich vmb anderer surfallender[4] geschefte halber[5] der ganze gemeine rath nicht jederzeit zusameude komen vnd der sachen abwarten konte, daß doch etzliche deputaten oder verordente personen vnd deren zum allerweinigsten funff aus allen funff weichbilden zusampt dem syndico vnd einem secretario au deu gewonlichen gerichtestagen stetes aufgehen vnd die terminos halten sollen, fur denen ein jeder seine notdurft nach gelegenheit der sachen schriftlich eingeben oder muntlich vorbringen vnd verzeichnen lassen solle, darauf hernuch was recht ist ergehen vnd verordenet werden muege.

2 Doch sollen die verordenten anders nichtes thun dan die schriftlichen acten einnehmen oder der parten muntlichen bericht anhoren vnd verzeichnen lassen. Wan aber zu-, bey- oder endturtheln beschlossen, sollen die acta wie bishero geschein erstlich im kuchenrathe, auch hernacher[6] in gemeinem rathe referiret vnd nach fleißiger erwegunge[7] derselben die urthel gefertiget vnd[8] ohne beisein des gantzen gemeinen rathes oder einer statlichen anzal der personen so darzu[9] gehoren nicht eroffnet werden, es weren dan gar geringschatzige beyurthel oder muntliche bescheide die den parten an ihrem rechten keinen beschwerlichen nachteil gebehren konnen: sonsten sollen die deputaten keiner cognition oder erkantnus sich vntermafen dan allein daß sie den parten copias erkennen vnd gewonliche terminos zu weiterm muntlichen oder schriftlichen einbringen praefigiren muegen. So viel es aber muglich sein vnd fur nemlichen gescheften mit fuege geschein kan, sol vnd wil der gemeine rath zu gewonlichen tagen aufgehen vnd den sachen in voller anzal mit dem besten abhelffen. [Dieweil aber an den guetlichen handlungen[3] auch viel gelegen vnd dadurch viel vnnotig gezenk kan abgeschnitten vnd vorgekomen werden, vnd aber neben dem andern nicht kan fortgehen vnd verrichtet werden, sol allewege in der dritten wochen das gerichte stille stehen vnd die zeit zu guetlichen handeln vnd verfertigung der vrthel gebrauchet werden.]

II Von den partenn.

4 Die parte sollen von beiden teilen fleißig zusehen, daß sie nicht alleine vor ihre personen legitimiret vnd mit gewalt vnd volmacht genugsamb versorget sondern daß auch ihre jegenteile also geschaffen seyen, daß sie taugliche personen vor gerichte zu stehen vnd ihres thun-

---

1) versogen 2) vnd 3) aufgelegt, aufgeschoben 4) furlaufender 5) willen 6) vnd hernach auch 7) bewegung 8) auch 9) darein

45

des bestendigen befehlich vnd gewalt haben.

5 **Sonderlichen** wen[1] die sachen weibespersonen antreffen[2], daß dieselben mit kriegischen vor-

munden versehen werden, darmit desselben halben kein vngeschicke oder nullitet furfallen durfte.

III Von [den] procuratoren.

6 **Wo** die procuratores abwesender personen oder parten sachen furen, sollen sie fur allen dingen sich mit volmacht versehen vnd gefast machen[3], daß man mit den praeparatoriis[4] nicht viel zeit verlieren[5] durfte.

7 **Wan** sie aber die parte selbest bei sich haben vnd alleine bei ihnen stehen vnd ihr wort reden, ist ihnen keine volmacht von noten.

8 **Sie** sollen aber hicmit sonderlich gemanet[6] vnd gewarnet sein, daß sie die parte rechtschaffen verwaren vnd an ihren sachen nicht verseumen, bei eines erbaren raths ernster straffe.

9 **Vnd** in sachen darin man schriftlich prociediret sollen sie keine lange rede einfuren sondern ihre producta mit weinich worten vbergeben vnd sich jederzeit auf dieselben[7] berufen.

10 **Aber** in [den] sachen darin man muntlich procediret, sollen sie sich in alle wege befleißigen fein langsam vnd also zu reden, daß man ihren bericht summarie auffassen vnd verzeichnen konne, sollen auch vberflussige worte vnd vnnotige einfurungen der vmbstende vnd anderer dergleichen frembder materien so viel muglich in alle wege vermeiden, darmit die zeit nicht vergeblich hinbracht, die hern beschweret vnd andere parte mit verdries aufgehalten werden durften.

11 **Wan** sie auch ihre terminos halten vnd in sachen procediren wollen, sollen sie alle wege die parte, erstlich den kleger vnd darnach den beklagten, mit namen ausdrucken vnd nennen, darmit man das protocol vmb so viel desto besser vnd gewisser halten muege. Welcher aber in deme vnachtsamb befunden wirdt sol nach ermeßigung des gerichtes in straffe genomen werden.

12 **Item** wan die klage, exception oder etwan ein ander bericht in schriften verfasset oder sonst

einmal einbracht vnd verzeichnet worden ist, sollen sie derselben inhalt nicht mehr nach der lenge erholen sondern sich mit kurtzen worten darauf beruffen, als vngeferlich also: Hans N. wider Peter N. repetiret seine klage wie die schriftlich vbergeben (oder muntlich einbracht vnd in des gerichtes protocol verzeichnet) bittet laut derselben oder sonsten was recht ist zu erkennen vnd ihme rechtes zu uerhelffen.

13 **In** sachen aber darein ihrer wichtigkeit[8] halber schriftlichen procediret wirdt, sollen sich die procuratores (als die im rechten vnbelesen) nicht vntersteben selbest producta, beweisarticul oder andere rechtsetze zu machen, bey straffe einer mark die von dem vbertreter vnnachleßig sol eingebracht werden. Vnd do einer mit solchen seinen producten dem parte seine sachen verderben wurde, sol er ihme den schaden zu erlegen oder im fall seines vnuermuegens nach ermeßigunge des gerichtes die stat [ein zeitlang] zu reumen schuldig sein.

14 **Als** auch dem rathe ist furkomen, daß die procuratores je zu zeiten von den parten gelt nehmen sollen, vnter dem schein als musten sie es dem aduocaten fur die setze geben, so sie doch keinen aduocaten besuchet sondern die producta selber gemacht, sol ihnen solcher betrugk birmit ernstlich verboten sein. Wo aber einer [etwan] dermaßen befunden[9] wurde, solte er nicht allein seines amptes alsbaldt entsetzet sondern auch nach erkautuus des rathes auf etzliche jahr oder sein leben lang der stat verweiset[10] werden.

15 **Gleicher** gestalt kompt einem erbarn rath glaubhaftig fur, daß die procuratores in sachen darin schriftlich vorfahren[11] wirdt, zu viel malen die parte vberreden, wan sie bei den aduocaten ihre producta bestellen sollen, daß sie den pro-

---

1) wo   2) anlangen, belangen   3) mit volmacht versehen vnd gefast werden   4) procuratoribus   5) aufwenden   6) vermanet   7) die producta   8) weitlenßtigkeit   9) erfunden   10) verfasset   11) gefahren

curatoren auf einen wagen oder pferdt setzen vnd selbest zu dem aduocaten schicken, unter dem scheine, als muste er ihnen der sachen berichten, so doch zu viel malen die sachen also gelegen, daß es wol durch einen boten vnd mit einem briefe bestalt werden konte, dardurch die burger nicht alleine auf vnnotige kost vnd zehrunge gezogen werden, sondern mussen auch den procuratoren vberflussig lohnen vnd oftmals von jeder meilen einen thaler oder einen gulden geben, zu geschweigen daß sie zu zeiten von zweien oder mehren parten zugleich befehlich haben vnd von jedem besonderliche belonunge auf die meilen nehmen sollen, dessen dan ein erbar rath nicht vnbillig groß beschwerunge vnd mißfallen treget. Vnd sol derhalben den procuratoren ernstlich auferleget vnd befohlen sein, daß sie ihre parte so vil mueglich mit vnnutzen vnd vergeblichen kosten verschonen[1], ihnen auch an ihrer geordenten vnd zimblichen belohnung genuegen lassen. Wurde man aber hinfurder solche oder[2] dergleichen practiken von ihnen erfahren, so sollen sie schuldig sein solchen vbermeßigen vnkosten von dem ihren zu erstaten vnd darzu dem rathe nach gelegenheit der sachen vnd vbertretunge[3] gebuerliche straffe zu erlegen[4].

16 **W**o aber die parte ohne persuasion vnd vberredunge von sich selbst dermaßen [solche] vnnotige vnkosten aufwenden wollen, sollen sie wissen, ob sie gleich der sachen obliegen vnd auch die expensen zu recht erhalten wurden, daß ihnen dannoch solche vnkosten gar nicht angeschlagen oder vom jegenteil erstatet werden sollen, sondern sie muegen den vnrat ihnen selbest vnd ihrem eigen willen zumessen.

IV Von der citation vnd vorladunge.

17 **D**ie citationes vnd furbescheide sollen wie von alters durch die baurmeistere muntlich bestellet werden, doch daß sie nicht ihre weiber, kinder oder gesinde zu den parten schicken sondern die execution selbest thun, bei den weiberen ernster straffe. Vnd sollen sich in alle wege befleißigen denen die geladen[5] werden [sollen] in eigener person [den furbescheidt] anzuzeigen. Wo aber dieselben nicht anzutreffen, sollen sie es ins haus dem weibe oder einer andern person [vom gesinde] ansagen, die gleichwol nicht gar ein kind sondern des verstandes[6] sey daß sie es von sich sagen vnd dem hauswirte vormelden[7] konne. Vnd was sie fur bescheidt krigen, sollen sie fleißig merken vnd in ihrer relation, wan sie furm gemeinen rathe gefraget wurden, darvon bericht zu geben wissen.

18 [**W**elche part aber sicherlich vnd formblich prociren wil, sol von dem baurmeister einen zettel nemen darin die execution verzeichnet sey, daß er denselben gerichtlich prociren konne.

Wer aber keinen zettul hat, auch den baurmeister nicht kan furstellen, sol in continenti zu prociren nicht verstattet werden.]

19 **E**s sol auch den parten freystehen vnd nachgelassen sein, ob sie vmb mehrer sicherheit willen zum secretario der das protocol helt gehen vnd einen kurtzen citationzettul nehmen wolten, den sie ihrem jegenteil durch einen baurmeister ins haus schicken muegen. Vnd wo solche zetteln geholet wurden, sol der secretarius [darein] ausdrucken, in was sachen vnd worzu der beklagte citiret worden, vnd desselben inhalt vmb mehrer gedechtnus willen ins protocol registriren, darauf sich die parte fur gemeinem rathe muegen zu berueffen vnd ihrer jegenteil vngehorsamb vmb so viel desto mehr zu vberwinden haben.

20 [**D**er baurmeister sol auch schuldig sein dem secretario relation zu thun, wie er die execution gethan, daß dieselbe auch ins protocol registriret werde.

---

1) geschonen 2) vnd 3) nach gelegenheit jrer vbertretung 4) geben 5) furgeladen 6) gestandes 7) gemelden

45*

v Vom gehorsamblichen erscheinen der parte.

21 Wan die parte gehorsamblich erscheinen, sol dem kleger vermoge vnseres stadtrechten frey sein[1] seine klage schriftlich oder muntlich einzubringen, es were dan die sache also beschaffen[2], daß ein rath fur notig erkente dieselben in schriften zu handlen: so sollen die parte des rathes befehl zu gehorsamen schuldig sein.

22 Klaget er schriftlich, so sol dem beklagten nach gelegenheit vnd wichtigkeit der sachen vierzehen tage oder drey wochen frist zu fertigunge seiner exception vnd jegennotturft gegeben vnd gegont[3] werden, der auch schuldig sein sol in der ersten schrift nicht alleine alle dilatorien vnd verzugliche schutzweren, wo er der eine oder mehr hette, auf einmal einzubringen, sondern auch den krieg wo nicht pure doch sub conditione zu befestigen, vnd alsbaldt darauf seine zerstorliche jegenrede vnd exceptiones auch zugleich mit einander zu proponiren, es were dan daß ihme etwan eine exception neuw erwachsen oder allererst hernacher zu wissen worden were, vnd daß er solches mit seinem eide betheuren vnd erhalten konte: dan muchte er dieselben auch hernach zu seinem besten furbringen.

23 Vnd wider solche exceptiones sol dem kleger eine replica vnd wider die replica dem beklagten eine duplica [allewege vber vierzehen tage, wo aus besondern vrsachen der termin nicht verlengert wirdt,] zu produciren[4] vergonnet vnd fernere gesetze[5] eher dan vber dem vorigen interloquiret mit nichten gestatet werden. Vnterstunden sich daruber die procuratores oder die parte mehr producta einzubringen[6] vnd deshalben in disputation zu wachsen, so sollen sie nach ermeßigunge des raths in eine zimbliche geldtbuße genomen werden, sonderlich wo sie nicht in acht haben, wie viel sie setze gethan vnd bey die acta gebracht haben.

24 Wurde aber die klage muntlich furbracht, vnd die parte weren hiebevorn fur ihren weichbildeshern oder fur den verordenten handelshern[7]

oder auf der muntze oder sonsten auf verordenunge des raths in guetlicher verhor vnd handelunge gewesen, also daß der beklagte eher dan er fur gemeinen rath komen wol gewust was der kleger wider ihne klagen wurde, so sol ihme keine bedenckezeit gegeben sondern alsbaldt zu antworten aufgeleget werden, es were dan daß ein rath aus bestendigen vrsachen ein anders zu uerhengen bewogen wurde: dan so muchte ihm bis ad proximam raum vnd bedenckezeit zugelassen werden.

25 Were aber die sache in der guete noch nicht verhoret[8], so sol man den beklagten vierzehen tage bedenckzeit geben vnd mitler weile die parte zu guetlicher handelunge weisen, ob sie ohne rechtfertigung muchten vortragen werden.

26 Do dan die guete entstunde vnd die sache wider fur gemeinen rath keme, sol der beklagte alsbaldt im ersten termin, wie auch oben von schriftlicher antwort gesaget ist, alle dilatorien mit einander einzubringen, den krieg zum weinigsten sub conditione zu befestigen, auch alsobaldt die peremptorien vorzuwenden verpflichtet [vnd schuldig] sein, darauf alsdan ad proximam oder so baldt man mit dem bescheide kan fertig werden, sol interloquiret vnd erkant werden was recht ist.

27 Es werde aber schriftlich oder muntlich procediret, so sollen sich beide parte fein eingezogen vnd erlich halten, auch alle ihre rede vnd berichte die sie einbringen nicht an ihre widerparte sondern an den rath oder desselben verordente dirigiren vnd richten.

28 Wo sich aber, wie bishero vielfaltig geschein, die procuratores oder die parte fur der banck in disputation, hader vnd[9] gezenke jegen einander einlassen wurden, sollen sie jederzeit nach gelegenheit ihrer vbertretung vmb einen, zweye oder mehr mariengroschen gebußet vnd daroben mit ernstlicher muntlicher aufertigunge nicht verschonet werden.

---

1) stahen   2) geschaffen   3) vergonnet.   4) procediren   5) setze   6) einzugeben   7) hendelern
8) gehoret   9) oder

VI Von dem vngehorsamb.

29 **D**ieweil aber bis anhero gespuret vnd befunden worden, daß allerley verzugk vnd verlengerunge daraus erfolget ist daß die geburtliche vnd angesatzte termine von den parten nicht obseruiret sondern merklichen vbergangen worden, sol darauf hinfurder guet aufsehen vnd achtunge gegeben werden, daß keiner die terminos vorachtlich [1] vberschreite, sondern wo jemandt dieselben vberschreiten worde[2], sol wider ihne in contumaciam auf seinen vngehorsamb procediret vnd auf des jegenteils anhalten was recht ist verordnet vnd gesprochen werden.

VII Vom vngehorsamb des klegers.

30 **H**ette ein kleger den beklageden furladen vnd citiren lassen vnd bliebe selbsten auf dem bestimbten termino außen, so muchte beklagter seinen vngehorsamb beschuldigen vnd den ausgangenen furbescheidt zu cassiren, sich auch ab instantia vnd dem gerichteszwange zu absoluiren bitten, mit erstatung der aufgelaufenen gerichteskosten.

31 **W**an solches geschieht, sol kleger nicht weiter im rechten zugelassen [oder gehoret] werden, er habe dan dem beklagten die aufgewanten expensen bezalt vnd dem gerichte zweine neuwe schillinge, das sindt vier mariengroschen, zur bruche vnd[3] straffe geben, es were dan sache,

daß er solche vrsachen seines außenbleibens anzeigen vnd bey seinem burgerlichen eide erhalten oder sonst darthun konte die ein rath fur genugsamb vnd erheblich achten muchte: so solte er mit der bruche verschonet bleiben[4], aber nicht desto weiniger dem beklagten die expensen crlegen.

Wolte aber beklagter der sachen gern los sein 32 vnd darauf gehen daß er nicht alleine ab instantia sondern auch endtlich absoluiret werden muchte, so sol er damit gebahren wie es [nach der lenge] im rechten ausgesetzet vnd verordnet ist, welches alhie zu erzelen vnnotig vnd vberflussig geachtet wirdt.

VIII Vom ungehorsamb des beklagten.

33 **W**an ein kleger auf des beklagten vngehorsamb procediren vnd vorfaren[5] wil, sol er zuuor bestendige anzeigunge thun, daß eine gewonliche citatio furhergangen vnd geschehen sey, vnd derhalben mag er bitten, daß man den baurmeister welcher seinen jegenteil hat furbescheiden, furforderen vnd bey seinem eide fragen wolle, wie, wo vnd weme er die verkundigunge gethan oder den furbescheidt angesaget habe. Vnd was dan der baurmeister berichtet vnd referiret sol bey die acta ins protocol verzeichnet werden.

34 **E**rscheinte vnd befunde sich dan, daß der beklagte selbest angetroffen oder der furbescheidt sonsten in seinem hause dermaßen angezeiget vnd gethan worden, daß es nicht vermutlich daß

es dem geladenen were verhalten blieben, so sol man auf anregunge des klegers ihn fur vngehorsamb erkennen vnd dem kleger erlauben daß er ihne zum negesten oder einem anderen[6] gerichtestage[7] wiedervmb muege citiren lassen. **E**rschiene er dan zum andern mal vnd konte 35 keine[8] bestendige vrsachen seines vorigen aufenbleibens anzeigen vnd bey seinem burgerlichen eide erhalten, so sol er angehalten werden dem kleger seine exponsen die ihme auf [den] vorigen gerichtestag gangen, widerumb zu erstaten vnd darzu einen neuwen schilling zur [bruche oder] straffe geben. Wan er solches thut, sol er mit seiner antwort vnd jegenrede zugelassen vnd gehoret werden.

Bliebe er aber zum andern male auch unge- 36

---

1) vnrechtlich   2) derselben verseumet   3) oder   4) werden   5) volfahren   6) zum andern   7) gerichte   8) nicht

horsamblich außen (wan er wie oben erzelet[1]
gebuerlicher weis citiret worden) so solte er
auf des klegers anregen abermal fur vngehor-
samb erkant vnd zum dritten mal geladen[2]
werden.

37 **K**eme er zum dritten male fur vnd hette keine
erhebliche entschuldigunge seines vorigen vnge-
horsambs furzuwenden, so solte er abermals dem
kleger die aufgelauffene kosten bezalen vnd dar-
zu zwey newe schillinge zur buße oder straffe[3]
geben vnd alsdan mit seiner antwort gehoret
werden.

38 **B**liebe er aber zum dritten male auch vnge-
horsamblich außen, so solte er bis auf [die] ehe-
hafte vnd hulffliche widerrede der gantzen sa-
chen verlustig erkant werden.

39 **V**nd zu anzeigunge vnd ausfuhrunge solcher
seiner ehehaft wird er billig noch einmal citi-
ret: kompt er dan vnd bringet solche vrsachen
fur die man zu rechte fur genugsamb erkennet,
so sol ihme auferleget werden dieselben zu be-
weisen oder mit seinem leiblichen eide zu er-
halten: beweiset oder erhelt er sie dan also vnd
ist erbotig dem kleger zu rechte zu antworten,
so wirdt er billig ohne einige entgeltnus[4] zuge-
lassen vnd gehoret.

40 **W**o aber die furgewanten vrsachen zu rechte
nicht genugsamb weren oder wie oberzelet nicht
beweiset noch erhalten wurden, so solte der
beklagte bis auf die hulfe geurtheilt[5] vnd dem
kleger ferner rechtens vber ihme verholffen[6]
werden. Vnd das ist zu verstehen[7] de ficta uel
praesumpta contumacia, die fur der kriegesbe-
festigunge aus des partes außenbleiben vermutet
vnd geschlossen wirdt.

41 **E**rscheine aber jemandt fur gerichte vnd wolte
dannoch das nicht thun das ihme mit rechte
zuerkant vnd auferlegt wurde [sondern weigerte
sich zu pariren oder ginge mutwillig darvon]
vnd gebe also offentlich seinen[8] vngehorsamb
vnd mutwillen an den tagk, so solte er ohne
weitere dilation oder furbescheidt der gantzen

sachen verlustig erkant vnd seinem jegenteile
wider ihne als einen der mit rechten vberwun-
den in alle wege verholfen werden.

42 **W**o aber jemandt dem baurmeister der ihne
furdert beschwerliche wort gebe vnd sich offent-
lich erklerte, daß er auf die furderunge nicht
erscheinen wolte, bliebe auch also in bestimh-
tem termino vorsetzlich außen, so solte man ih-
ne auf des baurmeisters relation die er bey sei-
nem eide thete alsbaldt bis auf seine hulffiche
widerrede der gantzen sachen verlustig erken-
nen, vnd zu solcher seiner widerrede muste
man ihne noch einmal citiren vnd dan ferner
ergehen lassen was sich zu rechte gebucren
wolte.

43 **W**an aber die sache mit klage vnd antwort
zu rechte begriffen vnd der krieg befestiget ist,
sol es zu des klegers[9] bedenken stehen, ob er
also[10] wie oben erzelet mit dreyen citationibus
auf den vngehorsamb procediren oder aber mit
seinem beweis vnd anderer notturft im rechten
fortfahren[11] wolle. Dan vngeachtet daß gleich
der beklagte auf einen oder mehr terminos vn-
gehorsamblich außenbleibe, sol gleichwol der
kleger auf ihne zu warten nicht schuldig sein,
sondern macht haben seine actus zu expediren
vnd bis zum ende des rechten zu vollenfuren.

44 **D**ieweil auch aus dem viel vnordenunge vnd
verzugk erfolget, daß die parte nicht zu rechter
zeit sondern allererst vmb oder nach zehen
schlegen, wan man balde abgehen wil, auf dem
rathause erscheinen, sol hinfurder darauf auch
gesehen werden, also daß ein jeder der dar fur-
bescheiden[12] ist, alsbaldt vmb achte schlege
oder je zwischen achten vnd neun auf dem hause
sey vnd erwarte bis die ordenunge an ihne
gelange.

45 **W**er aber vmb neun schlege nicht vorhanden
ist vnd wirdt von seinem jegenteil als vngehor-
samb beschuldiget, ob er[13] gleich hernach den-
selben morgen erschiene, sol er doch dem ge-
richte einen matthier zur straffe geben. Wo

---

1) gehoret   2) furgeladen   3) brocke oder buße   4) entgelt   5) vertheilet   6) geholfen   7) ver-
fen (?)   8) seinen offentlichen   9) beklagten   10) alsobaldt   11) vollziren   12) bescheiden   13) aber

er aber vmb zehen schlege gefurdert vnd noch[1] nicht gefunden wurde, sol er einen mariengroschen [zur straffe] verfallen sein. Bliebe er aber gantz[2] außen, so erginge vber ihne was hieroben vom vngehorsamb gesaget ist.

IX Vom vorstande vnd[3] gewere.

46 **M**it dem vorstande sol es jegen den leuten die alhir zu rechte nicht gesessen[4] in aller maßen gehalten werden wie es in vblichen landtrechten von alters herbracht. Desgleichen mit der gewere wie in vnserm stadtrechten klerlich geordnet[5] vnd sonst im lande gebreuchlich ist.

X Vom eide fur geferde.

47 **W**an nun in schriften oder muntlich zu der ersten interlocutori, wie oben erzelt[6] beschlossen, auf der parte einbringen zu rechte erkant vnd der krieg vor befestiget angenomen, so stehet es in der parte bedenken, ob einer von dem andern den eidt fur geferde furderen vnd nehmen oder aber denselbigen stilleschweigens vbergehen wolle. Dan wo er expresse nicht begeret oder gefurdert wirdt, sol darin ex officio nichtes verordnet werden.

48 **D**ieweil[7] aber mit eiden nicht leichtlich zu schertzen, sol auch in dem juramento calumniae diese bescheidenheit gebraucht werden, daß man in geringschetzigen sachen, sonderlich da keine bose vermutunge wider ein part vorhanden, zu solchem eide nicht zu sehr eile. Dan es ist auch nicht so eben daran gelegen zu welcher zeit er geleistet werde, sondern im rechten nachgelassen, da gleich alsbaldt nach der befestigunge des krieges darfur furubergangen, daß er doch hernach wan sich etwan ein part mit vordechtiger[8] ansfucht oder anderen articulen in demselben eide fur geferde gehorende argwonig machet, in jedem acte kan vnd magk erstatet werden.

XI Von den positionibus vnd responsionibus.

49 **N**ach befestigunge des krieges, es sey der eidt fur geferde gefurdert oder nicht, hat der kleger (wo seine klage verneinet wirdt) zweine wega vnd magk vnter denen zur[9] handt nehmen welcher ihme zu austrage der sachen am furtrechlichsten sein bedunket. Dan wo es zu vermuten, daß der beklagte alle seine articul vorneinen[10] wurde, vnd er getrawet[11] dieselbe genugsamb zu bescheinigen, ist es am richtigsten daß er alsbaldt zum beweis greiffe vnd mit den positionibus vnd responsionibus vnd dem so daruber disputiret werden machte, keine zeit verliere.

50 **H**ette er aber etzliche articul darunter die der beklagte vermutlich nicht verneinen vnd die ihne von der burden der probation etwan releuiren vnd[12] entheben kunten, so stunde ihme frey seinen libellum (wo der artiouliret vbergeben worden) loco positionum zu repetiren, oder wo er summarie vnd ohne articul geklaget, seinen libellum in positiones zu resoluiren vnd des gegenteils responsiones darauf zu furdern. [Doch daß solche positiones fein quotiret werden, bey poen eines halben guldens wo sie anders eingegeben worden.]

Es sol auch der beklagte, wo die positiones 51 vom gerichte also schließlich vnd pertinentes zugelassen, durch die wort: glaube wahr oder nicht wahr, ohne allen anhang darauf zu antworten in alle wege schuldig sein.

Were aber ein articul multiplex, also daß er 52 ihne in einem stucke wahr, in dem andern nicht wahr glaubet, so sol er ihne klerlich distinguiren vnd vnterscheidtlich anzeigen, in welchem stuck er ihme glaube vnd in welchem er ihme

---

1) doch   2) gar   3) der   4) besessen   5) verorduet   6) gemeldet   7) damit   8) vorbedechtiger   9) an die   10) gemeinen   11) vertrauwet   12) oder

nicht glaube, vnd die responsiones mit den worten, wie die gestalt vnd gesatzt, nicht oneriren vnd[1] vngewiß machen.

53 **F**iele aber von wegen der impertinentz solcher articul einige disputation fur, daruber die parto schriftlich zu satzen fur notig[2] achteten[3] (welches doch so viel muglich in alle wege sol verhuetet werden) so sol nicht mehr dan jedem teile eine schrift daruber zu thunde zugelassen werden.

54 **W**olte aber der kleger auf des beklagten exceptiones nicht schriftlich sondern muntlich repliciren vnd beschließen, das sol ihme auch frey vnd vnuerboten sein.

55 **W**o aber die responsiones angefochten wurden,

sol nicht mehr als dem beklagten eine schrift vnd dem kleger dagegen eine muntliche replication gestatet vnd darmit zum erkantnus beschlossen werden.

Gleicher gestalt wie itzo vom kleger gesaget 56 sol auch dem beklagten mit seinen exceptionibus vmbzugehen vergont vnd nachgelassen vnd also von beiden teilen die gleichheit gehalten werden.

Das juramentum dandorum articulorum et fa- 57 ciendarum responsionum stehet in der parte wilkur, ob sie es von einander[4] furdern oder beiderseits vnterlassen wollen. Darumb sol hierin ex officio auch nichtes suppliret werden.

XII Vom haubteide darmit die gantze sache gescheiden[5] wirdt.

58 **W**an ein part den andern auf sein gewissen vnd wolwissen wil beschuldigen, sol er ihme den eid fur bestalter gewere vnd befestigtem kriege[6] zuschieben[7], dan hernach wurde er darmit nicht zugelassen. Vnd der welchem der eidt also wirdt zugeschoben, hat die macht daß er den eidt fur geforde vom jegenteil nehmen vnd den haubteidt leisten oder aber denselben seinem widerpart referiren vnd widerumb zuschieben muege, dessen sich auch der deferent anzunemen nicht kan weigern, sondern e muß schweren oder seinem jegenteil gowonnen geben.

59 **S**olche eide aber, ob sie gleich im anfange des

krieges deferiret vnd referiret werden, durfen doch nicht eher dan nach bestalter gewere vnd befestigtem kriege geleistet werden, vnd darzu sol der welchem zu schweren auferleget, seinen jegenteil citiren lassen vnd in alle wege daran sein daß er in sechs wochen vnd dreyen tagen schwere: sonsten wirdt er darmit fellig vnd sol weiter nicht zugelassen [noch gehoret] werden.

Bliebe aber der welcher den eidt vom andern 60 nehmen sol auf[8] den ausgegangenen furbescheidt vngehorsamblich außen, so wurde der ander von leistung des eides absoluiret vnd die sache also angenomen als ob er den eidt goschworen hette.

XIII Von dem beweiß.

61 **W**an es dan an den beweiß kompt, so sol ein jeder fleiß haben, daß er seine probationes in angesetztem termino oder wo ihm keine zeit bestimbt wurde, in sechs wochen vnd dreyen tagen von der zeit an zu rechnen als das vrtheil in seine kraft gangen ist, wie recht volnfure.

62 **V**nd sol es darbey nicht wenden oder genug sein lassen daß er seine artikul vnd namen der zeugen in termino vbergebe, sondern er sol auch darauf dringen vnd anhalten, daß die in rechter

zeit aufgenomen, voreidet vnd wo muglich auch verhoret werden. Wer sich aber darnber verseumet der sol an seinem beweiß fellig erkant auch darzu ferner[9] nicht zugelassen werden, er wolte dan schriftliche vrkunden furbringen: die sollen ihme nach verordenunge [gemeiner] lantvblicher rechte auch hernach zugelassen werden, es befunde dan das gerichte seinen mercklichen vnfleiß vnd hette ihne vordechtig daß er die production zu verlengerunge der sa-

---

1) oder   2) von noten   3) erachteten   4) ein vom andern   5) bescheiden   6) befestigunge des krieges
7) zuschreiben   8) aus   9) vnd damit weiter

chen so lange verzoge: dan so muchte man vrsachen des verzuges von ihme anhoren vnd daruber geburliche erkantnus ergehen lassen.

63 Truege sichs auch zu, daß beiden teilen beweisens von noten were, so sol in des rathes bedenken stehen, ob die sachen also gelegen seyen, daß zu befurderunge derselben beiden teilen ein

terminus zugleich mit einander gegeben vnd darinne jedem sein beweiß zu volnfuren solte auferleget werden. Dan oftmals darinnen allerley gefar vnd vnnotige verlengerunge gesucht wirdt, wie solches die tegliche erfarunge genugsamb bezeuget vnd anzeiget.

XIV Von den disputationibus vnd allegationibus.

64 Nach eroffnetem beweiß sol jedem parte vermuege vnseres stadtrechten nicht mer dan ein satz zugelassen (vnd zu jedem satze nicht mehr dan vierzehen tage frist gegeben) werden, es were dan daß ein erbar rath aus erheblichen

vrsachen fur notig erkente, daß mehr schriften (oder lengere dilatiou) eingereumbt werden solten: sonsten vnd außerhalb dessen sol es in alle wege bey dem stadtrechten bleiben.

XV Von vrtheilen.

65 Die vrthel so nicht in geringschetzigen sachen muntlich gesprochen sondern in schriften verfasset werden, sollen wie bishero auf fleißige besichtigunge vnd relation der acten im kuchenrathe beratschlaget vnd eher dan sie publiciret fur gemeinem rathe widerumb fur die handt genomen vnd endtlich beschlossen werden.

66 Darmit aber im vrtheilen vmb so viel desto mehr ordenunge sein vnd gehalten werden muege, sollen die parte so der sentenz gewertig sein, bei dem syndico sich zuvor erkundigen, ob die vrthel fertig, vnd alsdan von demselben vrabsonst vnd ohne entgelt ein citationzettul bekomen vnd bey einem baurmeister ihrem jegenteil in das haus schicken, daraus er zu nornemen, daß die sentenz, vngeachtet ob er komen oder außenbleiben wurde, nichtes desto weniger

publiciret vnd erofnet werden solle.

Wan dan der gemeine rath vmb achte schle- 67 ge zusamende kompt, sollen am allerersten die vrthel so vorhanden vnd in dem kuchenrathe hiebevor erwogen, widerumb furgenomen, beratschlaget vnd beschlossen werden, vnd sobaldt man darmit fertig, sollen die parte gerueffen vnd wo sie nicht alle vorhanden, die baurmeistere so die citationes exequiret, nach einander eingefurdert vnd ihre relationes verzeichnet werden. Befindt man dan, daß die executiones geburlicher weise geschein, so sol man die vrthel, vngeachtet ob die parte zum teil außenbleiben, nichtes desto weiniger in offenem gemache nach einander ablesen vnd publiciren, vnd wan solches geschein, alsdan allererst audientz geben vnd andere sachen furnemen.[1]

XVI Von der leuterunge.

68 Ob irgendt ein teil die gesprochenen vrthel tunkel oder ihme an seinem rechten beschwerlich vnd nicht rechtmeßig sein vermeinte, deme sol eine leuterunge, doch mit glimpflichen bescheidenen worten ohne schmehe vnd bitterkeit, innerhalb zehen tagen einzubringen erlaubet werden, doch daß er darinne alle vrsachen warumb

er des vrtheils beschweret, specifice[2] vnd klar anzeige. Befunde man dan, daß dieselben etwas erheblich, sol die leuterunge angenomen werden. Der declarant aber sol in alle wege verpflichtet 69 sein, wo es vom widerteil begeret wirdt, das juramentum calumniae zu leisten vnd zu schweren, daß er die leuterunge nicht aus geferde

---

1) furgenomen werden 2) speißliche

oder boser meinunge noch zu verlengerunge des rechten, sondern allein zur notdurft furbringe vnd gebrauche.

70 **W**o er sich aber solches eides weigern vnd denselben alsbaldt nicht leisten wolte, sol die leuterunge gentzlich abgeschnitten vnd verworfen werden, dagegen dem anderen teil eine exception vnd ferner keine schrift noch disputation zugelassen werden, es were dan daß es aus beweglichen vrsachen durch gemeinen rath fur notig erachtet[1] vnd erkant wurde.

71 **W**as dan also leuterungsweise von beiden teilen vbergeben, sol neben den vorigen acten mit fleiß widerumb fur die handt genomen vnd bewogen werden. Befunde[2] man dan die sachen dermaßen beschaffen vnd also klar, daß die acten[3] an andere[4] orter zu uerschicken vnnotig, so solte ein rath selbest auf die leuterunge zu erkennen macht haben. Im fal aber daß der handel wichtig vnd disputirlich oder etwan ein scandalum oder ergernuß zu besorgen were, solte an eine vnuerdechtige berufene universitet oder scheffenstuel vmb belerunge geschicket werden, darmit die parte keine vrsach haben muchten sich einiges verdachtes oder vnbilliger verkurtzunge zu beklagen.

XVII Von den appellationsachenn.

72 **D**ie appellationes sollen vermuege vnseres stadtrechtens im negesten gerichte so nach der appellation gehalten wirdt, bey verlust der sachen eingefuret werden, es were dan daß einer bewegliche[5] vrsachen vnd vorhinderunge anzeigen koute.

73 **V**nd sol der appelant, wo ihme die acta der vorigen instantz noch nicht mitgetheilet worden, alsbaldt vmb inhibitiones vnd compulsoriales an das vntergerichte bitten, die ihme auch vnweigerlich erkant vnd gegeben werden sollen, vnd sol alsdan zeit bis ad proximam nehmen die acta prioris instantiae neben seiner appellationklage zu produciren.

Hette er aber die acta der ersten instanz al- 74 bereit entfangen, so sol er sie zugleich mit der appellation vnd darneben auch seine appellationklage alsbaldt vbergehen [oder die appellation loco libelli repetiren].

Konte er aber mit diesem allen auf den ersten 75 termin nicht fertig werden (wie dan die gerichte oftmals kurtz auf die appellation folgen), so sol er macht haben bis ad proximam zeit zu bitten.

Wan dan die appellation also fur gemeinem 76 rathe eingefuret, sol in der sachen vermuege vorgehender ordenunge schriftlich oder muntlich fortgefaren vnd so viel menschlich vnd mueglich mit fleiß zum ende vnd austrage geeilet werden.

XVIII Von der hulffe.

77 **W**an die vrthel in ihre kraft gangen, sol auf anregen des gewinnenden teils deme so im rechten fellig werden von rathes wegen geboten werden in vierzehen tagen dem vrtheil folge zu leisten, vnd wo er das nicht thut, nach verordenunge der rechte mit der hulfe wider ihne verfaren[6] werden.

XIX Von den expensen.

78 **W**an der gewinnende teil vmb die hulffe bittet, mag er zugleich seine[7] aufgewanten expensen, wo ihme die mit rechte erkant weren, verzeichnet vbergeben vnd dieselben zu taxiren bitten: so sol in demselben auch vermuege bewerter[8] rechte die billigkeit verfueget werden.

---

1) geachtet   2) funde   3) sache   4) frembde   5) beweisliche   6) volnfaren   7) die.   8) herurter

CXLV. UNTERGERICHTSPROCESS.

1553 Febr. 24.

Von dieser zweiten Redaction des Untergerichtsprocesses, welche die von 1532 durch mannichfache Zusätze erweitert, liefern die bei No. CXLIV erwähnten Handschriften vier niederdeutsche, wesentlich gleichlautende Texte. Da indessen schon die älteste dieser Vorlagen und mehr noch die übrigen sich mit hochdeutschen Wortformen in einem Umfange durchsetzt zeigen, wie dies an der niederdeutschen Schriftsprache um die Mitte des 16. Jahrhunderts noch nicht wahrzunehmen, so schien der Versuch geboten, mit Beseitigung des eingedrungenen fremdartigen Elements den ursprünglichen Laut dieses Statutes möglichst wieder herzustellen. Auf die zwei jüngeren, wahrscheinlich von Anfang an hochdeutsch abgefassten Schlusszusätze jedoch, welche gleich hier aufgenommen sind, durfte dies Verfahren keine Anwendung finden.

Des undergerichtes processus vnd gebruck der stadt Brunschwigk, beleuet vnd angenomen anno 1537, folgendta ock in anno 1553 von eynem erbarn rade, radesschworen, theynmannen, gildemesteren vnde houetluden reformiret vnde beschloten fridages na Inuocauit.

1 **E**rstlich wan men dat gerichte anfanget edder sünsten ichtwat van gerichts wegen angezeiget werdt, schüllen de gerichtsheren vor den vöigeden her genennet werdenn, vngeferlick also: Hefft jemandt wat tho warnende, de trede vor, de gerichtsheren vnd vöigede syn sitten gaen.

2 **D**e vöigede schüllen sick nicht van eymander sonderen vnd eyn ane den andern tho gerichte sitten, wente eyn erbar rath siehet vor guet an vnde will hebben, dat se in allen gerichten bayde sitten schüllen.

Item de vöigede schüllen ock neyn ordell spre- 3 ken edder openen latenn, se syen denne thovoren mit den gerichtsherenn thosamende gewesen vnde hebben sick [1] darouer mit flyte besproken.

1 Van saken de am vndergerichte angenomen vnde mit rechte gescheiden werden mogen.

4 **A**m vndergerichte schüllen allene nafolgende saken angenomen werden:

1. Wo jemandt klaget vmme bekante schuldt vnde bülpe socht.
2. Vmme vordent lohn.
3. Vmme gare kost.
4. Vmme vorseten tynse.
5. So eyn den andern beschüldiget tho ja edder tho neen, welcker[2] man sünst heyt de[z] saken int gewetten schuuenn.

6. Wan kummer vnd arrest gescheen vnd also de saken darvan an dat gerichte wasseun.

7. Wan eyne sake vnder düssenn seas articula nicht begrepenn auerst doch ouer hundert gulden nicht belangende iß, mag se gelykewol van dem vndergerichte angenomen vnde mit rechte gescheiden werden. Auer andere disputirlicke sake, de sick ouer hundert gulden erstreecken, schall men van dem vndergerichte aff vnde vor den gemeinen rath wyseun.

II Van den redenerinn.

5 **I**dt schüllen ock im vndergerichte keyne andere redener den de fronen gebruket vnd keyne frembde thogelatenn werden.[3]

6 **W**ill auer jemandt eynen procuratorn schicken edder by sick hebben, de mag ohne tho vnderrichtung deß fronen vnde nicht thom reden gebrukenn.

---

1) by siok. 2) de fehlt in einigen Handschriften. culus et qui non valet vnam faburn.

3) Am Rande in mehreren Handschriften: Pessimns articulus et qui non valet vnam faburn.

46*

III Van klage.

7 **T**weimael schal men va
son borgern dat gerichte tho-
CXXXVIII,1 seggen, vnde dat dridde mael de fronebode persoenlick
sůluest vnde nicht dorch syne fruwen effte maget. Que-
met ock, dat de fronen, eyne effte mehr, kranck edder
nicht inheymisch weren, schal der andern fronen eyner
vth dem anderenn gerichte de dridden klage den borge-
renn mit vethen thoseggenn.

8 **W**an sick de borgere tho der dridden klage nicht wil-
CXXXVIII,2 len finden lathenn vnde lathen sick vorsakenn vnde syn
doch in uhrer behuesinge, so mag de fronebode tho den
borgern in ohre wonlinge gaen vnd ohne de dridden klage
mundtlickenn anseggenn. Ginge de fronw auerst twey
effte drey mael ummesůst, vnde men wüste dat de borgere
tho huefl were, so schal he der fruwen anseggenn, dat
ae ohrem manne segge: hedde he jennige inrede, dat
denne ohr man vor gerichte kome vnde bringe de insprake
vor, dat gerichte wolde gaen laten wat recht ifl.

9 **W**elckerem borger dem¹ de dridde klage dorch den
CXXXVIII,3 fronen mundtlicken werdt thogesucht vnde de klage ver-
sůenet, de ifl mit der klage ouerwunnen nha vthwysinge
vnses stadtrechtts.

10 **W**an eyn vaser borger mit der dridden klage ouerwun-
CXXXVIII,4 nen werdt, so schal de kleger de dridden klage in defl
gerichtes boek verteicken lathen, worumme effte vorvor
vnde vp wat dag.

11 **D**e kleger vnde de beklagede schullenn tho der dridden
CXXXVIII,5 klage beyde vor gerichte erschynenn, wen de kleger den
beklagedenn vp syn ja vnde vp syn neen beschůldigenn
wil. Auerst vp bewyflicke schuldt vnde ander sake mag
eyn volmechtiger wol forderenn vor gerichte.

12 **W**en eyn dem andern syn gewetten beschwe-
ren vnde ohne tho ja edder neen mit synem
eyde dringen wil, so schal in alle wege dem
deyle deme de eydt werdt thogeschouen, he sy
kleger edder beklagede, vorbeholdenn syn den
eydt vor gefehrde tho forderen, also dat syn
jegendeyll thovoren by synem eyde erholde, dat
he nicht gefehrlicker wyse sunderen allene tho
notturfft synes verhopendenn rechten ohne dat
gewetten beschůldige. Vnde wo he sick solckes
eydes vor gefehrde beschweren edder weygern
worde, schal de beschuldigte nicht verplichtet

¹) In den Handschriften den.

syn eynigen eydt tho lestenn, sunderen van der
ansprake darup he tho ja edder neyan beschůl-
diget ifl wordenn, mit rechte loefgedeylet vnde
frygesproken werden.

Idt schal ock deme so dermaten beschůldiget 13
vnde thom eyde gefordert werdt in alle wege
frystaen synem jegendeyle den eydt wedderumme
heimthoschouen. Vnde wo sick desulue beschwe-
ren vnde den wedder thogeschouenn eydt nicht
annehmen noch lesten wolde, schal he auermael
synes rechtenn verlustig erkandt werdenn.

Doch schal hyrinne de bescheydenheyt gebru- 14
ket werden, dat men keynen twinge ouer eyn
frombdt doend edder handel tho schwerenn, dar-
van he keinen eygentlickenn bericht hebben mag.
Wolde aner syn jegendeyl ohne syner witschop
haluen beschůldigenn, also dat he schweren
scholde, effte ohme darvan ichtwat bewust edder
nicht were, so mochte he sick ane erhefflicke
orsaken darwedder nicht vpholden. Dut ifl al-
lene tho mehrerm vnderrichte der gerichtsheren
vnde vollgede alhyr erinnert. Wat wyder in
solcken cydtsakenn vorfallen mochte stellet men
vp verordeninge der vblichen landtrechtenn.

We den ersten penning dem fronen deyt de helft de 15
ersten klage. Wo he anerst der klage thom negesten CXXXVIII,6
gerichtsdinge nicht erfolget, so gilt dat nicht.

Wen eyn gast eynen burger edder gast vor gerichte ver- 16
klagen wil, vnde de beklagede begeret van dem kleger CXXXVIII,7
eine wehre, so ifl de kleger plichtig de wehre tho doende
na vthwysinge vnsers stadtrechtens.

Wan eyn borger effte gast also mit der dridden klage 17
ouerwunnen werdt, also fort hindert de fronw ohne vnd CXXXVIII,8
syn gudt.

Defl negesten gerichtsdinges so beth de fronw dat gudt 18
vp vp auforderinge defl klegers. CXXXVIII,9

Werdt dat gudt vpgeboden vmme schuldt, so findt dat 19
gerichte voertoin dage. Werdt dut gudt vpgebuden vmme CXXXVIII,10
tinfl, fladt dat gerichte hůde vnd morgen. Verdenet lohn
gelyck tinfl. Gare kost findt men gelyck schuldt.

Wan de dingdage vmme schuldt vmme syn, so kumpt 20
de kleger wedder vor dat gerichte vnde leth dem gerichte CXXXVIII,11

dorch den fronen anseggen, de veertein dage syn vmme,
vnde leth fragen, wo lange he dat gudt noch holden scholde.
So findt de voget huet vnd morgenn, dat iß tho dem ne-
gestenn gerichtsdage.

21 Hefft de beklagede de schuldt bekant im ge-
CXXXVIII. richte, so gifft men eynen dingkdag, dat iß by
12 schynender sunnen.

22 Wan sodaneß alle vor gerichte gescheen iß, so leth de
CXXXVIII. kleger dem beklageden tho dem negestenn gerichtsdage
13 de wehre thoseggenn.

23 Wan de wehre dem beklageden werdt thogesecht, so
CXXXVIII. leth de kleger se vor gerichte vthwuruenn, vnde do voget
14 eigenet ohme synen penning an deß beklageden gude, vnde
de eigendom werdt alsofort geteiknet, worumme efte wur-
vor, vnde de kleger legt vp negen penninge, dat iß de
pandtschilling.

24 Wolde auer de vthgeklagede langer tydt bid-
den vnde getruwede datschluige by dem gelöui-
ger tho erholdenn, so mochte he suluest komen
vnd vmme wydere frist ansoekenn. De vogede
auer schullen sick tho solcker waruinge nicht
gebruken latben.

25 Wan sodaneß alle gescheen iß vp anforderinge deß kle-
CXXXVIII. gerß, so geyt de voget mit dem kleger in deß beklageden
15 behuesinge vnd nimpt dar so veel pande vth alß tho bick de
schuldt belopt.

26 De pande deyt de voget in gemeyne handt wente tho
CXXXVIII. dem negesten gerichtsdage. So kumpt de kleger vor dat
16 gerichte vnde leth de pande vpbeyden vnde leth fragen,
wo lange be de holden scholde. So findt dat gerichte
hüede vnde morgen, iß de negeste richtdag.

27 Tho dem negesten gerichte werdenn dem kleger de pande
CXXXVIII. geeigenet, vnde werdt in des gerichtes boeck geschreuenn,
17 wat idt vor pande syn. So mag de kleger alsofort dat
syne daruane soekenn.

28 Geyt men eynen borger tho der webre, wen he also
CXXXVIII. wo vpsteyt mit stadtrechte vthgeklaget iß, vnd men im
18 huese nicht so veele gueds euerkomen kunn alse sick
de schuldt belopt: belopt sick de schuldt so hoch, dat
men den kleger mit panden nicht bethalenn kan, so bin-
dert uen deß beklagedenn syn erue, wo he mit eynem erue
besetzen iß, vnde buth dat vp vor gerichte, vnde de kle-
ger leth fragen, wo lange he dat holden scholde. So findt
dat gerichte seuen weeken.

Wo sick dat auer thodröge, dat deß vthgekla- **29**
gedenn hueßfruwe mit öhrer fruwelicken gerech-
ticheit sick den gelöuigernn weddersettenn wol-
de, so schal se in den seuen weeken desulue
ohre gerechticheyt antheyn vnde bewysenn. Im
fall auer da se solckes nicht doen worde, schul-
len de gelöuiger wo hyrna folget an dat erue
gesettet vnde de fruwe mit dem manne vth dem
huese gewyset werden. Doch schal ohr herna-
maeß tho dem huese tho klagen vnde ohre ge-
rechticheit tho forderenn vnbenomenn syn. Im
huese auer tho blyuen vnde also mit allerley
vthfluchten de gelöuiger tho hinderen vnde vp-
thoholdende schal ohr nicht gestadet werdenn. [1]

Wen de seuen weeken vmme syn, so kumpt de kleger **30**
wedder vor dat gerichte vnde leth dorch den fronenn an- CXXXVIII.
dragenn, dat men ohme wolde [2] eigenen syne penninge an 19
dem erue, vnde de kleger leth dat teicken in deß gerichtes
boeck, worumme, worvor vnde vp wat dag, vnde de kle-
ger legt vp negen penninge.

Wen sodaneß gescheen iß vp anforderinge deß klegers, **31**
geyt men dem beklagedenn vor dat erue vnde holdt dar- CXXXVIII.
vor ein gerichte, vnde de voget deyl dem kleger den ringk 20
in de handt vnde segt: he möge dat erue vorkoepen, vor-
setten, vorpanden so wydt alse sick syne schuldt belopt.

Su werdt dem beklageden eyn ordeil gefundenn, dat he **32**
sick deß hueses entholdenn schal vnde noch daruth edder CXXXVIII.
ingaen, by sestig schilling nie (doch den dag iß he fry) 21
idt en schege denne mit deß sakewolden vnde deß gerich-
tes willenn.

Na solcker gerichtlicken inwysinge mag de kle- **33**
ger eynen kopman thowege bringen de ein rede-
lick geldt vor dat erue beyde, edder mag sül-
uest einen vorschlag doen, wo düar he idt thom
hogestenn annehmen wille. Da denne de vth-
geklagede darmede thofreden, bedorfte idt kei-
nes wyderen disputerens. Findt he sick auerst
darinne beschweret, so mag he eynen koeper
vorstellen, de idt düarer annehme, edder wo he
itzunder keynen wüste tho bekomenn, schal oh-
me dat erue vp syn begehren noch jahr vnde
dag tho guede staenn, efte idt mitlerwyle düe-
rer konde verkofft werdenn. Dem kleger auer,
wo he an dem erue tynß hefft, schal mitlerwyle

---

1) Am Rande: Necessarius et utilis articulus contra versutias mulierum. 2) wolle.

syn tinß alse thovorenn fortgaen vnde vpwassenn.

84 Weren auer der gelöuiger mehr dan eyner, vnde der schulden so veele dat se mit dem erue schwerlick edder gar nicht bethalet werden konden, vnde de anderen folgendenn creditorn besorgeden, dat de tynse so in jahr vnd dage noch vpwassenn mochtenn, öhnen tho schaden gelangenn vnde öhr nastandt sehr geringer dardorch werden mochte, so mochte dat gerichte vp ohr ansoekendt (sünderlicken wo men sick bedünckenn leth, dat de beklagede vorgeflike[1] vthflucht sochte) alle de so interesse daran hebben wolden dorch gewoenlike vorladunge edder wo se dem gerichte nicht alse bewust, dorch ein angeschlagen edict thosamen forderen vnde na ohrer aller gehorten inrede vnd bedencken dat erue vmme eyn redelick billig geldt warderen vnde dem kleger darvor thoschlaen, de idt denne suluest beholden edder eynem anderenn vp synen eygenen gewin vnd verlust vorkoepenn mochte, doch dem beklagedenn edder syner frundtschop ohren vorkoep na ludt des stadtrechtens vnbenomen.

85 Hedden ock de vöigede, tynßheren edder creditores dene an ohren summenn ichtwat affgaen worde, an solcker warderinge eynigen mangel edder verdunckent, schal ohne frystaenn, wen se dat erue hoger den idt gewardert tho gebruken wüsten, dat se in den koep treden vnde sick an der beteringe ohres schadens erhalten mogenn.

86 Vnde na solcker warderinge schullen dem kleger alle tynse gentzlick affgeschnedden syn vnde dar keyne mehr vp dat erue wassenn, sünderenn eyn jeder schall ohne an syner houetsummen vnde den hyrvor vthstaenden tynsenn genoigen vnde sick desüluige bethalonn lathen so ferne dat erue wendet. Wat he denne aldar nicht kan erlangen, mag he an dem schuldener mit rechte soekenn wo he datsülue am bequemestenn tho doende weit, vnde schal ohne mit der warderinge nichtes benomen synn.

87 Weren auer idtlicke tynßheren vorhanden de mit dem inklagenn nichts tho schaffende hodden, sünderen öhne vp ohre hebbende ersticheyt an dem erue genoigen lathen, dene schal dorch düsse warderinge an ohren tynsenn nichtes benomen syn, sünder de folgende tynßheren edder creditorn de dat erue also ingeklaget, schullen de vorsehinge doen vnde darvor synn, dat desüluigen befredigit vnde contenteret werden.

38 Also ock wo beklageder der schuldt gerne aue synn vnde mit den vpgewassenen tynsenn vnde anderenn beschweringen verschonet blyuen wolde, mag he de warderinge wo bouen steyt by den gerichtenn süluest soekenn, de ohne ock also wedderfahren schal.

39 Wolde denne de kleger solcke warderinge nicht tholathen sünderenn dat erue jahr vnde dag tho feylem koepe staenn lathen, vnde also vp bare bethalinge warden, so schal ohme henforder keyn tynß mehr vpwassenn, wente dat erue steyt nicht dem vthgeklagedenn sünderen ohme süluest thom besten leddig; darumme schal he ock billig den schaden hebbenn.

40 Wo auer dat erue dem vthgeklagedenn thom besten vnde vp desüluen begehrenn jahr vnde dag tho feylem koepe gestandenn auer gelyckewol nicht vorkofft were, so schullen henforder dem kleger keyne tynse mehr darup wassen, sünderenn he mag datsülue vpt düerste ohne mogelick vorkoepenn edder dorch dat gerichte warderen vnde ohme süluesten thoschlagen lathen, vnde wo bouen syne schuldt noch ichtwat ouerblyuenn worde, schal he idt dem vthgeklageden edder folgenden gelöuigerenn hervthgeuenn. Mangeldt auer ichtwat, so mag he dem beklagedenn, wo ock bouen geseoht, wyder mit rechte folgenn.

41 Wan eyner nu nicht besaten vnde neyne pande heft, vnde de[2] kleger begahret den beklagedenn fredeloeß tho leggen, dat moth de kleger opentlick vor dem gerichte waruenn, vnde leth idt teycken, worumme, worvor vnde vp wat dag, vnde de frone moth idt ohme thoseggenn.

CXXXVII, 22

42 Werdt eyner so fredeloeß gelecht, syne person iß fry in synem huese vnde vp synem steynwege, vnde nicht synn gudt.

CXXXVIII, 23

---

1) vorgefehrlike 2) de fehlt.

43 **E**yn man de dar fredeloeß gelecht werdt, den mag de
CXXXVIII, kleger wol annehmenn vp syne bekostinge.
24

44 **W**en eyner so fredeloeß gelecht iß vnd handelt in an-
CXXXVIII, deren steden effte dorperenn, vnde de [1] kleger begeh-
25 rede des eynen schyenn vth dem gerichte, de schal oh-
me nicht geweygert werdenn vmme synen penning.

Wen eyner vorfestet werdt, de schal in de stadt nicht, 45
he hebbe sick dan wedder inweruenn lathenn vor gerichte. CXXXVIII,
26

Wen sünst de saken vorsiragen werden, vnde de festinge 46
nicht en geyt[2], darmidde schal dem rade vnde dem gerichte CXXXVIII,
nicht affgebrockenn werden. 27

IV Van gerichtsbreffen.

47 **E**in erbar rath wil dem gerichte twey geschworene bo-
CXXXVIII, den verordenen, dat men allewege dersüluen eynen
28 an frombde orde tho schicken vnde de gerichts-
brefe edder wat sünstenn vthgerichtet werden
moth tho ouerantwordende vnde tho vorrich-
tende gebrukenn moege. Demsüluen schal men
vor juwelcke mylen achte penninge geuenn.

48 **D**e geschwornen gerichtsboden schullen mit den breuen
CXXXVIII, nicht ahemich[3] syn, alsefort de breue tho rechte brin-
29 genn, in den steden den borgermeysteren effte schulten
handeleggen, ock einen schyen van densüluen forderenn.
Ock den dag schullenn se antzeyckena vnde merckenn,
wen se de breue tho sick doen, vnde dem gerichte
wedder anseggenn. Vnde de ansage schal me in dem ge-
richte vorteickean.

49 **V**p den dorperen schullen de boden des gerichtes breue
CXXXVIII,
30

den jůnckarenn effte vólgeden vnde hogreuenn effte bur-
mesteren handeleggenn, vnd konden se dat thowege brin-
genn, schullen se darby twey thegen nehmen vnde schry-
uen wo de thegen heten. Konden se de thegen dar nicht
hebben, effte konden süluest nicht schryuenn, so
schullen se idt doch mercken vnde dem gerichte
anseggenn vnde vorteickenn lathenn.[4]

Wen gerichtsbreue vth anderen stedena an dat ge- 50
richte geschreuenn werden, so schal men den gerichts- CXXXVIII,
breff dem borgermester in dem gerichte dar de beklagede 31
woende tho handenn schaffenn.

Wen de borger in forderinge der gerichtsbreue sůemich 51
worden vnde in den ersten 14 dagenn nicht en forder- CXXXVIII,
den, so iß de kummer loeß. 32

De gerichtsbreue de men schicken wil ouer see vnde 52
ouer landt, der dingedage sindt drey monat. CXXXVIII,
33

V Van kummer.

50 **N**eyn vnser borger mag dem andern syn guedt bekum-
CXXXVIII, meren, he hebbe ohne erm mit staedtrechte vthgeklaget,
34 dat sy deune vp de gefaer, by poenn sestich schilling zie
De gefaer moth he redelikenn bybringenn effte mit synem
eyde erholdenn.

54 **W**en eyn borger effte gast eynen anderen bekummert
CXXXVIII, vnde deß negesten gerichtsdageß den kummer nicht vp en
35 buth, so iß de kummer loeß. Wo anerst eyn gast den
richtesdag nicht affwen konde edder sick des synen wolde
entsetten lathen, mag he alsofort eyn gastrecht koepen
vnd hegen lathen.

55 **B**ekummert vnse borger eynem gaste syn gnedt, vnde
CXXXVIII, de werdt dar dat guedt im huese were bekummerde dat
36 ock[5], de schullen na antfiale der schuldt dem guede ge-
lyke nahe sy'n, idt were denne dat dar we sůemich in
synem rechte worde vnde fõrede dat mit rechte nicht vth.

Leth eyn gast eynen anderan gast bekummeren vmme 56
schuldt, vnde de kleger bewysen kan det de contract ed- CXXXVIII,
der koep hyr gescheen iß dar de schuldt van herkumpt, 37
effte he ohne de bethalinge hyr heift thogesecht, edder
bewilliget hodde dat he ohne mochte beklagen wo he an
vnd ouer ohne queme: so schal vp deß klegers forderendt
recht vorgunnet werdenn.

Eyn borger schal dem anderenn kummer staden vnde 57
de peerde edder gnedere darouer kummer begeh- CXXXVIII,
ret werdt anzeigenn vnd in synem huese be- 38
holdenn.[6] Dar he auer dat nicht doen wolde vnde
sick darjegene vpholde, brickt he dem gerichte eyne
marck. Wo he ock darouer de perde effte gue-
der vth der stadt henwegk[7], vnde de kleger des
an syner klage tho schadenn keme, scholde he
ohme dartho tho antwordenn schuldig synn.

1) de fehlt. 2) angehet. a) nhemlich 4) 1582: schullen se darup schriuen wie onen steith. 5) *Auspelassen*
effte eyn fromeder. 6) 1532: vth synem huse thein lathen. 7) *Das Verbum fehlt in allen Handschriften.*

58 **W**orde auerst ein perdt effte ander guedt [1] vp der straten angedropenn, so schal idt de frone in dat negeste hueß darin he kan ruam edder herberge hebbenn dem werde ouerantworden vnde intheyn, de idt ock ane weygeringe schal innehmen, by straffe eyner marck vnd anderer fahr, darvann hyrbouenn gesecht iß.

59 **W**at den solcke bekummerde perde effte ander vehe in der herberge vortheren schal tho eynes erbaren radeß eddor des gerichtes ermetigunge staen, vnde wen de kummer geopenet effte dat guedt vthgeklaget werdt, schal dem weerde vor allererst syn foeder bethalet werden, vnde wo dat bekummerde perdt effte ander guedt deß foedere nicht werdig, schal de so den kummer erlanget heff tho der ouermathe tho antworden

vorplichtet syn.

Wen eyn borger by dem anderen geldt effte guedt be- 60 kummert, vnde dar idt bekummert werde de wolde deß CXXXVIII, 30 vorsaltenn: wil de kleger ohne deß nicht vorlaten, he moth ohme deß eutgzen mit synem cyde.

Wen eyn erue bekummert werdt, dat schal men holden 61 neuen wecken, vnde schal dat dem sackewoldigen suluest CXXXVIII, 20 seggenn. Ock schal men den dag in des gerichtes boeck teykenn, wen dat erue vpgeboden werdt.

Bekummert eyn borger eynen gast, men schal ohne nicht 62 loefgeuenn ane des sackewoldigen wettenn vnde willenn CXXXVIII, 41 Fahret he darouer henwegk, de de besathe ingenohmen heff de schal dartho antworden.

Welcker borger eynen man bekummert de binnen lag- 63 deß tho hueß horet, de schal den kummer binnen veer CXXXVIII, 47 weken vthforderenn.

VI Vann dingdagenn.

64 **W**erdt eyner beklaget vmme schuldt, so findt de voget CXXXVIII, 43 veerteyn dage.

65 **W**erdt eyner beklaget vmme eynse, findt de voget hüede CXXXVIII, 44 vnd morgen. [2]

66 **W**erdt eyner beklaget vmme gare kost, findt de voget CXXXVIII, 45 gelyck der schuldt veerteyn dage.

67 **W**e eyn perdt [3] vpbüth vmme schuldt, findt de voget CXXXVIII, 47 veerteynnacht. Werdt idt vpgeboden vmme tyuß, hüede vnd morgen.

Werds eyn perdt vpgeboden dat dar horet buten londes, 68 so findt de voget drey veerteynnacht. CXXXVIII, 48

Werdt eyn perdt vpgeboden, hordt idt binnen landeß, 69 so findt dat gerichte veerteyn nachte. CXXXVIII, 49

Wen gueder gehindert werden de tho hueß horenn ouer 70 secthe vnd ouer sandt, findt dat gerichte drey monath.

Vp de vthgeklagedenn pande findt dat gerichte hüede 71 vnde morgen, dat iß tho dem negesten gerichtsdage. CXXXVIII, 51

VII Van eygendom.

72 **W**en ein perdt effte ander gueder by den borgeren be- CXXXVIII, 52 kummert werdenn, den eygendom schal de frone dem weerde suluest thoseggen effte der werdinnen, so de weerdt nicht inheymisch were.

73 **O**ck schal de frone den eygendom ouer eyn hueß effte CXXXVIII, 53 pandt de eyner in hebbender wehre hedde dem sacke-woldigenn suluest personlickenn thoseggenn.

74 **W**elck borger perde, pande [4] effte ander guedt in- CXXXVIII, 54 klaget vor gerichte vnde den eygendom darouer gaen leth, vnde leth dat in des gerichtes boecke vorteyckenen, de

schal vpleggenn den fredepenning, iß negen penninge.

Ock allent wat gast mit gaste vnd ock de joddenn sick 75 eygenenn lathenn vor gerichte vnde dat tho bohe geschre- CXXXVIII, 55 uen werdt, de schollen vpleggen negen penninge.

Wen eyn borger eynen vthgeklaget hedde, vnde dat de 76 eygendom darouer gegaen were, vnde eyn ander borger CXXXVIII, 56 keme nha mit syner klage vnde gedechte den guderen so nha tho syn alse de erste, dat schal nicht thogelatenn werdenn. Auerst iß dar beteringe anne den guederenn, dar mag sick de nhakleger anne holdenn.

---

1) *In einer der Handschriften corrigirt* vehe.   2) § 45 *des Untergerichtsprocesses von* 1539 *ist ausgeschieden.* 3) 1532: pandt.   4) pande *fehlt in einigen Handschriften.*

VIII. Van vnderpanden.

77 Neyn borger mag liggende grunde effte staende erue effte tynse eynnm anderen borger effte gaste tho eynem vnderpande setten, he doe dat mit wettenn deß gerichtes vnde lathe dat in dat gerichtesboeck vorteykenen, worumme edder worvor, vnde men schal den summen vtdrückenn. *CXXXVIII.* 57

78 Wen eyn borger geldt vthdede vp liggende grunde vnde staende erue effte tynse, vnde geschege nicht mit wetten des gerichtes, vnde eyn ander borger effte gast klagede vp desuluenn gudern, so schal de kleger den gudern jo so uha syn ta antiale der schulde alße dejenne de dat geldt alune wettenn deß gerichtes vp dat pandt gedaen hedde. Were aues ohme dat vor eyn pandt mit wettenn des gerichtes gesettet, so ginge he vor. *CXXXVIII.* 58

79 Neyn borger mag suluest panden, edt sy denne vmme hoeßtyut effte ghare kost. We des anders bedropenn werdt brickt sestig schillinge. *CXXXVIII.* 59

80 Wen eyn borger pande inklaget mit stadtrechte, de schal he suluest nicht beholden, he schal de eynem anderen verkoepenn vnde denne anseggenn laten dorch den fronenn deme de pande gehouet hebben: he hebbe[1] de pande verkofft deme edder deme so vnde so duere. Will he sodanes vthgenemu, so sy he de negeste. *CXXXVIII.* 60

81 Weren auerst de pande so vele nicht werth dat darmidde de gantze schuldt bethalet werdenn konde, so mag de kleger dem beklagedenn mit rechte wyder folgenn.

82 Wen der beteringe an den panden were, vnde de beklagede deßhaluen nicht wedder tho sick wolde nehmen, de schal me leggen in dat gerichte vnde dem beklageden dorch den fronebodenn sodanes anseggen lathenn. *CXXXVIII.* 61

83 Wen eyn borger eynem anderen borger effte gaste icht wat bekummert, vnde eyn ander sede, dat sodanes syn were, dat schal he dardoen mit rechte vnde eynem eyde erholdenn, dat de deme dat gudt bekummert iß an dem gude noch part noch deyll hebbe vnde ohme nichteß darumme thostae. *CXXXVIII.* 62

Vnde wen eyner wat vorsettede dat ohme tho truwer handt were vpthowarende[2] gedaen effte geliehnet vnde ohme nicht tho en stünde, dat iß vnduchtig. *CXXXVIII.* 64

Wen perde, schwyne, ossen, köйie, geldt effte geldes werth hye mit rechte bekummert werde dat gestolen iß: we sick deß vndermatens wil schal dat vor dem gerichte mit rechte doen, vnde leggen beyde finger vp dith gudt vnde schwere dat tho godde, dat dat gudt syn aye vnde anderß neymande, dat he den deef ock nicht en kenne vndt van eyner ankunft effte vthflucht nicht en wette. Wen sodanes gescheen iß, schal ohme syn gudt fry folgenn[2], alleyne wo idt otende baue were, schal he dat fooder bethalen dat in dem kummer vortheret iß. Denn dewyle idt den gemeynen rechten edder der naturlickenn billicheyt entygen iß, wat eyn doef anderen lueden ghar edder tom deyle vorwercket dat dat gerichte an deß deeues stidde der deeuerye genetenn scholde, iß deßfals de dridde penning affgeschafft vnde nagelatenn. *CXXXVIII.* 64

Welck vnser borger verdinet gudt koffte, verliet daran eynen penning vnde moeth dem gerichte eynen wakreßman anzeigen an scholde des stadtrechtes. *CXXXVIII.* 65

IX. Van der wehre.

87 Wen sick jemandt nicht wil panden latenn vnde holdt sick jegen dat gerichte vp mit vnsatten worden: werdt he van dem gerichte vorklagdt, dat gerichtes schal ohme vorfesten. Holdt he sick vp jegen dat gerichte mit vnpander handt, men schal ohme mit eyner vorsate vorfestenn. *CXXXVIII.* 66

88 Wen dat gerichte wel eynem thor wehre gaen, vnd men vor dem gerichte de döar thodeyt, dat erste mael schal ohme vorgenenn eynen, de frohne auerst schal ohme thoseggenn, dat dat gerichte tho den anderen gerichtesdage weddarkomen wel, effte he naynen willen maket. Vnde wen deme de döar tho were, so schal de voget de döar vpdoenn lathenn vnde dem kleger pandeß vorhelpenn.

Dat wert fruwe effte man de dem gerichte mit vnföglicken worden vhakreyorde, deme schal me folgenn mit eyner festinge, vnde schal so lange darbuten blynen dat he den vestegulden gegenen heff. *CXXXVIII.* 68

Ock wen men eynem manne tho der wehre giuge vnd nehme pande de de fruwe vor dat ohre vordedingen wol- *CXXXVIII.* 69

---

1) heff. 2) tho wawende. 3) 1582: yn 548ft de darde penninck by dem rude.

de, dat schal se vordedingenn na vthwyninge vnses stadt-rechtens.

91 **H**efft de fruwe auerst midde gelouet [1] vnde gekofft, so moth se midde bethalenn.
CXXXVIII, 70

Welck borger eyn den anderen vthklaget wente vp de 92 wehre vnde leth idt teyckenn, dat steyt jaer vnde dag, Fordert he dat in jaer vnd dage nicht, he moth vp dath nye wedder anklagenn.
CXXXVIII, 71

X Van vplatinge erue vnd tynße.

93 **A**lle liggende grunds, staende erue vnd tynße de dem gerichte dingplichtig syn, schullen vor gerichte to rechter dingtydtdages vorlathen werden na inholde deß echten dinges.
CXXXVIII, 72

94 **W**en eyn borger dem andern erue effte tynße vor gerichte vpleth, vnde ohme deß nicht gewehren kann, de brickt dem gerichte sestich schilling nye.
CXXXVIII, 73

95 **O**ck wen eyn borger dem anderen erue effte tynße vorlathen wil, schullen se beyde personlick vor gerichte erschynen, idt were denne, dat idt echte nodt benehme vnde wen he kranck wera: so mag he eynen vulmechtigen maken vor den richteheren vad vöigedenn.
CXXXVIII, 74

96 **W**en solcke vplatinge geschöth, so findt de voget, men schal idt holdenn veer weken: hefft dar we inthoredenn, de moth idt doen binnen veer wecken. Vnde de voget
CXXXVIII, 75

fraget opentlick vth dem gerichte, wur vnde an wat hueße de tynß sye vnde wur dat erue belegenn iß.

So dar we inspracke dede vnde der inspracke nicht ful- 97 lenkomen koude, de brickt in dat gerichte sestich schil- ling nye.
CXXXVIII, 76

De insprake schal he forderen in jaer vnd dage na vth- 98 wysinge vnses stadtrechtenß.
CXXXVIII, 77

De vorsetene tynße schal men manenn vp de wehre, na 99 vthwysinge vnses stadtrechtenß.
CXXXVIII, 78

Wen tynße vorkofft werden an den hueßenn, vnde de 100 besitter doenn wil darvor wat eyn ander, so iß de be- sitter de negeste, wen he dat vor sick beholdenn wil.
CXXXVIII, 79

De koeper iß vorplichtich dem besitter des hueses tho 101 seggende by synen eyden, wo duer he den tynß gekofft hefft, wo ohne deßwegen de besitter nicht vorlatenn wil.
CXXXVIII, 80

XI Van vulmachten.

102 **N**eyn vulmechtiger mag van vnsenn borgeren eyde neh- men: dewyle de kleger vnde beklagede beyde im leuende syn, schullen se beyde vor gerichte personlick erschynen vnde ohr recht tho ja edder neen vthforderenn.
CXXXVIII, 81

103 **O**ck schullen de richteheren vnde vöigede noch schryuer ock de fronebode neyne vulmacht van vnsenn borgerenn effte vthluedenn aonehmen,
CXXXVIII, 82

effte weß vor gerichte vthforderenn effte vorlathinge doen, dat gelde denne ohrer person suluest.

Wen eyn fromeder vulmechtiger eynen borger effte gast 104 vorklagen wolde, schal he eyne bestendige vulmacht vor- leggenn.
CXXXVIII, 83

XII Van eydenn.

105 **W**elck borger effte gast sick vor dem gerichte tho dem eyde er bode, vnde men deß vullenkomen koude dat he sick mit vnrechte dartho erboden hedde, de brickt dem gerichte sestich schilling nye.
CXXXVIII, 84

106 **W**elck borger effte gast eynen meineydt schwoere vnde men ohne deß mit loßwerdigenn tuegen ouertuegen koude, deme schal me affhawenn beyde finger, vnde schal dar stadt enbehrenn.
CXXXVIII, 85

107 **E**yne fruwe de schwanger iß mag men nicht dringen tho dem eyde, se sy denne erst van den naturlicken ban-
CXXXVIII, 86

denn ertediget. Iß se ock in den ses weckenn, so mag men ohr de tydt ouer nicht gnen tho der wehre. Dat iß stedes thouorenn ock so geholdenn wordenn.

Wen eyn borger den anderen vor gerichte beklaget 108 effte sunst vmme eyne summe geldes anlanget, vnd de be- klagede van dem kleger scheydeth vnde ohme dat geldt gene vnd wil dem kleger nicht tho ja odder neen staen, vnde de beklagede wil hernamachß datsuluige geldt van dem kleger wedder mit rechte forderen: dat mag vnde schal nicht syn.
CXXXVIII, 87

1) gelouet.

109 **H**elft anerst de beklagede tho dem kleger jennige andere
CXXXVIII. ansprake, de mag he forderenn.
68

110 **W**elck borger den anderen beklaget vor gerichte vmme
CXXXVIII. eyne summa geldes effte sunst, vnde de beklagede bekennt
70 int gerichte, dat he den summen geldes entfangenn hedde,
he hedde anerst dem kleger sodanes wedder bethalet : dat
moth he bewysenn vnde mag dat mit eynem eyde nicht
beholdenn, idt were denn sake, dat de persone
deß beklagedenn so ghar loffwerdig, edder sunst
gude beweglicke orsaken vorhanden weren dar-

dorch dat gerichte bewogen werden konne den
eydt thotholatenn edder van gerichts wegenn
dem anderen deyle vptholeggenn: dan so schal
idt vp deß gerichts orkandtnuß staenn.

Ock we klagede na der doden handt vnde syne klage 111
vor gerichte na der doden handt bewysenn scholde, dar- CXXXVIII.
mit schal idt geholden werden na vthwysinge vnses stadt- 80
rechtens.

We den schaden wil mahnen de moth den schadenn 112
bewysenn. CXXXVIII.
81

XIII   Van koepen vnde verkoepen.

118 **W**an eyn borger dem anderen eynen koep vorkofft vnde
CXXXVIII. den koep ohne nicht gewehren kann: wil de koeper oh-
82 me deß nicht erlatenn, he moth ohme holden edder he
mag ohme folgenn mit eyner festinge.

114 **E**yn borger schal dem anderen koepmanßware gewel-
CXXXVIII. renn. Befindt de koeper jennigen feyll an der ware, so
90 schal he den vorkoeper alsofort darby hesachenn vnde
lude darby nehmenn de deß verstandeß hebbenn. Seg-
gen se denne, dat idt nicht koepmanßware sy, vnde de

vorkoeper de ware nicht wol weddernehmenn, so mag he
ohne darvmme beklagenn.

Versumet jemandt syne ware suluest, vnde de suluige, 115
wo vor beroret, nicht besichtigenn leth vnde den verkoe- CXXXVIII.
per dar nicht by en nimpt, vnde wen he hothalen schal 94
allereersten inrede maket: dat mag ohme nicht hel-
penn.

Webringe deß perdekopeß schal me sick holdenn na vth- 116
wysinge deß stadtrechtens. CXXXVIII.
90

XIV   Van borgenn.

117 **W**en eyn borger vor den anderen louet, so schal de
CXXXVIII. gelouiger den sackewoldigenn erst vthklagenn mit stadt-
96 rechte. Kan he denne van dem sackewoldigenn nicht
bethalet werden, so schal ohme de borge dartho ant-
wordenn.

Louet eyn borger vor eynen anderenn, vnde de bor- 118
ger vorsteruet in der borgeschop, syne kinder effte erff- CXXXVIII.
nehmen mothenn dartho antwordenn, dat were denne sake 97
dat idt in der borgeschop anderst besprokenn were.

XV   Van den fronebodenn.

119 **D**e fronen schullen dem gerichte schwerenn vnd in ohren
CXXXVIII. eydt nehmenn, dat se de dridden klage vnde den eigen-
98 dom vnsen borgerne willen suluest personlick thoseggenn
vnde dar nemandt synn verschonenn vmme gelt edder
geldawerth, vnde dat se des radeß heimelicheidt schwy-
gen willen wat mit den gefangenen vorhandelt werdt, vnde

den gefangenen nicht vor anseggenn wou de heren willen
tho ohne komenn, vnde dat se sick nicht ouerdrinckenn
wen se tho den fangenen in pynlickenn saken gaen wil-
lenn, vnde richten sick ohn ohren herenn vnde volgeden,
wat de ohne befehlenn dat se dat doen vnde nicht wyder.

XVI   Van brockenn.

120 **W**e insprecke deyt vor dem gerichte in eyn erue effte
CXXXVIII. tynß vnde der inspracke nicht vullenkomes kan, brickt
99 sestich schilling nye.

121 **W**elck borger dem anderen eyn erue vorleth vor ge-
CXXXVIII. richte vnd ohme deß nicht gewehren kan, brickt sestich
100

schilling nye.

We dat gerichte schill vnde weddersprickt wat de richte- 122
herenn vnde volgede vordragen hebbenn, brickt sestich CXXXVIII.
schilling nye. 101

Welck borger den anderen vmme duus vor gerichte an- 128
47* CXXXVIII.
102

sprickt edder an syne ehre schendet vnde des nicht
vullenkomen kan, brickt sestich schilling nye.[1]

124 We eyn den andern laygen het ver gerichte, brickt veer
CXXXVIII. schilling nye.
104

schilling nye.

Wene de voget van gerichtefwegena stille schwygen 125
het vnde des nicht en deyt, brickt veer schilling nye. CXXXVIII.
105

XVII Van dem bergewede.

126 Welck man eyn hergewede forderen wil, vnde dem ge-
CXXXVIII. richte de frundeschop nicht bekennich is, so schal de de
105 dat hergewede theynn wil de sibbeschop bewysenn, vnde
schall dat sulffdridde tho den hilligenn schweren, dat he
de negeste vnde oldeste schwerdtmage sy vnde neyn neger.

127 Wen eyn knecht byr denede deme eyn hergewede an-
CXXXVIII. gestoruenn, vnde syne sibbeschop bewysenn konde wo
107 vor sieyt, de mag dat theynn, auerst de dridde penning
blifft by dem gerichte.

128 Wen eyn man vorsteruet vnd eyn hergewede hinder sick
CXXXVIII. left, vnde deme dat hergewede van rechtes wegenn gebö-
106 renn wolde wonede an der stidde dar men edt nicht ken
en gane, vnd eyn ander vnser borger dem[2] euenbordig
were: do mochte dat hergewede theynn. Iß he ohne nicht
euenbordig, so mag he idt nicht theynn.

129 Eyn er bar rath söeth vor rechtmetig vnd schicklick
CXXXVIII. an, dat de richteheren vnd vögede de ordell suluest ge-
109 funden vnd gefellet, also dat de by vnde vmmestaende
borgere mit ordell tho findende vnd inthobringende vor-
schonet blijuenn.

130 Rath, radefschwerenn, gildemestere vnde honestinede heb-
CXXXVIII. ben vyndrachtiglikenn bewilliget vnde vorlatenn, dat nu
110 henfort de vögede vnde richteherenn de ordell suluest

fellenn vnde vthspreken schullenn. Actum vp dem Nyen-
stadtrathose communder na Invocauit anno 1533.

So jemandt vam vndergerichte vor den gemeinen rath 131
beropt, vnde in der saken vnrecht befunden, werth: iß CXXXVIII.
de sake vnder vyf marcken, schal he dem vnderge-
richte in veer schillinge nye tho brocke vorfallen syn.
Iß de sake ouer vyf marck, schal he dem vndergerichte
theyn schilling nye thor brocke vorfallen syn. Iß de sake
ouer theyn marck, schal he dem vndergerichte twintich
schilling nye thor brocke vorfallen syn.

We sick auer vam vndergerichte an den gemeynen rath 132
beropt de schal de klage vnde antwordt thosampt dem CXXXVIII.
gesprokenn ordell schrifftlickenn thom negesten gerichts-
dage vor den erbaren rath bringen, by verlust der sake.

De richteheren vnd vögede schullen sick na 133
dem boeckstauen dusses processes henforder
richtenn vnde darjegenn keynen wedderwardi-
genn gebrueck inföeren laihenn. Vnde wogiyck
wente hertho eyniger mangell ingeföeret edder
thogelathenn worden edder kunfftiglicken wer-
den mochte, so schal he doch glaar nichtes gel-
den noch krefftig syn, sunderen hyrmidde gentz-
lickenn vorworpenn vnde vor nichtig erkloret syn.

Nota. Den 6. Martij anno 1570 wardt den vogeden vou dem kuchenrade angezeiget:

134 Sie solten keinen mehr gestatten einen den an-
dern anzuklagen oder sich jemandt gudt eige-
nen zu lassen ohne furgehende rechtliche fur-
ladunge defjenniges den die sache belangen thut.
Vnd sol allewege in dem process verzeichnet
werden waß der frone fur relation gethan, auch
wan er den vorbescheidt angezeiget. Wo aber
niemandt erscheinet, vnd in zweifel stehet ob
die ladung dem beklagten sey kundt geworden,
sol man keinen proceß fortgehen lassen: sonsten
wirdt es alles fur nichtig erkleret.

135 Auch sollen die gerichtshern vnd vöigte keine
verlassung des eigendombs oder verunterpfen-

dung in den hensern, jm gewelbe, jn kirchen
oder anderen ortern annahmen dan alleine fur
offenem gerichte. Waß anderßwo geschiehet sol
keine krafft haben.

Item wan uff erbe vnd gueter geklaget wirdt, 136
vnd keine contradicenten vorhanden sein die
citiret werden vnd fur gerichte erscheinen mu-
gen, so soll die klage vnd proceß nicht gestat-
tet werden oder krefftig sein, es sey dan daß
den guetern zuuor curatores verordnet, die ci-
tiret werden zur klage zu antworten vnd des
processes fur gerichte auswarten.

<hr>

1) § 103 der Redaction von 1532 ist ausgeschieden. 2) In den Handschriften, ebenso wie 1532, de dem.

XVIII Von der frewlichen gerechtigkeit.[1]

137 **H**irbey ist zu bedencken, daß die weiber gar viel fraudes vnd gefehrliche griffe gebrauchen, vnd sonderlich wan sie zu der andern ehe greiffen, dan sie pflegen wol viel vntorzuschlagen vnd ihren kindern abezustehlen. Wan dan der ander man auch stirbet vnd sie widerumb witben werden, muß alles ihr sein vnd hat der man gar nichts gehabt oder erworben.

138 **D**arumb were darauff zu ordnen, daß keine fraw zur andern ehe greiffen muste, sie hette dan zuuor ihren kinderen vormunden verordnen lassen vnd einen bestendigen vertragk aufgerichtet, wie sie mit ihren kinderen gescheiden worden vnd waß ihr zu ihrem theile gefallen.

139 **W**aß dan also in des rades buchern vorzeichnet gefunden, sol sie vf den fall fur ihre freuliche gerechtigkeit vnd nichts mehr zu forderen haben.

140 **H**ette sie ihren kinderen waß gestohlen oder vndergeschlagen, darauff solte sie [in] nichts zu forderen haben. Aber wo es erfahren wurde, daß sie etwas vntergeschlagen, solte sie dem rade solches alles dubbelt zur strafse vorfallen sein.

141 **A**lle ehestiftungen sollen in deß radeß buch vorzeich-
CXXXIX, 16 net oder gar vor nichts gehalten werden.

142 **M**an sol in solchen fellen da die ehestiftungen nicht eingeschrieben, kein theil, weder man noch weib, anderß oder mehr zu fordern haben dan er beweisen kan daß er eingebracht habe, vnd von dem andern gar nichts zu gewarten oder zu genießen haben.

143 **W**an aber die ehestiftungen gleich eingeschrieben weren, vnd doch nicht befunden wurde wan

oder wie der braudtschatz bezahlet worden, sol der braudtschatz der frawen nicht zuerkant werden, sie konne dan auffuhren[2] vnd beweisen, daß sie den braudtschatz in beysein zweyer herren [deß raths] arlegt vnd eingebracht habe vnd daß der herren bekantnuß in deß rades buch verzeichnet sei. Dan man findet, daß bey dem zeugnus so in diesen fellen gebrauchet wirdt, allerhandt verdacht vnd argwohn furfallet. Darumb sol nach dieser zeit keine ehestiftung oder bazalung des ehegeldes anders dan mit des rathes buchern oder [zum anderen] mit einer quitantz die von dem manne vnd zweyen glaubwurdigen zeugen vnderschriben sey, bewiesen werden.

144 **W**an ein man oder weib zur anderen ehe greiffet oder die zuuor von ihrem ersten weibe oder manne kinder vnd etwas geerbet oder sonst bekommen hette, sollen sie nicht macht haben dem andern weibe oder manne etwas mehr dan den vierten theil von deme so sie von ihrem ersten ehegatten geerbet oder sonst bekommen, zu geben, zu verordnen oder in andere wege ihr zuzuwenden, sondern die vbrigen drey theile sollen bey den kindern der ersten ehe ohne allen abbruch bleiben vnd gelassen werden.

145 **W**o aber ein junggeselle vnd jungfraw zusammen freyeten vnd in stehender ehe mit einander kinder zeugeten, vnd ferner ihrer eins mit tode verfellet, sol das vberbleibende theil verpflichtet vnd schuldig sein, den kindern der ersten ehe daßjennige waß er von dem verstorbenen bekommen, zum halben theile vauerrucket zu lassen, oder daruber dem anderen ehegatten etwaß zuzuwenden oder zu geben nicht macht haben.

CXLVI. PRIVILEGIUM HERZOG FRANZ OTTOS.
1557 Aug. 27.

Das Original dieser bisher ungedruckten wörtlichen Wiederholung des Privilegiums der Herzöge Otto und Ernst vom Jahre 1525 (No. CXXXVI) befindet sich im Stadtarchive: 24½'' breit, 12½'' hoch. Das rothe Siegel von 2⅛'' Durchmesser, in Wachskapsel an blaurothgelbweisser geflochtener Schnur, zeigt den Schild mit den Leoparden oben links, dem Löwen in jedem der übrigen

1) §§ 137—145, welche sich nur in zweien der vorliegenden Handschr. finden, sind ohne Zweifel ebenfalls späterer Zusatz. 2) ausspueren.

drei Felder, und darüber den Helm mit Sicheln, Säule, Ross und Pfauenschweifen; Umschrift:
SIGILLVM FRANTZ OTTO HERTZOG ITZO TTO BRAVNSCHWEIG VND LVNENBVRG. *Auf
der Rückseite von der Hand eines städtischen Schreibers:* Dat kleine priuilegium hertogen Frantz-
otten van Luneborch etc. dem rade gegeuen anno 1557. R^u libro B.

1 **V**on gottes gnaden wir Frantz Otto hertzog zu
Braunschweig vnd Lunenburg hekennen offenbar
jn diesem vnsern brief vor vns, vusere erben, nachkom-
men vnd alswerne, das wir vns mit den ersamen vnsern
lieben getrewen dem rath vnser stadt Braunschweig vnd
deu jhren gutlichen vereiniget vnd vertragen haben, ver-
einigen vnd vertragen vns jegenwertigen jn crafft dieses
brieffs vmb allen gram vnd vnwillen die zwischen vns vnd
jhnen mochten gewesen sein his an dato dieses briefs, so
das wir sie vnd sie vns widerumb der queit, ledig vnd
2 loß gelassen haben. Vnd wir haben den vorbenanten
vnsern lieben getrewen dem rath zu Braunschweig vf jhre
vnderthenige ansuchen vnd bitte, vnd demnach sie auch
jegen vns alse die getrewen vnderthane jegen jhren lands-
fursten zu thun schuldig zu ertzeigen sich erbotten, ge-
redt, gelobt vnd zugesagt, reden, loben vnd zusagen jn
crafft dieses brieffs, das wir sie vnd jhre mitburger vnd
die jhren geistlich vnd weltlich hinnen vnd buten Braun-
schweig sollen vnd wollen lassen bei jhren priuilegien,
gnaden, gerechtigkeiten, freiheiten vnd alter wonheiten,
als sie die bei vnser vorfarn seiten hertzogen zu Braun-

schweig bis an diesen tag gehapt vnd haben, vnd sie dar-
ane nicht verhindern noch verkurtzen jn kainerleie weiß.
Wir sollen auch vnd wollen die vorbenompten vnsere liebe 3
getrewen vnd die jhren beschutzen vnd beschirmen vor
vnrechter gewalt vnd [1] sie nicht verlassen dar wir jhrer
zu ehren vnd rechte mechtig sein. Das reden vnd loben
wir obgenanter hertzog Frantz Otto vor vns, vnsere
erben vnd nachkommen der herschafft Braunschweig jn
crafft dieses brieffs jn guten trewen dem rath, burgern
vnd den jhren vnsern lieben getrewen vorgenant stet, vest
vnd vnuerbrochen wol zu halten sonder jenuigerleie list
vnd hilfrede. Des zu furder bekantnus vnd offenbarer
beweisung haben wir obgenanter furst vor vns, vnsere
erben vnd nachkommen der herschafft Braunschweig vn-
ser ingesigel witlichen hengen heissen an diesen vnsern
prief, der mit vnser eignen hände vnderschrieben
vnd gegeben jst nach Christi vnsers hern gepurt jm
funftzehenhundersten vnd siebenvndfunftzigsten
jare, freitags post Bartholomaei.

Frantz Otto h. z. B. vnd L.
mz. ppria iß^a.

CXLVII. BESTÄTIGUNG DER STÄDTISCHEN PRIVILEGIEN DURCH KAISER FERDINAND.
1559 Oct. 7.

*Das Original befindet sich im Stadtarchive: Pergament, 28½" breit, 15" hoch, mit einem
rothen Siegel von 4¾" Durchmesser, in Wachskapsel, an geflochtener Goldschnur; darin durch zwei
Greifen gehalten und von der Ordenskette des goldnen Vliesses umgeben, der Schild mit dem zwei-
köpfigen Reichsadler, welcher auf der Brust einen Schild mit den Wappen von Oesterreich und Ca-
stilien trägt; vom Rücken der Greife abwärts im Kreise die Schilde von Ungarn, Böhmen, Croatien,
Oesterreich, Steier, Tyrol, Crain, Burgund, Sclavonien, Dalmatien, Altungarn, über dem grossen Mit-
telschilde die Königskrone; Umschrift:* FERDINANDVS. DEI GRATIA. ELECTVS. RO. IMPERA-
TOR. SEMPER AVGVSTVS. GERMANIAE. HVNGARIAE. BOHEMIAE. DALMATIAE. CROA-
TIAE. SCLAVONIAE. ƶ̄c̄ REX. INFANS. HISPANIARVM. ARCHIDVX. AVSTRIAE. DVX. BVR-
GVNDIAE. STIRIAE. CHARINTIAE. CARNIOLAE. ET. WIRTENBERGAE. ƶ̄c̄ COMES. TY-
ROLIS. ƶc. — *Auf der Innenseite des umgeschlagenen Randes:* General Confirmation der stat
Braunschweig priuilegien: *daneben von anderer Hand:* Jo. Baptista Weber dt (? dr ?). *Auf der
Rückseite:* R^ts Matthias Paul Straßberger, *und seitwärts am Rande:* Tax funffzig goldgulden vnd
jn die kantzlei 8 goltgulden vnd dem taxatori 2 goltgulden. summa alles facit 60 goltgulden.

---

1) vnd *fehlt*

Ausser zwei Einschiebungen ist dies Privilegium eine wörtliche Wiederholung der Confirmationsur-
kunde Karls V (No. CXXXV). Gedruckt ist dasselbe Thesaur. homag. I 159; Uller. exc. 159;
Brounschw. Händel II 929.

Wir Ferdinand von gottes genaden erwelter römischer kaiser, zu allen zeiten merer des reichs, in Germanien, zu Hungern, Behaim, Dalmatien, Croätien vnd Sclauonien etc. khünig, infannt in Hispänien, ertzherzog zw Oesterreich, herzog zu Burgundi, zu Brabannt, zu Steyr, zu Kherndten, zu Crain, zu Lutzemburg, zu Wierttemberg, Ober vnnd Nieder Schleßien, furst zu Schwaben, marggraue des heilligen römischen reichs zu Burgaw, zu Märehern, Ober vnd Nieder Laußnitz, gefürster graue zw Habspurg, zu Tirol, zu Phierdt, zu Kiburg vnnd zu Görtz ete. lanndtgraue in Elsäß, herr auf der Windischen mareh, zu Porttenaw vnnd zu Sälins ete. bekhennen offentlich mit disem brieff vnnd thuen kundt allermeniglich, das für vnns kumen ist vnnser vnnd des heilligen reichs lieben getreuen N. burgermaister, rat vnnd burger gemeinclich der stat Braunschweig erbar potschafft, vnnd hat vnns diemuetigclich gebeten, das wir demselben burgermaistern, rat, burgern vnnd der stat Braunsweig alle vnnd yegeliche jr gnad, freyhait, brieff, priuilegien, recht, guet gewonnhait vnnd alt heerkhomen, die sy von römischen kaisern vnnd khunigen vnnsern vorfarn am reiche herbracht vnnd erworben haben, vnnd besonnder ein bestettigung vnnd freyhaitbrieff die sy von weillennt khunig Albrechten vnnserm vorfarn am reich löblicher gedächtnuß erworben vnnd weillent der allerdurchleuchtigist kaiser Maximilian vnnser lieber herr vnd anherr loblicher gedächtnuß auch bestect hete, welicher brieff von wort zu wort heernach geschriben steet vnd also lautet: Wir Albrecht von gottes gnaden — — — — — geben zw Prag an sanndt Scuersitage nach Christi geburt vierzehenhundert vnnd darnach in dem achtvnnddreissigisten jaren, vnnser reiche im ersten jare, als römiseher kaiser zu confirmiren vnnd zu bestetten genädigclich geruechten. Des haben wir angesehen derselben von Braunschweig diemuetig bete vnnd auch die getrewen dienst die sie vnnd jre vorfarn vnnsern vorfarn römischen kaisern vnnd khunigen vand dem reiche alzeit willigclich vnnd vnuerdrossenlich gethonn haben vnnd sie vns auch hinfurter in khunftig zeit woll thuen mügen vnnd sollen, vnnd darumben mit wolbedachtem muete, guetem rate vnnd rech-

ter wissen den obgenannten burgermaister rate vnnd burgern der stat zu Braunschweig all vnnd yegelich gnaden, freyhait, brieff, priuilegien vnnd besonnder den freyhaitbrieff von khunig Albrechten auffganngen, vnnd darzne alle annder jre rechte, guet gewonnhait vnnd heerkhomen, die sie bißheer redlichen gehebt, gebraucht vnnd heergebracht haben, genädigclich ernewet, bestettigt vnnd confirmirt, ernewen, bestetten vnnd confirmirn jnen die auch von römischer kaiserlicher macht volkhomenhait wissenntlich in crafft dits brieffs, was wir von rechts vnnd billigkhait wegen vnnd auf gnaden daran zu confirmiern vnnd zu ernewern haben, vnnd mainen setzen vnnd wellen, dz dieselben in allen jren worten, puncten, clauseln, articln, jnhaltungen, mainungen vnnd begreiffungen cretftig vnnd mechtig sein, stet, vest vnnd vnnerproehenlich gehalten werden, vnnd sie sich deren an allen ennden vnnd steten gebrauch vnnd geniessen sollen vnnd mugen von allermenigclich vnuerhindert, doch vnns vnnd dem heilligen reiche vnnser obrigkhait vnnd diennste hicrinne vorbehalten. Vnnd gebieten darauff allen vnnd yegelichen churfursten, fursten geistlichen vnnd weltlichen, prelaten, granen, freyen herrn, rittern, khnechten, haubtleuten, vitzdomben, hofrichtern, lanndtrichtern, vrtlsprechern, vögten, phlegern, verwesern, ambtleuten, schuldtheissen, burgermaistern, richtern, retenn, burgern, gemainden aller vnnd yegelicher stet, marckhte, dörffere vnnd sonnst allen anndern vnnsern vnnd des reichs vnnderthonnen vnnd getrewen, in was wirden, stannds oder wesens die sein, von römischer kaiserlicher macht ernnstlich vnnd vestigclich mit disem brieff vnnd wellen, das sy die vorgenannten burgermaister, rat vnnd burger zu Braunschweig an sölichen jren gnaden, freyhaiten, brieffen vnnd priuilegien, rechten, gewonnhaiten vnnd heerkhomen, auch weillent kaiser Maximilians vnnd diser vnnser kaiserlichen ernewung, confirmation vnnd bestetung nicht jrren noch hindern in khain weise, sonnder sie dabey von vnnsern vnd des reichs wegen getreulich schutzen vnnd schirmen, als lieb ainem yegelichen sey vnnser vnnd des reichs schwäre vngnad vnnd darzue die pene in den vorgemelten freyhaiten vnnd priuilegien begriffen vnablößlich zu bezallen zu nermeiden. Mit vrkhundt dits brieffs besigelt mit vnnserm kaiserlichen anhanngenden jnsigl, geben in vnnser stat Wienn am sibennden tag des monats Octobris nach Christi geburt funffzehenhundert Ferdinand.

vnnd im neunvndfunffzigisten, vnser reiche des römischen im neunvnndzwainzigisten vnd der anndern im dreyvnddreissigisten jaren.

Ad mandatum sacrae caesareae Mtis proprium
Haller ſſ.

CXLVIII. PRIVILEGIUM DER HERZÖGE HEINRICHS DES JÜNGERN UND WILHELMS DES JÜNGERN.

1559 Nov. 24.

Das Original dieser schon in Rehtmeier's Chron. 1371 gedruckten Urkunde befindet sich im Stadtarchive; Pergament, 18" breit, 10" hoch, das rothe Siegel von 2" Durchmesser mit dem gewöhnlichen Wappen und der Umschrift SIGILLVM. HENRICI. ET. WILHELMI. FRAT. DVCVM. BRVN. ET. LVNE. von einer Wachskapsel umgeben und an einem Pergamentband hangend. Bis auf den Zusatz in § 3 ist dieses Privilegium dem 1557 von Herzog Franz Otto ertheilten (No. CXLVI) wörtlich gleichlautend.

1 **V**on gottes gnaden wir Heinrich vnd Wilhelm die jungern gebrueder, hertzogen zu Braunschweig vnnd Lunenburg, bekennen offenbar jn diesem vnserem brieffe vor vns, vnsere erben, nachkommen vnd alsseine, das wir vns mit den ersamen vnseren lieben getrewen dem rath vnserer stadt Braunschweig vnd den jhren gutlichen vereiniget vnd vertragen haben, vereinigen vnd vertragen vns jegenwertigen jn crafft dieses brieffs vmb allen grom vnd vnwillen die zwischen vns vnd jhnen mochten gewesen sein biss an dato dieses brieffs, so das wir sie vnd sie vns widervmb der qnit, ledig vnd loss gelassen haben.

2 Vnd wir haben den vorbenanten vnsern lieben getrewen dem radt zu Braunschweig vff jhre vnderthenige ersuchen vnd bitte rund dennoch sie auch jegen vns alse die getrewen vnderthanen jegen jhre landesfursten zu thun schuldig zu erzeigen sich erbotten, geredet, gelobet vnd zugesagt, reden, loben vnd zusagen jn crafft dieses priefs, das wir sie vnd jhre mitburger vnd die jhren geistlich vnd weltlich binnen vnd buten Braunschweig sollen vnd wollen lassen bey jhren priuilegien, gnaden, gerechtikeiten, freiheiten vnd alter gewonheiten, als sie die bey vnser vorfarn

zeiten hertzogen zu Braunschweig biss an diesen tag gehapt vnd haben, vnd sie daran nicht verhinderen noch verkurtzen in keinerley weis. Wir sollen auch vnd wollen die vorbenompten vnsere lieben getrewen vnd die jhren beschutzen vnd beschirmen vor vnrechter gewalt, sie nicht verlassen dar wir jhrer zu ehren vnd rechte mechtig vnd so viel wir vonn oberkeit wegen zu thun schuldig sein. Das reden vnd loben wir obgenante hertzog Heinrich vnd Hertzog Wilhelm vor vns, vnsere erben vnd nachkommen der herrschafft zu Braunschweig jn crafft dieses priefs jn guten trewen dem rath, burgern vnd den jhren vnsern lieben getrewen vorgenant steite, vest vnd vnuerbrochen wol zu halten sonder jenigerley list vnd hülfferede. Des zu mehrer bekantnus vnd offenparer beweisunge haben wir obgenante fursten vor vns, vnsere erben vnd nachkommen der herschafft Braunschweig vnser jngesiegel wittlichen hengen heissen an diesen vnsern prieff, der mit vnseren eigenen handen vnderzeichnet vnd gegeben ist nach Christi vnsers herren gepurt jm funftzehenhundersten vnd neunvndfunffzigisten jare freitags post Elisabetae.

Hinrich der junger h. z. B. vnd Luneburg, mein eigen hant.

Wilhelm der junger h. z. B. vnd L. ma. ppria. ſſtt.

CXLIX. WÄCHTERORDNUNG.

1563 Nov. 27.

Aus dem bei No. CXLI erwähnten Liber memorandorum.

Ordnung so der fuerwachter haluen vpgericht worden.

1 Anno 1563 den 27. monatstag Nouembris heb-ben ein erbar kokenradt vnd teinmanne sich einer fuerwacht, de bi nechtliger wile in allen vif wigbilden hinfurder geholden werden schall, vereinigt, nemlich also, dat desuluen wechter in allen wigbilden vor vnd nach middernacht vmb-gaen, mit hornern blasen vnd de stunde vth-ropen schullen also: Leuen heru, laten juw sa-gen, de klocke hefft u. geschlagen, bewart juwe fuer vnd licht, dat nemande schade geschicht.

2 Und schullen den winter vmb acht slegen vp vnd des morgens vmb 6 slege afgaen, den som-mer tho negen slegen vp vnd veir slegen wed-der af, vnd[1] schullen alle stunde de wacht vp den doren anropen: Wake wechter wake, vnd sick vor einem jdern dore antworden laten, schullen ock vp de rummor vp den gatzen vnd vestumicheit[2] der lage acht geuen, vnd so se wes beschwerliges vernhemen, de wacht anspre-

3 ken: deß will me se in schutz nhemen. Vnd dat sick nemandt vor dem blasen vnd ropen entsette, js jdt ock vom predigstole denunctiert[3] worden dominica Aduentus anno vt supra. Do js ock dat blasent vnd ropent erstmals ange-fangen, vnd daruor einem jdern wechter achtein

4 gulden munte tho lone gelouet worden. Vnd darmit sodane ordninge vnd dat ein erbar radt de fuerwechter in schutz vnd scherm genhomen der gemeinen borgerschop witlick worde, ist sodanes alles dorch ein openlig edict, so an alle vif radthuser angeschlagen, wo folget[4] inti-mirt worden.

Wi burgermeistere vnd radtmanne dusser stadt[5] Brunswigk willen hiemit allen vnd jeden vnsern burgern, burgerkindern, jnwonern, vnderdanen vnd vcrwannten vnd jedermenniglig guder wol-meinung vermeldet vnd angetzeigt hebben, dat wi vth allerhand nothwendigen orsaken tho vu-ser stadt wolfart vnd besten vnd tho vorho-dinge allerlei motlwillen, schaden vnd fuersnot de sick ein tidt her bi nachtslapender tidt alhir thogedragen, jn allen vnsern vif wigbilden fuer-wechtere verordent, de mit vlite vor vnd na middernacht vp den straten gaen, de wachte holden vnd gudt vpsehent hebben vnd allemal wen de klocke geslagen hefft, mit hornern bla-sen vnd de stunde vthropen vnd de borgere vpschent vp fuer vnd lucht tho hebben war-schuwen schullen. Vnd dewile auer solchs bet-hero ju vnser stadt vngewonlig gewesen, so wert sick nu datsulue henforder nemandt tho-weddern edder vordretlick sin laten, vnd is ock vnser gentzlich befell vnd meininge, dat sick nemandt an den obgemelten vnsern wechtern, de wi in vnsern schut vnd scherm genomen, wedder mit worden edder werken edder bosem nakreien vergripen, sonder se fredlich vnd vn-gehindert passeren vnd wes wi ohne, als vorbe-rort, beuolen vthrichten vnd beschafen laten schul-len. Dan wo des jemand anders betreden worde, de scholde darumb von vns ernstlich vnd vn-nachletig andern thor afschuw vnd exempe'l ge-straffet werden, darna sick ein jder mach weten tho richten. Actum vp vnser muntsmede den 27. Nouembris anno etc. 63.

CL. BESTÄTIGUNG DER STÄDTISCHEN PRIVILEGIEN DURCH KAISER MAXIMILIAN II.

1565 Sept. 5.

Das Original befindet sich im Stadtarchive: Pergament, 27" breit, 21" hoch, in dem rothen Siegel von 3⅔" Durchmesser, welches von einer Wachskapsel umgeben an schwarzgelber Seidenschnur hangt, der zweiköpfige Adler mit Gloriolen und Kaiserkrone, vor demselben unter einer Königs-

---

1) vnd fehlt. 2) Die klare Schreibung dieses unverständlichen Wortes widerstrebt der Emendation vnstmenget („Faustmengd", Schütgeren), welche Sack in der Abschrift einer andern nicht mehr vorliegenden Aufzeichnung vermacht hat, wo anscheinend vnstmenget geschrieben war. 3) So. 4) In der Handschr. folgen.

48

krone und von der Ordenskette des goldnen Vliesses umgeben ein viertheiliger Schild, der oben die Wappen von Ungarn und Böhmen, unten links, überkreuz gestellt, je zweimal die von Castilien und Leon, rechts die von Burgund, Tyrol und Habsburg, mitteninne und diese vier Felder zum Theil deckend den kleinern Schild von Oesterreich zeigt; Umschrift: MAXIMILIANVS. SECVND⁹. D. G. ELECT⁹. ROᴹ. IMPERATOₙ. SEMP. AVGVST⁹. GERMANIAE. HVNGARIAE. BOHEMIAE. ẐC. REX. ARCHID: AVsT: DVX. BVR. ƶu. Cᴼᴹ. TYR. ẐC. *Innen auf dem umgeschlagenen Rande:* Der stat Braunschweig confirmation jrer priuilegien. K. Tho. Schober D. X ; *auf der Rückseite:* Rⁱˢ S. Schönawer *und quer am äussersten Rande:* Tax funffzig vnd fur canutzleigepuer sechß goldgulden. *Bis auf geringe Abweichungen wiederholt dieses Privilegium wörtlich das von Kaiser Ferdinand 1559 ertheilte (No. CXLVII). Gedruckt ist dasselbe Thes. homag. I 162, Ulter. exc. 162, Braunschw. Händel II 712. 930.*

Wir Maximilian der annder von gottes gnaden erwelter römischer kaiser, zu allenn tzeitten merer des reichs, in Germanien, zu Hungern, Bechaim, Dalmatien, Croatien vnnd Sclavonien etc. kunig, ertzhertzog zu Osterreich, hertzog zu Burgundi, zu Brabannt, zu Steyer, zu Kernndten, zu Crain, zu Lutzemburg, zu Wirtemberg, Ober vnnd Nieder Schlesien, furst zu Schwaben, marggraue des hailigen römischen reichs zu Burgaw, zu Merchern, Ober vnnd Nider Lausnitz, gefurster graue zu Habspurg, zu Tyrol, zu Pfierdt, zu Kiburg vnnd zu Görtz, lanndtgraue in Elsaß, herr auf der Winndischen marckh, zu Portennaw vnnd zu Salins etc., bekhennen offenntlich mit disem brieff vnnd thuen khundt allermenniglich, das fur vnns khummen ist vnnser vnnd des heiligen reichs lieben getrewen N. burgermaister, rath vnnd burger gemainglich der stat Braunschweig vnnd burger gemainglich der stat Braunschweig vnnd burger gemainglich, das wir denselben burgermaistern, rath, burgern vnd der stat Braunschweig alle vnnd iegcliche jr gnad, freihait, brieff, priuilegien, recht, guet gewonhait vnnd alt herkhommen, die sy von römischen kaisern vnnd kunigen vnnsern vorfarn am reiche erworben vnnd herpracht haben, vnnd besonnder ain bestettigung vnnd freihaitbrieff damit sy von weilcnndt khunig Albrechten vnnserm vorfaren am reiche löblicher gedechtnus mildigclich fursehen worden, vnnd weilcnndt die allerdurchleuchtigisten kaiser Maximilian vnnser lieber herr vnnd vrunherr, volgennds auch kaiser Karl vnnser lieber herr vetter vnnd schweher, vnnd dann am junngsten kaiser Ferdinand vnnser geliebter herr vnnd vatter, alle hochmiler gotseliger gedechtnus, auch bestettet hetten, welcher khunig Albrechts brieff von wort zu wort hernach ge-

schrieben steet vnnd also lautet: Wir Albrecht — — — gehen zu Prag an sandt Scruoß tage nach Christi gepurdt viergzehenhundert vnnd darnach in dem achtvnnddreissigisten jaren, vnnser reiche im ersten jare, als jetzt regierennder römischer kaiser widerumb zu ernewern, zu confirmiern vnnd zu bestetten gnedigclich geruechten. Des haben wir angesehen derselben von Braunschweig diemuetig pete, auch die getrewen diennste die sy vnnd jre vorfarn vnnsern vorfaren römischen kaisern vnnd kunigen vnnd dem reiche allezeit willigclich vnnd vnuertrossennlich gethan haben vnnd sy vnns auch hinfurter in kunnfftig zeit wol thuen mögen vnnd sollen, vnnd darumb mit wolbedachtem muoth, guetem roth vnnd rechter wissen den obgenannten burgermaister, rathe vnnd burgern der stat zu Braunschweig alle vnnd iegcliche gnaden, freihait, brieue, priuilegien vnnd besonnder den vorbegriffnen freihaitbrieff von khunig Albrechten ausgangen, vnnd darzu alle anndere jre rechte, guet gewonhait vnnd alt herkhommen die sy bisher redlichen gehabt, gepraucht vnnd hergepracht haben, gnedigclich ernewert, bestetigt vnnd confirmiert, ernewern, bestetten vnnd confirmiern jnen die auch von römischer kaiserlicher macht volkhommenhait wissenntlich in crafft ditz briefs, was wir von rechts vnnd pillichait wegen vnnd aus gnaden daran zu ernewern, confirmieren vnnd zu bestetten haben, vnd mainen, setzen vnnd wöllen, das dieselben in allen jren worten, puncten, clauseln, artickeln, jnnhaltungen, mainungen vnnd begreiffungen crefftig vnnd mechtig sein, stett, vhesst vnnd vnuerprochennlich gehalten werden, vnnd sy sich deren in allen eonnden vnnd stetten geprauchen vnnd geniessen sollen vnnd mögen von allermenniglich vnuerhindert, doch vnns vnnd dem heiligen reiche vnnser obrigkhait vnnd diennst hierjnnen vorbehalten. Vnd gepietten darauff allen vnnd iegclichen churfursten, fursten gaistlichen vnnd

weltlichen, prelaten, grauen, freyen herren, rittern, knech-
ten, haubtleuten, vitzdomben, hofrichtern, lanndtrichtern,
vrtailsprechern, vögten, pflegern, verwesern, ambtleuten,
schulthaissen, burgermaistern, richtern, räthen, burgern,
gemainden aller vnnd iegelicher statt, merckt, dörffere
vnnd sunnst allen andern vnsern vnnd des reichs vnn-
derthanen vnnd getrewen, in was wirden, stannds oder
wesenns die sein, von römischer kaiserlicher macht ernnst-
lich vnnd vhestigclich mit disem brieff vnnd wollen, das
sy die vorgenannten burgermaister, rath vnnd burger zu
Braunschweig an solchen jren gnaden, freihaiten, brieuen
vnnd priuilegien, rechten, gewonhaiten vnnd alt em her-
khommen, auch weillonndt vorhochgemelter vnnserer
lieben herrn, vranherrn, vetter, schweber, vat-
ters vnnd nechsten vorfarn am heiligen reiche,

Maximilianus.

auch diser vnser kaiserlichen ernewerung, confirmation
vnnd bestettigung nicht jrren noch verhindern in kain
weise, sonnder sy darbey von vnnser vnnd des reichs we-
gen getrewlich schutzen vnnd schirmmen, als lieb ainem
ieglichen sey, vnnser vnnd des reichs schwere vngnad
vnnd darzu die peene in den vorgemelten freihaiten vnnd
priuilegien begriffen vnablößlich zu bezallen zu vermeiden.
Mit vrkhunndt ditz brieffs besigelt mit vnnserm kaiser-
lichen anhangenden insigel, geben in vnnser stat
Wienn am funnfften tag des monats Septembris
nach Christi vnnsers lieben herren vnnd hai-
lanndts gepurdt funnffzehenhundert vnnd im
funffunndsechzigisten, vnnserer reiche des römi-
schen im dritten, des hunngerischen im anndern
vnnd des behaimischen im sibenzehennuden jaren.

Ad mandatum dni electi imperatoris proprium
L. Kirchslager.

CLI. PRIVILEGIUM DE NON ARRESTANDO VON KAISER MAXIMILIAN II.
1568 Mai 12.

*Das Original dieses bisher ungedruckten Privilegiums befindet sich im Stadtarchive: Perga-
ment, 24" breit, 15" hoch, mit dem bei No. CL beschriebenen Siegel an schwarzgelber Seidenschnur;
innen auf dem umgeschlagenen Rande: Freiheit wider die repressalien für die statt Braunschweig I ;
auf der Rückseite: R^{ta} S. Schönawer und Tax sechßunndsechzig fl. golt sampt der cantzeleigepur.*

Wir Maximilian der annder von gottes gnaden
erwelter römischer kaiser, zu allen zeitten merer
des reichs, in Germanien, zu Hungern, Behaimb,
Dalmatien, Croatien vnd Sclauonien etc. künig,
ertzhertzog zu Osterreich, hertzog zu Burgundi,
zu Brabant, zu Steyr, zu Kärndtn, zu Crain, zu
Lutzemburg, zu Wierttemberg, Ober vnnd Ny-
der Schlesien, fürst zu Schwaben, marggraue
des hailigen römischen reichs zu Burgaw, zu
Märchern, Ober vnnd Nyder Lausnitz, gefürster
graue zu Habspurg, zu Tyrol, zu Pfiert, zu Ky-
burg vnnd zu Görtz, landgraue jnn Elsas, herr
auf der Wyndischen march, zu Porttenaw vnnd
zu Salins etc. bekhennen offentlich mit disem
brieue vnnd thuen kundt allermenigclich, das
vns die ersamen vnsere vnnd des reichs liebe
getrewen N. burgermaister vnnd rath der statt
Braunschweig vnderthenigclich fürgebracht vnnd
zu erkennen gegeben: obwol jnn gemainen be-
schribnen rechten, desgleichen deß hailigen reichs

constitutionen, ordnungen vnd satzungen, etat-
lich vnnd wol fürsehen vnnd geordnet, das kain
sach mit arrest, kummer oder repressalien vnnd
also von der execution angefangen, sonnder ain
yeder bey ordenlichem rechten vnnd desselben
ausstrag gelassen werden solle, vnd dann sy
die gedachten burgermaister vnnd rath der stat
Braunschweig ainem yeden vmb sein spruch
vnnd forderung zu ordenlichem rechten zu stehn
vnnd denselben nit vortzusein bißheer albegen
vrpütig gewesen vnnd noch weren, so trüege
sich doch gar offt vnnd vilmals zu, das sy nicht
allain an jren gemainen der stat sonnder auch
jrer kirchen, closter, hospital, burger vnnd jn-
woner guetern von den vmbwonenden fürsten,
grauen, edlen, ambt vnnd andern gerichtsleutten
vber alles jr rechterpieten mit arrest, kommer
vnnd repressalien vilfeltigclich beschwerdt wur-
den, also das sy der gemainen rechte vnnd reichs-
ordnungen offtmals nichts geniessen sonder sich

48*

zu vnpilligon verträgen vnd compositionibus trin-
gen lassen müesten, vnd vns darauf demütigc-
lich angeruoffen vnnd gcpetten, das wir juen,
auch jren kirchen, clöstern, hospitaln, burgern
vnnd jnwonern zu abwendung solcher angetzog-
nen beschwerdon mit vnnserer kayserlichen hilff
vnnd einsehen zu erscheinen gnedigclich gc-
ruechten. Deß haben wir angesehen solch jr
demütig zimbliche bith, auch die getrewen dicnnst
so jre vordern weilend vnsern vorfaron am reich
römischen kaysern vnd khünigen offt willigclich
gethan vnnd sy vns vnnd dem hailigen reiche
hinfüro wol thuon mögen vnnd sollen, vnd dar-
umben, fürnemblich auch das wir one das alle
vnnsere vnnd des reichs vnderthanen vnd ge-
trewen bcy rechtem vnnd vnsern vnnd des hai-
ligen reichs heilsamen constitutionen, satzungen
vnnd ordnungen zu erhalten, handtzuhaben, zu
schützen vnnd zu schirmen, wie vns dann auch
vnnsers tragenden kayserlichen ambts halben ge-
püren will, wolgenaigt vnnd gentzlich gemaint
seind, mit wolbedachtem muet, guetem rath vnnd
rechter wissen den bemelten burgermaistern vnnd
rath der statt Braunschweig vber vorberürte für-
schung gemainer beschribnen rechte, reichsconsti-
tutionen vnnd ordnungen nach verrer dise
sondere gnad gethan vnnd freyhait gegeben,
thuen vnnd geben juen die auch hiemit von rö-
mischer kayserlicher macht volkommenhait wis-
sentlich in crafft ditz brioffs, also das nun hin-
füro jnn ewig zeit niemand, was wierden, standts
oder wesens der oder die seyen, ermelter statt
Braunschweig gemaine oder jrer kirchen, clöster,
hospital, burger vnnd junwoner sonderbare güe-
ter oder auch derselben personen mit arrest,
kommer, repressalien oder dergleichen vnorden-
lichen mitteln angreiffen, aufhalten oder bc-
schweren, sonder sich derselben gegen jnen al-
len vnnd ycden gentzlich enthalten, vnnd vns
sy zu jnen sambtlich oder jr yedem jnn sonder-

hait zu sprechen, durch den ordenlichen weeg
des rechtens, dessen sy wie obstect ainem yeden
statzuthuen vnnd dem nit vortgusein sich er-
pieten, suechen vnnd aufträgen, sich auch des-
selben ersettigen vnnd begnüegen lassen sollen.
Vnnd gcpieten darauf allen vnnd yeden chur-
fursten, fürsten gaistlichen vnnd weltlichen, pre-
laten, grauen, freyen herrn, rittern, knechten,
haubtleütten, landtvögten, vitzdomben, vögten,
pflegern, verwesern, ambtleüten, schuldhaisen,
burgermaistern, richtern, räthen, burgern, ge-
maindea vnnd sonst allen andern vnnsern vnnd
des reichs vnderthanen vnd getrewen, was wier-
den, standts oder wesens die scind, ernstlich vnnd
vestigclich mit disem brieue vnnd wöllen, das
sy die obbemelten burgermaister vnd rath der
statt Braunschweig, derselben nachkommen vnnd
die jren, wie obsteet, diser vnnserer kayserlichen
gnad vnnd freyhait ruebigclich [1] vnd vnange-
fochten geniessen vnnd sy darbey gentzlich blei-
ben lassen, auch darwider nit thuen noch deß
yemands andern zu thuen gestatten jnn kain
woiß, als lieb ainem yeden sey, vnnser vnd des
reichs schwere vngnad vnnd straff vnnd dartzu
ain peen, nemblich hundert marckh lötigs golds,
zu vermeiden, die ain yeder, so offt er fräuent-
lich hiewider thette, vnns halb jnn vnser vnnd
des reichs cammer vnnd den andern halben tail
vilbemelten burgermaistern vnnd rath der statt
Braunschweig vnabloßlich zu betzalen verfallen
seyn solle. Mit vrkundt ditz brieffs, besigelt
mit vnnserm kayserlichen anhangendem jnusigl.
der geben ist jnn vnnser stat Wienn den zwölff-
ten tag des monats May nach Christi vnnsers
lieben herrn vnd säligmachers gepurde fünfft-
zehenhundert vnnd im achtundsechtzigisten, vnn-
serer reiche des römischen im sechsten, des hun-
gerischen im fünfften vnd des behemischen im
zwaintzigsten jaren.

Maximilianus.

Ad mandatum sacrae caes^{ae} M^{us} proprium
P. Obernburger.

---

1) So.

CLII. HULDEBRIEF HERZOG JULIUS'.

1569 Oct. 3.

*Das Original befindet sich im Stadtarchive: Pergament, 27" breit, 15" hoch, an Pergament-
streifen das rothe in eine Wachskapsel eingelegte Siegel von 2" Durchmesser mit dem gewöhnlichen
Wappen und der Umschrift* SIGILLVM JULII D. GRA. BRVNSWICENSIVM ET LVNEBVRGEN.
DVCIS. *Bis auf den Zusatz in § 35 und einige geringfügige Abweichungen ist dieser Huldebrief die
wörtliche Wiederholung des 1515 von Herzog Heinrich dem Jüngern ertheilten (No. CXXXII). Ge-
druckt ist derselbe Braunschw. Händel I 103, und in Rehtmeiers Chron. S. 1000.*

1 **W**ir von gotts gnaden Julius hertzog zu Braunschweig
vnd Luneburg etc. bekennen offenbar jn diesem brieffe,
das wir oder vnsere erben keine clöster geistlicher leute
man oder frawen setzen, erleuben oder volworten sollen
zu wonen in der stadt oder mawern zu Braunschweig
vnd auch ausserhalb der stadt so weit jre viehetrifft ist.
2 Auch wollen noch sollen wir keinerley weise volworten,
das die capitell vnser kirchen sancti Blasij vnd sancti Ci-
riacj zu Braunschweig einige pfarrkirchen jn Braunschweig
3 gelegen sich oder jren stifften incorporirn lassen. Auch
sollen wir keinem canonicum oder jemants der belehnet
were zu sancti[1] Blasio oder sancti Ciriaco zu Braun-
schweig zu vnser pfarrkirchen einer in Braunschweig pro-
4 sentiren oder belehnen. Welcher auch albereit eine
pfarrkirchen jo Braunschweig hette, dem wollen wir vnserer
geistlichen lehne jn den vorgeschriebenen kirchen zu sancti
Blasio vnd zu sancti Ciriaco keins leihen noch jne dartzu
presentiren, außgenommen die lehne die wir vnd vnsere
erben lehnen sollen nach jrem willen. Were es aber, das
vnsere vettern dieser lehne jeniys lehneten gegen diese
weise, vnd vnser volwort dartzu forderten, so machten
5 wir vnser volwort dartzu geben. Wir bekennen auch,
das wir vnd vnsere rechte erben haben derselben vnser
stadt Braunschweigk vnd vnsern lieben getrewen darjn
wonhafftig, bei namen jn der Altenstadt, jm Hagen, jn
der Newenstadt, jn der Altenwick vnd jm Sacke, die gnade
vnd das recht geben, das die so nun darjn wonen vnd
burger oder burgerin sind[2], die sollen frey sein von aller-
6 lei ansprache. Wer nach diesem tage auch als dieser
brieff gegeben ist, jn dieselben vorberurte funff weich-
bilde oder stede vnser stadt Braunschweig zoge, bur-
ger wurde vnd offenbar darjn were jar vnd tag ohne an-
spruch, der solt desselben rechten brauchen vnd frey bur-
7 ger sein, als vorgeschrieben ist. Würde auch jemant

angesprochen jnnerhalb jar vnd tage mit rechte, der die
burgerschafft gewonnen hette, den solte der rath zu koi-
nem burger haben, er hette sich dan verglichen mit der
herschafft jn freuntschafft oder mit rechte. Wir vnd 8
auch vnsere rechte erben sollen vnd wollen die funff stette
vnser stadt Braunschweig beschirmen vnd vertheidigen
alle jrer freiheit vnd rechtens als sie die von alters von
vnsern hochloblichen seligen voreltern, auch
vatter, großvatter, eltervattern vnd vettern
gehabt haben, vnd jr recht zu verbessern vnd nicht zu uer-
ringern. Were es auch, das einiger man derselben vnser 9
burger einen fordern wolte vor laß oder eigen, oder einige
anspruch thun wolte, der solte antworden für vnserm ge-
richt jn der stadt zu Braunschweig. Vnsere vorgenante 10
burgere der funff weichbilde vnser stadt zu Braun-
schweig mögen auch jr recht woll bessern wo sie mugen.
Wo das niemant clagt, da bedarfs niemant richten. 11
Wolte auch, das sie jemant beschuldigen wolte, so sol- 12
ten sie antworten da es jne von rechte gebürte zu ant-
worten, vnd das sollen wir sie auch verteidigen. Were 13
es auch, das einig zwispalt einfiele zwischen vns vnd
dem rath vnser stadt Braunschweig, was dan zwen men-
ner aus dem rath mit jrem rechte behalten, das jr ge-
wonheit vnd recht were gewesen, da sollen wir sie bei
laassen vnd behalten. Wolte den rath auch anders je- 14
mandt beschuldigen, was dan zwen menner aus dem rathe
den rath entledigen mit rechte, des solte der rath ledig
sein, vnd des sollen wir sie verteidigen, vnd sollen des
raths vnd der stadt zu Braunschweig recht verbessern
vnd mit nichte krencken. Vortmehr bekennen wir für 15
vns vnd vnsere rechte erben, das vnsere burger der vor-
benanten funff stedte vnser stadt zu Braunschweig vnd
jr guet sollen zolfrey sein jn vnserm lande, jn vnsern
stedten vnd jn allen vnsern schlössern nach alter gewon-

---

1) So. 2) sind *fehlt.*

16 heit, als das von alters gewesen ist. Wer auch in der stadt Braunschweig vogt ist, der soll richten in der stadt vnd daraussen so weit jre viehetrifft vnd landweren wen-
17 den. Vorthmer vff das vnder vnsern mannen vnd vnsern vorbenanten bürgern keine zwitracht werde, so sollen wir jnen einen marschalch setzen, der vnsern bürgern recht mittheile vber vnsere manne, was jnen not sein
18 mag. Wir wollen auch, das vnsere dienstmenner keinen vnser bürger zu Braunschweig mit lehengute weiten an ein andern herrn der benedden jm were: jn dem
19 wollen wir sie vertheidigen vnd jnen beystehen. Wir thun jne auch die gnade: welcher bürger gut hette zu lehen von vnserm dienstmanne, stürbe der ohne erben, so sol der bürger volgen an vns als den oberlehenherrn, vnd wir sollen jne belehnen mit dem gute ohne wieder-
20 sprach vnd gabe. Auch wollen wir nicht, das einige vnserer manne sich einig gut lehnen lassen das vnsere bürger vnd bürgerin zu Braunschweig jn jren lehnischen
21 geweren hetten. Wir sollen sie auch vmb keine sache schuldigen die bei vnsers lieben herrn vnd vatters vnd vnserer voreltern vnd vettern seligen zeiten vorgefallen
22 weren biß an diesen tag. Wir sollen auch keinerlej guet das man zu oder von der stadt Braunschweig brachte, furte, triebe oder trüge, hindern oder hindern lassen, es
23 stunde dan vnsern offenbaren feinden zu. Wir wollen auch niemant zu dienst nemen, den wir wieder die stadt vnd jr recht verteidegen, wir wollen dan den zu
24 recht stellen vnd rechtens an jm verhelffen. Wir wollen auch niemant hausen, hegen oder verteidingen wieder die stadt vnd burger, der sie oder die jren verunrechtigte, jn der stadt verfestet oder daraus vertrieben were, sondern wollen den von vns lassen, wan sie vns das zu
25 wissen theten. Were es auch, das vnsere bürger oder jre meyer einiche bruche wieder vns, an dene noch an jrem gut wollen wir kein selbgerichte thun, es were dan das sie würden begriffen vf handhafftiger that eins todtschlags, oder wir theten das zu wissen dem rath allererst [1]: hülffen sie vns darumb gut oder rechtens,
26 dar wollen wir vns an begnügen lassen. Auch sollen vnd wollen wir sie treulich verteidingen jn jrem rechten wieder jedermenniglich, vnd sollen sie bei gnaden, gewon-
27 heit vnd rechte lassen vnd behalten zu allen zeiten. Vnd wir oder die vnsern sollen oder wollen sie vnd jre mei-

ger, jr gut vnd die jren nicht beschweren mit heten oder mit dienste oder jn einicherlei weise. Were es auch, 28 das sie, meyer oder die jren bruche theten, das jne mit rechte gefunden worden zu bessern, das sollen wir vnd die vnsern jne gnediglichen keren, das sie das vnuertorben plieben. Auch wollen vnd sollen wir oder 29 die vnsern keine sezinge jn vnserm lande vber sie vnd jr gut, vber jre meyer vnd die jren setzen oder setzen lassen, da sie oder die jren mit beschatzt wurden. Vnd 30 wir sollen vnd wollen sie lassen bei solchen gnaden, gewonheit vnd rechte, als sie bei vnsers lieben herrn vatters, großvatters, eltervatters vnd anderer vnserer voreltern vnd vettern zeiten gewesen waren. Were es auch, das sie jre mordtbrenner 31 vnd strasenreuber sulchemen jn vnserm lande, jn vnsern stedten, schlössern oder dorffern, die mögen sie angreiffen ohn gefahr vnd bruche. Vorthmer bekennen wir, das wir vnd 32 vnsere rechte erben wollen vnd sollen alle brief die vnser lieber herr vnd vatter, großvatter, eltervatter, vnsere vettern hertzog Heinrich, hertzog Bernhart, hertzog Otto, hertzog Fridrich vnd andere vnsere vorfarn vnd vettern alle christmilter vnd seliger gedechtnus dem rath vnd der stadt Braunschweig einem jeden bürger zu Braunschweig [2] versigelt vnd gegeben hetten, stedt, vest, gantz vnd vnuerbrochen halten, vnd wir bestetigen alle jre priuilegia jn aller weise ob wir die selbst versiegelt hetten. Were es auch, das dem rath vnd bur- 33 gern zu Braunschweig gegen vns oder vnsere erben noch were jre priuilegia zu weisen, wollen vnd sollen wir zwen oder drej beschicken den [2] wir das zuglaubten: die wollen sie dartzu jn vnser stadt Braunschweig zu komen ah vnd zu fehelichen vnd die darumb senden vf das rathhauß jn der Altenstadt zu Braunschweig, die brief vnd priuilegia zu besehen, zu lesen vnd zu hören, ob wir dahin selbs nicht kemen: furter dürffen sie jre priuilegia vnd briefe nicht senden. Wir wollen auch die vorge- 34 nante vnsere erbe getrewe den rath vnd die burgere vnser stadt Braunschweig trewlichen vertheidingen vnd beschirmen alle jres rechten das sie von vnserm lieben herrn vnd vattern, großvattern, eltervattern, vorelters vnd vettern hochlöblicher seliger gedechtnus gehabt haben, vnd wollen jne das stedt vnd gantz halten. Wolte sie auch alle dieser obgeschriebener gnade vnd rechts 35

---

1) Ausgelassen vnnd der stedt.   2) 1515 hinzugefügt: denn breue vnns ohne gegenenn synn.   3) Im
Orig. dem.

oder jeglich besonder, die wir vnd vnsere hochlobliche selige voreltern[1] jnen gegeben haben, jemants verunrechtigen, des wollen wir jr beschirmer sein nhun vnd zu allen zeiten vnd zu allen jren nöten. Doch soll diese vnsere confirmation den beiden haubtvertregen, deren einer am zweyvndzwentzigisten Octobris anno funftzehenhundertdreyvndfünftzig zwischen vnserm geliebten herrn vnd vattern hochmilter gedechtnus vnd der stadt, der ander am zehenden Augusti dieses funfzehenhundert vnnd neunvndsechtzigisten jars zwischen vns vnd vnser stadt Braunschweig vfgerichtet,[2] auch andern hendeln vnd vertregen die zuuor vnd auch seithero zwischen vnserm herrn vatter vnd der stadt beiderseits abgeredt vnd geschlossen worden, gantz vnschedlich vnd vnabbruchig sein, die wir auch hiemit außdrücklich außgedingt vnd furbehalten haben wollen. Dieser dinge seint auch zeugen vnsere liebe getrewe rethe, manne vnd burger, die daran vnd vber gewesen sein vnd hernach geschrieben stehen: die edle, gestrenge, hochgelerte, erbar vnd ersame Anthonj edler her zu Warberg, Adam von Oldershausen vnser erbmarschalch, Achatius von Veltheim vnser erbkuchenmeister, Henning von Neindorff vnser erbschenck, Joachim Munsinger von Frundeck vnser erbcämerer, dieser zeit vnser cautzler, Christoff von Steinberg, Georg von

Julius h. z. B. v. L. m. pp. ff.

Holl obrister, Adrian vnd Melchior von Steinberg gebrüder, Curt von Schweichelt der elter, Werner Han erbgesessen zu Basedaw, Fritz von der Schulenburg, Burgkart vnd Frantz von Cram, Heinrich von Veltheim, Ludolff von Aluensleben, Heinrich von Salder, Lucaß Tangel der rechte doctor, Heinrich von der Luhe, Leuin von Marnholt vnd Erasmus Ebner, Diedrich von der Leine, Melchior Crüger licentiat, Augustin von Pein, Author Valberg, Jobst Kale, Hanß Doring, Heinrich Schrader, Hans Schwalenberg, Henning Bungenstedt, Melchior Elers, Diedericuß Preuß, Ciriacus von Vecheldt, Bode Glumer, Anthor Prall, Author Bescke, Werner Calm, Bartholdt Broistedt, Curt Elers, Wilcken Haferlandt, Casper Hacke, Heinrich Holstein alle burgermeister vnd sindicj, Gerleff Kale, Weddige Valstedt, Bartholomeus Guckell cemmerer. Zu vrkhunt vnd stetigkeit alle dieser obgeschriebener dinge haben wir obgedechter furst hertzog Julius fur vns vnd vnsere rechte erben vnser furstlich jnsigell wissentlich hengen lassen an diesen brieff, geschehen vnd geben nach Christi vnsers lieben herrn vnd heylants geburt jm funfzehenhundertisten vnd neunvndsechtzigisten jare montags nach Michaelis, der do ist gewesen der dritte monatstag Octobris.

Joachim Munsinger von Frundeck.

CLIII. PRIVILEGIUM VON HERZOG JULIUS.
1569 Oct. 3.

Das Original befindet sich im Stadtarchive, Pergament, 13" breit, 10" hoch, mit dem bei No. CLII beschriebenen Siegel an Pergamentstreifen. Abweichend von den Privilegien von 1557 und 1559 (No. CXLVI u. CXLVIII) beruht der Wortlaut dieses Privilegiums wieder wesentlich auf dem Herzog Heinrichs des jüngeren von 1515 (No. CXXXI). Gedruckt ist dasselbe in Lünigs Reichsarchiv, pars. spec. Forts. der 2. contin. S. 279, Braunschw. Händel I 103, Rehtmeiers Chron. S. 1000.

[1] Von gotts gnaden wir Julius hertzog zu Braunschweig vnd Luneburg etc. bekennen offenbar in diesem briefe fur vns, vnsere erben, nachkomen vnd allwieme, daß wir vns mit den ersamen vnsern lieben getrewen dem rathe vnser stadt

Braunschweig vnd den jren gütlich vereinigt vnd vertragen haben, vereinigen vnd vertragen vns gegenwertigen in krafft dieß brieffs vmb allen gram vnd wiederwillen so zwischen vns vnd jnen muchte gewesen sein biß an datum dieß

1) *1515 folgt eine längere Aufführung der Vorfahren.*   2) *Gedruckt u. a. bei Rehtmeier S. 994 und 991.*

briefs, also das wir sie vnd sie vns wiederumb der quit, ledig vnd loß gelassen haben. Vnd wir haben den vorbenanten vnsern lieben getrewen dem rathe vnser stadt Braunschweigk geredet, gelobet vnd zugesagt, reden, loben vnd zusagen jn kraft diss briefs, das wir sie, jre mitburger vnd die jre geistlich vnd weltlich binnen vnd aussen Braunschweig sollen vnd wollen lassen bei jren priuilegien, gnaden, gerechtigkeiten, freyheiten vnd alter wonheit, als sie die bei hertzog Wilhelms des eltern, hertzog Wilhelms des jüngern, hertzog Heinrichs, hertzog Fridrichs, hertzog Heinrichs des eltern vnd hertzog Heinrichs des jungern, vnsers vreltervatters, eltervatters, großvatters vnd herrn vatters hochloblicher christmilter gedechtnus, vnd bei anderer vnser vreltern vorfarn vnd vettern zeiten biß an diesen tag gehapt vnd hergebracht haben, vnd sie daran nicht hindern

noch verkurtzen jn einigerley weiße. Wir sollen vnd wollen auch die vorbenante vnsere liebe getrewen vnd die jren beschutzen vnd beschirmen vor vnrechter gewalt vnd sie nicht verlassen dar wir jrer zu ehren vnd rechte mechtig sein. Das reden vnd loben wir hertzog Juliuß vor vns, vnser erben vnd nachkomen des furstenthumbs zu Braunschweig in kraft diss briefs jn guten trewen dem rathe, burgern vnd den jren vnsern lieben getrewen stedt, vest vnd vnuerbrochen wol zu halten sonder einigerley list oder hilfrede. Des zu furderer bekantnusse vnd offenbarer beweisinge haben wir Juliuß vor vns vnd vnsere erben vnd nachkomen vnser jnsiegell wissentlich heissen hengen an diesen brief, der geben ist nach Christi vnsers herrn geburt fünffzehenhundert jm neunvndsechtzigisten jare am montag nach Michaelis, den dritten monatstag octobris.

Julius h. z. B. v. L. m. pp. ſſ.

Joachim Münsinger von Frundeck.

CLIV. EIDE.

In der Zeit von 1530 bis 1570 etwa haben die Eidesammlungen im zweiten Rechtsbuche der Altstadt und in dem der Neustadt (A', N: vgl. die Vorbemerkungen zu No. LX) abermals eine Reihe von Zusätzen empfangen, indem von den vorhandenen älteren Eiden einige durch Correctur mehr oder minder umgeformt, andere — zum Theil in wörtlichem Gleichlaut — aufs neue eingetragen, ausserdem aber eine grössere Anzahl ganz neuer oder doch stark veränderter Formeln hinzugefügt sind. Es haben hierzu zehn verschiedene Schreiber beigetragen. Zwei derselben die 1. und 2. der nachstehenden Formeln in A' und N; ein dritter, welcher bereits als Corrector des Stadtrechts und Echtedings von 1532 begegnete, die hier gleichfalls in den Text aufgenommenen Zusätze dieser beiden Formeln, ferner die 3.—12. Formel in N, die 16. 19.—24. 30. 32. 34. 38. sowie die Correcturen dreier älteren, hier als 13. 14. und 15. eingefügten Formeln in A' und die 41. Formel in dem bei No. CXL erwähnten Liber memorandorum (M 7), welche hier ebenfalls herangezogen ist. Mit diesem dritten Schreiber abwechselnd haben in A' noch sechs andere geschrieben. Von einer vierten Hand nämlich, derselben welche die Stücke von 1513—20 (No. CXXIX ff.) mit Ueberschriften versehen hat, rühren die Correcturen der 16. und einer ältern hier als 17. wiedergegebenen Formel sowie eine neue, die 18. her; von einer fünften die 25.—27., von einer sechsten was die 28. als Zusatz aufweist sowie die 29. und 31., von einer siebenten die 33., von einer achten die 35. 36. und 37., von einer neunten die 39. und 40. Eine zehnte Hand endlich hat in N die 42. Formel eingetragen. Die Folge dieser verschiedenen Erweiterungen ist in nachstehendem Abdruck soviel als möglich beibehalten; nur dass die Eintragungen dritter Hand in N, denen in A' die corrigirten ältern Formeln den übrigen Eintragungen je des Urhebers dieser Correcturen vorangestellt sind.

1 **B**lygen tetken eyd [1].

Dat gy dem rade de blygen tetken maken willen, dar unse borgere ore goedere na older wonheyd buten middle vrygen, myt der rosen gete-

1) In A', bis auf die Einschaltungen von erster Hand.

kent, von juwem egene blyge, vnde ok de solt-
tetken von blyge vnde bleke myt dem lauwen-
coppe, vnde ok de molenteiken¹ so jw beuolen
werden von des rades koppar, vnde de blygen
tetken anderß nemande to den handen komen
laten, schicken effte geuen, dahn dem tolnere
sulueß in de tollenboude ouerantworden vnde
de soltteken dem burmester up de muntsmede,
vnd willen ok de punde vnd ander wichte so
jw togebracht vnd benohelen werden, truwelick
vorgliken vnd teiken²: dat jw god helpe etc.

2 ³Der geschigkeden manne eelt.

CXXX. ³ Dat gy des rades hemeligke dingk de jw van dusser
rekenschop van vphnane vnde vthgaue vnd ok des ra-
des geschefften⁴ der stadt Brunswigk apentarth wer-
den, by juw der stadt to gude willen beholden deuile gy
leuen: dath juw godt allte helpe vnde sine hiligen.

3 ²Der houetlude eid: in der Nienstadt.

LXXXIX.⁴ Dat gy hyr tho Brunswigk ju der Nigenstadt
van nu an vort ouer dre jar der meinheit houetlude wesen
willen vnd de wile de meinheit truweliken vorstaen na
juwen vyff synnen so gy best kunnen vnd mogen, vnd
willen keisen rathmanne, wen de tidt js binnen dussen
dren jaren alse men den rath tho vornigende plecht, vth
juwer meinheit de juw duncket der stadt, dem rade, den
ghilden vud der meinheit nutte vnd euen wesen, vnd hel-
pen raden wes vor de stadt sy, wen gy dartho vorbodet
vnd gesechet werden, vnd dat gy de borger vnd de stadt
helpen in eindracht holden: dat jw godt helpe.

4 ⁵Schoteleidt.

LV. 48 Alsodane gudt alse gy vnd juwe husfruwen hebben bin-
nen vnd butten der stadt, dat gy dat dem rade willen
vorschoten so leff alse gy dat hebben, mit nigen bruns-
wigschen penningen, twe nige schillinge thouorn vnd
veer pennige van xxx nien schillingen, nu des ersten

middewekens na sunte Marteus dagbe, vnd jßt gy tho
jenigem gude vormunder syn edder jßt gy anders weme
tho gheuen wan dem rade edder vasen borgeren effte
borgerschen, dar dem rade schot van gheboren moghe,
dat gy dat dem rade melden willen vor der schoteltidt:
dat gick godt helpe.

Ok secht gick de radt by den eiden; weret dat juwer
welck busen mit siek june hedde, dat woren fruwen
edder man, edder de nu noch tho juw jakomen wolden,
edder de nu kortliken van juw getochet weren, de scholde
gy melden: de scholde de radt tbem schoteschri-
uen lathenn.

Ok secht gick de radt de eidt: hedde juwer
welck anwaringe an gude dar ein ander eyne lyfftucht
ane hedde, de anwardinge scholde gy vorschoten so leff
alse gy de hebbenn.

⁷Eydt derjhennen so rinschen vnd frommeden 5
barnewyn vorkopen.

Dat gy van alle dem frommeden barnewyne
den gy hyr jn de stadt bringen edder bringen
lathen, dem rade vnd gemeiner stadt Brunswigk
jo van eynem jowelken stoueken veer brunsw.
penning by geswornem eide thor zcise geuen
willen truwelick vnd ahne alle geferde: dat juw
godt etc.

Eydt derjhennen so hyr barnewyn maken, 1537 6
fridages na Oculi.

Dat gy van dem barnewyne den gy hyr ma-
ken vnd by maten binnen vnd buten de stadt
vorkopen vnd vthsellen, dem rade vnd gemeiner
stadt Brunswigk jo van der amen v schilling,⁸
van dem stoueken twe d, van eynem haluen
stoueken einen d, van einem quarteer ein scharff,
van einem oselen⁹ ein ferling by gedanem eide
geuen willen, dat gy ok allerleie korn dat gy
tho dem barnewyne vorbruken werden, jo van
dem schepel twe nige schilling edder van¹⁰ einem

---

1) vnde ok de molenteiken von dritter Hand.   2) vnd willen ok — teiken ebenfalls von dritter Hand.   3) In
N, bis auf den Zusatz von einer Hand, welche 1527 in einem der Libri memorandorum schrieb, und nach den
Schlussworten vor der Kirchenreformation eingetragen.   4) vnd — geschefften von dritter Hand.   5) Wieder-
holung des ältern Eides, in N aufs neue von dritter Hand eingetragen.   Der neuen Hauptleute Eid von 1513
(CXXX, 2) scheint demnach gegen die Mitte des Jahrhunderts ausser Gebrauch gesetzt zu sein.   6) Bis auf
die veränderte Steuerquote der des 15. Jahrhunderts gleichlautend, ist diese Formel in N von dritter Hand aufs
neue eingetragen.   7) In N von dritter Hand.   8) van — schilling Nachtrag derselben Hand.   9) In der
Handschr. ein oselen: van fehlt.   10) van fehlt.

49

entelen himpten nl penuig thor zciso geuen, ok
datsuluige korn nergent anders als vp des ra-
des molen schraden vnd melen latben willen,
de radt jrloue jd denne anders, alles getruwe-
lick vnd ahne geferde: dat jw etc.

Form des eides calumnie den de parthien jn
eigener personen edder dorch ohre procuratoren
sweren schullen.[1]

7 **P**rincipals eidt.

Gy werden sweren einen eidt tho godde vnd
synen billigen euangelien, dat gy jn dusser sa-
ken keinen valsch tho gebruken vorhebben, sun-
der gelouen eine gude rechte sake tho hebben, dat
gy ok neynen vnnoturfftigen geferligen vpschnff
der sake begeren, vnd so offte gy jn rechte ge-
fraget werden de warheit nicht vorholden, ok
nemande dan denjhenigen so dat recht tholeth
jchts geuen edder vorheisschen willen darmit gy
de ordell erlangen edder beholden mogen, alles
getruwelick vnd vngeferlich.

Geliker wise schullen der parthen procuratores
ahn stath ohrer principalen sweren:

8 **G**y werden sweren einen eidt tho godde vnd
synen billigen euangelien jn juwer parthen vnd
juwer eigen seile, dat gy jn dusser saken keinen
falsch tho gebruken vt supra.

Middewekens nach Exaudi anno xv⁴ vnd xlvuj
hebben Hinrick Schrader vor sick vnd Bode
Huch procuratorio nomine der Bardenwerper-
schen appellanten, vnd magister Bartolt Lafferdes,
Hinrick Sesen vnd Hinrick Bardenwerper
appellaten vor sick dut juramentum calumnie
erstmael gedaen, vnd schal ok vortmehr went jd
erkant dorch andere bestellet vnd geleistet werden.

Form des eides ad articulos.
9 **D**er principalactor.

Gy werden sweren etc. dat de articuli von ju-
went wegen jn dusser saken jngebracht, so ve-
hel de juwe eigen geschicht bedrepen, war syn,
vnd so vehel de frommede geschicht bedrepen,
dat gy gelouet de war vnd bewislick[2] syn, ahne

alles geferde.

De anwalt actoris. 10

Gy alse anwalt werden sweren einen eidt tho
gott vnd synen billigen euangelien, dat de arti-
kel von jw jn dusser saken ouergeuen, so vehel
desuluen juwer parthien eigen geschicht edder
dath belangen, war syn, so vern aber desuluen
frommede vnd ander dath edder geschicht be-
dript, dat gy gelouet de nicht war vnd vnbe-
wifflick tho syn, alles vngeferlich.

Der principalbeclagter. 11

Gy werden sweren einen eidt tho gott vnd sy-
nen billigen euangelien, dat gy vp der wedder-
deil jngebrachte vnd thogelaten position vnd
artikel vnd jdern besundern de warheit ant-
worden willen, jfft gy de gelouen edder nicht
gelouen war syn, ahne alles geferde.

Anwalt des beklagten. 12

Gy alse anwalt schullen by juwem eide den gy
jtzunt doen werden, antworden tho den arti-
keln dorch juwen wedderdeil jn dusser saken
jngebracht vnd jw ouergeuen vormiddelst dusser
wort: dat gy gelouet desuluen war edder nicht
war syn, alle geferde vthgeslothenn.

[2]**D**e fronen sweret dessen eyd. 13

Dat gy dem rade melden vnde scryuen laten wat gy LX. 17
wetten edder gyk tho wettende worde dat schotbar sy,
vnde dem rade vnde der stad vnde den meynen bor-
gheren vnde borgherschen alze truwe vnde alze hold syn
alze eyn dener synem heren wesen schal de ome kledinge
vnde penninghe gifft, dobbelspel vnde wat gyk tho wet-
tende worde dat wedder den rad vnde de stad were, dat
gy dat dem rade melden, vnde wat to juwem ammechte
hord, dat gy dat vortan na juwen viff synnen alze gy
best kunnen, vnde vorwaren dem rade slote, helden vnde
keden vnde wat gyk tho vorwarende hord, dewyle yd dem
rade bebaghet, vnd dat gy des rades heymelike
dingk vnd wes mit den fangen gehandelt vnd
jw darvan tho wettende wert de tidt juwes le-
uendes by jw beholden vnd verswigen willen,
dat gyk etc.

---

1) *Die nachstfolgenden sechs Formeln in N. von dritter Hand.*   2) *Ursprünglich:* nicht war vnd vnbewislick: nicht und vn dann aber ausradirt.   3) *Formel des* 15. *Jahrh. in A', die Correctur* fronen *für* hoddele *und sowie die neuen Einschaltungen von dritter Hand.*

14 [1] De teyghelere swerot dessen eyd.

LX. 29 Dat gy dat teyghelwerk dem rade truweliken to gude vorstan willen, vnde dat gy edder juwe gesynde steyn, hold, brede vnde alzodane gerede alze to dem teyghelhoue hord van dem teyghelhoue nicht willen bringhen edder bringhen laten, ok willen neine kole efft aeschen vorkopen efft vorkopen laten, yd ne sy myt der de dat teyghelhus vorsteyt van des rades weghene witschop vnde vulbord, vnde dat gy dyt holden na juwen viff synnen, alze gy best kunnen vnde moghen: dat gyk god alzo helpe etc.

15 [1] Des rades houffsmeth.

LX. 34 Dat gy deme rade truweliken vorwaren ore perde myt hoffslaghe vnde berichtinghe in deme munde vnde wit artsedie wes gy des wetten, wanne vnde wu vaken dat van gyk geeschet worde, vnde dem rade ore yserne werck nye vnde ok vnde alzodanne tewe vnde gherede dat de rad gyk to deme smedewerke bevõle vnd wes mehr to juwem beuolen ampte gehoret truweliken vnd myt flite vorwaren vnd fordern na juwen viff synnen, alze gy best kunnen vnde moghen, dewyle gy des rades ghesynde hirto syn vnde dewyle yd dem rade behaghet, vnd willen ok des rades heymelike dinge de jw beuolen werden by jw vnuormeldet beholden dewile gy leuen: dat gyk god alzo helpe etc.

16 [2] Des muntemesters eidt.

Dat gy dem erbarn rade willen truwe vnd holt wesen, vnd allent wat juw van den munteheren vth beuecl des rades an suluer wert oueranttwordet, dat gy sodane willen truwelicken vnd mit flithe vorhegen vnd jm fuere wol vorwaren, vnd flitigen vpsehen dat dem rade dar ahne so vehel mogelick nein schade beiegene, wen gy ok hebben gogoten, dat gy alsõdenne allen mogeliken flidt jn den vpgrunden willen vorwenden, dat ein erbar radt des neynen schaden moge nemen, wen gy ok suluer proberen dat juw to prouende tho behoeff der munthe gebrocht wert, edder ok suluest wes von suluer vp de munte

leuerden, dat gy dar ane den radt wol bewaren, alzo dat nemants dar mede befordeilet vnd bedrogen werde, vnd dat gy de munthie vnd wes juwem angenomen ampte mehr anhengig vnd thobehorich je edder syn mochte, alse gi wider mit worden dorch schriflftlige artikel berichtet sin [3], na juwem vormogen mit dem besten fordern vnd vortsetten willen, vnd dat gy alle dusse vorberorten stucke vnd puncte na juwen vyff synnen stedes, vast vnd vnuorbroken willen holden, alse gy best kunnen vnd mogen.

[4] Des bussenschutten eyd. 17

LX. 41 Dat gy dem rade vnde bergheren to Drunswic alzo truwe vnde holt syn alze gy one van dmstes weghene to rechte plichtech syn, vnde bussen, puluer, sterne, lõde vnde andere radschop de to dem bussenschote gyk bevolen worden truweliken vorwaren vnde to vorwarende bestellen vnde vnnuttigen nicht vorscheten alzo langhe dat yd dem rade wedder in ore eghene hede ghebracht werde, ane dat dat darvan in der stad behoff lederoet worde, vnde juwe ammeeht myt bussenschetende, vursehote vnde wes gy darto konden don, alze gyk van des rades weghene dat bevolen worde, dewyle gy hirto des rades gesynde syn, na juwen viff synnen, alze gy best kunnen vnde moghen, vnde wes gy des rades heymlike dinge tho wetten krigen de tidt juwes leuendes nicht willen melden: dat gyk god etc.

[5] Der muntehern eidt. [6] 18

Dat gi dem rade der muntie baluen willen truwe vnd holt wesen vnd des rades beste doin so vele jw jummer mogelick, vnd des rades hemelike dinge dat jw hiraff to wetende werth bi jw beholden na juwen viff sinnen, also gi best kunnen vnd mogen.

[7] Dussen eidt schullen sweren de werden an-19 genomen vor borger dem rade.

Dat gy der herschop vnde [8] dem rade tho Brunsw. alzo CXXX. 4

1) Formel des 15. Jahrh. in A', die neuern Einschaltungen von dritter Hand.   2) Gänzliche Umgestaltung der Formel des 15. Jahrh. (LX, 53), in A' von dritter Hand eingetragen.   3) also gi — berichtet sin von vierter Hand eingeschaltet.   4) Formel des 15. Jahrh. in A', der erste Zusatz von vierter, der zweite vom ungewisser Hand.   5) In A' von virter Hand.   6) Vgl. LXIII, xxxvj.   7) In A' von dritter Hand.   8) der berschop vnde später durchstrichen.

49*

truwe vnd holt syn willen alse ein borger tho rechte
wesen schal, vnd jfft gy jcht vornemen dat wedder den
radt, wedder de ghilde vnd gantze gemeinheit sy, dat gy
dat dem rade vormelden willen, vnd jfft de radt, de thein
manne mit den geschickten der ghilden vnd gemeinheiden
vth orem beuele wes begrepen, dat ohne sodans ahne
alle fare blyuen moge, vnd jfft dar wes manckt were
dat ghilden vnd gemeinheiden nicht beleuen wolde, so
men vorplichtet js sodans ahn se to bringen, dat se deane
ander reddinge der stadt tho gude wolden vorgunnen vnd
begripen, vnd so gy jw nicht en heilden alse ein
geborsam borger van rechts wegen schuldig js
sick tho holden, alfdenne schulle gy vth der
stadt wiken sunder jenigerleie wedderrede edder
jnsage: dat jw godt helpe.

20 ¹**D**ussen eidt schullen sweren de schriuer wen se
x, ⁵ angenomen werdenn.

Dat gy dem rade vnd der stadt jn juwem angeno-
men ampte tho ridende, tho schriuende vnd tho
radende binnen vnd buten der stadt ahne weige-
rung, wen jw solcks angemodet vnd beuolen
wert, mit deinste gewerdich, willig vnd vnuor-
droten syn, vnd des rades vnd der stadt besthe
wethen vnd argeste vorhoiden, vnd ohre heyme-
like dinge by jw beholden vnd nicht openbaren
willen dewile gy leuen mit neynerleie list, vnd dat
gy ohnen so truwe syn willen alse gy ohne von deins-
tes wegen plichtich syn, vnd wes gy ok vth orem be-
uele von openen breuen schriuen, dat gy de registre-
ren vnd se also mit schriuende vnd weruende
alse gy best kunnen vnd mogen wol vorwaren,
vnd willen ok, wen gy van dussem ampte wor-
den komen, alle breue vnd schrifte dem rade efft
borgern thogehorich, so denne by jw syn moch-
ten, hyr thor stede lathen vnd nicht mit jw
wechnemen: dat jw godt helpe.

21 ¹**D**er wynheren vnd kornheren eidt, gestellet
vnd bewilliget dinstages nach Inuocauit anno
etc. xlv.²

Dat gy dat wynhern³ (kornhern)⁴ ampt vnd wes

dem anhengig js, dar tho gy synt vorordent vnd
gesettet, truwelick vnd mit flithe vorhegen vnd
jn deme nach juwem vormogen des rades vnd
gemeiner stadt besthe prouen vnd fordern vnd
dem schaden, so vehel ahn juw, helpen vorko-
men, ok dar van alle jar, wen dat van jw wert
gefordert, dem rade fullenkomen rekenschop do-
en, vnd des rades heymelike dinck, wes jw dar
van tho wetten wert, by jw beholden na juwen
vyff synnen, alse gy best kunnen vnd mogen.

¹**D**es hauerschriuers eidt.   22

Ick wol dem erbarn rade der stadt Brunswigk
jn dussem deinsthe truwe vnd holt wesen vnd
den hauern up dem marstalle tho befoer der
foderinge der perde truweliken vorwaren, dene
vp einer bonen allene besluten vnd jo tho der
weken eins efft twie den hauern in de foder-
kesten methen, vnd so vaken jck dar wat jn-
methe, dat schriuen vnd truweliken vpteiken
vnd vorwaren, wenueer vnd wu vehel jck dar
jngemethen hedde. Ick wil ok vth beuehel der
stalheren den hauern kopen vnde in register hol-
den vnde⁵ darjn mit flithe schriuen, wo duer vnd
wu vehel des hauern gekofft vnd wedder affge-
methen worde. Wat ok vth dem richte thor
Asseborch van vogethauern kumpt, wil jck jt-
like dorpschop by sick, dar tho eines jdern na-
men vnd wo vehel he bringet schriuen, vnd ok
vp de kamer dar de hauer plecht tho liggende
methen lathen. Ick wil ok all dat haw dat vth
dem richte Asseborch, desgeliken dat haw dat
van der vogelwissche kumpt, dat de menne vth
dem Eickgerichte foiren, so manuich foer alse
des js vnd eines jdern namen de dat bringet
schriuen vnd vp dem stalle, wo wontlick, aff-
laden lathen, ok al dat stro dat jck vp den
marstall kope, wu duer vnd van weme jck ein
jder foider kope, wil jck ok truweliken vortei-
ken vnd dem erbarn rade dar van alle jar reken-
schop doen, allet sunder argelist vnd geferde:
dat my godt helpe.

1) In d' von dritter Hand.   2) Vgl. LXIII, ix.   3) Darüber von derselben Hand, aber mit anderer Dinte und
ohne dass wynhern durchstrichen ist, beerheren.   4) Die Klammer auch im Orig.   5) vnde fehlt.

23 ¹Barberer eidt, nige gestellet middewekens nach Innocauit anno etc. lij.

Dat wy dat ampt dar tho wy bestellet vnd angenomen syn getruwelick vnd mit allem flithe vorhegen, alle kampfwerdige wunden de vns vorkomen, dem regeranden borgermester des wickbeldes darjnne ein jder wonet also vort vnd vnvortoeblik vormelden, ok de wunden dar tho wy gefordert, eßt se dothlick edder nicht, vormoge des artikels jm echtendinge dar vp gestellet², so vns vorgelesen, besichtigen vnd erkennen, vnd jn dem allen wes vnserm ampte thogehoret vns flilich, getruwelik, erlig vnd vprichtich holden willen, wor ok de wunden eßt schaden dar tho wy gefordert, so groth eßt farlich befunden worden, dat ruser ein den allene nicht vortruwede tho raden eßt tho helpen, dat alßdan von vnserm jdern dar tho noch einer eßt mehr vorstendig barberer erfordert vnd dar jnne mit der aller rade vnd thodoent na gelegenheit des krancken vnd demsuluen thom besthen gehandelt werden schal, alles getruwelig vnd vngeferlig: alse vns godt helpe.

24 ¹Eidt derjhennen so tho Brunswigk witbeer bruwen willen.

Dat gy tho eynem bruwelse wittes beers nicht mehr sacken edder sacken lathen den veer schoppel gestreken garstenmolthes mit uy bupeden himpten vnd twe schoppel streken weithenmoltes mit twen bupeden himpten, vnd darvan xxuy nige schill. jn de tollenboude vor molenteken geuen, vnd nicht mehr dan sestein tunnen, eine halue tunnen mehr edder weiniger, vngeferlichen maken, vnd so balde gy dat beer gelatet, jn achte dagen den negesten von jderer tunnen de gy hedden vathen lathen, anderhaluen schilling nige vp de tollenboude bringen vnd dem tolner darsuluest sodaen tunnengheelt thotellen vnd ouerantworden willen, so lange gy dusse neringe driuen vnd dut also dem erbaren rade behaget, sunder arch vnd geferde: alse jw godt helpe vnd syn hilliges gotlikes wort.

---

²Des apotekers eidt.

25 Dat gi dem rade willen truwe vnd holl sin alse ein deiner sinem heren von rechts wegen verplichtiget, vnd de apoteken vor einen apoteker so gi best kunnen vnd mogen truwelick vorhegen vnd verwaren, vnd alle materialia, krudere, watere, wine vnd alle dinge so dar tho hort in vlitiger acht holden, so dat de dem rade tho neinem vorsuetligen vorderue komen, vnnd wan wes vp der apoteken, dat wehre von welken dingen jdt wehre, krock wehre eßte worde, dat gi dat den apotekenheren de dar tho gesettet, jo ehir jo leuer gi mogen vorwitligen willen vnd helpen thom besten raden vnd anwisen, so dat de brockhafftigen dinge na vordeil vnd ohrem gehete, dat si binnen eßte buten der stadt, dem rade tho bate von jw eßte einem andern truwehken jngekofft werdonn, ock neine oplatz, driakel, oriceam¹ eßte dem gelick vnd neine dinge tho de apoteken kopen eßte kopen laten, de sin deane bestendig vnnd so gedaen, dat de radt darmede verwart si, vnnd willen ock neine eigene materialia, krudere, wine eßte wes so thor apoteken horet, vor juwe eigene handelinge hebben, dar von gi nuth eßte bate soiken mochten, sonnder alle wath thor apotekerie, wintappen, klaretmaken gehort vnnd daruon kumpt vnnd gi mit juwer kunst fulbringen mogen, jn des rades nuth vnnd beste willen keren, vnnd neine watere tho beseende eßte krancken in besundern tho curerende vndernehmen, vnnd de recept de jw von vnsem doctorn eßte einem andern doctorn eßte meistern de der artzenige kunst vorfarn thogeschreuen worden⁵, vnweigern na oream jnholde willen suluest maken vnd dispensern, eßte juwe gesellen so vthgelert vnnd dartho heneffen jw vercidet sin, maken laten, vnnd ißt gi julige dinge eßte parthe de jw in den recepten thogeschreuen worden, nicht en hedden, dat gi dat⁶ dem doctorj

---

1) In A' von dritter Hand. 2) CXXXIX, 181. 3) In A' von fünfter Hand. 4) Am Rande von anderer Hand; men weit nicht wat oricam js, ergo js darop nicht geswaren. In der ältern Formel lautet das Wort tiricam. 5) Im Orig. tosohriuen. 6) Im Orig. deu.

effte mestere, daruon de recept vthgesandt, openbaren vnnd na des gebote, rade vnnd nicht anders in de stidde nhemen, ock dat gi neine vorgifft, venena, corrosiua, obortius, dar gi gissenn dat jdt schaden bringen mochte, ahne radt des doctoris [1] willen effte gehele vorkopen, vorgenen effte von jw komen laten, sundern de flidliken bewaren vor einen jderau manne, ock alle dinge, dat si win, krudere effte materialia, gi nicht vnredeliken bruken, wenn alse des tho juwes liues notturfft vnd uooden, vnnd juwe gesinde ock nicht vnredeliken bruken laten, vnnd alle wat gi so von der apoteken vorkopen effte vorkopen laten, vlitigen rekeu willen vnnd vm geldt geuen dem riken gelick dem armen vermoge der taxien so darup verordent, so dat de radt darahne neine verlust sunder einen redeligen guden verdeiust mach hebben, vnnd nicht tho borge doin mehr wen alse jw von den apotekenheren verlouet vnd geheten wert, vnnd alle geldt effte goldt dat so vor des rades guth vp de apoteken gegeuen effte darmede gekofft effte von den lagen vpgerekent werdt, jn juwe beholt nicht nhemen, sunder truweligen tellen vnnd oversehin so dat jdt recht sy, vnnd suluen dorch jw edder juwe gesinde in de kesten dartho gemaket steken effte schunen laten, ein jDlig dar jdt hen gehordt, vnnd juwe gesinde ock in sodauen eiden hebben vnnd beholden, vnd dat geldt dat jw de apotekenhern tho wesselgelde effte darmede materialia, krudere, wine effte andere dinge jnthokopende don, ohne dar von reken willen, wen se dat von jw esschen, dat gi alle dusse vorschreuen stuck, artikele vnnd puncte sampt vnd besundern doin vnnd laten willen na juwen rechten viff sinnen, so gy best kunnen vnnd mogen: dat jw godt helpe.

26 [2]De beuclinge der apotekenheren.

Dat gi der apoteken vorwesenn willen vnnd dem rade thom bestenn na alle juwem vermoge darvor raden, dat de rad daruon vordeinst, nuth, bate vnnd vordeil hebben mach, vnnd ein vpseent hebbenn, dat de apoteker dat so holde vnnd sick regore so alse sin gedane

eidt jnholt, vnnd willen so vaken alse dos vonn noden tho den kisten gaen vnnd des rades geldt daruth nhemen, reken, tellen vnnd jn juwe register alse de vpnhame schriuen, vnnd daruon dem apoteker tho wesselgelde handelagen [3] vnnd wat vp der apoteken jnthokopende von noden vnnd behouff is, van demsuluen gelde dorch den apoteker effte einen andern so jw gudt duncket, dat si binnen effte buten der stadt, vp des rades kost jnnkopen latenn, vnnd den apoteker effte andern inkopern dar wedder van reken laten, vnnd wat so ingekofft wert de summen ock in juwe register schriuen vnnd jorliges dem rade daruon rekenschop doen, wu sick de summen der vpnhame vnd vthgaue erholden, dardorch de radt des verdeinstes der apoteken sick mogen vernhemen, vnd wat denne de apoteke noch in werderinge vnd gude is den apoteker dem rade verstendigen laten. Item men schal neine wine effte klaret [4] tho borge doen. Item we materialia effte sodane dinge gelick begaret effte maken laten wil effte von der apoteken halen, de schall de helffte erst betalen eer jdt gemaket werde, effte pande setten, vnnd wan dat gehalet werdt, fullen betalen laten.

[5]Der apothekenknechte eidt.

Dat gy dem rade, den apotekenheren vnnd 27 apoteker truwe vnnd holt sin vnnd des rades beste vp der apoteke vor einen truwen knecht doen, vnnd wat jw von dem apoteker tho makende effte [4] arbeidende befolen, truwe vnd vlit dar by hebben, vnnd alle geldt effte goldt so jw vor des rades guth mit vorkopende vorkumpt jn juwe beholt nicht nhemen, sunder vlitliken oversehin vnnd tellen dat jdt recht si, vnnd sodan goldt edder gelt in de kisten dar tho verordent schuuen edder steken ane versumenisse oder vertoch, ock dat geldt gi von dem lagen vpreken geliker maten sunder lonent in de kisten dar dat hen horet steken effte bringen willen: dat jw godt etc.

---

1) So! Nach Analogie der ältern Formel wird zu lesen sein: ano dos rados doctoria etc. 2) In A' von fünfter Hand. 3) Im Orig. handelage. 4) effte fehlt. 5) In A' von fünfter Hand.

28 ¹De dreghere dode pündet rode amet sweren dyt.

LX. 36 Offt gy ffrosscheden dat hir eyn gast myt dem anderen gaste kopslaghede, dat gy dat dem rade melden, vnde dat gy malkem rechte amen vnde rechte pfinden, vnd wes gy erfaren dat wedder den rath vnd de stadt sin mochte, dat gy solckeß dem rade vormelden willen, vnde dem rade truwelken alle ding to gude holden na juwen viff synnen, also gy best kunnen vnde moghen, dewyle gy birte des rades gesynde syn vnde dewyle yd dem rade hehaguet: dat gyß god etc.

29 ²Der gardener eidt.

Ef jw tho wettende worde edder dat gy rede wusten, dat dem rade edder der² stadt affgegranen oder widen zu nabe gesetzet⁴ worde edder wohre, edder afgetunet an herstraten, garden, an grauen efte an dem gemeinen, dat gy dat dem rade melden als gy erst mogen. Wat jw ock vor sake ambts haluen tho richtende angewiset werden, dat gy darin dem armen als dem riken, alle gunst vnd thoeignug hindan gesettet, recht richten vnd juwe mate recht holden vnd hebben willen na jwen viff sinnen, als gy best kunnen vnd mogen: alse jw godt helpe vnd sin hilliges wort.

Ok secht jw de rath in den eidt: off gy jemants erfoiren de rode anders leide wen na jnholde des echtendingeß, dat gy dat ock dem rade vormelden willen.

30 ⁵Des puluermakers vnd bussenschutten eidt.

LX. 61 Dat gy dem rade vnd borgere tho Brunswigk so truwe vnd holt syn alse gy ohne van deinsthes wegen tho rechte plichtich syn, vnd bussen, puluer, steine, lode, salpeter, swefel vnd ander ratschap vnd thobehoringe de tho dem bussenschote vnd puluermakende jw beuoten werde reine vad ferdig vnd ju beteringe holden vnd⁶ getruwelick vnd mit allem fliche verwaren vnd tho vorwarende bestellen willen solange dat jd dem rade wedder jn ore eigene gewarsam gebracht worde, ahne dat darvan jn der stadt behoeff gebruket were, vnd

dat gy ok guth vnwandelbar puluer nach juwem besten vormogen maken vnd dem rade efft denen so dartho bestellet werden gantz vnd alle onerantworden, vnd juwe ampt mit bussenscheitende, faernchote, puluermakende vnd wes gy wider dartho konden doen, fordern vnd bestellen willen alse juw dat van rades wegene beuobelen worde, deßlike gy hyrtho des rades gesynde syn, na juwen viff synnen, alse gy best kunnen vnd mogen, vnd wes gy des rades hoymelike dinge tho wetende krigen, de tidt juwes leuendes nicht vormelden willen.

²Des beirschencken eidt. 31 CXII. ⁹

Dat gy alsodan beir, Eimbecksch, Hamborger, Dantziger, Gosslarisch, Brunswigksch, alse gy hir im Oldenstadt keller sellen vnd vthtappen werden, mit keinem andern beir fullen edder vormengen laten mit juwer witschop dorch juwe fruwen edder gesiude, sunder ein jder by sick laten vnd ein jder beir mit sinem eigen beir fullen edder fullen laten efte sonst nicht verfelschen willen.

Vnd wat gy vth dem keller sellen, dat gy des rechte fulle mate geuen vnd juwe gesinde efte deiennen de mit jw plegen vmbhogaende truwlich dartho holden, alse gy furderligsten mogen.

Gy schullen vnd willen ock alle geldt dat gy von dem vthgetappeden beir vpnemen, truweligen in den stock, von stundt gy dat vpnehemen, steken vnd nicht mehr dan acht eft tein grossen kleines geldes tho behouf des wessels darvan buten beholden.

Ock schullen vnd willen gy alle veir wecken von allem vthgedruncken vnd vthgetappedem beir darvon zcise vnd tolle gebort, de zcise vnd tollen in de Nigenstadt in de tollenbode bringen. Gy schullen vnd willen de furinge, licht vnd ander slete des kellers truweligen verhegen vnd so sparen so vele mogelick vnd der nicht mißbruken.

Dat gy ock neinerlay beir in edder vth dem keller vorkopen efte tho borge willen doen, gy

---

1) Formel des 15. Jahrh. in A', die Einschaltung von sechster Hand.   2) In A' von sechster Hand.   3) der fehlt.   4) oder — gesetzet am Rande von siebenter Hand.   5) In A' von dritter Hand, bis auf die durch Combination beider Aemter nöthig gewordenen Einfugung und der 17. Formel übereinstimmend.   6) reine — vnd von sechster Hand am Rande.

bebben denne daruor geldt eftc genochsam
pandt; alse jw godt helpe vnd syn hilliges wordt.
Idt leth jw ok ein erbar rath buten dem side
antzeigen, dat gy schullen vnd willen alle dob-
belspeell vnd ander spele de wedder de ord-
nunge des echtendinges sin, nicht staden, noch
andere vntucht.

Item so ock wes beswerliges von borgern, bor-
gerkindern, fromsden edder andern vp einen
erbarn rath geredet worde, dar einem erbarn
rade vpror edder ander vngelucke vth wedder-
faren mochte, dat gy dat dem regerenden bur-
germeister antzeigen willen, vnd jw kegen einen
erbarn rath in allewoge gehorsamlig vnd der-
maten ertzeigen, wo einem getruwen dener von
ehren vnd rechte wegen eigenen vnd geboren wil.

32 ¹Tolners eidt 1560.

Dat gy dem erbarn rade der stadt vnd den²
gemeinen borgern vnd borgerschen tho Bruns-
wigk so truwe vnd holt syn willen alse ein dei-
ner synem heren de rechte schal wesen, vnd
wat jw wert gebracht jn de tollenboude van
rades wegen, alse stadttolle edder gasttolle, ok
van korn vnd hoppenvthfoer, zeise van borgern,
brantewyn, wittem beer, vth vnd nige beerzeise,
wynzeise, kemerie van brunswigkschem beer,
molenpennig, slant, mettepennig vnd van aller-
hande steine vnd wes des mehr syn mach, dat
gy dat ouerschen vnd tellen, vnd nemen des also
vele na der wise vnd mit der muntte efft gelde
alse jw dat de rath hefft beuolen efft beuolen
wert, alse dem rade vnd der stadt van jowelkom
deile mach geboren, vnd schuuen datsulue jn
de kesten, ein jowelck darben jd gehoret, — de
ok vor dat ghelt so vp de tollenboude gehoret
gude vnd genogsame pande bringen worden,
schullen van jw vormanet vnd angegeuen wer-
den, dat se desuluen pande jnnerhalue einem
haluen jare erstfolgende frien vnd losen mogen
— dat gy ok des kopmans bewilligte gelt jn de
kesten dartho vorordent steken vnd wol vor-
waren vnd ok vpschriuen³ willen, dewile jd vns

vnd dem kopmanne behaget, vnd ok dat mit
den teiken vnd cedelen vorwaren, dat gy der
nein van jw doen, gy en hebben darvan ersten
entfangen tho des rades hant wes sick darvan
geboret, vthbescheiden frytciken, vnd dat vort
holden alse jw dat de rath beuolen hefft, vnd
dat gy de nigen bruwer vnd dejennen de wyn
tappen, se syn heren edder knechte, de dem
rade dartbo nicht gesworen, hodden, vnd ok
wor dem rade de tolle entfoiret worde, wen jw
dat tho wettende worde, dewile dat dat dem
rade behaget, vnd wes dem allen mehr anhen-
gig js vnd sick geboret juwes besten vormogen-
des getruwelick vnd mit allem flithe fordern
vnd vorhegen alse gy best khonen vnd mogen,
vnd dat gy des rades heimelike dingk by jw
beholden dewile gy leuen, vnd ifft jw wes tho
wettende worde dat wedder den rath vnd de
stadt, ok borgere vnd borgerschen were, dat
gy dat dem rade willen melden, vnd wen gy
vth des rades deinstle qwemen, dat gy denne
nicht wedder den rath, de borger vnd borger-
schen doen efft wesen willen mit rade edder
dade van juwer eigen vpsate dewile gy leuen,
vnd alle dingk dem rade truwelik vnd wol tho
gude holden na juwen vyff synnen alse gy best
konnen vnd mogen.

◄Der vogede eidt. 33

Dat gi in allen saken de jw werden angebracht vnd LX. 34
vor dat vndergerichte horen, nach vns erm stad-
rechten vnd dem vndergerichtsprocesse vnd dar-
vp gestellete ordnung recht willem ordeilen vnd
richten, vnd dem rechten vnd gerichte sinen ge-
borligen gangk vnd proces latbenn, vnd nemande,
he si arm edder riek, jn sinem rechten geser-
liger wise vpholden efft afwisen, jw ock bi den
gevangen binnen vnd buten der stadt wes jw
daruan beuolen vnd tho wettende wert getruwe-
lick, flitich vnd vorschwegen holden vnd daruan
vnd van ohren vrgichten vnnd vthsagen ne-
mande dan allein vns vnd denen jd tho recht
will geboren wef vormelden eft openbareun wil-

1) In A' von dritter Hand; ganzliche Umgestaltung der Formel des 15. Jahrh. (LX, 58.) 2) den fehlt. 3) vnd
ok vpschriuen Nachtrag von derselben Hand am Rande. 4) In A' von siebenter Hand.

len, vnd dat gi o e k nemande beimelicken schatten[1] effte
broke van jemande eschen vnd nemen alse wes openbar
vor gerichte gehandelt vnd vorbroken vnd jn dem
vndergerichtsprocesse vthgedrucket wert, vnd ok
de gefallen broke als jd thom forderlichsten
mach geschehen getruwelick jnmanen vnd tho
fuller rekenschop alle jar wen jd van jw wert
gefordert bringenn vnd jn de lade jm jderen
wiekbelde dartho gesettet steken willen, wor ock
hergewedde vorstorue dar vus dem rade wes van ge-
boren mochte edder dat harnsch vnd bussen, dat gi
darvor sin dat jd recht getogenn vnd dem rade be-
rekent vnd geborlig thogestellt werden moge,
jft jw ock wes dat wedder den rath vnd de stad were,
eft dobbelspeel bouen der stad koer tho wettende worde,
dat gi dat dem rade willen melden, vnd wes dem
allen mer anhengig jß vnd jw juwes ambts hal-
uen wider tho vordern vnd tho donde wil ge-
boren vnd jw ock darup van vns wider wert
angesocht vnd beuolen, dat gi solckes alles ge-
truwelick vnd mit flite willen fordern, bestellen
vnd vthrichten, allent nach juwen viff sinnen,
als gi best konnen vnd mogenn.

34 [2]Des vogedes jm gerichte Asseborch eidt, ge-
stellet den 29. Januarii anno 1562.

Dat gy dem erbarn rade der stadt Brunswig
von wegen des gerichtes Asseborch[6] so getruwe
vnd holt syn alse cyn herschop syner herschop
van rechts wegen tho doende schuldig, des ra-
des baethe wethen vnd ohre argeste vorhoiden,
datsulue gerichte ju frede vnd eindracht helpen
regeren vnd de deinstbe tho einer jdern tidt
lykmetig na gelegenheit der houetael bestellen
vnd darmede nemandes vorschonen vmb gift
edder gaue noch jenigerleie sake willen, vnd
wat jw von dem borchheren jn der Oldenstadt
von wegen eines erbarn rades vnd der anderen
borchheren tho bestellende beuolen wert, dat gy

datsulue wo sick geborst truwelick vthrichten,
vnd so jw tho behoeff des marstalles hauern
jnthokopen beuolen worde, dat gy jw darjune
flitigen bewisen vnd ander ehrlige sake so jw
vththorichten vpgelecht, truweliken vnd mit flite
bestellen, vnd wes gy darvan tho wettende kri-
gen dat heimelick were, dat gy dat vorswegen
bet ju juwe grouen dem rade tho gude holden,
vnd so gy wes erfoiren dat wedder einen er-
barn rath edder vorberorte gerichte were, dat-
sulue einem erbarn rade vnd den verordenten
borchheren thor jdern tidt melden, vnd de ar-
men lude jm suluen gerichte tho vngeborligen
ghifften vnd gauen nicht nodigen sunder jn vor-
gerorten artikeln jw geborlig vnd vnuorwytlik
ertzeigen willen: alse jw godt helpe vnd syn
billiges wort.

[4]Des doctoris jn der ertzedie eidt.   85
Gi sweren, dat gy vnsen borgern vnd borgerschen de des [CXIII, 7]
von juw begeren in oren noden vnd kranckheiden helpen
vnd raden willen truweligen na juwen viff sinnen, vnd dat
gy se bouen redeligk lon nicht drengen willen, vnd dat
gi dem rade anwisinge vnd radt geuen getruwelig na ju-
wen viff sinen de apoteken vnd wat dar in vnd tho gehort
bedrepende, vnd se[5] in wesende helpen holden so vele
alse juw gebort, idt werde von juw geeischet edder nicht[6],
vnd dat gi des rades heimlige dink wes dat an juw kome
getruweliken by juw beholden willen: alse juw godt helpe
vnd sin hilliges wordt.

[7]Eidt des vogedes in der burgk.   86
Dat gi von wegen eins erbarn radts der stadt
Brunschwig dat ambt des vogedes in der borch
getruwelig vorwalden, wat darsuluest von dot-
slegen, wunden, blutrunen, slegen, ehebrocke,
vntucht vnd andern strafbarn daden vnd ge-
richtsfellen vor broke verschuldet werden, der-
glicken von hergewede vnnd sonst so einem er-

---

1) Am Rande, von jüngerer Hand: gifte vnd gaue nehmen.   2) In A² von dritter Hand.   3) Asseborch durch-
strichen, des gerichtes corrigirt in der gerichte und am Rande von anderer Hand eingefügt: Eich, Vecebelde
vnd Mnddeeste vnd anderer des rachs dorffer.   4) In A² von achter Hand: gänzlich übereinstimmend mit der
Formel des 15. Jahrh.   5) In der Handschrift so.   6) Am Rande, von jüngerer Hand eingeschaltet: auch
keine artzney vnd medicamente ihn ewrem hause felbaten praepariren sondern die recepta alle auff die apo-
decken schreiben vnd schicken.   7) In A² von achter Hand.

50

barn rade inthonemen geboren will fullen werdt,
nebeo dem furstlichen vogede getruwelig infor-
dern, darmit nemandts verschonen, vnd wat dem-
suluen ambte ferner anhengig ist mit allem flite
vthrichten vnd einem erbarn rade also truwe
vnd holdt sin willen alse gi von ehren vnd
rechts wegen tho doinde schuldig sin, ock des
rades heimlige dinge so gi in sodanem ambte
erfaren, vorder de tidt juwes leuendes in gebeim
bi juw beholden, vnd wes gi erfaren dat wedder
den rath vnd gemeine stadt sin worde, dem
rade truwelig vormelden willen.

37 ¹Eidt der deiner so das korn verwaren.

Dat gi juwem ampte dartho gi bestalt vnnd
angenhomen mit truwem vlite vorstain, des ra-
des vnnd gemeiner stadt beste fordernn vnnd
vortsetten, ohren schaden so vell an juw ist vor-
hoiden vnnd vorkomen, vnnd sonnderlich dat
kornn so juw vp vnnd aflhometen vnnd tho ver-
warenn beuolen ist, truwelig verhegen, datsulue
tho geborender tidt ummesteken vnnd derma-
ten vorwaren willen, dat ein radt dessen so vele
mogelig ane schaden bliuen moge, vnnd dat gy
in alle wege truwelig darbi handlen vnd ane
beuel der korenherrn nichts daruan afmetenn,
vnd wes gi in sodanem ambte erfarenn werdenn
heimlig verswegen by juw de tidt juwes leuen-
des beholden willen: also juw godt helpe vnnd
sinn hilliges wordt.

38 ²Des nachrichters eidt, conciepiert 3. post pal-
marum 42.

Dat gy dem rade, der stadt vnd den gemeinen
borgern so truwe vnd holt ayn alse ein deiner
syoen heren vnd vorwanten van rechtes edder
gewonheit wegen tho doende schuldich, wes jw
ok jn pynliker vorhor tho doende beuolen vnd
openbaret wert, dat gy jw jn deme geborlich
holden vnd de tidt juwes leuendes sodans ne-
mandes vormelden noch openbaren willen: dat
juw godt etc.

---

²Anno 1567 den 18. Octobris hebben de von 89
Lendorpe folgenden eidt gedaen, vnd schullen
den folgents andere mer eins erbarn rades vn-
derdanen jn der landtwher ock leisten.

Dat gi eiuem erbarn rade der stadt Brunswigk
alß juwer ordentligen onericheit getruwe vnd
holt sin alß getruwen vnderdanen von eheren
vnd rechts wegen geboret, or bestes wetten vnd
na juwem vormogen befordern vnd oren nadeil
vnd schaden so vele mogelich vorhoeden, vnd
dat gi vp or erfordern vnd fragen de warheit
reden, vnd wes gi vornehemen werden dat wed-
der einen erbaren rath vnd gemeine stadt Bruns-
wigk sin worde, sodans einem erbarn rade dar-
suluest jderer tidt vormelden, ock jn juwen
husen vnd hofen one eins erbarn radeß wetten
vnd willen nemandes frembdes husen edder he-
gen willen: alß jw got helpe vnd sin hilges wort.

⁴Eidt der boticher die dem rathe jhr puluer, 40
salpeter vnd schweffel binden vnd vorwaren.

Dat gi dem rade all or puluer vnd schweffel
tho jderer tidt, wen gi van oren musekenherrn
dartho erfordert werden, an orden vnd enden
dar solchs vorwaret wert vnuortogert vnd mit
getruwem flite besehen vnd binden vnd jd or-
dentlich vnd bequemblich weder thorechte leg-
gen vnd dan de torne vnd gemake gewisse we-
der thosluten vnd de schlotel, so se juw vor-
truwet weren, den musekenherrn alsovort weder
oueranthworden, vnd wes gi van obgemeltem
vorrade erfaren vnd tho wetten krigen de tidt
juwes leuendes jn gebeime by jw beholden vnd
nemande opinbaren, vnd hirbi dem rade vnd
dusser stadt so getruwe vnd holdt sin willen
nlß ein dener sinem herrn van deinstes wegen
tho rechte plichtig vnd schuldig is: alß jw godt
helpe vnd sin hilges wort.

⁵Des tolners eidt vorbetert. 41

Dat gy dem erbarn rade der stadt vnd gemeinen borgern oben § 32
vnd borgerschen tho Brunswigk so truwe vnd holt ayn
wyllen alse sin deiner synom heren tho rechte schal wesen,

---

1) In A' von achter Hand.   2) In A' von dritter Hand.   3) In A' von neunter Hand.   4) In A' von neunter Hand.   5) In M. 7 von dritter Hand.

vnd wat jw wert gebracht jn de tollenboude van rades
wegen, alse stadttolle edder gasttolle, ok van korn vnd
hoppenvthfoer, zeise van borgern, brantewyn, wittem
beer, olt vnd nige beerzeise, wynzeise, kemerie van bruns-
wigkschen beer, molenpennig, slam, mettepennig vnd van
allerhande steine vnd wes des mehr syn mach, dat gy dat
ouersehen vnd tellen vnd nemen des also vele na der wise
vnd mit der munthe efft gelde alse jw dat de rath hefft
beuolen efft beuelen wert, alse dem rade vnd der stadt
van juwelikem deile mach geboren, vnd schuuen datsulue
jn de kesten ein juwelick darben jd gehoret, vnd ok
solchs alles vnderscheitlick van peselen tho pe-
selen getruwelick vnd mit flithe vpschriuen vnd
tho register bringen — de ok vor dat ghelt so vp
de tollenboude gehoret gude vnd genoegsame pande brin-
gen werden, schullen van jw vormanet vnd angegeuen
werden, dat se van der tidt ahn went tho der dar-
negest folgenden[1] tollenboude, wen men thor tol-
lenboude gheit, de pande gewißlick losen mogen — dat
gy ok des kopmans bewilligete gelt jn de kesthen dartho
vorordent steken vnd wol vorwaren vnd ok vpschriuen
willen, dewile jd vns vnd dem kopmanne behaget, vnd ok
dat mit den telken vnd cedelen vorwaren, dat gy der nein
van jw doen, gy en hebben daruan ersten entfangen tho
des rades hant wes sick daruan geboret, vthbescheiden
frytciken, vnd dat vort holden alse jw dat de radh be-
uolen hefft, vnd ok alle weken thom woinigesten
ein mael vor de doer vnd jn de doorboude gaen,
vnd vorfrosschen jfft jenich mangel ahn zedeln,
tciken, tollen efft sunst vorgefallen efft vorhan-
den were, vnd solchs vor der negesten tollen-
boude dem rade vormelden, vnd dat gy de nigen
bruwer vnd dejennen de wyn tappen, se syn hern edder
knechte, de dem rade dartho nicht geworen, bodden, vnd
ok wor dem rade de tolle entfoiret melden wen jw dat
tho wettende worde, dewile dat dem rade behaget, vnd
wes dem allen mehr anhengig je vnd sick geboret juwen
besten vormogendes getruwelick vnd mit allem flithe for-
dern vnd vorhegen alse gy best khonen vnd mogen, efft
ok gy efft juwe geselle juwer sake vthwendich
der tollenboude nothwendich tho doende bed-

den, dat denne gelike wol einer van jw gewiß-
lick vp der tollenboude blyuen vnd synes amp-
tes wo gemeldet wol gewarden mogen, vnd dat
gy des rades heimelike dingk by jw beholden dewile gy
lenen, vnd jfft jw wes tho wettende worde dat wedder
den rath vnd de stadt, ok borgere vnd borgerschen were,
dat gy dat dem rade willen melden, vnd wen gy vth des
rades deinsthe qwemen, dat gy denne nicht wedder den
rath, de borger vnd borgerschen doen efft wesen willen
mit rade edder dade van juwer eigen vpsate dewile gy
lenen, vnd alle dingk dem rade truwelick vnd wol tho
gude holden na juwen vyff synnen, alse gy best konen
vnd mogen.

Dussen vorgeschreuen eidt hefft Dauid Schutte
de tolner vnd syn thogegeuen geselle Jochim
Mathias geleisthet vp der munthe mandages
nach Misericordias domini anno 1565.

[2]Eidt der vntergerichtsprocuratorn. 42

Ihr werdet geloben vnd schweren, daß ihr in
der partheien sachen die ihr vff- vnnd annch-
met, mit allem getrewen fleiß nach ewer besten
vorstendtnuß procuriren, reden vnnd handlen,
zu demselbenn keinerley falsche vnwarheit oder
gefehrligkeitt gebrauchenn, die partheien vber
den lohn vnndt sollt der euch in der newen
gebesserten vntergerichtsordnung (welche ihr
alles ihres inhalts in acht haben werdet) be-
stimbt, weiter nicht beschweren, heimbligkeit
vnnd behelff so ihr von den parthen ihrer sachen
halber eingenohmen oder fur euch selbsten
mercken werdet, niemand offenbaren, daß ge-
richt vnd die gerichtspersonen in ehren habenn,
vor gericht ohrbarkeitt vnd bescheidenheit zu ge-
brauchen vnd euch lesterns, holhippelns, schnar-
chens vnnd polderens by poen nach ermeßigung
des gerichts enthalten, euch auch der sachen
so ihr einmahl angenohmmen, ohne redliche vr-
sachen nicht entschlagen wollet, ohne alle ge-
fehrde.

---

1) In der Handschrift dar negestfolgende.   2) In N von schuter Hand.

CLV. ORDNUNG DER PRÄDICANTENWAHL.

1571 Juni 12.

Nach der im Pfarrarchive zu St. Martini hinterlegten Originalausfertigung: 6 Bll. Papier in 2⁰, mit dem Signetvm. reip. Brvnswi. besiegelt und von Dr. Martin Chemnits und M. Andreas Pouchenius eigenhändig unterschrieben. Gedruckt in Rehtmeiers Kirchengesch. Beil. zum 3. Theil S. 213.

Ordnunge wie es hinfuro mit den nominationibus, vocationibus vnd annhemunge der herrenn predicantenn jn den kirchenn zu Braunschweig gleichformig vnd einhellig gehalten werden soll, beratschlagt, gewilligt vnd beschlossen anno 1571 am 12. tage des monats Junij.

In dem namen gottes amen. Zu wissen, das sich die erwirdige, wirdige, hoch vnd wolgelerta herren Martinus Chemnitius der heiligen schrift doctor superintendens, M. Andreas Pouchenius condiutor vnd die andern herren predicanten des gantzen colloquij vnd ein erbar radt der stadt Braunschweig auß christlichem bedencken vnd notwendigen vrsachen einbelliglich vorgliechen vnd vorabscheidet haben, wie es hinfuro mit den nominationibus, vocationibus vnd annhemunge der herren predicanten jn den kirchen ja allen funff weichbilden allhier zu Braunschweig gleichformig vnd einhellig gehalten werden soll, nemblich:

1 Zum ersten, weil die prediger von gott mussen gegeben vnd gesand werden, vnd seine almechtigkait auch den segen darzu geben muß, wen eß zu gedci vnd erbauwunge der kirchen gerathen solle, so wollen ein erbar radt vnd die kastenherren, wie die kirchenordenunge meldet vnd auch an jhme selbs christlich, nutzlich vnd notig ist, ehe der handel der election vnd vocation furgenommen wird, das gemeine gabet ju allen kirchen bestellen, das eß eine woche vier oder funffe furhero gehe, ehe zu der election eins predigers gegriffen werde.

2 Zum andern, nachdem die electio oder nominatio einer gewissen personen die zu einem prediger angenommen werden soll, in der kirchenordenunge einem gantzen rathe vnd den kastenherren ju jedem weichbilde gegeben wird, die sollens auf jhr gewissen jn namen vnd von wegen der gantzen gemeine nach der instruc-

tion 1. Timothei 3 et Tit. 1 zu vorhandelen vnd zu vorrichten, so soll das also pleiben vnd anderer gestalt damit nicht gebaret werden, zu vorhuten das nicht etwa ein vnordenunge darauß werde, wen auß der weitleuftigen gemeinde ein jeder seins kopfs sich darin mengen, mit rathen vnd den herren furschreiben wolte, das nicht sein soll. So sollen vnd wollen sich auch die herren des colloquij darin nicht mengen, sonder es bey der kirchenordnunge pleiben lassen.

Das aber nicht vnwille vnd weiterunge zwuschen dem ministerio vnd den herren der weichbilde entstehen muge, wen etwa vnnorwarneter sache eine persone zum predigambte zu beruffen nominiert worde die auß erheblichen vrsachen dem colloquio nicht leidlich were, so sollen ein erbar radt vnd die kastenherren des weichbildes die personen vnter welchen sie eine zum predigambte vormittels gotlicher hulffe zu whelen gedencken, entweder mundtlich nambaftig machen oder schriftlich vorzeichnet vbergeben den herren superintendenten vnd coadiutori, mit beger, so vater den personen eine oder mehr weren die aus vrsachen vnleidlich, solchs zu vormelden vnd anzuzeigen. Dieß soll also jn allen weichbilden gleichformig geschehen vnd gehalten werden, dadurch allerleige vnrath zu vorkommen, dan der personen gelegenheit vnd geschicklichkait den herren des colloquij oft besser bekandt ist als den herren des raths vnd den kastenherren. Vnd soll gleichwoll nichts desto weiniger die wahl den herren des raths vnd kastenherren der weichbilde frei sein vnd pleiben, das sie aus den angegeben personen eine erwehlen vnd nominieren mugen.

3 Zum dritten, wen nu also von einem erbaren rathe vnd den kastenherren des weichbildes eine person zum predigambte nominiert vnd eligiert sein wird, sol sie vormuge der kirchen-

ordenunge den herren superintendenten vnd co-
adiutori angezeigt werden, dieselbe ferner dem
gantzen colloquio anzumelden, vnd gleiche an-
meldunge soll auch geschehen einem gantzen
erbaren kuchenrathe, alles zuuor vnd ehe dan
die geschehene wahle der nominierten personen
insinuiert werde.

4 **Zum viertenn,** wen man nu allenthalben mit
der election also zufrieden sein wird, so soll
solche election der nominierten personen in
forma vocatiouis schriftlich oder mundtlich insi-
nuiert werden mit dieser angehengten condition,
das die vocierte persone sich solle fur das mi-
nisterium alhie zum examine oder vorhor jn-
stellen, vnd so ehr alda zum ambte tuchtig vnd
jn der lehre reine befunden wird, so sol darauf
die vocatio volzogen vnd bestetigt werden, wie
dieser punct der kirchenordenunge also jnuor-
leibet ist.

Vnd nach gelegenheit der jtzt geferlichen zeiten
sollen zum examine furgestellet werden nicht
alleine die so jm predigambte gewesen, sonder
auch die so vorhin anderßwo das predigambt
gehabt vnd vorwaltet, zu vernehmen ob sie auch
jn der lehre rein, auf das nicht etwa vnkraut
vorborgen sein muge.

5 **Zum funften** sol das examen oder vorhor vor-
muge der kirchenordenunge stehen bei den her-
ren des colloquij. Denselbigen auch nicht ent-
kegen sein soll, sonder begeren eß, das ein er-
bar rath vnd die kastenherrn eins jeden weich-
bildes auß ihrem mittell oder sonsten etliche
personen darzu deputieren, die bei dem exa-
mine mit sein vnd anhoren mugen was vnd wie
gefraget vnd geanthwort werde: so kan ja die-
sem fhal kein vordacht auf das colloquium ge-
leget werden, vnd konnen auch die herren durch
die jhren die bey dem examine gewesen, be-
richtet werden, was sie vor einen prediger be-
kommen.

6 **Zum sechstenn** soll das juditium oder vrtheil
von dem examine vormuge der kirchenordenunge
stehen vnd pleiben bei den herren superinten-
denten, coadiutore vnd dem gantzen colloquio,
vnd nach dem vrtheil, so aus grunde vnd mit
bestande gefellet werden soll, mag dan die exa-

minierte persone vor dem erbaren rathe vnd
kastenherren des weichbildes angenomen werden
oder nicht, wie solchs auch die ordenunge also
disponiert vnd saget.

7 **Zum siebenden,** wen nach diesem allen die vo-
catio volzogen, so soll die angenommen person
durch einen erbaren rath vnd kastenherren des
weichbildes dem colloquio presentiert vnd dar-
selbst mit jhme gehandelt werden, das ehr dem
corpori doctrinae dieser loblichen kirchen vnter-
schreibe vnd angelobe das ehr sich der wolher-
gebrachten christlichen ordnunge des colloquij
vnterwerffe: alsdan soll ehr vor ein membrum
des colloquij auf vnd angenommen werden.

8 **Zum achten vnd letztenn,** wen also eine vocatio
nach allen obberurten puncten ordentlich vnd
christlich hergangen vnd volzogen ist, soll die-
selbige auch der gemeinde des weichbildes of-
fendtlich von der cantzell cum aliqua solennitate
angezeigt werden. Vnd wo dan die vocierte
persone noch nicht ordiniert, so soll der herr
superintendens oder coadiutor de vocatione eine
offendtliche predigt thun, darauf alßdan nach
geendigter predigt die ordinatio jn der kirchen
vnd vor der gemeinde do der angenommen pre-
diger das ambt fuhren wird, nach hergebrach-
tem gotseligem vnd christlichem gebrauche vnd
gewonheit geschehen soll. Vnd mugen alßdan
auch ein erbar rath vnd die kastenherren deß
weichbildes zum zeugnus der vocation bei der
ordination des predigers jm chore stehen vnd
gegenwertig sein.

Vnd wenn gleich die vocierte person vorhin
anderswo ordiniert vnd jm ambte gewesen vnd
derwegen keiner weitern ordination von notten
were, so soll dennoch sulchem prediger, ehe
dan das ehr in das ambt tritt, dasselbige sein
predigambt jn einer offentlichen predigt fur der
gantzen kirchen von dem herrn superintenden-
ten oder jn mangel desselben von dem herrn
coadjutore befholen, der kirchen darmit pre-
sentiert, vnd die kirche an jhne als an ihren
sehellsorger solenniter geweiset werden, das
beide, predigern vnd zuhorern, gute nutzliche
erjnnerunge geben wird, weill eß aus gottes
worte mit dem gebette jn gegenwertigkait got-

tes, seiner engell vnd der gantzen gemeinde ge-
schicht.

Zu urkundt vnd stetter vester haltunge aller
vnd jeder obgeschriebner puncte vnd articull ist
diese gegenwertige ordenunge von vns, Martino
Chemnitio der heiligen schrift doctore superin-
denten, vnd magistro Andreas Pouchenio coad-
iutore, vor vns vnd von wegen des gantzen
colloquij mit vnsern eigen handen vnterschrie-
ben vnd mit vnserm des raths der stadt Braun-
schweig signete wissentlich gesiegelt, vnd bei

ein jede pfarkirche jn den funf weichbilden,
sich jedeß mal hirin zu erschen vnd darnach
zu richten, hinterleget worden. Geschehen vnd
gegeben nach Jhesu Christi vnsers herren vnd
salichmachers geburt im funfzehenhundert ein
vndsiebentzigsten jare, am zwelfften tage deß
monats Junij.

(S. L.)

Martinus Kemnitius D. superintendens.
M. Andreas Pouchenius coadjutor.

CLVI. BRAUEREID.

*Aus dem Liber memorandorum de anno 1546 usque ad annum 1597 (M 10), wo dieser
Brauereid, eine starke Umgestaltung des 1544 formulierten (No. CXLI) unmittelbar nach vorstehen-
der Ordnung der Prädicantenwahl eingetragen ist.*

1 Das ein jder bruwer recht sacken, vnd van
CXLI, 1 veer scheppel vnd veer vpgehupeden himp-
ten moltz nicht mehr dan 10 fadt varsch oder
11 fadt marßbier maken, vnd darvon von
iderm scheppell veer nie schilling in die tol-
lenbonde genen schall, deß ein halff stouecken
vgl. vor 2 penning vnd nicht theurer vthgeselfett
CXLI, 2. werden schall, auerst in helen oder in haluen
faten so theur ein jder kan vorkoepen. Jdoch
CXLI, 6 schullen die bier so vtherhaluen landes ver-
koft, thonorn geschmeckett vnd geteickendt
werden.

2 Wer matthierbier bruwen will schal dessel-
CXLI, 2 ben nicht mehr dan van veer scheppell vnd veer vp-
gehupeden himpten achte fadt varsch oder achte fadt
marschbier vnd nicht mehr maken, vnd dat halue
stoecken vor drey penning vnd nicht theurer vth-
sellen, auer in helen oder in haluen faten bin-
nen oder buthen der stadt so theur ein jder
mochte vorkoft werden.

3 Wer aber mariengrossenbier brauwen will schall
desselben nicht mehr dan van veer scheppell
vnd veer vpgehupeden himpten moltz veer fadt
versch oder veer fadt marschbier maken, vnd
datt halfstouecken vor seß penning vnd nicht

theurer vthsellen, auerst in helen oder in hal-
uen faten binnen oder buthen der stadt so
theuer ein jder konde vorköpenn.

Vnd schullen zwischen dißen vorher benömp-
ten dreyerley biern keine zwey kortlinges oder
sunsten kein ander bier gebrauwett, viell weni-
ger vthgetappedt werdenn.

Ock schullen die marschbier, wie von alters
herkomen, zwischen Martini vnd Walburgis vnd an-
derst nicht gebrauwett werdenn.

Eß soll auch niemandt im jhare mehr dan dreis-
sig mahell alse vierzehen varsch vnd sechszehen
marschbier brauwen, damit eingerechnet weß
ein jder in sein hauß bedarf. Wolde auerst
iemandt mehr varschbier brauwen alse vorbe-
rurt, vnd dariegen so veell marschbier fallen
laten, das soll ihme frey stehenn.

Es soll auerst niemandt vier scheppell maltz-
zeichen vth der tollenboude haken vnd nuhr al-
lein drey schepell vorbrauwen vnd also vth
drittich brauwelßen viertzig maken. Eß soll
auch keiner kein moldtzeiken haken die ehr bey
seinen zaell schriuen vnd einem anderen vber-
laßen wolde.[1]

Dat moldtbrennent schall hinfurder gentzlich

---

1) wolde *fehlt*.

abgeschaffet vnd verboden sein, bey broke zwey marck so oft ein ieder des betretten wurde. Vnd schall solchs den mollern, wen die gebrandt moldt in die moelen bekomen wurden, dem regierendenn burgermeister in ihrem wickbilde zu vormelden beuholen werden. Bey gleicher peben zweyer marck soll auch der poet vorboten seinn.

9 **Es** sol auch eine person nicht in zwen hue- CXLA.8 sern noch zwey personen oder mehr in einem hause brauwan, bey vormeidung der darauff vorordenten straffe, eß sey dan das die eltern vorsturben vnd die kindere in den samptgueteren sitzen bleiben, jdoch soll der so das regemento fuhret den eidt thunn.

Ein erbar rhat will auch die keller besichtigen 10 laßen, vnd do sich erfinden wurde das ein oder mehr wider diese ordenung gehandelt, die sollen ernstlich darumb gestraffet werden. Vnd behelt sich ein erbar rhat beuor dats moldt in CXLA. 10 der moelen nhameien tholaten, vnd wer diese ordnung vorhrôke soll von iedem himpten den ehr zu viell oder wenig gesacket, funf neuwe schilling zu brôke zu geben schuldig sein.

Im fall aber do ein knecht ohne seines hern 11 willen anders dan vorberurt sacken oder bru- vgl. wen wurde, so solte der knecht vnd nicht sein CXLI. 11 her darumb gestraffet werden. Auch soll eine CXLI. 1 tunne bier auf ein brauwelße ohne gefahr seinn.

CLVII. FEUERORDNUNG.
1573.

Da die Feuerordnung vom Jahre 1586, die zweite von welcher ein Originaldruck bekannt ist, nur des Vorgangs der einen von 1550 (No. CXLIII) gedenkt, so wird die hier folgende nicht zur Publication gelangt sondern Entwurf geblieben sein, und damit stimmt dann auch die Gestalt, in welcher sie — mehrfach corrigirt und ohne Tagesdatum — in einer Acte von 10 Bll. Papier mit der Aufschrift Fewrordnunge der stadt Braunschweig anno 1573 vorliegt.

1 **Wir** burgermeistere vnd rathmanne der stadt Braunschw. CXLIII thun hie mit allen vnd jeden vnser stadt burgern, burgerinnen, jnwonern vnd vorwanten, auch denen die sich ja vnd vor vnser stadt enthalten kundt vnd zu wissen¹, daß wir auß veterlicher zuneigung, schuldiger vnd getreuwer pflicht damit wir euch allen zugethan vnd geneigt sein, vnser stadt vnd die vnseren vermittels godtlicher helffe vnd durch guthe fursichtigkait vor allem fewrschaden vnd erath zu bewharen, diese vnsere hirnach folgende newe fewrordnunge berathschlagt, statuiert vnd publiciert haben. Vnd gebieten darauf allen vnd jeden vnser stadt burgern, burgerinnen, jnwonern vnd verwanten, auch den fremdlden gesten die jederzeit jn vnser stadt sein, daß sie sich dieser vnser fewrordnunge jn vorfallender fewranot (die godt der almechtige guediglich abwenden wolle) eß sei bei tage oder bei nachte, gentzlich gemeß vorhalten vnd dawider nicht handelen sollen jn keinerleige weise noch

wega, bei vnser ernstlichen straffe zu vermeiden.

Vnd erstlich sollen alle vnd jede vnsere burgere, burgerinnen vnd jnwoner jhre schorsteine vnd fewrstette jn guter besserunge halten vnd also vorwaren, daß darvon kein fewrschade entstehen vnd aufkommen muge.

Auch sol ein jeder auf sein fewr vnd licht gut 2 aufsehens haben. Dan wurde daß jemandt mutwillig vorachten vnd seinem nachbar (daß godt guediglich vorhute) schaden dadurch zufugen, den soll ehr gelten oder, wo nicht, alßdan so lange der stadt entperen biß daß ehr sich mit dem beschedigten vortragen habe.

Vnd vorbieten hiemit ernstlich vnd wollen, daß 3 niemandt jn sein haus vnd gewarsam jn vnser stadt hopfreuer, bonen oder manstro² legen, auch bei nachte mit dem lichte bei stro, flasbase CXIII. 12 heunepe, piche, talge oder andern vette nicht vmb-

---

1) 1550 *folgt hier zunächst eine Motivirung.* 2) *Das hier von andrer Hand am Rande einge-schaltete* rett *ist unverständlich.*

gehen, auch die nacht vber bei lichte nicht
dreschen lassen soll, bei straeffe eins halben
gulden so oft jemandt hiewieder thun vnd dieß
vnser vorbot vorachten wurde.

4 Eß soll ein jeder seine darre vnd die becker
jhre backofen zwuschen steinern mauern vnd
ein gewelbe oder aber afstricke daruber machen,
vnd alle stender an den wenden vnd balcken
dar die darre vnd backofen legen, mit leimen
vnd kalcke bekleimen, damit kein fewr daran
fliegen vnd anglimmen konne.

5 Vnd weil die becker oft holtz jn ihren backofen
treugen, sollen sie die backofen mit eisern thü-
ren, deßgleichen auch die rauchhole mit eisern
platen dichte zuthun vnd zulegen, damit keine
gloe daraus schlagen konne, jm fhal wen sich
daß holtz jn den backofen anzunden wurde.

6 Vnd sollen auch die multzer, brauwer vnd
becker jhr holtz daß sie zu dem darren, brau-
werke vnd backwerke gebrauchen wollen, den
darren, brawheusern vnd backofen nicht zu na-
hend sonder so weit darvon legen als jhne nach
gelegenheit jhres hauses vnd raumes zu thun
mugelich.

7 Die becker sollen auch dempffekulen jn der
erde haben, darin sie die gluende kolen auß
den backofen gießen vnd außdempffen sollen.[1]
Vnd wen solchs geschehen, mugen sie die kolen
auß den dempffekulen vorkeuffen, oder wo sie
daß nicht sonder die kolen vor sich be-
halten wollen, sollen sie die nicht an die wende
oder auf die bonen sonder an mauren vnd jn
woluorwarte schorsteine oder woluorwarte kol-
kesten legen vnd vor fewr bewaren.

8 Vnd alß die budecher vber jhrem fewr vnd jn
den schorsteinen oftmals holtz auch treugen
lassen, daß nicht one sorge vnd gefahr ist, sol-
len sie dasselbige alle abende beschen vnd flei-
ßige achtunge darauf geben, das keine funcken
darjn geflogen sein mugen, darvon daß holtz bei
nachtschlaffender zeit anbrennen muchte.

9 Wurde nun ein multzer, brauwer, becker, oder
budecher mit seinem holtze vnd kolen anderer
gestalt geharen vnd handelen dan alß hieoben

berurt ist, der solt vnß dem rathe jedeßmal da-
fur zur straeffe geben eine marck.

Vnd weil jn vnser stadt von alterß hero fewr- 10
herren gewesen vnd noch sein, sollen vnsere
regierende burgermeistere alle jar vmb Walburgis CXLIII, 1
vnd Michaelis jn vnsern funf weichbilden bestellen
vnd vorschaffen, daß die fewrherren alßdan alle
fewrstette, backofen, dempfekulen vnd kolkesten
jn der becker heusern, auch die darren jn der
multzer vnd breuwer heusern vnd die schorsteine
allenthalben beschen, vnd wo sie dan jenige men-
gel oder gefarligkait darin befinden, sollen sie
solche mengel ein jeder dem regierenden bur-
germeister seins weichbildes schriftlich vber-
geben, der vnß dem rathe weitern bericht dar-
von thun soll; alßdan wollen wir nach den per-
sonen schicken vnd jhnen ernstlich auflegen,
daß sie jn einer kurtzen benantlichen zeit
die mengel bessern vnd jhre darren, backofen,
dempfekulen vnd kolkesten vnd jhre backheuser,
schorsteine vnd andere gefharliche fewrstette
dergestalt machen, bessern vnd vor fewr be-
wharen sollen, alß hieoben jn dieser ordenunge
von vnß statuiret vnd befholen ist.

Wurde dan jemandt dasselbige jn bestimpter 11
zeit nicht thun, soll ehr sich deß darrens vnd
backens enthalten biß daß ehr obgemeltem vn-
serm mandato gentzlich nachkommen sei, bei
straffe einer festunge mit der fursatz.

Vnd sollen vnsere fewrherren die jn vnsern 12
funf weichbilden verordnet sein, jeder zeit alle
vnd jede fewrleddern vnd fewrhaken so vorhan-
den, mit gutem vleiß beseben vnd jn solcher
besserunge halten, daß daran nichts vertorben,
verfaulet oder zerbrochen sonder dieselben also
sterck sein, das man damit vorwaret sein muge,
deren jn fewrsnotten zu gebrauchen.

Vnd so der fewrleddern vnd fewrhaken nicht 13
genug weren, sollen deren vnsere fewrherren
nach jhrem gutbeduncken, wen eß von notten,
wher lassen machen vnd dieselben an gelegenen
vnd bequemen orten jn vnsern funf weichbilden
mherers theils auf den strassen, an mauren vnd
an heusern, jedoch vnter schauwer vnd tachs,

---

1) *Am Rande von anderer Hand:* offre vnder dem ouen eyn weise maken (?) tho dem kolens vnd brendeu.

auf haken hengen, darauf sie gerade pleiben
vnd nicht krumb werden, auch nicht verfaulen
vnd vorterben mugen, zum theil auch auf leich-
ten wagen sonderlich darzu gemacht zur handt
haben.

14 **G**leicher gestalt sollen sie alle vnd jede vnsere
leddern fewremmer wor die hengen besehen vnd
außstopfen, auch wo eß von notten rhar die
leiste schlagen vnd talgen lassen, damit sie
dichte sein vnd nicht zusamentreugen, vnd so
welche darvon jn fewrsnotten vorbrant oder
sonsten vorkommen wurden, sollen vnsere fewr-
herren an derselben stadt andere neuwe led-
dern emmer wieder machen vnd also stets die
anzal der emmer voll halten vnd nicht vorrin-
gern lassen.

15 **A**uch sollen die emmer also werden aufgehen-
gen, daß man sie mit gabeln die darbei zur
bandt sein sollen, oder sonsten jn aller eile loß
machen vnd abewerffen vnd die nach dem fewr
vorschaffen muge.

16 **V**nd waß vnsern fewrherren hirzu allenthalber
an gelde von notten sein wird, daß wollen wir
jhne auf jhr erfordernt von vnser munzemiede
reichen vnd geben lassen.

17 **V**nd sollen nicht alleine vnsern fewrherren son-
der auch den negsten nachbarn zu den gebeu-
wen darjn die fewremmer, fewrleddern vnd fewr-
haken auf den leichten wagen oder sonsten vor-
waret sein, die schlussel vortrauwet werden, die
man darumb jn fewrsnotten ansprechen soll die
gebenwo vngeseumet aufzuschliessen, das man
die fewremmer, fewrleddern vnd fewrhaken der-
aus tragen oder furen muga an den ort da daß
fewr ware.

18 **A**uch wollen wir hiemit alle vnd jede vnsere bur-
gere, burgerinnen vnd jnwoner ersucht vnd begert
haben, daß sich ein jeder nach seinem vormugen
etzliche leddern fewremmer vnd fewrstrenten jn
sein haus kauffen vnd zur bandt haben wolle,
sich selbst vnd seinem negsten nachbar jn fewrs-
notten auß christlicher liebe damit zu hulffe zu
kommen. Solche emmer vnd strenten wollen
wir einem jeden schoßfrei lassen, vnd wurden
jemande solche seine emmer vnd strenten jn

fewrsnotten, wenn ehr sie dahin geschickt hette,
von abehanden kommen oder schadhaftig wer-
den, wollen wir solchen kundtlichen vnd be-
weißlichen schaden erstatten vnd jedem auf vn-
sern vnkosten austadt der emmer die ehr bei
dem fewr vorloren hette, neuwe emmer wieder
vorschaffen.

19 **V**nd sollen vnsere marckmeistere vnd wechter
alle nachte auf der strassen gehen vnd wachen,
auf fewrs vnd andere vnlust acht zu geben, wie
solchs biß dahero vblich vnd gebreuchlich ge-
wesen vnd weiter auch also geschehen soll.

20 **D**eßgleichen auch vnsere bestelte fewrwechtere
vormuge jhres hirzu jn sonderheit geschworen
eides die nacht vnd fewrwacht auf den strassen
jn vnsern funf weichbilden treulichen vnd wol
vorsehen vnd auf den strassen vnd orten der
sich der radt deß weichbildes mit einem jeden
voreinigen, von Michaelis biß zu Ostern nach
geleuter wechterglocken alle stunde wen sie
zweimal gehlasen biß gegen morgen zu funf vh-
ren außruffen, vnd von Ostern biß auf Michaelis
zu neun schlegen deß abendts anfangen vnd nach
dem blasen auch alle stunde wie viel die glocke
geschlagen biß eß deß morgens drei schlecht
vormelden vnd keine stunden nachlassen oder
verseumen sollen.

21 **A**uch sollen sie fleißige aufachtunge geben, ob
sie auf der strassen dampf, rauch oder fewr,
dar nachteil vnd schedlich fewrschade von kom-
men muchte, oder dieberei vornemen wurden:
daß sollen sie melden vnd dem wirdt oder wir-
dtinnen deß hauses oder buden darjn solchs ge-
spurot, vor schaden warnen, daß sie das fewr
so eß vorhanden were, jn der elle so viel jhnen
muglich leschen, oder wo sie daß alleine nicht
wurden thun konnen, sollen nicht alleine vnsere
fewrwechtere souder auch die leuthe jn dem
hause oder buden zur stunde ein geschrei machen
vnd vmb hulffe ruffen.

22 **W**en auch vnsere fewrwechter gewaldt, tumult
oder vnlust auf der strassen vornhemen, der sie
zu steuren zu geringe weren, sollen sie jn eile
zu vnsern marckmeistern vnd wechtern lauffen
vnd jhnen solchs kundt thun, daß sie darzu

51

kommen vnd also der vnlust vnd gewaldt steuren vnd wheren.

23 **V**nd sollen auch vnsere marckmeistere vnd fewrwechter vor den thoren vnd wor sonst nher wacht bestelt, ein jeder an seinem orte der wachte zuruffen vnd sich beanthworten lassen vnd hierjn nicht vorseumen.

24 **W**urde aber jemandt wieder einen oder nher obberurte puncten handelen, den wollen wir also straeffen, daß ehr hernacher daran gedencken vnd andere daruon ein exempel zur besserunge nhemen sollen.

25 **V**nd so ein fewrwechter einen angehenden fewrschaden anmelden, abwenden vnd solchs erfindlich thun wurde, dem wollen wir dafur von vnser muntzsmiede eine marck voreheren vnd geben lassen.

26 **E**ß sollen auch die wechter auf den thoren jmmerzu die gantze nacht vber einer vmb den andern auß den fenstern zu felde sowoll als vber die gantze stadt seben vnd wachen, alle stunde auch blasen, vnd wen sie von vnsern marckmeistern vnd fewrwechtern angeruffen worden, anthwort vnd las das geben. Dan wo sie das nicht thetten, were eß eine anzeige daß sie nicht gewacht sonder geschlaffen hetten, vnd sooft vnsere marckmeistere vnd fewrwechter daß spureten, sollen sie eß deß folgenden morgens vnserm regierenden burgermeister deß weichbildes anmelden, der eß an vnß den rath weiter soll gelangen lassen: so wollen wir daran sein, daß die vnfleißige wechter nicht vngestraffet pleiben sollen.

27 **V**nd wo ein geschrei wurde, daß fewr vorhanden were, sollen eß die fewrwechter mit ihrem blasen von den turmen vnd auf den strassen vormelden vnd sonderlich jn der nachbarschaft die leuthe aufklopffen. Vnd sollen auch die torenleuthe vnd opferleuthe alsopald nach den glocken eilen vnd einen glockenschlag machen, vnd die torenleuthe auch nach dem orte dar daß fewr aufgangen bei tage ein rot fenlein vnd bei nachte eine

leuchte mit lichtern aufstecken, dadurch vnsere burgerschaft, jhr gesinde, handtwercksgesellen vnd jnwoner ermuntert vnd angereitzet werden, auch seben mugen, an welchem orte jn vnser stadt daß fewr were, denjenigen so damit beladen zu hulffe zu kommen vnd zu thun waß wir jn dieser vnser fewrordnunge statuiert vnd befolen haben.

28 **V**nd so bei tage ein fewr entstunde vnd solchs ruchtbar wurde, sollen vnsere thorhuter bei jhren pflichten vnd eiden die eussersten zügeln an den thoren vngeseumet zuschliessen. Wo sie aber daß nicht thetten, sollen sie als meineidige gestraffet werden.

29 **D**eßgleichen sollen alle gildemeistere vnd hauptleuthe die thore negst den wollen also vort auch zuthun.

30 **V**nd sopald man daß fewr durch einen glockenschlag oder geschrei vornehmen wurde, sollen die fewrherren vnd nachbarn die gewarsam darjn fewrwagen mit fewrledern, fewrhaken vnd fewremmern vorhanden, darju die schlussel hetten, alsopald aufschliessen, dahin sich dan die furleuthe vnd karrenzuger mit jhren pferden jn aller eile begeben vnd die wagen mit den fewrledern vnd haken nach dem fewr furen sollen.

31 **A**uch sollen vnsere marckmeistere vnd wechter, deßgleichen alle zimmerleuthe, steindecker vnd alle vnsere burgere die jn heusern vnd buden zur miete wonen vnd nicht pfalburger sein, auch jhr gesinde vnd alle handtwercks vnd brauerknechte jn vnser gantzen stadt nach den fewrleddern vnd fewrhaken die vnuorschlossen an den strassen hangen, auch nach den fewremmern jn aller eile lauffen vnd die nach dem fewr vnd wasser darjn tragen vnd damit daß fewr leschen helfen. Vnd welche vnsere burgere jn jhren heusern eigen fewremmer vnd strenten hetten, sollen sie auch dahin schicken.

32 **V**nsere pfalburger aber, die zu hause vnd hofe besessen, sollen sopald ein glockenschlag wurde, ein jeder mit seiner whare vor sein rathhaus, vnd vnsere gereisige diener auf vnsern marstal kommen vnd vnser vnd vnsers befelhs vor den ratheusern

---

1) vnd *fehlt*.

vnd auf vnserm marstalle gewertig sein, alleß
bei den pflichten vnd eiden damit ein jeder vnß
zugethan vnd vorwant ist.

33 **A**ber die nachbarn auf der strasse da daß fewr vor-
CXLIII, 4 handen, mugen an den orten pleiben, die ein
gut aufsehens haben vnd denen so ju fewrsnot
CXLIII, 7 steckten hulffe leisten, auch wasser auf jhre bonen
vnd bei die rennen vnd andere orte vorschaffen
sollen, das fliehende fewr damit zu leschen.

34 **A**uch mugen die freunde denen so mit dem fewr
CXLIII, 4 beladen weren jhre hulfliche handt bieten
vnd leihen, die ju whereoder fewrsnot vor den
rathensern oder anderß wor zu erscheinen
nicht vorpflichtet sein sollen.

35 **A**uch sollen alle wasserfurer mit den kuffen vnd was-
CXLIII, 9 ser nach dem fewr so eilend alß mugelich faren,
dafur der erste so mit dem wasser ankeme einen
gulden, der ander drei ortsgulden vnd der dritte
einen halben gulden von vnß zur vorsharung haben
vnd bekommen soll.

36 **V**nd weile ju vnser stadt, godt lob, gute was-
CXLIII, 5 serkunst vorhanden, sollen die muller dieselbigen
ju zeit der not vmbgehen lassen, vnd soll dan
ein jeder solch wasser, auch seine brunnen zu
leschunge deß fewrs zu gebrauchen gestatten,
daß wasser auch auf die strassen ju der gossen
nach dem fewr werts lauffen lassen, daß eß mit
miste gestauwet vnd aufgefult werden muge,
daß fewr damit zu leschen, vnd sol sich hierjn
niemandt weigerlich ertzeigen, bei straffe einer
festunge mit der fursatz.

37 **V**nd damit das rhorwasser so dem fewr am
negsten gelegen deste stiefer vnd besser lauffen
muge, sollen ju mitler zeit die andern hanen
die man zu leschunge deß fewrs mit gebrauchen
kondte, zugehalten werden, bei brake einer marck.

38 **V**nd wo frembde geste ju zeit eins angehen-
CXLIII, 6 den vnd brennenden fewrs ju vnser stadt sein
werden, die sollen ju jhren herbergen plei-
ben vnd nicht außgehen.

39 **D**eßgleichen sollen auch keine mans oder frau-

wespersonen, knechte, jungen, megde oder kin-
der nach dem fewr lauffen,[2] eß were dan daß   vgl.
sie wasser zutragen vnd das fewr wurden leschen   CXLIII, 4
helffen: so solten sie bei dem fewr mit danck-
barkeit geduldet vnd gelieden werden.

Vnd wurde sich nun jemandt gelusten lassen, 40
darauf vnsere marckmeistere vnd wechter gute
aufsichtunge geben sollen, bei dem fewr mussig
zu stehen vnd alleine zuzusehen, vnd daruber
abgeweiset vnd geschlagen werden, der soll eß nie-   CXLIII, 4
mande dan sich selbs zu clagen haben.

Wurde auch jemandt (daß wir vns nicht vorsehen) 41
so vnchristlich sein vnd ju fewrsnotten etwas   CXLIII, 4
stelen, der soll nach wirderunge deß gestolen
guts mit der stupe oder mit dem stricke des
galgens gestraffet werden.

Wir thun auch alle die so ju vnsern vorsetten 42
vonen, getreulich vorwarnen, jhre fewrstette, fewr   CXLIII, 14
vnd licht also zu vorwaren, daß sie vormittels
godtlicher hulffe vor fewrschaden mugen vor-
sichert pleiben.

Solt aber ein fewr bei jhnen aufkommen, daß 43
der almechtige godt vorhute, wollen wir jhnen so   CXLIII, 14
viel jmmer mugelich mit fewrletiern, fewrhaken,
fewremmern vnd stronten auch gern hulffe ver-
ordnen.

Doch sol sich niemandt bei nacht, so wir daß thor 44
offenen wurden, auß vnser stadt ane vnsern beson-   CXLIII, 14
dern befehel nach dem fewr begeben. Die aber
darbei sein wurden sollen anders nicht thun
dan daß sie das fewr leschen helffen, ju dem
sie sich dieser vnser fewrordnung gemeß ertzei-
gen vnd vorhalten sollen.

Vnd wo jemandt wieder diese vnsere ordnunge, 45
daß wir vnß nicht vorsehen, handlen oder sich
der nicht gemeß vorhalten wurde, der soll mit
der darjn vormeldeten vnd anderer weitern
straffe nicht vorschont bleiben. Darnach sich
ein jeder zu richten vnd vor schaden soll wis-
sen zu huten.

Wir behalten vns auch fur diese vnsere fewr- 46

---

1) So! Man erwartete nicht.   2) Ausgestrichen vnd daselbst nicht stehen, daß fewr anzuschauwen vnd vor-
hinderlich zu sein.

51*

ordenunge jedeßmal nach gelegenheit zu min-
dern, mheren vnd zu verbessern.
Datum nach Jhesu Christi vnsers herrn vnd

salichmachers geburdt jm funftzehenhundert drei
vnd siebentzigsten jare am — — — — —
— — — — —

CLVIII. DER STADT BRAUNSCHWEIG ORDNUNG ETC.

*Die nachfolgende Ordnung, welche in dem gleichzeitigen Publicationsdecrete als neuwee echte-
ding sonst genant policeiordnung bezeichnet wird, hat der Rath 1573 zu Magdeburg durch Wolf-
gang Kirchner drucken lassen. Sie füllt 62 gezählte Blätter in 4°, 5 ungezählte das angehängte Register;
auf dem Titelblatte in Holzschnitt der Löwenschild von einem Kranze umschlossen welchen zwei Engel
halten. Bei dem hier gegebenen Abdruck sind Schreibung und Interpunction in derselben Weise wie
bei den handschriftlichen Vorlagen geregelt, ausserdem aber der Raumersparniss halber die Bezeich-
nung der einzelnen Abschnitte mit TITVLVS 1, TITVLVS 2 etc. einfach durch römische Ziffern er-
setzt, und das Register, welches nur die Titelüberschriften wiederholt, weggelassen.*

Der stadt Braunschweig ordnunge, jre christliche religion, auch allerhandt criminal, straeff vnd
policei sachen betreffendt. Beradtschlagt vnd eindrechtiglich bewilligt vnd angenomen von einem
erbaren rathe, rathsgeschworen, zehenmannen, geschickten, gildemeistern vnd haubtleuten der stadt
Braunschweig, vor sich vnd von wegen der gantzen gemehnen bürgerschafft darselbst, nach Jhesu
Christi vnsers herrn vnd seligmachers geburt im fünfftzehenhundert drey vnd siebentzigsten jare,
freitags nach dem sontage Reminiscere.

Wir bürgermeistere vnd rathmanne der stadt
Braunschweig thun hiemit kundt vnd zu wissen,
das wir diese volgende ordnunge, vnsere christ-
liche angenommen religion auch straeff vnd po-
licey sachen betreffendt, aus gotts worte vnd
göttlichen gebotten, aus bewerten keiserlichen
vnd sechsischen, auch vnser stadt althergebrach-
ten statuten, rechten vnd löblichen gewonheiten
zusamen ziehen vnd in eine zimliche ordnunge
brengen lassen haben, vnd ist vnser ernstlicher
befehl vnd wollen, das diese ordnunge hinfuro
in vnser stadt steiff, veste vnd vnuorbrochen
obcruiert vnd gehalten werden solle. Setzen
vnd ordenen demnach wie folget.

I Von der christlichen religion.

1 Wo jemandts in der stadt Braunschweig be-
troffen vnd gefunden würde dem die articul vn-
sers christlichen glaubens nicht bekant noch
wislich wehren, vnd ehr dieselben zu lernen vor-
echtlich vnterliesse, der solt in der stadt nicht
geduldet noch gelieden werden bis so lange er
sich der gebüre nach leren vnd vnterrichten
liesse.

2 Alle die in vnser stadt wonen vnd sich wesent-
lich enthalten wollen, sollen sich christlicher
lere vnd lebens befleissigen vnd daran keinen
gebrech oder mangel (der aus vorachtunge oder
mutwillen herflosse) erscheinen oder befinden
lassen, sonsten solten sie aus der stadt vor-

weiset vnd allhie nicht gedüldet werden.

Die lehr aber darnach sich alle vnser stadt **3**
bürger vnd einwoner richten vnd halten sollen,
sol den heiligen göttlichen prophetischen vnd
apostolischen schrifften, den dreien symbolis,
als dem Apostolico, Niceno vnd des heiligen
Ambrosij vnd Augustini gemess sein, wie die
alle zusamen in der Augspurgischen confeßion
anno 1530 auffs kürtzte vorfasset, der röm. kei.
ma. auf dem reichstage zu Augspurg vberant-
wort vnd bishero in den reinen kirchen dieser
sechsischen lande erhalten vnd blieben sein,
sampt der apologia so kurtz darauff gestelt vnd
in öffentlichen druck ist ausgangen.

4 Das alles findt man bey vnser kirchenordnung die anno 1528 erstlich gestellet vnd publiciert vnd hernach anno 1563 widerumb repetiert vnd von newes in druck ist ausgangen, darüber wir auch ernstlich vnd vnnachlessig halten wollen in aller massen als solchs in der praefation solcher ordnung ist ausgedruckt vnd angezeigt. 5 Wer aber solch corpus doctrinae mit worten oder wercken zu vbertreten, zu verachten oder schimpfflich davon zu reden fürnemen vnd sich vnterstehen würde, vnd dar von auff gütliche vormanunge nicht abestehen vnd rechtschaffene buss auch nicht thun vnd leisten würde, der solt als ein vorechter gottes vnd seines göttlichen worts geachtet vnd aus der stadt vnnachlessig vorweiset werden bis so lange er seiner besserunge gute zeugnis vnd kundtschafft von vnserm gantzen colloquio erlangen vnd also fürbrengen konne, das wir derselben vollenkommen glauben zustellen vnd geben können.

II Von den sacramentschwermern, wiederteuffern vnd dergleichen rotten vnd secten.

6 Wo jemandt allhie in vnser stadt mit der sacramentschwermerey oder der wiederteufferey oder andern dergleichen vnchristlichen rotten vnd secten die gotts wörte, der Augspurgischen confession, derselbigen apologia vnd vnser christlichen kirchenordnunge zugegen weren, behafftet zu sein befunden würde, solt er deshalben vor vnser geistliche colloquium fürbescheiden vnd darselbst aus gottes worte von seinem jrthumb abezustehen mit getrewen vleis vnterrichtet vnd vormanent werden. Vnd so er dann darüber bey seinem jrthumb öffentlich noch vorharren würde, solt er aus vnser stadt vnd gebiete so lange vorweiset vnd darin nicht geliden werden, er habe dann sich gegen vns schrifftlich erklert, das er von seinem jrthumb abgestanden sey: alsdann wollen wir jme den eingang vnser stadt wiederumb erleuben, mit diesem weiterm bescheide, das er alsdann wenn er wieder in die stadt komen, zum nehesten male wenn die herren vnsers geistlichen colloquij in vnser bruderkirchen bei einander sein werden, darselbst vor jnen erscheinen vnd seinen jrthumb auch wiederruffen vnd daruon gentzlich abezulassen angeloben werde.

III Von dem fluchen vnd gotteslestern.

7 Wiewol das fluchen vnd gotteslestern in gottes worte ernstlich vorbotten vnd darauff die straffe gesetzt ist, das die flächer mit steinen zu todte geworffen werden sollen, so ist doch leider solche straffe nach langbeit der zeit in misbrauch komen von wegen grosser mennige deren die mit fluchen sich zu vorsündigen pflegen. 8 Dieweil aber gleichwol das fluchen sehr vngleich vnd mercklich vnterscheiden ist, also das etliche aus leichtfertigkeit vnd einer bösen angenomen gewonheit leichtlich fluchen, etliche aber aus bösem fürsatz vnd mutwillen, so wollen wir vns fürbehalten haben nach gelegenheit der vbertrettung die straffe zu mindern oder zu mehren. 9 Wo aber einer betretten oder vorweiset würde, das er bei gotts vnd seine lieben sons Jhesu Christi namen oder blute, krafft, macht, leib, gliedern, wunden, tode, marter, sacramenten vnd elementen oder dergleichen göttlichen namen vnd emptern jemande böses geflucht oder gewünschet hette, solt er wenn das geschege vorfestet werden. Vnd so er sich dann bessern vnd wieder in die stadt wil, sol er die festunge mit einem gülden bessern. 10 Wurde er aber zu gotts des almechtigen eigener vorachtunge dergleichen wort vnd rede gebrauchen, sol er der stadt so lange emperen bis man seiner busse vnd besserunge gute kundtliche antzeigung haben kondte. Dann gott sagt: wer den namen gottes lestert sol des todts sterben, darumb sol keine oberigkeit darüber so leicht hinstreichen.

IV Von schweren.

11 **Es** sollen auch die leichtfertigen schwerors gleicher gestalt wie die flucher gestraffet werden. Wo sie aber gerichtlich oder in andere wege einen falschen meineidt schweren, sollen sie gestraffet werden wie hernach folgen wird sub titulo von falschem gezeugnis.

V Von zauberey.

12 **Wo** jemandt bekennet oder vberweiset wird, das er einen andern mit zeuberey an leibe oder gute beschedigt habe, der sol one alle gnade mit dem fewr gestraffet vnd zu puluer verbrant werden.

13 **Wurde** er aber andern leuten oder jme selbs mit zeuberey an leibe, viehe oder anderm gute helffen oder zu helffen vnterstehen: were er ein frembder oder in vnser stadt nicht besessen, so solt er der stadt ein jar lang verweiset worden, vnd wo er sich in der zeit besserte, alsdann nach vorlauffe des jars gegen erlegung einer marck straeffgeldes den ein vnd ausgang vnser

stadt widerumb vberkommen mügen. Were er aber ein besessener bürger oder bürgersche, so solt er vmb drey marcken gestraffet werden.

Wer aber bey zeuberern oder warsagern trost, 14 hülffe oder radt suchen vnd dessen vberwunden wurde, so solt er vns sechs marck zur straffe geben vnd sich auch für vnserm geistlichen colloquio als ein bussfertiger ertzeigen, also das man mit jme zufrieden sein kondte. Ein frembder aber solt der stadt zwei jar emperen, vnd wo er dann busse thete, mit zweien marcken den eingang wiederumb erwerben mügen.

VI Von vorachtunge der prediger göttlichs worts.

15 **Wurde** sich jemandt wieder die bestalten prediger göttlichs worts mit schimpflichen worten in bierbencken oder sonsten vornemen lassen, der solt so offt das geschege einen gülden zu bröke geben.

VII Von friedewirckung der prediger.

16 **Wurde** jemandt so freuel vnd vnartig befunden, das er einen prediger in seinem hause vberlauffen vnd bedrouwen dörffte oder aber die handt an jme legete vnd jne schlüge, so solt er ein jarlang mit der fürsatz vorfestet werden. Wolte er aber nach vorlauffe des jars wieder in die stadt, solt er die fürsatz mit ein vnd zwentzig gülden vnd neun vnd zwentzig pfenningen bessern vnd darzu auch allen vorursach-

ten vnkosten legen.

Diss alles ist zu vornehmen, wo der thetor 17 durch die flucht entruune vnd darvon keme. Wurde er aber betretten vnd gefangen, er solte der straffe gewarten die hernach auff den hausfriedbruch verordnet ist.

Wo jemandt gröblicher breche, solt er auch 18 nach gelegenheit herter gestraffet werden.

VIII Von zuhaltung der thor sonntags vnd feiertags.

19 **An** allen sonntagen vnd feirtagen sollen die zingeln vor den thoren zugehalten vnd niemandt zu ross oder wagen aus oder eingelassen werden ohne sonderlichen erleub des bürgermeisters

in dem weichbilde darzu das thor gehört. Handelte ein thorhüter darwider, er solt zween newe schillinge zur straffe vorfallen sein.

IX. Von denen die auf den sonntag oder feirtag vnter der predigt göttlichs worts auff den kirch-
höfen stehen oder in solcher zeit auff den marckten febele haben.

20 **Vnd** weil wir leider bis dahero offt vnd viel-
mals gesehen vnd befunden, das sich etzliche
müssiggenger gelüsten lassen haben auff den
sontag oder feirtag vormittags vnter wehrender
predigte auff den kirchhofen zu stehen oder dar
vmbhero zu spatzieren, das vor eine mutwillige
vorachtung des heiligen göttlichen worts zu
achten vnd halten, so wollen wir, das nun hin-
furder das stehend oder spatzierendt auff den
kirchhofen vormittags vnter wehrender predigt
von jederman gentzlich vnterlassen werden solle,
dann wir durch vnsere marckmeistere vnd die-
ner darauff achtunge geben vnd die vbertretter
dieses vnsers gebots jedesmal vor vnsere broke-
herren citiern vnd von einem jeden darselbst

einen newen schilling zu straeffgelde fordern
lassen vnd haben wollen.

Es sol auch niemandt von vnsern bürgern, bür- 21
gerinnen, bürgerkindern oder jrem gesinde oder
jemande von vnsern vnterthanen aus vnsern ge-
richten vnd dörffern auff den sontag oder feir-
tag vormittags vnter wehrender predigte auff
vnsern marckten allhie etwas febele haben vnd
vorkeuffen, bei broke eins gülden so offt das
geschege. Wo aber das jemandt frembdes vn-
wissent thun wurde, dem solt es von vnsern
marckmeistern vnd dienern ernstlich verbotten
werden, vnd wo er sich dann daran nicht keren
wolte, solte er darüber gepfandet oder sonst von
vns nach gelegenheit ernstlich gestraffet werden.

X. Von sontags oder fests geseuffe.

22 Niemandt sol auff einen sontag oder feirtag
vormittags vnter der predigt oder messen geste
setzen, brantewein, rochten wein oder ander ge-
trencke zu sauffen, bei straffe einer festung.

23 In dergleichen straffe sollen auch solche geste
von vns genommen werden.

24 **Vnd** sol auch solch sauffen auff den sontag
oder feirtag vormittags vnter der predigt auff
vnser apoteken, wein vnd bierkellern keins wegs

geschehen oder gestattet werden.

Es sollen auch die handtwercksgesellen oder je- 25
mandt anders auff den sontagen vnd feirtagen
his nach der vesperpredigts sich züchtig vnd
stille halten, vnd mit grossem geschrey, trom-
meln oder anderer leichtfertigkeit kein vnfug
anrichten: sonsten wil man jnen auch mit einer
festunge folgen.

XI. Vom spiel am sontage vnd feirtage.

26 **Wo** der marckmeister oder sein gesinde des
sontags oder feirtags vnter der predigt, vor oder
nachmittage, eine leichtfertige bursch anff der
marsch oder sonsten ausserhalbe thors auffm
spiel erhaschen würden, sollen sie macht haben
von jedem ein pfandt zu nemen, vnd wenn sie
das wieder lösen wollen, sollen sie dem marck-
meister oder seinem gesinde einen newen schil-
ling dafür geben. Vnd wo gleich einer oder
mehr entliessen vnd hernach erforschet vnd aus-
gekundtschafft wurden, soll ein jeder vorberür-

ter straffe nicht geüberigt sein, sie wurden sich
dann mit jrem eide entledigen vnd vnschöldig
machen.

Werden vormügende bürger, bürgerskindere 27
oder vorstendige handtwercksgesellen dergestalt
auffm spiel betroffen, sollen sie vnnachlessig vor-
festet vnd damit nicht vorschonet werden, wenn
sie gleich die straffe alsbald erlegen wolten, da-
mit sich ein jeder schande halben für solcher
leichtfertigkeit zu hüten vmb so viel deste mehr
vrsache nemen müge.

XII Von dem schiessen, spielen vnd tantzen auff vnser Newenstadt marsch oder anderswor vor den thoren in den pfingsten.

28 **V**or dinstags des nachmittags in den heiligen pfingsten sollen die schützen oder jemand anders auff vnser Newenstadt marsch oder anderswor in oder vor vnser stadt vor der scheiben nicht schiessen, spielen oder tantzen oder dergleichen kurtzweile zu treiben, bei straffe einer festunge, sondern des dinstags in den pfingsten nachmittage mögen vorberürte vnd andere ehrliche kurtzweile erleubt sein. Es sollen sich aber alsdann diejenigen die sich des tantzens gebrauchen wollen aller zucht vnd ehre darbey gebrauchen, vnd die frawen vnd jungfrawen in dem tantze schendlich nicht vordreigen, darauff die marckmeister vnd jre gesinde gute achtunge geben sollen. Vnd wollen alsdann einen jeden vorbrecher dieses vnsers mandats jedesmal vmb zween newe schillinge straffen.

XIII Von den kirchhöfen.

29 **D**ieweile wir leider augenscheinlich befinden, das sich etzliche vnßeter eine zeithero gelüsten lassen haben die kirchhöfe mit jrem eigen vnflate zu beschmeichen vnd zu vorunreinigen, so vorbieten wir hiemit ernstlich das solchs hinfuro nicht mehr geschehen sol. Dann wo jemandt hierüber betretten wird, sol er deshalben verfestet werden.

XIV Von dem der seine eltern morden oder schlagen, oder jnen fluchen, oder seine kinder ermorden würde.

30 **W**o jemandt (das gott gnediglich vorhüte) seinen vater oder grossvatter, mutter oder grossmutter, ja auch seinen stieffvatter vnd stieffmutter, die sein ehelich oder allein natürliche eltern, freuentlich ermorden oder mit gifft vmbbrengen würde, der sol vom gerichte aus der stadt geschleiffet werden bis an den ort der straffe, vnd darnach mit einem blochrade von vnten auff gestossen vnd gewonlicher weise in das radt geflochten vnd alldo den raben vnd schedlichen thieren zur speise vbergeben werden, dieweile er grausamer vnd schrecklicher gehandelt den man an wilden thieren gewondt ist. Es sol aber auch zu richtlicher ermessigung stehen, ob man vorbemelten grausamen mordern [1] anstadt des schleiffens mit glüenden zangen ein riss oder etzliche geben wolte.

31 **W**erde jemandt seine eltern schlagen, der hette wol nach gottes gebots vnd ordnunge den hals vorwircket, desgleichen wenn er seinen eltern fluchet. Dieweil aber die straffe in diesen landen nicht in vbunge gefunden, sol man einen solchen gotts vnd ehr vergessenen buben vier wochen lang mit zimlichen gefengnis straffen, doch das er nicht anders dann mit wasser vnd brot gespeiset werde.

So aber jemandt mehr dan einmal solche vn- 32 that vben würde, sol gleichwol die leibestraffe hiemit vnbegeben sein.

Hieher gehören auch die so jre kindere heim- 33 lich vmbbrengen, dieweile eltern vnd kindere correlatiua sein vnd billich in gleichem rechte stehen sollen. Darumb wollen wir, das alle kindermörderin geschleufft oder mit zangen gerissen vnd hernach vorseufft vnd auf ein radt gelegt werden sollen.

1) Im Orig. morden.

XV Von meuterey vnd auffrhur.

34 Wurde jemandt in dieser stadt einen offentlichen aufflauff des volcks erregen oder heimliche zusamenkunfften vnd vorsamlungen vorursachen oder machen, vnd aldo von vberlauffunge des radts oder etlicher regimentspersonen radtschlege halten, oder anschlege machen wie sie solch fürhaben ins werck brengen möchten, der sol (obgleich anders nicht geschege) mit der that leib vnd leben vorfallen haben vnd mit dem schwerte gerichtet werden. Vnd alle die solcher radtschlege theilhafftig vnd bericht gewesen sollen in gleicher gefahr steben, doch mit dieser erklerunge, das die so alleine wissenschaft von den anschlegen gehabt vnd das fürnemlich nicht gewilligt oder neben andern sich vorbunden haben, die sollen allein der stadt in ewigkeit vorweiset vnd nimmermehr wieder eingenommen werden. Wer aber der radtschlege theilhafftig wurde vnd doch in sich selbs schlüge vnd sich besser bedachte vnd die practiken offenbarte, der solt nicht allein mit aller straffe vorschont werden, sondern solt jme sousten auch bey vns dem rathe zu guter gunst gereichen, vnd wolten auch wir nicht gestatten das jme solchs vorweieslich auffgeruckt oder er derwegen an ehre vnd glimpff gethadelt werden solte.

35 Wer sich vatersteket zweidracht zu stifften GXXXIX.3 zwischen dem landsfürsten vnd der stadt oder zwischen dem rathe vnd der gemeine, der sol leib vnd gut

vorfallen haben, vngeachtet das er sein fürhaben nicht hat zu wercke brengen oder die that verrichten mügen.

36 Vnd in solchen fellen wo die heimlich praticiert wurden, wollen wir der radt gewaldt vnd macht haben mit fleis nachforschunge zu thun vnd allein vmb ergerlicher rede vnd wort willen einen vordechtigen peinlichen anzugreiffen vnd an jme die warheit zu erkunden.

37 Desgleichen auch wo vordechtige personen an heimlichen orten offt zusamen kemen vnd heimliche radtschlege machten die sie stille vnd vorborgen hielten, daraus wir der radt eine vordacht schepffeten, sol vns frey stehen die vordechtige personen anzugreiffen vnd vns durch peinliche frage oder andere mittel der warheit zu erkunden, fürnemlich wo es in vnruhigen sorglichen leufften were, do man sich etwas auffrhurisches zu besorgen hette. Dann nach erfolgter that ist in solchen fellen zu spaet den dingen zu rathen oder zu helffen.

38 Wer sich trotziger wort vnd rede vornemen lest die nicht etwas zu auffrhur ziehen vnd deuten lassen, der sol alsbald aus der stadt geschaffet werden, ehe dann er seine gedancken ins werck kan brengen oder etwas erregen.

39 Kein bürger sol reiten davon der stadt oder der bürgerschafft schade entstehen möchte.[1] Wer CXXXIX. 5 das thete, sein straffe sein zeben marcken.

XVI Von deme der seine wehre aus freuel, damit gewalt zu vben, austziehen würde.

40 Wo jemandts gegen einem andern seine wehre CXXXIX. aus fürsatz vnd freuel, damit gewaldt zu vben 176 vnd nicht vmb notwehr damit zu thun, austziehen würde, der sol deshalb mit einer fürsatz verfestet werden.

XVII Von todtschlage.

41 Todtschlag wird in rechte zweierleige befunden, nemlich fürsetzlich vnd zufellig oder vnuorsehnlich.

42 Erstlich wenn einer mit fürsatz vnd wolbedach-

tem mute den andern todtschlegt, vnd der wird vgl. gegriffen, sein straffe ist vorlierunge des heubts CXXXIX. nach dem vrtheil gottes: wer menschenblut vorgeust des blut sol auch vergossen werden.

---

1) 1532 wird hinzugefügt: offt sick ju frommede bestellung vtherhalne der stadt begeuen sunder des rades witschop

43 Wer aber darvon kompt vnd nicht ergriffen wird sol fünfftzig jar der stadt emperen. Wil er darnach wieder herein, er sol sich erstlich mit gott vnd der kirchen, auch mit des entleibten freundschafft vorsünen vnd von vnserm colloquio absoluieren lassen, vnd darnach dreissig gülden straffe geben: so kondt er wieder eingenommen werden.

44 Zum andern, wo einer einen vnuorsehentlichen todtschlag begienge, der möchte nicht an leibe vnd leben sondern wilckürlich gestraffet werden wie folget.

45 Ein vnuorsehenlich todtschlag aber kan sich auff vierley weise zutragen. Zum ersten wenn einer den andern anfertigt vnd jne mit wehre vnd waffen also drenget vnd anficht, das er zu errettung seines leibs vnd lebens die gegenwehre gebrauchen muste: ob er dann gleich den ansprenger zu todte schlüge, er bleibe des gar one straffe vnd wandel.

46 Zum andern, wo einer vnuorsehens ohne alle seine schuldt vnd bösem fürsatz einen andern vmbbrechte, er möchte darumb auch nicht gestraffet werden. Als wenn die schützen für der scheiben vnd also an gewonlichen örten schiessen, vnd es gienge einer in den weg vnd wurde erschossen, der theter bliebe des ohne straffe. Oder wo zween mit einander stechen, vnd der eine viel sich vom pferde zu tode oder neme sonst einen schaden davon er des todts were, der theter hette darumb auch keine straffe zu besorgen.

47 Wenn aber zum dritten einer den andern vnuorsehens tödte vnd gleichwol an solchem todtschlagen etwas schuldt hette, als wenn einer an einem vngewönlichen orte zum ziel oder sonsten nach einem thier oder vogel schösse vnd entleibte einen vnuorsehens, so hette er daran schuldt das er an vngewonlichen orte solchen geferlichen handel geübt, vnd muste derhalben fünff jar der stadt emperen vnd nach geendigten fünff jaren sich mit des entleibten freunden vortragen vnd darzu zehen gülden zur straffe geben.

48 Zum vierden, wo einer noch mehr schuldt hette dann eine schlechte vorwarlosunge oder vnfleis, sondern fünde sich das auch der wille den andern zu beschedigen mit darzu komen were, als wenn einer in eine zeche keme vnd daselbt mit keinem zu schaffen hette den er zu beschedigen bedacht were, sonder keine vnuorsehens mit einem zu hader vnd wurde mit zorn so fern bewogen vnd vbereilet, das er denselben zu tode schlüge: keme er gleichwol davon vnd kondt in fünff jaren oder bald darnach mit des entleibten freundschafft ein vortrag machen, des hette er billig zu geniessen, also das er nach vorlauffe der fünff jar vns dem rathe zehen gülden gebe vnd den eingang der stad erwürbe. Wurde er aber ergriffen, so muste er gefahr stehen das er an leibe vnd leben gestraffet wurde, doch nicht anders dann nach erwegung aller vmbstende die etwan also geschaffen sein möchten, das er mit der leibsstraffe nicht allerding vorschont wurde, vnd in solchen fellen wollen wir vns bey rechtsgelerten radts zu erholen vnbegeben sondern austrücklich fürbehalten haben.

49 Wer mit giffte oder zeuberey jemandt fürsetzlich vmbbringet sol mit fewr vorbrandt oder auff ein blochradt gestossen werden.

50 Der wird des hauses darin ein todtschlag geschehen, sol vns eine marck zur straffe geben, andern zur warnunge, auff jr geste vnd gesinde deste bessere auffachtung zu geben.

XVIII Von den die einem todtschlage oder balgerey zusehen.

51 Wo einer darbey ist vnd zusihet vnd höret, das zween oder mehr zu vnwillen vnd schlagen kommen, der soll hiemit gewalt haben den haderern von gerichts wegen friede zu gebieten. Wurde dann einer so freuel befunden das er dem gebote nicht gehorchen wolte, vnd schläge darüber einen andern todt, sol mit dem schwerdt als ein friedebrecher gerichtet werden. Schlüge er eine wunden, er sol die straffe leiden die hiernach auff wunden gesetzt ist. Wurde er aber selbs todtgeschlagen, der theter soll mit der leibsstraffe vorschont bleiben, vnd der gantze

handel sol zu vnser ermessigung stehen, ob vnd wie der theter zu straffen sey, darin wir gelegenheit der personen, wehre vnd gegenwehre, auch vrsachen dadurch der hader angangen vnd dergleichen vmbstende mit fleis bewegen sollen vnd wollen.

52 Wer einer balgerey zusihet vnd dieselben gar nicht vntersteht zu hindern, sondern etwan darzu lust oder gefallen hat, der sol vorfestet werden, vnd so er wieder in die stadt begert, sol er eine marck zur straffe geben.

53 Wer den theter one redliche vrsache vnuorhindert lest darvonlauffen oder jme fürschub thut das er darvon kompt, sol nach gelegenheit seins vormügens an gelde oder mit vorweisunge oder gefengnus gestraffet werden. Dann wenn die theter so leichtlich nicht daruon kommen kondten, würde mancher so mutich nicht sein, das er so bald vmb sich schlüge oder steche, sondern ohne zweiffel mannicher todtschlag vnuolbracht bleiben.

Wird aber jemandt einen todtschleger hindern 54 vnd auffhalten, das er zu gefengnus gebracht werden mag, sol er derwegen an seinen ehren oder an gilden vnd ampten nicht getadelt oder geeussert sondern dessen ohne nachteil bleiben vnd von vns vortretten vnd entnommen werden. Vnd wo jemandt einem obberürt sein bürgerlich 55 vnd ehrlich fürnemen vorweislich auffrücken oder fürlegen wurde, der solte mit einer fürsatz vorfestet vnd ehe in die stadt nicht wieder gestattet werden, bis das er vns dem rathe zur straffe gegeben habe ein vnd zwentzig gülden vnd neun vnd zwentzig pfenninge, darumb das er wieder gemeine ruhe vnd menschliche natürliche trewe gehandelt hat die einer dem andern zu seiner beschützunge zu leisten für gott schüldig ist.

XIX Von wunden die da kampffbar.

56 Wird jemandt kampffbar vorwundet: ob er
CXXXII. gleich nicht klagen wolte, wir der rads wollen
160 dennoch der bröke oder straffe nicht emperen, sondern den theter von gerichts wegen zu straffen fürbehalten haben. Fünde man auch das der vorwundete selbs zu der beschedigung vrsach gegeben oder den hader angefangen vnd derhalhalben die that zu vortrücken vnd zu vortuschen lust hette, man sol nichts deste minder in der sachen ergehen lassen was recht ist, vnd den vorwundten sowol als den theter straffen, wo er schüldig befunden wird.

57 Wer den andern kampffbar vorwundet vnd in
CXXXIII. der stadt begriffen wird, der sol von ampts wegen
161 eingetzogen vnd bis zu erkündigung der gantzen geschichte vorarlich gehalten werden.

58 Die erkündigung aber sol also fürgenommen werden, das der bürgermeister in dem weichbilde darin die that geschehen vnd do der vorwundete anzutreffen, selbs allein oder durch andere herren, der zum wenigsten zween sein sollen, der
CXXXIX, parteien bericht höre, vnd alsbald zween her-
161 ren des raths vnd zween geschickte balbierer zu dem vorwundten schicke vnd die wunde besehen lasse, ob sie tödlich sey oder nicht. Ist sie nicht tödlich, vnd der vorwundte kan von dem theter alsbald zum vortrage bewogen werden, so mag man den vortrag zulassen vnd den gefangenen gegen erlegung zehen gülden straffe neben auch entrichtunge des fangegülden, schliesgeldes vnd köstgeldes seiner gefencklichen hafft entledigen.

Wird aber die wunde tödtlich oder zum 59 wenigsten zweiffelhafftig befunden, man sol CXXXIX,
den theter die neun fahrtage behalten: stürbe 161
indes der vorwundete ohne seine selbsvorwarlosung, man sol jnen nach obgesatzter ordnunge straffen.

Wer sich aber auff des entleibten eigene vor- 60 warlosunge steuret, der ist dieselbe zu erweisen schüldig, dann zu rechte wird sie nicht vormutet.

Wolte sich aber der vorwundete für ausgange 61 der neuntage nicht abehandeln lassen, so sol der theter in hafft bleiben vnd seine gefahr vnd ebentheur auswarten.

52*

62 **W**o der vorwundete die neun fahrtage vberlebte vnd seine besserunge etwas vormutlich were: ob er sich gleich mit dem theter nicht vortragen wolte, dannoch wo der theter sich zu rechte beut vnd desselben auszuwarten gnugsam vorbürget, sol man zehen gülden, auch den fangegülden, schliessgeldt vnd kostgeldt von jme nemen, vnd jne der gefengnus entledigen.

CXXXIX. 181

63 **B**liebe er aber der vorwundete noch für vnd für schwach vnd stünde in gefahr seins lebens, den theter möchte man fürder behalten bis man sehe wie es mit der wunden hinaus wolte.

64 **V**orwunne aber der vorwundete seinen schaden vnd keme wiederumb zu voriger gesundtheit, der theter were gleichwol schüldig sich mit jme zu vortragen vnd vns dem rathe zehen gülden straffe zu geben, neben dem fangegülden, schliesgelde vnd kostgelde.

65 **E**ntließe der theter vnd wurde nicht gefangen, man sol jme folgen mit einer feste vnd in einem jare den eingang der stadt nicht wieder gönnen, es were dann das er sich ehe die festunge vber jne ergangen mit seinem wiederparte vortragen vnd vns einen festegülden zur straffe gegeben hette: alsdann sol er mit der festunge vorschont bleiben.

CXXXIX. 182

XX Von schlechten wunden die nicht kampffbar oder kampffwirdig sein.

66 **S**chlüge oder steche einer den andern, vnd die wunden wurden nicht kampffbar befunden, er sol sich mit dem beschedigten vortragen vnd vns dem rathe eine marck zur straffe geben.

XXI Von beulen vnd dumschlegen die keine blutrust haben.

67 **S**chlüge einer den andern fürsetzlich mit knüteln oder andern instrumenten, vnd folgte gleich keine blutrust sondern vielleicht eine schlechte beule, der sol sich (wie jtzo gesagt) mit dem beschedigten vortragen vnd vns ein vnd zwantzig gülden vnd neun vnd zwentzig pfenninge straffe geben, es were dann das die that mit bösen vmbstenden beschweret vnd grosser gemacht würde: so wollen wir vns nach gelegenheit die straffe zu steigern vnd zu mehren fürbehalten.

XXII Von vnfuge auff des raths kellere vnd andern gemeinen orten vnd in verlöbnissen vnd brautheusern.

68 **W**er auff des raths kellern, apoteken, lustheusern oder sonsten in des raths gelagen, wo dieselben bestalt sein, dem andern mit worten oder thaten vnfug thut, jne schlecht oder schmehet, sol ohne vnterscheid zehen gülden zur straffe verfallen sein.

CXXXIX. 183

69 **W**er solche auff der gilde gemeinen heusern thete sol sechtzig schillinge zur straffe geben. Hette er des geldes nicht, er sol so lange der stadt emperen bis ers bezalen kan.

70 **W**er in verlöbnussen oder auf brautheusern hader oder vnfuge anrichtet, den andern reufet, schlegt oder schmehet, sol sechtzig schilling wetten oder der stadt emperen bis ers bezalen kan.

71 **W**o zween in einer verlöbnusse oder brauthaus mit einander haddern, sollen jeder auch sechtzig schillinge verfallen sein.

72 **E**s were dann das einer den hadder mutwillig hette angefangen vnd dem andern zur wiederspruch vrsach gegeben: dann sol derselbe allein gestraffet werden.

73 **G**eschege dem breutigam schade darüber, der anfenger sol den gelten, oder wo sie gleiche schuldt hetten, sollen sie auch gleichen schaden tragen.

XXIII Von vorachtunge der stadt feste.

74 **W**er ohne not vber des raths feste steiget, ob er gleich sonst den kopff nicht vorwircket hette, er solt vmb des vbersteigens willen mit dem schwerte gestraffet werden.

XXIV Von hausfriede.

75 **W**er dem andern bey tage oder bey nachte mit
CXXXVII. fürsatz sein haus auffstiesse, vnd darin jemands
75   schlüge oder gewaldt darin vbte, das sol für ein hausfriedbruch erkandt vnd mit dem schwerte gestraffet werden, darin auch keinen seine trunckenheit sol entschüldigen.

76 **W**er zu dem andern mit gewehrter handt in sein haus gienge oder liesse, jnen darin zu beschedigen: ob er gleich an jnen nicht kommen oder etwas thetliche ausrichten köndte, er solt dennoch ein jar lang mit einer fürsatz aus der stadt vorfestet vnd nach vorlauffe des jars darin nicht ehe wieder gestattet werden bis das er ein vnd zwantzig gülden vnd neun vnd zwantzig pfenninge zur strafe gegeben.

77 **W**urde er den hauswirdt, sein weib, kinder oder gesinde beschedigen vnd wunden, er sol den kopff verloren haben.

78 **Z**uschlecht einer den andern seine fenster, schran-
CXXXIX. cken, laden oder was er zu feilem kauffe oder
145   sonsten ausgesatzt oder ausgehangen, man sol jne eine gnade mit einer fürsatz vorfesten.

79 **W**er zu dem andern in sein haus laufft vnd jne allda mit lesterlichen worten vberfahret, er sey frawe oder man, er sol auch vorfestet werden mit einer fürsatz.

80 **D**as hat auch stadt, obgleich einer in einem
CXXXVII. gemieten hause wonets, dann in seiner wonunge
75   sol jederman billich mit friede vnd ruhe bleiben vnd von einem andern nicht vberlauffen werden, also das auch die rechte vorbieten jemande aus seinem hause mit gewaldt in gegesencknus zu ziehen, es were dann die sache peinlich vnd belangte den hals, darumb auch nach stadtrechte kein bürger aus seiner wonunge genommen vnd gefangen werden sol, er sey dann zuuor angesprochen vnd gehört.

81 **G**eschege jemande gewaldt in seinem hause,
es were bey tage oder bey nacht, vnd die wachte würde ersucht oder sonst solchs inne, sie sol ohne sonderlichen befehl alsbald zulauffen vnd retten vnd nicht durch die finger sehen, bey vormeidunge vnser des raths ernstlicher straffe.

XXV Von nachtgange.

82 **V**on s. Gallen tage bis auff mitfasten sol niemandt
CXXXIX. der nicht bürger ist nach gelenter wechterglocken
146   one licht oder latern auff der strassen sich finden lassen, allein oder rottenweise, bey straffe zweier newer schillinge.

83 **V**nd sol niemand bey nechtlicher weile allhie auff der strassen vnzüchtige lieder singen noch ergerliche leichtfertigkeit oder vngebür treiben,

dann wo jemandt von vnsern wechtern darüber betretten wurde, solten sie ein pfandt von jne fordern vnd nemen, dabey er des morgens zu kennen vnd der gebür zu straffen sey.

84 **A**uch sol niemandt allhie der vnbekandt oder
VgL. vordechtig were bey nechtlicher weile auff der
CXXXIX. strassen eine lange wehre oder ein rohr tragen,
146   bey vorlust derselbigen.

XXVI Von den marckmeistern vnd wechtern.

85 **N**iemand sol sich an vnsern marckmeistern vnd wechtern vorgreiffen, bey straffe einer
CXXXIX. fürsatz.
147

XXVII Von ausfordern oder ausheischen.

88 **W**er sein eigen richter wil sein, vnd darzu nicht gericht oder recht gebraucht sondern seinen gegenpart freuentlich ausfordert sich mit jme zu balgen, der sol vnnachleasig mit einer fürsatz verfestet werden vnd die darauff gesetzte straffe, nemlich ein vnd zwantzig gülden vnd neun vnd zwantzig pfenninge, erlegen.

Wer aber gefordert wird sol dem pucher zu 87 folgen keins wegs macht haben, sondern wo er es thete sol er einen gülden zur straffe geben. **W**urde der ausforderer geschlagen, er sol den 88 schaden jme selbs zumessen vnd der geforderte jme darzu zu antworten nicht schüldig sein.

XXVIII Von fürsetzlichen vnd andern jniurien, schmehe vnd drauworten, vnd von fürsetzlicher vberfallunge oder anfertigung.

89 **W**iewol die jniurien so mit worten vnd wercken geschehen alle vnter dem worte vnfug begriffen werden, so ist doch nicht vndienstlich von schmehesachen einen besondern titel zu ordnen, damit solch haderwerck vmb so viel deste besser vorhütet bleiben müge.

90 **D**arumb wollen wir, das sich ein jeder fleissig fürsehe vnd seinen ebenchristen, menschen oder bruder nicht beschwere oder mit schmehe oder drauworten angreiffe.

91 **D**ann wo jemandts den andern fürsetzlich mit worten oder mit der that jniurijrt, vberfelt oder anfertigt, der sol vmb eine fürsatz gestraffet werden vnd dem wiederpart einen wiederruff thun.

92 **W**o aber jemandt den andern aus vnbedacht vnd zorn mit worten jniurijrn, schmehen oder bedrawen, das jne darnach leidt sein wurde,

vnd doch gleichwol darüber geklagt wird, den sollen wir der radt macht haben zu gebieten das sie die sache mechtiglich auff vns stellen. Diese heimstellunge aber sol den vorstandt nicht haben, das die sachen alle wege gegen einander aufgehoben werden musten, sondern wo ein theil dem andern zu viel oder vnrecht gethan hette, sol der schmeher dem geschmeheten eine christliche gebürliche abbit vnd wiederruff thun vnd vns auch auff vnser brökedorntzen einen gülden zu bröke geben. Wurden wir aber vns solcher sachen die zu vortragen nicht vnternemen, so sol der schmeher vor vnsere broksherren such citiert werden vnd darselbst die abbitt vnd wiederruff thun vnd vmb einen gülden gestraffet werden.

XXIX Von schmeheworten wieder den radt oder eine radtspersone in radtsgeschefften.

93 **W**o sich jemandt gelüsten lassen wurde vns den radt oder eine radtspersone in vnsern des radts geschefften gegenwertiglich zu schmehen, vbel anzufahren vnd zu misshandeln, der sol ein halb jar der stadt emperen vnd darnach, wenn er wieder in die stadt wolte, eine fürsatz buessen vnd darzu einen wiederuff vnd abebitt thun.

vgl. CXXXVII. 20g

Geschege aber das vorberürte schmehent, vbel 94 anfahrend vnd misshandelnt nicht gegenwertiglich sondern ruglings gegen andern leuten, so solt der theter auch ein halb jar aus der stadt weichen vnd vmb einen gülden gestraffet werden vnd die geübte misshandlunge vnd schmehewort abebitten vnd wiederruffen.

XXX Von schmeheschrifften, liedern vnd afterreden.

95 **W**ir gebieten auch vnd wollen, das niemandt, wes standes er sey, den dienern göttlichs wort, der oberigkeit noch seinem negsten jre dignitet, hoheit, ehre, glimpff vnd gute gerüchte nicht

antasten oder abeschneiden sol durch schmehe-
schrifften, gesenge, reime, lieder oder gedichte,
in keinerleige weise noch wege. Do aber je-
mandt in dem schüldig befunden, sol er als ein

vnrubiger, mutwilliger vnd böser mensche, wel-
cher zu vnruhe, vnfriede, meuterey vnd allem
argen geneigt, in vnser stadt nicht gelidden
werden.

XXXI Von schmehesachen der gilde vnd handtwerckslente.

96 **D**en gilden vnd handtwercksmeistern sol hiemit
vorbotten sein jemande seiner gilde oder handt-
wercks aus eigenem fürnemen ohne rechtliche
erkenntnis zu entsetzen. Geschege es aber, vnd
sich der so entsetzt wehre gegen vns dem rathe
deshalben beklagen wurde, solt er die gilde-
meister vnd handtwercksmeister vor vns citiren
lassen: so wollen wir nach gehörter klage vnd
antwort gütlich oder rechtlich darin vorfügen
vnd erkennen was sich gebüret vnd recht sein
wirdt.

97 **S**childt ein gildebruder oder handtwercksgeselle
den andern, so sol solchs für der gilde vnd
handtwercksmeistern, wie das bishero gebreuch-
lich gewesen, gütlich vortragen werden, oder der
schmeher sol es darselbst ausfüren vnd die
scheltewort war machen, oder darthun das dem
gemeinem nutz oder zum weinigsten der gilde
daran gelegen sey das solche tbat geoffenbart
werde. Wurde er aber dem also nicht nach-
komen, solt er von den gilden vnd handtwercks-
meistern jrem gebrauch nach gestraffet werden.

98 **I**m fall aber das die gilde vnd handtwercks-
meistere die vorberürte sache gütlich oder in
ander wege nicht würden vortragen oder ent-

scheiden mügen, solt sie an vns geweiset wer-
den, die gütlich oder rechtlich zu entscheiden
vnd dem schmeher, woferne er schüldig befun-
den würde, in die auff schmehewort gesetzte
straffe zu nemen vnd jne auch zur abbitt vnd
wiederruffe anzuhalten.

99 **E**s sollen auch die handtwercksgesellen neben
vnd mit dem geschmeheten so lange zu arbeiten
schüldig sein, bis das die schmehesache mit
rechte erörtert sey. Welche sich aber hierin
wiedersetzig ertzeigen, sollen verfestet werden.

100 **W**erden sich viel vber einen zusammenrotten
vnd aus eigenem fürnemen ohne rechtliche er-
kentnis zu tadeln oder zu hindern vnterstehen,
die wollen wir alle aus der stadt vorfesten bis
sie den andern vnehrlich machen oder jne wie-
der zu friede brengen.

101 **W**urden auch gildeleute oder handtwercker
hinaus an andere örter lauffen vnd jre gilde-
brüder vber jemand vorhetzen, das er oder an-
dere von seinent wegen auffgetrieben wurden,
vnd allhie rechtlichs austrage nicht erwarten,
die wollen wir alle vorfesten bis sie den ler-
men wieder stille machen vnd andere leute vn-
bemühet lassen.

XXXII Von wortlichen schmehendlen ins gemeine.

102 **I**n allen wortlichen schmehehandlen setzen wir
diese regel, das sich keiner damit entledigen
solle das er die zugemessene schmehewort be-
weisen könne. Dann dessen vngeachtet sol er
die gesetzte straffe erlegen, darumb das er ge-
richt vnd recht vorachtet vnd sein mutlein ei-
gens gewalte mit schmeheworten zu külen für-
genommen.

103 **W**er aber ein redelicher man vnd vngestraffet
wil bleiben, hat der mit einem andern zu schaf-

fen, so klage er es seiner oberigkeit: jme sol
wol rechts vorholffen werden.

104 **W**eis er aber von einem andern etwas daran
dem gemeinen nutz gelegen, er klage es seinem
regierenden bürgermeister, oder wo es ein gilde-
sache ist, seinem gildemeister, vnd richte darmit
in der stadt keinen vnordentlichen tumult oder
lermen an: so kan man mit ruhe vnd frieden
bey einander leben vnd mit gutem gewissen
gott anruffen.

XXXIII Von ehebruche.

105 **W**er do bekent oder mit warheit vberzeuget
oder vberwunden wird das er seine ehe ge-
brochen habe, es sey frawe oder man, er sol
zwey jar der stadt emperen, vnd wo er sich indes
besserte vnd nach der zeit wieder herein
wolte, sol er dreissig gülden zur straffe geben
vnd sich absoluieren lassen für vnserm colloquio.

106 **W**urde er aber allein berüchtigt, er mag sich
mit seinem eide entledigen vnd das erste mal
frey hingehen. Erführe man aber hernach das
er ein meineidt geschworen hette, sollen jme
zween finger abgehawen vnd darzu auch der
stadt ewiglich vorweiset werden.

107 **W**olte er aber lieber sechs gülden geben dann
schweren, die wahl sol jme gegont werden.

108 **W**o sich aber einer mit sechs gülden ein mal
gelöset hette vnd keme zum andern mal mit bö-
sem geschrey wieder, er sol mit dem blossem

eide oder sechs gülden nicht mehr loss werden
sondern die stadt ein jar lang reumen, vnd
wo er hernach wieder herein begert, zehen
gülden zur straffe zu geben schüldig sein.

Wird einer vberwunden das er zum andern 109
male die ehe gebrochen habe, sol er auch zwey
jar der stadt emperen vnd darnach sechtzig gül-
den zur straffe geben vnd dann wieder in die
stadt gestattet werden, woferne er sich in zeit
seiner vorweisunge gebessert hette.

Wird jemandt zum dritten male des ehebruchs 110
vberwunnen, sol er aus der stadt ewiglich vor-
weiset werden, ohne gnade.

Wurde ein eheman oder ehefrawe in vnserm 111
des raths müllen, wenn sie dar malen liessen,
ehebruch treiben, solten sie die straffe leiden
die negst hieroben zum andern male auff den
ehebruch verordnet ist.

XXXIV Von jungfrawen vnd megden beschlaffen.

112 **W**urde jemant eins bürgers tochter, magdt
oder witwe in vnehren beschlaffen vnd schwen-
gern, solt er vns zur straffe vor solche seine
vnzucht zehen gülden vnd für die geschwengerte
persone drey gülden vnd derselbigen auch in
das kindelbette die sechswochen vber sechs
gülden zur zerunge geben, vnd darnach auch

das kindt der gebür zu ernehren bestellen vnd
darzu der geschwengerten person mit einem
gülden vnd einem par schuch, woferne er sie
zu den ehren nicht nemen wurde, abtrag machen.
Wolt er das wie jtzundt gemeldet nicht thun,
solt er so lange der stadt emperen bis er das
zu thun bedacht oder vormügens werde.

XXXV Von dem der eine frawe oder jungfrawe ohne jrer eltern, vormunden oder freunde wissen vnd willen aus der stadt hinweg führete.

113 **W**ar eine frawe oder jungfrawe aus der stadt hin-
weg führete ohne jrer eltern, vormunden oder freunde
wissen vnd willen, der solt verfestet vnd der

frawen oder jungfrawen jr erbgut nicht gefol-
get werden.

XXXVI Von vnzucht der personen die nicht im ebestande leben.

114 **W**o ein manspersone in seinem witwenstande
oder ein jungergeselle zum ersten male auff vn-
zucht begriffen oder erforschet würde, solt er
eine marck zur straffe geben.

115 **Z**um andern male aber zwo marck.

Vnd zum dritten male solt er aus der stadt 116
vorweiset vnd nicht wieder darin gestattet wer-
den, er lasse sich dann wiederumb einwerben
mit zusage sein leben zu bessern, vnd gebe vns
dann darneben zehen gülden zur straffe.

117 **W**urde er dann darnach wiederumb vntzucht treiben, sol die jtztgemelte straffe jmmerzu gedoppelt werden.

118 **V**nd wo sich ein weibsperson ausserhalbe der ehe beschlaffen lassen wurde, solt sie der bürgerschafft, so sie die gehabt, vorfallen sein vnd darzu vns zum ersten male eine marck vnd zum andern male zwo marcken zur straffe geben, zum dritten male aber sol sie aus vnser stadt vnd gebiete vorweiset werden.

119 **W**urde jemandt hurerey treiben in den mehelmülen, der solt ein jar lang der stadt emperen vnd alsodann dreissig gülden zur straffe geben.

120 **W**enn sich ein jungfraw oder magdt lest beschlaffen vnd schwanger wird, sol sie baldt wann sie jre schuldt vormerckt ein schleier auffsetzen vnd tragen. Wo sie aber in den haren ginge,

solt sie vns dem rathe zeben gülden zur straffe geben.

Welche sich wie ein magdt helt vnd kleidet 121 biss das sie in das kindelbette kommet: gebirt sie jr kindt in beysein der bademutter oder anderer ehrlichen frawen, man sol jr nicht weigern jr kindelbette in der stadt zu halten.

Hette sie aber das kindt heimlich vnd vnter- 122 stünde sich dasselbe zu vorbergen oder aus dem wege zu brengen, sol sie ewiglich der stadt emperen.

Legte eine magdt oder weibspersone jre eigen 123 kindt hinweg vnd befliese sich nicht dasselbe wie menschlich vnd billig ist zu ernehren, vnd wird darüber ausgeforschet, man sol sie nach den sechswochen der stadt auch ewiglich vorweisen.

XXXVII Von leichtfertigen gemeinen weibern.

124 **A**lle vnzüchtige weibspersonen die jre vntzucht cxxⅹⅸ fehele tragen, heute einem morgen dem andern[1] 99 vorkeuffen, sollen gefenglich eingezogen, acht

tage mit wasser vnd brodt gespeiset vnd darnach aus der stadt vnd gebiete vorweiset werden.

XXXVIII Von kuplerey vnd rufferey.

125 **W**o jemandt ein kupler oder kuplerin wurde, cxxxix. vnd also durch jre botschafften vnd brieffe oder 100 in eigener person jungfrawen, frawen, töchtere, megde, gesinde oder andere verführen, haus, hoff

vnd gemach hurerey oder ehebruch darin zu volbringen darleihen, die sollen aus der stadt vorweiset vnd darin nicht wieder gestattet werden.

XXXIX Von incoest.

126 **O**b jemandt mit seiner oder seiner hausfrawen blutsuorwandten freunden die jme in den gliedern vorwandt darin nach göttlichen oder keiserrechten die ehe verbotten ist, fleischliche werck vbte, vnd thette das ausserhalb der ehe, er sol mit dem schwerdte vom leben zum todte brächt, die weibspersonen aber erseuffet werden.

127 **T**heten sie das in schein der ehe, sie solten

beide aus der stad vorweiset werden, wenn auch gleich der grad nicht in göttlichen oder keiserlichen sondern allein in diesem stadtrechten vorbotten were, vnd das vmb ergerlichs exempels willen das damit eingeführet wurde vnd andern zu gleicher vbertrettung möcht vrsach geben oder sonst ergerung brengen.

---

1) Im Orig. einen — den andern.

53

XL Von notzogung.

128 **W**ere jemandt so gottlos vnd vngehalten, das er sich vnterstehen dörffte eine ehrliche frawe, jungfrawe oder auch eine berüchtigte vnebrliche person mit gewalt zu fleischlichen wercken zu dringen: ob er gleich das werck mit jr von jugend oder anderer sachen wegen nicht aller dinge vollenbrengen kondte, er sol nichts deste weniger den kopff vorwircket haben.

XLI Von eheleuten die ohne erhebliche vrsache von einander sein.

129 **W**o eheleute ohne erhebliche vrsache von einander CXXXIX. sein, ist es christlich vnd billig das sie wieder zusamen 161 gefordert werden: darzu wollen wir, wenn wir darumb ersucht würden, vnsern möglichen fleiss gern thun vnd anwenden. Wo sie dann nach vorhör der sachen nicht wieder zusamen wollen, sol der schüldige theil aus der stadt vorweiset werden. Wo sie aber heiderseits schüldig befunden, vnd wolten dennoch nicht wider zusamen, so sollen sie beide der stad so lange emperen bis das sie bedacht werden sich wiederumb beyssamen zu uorfugen vnd mit einander christlich vnd friedsam zu leben vnd hauszuhalten.

130 **W**elcher man seine ehefrawe vnuorhört vnd er-CXXXIX. kandter sache mit gewaldt von sich triebe oder 162 schlüge, vnd sie doch kampffbar nicht vorwundte, der sol sie auf vnsern befehel wieder zu sich nemen vnd sich mit jr christlich vnd wol vortragen.[1] Wo er aber das nicht thun wurde, vnd klage darüber keme, so sol er die stadt reumen vnd nicht wieder darin kommen,[2] er habe dann vns eine marck zur straffe vor seinen vngehorsam geben vnd angelobt seine ehefrawe wieder zu sich zu nemen vnd sie weiter nicht zu schlagen oder vbel mit jr hauszuhalten.

Wurde sich auch ein man oder frawesper- 131 sone allhier enthalten vnd anderswo seinen CXXXIX. eheguten haben, von dem er sandern redeliche vr- 36 sache sein wurde, der solt aus der stadt vorweiset werden.

XLII Von ehemennern die jre ehefrawen bey sich haben vnd sie vnuorschuldes reuffen oder schlagen.

132 **W**er seine ehefrawe bey sich haben vnd sie vnvorschuldes reuffen oder schlagen wird, der sol wenn er nach vorhör der sachen schüldig befunden wird, eine marck zur straffe geben vnd sich mit seiner ehefrawen wiederumb vorsünen.

Wo aber ein man seine ehefrawe kampffbar 133 vorwundet, sol er die straffe leiden die auff kampffbare wunden gesetzt ist.

XLIII Von diebstal vnd stelen.

134 **E**inen dieb sol man hangen, fürnemlich so der begangene diebstal gros vnd viel werd ist, item wenn der dieb sich zu stelen gewohnet vnd mehr dann ein mal gestolen hat. Sonsten wenn es ausserhalbe dieser felle were, vnd der dieb auff dem ersten diebstale begriffen wurde vnd solcher diebstal nichts sonderlichs werd were, wollen wir den fall bewegen vnd wo not ist vns darüber des rechten zu beleren vnbegeben haben.

---

1) 1532 *hinzugefügt* vnd duth dem rede myth einer marg vorboiten.   2) 1532: jdth geschey mith des rades willoun.

LIV Von gestolenem gute.

135 Wenn bey jemande gestolen gut angetroffen
vnd besprochen wird: ob er es gleich redlich
gekaufft hette, er mus es doch dem rechten
herrn, wenn er es das es sein sey wie recht be-
weisen oder mit seinem eide vor gerichte betewr-
ren wird, wieder geben vnd seine pfennings daran
vorlieren. Seinem gewehren aber mag er folgen
vnd sich seins schadens bey jme erholen.

136 Wo der so gestolen gut in seinen gewehren
hat ein redlich vnbescholten man ist, vnd kan
seinen gewehren namkündig machen, so wird
er von wegen der gestolen habe nicht vordech-
tig, kan auch zur peinlichen frage nicht ge-
tzogen werden. Were es aber ein vordechtiger
man oder der vorhin solcher kauffmauschafft
mehr gepflogen, vnd kondte seinen gewehren nicht
fürstellen, so kondt er wol so vordechtig wer-
den das er möchte peinlich angegriffen vnd die

warheit au jme erkundet werden.

137 Wenn das gerichte ohne jemandes ansuchen durch
seinen fleis gestolen oder geraubt gut aus-
richtet, es sol dasselbe jar vnd tag vnuorthan
halten. Kompt der rechte herr vnd fordert das
mit rechte, man sol es jme ohne entgelt folgen
lassen.[1] Kome aber niemandt der es fordert
in jar vnd tage, das gerichte mag es alles in
seinen nutz keren.

138 Wenn auch ein dieb oder reuber mit gestole-
ner oder geraubter habe betretten vnd von je-
mande ausgeklagt wird, man sol das gantze gut
dem rechten herren folgen lassen.

139 Wer gut findet der sol es dem so es gehört
wiedergeben. Weis er aber nicht wem es zu-
kompt, sol er es von der cantzel allhie vorkün-
digen lassen: thut er das nicht, sol er vor einen
dieb gehalten vnd gestraffet werden.

XLV Von dieberey in kirchen.

140 Wer in einer kirchen etwas von altargeschmuck,
büchern oder anderm das zur kirchen gehört
dieblich hinweg trüge oder neme, der sol (vn-
geachtet das der diebstal klein were) vmb seins

bösen fürsatz willen mit dem rade gestraffet
vnd auff ein blochradt gelegt werden, man kondt
jme dann etzlicher vmbstende halben gnade er-
zeigen vnd linder straffen.

XLVI Von beutelschneiden.

141 Wer in der kirchen einen oder mehr beutel
abschnitte sol mit der staupe gestraffet werden.

142 Wer auff der gassen oder auff dem marckte
beutel abschnitte, oder sonsten einem andern
aus der taschen oder aus dem beutel etwas
stele, sol nach grosse des diebstals gestraffet

vnd zum allergeringsten zur staupe geschlagen
werden.

143 Wer frawen oder jungfrawen in verlöbnussen,
hochzeiten oder andern ehrlichen gelagen jre
gürtel abschnitte solt mit dem stricke gerichtet
vnd auffgehenget werden.

XLVII Von fischdieben.

144 Wer aus den teichen vnd dergleichen gefasse-
ten wassern fissche stüle; sein die vber fünff
goltgülden werdt, man sol jne auffhencken vnd
vom leben zum todte brengen.

145 Sein sie vber fünff goltgülden nicht werdt, man
sol jnen der stadt vorweisen.

146 Wer aber aus wilden gehegten wassern fische
stilt sol mit der staupe gestraffet werden.

---

1) 1532: das gerichte behält den dridden pfennig.

XLVIII Von dieberey so in badtstuben begangen wird.

147 **W**er in badtstuben ander leute kleider st[i]lt: jst es vber einen gülden wirdig, er sol mit der staupe gestraffet werden. Were es aber nicht vber einen gülden werd, er sol der stadt emperen auff gnade.

XLIX Von bestelunge eins erbes.

148 **W**urde jemandt in ein haus gehen bey tage oder nacht darin ein legend vnangenommen erbe vorwart wurde, vnd von solchem erbe etwas zu seinen hauden nemen vnd stelen, der sol nach grösse des diebstals mit der staupe oder mit dem stricke gericht werden.

149 **W**o aber ein erbe selbe etwas aus der erbschafft vorschieffelt oder vorhelet vnd in das gewonlich ein uentarium nicht brengen leet, vnd kan dessen vberweiset oder vberwunnen werden, er mus es doppelt erstatten denen welchen es zugehöret. Hette er selbs auch ein theil daran, sein recht vnd antheil hat er vorloren vnd mus es den andern allein folgen lassen.

L Von wucher.

150 **N**achdem der wuchor in göttlicher heiliger schrift, der ausgekündigten keiserlichen policeyordnunge vnd allen rechten vorbotten vnd vnchristlich ist, so thun wir auch den wucher hiermit ernstlich vorbieten, vnd so jemandt hieruber schüldig befunden, der sol das gewucherte geldt demjennigen dem er das ab—— gewuchert wiedergeben vnd dazu von zehen gülden zur straffe geben. Vnd was vor wucher zu achten vnd halten sey, das wollen wir jedesmal wenn vns die klage fürkommen wurde, nach ordnung der rechte erkennen.

LI Von fürsetzlichem auffborgen vnd betriegerey.

151 **W**o jemandt in vnser stad vnd gebiete fürsetzlicher, mutwilliger vnd geferlicher weise vnd vngeachtet das er keinen erlidden schaden zu beweisen, geldt vnd gut auffborgen vnd damit hinweg ziehen vnd vorlauffen wurde, vnd also gemeinet were frome leute fürsetzlich zu betriegen vnd vmb das jre zu brengen, der sol alsbald mit der that vnd von rechts wegen vor einen ehrlosen man gehalten vnd in vnser stadt vnd gebiete nicht geduldet oder gelidden werden.

152 **W**ir wollen auch vber einen solchen betrieger, wo er in vnser stadt oder gebiete betretten vnd daruber zu rechte geklagt wurde, auff die pene in gemeinen beschrieben rechten befunden procediren vnd zu rechte vorfahren lassen.

153 **W**urde auch ein solcher betrieger von vnsern bürgern vnd bürgerschen mit gelde das er fürsetzlich, als oben berürt, auffgeborget, renthe oder güter an sich keuffen vnd solch geldt vber bestimpte zeit schüldig bleiben,[1] so sol er, wenn deshalben klage vber jne geschehe, vorfestet vnd in vnser stadt nicht wieder gestattet werden, er habe dann vorerst das geldt das er also geborget bezalt,[2] oder der kleger sol von vns auff sein anruffen in die mit seinem gelde erkauffte güter vnd renthe, wenn die bey dem keuffer noch vnuorandert vorhanden weren, eingeweiset werden, sich seines geldes so weit sich solche güter vnd renthe erstrecken daran zu erholen.

Wurde jemandt so vnuorsichtig sein vnd in oder ausserhalb vnser stad oder in frembden landen geld leihen vnd fürstrecken eins bürgers

---

1) 1532: gudth effte renths vhor lick süluest brukede edder ayner busfrowen efte kynderan lehnen lethe. 2) 1532 folgt: Wolde lick ock syne frowe edder kinder sodans gekoifften gudes tho gebrukende vudermaken etc.

sone der noch vnter seiner eltern gewaldt vnd doch denselbigen oder seinen vormunden vngehorsam, auch ein schlemmer, brasser, spieler oder dergleichen vnordentlichen lebens were, vnd das leihen vnd borgen auch ohne der eltern vnd vormunden [1] willen vnd befehl were geschehen, oder nicht ausfündig gemacht werden kondte das gemelter vnser bürgerssone das geborgte geld in seiner eltern nutz vnd frommen, oder zu betzalunge jrer schulde, oder zu seinen studijs oder seiner selbs eigen leibs nottorfft in seiner krauckheit angewent hette: so were zu vormuten, das er das geldt vnnützlich vorschwendet vnd vbel zugebracht hette, darumb es auch die eltern oder [2] vormunde, vngeachtet das es der sone mit seiner handtschrifft oder brieffen an sie vorweiset hette, zu bezalen nicht schüldig sein sollen, sie wolten es dann mit gutem willen thun. Darumb wollen wir hiermit jedermenniglich guter wolmeinunge vorwarnet haben, das sich ein jeder hierinne fürsehen vnd vor schaden vorhüten müge.

LII Von dobbelspiele.

155 **H**ieroben ist doppelspiel auff sontage vnd feirtage verbotten worden: [3] nun wollen wir dasselbige auff andere tage auch nicht gestatten auff vnser apoteken oder in vnsern wein oder bierkellern, dann wojemandthiewieder handlen wurde, solt deshalben vorfestet werden.

CXXXIX. 194

Wurde sonst jemandt einem andern an einem andern orte mit der karten, bredtspiele oder in ander wege auff einem sitze mehr dann fünff newe schillinge abgewinnen, vnd der so das geldt verloren hette klage darüber thun, solt das vberige gewonnen geldt an vns den radt fallen. 156

CXXXIX. 196

LIII Von denen die jr gut vnnützlich vorbrengen.

157 **W**urde jemandt, er were jung oder alt, befunden das er seine güter vbel vnd lesterlich vorschwendete, dem wollen wir vber seine güter vormunden setzen, vnd so dann jemandt mit jme handlen oder jme wes zu borge thun wurde, das solt vnkrefftig vnd nicht bindende sein. Wenn er sich aber wieder besserte, vnd solchs erkandt wurde, so solt jme seinen gütern selbs wieder fürzustehen erleubt werden.

CXXXIX. 165

LIV Von maelsteinen vnd andern grentzezeichen.

158 **W**o jemandt betroffen oder vberweiset wurde das er maelsteine oder maelbeume oder andere zeichen die zu erhaltung der grentzen gesetzt, fürsetzlich vorrückt vnd ferner gesetzt hette, seinen acker oder garden zu erweitern, er sol das abgezogen landt wieder geben vnd darzu nach grosse vnd wichtigkeit seiner vbertrettung vmb eine geldsumma gestraffet werden, vngefehrlich auffs halbe theil des werds so er dem andern zu entziehen im fürhaben gewesen. **A**lso sol es auch mit denen gehalten werden die jre zeune den nachbarn zu schaden wolbedechtig vortsetzen, vnd denen die do jren nachbarn wissentlich abepflügen. 159

LV Von dem der ein gut zweien vorkeufft, vorpfendet oder vorwechsselt.

160 **W**er ein gut jrer zweien vorkeufft, vorpfendet oder vorwechsselt: welchem es erst vberantwort wird der behelt den vortzuge. Der keuffer aber oder vorpfender sol den andern jre abge- trogen geldt mitsampt dem interesse vnd zugefugtem schaden erstatten vnd dem gerichte eine marck zur straffe geben oder so lange die stadt reumen.

1) Im Orig. vormunden.   2) Im Orig. odern.   3) Im Orig. warden.

LVI Von vntrewe.

161 **W**o jemandts etwas zu machen oder zu uor-
arbeiten gebracht wurde, vnd er ware so vntrew
das er das gebrachte gut vorkeuffte oder son-
sten von abehenden brachte, der sol den be-
trogenen alsbald bezalen vnd zufrieden stellen
vnd einen gülden zur straffe geben: thut er das
nicht, sol er vorfestet werden. Weis auch der
beschwerte sein gut anzutreffen, er mag es mit
seinem eide ziehen wie gewonlich.

LVII Von gartendieben.

162 **D**ieweile eine zeithero viel klagen komen, das
in den garten viel stelens geübt wurde [1], sol
man darauff gute bestellunge thun vnd nach-
forschen.

163 **W**o ein gartendieb erkundet wurde, der sol
nach gelegenheit seiner dieberey mit der staupe
oder mit dem stricke gestraffet werden.

164 **W**urde auch einer in frembden garten betrof-
fen vnd ohne abbruch seins lebens gar wol ge-

schlagen, man sol es seiner eigen vorwirckunge
zumessen vnd darüber nicht richten.

Wurde aber der dieb beschen vnd entlieffe 165
doch, er sol sich mit dem eide reinigen, wo es
jme der kleger darzu wil kommen lassen. Kondte
er aber jns mit einem glaubwirdigen zeugen
vberweisen, man mag jne peinlich vberziehen
vnd die warheit an jme erkunden.

LVIII Von strassenreubern vnd jrer straffe.

166 **D**ie strassenreuber werden nach sechsischem [2]
rechte vnd gebrauche dieser lande gemeinlich
mit dem schwerdte gerichtet vnd auff ein bloch-
radt gelegt.
Die aber mörderey darneben begangen, werden 167
mit einem blochrade gestossen vnd darauff ge-
legt: dabey wollen wir es hinfurder auch las-
sen.

LIX Von denen die den dieben helffen oder sie hausen vnd hegen.

168 **W**er dieben vnd reubern zu jrem stelen vnd
rauben hülffe oder beystand leistet oder sie
darzu hauset, heget, etzet oder trincket: wird
er des vberwunden vnd hat mit jnen genies
oder ausbeut genomen, der sol dem rechten
principaltheter gleich geachtet vnd gerichtet
werden, wenn er allein seine viertzehen jar er-
reicht hat.

LX Von falscher gewichte, maes vnd elen.

169 **E**in jeder sul rechte gewichte vnd maesse haben die mit
vnserm des raths zeichen gezeichnet vnd vorordnet,
damit er auch in vnd auswegen vnd messen sol.
Wer des anders befunden wurde sobe vnd vor jede
vngezeichnete gewichte vnd maes einen gülden zur
straffe geben.
Wer vngezeichnete falsche gewichte, mass oder 170
elen hette, der solte vns jedesmal vor jedes
stücke eine marck zur straffe geben, vnd wo
darüber geklagt wurde, solte beklagter dem kle-
ger auch seinen zugefügten schaden erstatten.

---

1) *Im Orig.* warden.   2) *Im Orig.* sechsischen.

LXI Von dem zol vnd zolzeichen.

171 Ein jeder, er sey in oder auslendisch, sol vns CXXXIX. dem rathe den rechten gesetzten vnd gewonlichen 60 zol geben, dann so das jemandt nicht thun sondern vns mit dem zol betrogen vnd vorkürtzet hette, der solt vns den zol den er vns entwendet neun mal geben, bey straffe einer festunge.[1]

Wer vnsere zolzeichen vnd freyzeichen aus vn- 172 ser zolbuden fordern vnd die frembden leuten aus CXXXIX. betrug in oder ausserhalbe vnser stad zu ge- 60 brauchen zustellen vnd vberantworten wurde, der sol vorfestet werden mit einer füraatz.[2]

LXII Von der müntze.

173 Wo jemandt gülden oder silbern müntze be- CXXXIX. schneiden, auswippen oder zu granali machen 79 vnd dieselbe vmb genies willen vorkeuffen wurde, der solt zur staupe geschlagen vnd der stadt vorweiset werden.

174 Wer aber falsche müntze gemacht hette solt

mit feur lebendig vorbrandt werden.

Wer falsche müntze[3] in die stadt brechte vnd 175 wissentlich damit die leute betröge, solt das falsche geldt alle vorloren haben, darzu zur staupe geschlagen vnd der stadt vorweiset werden.

LXIII Von falschem[4] gezeugnus.

176 Schweret einer in peinlichen sachen einen eidt vnd gibt falsch zeugnus wieder einen andern, den er vmb leib vnd leben oder in andere leibesfahre brechte oder brengen wolte, er sol die straffe leiden darin er den andern hat brengen wollen.

177 Wo er aber in burglichen sachen einem[5] andern zu schaden falsch gezeugnus gegeben hette, vnd das wurde wieder jne geklagt vnd beweiset, man sol jme die finger damit er den falschen eidt geschworen hat abehawen vnd jne auch ehrloss vnd rechtlose machen vnd der stadt vorweisen. Wurde er aber nicht beklagt vnd doch sein meineidt offenbar, man sol jnen ehrvnd rechtlos halten.

178 Wer seine sache seinem kegentheil auff ein eidt stellet sol jme an dem eide gnügen lassen vnd in der anhengigen sachen ferner dawieder zu handeln nicht gestattet werden.

Wolt er aber peinliche klage deshalben erhe- 179 ben vnd darumb einen newen proces füllren, das sol jme hiemit vnabgeschnitten sondern ausdrücklich fürbehalten sein.

Wir thun vns auch hiemit fürbehalten einen 180 jeden mutwilligen vnrechtschwerer von ampts wegen wilckürlich zu straffen.

Wer eine vrfriede bricht die er gerichtlich 181 hat geschworen, er sol mit dem schwerdte gericht vnd vom leben zum todte bracht werden.

Wer sich zu einem eide erbote, vnd ehe dann er 182 schwure vberweiset werden kondte das er CXXXVIII. falsch hette schweren wollen, er sol mit dem CXXXVII. eide nicht zugelassen sondern abgeweiset vnd 35 vmb sechtzig schillinge gestraffet werden.

Schwure er aber vnd kondte darnach mein- 183 eidts vberwunden werden, er hette beide finger CXXXVIII. vorlorn vnd muste der stadt emperen one gnade. CXXXVII.

LXIV Von keuffen vnd vorkeuffen vnd von fürkauffe.

184 Es sol kein frembder von einem andern fremb- CXXXIX. den, ausserhalbe der freien marckte, in vnser 35 stadt etwas keuffen, bey vorlust des gekaufften guts, das vns vorfallen, vnd der keuffer seins

---

1) sodanen broike als der vp verordent moch be lyden. 2) 1532: werdth de den bedrogenn, syn lyff vnd gudth schal ju des rades gewaldth stahn. 3) Im Orig. müntzte. 4) Im Orig. falschen. 5) Im Orig. einen.

geldes das er dafür gegeben emperen sol.

185 **W**o jemandt dem andern allhier in vnser stadt in einen kauff fallen, vnd mehr als der erste keuffer, dieweile er es noch in kauffe hette, dem vorkeuffer dafur bieten würde, der solt vorfestet werden.

186 **W**er allhier auff dem marckte etwas kaufft vnd bar geldt dafür lobet zu bezalen, das sol er thun also vort er darumb gemanet wird. Geschicht es nicht, wo sol der keuffer gepfandet werden. Hat er aber des pfandes nicht, sol er werden vorfestet bis das er bezalt habe.

187 **A**uch sol niemandt in vnser landtwehr vnd für vnser stadt etwas auff fürkauff oder zu seiner eigen haushaltung vnd nottorfft keuffen das die leute anhero in vnser stadt zu marckte brengen wollen, es sey was es wolle, bey straffe einer festonge, ausgenommen bawholtz oder hopffenstachen mag ein jeder zu seinem eigen bauwercke vnd auff seinen hopffengarten zu gebrauchen wol keuffen, es geschege in oder vor vnser stadt.

188 **S**o sol auch niemandt bey straffe einer festunge brenholtz in vnsern landtwehren oder vor vnsern thoren oder in vnser stadt ebednu das es in die stadt durch die ersten schlagebeume gefahren sey, keuffen oder zu keuffen besprechen.

189 **A**uch vorbieten wir gentzlich vnd bey einer festunge, das niemandt sich gelüsten lassen solle in vnsern landtwehren oder in vnser stad fische auff fürkauff zu keuffen.

190 **V**nd weiter sol niemandt gestattet werden in vnser stadt auff dem marckten vormittags vor zehen schlegen, so lange die banner aussteckt, jenige wahre, güter oder vieh auff fürkauff zu keuffen, bey vorlust dessen das er also auff fürkauff gekaufft hette.

191 **W**as auch vormittags nach zehen schlegen oder nachmittage von auswendig zu kauffe in vnser stadt gebracht wird das sol niemandt desselben tags auff fürkauff keuffen, bey vorlust des guts.

LXV Von dem kornkauffe.

192 **E**s sollen keine vnser bürger, bürgerinne, bürgerkinder, diener oder inwoner einem frembden zum besten, der nicht vnser bürger were, mit desselben gelde korn in vnser stadt auff dem marckte keuffen, bei straffe eins halben gülden vns vor jeden scheffel korns zur straffe zu geben.

193 **W**er allhier ein fuder korns auff dem marckte kaufft der sol einem andern bürger, wenn er das begerte, vmb denselben kauff von solchem fuder korns einen scheffel korns oder weniger zu seinem behufe darvon vbergeben vnd folgen lassen, bey straffe eins halben gülden so offt er sich des weigern würde.

LXVI Von dem maltze.

194 **N**iemandt sol frembd maltz in vnser stadt brengen vnd dasselbige allhie auch nicht vorkeuffen, bei straffe zweier gülden vns vor jeden scheffel zu geben. So solt auch den gleiche straffe geben der in vnser stadt frembdt maltz herbergen wurde.

195 **W**er aber maltz keuffen wil der sol es von niemande dann von vnsern bürgern vnd bürgerinnen keuffen, bey einem halben gülden straffgfgel-

des vor jeden scheffel vns vorfallen zu sein.

196 **A**uch sol niemand in vnser stadt mit frembden leuten marschoppei haben, denselbigen allhier mit darlegung jres geldes auff jrer beiderseits gewin vnd vorlust maltz zu machen, bey straffe eins gülden vor jeden scheffel maltz vns zu geben.

197 **W**er sonst maltz in vnser stadt kaufft vnd daraus führen wil der sol vns vor jeden schef-

fel auff vnser zolbuden zween mariengroschen
zu zcise [1] geben vnd darauff die zolzeichen ne-
men, die vnsern thorhütern zu vberantworten:

sonst sol das maltz aus der stadt nicht gestat-
tet werden.

LXVII Von hoeckwercke.

198 **A**lle vnd jede frembde kauffleute die allhie
hoeckwerck zum marckte brengen, sollen damit
in jeder wochen nicht mehr dann des dingstags
im Hagen vnd des freitags in der Altenstadt zu

marckte stehen vnd allein vnsern bürgern, bür-
gerinnen vnd jnwonern vnd wissentlich keinen
frembden vorkeuffen, bey straffe einer marck.

LXVIII Von den saltzführern.

199 **D**ie saltzführer so saltz allhie zu marckte bren-
gen vnd daselbst fehle haben, sollen es auff
dem marckte oder auff den strassen allhie vor-
keuffen, vnd niemandt sol[2] solch saltz, wenn es

von dem marckte wieder abgeführet würde, ein-
nemen vnd herbergen, bey straffe eins gülden
so offt das geschege.

LXIX Von erbe vnd zinse zu vorkeuffen oder zu vorgeben.

200 **W**er ein erbe oder zins vorkaufft, der sol es ge-
CXXXIX. 7
CXXXVII.5 we bren bey einer festung.[3]

201 **W**er ohne vnser des raths wissen vnd willen
CXXXIX. 12 sein erbe, dar vnser stadt jre pflicht mit abegehet, vor-

kaufft oder vorgibt, der sol solch erbe verlieren
vnd dasselbige an vns fallen, vnd der vorkeu-
ffer sol daran vorfestet werden.

LXX Von dem der eins andern angefelle oder gedinge kaufft vnd an sich brenget.

202 **V**nsere bürgere oder bürgerinnen sollen des an-
CXXXIX. 11 dern angefelle oder gedinge das derselbige in seinen
labentchen gewehren oder daran er die gesambte handt

oder sonst die mituorsamlunge vnd die mitlehenunge
hette, ohne sein wissen vnd volbordt nicht keuffen
vnd an sich brengen, bey straffe einer festunge.

LXXI Von dem der leibgedinge keuffen wil.

203 **V**nsere bürgera oder bürgerinnen sollen ohne vnser
CXXXIX. 16 des raths willen nirgends anderswor leibgedings-
renthe keuffen oder beleggen dann alleine bey

vns auff vnser müntzschmiede, bey straffe
zehen marck.

LXXII Von dem der zins gibt von seinem hause vnd ligenden gründen.

204 **W**elch bürger oder bürgerinne zinse von seinem hause
CXXXIX. 13 oder andern seinen[4] zu weichbilde gelegen gütern
jemande anders dann vnsern bürgern, bürgerinnen, oder
den die sie vns vorschossen vnd vorunpflich-

ten, vorkeuffen wollen, die sollen dafür vns dem
rathe das vns das jarliche schos vnd vnpflicht
daruon gegeben werde gut sein, bey zehen marck
straeffgeldes zu uermeiden.

---

1) Im Orig. zsise.   2) Im Orig. so.   3) 1582 hinzugefügt Wil jdt de raidth gelden, dath mach he dhoin.
4) Im Orig. seinem.   54

LXXIII Von vorlassung eins erbes oder geldes an einem erbe.

205 **E**s sol niemandt erbe aufflassen noch keinerleige geldt
CXXXIX, 8 daran dann alleine vor vns dem rathe vnd vor vn-
sern richterherren vnd vogten offenbar zu rechter
dingzeittage in gerichte, vnd das sol er in eigener per-
son selbs thun, es wehre dann das jme solchs cho-

baffte not beneme: so mag er durch seinen volmechtigen
das erbe oder zins vor gerichte vorlassen, jedoch das
alsdann der also erbe oder zins durch seinen volmechtigen
vorlest vor gerichte namhafftig gemacht werde.

LXXIV Von vorpfendunge.

206 **W**er einem andern sein haus, hoff oder garten oder
CXXXIX, 9 sein gut vorpfenden oder vor ein vnterpfandt einsetzen
wil, der sol allerleige betriegligkeit vnd hinterlist zu vor-

kommen die vorpfendung also im gerichte in das gerichts-
buch schreiben lassen, vnd sollen die parteien oder
jre volmechtige selbs gegenwertig sein.

LXXV Von dem der geldt kaufft an eins andern erbe.

207 **W**er geldt kaufft an eins andern erbe, der sol das
CXXXIX, 10 schreiben lassen in der stad buch wie theur er das
kaufft, oder es sol nicht binden, ausbescheiden erbezins
vnd wortzins vnd zins den man vber dreissig jar in auff-

name [1] gehabt; darmit bleiben der auffnemer vnd
seine erben bey jrer gerechtigkeit, vnd man sol auch
disfals gegeben briefe vnd siegel halten.

LXXVI Von dem der nicht helt sein haus in baw vnd besserunge.

208 **W**er sein haus der stad, sich selbs vnd den zins-
CXXXIX, 14 herren zu gute nicht heldt in notdurfftigem baw
vnd besserunge, sondern lest es vorfallen vnd
vorterben, der sol deshalben, wenn klage dar-

über keme, vorfestet werden, bis das er be-
dacht werde die besserung zu thun vnd zu
vorrichten.

LXXVII Von den gefehrlichen feurstetten vnd fewrsnot.

209 **E**s sollen die fewrstedten durch vnsere darzu veror-
CXLIII, 1 dente fewrherren, zu welcher zeit wir der radt das
befehelen," besehen werden. Wor sie dann gefehr-
liche fewrstedte befinden, oder wir sonst das er-
faren vnd geklagt wurde, so sol demselbigen
dem die fewrstedte zugehört von vns oder
vnsern fewrherren angezeigt vnd aufflegt
werden die fewrstedte zu bessern vnd zu vorwa-
ren, bey einer festunge zu vormeiden."

210 **S**o sol auch ein jeder selbs vnd durch sein gesinde
CXLII, 2 auff sein fewr vnd licht gut auffsehens haben. Dann
würde das jemandt mutwillig vorachten vnd seinem nach-
bar (das gott gnediglich vorhüte) schade daruon ge-

schehen, den sol er gelten, oder wo nicht alsdann so
lange der stad emperen bis das er sich mit dem beschae-
digten vortragen habe.

Wenn bey tage oder bey nachte von wegen 211
fewrsnot ein geschrey oder glockenschlag würde, CLVII, 34
so sol ein jeder vnser bürger mit seinem har-
nische vnd wehre für dem rathhause des welch-
bildes darin er wonhafftig vngesoumet er-
scheinen vnd darselbst gutwillig sein zu thun
was wir oder vnser heubtleute vnd befehlhaber
jme aufflegen vnd befehlen werden, bey straffe
eins gulden.

Die zimmerleute aber vnd steindecker vnd alle 212

---

1) *Ausgelassen* ohne weddersprake. 2) 1550: vmme Wolborgis vnde Michaelis. 3) 1550: by pene eynes gulden.

ander leute die vormůge vnser hiebeuor publi-
CXLIII, 4 cierten fewrordnung zu dem fewr zu lauffen be-
CLVII, 31 scheiden sein, die sollen sich in aller eile dahin

finden vnd das fewr leschen vnd retten helffen,
bey vormeidunge vnser ernstlichen straffe.

LXXVIII Von hopffreuer, bonen vnd maenstro nicht bey sich zu legen, vnd bey dem liechte mit flachse nicht vmbzugehen.

213 **W**ir verbieten ernstlich vnd wollen, das niemandt hopff-
CLVII, 2 reuer, bonen vnd maenstro in seine gewarsam brengen
vnd enthalten vnd bey keinerleige liehte flachse
schwingen, treiten, becheln oder risten oder

dasselbige durch sein gesinde oder jemandt an-
ders thun lassen sol,[1] bey straffe zweier newer
schillinge so offt einer hiewieder handlen warde.

LXXIX Von dem herbergen.

214 **E**in jeder sol sehen wen er herberget. Keme dar schade
CXXXIX, von, vnd der wirdt bedacht warde das er kein fleissig
136

auffsehens auff den gast gehabt heue, so sol der wirdt
wilckůrlich gestraffet werden.[2]

LXXX Von heusern vnd buden, die frembden leuten nicht zu uormieten.

215 **K**ein vnser bůrger, bůrgerin oder jnwoner sol aus-
CXXXIX, wendigen leuten die vns dem rathe nicht schossen,
116

heuser oder buden allhier vormieten ohne vnser
des raths erleubnusse, bey straffe einer marck.[3]

LXXXI Von dem fenstergelde.

216 **D**ieweile wir in erfarung kommen, das etzliche
bůrgere, bůrgerinnen vnd einwoner newe thewr-
bare fenster in jre heuser machen lassen, die
sie von jren herrn vnd freunden zu betzalen
bitten, also ist vnser ernstlich gebot vnd wol-
len, das niemandt hinfůro fůr ein fenster das er

einem andern gibt dem glaser vber sechs mar-
riengroschen entrichten sol, bey straffe eins
ortagůlden. Was aber solche thewrbare fenster
mehr kosten das sol er bezalen der dem die
fenster zugehörig sein.

LXXXII Von den strassen reine zu halten vnd in die Ouker keinen dreck zu werffen.

217 **A**lle vnd jede vnsere bůrgere, bůrgerkindere
vgl. vnd jnwonern sollen alle sonnabendt vnd des
CXXXIX, abendts vor den vier zeiten jre steinwege fegen
119 120 vnd alsdann auch den dreck also vort daruon
brengen, bey straffe zweier newer schillinge.
218 **S**o sol auch in die Ouker vnd wasserströme
vgl. gantz vnd gar kein dreck oder hausfegelse ge-
CXXXIX, tragen oder geschůttet werden, bey straffe eins
121 gůlden zum ersten male, zum andern male bey

zween gůlden, vnd zum dritten male bey einer
festunge mit der fůrsatz.
So wollen wir auch, das vnsere auffzůger vnd 219
wechter vnsere marckte vnd andere gemeine
steinwege vnd pletze die wir in besserunge hal-
ten lassen, fegen vnd den dreck daruon mit
vnser wechterkarre auff vnser welle an gewon-
liche vnd gelegen örter fůhren lassen sollen, bey
vormeidunge vnser straffe.

---

1) *In der Feuerordnung:* auch bei nachte mit dem lichte bei stro, flachsse, hennepe, piehe, talge oder andern reite nicht vmbgehen, auch die nacht vber bei lichte nicht droschen hauen soll *etc.*   2) 1532: dar scholde he the antworden.   3) 1532 *statt dieser Strafbestimmung:* Vnde de schal schoten vnd waken als ein borger.

54*

LXXXIII Von der fasenacht.

220 **Es** sol niemandt allhie in oder vor vnser stadt
in der fasenacht weder tags oder nachts sich
vormummen oder laruen fürbinden vnd also
fastelabendt lauffen, oder ein grewlich vngeber-
dig geschrey mit singen oder anderm[1] gedone
anrichten, oder sonst ein vngeschickt leben trei-
ben, bey straffe eins gülden so offt er dessen
betretten würde. Vnd wo sich der schüldige
dawieder setzen vnd sich zu solcher straffe nicht
begeben wolte, solte er darüber vorfestet werden.

LXXXIV Von dem grase in vnserm bruche.

221 **N**iemandt sol des jare vor dem heiligen pfinget-
abendt aus der gemeine in vnserm bruche grass
holen vnd nach pfingsten mit sessen in dem
bruche kein grass meigen noch dasselbige mit
schiffen beuffig daraus führen, sondern wer des
grases zu thun hat mag zu behuff seiner kübe
den tag einen korb vol oder zween mit eicheln
im bruche schneiden vnd daraus holen vnd nicht
mehr, bey einem newen schillinge vor jeden vbe-
rigen drachkorb grases vns zur straffe zu geben.

LXXXV Von den hirten vnd vieh, dasselbige allhier auff gemeiner weide in vnser landtwehr zu hüten.

222 **D**ie knochenhawer in jedem weichbilde mögen wol ei-
nen eigen schafshirten haben der jnon jro boetlinge,
die sie allhie auff die scharnen schlachten wollen,
anstreiben vnd hüten müge[2]. Sonst sol niemandt
anders zu seinem vieh vnd quecke einen eigen
hirten halten, bey straffe eins newen schillings
vor jedes haubt viehs so offt er das mit seinem
eigen hirten austreiben vnd weiden lassen wurde
zu geben.

223 **A**ber wer allhier in den freien marckten oder auff
andere zeite schafe, boetlinge oder schweine an-
hero brechte, dieselben allhie zu vorkeuffen,
der mag sie auff vnser stadt weide wol achte[3] tage
lang treiben vnd hüten, vnd lenger nicht, oder
wir wollen sie darüber pfänden vnd die vorbe-
rürte geldtstraffe von jme fordern vnd nemen
lassen.[4]

So sol auch niemandt frombdes[5] auff vnser stadt 224
weide pferde, ochsen, kühe oder ziegen treiben, sie
darselbst hüten zu lassen, bey straffe einer
pfandunge vnd zweier newer schillinge straffgeldes
vor jedes haubt zu geben.

LXXXVI Von den die jro[6] schweine allhie auff den strassen gehen lassen.

225 **W**er schweine hat der mag sie vor den schweine-
hirten treiben oder in seinem hause behalten. Aber
auff der strasse sol er sie nicht gehen lassen,
dann wo das geschicht, sollen die schweine
von vnsern wechtern gepfandet werden. Wur-
de auch ein schwein darüber schaden bekom-
men, den solt niemandt zu erstatten schül-
dig sein.

LXXXVII Von wildtwercke vnd vogelwercke.

226 **N**iemandt sol zwischen Ostern vnd Trinitatis
wildtwerck, dieweile es jungen hecket, schies-
sen oder fangen, bey straffe einer marck so
offt einer dessen betretten wurde.

Wir vorbieten auch, das kein vogelwerck zwi- 227
schen liechtmessen vnd s. Jacobs tage gefangen
werden solle, bey straffe eins halben gülden so
offt er schüldig befunden würde.

1) Im Orig. andern. 2) Im Orig. mügen. 3) Für die ausser bei Freimärkten eingetriebenen Schafe war 1532
die Weidefrist auf 14 Tage beschränkt. 4) Ganz anders die Bestimmungen von 1532. 5) 1532 bosan drey
dage. 6) Im Orig. der seine.

225 Vnd niemand sol in vnser landwehr oder ge- CLXXIX. biete hirsche, rohe oder wilde schweine bey zween 155 marcken, auch keine hasen bey einem gülden

straffgeldes vor jedes stück vns zu geben, schiessen, es geschehe dann mit vnser erleub- nusse.

LXXXVIII Von fischen zu fangen.

229 Wir wollen auch nicht, das jemand in der On- CLXXXIX. ker dar sie gemeine ist oder in andern gemei- 155 nen wassern mit zoch oder worffnetzen oder mit der jacht oder mit garn oder[1] körben fischen sol. Aber mit waden, berckelen, hamen vnd angeln ausserhalbe der leichezeit sol es frey sein vnd bleiben.

230 Es sol aber niemand den fischen mit kornin- CLXXXIX. gen[2] nachstellen vnd die gemeinen wasser da- 155 mit nicht vorwüsten.

231 Niemandt sol ohne vnsere erleubnusse in vnsern stadtgraben, teichen vnd landtwehren oder in andern heechwassern daran er keinen eigen-

thumb hat oder die er vmb zinse nicht gebraucht fischen in keinerleige weise noch wege, vnd wo nun jemandt dieser vorgemelten stücke eins vorechtlich vbertretten wurde, solt er mit einer festunge gestraffet werden.

Wir wollen auch alle vnd jede fischer hiemit 232 vormaent vnd begert haben, das sie die gar CLXL. kleinen fische, ausgenommen bleke vnd grundt- 191 linge, aus den wassern vnd teichen nicht fan- gen sondern lauffen lassen sollen, das sie grös- ser werden vnd leichen mügen: das gereicht jnen den fischern vnd dem gemeinen nutz mit zu gute.

LXXXIX Von den flachsrothen.

233 Es sol niemandt in der Onker zwischen der stadt CLXXXIX. vnd Runiagen, auch nicht im bruche oder in den 152 stadt vnd Newenstadt marschgraben flachs rothen. Wer aber sein flachs in vnuorbotten wasserorte in die rothe leget sol sich der torue aus dem anger zu stechen vnd darauff zu legen enthal- ten, sondern wem des von nöten, mag die mode

aus der grundt des wassers nemen vnd auff das flachs schütten, vnd wenn das flachs gero- thet ist, sol alles holtzwerck, stro vnd steine damit das flachs beleget gewesen, darvon ge- bracht vnd in dem wasser nicht gelassen wer- den, bey straffe einer festunge.

XC Von den gepflantzten weiden.

234 Niemandt sol gepflantzte weiden an vnsern stadtgraben, gemeinen weiden, wiesen, eckern, garten oder anderswor schampfieren, schellen

oder gar abhawen vnd vorterben, bey straffe einer festunge mit der füraatz.

XCI Von den möllern, auch maltz vnd korn zu malen.

235 Die möller vnd jr gesinde sollen einem jeden sein CXXXIX. korn vnd maltz das er in die mülen brenget, 13) getrewlich malen vnd vorwaren, das ein jeder das seine wenn es gemalen ist gentzlich wieder be- kommen müge, bey vormeidunge vnser ernsten straffe.

Niemandt sol mehr korn oder maltz in die mülen 236 sacken vnd schicken darselbst zu malen dann CXXXIX. als er vorzeiset hat nach scheffel vnd hemptenzal, 92 bey straffe eins halben gülden vor jeden vberigen hempten zu geben.

---
1) oder fehlt. 1) im Orig. kornügen.

XCII Von dem bierbrawen.

237 Es sol keinem vnser bürger kinder gestattet
werden die narunge des bierbrawens zu treiben, er sey dann achtzehen jar alt: alsdann
vnd nicht ehe sol er den gewonlichen brawereidt schweren.

CXXXIX. 90

238 Zwo personen sollen in einem hause nicht bier brawen
noch ein persone in zween heusern, bey straffe zehen
marck.

CXXXIX. 89 CLVI, 9

239 Vnd sol ein jeder brawer verpflichtet vnd schüldig sein die brawerordenunge die wir jedes jars
nach einkauff des hopffen, gersten, holtz vnd
nach anderer gelegenheit setzen, bey geschwornem eide vnd straffe des meineidts getrewlich
zu halten.

240 Vnd ein jeder brawer sol zu jedem braw biers
vier gestrichen scheffel vnd vier auffgeheuffte hempten maltz vnd nicht darüber in die müle sacken, bey
straffe eins halben gülden vor jeden vbrigen hempten zu straeffgelde zu geben.

CXXXIX. 91 CLVI. 1

241 Darumb auch ein jeder brawer seinem knechte
vnd gesinde ernstlich anzeigen sol zu jedem
braw biers vber vier scheffel vnd vier auffgeheuffte hempten maltz in die mülen nicht

CXXXIX. 92

zu sacken. Würden sie aber das vbertreten,
so sollen sie vns die vorberürte geldtstraffe vor jeden vbrigen hempten zu geben auch
vorfallen sein.

vgl. CI,VI. 11

In jedem vnserm weichbilde sol ein radtsherr verordent sein, dem ein jeder brawer jedesmal anzeigen sol wen er mummen ausserhalbe landes
vorschicken wil. Alsdann sol der rathsherr
solche mummen schmecken vnd wenn er die
gut befindet das fass mit vnserm zeichen
brennen. Wo aber das nicht geschicht, sollen vnsere thorhüter solche mummen aus vnserm thore zu füren nicht gestatten, bey
vormeidunge vnser straffe.

242 CXXXIX. 94

Niemandt allhier sol marriengroschenbier ausserhalbe seines hauses bey quartieren, halbestübechen oder gantzen stübechen, auch nicht
in glesern oder andern gefessen vorkeuffen, bey
bröke dreissig gülden. Aber in seinem hause
vnd wonunge mag er es seinen gesten vor geldt
wol schencken oder aus seinem hause in gantzen
oder halben feessern vorkeuffen ohne bröke.

243

XCIII Von den steinwegen, steinsetzern, zimmerleuten, staindeckern, gartenern, garten vnd zeunen.

244 Ein jeder sol seinen steinweg machen vnd
wenn er zerbrochen ist bessern lassen. Vnd wenn
er das thun wil, sol er mit den steinsetzern den
nachbarn zeigen vnd weisen wie der steinweg
gebawet vnd gebessert werden sol, vnd hören
ob sie damit also auch friedlich sein wollen.

CXXXIX. 174 vgl. CXXXIII. 125

Darumb sol niemandt seinen steinweg zu
hoch vnd seinen nachbarn zu nachteil setzen
lassen, dann wo das geschehen vnd das vns
dem rathe geklagt würde, sol der dem der
steinweg zugehörig vnd der steinsetzer jeder
einen halben gülden dafür zu bröke geben,
vnd sol alsdann auch der steinweg wieder auffgenommen vnd also gemacht werden das er den
nachbarn nicht schedlich sey, bey straffe einer

CXXXIX. 126

festunge.

Die zimmerleute sollen wor sie bawen keine sülle, vnd
die steindecker keine rennen[1] auffnemen, sie forderu
dann vorerst die nachbarn den mit daran gelegen
dar bey, vnd das es dann mit jrem willen geschehe. Können sie sich aber darüber nicht
vorgleichen, sollen sie vns den radt ersuchen zween vnsere radtsherren dar bey zu schicken
vnd sich durch dieselben weisen vnd vortragen
lassen. Würde aber das nicht geschehen konnen, so sol es durch den radt des weichbildes
in den augenschein genommen vnd in gute vorgliechen oder ein bescheidt darnach sich die
parteien zu richten gegeben werden: würde sich
dann ein theil des bescheids beschwert befinden,

245 CXXXIX. 176

---

1) *Ausgelassen de steinsetter ouine steinwege.*

so sol jme frey stehen darvon an vns den ge-
meinen radt zu appellieren. Würden aber der
haußherr, zimmerleute vnd steindecker diß
vnser mandat vnd ordnunge vberschreiten
oder dawieder handelen, so sol ein jeder ei-
nen halben gülden zur straffe geben vnd den-
noch die sülle vnd rennen also wieder legen
das die nachbars damit zufrieden sein mügen,
bei vormeidunge vnser des raths weiter straffe.

246 Es sol niemandt garten die zu weichbilde legen bawen,
CXXXIX. er beschaffe dann das vns dem rathe vnd der stadt die
727 gebürliche päicht darvon werde, bey straffe einer
festunge zu vormeiden.

247 Vnd bey vormeidunge solcher straffe sol

auch niemandt ohne vnser des raths vorwort newe CXXXIX.
hopffen oder anders garten dar zuuor keine gar- 128
ten gewesen machen.

Vnd niemandt sol vor seinem garten einen newen **248**
graben der zuuor nicht dar gewesen machen CXXXIX.
ohne vnser des raths vorwissen vnd willen, 129
bey straffe einer marck.

Welcher gartner von seinem garten vnd lande zu **249**
weichbilde gelegen jemande anders wenn vnsern CXXXIX.
bürgern oder bürgerinnen oder denen die darvon der stadt 129
päicht thun zinss gibt, der sol gut dafür sein das vns
dem rathe das gebürliche schoss von solchem
zinss gegeben werde [1] bey straffe einer festunge.

XCIV Von dienstknechten, dienstjungen vnd dienstmegden.

250 Welcher dienstknecht, dienstjunge oder dienst-
CXXXIX. magdt sich vormietet vnd einem andern sich darnach die-
131 selben zeit auch vormietet hette, der solt die erste mie-
tung halten, oder wo er das nicht thun wolte,
solt er wenn es geklagt würde nicht gelidden
werden in einem gantzen jar allhier zu dienen.[2]

251 Wers auch ein knecht, junge oder magdt
CXXXIX. bey einem herren oder frawen in dienste vnd
132 vorpflichte sich einem andern zu dienen,
darvon er aber darnach einen abstandt thun
vnd bey seinem ersten herro oder seiner er-
sten frawen auff jr begeren lenger bleiben wolte,
so solte er die andern mietunge dem herra oder
der frawen sechs wochen vor Ostern oder sechs
wochen vor Michaelis wieder abekündigen vnd
auffsagen, bey straffe einer marck die er vns
geben solte. Wo er aber das nicht thete,
solt er so lange hier dienste emperen bis das er vns

eine marck erlegt hette.

Wurde ein knecht, junge oder magdt jren herrn **252**
vnd frawen wieder jren willen vnd ohne erhebliche CXXXIX.
vrsache (darüber zu erkennen wir vns fürbe- 133
halten) aus jrem dienste ehe dann das sie aus-
gedient hetten entlauffen, die sollen von der
zeit an zu rechnen in einem gantzen jare
von einem andern vnserm bürger, bürgerinnen, die-
ner vnd jnwoner allhier in vnser stadt zu
dienste nicht angenommen werden, bey vor-
meidunge zweier gülden straeffgeldes.

Welcher knecht, junge oder magdt jren herren vnd **253**
frawen vrsache geben würden sie von jres vn- CXXXIX.
gehorsams vnd mutwillens wegen ehr der zeit 134
jres vorsprochen dienste zu enturlauben,
so sollen sie jne gleichwol nicht das gantze
sondern das gebürliche lohn nach anzal der zeit
die sie gedient helten zu geben schüldig sein.

XCV Von harnische vnd wehre der bürger vnd vnser des raths diener.

254 Alle vnd jede vnsere bürgere vnd diener sol-
CXXXIX. len jre harnische, buchsen vnd wehre darauff
136 sie gesetzt sein vnd jne billig zu haben gebürt,

Jeder zeit fertig halten vnd vnser damit ge-
wertig sein, bey vormeidunge vnser ernstlichen
straffe.

---

1) *Ausgelassen* ohne das gefriet yß
stes enberen wente be de geue.

2) 1532: da scholde dem rade x ß gewen edder scholde hir so lange dein-

XCVI Von dem ausziehen zu felde in kriegsleufften oder sonsten auff vnsern des raths befehl.

255 So wir der radt vnsere bürger vnd diener in kriegs-
CXXXIX. leufften oder sonsten von not wegen mit jrem
182 harnische vnd wehre zu felde schicken wolten,
so sol jeder den wir darzu fordern mit seinem

harnische vnd wehre darzu fertig, gutwillig vnd
gehorsam sein vnd vnsern haubtleuten vnd
befehlhabern aus dem felde nicht entflie-
hen, bey straffe leibs vnd guts.

XCVII Wenn in kriegsleufften oder sonsten von not wegen bey tage oder nachte ein glocken-
schlag würde.

256 Alle vnd jede vnsere bürgere sollen, wenn
CXXXIX. in kriegsleufften oder sonsten von not wegen
183 bey tage oder nacht ein geschrey oder glo-
ckenschlag würde, ein jeder vor das radt-
haus seins weichbildes mit seinem harnische

vnd wehre vngesäumet vorfügen vnd dar-
selbst vns vnd vnsern haubtleuten vnd be-
fehlhabern gehör geben vnd gehorsam sein,
bey vnser ernstlichen straffe zu vormeiden.

XCVIII Von den die in zeit eins gemachten glockenschlags oder in kriegsleufften jre jungen
kindere auff die strassen oder ins feldt lauffen lassen würden.

257 Niemandt sol seine kinder in zeit eins ge-
CXXXIX. machten glockenschlags oder in kriegsleuff-
171 ten auff die strasse oder ins feldt lauffen lassen,

dann wo denselben darüber vngemach wie-
derführe, wolten wir der radt darüber nicht
richten.

XCIX Von der nachtwache.

258 Welchem vnserm bürger wir der radt durch
CXXXIX. 4 vnsere bawrmeister anzeigen lassen oder son-
sten befehlen die nachtwacht auff vnsern
thoren zu halten, der sol es thun mit getrew-
em vleis, bey den pflichten vnd eiden damit er
vns vorwandt ist.[1] Wo er aber solche nacht-
wacht in eigener person aus leibsschwachheit

oder andern ehehafften vrsachen zu halten vor-
hindert würde, so sol er einen andern ge-
trewen bürger in seine stedte vorordenen,
bey straffe zweier newer schillinge so offt
er diese wachte vorseumen vnd nicht bestel-
len würde.

C Von dem einlager.

259 Wenn von vns dem raths jemande angekün-
CXXXIX. digt vnd auffgelagt würde vmb seiner vor-
189 wirckunge vnd vbertretunge willen ein inlager
zu halten, so sol er gehorsam sein vnd in
das einlager gehen, bey straffe einer fa-

atunge.
Wurde auch jemandt aus solchem einlager 260
gehen ehe dann das es jme von vns erlaubt CXXXIX.
würde, der solte vorfestet werden mit einer 199
fürsatz.

---

1) Ausgelassen In kriges noiden schall de burger sulvest waken.

CI Von der festunge.

261 **W**er vmb einer missbandlunge willen damit er
den hals vorwircket, vorfestet vnd sich gleichwol
in der stadt oder anderswor in vnser des
raths jurisdiction vnd gebiete finden lassen
vnd darüber ergriffen würde, der selt am halse
gestraffet werden.

CXXXIX, 200

262 **W**ehre er aber vmb schülde willen oder einer
schlechten gemeinen kampffertiger wunden die nicht tödt-
lich vnd mit fürsatz nicht geschehen, oder einer an-
dern that halben damit er den hals nicht vorbrochen,
vorfestet oder vorweiset, vnd würde darnach in
vnsern des raths gerichten betretten vnd ge-
fencklich angehalten, so sol er in den hafften
so lange sitzen bis das er mit seinem wieder-
theile vortragen were vnd vns dem rathe zwan-

CXXXIX, 200

tzig gülden zu bröke erleget habe. Würde er
das nicht thun können, so solt er aus den haff-
ten wieder gelassen vnd aus vnsern des raths
gerichten so lange entweichen vnd bleiben bis
das er seins wiederparts willen gemacht vnd
vns zwantzig gülden straeffgeldes neben dem
fangegülden, schlies vnd kostgelde entrichtet
habe: alsdann mag er sich darauff vor vnserm
vntergerichte wiederumb einwerben lassen [1].

Wird auch jemandt mit einer fürsatz vorfestet vnd
darnach in vnsern des raths gerichten daraus er
vorfestet ergriffen, der sol vns viertzig gülden
aur straffe geben vnd seins wiederparts willen
treffen, oder wo nicht, so lange der stadt vnd vn-
ser des raths gerichte emperen.

263 *CXXXIX, 200*

CII Von der bürgerschafft vnd dem schosse.

264 **N**iemandt sol allhie in der stadt freien vnd wonen,
er habe dann zuuor die bürgerschafft, bey einer festunge
zu vormeiden.

CXXXVII, 201

265 **E**s darff keins bürgers kindt die bürgerschafft gewin-
nen, es were dann das er aus der stadt züge vnd anders-
wor wonhafftig were vnd darselbst eigen fewr vnd
rauch hielte jar vnd tag: wolt er darnach wie-
derkommen, so solt er die bürgerschafft von newes
gewinnen.

CXXXVII, 206

266 **W**er allhie bürger oder bürgerinne werden wil
vnd also von vns angenommen wird, der sol vns
vor die bürgerschafft geben was wir jeder zeit dar-
auff gesetzt haben, vnd damit die bürgerschafft
gewinnen. [2]

CXXXIX, 199

267 **W**o vns ein bürger oder bürgerinne hinter-
stellig schoss vnd andere vnpflicht zu geben
schüldig, oder etzliche seine güter allhie zu
weichbilde gelegen hetta, daruon er vns das ge-
bürliche schoss vnd andere vnpflicht nicht vor-
schaffen wolte, sondern züge von hier hinweg
sich ausserhalbe vnser stadt anderswor zu
besetzen oder darselbst sich zu enthalten,

CXXXIX, 160

den wollen wir vorfesten bis das er vns das
hinterstellige schoss vnd andere gebürliche vn-
pflicht entrichtet vnd geleistet habe.

Wurde jemandt die bürgerschafft frewentlich auff-
sagen von deswegen das er vns keinen gehor-
sam ertzeigen wolte, der sol zu derselben zeit schwe-
ren in viertzehen tagen den nehesten aus vn-
ser stadt zu weichen, vnd darin, es geschege dann
mit vnserm des raths wissen vnd willen, nicht wie-
derkommen, bey straffe einer festunge.

268 *CXXXIX, 194*

Wolt er auch darnach, wenn er vnsern willen
erlanget, die bürgerschafft wieder gewinnen, so sol
er vns bey geschwornem eide in vier wochen den ne-
hesten nachdem er wieder zu der bürgerschafft
gelassen vnd in die stadt kommen, das schoss vnd
andere gebürliche vnpflicht so er vns hinter-
stellig vnd vorsessen hette entrichten vnd lei-
sten. Vnd was jme dann weiter vor die bürger-
schafft zu gewinnen auszugeben gebüren wolte,
das sol stehen zu vnserm des raths wilckür,
dasselbige von jme zu fordern oder nach ge-
legenheit zu moderieren.

269 *CXXXIX, 195*

---

1) *Starke Abänderung der Bestimmungen von* 1532.
maerk alsofort genen.

2) 1532: de schal vor dey burgerschop nicht myn als thein
maerk alsofort genen.

270 Vnd weil wir gern sehen vnd begeren, das sich
cxxxvn. vnser bürger kindere mit göttlicher hülffe red-
lich ernehren vnd also etwas erworben mügen,
so wollen wir hinfuro geschehen lassen, das vn-
sere bürgerkindere mit jrer barschafft von hin-
nen in andere lande vnd sich daselbst zu dienste
begeben oder redeliche kauffmanschafft vnd
gewerbe vben vnd treiben mügen, vnd so lange
sie dermassen ausserhalbe vnser stad sein vnd
nicht eigen fewr vnd rauch anderswo halten,
sollen sie von jrer barschafft vnd beweglichen
gütern vns schoss vnd vnpflicht zu geben ge-
freihet sein, vnd mügen auch darneben bey der
bürgerschafft bleiben. Hetten sie aber allhie

zu weichbilde gelegen dingßichtige güter, dar-
von solten sie vns alle jar das gebürliche schos
geben vnd damit nicht vorschont werden. Wenn
sie sich auch wieder anhero begeben vnd allhie
sich enthalten oder besetzen, sollen sie vns jar-
lichs alle jre güter beweglich vnd vnbeweglich
gleich andern vnsern bürgern vorschossen vnd
vorunpflichten.

Wo jemandt der stadt faindt oder sich zu der 271
stadt feinden sellen vnd mit denselbigen participie- cxxxvn.
ren oder jnen fürschub thun würde,[1] der solt 210
der bürgerschafft vorfallen sein vnd der stadt
mit weib, kindern vnd gesinde ewiglich em-
peren, ohne gnade.

CIII Von dem der fürsetzlich vmb hiernach gemelter vrsachen willen flüchtig wird.

272 Wer aus der stadt von deswegen das er an
cxxxix. der stadt rechte kein gnügen haben wolte
193 flüchtig würde, der solt vor einen vnbescheiden
mutwilligen menschen gehalten werden vnd

die zeit seins lebens mit seinem weibe vnd kindern
der stadt emperen.

Wer auch aus der stadt vorlauffen würde 273
schulde halben, der solt vorfestet werden.[2] cxxxix.
191

CIV Von sachen die in güte oder mit rechte entscheiden sein.

274 Was zween oder mehr rathsherren aus vnserm des
cxxxix. raths befehl zwischen parteien in güte vorglei-
197 chen vnd vortragen, das sol so veste als ob wir der
gantze radt solche sachen gütlich vorhandelt
vnd vortragen hetten gehalten werden, bey
bröke zweier hundert gülden.

275 Was auch wir der radt zwischen parteien güt-
cxxxix.
198

lich vortragen oder mit vrtheil vnd rechte schei-
den, das sollen sie halten vnd nicht wieder-
ruffen. Bricht das jemandt, der sol vns dem rathe
zwey hundert gülden zur straffe geben. Würde
er aber das nicht thun, sol er mit seinem weibe
vnd kindern der stadt emperen bis das er vns die
zwey hundert gülden entrichtet habe.

CV Von der stadt gemeine.

276 Der stadt gemeine sol nicht vorjahren.
CXXXIX.
202

CVI Von den bürgern vnd bürgerinnen die ausserhalbe vnser stad auff dem Rennelberge vnd
auff dem Steinwege wonen.

277 Vnd sollen alle vnd jede vnsere bürgere vnd
bürgerinnen die ausserhalbe der stadt auff vn-
serm Rennelberge vnd Steinwege wonen, diese
vnsere ordnunge in allen puncten vnd articulen

auch zu halten vorpflichtet vnd schüldig sein
so wol als vnsere bürgere vnd bürgerinnen in
der stadt, bey vormeidunge der straffe die bey
jedem passele gesetzt ist.

---

1) 1532: vnd also darnede vpgifft de borgerschop, de gifft xx marg. Sin husfrowe, kinder vnd gesynde scholen
ohme fulgen. 2) 1532 ausführlicher.

278 **Vnd** wer in gegenwertiger ordnunge vormeldet wird, das die delinquenten aus der stadt vorfostet vnd vorweiset werden sollen, also sollen gleicher gestalt auch die delinquenten so auff dem Rennelberge vnd Steinwege wonen oder sich darselbst enthalten nicht alleine aus der stadt sondern auch von dem Rennelberge vnd Steinwege dar sie haus gehalten vorfestet vnd vorweiset werden.

CVII Von den brökeherren vnd dem straeffgelde einzufordern.

279 **Vn**sere vorordente brökeherren sollen jo-
CXXXIX. des mal bey geschwornem eide von dem rei-
lb7 chen so wol als von dem armen vnd hinwieder von dem armen so wol als von dem reichen das vorwirckte straeffgeldt einfordern vnd damit die gleicheit halten.

280 **Vn**d sollen das straeffgeldt von allen vnd jeden articuln vnsers stadtrochtens, des vntergerichts proces vnd dieser ordnunge,[1] wenn die nicht gehalten werden vnd jnen solchs angebracht wirdt vnd also zu wissen kriegen, einnemen ohne alles ansehens der personen oder jeniger andern affection vnd vorhinderunge.

Wir behalten vns auch für zu jeder zeit nach 281 gelegenheit vnd nottorfft diese vnsere ordnunge zu bessern, zu moderiaren oder zu endern. **Vn**d ist diese hieuorgeschrieben ordnung mit vnserm des raths, rathsgeschworen, zehenmannen, geschickten, gildemeistern vnd heubtleuten gutem wissen vnd willen vor vns selbs vnd von wegen der gantzen gemeinen bürgerschafft beradtschlagt vnd einhelliglich bewilligt vnd angenommen nach Jhesu Christi vnsers herren vnd seligmachers geburt im fünfftzehen hundert drey vnd siebentzigsten jare freytags nach dem sontage Reminiscere.

CLIX. KLEIDER-, VERLÖBNISS- UND HOCHZEITSORDNUNG.
1573 Febr. 20.

Gleichzeitig mit der Polizeiordnung und in derselben äussern Ausstattung sind bei Wolfgang Kirchner in Magdeburg die nachfolgenden Luxusgesetze gedruckt, welche von da ab an die Stelle der entsprechenden nur theilweis herübergenommenen und überall ungleich weniger detaillirten Bestimmungen des ältern Echtedings traten. Sie füllen 33 gezählte Blätter; auf zwei ungezählten folgt das Register. Bei dem hier gegebenen Abdrucke ist nach denselben Regeln wie bei dem der Polizeiordnung verfahren worden.

Der stadt Braunschweig ordnunge auff die zierunge vnd kleidunge vnd auff die verlöbnusse vnd hochzeite vnd was denselbigen anhengig ist. Beradtschlagt vnd eindrechtiglich bewilligt vnd angenomen von einem erbaren rathe, rathsgeschworen, zehenmannen, geschickten, gildemeistern vnd haubtleuten der stadt Braunschweig, vor sich selbs vad von wegen der gantzen gemeinen bürgerschafft darselbst, nach Jhesu Christi vnsers herrn vnd seligmachers geburt im fünfftzehenhundert drey vnd siebentzigsten jare donnerstags nach dem sontage Reminiscere.

Wir bürgermeistere vnd radtmanne der stad Braunschweig thun hiemit kundt vnd zu wissen: nachdem wir leider ein zeit hero gesehen vnd befunden, welchermassen in vnser stadt vnd gemeine die hoffart mit der kleidunge fast hoch gestiegen vnd vberhandt genommen, vnd auch

---

1) 1532: des stadrechtes vnd echtendinges.
55*

in den ehelichen verlöbnussen vnd hochzeiten vnd was darzu gehörig, eine vnordenunge vnd vbermasse gehalten vnd darüber zum teil auch vnnötige vnkosten auffgewendet vnd vorspildet worden, dadurch gott der allmechtige vngezweiffelt erzürnet vnd vnsere gemeine bürgerschafft in grossen schaden vnd abbruch jrer wolfart vnd narunge geraten, demselben wir also lenger mit gedult nicht zusehen sollen noch mügen, also haben wir gott dem allmechtigen zu ehren vnd wolgefallen vnd vnser gemeine zu nütze vnd fromen auff die zierunge vnd kleidunge vnd auff die ehelichen vorlöbnusse vnd hochzeite vnd was denselbigen anhengig ist diese hiernach beschrieben ordnunge mit vnserm ge-

meinen rathe, rathsgeschworen, zehenmannen, geschickten, gildemeistern vnd haubtleuten beradtschlagt vnd einhelliglich bewilligt vnd angenommen, vnd ist vnser ernstlicher befehl vnd wollen, das sie von allen vnd jeden vnsern radtsvorwandten, bürgern, bürgerinnen, bürgerskindern vnd dienern, geistlichen vnd weltlichen, die vnser jurisdiction vnd botmessigkeit vnterworffen sein, stets, veste vnd vnuorbrüchlich gehalten vnd dawieder nicht gehandelt noch gebaret werden solle in keinerleige weise noch wege, bey vormeidunge der geldtbusse vnd straffe die bey jedem passele oder artickel specificiert gesetzt ist. Vnd lautet von worten zu worten wie hirnach folget.

1 Von kleidunge der herren bürgermeistere, sindici, doctorn, licentiaten, kemmerer, rathspersonen, zehenmanne, promouierten magister vnd secretarien.

1 **Die** herren bürgermeistere, des raths sindicus, doctores vnd licentiaten mögen der stadt zu ehren vnd jres standes halben kleider mit mardern, wolffen, füchsen vnd anderm [1] futter gefüttert vnd mit sammitte vorbremet tragen vnd gebrauchen.

So mögen auch vnsere camerrer, rahtsherren 2 zehenmanne, promoti magistri vnd secretarien kleider mit wolffs, füchsen vnd anderm gemeinem futter vnd mit sammitte zimlicher weise besetzet, aber keine köstlicher kleider tragen, bey straffe zweier marck.

II Von kleidunge der bürger vnd bürgerssöne die von den geschlechten oder eins zimlich wolhabenden vormügens aber nicht in den radtstuel gekoren sein.

3 **Bürger** vnd bürgerssöne die von den geschlechten oder eins zimlich wolhabenden vormügens aber nicht in den radtstuel gekoren sein, mügen auch wol tragen kleider die mit wolffs, füchsen, schmaschen vnd geringerm futter gefuttert. Aber röcke oder mantel mit gülden oder silbern posamente oder mit sammitte oder sammitten posamente vorbremet sollen sie nicht tragen, bey straffe einer marck.

Sie mögen aber mit allerleige anderm gemeinen 4 posamente jre kleider wol besetzen lassen vnd auch an jrem rock vnd mantelkragen ein sammites querder oder sammitten wülstken tragen one bröke.

Sie sollen auch an einem wammese, kollerde, 5 garneiken oder kosiacken nicht vber eine ele sammittes zu dem besetzelse haben vnd gebrauchen, bey bröke eins gülden.

III Von zierunge vnd kleidunge der frawen vnd jungfrawen die von den geschlechten sein vnd das span tragen oder damit berathen werden.

6 **Was** ein frawe vnd jungfrawe die von den geschlechten ist vnd das span traget oder damit
cxxxix, berathen wird an gülden ketten vnd gehengen am halse tragen wil, sol semptlich vber sechtzig

1) *In Orig.* andern.

reinische goltgülden nicht werdt sein, nemlich
die gülden kette von viertzig goldtgülden schwer
vnd das gehenge zwantzig goldtgülden werdt.
Hiran sollen sie sich settigen vnd genügen las-
sen vnd darüber von golde nichts mehr inhen-
gen, vnd auch keine perlenhalsbande tragen,
vnd sol also ein frawe zu jeder zeit auff ein
mal nicht mehr dann eine gülden kette tragen
in der schwere als vorberürt ist.

7 **A**usgenommen die bürgermeisterinnen, des sin-
dici, doctoren vnd licentiaten ehefrawen mügen
der stad zun ehren vnd von wegen jres standes
auff einmal eine oder zwo gülden ketten wol
inhengen.

8 **V**nd wo nun eine frawe wieder diese vnsere ord-
nunge handlen würde, solt sie so offt das ge-
schege vmb zwo marck gestraffet werden.

9 **S**o sol auch eine jungfrawe nicht mehr als eine
gülden kette die vber zwantzig goltgülden nicht
schwer vnd ein gehenge das nicht vber zwölff
goltgülden werdt tragen, bey bröke einer marck:
geringer kette vnd gehenge mag sie wol ge-
brauchen. Wenn sie aber gefreiet hat, mag sie
sich zieren als jetzundt von der frawen zierunge
gemeldet ist.

10 **D**ie frawen vnd jungfrawen sollen keine ober
oder vnterröcke von dammasche, kamlotte, allasche
oder andern seiden gewande tragen, bey stra-
ffe zweier marck.

11 **V**nd sollen zu einem oberrocke oder leibstücke
zu besetzen nicht mehr als drey viertel sammit-
tes gebrauchen, bey straffe eins gülden.

12 **D**ie bürgermeisterinnen, des sindici vnd der
herrn doctoren vnd licentiaten ehefrawen mü-
gen wol tragen dammaschen aber keine besser
leibstöcke, bey straffe einer marck.

13 **A**ber andere frawen oder jungfrawen sollen
keine dammaschen oder köstlicher leibstöcke
tragen, bey straeff einer marck.

14 **S**o mügen auch die frawen vnd jungfrawen
CXXXIX. sammitten, item dammaschen vnd seiden koller-

de mit sammitten strichen, darzu in alles nicht
vber drey vierteil sammits vorbrauchet werden
sollen, vnd keine besser kollerde tragen, bey
bröke zweier gülden.

Der frawen oder jungfrawen vorgüldet vnd 15
weis rosengürtel sol ein jedes nicht wegen vber
zwantzig lott, vnd das silbergeschmeide an dem
langen getzogen gülden gürtel nicht vber vier-
tzehen lott silbers, bey bröke einer marck.

Auch mügen die frawen vnd jungfrawen tra- 16
gen einen beutel mit silbern knopffen die fünff
lott wegen, ein beutelgürtel daran vier lott sil-
bers, vnd eine silbern messerscheiden von zehen
loten vnd nicht schwerer von silber, bey bröke
zweier gülden. So mügen sie auch wol tragen
an der messerscheiden eine kleine silbern ketten,
ohne straffe.

Die jungfrawenkreutze mit perlen die sie 17
tragen wollen, sollen vber sechs thaler nicht CXXXIX. 28
werdt sein, bey bröke zweier gülden.

Ein gülden span so ein jungfrawe tragen mag, 18
sol vber zwantzig goltgülden nicht gekostet haben, CXXXIX. 25
bey bröke zweier gülden.

In den kralenschnören,[1] alleine vmb einen vnd 19
nicht beide arme, sollen die frawen vnd jung-
frawen nicht vber fünff goltgülden oder vber
fünff kronen vnd auch nicht anders mehr darbey
tragen, bey bröke zweier gülden.

Ausbescheiden der herren bürgermeister, des 20
raths sindici, doctorn vnd licentiaten ehefrawen
mügen vmb jre beide armen wol tragen kronen
oder goltgülden, ohne bröke.

So sol auch des herren superintendenten vnd 21
des herren coadiutoris ehefrawen vnd töchtern
frei sein sich den frawen vnd jungfrawen die
von den geschlechten sein gleich, aber doch
nicht besser zu zieren vnd kleiden, bey ver-
meidunge der geldtstraffe die den frawen vnd
jungfrawen von den geschlechten, wenn sie diese
ordnunge vbertretten werden, bei jedem passele
gesetzt ist.

---

1) Im *Orig.* kralen schnören.

438

IV Von zierunge vnd kleidunge der frawen vnd jungfrawen die in dem stande der weissen
ringe geborn sein oder darin freien.

22 **E**in frawe die in dem stande der weissen ringe geboren ist oder darin freiet mag tragen an jrem halse alleine eine gülden ketten von zwantzig goltgülden schwer vnd ein gehenge das zehen goltgülden werd ist, vnd darneben nichts mehr weder von golde noch perlen, bey bröke zweier marck.

23 **E**in jungfrawe aber sol so lange bis das sie ehelich verlobet ist keine gülden ketten tragen bey bröke einer marck. Aber eine silbern ketten mag sie tragen von zehen lot silbers vnd nicht schwerer, bey bröke eins gülden.

24 **D**ie frawen vnd jungfrawen mügen jre ober vnd vnterröcke tragen von saien, arrasche, settenin vnd gewande, aber von keinem seidengewande, bey bröke zweier marck.

25 **V**nd mügen zu einem oberrocke oder leibstücke zu besetzen nicht mehr gebrauchen dann alleine eine halbe elle sammittes, vnd sollen auch keine dammaschen oder bessere leibstücke tragen, bey bröke eins gülden.

26 **A**uch mügen die frawen sammits, item dammaschen vnd andere seiden kollerde haben, vnd jre dammaschen oder seiden kollerde mit sammitsstrichen vnd querder, die alle sampt von einer halben ellen sammits vnd nicht besser gemacht sein, besetzen lassen vnd tragen, bey bröke zweier gülden.

Aber die jungfrawen, ehe dann das sie ehelich 27 vorlobet sein, sollen keine sammitskollerde tragen, bey peene zweier gülden.

Die frawen mügen tragen ein lang vorgüldet 28 rosengürtel von sechtzehen lott silbers, ein lang weis rosengürtel auch von sechtzehen lott silbers vnd ein lang gülden getzogen gürtel daran das geschmiede von zwölff lott silbers vnd schwerer nicht, bey bröke zweier gülden.

Vnd sollen der jungfrawen perlenkrentze vber 29 vier thaler nicht werdt sein vnd getragen werden, bey peen zweier gülden.

So mügen auch die frawen vnd jungfrawen in 30 jren kralenschnuren, allein vmb einen arm, fünff goltgülden vnd nicht mehr darbey tragen, bey bröke eins gülden.

Vnd sollen auch weiter keine zierunge oder 31 kleidunge tragen die den frawen vnd jungfrawen von den geschlechten als hieroben berürt vorbotten sein, bey der bröke die darbey gesetzt ist.

V Von zierunge vnd kleidunge der bürger vnd ehefrawen die eins zimlich wolhabenden vormügens sein, vnd auch jrer vnberathen töchtere die sie mit zweihundert gülden brautschatz oder
höher ausstewren.

32 **E**s mügen diese ehefrawen vnd jungfrawen wol tragen an jrem halse eine silbern ketten von zwölff lott silbers vnd ein gehenge das acht goltgülden werdt. Mehr aber sollen diese kette vnd das gehenge nicht wegen vnd werdt sein, bey bröke zweier gülden.

33 **I**re ober vnd vnderröcke mügen von saien, arresche, settenin vnd gewande vnd nicht besser sein, vnd sollen mit keinem sammitte besetzt werden, bey bröke zweier gülden.

34 **S**ie mügen auch wol tragen dammaschen, atlasche vnd andere seiden kollerde mit einem[1] sammitsquerder das von anderthalb vierteil sam-

1) Im Orig. cinen.

mits gemacht, aber keine bessere kollerde, bey bröke eins gülden.

Ir leibstücke die sie tragen, mügen sein von 35 saien vnd wullenkamlotte vnd nicht von anderm seiden gewande, mit anderthalb viertel sammits vnd nicht besser besetzet, bey bröke eins gülden.

Die frawen mügen ein lang weis rosengürtel 36 von viertzehen lott silbers vnd ein lang gezogen gülden gürtel daran zwölff lott silbers vnuorgüldet vnd schwerer nicht, tragen, bey bröke eins gülden.

Es sollen auch den jungfrawen die perlenkrentze 37 vorbotten sein, bey bröke eins gülden.

461

38 Vnd in den kralenschnuren oder sonsten vmb die arme mügen die frawen vnd jungfrawen silberne steine aber kein goldt tragen, bey bröke eins gülden.

39 Vnd sollen auch die frawen vnd jungfrawen die zierung vnd kleidung nicht tragen noch gebrauchen die den frawen vnd jungfrawen von den geschlechten vnd deren die die weissen ringe haben zu tragen vnd gebrauchen vorbotten sein, bey bröke die bey jedem passele specificiert ist.

Auch sollen vnd werden sich der herren pre- 40 dicanten ehefrawen vnd töchter mit jrer dracht vnd kleidunge nach dieser ordnunge des dritten standes richten vnd also erzeigen, damit sie niemande ergerlich sein sondern andern bürgerfrawen vnd kindern ein gut exempel geben mügen.

VI Von zierunge vnd kleidunge der bürger ehefrawen die nicht eins zimlichen wolhabenden sondern geringers vormügens sein, vnd auch jrer vnberaten töchter den sie nicht zweihundert gülden sondern weiniger zu brautschatze mitgeben.

41 Diese vnserer bürger ehefrawen vnd töchtere sollen keine schwerer ketten tragen dann von sechs lott silbers, bey bröke eins gülden.

42 Aber keine gebenge sollen sie an jrem halse tragen, hey derselben bröke.

43 Sie sollen keine andere ober oder vnderröcke tragen dann alleine von gewande mit sammitte gantz vnd gar nicht besetzet, bey bröke zweier gülden.

44 Sie mügen auch wol tragen dammaschen oder geringere kollerde die alle mit gemeinem posemente vnd nicht besser besetzt sein sollen, bey bröke eins gülden.

45 Sie sollen auch keine besser leibstücke dann von saien vnd gewande mit sammitte vnbesetzt tragen, bey bröke eins gülden.

Das silbergeschmeide vnd die rosen an der 46 frawen langem[1] gürtel sollen nicht wegen vber zwölff lott silbers, vnd das geschmeide an jrer leibborten nicht vber sechs lott silbers, bey bröke eins gülden.

Vmb jre arme sollen sie krallen vnd nichts an- 47 ders tragen, bey bröke eins gülden.

Vnd sollen auch die frawen vnd jungfrawen 48 von der zierunge vnd kleidunge nichts gebrauchen so den frawen vnd jungfrawen die eins zimlichen wolhabenden vormügens sein vnd zwey hundert gülden müntze oder darüber zu brautschatze mit bekommen, wie negst hieroben gemeldet vorbotten ist, bey vormeidunge der bröke die bey jedem passele daselbst gesetzt ist.

VII Der dienstmegde kleidunge belangendt.

49 Es sollen die dienstmegde allhier keine bessere leibstücke dann von gewande, vnd keine besser sammitsbinden die mehr als viertzehen marien- groschen werdt sein tragen, bey bröke eins newen schillings so offt ein dienstmagdt diss vnser vorbot vbertretten würde.

VIII Von der zierunge vnd kleidunge maas vnd frawespersonen, jungergesellen vnd jungfrawen insgemein.

50 Niemandt vnser bürger oder bürgerkinder sollen tragen sammitten barreten dann alleine die herren doctores, licentiaten promoti magistri vnd die herren vnd personen die in den radtstuel gehören oder von den geschlechten sein, bey bröke einer marck.

Es sol auch niemandt seine hosen anderswor von 51 machen lassen vnd tragen dann alleine von gewande vnd ledder, hey peen einer marck.

Vnd sol auch niemandt seine hosen mit seiden 52 gewande, sundern allein mit saien, arresche vnd settenin vnd dergleichen durchziehen lassen, vnd

1) Im Orig. langen.

des saien, arresches oder settenius vnter ein par
hosen vber sachs oder achte ellen nicht gebrau-
chen, bey bröke eins gülden.

53 **A**ber die herren bürgermeistere, sindici vnd
andere herren des raths vnd die herren docto-
res, licentiaten vnd promoti magistri mügen vnter
jre hosen seideu gewant wol futtern lassen vud
tragen.

54 **V**nd niemandt sol alhier der schendtlichen lan-
gen pluderhosen tragen, bey bröke einer marck.

55 **D**ie gülden vnd silbern krentze mit gülden oder
silbern stifften oder perlen geschmückt vmb die
hute oder barrete sollen allhier in der stadt
von den bürgern vnd bürgerkindern nicht ge-
tragen werden, bey bröke einer marck.

56 **S**o sol auch niemandt nach der zeit sobaldt
diese vnsere ordenunge publiciert sein wird seine
kleider mit seiden mehr bestippen lassen vud
tragen, bey bröke einer marck.

57 **E**s were dann das jemandt seine kleider auff
die weise wie man sie sonst mit seiden schnu-
ren recht ausbeleget, anstadt solcher schnure
mit seiden würde durchneigen lassen: das sol

cinem jederu frey vud vuuorbotten sein.

Wo aber ein man oder frawe, jungergeselle 58
oder jungfrawe geringer zierunge oder kleidunge
dann als jedem nach seinem stande wie hier-
ohen vormeldet erlaubt ist, tragen wil, das sol
jedem frey sey.

Wurde auch ein mauspersone, jungergeselle, 59
frawe oder jungfrawe, wes standes sie sein, in
einem oder mehr stücken wieder diese hieuor-
gemelte ordnunge handlen vud disselben vber-
tretten, die solte so offt das geschege, mit der
bey jedem stücke specificierten geltbusse belegt
vnd gestraffet werden.

Es sol auch niemandt, weder mans oder fra- 60
wespersone, jungergeselle oder jungfrawe, keine
newe muster erdencken welchs dieser vnser orde-
nunge zuwieder sein oder sich höher erstrecken
möchte dann in dieser ordnung an kleidern vnd
anderer zierunge erlaubt ist. Wer sich des
vuterstehen würde, der sol alsbald beschickt
vnd jme solcher newer fundt vnd muster ge-
nommen vnd darzu auch mit ernste darüber
gestraffet werden.

IX Was die eltern, vormündere oder freunde der braut von den geschlechten in jre brautladen
vnd brautkasten legen vnd mitgeben mügen.

61   **I**n die brautladen.
Ein par parlebenden.
Zwo gülden hauben.
Zwo hauben von zindel.
Zwo hauben von zwirn.
Einen getzogen gülden vnd einen getzogen
silbern kragen mit seiden banden vnd knopffen
daran von vntzegolde oder vntzesilber gamacht.
Vier sammitten kollerde vnd einen damma-
schen kollerdt der mit dreien viertel sammits
vnd nicht darüber besetzt sein sol.
Ein lang vorgüldet vnd ein lang weis rosen-
gürtel, jedes von zwantzig lott silbers.
Vnd ein lang gezogen gülden gürtel daran
das geschmeide vierzehen lott silbers schwer.
Ein beutelgürtel daran nicht vber vier lott
silbers sein sollen.
Einen beutel mit silbern knopffen allesampt

fünff lott silbers schwer.
Eine silbern messerscheide die zehen lott
silbers schwer vnd eine kleine silbern ketten
daran.
Zwölff halstücher.
Zwölff schiertücher.
Zwölff kurtze kamertücher.
Einen langen schiertuch.
Einen langen kamertuch.
Zween lange tücher.
Vier vnd zwantzig windelcken.
Eine gülden ketten die nicht vber zwantzig
goltgülden schwer.
Ein gehenge das nicht vber zwantzig goldt-
gülden werdt vnd der braut gülden ringe.
      In die brautkasten. 52
Funff oberröcke dereu ein jeder mit dreien
viertel sammits vnd nicht darüber besetzt sein mag.

Fûnff vnderrôcke von saien, arresche vnd gewande, aber von keinem seiden gewande gemachet.

Einen langen rothen vnd einen langen schwartzen arreschen vnd ein saien kurtzen heiken mit mardern kelen auff den auffschlegen vnd mit grauwercke gefuttert.

Einen weissen schmaschen pels.

Ein gefuttert vnd zwey vngefutterte leibstücke die gemacht sein mûgen inmassen hierbeuor von der zierunge vnd kleidunge meldunge geschehen ist.

Eine brautdecke die nicht vber fûnff vnd zwantzig thaler gekostet haben sol.

Drei par laken, darunter ein par mit seiden bolen neden.

Ein par heubtlaken.

Zwei weisse heubtkûssen.

Vier zindel heubtkûssen.

Vier tafellaken.

Zwei par hangeldwelen.

Zwo handtstûcken.

Ein regenlaken.

Zwôlff hembde.

Zwôlff schurtzeltûcher.

Eine badekappe.

Zwôlff leinen mützen.

Zwôlff bindelhauben.

Zwôlff stuelkûssen.

Item ein bette von vier breiten.

Zween heubtpfeule.

Vnd wo hierûber der braut etwas mehr dann **63** als vor berûrt ist von jren eltern, vormûnden oder freunden in die brautladen oder brautkasten gelegt vnd mitgegeben vnd also jemandt an diesem einem oder mehr stûcken straaßbar wûrde, der solt vns dem rathe je vor jedes stück zween gûlden zu brôke zu geben vorfallen sein.

X Was die eltern, vormûndere oder freunde der braut die in dem stande der weissen ringe geboren ist oder darin freiet in jre brautladen vnd brautkasten legen vnd mitgeben mûgen.

64 In die brautladen.

Ein par parlebenden.

Zwo gûlden hauben.

Zwo hauben von zindel.

Zwo hauben von zwirn.

Einen getzogen gûlden vnd einen getzogen silbern kragen mit seiden benden daran von vntzegolde oder vntzesilber gemacht.

Einen saumitten vnd zween dammaschen kollerde die mit einer halben elen sammits vnd nicht besser besetzt sein sollen.

Ein lang weis rosengûrtel von sechtzehen lott silbers vnd ein lang gûlden getzogen gûrtel mit dem geschmeide von zwôlff lott silbers vnd nicht schwerer.

Zwôlff halstûcher.

Zwôlff schiertûcher.

Zwôlff kurtze kamertûcher.

Einen langen schiertuch.

Einen langen kamertuch.

Zwei lange lakentûcher.

Vier vnd zwantzig windelaken.

In die brautkasten. **65**

Fûnff oberrôck der ein jeder mit einer halben elen sammits vnd nicht besser vorbremet sein mag.

Fûnff vnderrôcke von saien, arresche vnd gewande, aber von keinem seidenwercke gemacht.

Einen langen arreschen rothen vnd einen langen arreschen schwartzen heiken vnd einen saien kurtzen heiken mit mardern kelen auff den auffschlegen vnd mit grauwercke gefuttert.

Einen weissen schmaschen peltz.

Ein gefuttert vnd zwey einsechtige leibstûcke der ein jedes mit einer halben elen sammits vnd nicht besser besetzt sein sol.

Aber kein leibstûcke sol von dammasche oder besser sein.

Ein brautdecke die nicht vber zwantzig thaler werdt.

Drey par laken, darunter ein par mit bolen neden.

Zwei par heubtlaken.

Zwei weisse heubtkûssen.

Zwey zindel heubtküssen.
Vier tafellaken.
Zwey par hangeldwelen.
Zwo handtstücken.
Ein regenlaken.
Zwölff hembde.
Zwölff schurtzeltücher.
Eine badekappe.
Zwölff leinen mützen.

Zwölff bindelhauben.
Zwölff stuelküssen.
Item ein bette von vier breiten.
Zwene heubtpfeule.

Vnd wo der braut eltern, vormünde oder freunde 66 vber vorberürte stücke der braut in jre braut- laden oder brautkasten etwas mehr mitgeben würden das nicht sein sol, so sollen sie vns für jedes vbrig stücke zween gülden zu bröke geben.

XI Was die eltern, vormünden oder freunde der braut die eins zimlich wolhabenden bürgers tochter ist vnd mit zween hundert gülden oder einem höhern braudtschatze ausgesteuret oder von einem zimlich wolhabenden breutgam zu der ehe genommen wird in jre braudtladen vnd braudtkasten legen vnd mitgeben mügen.

67   **I**n die braudtladen.
Ein par parlebenden.
Eine gülden strickhauben vnd
Eine haube von zwirn.
Einen getzogen gülden oder getzogen silbern kragen mit schwartzen benden vnd knopffen die von vntzesilber gemacht.
Einen dammaschen,
Einen atlaschen vnd
Einen seiden kollert mit einem sammits- querder das von anderthalb viertel sammits ge- macht vnd nicht besser sein sol.
Ein lang weis rosengürtel von viertzehen lott silbers.
Zwölff halstücher.
Zehen schiertücher.
Zehen kurtze kamertücher.
Einen langen kamertuch.
Zween lange lakentücher.
Vier vnd zwantzig windelcken.
68   **I**n die braudtkasten.
Vier ober vnd vier vnterröcke von saien, arrasche, settenin oder gewande mit sammitte nicht besetzt.
Zween lange arrasche vnd einen saien kür- tzen heiken mit marderu kelen oder geringern auffschlegen vnd mit grauwerke gefuttert.
Einen pels.

Einen wullenkamlotz vnd ein saien leib- stücke deren jedes mit anderthalb viertel sam- mits vnd nicht besser besetzt sein sol.
Ein brautdecke die nicht vber zwölff thaler werdt sey.
Drey par laken ohne holen neden.
Ein par heubtlaken.
Zwey zindel heubtküssen.
Zwey weisse heubtküssen.
Vier tafellaken.
Zwey par hangeldwelen.
Zwo handtstücken.
Ein regenlaken.
Zwölff hembde.
Zwölff schurtzeltücher.
Ein badekappe.
Zehen leinen mützen.
Zehen bindelhauben.
Zwölff stuelküssen.
Item ein bette von dreien oder vier breiten.
Zween heubtpfeule.

Vnd sol hierüber in der braudtladen oder 69 braudtkasten nicht mehr sein, bey straffe zweier gülden die der braut eltern, vormünden oder freunde die jr die braudtladen vnd braudtka- sten mit deme was darin gehört mitgeben, vor jedes vbrig stücke zu bröke geben sollen.

XII Was die eltern, vormünden oder freunde der braut die eins gemeinen etwas vnuormügesamen bürgers tochter ist vnd nicht mit zweien hundert gülden sondern einem geringern brautschatze ausgesteuret oder von einem etwas vnuormügesam breutgam zu der ehe genomen wird in jre braudtladen vnd braudtkasten legen vnd mitgeben mügen.

70 **In die brautladen.**

Ein par parlebenden.

Eine oder mehr weisse geknütte hauben.

Einen dammaschen,

Einen atlaschen vnd

Einen schellerdes kollerdt mit gemeinem posemente oder gar nichts besetzt.

Ein lang weis rosengürtel von zwölff lott silbers oder eine leibborte mit sechs lott silbers.

Zwölf halstücher.

Zehen schiertücher.

Zehen kurtze kamertücher.

Einen langen kamertuch.

Zwey lange lakentücher.

Vier vnd zwantzig windelcken.

71 **In die brautkasten.**

Drey ober vnd drey vntterröcke von gewande, gar nichts besetzt.

Zween lange arresche vnd einen saien kurtzen heicken mit rummenieschen schmaschen außschlegen vnd mit grauwercke oder schmaschen gefuttert.

Ein pelsa.

Ein saien vnd gewandes leibstücke mit sammitte vnbesetzt.

Eine brautdocke die achte thaler vnd darüber nicht werdt sey.

Drey par laken die keine hole nede haben sollen.

Zwey weisse heubtküssen.

Vier tafellaken.

Zwey par weisser hangeldwelen.

Zwo handtstücken.

Ein regenlaken.

Zehen hembde.

Zehen schurtzeltücher.

Ein badekappe.

Achte leinen mützen.

Achte bindelhauben.

Zwölff stuelküssen.

Item ein bette von dreien oder vier breiten.

Zwene heubtpfoule.

72 Hierüber sol in der brautladen oder brautkasten nicht mehr sein, bey vormeidunge zweier gülden bussegeldes das der braut eltern, vormünden oder freunde die jr die brautladen vnd brautkasten mit dem wes darin gehörig mitgeben für jedes vbariges stücke zu gehen vorfallen sein sollen.

XIII Von der braudtladen vnd braudtkasten ins gemein, wes noch mehr ohne bröke darin gelegt werden mag, daruon hierbeuor nichts vormeldet ist.

73 Es mag auch wol eine jede braudt, wes standes die ist, in jre brautladen vnd brautkasten legen was jr der breutgam vor der brauthaus zu jrer zierunge gegeben hat, aber sonsten von zierungen, kleinötern vnd kleidungen nichts mehr dann als hieroben vormeldet ist. Wil aber der braut in jre brautladen vnd 74 brautkasten weiniger gelegt oder gegeben werden, das sol frey stehen vnd vnuorbotten sein.

XIV Von den gaben vnd hochzeit eines breutgams vnd braut von den familijs vnd geschlechten die ein span tragen oder damit berathen werden.

75 Der breutgam mag geben der braut eine gülden kette von viertzig goldtgülden schwer vnd ein gülden span das zwantzig goltgülden werdt, oder so viel goldes dafür, vnd achte gülden

56*

ringe vnd einen trawring, vnd der braut vater
oder bruder oder jrem negesten freunde oder
vormünden der sie vorlobet eine silbern kannen
die zwo marck silbers schwer, vnd jrer mutter
ein saien rock vnd darzu ein par schuch vnd
pantuffeln, vnd der braut schwestern vnd den
kindern vnd gesinde im hause jeder ein par
schuch vnd pantuffeln, vnd niemande wes mehr,
bey drey marck bröke.

76 Hinwieder mag die braudt dem breutgam auff
^{vel}_{CXXXII.} die brauthaus wol geben ein hemmet, einen
³⁴
_{vgl.}
_{CXXXIX,}
₃₅ schnupftuch vnd eine badekappen. Aber die
sollen keine gülden borden haben vnd auch
mit seidenwercke nicht geschmücket sein, vnd
sol darbey auch kein goltstücke verehret wer-
den, vnd sol also die braudt dem breutgam oder
seinen eltern oder blutuorwandten freunden auff
die brauthaus etwas mehr zu uorehren gentzlich
vnd ernstlich vorbotten sein, bey bröke einer
marck.

77 Vnd sol das obberürte breutgamshemmet mit
dem leingewande vnd nehewercke in alles nicht
vber sechs thaler gekostet haben, bey bröke
zweier gülden.

78 Vnd man mag zu der brauthaus des mittags spei-
sen vier gerichte vnd darzu botter vnd kese.[1] _{CXXXIX.}
⁴⁰
Wo aber jemandt das vbertretten würde, sol
er vns dafür eine marck zu straffe geben.

79 Zu diesen hochzeiten sol man auch kein ander
getrencke schencken dann alleine wein vnd einer-
leige fremmet bier vnd mummen, bey zehen _{vgl.}
_{CXXXIX,}
⁴⁰
marck bröke.

80 Den gesten die des abendts bleiben mag man
nach sechs schlegen wieder auffdecken vnd an- _{CXXXIX.}
⁴⁰
richten vnd jne drey gerichte speisen vnd butter
vnd kese.[2] Aber man sol dieses ersten abendts
keinen wein schencken, bey bröke einer marck.

81 Vnd mügen auch des andern abends gespeiset
werden drey gerichte vnd ein gerichte krehee
vnd butter vnd kese, vnd darzu vor die nach-
richte gale kuchen in eisen gebacken vnd die
grossen ablatenkuchen mit moldechenkuchen
vnd allerley obs, vnd nichts mehr, bey bröke
einer marck.

82 Vnd man mag schencken wein, einerley frem-
met bier vnd mummen, vnd kein ander ge-
drencke, bey zehen marck bröke.

XV Von gaben vnd hochzeit eins breutgams vnd braut die des standes der weissen ringe sein
oder darin freien.

83 Der breutgam mag der braudt geben vor der
hochtzeit eine gülden ketten von zwantzig golt-
gülden schwer, ein gehenge das zeben goltgül-
den werdt, sieben gülden ringe vnd einen traw-
ring, ein lang vorgüldet rosengürtel von sech-
tzehen lott silbers, ein beutelgürtel daran nicht
vber vier lott silbers sein sollen, einen beutel
mit silbern knopffen die allesampt nicht vber
fünff lott silbers schwer, eine silbern messer-
scheide die zehen lott silbers schwer vnd eine
kleine silbern messerscheidesketten vnd einen
sammitskollerdt, ein par schuch, ein par pan-
tuffeln, vnd der braut mutter vnd schwestern
vnd den kindern vnd gesinde im hause ein par

schuch vnd pantuffeln, vnd niemande was mehr,
bey bröka zweier marck.

Vnd mag die braut jrem breutgam wiederumb **84**
geben auff die brauthaus ein hemmet, schnupf-
tuch vnd badekappen, vnd nichts mehr darbey,
vnd sollen auch das hemmet, schnupftuch vnd
badekappen mit gülden borten nicht getzieret
vnd mit seiden auch nicht besticket sein, vnd
sol diess breutgamshemmet mit dem leinge-
wande vnd neiwercke nicht vber sechs thaler
gekostet haben, bey bröke zweier gülden.

Vnd bey vormeidunge[3] solcher geldtstraffe sol **85**
die braut des breutgams eltern oder seinen blut-
uorwandten freunden auff die brauthaus nichts

---

1) 1532: drey edder vier gerichte — — sänder wildtbrath vnd fischke etc.   2) 1532: dar nicht enbouen.   3) Im
Orig. vormeidunde.

vorebren oder geben, bey bröke einer marck.

86 **Vnd** mag zu dieser hochzeit auch wein, einerleige frembdt bier vnd mummen, vnd kein ander getrencke mehr gcschenckt werden, bey fünff marck bröke.

87 **Vnd** sollen auch der breutgam vnd braut die ordnunge in andern passelen die von den hochzeiten ins gemein wie hernach folgen wird gesetzt ist, halten vnd sich auch dessen was dene von den geschlechten vorbotten ist nicht anmassen, bey bröke die daselbst bey jedem passele vormeldet ist.

XVI Von den gaben vnd hochzeit eins zimlich wolhabenden breutgams vnd braut die mit zween
hundert gülden oder einem bessern brandtschatze ausgesteuret wird.

88 **Es** mag der breutgam der braudt für der hochzeit wol geben eine silbern kette von zwölff lott silbers, ein gehenge von achte goltgülden, fünff gülden ringe vnd einen trawring, einen dammaschen kollerdt mit einem querder sammits das allein von anderthalb viertel sammits gemacht, ein lang weis rosengürtel von viertzehen lott silbers vuuergüldet, einen beutel mit knopffen von fünff lott silbers, einen silbern messerscheide mit sechs loten silbers vnd nicht besser beschlagen, aber keine silbern kette daran, ein par schuch, ein par pantuffeln, der braudt mutter vnd schwester vnd den kindern rod gesinde im hause jederm ein par schuch vnd pantuffeln vnd nichts mehr, bey bröke zweier gülden.

89 **Hinwieder** mag die braudt dem breutgam vorehren ein hemmet mit einer weissen borden, das mit dem leingewande vnd neihewercke in alles drey thaler werdt, vnd eine badekappen vnd einen weissen schnupfftuch mit seiden vnbeneiget, vnd nichts mehr, bey straffe zweier gülden.

Vnd sol aber die braut des breutgams eltern 90 oder blutfreunden auff die braudthaus gantz vnd gar nichts vorehren, bey bröke einer marck.

Vnd mügen der breutgam vnd die braudt schen- 91 cken zu jrer hochzeit einerleige fremmet bier vnd mummen vnd kein ander gedrencke, bey peen fünff marck.

Vnd sollen nicht vber drey gerichte speisen vnd 92 darzu butter vnd kese, bey bröke einer marck, vnd auch der hiernach beschrieben ordnunge die von den hochzeiten insgemeine gesetzt vnd auch dem was den von dem stande der weissen ringe vorbotten ist zuwieder nicht handlen, bey bröke eins jeden passeles die darbey specificiert ist.

XVII Von den gaben vnd hochzeit eins etwas vnuormügsamen breutgams vnd braut die nicht mit
zween hundert gülden sondern mit einem geringern brautschatze ausgesteuret wird.

93 **Der** breutgam mag geben der braudt vor der hochzeit eine silbern kette von sechs lott silbers, drey gülden ringe vud den trawring, einen dammaschen, atlaschen vnd kamlots kollerdt mit gemeinem posemente vnd nicht besser besetzt, ein lang weis rosengürtel von zwölff lott silbers, oder ein leibborten mit sechs loten silbergeschmeides, einen beutel der keine silbern knopffe haben sol, eine messerscheiden mit zweien loten silbers beschlagen, ein par schuch vnd ein par pantuffeln, der braut mutter vnd schwestern vnd den kindern vnd gesinde im hause jedem ein par schuch vnd pantuffeln vnd nichts mehr, bey bröke eins gülden.

Hinwieder mag die braudt jrem breutgam vor- 94 ehren ein hemmet mit einer weissen bordten so drittenhalben thaler werdt, vnd einen weissen schnupfftuch, aber keine badekappen, bey bröke eins gülden, vnd sol aber die braudt des breutgams eltern oder freunden auff die brauthaus gantz vnd gar nichts vorehren, bey bröke zweier gülden.

Vnd sollen aber die braudt vnd breutgam zu jrer 95 hochzeit kein ander gedrencke dann mummen schencken.

96 **A**uch sollen sie nicht speisen vber drey ge-
richte vnd darzu butter vnd kese, bey brôke
zwantzig newer schillinge, vnd auch wieder die
hierunter gesetzte gemeine hochzeitsordnunge

vnd was breutgam vnd braudt des dritten stan-
des in dieser vnser ordnung vorbotten ist nicht
handlen, bey brôke eins[1] jeden passels die dar-
selbst gesetzt ist.

XVIII Von ehelichen vorlôbnussen.

97 **N**achdem in den ehelichen vorlôbnussen ein
zeithero allerleige vberdnunge vnd vbermessig-
keit mit geschencken vnd sonst gewosen die
der braudt vnd jren eltern vnd freunden zu vn-
nôtigen vnd beschwerlichen vnkosten gereicht,
so ist vnser des raths ernstlicher befehl vnd
wollen, das die braudt hinfuro jrem breutgam
kein hemmet zur vorlôbnusse mehr geben solle,
bey brôke eins gülden.

98 **V**nd dieweile es eine zeithero ingerissen das
etliche des breutgams vnd der braut freunde,
wenn sie zu der ehelichen verlôbnusse komen
sein, der braut geschencke vnd galso gegeben,
sol das hinfuro nicht mehr geschehen, bey brôke
einer marck die ein jeder der diss vnser vorbot
vbertreten wurde auff vnser brôkedoratzen ge-
ben sol.

99 **V**nd sollen hinfurder zu keiner vorlôbnusse mehr
dann als vier vnd zwantzig personen (ohne die
in der brauthaus gehôren) gebeten vnd zu tische
gesetzt werden. Auch mügen sich die spielleute
zu tische setzen vnd gespeiset werden.

100 **V**nd im fall das die eltern, vormündere oder
freunde die einer braudt die vorlôbnusse thun
zu solcher verlôbnusse vber vorberürten zael
mehr geste hahen werden, sollen sie vor jede
vberige persone einen halben gülden zu brôke
geben.

101 **V**nd mügen zu einer verlôbnusse nicht mehr
dann als drey gerichte vnd ein gerichte krehsse
vnd darzu butter vnd kese gespeiset vnd dar-
nach gele kuchen die in den eisen gebacken
vnd ablatenkuchen mit moldechenkuchen vnd
allerley früchte fürgetragen werden. Aber die
moserkuchen, schildekuchen vnd heidenscho ku-
chen sollen hinfurder zu den vorlôbnussen gentz-
lich abegeschaffet sein, bey brôke einer marck.

102 **V**nd es sol das tafellaken vor neun schlegen des abendts

aufgehoben sein, bey brôke eins halben gülden. cxxxix.39
Vnd sollen der breutgam vnd alle geste, auch 103
drosten, kuchenmeister vnd jungfrawen die zu
der vorlôbnusse gebeten vnd kommen, nach mit-
ternacht vor einem schlage zu haus gehen vnd
in derselben nacht dar nicht wieder hinkommen,
bey brôke eins halben gülden die eine jede per-
sone geben solte.

Darumb mügen wol von der braudt freunden 104
die geste, wenn sie heim gehen wollen, freund-
lich angesprochen vnd gebeten werden das sie
bey der frôligkeit bis zu einem schlage bleiben
wollen. Wo sie aber das nicht thun wollen
sondern begeren ehe zu haus zu gehen, das sol
einem jeden zugelassen vnd niemande die thür
zugeschlossen oder vorsperret werden. Dann
so das jemandts thun würde, der solt für jede
person einen halben gülden zu brôke geben.

Vnd sol also eine jede vorlôbnusse des abendts 105
geendigt sein, vnd sollen die andern oder drit-
ten abendts zu der vorlôbnusse gantz vnd gar
keine geste wieder gesetzt werden, es were dann
das frembde geste zu der vorlôbnusse kommen:
den mügen zu ehren des andern abendts nach
der vorlôbnusse ein tisch vol geste vnd nicht
mehr wieder gebeten werden, bey brôke eins
halben gülden.

Vnd sollen auch die gebeten geste zu der vor- 106
lôbnusse des andern abends nach mitternacht
vor einem schlage zu haus gehen, bey vormei-
dunge obberürter geldtbusse.

Darumb sollen auch die spielleuthe in der nacht 107
für zwôlf schlegen zu der frôligkeit oder tantze
nicht lenger spielen sondern sich alsdann nach
haus vorfügen, bey einem gülden brôke die sie
semptlich geben sollen.

Vnd wo nun derjennige der die vorlôbnusse 108
                                                              vgl.
thut bearchwont würde das er diesem vasern.cxxxix.30

---

1) Im Orig. ein.

447

des rathe gebothe zuwieder gehandelt, der solte darüber vor die brökeherren citiert werden, sich mit seinem geschworen eide zu entlediges, vnd so er das nicht thun wolte, so sol er vor jeden vberigen gast den er des andern oder dritten abendts zu der vorlöbnusse gebeten hette einen halben gülden zu bröke geben.

109 Wann aber zwischen der vorlöbnusse vnd der hochtzeit der breutgam wieder zu der braudt vngefordert vnd vngeladen kommen wil, so mag er wol wieder dahin gehen vnd alsdann auch noch eine oder zwo personen vmb gesellschafft willen zu sich fordern vnd mit sich nemen. Würde er aber jemandts mehr zu sich bitten vnd also stercker dann selbander oder selbdritte zu der braudt gehen, so sol er für jede vberige person einen halben gülden zur straffe geben.

110 Wurden auch sonst manspersonen oder junge-

gesellen von der braudt vater oder freunden oder dem breutgam vngebeten dem breutgam vnd braudt in der vorlöbnusse oder zwischen der vorlöbnusse vnd der hochtzeit mit jne collation vnd fröligkeit zu halten einen infall (das nicht sein sol) thun, so solt ein jeder derselben vor diesen jren mutwillen eine marck zu bröke zu geben vorfallen sein.

Vnd so der braut vater oder freunde bedacht 111 sein dem breutgam vnd braut zu ehren vnd gefallen zwischen der vorlöbnusse vnd der hochzeit eine gesterey zu halten, sollen sie das bey einem tische wenden vnd bleiben lassen. Wer diss vorbreche vnd dermassen nicht hielte, der solte für jedere persone so er darüber gebeten vnd zu tische gesetzt hette einen halben gülden zu bröke geben.

XIX Von tantzen.

112 Die tentze in vorlöbnussen vnd hochzeiten oder gl. vii. 28 wor die geschehen sollen züchtig vnd ehrlich gehalten werden. Darumb thun wir das leichtfertige [1] vordreihen in allen tentzen hiemit ernstlich verbieten vnd wollen auch fleissige achtung

darauff geben lassen, also welcher sich hierüber des vordreihens im tantze vnterstehen wird, der sol so offt das geschege zween newe schillinge dafür zu straffe geben.

XX Von den hochzeiten ins gemeine alle vnd jede bürgerliche stende betreffent.

113 Man sol keine hochzeit weder des mittags noch des abends auff einen sontag sondern des montags oder dinstags zu mittage anfangen vnd halten, bey zehen marck bröke.

114 Wer aber anstadt der hochtzeit eine gesterye haben wil, der mag sie des abendts wol haben ohne bröke.

115 Vnd sollen zu einer hochtzeit des ersten tages cxxxix. nicht mehr geste geladen werden dann alleine ein hundert vnd vier vnd viertzig mans vnd frawenpersonen, jungegesellen vnd jungfrawen. Vnd wo nun ein breutgam vnd braudt vber vorberürte ein hundert vnd vier vnd viertzig personen mehr hochzeitsgeste laden vnd haben

würde, so sol er vns dem rathe vor jede vberige persone einen halben gülden zu bröke geben, ausgenommen alle vnd jede geistlike personen vnd vnsere des raths diener vnd die braudt mit den frawen die bey jr in der braudtafel sitzen, vnd jre beide braudtdrosten vnd die frembde geste vnd spielleute mügen vbar vorgemelte anzal wol sein vnd zu tische auch gesetzt werden ohne bröke.

Des andern tags zu mittage sollen breutgam 116 vnd braudt keine geste zur weinsuppe bitten, dieselbige auch nicht geben, sondern solchen vnnötigen vnkosten vnd schlemmerey sparen vnd nachlassen, bey straffe eins gülden.

1) Im Orig. leichtfertig.

470

117 **A**uch sollen des andern tags zu mittage oder des abendts keine andere geste wieder gebeten werden dann alleine des breutgams vnd der braudt grossevater, grossemutter, vater, mutter, schwester vnd bruder, schwester vnd bruder kinder, vormunden vnd andere des breutgams vnd der braut neheste blutuerwandte vnd andere gute herren vnd freunde, schwegere vnd schwegerinnen, vnd die frembden geste vnd darzu die kuchenmeistere, drosten, vnd ein anzal junggesellen vnd jungfrawen. Es sol aber diese anzal geste also gemessigt vnd eingetzogen werden, das sie allesampt die helffte der tische von allen tischen die ein jeder breutgam vnd braut des vorigen tags zu mittage gehabt haben nicht vbertreffe.

118 **A**ber des dritten tags sollen breutgam vnd braut keine geste wieder haben, es were dann das frembde geste die zu der hochzeit kommen noch dar weren: den möchten zu jren ehren noch zween oder drey tische geste vnd nicht darüber wieder gebeten werden.

119 **V**nd wo diss jemandts anders halten würde, der sol vor jedere vborige person die er des ersten, andern oder dritten abendts vber vorgemelte anzal zu tische gesetzt einen halben gülden zu straffe geben.

120 **W**er aber weiniger geste des ersten oder andern abendts zu der hochzeit bitten wil, das ist einem jeden frey vnd vnbenomen.

121 **V**nd sol der breutgam vnd die braudt mit jren zu der hochtzeit gebeten herren vnd freunden CXXXIX, des mittags wenn für dem hause darin die hochzeit sein wil drey mal auffgespielet ist, so zeitlich zur kirchen kommen das sie daselbst durch den herren predicanten nach christlicher weise vnd gewonheit ehelich vortrawet werden vnd vor eilff schlegen wieder aus der kirchen sein mügen, bey bröke eins halben gülden.

122 **W**enn aber ein breutgam vnd braudt anstadt der CXXXIX, hochzeit des abendts eine gesterеie haben wollen, sollen sie des sommers von ostern bis auff Michaelis nach fünf schlegen vnd des win-

ters von Michaelis bis auff ostern nach vier schlegen zur kirchen gehen, vnd des sommers vor sechs schlegen vnd des winters vor fünff schlegen wieder aus der kirchen sein, bey einem halben gülden bröke.

Vnd wenn man in das haus kompt, sollen sich 123 die geste also vort zu tische setzen vnd angerichtet werden.

Vnd man sol abspeisen vor zween schlegen nach- 124 mittags, also das die tafellaken alle vor zween CXXXIX, schlege auffgehoben sein sollen, bey bröke eine gülden. 32

Vnd sollen die tafellaken auch vor neun schlegen des 125 ersten vnd andern abendts auffgehoben sein, bey CXXXIX, einem halben gülden bröke. 38

Vnd sollen hinfuro zu den hochzeiten oder 126 hochzeitsgastereien zu ersparunge vnnötigs vnd vorgeblichs vnkostens keine mörserkuchen, schildekuchen oder heidenische kuchen fürgetragen werden, bey bröke einer marck.

Vnd wenn die geste eingehen wollen, mügen 127 sie wol von dem breutgam oder des breutgams oder der braudt freunden in der hochtzeit freundlich angesprochen vnd gebeten werden bey der angefangen fröligkeit lenger zu bleiben. Wenn sie aber das nicht thun wollen sondern zu haus zu gehen begeren, so sol man sie weiter nicht nötigen vnd jne die thüre nach nicht [1] zuhalten oder vorsperren, damit ein jeder wieder seinen willen mit dem trunke oder sonsten nicht beschwert werde.

Vnd so nun jemandts wieder diss vnser vor- 128 bot handlen würde, der solte vor jedere person der er die thür zugehalten einen halben gülden zu bröke geben.

Vnd sollen der breutgam vnd braudt oder jre 129 freunde vnd kuchenmeistere oder jemandts an- CXXXIX, ders von jret wegen in wehrender hochtzeit 43 nichts ausspeisen, dann alleine den jnhütern vnd gesinde in des breutgams vnd der[2] braudt hause, auch krancken leuten, schwangern frawen, kindelbetterinnen vnd armen leuten, vnd den frembden gesten zu beyzciten in jre herberge, bey bröke einer marck.

---

1) nicht fehlt.   2) der fehlt.

180 Vnd wenn des ersten vnd andern abendts in wehrender hochzeit die glocke zwölffe schlagen wil, so sollen die spielleute, bey bröke eins gülden, nicht lenger spielen sondern zu haus gehen, damit alsdann des tantzes ein ende werde vnd die geste so viel deste ehr vrsache gewinnen vor einem schlage auch zu haus zu gehen.

181 Es sollen auch breutgam vnd braudt zu jrer hochzeit kein ander spiel gebrauchen dann alleine des damit sie in die kirchen gangen sein, bey bröke eins gülden. Wollen sie aber geigen oder harpffen als ein sanfftmütig spiel haben, das sol jnen frey sein.

182 Vnd wer das grosse spiel hat zu seiner hochzeit, der sol dem spielmanne zu lohne geben drey gülden, dem koche drey gülden, dem opffermanne, tormanne, hirten, fronboten vnd scherffrichter jedem drey matthier.
CXXXIX. 45

Wer aber matliche hochtzeit vnd darzu das grosse spiel nicht hat, der mag sich mit dem spielmanne vnd koche vortragen vmb jr lohn zum besten er kan, vnd sol geben dem opffermanne, tormanne, hirten, froneboten vnd scherffrichter jedem einen mariengroschen. 183

So mag sich auch ein jeder breutgam vnd braut mit der kellerlanweschen vnd kellermagdt vmb jr lohn nach gelegenheit vorgleichen. 184

Vnd sollen die köche, kellerlanwesche vnd kellermagdt aus der brauthaus an koste, getrencke, lichten, fette oder andern vor sich selbst oder durch andere von jrentwegen nicht foddern, entfremhden oder hinweg tragen lassen, bei straeffe einer marck, sondern sollen dem breutgam vnd braut getrewe sein vnd jne das jre getrewlich vorwaren, bey vormeidunge vnserer des raths weiter ernster straffe. 185 CXXXIX. 46

XXI Von der gefatterschaft, gefatterngelde vnd gabe, vnd von dem gefatternrocke.

186 Niemandt vnser bürgere, bürgerinnen, jungegesellen oder jungfrawen die vnser bürger kinder sein, sollen aus allerhandt vns darzu bewegenden vrsachen ausserhalb vnser stadt gefatter werden, bey straffe einer marck, es were dann das sie vngefehrlich zur stedte wehren dar man das kindt teuffen wolte vnd also daraelbst zu gefattern gebeten würden.
CXXXIX. 45

187 Vnd wer allhier zu gefattern gebeten wird, der mag dem kinde ein zimlich gefatterngeldt geben vnd der kindelbetterinnen ein gefatternbrot vnd kese, wie bisdahero gebreuchlich gewesen, vnd darnach auch dem kinde, wenn es ein jar oder zwey vngeferlich alt worden, so viel saien oder gewandes als jme zu einem gefatternrocke von nöten ist, darvon seine eltern, vormünden oder freunde dem kinde den rock machen lassen sollen. Vnd hierüber sollen die gefattern dem kinde oder kindelbetterinnen von wegen der gefatterschafft nichts mehr geben, bey straffe einer marck.

Letzlich wollen wir neben dieser vnser ordnunge alle vnd jede vnsere bürgere, bürgerinnen, bürgerskindere vnd dianer geistlich vnd weltlich getrewlich weiter vormanet vnd jnen haben, das ein jeder seinen stand vnd gelegenheit vnd sein vormügen vnd vnuormügen bey sich selbs besser bedencken wolle, vnd wo er sich mit seiner dracht vnd kleidunge, auch mit den vorlöbnussen vnd huchzeiten vnd allen dingen messiger dann in dieser vnser ordnunge begriffen sein mag ertzeigen vnd vorhalten vnd sich durch vbermessigen pracht vnd vnnötigen vnkosten in weiter vnuormügen oder endlichs vorterb vnd armut nicht führen wird, das wird einem jeden zu deste mehrem rhumi vnd besserer wolfart gereichen, vnd geschicht auch vngezweiffelt gott dem almechtigen, der vbermessiger pracht vnd hoffart feind ist, desgleichen auch vns als ewer oberigkeit daran ein angenemes gefallen. 188

XXII Von haltunge vnd execution dieser ordnunge.

189 Vnd damit vber dieser ordnunge steiff vnd vast gehalten werden müge, wollen wir der radt ge-

trewe auffseher vorordenen vnd dieselben in sonderheit darzu beeidigen vnd besolden, das

57

sie auf alle vnd jede darauff diese vnsere ord-
nunge gefasset ist, jrer zierunge, dracht vnd
kleidunge halber, vnd auch auff die vorlöbnusse,
hochzeite vnd was denselbigen anhengig ist, vnd
auff alle vnd jede andere artickel dieser vnser
ordenunge inuorleibt ein fleissigs auffsehen ha-
ben vnd vnsern brökeherren alle die, es sein
mans oder frawespersonen, junggesellen oder
jungfrawen, die sie hören oder sehen oder son-
sten vornemen das sie wieder diese vnsere ord-
nunge gehandelt oder dieselben vberschritten,
anmelden sollen: so sollen sie vnsere brökeher-
ren citiren vnd der angegeben vbertrettunge
halber beschuldigen vnd einen jeden der sich
mit seinem eide nicht entledigen wurde jnhalt
dieser vnser ordnunge mit der geldtbusse straffen.

40 Gleicher gestalt sollen auch dieselbe vnsere
brökeherren von allen andern personen, wo sie
diese vnsere ordnunge (das doch nicht sein sol)
vbertreten, wenn sie jnen sampt oder sonder-
lich von andern leuten angemeldet werden oder
sie sonsten straffbar befinden, die vorordente
geldtbusse fordern vnd auffnemen.

141 Vnd was belanget die geste die ein jeder breut-
gam vnd braut zu jrer vorlöbnusse vnd hoch-
zeit gebeten vnd zu tische gesetzt, die wollen
wir durch vnsere in sonderheit darzu bestelte
diener des ersten abendts in der vorlöbnusse
vnd des mittags vnd andern abendts in der
hochzeit auffschreiben lassen, wo die vber
den geordenten zal mehr geste befinden, sollen
sie solchen vberigen zal geste vnsern brökeher-
ren schrifftlich vbergeben, die alsdann diejen-
nigen die der braudt die vorlöbnusse vnd die
halben hochzeit ausgerichtet, vnd desgleichen
auch den breutgam auff die brökedorntzen for-
dern vnd sie semptlich vor jede vberige persone
vmb fünff newe schillinge straffen sollen.

So sollen sie auch weiter von jne nach geen- 142
digter vorlöbnusse vnd hochzeit gefraget werden
auff alle vnd jede artickel die in dieser vnser
ordenunge, so viel die eheliche vorlöbnusse vnd
hochzeit vnd was denselbigen anhengig ist be-
langen tbut, begriffen sein, ob sie die allesampt
gehalten oder nicht gehalten: welche sie dann
antzeigen werden die sie gehalten, die sollen
sie bey vormeidunge der darauff geordenten
geldtstraffe mit jrem leiblichen eide betewren,
die sie aber bekennen die von jne nicht gehal-
ten sein, dafur sollen sie die bröke geben.

Vnd sollen vnsere brökeherren bey geschwor- 143
nem eide von den reichen zo wol als von den CXXXIX.
armen, vnd hinwiederumb von den armen als 187
von den reichen, ohne alles ansehen der per-
sonen das vorwirckte straffgeldt fordern vnd
auffnemen, vnd damit niemande vorschonen.
So wollen wir auch vormittels göttlicher hülffe 144
vor vns selbs allen mügelichen vleiss thun vnd
anwenden vnd darauff sehen, das diese vnsere
ordnunge gehalten vnd ein jeder der dawieder
handlen würde in die geordente straffe vnd bröke
genommen werden solle.

Wir der radt behalten vns auch für, zu jeder 145
zeit nach gelegenheit vnd notdurfft diese vnsere
ordenunge zu bessern, zu moderieren oder zu
endern.

Vnd ist diese vnsere hieuorgeschriebene ord- 146
nunge mit vnserm des raths, rathsgeschworen,
zehenmanne, geschickten, gildemeister vnd heubt-
leute gutem wissen vnd willen vor vns selbs
vnd von wegen der gantzen gemeinen bürger-
schafft beradtschlagt vnd einbelliglich beliebet
vnd angenomen nach Jhesu Christi vnsers
heren vnd seligmachers geburt im fünfftzehen-
hundert drey vnd siebentzigsten jare donners-
tags nach dem sontage Reminiscere.

CLX. ZUSATZ ZUR OBERGERICHTSORDNUNG.

1574.

*Es findet sich dieser Zusatz in dreien der zur Herstellung des Textes der Obergerichtsordnung
(No. CXLIV) benutzten Handschriften. Zwei stimmen völlig überein, eine dritte zeigt die in den
Noten angegebenen Abweichungen, darunter auch das Jahresdatum, welches den andern fehlt.*

Ein erbar wolweiser rath hat[1] vmb mehrer beforderunge willen der gerechtigkeit[2] deren in sachen begegneten dingen nach[3] nicht allein fur ratsam sondern fur notwendig geachtet die obergerichtsordnunge mit folgendem zusatz zu bessern vnd zu uermehren.[4]

1 Vnd nemblich erstlich[5] daß ein jeder procurator vermittelst seines geschworenen eides den er dem gerichte gethan, schuldig sein sol sein besonder protocol richtig vnd ordentlich zu halten, dasselbige auch fleißig zu besichtigen, damit er keinen vnnotigen[6] rechtsatz thue oder das gerichte in besichtigung der acten vnd gegerichtlichen protocollen vergeblich bemuhe. Dan so oft einer oder mehr in solcher vnrichtigkeit bruchig erfunden wird[7], sol er nach ermeßigung des gerichtes gestraffet vnd vor erlegung solcher straf zu keiner handlung zugelassen werden.

2 Zum andern sollen sich die aduocaten vnd procuratores in allen ihren producten[8] so gerichtlich ein vnd vorgebracht werden, mit namen vnterschreiben vnd im schreiben vnd reden gebuhrende bescheidenheit, zucht vnd erbarkeit gebrauchen, bey verwerfung der schriften vnd recessen vnd darbeneben noch fernerer straff, so bey ermeßigung des gerichtes stehen soll, gewertig zu sein.

3 Vnd damit sie sich deßen vmb so viel desto weniger zu beschweren, so soll ihnen furs dritte hinfuro ihre labores entweder bey taxirung der expensen oder sonsten auf ihr ansuchen billichen dingen nach angeschlagen vnd gewurdiget werden. Sie sollen aber die strafe so ihnen[9] aufgeleget werden, aus ihrem eigenen seckel betzalen vnd derentwegen von ihren partheyen nicht fordern noch nehmen, bey ihren pflichten.

4 Zum vierdten sollen alle acta in einen besonderlichen[10] vorwahrlichen gemeynen ort vnter die zwey gerichtssecretarien getheilet, deren einer allbald nach einem jglichen gehaltenen gerichtstage[11] in seines teils einkomenen sachen auf vorgehende vorgleichung vnd collation des protocoln die acta compliren, auch da in einer sache auf bescheid vnd vrtheil[12] geschlossen[13] an seinem ort[14] anmahnung thun sol, damit solche beschlossene acta den sindicis[15] ad referendum vnd vrtheil vnd[16] bescheid zu fassen ohnsaumblich vbergehen vnd zugestalt werden. Vnd nachdem zu zeiten die sache in mehr als einen puncten getheilet vnd derowegen auch vnterscheitliche submissiones geschehen, sollen sie aufsehens haben auf welchen punct beschlossen, vnd solches mit kurtzen worten auf die acta schreiben, damit sich die sindici darnach zu richten. Vnd sollen gleichwol sonsten bey einem iglichen puncten seine producten vnd recess geleget vnd den sindicis zugestellet werden. So sollen in denen alberait beschlossenen sachen die acta furdersam compliret vnd ad referendum vbergeben werden.

5 Zum funfften sollen nach einer iglichen gehaltenen audientz furohin nur allein auf die geringe submissiones, auch in andern sachen in denen besichtigung der acten oder der protocollen nicht von noten, bescheide gegehen, aber die anderen zunechst folgenden gerichtstage eingestellet vnd gesparet werden.

6 Zum sechsten sol furterhin von osteren bis Michaelis von sieben biß zu zehen, vnd von Michaelis bis auf osteren von acht bis zu elff vhren alles vormittage gerichtliche audientz gehalten werden, vnd so wollen die herren des raths so hirzu gehörig gleich in puncto der bestimbten zeit alda sein, bey jedesmaliger straffe eines matthiers.

7 Zum siebenden, damit die sache am obergerichte desto eir vnd schleuniger zu ende muege gebracht vnd befurdert werden, sollen furterhin

---

1) Meyne hern ein erbar raht neben den geordenten beysitzern des obergerichtes haben   2) gerichtlichen sachen 3) deren — nach fehlt. 4) Hinzugefügt anno 1574. 5) Erstens 6) vnnotturftigen 7) wurde 8) Hinzugefügt vnd schriften. 9) Hinzugefügt also. 10) besonderen 11) den ein jeitweder gehaltenen gerichtstage 12) oder endvrtheil 13) geschlossen fehlt. 14) ort fehlt. 15) der syndicus 16) oder

57*

keino handlungen so ihrer art, eigenschaft oder gelegenheit nach daran nicht gehorig, daselbsten angenomen, gehoret oder verhandelt werden. Vnd darumb sollen sich die procuratores die sachen vnd hendel so entweder an das vatergericht oder fur den kuchenrath gehoren, vnd sonderlich alle[1] gemeine supplicationes, wie sie bißher im gebrauch gehabt an das obergerichte zu bringen gentzlich enthalten, sondern solches alles an seinem gebuhrenden ort vornehmen vnd verrichten, darmit also dem obergerichte sein ohngehinderter stracker lauf gelassen werde, vnd nicht not sey die procuratoren von wegen ihrer vngeschickten vnordentlichen handlungen vnd vergeblichen bemuhungen in gebuhrende straffe zu nehmen. Da sie dan auch an dem obergerichte ichtwas zu bitten hetten, sollen sie solches zu gebuhrender rechter zeit, formblich, mit geschicklicher vberschrift der petitionschrift vnd kurtzer vormeldung desjennigen worumb, doßgleichen mit benennung deß wider den gepeten wirdt thun, damit sie durch vngeschicklichkeit vnd vnformblichkeit die partheyen nicht in[2] vnkosten brengen vnd das gerichte vergeb-

lich bemuhen. Vnd damit aangeregte[3] verordnung desto leichtsamer zu werck gerichtet werde[4], sol furohin niemandt so den andern mit obergericht vorzunehmen bedacht, die gegenparthey alsbaldt zu anfang durch den haurmeister vorladen[5] lassen, sondern zuuor mundtlich oder schriftlich vmb citation oder vorgepot[6] vor dem gerichte ansuchen lassen, vnd worumb es zu thunde, deßgeleichen ob die sache zuuor vor den weichbildtsherren auch in gutlicher vorhor gewesen antzeigen, damit man sehe ob die sache an[7] das obergerichte gehorig oder nicht. Vnd sol derentwegen der haurmeister zum ersten mal vnd wan die sache angefangen wirdt nicht auf des partes sondern auf des gerichtes oder desselben secretarii bedenken[8] die leute furheischen. Aber hernacher vnd in wehrender oder haugender rechtfertigunge mag vnd sol es mit dem vorheischen durch den haurmeister gehalten werden wie bishero. Da dan solchem jemandt entgegen sich vnterstehen wurde den andern furheischen zu lassen, sol solch beginnen nicht allein vergeblich sondern auch schuldig sein den vnkosten derentwegen zu erstatten.

CLXI. ABSCHAFFUNG DER FRÄULICHEN GERECHTSAME UND DER CESSIO BONORUM.

1579 Febr. 5.

Dieses in zahlreichen wesentlichen übereinstimmenden Abschriften, auffallender Weise aber in keiner officiellen Aufzeichnung vorliegende Edict, dessen Inhalt indessen gleichzeitig und zum Theil wörtlich in die neue Redaction der Policeiordnung (No. CLXII) aufgenommen wurde, ist hier aus einer der bei No. CLX erwähnten Handschriften abgedruckt.

Wir burgermeister vnd rathmanne der stadt Braunschweig fugen allen vnsern burgern, jawouern vnd insgemein jedermenniglich zu wissen: obwol eine zeitlang hero hie gebreuchlich gewest, daß die weiber ihrer zugebrachten vnd anderer guter halben in ihrer menner laeben vnd gutern allen desselben gleuhigern die keine eltere auftruckliche verpfendung gehabt, vorgezogen worden, jamalen nicht alleine solcher sondern auch andere mehr vortheil in den alge-

meinen kayserlichen beschriebenen rechten den weibern zu gute verordnet sein, so befindet sich doch im werck, daß solches in einen mercklichen mißbrauch kommen vnd nicht allein außwertigen vnd frembden sondern auch vnsern burgern vnd vnterthanen selbsten grofen schaden zugefugt hat, judem dieselben fast sehr hierdurch abgehalten worden einander mit gelde vnd sonst behulfflich zu sein oder ander gewerb vnd handthierung mit einander zu treiben, darauß dan

---

1) allerlei   2) zu   3) itzt aangeregte   4) getzogen : werde *fehlt*.   5) vorpoten   6) vorpot   7) in 8) befelich

weiter ervolget, daß vmb solches bey frembden vnd einheimschen eingesessenen mißtrauwens willen die burgerliche nahrung fast abgenommen.

1 **D**arumb wir vnß auß getrungener noth, damit solchem wißentlichen abgangk soviel muglich entgegen gebauwet vnd die gemeinen commercia, auch handel vnd wandel vnd zur nachvolge die burgerliche nahrung in vnd bey dieser loblichen stadt erhalten vnd befurdert werden muchte, mit gildemeistern vnd haubtleuten vnd auff derselben antringen endlich eines weges vnd mittels entschlossen, setzen, statuiren vnd ordnen derentwegen auf sonderer zeitiger vorbetrachtung vnd statlichen tapffern vrsachen, daß nun hinfuro, von dato dieses edicts anzuheben, kein weib mit jhrer frewlichen gerechtigkeit zugelassen noch sich derselben in dem weinigsten gegen den gleubigern zu behelffen vnd auffzuhalten haben, sondern es sol solche frewliche gerechtigkeit in allen denen gutern, beweglichen vnd vnbeweglichen, das sie zu dem manne eingebracht vnd demselben in seine verwaltung, nahrung vnd handtierung gethan, gentzlich vnd gar abgethan auch auffgehebt sein, derogestalt daß dieselben soweit sie reichen nun furderhin vnd in kunfftiger zeit vnter die gleubiger auß-

getheilet werden sollen. Aber die albereit eingefhurte vnd rechthengige sachen sollen wie bißhero recht vnd gebreuchlich gewesen entschieden werden. Fur einß.

2 **O**b dan auch wol zum andern die cessio bonorum oder abtretung dero guter, vngeachtet daß sie in gemeinen beschriebenen rechten geordnet, vor der zeit allhie nicht gebreuchlich gewesen, jnmaßen solches auch der geordnete schuldthurn zu erkennen giebet, iedoch nachdem sie neben vnd mit dem vnglauben einschleichen wollen, als sein wir ebenmeßiger gestalt bewogen worden derentwegen mit gildemeister vnd haubtleuten hiergegen eine gewisse ordnung zu schließen, setzen, statuiren vnd ordnen hierauff, daß solche abtretunge der guter, vngeachtet was derentwegen in den kayserlichen rechten außgesetzet, niemand vergönt werden sondern hiermit gentzlich vnd gar abgethan, auffgehoben vnd menniglichen abgestricket sein vnd der schuldthurn auff die weise vnd maße wie bißhero gebreuchlich gewesen, den gleubigern wider ihre schuldiger erlaubet sein sol.

Nach welchem allen sich jedermenniglichen zu richten.

Signatum Braunschweig am 5. Februarij a° 1579.

CLXII. DER STADT BRAUNSCHWEIG ORDNUNG ETC.
1579 Febr. 5.

Diese neue Redaction der Polizeiordnung von 1573 weicht von jener ihrer Vorgängerin wesentlich nur an drei Stellen ab. Unter Tit. 15 sind vier Paragraphen der letztern ausgeschieden, dagegen einer, welcher dort fehlte, aus dem Echtedinge von 1532 herübergenommen, in einem andern dessen Wortlaut abweichend von der 1573 beliebten Form wiederhergestellt. Ferner ist Tit. 34 um einen neuen Paragraphen, und endlich Tit. 51 um deren drei vermehrt, darunter die Verfügungen hinsichtlich der fräulichen Gerechtsame und der Cessio bonorum, wie sie gleichzeitig durch das Edict vom 5. Febr. (No. CLXI) publicirt wurden. Kleine Aenderungen finden sich Tit. 27 und Tit. 34 (§§ 83 und 109). Gedruckt ist diese Ueberarbeitung ebenfalls in der Kirchnerschen Officin zu Magdeburg und bis auf die veränderte Titelvignette — einen im Kranze anspringenden Löwen von sehr edlen Formen — die kleinere Schrift der unteren Zeilen des Titels und den verminderten Umfang (58 Blätter statt 62: das Register nimmt hier wie dort 5 Bll. ein) in ganz gleicher Ausstattung wie 1573.

Der stadt Braunschweig ordnunge, jre christliche religion, auch allerhandt criminal, straff vnd policey sachen betreffendt. Beradtschlagt vnd eindrechtiglich bewilligt vnd angenomen von einem erbarn rathe, rathsgeschworen, zehenmannen, gewebleicten, gildemeistern vnd haubtleuten der stadt Braunschweig, vor sich vnd von wegen der gantzen gemeinon bürgerschafft darselbst, nach Jhesu Christi vnsers herren vnd seligmachers geburt im fünffzehenhundert neun vnd siebentzigsten jare, donnerstage nach lichtmessen.

Wir bürgermeistere vnd rathmanne der stadt Braunschweig thun hiemit kundt vnd zu wissen, das wir diese volgende ordnunge, vnsere christliche angenommen religion auch straff vnd policey sachen betreffendt, aus gottes worte vnd göttlichen gebotten, aus bewerten keiserlichen vnd sechsischen, auch vnser stad althergebrachten statuten, rechten vnd löblichen gewonheiten zusamen ziehen vnd in eine zimliche ordnunge vor dero zeit bringen vnd dieselben in jchtwas jtzo erkleren vnd vorbessern lassen haben. Vnd ist vnser ernstlicher befehl vnd wollen, das diese ordnunge hinfüro in vnser stadt steiff, veste vnd vnuorbrochen obseruiert vnd gehalten werden solle. Setzen vnd ordenen demnach wie folget.

I. Von der christlichen religion.

1 Wo jemandts in der stadt Braunschweig betroffen vnd gefunden würde dem die articul vnsers christlichen glaubens nicht bekant noch wisslich weren, vnd er dieselben zu lernen vorechtlich vnterliesse, der solt in der stadt nicht geduldet noch gelidden werden bis so lange er sich der gebür nach leren vnd vnterrichten liesse.

2 Alle die in vnser stadt wonen vnd sich wesentlich enthalten wollen, sollen sich christlicher lere vnd lebens befleissigen vnd daran keinen gebrech oder mangel (der aus vorachtunge oder mutwillen berflösse) erachten oder befinden lassen, sonsten solten sie aus der stadt vorweiset vnd allhie nicht geduldet werden.

3 Die lehr aber darnach sich alle vnser stadt bürger vnd einwoner richten vnd halten sollen, sol den heiligen göttlichen prophetischen vnd apostolischen schrifften, den dreien symbolis, als dem Apostolico, Niceno vnd den heiligen Ambrosij vnd Augustini gemess sein, wie die alle zusamen in der Augspurgischen confession anno 1530 auffs kürtzte vorfasset, der röm. kei. ma. auff dem reichstage zu Augspurg vberantwort vnd bisshero in den reinen kirchen dieser sechsischen lande erhalten vnd blieben sein, sampt der apologia so kurtz darauff gestelt vnd in öffentlichen druck ist ausgangen.

4 Das alles findet man bey vnser kirchenordnung die anno 1529 eerstlich gestellet vnd publiciert vnd hernach anno 1563 widerumb repotiert vnd von newes in druck ist ausgangen, darüber wir auch ernstlich vnd vnnachlessig halten wollen in aller massen als solchs in der praefation solcher ordnung ist ausgedruckt vnd angezeigt.

5 Wer aber solch corpus doctrinae mit worten oder wercken zu vbertreten, zu vorachten oder schimpflich dauon zu reden fürnemen vnd sich vnterstehen würde, vnd darvon auff gütliche vormanunge nicht abestehen vnd rechtschaffene buss auch nicht thun vnd leisten würde, der soll als ein vnrechter gottes vnd seines göttlichen worts geachtet vnd aus der stadt vnnachlessig vorweiset biss so lange er seiner besserunge gute zeugnis vnd kundtschafft von vnserm gantzen colloquio erlangen vnd also fürbringen könne, das wir derselben vollenkommen glauben zustellen vnd geben können.

II. Von den sacramentschwermern, wiederteuffern vnd dergleichen rotten vnd secten.

6 Wo jemandt allhie in vnser stadt mit der sacramentschwermerey oder der wiederteufferey oder andern dergleichen vnchristlichen rotten vnd secten die gottes worte, der Augspurgischen confession, derselbigen apologia vnd vnser christlichen kirchenordnunge zugegen weren, behafftet zu sein befunden würde, solt er deshalben vor vnser geistliche colloquium fürbeschieden vnd darselbst aus gottes worte von seinem jrthumb abezustehen mit getrewem vleis vnterrichtet vnd vormanet werden. Vnd so er dann darüber bey seinem jrthumb öffentlich noch vorharren würde, solt er aus vnser stadt vnd gebiete so lange vorweiset vnd darin nicht gelidden werden, er habe dann

sich gegen vns schrifftlich erklert, das er von seinem ir-
thumb abgestanden sey: alsdann wollen wir jme den ein-
gang vnser stadt wiederumb erleuben, mit diesem weiterm
bescheide, das er alsdann wenn er wieder in die stadt
komen, zu nechsten male wenn die herren vnsers geist-

lichen colloquij in vnser bröderkirchen beinander sein
werden, darselbst vor jnen erscheinen vnd seinen jrthumb
auch wiederruffen vnd daruon gentzlich abzulassen an-
geloben werde.

III Von dem fluchen vnd gotteslestern.

7 **W**iewol das fluchen vnd gotteslestern in gottes worte
ernstlich vorbotten vnd darauff die straffe gesetzt ist das
die flücher mit steinen zu todte geworffen werden sollen,
so ist doch leider solche straffe nach langheit der zeit
in missbrauch komen von wegen grosser mennige deren
die mit fluchen sich zu vorvnadigen pflegen.

8 **D**ieweil aber gleichwol das fluchen sehr vngleich vnd
mercklich vnterscheiden ist, also das etliche aus leicht-
fertigkeit vnd einer bösem angenomen gewonheit leichtlich
fluchen, etliche aber aus bösem fürsatz vnd mutwillen, so
wollen wir vns fürbehalten haben nach gelegenheit der
vbertrettung die straffe zu mindern oder zu mehren.

9 **W**o aber einer betretten oder vberweiset würde das er
bey gotts vnd seines lieben sons Jhesu Christi namen oder

blute, krafft, macht, leib, gliedern, wunden, tode, marter,
sacramenten vnd elementen oder dergleichen göttlichen
namen vnd emptern jemande böses gefluchet oder gewün-
schet hette, solt er wenn das geschege vorfestet werden.
Vnd so er sich dann bessern vnd wieder in die stadt wil,
sol er die festunge mit einem gülden bessern.

10 **W**urde er aber zu gottes des allmechtigen eigener vor-
achtung dergleichen wort vnd rede gebrauchen, sol er
der stadt so lange emperen bis man seiner busse vnd bes-
serunge gute kundliche anzeigung haben kondte. Dann
gott sagt: wer den namen gottes lestert sol des todts
sterben, darumb sol keine obrigkeit darüber so leicht hin-
streichen.

IV Von schweren.

11 **E**s sollen auch die leichtfertigen schwerers gleicher ge-
stalt wie die flücher gestraffet werden. Wo sie aber ge-
richtlich oder in andere wege einen falschen meineidt

schweren, sollen sie gestraffet werden wie hernach folgen
wird sub titulo von falschem gezeugnis.

V Von zauberey.

12 **W**o jemandt bekennet oder vberweiset wird das er einen
andern mit zeuberey an leibe oder gute beschediget habe,
der sol one alle gnade mit dem fewr gestraffet vnd zu
puluer verbrant werden.

13 **W**urde er aber andern leuten oder jme selbs mit zeu-
berey an leibe, viehe oder anderm gute helffen oder zu
helffen vnterstehen: were er ein frembder oder in vnser
stadt nicht besessen, so solt er der stadt ein jar lang ver-
weiset werden, vnd wo er sich in der zeit besserte, als-
dann nach vorlauffe des jars gegen erlegung einer marck
straffgeldes den ein vnd ausgang vnser stadt wiederumb

vberkomen mögen. Were er aber ein besessener bürger
oder bürgersche, so solt er vmb drey marck gestraffet
werden.

14 **W**er aber bey zeubern oder warsagern trost, hülffe oder
radt suchen vnd dessen vberwunden würde, so solt er
vns sechs marck zur straffe geben vnd sich auch für vn-
serm geistlichen colloquio als ein bussfertiger ertzeigen,
also das man mit jme zufrieden sein kündte. Ein fremb-
der aber solt der stadt zwey jar emperen, vnd wo er dann
busse thete, mit zweyen marcken den einganck wiederumb
erwerben mögen.

VI Von vorachtunge der prediger göttlichs worts.

15 **W**urde sich jemandt wieder die bestalten prediger gött-
lichs worts mit schimpfflichen worten in bierbencken oder

sonsten vornemen lassen, der solt so offt das geschege
einen gülden zu bröke geben.

VII Von friedewirckung der prediger

16 **W**urde jemands so freuel vnd vnartig befunden, das er einen prediger in seinem hause vberlauffen vnd bedrouwen dörffte oder aber die handt an jne legete vnd jne schlüge, so solt er ein jarlang mit der fürsatz vorfestet werden. Wolte er aber nach vorlauffe des jars wieder in die stadt, solt er die fürsatz mit ein vnd zwentzig gülden vnd neun vnd zwentzig pfenningen bessern vnd darzu auch allen vorursachten vnkosten legen.

Diss alles ist zu vornehmen, wo der thoter durch die 17 flucht entrunne vnd darvon keme. Würde er aber betretten vnd gefangen, er solte der straffe gewarten die hernach auff den hausfriedbruch verordent ist.

Wo jemandt gröblicher breche, solt er auch nach ge- 18 legenheit herter gestraffet werden.

VIII Von zuhaltung der thor sontags vnd feirtags

19 **A**n allen sontagen vnd feirtagen sollen die zingeln vor den thoren zugehalten vnd niemandt zu ross oder wagen aus oder eingelassen werden ohne sonderlichen erleub des bürgermeisters in dem weichbilde darzu das thor gehört. Handelte ein thorhüter dawider, er solt zween newe schillinge zur straffe geben.

IX Von denen die auff den sontag oder feirtag vnter der predigt göttlichs worts auff den kirchhöfen stehen oder in solcher zeit auff den marckten feyhl haben.

20 **V**nd weil wir leider bis dahero offt vnd vielmals gesehen vnd befunden, das sich etzliche müssiggenger gelüsten lassen haben auff den sontag oder feirtag vormittags vnter wehrender predigte auff den kirchhöfen zu stehen oder dar umbhero zu spatzieren, das vor eine mutwillige vorachtung des helligen göttlichen worts zu achten vnd halten, so wollen wir, das nun hinfurter das stehend oder spatzierent auff den kirchhöfen vormittags vnter wehrender predigt von jederman gantzlich vnterlassen werden solle, dann wir durch vnsere marckmeistere vnd diener darauff achtunge geben vnd die vbertretter dieses vnsers gebots jedesmal vor vnsere brökeherren citieren vnd von einem jeden darselbst einen newen schilling zu straffgelde fordern lassen vnd haben wollen.

Es sol auch niemandt von vnsern bürgern, bürgerinnen, 21 bürgerkindern oder jrem gesinde oder jemande von vnsern vnterthanen aus vnsern gerichten vnd dörffern auff den sontag oder feirtag vormittags vnter wehrender predigte auff vnsern marckten allhier etwas feile haben vnd vorkeuffen, bey bröke eins gülden so offt das geschehe. Wo aber das jemandt frembdes vnwissent thun würde, dem solt es von vnsern marckmeistern vnd dienern ernstlich verboten werden, vnd wo er sich dann daran nicht keren wolte, solt er darüber gepfandet oder sonst von vns nach gelegenheit ernstlich gestraffet werden.

X Von sontags oder festegeseuffe.

22 **N**iemandt sol auff einen sontag oder feirtag vormittags vnter der predigt oder messen geste setzen, brantewein, rechten wein oder ander getrencke zu sauffen, bey straffe einer festung.

23 **I**n dergleichen straffe sollen auch solche geste von vns genommen werden.

24 **V**nd sol auch solch sauffen auff den sontag oder feirtag vormittags vnter der predigt auff vnser apoteken, wein vnd bierkellern keins wegs geschehen oder gestattet werden.

Es sollen auch die handtwercksgesellen oder jemandt an- 25 ders auff den sontagen vnd feirtagen bis nach der vesperpredigte sich züchtich vnd stille halten, vnd mit grossem geschrey, trommeln oder anderer leichtfertigkeit kein vnfug anrichten: sonsten wil man jnen auch mit einer festunge folgen.

XI Vom spiel am sonntage vnd feirtage.

26 **W**o der marckmeister oder sein gesinde des sonntags oder feirtags vnter der predigt, vor oder nachmittage, eine leichtfertige bursch auff der marsch oder sonsten ausserhalbe thors auffm spiel erhaschen würden, sollen sie macht haben von jedem ein pfandt zu nemen, vnd wenn sie das wieder lösen wollen, sollen sie dem marckmeister oder seinem gesinde einen newen schilling dafür geben. Vnd wo gleich einer oder mehr entlieffen vnd hernach erforschet vnd ausgekundtschafft würden, soll ein jeder vorberürter straffe nicht gehbrigt sein, sie würden sich dann mit jrem elde entledigen vnd vnschüldig machen.

Würden vornügende bürger, bürgerskindere oder vor- 27 stendige handtwerckxgesellen dergestalt auffm spiel betroffen, sollen sie vnnachlessig vorfestet vnd damit nicht vorschonet werden, wenn sie gleich die straffe alsbald erlegen wolten, damit sich ein jeder schande halben für solcher leichtfertigkeit zu hüten vmb so viel deste mehr vrsache nemen müge.

XII Von dem schiessen, spielen vnd tantzen auff vnser Newenstadt marsch oder anderswor vor den thoren in den pfingsten.

28 **V**or dinstags des nachmittags in den heiligen pfingsten sollen die schützen oder jemandt anders auff vnser Newenstadt marsch oder anderswor in oder vor vnser stadt vor der scheiben nicht schiessen, spielen oder tantzen oder dergleichen kurtzweile zu treiben, bey straffe einer festunge, sondern des dinstags in den pfingsten nachmittage mügen vorberürte vnd andere ehrliche kurtzweile erleubt sein.

Es sollen sich aber alsdann diejenigen die sich des tantzens gebrauchen wollen aller zucht vnd ehre darbey gebrauchen, vnd die frawen vnd jungfrawen in dem tantze schendlich nicht vordreihen, darauff die marckmeister vnd jr gesinde gute achtunge geben sollen. Vnd wollen alsdann einen jeden vorbrecher dieses vnsers mandats jedesmals vmb zween newe schillinge straffen.

XIII Von den kirchhöfen.

29 **D**ieweil wir leider augenscheinlich befinden, das sich etliche vnfleter eine zeithero gelüsten lassen haben die kirchhöfe mit jrem eigen vnflate zu beschmeichen vnd zu vnreinigen, so vorbieten wir hiemit ernstlich, das solche hinfüro nicht mehr geschehen sol. Dann wo jemandt hierüber betretten wird, sol er deshalben verfestet werden.

XIV Von dem der seine eltern morden oder schlagen, oder jnen fluchen, oder seine kinder ermorden würde.

30 **W**o jemandt (das gott gnediglich vorhüte) seinen vater oder grossvater, mutter oder grossmutter, ja auch seinen stieffvater vnd stieffmutter, die sein ehelich oder allein natürliche eltern, freuentlich ermorden oder mit gifft vmbbrengen würde, der sol vom gerichte aus der stadt geschleiffet werden biss an den ort der straffe, vnd darnach mit einem blochrade von vnten auff gestossen vnd gewönlicher weise in das radt geflochten vnd allda den raben vnd schedlichen thieren zur speise vbergeben werden, dieweile er grausamer vnd schrecklicher gehandelt denn man an wilden thieren gewondt ist. Er sol aber auch zu richtlicher ermessigung stehen, ob man vorbemelten grausamen mörder anstat des schleiffens mit glüenden zangen ein riss oder etzliche geben wolte.

31 **W**ürde jemandt seine eltern schlagen, der hette wol nach gottes gebote vnd ordnunge den hals vorwircket, desgleichen wenn er seinen eltern fluchet. Dieweil aber die straffe in diesen landen nicht in vbunge gefunden, sol man einen solchen gotts vnd ehrvergessenen buben vier wochen lang mit zimlichem gefengnis straffen, doch das er nicht anders dann mit wasser vnd brot gespeiset werde.

So aber jemandt mehr dann ein mal solche vnthat vben 32 würde, sol gleichwol die leibsstraffe hiemit vnbegeben sein.

Hieher gehören auch die so jre kinder heimlich vmbbringen, dieweile eltern vnd kindere correlatiua sein vnd 33 billich in gleichem rechte stehen sollen. Darumb wollen wir, das alle kindermörderin geschleufft oder mit zangen gerissen vnd hernach vorseufft vnd auff ein radt gelegt werden sollen.

58

XV Von meuterey vnd auffrhur.[1]

34 **W**er sich vntersteht zweydracht zu stifften zwischen
dem landsfürsten vnd der stadt oder zwischen dem rathe
vnd den gilden, oder zwischen dem rathe vnd der gemeine,
sein leib vnd gut stehet in des raths handt.[2]

CXXXIX. 9

35 **E**s sol niemandts versamlungen machen heimlich des
tags oder nachtes ohne des raths wissenschaft, bey leibe
vnd bey gute, dar der stadt schade mochte von kommen.[3]

Kein bürger sol reiten dauon der stadt oder der bürger-
schafft schade entstehen mochte. Wer das thete, sein
straffe sein zehen marcken.

CXXXX. 4

36

XVI Von deme der seine wehre aus freuel, damit gewalt zu vben, anszizihen würde.

37 **W**o jemandts gegen einem andern seine wehre aus für-
satz vnd freuel, damit gewalt zu vben vnd nicht vmb not-
wehr damit zu thun, anszizihen würde, der sol deshalben
mit einer fürsatz verfestet werden.

XVII Von todtschlage.

38 **T**odtschlag wird in rechte zweierleye befunden, nemlich
fürsetzlich vnd zufellig oder vnuorsehnlich.

39 **E**rstlich, wenn einer mit fürsatz vnd wolbedachtem mute
den andern todtschlegt, vnd der wird gegriffen, sein stra-
ffe ist verlierung des heubts nach dem vrtheil gottes: wer
menschenblut vorgeust des blut sol auch vergossen werden.

40 **W**er aber dauon kompt vnd nicht ergriffen wird sol
fünffzig jar der stadt emperen. Wil er darnach wieder
herein, er sol sich erstlich mit gott vnd der kirchen, auch
mit des entleibten freundschafft versönen vnd von vnserm
colloquio absoluieren lassen, vnd darnach dreissig gülden
straffe geben: so kondt er wieder eingenommen werden.

41 **Z**um andern, wo einer einen vnuorsehentlichen todtschlag
begienge, der möchte nicht an leibe vnd leben sondern
willkürlich gestraffet werden wie folget.

42 **E**in vnuorsehnlich todtschlag aber kan sich auff vierley
weise zutragen. Zum ersten, wenn einer den andern an-
fertigt vnd jne mit wehre vnd waffen also drenget vnd
ansicht, das er zu errettung seins leibs vnd lebens die
gegenwehre gebrauchen möste: ob er dann gleich den an-
sprenger zu todte schlüge, er bleibe des gar ohne straffe
vnd wandel.

43 **Z**um andern, wo einer vnuorsehens ohne alle seine schuldt
vnd bösem fürsatz einen andern vmbbrechte, er möchte
darumb auch nicht gestraffet werden. Als wenn die schü-
tzen für der scheiben vnd also an gewönlichen örten schies-

sen, vnd es gienge einer in den weg vnd würde erschossen,
der theter bliebe des ohne straffe. Oder wo zween mit
einander stechen, vnd der eine fiel sich vom pferde zu
tode oder neme sonst einen schaden dauon er des todte
wäre, der theter hette darumb auch keine straffe zu be-
sorgen.

Wenn aber zum dritten einer den andern vnuorsehens
tödte vnd gleichwol an solchem todtschlagen etwas schuldt
hette, als wenn einer an einem vngewönlichen orte zum
ziel oder sonsten nach einem thier oder vogel schösse
vnd entleibte einen vnuorsehens, so hette er daran schuldt
das er am vngewönlichen orte solchen geferlichen handel
gühet, vnd muste derhalben funff jar der stadt emperen
vnd nach geendigten funff jaren sich mit des entleibten
freundes vortragen vnd dazu zehen gülden zur straffe
geben.

Zum vierden, wo einer noch mehr schuldt hette dann
eine schlechte vorwarlosunge oder vnfleis, sondern fände
sich das auch der wille den andern zu beschedigen mit
darzu kommen were, als wenn einer in eine zeche keme
vnd daselbst mit keinem zu schaden hette den er zu be-
schedigen bedacht were, sondern keme vnuorsehens mit
einem zu hader vnd würde mit zorn so fern bewogen vnd
vbereilet, das er denselben zu tode schlüge: keme er gleich-
wol dauon vnd kondt in funff jaren oder bald darnach
mit des entleibten freundtschafft ein vortrag machen, des

44

45

---

1) §§ 34, 35, 37 und 38 der Redaction von 1573 sind von diesem Titel ausgeschieden. 2) Herstellung des Wort-
lauts im ältern Echtding, von welchem die Redaction von 1573 abweich. 3) Dieser aus dem ältern Echtdinge
herübergenommene Paragraph fehlte der Redaction von 1573.

hette er billig zu geniessen, also das er nach vorlauffe der
sunff jar vns dem rathe zehen gülden gebe vnd den ein-
gang der stadt erwürbe. Würde er aber ergriffen, so
müste er gefahr stehen das er an leibe vnd leben gestra-
fft würde, doch nicht anders dann nach erwegung aller
vmbstende die etwan also geschaffen sein möchten, das er
mit der leibsstraffe nicht allerding vorschont würde, vnd
in solchen fellen wollen wir vns bey rechtsgelerten raths zu

erholen vnbegeben sondern ausdrücklich fürbehalten haben.

Wer mit gisfte oder zeuberey jemandt fürsetzlich vmb- 46
bringet sol mit fewr vorbrant oder auff ein blochradt ge-
stossen werden.

Der wird des hauses darin ein todtschlag geschehen, 47
sol vns eine marck zur straffe geben, andern zur war-
nunge, auff jre geste vnd gesinde deste bessere auffach-
tunge zu geben.

48 **W**o einer darbey ist vnd zusihet vnd höret, das zween
oder mehr zu vnwillen vnd schlagen kommen, der sol hie-
mit gewalt haben den haderern von gerichts wegen friede
zu gebieten. Würde dann einer so frevel befunden das
er dem gebota nicht gehorchen wolte, vnd schlüge darüber
einen andern todt, sol mit dem schwerdt als ein friede-
brecher gerichtet werden. Schlüge er eine wunden, er
sol die straffe leiden die hernach auff wunden gesetzt ist.
Würde er aber selbs todtgeschlagen, der theter sol mit
der leibsstraffe vorschont bleiben, vnd der gantze handel
sol zu vnser ermessigung stehen, ob vnd wie der theter
zu straffen sey, darin wir gelegenheit der personen, wehre
vnd gegenwehre, auch vrsachen dadurch der hader an-
gangen vnd dergleichen vmbstende mit fleis bewegen sol-
len vnd wollen.

49 **W**er einer balgerey zusihet vnd dieselben gar nicht
vnterstehet zu hindern, sondern etwan darzu lust oder
gefallen hat, der sol vorfestet werden, vnd so er wieder
in die stadt begert, sol er eine marck zur straffe geben.

50 **W**er den theter ohne redliche vrsache vauorhindert lest
daruon lauffen oder jme fürschub thut das er daruon

kompt, sol nach gelegenheit seins vormügens an gelde oder
mit vorweisunge oder gefengnus gestraffet werden. Dann
wenn die theter so leichtlich nicht dauon kommen kond-
ten, würde mancher so mutich nicht sein das er so bald
vmb sich schlüge oder steche, sondern one zweiffel man-
niger todtschlag vnuolbracht bleiben.

Wird aber jemandt einen todtschleger hindern vnd auff- 51
halten, das er zu gefengnus gebracht werden mag, sol er
derwegen an seinen ehren oder an gülden vnd ampten
nicht getadelt oder geeussert sondern dessen ohne nach-
teil bleiben vnd von vns vertreten vnd entnommen werden.

Vnd wo jemandt einem obberürt sein bürgerlich vnd ehr- 52
lich fürnemes vorweislich aufrücken oder fürlegen würde,
der solte mit einer fürsatz vorfestet vnd ehe in die stadt
nicht wieder gestattet werden, biss das er vns dem rathe
zur straffe gegeben habe ein vnd zwentzig gülden vnd
neun vnd zwentzig pfenninge, darumb das er wieder ge-
meine ruhe vnd menschliche natürliche trewe gehandelt
hat die einer dem andern zu seiner beschützunge zu lei-
sten für gott schüldig ist.

•

53 **W**ird jemandt kampffbar vorwundet; ob er gleich nicht
klagen wolte, wir der rath wollen dennoch die bröke oder
straffe nicht emperen, sondern den theter von gerichts
wegen zu straffen fürbehalten haben. Fünde man auch
das der vorwundete selbs zu der beschedigung vrsach ge-
geben oder den hader angefangen vnd derhalben die that
zu vorrücken vnd zu vortauschen lust hette, man sol nichts
deste minder in der sachen ergehen lassen was recht ist,
vnd den vorwundten sowol als den theter straffen, wo er

schüldig befunden wird.

Wer den andern kampffbar vorwundet vnd in der stadt 54
begriffen wird, der sol von ampts wegen eingetzogen vnd
bis zu erkündigung der gantzen geschichte vorwarlich ge-
halten werden.

Die erkündigung aber sol also fürgenommen werden, das 55
der bürgermeister in dem weichbilde darin die that ge-
schehen vnd do der vorwundete anzutreffen, selbs allein
oder durch andere herren, der zum wenigsten zwoen sein
58*

wollen, der parteien bericht höre, vnd alsbald zween herren des raths vnd zwen geschickte balbierer zu dem vorwundten schicke vnd die wunde besehen lasse, ob sie tödtlich sey oder nicht. Ist sie nicht tödtlich, vnd der vorwundte kan von dem theter alsbald zum vortrage bewogen werden, so mag man den vortrag zulassen vnd den gefangenen gegen erlegung zehen gülden straffe neben auch entrichtunge des fangegülden, schliesgeldes vnd kostgeldes seiner gefencklichen hafft entledigen.

56 Wird aber die wunde tödtlich oder zum weinigsten zweiffelhafftig befunden, man sol den theter die neun fahrtage behalten: stürbe indes der vorwundte ohne seine selbs vorwarlosung, man sol jnen nach obgesatzter ordnunge straffen.

57 Wer sich aber auff des entleibten eigene vorwarlosunge steuret, der ist dieselbe zu erweisen schüldig, dann zu rechte wird sie nicht vormutet.

58 Wolte sich aber der vorwundte für ausgange der neun tage nicht abehandele lassen, so sol der theter in hafft bleiben vnd seine gefahr vnd ebenthewr auswarten.

59 Wo der vorwundte die neun fahrtage vberlebte vnd

seine besserunge etwas vormutlich were, ob er sich gleich mit dem theter nicht vortragen wolte, dannoch wo der theter sich zu rechte beut vnd denselben auszuwarten gnugsam vorbürgte, sol man zehen gülden, auch den fangegülden, schliessgeldt vnd kostgeldt von jme nemen vnd jne der gefengnis entledigen.

Bliebe er aber der vorwundete noch für vnd für schwach 60 vnd stünde in gefahr seins lebens, den theter möchte man fürder behalten bis man sehe wie es mit der wunden hinaus wolte.

Vorwünne aber der vorwundet seinen schaden vnd keine 61 wiederumb zu vöriger gesundtheit, der theter were gleichwol schüldig sich mit jme zu vortragen vnd vns dem rathe zehen gülden straffe zu geben, neben dem fangegülden, schliessgelde vnd kostgelde.

Entlieffe der theter vnd würde nicht gefangen, man sol 62 jme folgen mit einer feste vnd in einem jare den eingang der stadt nicht wieder gönnen, es were dann das er sich ehe die festunge vber jne ergangen mit seinem wiederparte vortragen vnd vns einen festagülden zur straffe gegeben hette: alsdann solt er mit der festunge vorschont bleiben.

XX Von schlechten wunden die nicht kampffbar oder kampffwirdig sein.

63 Schläge oder stiche einer den andern, vnd die wunden würden nicht kampffbar befunden, er sol sich mit dem

beschedigten vortragen vnd vns dem rathe eine marck zur straffe geben.

XXI Von beulen vnd dunschlegen die keine blutrust haben.

64 Schläge einer den andern fürsetzlich mit knütteln oder andern instrumenten, vnd folgte gleich keine blutrust sondern vielleicht eine schlechte beule, der sol sich (wie jtzo gesagt) mit dem beschedigten vortragen vnd vns ein vnd zwantzig gülden vnd neun vnd zwantzig pfenninge zur

straffe geben, es were dann das die that mit bösen vmbstenden beschworet vnd grösser gemacht würde: so wollen wir vns nach gelegenheit die straffe zu steigern vnd zu mehren fürbehalten.

XXII Von vnfuge auff des raths kellere vnd andern gemeinen orten vnd in vorlöbnussen vnd brauthäusern.

65 Wer auff des raths kellern, apoteken, lustheusern oder sonsten in des raths gelegen, wo dieselben bestalt sein, dem andern mit worten oder thaten vnfug thut, jne schlecht oder schmehet, sol ohne vnterscheid zehen gülden zur straffe vorfallen sein.

66 Wer solchs auff der gilde gemeinen heusern thete sol sechtzig schillinge zur straffe geben. Hette er des geldes nicht, er sol so lange der stadt emperen bis ers bezalen kan.

Wer in vorlöbnussen oder auff brautheusern bader oder 67 vnfuge anrichtet, den andern rauffet, schlegt oder schmehet, sol sechtzig schilling wetten oder der stadt emperen biss ers bezalen kan.

Wo zween in einer vorlöbnusse oder brauthaus mit ein- 68 ander haddern, sollen jeder auch sechtzig schillinge vorfallen sein.

Es were dann das einer den hadder mutwillig hette an- 69

gefangen vnd dem andern zur wiederspruch vrsach gegeben: dann sol derselbe allein gestraffet werden.

70 Geschege dem breutgam schade darüber, der anfenger

sol den gelten, oder wo sie gleiche schuldt hetten, sollen sie auch gleichen schaden tragen.

XXIII Von verachtunge der stadtfeste.

71 Wer ohne not vber den raths feste steiget, ob er gleich sonst den kopff nicht vorwireket hette, er solt vmb den

vhersteigens willen mit dem schwerte gestraffet werden.

XXIV Von hausfriede.

72 Wer dem andern bey tage oder bey nachte mit fürsatz sein hans aufstiesse vnd darin jemands schlüge oder gewaldt darin vbte, das sol für ein hausfriedbruch erkandt vnd mit dem schwerte gestraffet werden, darin auch keinen seine trunckenheit sol entschüldigen.

73 Wer zu dem andern mit gewehrter handt in sein haus gienge oder lieffe, jnen darin zu beschedigen: ob er gleich an jnen nicht keinmen oder etwas thetlichs ausrichten köndte, er solt dennoch ein jar lang mit einer fürsatz aus der stadt vorfestet vnd nach vorlauffe des jars darin nicht ehe wieder gestattet werden bis das er ein vnd zwantzig gülden vnd neun vnd zwantzig pfennige zur straffe gegeben.

74 Wurde er den hauswirdt, sein weib, kinder oder gesinde beschedigen vnd wunden, er sol den kopff verloren haben.

75 Zuschlecht einer dem andern seine fenster, schrancken, laden oder was er zu feilem kauffe oder sonsten ausgesatzt oder angehangen, man sol jne ohne gnade mit einer für-

satz vorfesten.

Wer zu dem andern in sein haus laufft vnd jne allda 76 mit lesterlichen worten vherfahret, er sey frawe oder man, er sol auch vorfestet werden mit einer fürsatz.

Das hat auch stadt, obgleich einer in einem gemieten 77 hause wonete, dann in seiner wonunge sol jederman billich mit friede vnd ruhe bleiben vnd von einem andern nicht vberlauffen werden, also das auch die rechte vorbieten jemande aus seinem hause mit gewalt in gefencknus zu ziehen, es were dann die sache peinlich vnd belangte den hals, darumb auch nach stadtrechte kein bürger aus seiner wonunge genommen vnd gefangen werden sol, er sey dann zuvor angesprochen vnd gehört.

Geschege jemande gewaldt in seinem hause, es were bey 78 tage oder bey nacht, vnd die wachte würde ersucht oder sonsten des inne, sie sol ohne sonderlichen befehl alsbald zulauffen vnd retten vnd nicht durch die finger sehen, bey vormeidunge vnser des raths ernstlicher straffe.

XXV Von nachtgange.

79 Von s. Gallen tage bis auff mittfasten sol niemandt der nicht bürger ist nach geleuter wechterglocken one liecht oder latern auff der strassen sich finden lassen, allein oder rottenweise, bey straffe zweier newer schillinge.

80 Vnd sol niemandt bey nechtlicher weile allhie auff der strassen vnzüchtige lieder singen noch ergerliche leichtfertigkeit oder vngebür treiben, dann wo jemandt von vn-

sern wechtern darüber betretten würde, solten sie ein pfandt von jme fordern vnd nemen, dabey er des morgens zu kennen vnd der gebür zu straffen sey.

Auch sol niemandt allhie der vnbekandt oder vordechtig 81 were bey nechtlicher weile auff der strassen eine lange wehre oder ein rohr tragen, bey vorlust derselbigen.

XXVI Von den marckmeistern vnd wechtern.

82 Niemandt sol sich an vnsern marckmeistern vnd wechtern vorgreiffen, bey straffe einer fürsatz.

XXVII Von ausfordern oder ausheischen.

83 Wer sein eigen richter wil sein, vnd daran nicht gerichte oder recht gebraucht sondern seinen gegenpart fre-

uentlich ausfordert sich mit jme zu balgen, der sol vnnachlessig mit einer fürsatz ein jar lang vorfestet wer-

den vnd die darauff gesetzte straffe, nemlich ein vnd zwan-
tzig gülden vnd neun vnd zwantzig pfennings, erlegen.

84 **W**er aber gefordert wird sol dem pücher zu folgen keins
wegs macht haben, sondern wo er es thete sol er einen

gülden zur straffe geben.

Würde der ausforderer geschlagen, er sol den schaden 85
jme selbe zumessen vnd der geforderte jme daran zu
antworten nicht schuldig sein.

XXVIII Von fürsetzlichen vnd andern jniurien, schmehe vnd drauworten, vnd von fürsetzlicher vberfalluuge oder
anfertigung.

86 **W**iewol die jniurien so mit worten vnd wercken ge-
schehen alle vnter dem worte vnfug begriffen werden, so
ist doch nicht vndienstlich von schmehesachen einen be-
sondern titel zu ordnen, damit solch haderwerck vmb so
viel deste besser verhütet bleiben müge.

87 **D**arumb wollen wir, das sich ein jeder fleissig fürsehe
vnd seinen ebenchristen, menschen oder bruder nicht be-
schwere oder mit schmehe oder drauworten angreiffe.

88 **D**ann wo jemandts den andern fürsetzlich mit worten
oder mit der that jniurijret, vberfellt oder anfertigt, der
sol vmb eine fürsatz gestraffet werden vnd dem wieder-
part einen wiederruff thun.

89 **W**o aber jemandt den andern aus vnbedacht vnd zorn
mit worten jniurijra, schmehen oder bedrawen, das jme

darnach leidt sein würde, vnd doch gleichwol darüber ge-
klagt wird, den sollen wir der rath macht haben zu ge-
bieten das sie die sache mechtiglich auff vns stellen. Diese
heimstellunge aber sol den vorstandt nicht haben, das die
sachen alle wege gegen einander auffgehoben werden
musten, sondern wo ein theil dem andern zu viel oder
vnrecht gethan hette,[1] sol der schmeher dem geschmehe-
ten eine christliche gebürliche abbit vnd wiederruff thun,
vnd vns auch auff vnser brökedorutzen einen gülden zu
bröke geben. Würden wir aber vns solcher sachen die
zu vortragen nicht vnternemen, so sol der schmeher vor
vnsere brökeherren auch citiert werden vnd darselbst die
abbitt vnd wiederruff thun vnd vmb einen gülden gestra-
ffet werden.

XXIX Von schmeheworten wieder den rath oder eine rathsperson in rathsgeschefften.

90 **W**o sich jemandt gelüsten lassen würde vns den rath
oder eine rathsperson in vnsern des raths geschefften
gegenwertiglich zu schmehen, vbel anzufahren vnd zu
misshandeln, der sol ein halb jar der stadt emperen vnd
darnach, wenn er wieder in die stadt wolte, eine fürsatz
büssen vnd darzu einen wiederruff vnd abebitt thun.

Geschege aber das vorberürte schmehent, vbel anfahrent 91
vnd misshandelnt nicht gegenwertiglich sondern ruglings
gegen andern leuten, so sols der thoter auch ein halb jar
aus der stadt welchen vnd vmb einen gülden gestraffet
werden vnd die geübte misshandlunge vnd schmehewort
abebitten vnd wiederruffen.

XXX Von schmeheschrifften, liedern vnd afterreden.

92 **W**ir gebieten auch vnd wollen, das niemandt, wes stan-
des der sey, den dienern göttlichs worts, der oberigkeit
noch seinem negsten jre dignitet, hoheit, ehre, glimpff vnd
gute gerüchte nicht antasten oder abeschneiden sol durch
schmeheschrifften, gesenge, reime, lieder oder gedichte,

in keinerley weise noch wege. Do aber jemandt in dem
schüldig befunden, sal er als ein vnruhiger, mutwilliger
vnd böser mensche, welcher zur vnruhe, vnfriede, meute-
rey vnd allem argen geneigt, in vnser stadt nicht gelit-
den werden.

XXXI Von schmehesachen der gilden vnd handtwerckuleute.

93 **D**en gilden vnd handtwercksmeistern sol hiemit verbot-
ten sein jemande seiner gilde oder handtwercks aus ei-

genem fürnemen ohne rechtliche erkentnis zu entsetzen.
Geschege es aber, vnd sich der so entsetzt were gegen

---

1) Im Orig. hetten.

vns dem rathe deshalben beklagen würde, solt er die gil-
demeister vnd handtwercksmeister vor vns citiren lassen:
so wollen wir nach gehörter klage vnd antwort gütlich
oder rechtlich darin vorfügen vnd erkennen was sich ge-
büret vnd recht sein wird.

94 Schildt ein gildebruder oder handtwercksgeselle den an-
dern, so sol solchs für der gilde vnd handtwercksmeistern,
wie das bishero gebreuchlich gewesen, gütlich vortragen
werden, oder der schmeher sol es darselbst ausführen vnd
die scheltewort war machen, oder darthun das dem ge-
meinen nutz oder zum wenigsten der gilde daran gelegen
sey das solche that geoffenbart werde. Würde er aber
dem also nicht nachkommen, solt er von den gilden vnd
handewerckameistern jrem gebrauch nach gestraffet wer-
den.

95 Im fall aber das die gilde vnd handtwerckmeistere die
vorberürte sache gütlich oder in ander wege nicht würden
vortragen oder entscheiden mögen, solt sie an vns ge-
weiset werden, die gütlich oder rechtlich zu entscheiden

vnd dem schmeher, woferne er schüldig befunden würde,
in die auff schmehewort gesetzte straffe zu nemen vnd
jne auch zur abbitt vnd wiederruffe anzuhalten.

96 Es sollen auch die handtwerckagesellen zeben vnd mit
dem geschmeheten so lange zu arbeiten schüldig sein, bis
das die schmehesache mit rechte erörtert sey. Welche
sich aber hierin wiedersetzig erzeigen, sollen vorfestet
werden.

97 Würden sich viel vber einen zusammenrotten vnd aus
eigenem fürnemen ohne rechtliche erkentnis zu tadeln
oder zu hindern vnterstehen, die wollen wir alle aus der
stadt vorfesten bis sie den andern vnehrlich machen oder
jne wieder zu friede bringen.

98 Würden auch gildeleute oder handtwercker hinaus an
andere örter lauffen vnd jre gildebrüder vber jemandt vor-
hetzen, das er oder andere von seinent wegen auffgetrieben
würden, vnd allhie rechtlichs vortrags nicht erwarten, die
wollen wir alle vorfesten bis sie den lermen wieder stille
machen vnd andere leute vnbemühet lassen.

XXXII   Von wortlichen schmehendlen ins gemeine.

99 In allen wortlichen schmehehandlen setzen wir diese re-
gel, das sich keiner domit entledigen solle das er die zu-
gemessene schmehewort beweisen könne. Dann dessen
vngeachtet sol er die gesetzte straffe erlegen, darumb das
er gericht vnd recht verachtet vnd sein mütlein eigens ge-
walts mit schmeheworten zu külen fürgenommen.

100 Wer aber ein redelicher man vnd vngestraffet wil blei-
ben, hat der mit einem andern zu schaffen, so klage er

es seiner oberigkeit: jme sol wol rechts vorholffen werden.

101 Weis er aber von einem andern etwas daran dem ge-
meinen nutz gelegen, er klage es seinem regierenden bür-
germeister, oder wo es ein gildesache ist, seinem gilde-
meister, vnd richte darmit in der stadt keinen vnordent-
lichen tumult oder lermen an: so kan man mit ruhe vnd
friden bey einander leben vnd mit gutem gewissen gott
anruffen.

XXXIII   Von ehebruche.

102 Wer do bekent oder mit warheit vberzeuget oder vber-
wunden wird das er seine ehe gebrochen habe, es sey
frawe oder man, er sol zwey jar der stadt emperen, vnd
wo er sich inden besserte vnd nach der zeit wieder her-
ein wolte, sol er dreissig gülden zur straffe geben vnd sich
absoluieren lassen für vnserm colloquie.

103 Würde er aber allein berüchtigt, er mag sich mit sei-
nem eide entledigen vnd das erste mal frey hingehen.
Erführe man aber hernach das er ein meineidt geschwo-
ren hette, sollen jme zween finger abgehawen vnd darzu
auch der stadt ewiglich vorweiset werden.

104 Wolte er aber lieber sechs gülden geben dann schwe-

ren, die wahl sol jme gegönt werden.

105 Wo sich aber einer mit sechs gülden ein mal gelöset
hette vnd keine zum andern mal mit bösem geschrey wie-
der, er sol mit dem blossem eide oder sechs gülden nicht
mehr los werden sondern die stadt ein jar lang reumen,
vnd wo er hernach wieder herein begert, zehen gülden
zur straffe zu geben schüldig sein.

106 Wird einer vberwunden das er zum andern male die
eehe gebrochen habe, sol er auch zwey jar der stadt em-
peren vnd darnach sechtzig gülden zur straffe geben vnd
dann wieder in die stad gestattet werden, woferne er sich
in zeit seiner vorwetsunge gebessert hette.

107 **W**ird jemandt zum dritten male des ehebruchs vber-
wunden, sol er aus der stadt ewiglich vorweiset werden,
ohne gnade.

108 **W**urde ein eheman oder ehefraw in vnsern des raths

müfet, wenn sie dar malen liessen, ehebruch treiben, sol-
ten sie die straffe leiden die nechst hieroben zum andern
male auff den ehebruch verordnet ist.

XXXIV Von jungfrawen vnd megden beschlaffen.

109 **W**urde jemandt eins bürgers tochter, magdt oder witwe
in vnehren beschlaffen oder schwengern, solte er vns zur
straffe vor solche seine vnzucht fünffzehen gülden vnd
vor die geschwangerte persone zehen gülden vnd dersel-
biger. auch in das kindelbedde die sechswochen vber sechs
gülden zur zerunge geben, vnd darnach auch das kindt
der gebür zu ernehren bestellen vnd darzu der geschwen-
gerten person mit einem gülden vnd einem par schuch,
woferne er sie zu den ehren nicht nemen würde, abtrag

machen. Wolt er das wie jtzundt gemeldet nicht thun,
solt er so lange der stadt emperen bis er das zu thun
bedacht oder vormügens werde.

Welche weibsperson aber sich anderswo be- 110
schlaffen bette lassen, vnd würde albie das kindt-
bette mit voserm willen halten, dieselbe sol vns
gleichsfals zehen gülden zur straffe geben oder
so lang die stadt emperen bies sie das zu thun
bedacht oder des vormügens würde.

XXXV Von dem der eine frawe oder jungfrawe ohne jrer eltern, vormunden oder freunde wissen vnd willen aus der stadt hinweg führete.

111 **W**er eine frawe oder jungfrawe aus der stadt hinweg
führete one jrer eltern, vormunden oder freunde wissen

vnd willen, der solt vorfestet vnd der frawen oder jung-
frawen jr erbgut nicht gefolget werden.

XXXVI Von vnzucht der personen die nicht im ehestande leben.

112 **W**o ein manspersone in seinem witwenstande oder ein
jungergeselle zum ersten male auff vnzucht begriffen oder
erforschet würde, solt er eine marck zur straffe geben.

113 **Z**um andern male aber zwo marck.

114 **V**nd zum dritten male solt er aus der stadt vorweiset
vnd nicht wieder darin gestattet werden, er lasse sich
dann wiederumb einwerben mit zusage sein leben zu bes-
sern, vnd gebe vns dann darneben zehen gülden zur
straffe.

115 **W**urde er dann darnach wiederumb vnzucht treiben,
sol die jtztgemelte straffe jmmer[1] zu gedoppelt werden.

116 **V**nd wo sich ein weibspersone ausserhalbe der ehe be-
schlaffen lassen würde, solt sie der bürgerschaff, so sie
die gehabt, vorfallen sein vnd darzu vns zum ersten male
eine marck vnd zum andern male zwo marcken zur straffe
geben, zum dritten male aber sol sie aus vnser stadt vnd
gebiete vorweiset werden.

117 **W**urde jemandt hurerey treiben in den mehelmülen, der
solt ein jar lang der stadt emperen vnd alsodann dreissig

gülden zur straffe geben.

Wenn sich ein jungfraw oder magdt lest beschlaffen 118
vnd schwanger wird, sol sie baldt wenn sie jre schuldt
vormerckt ein schleiger auffsetzen vnd tragen. Wo sie
aber in den haren ginge, solt sie vns dem rathe zehen
gülden zur straffe geben.

Welche sich wie ein magdt helt vnd kleidet biss das 119
sie in das kindelbedde kommet: gebirt sie jr kindt in
beysein der badmutter oder anderer ehrlichen frawen,
man sol jr nicht weigern jr kindelbette in der stadt zu
halten.

Hette sie aber das kinds heimlich vnd vnterstünde sich 120
dasselbe zu vorbergen oder aus dem wege zu bringen, sol
sie ewiglich der stadt emperen.

Legte eine magdt oder weibsperson jre eigen kindt hin- 121
weg vnd beflisse sich nicht dasselbe wie menschlich vnd
billg ist zu ernehren, vnd wird darüber ausgeforschet,
man sol sie nach den sechswochen der stadt auch ewig-
lich vorweisen.

---

1) *In Orig.* jmme.

XXXVII Von leichtfertigen gemeinen weibern.

122 **A**lle vnzüchtige weibspersonen die jre vnzucht fehule tra-
gen, heute einem morgen dem andern [1] vorkeuffen, sollen
gefenglich eingezogen, acht tage mit wasser vnd brot ge-
speiset vnd darnach aus der stadt vnd gebiete vorweiset
werden.

XXXVIII Von kuplerey vnd ruffercy.

123 **W**o jemandt ein kupler oder kuplerin würde, vnd also
durch jre botschaften vnd brieffe oder in eigener person
jungfrawen, frawen, töchtere, megde, gesinde, oder andere
vorführen, haus, hoff vnd gemach hurerey oder ehebruch
darin zu volbringen darleihen, die sollen aus der stadt
vorweiset vnd darin nicht wieder gestattet werden.

XXXIX Von jncoest.

124 **O**b jemandt mit seiner oder seiner haußfrawen blutsuor-
wandten freunden die jme in den gliedern verwandt darin
nach göttlichen oder keiserrechten die ehe vorbotten ist,
fleischliche werck vbte, vnd thete das ausserhalb der ehe,
er sol mit dem schwerte vom leben zum todte bracht, die
weibspersonen aber ersoufft werden.

125 **T**heten sie das im schein der ehe, sie solten beide aus
der stadt vorweiset werden, wenn auch gleich der grad
nicht in göttlichen oder keiserlichen sondern allein in die-
sen stadtrichten [2] vorbotten were, vnd das vmb ergerlichs
exempels willen das damit eingeführet würde vnd andern
zu gleicher vbertrettung möcht vrsach geben oder sonst
ergerung bringen.

XL Von notzogung.

126 **W**ere jemandt so gottlos vnd vngehalten, das er sich
vnterstehen dörffte eine ehrliche frawe, jungfrawe, oder
auch eine berüchtigte vnehrliche person mit gewalt zu
fleischlichen wercken zu dringen: ob er gleich das werck
mit jr von jugendt oder anderer sachen wegen nicht aller
dinge vollenbringen konte, er solt nichts deste weniger
den kopff vorwircket haben.

XLI Von eheleuten die ohne erhebliche vrsache von einander sein.

127 **W**o eheleute ohne erhebliche vrsache von einander sein,
ist es christlich vnd billig das sie wieder zusamen gefor-
dert werden: darzu wollen wir, wenn wir darumb ersucht
würden, vnsern möglichen fleis gern thun vnd anwenden.
Wo sie dann nach vorhör der sachen nicht wieder zusa-
men wollen, sol der schüldige theil aus der stadt vorwei-
set werden. Wo sie aber beiderseits schüldig befunden,
vnd wolten dennoch nicht wieder zusamen, so sollen sie
beide der stadt so lange emperen bis sie bedacht werden
sich wiederumb beysamen zu uerfügen vnd mit einander
christlich vnd friedsam zu leben vnd hauszuhalten.

128 **W**elcher man seine ehefrawe vnuerhört vnd erkanter
sache mit gewaldt von sich triebe oder schlüge, vnd sie
doch kampffbar nicht vorwundte, der sol sie auff vnsern
befehel wieder zu sich nemen vnd sich mit jr christlich
vnd wol vortragen. Wo er aber das nicht thun würde,
vnd klage darüber kems, so sol er die staet reumen vnd
nicht wieder darin kommen, er habe dann vns eine marck
zur straffe vor seinen vngehorsam geben vnd angelobt
seine ehefrawe wieder zu sich zu nemen vnd sie weiter
nicht zu schlagen oder vbel mit jr hauszuhalten.

Wurde sich auch ein man oder frauwesperone allhier 129
enthalten vnd anderswo seinen ehegaten haben, von dem
er sondern redeliche vrsache sein würde, der solt aus
der stadt vorweiset werden.

---

1) *In Orig. wie* 1573 einen – den andern. 2) 1573: diesem stadtrechten.

XLII Von ehemennern die jre ehefrawen bey sich haben vnd sie vnuerschuldes reuffen oder schlagen.

130 **W**er seine ehefrawen bey sich haben vnd sie vnuerschuldes reuffen oder schlagen wird, der sol wenn er nach vorher der sachen schuldig befunden wird, eine marck zur straffe geben vnd sich mit seiner ehefrawen wiederumb versůnen.

Wo aber ein man seine ehefrawe kampffbar verwundet, 131 sol er die straffe leiden die auff kampffbare wunden gesetzt ist.

XLIII Von diebstal vnd stelen.

132 **E**inen dieb sol man hengen, fürnemlich so der begangene diebstal gros vnd viel werd ist, Item wenn der dieb sich zu stelen gewohnet vnd mehr dann ein mal gestolen het. Sonsten wenn es ausserhalbe dieser felle were, vnd der dieb auff dem ersten diebstale begriffen würde vnd solcher diebstal nichts sonderlichs werd were, wollen wir dem fall bewegen vnd wo not ist vns darüber des rechten zu beleren vnbegeben haben.

XLIV Von gestolenem gute.

133 **W**enn bey jemande gestolen gut angetroffen vnd besprochen wird: ob er es gleich redlich kaufft hette, er mus es doch dem rechten herrn, wenn er es das es sein sey wie recht beweisen oder mit seinem eide vor gerichte beteuren wird, wiedergeben vnd seine pfenninge daran verlieren. Seinem gewehren aber mag er folgen vnd sich seines schadens bey jme erholen.

134 **W**o der so gestolen gut in seinen gewehren hat ein redlich vnbescholten ist, vnd kan seinen gewehren namkündig machen, so wird er von wegen der gestolen habe nicht verdechtig, kan auch zur peinlichen frage nicht getzogen werden. Were es aber ein verdechtiger man oder der vorhin solcher kauffmanschafft mehr gepflogen, vnd kondte seinen gewehren nicht fürstellen, so kondt er wol so verdechtig werden das er möchte peinlich angegriffen werden.

vnd die warheit an jme erkundet werden.

Wenn das gerichte ohne jemande ansuchen durch sei- 135 nen fleis gestolen oder geraubt gut ausrichtet, es sol dasselbe jar vnd tag vnuerthan halten. Kompt der rechte herr vnd fordert das mit rechte, man sol es jme ohne entgelt folgen lassen. Keme aber niemandt der es fordert in jar vnd tage, das gerichte mag es alles in seinen nutz keren.

Wenn auch ein dieb oder reuber mit gestolener oder 136 geraubter habe betretten vnd von jemande ausgeklagt wird, man sol das gantze gut dem rechten herren folgen lassen.

Wer gut findet der sol es dem so es gehört wieder 137 geben. Weis er aber nicht wem es zukompt, sol ers von der cantzel allhie verkündigen lassen: thut er das nicht, sol er vor einen dieb gehalten vnd gestraffet werden.

XLV Von dieberey in kirchen.

138 **W**er in einer kirchen etwas von altargeschmuck, büchern oder anderm das zur kirchen gehört dieblich hinweg trüge oder neme, der sol (vngeachtet das der diebstal klein were) vmb seines bösen fürsatz willen mit dem rade gestraffet

vnd auff ein blochradt gelegt werden, man kondte jme dann etzlicher vmbstande halben gnade erzeigen vnd linder straffen.

XLVI Von beutelschneiden.

139 **W**er in der kirchen einen oder mehr beutel abschnitte sol mit der staupe gestraffet werden.

140 **W**er auff der gassen oder auff dem markte beutel abschnitte oder sonsten einem andern aus der taschen oder aus dem beutel etwas stele, sol nach grosse des diebstals gestraffet vnd zum allergeringsten zur staupe geschlagen werden.

Wer frawen oder jungfrawen in versöhnussen, hoch- 141 zeiten oder andern ehrlichen gelagen jre gürtel abschnitte solt mit dem stricke gerichtet vnd auffgehenget werden.

XLVII Von fischdieben.

142 **W**er aus teichen vnd dergleichen gefasseten wassern fische stäle: soin die vber fünff goltgülden werdt, man sol jne auffhencken vnd vom leben zum todte bringen.

143 **S**ein sie vber fünff goltgülden nicht werdt, man sol jnen der stadt vorweisen.

Wer aber aus wilden gehegten wassern fische stilt sol 144 mit der staupe gestraffet werden.

XLVIII Von dieberey so in badtstuben begangen wird.

145 **W**er in badtstuben ander leute kleider stilt: ist es vber einen gülden wirdig, er sol mit der staupe gestraffet wer-den. Were es aber nicht vber einen gülden werd, er sol der stadt emperen auff gnade.

XLIX Von bestalunge eins erbes.

146 **W**urde jemandt in ein haus gehen bey tage oder nacht darin ein legend vnangenommen erbe vorwart würde, vnd von solchem erbe etwas zu seinen handen nemen vnd ste-len, der sol nach grösse des diebstals mit der staupe oder mit dem stricke gericht werden.

147 **W**o aber ein erbe selbs etwas aus der erbschafft vor-schleffelt oder vorhelet vnd in das gewonliche inuentarium nicht bringen lest, vnd kan dessen vberweiset oder vber-wunden werden, er mus es doppelt erstatten denen wel-chen es zugehöret. Hette er selbs auch ein theil daran, sein recht vnd antheil hat er verloren vnd mus es den andern allein folgen lassen.

L Von wucher.

148 **N**achdem der wucher in göttlicher heiliger schrifft, der ausgekündigten keiserlichen policeyordnunge vnd allen rechten vorbotten vnd vnchristlich ist, so thun wir auch den wucher hiermit ernstlich vorbieten, vnd so jemandt hierüber schüldig befunden, der sol das gewucherte geldt demjenigen dem er das abgewuchert wiedergeben vnd darzu vns zeben gülden zur straffe geben. Vnd was vor wucher zu achten vnd hulten sey, das wollen wir jedesmal wenn vns die klage fürkommen würde, nach ordnung der rechte erkennen.

LI Von fürsetzlichem anffborgen vnd betriegerey, auch von der cessio [1] bonorum vnd der frewlichen gerechtigkeit.

149 **W**o jemandt in vnser stadt vnd gebiete fürsetzlicher, mutwilliger vnd gefehrlicher weise vnd vngeachtet das er keinen erlidden schaden zu beweisen, geldt vnd gut auff-borgen vnd damit hinweg ziehen vnd vorlauffen würde, vnd also gemeinel wese frome leute fürsetzlich zu betrie-gen vnd vmb das jre zu bringen, der sol alsbald mit der that vnd von rechts wegen vor einen ehrlosen man gehal-ten vnd in vnser stadt vnd gebiete nicht geduldet oder gelidden werden.

150 **W**ir wollen auch vber einen solchen betrieger, wo er in vnser stadt oder gebiete betretten vnd darüber zu rechte geklagt würde, auff die pene in gemeinen beschrieben rech-ten befunden procediren vnd zu rechte vorfahren lassen.

151 **W**o einer aber gleich nicht wegliesse sondern sich sonsten vorborgen hielte, das man seiner zu rechte nicht konte mechtig sein, oder da wissendt oder aber aus allerhandt einkommenem bericht vnd anzeigungen vermutlich, das einer mehr oder vngeferlich so viel schuldig were als er vormöchte, das dann vff jedorn solchen fal vns frey stehen soll vff ansuchung etzlicher gleubiger oder auch ampts halber die güter inuentiren zu lassen vnd curatores bonorum zu uerordnen, da-mit die gleubiger vmb so viel desto eher zu dem jren gelangen mögen.

Wurde auch ein solcher betrieger von vnsern bürgern 152 vnd bürgerschen mit gelde das er fürsetzlich, als oben berürt, auffgeborget, renthe oder güter an sich keuffen vnd

---

1) Im Orig. cession.

solch geldt vber bestimpte zeit schüldig bleiben, so sol er, wenn deshalben klage vber jne geschege, vorfestet vnd in vnser stadt nicht wieder gestellet werden, er habe dann vorerst das geldt das er also geborget bezalt, oder der kleger sol von vns auff sein anruffen in die mit seinem gelde erkauffte güter vnd renthe, wenn die bey dem keuffer noch vnuorandert vorhanden weren, eingewieset werden, sich seins geldes so weit sich solche güter vnd renthe erstrecken daran zu erholen.

153
CLXI, 2 **Vnd darmit der wachsenden betriegerey desto statlicher vorgebawet werde**, sol die cessio bonorum oder abtrettung der güter, so vor der zeit albie nicht gebreuchlich gewesen aber neben vnd mit dem vnglauben einschleichen wollen, gentzlich oder gar nicht allein abgethan sein, sondern es sol den gleubigern der schultthurm wieder jre schüldiger vff die mass vnd weise wie bissbero gebreuchlich gewesen, oder aber jnen aus der stadt zu verweisen vergont sein.

154
CLXI, 1 **Ob auch wol die frewlige gerechtigkeit bishero gebreuchlich gewesen**, inmassen dann dieselbe in den gemeinen beschriebenen rechten also geordnet, jedoch nachdem das werck zu erkennen gegeben das solchs zu einem mercklichen missbrauch gekommen, derowegen viel guter redlicher leute von dem allgemeinen[1] handel vnd wandel abgehalten, daraus dann weiter erfolget das die bürgerliche nahrung fast geschwecht vnd gehindert worden, so sol solche frewliche gerechtigkeit fort-hin abgeschafft sein, dergestalt das sich eine frawe in denen gütern die sie zu dem manne eingebracht vnd demselben in seine verwaltung, narung und hantierung gethan, jegen jres mannes gleubiger nicht gubehelffen oder vffzuhalten haben sol, sondern es sollen solche güter vnter die gleubiger nach eines jeden recht so weit sie reichen ausgetheilet werden.

155 **Wurde jemandt so vnuorsichtig sein vnd in oder ausserhalbe vnser stad oder in fremden landen geld leihen vnd fürstrecken eins bürgers sone der noch vnter seiner eltern gewalt, vnd doch demselbigen oder seinen vormunden vngehorsam, auch ein schlemmer, brasser, spieler oder dergleichen vnordentlichen lebens were, vnd das leihen vnd borgen auch ohne die eltern vnd vormunden willen vnd befehl were geschehen, oder nicht ausfündig gemacht werden konte das gemelter vnser bürgerssone das geborgte geld in seiner eltern nutz vnd frommen, oder zu bezalunge jrer schulde, oder zu seinen studijs oder seiner selbs eigen leibs notdorfft in seiner kranckheit angewent hette: so were zu vormuten, das er das geld vnnützlich vorschwendet vnd vbel zugebracht hette, darumb es auch die eltern oder vormunden, vngeachtet das es der sone mit seiner handtschrifft oder brieffen an sie vorweiset hette, zu bezalen nicht schüldig sein sollen, sie wollen es dann mit gutem willen thun. Darumb wollen wir hiermit jedermenniglich guter wolmeinunge vorwarnet haben, das sich ein jeder hierinne fürsehen vnd vor schaden vorhüten möge.

LII Von doppelspiele.

156 **Hieroben ist doppelspiel auff sontage vnd feirtage vorbotten worden**: nun wollen wir dasselbige auff andere tage auch nicht gestatten auff vnser apoteken, oder in vnsern[2] wein oder bierkellern, dann wo jemandt hiewieder handlen würde, solt deshalben vorfestet werden.

157 **Wurde sonst jemandt einem andern an einem andern orte mit der[3] karten, bretspiele oder in ander wege auff einem sitze mehr dann fünff newe schillinge abgewinnen, vnd der so das geld verloren hette klage darüber thun, solt das vberige gewonnen geldt an vns den rath fallen.

LIII Von denen die jr gut vnnützlich vorbringen.

158 **Wurde jemandt, er were jung oder alt, befunden das er seine güter vbel vnd lesterlich vorschwendet, dem wollen wir vber seine güter vormunden setzen, vnd so dann jemandt mit jme handlen oder jme wes zu borge thun würde, das solt vnkrefftig vnd nicht bindende sein. Wenn er sich aber wieder bessorte, vnd solchs erkandt würde, so solt jme seinen gütern selbs wieder fürzustehen erleubt werden.

1) Im Orig. allgemeinem. 2) Im Orig. vnser. 3) Im Orig. der mit.

LIV   Von malsteinen vnd andern grentzezeichen.

159 Wo jemandt betroffen oder vberweiset würde das er malsteine oder malbeume oder andere zeichen die zu erhaltung der grentzen gesetzt, fürsetzlich vorruckt vnd ferner gesetzt hette, seinen acker oder garten zu erweitern, er sol das abgezogen landt wiedergeben vnd darzu nach grosse vnd wichtigkeit seiner vbertrettung vmb eine geldtsumma gestraffet werden, vngefehrlich auffs halbe theil des werds so er dem andern zu entziehen im fürhaben gewesen.

Also sol es auch mit denen gehalten werden die jre zeune 160 den nachbarn zu schaden wolbedechtig fortsetzen, vnd denen die do jren nachbarn wissentlich abepflügen.

LV   Von dem der ein gut zweien vorkeufft, vorpfendet oder vorwechselt.

161 Wer ein gut jrer zweien vorkeufft, vorpfendet oder vorwechselt: welchem es erst vberantwort wird der behelt den vortzuge. Der keuffer aber oder vorpfender sol den andern jre abgetrogen geldt mitsampt dem interesse vnd zugefügtem schaden erstatten vnd dem gerichte eine marck zur straffe geben oder so lange die stadt reumen.

LVI   Von vntrewe.

162 Wo jemandts etwas zu machen oder zu vorarbeiten gebracht würde, vnd er were so vntrew das er das gebrachte gut vorkeuffte oder sonsten von abehenden brechte, der sol des betrogenen alsbald bezalen vnd zufrieden stellen vnd einen gülden zur straffe geben: thut er das nicht, sol er vorfestet werden. Wem auch der beschwerte sein gut anzutreffen, er mag es mit seinem eide ziehen wie gewonlich.

LVII   Von gartendieben.

163 Dieweile eine zeithero viel klagen komen, das in den garten viel stelens geübt worden, sol man darauff gute bestellunge thun vnd nachforschen.

164 Wo ein gartendieb erkundet würde, der sol nach gelegenheit seiner dieberey mit der staupe oder mit dem stricke gestraffet werden.

165 Würde auch einer in frembden garten betroffen vnd ohne abbruch seins lebens gar wol geschlagen, man sol es seiner eigen vorwirckunge zumessen vnd darüber nicht richten.

Wurde aber der dieb beschen vnd entlieffe doch, er sol 166 sich mit dem eide reinigen, wo es jne der kleger darzu wil kommen lassen. Konte er aber jne mit einem glaubwirdigen zeugen vberweisen, man mag jne peinlich vberziehen vnd die warheit an jme erkunden.

LVIII   Von strassenreubern vnd jrer straffe.

167 Die strassenreuber werden nach sechsischen rechte vnd gebrauche dieser lande gemeinlich mit dem schwerte gerichtet vnd auff ein blochradt gelegt.

Die aber mörderey darneben begangen, werden mit einem 168 blochrade gestossen vnd darauff gelegt: dabey wollen wir es hinfurder auch lassen.

LIX   Von denen die den dieben helffen oder sie hausen vnd hegen.

169 Wer dieben vnd reubern zu jrem stelen vnd rauben hülffe vnd beystand leistet oder sie darzu hauset, heget, etzet oder trencket: wird er des vberwanden vnd hat mit jnen genies oder ausbeut genomen, der sol dem rechten principaltheter gleich geachtet vnd gerichtet werden, wenn er allein seine viertzehen jar erreichet hat.

LX Von falscher gewichte, maes vnd elen.

170 Ein jeder sol rechte gewichte vnd maesse haben die mit vnserm des raths zeichen gezeichnet vnd vorordent, damit er auch in vnd auswegen vnd messen sol. Wer des andern befunden würde solte vns vor jede vngezeichnete gewichte vnd maes einen gülden zur straffe geben.

171 Wer vngezeichnete falsche gewichte, mass oder elen heite, der solte vns jedesmal vor jedes stücke eine marck zur straffe geben, vnd wo darüber geklagt würde, solte beklagter dem kleger auch seinen zugefügten schaden erstatten.

LXI Von dem zol vnd zolzeichen.

172 Ein jeder, er sey in oder auslendisch, sol vns dem rathe den rechten gesetzten vnd gewonlichen zol geben, dann so das jemandt nicht thun sondern vns mit dem zol betrogen vnd vorkührtzet hette, der solt vns den zol den er vns entwendet neun mal geben, bey straffe einer festunge.

173 Wer vnsere zolzeichen vnd freyzeichen aus vnser zolbuden fordern vnd die frembden leuten aus betrug in oder ausserhalbe vnser stadt zu gebranchen zustellen vnd vberantworten würde, der sol vorfestet werden mit einer thirsatz.

LXII Von der müntze.

174 Wo jemandt gülden oder silbern müntze beschneiden, auswippen oder zu granali machen vnd dieselbe vmb genies willen vorkauffen würde, der solt zur staupe geschlagen vnd der stadt vorweiset werden.

175 Wer aber falsche müntze gemacht hette soll mit feur lebendig vorbrant werden.

176 Wer falsche müntze in die stadt brechte vnd wissentlich damit die leute betrüge, solt das falsche geldt alle verloren haben, darzu zur staupe geschlagen vnd der stadt vorweiset werden.

LXIII Von falschem[1] gezengnus.

177 Schweret einer in peinlichen sachen einen eidt vnd gibt falsch zengnus wieder einen andern, den er vmb leib vnd leben oder in andere leibsfahre brechte oder bringen wolte, er sol die straffe leiden darin er den andern hat bringen wollen.

178 Wo er aber in bürglichen sachen einem[2] andern zu schaden falsch gezengnus gegeben hette, vnd das würde wieder jne geklagt vnd beweiset, man sol jme die finger damit er den falschen eidt geschworen hat abehawen vnd jne auch ehrloss vnd rechtloss machen vnd der stadt vorweisen. Würde er aber nicht beklagt vnd doch sein meineidt offenbar, man sol jnen ehr vnd rechtlos halten.

179 Wer seine sache seinem kegentheil auff ein eidt stellet sol jme an dem eide gnügen lassen vnd in der anhengigen sachen ferner dawieder zu handeln nicht gestattet werden.

180 Wolt er aber peinliche klage deshalben erheben vnd

darumb einen newen proces führen, das sol jme hiemit vnabgeschnitten sondern ausdrücklich fürbehalten sein.

181 Wir thun vns auch hiemit fürbehalten einen jeden mutwilligen vnrechtschwerer von ampts wegen willkürlich zu straffen.

182 Wer eine trfriede bricht die er gerichtlich hat geschworen, er sol mit dem schwerte gericht vnd vom leben zum todte bracht werden.

183 Wer sich zu einem eide erbots vnd ebe dann er schwure vberweiset werden konte das er falsch hette schweren wollen, er sol mit dem eide nicht zugelassen sondern abgeweiset vnd vmb sechtzig schillinge gestraffet werden.

184 Schwüre er aber vnd konte darnach meineidts vberwunden werden, er hette beide finger vorlorn vnd muste der stadt emperen ohne gnade.

---

1) Im Orig. falschen wie 1573. 2) Im Orig. einen wie 1573.

LXIV Von keuffen vnd vorkeuffen vnd von fürkauffe.

185 **E**s sol kein frembder von einem andern frembden, ausserhalbe der freien marckte, in vnser stadt etwas keuffen, bey verlust des gekaufften guts, das an vns vorfallen, vnd der keuffer seines geldes das er darfür gegeben emperen sol.

186 **W**o jemandt dem andern allhier in vnser stadt in einen kauff fallen vnd mehr als der erste keuffer, dieweil er es noch im kauffe hette, dem vorkeuffer dafür bieten würde, der solt vorfestet werden.

187 **W**er allhier auff dem marckte etwas keufft vnd bar geldt dafür lobet zu bezalen, das sol er thun also fort er darumb gemaent wird. Geschicht es nicht, so sol der keuffer gepfandet werden. Hat er aber des pfandes nicht, sol er vorfestet werden bis das er bezalt habe.

188 **A**uch sol niemandt in vnser landtwehr vnd für vnser stadt etwas auff fürkauff oder zu seiner eigen haushaltunge vnd notturfft keuffen das die leute anhero in vnser stadt zu marckte bringen wollen, es sey was es wolle, bey straffe einer festunge, ausgenomen bawholtz vnd hopffenstaken mag ein jeder zu seinem eigen bauwercke vnd auff seinen hopffengarten zu gebrauchen wol keuffen, es geschege in oder vor vnser stadt.

189 **S**o sol auch niemandt bey straffe einer festunge brennholtz in vnsern landtwehren oder vor vnsern thoren oder in vnser stadt ehe dann das es in die stadt durch die ersten schlagebeume gefahren sey, keuffen oder zu keuffen besprechen.

190 **A**uch vorbieten wir gentzlich vnd bey einer festunge, das niemandt sich gelüsten lassen solle in vnsern landtwehren oder in vnser stadt fische auff fürkauff zu keuffen.

191 **V**nd weiter sol niemandt gestattet werden in vnser stadt auff den marckten vormittags vor zeben schlegen, so lange die banner aussteckt, jenige wahre, güter oder vieh auff fürkauff zu keuffen, bey verlust dessen das er also auff fürkauff gekaufft hette.

192 **W**as auch vormittags nach zeben schlegen oder nachmittage von auswendig zu keuffe in vnser stadt gebracht wird das sol niemandt desselben tags auff fürkauff keuffen, bey verlust des guts.

LXV Von dem kornkeuffe.

193 **E**s sollen keine vnser bürger, bürgerinne, bürgerkinder, diener oder jawoner einem frembden zum besten, der nicht vnser bürger were, mit desselben geld korn in vnser stadt auff dem marckte keuffen, bey straffe eins halben gülden vns vor jeden scheffel korns zur straffe zu geben.

194 **W**er allhier ein fuder korns auff dem marckte kaufft, der sol einem andern bürger, wenn er das begerte, vmb denselben kauff von solchem fuder korns einen scheffel korns oder weiniger zu seinem behufe daruon vbergeben vnd folgen lassen, bey straffe eins halben gülden so offt er sich des weigern würde.

LXVI Von dem maltze.

195 **N**iemandt sol frembdt maltz in vnser stadt bringen vnd dasselbige allhie auch nicht vorkeuffen, bey straffe zweier gülden vns vor jeden scheffel zu geben. So solt auch der gleiche straffe geben der in vnser stadt frembde maltz herbergen würde.

196 **W**er aber maltz keuffen wil, der sol es von niemande dann von vnsern bürgern vnd bürgerinnen keuffen, bey einem halben gülden straffgeldes vor jeden scheffel vns vorfallen zu sein.

197 **A**uch sol niemandt in vnser stadt mit frembden leuten marschoppey haben, denselbigen allhier mit darlegung jres geldes auff jrer beiderseits gewin vnd vorlust maltz zu machen, bey straffe eins gülden vor jeden scheffel maltz vns zu geben.

198 **W**er sonst maltz in vnser stadt keufft vnd daraus führen wil, der sol vns vor jeden scheffel auff vnsere zolbuden zween mariengroschen zu ziese geben vnd darauff die zolzeichen nemen, die vnsern thorhütern zu vberantworten: sonst sol das maltz aus der stadt nicht gestattet werden.

LXVII Von hoeckwercke.

199 Alle vnd jede frembde kauffleute die allhie hoeckwerck zum marckte bringen, sollen damit in jeder wochen nicht mehr dann des dingstags im Hagen vnd des freitags in der Altenstadt zu marckte stehen vnd allein vnsern bürgern, bürgerinnen vnd jnwonern vnd wissentlich keinen frembden vorkeuffen, bey straffe einer marck.

LXVIII Von den saltzführern.

200 Die saltzführer so saltz allhie zu marckte bringen vnd daselbst feheln haben, sollen es auff dem marckte oder auff den strassen allhie vorkeuffen, vnd niemandt sol solch saltz, wenn es von dem marckte wieder abgeführet würde, einnemen vnd beherbergen, bey straffe eins gülden so offt das geschege.

LXIX Von erbe vnd zinse zu vorkeuffen oder zu vorgeben.

201 Wer ein erbe oder zins vorkeufft, der sol es gewehren, bey einer festung.

202 Wer ohne vnser des raths wissen vnd willen sein erbe, dar vnser stadt jre pflicht mit abegehet, vorkeufft oder vorgibt, der sol solch erbe vorlieren vnd dasselbige an vns fallen, vnd der vorkeuffer sol darzu vorfestet werden.

LXX Von dem der eins andern angefelle oder gedinge keufft vnd an sich bringet.

203 Vnsere bürger oder bürgerinnen sollen des andern angefelle oder gedinge das derselbige in seinen lehenschen gewehren oder daran er die gesambte handt oder sonst die mitvorsammlunge vnd die mitlehenunge hette, ohne sein wissen vnd volhordt nicht keuffen vnd an sich bringen, bey straffe einer festunge.

LXXI Von dem der leibgedinge keuffen wil.

204 Vnsere bürgere oder bürgerinnen sollen ohne vnser des raths willen nirgents anderswor leibgedingsrenthe keuffen oder beleggen dann alleine bey vns auff vnser müntzschmiede, bey straffe zehen marck.

LXXII Von dem der zins gibt von seinem hause vnd liegenden gründen.

205 Welch bürger oder bürgerinne zinse von seinem hause oder andern seinen[1] zu weichbilde gelegen gütern jemande anders dann vnsern bürgern, bürgerinnen, oder den die sie vns vorschossen vnd vorunpflichten, vorkeuffen wollen, die sollen dafür vns dem rathe das vns das jarliche schoss vnd vnpflicht daruon gegeben werde, gut sein, bey zehen marck straffgeldes zu uormeiden.

LXXIII Von vorlassung eins erbes oder geldes an einem erbe.

206 Es sol niemandt erbe aufflassen noch keinerley geldt daran dann alleine vor vns dem rathe vnd vor vnsern richteherren vnd vogtea offenbar zu rechter dingezeitags in gerichte, vnd das sol er in eigener person selba thun, es were dann das jme solchs ehehaffte not beneme: so mag er durch seinen volmechtigen das erbe oder zins vor gerichte vorlassen, jedoch das alsdann der also erbe oder zins durch seinen volmechtigen vorlest vor gerichte namhafftig gemacht werde.

---

1) *Im Orig. wie* 1573 seinem.

LXXIV Von vorpfendunge.

207 **W**er einem andern sein haus, hoff oder garten oder sein gut vorpfenden oder vor ein vnterpfandt einsetzen wil, der sol allerley betrieglichkeit vnd hinterlist zu vor- kommen die vorpfendinge also im gerichte in das gerichtsbuch schreiben lassen, vnd sollen die parteien oder jre volmechtige solhs gegenwertig sein.

LXXV Von dem der geldt kaufft an eins andern erbe.

208 **W**er geldt kaufft an eins andern erbe, der sol das schreiben lassen in der stad buch wie theur er das kaufft, oder es sol nicht hinden, aasbescheiden erbezins vnd wortzins vnd zins den man vber dreissig jar in auffname ge- habt: darmit blieben der auffnemer vnd seine erben bey jrer gerechtigkeit, vnd man sol auch dissfals gegeten brieffe vnd siegel halten.

LXXVI Von dem der nicht helt sein haus in bauw vnd besserunge.

209 **W**er sein haus der stadt, sich selbs vnd den zinsherren zu gute nicht heldt in notdurfftigem baw vnd besserunge sondern lest es vorfallen vnd vorterben, der sol desshal- ben, wenn klage darüber kome, vorfestet werden, bis das er bedacht werde die besserunge zu thun vnd zu vor- richten.

LXXVII Von den gefehrlichen feurstedten vnd fewrsnot.

210 **E**s sollen die fewrstedten durch vnsere darzu verordente fewrherren, zu welcher zeit wir der rath das befehlen, beschen werden. Wor sie dann gefehrliche fewrstedte befinden, oder wir sonst das erfaren oder geklagt würde, so sol demselbigen, dem die fewrstedte zugehört von vns oder vnsern fewrherren angezeigt vnd auffgelegt werden die fewrstedte zu bessern vnd zu vorwaren, bey einer festunge zu vormeiden.

211 **S**o sol auch ein jeder selbs vnd durch sein gesinde auff sein fewr vnd licht gut auffsehens haben. Dann würde das jemandt mutwillig vorachten vnd seinem nachbar (das gott gnediglich vorhöte) schade daruon geschehen, den sol er gelten, oder wo nicht alsdann so lange der stadt emperen bis das er sich mit dem beschadigten vor- tragen habe.

Wann bey tage oder bey nachte von wegen fewrsnot 212 ein geschrey oder glockenschlag würde, so sol ein jeder vnser bürger mit seinem harnische vnd wehre für dem rathause des weichbildes darin er wonhafftig vngesenmet erscheinen vnd darselbst gutwillig sein zu thun was wir oder vnser heuptleute vnd befehlhaber jne aufflegen vnd befehlen werden, bey straffe eins gülden.

Die zimmerleute aber vnd steindecker vnd alle ander 213 leute die vormhge vnser hiebeuor publicierten fewrordnung zu dem fewr zu lauffen bescheiden sein, die sollen sich in aller eile dahin finden vnd das fewr leschen vnd retten helffen, bey vormeidunge vnser ernstlichen straffe.

LXXVIII Von hopffreuer, bonen vnd maenstro nicht bey sich zu legen, vnd bey dem liechte mit flachse nicht vmbzugehen.

214 **W**ir vorbieten ernstlich vnd wollen, das niemandt hopff- reuer, bonen vnd maenstro in seine gewarsam bringen vnd enthalten vnd bey keinerley liebte flachs schwingen, treiten, hecheln oder risten oder dasselbige durch sein gesinde oder jemandt andere thun lassen sol, bey straffe zweier newer schillinge so offt einer hiewieder handlen würde.

LXXIX Von dem berbergen.

215 **E**in jeder sol sehen wen er herberget. Keme dar schade von, vnd der wirt bedacht würde das er kein fleissig auff- sehens auff den gast gehabt hette, so sol der wirt wil- kürlich gestraffet werden.

60

LXXX Von heugern vnd buden, die frembden leuten nicht zu vormieten.

216 Kein vnser bürger, bürgerin oder jnwoner sol auswen-
digen leuten die vns dem rathe nicht schossen, heuser

oder buden allhier vormieten ohne vnser des raths erlaub-
nusse, bey straffe einer marck.

LXXXI Von dem fenstergelde.

217 Dieweile wir in erfahrung kommen, das etsliche bürgere,
bürgerinnen vnd einwoner newe thewrbare fenster in jre
heuser machen lassen, die sie von jren herrn vnd freun-
den zu bezalen bitten, also ist vnser ernstlich gebot vnd
wollen, das niemandt hinfüro für ein fenster das er einem

andern gibt dem glaser vber sechs mariengroschen ent-
richten sol, bey straffe eins ortsgülden. Was aber solche
theurbare fenster mehr kosten das sol bezalen der dem
die fenster zugehörig sein.

LXXXII Von den strassen reine zu halten vnd in die Ocker keinen dreck zu werffen.

218 Alle vnd jede vnsere bürgere, bürgerkindere vnd jnwoner
sollen alle sonnabendt vnd des abendts vor den vier zeiten
jre steinwege fegen vnd alsdann auch den dreck also fort
daraon bringen, bey straffe zweyer newer schillinge.

219 So sol auch in die Ocker vnd wasserströme gantz vnd
gar kein dreck oder hunsfegelse getragen oder geschüttet
werden, bey straffe eins gülden zum ersten male, zum
andern male bey zween gülden, vnd zum dritten male bey

einer festunge mit der fürmats.

So wollen wir auch, das vnsere auffzüger vnd wechter 220
vnsere marckte vnd andere gemeine steinwege vnd pletze
die wir in besserunge halten lassen, fegen vnd den dreck
daraon mit vnser wechterkarre auff vnser welle an ge-
wünliche vnd gelegen örter führen lassen sollen, bey vor-
meidunge vnser straffe.

LXXXIII Von der fastnacht.

221 Es sol niemandt allhie in oder vor vnser stadt in der
fasenacht weder tags oder nachts sich vormummen oder
laruen fürbinden vnd also fastelabendt lauffen, oder ein
grewlich vngeberdig geschrey mit singen oder andern[1] ge-
done anrichten, oder sonst ein vngeschickt leben treiben,

bey straffe eins gülden so offt er dessen betretten würde.
Vnd wo sich der schüldige dawieder setzen vnd sich zu
solcher straffe nicht begeben wolte, sol er darüber vor-
festet werden.

LXXXIV Von dem grase in vnserm bruche.

222 Niemandt sol des jars vor dem heiligen pfingstabendt aus
der gemeine in vnserm bruche grass holen vnd nach pfing-
sten mit sensen in dem bruche kein grass meigen noch
dasselbige mit schiffen heuffig daraus führen, sondern wer
des grases zu thun hat, mag zu behuff seiner kühe ein

tag einen korb vol oder zween mit sicheln im bruche
schneiden vnd daraus holen vnd nicht mehr, bey einem
newen schillinge vor jeden vbrigen drachkorb grases vns
zur straffe zu geben.

LXXXV Von den hirten vnd viehe, dasselbige allhier auff gemeiner weide in vnser landtwehr zu hüten.

223 Die knochenhawer in jedem weichbilde mögen wol einen
eigen schaffshirten haben der juen jre boetlinge, die sie
allhie auff die scharpen schlachten wollen, austreiben vnd
hüten müge.[2] Sonst sol niemandt anders zu seinem vieh

vnd queeke einen eigen hirten halten, bey straffe eins
newen schillings vor jedes haubt viehs so offt er das
mit seinem eigen hirten austreiben vnd weiden lassen würde
zu geben.

1) Im Orig. wie 1573 andern. 2) Im Orig. wie 1573 mögen.

224 **A**ber wer allhier in den freien marckten oder auff andere zeite schafe, boetlinge oder schweine anhero brechte, dieselben allhie zu vorkeuffen, der mag sie auff vnser stadt weide wol achte tage lang treiben vnd hüten, vnd lenger nicht, oder wir wollen sie darüber pfanden vnd die vorberürte geldtstraffe von jme fordern vnd nemen lassen.

So sol auch niemandt frembdes auff vnser stadt weide 225 pferde, ochsen, kühe oder ziegen treiben, sie darselbst hüten zu lassen, bey straffe einer pfandunge vnd zweier newer schilling straffgeldes vor jedes haubt zu geben.

LXXXVI Von den die jre schweine allhie auff der strassen gehen lassen.

226 **W**er schweine hat der mag sie vor den schweinhirten treiben oder in seinem hause behalten. Aber auff der strasse sol er sie nicht gehen lassen, dann wo das geschicht, sollen die schweine von vnsern wechtern gepfandet werden. Würde auch ein schwein darüber schaden bekommen, den soll niemandt zu erstatten schüldig sein.

LXXXVII Von wildtwercke vnd vogelwercke.

227 **N**iemandt sol zwischen Ostern vnd Trinitatis wildtwerck, dieweile es jungen hecket, schiessen oder fangen, bey straffe einer marck so offt er dessen betreiten würde.

228 **W**ir vorbieten auch, das kein vogelwerck zwischen liechtmessen vnd s. Jacobs tage gefangen werden solle, bey straffe eins halben gülden so offt er schüldig befunden würde.

Vnd niemandt sol in vnser landtwehr oder gebiete hirsche, 229 rehe oder wilde schweine bey zween marcken, auch keine hasen bey einem gülden straffgeldes vor jedes stück vnd zu geben, schiessen, es geschehe dann mit vnser erleubnusse.

LXXXVIII Von fischen zu fangen.

230 **W**ir wollen auch nicht, das jemandt in der Ouker dar sie gemeine ist oder in gemeinen wassers mit zech oder worffnetzen[1] oder mit der jacht oder mit garn oder[2] körben fischen sol. Aber mit waden, herckelen, hamen vnd angeln ausserhalbe der leichezeit sol es frey sein vnd bleiben.

231 **E**s sol aber niemandt den fischen mit korningen[3] nachstellen vnd die gemeinen wasser damit nicht vorwüsten.

232 **N**iemandt sol ohne vnsere erleubnusse in vnsern stadtgraben, teichen vnd landtwehren oder in andern hoochwassern daran er keinen eigenthumb hat oder die er vmb rinss nicht gebraucht fischen in keinerley[4] weise noch wage, vnd wo nun jemandt dieser vorgemelten stücke eins vorechtlich vbertretten würde, solt er mit einer festunge gestraffet werden.

Wir wollen auch alle vnd jede fischer hiemit vormanet 233 vnd begert haben, das sie die gar kleinen fische, ausgenommen bleke vnd grundtlinge, aus den wassern vnd teichen nicht fangen sondern laufen lassen sollen, das sie grösser werden vnd leichen mügen: das gereicht jnen den fischern vnd dem gemeinen nutz mit zu gute.

LXXXIX Von den flachsrothen.

234 **E**s sol niemandt in der Ouker zwischen der stadt vnd Runingen, auch nicht im bruche oder in den stadt vnd Newenstadt marschgraben flachs rothen. Wer aber sein flachs in vnuorbotten wasserorte in die rothe leget, sol sich der torue aus dem anger zu stechen vnd darauff zu legen enthalten, sondern wenn des von nöten, mag die mode aus der grundt des wassers nemen vnd auff das flachs schütten, vnd wenn das flachs gerothet ist, sol alles holzwerck, stro vnd steine damit das flachs beleget gewesen, daraun gebracht vnd in dem wasser nicht gelassen werden, bey straffe einer festunge.

---

1) *Im Orig.* woffrnotzen. 2) oder *fehlt wie* 1573. 3) *Im Orig.* kormägen wie 1573. 4) *Im Orig.* keinerley.

60*

XC Von den gepflanzten weiden.

235 **N**iemandt sol gepflantzte weiden an vnsern stadtgraben, gemeinen weiden, wiesen, eckern, garten oder anderswer schampfieren, schelten oder gar abhawen vnd vorterben, bey straffe einer festunge vnd¹ der fürsatz.

XCI Von den müllern, auch maltz vnd korn zu malen.

236 **D**ie müller vnd jr gesinde sollen einem jeden sein korn vnd maltz das er in die mülen bringet, getrewlich malen vnd vorwaren, das ein jeder das seine wenn es gemalen ist gentzlich wieder bekommen müge, bey vermeidunge vnser ernsten straffe.

237 Niemandt sol mehr korn oder maltz in die mülen sacken vnd schicken darselhst zu malen dann als er vorzieset hat nach scheffel vnd hemptenzal, bey straffe eins halben gülden vor jeden vbrigen hempten zu geben.

XCII Von dem bierbrawen.

238 **E**s sol keinem vnser bürger kinder gestattet werden die narunge des bierbrawen zu treiben, er sey dann achtzehen jar alt: alsdann vnd nicht ehe sol er den gewonlichen brawereidt beschweren.

239 **Z**wo personen sollen in einem hause nicht bierbrawen noch eine persone in zween heusern, bey straffe zehen marck.

240 **V**nd sol ein jeder brawer vorpflichtet vnd schüldig sein die brawerordnunge die wir jedes jars nach einkauff des hopffen, gersten, holtz vnd nach anderer gelegenheit setzen, bey geschwornen eide vnd straffe des meineidts getrewlich zu halten.

241 **V**nd ein jeder brawer sol zu jedem braw biers vier gestrichen scheffel vnd vier auffgeheuffte hempten maltz vnd nicht darüber in die müle sacken, bey straffe eins halben gülden vor jeden vbrigen hempten zu straffgeide zu gehen.

242 **D**arumb auch ein jeder brawer seinem knechte vnd gesinde ernstlich anzeigen sol zu jedem braw biers vber vier scheffel vnd vier auffgeheuffte hempten maltz in die mülen nicht zu sacken. Würden sie aber das vbertretten so solten sie vns die vorherürte gesatzstraffe vor jeden vbrigen hempten zu geben auch vorfallen sein.

243 **I**n jedem vnserm weichbilde sol ein rathsherr vorgordnet sein, dem ein jeder hrawer jedesmal anzeigen sol wenn er mummen ausserhalbs landes vorschicken wil. Alsdann sol der rathsherr solche mummen schmecken vnd wenn er die gut befindet das fass mit vnserm zeichen brennen. Wo aber das nicht geschicht, sollen vnsere thorhüter solche mummen aus vnserm thore zu füren nicht gestatten, bey vormeidunge vnser straffe.

244 Niemandt allhier sol marieugroschenbier ausserhalbe seins hauses bey quartieren, halbestübchen oder gantze stübechen, noch nicht in glesern oder anderu gefessen vorkeuffen, bey bröke dreissig gülden. Aber in seinem hause vnd wonunge mag er es seinen gesten vor geldt wel schencken oder aus seinem hause in gantzen oder halben fessern vorkeuffen ohne bröke.

XCIII Von den steinwegen, steinsetzern, zimmerleuten, steindeckers, gürtenern, garten vnd zennen.

245 **E**in jeder sol seinen steinweg machen vnd wenn er zerbrochen ist bessern lassen. Vnd wenn er das thun wil, sol er mit dem steinsetzers den nachbarn zeigen vnd weisen wie der steinweg gebawet vnd gebessert werden sol, vnd hören ob sie damit also auch friedlich sein wollen. Darumb sol niemandt seinen steinweg zu hoch vnd seinen nachbarn zu nachteil setzen lassen, dann wo das geschehen vnd das vns dem rathe geklagt würde, sol der dem der steinweg zugehörig vnd der steinsetzer jeder einen halben gülden dafur zu bröke geben, vnd sol alsdann auch der steinweg wieder auffgenommen vnd also gemacht werden das er den nachbarn nicht schedlich sey, bey straffe einer festunge.

246 **D**ie zimmerleute sollen wor sie hawen keine sülle, vnd die steindecker keine rennen aussnemen, sie fordern dann vorerst die nachbarn den mit daran gelegen dar bey, vnd das es dann mit jrem willen geschehe. Können sie sich aber darüber nicht vorgleichen, sollen sie vns den rath ersuchen zween vnsere rathsherren dar bey zu schicken vnd sich durch dieselbigen weisen vnd vortragen lassen.

1) 1573 mit.

Würde aber das nicht[1] geschehen können, so sol es durch den rath des weichbildes in den augenschein genommen vnd in güte vorglichen oder ein bescheidt darnach sich die parteien zu richten gegeben werden: würde sich dann ein theil des bescheidts beschwert befinden, so sol jme frey stehen darvon an vns den gemeinen rath zu appellieren. Würden aber der hausherr, zimmerleute vnd steindecker dies vnser mandat vnd ordnunge vberschreiten oder dawieder handelen, so sol ein jeder einen halben gülden zur straffe geben vnd dennoch die zülle vnd rennen also wieder legen das die nachbars damit zufrieden sein mögen, bey vormeidunge vnser des raths weiter straffe.

247 **Es** sol niemandt garten die zu weichbilde legen bawen, er beschaffe dann das vns dem rathe vnd der stadt die

gebührliche pflicht darvon werde, bey einer festunge zu vormeiden.[2]

Vnd bey vormeidunge solcher straffe sol auch niemandt 248 ohne vnser des raths volwort newe hopffen oder andere garten dar zuuor keine garten gewesen machen.

Vnd niemandt sol vor seinem garten einen newen graben 249 der zuuor nicht dar gewesen machen ohne vnser des raths vornissen vnd willen, bey straffe einer marck.

Welcher gartner von seinem garten vnd lande zu weich- 250 bilde gelegen jemande anders wenn vnsern bürgern oder bürgerinnen oder denen die darvon der stadt pflicht thun zins gibt, der sol gut dafür sein das vns dem rathe das gebührliche schoss von solchem zins gegeben werde[3], bey straffe einer festunge.

XCIV Von dienstknechten, dienstjungen vnd dienstmegden.

251 **W**elcher dienstknecht, dienstjunge oder dienstmagdt sich vormietet vnd einem andern sich darnach dieselben zeit auch vormietet hette, der sol die erste mietung halten, oder wo er das nicht thun wolte, solt er wenn es geklagt würde nicht gelidden werden in einem gantzen jar allhier zu dienen.

252 **W**ere auch ein knecht, junge oder maget bey einem herren oder frawen in dienste vnd vorpflichte sich einem andern zu dienen, darvon aber darnach einen abstandt thun vnd bey seinem ersten herrn oder seiner ersten frawen auff je begeren leuger bleiben wolte, so solte er die andern mietung dem herre oder der frawen sechs wochen vor Ostern oder sechs wochen vor Michaelis wieder abekündigen vnd aufsagen, bey straffe einer marck die er vns geben solte. Wo er aber das nicht thete, solt er so lange hier

dienstes emperen bis das er vns eine marck erlegt hette.

Würde ein knecht, junge oder magdt jren herrn vnd 253 frawen wieder jren willen vnd ohne erhebliche vrsache (dasüber zu erkennen wir vns fürbehalten) aus jrem dienste ehe dann das sie ausgedient hetten entlauffen, die sollen von der zeit an zu rechnen in einem gantzen jare von einem andern vnserm bürger, bürgerinnen, diener vnd jnwoner allhier in vnser stad zu dienste nicht angenommen werden, bey vormeidunge zweier gülden straffgeldes.

Welcher knecht, junge oder magt jren herren vnd fra- 254 wen vrsache geben würden sie von jres vngehorsams vnd mutwillens wegen ehr der zeit jres vorsprochen dienstes zu enturlauben, so sollen sie jne gleichwol nicht das gantze sondern das gebührliche lohn nach anzal der zeit die sie gedient hetten zu geben schüldig sein.

XCV Von harnische vnd wehre der bürger vnd vnser des raths diener.

255 **A**lle vnd jede vnsere bürgere vnd diener sollen jre harnische, büchsen vnd wehre darauff sie gesetzt sein vnd jne billig zu haben gebürt, jeder zeit fertig halten vnd

vnser damit gewertig sein, bey vormeidunge vnser ernstlichen straffe.

XCVI Von dem aussiehen zu felde in kriegsleufften oder sonsten auff vnsern des raths befehl.

256 **So** wir der rath vnsere bürgere vnd diener in kriegsleufften[4] oder sonsten von not wegen mit jrem harnische

vnd wehre zu felde schicken wolten, so sol jeder den wir darzu fordern mit seinem harnische vnd wehre darzu fertig,

---

1) *In Orig.* necht. 2) 1573: bey straffe eyner festung. 3) *In Orig.* wie 1573 werden. 4) *In Orig.* kriegsleufften.

gutwillig vnd gehorsam sein, vnd vnsern heubtleuten vnd befehlhabern aus dem felde nicht entfliehen, bey straffe leibs vnd guts.

XCVII Wenn in kriegsleufften [1] oder sonsten von not wegen bey tage oder nachte ein glockenschlag würde.

257 Alle vnd jedr vnsere bürgere sollen, wenn in kriegs-leufften oder sonsten von not wegen bey tage oder nacht ein geschrey oder glockenschlag würde, ein jeder vor das rathaus seins weichbildes mit seinem harnische vnd wehre vngesaumet sich vorfügen vnd darselbst vns vnd vnsern heubtleuten vnd befehlhabern gehör geben vnd gehorsam sein, bey vnser ernstlichen straffe zu vormeiden.

XCVIII Von den die in zeit eins gemachten glockenschlags oder in kriegsleufften jre jungen kindere auff die strassen oder ins feldt lauffen lassen würden.

258 Niemandt sol seine kinder in zeit eins gemachten glo-ckenschlags oder in kriegesleufften auff die strasse oder ins feldt lauffen lassen, dann wo denselben darüber vnge-mach wiederführe, wollen wir der rath darüber nicht richten.

XCIX Von der nachtwache.

259 Welchem vnserm bürger wir der rath durch vnsere bawrmeister anzeigen lassen oder sonsten befehelen die nachtwacht auff vnsern thoren zu halten, der sol es thun mit getrewem fleis, bey den pflichten vnd eiden damit er vns vorwandt ist. Wo er aber solche nachtwacht in ei-gener person aus leibsschwacheit oder andern ehebafften vrsachen zu halten vorbindert würde, so sol er einen an-dern getrewen bürger in seine stelle vorordenen, bey straffe zweier newer schillinge so offt er diese wachte vor-seumes vnd nicht bestellen würde.

C Von dem einlager.

260 Wenn von vns dem rathe jemande angekündigt vnd auffgelegt würde vmb seiner vorwirckunge vnd vbertret-tunge willen ein jnlager zu halten, so sol er gehorsam sein vnd in das einlager gehen, bey straffe einer festung.

261 Wurde auch jemandt aus solchem einlager gehen ehe dann das es jme von vns erleubt würde, der solte vor-festet werden mit einer fürsatz.

CI Von der festunge.

262 Wer vmb einer missshandlunge willen damit er den hals vorwircket, vorfestet vnd sich gleichwol in der stadt oder anderswor in vnser des raths jurisdiction vnd gebiete fin-den lassen vnd darüber ergriffen würde, der solt am halse gestraffet werden.

263 Wehre er aber vmb schülde willen oder einer schlechten gemeinen kampffertiger wunden die nicht tödtlich vnd mit fürsatz nicht geschehen, oder einer andern that hal-ben damit er den hals nicht vorbrochen, vorfestet oder vorweiset, vnd würde danach in vnsern des raths gerich-ten betretten vnd gefencklich angehalten, so sol er in den hafften so lange sitzen bis das er mit seinem wiedertheile vortragen were vnd vns dem rathe zwantzig gülden zu bröke erlegt habe. Würde er das nicht thun können, so solt er aus den hafften wieder gelassen vnd aus vnsern des raths gerichten so lange entweichen vnd bleiben bis das er seins wiederparts willen gemacht vnd vns zwantzig gülden straffgeldes neben dem fangegülden, schlies vnd

1) *Im Orig.* krieshleufften.

kostgelde entrichtet habe: alsdann mag er sich darauff
vor vnserm vntergerichte wiederumb einwerben lassen.

264 **W**ird auch jemandt mit einer fürsatz vorfestet vnd dar-
nach in vnsern des raths gerichten daraus er vorfestet

ergriffen, der sol vns viertzig gülden zur straffe geben vnd
seins wiederparts willen treffen, oder wo nicht, so lange
der stadt vnd vnser des raths gerichte emperen.

CII   Von der bürgerschafft vnd dem schosse.

265 **N**iemandt sol allhie in der stadt freien vnd wonen, er
habe dann zuuor die bürgerschafft, bey einer festunge zu
vormeiden.

266 **E**s darff keins bürgers kindt die bürgerschafft gewinnen,
es were dann das er aus der stadt züge vnd anderswor
wonhafftig were vnd darselbst eigen fewr vnd rauch hielte
jar vnd tag; wolt er darnach wiederkommen, so solt er
die bürgerschafft vonn newes gewinnen.

267 **W**er allhie bürger oder burgerinne werden wil vnd also
von vns angenommen wird, der sol vns vor die bürger-
schafft geben was wir jeder zeit darauff gesetzt haben, vnd
damit die bürgerschafft gewinnen.

268 **W**o vns ein bürger oder bürgerinne hinterstellig schoss
vnd andere vnpflicht zu geben schüldig, oder etzliche seine
güter allhie zu weichbilde gelegen hette, daruon er vns
das gebürliche schoss vnd andere vnpflicht nicht vor-
schaffen wolte, sondern züge von hier hinweg sich ausser-
halbe vnser stadt anderswor zu besetzen oder darselbst
sich zu enthalten, den wollen wir vorlesten bis das er vns
das hinterstellige schoss vnd andere gebürliche vnpflicht
entrichtet vnd geleistet habe.

269 **W**irde jemandt die bürgerschafft frevenlich auffsagen
von deswegen das er vns keinen gehorsam ertzeigen wolte,
der sol zu derselben zeit schweren in viertzehen tagen
den nehesten aus vnser stadt zu weichen, vnd darin, er
geschege dann mit vnserm des raths wissen vnd willen,
nicht wieder kommen, bey straffe einer festunge.

270 **W**olt er auch darnach, wenn er vnsern willen erlanget,
die bürgerschofft wieder gewinnen, so sol er vns bey ge-
schwornem eide in vier wochen den nehesten nachdem [1]

er wieder zu der bürgerschafft gelassen vnd in die stadt
kommen, das schoss vnd andere gebürliche vnpflicht so
er vns hinterstellig vnd vorsessen hette entrichten vnd
leisten. Vnd was jme dann weiter vor die bürgerschafft
zu gewinnen auszugeben gebüren wolte, das sol stehen
zu vnserm des raths willkür, dasselbige von jme zu for-
dern oder nach gelegenheit zu moderieren.

Vnd weil wir gern sehen vnd begeren, das sich vnser 271
burger kindere mit göttlicher hülffe redlich erneheren vnd
also etwas erwerben mögen, so wollen wir hinfüro ge-
schehen lassen, das vnser bürger kindere mit jrer bar-
schafft von hinnen in andere lande vnd sich daselbst zu
dienste begeben oder redliche kauffmanschaft vnd gewerbe
vben vnd treiben mögen, vnd so lange sie dermassen aus-
serhalber vnser stadt sein vnd nicht eigen fewr vnd rauch
anderswo halten, sollen sie von jrer barschafft vnd be-
weglichen gütern vns schoss vnd vnpflicht zu geben ge-
freihet sein, vnd mögen auch darneben bey der bürger-
schafft bleiben. Hetten sie aber allhie zu weichbilde ge-
legen dingpflichtige güter, darnon solten sie vns alle jar
das gebürliche schoss geben vnd damit nicht vorschont
werden. Wenn sie sich auch wieder anhero begeben vnd
allhie sich enthalten oder besetzen, sollen sie vns jarlich
alle jre güter beweglich vnd vnbeweglich gleich andern
vnsern bürgern vorschossen vnd vorunpflichten.

Wo jemandt der stadt feindt oder sich zu der stadt 272
feinden zellen vnd mit denselbigen participieren oder juen
fürschub thun würde, der sol der bürgerschafft vorfallen
sein vnd der stadt mit weib, kindern vnd gesinde ewig-
lich emperen, ohne gnade.

CIII   Von dem der fürsetzlich vmb hiernach gemelter vrsachen willen flüchtig wird.

273 **W**er aus der stadt von deswegen das er an der stadt
rechte kein gnügen haben wolte flüchtig würde, der solt
vor einen vnbescheiden mutwilligen menschen gehalten
werden vnd die zeit seins lebens mit seinem weibe vnd

kindern der stadt emperen.

Wer auch aus der stadt vorlauffen würde schulde hal- 274
ben, der solt vorfestet werden.

---

1) *Im Orig.* dashdem.

CIV Von sachen die in güte oder mit rechte entscheiden sein.

275 **W**as zween oder mehr rathsherren aus vnserm des raths befehl zwischen parteien in güte vorgleichen vnd vortragen, das sol so feste als ob wir der gantze rath solche sachen gütlich vorhandelt vnd vortragen hetten gehalten werden, bey bröke zweier hundert gülden.

276 **W**as auch wir der rath zwischen parteien gütlich vortragen oder mit vrtheil vnd rechte scheiden, das sollen sie halten vnd nicht wiederruffen. Bricht das jemandt, der sol vns dem rathe zwey hundert gülden zur straffe geben. Würde er aber das nicht thun, solt er mit seinem weibe vnd kindern der stadt emperen, bis das er vns die zwey hundert gülden entrichtet habe.

CV Von der stadt gemeine.

277 **D**er stadt gemeine sol nicht vorjahren.

CVJ Von den bürgern vnd bürgerinnen die ausserhalbe vnser stadt auff dem Rennelberge vnd auff dem Steinwege wonen.

278 **V**nd sollen alle vnd jede vnsere bürgere vnd bürgerinnen die ausserhalbe der stadt auff vnserm Rennelberge vnd Steinwege wonen, diese vnsere ordnunge in allen puncten vnd articulen auch zu halten vorpflichtet vnd schüldig sein so wol als vnsere bürgere vnd bürgerinnen in der stadt, bey vormeidunge der straffe die bey jedem passele gesetzt ist.

279 **V**nd wer in gegenwertiger ordnunge vormeldet wird, das die delinquenten aus der stadt vorfestet vnd vorweiset werden sollen, also sollen gleicher gestalt auch die delinquenten so auff dem Rennelberge vnd Steinwege wonen oder sich darselbst enthalten nicht alleine aus der stadt sondern auch von dem Rennelberge vnd Steinwege dar sie haus gehalten vorfestet vnd vorweiset werden.

CVII Von den brökebarren vnd dem straffgelde einzufordern.

280 **V**nsere vorordente brökeherren sollen jedesmal bey geschwornen eide von dem reichen so wol als von dem armen vnd hinwieder von dem armen so wol als von dem reichen das vorwirckte straffgeldt einfordern vnd damit die gleichheit halten.

281 **V**nd sollen das straffgeldt von allen vnd jeden articulen vnsers stadtrechtens, des vntergerichts proces vnd dieser ordnunge, wenn die nicht gehalten werden vnd jnen solchs angebracht wird vnd also zu wissen kriegen, einnemen ohne alles ansehens der personen oder jeniger andern affection vnd vorhinderunge.

282 **W**ir behalten vns auch für zu jeder zeit nach gelegenheit vnd notturfft diese vnsere ordnunge zu bessern, zu moderieren oder zu endern.

283 **V**nd ist diese hieuorgeschrieben ordnung mit vnserm des raths, rathsgeschworen, schenmannen, geschickten, gildemeistern vnd heubtleuten gutem wissen vnd willen vor vns selbs vnd von wegen der gantzen gemeinen bürgerschaft berathschlagt vnd einhelliglich bewilligt vnd angenommen nach Jhesu Christi vnsers herren vnd seligmachers geburt im fünffzehen hundert neun vnd siebentzigsten jare, donnerstags nach lichtmessen.

CLXIII. KLEIDER-, VERLÖBNISS- UND HOCHZEITSORDNUNG.
1579 Febr. 5.

Wie die Polizeigesetze von 1573 so wurde 1579 auch die Kleider-, Verlöbniss- und Hochzeitsordnung jenes Jahres aufs neue gedruckt. Auch sie wiederum — 32 gezählte Bll. nebst 5 ungezählten für das Register — bei Wolfgang Kirchner in Magdeburg und dem gleichzeitigen andern

Statute äusserlich völlig conform; sein Inhalt hingegen hat eine tiefer greifende Umgestaltung als jenes erfahren, indem sieben Paragraphen (§§ 32, 57, 58, 61, 62, 141, 147) neu hinzugekommen, eine Anzahl der übrigen in Einzelheiten verändert sind, und zwar immer so, dass sich daran erkennen lässt, wie dem zunehmenden Luxus Zugeständnisse gemacht wurden.

Der stadt Braunschweig ordnunge anff die zierunge vnd kleidunge vnd anff die vorlöbnusse vnd hochzeite vnd was denselbigen anhengig ist. Beradtschlagt vnd eindrechtiglich bewilligt vnd angenomen von einem erbarn rathe, rathsgeschworen, zehenmannen, geschickten, gildemeistern vnd haubtleuten der stadt Braunschweig, vor sich selbs vnd von wegen der gantzen gemeinen bürgerschafft darselbst, nach Jhesu Christi vnsers herrn vnd seligmachers geburt im fünfftzehen hundert neun vnd siebenzigsten jare donnerstags nach lichtmessen.

Wir bürgermeistere vnd rathmanne der stad Braunschweig thun hiemit kundt vnd zu wissen: nachdem wir leider ein zeit hero gesehen vnd befunden, welchermassen in vnser stadt vnd gemeine die hoffart mit der kleidunge fast hoch gestiegen vnd vberhandt genommen, vnd auch in den ehelichen vorlöbnussen vnd hochzeiten vnd was darzu gehörig eine vnordenunge vnd vbermasse gehalten vnd darüber zum teil auch vnnötige vnkosten auffgewendet vnd vorspildet worden, dadurch gott der allmechtige vngezweiffelt erzürnet vnd vnsere gemeine bürgerschafft in grossen schaden vnd abbruch jrer wolfart vnd narunge geraten, demselben wir also lenger mit geduldt nicht zusehen sollen noch mögen, also haben wir gott dem allmechtigen zu ehren vnd wolgefallen vnd vnser gemeine zu nütze vnd fromen anff die zierunge vnd kleidunge vnd anff die ehelichen vorlöbnusse vnd hochzeite vnd was denselbigen anhengig ist diese hiernach beschrieben ordnunge mit vnserm gemeinen rathe, rathsgeschworen, zehenmannen, geschickten, gildemeistern vnd haubtleuten beradtschlagt vnd einbelliglich bewilligt vnd angenomen, vnd ist vnser ernstlicher befehl vnd wollen, das sie von allen vnd jeden vnsern rathsvorwandten, bürgern, bürgerinnen, bürgerskindern vnd dienern, geistlichen vnd welltlichen, die vnser iurisdiction vnd botmessigkeit vnterworffen sein, stets, feste vnd vnuorbrüchlich gehalten vnd dawieder nicht gehandelt noch gehart werden solle in keinerley weise noch wege, bey vormeidunge der geldtbusse vnd straffe die bey jedem passele oder artickel specificiert vnd gesetzt ist. Vnd lautet von worten zu worten wie hernach folget.

I Von kleidunge der herren bürgermeistere, sindicen, doctorn, licenciaten, kemmerer, rathspersonen, zehenmanne, promouierten magistern vnd secretarien.

1 Die herren bürgermeistere, des raths sindici, doctores vnd licentiaten mögen der stadt zu ehren vnd jres standes halben kleider mit mardern, wolffen, füchsen vnd andern[1] futter gefüttert vnd mit sammitte vorbremet tragen vnd gebrauchen.

So mögen auch vnsere cammerer, ratsherren, zehenmanne, 2 promoti magistri vnd secretarien kleider mit wolffs, füchsen vnd anderm gemeinem futter vnd mit sammitte zimlicher weise besetzet, aber keine köstlicher kleider tragen, bey straffe zweier marck.

II Von kleidunge der bürger vnd bürgerssöne die von den geschlechten oder eins zimlich wolhabenden vormögens aber nicht in den rathstuel gekoren sein.

3 Burger vnd bürgerssöne die von den geschlechten, oder eins zimlich wolhabenden vormögens aber nicht in den rathstuel gekoren sein, mögen auch wol tragen kleider die mit wolffs, füchsen, schmaschen vnd geringem futter gefüttert. Aber röcke oder mantel mit gülden oder silbern posamente oder mit sammitte oder sammitten posamente vorbremet sollen sie nicht tragen, bey straffe einer marck.

---

1) Im Orig. wie 1573 andern.

4 Sie mögen aber mit allerleye anderm gemeinen posamente jre kleider wol besetzen lassen vnd auch an jrem rock vnd mantelkragen ein sammits querder oder sammittes wülstken tragen, ohne bröke.

Sie sollen auch an einem wammese, kollerde, garneiken 5 oder kosiacken nicht vber eine elle sammits zu dem besetzelse haben vnd gebrauchen, bey bröke eins gülden.

III Von zierunge vnd kleidunge der frawen vnd jungfrawen die von den geschlechten sein vnd das span tragen oder damit berathen werden.

6 Was eine frawe vnd jungfrawe die von den geschlechten ist vnd das span traget oder damit berathen wird an gülden ketten vnd gehengen am halse tragen wil, sol semptlich vber sechtzig reinische goltgülden hinfüro nicht werdt sein, nemlich die gülden kette von viertzig goltgülden schwer vnd das gehenge zwantzig goltgülden werdt. Hieran sollen sie sich settigen vnd genügen lassen vnd darüber von golde nichts mehr inhengen vnd auch keine perlenhalsbende tragen, vnd sol also eine frawe zu jeder zeit auff ein mal nicht mehr dann eine gülden kette tragen in der schwere als vorberürt ist.

7 Ausgenommen die bürgermeisterinnen, der sindicen, doctoren vnd licentiaten ehefrawen mögen der stadt zun ehren vnd von wegen jres standes auff ein mal eine oder zwo gülden ketten wol inhengen.

8 Vnd wo nun eine frawe wieder diese vnsere ordnung handlen würde, solt sie so offt das geschehe vmb zwo marck gestraffet werden.

9 So sol auch eine jungfrawe nicht mehr als eine gülden kette die vber zwantzig goltgülden nicht schwer vnd ein gehenge das nicht vber zwölff goltgülden werdt tragen, bey bröke einer marck: geringer kette vnd gehenge mag sie wol gebrauchen. Wenn sie aber gefreiet hat, mag sie sich zieren als jtzundt von der frawen zierunge gemeldet ist.

10 Die frawen vnd jungfrawen sollen keine ober oder voterröcke von dammasche, kamlott, atlasche oder anderm seiden gewande tragen, bey straffe zweier marck.

11 Vnd sollen zu einem oberrocke oder leibstücke zu besetzen nicht mehr als drey viertel sammittes gebrauchen, bey straffe eins gülden.

12 Die bürgermeisterinnen, der sindicen vnd der herrn doctoren vnd licentiaten ehefrawen mögen wol tragen dammaschen aber keine besser leibstücke, bey straffe einer marck.

Aber andere frawen oder jungfrawen sollen keine da- 13 maschen oder köstlicher leibstücke tragen, bey straffe einer marck.

So mögen auch die frawen vnd jungfrawen sammiten, 14 jtem damaschen vnd zeiden kollerde mit sammiten strichen, daran in alles nicht vber drey viertel sammits vorbrauchet werden sollen, vnd keine besser kollerde tragen, bey bröke zweyer gülden.

Der frawen oder jungfrawen vorgüldet vnd weis rosen- 15 gürtel sol hinfüro ein jedes nicht wegen vber zwantzig lott, vnd das silbergeschneide an dem langen getzogen gülden gürtel nicht vber viertzehen lott silbers, bey bröke einer marck.

Auch mögen die frawen vnd jungfrawen tragen einen 16 beutel mit silbern knöpfen die sechs [1] lott wegen, ein bentelgürtel daran sechs [2] lott silbers, vnd eine silbern messerscheiden von zehen loten vnd nicht schwerer von silber, bey bröke zweyer gülden. So mögen sie auch wol tragen an der messerscheiden eine kleine silbern ketten, ohne straffe.

Die jungfrawenkrentze mit perlen die sie tragen wollen, 17 sollen vber acht [3] thaler nicht werdt sein, bey bröke zweyer gülden.

Ein gülden span so ein jungfrawe tragen mag, sol vber 18 zwantzig goltgülden nicht gekostet haben, bey bröke zweyer gülden.

In den kralenschnüren, alleine vmb einen vnd nicht beide 19 arme, sollen die frawen vnd jungfrawen nicht vber fünff goltgülden oder vber fünff kronen vnd auch nicht andere mehr darbey tragen, bey bröke zweier gülden.

Ausbescheiden der herren bürgermeister, des raths sin- 20 dicen, doctorn vnd licentiaten ehefrawen mögen vmb jre beide armen wol tragen kronen oder goltgülden, ohne bröke.

---

1) 1573: fünff. 2) 1573: vier. 3) 1573: sechs.

21 So sol auch des herren superintendenten vnd des herren coadiutoris ehefrawen vnd töchtern frei sein sich den frawen vnd jungfrawen die von den geschlechten sein gleich aber doch nicht besser zu zieren vnd kleiden, bey ver-

meidung der geldstraffe die den frawen vnd jungfrawen von den geschlechten, wenn sie diese ordnunge vbertretten werden, bey jedem passele gesetzt ist.

IV Von zierung vnd kleidung der frawen vnd jungfrawen so die weissen ringe tragen oder denselben in krafft nachfolgender ordnung gleich geachtet werden.

22 Eine frawe so die weissen ringe tregt oder denselben in krafft nachfolgender verordnung gleich geachtet wird,[1] mag tragen an jrem halse alleine eine gülden ketten von fünff vnd zwantzig goltgülden schwer vnd ein gehenge das zehen goltgülden werd ist, vnd darneben nichts mehr weder von golde noch perlen, bey bröke zweyer marck.

23 Ein jungfrawe aber ehe sie ehelich verlobet ist, mag eine gülden ketten tragen von fünftzehen goltgülden vnd nicht schwerer,[2] bey bröke einer marck.

24 Die frawen vnd jungfrawen mögen jre ober vnd vnterröcke tragen von saien, arrasche, settenin vnd gewande, aber von keinem seidengewande, bey bröke zweier marck.

25 Vnd mögen zu einem oberrocke oder leibstücke zu besetzen nicht mehr gebrauchen dann allein eine halbe elle sammittes, vnd sollen auch keine damaschen oder bessere leibstücke tragen, bey bröke eines gülden.

26 Auch mögen die frawen sammits, item dammaschen vnd andere seiden kollerde haben, vnd jre dammaschen oder seiden kollerde mit sammitstrichen vnd querder, die allesampt von einer halben ellen sammits vnd nicht besser gemacht sein, besetzen lassen vnd tragen, bey bröke zweier gülden.

27 Aber die jungfrawen ehe dann das sie ehelich verlobet sein, sollen keine sammitskollerde tragen, bey poene zweyer

gülden.

Die frawen mögen tragen ein lang vorgüldet rosengürtel 28 welchs mit sampt dem vbergülden nicht mehr als sechtzehen lott silbers am gewichte haben soll, ein lang weis rosengürtel auch von sechtzehen lott silbers vnd ein lang gülden getzogen gürtel daran das geschmeide von zwölff lott silbers vnd schwerer nicht, bey bröke zweyer gülden.

Vnd sollen der jungfrawen perlenkreutze vber sechs[3] 29 thaler nicht werdt sein vnd getragen werden, bey peen zweyer gülden.

So mögen auch die frawen vnd jungfrawen in jren kra- 30 lenschnuren, allein vmb einen arm, fünff goltgülden vnd nicht mehr darbey tragen, bey bröke eines gülden.

Vnd sollen auch weiter keine zierunge oder kleidunge 31 tragen die den frawen vnd jungfrawen von den geschlechten als hieroben berürt vorbotten sein, bey der bröke die darbey gesetzt ist.

In diesen standt aber sollen diejenigen bürgere 32 mit jren weibern vnd vnberathenen kindern gerechnet vnd gezogen werden die jre töchtere mit fünff hundert gülden oder höher aussteuren, oder aber da sie keine töchtere haben, dennoch sonsten so vermügsam sein, das sie sich den weissen ringen gleich verhalten mögen.

V Von zierunge vnd kleidunge der bürger ehefrawen die eins ziemlich wolhabenden vermögens sein vnd auch jrer vnberathen töchtere die geringer als mit fünffhundert gülden, vnd gleichwol mit zweyhundert gülden brautschatz vnd darüber biss auff fünffhundert gülden ausschliesslich aussteuren.

33 Es mögen diese ehefrawen vnd jungfrawen wol tragen an jrem halse eine silbern ketten von zwölff lott silbers vnd ein gehenge das acht goltgülden werdt. Mehr aber sollen diese ketten vnd das gehenge nicht wegen vnd werdt

sein, bey bröke zweier gülden.

Ire ober vnd vnderröcke mögen von saien, arrasche, set- 34 tenin vnd gewande vnd nicht besser sein, vnder denen sie die oberröcke mit einer halben eln sammits

1) Im Orig. werden. 2) 1573: sol . . . keine gülden ketten tragen, bey bröke etc. Aber eine silbern ketten etc. 3) 1573: vier.

61*

vnd nicht hôher besetzen mügen[1], bey brôke zweier gülden.

36 Sie mügen auch wol tragen damaschen, atlasche vnd andere seiden kollerde mit sinem[2] sammitsquerder das von einer halben elen[3] sammits gemacht, aber keine bessere kollerde, bey brôke eins gülden.

36 Ire leibstücke die sie tragen, mügen sein von saien vnd wullenkamlotte vnd nicht von anderm seiden gewande, mit einer halben eln[4] sammits vnd nicht besser besetzet, bey brôke eins gülden.

37 Die frawen mügen ein lang vergüldet[5] rosengürtel welches mit dem vbergülden nicht mehr als sechszehen[6] lott silbers am gewichte haben soll, vnd ein lang gezogen gülden gürtel daran zwölf lott silbers vnuergüldet vnd schwerer nicht, tragen, bey brôke eins gülden.

38 Es sollen auch den jungfrawen die perlenkrentze vorbotten sein, bey brôke eins gülden.

39 Vnd in den kralenschnuren oder sonsten vmb die arme mügen die frawen vnd jungfrawen silberne steine aber kein goldt tragen, bey brôke eines gülden.

40 Vnd sollen auch die frawen vnd jungfrawen die zierung vnd kleidung nicht tragen nach gebrauchen die den Irwen vnd jungfrawen von den geschlechten vnd deren die die weissen ringe haben oder denselben gleich geachtet werden, zu tragen vnd gebrauchen verbotten sein, bey brôke die bey jedem passele specificiert ist.

41 Auch sollen vnd werden sich der herren predicanten ehefrawen vnd töchter mit jrer dracht vnd kleidunge nach dieser ordnunge des dritten standes richten vnd also erzeigen, damit sie niemande ergerlich sein sondern andern bürgersfrawen vnd kindern ein gut exempel geben mügen.

VI Von zierunge vnd kleidunge der bürger ehefrawen die nicht eins zimlichen wolhabenden sondern geringers vormügens sein, vnd auch jrer vaberaten töchter den sie nicht zweyhundert gülden sondern weiniger zum brautschatze mitgeben.

42 Diese vnserer bürger ehefrawen vnd töchtere sollen keine schwerer ketten tragen dann von sechs lott silbers, bey brôke eines gülden.

43 Aber keine gehenge sollen sie an jrem halse tragen, bey derselben brôke.

44 Sie sollen keine andere ober oder vnderröcke tragen dann alleine von gewande mit sammitte gants vnd gar nicht besetzet, bey brôke zweyer gülden.

45 Sie mügen auch wol tragen dammaschen oder geringere kollerde die mit anderthalb viertel sammits[7] vnd nicht besser besetzt sein sollen, bey brôke eines gülden.

46 Sie sollen auch keine besser leibstücke dann von saien vnd gewande mit anderthalb viertel sammits vnd nicht besser besetzt[8] tragen, bey brôke eins gülden.

47 Das silbergeschmeide vnd die rosen an der frawen langem[9] gürtel sollen nicht wegen vber zwölff lott silbers, vnd das geschmeide an jrer leibborten nicht vber sechs lott silbers, bey brôke eins gülden.

48 Vmb jre arme sollen sie krallen vnd nichts anders tragen, bey brôke eins gülden.

49 Vnd sollen auch die frawen vnd jungfrawen von der zierunge vnd kleidunge nichts gebrauchen so den frawen vnd jungfrawen die eins zimlichen wolhabenden vormügens sein vnd zwey hundert gülden müntze oder darüber zu brautschatze mitbekommen, wie negst hieroben gemeldet vorbotten ist, bey vormeidunge der brôke die bey jedem passele daselbst gesetzt ist.

VII Der dienstmegde kleidunge belangende.

50 Es sollen die dienstmegde alhier keine bessere leibstücke dann von gewande, vnd keine bessere sammitsbinden die mehr als viertzehen mariengroschen werdt sein tragen, bey brôke eines newen schillings so offt ein dienstmagt dass vnser vorbot vbertretten würde.

---

1) 1573: vnd sollen mit keinem sammitte besetzt werden. 2) Im Orig. wie 1573 einen. 3) 1573: anderthalb vierteil. 4) 1573: anderthalb viertel. 5) 1573: weis. 6) 1573: viertzehen. 7) 1573: alle mit gemeinem posemente. 8) 1573: mit sammitte vnbesetzt. 9) Im Orig. wie 1573 langen.

VIII Von der zierunge vnd kleidunge mans vnd frawenspersonen, jungergesellen vnd jungfrawen, auch von der frawen vnd jungfrawen geschmuck vnd zierat von silber vnd golde insgemein.

51 Niemand vnser bürger oder bürgerkinder sollen tragen sammite barrete dann alleine die herren doctores, licentiaten, promoti magistri vnd die herren vnd personen die in den radtstuel gehören oder von den geschlechten vnd weissen ringen sein, oder die in krafft dieser ordnung denselben weissen ringen gleich geachtet werden, bey bröke einer marck.

52 Es sol auch niemandt seine hosen anders worvon machen lassen vnd tragen dann alleine von gewande vnd ledder, bey peen einer marck.

53 Vnd sol auch niemandt seine hosen mit seiden gewande sondern allein mit saien, arresche vnd settenin vnd dergleichen durchziehen lassen, vnd des saien, arresches oder settenins vnter ein par hosen vber achte, zehen oder vffs meiste zwölff[1] ellen nicht gebrauchen, bey bröke eins gülden.

54 Aber die herren bürgermeistere, sindici vnd andere herren des raths vnd die herren doctores, licentiaten vnd promoti magistri mügen vnter jre hosen seiden gewant wol füttern lassen vnd tragen.

55 Vnd niemandt sol allhier ther schentlichen langen pluderhosen tragen, by bröke einer marck.

56 Die gülden vnd silbern kreutze mit gülden oder silbern stifften oder perlen geschmückt vmb die hüte oder barrete sollen allhier in der stadt von den bürgern vnd bürgerkindern nicht getragen werden, bey bröke einer marck.

57 Den frawen vnd jungfrawen in allen stenden sollen die springer, dessgleichen die güldine vnd silberne flittern, auch die güldine vnd silberne schlingelso vff den rantzeln vnd denn die strotenpfeuninge oder gülden verbotten vnd vff ein jegliche sort eine marck zur bröke setzt sein.

58 Es sollen auch die grossen rantzeln verbotten sein, vnd darzu hinfüro nicht mehr dann zehen oder eilff elen lang genomen werden, bey straffe eines gülden.

59 So soll auch niemandt nach der zeit sobaldt diese vnsere ordnunge publiciert sein wird seine kleider mit seiden mehr bestippen lassen vnd tragen, bey bröke einer marck.

60 Es were dann das jemandt seine kleider auff die weise wie man sie sonst mit seiden schnüren recht ausbeleget, anstatt solcher schnüre mit seiden würde durchneigen lassen: das sol einem jeden frey vnd vnuerbotten sein.

61 Was aber jemandts an kleidern vor der jüngsten ablesung des echtendinges am 23. Octobris anno etc. 78 geschehen, hette bestippen lassen, das mag er ohne bröke wol tragen.

62 Es soll auch den frawen vnd jungfrawen in allen stenden aller schmuck vnd zierat von silber vnd gold so sie vor der jüngsten ablesung des echtendinges gehabt, ohngeachtet das solches am gewichte vnd an der schwere dem echtending nicht allerdings gemess sondern schwerer ist, hiemit vnuerbotten vnd zugelassen sein, jedoch das diejenigen denen nur eine güldene ketten vnd geheng erleubt, sich an solcher eintzigen zal settigen lassen sollen. Was auch am silberwerck in dem gewichte etwa ein halb lot vngefer schwerer ist als die ordnung eines jeden stücks vnd passels mitbringet, solches sol vngestrafft bleiben.

63 Wofern dann ein man oder frawe, jungergeselle oder jungfrawe geringer zierunge oder kleidunge dann als jedem nach seinem stande wie hieroban vormeldet erleubt ist, tragen wil, das sol jedem frey sein.

64 Würde auch ein manspersone, jungergeselle, frawe oder jungfrawe, was standes sie sein, in einem oder mehr stücken wider diese hieuorgemelte ordnunge handlen vnd dieselben vbertretten, die solte so offt das geschege mit der bey jedem stücke specificierten geldbusse belegt vnd gestraffet werden.

65 Es sol auch niemandt weder mans oder frawespersone, jungergeselle oder jungfrawe, keine newe muster erdencken welchs dieser vnser ordnunge zuwieder sein oder sich höher erstrecken möchte dann in dieser ordnung an kleidern vnd anderer zierunge erleubt ist. Wer sich des vntersiehen würde, der sol alsbald beschickt vnd jme solcher newer fundt vnd muster genommen vnd darzu auch mit ernste darüber gestraffet werden.

---

1) 1573: sechs oder achte.

IX Was die eltern, vormündere oder freunde der braut von den geschlechten in jre brautladen vnd brautkasten legen vnd mitgeben mögen.

66   **In die brautladen.**

Ein par parlebenden.

Zwo gülden hauben.

Zwo hauben von zindel.

Zwo hauben von zwirn.

Einen getzogen gülden vnd einen getzogen silbern kragen mit seiden banden vnd knopffen daran von vntzengolde oder vntzensilber gemacht.

Vier sammitten kollerde vnd einen dammaschen kollerdt der mit dreien viertel sammuts vnd nicht darüber besetzt sein sol.

Ein lang vorgüldet vnd ein lang weis rosengürtel, jedes von zwantzig lott silbers.

Vnd ein lang getzogen gülden gürtel daran das geschmeide vierzehen lott silbers schwer.

Ein beutelgürtel daran nicht vber sechs [1] lott silbers sein sollen.

Ein beutel mit silbern knopffen allesampt sechs [2] lott silbers schwer.

Eine silbern messerscheide die zehen lott silbers schwer vnd eine kleine silbern ketton daran.

Zwölff halstücher.

Zwölff schiertücher.

Zwölff kurtze kamertücher.

Einen langen schiertuch.

Einen langen kamertuch.

Zween lange tücher.

Vier vnd zwantzig windelcken.

Eine gülden ketten die nicht vber zwantzig goldgülden schwer.

Ein gehenge das nicht vber zwantzig goldtgülden werdt vnd der braut gülden ringe.

67   **In die brautkasten.**

Fünff oberröcke deren ein jeder mit dreyen viertel sammuts vnd nicht darüber besetzt sein mag.

Fünff vnderröcke von asien, arresche vnd gewande,

aber von keinem seiden gewande gemachet.

Einen langen rothen vnd einen langen schwartzen arrschen vnd ein asien kurtzen heiken mit mardern kelen auff den auffschlegen vnd mit grauwercke gefuttert.

Einen weissen schmaschen peltz.

Ein gefuttert vnd zwey vngefutterte leibstücke die gemacht sein mögen inmassen hierbeuor von der zierunge vnd kleidunge meldunge geschehen ist.

Eine brautdecke die nicht vber fünff vnd zwantzig thaler, wenn sie von newen getzeugt oder gekaufft würde, gekostet haben sol. Die decken aber so an jemandts erbsweise kömpt, sol hiemit nicht gemeint sein.

Drey par laken, darunter ein par mit seiden holen neden.

Ein par heubtlaken.

Zwey weisse heubtküssen.

Vier zindel heubtküssen.

Vier tafellaken.

Zwey par hangeldwelen.

Zwo handtdücken.

Ein regenlaken.

Zwölff hembde.

Zwölff schurtztücher.

Eine badekappe.

Zwölff leinen mützen.

Zwölff bindelhauben.

Zwölff stuelkissen.

Item ein bette von vier breiten.

Zween heubtpfüle.

68 Vnd wo hierüber der braut etwas mehr dann als vor berürt ist von jren eltern, vormünden oder freunden in die brautleden oder brautkasten gelegt vnd mitgegeben vnd also jemandt an diesen einem oder mehr stücken straffbar würde, der solt vns dem rathe je vor jedes stück zween gülden zu bröke zu geben vorfallen sein.

---

1) 1578: vier. 2) 1578: fünff.

X Was die eltern, vormündere oder freunde der braut die die weissen ringe tregt oder denselben gleich geachtet würde [1] in jre brautladen vnd brautkasten legen vnd mitgeben mögen.

69 **In die brautladen.**

Ein par parlebenden.

Zwo gülden hauben.

Zwo hauben von zindel.

Zwo hauben von zwirn.

Einen getzogen gülden vnd einen getzogen silbern kragen mit seiden benden daran von vatzengolde oder vatzensilber gemacht.

Einen sammitten vnd zween damaschen kollerde die mit einer halben elen sammits vnd nicht besser besetzt sein sollen.

Ein lang weis rosengürtel von sechtzehen lott silbers vnd ein lang gülden getzogen gürtel mit dem geschmeide von zwölff lott silbers vnd nicht schwerer.

Zwölff halstücher.

Zwölff schiertücher.

Zwölff kurtze kamertücher.

Einen langen schiertuch.

Einen langen kamertuch.

Zwey lange lakentücher.

Vier vnd zwantzig windelcken.

70 **In die brautkasten.**

Fünff oberröcke der ein jeder mit einer halben elen sammits vnd nicht besser vorbremet sein mag.

Fünff vnderröcke von saien, arresche vnd gewande, aber von keinem seidenwercke gemacht.

Einen langen arreschen rothen vnd einen langen arreschen schwartzen heiken vnd einen saien kurtzen heiken mit mardern kelen auff den auffschlegen vnd mit gräuwercke gefuttert.

Einen weissen schmaschen peltz.

Ein gefüttert vnd zwey einfechtige leibstöcke der ein jedes mit einer halben elen sammits vnd nicht besser besetzt sein sol.

Aber kein leibstöcke sol von dammasche oder besser sein.

Ein brautdecke die nicht vber zwantzig thaler werdt, wenn sie von newen gezeugt oder gekaufft würde. Die decke aber so an jemandts erbsweise kömpt, sol hiemit nicht gemeint sein.

Drey par laken, darunter ein par mit holen neden.

Zwey par heubtlaken.

Zwey weisse heubtküssen.

Zwey zindel heubtküssen.

Vier tafellaken.

Zwey par hangeldwelen.

Zwo handtstücken.

Ein regenlaken.

Zwölff hemble.

Zwölff schurtzeltücher.

Eine badekappe.

Zwölff leinen mützen.

Zwölff bindelhauben.

Zwölff stuelküssen.

Item ein bette von vier breiten.

Zwene heubtpfüle.

Vnd wo der braut eltern, vormünde oder freunde vber 71 vorberürte stöcke der braut in jre brautladen oder brautkasten etwas mehr mitgeben würden das nicht sein sol, so sollen sie vns für jedes vbrigs stöcke zween gülden zu bröße geben.

XI Was die eltern, vormünden oder freunde der braut die eins ziemlich wolhabenden bürgers tochter ist vnd mit zweyen hundert gülden vnd darüber biss vff fünff hundert gülden ausschliesslich ausgestewret oder von einem solchen [2] breutgam zu der ehe genommen wird in jre brautladen vnd brautkasten legen vnd mitgeben mögen

72 **In die brautladen.**

Ein par parlebenden.

Eine gülden strickhauben vnd

Eine haube von zwirn.

1) 1573: oder darin freiet.   2) 1573: zimlich wolhabenden.

Einen getzogen gülden oder getzogen silbern kragen mit schwarzen benden vnd knopffen die von vntzensilber gemacht.

Einen dammaschen,

Einen atlaschen vnd

Einen seiden kollert mit einem sammitsquarder das von einer halben ellen [1] sammits gemacht vnd nicht besser sein sol.

Ein lang weis rosengürtel von vierzehen lott silbers.

Zwölff halstücher.

Zehen schiertücher.

Zehen kurtze kamertücher.

Einen langen kamertuch.

Zwey lange lakentücher.

Vier vnd zwantzig windeleken.

78   **In die brautkasten.**

Vier ober vnd vier vnderröcke von saien, arresche, settenin oder gewande, darunter die oberröcke mit einer halben elln sammits vnd nicht mehr besetzt sein sollen,[2] bey bröke aines gülden.

Zween lange arresche vnd einen saien kurtzen heiken mit mardern kelen oder geringern auffschlegen vnd mit grauwercke gefuttert.

Einen peltz.

Ein wullen kamlotz vnd ein saien leibstücke deren ein jedes mit einer halben elln [3] sammits vnd nicht besser besetzt sein sol.

Ein brautdecke die nicht vber zwölff thaler werdt sey, wenn sie von newen gezeugt oder gekaufft würde. Die decke aber so an jemandts erbsweise kompt, sol hiemit nicht gemeint sein.

Drey par laken ohne holen node.

Ein par heubtlaken.

Zwey zindel heubtküssen.

Zwey weisse heubtküssen.

Vier tafellaken.

Zwey par hangeldwelen.

Zwo handtztücken.

Ein regenlaken.

Zwölff hembde.

Zwölff schürtzeltücher.

Eine badekappe.

Zehen leinen mützen.

Zehen bindelhauben.

Zwölff stuelküssen.

Item ein bette von dreien oder vier breiten.

Zween heubtpfüle. [4]

Vnd sol hierüber in der brautladen oder brautkasten 74 nicht mehr sein, bey straffe zweier gülden die der braut eltern, vormünden oder freunde die jr die brautladen vnd brautkasten mit deme was darein gehört mitgeben, vor jedes vbrigs stücke zu bröke geben sollen.

XII Was die eltern, vormunden oder freunde der braut die eins gemeinen etwas vnuormügesamen bürgers tochter ist vnd nicht mit zweien hundert gülden sondern einem geringern brautschatze ausgesteuret oder von einem etwas vnuormügesam breutgam zu der ehe genomen wird, in jre brautladen vnd brautkasten legen vnd mitgeben mügen.

75   **In die brautladen.**

Ein par parlebenden.

Eine oder mehr weisse geknütte hauben.

Einen dammaschen,

Einen atlaschen vnd

Einen schellerdes kollert mit anderthalb viertel sammits [5] besetzt.

Ein lang weis rosengürtel von zwölff lott silbers oder eine leibborte mit sechs lott silbers.

Zwölff halstücher.

Zehen schiertücher.

Zehen kurtze kamertücher.

Einen langen kamertuch.

Zwey lange lakentücher.

Vier vnd zwantzig windeleken.

In die brautkasten.   76

Drey ober vnd drey vnderröcke von gewande gar nichts besetzt.

Zween lange arresche vnd einen saien kurtzen heicken mit rummemieschen schmaschen auffschlegen vnd mit grau-

1) 1573: anderthalb viertel.   2) 1573: mit sammitte nicht besetzt.   3) 1573: anderthalb viertel.   4) *Im Orig.* fhüle.   5) 1573: gemeinem pesemente oder gar nichts.

wercke oder schnaschen gefuttert.

Einen peltz.

Ein salen vnd gewandes leibstücke mit anderthalb viertel sammits besetzt. [1]

Eine brautdecke die acht thaler vnd darüber nicht werdt sey, wenn sie von newen gezeugt oder gekaufft würde. Die decke aber so an jemandts erbsweise kömpt sol hiemit nicht gemeint sein.

Drey par laken die keine hole nede haben sollen.

Zwey weisse heubtküssen.

Vier tafellaken.

Zwey par weisser hangeldwelen.

Zwo handtuchen.

Ein regenlaken.

Zehen hambde.

Zehen schurtzeltücher.

Eine badekappe.

Achte leinen mützen.

Achte bindelhauben.

Zwölff stuelküssen.

Item ein bette von dreien oder vier breiten.

Zwene heubtpfüle.

Hierüber sol in der brautladen oder brautkasten nicht **77** mehr sein, bey vormeidunge zweier gülden bussegeldes das der braut eltern, vormünden oder freunde die jr die brautladen vnd brautkasten mit dem was darin gehörich mitgeben, für jedes vbriges stücke zu geben vorfallen sein sollen.

XIII Von der brautladen vnd brautkasten ins gemein, wes noch mehr ohne bröke darein gelegt werden mag, darvon hierbevor nichts vormeldet ist.

78 Es mag auch wol ein jede braut, wes standes die ist, in jre brautladen vnd brautkasten legen was jr der breutgam vor dem brauthaus zu jrer zierunge gegeben hat, aber sonsten von zierungen, kleinötern vnd kleidungen nichts

mehr dann als hieroben vormeldet ist.

Wil aber die braut in jre brautladen vnd brautkasten **79** weniger gelegt oder gegeben werden, das sol frey stehen vnd vnuerbotten sein.

XIV Von den gaben vnd hochzeit eines breutgams vnd braut von den familijs vnd geschlechten die ein span tragen oder damit berathen werden.

80 Der breutgam mag geben der braut eine gülden kette von vierzig goldtgülden schwer vnd ein gülden span das zwantzig goldtgülden werdt, oder so viel goldes dafür, vnd achte gülden ringe vnd einen trawring, vnd der braut vater oder bruder oder jrem negesten freunde oder vormünden der sie verlobet eine silbern kannen die zwo marck silbers schwer, vnd jror mutter ein salen rock vnd darzu ein par schuch vnd pantuffeln, vud der braut schwestern vnd den kindern vnd gesinde im hause jeder ein par schuch vnd pantuffeln, vnd niemande wes mehr, bey drey marck bröke.

81 Hinwieder mag die braut dem breutgam auff die brauthaus wol geben ein hemmet, einen schnupffluch vnd eine badekappen. Aber die sullen keine gülden borten haben vnd auch mit seidenwercke nicht geschmücket sein, vnd sol darbey auch kein goltstücke vorehret werden, vnd sol

also die braut dem breutgam oder seinen eltern oder blutuorwandten freunden auff die brauthaus etwas mehr zu uorehren gentzlich vnd ernstlich vorbotten sein, bey bröke einer marck.

Vnd sol das obberürte breutgamshemmet mit dem lein- **82** gewande vnd nahewercke in alles nicht vber sechs thaler gekostet haben, bey bröke zweier gülden.

Vnd man mag zu der brauthaus des mittags speisen vier **83** gerichte vnd darzu butter vnd kese. Wo aber jemandt das vbertretten würde, sol er vns dafür eine marck zu straffe geben.

Zu diesen hochzeiten sol man auch kein ander getrencke **84** schencken dann alleine wein vnd einerley frömmet bier vnd mummen, bey zehen marck bröke.

Den gesten die des abendts bleiben, mag man nach sechs **85** schlegen wieder auffdecken vnd anrichten vnd jnen drey

---

1) 1573: mit sammitte vnbesetzt.

62

gerichte speisen vnd butter vnd kese. Aber man sol dieses ersten abendts keinen wein schencken, bey bröke einer marck.

86 Vnd mügen auch des andern abendts gespeiset werden drey gerichte vnd ein gerichte krebse vnd butter vnd kese, vnd darzu vor die nachtrichte gele kuchen in eisen ge-

backen vnd die grossen ablatenkuchen mit moldochenkuchen vnd allerley obs, vnd nichts mehr, bey bröke einer marck.

Vnd man mag schencken wein, einerley frömmet bier 87 vnd mummen, vnd kein ander getrencke, bey zehen marck bröke.

XV   Von gaben vnd hochzeit eins breutgams vnd braut so des standes der weissen ringe sein oder denselben gleich geachtet werden. [1]

88 Der breutgam mag der braut geben vor der hochzeit eine gülden ketten von fünff vnd zwantzig goldtgülden schwer, ein gebenge das zehen goltgülden werdt, sieben gülden ringe vnd einen trawring, ein lang vorgüldet rosengürtel von sechtzehen lott silbers zusampt dem vergülden vnd nicht schwerer, ein beutelgürtel daran nicht vber sechs [2] lott silbers sein sollen, einen beutel mit silbern knöpffen die allesampt nicht vber sechs [3] lott silbers schwer, eine silbern messerscheide die zehen lott silbers schwer vnd eine kleine silbern messerscheideketten vnd einen sammitkollerdt, ein par schuch, ein par pantuffeln, vnd der braut mutter vnd schwestern vnd den kindern vnd gesinde im hause ein par schuch vnd pantuffeln, vnd niemande wes mehr, bey bröke zweier marck.

89 Vnd mag die braut jrem breutgam wiederumb geben auff die brauthaus ein hemmet, schnupfftuch vnd badekappen, vnd nichts mehr darbey, vnd sollen auch das hemmet, schnupff-

tuch vnd badekappen mit gülden borten nicht getzieret vnd mit seiden auch nicht bestickt sein, vnd sol diss breutgamshemmet mit dem leingewande vnd neiwercke nicht vber sechs thaler gekostet haben, bey bröke zweier gülden.

Vnd bey vermeidunge solcher geldtstraffe sol die braut 90 des breutgams eltern oder seinen blutuorwandten freunden auff die brauthaus nichts vorehren oder geben, bey bröke einer marck.

Vnd mag zu dieser hochzeit auch wein, einerley frömbdt 91 bier vnd mummen, vnd kein ander getrencke mehr geschenckt werden, bey fünff marck bröke.

Vnd sollen auch der breutgam vnd braut die ordnunge 92 in andern passelen die von den hochzeiten ins gemein wie hernach folgen wird gesetzt ist, halten vnd sich auch dessen was denen von den geschlechten vorboten ist nicht anmassen, bey bröke die daselbst bey jedem passele vormeldet ist.

XVI   Von den gaben vnd hochzeit eins zimlich wolhabenden breutgams vnd braut die mit zweien hundert gülden vnd darüber biss vff fünffhundert gülden ausschliesslich [4] angesteuret wird.

93 Es mag der breutgam der braut für der hochzeit wol geben eine silbern kette von zwölff lott silbers, ein gebenge von acht goltgülden, fünff gülden ringe vnd einen trawring, einen dammaschen kollerdt mit einem querder sammits das allein von einer halben ellen [5] sammit gemacht, ein lang weis rosengürtel von viertzehen lott silbers vnuorgüldet oder an desselben stat einen getzogenen goltborten von zwölff lott silbers vnuorgüldet, einen beutel mit knöpffen von sechs [6] lott silbers, eine silbern messerscheide mit acht [7] lott sil-

bers vnd nicht besser beschlagen, aber keine silberne kette daran, ein par schuch, ein par pantuffeln, der braut mutter vnd schwester vnd den kindern vnd gesinde im hause jederm ein par schuch vnd pantuffeln, vnd nichts mehr, bey bröke zweier gülden.

Hinwieder mag die braut dem breutgam vorehren ein 94 hemmet mit einem weissen borten das mit dem leingewande vnd neikewercke in alles drey thaler werdt, vnd eine badekappen vnd einen weissen schnupfftuch mit seiden vnbenelget, vnd nichts mehr, bey straffe zweier gülden.

---

1) 1573: darin frien.   2) 1573: vier.   3) 1573: fünff.   4) 1573: oder einem bessern brautschatze.   5) 1573: anderthalb viertel.   6) 1573: fünff.   7) 1573: sechs.

95 Vnd sol aber die braut des breutgams eltern oder blut-
freunden auff die brandthaus gantz vnd gar nichts vor-
ehren, bey bröke einer marck.

96 Vnd mögen der breutgam vnd die braut schencken zu
jrer hochzeit einerley frömmet bier vnd mummen vnd kein
ander getrencke, bey peen fünff marck.

Vnd sollen nicht vber drey gerichte speisen vnd darzu 97
butter vnd kese, bey bröke einer marck, vnd auch der
bieraach beschriebeu ordnunge die von den hochzeiten ins
gemeine gesetzt vnd auch dem was den von dem stande
der weissen ringe vorbotten ist zuwieder nicht handeln,
bey bröke eins jeden passeies die darbey specificiert ist.

XVII Von den gaben vnd hochzeit eines etwas vnuormögsamen breutgams vnd braut die nicht mit zweien hundert
gülden sondern mit einem geringern brautschatze ausgesteuret wird.

98 Der breutgam mag geben der braut vor der hochzeit
eine silbern kette von sechs lott silbers, drey gülden ringe
vnd den trawring, einen dammacchen, atlaschen vnd kau-
lots kollert mit anderthalb viertel sammits [1] vnd
nicht besser besetzt, ein lang weis rosengürtel von zwölff
lott silbers oder ein leibborten mit sechs lott silberge-
schmeides, einen beutel der keine silbern knopffe haben
sol, eine messerscheiden mit zweien loten silbers beschla-
gen, ein par schuch vnd ein par pantuffeln, der braut
mutter vnd schwestern vnd den kindern vnd gesinde im
hause jedem ein par schuch vnd pantuffeln vnd nichts
mehr, bey bröke eins gülden.

99 Hinwieder mag die braut jrem breutgam vorehren ein

hemmet mit einem [2] weissen borten so drithalben thaler
werdt, vnd einen weissen schnupfftuch, aber keins bade-
kappen, bey bröke eines gülden, vnd sol aber die braut
des breutgams eltern oder freunden auff die brauthaus
gantz vnd gar nichts vorehren, bey bröke zweier gülden.

Vnd sollen aber die braut vnd breutgam zu jrer hoch- 100
zeit kein ander gedruncke dann mummen scheucken.

Auch sollen sie nicht speisen vber drey gerichte vnd darzu 101
butter vnd kese, bey bröke zwantzig newer schillinge, vnd
auch wieder die hierunter gesetzte gemeine hochzeitsord-
nunge [3] vnd was breutgam vnd braut des dritten standes
in dieser vnser ordnung vorbotten ist nicht handlen, bey
bröke ein jeden passeis die darselbst gesetzt ist.

XVIII Von ehelichen vorlöbhausen.

102 Nachdem in den ehelichen vorlöbhausen eine zeithero al-
lerley vnordnunge vnd vbermessigkeit mit geschenckeu vnd
sonst gewesen die der braut vnd jren eltern vnd freunden
zu vnnötigen vnd beschwerlichen vnkosten gereicht, so ist
vnser des raths ernstlicher befehl vnd wollen, das die
braut hinfüro jrem breutgam kein hemmet zur vorlöbnusse
mehr geben solle, bey bröke eins gülden.

103 Vnd diewell es eine zeithero ingerissen, das etliebe des
breutgams vnd der braut freunde, wenn sie zu der ehe-
lichen vorlöbnusse komen sein, der braut geschencke vnd
gabe gegeben, sol das hinfüro nicht mehr geschehen, bey
bröke einer marck die ein jeder der diss vnser vorbot
vbertreten würde auff vnser brökedorntzen geben sol.

104 Vnd sollen hinfurter zu keiner vorlöbhause mehr dann
als vier vnd zwantzig personen (ohne die in der brauthaus
gehören) gebeten vnd zu tische gesetzt werden. Auch

mügen sich die spielleute zu tische setzen vnd gespeiset
werden.

Vnd im fall das die eltern, vormündere oder freunde 105
die einer braut die vorlöbnusse thun, zu solcher vorlöb-
nusse vber vorberürten zael mehr gäste haben werden,
sollen sie vor jede vbrige persone einen halben gülden zu
bröke geben.

Vnd mögen zu einer vorlöbhause nicht mehr dann als 106
drey gerichte vnd ein gerichte krebse vnd darzu butter
vnd kese gespeiset vnd darnach gele kuchen die in den
eisen gebacken vnd ablatenkuchen mit noldeschenkuchen
vnd allerley früchte fürgetragen werden. Aber die möser-
kuchen, schildekuchen vnd heidensehe kuchen sollen hin-
furder zu den vorlöbhausen gentzlich abgeschaffet sein,
bey bröke einer marck.

Vnd es sol das tafellaken vor neun schlegen des abendts 107

1) 1573: gemeinem posemente.   2) 1573: einer.   3) Im Orig. oordnunge.

82*

außgehoben sein, bey bröke eins halben gülden.

108 Vnd sollen der breutgam vnd alle geste, auch drosten, küchenmeister vnd jungfrawen die zu der vorlöbnusse gebeten vnd kommen, nach mitternacht vor einem schlage zu haus gehen vnd in derselben nacht dar nicht wieder hinkommen, bey bröke eins halben gülden die eine jede persone gehen solle.

109 Darumb mügen wol von der braut freunden die geste, wenn sie heim gehen wollen, freundtlich angesprochen vnd gebeten werden das sie bey der fröligkeit bis zu einem schlage bleiben wollen. Wo sie aber das nicht thun wollen sondern begeren ehe zu haus zu gehen, das sol einem jeden zugelassen vnd niemande die thür zugeschlossen oder vorsperret werden. Dann so das jemandts thun würde, der sol für jede person einen halben gülden zu bröke geben.

110 Vnd sol also eine jede vorlöbnusse des abendts geendigt sein, vnd sollen des andern oder dritten abendts zu der vorlöbnusse gantz vnd gar keine geste wieder gesetzt werden, es were dann das frembde geste an der vorlöbnusse kommen: den mögen zu ehren des andern abendts nach der vorlöbnusse ein tisch vol geste vnd nicht mehr wieder gebeten werden, bey bröke eins halben gülden.

111 Vnd sollen auch die gebeten geste zu der vorlöbnusse des andern abendts nach mitternacht vor einem schlage zu haus gehen, bey vermeidung obberürter geldtbusse.

112 Darumb sollen auch die spielleute in der nacht für zwülff schlegen zu der fröligkeit vnd tantze nicht lenger spielen sondern sich alsdann nach haus vorfügen, bey einem gülden bröke die sie sementlich geben sollen.

113 Vnd wo nun derjenige der die vorlöbnusse thut bearg-

wont würde das er diesem vnserm des raths gebote zuwieder gehandelt, der solte darüber vor die brökeherren citiert werden, sich mit seinem geschwornem eide zu entledigen, vnd so er das nicht thun wolte, so sol er vor jeden vbrigen gast den er des andern oder dritten abendts zu der vorlöbnusse gebeten hette einen halben gülden zu bröke geben.

114 Wann aber zwischen der vorlöbnusse vnd der hochzeit der breutgam wieder zu der braut vngefordert vnd vngeladen kommen wil, so mag er wol wider dahin gehen vnd alsdann auch noch eine oder zwo personen vmb geselschafft willen zu sich fordern vnd mit sich nemen. Würde er aber jemandts mehr zu sich bitten vnd also strecker dann selbander oder selbdritte zu der braut geben, so sol er für jede vbrige person einen halben gülden zur straffe geben.

115 Würden auch sonst mannspersonen oder jungegesellen von der braut vater oder freunden oder dem breutgam vngebeten dem breutgam vnd braut in der vorlöbnusse oder zwischen der vorlöbnusse vnd der hochzeit mit jne collation vnd fröligkeit zu halten einen infall (das nicht sein sol) thun, so solt ein jeder derselben vor diesen jren mutwillen eine marck zu bröke zu geben vorfallen sein.

116 Vnd so der braut vater oder freunde bedacht sein dem breutgam vnd braut zu ehren vnd gefallen zwischen der vorlöbnusse vnd der hochzeit eine gesterey zu halten, sollen sie das bey einem tische wenden vnd bleiben lassen. Wer diss vorbreche vnd dermassen nicht hielte, der solte für jedere person so er darüber gebeten vnd zu tische gesetzt hette einen halben gülden zu bröke geben.

XIX Von tantzen.

117 Die tantze in vorlöbnussen vnd hochzeiten oder wo die geschehen, sollen züchtig vnd ehrlich gehalten werden. Darumb thun wir das leichtfertig vordreihen in allen tentzen hiemit ernstlich vorbieten vnd wollen auch fleissige achtung darauff geben lassen, also welcher sich hierüber des vordreihens im tantze vnterstehen wird, der sol so offt das geschege zween newe schilling dafür zu straffe geben.

XX Von den hochzeiten ins gemeine alle vnd jede bürgerliche stende betreffent.

118 Man sol keine hochzeit weder des mittags noch des abendts auff einen sontag sondern des montags oder dinstags zu mittage anfangen vnd halten, bey zehen marck bröke.

119 Wer aber ausstat der hochzeit eine gesterey haben wil, der mag sie des abendts wol haben ohne bröke.

120 Vnd sollen zu einer hochzeit des ersten tags nicht mehr geste geladen werden dann alleine ein hundert vnd vier vnd viertzig mans vnd frawenpersonen, jungegesellen vnd

jungfrawen. Vnd vo nun ein breutgam vnd braut vber
vorberürte ein hundert vnd vier vnd viertzig personen
mehr hochbreitsgeste laden vnd haben würde, so sol er
vns dem rathe vor jede vbrige persone einen halben gül-
den zu bröke geben, ausgenommen alle vnd jede geist-
liche personen vnd vnsere des raths diener vnd die braut
mit den frawen die bey jr in der brauttaffel sitzen, vnd
jre beide brautdrosten vnd die frömbde geste vnd spiel-
leute mügen vber vorgemelte anzal wol sein vnd zu tische
auch gesetzt werden ohne bröke.

121 **D**es andern tags zu mittage sollen breutgam vnd braut
keine geste zur weinsuppe bitten, dieselbige auch nicht
geben sondern solchen vnnötigen vnkosten vnd schlemme-
rey sparen vnd nachlassen, bey straffe eins gülden.

122 **A**uch sollen des andern tags zu mittage oder des abendts
keine ander geste wieder gebeten werden dann alleine
diejenigen welche des ersten tags zur hochzeit
erschienen sein.[1]

123 **A**ber des dritten tags sollen breutgam vnd braut keine
geste mehr denn nur drey tische allein[2] wider haben.

124 **V**nd wo diss jemandts anders halten würde, der sol vor
jede vbrige person die er des ersten, andern oder dritten
abendts vber vorgemelte anzal zu tische gesetzt einen hal-
ben gülden zu straff geben.

125 **W**er aber weniger geste des ersten oder andern abendts
zu der hochzeit bitten wil, das ist einem jeden frey vnd
vnbenommen.

126 **V**nd sol der breutgam vnd die braut mit jren zu der
hochzeit gebeten herren vnd freunden des mittags wenn
für dem hause darin die hochzeit sein wil drey mal auff-
gespielet[3] ist, so zeitlich zur kirchen kommen das sie da-
selbst durch den herren predicanten nach christlicher weise
vnd gewonheit ehelich vortrawet werden vnd vor eilff
schlegen wider aus der kirchen sein mügen, bey bröke
eins halben gülden.

127 **W**enn aber ein breutgam vnd braut anstat der hoch-
zeit des abendts eine gesterey haben wollen, sollen sie
des sommers von ostern bis auff Michaelis nach fünff
schlegen vnd des winters von Michaelis bis auff ostern
nach vier schlegen zur kirchen gehen, vnd des sommers
vor sechs schlegen vnd des winters vor fünff schlegen

wieder aus der kirchen sein, bey einem halben gülden bröke.

Vnd wenn man in das haus kompt, sollen sich die geste 128
alsofort zu tische setzen vnd angerichtet werden.

Vnd man sol abspeisen vor zweien schlegen nachmittage, 129
also das die taffellaken alle vor zweien schlegen auffge-
hoben sein sollen, bey bröke eins gülden.

Vnd sollen die taffellaken auch vor nenn schlegen des 130
ersten vnd andern abendts auffgehoben sein, bey einem
halben gülden bröke.

Vnd sollen hinfuro zu den hochzeiten oder hochzeits- 131
gastereien zu ersparunge vnnötigs vnd vorgeblichs vn-
kostens keine mörserkuchen, schildekuchen oder heideni-
sche kuchen fürgetragen werden, bey bröke einer marck.

Vnd wenn die geste eingehen wollen, mügen sie wol von 132
dem breutgam oder des breutgams oder der braudt freun-
den in der hochzeit freundlich angesprochen vnd gebeten
werden bey der angefangen frölikeit lenger zu bleiben.
Wenn sie aber das nicht thun wollen sondern zu haus
zu gehen begeren, so sol man sie weiter nicht nötigen
vnd jnen die thüre auch nicht[4] zuhalten oder vorsperren,
damit ein jeder wieder seinen willen mit dem truncke oder
sonsten nicht beschwert werde.

Vnd so nun jemandts wider diss vnser vorbot handlen 133
würde, der solte vor jedere person der er die thür zu-
gehalten einen halben gülden zu bröke geben.

Vnd sollen der breutgam vnd braut oder jre freunde 134
vnd küchenmeistere oder jemandts anders von jrentwegen
in wehrender hochzeit nichts ausspeisen dann alleine den
jnhütern vnd gesinde in des breutgams vnd braut hause,
auch krancken leuten, schwangern frawen, kindelbetterin-
nen vnd armen leuten, vnd den frömbden gesten zu bey-
zeiten in jre herberge, bey bröke einer marck.

Vnd wenn des ersten vnd andern abendts in wehrender 135
hochzeit die glocke zwölffe schlagen wil, so sollen die
spielleute, bey bröke eins gülden, nicht lenger spielen
sondern zu haus gehen, damit alsdann des tantzes ein
ende werde vnd die geste so viel deste ehr vrsache ge-
winnen vor einem schlage auch zu haus zu gehen.

Es sollen auch breutgam vnd braut zu jrer hochzeit kein 136
ander spiel gebrauchen dann alleine des damit sie in die
kirchen gangen sein, bey bröke eins gülden. Wollen sie

---

1) 1573: des breutgams vnd der braut grossevater, grossemutter etc. etc.   2) 1573: es were dann das frembde
geste ... noch dar weren etc.   3) Im Orig. affgespielet.   4) nicht fehlt wie 1573.

aber geigen oder harffen als ein sanfftmütig spiel haben, das sol jnen frey sein.

137 Vnd wer das grosse spiel hat zu seiner hochzeit, der sol dem spielmanne zu lohne geben drey gülden, dem opffermanne, tormanne, hirten, froneboten vnd scharffrichter jedem drey matthier.

138 Wer aber matlike hochzeit vnd darzu das grosse spiel nicht hat, der mag sich mit dem spielmanne vnd koche vortragen vmb jr lohn zum besten er kan, vnd sol geben dem opffermanne, tormanne, hirten, froneboten vnd scharffrichter jedem einen mariengroschen.

139 So mag sich auch ein jeder breutgam vnd braut mit der kellerlaweschen vnd kellermagdt vmb jr lohn nach gelegenheit vorgleichen.

Vnd sollen die köche, kellerlawesche vnd kellermagdt 140 aus der brauthaus an koste, getrencke, liebten, fette oder anderm vor sich selbst oder durch andere von jrentwegen nicht foddam, entfrembden oder hinweg tragen lassen, bey straffe einer marck, sondern sollen dem breutgam vnd braut getrewe sein vnd jnen das jre getrewlich vorwaren, bey vormeidunge vnserer des raths weiter ernster straffe.

Demjenigen aber der die brautburg in die hoch- 141 zeit bringet, sollen vber sein verdientes lohn hinfüro keine drey gerichte sondern nur vff den ersten mittag essen vnd trincken in der hochzeit gegeben werden.

XXI Von der gefatterschafft, gefatterngelde vnd gabe, vnd von dem gefatternrocke.

142 Niemandt vnser bürgere, bürgerinnen, junggesellen oder jungfrawen die vnser bürger kinder sein, sollen aus allerhandt vns darzu bewegenden vrsachen ausserhalb vnser stadt gefatter werden, bey straffe einer marck, es were denn das sie vngefahrlich zur stedte wehren dar man das kindt teuffen wolte vnd also darselbst zu gefattern gebeten würden.

143 Vnd wer allhier zu gefattern gebeten wird, der mag dem kinde ein zierlich gefatterngeldt geben vnd der kindelbetterinnen ein gefatterntret vnd kose, wie biss dahero gebreuchlich gewesen, vnd darnach auch dem kinde wenn es ein jar oder zwey vngefahrlich alt worden, so viel saien oder gewandes als jme zu einem gefatternrocke von nöten ist, daruon seine eltern, vormünden oder freunde dem kinde den rock machen lassen sollen. Vnd hierüber sollen die gefattern dem kinde oder kindelbetterinnen von wegen der gefatterschafft nichts mehr geben, bey straffe einer marck.

Letzlich wollen wir neben dieser vnser ordnunge alle 144 vnd jede vnsere bürgere, bürgerinnen, bürgerskindere vnd diener geistlich vnd weltlich getrewlich weiter vormanet vnd begert haben, das ein jeder seinen stand vnd gelegenheit vnd sein vormögen vnd vauormögen bey sich selbs besser bedencken wolle, vnd wo er sich mit seiner dracht vnd kleidunge, auch mit den vorlöbnussen vnd hochzeiten vnd allen dingen messiger dann in dieser vnser ordnunge begriffen sein mag ertzeigen vnd vorhalten vnd sich durch vbermessigen praecht vnd vnnötigen vnkosten in weiter vnuormögen oder endliche vorterb vnd armut nicht führen wird, das wird einem jeden zu deste mehrem rhum vnd besserer wolfart gereichen, vnd geschicht auch vngezweiffelt gott dem allmechtigen, der vbermessiger pracht vnd hoffart feind ist, desgleichen auch vns als ewer obrigkeit daran ein angenemes gefallen.

XXII Von haltunge vnd execution dieser ordnunge.

145 Vnd damit vber dieser ordnunge steiff vnd vast gehalten werden möge, wollen wir rath keine andere [1] auffseher denn von alters vorordenen vnd dieselben in sonderheit darzu beeidigen vnd besolden, das sie auff alle vnd jede darauff diese vnser ordnunge gefasset ist, jrer zierunge, dracht vnd kleidunge halben, vnd auch auff die vorlöbnusse, hochzeite vnd was denselben anhengig ist, vnd auff alle vnd jede andere artickel dieser vnser ordnunge innerleibt ein fleissige auffsehen haben vnd vnsern brökeherren alle die, es sein mans oder frawespersonen, junggesellen oder jungfrawen, die sie hören oder sehen oder sonsten vornemen das sie wieder diese vnser ord-

1) 1573: getrewe.

nunge gehandelt oder dieselben vberschritten, anmelden sollen: so sollen sie vnsere brökeherren citiren vnd der angegeben vbertrettunge halben beschuldigen vnd einen jeden der sich mit seinem eide nicht entledigen würde inhalt dieser vnser ordnunge mit der geldtbusse straffen.

146 **G**leicher gestalt sollen auch dieselbe vnsere brökeherren von allen andern personen, wo sie diese vnsere ordnunge (das doch nicht sein sol) vbertreten, wenn sie ihnen sampt oder sonderlich von andern leuten angemeldet werden oder sie sunsten straffbar befinden, die vorordente geldtbusse fordern vnd auffnemen.

147 **K**eine fraw oder jungfrawe sol schuldig sein, wenn sie der kleidung, schmucks vnd zierats halber vff die brökedörntzen gefordert werden, in der person darselbst zu erscheinen, sondern mügen sich durch jre volmechtiger, eltern oder freunde, vortretten lassen.

148 **V**nd was belanget die geste die ein jeder breutgam vnd braut zu jrer vorlöbnusse vnd hochzeit gebeten vnd zu tische gesetzt, die wollen wir durch vnsere in sonderheit darzu bestelte diener des ersten abends in der vorlöbnisse vnd des mittags vnd andern abends in der hochzeit auffschreiben lassen, vnd wo die vber den geordenten zal mehr geste befinden, sollen sie solchen vbrigen zal geste vnsern brökeherren schrifftlich vbergeben, die alsdann diejennigen die der braut die vorlöbnusse vnd die halben hochzeit ausgerichtet, vnd desgleichen auch dem breutgam auff die brökedörntzen fordern vnd sie semptlich vor jede vbrige persona vmb fünff newe schillinge straffen sollen.

149 **S**o sollen sie auch weiter von jnen nach geendigter vor-

löbnusse vnd hochzeit gefraget werden auff alle vnd jede artickel die in dieser vnser ordnunge, so viel die ehelliche vorlöbnusse vnd hochzeit vnd was denselbigen anhengig ist belangen thut, begriffen sein, ob sie die allesampt gehalten oder nicht gehalten: welche sie dann antzeigen werden die sie gehalten, die sollen sie bey vormeidunge der darauff geordenten geldtstraffe mit jrem leiblichen eide betewren, die sie aber bekennen die von jnen nicht gehalten sein, dafür sollen sie die bröke geben.

Vnd sollen vnsere brökeherren bey geschwornem eide 150 von den reichen so wol als von den armen, vnd hinwiederumb von den armen als von den reichen, ohne alles ansehen der personen das vorwirckte straffgeldt fordern vnd auffnemen vnd damit niemande vorschonen.

So wollen wir auch vormittels göttlicher hülffe vor vns 151 selbs allen müglichen fleiss thun vnd anwenden vnd darauff sehen, das diese vnsere ordnunge gehalten vnd ein jeder der dawieder handeln würde in die geordente straffe vnd bröke genommen werden solle.

Wir der rath behalten vns auch für, zu jeder zeit nach 152 gelegenheit vnd notdurfft diese vnsere ordnunge zu bessern, zu moderieren oder zu endern.

Vnd ist diese hieuorgeschriebene ordnunge mit 153 vnserm des raths, rathsgeschworen, zehenmanne, geschickten, gildemeister vnd heubtleute guten wissen vnd willen vor vns selbs vnd von wegen der gantzen gemeinen bürgerschafft beradtschlagt vnd einhelliglich beliebet vnd angenomen noch Jhesu Christi vnsers herrn vnd seligmachers geburt im fünffzehenhundert neun vnd siebentzigsten jare donnerstags nach lichtmessen.

CLXIV. VERBESSERUNG DES OBERGERICHTSPROCESSES.

1579 Febr. 5.

Von diesem Edict ist bis jetzt nur eine einzige, an mehreren Stellen augenscheinlich verderbte Aufzeichnung in einer der bei No. CXLIV erwähnten Handschriften bekannt geworden. Hiernach denn der folgende Abdruck.

1 **W**ir burgermeister vnd rath der stadt Braunschweig fügen allen vnd jeden vnseren bürgeren vnd denjennigen so an vnserem obergerichte zu thunde haben zu wissen, daß vns etzliche mahl

clagen einkommen, als ob die gerichtliche sachen an vnserem obergerichte etwas langsamb von statten gehen vnd darüber[1] jhrer viel in abnehmung jhrer nahrung kommen sollten. Dar-

1) darüber *fehlt*.

umb wir bewogen worden, neben anzeigung der vrsachen darauß sich ein jglicher des pleitenß halben selbsten zu weisen, ein christlich billig mittel der befurderung, dessen wir vns mit gildemeister vnd haubtleuthen vergliechen, zu ordenen vnd zu setzen. So ist nun die vrsache des vorzugs vnd des verderbens nicht des obergerichtes, als welches allenthalben also richtig, wol vnd ordenlich bestellet, daß desselben process vnd vrtheil nicht allein an niederen oder gleichen sondern auch an hohen orten mit lob bestehen, sondern es ist die vielheit der sachen selbsten schuld, sintemahl schier keiner dem anderen mit liebe die schuldigkeit leisten oder aber auß christlicher liebe vnd zu erhaltung gemeiner ruhe, friedes vnd wolfahrts etwas nachgeben sondern viel ehe vnd lieber pleiten vnd den anderen mit recht vmbziehen vnd auffhalten will, darauß dann volget daß an vnserem obergerichte die sachen fast geheuffet vnd gemehret werden. Welche auch die partheyen vnd deroselben procuratores verziehen vnd auffhalten vnd keinen schleunigen process leiden wollen, sondern denselben dahin verstehen alß ob man sie an ihrer notturfft verkürtzen wolte, vber welches sie offtmahls ihre sachen vngeschicklich vorbringen lassen vnd gutentheils was den sachen beßfürderlich vnd dienstlich vbergeben vnd darkegen was hinderlich vnd vndienlich vornehmen vnd anziehen, sich auch an vrtheilen vnd entscheiden die jhnen dem rechten, der billigkeit vnd ehrbarkeit nach gegeben worden, nicht settigen lassen, sonderen alsebaldt leuteren, ob sie gleich wissen daß sie nicht zu gewinnen, vnd in solcher leuterunge alles was sie wollen, es sey alt oder newe, wider die eigenschafft vnd rechtmessigen gebrauch der leuterungen zu verlengerunge der sachen vorbringen vnd vns mit den vnseren zwiefache mühe, jhrem gegenparth aber vnd zuuor[1] jhnen selbsten zweifachen vnkosten vervrsachen, jn welchem allem dann man fast kein einsagen oder reformation leiden vnd

gedulden wil. Sonderlich aber kan den rechtenden partheyen nicht batlich oder nütze sein daß sie mit versaumbnus jhrer arbeit vnd[2] nahrung den gerichten in der person auffwarten vnd nicht procuratores zu der gantzen sachen verordenen vnd bestellen, jnmassen dan auch solche[3] persohnliche abwartung vnd daß einer den anderen zu einem jglichen gerichtlichen handel vnd actu selbsten muß citiren lassen ein sonders große merckliche vrsache des auffzugs vnd verlengerung der sachen ist, daß sich derentwegen nicht vast zu verwunderen daß bey solcher vnnützen vnd vnmüssigen gelegenheit die sachen nicht also schleunig von statten gehen müegen vnd jhrer viel darüber abnehmen, sintemahl nicht alleine alhie sonderen allenthalben gebrauchlich daß jhrer viel mit dem pleiten verderben vnd weinich reich werden.

Darmit aber dennoch solchem vrrath, so viel[2] vns als der obrigkeit der leuthe vnd der vrreinen leuffle gelegenheit nach zu vorhüeten müeglich, gewehret mach werden, wil von noten sein,[4] dasjennige so für dem alten stadtrechten gesatzt aber fast in vngebrauch gekommen zu vernewren. Setzen, statuiren vnd ordenen darauff, daß keine sache am obergericht fürohin von newen angenommen sol werden, sie sey dan zuuor in der güete fürgeween vnd habe daselbst nicht vergleichet müegen werden. Wofern auch eine sache in der güete gehandelt würde, sollen sich die partheyen zu derselben güetlichen tractation also schicken vnd mit aller jhrer notturfft gefast machen, darmit man wo müeglich zum grunde der sachen kommen vnd gelangen müege. Dan wofern die grundtliche beschaffenheit der sachen sich[5] in güetlichen tractationen also befindet daß man darauff zum endvrtheil oder[6] entscheid kommen mag, so sollen die partheyen auß der handelsherren erinnerung vnd anzeig schuldig sein alsebald den negsten gerichtstagk darnach ohne einige fernere citation oder fürforderung für dem obergerichte zu er-

---

1) In der Vorlage zwar. 2) vnd fehlt. 3) In der Vorlage durch solche. 4) wil — sein fehlt. *) S. 298.

5) sich fehlt. 6) In der Vorlage der.

scheinen, die klage kürtzlich zu wiederholen vnd sich auff die handelsherren vnd was für denselben fürgelauffen zu ziehen: so sol darauff, so es befundenen dingen nach sein kann, das vrtheil den partheyen mitgetheylet vnd sie also ohne weitleufftigen proceß vnd vorgebliche geldtspildung von einander gesetzet werden.

3 Wofern auch auff solchen gerichtstagk würde die eine parthey erscheinen, die ander aber vngehorsamlich aussen bleiben [1], so sol allein auff des gehorsamen theils erscheinen vnd anregen vnd der handelsherren relation, der sachen befundener beschaffenheit nach rechtmessige billige weisung geschehen.

4 Vormahnen vnd erinneren hierauff alle diejennigen welche solch werck betreffen mag, daß sie zuforderst was sie als christen nach gotics gebott gegen einander verpflichtet vnd dan waß zu erhaltung vnd befarderung des gemeinen wolstandes, auch [2] friede vnd ruhe dienlich vnd jhnen selbesten nutz vnd gut ist bedencken vnd betrachten vnd allenthalben sich also in die sachen zur gütigkeit schicken wollen, damit sie ohne weitleufftigkeit vnd vnfreundtschafft friedlich bey vnd vnter einander leben vnd wohnen, auch deß jhren mit ruhen gewarten müegen [2], vnd daß auch vnsere geordenete guther-

tzige wolmeinende bemühung nicht vergeblich vnd vmbsonst angewendet sein darff.

Sofern es denn jetzo der sachen vnd personen 5 gelegenheit nach gepleitet sein muß vnd sonst einer zu seinem rechten nicht gelangen müchte, jnmassen dan das pleiten keine lust sondern ein notmittel sein sol: so sollen die rechtenden partheyen hiermit vermahnet sein, daß sie ohne bitterigkeit rechten, auch keiner den andern in erster vnd anderer jnstantz muthwillig auffhalten, sondern die sachen befürderen vnd jhre notturfft schrifftlich oder mündlich, kurtz vnd rundt, geschicklich vnd bescheidentlich zu anfangs völlig fürbringen vnd dieselbige nicht erst in die leuterunge bringen wollen.

Wan es auch nicht alleine eine gentzliche vn- 6 notturfft sondern auch fast schedtlich vnd darzu den sachen fürhinderlich, daß die partheyen den gerichten in der persohn auffwarten, so wollen sie erinnert sein procuratores zu der gantzen sachen [4] zu bestellen, damit wider dieselbige in der partheyen abwesen verfahren vnd die sachen desto eher zu ende gebracht werden müegen.

Nach welchem allen sich jedermenniglich zu richten.

Signatum 5. Februarii anno 1579.

CLXV. VORSCHLÄGE ZUR VERBESSERUNG DES UNTERGERICHTSPROCESSES.

1579.

Dass die nachfolgenden Artikel, von denen bisher nur eine einzige Aufzeichnung in einer der bei No. CXLIV erwähnten Handschriften bekannt geworden ist, in der vorliegenden Form nicht, wie die Ueberschrift will, für ein endgültig redigirtes Statut, sondern nur als Denkschrift oder gutachtliche Aeusserung eines Berufenen angesehen werden können, ergiebt sich, von allem andern abgesehen, schon aus der Art und Weise wie der Verfasser § 6 persönlich hervortritt, §§ 12 und 15 zweierlei Vorschläge zur Wahl verstellt und § 16 das nächste Bedürfniss der Procuratorenwahl ins Auge fasst. Da sie indess ohne Zweifel, wenn auch nur theilweis und bei erheblichen Abweichungen im übrigen, auf die weiterhin unter No. CLXVI mitzutheilenden Rathsbeschlüsse, eingewirkt haben und zugleich ausführlicher über deren Motive Aufschluss geben, so wird ihr Abdruck an dieser Stelle gleichwohl zu rechtfertigen sein.

---

1) *Die Vorlage wiederholt hier* würde.   2) *In der Vorlage* auß.   3) müegen *fehlt.*   4) sachen *fehlt*

63

Folget vermehrete vnd verbesserte vntergerichtsordenunge, wie sie vom rathe, rathsgeschworen, gildemeisteren vnd haubtleuten bewilligt worden anno 1579.

1 **A**nfenglich wird zu erhaltunge des vntergerichtes reputation, autoritet vnd ansehen fur eine sondere notturft geachtet, daß zu richteheren ansehnliche personen, als man sie nach gelegenheit bekomen mag, vnd die in schulden nicht verliefet, geordenet werden. Dieselbigen musten stedes oder aber aufs weinigste drey jahr bey dem vntergerichte pleiben, damit durch die bishero gebrauchte abwechselunge nicht verhinderunge vnd andere vnrichtigkeiten einreißen. Es muste aber solchen richteheren jerliches etwas gegeben vnd nach ihrer gelegenheit ein solcher vuterhalt gemacht werden, damit sie vrsach haben bey dem gerichte zu bleiben vnd desselben[1] sachen abzuwarten, in ordentlicher erwegunge daß die leute je lenger je vnuermoglicher vnd vnbilliger werden, daraus auch je lenger je mehr sachen an das vntergerichte komen, daß derentwegen eine notturft, redeliche bestendige vnd verstendige leute darbey zu haben vnd auch zu behalten.

2 **W**an nun solche geordenet vnd beneben den voegten auf die enderunge vnd vermehrunge vnd insgemein auf die gantze vntergerichtesordenunge sonderlich vereidet worden, inmaßen der eidt hernacher volget, solten richteheren vnd voegte alle vierzehen tage einen gutlichen handelstag halten vnd sich befleißigen die streitigen sachen in der guete beizulegen. Was sich auch also verhandelen vnd darauff zu buche gebracht wurde solte nicht weiniger krafft haben als ob es vor den großen handelsheren verglichen vnd vertragen were.

3 **E**s muste aber dem gerichte sein starker lauff ohne einige hinderunge gelassen werden, vnd solte sich niemant, er were gleich in oder außerhalb des regiments, vnternehmen einer parthey beistendich vnd anhengich zu sein oder dieselbige zu des[2] vntergerichtes verachtunge vnd vngehorsam zu verleiten, sondern vielmehr anzumahnen demselbigen[3] als gotes ordenunge den schuldigen gehorsam vnd erbietunge zu betzeigen. **D**argegen aber sollen sich voegte vnd richte- 4 heren jn ihren ampten vnd sonsten also verhalten vnd erzeigen, daß sie den leuten zu keiner verachtunge oder clage von vnbilligkeit vrsach geben, vnd in sonderheit sollen sie sich enthalten bey den glaubigern fur die schuldener zu pitten vnd denselbigen weiteren frist zu erlangen.

Der gerichteheren vnd der voegte eidt.

Ihr werdet geloben vnd schweren, daß ihr dem 5 vntergerichte in euren empteren mit fleis obsein, nach dieser stadt ordenungen, satzungen vnd gewonheiten vnd sonderlich nach dieses vntergerichtes alter vnd neuwer reformirten gerichtsordenunge dem reichen als dem armen, dem nidern alse dem hohen nach eurem beuten verstande gleich vrtheilen vnd richten vnd euch[4] keinerley sache, es sei lieb,[5] neidt, freundtschafft oder anders wie das namen haben oder sein magk, daruon abhalten oder dagegen bewegen lassen, auch vou den parthien so fur euch zu rechten oder zu handelen haben, oder von jmant anderem von ihrentwegen keinerley geschenke, gaben oder nutzungen durch euch selbest oder andere, wie das menschensinne erdenken magk, nehmen oder nehmen lassen, desgleichen keinerley anhangk oder zufal jn vrteilen suchen noch machen, keiner parthey raht oder warnunge thun, die rathschlege, bedenken vnd heimlichkeit des gerichtes vor oder nach der vrteil nicht offenbaren, die sachen vnd vrteil boeser meynunge nicht verziehen noch auffhalten, vnd alles anders thun vnd lassen wollet das fromen gerichtehern vnd voegten gepuret, alles getreulich ohne gefehrde.

Wofern auch ein notturfft sein solt dem ge- 6 richtschreiber von neuwen zu verciden, wie ich doch nicht vermeyne sondern dafur achte, die-

---

weil seiner person oder amptes halber nichtes
reformiret oder geendert wird, es solte an dem
alten eidt genug sein, so muchte ihm derselbige
also vorgehalten vnd von ihme genomen werden.

Des gerichtschreibers eidt.

7 **I**hr werdet geloben vnd schweren, daß ihr eu-
rem ampte vnd befehlich mit schreiben vnd le-
sen getreulich vnd fleißig obsein, der parthien
furtrege vnd anders so vermuege der reforma-
tion furkompt getreulich aufschreiben, protocol-
liren vnd verwahren, vrkunden, brieffe vnd an-
ders so gerichtlich eingebracht, behalten vnd
versorgen, dieselben oder abschrifft dauon ohne
erkentnus oder befehlich des gerichtes niemants
geben, was von den sachen in rathschlagen ge-
handelt wird niemant offenbaren, die heimlich-
keit des gerichtes vnd desselben handel gentz-
lich verschweigen, auch keiner parthey wider die
anderen warnunge thun oder rahten, desgelei-
chen keine geschenke nehmen oder euch zu nu-
tzen nehmen lassen, in was schein das geschein
muchte, vnd sonsten alles das thun vnd lassen
wullet was einem gerichtsschreiber zu der vnd
gepurt vnd zustehet, getreulich vnd ohne alle
gefehrde.

8 **D**o man dan dem gerichtschreiber solchen eidt
nicht aufflegen vnd abnehmen wolte, so mochte
er dannoch desselbigen inhaltes muntlichen er-
innert werden vnd darauff zu fortsetzung des-
selben vermahnet werden.

Von sachen die an das vntergerichte gehoren
vnd darselbest zu verhandelen sein.

9 **W**as fur sachen an das vntergerichte gehoren,
das ist in den ordenungen außtrucklich versehen:
demselben solten richtehern vnd voegts stracks
also nachkomen vnd sich nichtes daran verhin-
deren lassen, vnd sollen sich darauff keines han-
dels welcher entweder fur sich selbsten vnd in
der hauptsachen oder aber derer execution vnd
ander heifeliger dingk halber weitleufftig vnd
disputirlich, vnternehmen, beforab wo durch sol-

che annehmunge die [4] sachen von einander ge-
sondert vnd getheilet werden wolten vnd die-
selben [2] eins theiles albereit an das obergerichte
gebracht weren, sondern sie sollen solche weit-
leuftige, disputirliche oder gesonderte sachen an
das obergerichte weisen.

Wie vnd welcher gestalt der process am vnter-
gerichte zu fuhren.

Dieweil vermuege der vntergerichtesordenunge [10]
an demselben [3] geringe vnd schlechte oder aber
lautere vnd ohndisputirliche sachen erortert vnd
verhandelt werden, vnd die anderen sachen, so
wichtig vnd disputirlich, an das obergerichte ge-
horen, so solte keinem in schrifften oder mit
schrifftlichen [4] satzungen vnd producten an dem
vntergerichte zu handelen verstattet werden, es
were dan sache, daß der handel in seiner ge-
schichte, die einem zu beweisen oblege, also
weitleuftig daß er in wenig puncte [5] oder articul
nicht muchte gebracht werden. Dan da der han-
del in seiner geschichte also weitleuftig, vnd die
parthey denselben anderer [6] gestalt nicht als
durch lebendige zeugeschaft beweisen kunte oder
wolte, so solte auf solchen fal (vnd sonsten nicht)
der parthey zugelassen sein ihr vorhabend vnd
intent aufs kurtzeste vnd allein puncten weiß in
schrifften zu fassen, vnd dargegen der andern par-
they ihre fragestuck darauff die zeugen zu fra-
gen, schrifftlich zu [7] vbergeben. Sonsten vnd
außerhalbe dessen sol kein schrifftlich satz oder
product angenomen werden. Da auch jemant
auff geoffnete attestationes (derer copien ihme
aus dem gerichte zu nehmen beuorstehen soll)
wider der [8] getzeugen personen oder aussage ex-
cipiren wolt, solte doch solches anderer gestalt
nicht als muntlich geschehen vnd zugelassen
werden.

Jedoch solt solches von briefflichen vrkunden [11]
vnd documenten die einer zu seinem [9] bewais
einzulegen, nicht getzogen oder verstanden wer-
den, dan dieselbige einem jderen bis zum be-

In der Vorlage 1) der 2) desselben 3) *folgt hier ein überflüssiges* wird 4) schrifftlicher 5) puncten 6) an-
deren 7) *fehlt* zu 8) die 9) seiner.

schlus der sachen einzubringen (dan kein son-
derer endlicher termin hirzu bestimbt) beuor-
steben solten.

12 **D**ieweil auch bishero die parthien von jglichem[1]
vrtheil so geöffnet vnd abgelesen worden drei
groschen geben mussen, ohngeachtet ob sie gleich
keine[2] copien von solchem[3] vrtheil begeret, solte
solches auf den fal da sie nicht copien nehmen,
welches dan zu ihrer wilkur vnd gelegenheit ge-
stellet sein soll, entweder gar abgethan oder
aber, dieweil voegte vnd gerichtschreiber jhnen
solches schwerlich muchten abbrechen vnd ent-
ziehen lassen, auff ein geringers, als zween ma-
riengroschen oder ein silbergroschen, eingetzo-
gen, dargegen aber gesetzet werden, wofern ei-
ner copien von einem vrtheil haben oder neh-
men wolte, daß er vmb so viel desto mehr, also
auff vier mariengroschen, dofur geben muste.

Von procuratoren oder vorsprachen.

13 **O**bwol in der vntergerichtesordenunge vorsehen,
(CXLV, 7[a]) daß keine andere redener alse die frohnen solten ge-
braucht werden, jedoch dieweil dieselben zu sol-
chen handelen vngeschicket vnd vnerfahren[4] vnd
derentwegen die not andere gewiesen, da ent-
gegen die procuratores so fur dem obergerichte
oder gemeynem rathe procuriren sich des redens
am vntergerichte vnterfangen, daraus dan viel
verhinderunge, vnordenunge vnd vnrichtigkeit er-
weget: also wird ein notturft sein, daß sondere
redeners oder procuratores an das vntergericht
bestelt vnd sonderlich beeidiget werden, dar-
gegen die procuratores des obergerichtes, deß-
gleichen auch andere, abgeschafft vnd am vnter-
gerichte nicht zugelassen werden.

14 **S**olchen des vntergerichtes procuratoren solt
von einem jeden reces oder furtrag welchen sie
wirklich für gerichte halten[5] ein silbergroschen
vnd pro arrha in einer sachen die zehen gulden
antrifft vier mariengroschen, wo sie aber vber

zwanzig bis auf funffzig gulden beruhret, sechs
mariengroschen, aber von funffzig bis auf hun-
dert gulden achte mariengroschen vnd nicht mehr
gereicht vnd gegeben werden.

Vnd nachdeme eingerissen daß man den voeg- 15
ten von eines jglichen gewalts vbergebunge funff
groschen geben mussen, mucht solches gemessi-
get vnd geringert oder hiruon der eine grosche
den richteheren zu desto besserem ihrem vnter-
halt zugeschlagen werden.

So muchten nun zu solchen[6] sonderen procu- 16
ratoren des vntergerichtes diese droy, alse nem-
lich Jurgen Sporingk, Krecker vnd Leße oder
an desselben stat Buringk auffgenomen vnd fol-
gender gestalt beeidet werden.

Der procuratoren eidt[7].

Ihr werdet geloben vnd schweren, daß ihr in 17
der parthien sachen die ihr auff vnd annehmet,
mit allem getreuwem fleis nach eurer besten
verstentnus procuriren, reden vnd handelen, in
demselben keinerley falsch, vnwarheit oder ge-
fehrlichkeit gebrauchen, die parthien vber den
lohn vnd solt der euch der neuwen gebesser-
ten vntergerichtsordenunge (welche ihr euch al-
les ihres inhaltes in acht zu haben) bestimpt,
weiter nicht beschweren, heimlichkeit vnd behelf
so ihr von den parten ihrer sachen halber ein-
genomen oder fur euch selbesten merken wer-
det, niemant offenbaren, das gerichte vnd die
gerichtespersonen in ehren haben, vor gerichte
erbarkeit vnd bescheidenheit gebrauchen vnd
euch lesterens, hoehipens, schnarkons vnd pol-
dereus bey poen[8] nach ermessunge des gerich-
tes enthalten, euch auch der sachen so ihr ein-
mahl angenomen, ohne redliche vrsachen nicht
entschlagen wollet, ohne alle gefehrde.

Von den frohnen vnd des gerichtes boten.

Dieweil der frohnen vnd gerichtes boten vnd 18
ihrer relation halben zu vielmalen zweifel vnd

In der Vorlage: 1) jglichen   2) kein   3) solchen   *) S. 363 fälschlich als § 5 bezeichnet.   4) Vgl. S. 363
Note 3.   5) Das Folgende ist in der Vorlage durch Wiederholungen völlig verwirrt; der hier gegebene Text
mussie nach den Bestimmungen des publicirten Edictes (CLXV, 10) emendirt werden.   6) solchem   7) Es
ist das, mit geringen Abweichungen, die aus dem Neustädter Rechtsbuche versehentlich schon unter CLIV, 42
mitgetheilte Formel, welche erst 1579 entstand.   8) pein.

vnrichtigkeit furfallen, dergestalt daß oft die an-
kundigunge der dritten klage verneinet wird,[1]
ohngeachtet daß sie[2] derentwegen vnd daß es
geschehen im gericht ansag[3] vnd bericht gethan
haben,[4] zudem auch furkompt daß sie von den-
jennigen so beclaget werden gelt nehmen vnd
vorwenden[5], sie konnen dieselben nicht finden,
oder aber andere entschuldigunge vorwenden,
domit sie desto mehr geldes fur die citationes
bekomen: als sollen nach gelegenheit zu sol-
chen[6] diensten gelaubhafte vnd auffrichtige war-
haftige personen, denen in ihren relationen vnd
berichten billich zu glauben, ob man ihnen gleich
zu ihrem solt oder lohne[7] ein weinich mehr
machen vnd zuthun muste, aufgenomen vnd ge-
ordenet werden, in ansehunge[8] daß zo solchen
relationen, als von derer wegen einer vmb die
gantze sachen komen magk, mercklich viel ge-
legen. Dieselben solten vor gebegtem vnterge-
richte sonderlich vnd offentlich in pflicht vnd
eidt genomen werden.

Des gerichtes frohnen vnd boten ihr eidt.

19 Ihr werdet geloben vnd schweren, daß ihr eu-
CXLV.119 rem ampte vnd dienst in allem so darzu gebo-
ret mit getreuwem fleis obsein, vnd sonderlich
daß ihr die ankundigunge, verrichtunge, zusa-
gunge vnd insinnierunge der gerichtlichen la-
dungen[9], verheisschungen vnd alles andere so
euch von richteberen vnd voegten von gerichtes
wegen befohlen vnd auferleget wird, desgleichen
auch so ihr aus der parthien anforderunge vnd
begeren jemant fur gericht zu heischen, dasselb-
ige in sein eigen persohn oder in seine gewon-
liche behausunge nach besagter gerichtsordenunge
anzukundigen, treulich vnd fleißig aus-
richten, thun vnd zu werke richten, dem gericht
ob vnd wie solches von euch verrichtet vnd was
sich darbey zugetragen glaubwirdigen bericht
thun vnd nichtes vnwarhaftiges einmengen oder
antzeigen, euch auch keinerley sachen, es sei
gabe vnd geschenke, pitte, fruntschaft oder an-
ders wie das menschensinne erdenken muchten,

von verrichtunge solches befeliges abhalten las-
sen, die gerichtespersohnen ehren vnd sonsten
alles anders thun was einem redlichen gerichtes-
frohnen vnd poten geburet, getreulich vnd ohne
gefehrde.

Von der execution vnd volstreckunge der vr-
theyle[12].

Dieweil vergeblich[11] vrtheyl zu sprechen, da 20
dieselben nicht solten exequiret werden, vnd
gleichwol in der vntergerichtesordenunge derent- CXLV.126
wegen gute vornunftige vnd schleunige fursc-
hunge geschehen, welche aber vmb etzlicher ein-
gerissener vnrichtigkeiten vnd anderer jtziger
vmbstende gelegenheit willen ein enderunge vnd
besserung in jtzlichen dingen erfordert, so solte
es mit der execution folgender gestalt gehalten
werden.

Wan der cleger wider den[12] angeklagten, vber- 21
wundenen oder bekentlichen schuldener so weit
vorfahren daß er desselbigen[13] gut gerichtlich CXLV.19
aufbieten lassen, also daß er ihme furter auff
zusagunge oder verkundigunge der wehr seine
pfenninge an des beclagten guete wil eigenen
vnd darauff pfant wil austragen lassen, so solte
in solchem fal der cleger nicht schuldig sein
dem beklagten oder bekentlichen schuldener die
wehre nach den verflossenen dingtagen zusagen CXLV.22
zu lassen, dieweile solches nur ein verwarscha-
wunge[14] daß die gueter aus dem wege gereumt
muegen werden, sondern es solte genugsam sein,
wen er den beclagten mit der dritten klage vber-
wunden vnd ausgeklaget vnd darauff das guet CXLV.17
hinderen vnd aufbieten, auch zu solchen actibus
den beclagten citieren vnd ihme sonderlich die
beschehene hinderunge vnd aufbietunge wisslich CXLV.22
machen vnd notificieren lassen, vnd daß er dar-
auff die bestimbte zeit vnd dingtage ausgewar- CXLV.20
tet, oder aber daß der beclagte der schuld im CXLV.21
gericht gestendig gewesen vnd demselbigen dar-
auff der dingtag gegeben worden were. Dan in
einem jederen solchen fal, wan desselben ding-
tage nach der vntergerichtsordenunge herumb

cxlv, 25 sein, sol der voget selbesten in der person, vnd nicht der frohne, des ausgeklagten oder bekantlichen schuldeners ohngewarschauwet[1] vnd also ohne einige zusagunge der wehre, sobalde er dessen gelegenheit haben mochte, es were gerichtestag oder nicht, in des uberwundenen oder bekantlichen schuldeners[2] haus gehen cxlv,26 s.vnd daselbesten pfant nehmen, mit denen es gehalten sol werden wie die vntergerichtesordenunge mitbringt.

22 Was aber die austragunge oder nehmunge der pfande selbesten vnd welche bewegliche vnd fahrende gueter man zuersten vnd fur anderen nehmen vnd austragen solt anlangende ist[3], derselben wegen solte eine solche ordenunge gehalten werden.

23 Dar bar gelt vorhanden, sol dasselbige fur aller anderer fahrender habe dem gleubiger ohne einige solennitet zugestalt werden. Dar aber keine barschaft vorhanden, so solten andere bewegliche gueter oder fahrende habe, als da ist silbergeschir, kleider, kleinoder, bettegewant vnd ander hausgereth von zinneren, kupferen, messingen vnd holtzeren gerethe, auch schweine, kuehe, kalber, ochsen, roß vnd dergleichen viehe, genomen werden.

24 Doch solte hirinnen einem jeden hantwerkesman sein werckzeug vnd instrumente deren er zur notturft seiner kunst vnd hantwergk darmit er sich, sein weib vnd kinder ernehren mus bedarf, desgleichen dem ackerman sein ackerzeug vnd dem gertner sein gertnerrustunge, furter einem jglichen[4] burger sein harnisch vnd wehre befreihet vnd ausgenomen sein, welches alles anders nicht angegriffen vnd ausgetragen werden solt dan so an liegenden oder fahrenden gueteren oder ausstendigen richtigen schulden vnd gerechtigkeiten zu betzalung der schulden mangel erschiene.

25 Es solte auch keinem sein selbesten, seines weibes vnd kindere tegliche vnd notwendige kleidung vnd bettegewant abgetzogen vnd mitge-

tragen werden, vnd da auch in solchen gerichtlichen executionfellen vnd eingeugen kindelbetterin oder krancke lagerhafftige personen vorhanden vnd gefunden wurden, die solten mit demjeningen so die tegliche notturft zu ihrem lager oder pflege vngeferlich erfurdert, in zeit ihres kindelbettes oder kranckheit verschonet pleiben vnd gefreiet sein.

Wo an dan der cleger oder gleubiger von der 26 cxlv,26 fahrenden habe nicht mucht betzalet werden, so solte ihm zum anderen auff des uberwundenen oder bekantlichen schuldeners liegenden vnd vnbeweglichen gueteren, auch anderen so denen von rechte oder gewonheit fur gleich geachtet (als dar sein gulten, zinse, recht, gerechtigkeit vnd dienstbarkeit, auch fruchte auff dem felde vnd gerten eher sie abgeschnitten vnd aldieweile sie ohnabgeschnitten, abgebrochen vnd abgediget sein) verholfen[5] vnd er derentwegen in des beclagten oder bekantlichen schuldeners erbe eingesetzet werden,[6] in dessen volnstrunge es gehalten solt werden wie in der vntergerichtesordenunge vnd kinderunge vnd aufbieten des erbes, auch folgender zueigenunge vnd einreumunge desselben gesetzt vnd geordenet ist.

Dieweil aber hirinnen auch sonsten der 27 weiber halben, welche sich wen es zur execution kompt mit ihrer[7] frewlichen gerechtigkeit dem gleubigern entgegen setzen vnd denselben an der execution verhinderlich sein, allerley vnrichtigkeit zutreget, sol es hinfurter solcher frewlichen gerechtigkeit halben[8] gehalten werden wie die sondere ordenunge so derentwegen auff- cxlv, i gerichtet, ausweiset vnd mit sich bringet.

Nachdem auch hierbey clage einkompt, daß die 28 schuldener oder uberwundenen denen[9] der aus vnd eingangk des erbes verboten, auff solch verbot, ohngeachtet daß ein zimlicher bruche dar- cxlv, 32 auff gesetzet, nichtes oder gar weinigk geben, so solte ein wegk sein, wo einer also in ein erbe vnd vnbeweglich gut oder das demselben gleich geachtet mit vrtheil vnd recht gesetzet

---

In der Vorlage 1) nngewarschauwet 2) bekentlicher schuldener 3) fehlt ist 4) jtzlichen 5) verhelfen 6) fehlt werden 7) eurerer 8) fehlt halben 9) deren.

were, daß dem schuldener oder uberwundenen viertzehen dage zu gentzlicher reumunge oder abtretunge des erbes bey einer festunge mit fursatz bestimbt vnd angesetzet wurden, auch da er demselben nicht nachsetzet, ihme die straffe auferleget vnd der gleubiger oder gewinnende theil nichtes desto weiniger wurklich von obrigkeit wegen in das gut gesetzet vnd der schuldener oder vberwundene mit der that ausgeschafft werden sol.

29 Zum dritten, im fal da weder[1] liegende noch fahrende habe vnd gueter zu betzalunge[2] der schulden ausreichen muchten, so solten dem gleubiger des verlustigen[3] theiles oder schuldeners richtige bekentliche schulden so man ihme zu thunde, nach antzahl seines anstandes angewiesen vnd vbergeben werden. Es solte aber in allen pfandungen vnd angreiffen die bescheidenheit gebraucht vnd gehalten werden, daß solche gueter so dem schuldener am weinigsten schaden bringen vnd das dem gleubiger zur betzalunge vnd befriedigunge genugsam, angegriffen vnd genomen werden.

30 Letzlich, da zu des schuldigers fahrenden vnd liegenden gueteren, auch anderen gerechtigkeiten verholfen worden vnd dieselbigen gueter zu volliger betzalunge vnd befriedigunge des gleubigers nicht genugsam, oder aber so der schuldener gar nicht besessen wers oder auch keine pfande oder gueter hette, so solte dem cleger bevorsteben zu begehren, daß man ihn auff des schuldeners oder verlustigen theils persone verholfen vnd also den schuldener fridelos legen wolte, welches dan also geschehen solt zumaßen solches die vntergerichtsordenunge mit sich bringet.

31 Es solte aber derjennige so fridelos geleget wurde, in seinem hause vnd auff seinem steinwege gantz vnd gar nicht gesichert vnd gefreiet sein sonderen jederzeit auf begehren des gleubigers wirklich eingezogen vnd in den schultturm gesetzet werden, daselbesten ihm der gleu-

CXLV, 41

CXLV, 42
CXLV, 43

biger oder gewinnende theil ferner vnd weiter nicht als nur ein notturft (vnd keinen vberfluss) als an kofent vnd[4] treugem brot zu reichen sol schuldig sein, oder es konte ein genantes an gelde oder speiße so ihm teglich zu reichen bestimbt vnd gesetzet werden.

32 Wofern dan der gleubiger den schuldener solcher gestalt vier wochen mit der notturft des kofentes vnd brots vnterhalten vnd sich der schuldener mit ihme nicht abgefunden oder mit ihme willen gemacht, so solte in seiner wilkur stehen, ihne ferner also zu vnterhalten oder aber zu begehren, ihne der stadt bis daß er willen macht zu verweisen, welches auch also geschehen solte.

33 Wolte er ihne aber ferner in dem schultturm vnterhalten vnd die schult mit der gefengnuß abledigen vnd betzalen lassen, so solte der schuldener vmb schulden bis auff 50 thaler drey jahr, aber vmb schulden von 50 bis auff 100 thaler funff jahr, vnd da sie vber 100 thaler, zeben jahr im schultturme sitzen vnd enthalten vnd alsodan zu ausgangk derselben jahr aus dem turm gelassen werden, auch hinfurter derselben schult halber gefreiet vnd ledig sein.

34 Wurde aber der gleubiger den[5] schuldener so friedelos geleget worden, in schultturm zu legen nicht begehren noch mit obberurter notturft vnterhalten wollen, sondern in ander wege hulffe bitten, so sol auff sein anrufen dem schuldiger auferleget werden einen leiblichen eidt zu schweren, von der stadt vnd eines erbarn raths gepiete auf n. meilen so lange zeit zu sein, bis er dem gleubiger willen gemacht, daß er auch ausserhalb der kleider die er annc hette nicht mehr vermocht vnd weder liegende oder fahrende habe oder gueter noch anders hette daruon der gleubiger muchte betzalet werden, vnd ob er vber kurtz oder langk zu besserm gluck oder nahrunge komen wurde, daß er dem gleubiger vergnugen wolte, getreulich vnd ohne gefehrde.

35 Vnd so der schuldiger solchen eidt zu thun

In der Vorlage 1) wider   2) betzalen   3) verlustigten   4) fehlt vnd   5) die.

sich widersetzen wurde, sol er in den schultturm
gefuret werden vnd darin von obrigkeit wegen
so lange bis er den eidt itzt begriffener maßen
volfuhret enthalten werden.

86 **Es** solt auch dem schuldener hierin einige ces-
CL.XI, 2 sion oder abtretung der gueter nicht furtragen
noch von solcher ordenunge befreien vnd ent-
heben.

37 **Jedoch** sol einem erbaren rath bevorstehen,
wan ihr erbaren weisen befinden wurden daß
einer oder mehr von wegen erlittenen brantscha-
den, schiffbruches oder durch andere vnuorsehn-
liche vnd ohne seine verwarlosunge beschehene
felle in schulden vnd eusersten verderb gerathen,
nach gelegenheit der personen vnd anderer vmb-
stende linderunge vnd milderunge der straffe
zu verordenen vnd sonsten die dinge nach bil-
ligkeit entweder zu entscheiden oder gepurlich
zu weisen.

38 **Was** dan den trunnigen[1] oder ausgetreten schul-
diger, alse der vorsetzlich mutwilliger vnd ge-

fehrlicher weis gelt vnd gut auffborgen vnd do-
mit hinweg ziehen vnd verlaufen, desgleichen
auch die bleibende bei denen solche gefehrlich-
heit zu spuren, anlanget, jegen dieselbigen[2] solt
nicht allein obuermeldeter gestalt ihrer habe,
gueter vnd leib halben verfahren, sondern es
solte auch noch ferner mit ihnen nach dem 51.
titul in dem stadtrechten begriffen gehalten vnd
verfahren werden.

Vnd in sonderheit mochten sich bey einem die 39
sachen also gefehrlich erfinden, daß solche mis-
handelunge vermoge der rechte vnd des heiligen
romischen reichs policeyordenunge fur einen dieb-
stal gehalten vnd gestraffet werden solte: da
sich auch gleich ein solcher betrieger mit sei-
nen gleubigern vergliche vnd auf eines erbarn
raths erlaubnus widerumb in die stadt gelassen
oder darinnen geduldet wurde, so solte dannoch
derselbige seiner ehren vnd empter entsetzet
vnd zu keinen ehrlichen sachen gebrauchet wer-
den.

CLXVI. VERBESSERUNG DES UNTERGERICHTSPROCESSES.
1579 April 25.

*Nachfolgendes Edict, auf dessen Zusammenhang mit obigen Vorschlägen bereits hingewiesen
ist, findet sich völlig gleichlautend in zweien der bei No. CXLIV erwähnten Handschriften.*

Wir burgermeister vnd rahtmanne der stadt
Braunschweig thun kundt jedermenniglich etc.
1 **Obwoll** vnsere vntergerichtesordnunge vnd pro-
cess zu vnd nach vnser stadt vnd burgerschafft
gelegenheit also gefasset, deß daran, wo dem
vollnkomblich vnd in dem verstande wie es an-
fenglich gemeinet vnd gefasset nachgesetzet wur-
de, nichts zu bessern oder zu vermehren, jedoch
nachdem etzliche mißbreuche vnd verhinderun-
gen eingerissen: als seind wir derentwegen be-
wogen worden etliche dinge zu verneuwern, zu
erkleren vnd zu verbessern, damit die sachen
am vntergerichte desto richtiger vnd schleuniger

aufgeubet werden vnd von staten gehen.
Setzen, ordnen vnd statuiren demnach, daß richte- 2
herren vnd voegte alle vierzehen tage jn einem jeden CLXV, 2
weichbilde einen guttlichen handelstag anstellen vnd
halten vnd sich vnderstehen sollen die parten ih-
rer streitigen sachen so fur gerichte gebracht in
der guete zu vergleichen. Was sie auch also ver-
tragen vnd zu buech schreiben, das soll nicht
weniger krafft haben alß ob es vor den grosen handel-
herren vergliechen vnd verhandelt were.

In sachen aber so gerichtlich zu entscheiden, 3
soll kein vrthol geöfnet werden, es haben sich
dann die voegte deßelben mit der richtereyen

In der Vorlage 1] der trunnige   2] denselbigen.

zuuor sambtlich beredet, vereinigct vnd vergli-
chenn.

4 So sollen auch die gerichtspersohnen, es sein
vogede, richtehern oder gerichtschreiber, mit
keiner party so fur gerichte zu thunde, fur sich
selbsten vnd personenweis reden oder sprache
halten ehe dan das gerichte angehol.

CLXV. 4 5 Ebenmessiger gestalt sollen sich die gericht-
personen enthalten bei den gleubigern fur die schul-
dener zu bitten vnd denselben lengere frist zu er-
halten.

6 Sie sollen auch kein streitig guet oder recht-
fertigung, daruber fur ihnen gerechtet oder in
der guete gehandelt wird, zu sich bringen ja
keinerlei weise oder wege: sonsten sollen sie
nicht alleine des kaufgeldes verlustig sein son-
dern auch darubor gestraffet werden.

CLXV. 2 7 Was dan die sachen so fur jhnen zu recht-
CLXV. 4 fertigen sein betrifft, deszwegen pleibt es bey des
vntergerichtes ordnung mit der erklerung,
dasz sie sich keiner sachen die disputirlich, weit-
leuffig vnd verwirret, es sey gleich dieselbe vn-
ter oder vber hundert gulden, vnterwinden
sollen. Aber richtige, lautere vnd vndisputir-
liche sachen, ob sie gleich vber hundert gulden,
mogen sie wol annehmen. Jedoch dasz sie in
denen sachen so albereits an das obergerichte
gebracht, keynem fur jhnen einiges processes
gestatten.

8 Da auch brieff vnd siegel fur sie gebracht,
vnd entweder von dem beklagten gestanden oder
von dem kleger beweiset worden dasz sie derent-
wegen richtig vnd lauter sein, so sol dagegen
keine andere exceptio solutionis alsz nemblich
da der beklagte beweisen wolte dasz er die schuld
gar oder zum theil bezalt, zugelassen oder ver-
stattet werden.

CLXV. 10 9 Es sol aber in allen vnd jeden sachen so
vor das vntergericht gebracht, gantz vnd gar
nichts schrifftliches gehandelt noch einiger schriff-
licher satz, es sey worinnen es wolle, zugelassen
sondern durchaus muntlich gehandelt vnd auch
die zeugen schlechtlich ohne vbergebene schrifft-
liche articul oder fragestucke verhoret werden.

10 Vnd dieweil der procuratoren halber so an dem

---

vntergerichte procuriren, allerley klagen vnd be-
schwernusz einkommen, alsz sollen ihrer fortan
nicht mehr alsz viere der endts geduldet, welche
dan jn sonderheit auff ihr ambt vnd diese ver-
besserte ordnung vereydet werden sollen, damit
sie hiedurch desto besser gefasset, vnd da sie
einige vngebur begehen, mit desto besserm fueg
wider sie verfahren mag werden.

CLXV. 14 11 Damit dan die parteyen von jhnen nicht vber-
nommen oder beschweret werden, soll jhnen von
einem jglichen recess nicht mehr alsz ein mariengro-
sche vnd dan von der gantzen sache vf die hand
oder pro arrha, wo solche sache zehen gulden an-
trifft, vier mariengroschen, wo sie aber vber zwantzig bis
funffzig gulden beruhret, sechs mariengroschen, vnd dan
von funffzig bis auff hundert gulden acht mariengroschen
vnd nicht mehr gegeben werden.

12 Da ihnen auch von jemandt vollmacht wolte
aufgetragen vnd zugestellt werden, soll solche
vbergabe nicht allein vor den vogeden sondern
auch vor den richtehern geschehen vnd einge-
zeichnet vnd davon nicht mehr als vier marien-
groschen gegeben werden.

CLXV. 5 13 Es soll aber einem jglichen so an den vnder-
gerichten zu thun, frey stehen vnd vergonnet
sein seine sache vnd notturfft selbsten so guet
ers kan vorzubringen oder aber es durch die
frohnen verrichten vnd werben zu lassen vnd
sich mit denselben wie er kann des soldes hal-
ben zu vergleichen, in welches alles die beei-
digte procuratores nicht zu reden haben sollen.

CLXV. 12 14 Dieweil auch des vrthelgeldes halber klagen
vnd beschwernusse einkommen, soll jede partey
von einem vrthel wan es geoffnet wird den voge-
den nicht mehr als einen silbergroschen, vnd
wen sie copey haben will, welches dan bey ei-
nes jeden gelegenheit stehen soll, drey marien-
groschen, darvon dem vogede zween vnd dem
gerichtschreiber ein mariengrosche folgen sol, zu
geben schuldig sein.

15 Der gerichtschreiber soll ihme jchtwas einzu-
schreiben nicht vfftringen lassen, es sey jhme
dan von dem gantzen gerichte vnd also von
richteheren sowol als von den vogeden befohlenn.

16 Es sollen auch alle verpfendungen, vberlassun-

gen, quittungen vnd anders so in das gerichts-
buch zu vertzeichnen, keiner anderen gestalt alß
vor offenem gerichte in beysein der gerichther-
ren vnd vogte vnd auch der parteyen selbsten die
es angehet geschehen, vorgenommen vnd vollenzo-
gen werden, der gestalt daß der gerichtschreiber
vff ein part vnd von derselben wegen nichts ein-
schreiben soll, es sein dan die part selbsten in
der persohn oder derselben volmechtige vor ge-
richte darbey vnd willigen fur gerichte darein.
Was auch also eingeschrieben wirdet, das soll
den parten vf ihr begehren in beysein der richte-
herren vnd vogde vorgelesen vnd daß solches
geschehen in das gericht- oder handelbuch ver-
zeichnet werden.

17 Wan auch je zu zeiten der citationen vnd der-
selben ankundigung halben aus denen acten so
am vndergerichte verhandlet worden, am ober-
gerichte disputationes vnd zweifel vorgefallen,
jndeme die verlustige oder fur vngehorsamb an-
gezogene party solches vngehorsamb nicht ge-
standig sein wollen, so sollen richteherren vnd
vogte hierin fleißige achtung haben, daß von den frohnen vnterschiedliche, deutliche
vnd vmbstendliche relation derentwegen geschehe
vnd von dem gerichtschreiber ordentlich ver-
zeichnet werde, sonderlich wo die dritte clage
soll verzeichnet werden. In welchem wercke der
dritten clage genung, wo dem beklagten welcher
seiner handtierung vnd nahrung halber nicht
vgl. CXLV, 7 aus der stadt abwesendt vnd vber feld, die ci-
tatio dreymal in sein hauß oder wohnung ange-
kundiget vnd seinem weibe, kindern oder ge-
sinde, so einen verstand haben vnd es mercken
mogen, angezeiget vnd vermeldet werde, damit
also niemandt verkurtzet vnd auch den mutwil-
ligen vnd verfluchtigen gesteuret mag werden.

18 Vnd damit es der frohnen halber, vber die hier-
innen klage einkombt als ob sie nicht aufrich-
tig gehühren sondern je zu zeiten von den be-
klagten dieselbige zu verleugnen oder zu ent-
schuldigen geld nehmen sollten, desto richtiger
vnd vnnordechtiger zugehe, sollen sie derent-

wegen vnd der gerichtlichen hendel halber alle
mit einander auf ein newes in sonderbare pflicht
vnd eidt genommen werden, jumaßen richteher- CXLV, 19
ren vnd vogten die formb des eides zugestellet
worden.

19 Mit der execution sol es allerdings gehalten
werden wie in der vntergerichtsordnung begrif- CXLV, 72. 73
fen, jedoch mit dieser erklerung, daß keinem
außgeklagten, vberwundenen oder bekantlichen CXLV, 21
schuldenern nach den bestimbten dingtagen die wehre
der fahrenden haab halber so gepfandet vnd
außgetragen soll werden, soll zu oder angesagt,
sintemal solches nur eine verwarschawunge ist daß
die guetere aus dem wege geraumbt werden. Sondern es
soll nach den verfloßenen dingtagen vff das
klegers oder gewunnenen theils anhalten der
vogt selbsten beneben dem frohnen, vnd nicht der
frohne allein, ohne einige zusagunge der wehre [1] vff je-
dere zeit, es sey gerichtstag oder nicht, in des vber-
wundenen oder bekentlichen schuldeners hanß gehen vnd
daselbten pfande nehmen vnd außtragen laßen, mit
denen es gehalten soll werden wie der vntergerichts pro- CXLV, 80 ff.
cess außweiset vnd mit sich bringet.

20 Wan auch clage einkombt vnd das werck selbsten
bezeuget, daß diejennigen denen der auß vnd ein- CXLV, 29
gang eines erbes oder liegenden guets vf den
vollenfuhrten process verbotten, gleichwol wider
solch verbot vngeachtet deßen darauf gesetzten
brockes in dem erbe sitzen blaiben, so sol-
len vff des gleubigers welcher mit vrthel vnd recht
in das erbe gesetzt ist suchen vnd anhalten dem
schuldener viertzehen tage zu gewtzlicher einreumung
oder abtretung das erbes bey einer vorsaet bestimbt vnd
angesetzt werden, nach derer verfließung dem
widersetzigen vnd vngehorsamen die vor-
saet erferlegt vnd nichts desto weniger der gleubi-
ger wircklich in das erbe von obrigheit wegen eingesetzt
vnd dargegen der schuldener mit der that außgeschaffet
werden soll.

21 Wofern es dan mit der execution auff die
persohnen kombt, dergestalt daß dem gleubi- CXLV, 29 ff.
ger weder aus den fahrenden oder liegenden
gueteren seines schuldeners verholffen mag

----

1) wehre fehlt.

werden, sondern der gleubiger verursachet
CXLV.41a.wirdet den schuldener nach des vntergerich-
tes processus friedelous legen zu lassen, so
soll dem gleubiger frei stehen seinen friede-
los gelegten schuldener entweder in den
schuldturmb vf seinen vnkost setzen oder
aber der stadt vnd dero gebiets so lange ver-

weisen zu lassen bis jhme willen gemacht
werde.
Nach welchem allen sich jedermanniglich zu-
richten.
Signatum sonnabents den 25. aprilis der weni-
gerzahl im neun vnd siebentzigeten jahre.

CLXVII. BESTÄTIGUNG DER STÄDTISCHEN PRIVILEGIEN DURCH KAISER RUDOLF II.

1579 Juli 27.

*Das Original befindet sich im Stadtarchive; Pergament, 25" hoch, 18" breit, mit einem rothen
Siegel von 4⅝" Durchmesser, in Wachskapsel, an schwarzgoldner Schnur; darin wie im Siegel
Kaiser Ferdinands (s. No. CXLVII) der von zwei Greifen gehaltene Schild mit dem zweiköpfigen
Reichsadler, welcher auf der Brust einen Schild mit dem Wappen von Oesterreich und Castilien trägt;
unterhalb der Greife schlingt um den grössern Schild sich eine Guirlande auf welcher Engel schweben,
im weitern Kreise vom Rücken der Greife abwärts die elf Wappenschilde, welche ebenso in Kaiser
Ferdinands Siegel figuriren; Umschrift: RVDOLPHVS. SECVNDVS. DEI. GRATIA. ELECTVS.
ROMANORVM. IMPERATOR. SEMPER. AVGVSTVS. GERMANIAE. HVNGARIAE. BOHEMIAE.
DALMATIAE. CROATIAE. SCLAVONIAE. 2C. REX. ARCHIDVX. AVSTRIAE. DVX. BVRGVN-
DIAE. STIRIAE. CARINTHIAE. CARNIOLAE. ET. WIRTEMBERGAE. 2C. COMES. TYROLIS. 2C.
Auf der Innenseite des umgeschlagenen Randes, welcher die Unterschriften des Kaisers und das vom
Stellvertreter des Erzkanzlers ausgestellte Vidimus bedeckt: Confirmatio priuilegiorum der statt Braun-
schweig; auf der Rückseite: R¹⁰ Praun. Das Privilegium Kaiser Maximilians II (No. CL)
wird hier lediglich wiederholt. Gedruckt ist diese Urkunde Thes. homag. I 165; Ulter. exc. 165;
Braunschw. Händel II 714. 832.*

Wir Rudolff der ander von gottes gnaden er-
welter römischer kaiser, zu allen zeitten mehrer
des reichs, in Germanien, zu Hungern, Behaim,
Dalmatien, Croatien vnd Sclauonien etc. kunig,
ertzhertzog zu Oesterreich, hertzog zu Burgundj,
zu Brabandt, zu Lutzenburg, zu Wirtemberg,
Ober vnd Nider Schlesien, fürst zu Schwaben,
marggraus des heiligen römischen reichs zu Bur-
gaw, zu Märhern, Ober vnd Nider Lausnitz, ge-
fürster graue zu Habspurg, zu Tyrol, zu Pfyerdt,
zu Kyburg vnd zu Görtz etc., landtgraue in El-
säß, herr auf der Windischen marck, zu Porte-
naw vnd zu Saline etc. bekennen offentlich mit di-
sem brief vnnd thun kundt allermenniglich, das für vns
kommen ist vnser vnd des heiligen reichs lieben getrewen
N. burgermaister, rath vnd burger gemeinlich der statt
Braunschweig erbar pottschafft, vnd hat vns diemütiglich

gebetten, das wir denselben burgermaistern, rath, burgern
vnd der statt Braunschweig alle vnd yedliche jr gnad,
freyheit, brief, priuilegien, recht, guet gewonheit vnd alt
herkommen, die sy von römischen kaisern vnd künigen
vnsern vorfaren am reiche erworben vnd herbracht haben,
vnd besonder ain bestettigung vnd freyheitbrief damit sy
von weiland künig Albrechten vnserm vorfahrn am reiche
löblicher gedechtnus miltigelich versehen worden vnd wei-
lend die allerdurchleuchtigsten kaiser Maximilian der erst,
kaiser Karl der fünfft, volgendts nach kaiser Ferdinand,
vnsere liebe herrn vhrvhrahnherrn, vetter
vnd anherr, vnd dann am jüngsten weiland kaiser
Maximilian der ander, vnser geliebter herr vnd vatter,
alle hochmilder gottseliger gedechtnus, auch bestettet het-
ten, welcher künig Albrechts brief von wort zu wort her-
nach geschrieben steet vnd also lauttet: Wir Albrecht —
— — — geben zu Prag an sandt Seuerstage nach Christi

84*

geburt viertzehenhundert vnd darnach in dem achtvnd-
dreissigsten jaren, vnser reiche im ersten jare, als yetzt
regierender römischer kaiser widerumb zu vernewern, zu
confirmiern vnd zu besteten genedigclich geruechten. Deß
haben wir angesehen derselben von Braunschweig dembe-
tig pete, auch die getrewen dienste die sy vnd jre vor-
fahren vnsern vorfahren römischen kaisern vnd künigen
vnd dem reich alltzeit willigclich vnd vnuerdrossenlich ge-
than haben vnd sy vns auch hinfürter in künftig zeit
wol thun mögen vnd sollen, vnd darumb mit wolbedach-
tem muet, guetem rath vnd rechter wissen den obgenau-
ten burgermaister, rathe vnd burgern der statt zu Braun-
schweig alle vnd yegeliche gnaden, freyheit, brieue, priui-
legien vnd besonder den vorbegriffnen freybaithbrief von
könig Albrechten ausgangen, vnd dartzu alle andere jre
rechte, guete gewonheit vnd alt herkommen die sy bisher
redlichen gehabt, gebraucht vnd hergebracht haben, gne-
digclich ernewert, bestettigt vnd confirmiert, ernewern, be-
stetten vnd confirmiern jnen die auch von römischer kai-
serlicher macht volkommenheit wissentlich in crafft ditz
brieffs was wir von rechts vnd billicheit wegen vnd auß
gnaden daran zu ernewern, confirmiern vnd zu bestetten
haben, vnd meinen, setzen vnd wöllen, das dieselben in
allen jren worten, puncten, clausuln, articln, jnnhaltungen,
mainungen vnd begreiffungen krefftig vnd mochtig sein,
stet, vest vnd vnuerbrochenlich gehalten werden vnd sy
sich deren an allen enden vnd stetten gebrauchen vnd
geniessen sollen vnd mögen von allermennigclich vnuer-
hindert, doch vns vnd dem heiligen reich vnser obrigkeit
vnd dienst hierinnen vorbehalten. Vnd gepieten darauf

allen vnd yegelichen churfursten, fürsten geistlichen vnd
weltlichen, prelaten, grauen, freyen herrn, rittern, knech-
ten, haupleuthen, vitzdomben, bofrichtern, landtrichtern,
vrtheilsprechern, vögten, pflegern, verwesern, amptleuten,
schuldtheissen, burgermaistern, richtern, räthen, burgern,
gemainden aller vnd yegelicher stett, märckt, dörffer vnd
sonst allen andern vnsern vnd des reichs vnderthanen vnd
getrewen, in was würden, standt oder wesen die sein, von
römischer kaiserlicher macht ernstlich vnd vestigclich mit
disem brief vnd wöllen, das sy die vorgenante burger-
maister, rath vnd burger zu Braunschweig an solchen jren
gnaden, freyheiten, briefen vnd priuilegien, recht, ge-
wonheiten vnd alten herkommen, auch weilendt vorhoch-
gemelter vnserer lieben herrn, vhrvbranherrn, vetter, an-
herrn, vaters vnd nechsten vorfaren am heiligen reiche,
auch diser vnser kaiserlichen ernewerung, confirmation vnd
bestettigung nicht jrren noch verhindern in kein weis,
sonder sy dabey von vnser vnd des reichs wegen getrew-
lich schützen vnd schirmen, als lieb ainem yegelichen sey
vnser vnd des reichs schwere vngnad vnd dartzu die
peene in den vorgemelten freyheiten vnd priuilegien be-
griffen vnableßlich zu betzalen zu vermeiden. Mit vrkundt
diß brieffs besigelt mit vnserm kaiserlichen anhengenden
jnsigel, geben auf vnserm künigclichen schloß zu
Prag den siben vnd zwaintzigisten des monats
Julij nach Christj vnsers lieben herrn vnd säilig-
machers gepurth funfftzehenhundert vnd im neun-
vndsiebentzigisten, vnserer reiche des römischen
im vierten, des hungerischen im sibendten vnd
deß beheimischen auch im vierten jaren.

Ruedolff.

Ad mandatum sacrae caes^{is} M^{tis} ppm
A. Erstenberger.

Vice ac nomine r^{mi} dni d. Danielis
archiepiscopi, archicancellarij et electoris Moguntini
v^s S. Viehauser d.

CLXVIII. PROCURATORENORDNUNGEN.

*Die nachstehenden vier Stücke sind aus zweien der bei No. CXLIV erwähnten Handschriften
entnommen, und zwar aus der einen das erste, aus der andern die übrigen drei. Ob sie genau in
dieser Form jemals officielle Geltung gehabt haben, steht dahin; auch die Entstehungszeit der Be-
stimmungen unter II, III und IV erhellt nicht. Dass das erste Stück gleichmässig auf Ober-
und Untergerichtsprocuratoren zu beziehen, dagegen das zweite auf letztere, das dritte und das vierte
auf erstere allein, scheint aus §§ 4, 12, 18 ff. (vgl. CXLIV Tit. VI ff.) und 35 hervorzugehen.*

I.

Volget der procuratoren ordenunge 1580.

1 Wen sie verreisen wellen, das sol ihnen vom regiernden burgermeister erlaubt sein.

2 Wan eine sache guetlich vertragen wird, so sol ihre besoldunge alsbalde taxiret werden.

3 Der fiscal sol jerlich zwei dahler zu lohne haben.

4 Auf der muntz [1] muegen beiderlei procuratoren handelen vnde fur jglich gewerbe einen silbergroschen nehmen.

5 Auf der muntz sollen allen partien supplicationes verpotten sein die contradicenten haben. Die aber keine kegenteil haben, die muegen die procuratores wol machen vnde drey gutegroßen dafur nehmen.

6 Rades vmbslege sollen die secretarij alleine machen.

Procuratoren besoldunge.

7 Pro arrha wen die sache uber sechtzig gulden bis auf hundert gulden treget, sollen sie nehmen zehen groschen. So sie aber uber hundert gulden bis auf zweyhundert gulden beruret, siebenvndzwantzig mariengroschen. Vnde dan von zweyhundert vnde hoger einen dahler vnde nicht mehr.

8 Der mattier von jglichem gulden der sol auch abgeschafft sein.

9 Von jglichem reces oder werbunge zwey gutegroschen.

10 Nach geendigter sache wil ein erbar rath den procuratoren ihr verdientes lohn taxieren.

[Anno 1582 den 1. Septembris do ist vor guet 11 angesehen: wen die parte vor dem vntergerichte willen articulos vnd dargegen fragestuck zuwenden laßen, mag ohne freystehen oder moegens wol laßen.]

vgl.
CLXVI, 11

II.

12 Dath wi de partien, der sachen wi to handlen annemen, jn densuluen saken mit gantzen vnd rechten truen procureren [2] vnd solke sake mit dem besten vorstahen, den partien tho gude mit vleite vorbringen vnd handelen, nicht vpholden aundern thor billicheit vnd vortrage edder thom ordel helpen beforderen, vnd darinne mit wettende neinerleye valsch edder vnrecht gebruken edder geuerlige vorwilinge vnd dilation tho vorlengeringe der sachen soken vnd deß de partien to doin nicht vnderwiesen, ock mit den partien ninerleie vorbedinginge edder vorwort machen, einen deil von der sache de wi im rechte edder sus vorwaren, tho hebbende edder tho gewerden, ock hemelicheit vnd behelp so wi van den partien bekomen, edder vnderrichtinge der saken de wi von vns suluest merken werden, den partien tho schaden nemandes openbaren, dat gerichte vnd gerichtespersonen eren vnd fordern, vnd vor gerichte aller erbarheidt gebruken vnd aller scheltwordt vnd lesterwordt vns entholden, darto ock de partien ouer dat lon so vns jn einer sunderlichen beiordnunge von den saken tho nemende nagegeuen, nicht beschweren edder vorbogen willen, vnd offt twischen vns vnd den partien der beloninge haluen erringe entstunde, deß bi einem erbaren radte vnd ohrer bekendtnusse bliuen, vnd vns der saken so wi angenomen one redelige orsake vnd deß rechten erloffnisse nicht endtschlan sunder de partien wenthe tho ende deß rechten eder gutlichen vortrages truwelichen vorstan, ock den jnholdt deß stadtrechten, echtendinges vnd des vndergerichtes processes wol in achtinge nemen willen, alles getruwelich vnd vngeferlich: alse vns godt helpe vnd sin billige godtliche wordt.

13 Item dat se ore part dorhen holden vnd persuaderen, wanneer richtliche afscheide gegeuen edder ordel gefeldt vnd sake vordragen werden,

---

1) Vor den „grossen Handelsherren“: s. S. 498 § 2.   2) procureren fehlt.

daruan aueschrifft to nehmen, de vordrage to boke laten schriuen vnd darup schtinge geuen, wor afschede, vordrege edder ordel vorhanden, dat se jm gerichte dem thowederen nichts fordern.

14 **Item** mogen se pro arrha nemen, wen de saken vgl. oben §.7

50		1 ort
100		1 gulden
200	gulden bedrift,	1 thaler
300		3 ort
400		1 thaler.

15 **Item** mogen se einen mariengroschen ton gutlichen hendeln edder richtlichen terminen nemen.

16 **Vnd** vp dat ein ider procurator geborliger beloninge von sinem principal nicht mangeln moge, wil ein erbar radt, dat ein ider so eine sake tor gude edder to rechte to forderende hefft so je ouer x gulden droge, darvon sinem procuratori j ordt thokere, wanner de sake jn gude vordragen edder to richte gescheden worde. Droge auer de sake vefftich gulden, were de beloninge viff ort. Droge auer se hundert gulden, were de beloninge nj gulden. So auer de saken an de dusent gulden oder dorofer belangen worden, mochten sick de partien mit den procuratorn voreunigen: konden se de beloninge geringer erholdeu, dat solde einem jderm fri stan. Wen se auer mit einander nicht enig werden konten, sol et vp eines erbaren radts orkendtniss gesteldt werden. Auer ouer vorige taxien scholde na antael nein procurator seinen part hoger hebben tho beschweren. So offte ock ein procurator tor gude edder tho rechte gebrucket worde, mach he sick vor idern termin von sinem parte einen mariengroschen lathen tokeren vnd geuen, dat ock einem idern procuratori ouer vorige beloninge vorbeholden sin schal.

Item wanneir se auer in causa iniuriarum den 17 borgern deinden: wat den ehre beloninge sin, schal ein erbarer radt twischen den partien vnd ohnen tor idern tidt na gelegenheit der saken tho handelende vnd se darouer to vortragende macht hebben.

III.

Was die procuratores in furtragen der sachen fur ordnung halten sollen.

18 **Im** furtragen vnd handeln sollen hinforder vm merer richtichkeit willen volgent vmbfragen vnd ordnung gehalten werden.

19 **Erstlich** sollen die vrteil so jder zeit fertig, durch einen sindicum abgelesen vnd publicirt werden.

20 **Zum** andern sol man fragen, ob iemandt auf die erofneten vrteil etwaß zu handeln hette.

21 **Zum** dridden sol man fragen, ob jemandt in prefixis zu handeln hette, daß ist ob iemandt ein wisser termin bestimpt were der auf denselben dag fiele oder sonsten zu ende liefe.

22 **Zum** vierdten sol gefragt werden, ob imand sich zu excusiren oder excusationibus zu handelen habe, daß ist ob jmandt endtschuldigung furzuwenden, worumb er itzt nicht handeln oder mit seinen producten fertig werden könne.

23 **Zum** funfften, ob jmandt in contumaces zu handeln habe, daß ist ob jmandt seines jegenteils vngehorsam zu beschuldigen habe.

Vnd diese zwo vmbfragen konnen wol coinci- 24 diren vnd mit einauder einfallen, also daß einer contumacirt oder den vngehorsam beolaget, vnd der andere dagegen seine endtschuldigung einwendet vnd lengere dilation bittet.

Zum sechsten sol gefraget werden, ob imandt 25 appellationes einzuforen oder sonsten in appellationsachen zu handeln habe.

Zum sibendten, ob imandt in dotalibus zu han- 26 len, daß ist frewliche gerechtichkeit zu fordern oder jn solchen sachen die frewliche gerechtikeit bedreffendt zu procediren vnd zu handelen habe.

Zum achten in extraneis, daß ist ob jmandt 27 frombder ausleute sachen furzubrengen oder darin zu handeln habe.

Zum neundten in allerley gemeine sachen, die 28 der acht specificirten materien keine belangen.

29 Vnd in diesen vmbfragen sol die ordnung gehalten werden, daß der erste procurator zuerst anfange vnd eine sache proponire, vnd darnach, wen dieselbe soviel in einem termin geschehn kan deducirt vnd gehandelt, sol der andere auch eine, darnach der dritte eine, ferner der vierte, vnd also vortan ein itzlicher eine sache furtragen, biß es wieder an den ersten kumpt oder in der materien nichts mer furhanden: so sol den in der anderen materien wieder angefangen vnd von jderm procuratore eine sache furgetragen vnd also ein, zwei oder drei mal vmbgewechselt werden bis die materie auch expedirt. Vnd an welcher materien vnd bei welchem pro- 30 curatore eß bleibet, sol in protocollo vortzeichnet vnd des folgenden gerichtstages daselbst wieder angefangen werden.

Diese ordnung der materien vnd vmfragen sol 31 von den procuratoren wie sie nach einander stehen mit vleiß in acht gehabt vnd keines wegee confundirt werden, bey straffe eines neuen schillings so offte dawider gehandelt wirdt.

IV.

Die procuratores die man zulassen vnd behalten wil.

32 Jacob Brotzen. Peter Kruger. Johan Olleman. Heinrich Lesse.

33 Tongeß Volckmar, sofern sich die beide [1] in der ordnung vndt dem stadtrechte fleisiger vmbsehen vnd bessern wollen.

34 Die anderen sollen zu diesem male abgeweiset sein, bis wieder eine stat leddig worde vnd sie sich in der stadt rechten vnd des gerichts ordnung besser gefast machen.

Weil sich auch magister Grisetopff dazu ge- 35 brauchen lassen, dem sol hirmit sein ort furbehalten sein, desgeleichen sol Michel Woler, wo der von dem vndergerichte soviel abbrechen kan, alhie zu procuriren auch vngeweigert sein, sofern sich die beide der ordnung auch gemeß halten vnd den geburlichen eidt zu dem ampte thun werden.

CLXIX. ERNEUERUNG UND ERWEITERUNG DES PRIVILEGIUMS DE NON ARRESTANDO DURCH KAISER RUDOLF II.

1581 Juni 10.

Das Original befindet sich im Stadtarchive: Pergament, 26½″ breit, 18½″ hoch; in dem rothen Siegel von 3²/₄″ Durchmesser, welches in einer Wachskapsel an schwarzgelber Seidenschnur hängt, bis auf die fehlende Ordenskette des goldnen Vliesses ganz so wie in dem kleinern Siegel Kaiser Maximilians II (vgl. No. CL) der zweiköpfige Adler mit Gloriolen und Kaiserkronen, vor demselben unter der Königskrone ein viertheiliger Schild, welcher oben die Wappen von Ungarn und Böhmen, unten links, überkreuz gestellt, je zweimal die von Castilien und Leon, rechts die von Burgund, Tyrol und Habsburg, mittenunne und diese vier Felder zum Theil deckend den kleinern Schild von Oesterreich zeigt; Umschrift: RVDOLPHUS SECVNDᵒ. D. G. ELECTᵘ. RO. IMP. SEMP. AVG. GERMANIAE. HVNGARIAE. BOHEMIAE. ꝛc. REX. ARCHID. AVST. DVX. BUR. COᵀᴿ. ꝛc. Innen auf dem umgeschlagenen Rande, welcher die Unterschrift des Kaisers und den Kanzleivermerk bedeckt: Renouatio et extensio priuilegii de non arrestando fur die statt Braunschweig. E. ꝉ; auf der Rückseite: Rᵘ K. Piehl. Der Inhalt des Privilegiums de non arrestando

---

1) Hiernach muss an dieser Stelle ein Name fehlen, oder die folgende Bedingung ist wie § 35 auf den letzten der voraufgehenden Namen mitzubeziehen.

vom Jahre 1568 (No. CLI) wird nur angedeutet, nicht wörtlich inserirt. Gedruckt ist diese Erneuerung in Der Stadt Braunschweig kurtze Abfertigung etc. (1608) S. 281.

Wir Rudolff der ander von gottes genaden erwehlter römischer kaiser zu allen zeitten merer des reichs, jnn Germanien, zu Hungern, Behaim, Dalmatien, Croatien vnd Sclauonien etc. khünig, ertzhertzog zu Oessterreich, hertzog zu Burgundt, zu Brabant, zu Steyr, zu Kärndten, zu Crain, zu Lutzemburg, zu Wirttemberg, Ober vnd Nider Schlesien, furst zu Schwaben, marggraue des heiligen römischen reichs zu Burgaw, zu Märhern, Ober vnd Nider Lausnitz, gefürster graue zu Habspurg, zu Tyrol, zu Pfierdt, zu Kiburg vnd zu Görtz etc. landtgraue in Elsäß, herr auf der Windischen marckh, zu Portenaw vnd zu Salins etc. bekhennen offentlich an disem brief vnd thuen khundt allermennigclich: als weilandt vnser geliebter herr vnnd vatter herr Maximilian der ander römischer kaiser lobseeligister milter gedechtnus die ersame vnsere vnd des reichs liebe getrewen N. burgermaister vnd rath der statt Braunschweig für die arrest, kummer, repressalien vnd dergleichen thettligkhait, damit sie vnd jre zuegewanten vber vnser vnd des heiligen reichs ordnung, auch jr ordenlich rechtserpietten, jheweils angegriffen, mit einem sonderlichen priuilegio vnd freyhait versehen, jnhalts jrer maiestatt vnd lieb kaiserlichen brieffs dessen datum stet Wienn den zwölfften monatstag May vnd nach Christi vnsers lieben herrn vnnd seeligmachers geburt funftzehenhundert vnd im achtundsechtzigisten jar, vnd aber bemelte burgermaister vnd rath zu Braunschweig vns jetzo gehorsamlich zu erkheunen geben, vns auch zwar selbst aus denen vilfältigen clagen vnd anlauffen so jrenthalben fast teglich vnd vnaufhörlich an vns gebracht werden, gueten thails wissent ist, wesmassen sie vnd jre zugewanten in der statt vnd auf dem landt, vngeachtet angeregts kaiserlichen priuilegij¹ vnd das sie gegen menigclich zu ordenlichen rechten vrpiettig, auch datzue gesessen

seien, jn vil weeg wider recht vnd des heiligen reichs ordnung so wol auch jre habende sondern statliche priuilegia, freyhaiten, aufgerichte vertreg, alte herbringen vnd gewonhaiten mit arrest, kummer, repressalien, pfandungen, spolijs vnd andern dergleichen widerrechtlichen turbationibus vnd thettlichen zue vnd eingriffen höchlich beschwert werden, vnd darauf düemutigclich gepetten, wir geruechten juen zu vorkhomungen solcher merckhlichen beschwerungen vnd anderm daraus eruolgendem vnrath vnd weitleuffigkhaiten nit allein vorberüert vnsers geliebten herrn vnd vatter seeligen habent priuilegium wider die arresta, kummer vnd repressalia widerumb zu ernewern vnd zu bestetten, sonder auch dasselbig aus jtzbemelten vrsachen auf alle die leüth vnd güetter so juen zu vorsprechen sthen, als jre kirchen, angehörige clöster, hospitalia, burger, jnwhoner, dienner, maier vnderthonnen vnd verwanthen gemainclich, in der statt oder auf dem lande, vnd derselben aller personen haab vnd güetter, zu extendiern vnd dieselben wider alle vorangedeüte thettliche vnd widerrechtliche beschwerungen genadigclich zu befreien vnd zu versehen: das wir demnach genadigclich augesehen solche jre düemütige zimliche bitt, auch die getrewe, gehorsame vnd willige dienst so bemelte statt Braunschweig als ein fürneme ansehenliche commun im hailigen reich vnsern löblichen vorfordern am reich römischen kaisern vnd königen offt. willigclich gethan vnd datzue sie sich gegen vns vnd dem reich vnd vnserm löblichen hauß Oessterreich noch khunfftig erpietten, auch wol thuen mögen vnd sollen, fürnemblich aber auch betrachtet die vilfaltigen clagen so angeregter der statt Braunschweig vnd jren angehörigen zugefüegter beschwerungen, eingriff vnd aufhalt halben fast teglich vnd one aufhören an vns khomen, vnd zu uerhüetung anderer weitleüfftigkhaiten vnd

---

1) *Im Orig.* priuilegy, *vnd so immer* y *statt* ij.

vnrath so darauß leichtlich erwachsen möchten, vnd also vmb erhaltung gemainer rhue vnd fridens willen, mit wolbedachtem mueth, guetem rath vnd rechter wissen den bemelten burgermaister vnd rath der statt Braunschweig nit allein vorangerecht jr von vnserm geliebten herrn vnd vattern seeligen habendt priuilegium wider die arresta, kummer vnd repressalia alles seines jnhalts widerumb ernewert vnd bestettigt, sonder auch dasselbig noch verner extendirt vnd gemehret haben. Thuen das ernewern, confirmiern, extendiern, vnd verpessern dasselb auch hiemit von römischer kbaiserlicher macht volkhomenhait wissentlich in crafft diß brieffs also vnd dergestalt, das nun hinfüro in ewig zeit niemandt, wes würden, standts oder wesens die seien, ermelter statt Braunschweig burgermaister vnd rathmau, jetzige oder khünfftige, oder auch deroselben statt kirchen, angehörige clöster, hospitalia, burger, jnwhoner, dienner, maier, vnderthonnen vnd verwanthen, gemainclich oder sonderlich wie die namen habeu, in der statt oder auf dem landt, oder derselben aller vnd jeder personen sonderbare haab vnd güetter mit arresten, kummer, repressalien, pfandungen, spolijs vnd andern dergleichen widerrechtlichen turbationibus vnd thettlichen zue vnd eingriffen wider vnser vnd des heiligen reichs recht, ordnung, abschidt vnd satzungen, auch jre sonderbare habende vertreg, priuilegien, freyheiten vnd herkhomen angreiffen, aufhalten, pfenden, spolijrn, turbirn oder beschweren, sonder sich dessen alles gegen jnen allen vnd jeden jren personen, leib, haab vnd güettern gentzlich enthalten, und was ein jeder gegen jnen samptlich oder einem jeden jn sonderhait zn sprechen vermaint, anders nit als durch den ordenlichen weeg des rechtens, dessen sie sich wie oben vermelt nochmals erpietten, auch demselben an geburenden ortten statt thuen vnd nit vor sein sollen, suechen vnd außtragen, sich auch desselben ersettigen vnd begnüegen lassen soll. Vnd gepietten darauf allen vnd jeden churfürsten, fürsten geistlichen vnd weltlichen, prelaten, grauen, freyen herrn, rittern, knechten, haubtleuthen, landtuog-

ten, vitzdomben, vögten, pflegern, verwesern, ambtleüthen, schulthaissen, burgermaistern, richtern, räthen, burgern, gemainden vnd sonst allen andern vnsern vnd des reichs vnderthonnen vnd getrewen, was würden, standt oder wesens die seindt, ernstlich vnd vesstigclich mit disem brief, vnd wöllen das sy obbemelte burgermaister vnd rath der statt Braunschweig, derselben nachkbomen vnd die jren wie obsteet diser vnser kaiserlichen gnad vnd freyhait rhueigclich vnd onangefochten geniessen vnd sy darbey gentzlich bleiben lassen, auch darwider nit thuen noch des yemandts andern zu thuen gestatten in khainerlai weiß, als lieb einem jeden sey vnser vnd des reichs schwere vngnad vnd straff vnd darzue ein peen, nemblich hundert marckh löttigs goldts, zu uermeiden, die ein jeder, so offt er freuentlich oder widerrechtlich hiewider thette, vns halb in vnser vnd des reichs cammer vnd den andern halben thail vilbemelten burgermaistern vnd rath der statt Braunschweig vnablößlich zu betzallen verfallen sein, vnd jnen auf solche peen an vnserm kaiserlichen cammergericht gebürliche proceß, wie auch sonsten in den andern sonderbaren fellen in denen vermög der recht vnd vnsers kaiserlichen camergerichts ordnung vnd gebrauch a praecepto mag angefangen, auff jr anrueffen mandata sine clausula erkhent werden sollen. Damit auch vilgedachte von Braunschweig vnd jre nachkhomeu, auch derselben kirchen, angebörige clöster, hospitalia, burger, jnwboner, dienner, maier, vnderthonnen vnd verwandten, wie obsteet, bey vorberuerter vnser kaiserlichen gnad vnd freyhait vmb souil deste fürderlicher vnd sicherer bleiben, derselben gerhueiglich gebrauchen vnd geniessen mogen, so haben wir jnen N. cammerrichter vnd beysitzer vnsers kaiserlichen camergerichts im heiligen reichs, gegenwürtige vnd zuekhonfftige, zu executorn, conseruatorn, beschirmer vnd handthaber obeinuerleibter vnser kaiserlichen freyheit verordnet, gesetzt vnd gegeben, ordnen vnd geben jne die von röm. khay. macht volkhomenhait wissentlich in crafft diß brieffs, vnd mainen, setzen vnd wöllen, das offternante burgermaister

65

vnd rath zu Braunschweig vnd jre nachkhomen vorbestimbt priuilegium vnd freyheit haben, vben, gebrauchen vnd geniessen mögen vnd sollen, von vnns, vnsern nachkhomen vnd sonst allermenigclich vnuerhindert, doch vnns vnd dem heiligen reiche an vnser obrigkhait vnuergriffen vnd vnschedlich, vnd gepietten darauff gedachtem yetzigen vnd allen khonfftigen cammerrichtern vnd beysitzern vnsers kaiserlichen cammergerichts im reiche, das sy als verordnete conseruatores, executores vnd handthaber diser vnser gegebnen freyheit in crafft diß brieffs obermelte von Braunschweig vnd jre nachkhomen, auch deroeselben kirchen, angehörige clöster, hospitalia, burger, jnwhoner, dienner, mayer, vndertbonnen vnd verwandten, in der statt vnd auf dem landt, von

Ruedolf.

Vice ac nomine r⁻ⁱ doi d. Danielis archiepiscopi, archicancellarij et electoris Moguntini vᵗ S. Vieheüser d.

vnser vnd des heiligen reichs wegen vnd in vnserm namen bey vilbestimbter freyhait gegen menigclich, so offt sie in crafft diß vnsers briefs oder glaubwierdiger abschrifft dauon ersuecht werden, durch obangedeüte weeg vnd sonsten getrewlich handthaben vnd vor allen vergewaltigungen so dawider fürgenomen werden möchten, trewlich verhüetten. Mit vrkhundt diß briefs, besigelt mit vnserm kaiserlichen anbangendem jnsigl, geben auf vnserm künigclichen schloß zu Prag den zehenden tag des monats Juny nach Christi vnsers lieben herrn vnd seeligmachers geburdt funftzehenbundert vnd im ainundachtzigisten, vnserer reiche des römischen im sechsten, des hungerischen im neundten vnd des behaimischen auch im sechsten jaren.

Ad mandatum sacrae caes⁻ᵉ Mⁱ proprium
A. Erstenberger.

CLXX. SCHUTZBRIEF KAISER RUDOLF II.
1581 Juni 10.

Das Original befindet sich im Stadtarchive: Pergament, 23" breit, 14½ hoch, mit dem bei No. CLXIX beschriebenen Siegel an schwarzgelber Seidenschnur. Innen auf dem umgeschlagenen Rande: Schutz vnd schirm für die statt Braunschweig E. Ỹ; auf der Rückseite: Rⁱᵉ K. Pichl. Dem innern Zusammenhange dieses Schutzbriefes mit dem gleichzeitigen Privilegium de non arrestando entsprechen mehrfache Anklänge der Form. Gedruckt ist derselbe in Der Stadt Braunschweig kurtze Abfertigung etc. S. 281, Braunschw. Händel II. 714, 931.

Wir Rudolff der ander von gottes genaden erwelter römischer kaiser zu allen zeitten mehrer des reichs, jn Germanien, zu Hungern, Behaim, Dalmatien, Croatien vnnd Sclauonien etc. kunig, ertzhertzog zu Oesterreich, hertzog zu Burgundt, zu Brabant, zu Steyr, zu Karndten, zu Crain, zu Lutzemburg, zu Wirtemberg, Ober vnd Nider Schlesien, furst zu Schwaben, marggraue des heiligen römischen reichs zu Burgaw, zu Märhern, Ober vnnd Nider Lausnitz, gefurster graue zu Habspurg, zu Tyrol, zu Pfierdt, zu Kyburg vnnd zu Gortz etc. landtgraue in Elsaß, herr auf der Windischen marckh, zu Portenaw vnnd zu Salins etc. bekhennen offentlich mit disem brieue vnnd thuen khundt allermenigclich, das

wir aus etlichen vrsachen vnns fürbracht vnnd dartzu bewegendt die ersamen vnsere vnnd des reichs liebe getrewen N. burgermaister vnnd rath der statt Braunschweig sambt jren schlössern, dorffern, kirchen, angehörigen clöstern, hospitaln, burgern, jnwohnern, dienern, mayeren, vndertbanen, zugehörigen vnnd verwanndten, jn der statt vnnd auf dem landt, auch jrer aller leib, haab vnd güettern, ligenden vnd farenden, leben vnnd sigen, so sy jetzo haben oder khunfftigclich mit rechtmessigem titel vberkomen werden, in vnser vnnd des reichs besonder gnadt, verspruch, schutz vnnd schirm aufgenomen vnnd empfangen vnnd juen dartzu vnser vnnd des reichs frey gestrackh, sicherhait vnnd glaidt fur gwalt zu recht genedigclich mitgetailt vnd gegeben haben, nemen vnnd empfahen sie also in vnsere vnnd des reichs besondere gnadt, verspruch, schutz vnnd schirm vnnd geben jnen vnser vnnd des reichs frey gestrackh, sicherhait vnnd glaidt für gewalt zu recht von romischer kaiserlicher macht wissentlich in crafft diß brieffs, also das gedachte burgermaister vnnd rath der statt Braunschweig sambt jren kirchen, angehorigen clostern, hospitaln, schlossern, dörffern, burgern, jnwohnern, dienern, mayeren, vnderthanen, zugehorigen vnnd verwandten, in der statt vnnd auf dem landt, auch jrer aller leib, haab vnnd guettern, ligenden vnnd farenden, lehen vnnd aigen, wie die genandt werden oder wo vnnd an welchen enden die gelegen sein mogen, nichts dauon ausgenomen, in vnser vnnd des heiligen reichs besonder gnadt, verspruch, schutz, schirm vnnd glaidt sein, darzu alle vnnd jegcliche ehr, wierde, vortail, recht, gerechtigkait vnnd guet gewonheit haben, vnnd allenthalben im heiligen reich jrer notturfft vnnd gelegenhait nach, zu wasser vnnd landt, frey, sicher, vnbeschwert, vnbekhomert vnnd vnaufgehalten handlen vnnd wandlen, auch sich des alles vnnd yedes frewen, gebrauchen, nützen vnnd gennessen sollen vnnd mogen wie andere so in vnserer vnnd des reichs besonderer gnadt, verspruch, schutz, schirm vnnd gelait sein, solches alles haben vnnd sich dessen frewen, gebrauchen vnnd genüessen, von recht oder gewonheit, von allermenigclich vnuerhindert. Doch sollen sy ainem jeden vmb seinen spruch vnnd forderung an orten vnnd enden da sichs gepürt rechtens statt thuen vnnd demselben kaines weegs vorsein. Vnnd gepieten darauff allen vnnd jeden churfursten, fursten geistlichen vnnd weltlichen, prelaten, grauen, freyen herrn, rittern, khnechten, hauptleuthen, landtuogten, vitzdomben, vögten, pflegern, verwesern, amptleuthen, landtrichtern, schuldthaissen, burgermaistern, richtern, hurgern, gemain-

Rudolf.

Vice ac nomine rmi dni d. Danielis archiepiscopi, archicancellarij et electoris Moguntini vt S. Viehenser d.

den vnnd sonst allen andern vnsern vnnd des reichs vnderthauen vnnd getrewen, was wierden, standts oder wesens die sein, ernstlich vnnd vestigclich mit disem brieue vnnd wöllen, das sy die obgenanten burgermaister vnnd rath der statt Braunschweig sambt jren kirchen, angehorigen clostern, hospitaln, schlössern, dorffern, burgern, jnwohnern, dienern, mayeren, vnderthanen, zugehörigen vnnd verwandten, jn der statt vnnd auf dem landt, auch jrer aller leib, haab vnnd guettern, liegenden vnnd farenden, lehen vnnd aigen, wie obsteet bey solchem vnserm vnnd des reichs besondern verspruch, schutz schirm vnnd glaidt gentzlich bleiben vnnd sich dern also frewen, gebrauchen vnd genüessen lassen, auch darwider ausserhalb gepürlichs ordenlichen rechtens nicht bekhomern, vergwaltigen, angreiffen, aufhalten, pfenden, spoliren, turbirn oder mit ainigen andern thätlichen vnnd widerrechtlichen handlungen vnnd mitteln, wie die namen hahen mögen, weder zu wasser oder zu landt heschweren noch des yemandt auudern zu thuen gestatten in kain weiß noch weege, als lieb ainem yeden sey vnser vnnd des reichs schwere vngnadt vnnd straff vnnd darzu ain peen, nemlich funfftzig marckh lottigs goldts, zu uermeiden, die ain jeder, so offt er freuentlich oder widerrechtlich hierwider thette, vnns halb in vnser vnnd des reichs camuer vnnd den andern halben thail vilgemelten burgermaistern vnnd rath der statt Braunschweig vnnd derselben nachkhomen vnnachleßlich zu bezallen verfallen sein solle. Mit vrkhundt diß brieffs besigelt mit vnserm kaiserlichen ahnngendem jnsigel, der geben ist auf vnserm kunigclichen schloss zu Prag den zehendten tag des monats Juny nach Christi vnsers lieben herrn vnnd haillandts geburdt funffzehenhundert vnnd im ainundachtzigisten, vnserer reiche des römischen im sechsten, des hungerischen im neundten vnd des behaimischen auch in sechsten jahren.

Ad mandatum sacrae caessae Mts proprium
A. Erstenberger.

65*

CLXXI. MARKTMEISTERORDNUNG.

Aus dem gleichzeitigen Liber memorandorum (M 10). Die Entstehungszeit dieses Statuts lässt sich nicht feststellen, jedenfalls aber fällt sie in die letzten Jahrzehnte des 16. Jahrhunderts.

Nachuortzeichente articull vnnd punct die marckmeistere belangend.

1 De vnduchtigen fruwen de openllich ein vnehrlich lewendt CXLII. 25 fuhren, schullen neine kralenschnöre, suluerwerck, foerde sspen, noch arrassche heicken noch keine soiden röcke noch seiden vnderröcke nedden mit siden ringen, noch icnnig kledt¹ dat darmit hesettet dragen openbar vp der strate, sondern de schullen korte wandenheicken vp ehren houeden dragen. We dut anders heilde, deme schullen de marckmeisters sodanes nehmen. De kleidung mögen se vam rade forderen mit v ß bröke, sonder dat geschmide schall by dem rade bliuen.

2 Malck schall sine mathe vnd wichte recht holden, bey CXLII. 5 pehen einer marck.

3 Idt en schall nemandt vth oder inwegen sondern mit CXLII. 6 wichte de mit des rades teicken getekent ist, bey pehen vorberurter strafe.

4 Gast mit gaste schall hir nicht koepen noch koepen la- CXLII. 7 ten, by vorlust des gudes, vthbeacheiden im frien marckede.

5 De backen schullen na gelegenheit des inkopes ohre vic- CXLII. 9 tualien sollen, alß kese, botter vnd fischwerck.

6 Idt en schall nein boke edder vorköper neinerley gudt CXLII. 9 kopen dewile de banner stecket. We dut anders en- heilde, deme schall men nehmen wat d e gekoft hedde, vnd nicht wedder geuen.

7 We dem anderen in den koep feldt, int vam rade vor- CXLII. 10 laten daruor v ß tho broke tho geuen.²

8 Ock schall nemandt in der stadt gerichte edder gebede CXLII. 11 theuoren kopen wiltprodt, grone fissche, timmerholtz, dat de hier wedderumme vorkoepen will. We des anders betreden worde, schall dem rade vor juwelicken kop ß ß geuen.

9 Men schall ock keine fissche alhier kleiner dan der³ drey einen brunschwigischen penning werdt sein feill hebben, CXLII. 12 vthbescheiden kleffen vnd grundtlinge, by 5 ß nie⁴. Ock

schullen de fissche⁶ vor thein schlegen vorkoft werden.

Ock schall malck suluen holt vad köle kopen edder sein 10 gesinde koepen laten in der stadt vnd nicht buten den CXLII. 17 dohren, vnd de köledregers schullen dat ock nicht doen, bey ij ß wen se des betreden worden. Vnd de köle schal men vortmehr na dem olden herkhomen vp dem marckede afleggen, vnd de secke meten, vnd so de secke tho klein hefunden, de vorbrennen laten.

Ock en schall niemandt einem anderen tho gude hier 11 fissche vorkoepen vnd drauckgelt darann nehmen, men ein jeder de hir van buten fissche thom marckede⁵ bringen, schullen se suluen vorkopen vnd vthsellen. CXLII. 13

Ock en schall neimandt twischen der landtwehr vnd der 12 stadt boiner, bottaren, geuse,⁷ eier noch kese koepen, CXLII. 14 bey pehen 5 ß.

Idt schall neimandt ock koepen standen, touer, ammer, 13 melckmuathe, molden, tröge, schopen, schaffelen, rennen, CXLII. 18 noch elern, espen oder fuhern brede, wendissche latten, noch keinerley hole⁸ sathe, dat vthlude hir van der mar- ckede bringen wilen, sondern hir vp dem marckede vnd we⁹ den marckt halen will schall me dat kopen. Vnd kein vorköper schall sodanes tho sick koepen, idt were denne dat dejenne so sodanes bröchte, hier vp dem mar- ckede einen haluen dag darmidde geholden hedde. Ock en schall nein vorkoper jemandt gelt dar thouorn vp dohn vnd sick mit oh me des vorvorworden ohne¹⁰ tho brin- gen, by v ß.¹¹

Van s. Gallen dage wenthe tho der vasten schall nei- 14 mandt na der wechteriklocken vp der strate goen allene CXLII. 20 edder in einem rotte de hir nicht borger were ane open- bare luchten, by ij ß. Hedde he ock by sick wehre de de radt vorboden hedde tho drugende, adder hedde he vnbescheidene wordt gegen des rades gesinde, den will he radt darumb vpholden laten.

De wachte de des nachtes geholden wert durch den 15

1) 1549: ander kleth.   2) 1549 hinzugefügt vnd sunst van anderm vorkope.   3) der fichit.   4) 1549: x schü- ling.   5) 1549 hinzugefügt so tho marckede gebracht.   6) Im Orig. marcka.   7) Ausgelassen endte.   8) In der Hs. hole, 1549: holten hole.   9) 1549: dar de.   10) In der Hs. ohne.   11) 1549: x schüllingen.

CXLII, 15 marckmeister heft der radt in beschermung genohmen: dar schall sick neimandt ahne vorgrypen. We doch dar bouen dede, den will de radt straffen mit einer vheste.

16 **W**ider tho gedencken dat de eyer vp dem niger-CXLII, 15 marekede mogen vorkoft werden.

17 **D**att nein ouet efte anders was vp dem marekte by CXLII, 22 efte vp dem kerekhoefe möge vorkoft werdenn des hilgen dages vnder den sermone vnd eher de commissio[1] geschehen is.

18 **D**at de markmeistere ock acht geuen vp de so den vor-CXLII, 23 middages in den hilgen dagen vp den maschen vor dem dore[2] mit einander dobbelen vnd spelen.

19 **W**e ock vormercket dat welcke in vntucht leuen, dat CXLII, 24 de sonderliken in den hilligen nachten thohope mögen vp genohmen werden.

20 **D**at ock de barnewiner des morgens in den hilligendagen CXLII, 23 neine gaste setten vnd ohne baruewin tappen efte schencken schullen, by poen 1 mark.

21 **W**an ock ein radt worde befohlen efte de sittende CXLII, 27 borgermeister, dat men etliche schelde gefengkch annehmen, dat solches nicht vormeldet sonderen dem bewehll treulich nagekohmen wirdt.

22 **D**en tollen vam sohe, vam wagen twe ferdenat vnd der CXLII, 4 karhe ein verdenat, dat schall man an örde vnd ende bringen alse idt de rath hatt beuohlen.[3]

23 **T**wey knechte schall men holden de de marckmeister he-CXLII, 1 ten, den einen in der Oldenstadt, den anderen im Hagen.

Desuluigen twe marckmeisters schullen gaen vp den marckeden, in de wagbuser, ock in alle herberge war[4] man sick der koplude vormodende were, vnde de frombden lude gutlick berichten, wo dat wyse sy einem erbaren rade tollen vnd niese van ohrem ingebrachten ock hier gekoften ock vthgesenden guderen schuldig syn tho geuen, vnd an den tollenschriuer wisen, darup ock acht hebben nicht alleine by den luden besunderen ock by deme tollenschriuer, dat idt jo also geschehe vnd nicht anders. Worde aberst an gudtlicker vormahnung vormerket vnd befunden, dat vntreulich darmit gehandelt, dat se ein sothan einem erbaren rade alsouert willen vermelden.

24 **D**usse beiden markmeisters schullen neinen tollen vp-CXLII, 2 nehmen van koepluden noch foerluden de mit ohrem gude

in vnd vth efte sunsten dorch de stadt fahren willen, densuluigen odder anderen neine teken noch breue geuen, sunderen se schullen de lude anrichten vnd wisen sey vor de tollenbuden.

De vorbenömeden beyden marckmeisters mogen auerst 25 woll wo ohne befohlen den tollen vam sohe vnd hotte-CXLII, 3 ren[6] vnd sonst de tunnenpennij vp denn marckten samblen vnd vpnehmen vnd datsuluige by einem erbarn rath vnd teinoman vp de munte bringen vnd ohne sodanes truilick oueranttworden.

Van holte tho kopenn.

Neimandt schall sick vth der stadt den holdtwagen endt- 26 gegen holdt tho köpende begeuen vnd vmb dat holdt han-CXLII, 1 delen efte jenning vordingenüt odder vorwordt maken vnd also by den wagen in de stadt gahn, sondern ein jder schall binnen der stadt, wen man[6] vor dem Wendedoere ouer de steinen brugge ja[7], vnd nicht eher, holdt bedingen vnd kopen. De auerst twischen den doren vnd schlagen vnd steinen bruggen wonen, mogen holdt köepen ein jder vp sinem steinwege tho sinem behoffe, ane alle argelist. De[8] auerst hier endtgegen handelt, schall dem rade vor jder vöder einen gulden tho bröke geuen vnd mit einer vestung verfolget werden.

De marckmeister vnd ohr gesinde schullen ock fitig acht 27 vnd vpschendt hebben vp döppelspiell, vnd wohr solkes CXLII, 24 werdt geheget vnd geschutt, vnd dat dem rade efte brökelern vormelden.

So schullen ock de marckmeistere vnd ohr gesinde alle 28 dusse vorgeschreuen articull zu luen vhestiglich vnd woll CXLII, 29 holden, vnd wo ohne was[9] werdt befohlen, getrulich vnde mit flite vthrichten, sick ock sunderlick des nachtes, wen sy de wachte bestellen, vor vulldrincken hoiden vnd sick ock des brennewines in den billigen dagen, dewile idt anderen vorboden, endtholden, dartho ock nein sunderlick geschencke van den brennewinern efte anderen, darmit jegen dusse ordnung vnd befohlen ambt mochte werden gehandelt, begeren efte nehmen, sonder alle list efte gefehrde. We auer van ohne hier endtkegen worde baudlen, schall darnor in gebörlicke straffe genohmen werden. **I**tem ock en schall nein borger noch borgersche noch 29 jemandt anders, borgerkinder noch frombde,CXLII, 27

1) 1549: communion.   2) 1549: vor den doren vnd jn andern steden.   3) *Hier ist der der Aufzeichnung von 1549 hinzugefügte spätere Nachtrag ausgelassen.*   4) 1549: ouer alle de stadt, sunderlick wur.   5) 1549: potten.
6) *Ausgelassen vor den ersten slagen de dar syn ouer js vnd.*   7) js *fehlt.*   8) *In der Hs.* da   9) 1549: wider wes.

des sondages morgens vnder wehrendem ambt in der
kerken vp dem markede jchlees wef feill hebben, by
poen v f. [1]

30 **Item** wen ein frembdt man kumpt vth einer
anderen stadt mit kesen, de mag he hir woll
vorkopen sonder stedegeldt.

31 **Item** den kohlhoken gehort nicht mehr alse ei-
nem jdern twe korue full tho hebben: hebben se
mehr korue fuhll, de schall man ohne nehmen.

32 **Item** de kohlhoken de by dem marckede wo-
nen de geuen dem rade des jahrs 6 gr. von
der rouestede sammendt des sonnauendts vor
Bartholomej.

33 **Item** neimandt schall vth dem Lehrwole holdt
halen das he tho backende oder bruwende heb-
ben [2] edder wedder verkopen wolde, besondern
ein jder mag woll tho siner furinge vp dem herde
vnd in den kachellouen holdt, jedoch dat sodan
holdt vnfruchtbar, vnnutte vnd nein vorboden
holdt sy, halen. We dut anders enheilde, dem
scholde man folgen mit einer vestinge.

34 **By** demsuluen broke schall neimandt holdt midt
schuffkarren herrinnen fohren. We ock des ra-
des widen vp den wellen oder vor den dohren
vnd in der landtwehr edder de widen by den
garden afhuwt, edder thune thorette edder dar
schaden anno dede, vnd des also betreden vnd
ouerwunnen wörde, den will de rath lathen vor-
festen.

35 **Item** von einer tonnen herings gift man dem
rade, dat nimpt de marktmeister vp vnd brin-
get idt dem rade, 3 d.

Item von einer tonnen stindt gift man ny d.

Item van einem wagen full potte gift man dem
rade 4 d vnde dem marckmeister einen poth.

Item van einer kahr voll potte gift man dem
rade 2 d vnde dem marktmeister einen pott.

Item van einem gronen lachsse gift man dem
rade 1 d.

Item van einer tonnen honnings gift man dem

rade tho zise ny d.

Item van einer tonnen hauelbeckedes gift man
dem rade thor zise ny d.

Item de de eigen stede hebben de geuen dem
rade des jahrs 17 d vor obre stede.

Item de den honingkoken feill hebben, geuen
des jhars 2 gr. vor ohre stede.

Item de van Osterwieck geuen keinen tollen.

De van Einbeck geuen keinen tollen.

De van Duderstadt [3] geuen keinen tollen.

Item vam wagen full brodes [4]

Item van einer kar full brodes

Item van einem voder hersegrutte

Item van einem voder glese

Item van einer kabr voll glese

Item van ruben

Item von appell, beren vnd nöthe vnd allerhandt
kramerey dede ierlichs vorfaldt buten dem fri-
en marckede, heft de marcktmeister ock sein
vortheill.

Item dede vp der banck staen am kerckhoue
geuen dem rade 17 d.

Item de holtenkramers vam schrancke her ge-
uen 17 d.

Item de vischchoken dede in den bayden lan-
gen regen staen, geuen dem rade ein jder des
ihars 5 gr.

Item de hoken in der schullentidt by der goten
geuen dem rade iherlich ein jeder 1 gr.

Item de vigenkramers jegen [5] der goten ouer
geuen ein jder des ihars 1 gr.

Item de vischers vor den radthause de hir bor-
ger sin de geuen dem rade ein jder 1 gr.

Vnd de frembden geuen 3 mattier vnd dem
marckmeister vor 1 gr. vische.

Des marckmeisters lohn.

Item tho paschen dem marckmeister tho lohne 36
ny mark ohme vnd sinen knechten.

Item tho s. Johannis dage dem marckmeister
tho lohne ny marck.

---

1) 1579: bey bröke eine gülden. 2) hebben fehlt. 3) In der Hs. Dudenstadt. 4) Es muss dahin gestellt
bleiben, ob hier und in den nächsten fünf Positionen die Zollbeträge fehlen, oder ob auf diese Dinge die Be-
stimmung in dem alsdann folgenden Satze mitzubeziehen ist. 5) In der Hs. jeger.

Item tho s. Michaelis tage tho lohne dem marck-
meister iuj mark.
Item tho wihenachten dem marckmeister tho
lohne iuj mark.
Item des marckmeisters knechte mit den wech-

tern der schullen sechs tohope wesen.
Item heft de marckmeister hirtho frie woh-
nung vnd sine kledung; alle jahr vp ostern
7 fl. kricht he.

CLXXII. ALTSTÄDTER MARKTORDNUNG.

1582.

Nach dem gleichzeitigen Liber memorandorum (M 10).

Marcktordnung in der Altenstadt anno 1582.
Ein erbar wolweiser rhat in der Altenstadt al-
hie in Braunschweig kumpt in glaubwirdige er-
farung daß sich der mehrertheill vnser neuen
burger auff das vischwessern vnd hockwerck zu
erneren sich begeben, darauf dan allerley vn-
ordnung auff vnserm Altenstadtmarckte erwechst
vnd zunimpt. Dieweill wir demselbigen zeitlich
zu begegenen hochnotig erachten, haben wir
vor radtsam angesehen das derselbigen visch-
wessers nicht mehr alß 40 sein solle, darmit
durch vielheit derselben der gantze marckt nicht
ingenomen werde[1], auch ein den andern nicht
gantz verterbe, wollen auch das hinfurder kei-
ner gewesserten visch vorkeufen vnd in diesen
beiden rigen stehen solle, es geschehe dan mit
vnserm furwissen vnd willen.

1 Zum ersten setzen vnd ordnen wir, daß auff
dem seitenmarckte sollen sein vier rige hoecken,
darinne sie nachfolgende wahre aufhocken mogen.

2 Zum andern: die hoken in den ersten zweien
riegen sollen alle jahr losen vmb die stette den
andern sontagk nach dem newen jare. Darbey
soll sein der sitzende kemmer in der Altenstadt,
ein radtsher vnd der marckmeister, vnd man
soll ihne diese ordnung furlesen, darnach sich
ein jeder weiß zu richten.

3 Zum dritten: diese hoken in diesen ersten zweien
riegen sollen auch stattegeldt, alse 2½ ß, eher
sie anheben zu losen aufgeben; sonst sol ehr
zu keinem losen das jar gestattet werden. Wer
auch zu spete keme vnd nicht mit losete, die

sein das jar des marckts vorweiset, jedoch mo-
gen sie in ihren heusern vnd auff dem Hagen-
marckte woll feill haben biß daß man wieder
loset.

4 Zum vierden: in diesen zwen riegen soll auch
eitell gute wahre außgehockett vnd gesellet wer-
den: alß guter barger visch offt rottscher, but-
ter, weißling, gute rochen, gute binlendische
scholten, vnd keinen jßlendischen visch vor bar-
ger visch wessern vnd vorkeufen, by straffe 5 ß.

5 Zum funfften: wier gebieten auch, das sie dis
fischwerck nicht mit kalcke oder in kamerlau-
gen wessern vnnd also die leute vergifftigen:
wer daruber beruchtigt, soll sich dessen mit
seinem eide purgiren oder vns zur straff 1 marck
geben. Sie sollen auch auff dem marckte nicht
wessern vnd keinen stanck auff dem marckte
machen, bey straffe 5 ß so offt ehr betreten
wurde.

6 Zum sochsten: in diesen beiden riegen mogen
sie auch gueten flamschen vnd schonischen he-
ringk, so voll gezirckelt ist, woll verkauffen,
wessern vnd aussellen, desgleichen guten bre-
mer, hamburger, kampte oder berger lachs, so
nicht angelauffen, feil haben. Wrackhering, auch
mastrandisch heringk, nortischen, lindfuhrer,
hilgelender heringk, auch lachs der angelauffen
vnd nicht gutt were, soll in diesen beiden rie-
gen nicht gewessert, vorkaufft oder gesellet wer-
den, bey straff einer fursatz.

7 Zum siebenden: mogen sie auch verkauffen vnd
außwegen in diesen beiden obersten riegen gutte

1) werde *fehlt.*

friesische, hollendische vnd hosekenbutter in den tunnen darin sie gekauft ist. Aber burgkbutter, sie sey so gutt sie wolle, schwedische, hahrnholsche, diensche oder dergleichen butter sollen sie in diesen beiden riegen nicht aufwegen, damitt die burger wissen mogen was sie fur geldt kauffen. Vnd der darwieder handtlen wurde, soll vns zur straffe geben 5 ß so offt er betreten.

8 **Zum achten:** in diesen beiden obersten riegen mogen sie auch auswegen vnnd vorkauffen guten sussemilchskese, auch grunen kese. Die wraeckkese sollen sie in den beiden riegen nicht sellen, bey straffe 2 ß so offte sie das theten.

9 **Zum neunden** sollen auch diese hoecken kein wasser oder heringklake ausgiessen das den andern vnter jhre wahre lieffe vnd vorderbete, auf das sie auch dröge sitzen mugen, bey straffe 2 ß so offt sie das thetenn.

10 **Zum zehenden:** in der dritten riege sollen vorerst an stahen die hocken so die burgbutter vnd kleine burgkese feil haben, darnach alle behemische, schwedische, harnholnesche, diensche oder andern dergleichen butter vnnd kese, auch die wraeck vnd zerbrochen sussemilchs vnd grunen kese feil haben. Vnd dieselben sollen losen den andern sontag nach dem newen jare. Sie sollen auch jhr stettegeltt, alse 2½ ß, fur dem lesenden ausgeben, bey straffe der vorweisung des marckts, wie bei dem dritten articulo ist vormeldet.

11 **Zum elfften:** da auch burgere oder burgerschen weren die eine tunne butter 3 oder 4, oder etliche centner sussemilck oder grunen kese, es sey guett gutt oder wrackgutt, aufhocken wollen, sollen darmit in das dritte riege vorweisen sein vnd zu stettegelt geben 1 ß 3 d, sie sellen viell oder weinig.

12 **Zum zwelfften:** die hauelhecht, meyvisch, kabbelaw oder dorsch, saltzen ahel vnd dergleichen vischwerck zu kauffe haben, sollen auch in der vierdan riege stan nach dem brunnen warts,

vnd dem radte zu stettegelt geben 1 ß 3 d.

13 **Zum dreyzehenden:** in der vierden riege nach der gossen warts sollen stehen alle die schollen, wrackhering so nicht gutt vnd soll gezirckelt ist, saltzen lachs so angelauffen vnd nicht recht gutt ist, darzu stindt, bucking, neunaugen vnd alle andere vastellspeise, wie die alhier zu marckte mag gebracht werden, feill haben, doch das sie keine tische daselbst haben mussen, besondern eine schilffmatte vff die erde gelecht, vnd also seine wahre aussellen. Vnd sollen [1] einem erbaren radte zu stedtegelde geben 1 ß 3 d, sie sellen viell oder weinig.

14 **Zum vierzehenden:** weren auch fremde kaufleute die solche wahre, als schollen, heringk, dorsch oder dergleichen vastelspeise, zu kauffe brachten vnd stuckweise wollen aussellen, sollen bey vnsern burgern in dieser riege staen vnd zu stettegelde geben 2½ ß.

15 **Zum funfzehenden:** wollen sonst die frombden jhre wahre nur feill bieten, so mogen sie einen tagk stahen fur dem schrancke vnd einen tagk auff dem Hagenmarckte, vnd nicht lenger, vnd sollen zu stettegelde geben 1 ß. Stunden sie auch daruber, sollen sie vns zur straffe geben 1 marck, doch soll sie vnser marckmeister darauff vorwarnen.

16 **Zum sechszehenden:** die hoecken samptlich sollen denn mittwochen, freytagk vnd sonnabend feile haben auff dem Altenstadtmarckte, aufgenommen in der vasten mögen sie alle vormittage feill haben, doch mit dem stinte, hauelhechte vnd schollen auch newen heringk mögen sie den gantzen tagk stan, bey straeff 2½ ß.

17 **Zum siebenzehenden:** es sollen die hocken keine zugkarren, tonnen oder dische mehr dan den einen darauff sie jhre wahre feil haben hinder sich setzen vnd den marckt also innemen. Auch soll ein jeder alle heiligabend seine tische vnd tonnen von dem marckte bringen, bey straffe 1 ß so offt er bruchfellig wirdt.

18 **Zum achtzehenden:** die honnigkuchenbeckers

---

vnd die honig feill haben sampt den kramers
sollen dichte vor der gossen fur dem schrancke
her stehen vnd zu stettegelde geben 1 ß. Vnd
dar diese wenden, dar sollen die karners so die
hosenkenbutter vnd kese feill bringen, auch die
gleserkarren vnd brottkarren auf der riege stehen.

19 **Z**um neunzehenden: wier gebieten auch, das
ein ieder rechte wichte vnnd masse haben soll die mit
eines erbarn radts zeichen gezeichnet, darauff wier
vleissig achtung haben wollen, vnd so einer anders befunden wurde, soll ehr fur jedes [1] stucke
gewichte 10 ß zu straffe geben.

20 **Z**um zwantzigsten: die becker sollen jeder brott
backen nach dem gewichte darnach alß jedes [1]
korn des jars gelten wirdt vnd sie sich mitt
einem erbarn rhatt vorgleichen werden.

21 **Z**um ein vnd zwantzigsten: wier wollen auch
den steinschneiders, zanbrechers vnd quacksal-

bars jres ertzens wasser vnd salbe zu vorkeuffen gentzlich verbotten haben, es were dan das
sie von den physicis zuuor examinirt vnd also
von vns erlaubt were.

22 **Z**um zwey vnd zwantzigsten: es soll auch kein
vorhoecke oder vorkeuffer keinerley guett keuffen dieweil
die banner außtecht. Wer deß anders helt: was ehr
allzuvast gekaufft das soll man jme nemen. Wie man
sich sonsten in kauffen vnd verkaufen verhalten
soll, findet man in echten dinge titulo 64, dabey wirß bleiben lassen.

23 **Z**um drei vnd zwantzigsten: vnser marcktmeister
soll auch vleissig achtung geben, das ein jeder
rff seiner rechten stedte stehe, vnd der anders
befunden wurde soll von stund an ohne gnade
ehe ehr vom marckte ginge 5 ß zur straffe
geben, so vnser marcktmeister von ihme soll furdern vnd dem sitzenden brochkemmer zustellen.

CLXXIII. FEUERORDNUNG.
1586 Aug. 29.

*Die nachfolgende Feuerordnung ist zu Magdeburg durch Paul Donat 1586 gedruckt: 13 (mit
dem Titelblatt 14) ungezählte Bll. in 4°; im Titel, welchen Randleisten aus regelmässig wiederkehrenden, mit beweglichen Typen hergestellten Ornamenten umschliessen, ein eingerahmter Löwenschild.
Mehrfache, zum Theil erhebliche Incorrectheiten dieses Druckes sind in einem Exemplar hiesiger
Stadtbibliothek, wohl gleichzeitig, von officieller Hand berichtigt und danach dann auch in dem vorliegenden Abdrucke verbessert. Ausser der Feuerordnung von 1550, welche der Eingang ausdrücklich
anführt, hat bei Redigirung des neuen Statuts offenbar auch der Entwurf von 1573 vorgelegen;
§§ 5, 7, 8, 43 sind aus den Polizeigesetzen von 1573 und 1579 herübergenommen.*

Fewrordnung der stadt Braunschweig, jm jar vnsers einigen erlösers vnd seligmachers Jesu
Christi 1586 corrigirt, verbessert vnd vermehret.

Wir burgermeistere vnd rathmanne der stadt Braunschweig thun allen vnd jeglichen vnsern bürgeren, jnwonern vnd verwandten, auch denen die sich bey vns in vnd
vor vnser stadt enthalten kundt vnd zu wissen: Nachdem
wir vns, onc vnuerweißlichen ruhm zu melden,
biß anhero dahin bevliessen, das nicht alleine
gute richtige ordenungen in geistlichen vnd weltlichen sachen gestifftet sondern auch darüber
so viel möglich gehalten werde, vnd wir vnter
andern vns aus veterlicher sorgfeltigkeit zu gemüt gezogen, das nicht vndienstlich sein solte

in zeit einer fewersnot, lermens oder sonsten
eine gewisse ordnung, wornach sich ein jeglicher
zu achten haben möchte, auffzurichten, das wie
demnach vnsere hiebeuor in anno 1550 jn den
druck gegebene feuerordnung wider vor die handt
genommen, solche mit vleiß durchsehen vnd dieselbige [3] an ort vnd enden da es bedürfft verbessert, verneuwert vnd verendert. Thun dasßel
bige vermahren, endern vnd verbessern dieselbe [3]
hiemit vnd in crafft dieses also vnd der gestalt,
das nun hinfuro von dato an derselben in allen

---

1) In der Hs. jeder.   2) Im Orig. dieselbigen.   3) Im Orig. dieselben.

puncten, clausuln vnd articuln wircklich nach-
gelebt vnd von keinem darwider, so lieb jhm sey
vnsere ernstliche straffe zu uermeiden, gehandelt
sol werden.

Vnd damit sich niemand einiger vnwissenheit
derselben zu entschuldigen, solche auch desto
weniger in vergessenheit gestalt werden müge,
haben wir dieselbe [1] in offenem druck auffs newe
hinwider außgehen zu lassen eine notdurfft zu
sein erachtet.

[3] **Setzen** vnd ordnen demnach anfenglichs, das ein
CLVIII, 1 jeder seine fewerstede, chamine, schorsteine, brau-
heuser, darren, backöfen vnd ehsen dermassen
anrichten vnd verwarlich machen lassen sol,
darmit man sich dahero keines fewerschadens be-
fahren dörffe[1a]. Dann wir gemeint fürterhin alle
CLVII, 10 jar vmb Walburgis vnd Michaelis in allen fünff weichbil-
den durch die sonderlich darzu verordente fewerherrn alle
fewerstede besichtigen zu lassen, inmassen wir
jnen solches ernstlich vfflegen vnd beuehlen. Vnd
do dan vnuerwarte gefehrliche fewerstede befunden wer-
den, soll den haußwirthen vnd juwohnern allbalden
von vnsern fewrherrn vleregt vndt beuehlen werden
das sie dieselben vnuerwarten feuerstett[2] in gewisser
frist, welche jhnen die verordenten feuerherrn darzu an-
setzen werden, bey straffe einer marck anders vnd
verwarlicher nach rathe, gutachten vnd beuehlich der fewer-
CLVII, 11 herrn bawen vnd bessern lassen sollen. Würde sich
aber jemand an solcher der fewrherren beuehl-
lich nicht kehren, sol ein jeder von den fewer-
herrn dem regierenden burgermeister oder broch-
cammerer zu weichbilde vbergeben vnd solche
straffe von dem vnnachlessig gefürdert vnd nichts
minder aufferlegt werden solche feuerstede der-
massen in gewisser zeit verwaren[3] vnd machen
zu lassen, das dahero keinem nachbarn kein schade
zugefüget werde. Kompt jemands demselben alß-
dann nicht nach, sol von demjhenigen die stra-
ffe[4] gedoppelt, als zwo marck, gefürdert vnd
nichts minder die besserung der fewerstede vff-
erlegt werden. Würde jemands das auch ver-
echtlich hingehen lassen, wollen wir denselben

mit einer veste mit der[5] vorsatz so lang verfol-
gen lassen, bis er zum schuldigen gehorsam ge-
bracht worden.

Es sol auch ein jeglicher bürger seine schor- 2
steine rein halten vnd die des jars auffs wenigste
ein mal ausfegen lassen, damit dadurch allem
vnrath welcher deßwegen erfolgen könte, vorge-
bawet werde.

Vnd nachdem auffsehens von nöten, sol ein jeg- 3
licher gastgeber oder wirt in acht haben wen er CXLII, 2
herberget. Keme aber schaden darvon, vnd der wirt be- CXLII, 2[4]
argwonet würde das er kein gut aufsehen auff seine geste
gehabt, sol der wirt zu allem schaden antworten. Es
sol aber zu mehrer verwarung ein jeglicher wirt der
gemeiniglich mit vielen gesten beladen, zu der zeit wenn
er frembde geste in seinem hause beherberget, einen
vleißigen wechter darzu bestellen vnd halten, der bey
nachte die fewerstedte vnd das gantze hauß vnd hoff al-
lenthalben bewachen vnd besehen müge, vnd wenn der-
selbige eine verdechtigkeit an den gesten oder fewersnoth
vermercket, dasselbige alß balden dem wirte ansagen vnd
ein geschrey machen, bey peen einer marck so offt ein
jeglicher wirt solchen wechter nicht bestelt vnd verordnet.

Zu dem sol ein jeglicher haußwirt darzu trachten das 4
in seinem hause bey liechte weder gedroschen, CXLII, 12
stro geschnitten, flachs gebracket, getretet, ge- (CLVII, 3)
ristet, geschwungen oder gehechelt, noch
auch mit hanff vnd peche vmbgegangen werde,
bey bruche eines gülden so offte darwider ge-
handlet wirdet.

So sol keiner vnserm[6] stadtrechten zuwider bey 5
dero darin verleibter straffe hopfreiffer, bohnen oder CXLII, 2[8]
menstro[7] bey sich in seiner gewarsam niederlegen,
viel weniger bey jhme puluer liegen haben, es
wehre dann das solch puluer an einen sothanen
ortt geschaffet werden köndte aldo weder fewer
oder licht hin keme, vnd es also gnugsam vor
dem fewer gesichert were, bey vermeidung vnser
ernsten straffe.

Bey nacht sol kein einig maltz gedarret noch 6
aschen oder kohlen vff den boden gegossen wer-
den, bey vermeidung vnser ernsten straff, dar-

1] Im Orig. dieselben. 1a) Alte Correctur st. dörffte. 2) befunden — fewerstett von alter Hand eingefügt. 3) Im
Orig. vorwahren. 4) von — straffe von alter Hand eingefügt. 5) Alte Correctur st. dem. Desgl. 6) st. vnsern.
7) Im Orig. menstro.

mit ein jglicher belegt sol werden so offt ehr darwider handlen wird. Würde aber daraus schade erfolgen, sol derjenige der solchen schaden verursachet, mit weib vnd kindt ewig verwiesen werden.

7 **W**ir wollen auch einen jeglichen hiermit ernstlich armahnet haben, ohne welches solches zu eines jeden vnd desselben nachbarn besten [1] ge-

CLXII, 210 reichen thut, das ein jeder haußwirt vor sich selbsten auff fewr vnd liecht in seinem hanse achtung gehe, auch sein gesinde vnd kinder teglichs darzu vermahne vndt [2] denselben keines weges gestatte mit blossem lichte ohne leuchten in die stelle, auff die böhnen vnd sonderlich an die örtter aldo leichtlich ein vnheil sich zutragen könte zu gehen.

8 **W**ürde aber jemands durch seine nachleßig-

CLXII, 216 keit, versäumbnüs oder sonsten vrsache zu einigem fewrschaden geben, sol er den seinem nachbarn gelten oder so lange biß er solches gethan aus vnser stadt gewiesen werden.

9 **E**s sollen auch vnsere bürgere vnd angehörige fürterhin in sommerszeiten wenn trückenüssen einfallen, ohne alles ferner ankündigen vor sich selbsten entweder vor den thüren oder in ihren höffen tags vnd nachts wasser stehen haben. Wie wir dann auch vnsere bürgere gleiches fals in sonderheit hiemit fleißig ermanet haben wollen, das diejenigen welche steinern mültzebüdden oder tröge in ihren höffen haben, darin zu nacht vnd tag einen vorrath an wasser haben, welches man in nothfellen gebrauchen. vnd solches nach gelegenheit an das ort aldo ein fewer vorhanden, tragen oder sonsten verschaffen müge.

10 **V**nsern fewerherrn thun wir hiemit ernstlich

CLVII, 12 aufflegen vnd einbinden des jars zwier herummer zu geben vnd darauff mit fleis achtung zu geben das alle fewerlettern, gabeln, fewerhacken, wagen vnd andere darzu gehörende notdurfft in guter gereitschafft gehalten vnd dieselben von jhnen oder denjenigen nachbarn denen solche zu halten gebürt, zu rechter zeit ge-

bessert werden, damit man solche gereitschafft in zeit der not fertig haben vnd gebrauchen könne. Wie dann hiernaben ein jg-

CL.VII, 18 licher der des vermögens ist, hiemit von vns wolmeinendlich ermahnet wirdet vor sein selbst eigen hauß zum wenigsten sechs lederne eimer, auch eine oder mehr messings strenten [3] vnd andere notdurfft zu verschaffen, deren man zum angriff in zeit der noth mechtig sein könne.

Die fewerherrn aber des weichbildes alda das 11 fewer entstanden, sollen darzu zum forderlichsten trachten das die gereidschafft des weichbildes vnd der gilden an lettern, hacken vnd eimern an den ort aldo das fewer verbanden, verschaffet werden müge, vnd do dan mehr gereidschafft nötig vorfallen würde, sollen die nachbaren vnd andere herumb gesessene nach gelegenheit auch darumb angelanget werden. Inn dem auch ein jglicher dem andern [4] gern vnd williglich zu hülffe kommen vnd was vor gereitschafft ein jeder bey sich hat dem andern [4] volgen lassen sol.

Vnsere verordente fewerwechter sollen bey som- 12 merzeiten von Ostern biß Michaelis von nenn vhren

CLVII, 20 auff den abend bis vmb drey den morgen vnd des winters von Michaelis biß vmb Ostern des abends so bald die wechterglocke geleutet biß den morgen vmb fünff schlegen sich auff den gassen finden lassen vnd alle stunde vermöge ihrer pflicht vnd eyde die sie vns deßwegen gethan haben, auff allen gassen an den ecken, wie sich dessen ein jegliches weichbild mit jhnen verglichen, anrüffen vnd menniglichen zur vleißigen vffsicht trewlich vermahnen, auch keine stunde, bey vermeidung der straffe des meineydes, vnauffgeruffen vorbey gehen lassen.

So sollen auch bemeite fewerwechter mit allem 13 vleiß achtung darauff geben, ob etwa ein vn-

CLVII, 21 gewöhnlicher brändiger, glimmender [5] rauch sich ereugete, welchem sie vleißig nachgehen sollen biß sie erfahren wor derselbige sey. Vnd do sie dann deßwegen einen argwohn schöpffen,

---

1) *Alte Correctur st. bestes. Desgleichen* 2) *st. auch.* 3) *st. messengs strenten.* 4) *Im Orig. anderm.* 5) *Alte Correctur st. glömender.*

wůrden das dahero ein fewer oder brand zu besorgen, vnd auch menniglich in dem hause da solcher rauch vermutlich verhanden, sich schlaffen niedergelegt, sollen sie schuldig vnd pflichtig sein, wie wir jhnen solches mit ernst hiemit vfflegen, do die noth nicht so gros verhanden mit glimpff an solch haus zu klopffen, den wirt oder das gesinde zu erwecken vnd zu fleißiger vfsicht zu vermahnen.

14 Würde aber allbereit noth verhanden vnd keiner in solchem hause vber end¹ sein, sollen bemelte fewerwechter ein geschrey machen, den wirt vnd die nachbarn erwecken, auch do der so auff dem thurm vom haußman geordnet solch fewer nicht so bald erfahren würde, den haußman selber neben den opfferleutten aldo sie zunechst an gerathen ermuntern vnd jhnen die gelegenheit vermelden, darmit sie sich alßbalden auff die thůrme verfügen vnd jhres ampts pflegen mügen.

15 Die andern vnd vbrigen fewerwechter aber sollen schuldig vnd pflichtig sein nach der bürgermeister vnd zehenmänner heusern in allen fünff weichbilden sich zu verfügen vnd die mit glimpffe zu erwecken, inmassen denn der eine wechter im Sacke den marschalck neben seinem gesinde ermuntern, vnd der ander wechter nach dem burgermeister des weichbildes aldo fewr verhanden, eilen, darselbst mit glimpffe anklopffen vnd die noth vermelden, darmit dieselben desto ehe vnd one schrecken herfůr kommen mügen.

16 *CLVII·25* Welcher wechter dann also zum ersten einen angehenden fewerschaden anmelden, dadurch abwenden oder also durch sein ankündigen demselben fürkommen wirdet, dem sol von vnserer² müntzschmiede jedes mals eine marck verehret werden.

17 *CXLIII·4* Sonsten sol ein jeglicher haußwirt bey welchem fewer auffkömbt, zu tag vnd nacht so bald ers erfähret ein geschrey bey seinen nachbarn zu machen schuldig vnd pflichtig sein.

18 *CLVII·27* Vnd wann alsdann die opfferleute vnd haußman dergestalt ermuntert oder sie solches selber er-

fahren, sollen sie alßbalden zu sturm blasen vnd an die glocken schlagen, darmit die bürgerschafft in der zeit erwecket vnd desto eher zum retten oder wohin ein jeder sonst bescheiden, kommen möge. Welchem sich auch gleichsfals bemelte opfferleute vnd thůrmmanne, bey vermeidung vnser ernsten straffe, gemes verhalten sollen, do bey tage etwa fewer, tumult oder ander vnrath entstünde.

19 *CLVII·21* Vnd damit desto besser solches alles zu wercke gerichtet müge werden, befehlen wir vnsern thurmmannen hiemit ernstlich vnd wollen von jhnen gehabt haben, das sie fürterhin allemal³ eine person zu tage vnd nacht auff den thůrmen von jhrem gesinde halten, die auff die stadt achtung geben vnd do sie etwas von fewr oder anderm vnrath vernemen würden, alßbalden blasen, auch die glocken ziehen vnd bey tage einen blutfanen, bey nacht aber eine leuchte nach den orten allda das fewer entstanden, außhengen.

Werden in dem bemelte vnsere bestalte thurmmanne seumig vnd nachlefsig gefunden, sollen sie mit entsetzung der dienste, gefengnus oder sonsten nach verwirckung gestrafft werden.

20 *CLVII·26* Im gleichen⁴ wollen wir auch das die wechter vnd bürger so die nachtwache auff den thoren halten, sobald sie ein fewer auffschlagen sehen oder sonsten einen geferlichen tumult vnd andern vnrath vernemen, solches mit jhrem⁵ blasen vermelden, auch darmit nicht ablassen biß sie eigentlich vermercken das die leute aus dem schlaffe erwecket. Darneben sol auch einer von derselben mit vleiß nach dem felde warts aufsehen vnd achtung darauff geben, wie etwa die sachen aufserhalb der stadt geschafften, vnd do sie dann etwas vermercken, sol ein jeglicher solches alßbalden seinem⁶ regierenden bürgermeister in dem weichbilde kand thun vnd sich hinwider zum förderligsten auff das thor finden allda er zur nachtwache bescheiden.

21 Vnd nachdem wir an alle ratheuser vnd sonsten hin vnd wider an gelegenen örtern in der stadt fewerlampen hengen haben lassen, beuch-

---

1) Im Orig. vberend. *Desgleichen* 2) vnserm, 3) allermal, 4) gleichem, 5) jhren, 6) seinen.

len wir vnd wollen, das vnsere zeugmeister,[1] denen die bechkrentze beuohlen, zu rechter zeit verschaffen sollen das an die örte alldo lampen hengen deren etzliche versehafft werden. Vnd sollen hieneben die marckmeistere, wechter vnd frouen gentzlich, bey vermeidung ernster straffe, bedacht sein das sie in solchen nothfellen auff bemelte fewerlampen bey den[2] ratheusern vnd kirchen die hochkrentze vngeseumbt legen, anzünden vnd stets brennende erhalten, inmassen dann der haberschreiber auff die lampen am rathause vnd der bawermeister welcher auff der müntze wohnet auff die lampen darselbst, auch ein jeglicher bürger der eine lampen an seinem hause hengen hat, gleicher gestalt darauff achtung geben sol.

22 **H**ierneben ordnen vnd wollen wir, das ein jeder bürger der bey den ketten vnd schlagbeumen wohnet, neben demjenigen welchem die schlüssel darzu beuohlen, dieselben alßbalden einhengen vnd zuschliessen, vnd das von den nachbarn so auff beyden seiten darbey wohnen, eine leuchte mit brennenden liechtern vor die thür gehenget sol werden, darmit ein jeglicher darüber nicht fallen möge.

23 **W**ann aber solche einhengung der ketten vnd verschliessung der schlagbewme geschehen, sol sich ein jeder alßbalden an den ort dahin er bescheiden, finden vnd die schlüssel zun ketten vnd schlagbewmen zur hand hengen lassen, vnd darneben beuohlen, wann wasser gefuertt[3] oder ein bürgermeister oder vnser diener einer der[4] orts hero reitten würde, das solche ketten vnd schlagbewme eröffnet vnd alßbalden hinwider zugemacht werden sollen.

24 **V**nd alldieweil alhie eine stadliche wasserkunst gott lob
CXLVII, 3 vorhanden, sol kein pipenpfal in keinerley wege ab-
(CLVII, 36) gehawen werden, sondern ein jeglicher sol dem andern mit auffwringen[5] der hanen so viel müglich im fall der noth sich vnterstehen zu dienen, damit wo in mehr orten fewersnot vorfallen würde, das wasser den andern orten nicht entzogen werden möge, bey straffe dreyer marck,

daruon vns dem rathe eine marck vnd die andern beyden marck demjenigen[6] der den schaden gelitten, gegeben sollen werden.

Es sollen sich auch vnsere fewerwechter also- 25 balden in das weichbilde alda das fewer vor- CXLVII, 36 handen zu dem kunstmeister, pipenmacher oder müller finden vnd denselben anzeigen das schütze vor dem ren darinnen das wasserrath gehet auffzuziehen vnd das rohrwasser laufen zu lassen, welche auch bey jren eidspflichten schuldig sein sollen nach den wasserkünsten zu eylen vnd solchem zu folge die wasserkunst vff den hanen welcher das wasser dahin füret aldo das fewer verhanden, gehen zu lassen, vnd also das wasser zu uerschaffen, bey vermeidung vnser ernsten straffe. Vnd damit solches alles desto besser[7] zu werck gerichtet werden möge, sollen vnsere müller so oben an der Ocker vnsere mühlen innen haben, das wasser nicht zu nidrig abmalen, auff das in fewersnoth die wasserkunst desto besser vmbgehen möge.

Alle wasserfürer, fuhrleutte vnd karrenzieher, auch 26 diejenigen welche kutzschepferde halten, wann CXLIII, 9 sie inheimisch sein, sollen schuldig vnd pflichtig sein vngeseumet wasser zuzuführen, vnd wer die ersten kuffen wasser an das fewer bringet, dem sol ein gülde, der die ander, drey ort, vnd der die dritte, ein halber gülde zur verehrung gegeben werden.

Wan nun der marsteller, wie oben vermeldet, 27 in fewersnöten oder sonsten also bey nachtschlaffender zeit erwecket, oder es sonsten bey nacht oder tage vernimpt das zu sturm geschlagen, geblasen[8] oder sonsten geferlich geschrey gemachet wirdet, sol er alsbalden alle pferde durch die knechte vnd jungen die er auff dem stalle bey sich hat, satteln vnd auffzeumen lassen, damit man der in zeit der not mechtig sein müge, wie wir dann solches auch den knechten vnd jungen welche alle mal auff vnserm marstal dienen werden, hiemit ernstlich bey vermeidung vnser straffe beuohlen thun damit nicht zu seumen sondern solches alsbalden zu werck zu richten.

---

1) *Alte Correctur st. zeigmeister.* 2) *Im Orig. dem.* 3) *Alte Correctur st. vnser genuerdt. Desgl.* 4) *st. des.*
5) *st. auffwingen.* 6) *Im Orig. denjenigen.* 7) *Alte Correctur st. desser. Desgleichen* 8) *st. ein geblasen.*

28 **V**nser des raths heuptman, wäpener [1] vnd reisigen
CXLIII. 4 knechte sollen vngeseumbt gestieffelt vnd mit jh-
CLVII. 52 rer wehre auff vnserm marstal erscheinen vnd allda
vnser gewertig sein, auch da es die [2] not erfoddert
die knechte solche pferde auffzeumen vnd sat-
teln helffen.

29 **E**s sol auch vnser marsteller neben dreyen
knechten alsbalden sich zu pferde finden lassen
vnd nach dem jüngsten regierenden bürgermei-
ster des weichbilden aldo fewer entstanden rei-
ten, demselben auch ein pferd darauff ehr ver-
wart mitbringen vnd neben demselben bey dz
fewer reiten vnd sonsten weiter verrichten was
jhme beuohlen wirdet.

30 **V**nser heuptmann aber vnd wepener sollen sich
auff vnserm [6] marstall gerüstet auff den pferden
enthalten, vnd da je noch ein fewer entstünde,
alsdann sol der wepener oder in abwesend des-
selben der elteste diener ueben dreyen knech-
ten nach dem andern bürgermeister in dem weich-
bilde da solch fewr entstehet reiten, demselben
ein pferd bringen vnd verrichten was jhnen be-
uohlen wirdet.

31 **E**in jglicher burgermeister aber der an das
fewer zu reiten beuohlicht, sol auff allen seiten
so nahe er kan an das fewer reiten, solches be-
sichtigen vnd die bürger vnd handwercksgesel-
len in güte vnd mit ernste zur vleissigen hülffe
vnd rettung mit wassertragen vnd anderm [4]
vermanen, auch keinen der nicht retten vnd zu
helffen gemeint ist, bey dem fewer leiden son-
dern denselben abweisen, darmit andere nicht
gehindert werden.

32 **D**ie vbrigen bürgermeister in allen fünff weich-
bilden sollen sich neben den camerern vnd raths-
herrn alsbalden wenn zu sturme geschlagen oder
geplasen wirdet [5] auff die rathcuser [6], die zehen-
manne aber [7] neben dem bruchcamerer [8] auff die
müntz vnauffbleiblich verfügen.

33 **V**nd wollen wir alsdann in jedem weichbilde nach
CXLIII. 4 alter hergebrachter gewonheit die welle, thürme vnd thore,

auch personen nach dem fewr vnd andere notturfft zu
bestellen wissen, vnd was wir also den heuptleuten
oder bürgern beuohlen werden, dem sol ein jg-
licher trewlich nachsetzen, wie wir dann gleich-
fals gehabt haben wollen, was einem jglichen
bürger oder rottmeister vnserat wegen von den
heuptleuten beuohlen, das man dem trewlich nach-
komen sol, bey vermeidung vnser ernsten straffe.
So seindt wir auch bedacht hinfürter vnsere 34
bürgerschafft in gewisse rotte auszutheilen, rott-
meister zu uerordnen vnd darneben den heupt-
leuten zu [2] befehlen, wie wir jhnen dann hie-
mit aufferlegt vnd beuohlen wollen haben, solche
rotte alle jahr zwier, als vierzehen tage nach
Michaelis vnd vierzehen tage nach Ostern, zu
besehen, ob jemands daraus verstorben oder sich
an einen andern ort begeben, darmit an dersel-
ben stad andere geordenet werden mögen. Wie
starck aber eine jede rotte sey, sol ein jeglicher [10]
bey seinen [11] eydan bey sich verschwiegen be-
halten vnd solches niemandes offenbaren.

Aber vnser bürger halber thun wir diese ver- 35
ordnung, das die nachbarn welche nicht weit von CLVII, 38
dem ort aldo fewer entstanden wohnen, verscho-
net sein sollen an ort vnd enden aldo sousten
ein jeder bescheiden zu erscheinen, sondern mö-
gen in jhren heusern verharren, wasser vnd
andere notdurfft zum fewer vnd auff jhre sölder
oder böhnen, darmit dem flogefewer gesteu-
ret werde, verschaffen, auch mit vffsehens
tragen helffen, was an gerethe aus dem hause
worinnen fewer entstanden vnd sonsten in oder
aus der nachbarschafft getragen wirdet. In son-
derheit aber sol ein jeder nachbar darauff mit
vleis achtung geben, worhin vnd von weme sol-
ches auffgetragen [12], vnd do jemand vnbekant
sich des aufftragens vnterstünde, oder es wüste
einer deßwegen keinen guten bescheid zu geben,
sol ein jeglicher das auffgetragene gerethe sei-
nem bedrangten nachbarn zum besten an sich
halten vnd in seinen gewarsamb nemen. Würde

---

1) *Alte Correctur st.* worpener. *Desgleichen* 2; *st.* noch. 3) *Im Orig.* vnsern. 4) *Alte Correctur st.* andern. *Desgleichen* 5) *st.* wirde. 6) *st.* rathcusern. 7) *st.* vber. 8) *Im Orig.* buch cammerer. 9) *Alte Correctur st.* hiemit zu. 10) *Im Orig.* jeglicher. 11) *Im Orig.* seinen. 12) *Alte Correctur st.* auffgetragens.

aber darüber von jemand etwas heimlich hinterhalten vnd seinen nachbarn nicht hinwieder zugestalt, sol solches nach verwirckung als ein diebstal gestrafft werden.

36 Sonsten verbieten wir hiemit alles stelen vnd wollen, do jemands sich dessen vnterstehen vnd auff die fünff goltgülden wert stelen würde, das derselbige darumb mit dem strick vom leben zum tode gebracht, oder da der diebstal geringer, mit rutten aufgestrichen soll[1] werden.

CLVII. 41

37 Wer aber so vergessend sein vnd die ledern eimer, wie vormals aber geschehen, zerschneiden vnd solche stelen würde, derselbe sol am leben gestrafft werden.

38 Fürter beuehlen wir auch vnd wollen, das die bürger so vnter dem fewer wohnen, darbin verdacht sein sollen das sie alßbalden mist tragen lassen, auch bretter vnd holtz dafür legen vnnd etzliche demme machen sollen, damit das wasser welches zuleufft müge auffgefangen vnd gehalten werden. Es sol aber von solchen nachbarn jmmer einer bey den geschlagenen demmen verharren vnd darauff achtung geben das sie nicht durchgestochen oder sonsten zergehen mögen, sondern dieselben so viel müglich bessern, darmit alle angewandte mühe nicht vergebens vnd das wasser entrinnen müge.

CLVII. 38

39 Viertzig vnser bürger, so zunegst jedem thor wohnen, sollen sich alßbalden wenn zu sturm geschlagen oder geplasen wirdet, vor ein jedes thor finden, die schlagbeume vnd ketten da sie für her gehen müssen zumachen vnd hernach auff den schlagbaum so allernechst dem thore ist, jhre rohre oder büchsen legen. Vnd alsdann sol der jüngste heuptmann in einer jeglichen burschafft vor das thor alda er die tagewacht mit zu halten schuldig, sich finden vnnd aus solchen viertzig bürgern zwantzig, welche am besten bewehret, außlesen vnd dieselben vor dem thore bey sich behalten, dann andern aber nach dem marckte zu gehen beuehlen.

CXLII. 4

40 Zwantzig bürger aber, so dem bürgermeister der zum fewer reiten muß am nechsten wonen,

sollen vngeseumpt sich zum burgemeister vor seine thür finden, alda dann auch der elteste heuptman der burschafft in welcher das fewer entstanden, erscheinen vnnd aus den zwantzig bürgern zehen aufnemen, die neben dem heuptman bey dem bürgermeister von anfang biß zum ende bleiben vnd vff denselben mit vleis achtung geben. Den vbrigen zehen bürgern aber soll alßbalden nach dem marckte zu gehen beuohlen werden.

41 Die vbrigen heuptleuts vnd bürger aber, welche nicht nahe bey dem fewer wohnen, auch nicht vor die thor oder anff den burgemeister zu warten bescheiden, sollen vnaußbleiblich vnd vngeseumet bey dero im stadtrechten[2] verordenter peen mit jhrer besten wehre nach dem rathhauß in ein jedes weichbildt dahin ein jeder gehört sich verfügen vnd aldo des regierenden burgemeisters beuehlich erwarten vnd sich demselben trewlich gemeß verhalten. Jedoch sollen hieraus zimmerlente, steindecker, lementierer vnd badstober auch zimmer- vnd schmideknechte eximirt sein, dann dieselben sollen one alle mittel verpflichtet sein an den örtern aldo das feur entstanden zu erscheinen vnd retten zu helffen, zu welcher behülff jnen dan nötig sein wil sich an die ort aldo fewerklettern, fewereymer vnd andere rüstung vorhanden, in eyl zu verfügen vnd so viel sie tragen oder vff karren vortbringen mügen mit sich zu nemen.

CXLIX. 4
CXLIX. 162 f.
CXLII. 14

42 Zudem sollen die nachbarn so in vnd hinter der gantzen gassen wohnen aldo das fewr entstanden, sich vngeseumbt zum fewer begeben vnd retten helffen, bey straffe einer marck. Auch mügen die freunde desjenen dem der brandschaden begegnet, mit wissen vnd willen jhres regierenden bürgermeisters jhrem freunde helffen ruschen vnd das seine außbringen.

CXLII. 4

43 Niemands aber sol seine frembde geste oder kinder in zeit eines glockenschlags auff die strassen lauffen oder gehen lassen: widerführe jemands darüber vngemach, wollen wir darüber nicht richten.

CLXII. 237
CXLIII. 4. 6
CI. VII. 58. 99

44 Vnd darmit dann nun ein jeglicher bürger nicht also zerstrewet für die ratheuser lauffen dürffe, sondern wissen müge an welchem ort er neben

---

1) *Alte Correctur* st. sollen.   2) *Vielmehr im Echteding: das Stadtrecht enthält nichts der Art.*

seinem nachharn in der bürschafft darinnen er
wonet erscheinen, man auch desto besser welche
vngehorsamlich aussenhleiben erfaren vnd die-
selben darumb gestrafft werden mügen, setzen
ordnen vnd wollen wir, das fürterhin in der Al-
tenstad s. Vlrichs hurschafft vor dem kliphause,
s. Michaelis hurschafft auff dem Altenstadt-
marckte am kirchhoffe da die hocken stehen, die
in der Hogenthorshurschafft vor dem rathause
vnd die in s. Peters hurschafft vor der Breiten-
strasse am schrancke, im Hagen aber die Wende-
thorsburschafft auff dem Hagenmarckte vor dem
wandhause nach der Wendestrassen, die Val-
lerschlehische hurschafft vor der hrodschorn vnd
die Steinthorshurschafft vor dem kliphause. Jann
in der Neustadt die Langenstrasser hurschafft
vor der kuchen vnd die Reichenstrasser hurschafft
vor das rathaus, in der Altenwiek s. Egidien bur-
schafft vor dem rathause nach dem thor vnd s.
Magni burschafft nach der mühlen warts, vnd
im Sacke die Schuhstrasser hurschafft bey dem
brunnen vnd die Kannengiesserstrasser hurschafft
auff der andern seiten des rathauses nach dem
marstalle sich finden lassen sollen.

45 Die bürger aber welche naff dem Bruche woh-
nen, sollen alßbalden auff den Bruchwall gehen
vnd mit vleiß darauff achtung geben, ob man
sich auch ausserhalb der stadt etwas zu befah-
ren habe. Vnd do sie etwas vornemen, sollen sie
solchs alßbalden durch eine oder zwo personen
dem regierenden[1] hurgermeister anzeigen lassen,
darmit man die notdurfft dargegen zu heden-
cken haben möge.

46 Würde sich aber bey tage ein fewer ereugen[1*],
CLVII. oder es würde sonsten zu sturme gehlasen, ge-
schlagen oder ein geferlicher tumult erregt vnd
ein geschrey gemacht, sol der thorhüter alsbal-
den zum thor ausgehn vnd das hinter ihm[2] zu-
machen lassen vnd die schlagbeume verschlis-

sen. Würde alsdann vermerckt das kein gefahr
verhanden, soll er wider in die thor gelassen
vnd nichts minder biß auff vnsern houehlich die
thore verschlossen gehalten werden, ein jglicher
aber dem die schlüssel zum thor benohlen, sol
alßbalden nach dem thor eilen vnd dasselbige
verschlissen.

47 Vnd sol sich sonsten ein jglicher alßdan alleut-
halben verhalten wie oben, wenn etwa hey nachte
ein fewer entstünde oder sonsten zu sturm ge-
schlagen oder gehlasen würde, verordnet.

48 Würde aber vor den[3] thoren in den vorseten
dem[4] Rennelberge oder Steinwege bey nacht oder tage
ein fewer entsteben, wollen wir nach gelegenheit zum
fewer zu[5] verordnen wissen. Aber vnsere bürger,
handwercksgesellen oder jemands anders
sol keinesweges aus der stadt ohne vnser vorwis-
sen sich zum fewer begeben, wie dann auch auff
solchen[6] fall die thore[7] alßbalden sollen ver-
schlossen werden.

49 Vnd gehieten hierauff allen vnd jglichen vnsern
hürgern, einwohnern vnd verwandten, auch hand-
wercksgesellen vnd die sich hey vns enthalten,
ernstlich vnd wollen, das ein jglicher in fürfal-
lender noth dieser vnser ordnung, wie die einen
jeden vnterschiedlich betreffen thut, vfrichtig
vnd getrewlich nachkommen vnd sich aus keiner-
ley vrsache, sie sey dann erhehlich, hey vermei-
dung vnser ernsten straffe, daruon abhalten las-
sen solle.

50 Wir behalten vns aber hiemit außdrücklich be-
vor, diese vnsere ordnung inkünfftig nach gelegenheit CLVII.
zu endera, zu verbessern, zu mindern oder zu meh-
ren, vnd wir haben es also einem jeden dar-
nach er sich[8] zu richten haben müge aus trew-
hertziger vorsichtigkeit vermelden wollen. Ge-
schehen vnd gehen nach Christi vnsers erlösers
gehurt 1686 jare am 29. Augusti.

---

1) Im Orig. regierendem. 1*) Im Orig. erreugen. 2) Ursprünglich in, von alter Hand corrigirt im. 3) Alte
Corrector st. dem. 4) Im Orig. den. 5) zu fehlt. 6) Im Orig. solchem. 7) Im Orig. thoren. 8) Im
Orig. sich darnach: er fehlt.

CLXXIV. FEUERORDNUNG.

1590 August 29.

Mit dem Titel 14 ungezählte Bll. in 4°, gedruckt in einer ungenannten Officin, nach einer Angabe Sacks von Eberhard Hoffmann. Die Textschrift ist die nämliche wie in dem Drucke von 1586, ebenso die Arabesken in den Randleisten des Titels. Vier Zeilen des letztern sind roth gedruckt. Die Titelvignette zeigt auf oblonger Renaissancetafel ein umkränztes Oval, darin den Löwen rechts ansteigend und die Umschrift INSIGNIA CIVITATIS BRVNSWICENSIS, *unten einen Wappenschild mit den verbundenen Buchstaben* MH, *aus deren gemeinsamer Mittellinie eine Marke in Gestalt einer oben geschlossenen arabischen 4 aufsteigt, deren wagerechten Aussenschenkel eine kürzere Linie kreuzt. — Die Feuerordnung von 1586 ist in ihrem vollen Umfange unter Verbesserung der Incorrectheiten und mit einigen unwesentlichen Aenderungen des Wortlauts herüber genommen, ausserdem sechs Artikel des Entwurfs von 1573 (No. CLVII); neu sind einige kleinere Zusätze sowie fortlaufende Inhaltsangaben am Rande, die jedoch in dem hier gegebenen Abdrucke wegfallen durften. — Nur ein wörtlich, zum Theil selbst bis auf die Druckfehler gleichlautender Abdruck ist auch die 1626 bei Andreas Duncker in Braunschweig gedruckte* Fewrordnung der stadt Braunschweig etc.: *14 Bll. in 4°, der Titel rings von einem Friese in Holzschnitt umschlossen, der auf seinen Ecken allegorische Darstellungen der vier Elemente, auf jeder Seite eine aufgerechte Affengestalt und einen Cherubim, zwischendurch Blumenvasen und Arabesken enthält; als Vignette dient der umkränzte Löwe in Grösse und Form eines Stempels.*

Fewrordnung der stadt Braunschwig, jm jahre vnsers einigen erlösers vnd seligmachers Jesu Christi 1590 hinwider verbessert, auffs newe vberschen vnd vermehret.

Wir bürgermeistere vnd rathmanne der stadt Braunschwig thun allen vnd jeglichen vnsern bürgern, jnwonern vnd verwandten, auch denen die sich bey vns in vnd vor vnser stadt enthalten kund vnd zu wissen: Nachdem wir vns, ohne vnuerweislichen ruhm zu melden, bies anhero dahin beflissen, das nicht alleine gute richtige ordnungen in geistlichen vnd weltlichen sachen gestifftet sondern auch darüber so viel müglich gehalten werde, vnd wir vnter andern vns aus veterlicher sorgfeltigkeit zu gemüt gezogen, das nicht vndienstlich sein solte in zeit einer fewersnoth, lermens oder sonsten eine gewisse ordnung, wornach sich ein jeglicher zu achten haben möchte, auffzurichten, das wir demnach vnsere biebeuor in anno 1550 jn den druck gegebene fewerordnung in anno 1586 wider vor die hand genommen, solche mit fleiss durchsehen vnd dieselbige[1] an ort vnd enden da es bedürfft verbessert, vernewert vnd verendert. Als aber[2] dieselbe wider vnseren willen fast vnfleissig gedruckt, vnd wir dahero sie widerumb nothwen-

dig vnd damit sich keiner einiger vnwissenheit[3] zu entschüldigen noch solche in vergessenheit gestalt werden möge, auffs newe haben aufflegen lassen müssen[4], haben wir solche an etlichen örteren zu verbessern eine notturfft zu sein erachtet. Thun dasselbige vermehren, endern vnd verbessern dieselbe[5] hiemit vnd in krafft dieses also vnd dergestalt, das nun hinfuro von dato an derselben in allen puncten, clausuln vnd artickuln wircklich nachgelebt vnd von keinem darwider, so lieb jm sey vnsere ernstliche straffe zu vermeiden, gehandelt sol werden.

Setzen vnd ordnen demnach anfenglichs, das ein jeder 1 seine fewerstede, chamine, schoreteine, brauheuser, darren, backöfen vnd eben dermassen anrichten vnd verwarlich machen lassen sol, damit man sich dahero keines fewerschadens befahren dürffe. Dann wir gemeint förterhin alle jar vmb Walpurgis vnd Michaelis in allen fünff weichbilden durch die sonderlich darzu verordnete fewerhern alle fewrstede besichtigen zu lassen, inmassen wir

---

1) *Im Orig. wie* 1586 dieselbigen, *ebenso* 1626.   2) oben, *ebenso* 1626.   3) *Ausgelassen* derselben.   4) vnd damit etc. *folgt* 1586 *erst weiterhin.*   5) *Im Orig.* dieselben, *ebenso* 1626.

67

jnen solches hiemit ohne weitern vnsern geheiss ernstlich aufflegen vnd befehlen. Vnd do dann vnuerwarte gefehrliche fewerstedte befunden werden, sol den hausswirten vnd jnwonern alsbaldt von vnsern fewerherrn aufferlegt vnd befohlen werden das sie dieselben vnuorwarten fewerstedt in gewisser frist, welche jnen die verordenten fewrherren darzu ansetzen werden, bey straffe einer marck anders vnd verwärlicher nach rathe, gutachten vnd befehlich der fewerherrn bawen vnd bessern lassen sollen. Würde sich aber jemand an solcher der fewrherren befehlich nicht kehren, sol ein jeder von den fewerherrn dem regierenden bürgermeister oder brochkämmerer zu weichbilde vbergeben vnd solche straffe von dem vnnachlessig gefürdert vnd nichts minder aufferlegt werden solche fewerstedte dermassen in gewisser zeit verwahren vnd machen zu lassen, das dahero seinen nachbarn kein schade zugefüget werde. Kompt jemands demselben alsdann nicht nach, sol von demjenigen die straffe gedoppelt, als zwo marck, gefürdert vnd nichts minder die besserung der fewrstede aufferleget werden. Würde jemand das auch verechtlich hingehen lassen, wollen wir denselben mit einer peene mit dem vorsatz so lang verfolgen lassen, bis er zum schüldigen gehorsam gebracht werden.

2 Es sol auch ein jeglicher bürger seine schorsteine rein halten vnd die des jars auffs wenigste ein mal ausfegen lassen, damit dadurch allem vnrath welcher deswegen erfolgen könte, vorgebawet werde.

3 Vnd nachdem aufsehens von nöten, sol ein jeglicher gastgeber oder wirt in acht haben wen er herberget. Keine aber schaden daruon, vnd der wirt beargwont würde das er kein gut auffsehen auff seine geste gehabt, sol der wirt zu allem schaden antworten. Es sol aber zu mehrer verwahrung ein jeglicher wirt der gemeinlich mit vielen gesten beladen, zu der zeit wenn er fremde geste in seinem hause beherberget einen fleissigen wechter darzu bestellen vnd halten, der bey nachte die fewerstedte vnd das gantze haus vnd hoff allenthalben bewachen vnd besehen müge, vnd wenn derselbige eine verdechtigkeit an den gesten oder fewersnoth vermercket, dasselbige alsbalden dem wirte ansagen vnd ein geschrey machen, bey peen einer marck so offt ein jeglicher wirt solchen wechter nicht bestelt vnd verordnet.

Zu dem sol ein jeglicher hausswirt darzu trachten das 4 in seinem hause bey liechte weder gedrosschen, stroh geschnitten, flachs gehracket, getreitet, geristet, geschwungen oder gehorbelt, noch auch mit hanff vnd peche vmbgegangen werde, bey bruche eines gülden so offte darwider [1] gehandelt wirdet.

So sol keiner vnserm stadtrechten zuwider bey dero da- 5 rin verleibter straffe kopffreiffer, bohnen oder manstro bey sich in seiner gewarsam niederliegen, viel weniger bey jhme pulner ligen haben, es were dann das solch pulner an einem sodanen ort geschaffet werden köndte aldo weder fewer oder liecht hin keme, vnd es also gnugsam vor dem fewer gesichert were, bey vermeidung vnser ernsten straffe.

Bey nacht sol kein einig maltz gedarret noch aschen 6 oder kolen auff den boden gegossen werden, bey vermeidung vnser ernsten straff, darmit ein jeglicher belegt sol werden so offt er darwider handeln wird. Würde aber daraus schade erfolgen, sol derjenige der solchen schaden verursachet, mit weib vnd kind ewig verwiesen werden. Wolte jn aber der beschedigter vmb erlittenen schaden besprechen, sol jme solches hiedurch vnbenomen sein.

Hierneben sol ein jeder seine darre vnd die becker 7 jre backöfen zwischen steinern mawren vnd ein gewelbe [CLVII, 1] oder aber abstricke darüber machen vnd alle stender zu den wenden vnd balcken da die darren vnd backöfen ligen, mit leimen vnd kalcke bekleimen, darmit kein fewer daran fliegen vnd anglimmen könne.

Vnd weil die becker offt holtz in jren backöfen treugen, 8 sollen sie die backöfen mit eisern thüren, desgleichen auch [CLVII, 2] die rauchhöle mit eisern platten dichte zuthun vnd zulegen, darmit keine glöy daraus schlahen könne im fall wenn sich das holtz in den backöfen anzünden würde.

Vnd weil die becker offt holtz, brawer vnd becker jr holtz das 9 sie zu dem darren, brauwercke vnd backwercke gebrau- [CLVII, 4] chen wollen, den darren, brawhausern vnd backofen nicht zu nahend sondern so weit dauon legen als jhnen nach gelegenheit jres hauses vnd raums zu thun möglich.

Die becker sollen auch dempfkeulen in der erde haben, 10 darin sie die glüende kolen aus den backofen giessen vnd [CLVII, 7] ausdempfen können.[2]

Vnd als die bättticher vber jrem fewr vnd in den schor- 11 [CLVII, 6]

---

1) Im Orig. darwiger, 1626 verbessert. 2) Ausgelassen Vnd wen solchs geschehen etc. etc.

steinen offtmals holtz auch treugen lassen, das nicht ohne sorge vnd gefahr ist, sollen sie dasselbige alle abend besehen vnd fleissige achtunge darauff geben, das keine funcken darin geflogen sein mögen, daruon das holtz bey nachtschlaffender zeit anbrennen könte.

12 Würde nun ein mültzer, brawer, becker oder bütticher CLVII,³ mit seinem holtze vnd kolen anderer gestalt gebaren vnd handelen dann als hieroben berüret ist, der soll vns dem rahte jedes mal dafür zur straffe geben eine marck.

13 Wir wollen auch einen jeglichen hiermit ernstlich ermahnet haben, ohne welches solches zu eines jeden vnd desselben nachbarn besten gereichen thut, das ein jeder hauswirt vor sich selbsten auff fewr vnd licht in seinem hause achtung gebe, auch sein gesinde vnd kinder teglichs darzu vormane vnd denselben keines wege gestatte mit blossem lichte ohne leuchten in die stelle, auff die bönnen vnd sonderlich an die örter aldo leichtlich¹ ein vnheil sich zutragen künte, zu gehen.

14 Würde aber jemand durch seine nachlessigkeit, verseumnis oder sonsten vrsache zu einigem fewrschaden geben, sol er den seinen nachbarn gelten oder so lange biss er solches gethan als vnser stadt gewesen werden.

15 Es sollen auch vnsere bürgere vnd angehörige fürterhin in sommerzeiten wenn trückenissen einfallen, ohne alles ferner ankündigen vor sich selbsten entweder vor den thüren oder in jren höfen tags vnd nachts wasser stehen haben. Wie wir dann auch vnsere bürgere gleichfals in sonderheit hiemit fleissig ermanet haben wollen, das diejenigen welche steinern möltzebüdden oder tröge in jren höffen haben, darin zu nacht vnd tag einen vorraht an wasser haben, welches man in nothfellen gebrauchen vnd solches nach gelegenheit an das ort aldo ein fewr vorhanden, tragen oder sonsten verschaffen müge.

16 Vnsern fewerherrn thun wir hiemit ernstlich aufflegen vnd einbinden das jars zwier herümmer zu gehen vnd darauff mit fleis achtung zu geben das alle fewrleitern, gabeln, fewrhacken, wagen vnd andere darzu gehörende notdürfft in guter gereitschafft gehalten vnd dieselben von jhnen oder denjenigen nachbarn denen solche zu halten gebürt, zu rechter zeit gebessert werden, damit man solche gereitschafft in zeit der noth fertig habe vnd gebrauchen könne. Wie dann hierneben ein jeglicher der des vermögens ist, hiemit von vns wolmeinendlich ermanet wirdet vor sein selbst eigen hauss zum wenigsten sechs lederne eimer, auch eine oder mehr messingen strönten vnd andere nottrufft zu verschaffen, deren man zum angriff in zeit der noth mechtig sein könne.

17 Die fewerherrn aber des weichbildes alda das fewer entstanden, sollen darzu zum förderlichsten trachten das die gereidschafft des weichbildes vnd der glider an leitern, hacken vnd eimern an dem ort aldo das fewer vorhanden, verschaffet werden müge, vnd do dann mehr gereidschafft nötig vorfallen würde, sollen die nachbaren vnd andere berühmb gesessene nach gelegenheit auch darümb angelanget werden. In dem auch ein jeglicher dem andern gern vnd williglich zu hülffe kommen vnd was vor gereidschafft ein jeder bey sich hat dem andern folgen lassen sol.

18 Vnsere verordente fewerwechter sollen bey sommerzeiten von Ostern biss auff Michaelis von neun vhren auff den abend biss vmb drey den morgen, vnd des winters von Michaelis biss vmb Ostern des abends so bald die wechterglocke geleutet biss den morgen vmb fünff schlagen sich auff den gassen finden lassen vnd alle stunde vermöge jhrer pflicht vnd eyde die sie vns deswegen gethan haben, auff allen gassen an den ecken, wie sich dessen ein jegliches weichbild mit jhnen verghechen, ausruffen vnd menniglichen zur fleissigen auffsicht trewlich vermahnen, auch keine stunde, bey vormeidung der straffe des meineydes, vnausgeruffen vorbey gehen lassen.

19 So sollen auch bemelte fewerwechter mit allem fleis achtung darauff geben, ob etwas ein vngewehnlicher brandiger glimmender rauch sich erregete, welchem² sie fleissig nachgeben sollen biss sie erfahren wo derselbige sey. Vnd do sie dann deswegen einen argwohn schöpffen würden das dahoro ein fewr oder brand zu besorgen, vnd auch menniglich in dem hause da solcher rauch vermutlich verhanden, sich schlaffen nidergelegt, sollen sie schuldig vnd pflichtig sein, wie wir jnen solches mit ernst hiemit vfflegen, do die noth nicht so gross verhanden³ an solch hauss zu klopfen, den wirt oder das gesinde zu erwecken vnd zu fleissiger auffsicht zu vermanen.

20 Würde aber allbereit noth vorhanden vnd keiner in solchem hause vber end⁴ sein, sollen bemelte fewrwechter

---

1) Im Orig. leichtleich, 1026 verbessert. 2) Im Orig. welchen, ebenso 1626. 3) Ausgelassen mit glimpff. 4) Im Orig. wie 1566 vberrend, 1626 vberend.

ein geschrey machen, den wirt vnd die nachbarn erwecken, auch do der so auff dem thurm vom haussman geordnet solch fewer nicht so bald erfaren würde, den haussman selber neben den opfferleuten aldo sie zunechst an gerahten ermuntern vnd jnen die gelegenheit vermelden, darmit sie sich alßbalden auff die thürme verfügen vnd jres ampts pflegen mögen.

21 Die andern vnd vbrigen fewerwechter aber sollen schuldig vnd pflichtig sein nach der bürgermeister vnd zehenmenner heusern in allen fünff weichbilden sich zu verfügen vnd solche aus dem schlaffe[1] zu erwecken, inmassen denn der eine wechter ins Sacke den marselnaick neben seinem gesinde ermuntern, vnd der ander wechter nach dem bürgermeister des weichbildes aldo fewr verhanden, eilen, daselbst[2] anklopffen vnd die noth vermelden, darmit dieselben desto ehe[3] herfürkomen mügen.

22 Welcher wechter dann also zum ersten einen angehenden fewerschaden anmelden, dadurch abwenden oder also durch sein ankündigen demselben fürkommen wirdet, dem sol von vnser müntzschmiede jedes mals eine marck verehret werden.

23 Sonsten sol ein jeglicher hauswirt bey welchem fewer auffkömpt, zu tag vnd nacht sobald ers erfebret ein geschrey bey seinen nachbarn zu machen schüldig vnd pflichtig sein.

24 Vnd wann alsdann die opfferleute vnd haussman dergestalt ermuntert oder sie alsbalden zu sturm blasen vnd an die glocken schlahen, damit die bürgerschafft in der zeit erwecket vnd desto eher zum retten oder wohin ein jeder sonst bescheiden, kommen möge. Welchen sich auch gleichfals bemelte opfferleute vnd thurmanne, bey vermeidung vnser ernsten straffe, gemess verhalten sollen, do bey tage etwa fewer, tumult oder ander vnrath entstünde.

25 Vnd damit desto besser solches alles zu wercke gerichtet möge werden, befehlen wir vnsern thurmmannen hiemit ernstlich vnd wollen von jnen gehabt haben, das sie fürterhin alle mal[4] eine person zu tage vnd nacht auff den thürmen von jrem gesinde halten, die auff die stadt achtung geben vnd do sie etwas von fewer oder anderm vnrath vernemen würden, alsbalden blasen, auch die glocken

ziehen vnd bey tage eine blutfanen, bey nacht aber eine leuchte nach dem orte alda das fewer entstanden, aushengen. Werden in dem bemelte vnsere bestalte thurmmanne seumig vnd nachlessig gefunden, sollen sie mit entsetzung der dienste, gefengnus oder sonsten nach verwirckung gestrafft werden.

26 Im gleichen[5] wollen wir auch das die wechter vnd bürger so die nachtwache auff den thoren halten, sobald sie ein fewer ausschlagen sehen oder sonsten einen gefehrlichen tumult vnd andern vnrath vernemen, solches mit jhrem[6] blasen vermelden, auch darmit nicht ablassen sollen biss sie eigentlich vermercken das die leute aus dem schlaffe erwecket. Darnebem sol auch einer von derselben mit fleis nach dem felde warts aussehen vnd achtung darauff geben wie etwa die sachen ausserhalb der stadt geschaffen, vnd do sie dann etwas vermercken, sol ein jeglicher solches alsbalden seinem regierenden[7] bürgermeister in dem weichbilde kund thun vnd sich hinwider zum förderlichsten auff das thor finden alda er zur nachtwache bescheiden.

27 Vnd nachdem wir an alle ratheuser vnd sonsten hin vnd wider an gelegenen örtern in der stadt fewerlampen hengen haben lassen, befehlen wir vnd wollen, das vnsere zeugmeister, denen die pechkrentze befohlen, zu rechter zeit verschaffen sollen das an die örte alda lampen hengen deren etzliche verschafft werden. Vnd sollen hierneben die marckmeisters, wechter vnd fronen gentzlich, bey vermeidung ernster straffe, bedacht sein das sie in solchen nothfellen auff bemelte fewerlampen bey den ratheusern vnd kirchen die pechkrentze vngesäumt legen, anzünden vnd stets brennend erhalten, inmassen dann der haberschreiber auff die lampen am rathause vnd der bawermeister welcher auff die müntze wohnet auff die lampen daselbst, auch ein jeglicher bürger der eine lampen an seinem hause hangen hat, gleicher gestalt darauff achtung geben sol.

28 Hierneben ordnen vnd wollen wir, das ein jeder bürger der bey den ketten vnd schlagbewmen wohnet, neben demjenigen welchem die schlüssel darzu befohlen, dieselben alsbalden einhengen vnd zuschliessen, vnd das von den nachbarn so auff beyden seiten darbey wohnen, eine leuchte

---

1) 1586: vnd die mit glimpffe. 2) Ausgelassen mit glimpffe. 3) Ausgelassen vnd one schrecken. 4) Im Orig. wie 1586 allermal, 1626 verbessert. 5) Im Orig. wie 1586 gleichen, ebenso 1626. 6) Im Orig. wie 1586 jhren, ebenso 1626. 7) Im Orig. regierenden, 1626 wieder wie 1586 seinen regierenden.

mit brennenden liechtern vor die thür gehenget sol werden, damit ein jeglicher darüber nicht fallen müge.

29 Wann aber solche einhengung der ketten vnd verschliessung der schlagbewme geschehen, sol auch ein jeder alsbalden an den ort dahin er bescheiden, finden vnd die schlüssel zun ketten vnd schlagbewmen im hause zur hand hengen lassen, vnd darneben befehlen, wann wasser geführet oder ein bürgermeister oder vnser diener einer der orts hero reiten würde, das solche ketten vnd schlagbewme eröffnet vnd alsbalden hinwider zugemacht werden sollen.

30 Vnd alldieweil alhie eine stadtliche wasserkunst gott lob vorhanden, sol kein pipenpfal in keinerley wege abgehawen werden, sondern ein jeglicher sol dem andern mit aufwringen der hanen so viel müglich im fall der noth sich vnterstehen zu dienen, damit wo in mehr örten fewersnoth vorfallen würde, das wasser den andern örten nicht entzogen werden müge, bey straffe dreyer marck, daruon vns dem rathe eine marck, vnd die andern beyden marck denjenigen der den schaden gelitten, gegeben sollen werden.

31 Es sollen sich auch vnsere fewerwechter alsobalden in das weichbilde alda das fewer vorhanden zu dem kunstmeister, pipenmacher oder müller finden vnd denselben anzeigen, das wasser in den dartönnen das wasserrath gehet auffzuziehen vnd das röhrwasser lauffen zu lassen, welche auch bey jren eidspflichten schuldig sein sollen nach den wasserkünsten zu eilen vnd solchem zu folge die wasserkunst vff den hanen welcher das wasser dahin füret aldo das fewer vorhanden, gehen zu lassen, vnd also das wasser zu verschaffen, bey vermeidung vnser ernsten straffe. Vnd damit solches alles desto besser zu werck gerichtet werden müge, sollen vnsere müller so oben an der Ocker vnsere mühlen innen haben, das wasser nicht zu nidrig abmalen, auff das in fewersnoth die wasserkunst desto besser vmbgeben müge.

32 Alle wasserführer, sulzleute vnd karrenzieher, auch diejenigen welche kutschepferde halten, wann sie inheimisch sein, sollen schuldig vnd pflichtig sein vngesewmet wasser zuzuführen, vnd wer die ersten kuffen wasser an das fewer bringet, dem sol ein gülde, der die ander, drei ort, vnd der die dritte, ein halber gülde zur verehrung gegeben werden.

Wann nu der marsteller, wie oben vermeldet, in fewersnöten oder sonsten also bey nachtschlaffender zeit erwecket, oder es sonsten bey nacht oder tage vernimpt das zu sturm geschlagen, geblasen oder sonsten gefehrlich geschrey gemachet wirdet, sol er alsbalden alle pferde durch die knechte vnd jungen die er auff dem stalle bey sich hat, satteln vnd auffzeumen lassen, damit man der in zeit der noth mechtig sein müge, wie wir dann solches auch den knechten vnd jungen welche alle mahl auff vnserm marstal dienen werden, hiemit ernstlich bey vermeidung vnser straffe befehlen thun damit nicht zu seumen sondern solches alsbalden zu werck zu richten. [33]

Vnser des raths reitender heuptman, wäpner vnd reisigen knechten sollen vngesewmpt gestiffelt vnd mit jrer wehre auff vnserm marstal erscheinen vnd alda vnser gewertig sein, auch da es die noth erfordert die knechte solche pferde auffzeumen vnd satteln helffen. [34]

Es sol auch vnser marsteller neben dreyen knechten alsbalden sich zu pferde finden lassen vnd nach dem jüngsten regierenden bürgermeister des weichbilden aldo fewer entstanden reiten, demselben auch ein pferd darauff er verwaret mitbringen vnd neben demselben bey das fewer reiten vnd sonsten weiter verrichten was jme befohlen wirdet. [35]

Vnser reitender heuptman aber vnd wäpner sollen sich auff vnserm [1] marstall gerüstet auff den pferden enthalten, vnd da je noch ein fewer entstünde, alsdann sol der wäpner oder in abwesend desselben der eltste diener neben dreyen knechten nach dem andern bürgermeister in dem weichbilde da solch fewer entstehet reiten, demselben ein pferd bringen vnd verrichten was jnen befohlen wirdet. [36]

Ein jeglicher bürgermeister aber der an das fewer zu reiten befehlicht, [2] sol auff allen seiten so nahe er kan an das fewer reiten, solches besichtigen vnd die bürger vnd handwercksgesellen in güte vnd mit ernste zur fleissigen hülffe vnd rettung mit wassertragen vnd anderm [3] vermanen, auch keinen der nicht retten vnd zu helffen gemeint ist bey dem fewer leiden sondern denselben abweisen, damit andere nicht gehindert werden. [37]

Die vbrigen bürgermeister in allen fünff weichbilden sollen sich neben den camerern vnd rathsherrn alsbalden [38]

---

1) Im Orig. wie 1586 vnsern, ebenso 1626.   2) Im Orig. befehlich, ebenso 1626.   3) Im Orig. wie 1586 andern, ebenso 1626.

wenn zu sturme geschlagen oder geblasen wirdet auff die rathcuser, die schenmanne aber neben dem bruchcamerer [1] auff die müntz vnausbleiblich mit jrer wehre verfügen.

39 Vnd wollen wir alsdann in jedem weichbilde nach alter hergebrachter gewonheit die welle, thürme vnd thore, auch personen nach dem fewer vnd andere notturfft zu bestellen wissen, vnd was wir also den heuptleuten oder bürgern befohlen werden, dem sol ein jeglicher trewlich nachsetzen, wie wir denn gleichsfals gehabt haben wollen, was einem jglichen bürger oder rottmeister vnsert wegen von den heuptleuten befohlen, das man dem trewlich nachkomen sol, bey vermeidung vnser ernsten straffe.

40 So sind wir auch bedacht hinfürter vnsere bürgerschafft in gewisse rotte auszutheilen, rottmeister zu verordnen vnd darneben den heuptleuten zu befehlen, wie wir jnen dann hiemit sufferlegt vnd befohlen wollen haben, solche rotte alle jar zwier, als vierzehen tage nach Michaelis vnd vierzehen tage nach Ostern zu besehen, ob jemands daraus vertorben oder sich an einen andern ort begeben, damit an derselben statt andere geordnet werden mögen. Wie starck aber eine jede rotte sey, sol ein jeglicher bey seinen eyden bey sich verschwiegen behalten vnd solches niemandes offenbaren.

41 Aber vnser bürger halber thun wir diese verordnung, das die nachbarn welche nicht weit von dem ort aldo fewer entstanden wohnen, verschonet sein sollen an ort vnd enden aldo sonsten ein jeder bescheiden, zu erscheinen, sondern mögen in jhren heusern verharren, wasser vnd andere notturfft zum fewer vnd auff jhre söller vnd bühnen, damit dem flogefewer gesteuret werde, verschaffen, auch mit vlaschen tragen helffen was an gerethe aus dem hause worinnen fewer entstanden vnd sonsten in oder aus der nachbarschafft getragen wirdet. In sonderheit aber sol ein jeder nachbar darauf mit fleis achtung geben, worhin vnd von weme solches ausgetragen, vnd do jemand vnbekanta sich des austragens vnterstünde, oder es wüste einer deswegen keinen guten bescheid zu geben, sol ein jeglicher das ausgetragene gerethe seinem bedrangten [2] nachbarn zum besten an sich halten vnd in seinen gewarsamb nemen. Würde aber darüber von jemand etwas heimlich hinterhalten vnd seinen nachbarn nicht hinwider zugestalt, sol solches nach verwirckung als ein diebstal gestrafft werden.

Sonsten verbieten wir hiemit alles stelen vnd wollen, do 42 jemands sich dessen vnterstehen vnd auff die fünff goltgülden wert stelen würde, das derselbige darumb mit dem strick vom leben zum tode gebracht, oder da der diebstal geringer, mit rutten ausgestrichen soll werden.

Wer aber so vergessen sein vnd die ledern eimer, wie 43 vormals aber geschehen, zerschneiden vnd solche stelen würde, derselbe sol am leben gestrafft werden.

Fürter befohlen wir auch vnd wollen, das die bürger so 44 vnter dem fewer wohnen, darhin verdacht sein sollen das sie alsbalden mist tragen lassen, auch breiter vnd holtz dafür legen vnd etzliche demme machen sollen, damit das wasser welches zuleufft müge auffgefangen vnd gehalten werden. Es sol aber von solchen nachbarn jmmer einer bey den geschlagenen demmen verharren vnd darauff achtung geben das sie nicht durchgestochen oder sonsten zergeben mögen, sondern dieselben so viel müglich bessern, damit alle angewante mühe nicht vergebens vnd das wasser entrinnen müge.

Viertzig vnser bürger, so zunegst jedem thor wonen, sol- 45 len sich alsbalden wenn zu sturm geschlagen oder geblasen vnd wenn sie sonsten bey tage oder nacht etwas erfüren ehe zu sturm geschlagen wirdet, vor die ersten thor finden, die schlagbewme vnd ketten da sie fürher gehen müssen, wie auch die thore zumachen, vnd hernach auff den schlagbaum so allernechst dem thore ist, jre röhre oder büchsen legen. Vnd alsdann sol der jüngste heuptmann in einer jeglichen burschafft vor das thor alda er die tagewacht mit zu halten schüldig, sich finden vnd aus solchen viertzig bürgern zwantzig, welche am besten bewehret, auslesen vnd dieselben vor dem thore bey sich behalten, den andern aber nach dem marckte zu gehen befehlen.

Zwantzig bürger aber, so dem bürgermeister der zum 46 fewer reiten mus am nechsten wohnen, sollen vngesaumpt sich am bürgermeister vor seine thür finden, alda dann auch der elteste heuptman der burschafft in welcher das fewer entstanden erscheinen vnd aus den zwantzig bürgern ausnemen, die neben dem heuptman bey dem bürgermeister von anfang biss zum ende bleiben vnd auff denselben mit fleis achtung geben. Den vhrigen zehen bürgern aber sol alsbalden nach dem marckte zu gehen befohlen werden.

---

1) *Im Orig. wie* 1586 *buch camerer, ebenso* 1626. 2) *Im Orig. bedrangtem, ebenso* 1626.

47 Vnser bestalter knechtischer heuptman aber sampt den vbrigen heuptleuten vnd bürgern, welche nicht nahe bey dem fewer wohnen, auch nicht vor die thor oder auff den bürgermeister zu warten bescheiden, sollen vnausbleiblich vnd vngeseumet bey dero im stadtrechten verordneter peen mit jrer besten wehre nach dem rathaus in ein jedes weichbildt dahin ein jeder gehört sich verfügen vnd aldo des regierenden bürgermeisters befehlich erwarten vnd sich demselben trewlich genoss verhalten. Jedoch sollen hierans zimmerleute, steindecker, lementierer vnd badstober auch zimmer vnd schmideknechte eximirt sein, dann dieselben sollen one alle mittel verpflichtet sein an den örtern aldo das fewr entstanden zu erscheinen vnd retten zu helffen, zu welcher behülff jnen dann nötig sein wil sich an die örter aldo fewerlettern, fewereymer vnd andere rüstung vorhanden, in eil zu verfügen vnd so viel sie tragen oder auf karren fortbringen mügen mit sich zu nemen. Wo aber kein fewer vorhanden sondern sonsten ein lermen, tumult oder meuterey sich zutrüge, sollen vorgemelte zimmerleute, steindecker, lementierer, badstüber vnd andere gleich jren nachbarn vngeseumet mit jrer wehre auff dem marckt, bey vormeidung vnserer ernsten straffe, erscheinen.

48 Zu[1] dem sollen die nachbarn so in vnd hinter der gantzen gassen wohnen aldo das fewer entstanden, sich vngeseumbt zum fewer begeben vnd retten helffen, bey straffe einer marck. Auch mögen die freunde desjenen dem der brandtschaden begegnet, mit wissen vnd willen jhres regierenden bürgermeisters jrem freunde helffen zusehen vnd das seine ausbringen.

49 Niemands aber sol seine frembde geste oder kinder in zeit eines glockenschlags auff die strassen lauffen oder gehen lassen; widerführe jemands darüber vngemach, wollen wir darüber nicht richten.

50 Vnd darmit dann nun ein jeglicher bürger nicht also zerstrewet für die rathauser lauffen dürffe, sondern wissen müge an welchem ort er neben seinem nachbarn in der burschafft darinnen er wonet erscheinen, man auch desto besser welche vngehorsamlich aussenbleiben erfaren vnd dieselben darümb gestraft werden mügen, setzen, ordnen vnd wollen wir, das Vlterkin in der Altenstadt s. Vlrichs burschafft vor dem kliphause, s. Michaelis bur-

schafft auff dem Altenstadtmarckte am kirchhoffe da die becken stehen, die in der[2] Hagenbors burschafft vor dem rathause vnd die in s. Peters burschafft vor der Breitenstrasse am schrancke, im Hagen aber die Wendethors burschafft auff dem Hagenmarckte vor dem wandhause nach der Wendestrassen, die Vallerschlebische burschafft vor der brodscharn vnd die Steinthors burschafft vor dem kliphause, dann in der Neustadt die Langenstrasser burschafft vor der kuchen vnd die Reichenstrasser burschafft vor das rathaus, in der Altenwieck s. Egidien burschafft vor dem rathause nach dem thor s. Magni burschafft nach der mühlen warts, vnd im Sacke die Schustrasser burschafft bey dem brunnen vnd die Kannengiesserstrasser burschafft auff der andern seiten des rathauses nach dem marstalle sich finden lassen sollen.

51 Die bürger aber welche auff dem Bruche wohnen, sollen alsbalden auff den Bruchwall gehen vnd mit fleiss darauff achtung geben, ob man sich auch ausserhalb der stadt etwas zu befürben habe, vnd do sie etwas vornemen, sollen sie solchs alsbalden durch eine oder zwo personen dem regierende[3] bürgermeister anzeigen lassen, darmit man die notturfft dargegen zu bedencken haben müge. Vernemen sie aber nichts vnd were bey tage, sollen sie auch auff den marckt zu komen schuldig sein.

52 Würde sich aber bey tage ein fewer ereugen, oder es würde sonsten zu sturme geblasen, geschlagen oder ein gefehrlicher tumult erregt vnd ein geschrey gemacht, sol der thorhüter alsbalden zum thor ausgehen vnd das hinter jm zunachen lassen vnd die schlagbewme verschliessen. Würde alsdann vermerckt das kein gefahr verhanden, sol er wider in die thor gelassen vnd nichts minder bis auff vnsern befehlich die thore verschlossen gehalten werden, ein jeglicher aber dem die schlüssel zum thor befohlen, sol alsbalden nach dem thor eilen vnd dasselbige verschliessen.

53 Vnd sol sich sonsten ein jglicher alsdann allenthalben verhalten wie oben, wenn etwa bey nachte ein fewer entstünde oder sonsten zu sturm geschlagen oder geblasen würde, verordnet.

54 Würde aber vor den thoren in den vorsteten vff dem Renneberge oder Steinwege bey nacht oder tage ein fewer entstehen, wollen wir nach gelegenheit zum fewer

1) Im Orig. zum, 1626 verbessert. 2) Im Orig. den, ebenso 1626. 3) Im Orig. wie 1586 regierendem, ebenso 1626.

zu [1] verordnen wissen. Aber vnsere bürger, handwercks-
gesellen oder jemands anders sol keines weges aus der
stadt ohne vnser vorwissen sich zum fewer begeben, wie
dann auch auff solchen [2] fall die thore [3] alsbalden sollen
verschlossen werden.

55 Vnd gebieten hierauff allen vnd jglichen vnsern bürgern,
einwohnern vnd verwandten, auch handwerckesgesellen vnd
die sich bey vns enthalten, ernstlich vnd wollen, das ein
jglicher in fürfallender noth dieser vnser ordnung, wie die
einen jeden vnterschiedlich betreffen thut, vffrichtig vnd

getrewlich nachkomen vnd sich aus keinerley vrsache, ein
sey dann erheblich, bey vermeidung vnser ernsten straffe
daruon abhalten lassen solle.

Wir behalten vns aber hiemit austrücklich beuor diese 56
vnsere ordnung inkünfftig nach gelegenheit zu endern, zu
vorbessern, zu mindern oder zu mehren, vnd wir haben
es also einem jeden darnach er sich zu richten [4] aus trow-
hertziger vorsichtigkeit vermelden wollen. Geschehen vnd
geben nach Christi vnsers erlösers geburt 1590 jare am
29. Augusti.

CLXXV. VERGLEICHUNG DER DREI STÄNDE.
1595 Nov. 28.

*Von dieser in Rehtmeier's Chron. S. 1111 gedruckten Urkunde finden sich im Stadtarchive
zwei Originale, welche von einer und derselben Hand herrühren und bis auf kleine Abweichungen in
der Schreibung in allem übrigen völlig gleichlauten, die Zahl der hergestellten Ausfertigungen aber
verschieden angeben, sodass fraglich bleibt, ob solche nur jedem der drei Stände, oder ob dem Rathe und
jedem der vierzehn Gildemeister sowie der fünf Hauptleute eine zugestellt wurde: vgl. die Note am
Schlusse. Hier wird das beim Rathe aufbewahrte Exemplar gegeben: Pergament, 20" breit, 12"
hoch, mit dem SECRETVM BVRGENSIVM IN BRVNSVIK von 2" Durchmesser aus grünem Wachs
in wächserner Kapsel, welches den Löwen auf einer Mauerzinne unter einer von zwei Thürmchen
flankirten Wimperge zeigt. — Wie dringend auch die wachsende Bedrängniss der Stadt durch Herzog
Heinrich Julius zur Eintracht mahnte: der Erfolg dieses Vergleichs war nur von ganz kurzer
Dauer. Schon im nächsten Jahre brachen aufs neue die Misshelligkeiten aus, bei denen, abweichend
von der stehenden Parteigruppirung früherer Zeit, die Hauptleute und hinter ihnen die Gemeinheit
wider Rath und Gilden standen. Nochmals 1598 ausgetragen — worüber eine besiegelte Urkunde
nicht vorliegt — führten sie unter mannichfach wechselnden Verwickelungen 1603 die Entsetzung
der Patricier und Lehenträger im Rathe, 1604 das berüchtigte Verfahren gegen Hennig Brabant
und die Hauptleute seines Anhangs herbei. Auch damit aber war nur für die Dauer der ersten
Betäubung Ruhe geschafft, und erst 1614, kurz vor der drangvollsten aller Belagerungen welche
Braunschweig zu bestehen gehabt, gelang es der Zwischensprache des Hansebundes den innern Frieden
hier wenigstens äusserlich herzustellen.*

Als wir burgermeister vnnd rath der stadt
Braunschweigk nuhn eine geraume zeitt hero
im werck befunden, das dieser gutten stadt vnnd
gemein von vnserenn wiederwertigen allerhandt
thattlichkaitten vnnd trangsahln zugestanden,
also das man sich bedencken lafsen das vnsere
wiederwerttige wegen einer eingebildetten jnner-

lichen vneinigkaitt desto mehr getrost dieser
gutten stadt hefftig zugesetzt, jhre jnhabende
regalia, priuilegia, frey- vnnd gerechtigkaitt zu
schwechen oder gahr abzuschneiden, haben wir
der rath, rathsgeschwohrne, zeheumanne vnnd
geschickte an einem, die ehrlichen gildemeister
an statt der gilden am andern vnnd die ehr-

---

1) zu *fehlt im Orig., ebenso* 1626, *wo ausserdem* verordnen *gesetzt ist.* 2) *Im Orig.* wie 1586 solchem, *ebenso*
1626. 3) *Im Orig.* wie 1586 thoren, *ebenso* 1626. 4) *Ausgelassen* haben müge.

lichen haupttleutte an statt der gemeind am drittenn theill auff vorgehabtten reiffen rath vnnd guetten[1] vorbedachtt vns mitt handt, mundt vnnd hertzen zusahmengesetzett, vereinbahrett vnnd vorglichen folgender gestalt vnnd also:

1 **D**as wir der rath, rathsgeschwohrne, zehenmanne vnnd geschicktte, auch vnsere nachkommen gemeiner stadt angelegene sache, auch regalia, priuilegia, frey- vnnd gerechtigkeitt wie biß dahero also auch kunfftiger zeitt vns mitt allem getrewen ernsten fleiß angelegen sein laßen vnnd darüber wie auch vnser loblichenn kirchenordnung, Formula concordiae, großen vnnd kleinen brieff, stadtrechtt, echtte ding, polizey-, ober- vnnd vntergerichtsordnung (allermaßen dieselbe jn anno drey vnnd fufftzigk begriffenn, jn vorhanden oder kunfftig mitt aller dreyer stende consenß oder ratification durch vnsere vnnd gemeiner stadt syndicos vnnd aduocatos in substantialpuncten vorbeßertt werdenn mochtte) steiff vnnd vhest halttenn, die liebe justici nach sollichen statuten, oder da die felle darinnen nichtt in terminis oder durch rechttmeßige folgerung begriffenn, nach gemeinen beschriebenen rechtten ohn einig ansehende der persohnen administriren, vnnd vns sonsten alß einer von gott gesatztten obrigkaitt woll anstehet in vnserm anbeuohlennn amptt vorhalttenn, auch alle dasjennige was hißhero furgefallenn sein magk, nichtts vberall außbescheiden, in ewig vorgefeahaitt stellen, deßen gegen niemandt, wer der auch sey, oder seine erben vnnd nachkommen in vnguette gedencken, besondern jhnen beiderseitz, auch der gantzen ehrlichen burgerschafft allen geneigtten willen, freundtschafft vnnd befoderung bestes fleißes betzeigen sollenn vnnd

2 wollenn. Dagegen auch wir die gildemeister an statt der gildenn vnnd wir die haubttleutte

an statt der gemeinde vns hiemitt fur vns vnnd vnsere nachkommenn kreffttiglich vorpflichtten vnnd vorbindenn, vorgedachtten vnsern herren vnnd obern alß vnserer von gott selbst furgesatztenn obrigkaitt wie bißhero beschehen also auch kunfftig vnnd zu ewigen zeittenn alle gebuhrende reuerentz, ehre, liebe, furchtt, schoß, vnpflichtt vnnd allen burgerlichenn gehorsahmb, wie trewen vnterthanen vermog gottlicher, nathurlicher auch beschriebener rechtte, auch erbar- vnnd billigkaitt allerseitz getzicmett, praestiren vnnd leistenn vnnd in allen zusahmenkunfftenn aller bescheidenhaitt, zuchtt vnnd erbarkaitt gebrauchenn, auch jhren e. w. in allen furfallenden nothen beystehen, leib, guth vnnd bluth bey denselben getrewlich auffsetzen vnnd die gantze ehrliche burgerschafft bey gutter ruhe, friedt vnnd einigkaitt nach bestem vormogen auch alles getrewen fleißes erhalttenn sollenn vnnd wollenn. Das alles haben wir der rath, 3 rathsgeschworen, zehenmanne vnnd geschicktte, auch gildemeister vnnd bauhttleutte vor vns vnnd vnsere nachkommenn einer den andern bey vnsern wahren wortten, trewen vnnd guttem[2] glauben stett, vehst vnnd vnuerbrachlich zu haltten vnnd mitt der thatt zu betzeugen gelobett, versprochen vnnd zugesagtt getrewlich vnnd außer einig gefehrde. Deßen zu mehrer beglaubigung sein dieser newen vorgleichung vnnd zusahmensetzung zwentzig[3] gleichs lautts vff pergameen geschrieben, deren eine dem rath, rathsgeschwohrnen, zehenmannen vnnd geschicktten, vertzehen[4] den gildemeistern vnnd funffe[5] den haubttleutenn vnter eines erbarn raths vnnd gemeiner stadt secret zugestallt. Geschen vnnd gegebenn vßm Neweustadt rathause am achtt vnnd zwantzigsten Nouembris anno ein thausendt funffhundert funff vnnd neuntzigk.

In beider Originalen 1) guettem. 2) gutten. *Laut der andern Ausfertigung* 3) drey 4) eine 5) eine.

68

560

CLXXVI. KRIEGSORDNUNG.

(1596.)

Nach einer der bei No. CXLIV erwähnten Handschriften. Die dort erhaltene Aufzeichnung, die einzige, welche vorliegt, ist nicht viel jünger als das Statut selbst, und dieses wurde laut der im Eingange vorkommenden Berufung auf den Vertrag von 1595 im Jahre darauf erlassen. Der Wortlaut seines Titels scheint auf eine frühere Kriegsordnung hinzuweisen, doch ist von einer solchen nichts bekannt, und muthmasslich schwebten bei der Bezeichnung nur die einschlägigen Verfügungen der älteren Gesammtstatute vor. Zu durchgreifender Geltung gelangte diese neue Kriegsordnung vermöge der innern Zwietracht nicht. Sehr bezeichnend für die herrschenden Zustände ist, was der Bürgermeister Christoph Gerken in seinen historischen Collectaneen (1666) einen zeitgenössischen Berichte nacherzählt. Als Herzog Heinrich Julius am 12. October 1598 die Häuser Vechelde und Wendhausen sammt dem Eichgerichte besetzt hatte, liess der Rath folgenden Tags Gildemeister und Hauptleute zusammenfordern, „gab denen zu verstehen, es wäre am füglichsten, dass man die abgenommene Häuser und Gerichte alsobald wieder occupirte und einnehme, wozu denn die ehrliche Burgerschaft mit ihrer Wehr und Rüstung musste gebraucht werden, sintemal man kein geworben Kriegsvolk beihanden hätte. Dieses wollten die Hauptleute nicht nachgeben, sondern begehrten eine frei Rüggesprache mit der gemeinen Bürgerschaft zu halten und mit derselben von diesem gethanen Fürschlage zuvoderst conferiren. Solches den Hauptleuten zu vergönnen, hatte E. E. Rath hohes Bedenken, weil man sich in solcher Versammlung einer schädlichen Meuterei oder öffentlichen Aufruhrs zu befürchten, aldieweil die Streitigkeiten zwischen E. E. Rathe und den Hauptleuten noch nicht aufgehoben sondern zu Speier in Camera Imperiali zu rechtlicher Erkenntniss ausstünden, und die Hauptleute dem Rathe zu Verdriess thäten was sie nur erdenken kunnten. Daher der Herzog das Eichgerichte, das Haus Vechelde und Wendhausen in Possession behielt, und waren ihm die Leute unterthan".

Newe braunschweigische bürgerliche kriegsordtnung.

Demnach wier bürgermeister vndt rath dero stadt Braunschweig im wercke befinden, daß in jtzigem vnnß zugetzogenen kriegßwesen bey vnsern bürgern große vnordtnung vndt vngehorsamb furgehet, dardurch sich mannicher nicht allein selbst sondern auch seine mittburgere in schaden, nachtheill, leibeß- vndt lebensgefahr stürtzen mochte, vndt gleichwoll vnnß alß der ordentlichen obrigkeit gebuhren will solchem vbell so viell an vnnß durch cristliche billige mittell furzubauwen,

so haben wier im nahmen deß allmechtigern mit den andern beiden loblichen ständen, alß den ehrlichen gilldemeisterrn vnd den ehrlichen haubtleuten, heute dato vnnß nachfolgender ordtnung wie sich die ehrliche burgerschafft in diesem kriegßwesen zu verhalten, einmütig verglichen, wornach sich ein jeder vnser burger

vndt burgerkinder dehme deß gemeinen vaterlandes vndt auch seine eigene wollfart lieb ist, gehorsamblich zu achtenn, wie sie dan dasselbe vonn ehrenn vndt rechts wegen, auch krafft deß vorm jahre auffgerichteten vndt von jhnen beliebten vortragß zu thunde verpflichtet seinn. **E**rstlich sollen vnsere bürger woll bedencken, 1 daß alleß gluck, heyll vnd sieg vonn godt dem allmechtigen gegeben werde, vnd derowegen ein jeder einen cristlichen gottseligen wandell fuhrenn vnd sich aller lasterlichen wortt vndt gottlosen wercke endthalten.

Zum andern sollen alle vndt jede vnsere bur- 2 gere jhre harnische, buchsen vnd wehren darauf sie gesetzet vndt jhnen billig zu haben gebühret, jederzeit fertig haltenn vnd vnser damitt tagß vndt nachtß gewertig seinn. Dan wer seine wehre nicht hette, der soll deßwegenn so offt er betretten nicht allein alß ein meineidiger ernstlich zu reden gestellet sondern auch mit einer marck straff beleget werden.

Eß soll auch ein jeder rottmeister befehlicht vndt schuldig seinn, so offt es notig seinen rottgesellen ihre wehren auch krautt vnd loth zu besichtigenn, die burgere dieselben auch sich vnweigerlich besichtigen lassen, damit ein jeder genugsamb gefast vnd sein gewehr gegen dem feindt gebrauchen konne. Wurde aber daran mangell befundenn, soll der dehm daß gewehr gehoret den rottgesellen einen gulden jedeß malß zur straffe gebenn.

8 Vndt weill vorß dritte auß allen dreien loblichen standen ein kriegßrath durch ordentliche wahl erkohren, welche aufi ihr ihnen anbefohlenes schweres ambtt den vorbemeltteus dreyen standen harte pflichtt vnd ayde gethan, so sollen alle vnd jede vnßere burgerr, auch jhre kindor vnd gesinde sich der zusamenkünfften an dehnen ortten da wir der rath zusamben zu kommen pflegen, auch wo gedachte kriegßrähte ihrer rathschläge pflegen, endthalten, sie weder mit worten noch wercken aufertigen vnd dardurch an ihren raedtschlagen verhinderun, besonderu dieselbigen ruhig pleiben laßen, damit sie desto beßer die furfollenden sachen erwegen vnd waß gemeiner stadt vnd burgerschafft diulich vndt notig beschließen mogen.

Wer aber bey einem erbarn rahtt oder kriegßrahtt nottwendiger gescheffte halber etwaß zu suchen, der soll sich mit guter bescheidenheit bey jhnen angeben vnnd guetlicher andtwort von jhnen gewertig sein. Wan aber einer oder der ander sich vnderstehen wurde vnnß den rath oder gedachten kriegßrath vnnotiger weyße zu vberlaufen, mitt vonutzen worten antzufahrenn vnd sich an billigem bescheide nicht genuegen zu laßen, der soll jedeßmall mitt einer vorsatz vorfestet werden.

4 Wan dan zum vierdten sachen furfielen vmb welcher willen man tags vnd nachts in der stille die ehrliche burgerschafft zusammenfordern muste, so sollen vnser deß rathß paurmeistere in aller eill vorerst der burger haubtleutte vndt einen

jeden rottmeister in denn beurschafften citiren, der rottmeister aber angesichts seine rottgesellen aufimahnen vndt vngesaumbt mit ihren wehren darauf sie gesetzet ein jeder an seinem gehörenden ortt erscheinen.

Wurden aber die sachen also beschaffen seinn daß mau die burgere durch einenn trommelschlag aufifordereu muste, so soll der burger trommenschläger zum vnterscheidt der bestalten solldaten deutlich außruffen daß die burger erscheinenn wollen, darauf dan ein jeder mit vleiß achtung zu geben. Vnd zu welcher zeit solcher trommelschlagk vnd förderunge geschiecht, soll ein jeder burger der eß erstlich vernimbtt, er sey rottmeister oder nicht, einer den andernn vffmahnen vndt angesichts mit ihren wehren rottweiß an ordt vnd enden dahin sie gehoren sich finden laßen. Vnd wan sie also ankommen seinn, sollen die rottmeistere den haubttleuten in ihren buerschafften alßbalden relation thuen, ob seine rottgesellen alle vorhanden oder ob etzliche oder welche außenblieben: wer dau offenbahrer leibeßschwacheit wegen oder daß er nottwendiger gescheffte halber vorreysett nichtt erscheinen kann (welches er vff widrige vermuhtung eidtlich soll erhalten) derselbe ist daßmall billig endtschuldiget; hatten aber einer oder mehr derselben erheblichen endtschuldigung keine vnd wolten gleichwoll nebst ihren mittburgern nicht aufiseinn, der oder dieselben sollen jedeßmallß wegen ihres vngehorsambs jhren rottgesellen daß erste mal einen gulldeinn, daß ander mall zween gullden, vndt so forttan so offt sie betretten gedobbelte straffe geben. Woferun sie aber sich eines solchen verweigeren wurden, sollen die andern burgere macht haben jhme oder jhnen in continenti ein pfandt auß dem haufe zu nehmen. Do er sich dawider setzte, soll er vnnß dem rathe eine vorsatz zur straffe geben vndt gleichwoll die vorwurckte bröke zu erlegen schuldig seinn.

Vorß funffte: damit vnsere ehrliche burger-5 schafft wißen möge, wan sie wie vorgedacht vff-CLXXIV.30 gefordert, wohin ein jeder neben seinen nachbarun in der beurschafft darin er wohnet erscheinen sol-

68*

le[1], so sollen

in der Altenstadt s. Vlricheß beurschafft vor dem kliphause, s. Michaelis beurschafft vff dem Altenstadtmarckte am kirchhofe da die boken stehen, die jn der Hohenthorßbeurschafft vor dem radthause, vnd die in s. Petri burschafft vor der Breitenstraßen am schrancke,

im Hagen aber die Wendethorßbeurschafft auff dem Hagenmarckte vor dem wandthause nach der Wendestraßenn, die Vallerschlebische beurschafft vor den brodischarrenn, vnd die Steindohrßbeurschafft vor dem kliphauße, dann

in der Newstadt die Langenstraßer beurschafft vor der kuchen, die Reichenstraßer beurschafft forne auff der Reichenstraßen gegen dem radthause, vnd die Hagenbrücker beurschafft vor dem ratthause,

in der Altenwieck s. Egidien beurschafft vor dem rathause nach dem thore, vndt s. Magni beurschafft nach der muhlen werts,

vndt im Sacke die Schuestraßer beurschafft bei dem brunnen vnd die Kannengießerstraßer beurschafft auff der andern seiten deß rathauses nach dem marstalle sich finden laßenn.

CLXXIV, 45   Viertzig vnser burger so zunechst jedem thore wohnen, sollen sich alßbalden wan die burgerschafft vorgesetzter maßen auffgemahnet,[2] vor ein jedeß thor mit jhrem[3] gewehr finden, die schlagbeume vnd ketten da sie furuber gehen müssen, wie auch bei tage die thore zumachen vnd hernach vf dem schlagboum so allernechst dem thore ist ihre rohre vndt buchsen legen.

Vndt alßdan soll ein[4] haubtman in einer jglichen beurschafft vor daß thor alda er die tagewachte mit zu halten schuldig, sich verfuegen vnd auß solchen virtzig burgern zwantzig welche am besten bewehret, außleßen, dieselben vor dem thore bei sich behaltenn vnd den andern in ihre beurschafften[5] zu gehen befelhen.

Gleicher gestalt sollen virtzig burgere so dehm in jedem weichbilde verordenten senderiche am negsten wohnen, wofern der senderich zuuor nicht andere sonderlich darzu erwehlet hette, warten, denselben auß vnd ein geleiten.

auch von denselben so auff die fahnen bescheiden der andern vnserrnn burgern keiner von der fahnen weichen, eß seyen[6] dann die burgere sambtlich ordentlicher weyse erleubt oder werden von den haubtleuten vndt andernn befehlichabern darvon jn sonderheit ab vnd nach erforderung der noth an andere örter geschurett.

Die burger aber welche vßm bröke wohnen, sollen CLIV. 31 zu der zeitt wan die burger vorgesetzter gestaldt vfgefordert worden, alßbalden auff den bruchwall gehen vnd mit fleiß darauff achtung geben ob man sich auch außerhalb der stadt ettwaß zu befahren habe. Vnd da sie etwaß vernehmen, sollen sie solches alßbalden durch ein oder zwo personhen dem regirenden burgermeister vndt kriegßrath anzeigen laßenn, dammit man die notturfft dagegen zu bedencken haben moge. Vornehmen sie aber nichts vnd wehre bei tage, sollen sie auff den marckht zu kommen schuldig seinn.

Vndt weill vorß sechste in jtzigen besorglichen[6] leufften zum hochsten daran gelegen daß so woll die tage- alß die nachtwache mit allem getrewen fleiß versehen vndt bestellet werde, hierumb so wollen wir, daß diejenigen burger so zur tagewacht bestellet worden, sich sambt vnd sonders in der personh zu rechter zeit vnd ehe die thore eroffnet werden mit guten langen röhren vnd ihrer vnterwehr einstellen, deß spielens vnd saufens in besetzter wache müßig gehenn, auff die thore fleißig achtung gebenn, alleß lumpangesindt vndt bettler zurückweisen vnd keine vordachtige personhn so nicht durch einen burger eingeholet wirdt, einlaßen, sonsten aber auff andere frembde personhen bey dehnen kein argwohn so vormuhten, vleißige achtt geben, dieselbigen mit guten worten wie sie heißen, von wannen sie kommen, wohin sie wollen, bei wehme sie zu beherbrigen gemeinet, befragen vnd solches alles verzeichnen.

Deßgleichen auch alle burgere, gastgebere vndt herbergirer ihrer gäste nahmen vleißig auff-

---

1) In der Feuerordnung folgt noch: man auch desto besser welche vngebursamlich außenbleiben erfaren vnd dieselben darúmb gestrafft werden mögen.   2) In der Feuerordnung: wenn zu sturm geschlagen oder gehlasen, vnd wenn sie sonsten bey tage oder nacht etwas erfüren, ehe zu sturm geschlagen wirdet.   3) In der Hs. seinem.   4) In der Feuerordnung der jüngste.   5) In der Feuerordnung nach dem marckte.   6) In der Hs. sey.

schreiben laßen vndt alle abendt dieselben ver-
zeichnus jhrem regirenden herrn burgermeister
zu weichbillde bey vermeidung ernster straffe
zustellen vndt vberantworten sollen, diejenigen
aber so durch die stadt reisen wollen, durch
einen solldaten oder burgerr durch vndt auß
der stadt begleiten laßenn.

Wurde aber die bestalte tagwachtt, jn son-
derheitt diejenigen so die schildtwachtt halten,
reuter oder fueßvolck in grofer antzahll, also
daß darauß der stadt schade vnd nachteill endt-
steben kondte, vornehmen, sollen sie die zingell
vor dem thore zur stundt zumachen vnd das-
selbige ohne verzugk von sich sagenn vnd jh-
rem regirenden herrn burgermeister zu weich-
billde durch eine persohn vermellden, die neg-
sten burger aber an den thorenn wohnendt zu
sich mit ihrer wehre biß vff ferner anordtnung
vff den wall erfordern.

7 Die nachtwache betreffend, wollen wir von vn-
sernn burgern ernstlich gehabt habenn,[1] daß
ein jeder, er sey wer er wolle, sich selbsten in
der persohn mit einem guten langen rohr vndt
vnterwehre einstelle, seine stunde selbsten stehe
vndt sich alles sauffens vndt spielens genzlich,
bey straff der vorfestung, endthalte. Dan nicht
allein die pawrmeistere krafft jhrer pflicht vndt
eyde die tage- vnd nachtwache ablesen vndt die
abwesende vermelden, besondern vnsere zweyene
bestalte generalwachtmeistere in jedern weich-
bilde vndt wier sollen vndt wollen die nacht-
wache vleißig besuchen vndt die wieder diesen
vnsern ernsten befhelig handeln zue straffen
wißen.

8 Damit aber vors achte die nachtwache auff den
wällen des jhrigen desto richtiger warten kön-
nen, sein die grofen geschutz dermaßen ge-
ordtnet das die thore auff den notbfall damit
beschossen vndt bestrichen werden können, Bey
welchem grofen geschutz sich alle nacht ein
bucheenmeister vndt einer von den ehrlichen
schutzen getrewlich soll finden laßen vndt dero-
selben in acht habenn.

Es sol aber des morgens kein thor eröffnet **9**
werden biß die wachte auff dem walle das veldt
draußen allerseits woll besichtiget habenn. Vndt
wan solches geschehen, soll die nachtwache zue
der tagewacht von dem walle heruntertretten
vndt bey deroselben so lange fur den thoren
vndt auf der brucken bleiben bieß die eufersten
schlagbeume eröffnet sein; alsdan vndt ehr nicht
sich die nachtwache näher ihrer behaußung ver-
fuegen soll.

So sollen auch diejennigen so die tagewacht
haben, nicht ehr abgehen, eß wehre dan die
andere wacht vorhanden, bey straeff eineß ortß-
gulden so der wachte soll zum besten kommen.
Gleichsfals soll es mit der wachte vf dem thurm
gehalten, auch hinfurter die thore nicht ehe dan
vf fünff schläge geöffnet werdenn.

Ferner vndt zue mehrer vorsicherung soll alle **10**
nacht vor einem jeden hinnersten thore ein rott
bürger neben ihrem rottmeister die wachte, vndt
zwar ein theill vor mitternacht, daß ander theill
zue mitternacht, vndt das dritte tbeill nach mit-
ternacht, halten, vndt die rotmeister vmbge-
wechselt von einem thor zum andern die rundi
gehen vndt die wacht visitiren, inmaßen wier es
dan dießfals bey anordtnung der rott vndt rott-
meister verbleiben laßen.

Do aber in etzlichen weichbilden oder heur-
schafften noch rottmeistere mangeln wurden,
dieselben sollen aus gillden vndt gemeine vnd
nicht aus rathshernn, gildemeistern oder haubt-
leuten genommen werden.

So ist auch von vnferen bestalten vor noht- **11**
wendig erachtett, das vor ein jegliches hinner-
stes thor an die seiten zwey grofe stück ge-
schütze sollen gefuret, auch zue mehrer bereit-
schafft mit ketten vndt schrodt geladen werden,
damit man die ietzo new erfundene practiken
auf allen nohtfall sicher abwenden muge.

Da sich nun vors zwölffte jemandt in der nacht **12**
vor die thore mit gewalt machen, auch petar-
den oder andere jnstrumenta daran legen wolte,
oder sonsten die nachtwache etwas gefehrliches

---

1) *Das Folgende bis zum Schluss von einer zweiten Hand.*

so zum einfal gereichen könte in erfahrung brechte, soll zu einer gewissen vndt richtigen loeße dreymall nach einander mitt dem großen geschütze geschossen werden.

Darauf soll alsdan die wachte auf den thoren blasen, die wachte fur denn thoren aber drey aus jhrem mittell abschicken, einen an den harn regierenden bürgermeister zue weichbilde vndt kriegeßrath, einen an den opfferman, vndt einen an den haußman, damit die opffer- vndt haußleute eilendt zue stürm schlagen vndt blaßen können. Die vbrigen persoßen aber zur wachte fur die thore bestelt sollen die nechste nachbarn vmb die thore herumb wachen machen, vndt sich darauf die ganze ehrliche burgerschafft mit ihren besten wehren an gehörige ortter finden lassenn.

13 **W**an aber furs dreyzehende ein lermen wie obstehet angienge, soll nicht das thor dafür der lermen gemacht wirdt, sondern die beyde nechste eröffnet vnd die burger von den radtheußern nach ermeßigung den betraugten auff dem walle eilendts zugeßuret, die burger mit etzlichen burgern in acht genommen, die ubrigen burger aber auf jhren plätzen bleiben vnd ferner anordnung gewertigh sein, von sich selbsten aber mit nichten ab- vndt zulauffen, bey straff einer vestunge.

14 **Z**um viertzehenden soll keiner seine kinder oder
CLXII. 258 gesinde in zeit eines gemachten klockenschlages oder wan vnßere burgere oder soldaten sambt oder sonders in der stille oder durch einen trummenschlag zusammen gefodert[1], vf die straßen, oder im außzuge ins veldt lauffen laßen. Dan wo denselben daruber vngemach wiederfüre, wollen wier der rath daruber nicht richten.

15 **W**eiter vndt zum fünffzehenden: welchem vnsern
CLXII. 259 burgern wier der rath durch vnßere pawrmeistere anzeigen laßen oder sonsten befehlen die tage- vndt nachtwachte vor vnd vff vnßeren thoren vndt wällen zu halten, derselbe, er sey reich oder arm, soll es thun in eigener persohn mit treuwem vleiß, bey den pflichten vndt eyden damit er vns dem rathe vorwandt,

oder mitt einer vestung verfolgt werden.

Wo er aber solche tage vndt nachtwachte in aigener persohn aus leibeschwachheit oder anderer mercklicher ehehafft oder aber das er seiner nahrung vndt handtierung halber auf ein wochen drey oder viere vndt nicht viertheil oder halbes jahr vorreiset were (welches er auf wiedrige vermutung eydtlich zu betheuren schuldig sein soll) zue halten vorhindert wurde, soll er einen andern getrewen frischen vermögenden burger an seine statt, bey straeff einer vestung[2], verordnen. Niemandt aber soll, bey vermeidung derselben straeff, vor zweyen oder dreyen burgern oder burgerinnen sich zur vorrichtung der wachte bestellen lassen.

Weil auch die trünckenheit vndt vollsauffen an vleißiger wacht die großeste verhinderung ist, so soll ein jeder burger der zur nachtwachte auf die thore oder walle bestellet vndt sich deß truncks nicht genzlich endthalten kann, mehr nicht dan ein halbstübichen bier mit sich nemen, je der thorwachte aber ein jeder bey tago nicht mehr dan zum hochsten jedes tages ein stübichen bier trincken vndt so daran genugen laßen, damit die wacht, darumb vnd nicht wegen des truncks sie dahin bescheiden, in guter acht gehabt vndt gemeiner stadt zum schimpff vndt schaden nicht verseumet werde, bey straffe einer veste.

Wier wollen auch in jederm weichbilde einen wachtmeister verordnen, welcher endtweder allein oder neben andern so jedes mahls aus den dreyen ständen darzu verordtnett, die tagk- vndt nachtwachte visitiren soll. Demselben allein oder auch seinen zugeordtneten sollen vnßere burgerr die auff die tage- vndt nachtwacht bescheiden, richtigen bescheidt geben vndt jhn dafur halten darzu er gesetzt ist, bey ernster straff nach ermeßigung.

16 **W**ofern es dan zum sechszehenden darzu gerahten solte das wier vnßere ehrliche burger zue außfüllen gebrauchen musten, so soll nicht ein jeder burger seines eigenen gefallens mit oder ohn sein gewehr hinauslauffen, besondern

---

1) In der Polizeiordnung oder in kriegeslenfften.   2) In der Polizeiordnung zweier newer schillinge.

an seinem ortt dahin er wie oben gedacht bescheiden, vorbleiben vnd erwarten was jhme zu thun befholenn wirdt, bey straff wie beym vierdten articul gesetzt.

17 Vorß siebentzehende: wie stark aber ein außfall mit der burgerschafft aus jedem weichbilde zu thun, solches soll bey des verordtneten kriegßraths ermeßigung stehen. Vndt wie es derselb den burgern selbst oder durch der burger haubtleute vormelden leßet, dem soll vnweigerlich von den burgern gehorsamet vndt nachgegangen werden, bey straff wie beym vierdten articull.

18 Es soll auch vors achtzehendt, desto beßere ordtnung zu halten, aus den soldaten jederm weichbilde ein fuhrer, vndt aus gemeiner burgerschafft in einer jeden paurschafft ein leutenambt, ein veldtweibell vndt ein gemeiner weibell von den ehrlichen haubtleuten nach kriegßgebrauch, jedoch mit vorbewust der weichbildesherren, erwehlet vndt denselben zugegeben werden. Welchen haubtleuten vndt ihren zugeordneten befhelichhabern sollen die burgere gehorsamb sein, jn deme was sie mit jhnen schaffen vndt gebieten das ehrlichen burgern zustehet, er sey reich oder arm, klein oder große Hanß, daßelbe ohn alle wiederrede vndt außzuge thun vndt keine menterey machen noch handt an sie legen, sondern sich gebrauchen lassen, es sey zu oder von den feinden, in der stadt oder zu velde, vf zugen oder wachten, sturmen, scharmuzeln oder schlachten, wie es sich begibt bey tage oder nacht vndt es jeder zeit die notturfft vnd gelegenheit erfordert, alles bey ernster vnnachleßiger straff, so nach gelegenheit der vberfahrung kegen die vngehorsamen vorgenommen werden soll.

19 Welcher vnßer burger, es wehre vf der tageoder nachtwache, muhtwilliger weise vnlust anrichten wurde, der oder dieselben sollen mit zehen gullden straff vnnachleßig belegt werden.

20 Es sollen sich auch die burgere sampttlich bey fahnen, paurschafften oder rottenweise wo es die nodt erforderte, es sey vf zugen, wachten, besatzungen oder scharmuzeln, gebrauchen vndt verschicken lassen. Weren aber ein oder mehr

so einen zugh verseumeten, sollen dieselben laut vnßer policeyordtnung gestrafft werden. CLXII, 256

Ob auch einer auf die tage- oder nachtwachte 21 bescheiden were vndt nicht kehme, oder ob einer ohne erlaubnus von der wacht weg gienge, item ob einer seine loeßung nicht zu geben wuste oder auf der schildtwacht schlieffe, der soll mit einem gullden straeff vnnachleßig belegt vndt der wacht zum besten gelassen werden.

Die kinderbetterinnen, schwangere frauwen, 22 jungfrawen, alte leute, evangelische prediger, kirchen vndt kirchendiener, die soll man wie sichs gepuret beschützen, beschirmen, vndt in keinem wege beleidigen, bei leibßstraeffe.

Soll kein burger am zuge außer der ordtnung 23 geben ohne sonderliche vhrsachen. Wo einer oder mehr darinnen vngehorsam weren, sollen die hauptleute, weibele vndt andere befehlichhabere, auch die andern mitburgere den oder dieselben, wer die auch sein so nicht in der ordtonungk bleiben werden, mit gewalt in die ordtnung treibenn.

Ob schlosser, städte oder andere besatzungen 24 mit sondern gedingen aufgenommen wurden, so soll kein burger darein fallen oder plundern. Sie sollen auch die gehuldigte oder gesicherte bey der sicherung vndt huldigung bleiben lassen vndt nichts durwieder thun vndt handeln ohne wissen vndt erlaubnus des kriegßraths vndt deren welche dessen von jhnen weitern befehlich haben, bey leibßstraeffe.

Item wan schlachten oder sturme erobert wur- 25 den, wo das were, so soll sich kein burger des plunderns oder deß guhtß annehmen, eß sey dan die wahlstadt vndt platz zuuor erobert, sondern in guter ordtnoungk pleiben, bei leibeßstraeffe.

Eß soll auch kein bürger aus der stadt auf 26 beute, garte oder anderswo hinziehen ohne wißen vndt willen des verordtnaeten kriegßrahts, bey leibeßstraffe.

Wofern einer oder mehr burger weren die 27 flucht im velde oder sonsten machken wolten, soll der neheste burgere in dehn oder dieselben stechen. Vndt wo einer der also flucht machen wolte, daruber zu toedt geschlagen wurde, so soll sich niemandts an dem der den todtschlag thutt vergreiffen, sondern derselb soll großen danck daruber bekommen vndt vordienet habenn. Wo aber einer sonsten jemandts endtleibte, derselb soll dem rathe angezeiget vndt an seinem leben gestrafft werden.

28 Die burgere sollen auch keine zusammenkunfft oder gemeine ohne des kriegsraths vorwissen vndt erlaubnus halten, noch vnter andern burgern zue weichbilde in den pewrschafften oder rotten vnwillen noch aufruhr aurichten. Sonderlich sollen sie die bestalte solldaten nicht an sich ziehen vndt mit denselben wieder einen oder den andern, der sey auch wer er wolle, aus was vhrsachen das geschehen möchte, keine meuterey machen, bey vngnädiger leibeßstraffe.

29 Kein bürger soll mit den feinden, eß seye im lager, am zuge oder in besatzungen, sprach halten, auch keine brieffe an die feinde schreiben oder potschafft thun, vndt von den feinden auch keine empfangen ohne befhelich deß kriegßraths, bey leibeßstraffe.

30 Ob einer oder mehr burgere wieder verhoffen vorrähterey oder andere böße stucke trieben, vndt jemandts von den andern burgern solches erfhure, der soll es dem kriegsrahte anmelden. Verschwiege ors aber, vndt wurde hernach offenbahr, so soll er gleich dem thäter am leben gestrafft werden.

31 Item ob ein burger zue dem andern burger einen alten neydt vndt haß hette, der soll denselben in diesem kriegswesen vf zugh, wachten, sturmen, scharmuzeln oder schlachten in alle wege ruhen lasen vndt nicht rechen, es seye den mit rechte. Wo einer oder mehr das vbertreten vndt nicht halten wurden, die sollen darümb leibeßstraff gewarten.

32 Vndt wo sich dan einer oder mehr mit einander schlugen, so sollen die nechsten dabey trewlich vndt vnpartheysch friede machen zum ersten, andern vndt dritten mahle. Vndt welcher dan nicht friede geben sondern daruher zue tode geschlagen wurde, demselben soll der thätter frey gebueßet haben. Vndt der einen

vber gebottenen friede schlegt soll an leib vndt leben gestrafft werden.

33 Eß soll auch keiner an gefehrlichen ortten, sonderlich wan die wachte besetzt ist, in der stadt bey der nacht abschießen, palgen oder einen lärmen machen darauß schaden endtstehen möchte, bey leibeßstraffe.

34 Gleichfalls soll keiner bey den freunden oder weill man in der freunde landen ist vf dem zuge oder in lagern jemandts mit gewaldt oder vnhezahlett etwaß nehmen. Wer daß thut, vndt clage darüber kehme, der soll am leben gestrafft werden.

35 Soll kein burger dem andern harnisch, buchsen oder wehren leihen, besondern ein jeder bürger selbst mit seinem gewahr darauff er bestellet, bey seinen bürgerlichen pflichten gefast vndt vorsehen sein.

36 Es soll auch keiner sonder befhelich deß kriegßraths vndt dehren welchen sie solches weiter aufftragen möchten, brandtschatzen, brennen oder die lager anzünden, bey leibeßstraff. Sonderlich soll man das nicht thun wo daß volck vor- oder durchzeucht, daß der nachzugk nicht gehindert werde.

37 Ein jeder burger soll sich auch des trinckens vnd volsauffens meßigen. Dan so einer in der vollen weise von den feinden erschlagen wurde oder einen selbst erschluge oder sonsten etwas vorhandelte, der soll eben so woll alß wan er nüchtern gewesen were gestrafft werden.

38 Es soll auch keiner einen lermen ohne der haubtleute vnd ihrer zugeordneten befhelichshabern willen, eß sey dan noht, machen, bey eruster straff. Vnnd ob ein lermen wurde, soll ein jeder vf dem platz dahin er bescheiden ist, lauffen vndt sich daselbst finden lassen, vndt keiner ohne merckliche leibesnoht in den losamentern pleiben, hei der strarff so oben beim vierdten punct gesetzt ist.

39 Niemandt soll sich vnterstehen ohne sondere erlaubnuß die muhlen zu berauben vndt zu plundern oder die muhlenbecke zu vortreiben vndt zu vorweisen.

40 Was ein jeder gewinnet soll einem jedeu krie-

giscber art vndt ordtnung bleiben. Aber mit dem geschutz, pulver vndt andern vndt was zue erbaltung deßelbigen gehöret sollen die kriegßräthe zue handeln macht haben, dehnen es vberandtwortett werden soll. Da aber ein burger oder mehr einen gefangenen überkohmen, denselbigen sollen sie macht haben, doch nach ermeßigung des kriegßraths, zu rantzioniren, aber ohne bewußt derßelbigen nicht wieder loeßzugeben. Welcher aber einen gefangenen daruber vorsatzlich von sich kommen ließe, der soll am leibe gestrafft werden.

41 Item wo schlöszer, städte vndt andere besatzungen vndt flecken mit dem sturm gewunnen wurden, so soll vnß dem rathe als der obrigkeit geschütz, pulver, auch waß darzu gehöret, auch proviandt zue notturfftiger besatzung vorbehalten sein.

Was aber sonst ein jeglicher von anderer fahrender haeb oder viehe gewinnet, damit soll es wie gewonliche kriegßordnung mitbringet gehalten werden. Vndt wo einer dem andern solich sein gebeutet guht mit gewalt alleine oder rotweise abtrunge oder nehme, der oder dieselbe sollen darumb nach erkandtnus deß kriegßraths gestrafft werden.

42 Es sollen sich auch die bürgere des schießens auf den sträeßen von oder zu der wacht endthalten, eß wurde jhnen dan von den haubtleuten vndt zugeordtneten befhelichhabern nachgegeben.

43 Vndt soll ein jeder vnter predigt gotlicheß worts vndt wahrenden ceremonien keine sturmerey mit schelten oder anderm anrichten, sondern mit vleiß gottes wortt zu seiner beßerung anhören vndt in die kirche gehen.

44 So wollen wier auch, das man sich deß palgens auf den strassen, deßgleichen in wein- vndt bierschänckeu, apoteken vndt sonsten endthalten vndt keiner dem andern hauffriedt brechen solle, bey strafte so in vnßer policeyordtnung im 22.

CLXII, 45 §. 72 §. 88 24. vndt 27. darauß verordnet.

45 Was wier der rath oder auch die verordnete

1) In der Hs. jeglichen.

kriegßrähte vmbschlagen, kundigen, gebieten, heißen oder verbieten, dem soll ein jeder burger nachzukommen bey vormeidung gebuerlicher straff schuldigk seinn.

46 Wofern ein oder der ander burger inn außfällen bey seinen andern mitburgeru in ordtnung zu bleiben nicht gemeinet, soll er dannoch nicht seines gefallens auf die maußeray oder beute lauffen sondern sich auf solchen fall vnter die soldaten in ordtnung stellen, auch do er in einem oder dem andern vbertrette, laut der policeyordtnung tit. 96 an leib vndt guht gestrafft werden. Wolte aber ein burger dehren keines thun besondern seines eignen kopfs vngehorsamblich verfahren, so soll demselben gegen dem feindt nicht allein kein schutz gehalten werden, sondern er auch den andern gehorsamen burgern vndt solldaten preyß sein.

47 Eß soll auch kein burger, burgerkindt, diener oder freiobder, er sey wer er wolle, bey nacht oder tage, wan die kriegßleute herauher gelassen werden oder sonsten, vor sich selbsten seines eigenen gefallens ohne vorbewust vndt erlaubnuß des kriegßraths mit hinnaus auf die beute lauffen, bey leibeßstraff.

48 Welche bürgere alters oder leibes vnvermogenheit halber nicht fortkommen können, denselben soll hiemit freystehen an jhre stätte einen solldaten zu halten. Deßgleichen sollen auch alle vermugene widtfrauwen, auch diejennige welchen die ledige große haußer zukommen, einen solldaten zu halten schuldig sein, so gleich den burgern die tage- vndt nachtwachte versehen sollen.

49 Einem jeglichen [1] burger auch der nicht gerne mit auf der stadt ziehen wolte, soll freystehen einen soldaten an seine statt zue schicken, jedoch schuldig sein vf dem walle vndt vor dem thore zu wachen.

50 Wurden auch einer oder mehr von vnßeren burgern oder burgerßkindern so eigene haußer oder vornehme guter betten, aus der stadt sich begeben, die oder dieselben sollen von vnß dem

69

rathe eingefodert vndt [1] zum fall sie sich alhiero nicht wiederumb einstellen wurden, ihrer guter vndt burgerrechtenß dadurch verfallen sein. Diejennigen aber so nicht aus der stadt gewichen vndt mit den burgern nicht aufziehen wolten, sollen gleichwol ein jeder einen soldaten zu halten, auch andere vnpflicht mehr zu endtrichten schuldig sein.

51 **D**ie burgere so vf dem Rennelberge vndt Steinwege wohnen, sollen des nachts gute fleißige wacht halten, vndt wo sie etwaß vornehmen, solches alßbalden der andern wacht vf den wällen durch eine sonderliche loeße, welche ihnen allezeit angezeigt werden soll, zu vorstehen geben.

5.8 **S**o sollen auch alle diejennigen welche auf dem ziegelhoofe arbeiten, auch zue s. Leonhardt sich verhalten vndt fremhde sein, mit sonderbaren eyden helegt werden.

Wer auch vnser burgere ein oder mehr puncta 53 in dieser ordtnung vergessen vndt deßwegen herichts von nöten haben wurde, der oder dieselben sollen sich bey jhrenn gildemeistern vndt haubtleuten angehen vndt daselbsten vnterricht bekommen.

So wollen auch wier der rath, rathsgeschworene, kriegßrath, gildemeistere vndt haubtleute vnß hiemit außdrucklich vorbehalten haben solche ordtnung, da etwas darauß vorgefen, zu andern, zu verbeßern oder zue vormehren.

CLXXVII. EIDE.

Nachdem auf den letzten Blättern des zweiten altstädter Rechtsbuches (A': vgl. die Vorbemerkungen zu No. LX) die unter No. CLIV abgedruckten Eide eingetragen waren, wurden demselben in neuem Einband 70 Bll. Papier angehängt und hier dann nach und nach die während der letzten drei Decennien des 16. Jahrhunderts neu concipirten Eidformeln aufgezeichnet. Hernach kam das Buch ausser Gebrauch, sodass 20 Bll. des Anhangs leer geblieben sind. Zwölf Schreiber haben sich, zum Theil abwechselnd, an diesen jüngsten Einträgen bethätigt. Von erster Hand rühren die 1.—18. Formel her, von zweiter die 19.—21., 23.—25., von dritter die 22. und 26., von vierter die 27., 29., 30., 32.—34., von fünfter die 28., 37., 42.—47., von sechster die 31., von siebenter die 35., von achter die 36., von neunter die 38., von zehnter die 39.—41., von elfter die 50.—60., von zwölfter eine zweite gleichlautende Aufzeichnung der 29. Formel und die der 36. hinzugefügten Nachrichten. Nachstehend sind diese Eide in der Reihenfolge wiedergegeben wie sie zu Buch gebracht wurden, zugleich auch im Anschluss an die Einträge des fünften Schreibers, als 48. und 49., zwei Formeln, welche dieser in dem Rechtsbuche der Neustadt (N) aufgezeichnet hat.

1 **E**idt des amhers. [3]
Ich rede, lobe vnnd schwere, das ich selbs ihn eigener person einem [4] jeden der eß begeret, seinen kornscheffell, kornhempten vnnd kornveerdefasse, halb vnnd hele, deßgleichen auch die saltzveerdefasse vnnd hopfenhempten, wen ich sehe vnnd befinde daß sie gentzlich ausgetreuget vnnd nicht mehr greun [5] sein, nach den rechten kupfern maessen die ein erbar rath darzu verordenet hatt vnnd ihnn s. Jacobs kirchen ansmieden lassen, darselbst ihn der kirchen vnnd nirgents anderswor neben vnnd mit einem rathsherren, der vonn mich jedesmall auf erleubnus deß herrn regierenden burgermeisters ihn der Altenstadt darzu gefordert werden vnnd mit darbey sein soll, mit getreuwem besten fleis mit roggen, also das des roggen nicht mehr dann alß die obherurte kupfern maesse außweisen dar-

---

1) vndt *fehlt.* 2) *Die zunächst folgenden 18 Formeln von erster Hand.* 3) *Von der ältern Formel* (CXIII, 1) *gänzlich abweichend.* 4) *In der Hs.* einen. 5) *In der Hs.* greum.

in geben muge, recht gleich amhen, vnud wen
solchs geschehen alßdann auch zur stundt mit
dem ihn sonderheit hirzu verordenten eisen vn-
ten auf dem bodem vnnd auch oben auf dem
randa brennen vnnd zeichen vnnd solchs nicht
anders thun oder unterlassen will weder vmb
gifte oder gabe, gunst oder vngunst noch jen-
nigerleige andern vrsache willen. Vnnd so je-
mant einen scheffel, hempten oder verdelas die
noch grun vnd nicht außgetreuget weren ahnn
mich brengenn vnnd jhme dieselben zu amhenn
vnnd brennen begerenn worde, damit will jch
jhne¹ abweisen, die so lang zu sich zu nehmen
vnnd stehen zu lassen biß daß sie gentzlich außß-
getreuget seien. Vnnd waß belanget die verde-
faeß damitt die Bortfeldische ruben althie vor-
kaufft vnnd ausgemessen werden, die soll vnnd
will jch auch nach der rechtenn maesse ann
jrer rutenweitte vnnd tiefe die ein erbar rath
darzu verordnet hatt, dergestalt vnnd mit glei-
chem getreuwen fleisse wie obenn vormeldet
ist amhen vnnd brennen. Wen sie aber die
rechten weitte jhnn der runde nicht haben, so
soll vnd will jch sie zu amhen vnnd brennen
nicht aunheinen sonder vngeahmett vnd vnge-
zeichnet zuruckweisen: so wahr milir gott helffe
vnnd sein heiliges wortt.

2 Eidt des raths syndicj².

CXIII, 8 Ihr sollet geloben vnndt schweren zu gott vnnd
auf sein heiliges euangelium, daß jhr einem er-
baren ratbe jn jhren gemeinen stadtsachen
jhnn vnnd ausserhalbe der stadt, darzu jhr
von jhnen erfordert vnnd verschickt werdet,
alß jhr siudicus mit getreuwem² vnnachles-
sigem fleiß dienen, vnndjhre heimbligheitten
die euch zu wissen vnnd offenbaret werden,
biß ahn euwerende vorschweigen bey euch be-
halttten, vnnd euch auch jhn jhrer vnnd jhrer bur-
gerß sachen, die neben vnd mit den dartzu veror-
denten handelßherren jhn gutte zu verbören vnnd
wo mugelich zu vertragen, gebrauche vnnd darin
allen aussersten getreuwen fleiß ahnwenden, vnnd
dan auch daß gerichte mit verwalttenn vnnd

vnparteische vrtheill vnnd recht, dem stadtrech-
ten vnnd gemeinen beschriebenn rechten vnd den
acten gemeß, dem armen sowoll alß dem reichen
ohne alles ansehenn der personen sprechen vnnd
daß zu thun nicht vnterlassen wollet weder vmb
gabe, gunst oder vngunst, freundtschafft, feindt-
schafft oder anderer vrsachen willen, wie die
sein muegen, jhn keinerleige weise noch wege,
vnnd daß jhr auch die vrtheill ehe dann daß sie
jm gerichte publicirt sein den parteien nicht
offenbarenn, vnnd einem erbarn rathe so ge-
treuwe vnnd boldt sein wollet alß ein siudi-
cus seinen herren vonn rechts wegen zu thun
pflichtig vnnd schuldig ist: alß euch gott
helffe vnnd sein heiliges euangelium.

Ein ander eidt eines syndicj, welchen der herr ;
licentiat vnnd syndicus Melchior Croger seligen
gestellet vnnd der herr doctor Johannes Köler
zum ersten mahel geleistett hatt.

Das ich dem rathe vnnd gemeiner stadt CXIII, 8
trew vnndt holt sein will alß einem syndico
vnnd getrewem bestelten diener von rechts
vnnd gewonhait wegen zustehet vnnd gebu-
ret, jn den rechtsachen darin mir gemeiner
stadt zu aduociren beubolen wirdt, ahn mei-
nem trewen vleiß nicht erwinden lassen, auch
in der burger vnndt allen andern anhengigen
gerichtsachen nach meinem besten verstande
recht sprechen vnnd erkennen helffen auch
selbs erkennen will dem armen alß dem reichen, vnnd
will daß nicht lassen vmb gonst oder vngunst, freundtschafft
oder feindtschafft, gifft, gaben oder einigerley anderer
affection oder bewegnus willen, waß mihr auch
vonu deß rhatsbeimbligheitten vertrauwet wirdt,
daß ich ich biß ahn mein ende bey mir behalten
vnndt dem rathe oder gemeiner stadt zu nachteil:
niemande offenbaren, des radts vnnd gemeiner
stadt bestes wissen vnnd fordern vnd jhren scha-
den verhuten vnnd warnen, auch den rath vnnd
die burger in eintracht halten helffen so fern
sich mein vormogen erstrecket: so war alß mihr
gott helffe vnnd sein heilges euangelium.

Des frouen eidt.

1) In der Hs. jhme.   2) Gänzliche Umgestaltung der ältern Formel CXIII, 8.   3) In der Hs. getreuwen.

CLIV. 13 **Daß** du einem erb. rathe getrew vnnd holdt, jhnen gehorsam vnnd gewertig sein, die gefangene so dir beuolen werden mit ernsten trewen woll verwahren, niemants denen eß nicht gebueret oder [1] zu jhnen gestatet, weder mundtlich oder schriftlich mit jhnen reden [2] vnnd handelen lassen, auch jhnen den gefangenen dasselbig nicht gestaten, mit jhnen kein getzeche oder seufferey treyben, die citationes vnnd andere dienst vnnd [3] ambtsgescheffte getreulich vnnd vleissig außrichten, waß mit den gefangenen gehandelt wirdet vnnd andere heimlige dinge welche du bey solchem ambte erfahren wirdest, biß in deine gruben heimlig vnnd vorschwiegen bey dir behalten vnnd nicht offenbarenn wollest, schoßbare guter welche du erfaren wirdest, dem rathe antzeigen, dobbelspiell vnnd waß du vernimbst daß widder den erbarn rath vnnd die stadt ist, dem rathe treulig meldenn wollest: alß dir gott helffe vnnd sein heiliges wortt.

5 **Der** turmleut eidt.

CLXXIV. 26 **Daß** jhr einem erbarn rhat der stadt Braunschweig so getrew holdt vnnd jrer gewertig sein wollet alß ein diener seinem herrn von eheren vnnd rechts wegen zu thun schuldig vnnd pflichtig ist, daß jhr auch stets jmants von ewerm [4] gesinde auf dem torn haben, auf die stadt vnnd daß veldt gutte aufsicht vnnd achtung haben vnnd wenden, die reisigen reuter anblasen, vnnd so jhr eine grosse antzahl reuter jhm velde vornehmen werdet [5], derowegen gefahr oder aufsicht von notten sein wurde, desfals daß weiße fenlein so auf dem turm vorhandenn aufstecken, vnnd da fewers noth, welches gott in gnaden verhute, verhanden sein wurde, daß rothe darzu verordente fenlein außstecken vnnd wie gebreuchlich blassen lassen, zudem mit den glocken jm turn ohnne sondern vorgehenden beuelch eines erbarn raths keinen schlag thun noch thun lassen, eß wehre

dann daß feuwersnoth verhanden wehre, vnnd so jhr etwaß vornehmen werdet daß wieder einen erbarn raht vnnd gemeine stadt sein wurde, daß jhr solches einem erb. rhat jederzeit vormelden vnnd [6] anzeigen wollet: alß euch gott helffe vnnd sein heiliges wortt.

Des hauerschriuers eidt. G

CLIV. 22 **Ich** will dem erbarn rathe der stadt Braunschweig ihn dussem dienst trewe vnnd holt wesen, vnndt den hauer vp dem marstall tho beuor der befordering der perde treuwlicken vorwahren, denen vp einer bauen alleine vorschluten, vnndt ja alle dage vp den auendt [7], wen de dore vorschloten seint, vp den marstal gan vnndt de perde tellen wue veel der sint, vnndt den vp jder pert einen haluen himpten hauern methea lathen, vnnd vp de drey karperde driddehalff himpten hauer, vnnd dat tho register schriuen vnnd alle mondt dat register dem stallherrn ouergeuen, wat ock vth dem gerichte Eiok [8] vonn vogthauern vpkumbt, will ich jtlich dorpschoft beaunders, dartho eines jedern nahmen vnnd wo viell he bringet schriuen, vnnd ock vp de bauen da de hauer plegt the liggen methen lathen, ock einem erbarn radte jürlickes vnnd so vaken jdt begeret richtige rechkenung don will, vnnd waß den ock vonn tinß- vnnd tegethauern vonn Wenthusen vnnd Ampleuen vp den marstal gebracht werdt, daruon will ick zeddelen macken vnndt eins jedern nahmen anteicken vnnd den borchherrn jhn der Oldenstadt oueranndtworden. Ick will ock one bouelich meiner herrn nenen hauern vorlenen edder tho borge don edder methen laten den allein vp den marstall vnnd denn wepener, ock dem gerichtsvogede. Tho dem will ick ock alle dat law dat von der vogtwiecken, Vecheldt, Wenthusen vnnd Schandelauen kumpt [9], so mennig foder des ist, vnnd eines jdern [10] nahmen de dat bringet schriuen vnd vp den stall, wo gewohntlich, afflüaden lathen, ock alle dat stroe dat jck vp den marstall kope, wo duwer vnnd von [11] weme jck ein jder foder

---

1) oder *fehlt.* 2) *In der Hs.* zu reden. 3) vnnd *fehlt.* 4) *In der Hs.* ewern. 5) *In der Hs.* werden. 6) vnnd *fehlt.* 7) *Von hier an wesentlich abweichend von der ältern Formel.* 8) *In der ältern Formel* Asseborch. 9) *In der ältern Formel* dat vth dem richte Asseborch, desgelicken dat baw dat van der vogtwissche kumpt, dat de menne vth dem Eickgerichte foiren. 10) *In der Hs.* jder. 11) *In der Hs.* vonn.

kope, will ick ock getreuwliken verteickhen vnnd dem
kemmer ouergeuenn[1], alleß anoder argelist vnnd ge-
uerde: dat my gott helpe.

Appendix.

Vnnd wat mick sunsten vom erb. rahde in der
Oldenstadt an suluergescher vnnd anderm huß-
gerathe lut eins jnuentarij beuholen wirdt, will
ick getreuwlichken verhegen.

[7] Eydt desjenigen so des rhats zeichen machet
CLIV. [1] vnnd die gewichte zeichnet.

Ihr solt zu gott vnnd vff sein heiligs wortt ei-
nem erb. rath alhie einen eidt schweren, daß
jhr die bleyen zeichen[2] mit der roße gezeichnet, deß-
gleichen die bleyen vnnd blecken soltzeichen mit
dem lauwenkopff von euwerm selbat eigenem bley vor-
fertigen vnnd solche bleyen wie auch die muldtn-
zeichen die euch zu machen oder sonsten beuholen
werden[3], niemandt anders dan dem zolner selber[4] zun
handen kommen lassen, senden oder geben sollet,
die soltzeichen aber dem baurmeister vff der muntz
behendigen vnnd zustellen, auch alles ge-
wichte, keines daraus bescheiden, so euch zu
uergleichen zugebracht, mit getreuwem vleiß je-
genn des rhats wichte vergleichen vnnd zeichnen,
vnd deß jahrs zu ezlichen mahlen des rhats[5]
wichte jhn allen drey wagenn visitiren, auch
dem rhatt also trew vnndt holt sein wollet jhn
euwerm dienste alß einem diener vonn rechts
wegen eignet vnndt gebuhret: alß euch gott helffe.

[8] Eidt der muller, so sie ahm 4. Decembris anno
CLXII. 236 etc. 76 vff der müntze geschworenn.

Item tho dem ersten datt du vnd deine knechte
in der molen ein trewlich vpsent hebbenn wil-
lest dat ein jder dat seine wedderkrige, vnnd
mit hogestem[6] vlite darnor sein dat der bor-
ger korn woll gemahlenn, vnnd niemandts mit
witschop dat seine vordaruen laten willen.

Item tho dem andern dat du vnnd ock deine
knechte nicht gestaden willt von vnserenn bor-

gernn vnnd jnwohneren jennich dringgeldt efte
geschencke tho nehmen.

Item tho dem dridden dat du ock neyne
köge, schwine, göse efte honer holdenn schul-
lest, vnnd denn schlam trulich thohope hegen,
vnnd den rein maken. Vnnd de scholde deß
radeß slanhern tho seiner tidt vthgemeten wer-
den, doch scholde de moller vonnjtlickenn himp-
tenn einen penningk hebben, darnor he den rein
gemachet heßt, wie von alders gewesen vnnd
hergebracht.

Item tho dem verden dat du vnnd deine
knechte truwelicken willen ein vpsent hebben, [abbr.]
uußen 5 9
wat de karntoger oder ein ander thor möelenn
bringen, vnd der tecken nicht entfangen beson-
dern se laten vp der laden liggen, dat du oder
din knecht mogen sehen wehr der teicken ock
so vele sin alse du korn jn de molen entfan-
gest: ja den sodans recht, so schal de karnt-
toger edder de sodann korn bringet jhn dines
efte dines knechtes jegenwerdicheit de teicken
suluen jnschunen, vnnd schullen ock nein korn
junhemen ahn teckenn.

Item tho dem raßten dat du vp alle hilge
dage dem armode by himpten willest altein meh-
len, vp dat de arme lude mogen gefordert wer-
den, vp dat se wieder mit vnkost mochten ver-
schont bliuen. Doch wen de himpten wehret
vthgemahelen, odder neine hedden, mochten[7] sie
andern leuten ock mehlen.

Item tho dem sesten dat du ock dat water
so hoch thor[8] jderen tidt stauwen vnnd nicht
sieder afmahlen willest alse sich des de mah-
lenher mit dich vereiniget thor[8] jderen thidt,
vnnd sonderlich so hoch alß der heidtptal stehet.

Item tho dem seuenden dat du dy in der
CLXII. 117
molen vor allerley horerie vnnd reuerie wollest
wahren, dinen knechten vnnd anderen ock sol-
ches nicht gestaden: alse die gott helpe.

---

1) In der ältern Formel dem erbarn rade dar van alle jar rekenschop doen.   2) Ausgelassen dar unse borgere
ore guedere na older wonheyd buten midde tyygen. 3) Ausgelassen von ôre radts kopper. 4) Ausgelassen
jn de tolicuhoude. 5) In der Hs. rharts. 6) In der Hs. hogesten. 7) In der Hs. mochte. 8) In der Hs. tho.

¹**A**m 28. Octobris deß 56.² jahres heft ein er-
bar kokenrhat beschloten, dat dusse mollereidt
mit volgendem auhange verbetert vnnd veren-
dert sunst auer jn seinen werden bliuen vnnd
dusse ordenung ein jhar sthan schulle.

Vnnd dat du nicht mehr van jderem scheppel
moltes dan einen braunschwigischen pennig vnnd
darauer kein kost, heir edder ander gesehencke
nehmen, ock mit dem malte vnnd andernn korn
tho mhalen vp der rege wo von alders herge-
bracht, bliuen, auer von anderm korne gahr
kein dranckgeldt nemest, vnnd de mollerkuechte
dartho vermogest dat se dat malt suluest vp-
dragen vnnd einem jdern dat seine truweligen
verhegen motenn.⁸

9 ◼**D**e karntogereidt.

CXXX. 10 ◼**D**at gy⁴ wein molt edder korn den borgeren vonn eh-
ren dohren edder husen jn de mohlenn fohrenn willen,
jdt sey dan dat se vans de mohlenteecken darbie ouer-
andtworden, vnndt dat g y⁵ sodane molt- edder korateeken
willen jn de mohlen mit dem molte edder korn bringen
vnndt⁶ dem moller edder einem gesinde behandenn, ock
von⁷ vosern karen dat molt edder kornnn⁸ nicht laden
sunder darbie stande bliuen wente so lannge de teeken
von⁷ dem moller edder seinem gesinde jhn de kisten
dartho verordent gestecken werden, vnnd dat gy⁵ in ju-
wom⁹ ambte truwelich willen handelen: also gick¹⁰
gott helpe.

10 ◼**E**idt derjennigen so die muhlen zu Eysenbüt-
tell betziehen vnd bewohnen scholenn.

Ihr soilet vnnd werdet schweren, daß jhr einem
erb. rath der stadt Braunschweigk getreu, holdt,
gewerttig vnnd vnderthan sein, jr bestes wis-
senn vnnd befurdern, jhren schaden, nachteil
vnnd vnheil nach vermuglichkeit abwendenn vnnd
vorkommen, vnndt waß jhr vornemen werdet
daß wider den raht vnnd gemeiner stadt sein
wurde oder moechte, jhnen getreulich antzeigen,
auch nach moglicheit abwehren vnnd abwen-
denn, auch niemandts der einem erb. raht vnnd

---

gemeiner stadt nicht leidlich, träglich oder zu-
wieder ist, zu euch in die muhlen nehmen, hau-
senn, hegenn oder herbergenn wollet: alß euch
gott helff vnnd sein heiliges wort.

◼**E**yd derjennigen so vff die execution des ech- 11
ten dings schweren sollen, vnd haben die bei-
den marckmeister solchen am 25. Octobris anno
78 geschworen.

Ich lobe vnnd schwere, daß ich darauff sehen
vnndt vleissig acht hahen soll vnd will, waß
vor personen jn allen funf weiehbilden der von
meinen herrn einem erb. rathe der stadt Braun-
schweig vfgerichter ordnung zuwieder vnnd an-
derer gestalt alß darjnnen vorleibet¹¹, jhrer zie-
rung vnndt kleidung, es sey jhn hoehzeit, vor-
lobnussen oder sonsten zu anderer zeit gebrau-
chen, vnnd wer dieselben vnnd waß standes sie
sein, sie seindt maus-, frauwen-, oder jungfrau-
wenpersonen, junge gesellen, knechte, megde
oder andere, niemandts außgeschlossen, soll vnnd
will ich dem brockekemmerer vnnachlessig ein-
geben vnnd darjnnen niemandts verschonenn,
darmit sie nach besage obberurter ordnung mit
gebührender straff belagt werden mogen: als
mir gott helffe vnnd sein heiliges wort.

◼**E**idt so der schreiber der den tzchenmannen 12
tzugeordnet geschworenn.

◼**D**aß jhr dem rathe vnnd der stadt Braunschweigk
jn eweren angenomen ambte zu reisen, rei-
sen, schreiben jn vnnd ausserhalb der stadt
gewerttig, willig vnnd vnuerdrossen sein, die
zinsregister, registrat- vnnd copialbücher mit
getrewem vleiß verwalten, deß rahts vnnd der
stadt bestes wissenn vnnd jhren nachteil so viell
euch muglich verbuten, vnnd waß jr vonn der
stadt einkomen vnnd ausgaben, auch annderer
jrer heimligkeit vnnd gelegenheit auss den rech-
nungenn, haundlungen vnnd gescheften der ca-
merer vnnd zehenmanne vnnd sonst erfaren
werdet¹², die zeit ewers lebens jhn geheim vnnd

---

1) *Am Rande:* Bodem die vt.   Eß haben de moller dut nahuolgende teck mit [in] jhren eidt genomen.   2) 5C
auch in dem spätern Eidbucke; man erwartete 76.   3) In der Hs. moten.   4) gy corrigirt aus wy.   5) In
der Hs. hier wie ursprünglich auch oben wy.   6) rund fehlt.   7) In der Hs vom.   8) In der Hs. karonn.
9) In der Hs. vnsem.   10) In der Hs. vnnß.   11) In der Hs. vorleibe.   12) In der Hs. werden.

verschwiegenn behalttenn, dem rathe vnnd der
stadt also getrew vnnd holdt sein wollet alß
ihr vonn eberenn vnnd rechts wegenn zu thun
schuldich seyt, deß rahts offene briue registeri-
ren, sie mit schreiben vnnd werben woll ver-
wahren wollet, vnnd wenn jhr vonn diesem amhte
kunftig abtrettenn werdet [1], alle briue dem ra-
the vnnd hurgern alhie angehörig welche jhr
hey euch habenn muchtet [2], allie lassen wollet:
alß euch gott helffe.

13 **D**es distillirers eidt.

Ihr sollet zu gott vnnd auf sein heiliges euan-
gelium schweren, daß jhr ausserhalb vnnser
apoteken keinerley praeparationes wederr heim-
lich oder offentlich distilliren vnd extrahiren,
sondern waß euch vnsere bestalte hern physici
zu extentiren beuehlen [3] werden, solches vnns
allein vnd weder euch oder jmants anders zu
gutte eusserstes vermugens vf vnser apoteken
vnnd an [4] keinem andern ortte verrichten, deren
keinenn einzigenn vleiß sparen, vnd waß jhr dar-
tzu an materialien auß vnser apoteken nehmen
werdet, solches neben demjennigen was jhr auß
einem iegIichen extrahiret [5] zusambt der vncost
vleissig vnnd getreulich aufzeichnen vnnd sol-
ches alle jahr vnsern bestalten apotekenherrn
vorzeichnet vbergeben, deßgleichenn frue vnd
spätt vff der apoteken euwres destillirens vnnd
waß euch euwers ambts halber gehuhren will
abewartten, vnd euch auch practicirens, erze-
neyeingebenn vnndt wasser zu besehen vnnd
waß sonsten den physicen geburt zu verrichten
endthalten, auch vnns, vnnsern bestalten phy-
sicen vnnd apotekenherrn gehorsam leisten, jh-
rer vnnd vns gewertig sein, vnser bestes wis-
sen, schaden vnnd nachteill verhuten, vnnd euch
dermaßen erzeigenn sollet vnd wollet alß einem
getreuwenn diener voan rechts oder gewonheit
wegen zustehet, eigenet vnd geburet: alß euch
gott helffe.

14 **E**idt des walckers zu Eisenbuttell.

Ihr solt zu gott vnnd vff sein heiligs euange-
lium schwerenn, daß jhr alle lacken so jhr deß
jahrs walcket [5a] oder durch ewer gesinde walcken
lasset, treulich vff den karnstock schneiden, vnnd
den einen gieldehrodern so woll alße den an-
dern befördern, vnnd einem jeden daß seine
treulich vorhegen, vnnd allezeit wen lacken ver-
handen sein dieselben erstlich furdern wollet,
wenn aber keine lackenn zu walcken vorhan-
den, alßdann muget jhr walcken Insennacher
vnnd forderduch [6], jedoch daß Ihr allezeit zwo
Insennach oder vier fuiderduch vor ein lackenn
vff den karnstock schneidet. So soll euch auch
das beylwant zu walcken vergont sein, wenn
die lackben konnen vort gefurdert werdenn vnnd
die menge vonn wasser verhandenn ist, doch
daß jhr vonn einem hol voll einem erharn rath
4½ d zu gehen sollet [6a] schuldig sein: alß euch
gott helffe.

15 **D**er geschickeden manne eidt. CLIV, 2

Dai gy deß rades heimelichke dinge do juw van dusser
reckenschop vonn vpnamme vnnd vthgaue vnd eck deß
rades gescheften der stadt Braunschweigk openbaret wer-
denn, bey juw der stadt tho gode willenn beholden de-
wile gy leuen: dat juw gott helpe vnnd sein heiliges wortt.

16 **D**eß pfannderß eidt.

Ihr sollet zu gott vnnd auf sein heiligs wortt
schweren, daß jhr all das viehe so jhm kornn,
landtwehrenn, langen graben oder sousten ann [7]
verhottenenn [8] orttern vonn euch befunden wir-
det, pfannden vnnd darin keins, eß gehore wem
eß wolle, verschonen, auch den beschedigten bur-
gern solche personen denen das viehe zustehet,
darmit sie dafur daß pfandegelt vnndt straffe
erlegen [9], jeder zeitt getreulich vormelden wollet.

17 **E**idt des schreibers zu s. Egidien.

Ihr sollet zu gott einen eidt schweren, daß jhr
des closters vfkunfte vnnd außgabenn vleissig
verzeichnen, die zinsen, renten, kornpechte vnnd
zehenden mit vleiße einsamhlen vnd zusamen-
hegen, die ausstehenden schuldenn einmahnen,

---

1) *In der Hs.* werden.   2) *In der Hs.* muchten.   3) *In der Hs.* beuohlen.   4) *In der Hs.* am.   5) *In der*
Hs. extrahiter.   5²) *In der Hs.* jahr walcken.   6) *In dem späteren Eidbuche* Isenach vnnd foiderduech.   6³) *In*
der Hs. sollen.   7) *In der Hs.* am.   8) *In der Hs.* verbottenem.   9) *In der Hs.* erlegung.

des raths vnnd des closters bestes wissenn, scha-
den vnnd nachteill aber so violl euch muglich
abwenden, vnd ohne sonderbarenn heuehlich
auß eigenem furnehmen jm hanwendt oder son-
sten jhm closter nichts furnehmen, viell weniger
deß closters guter vher ewer gebur vnnd be-
soldung, schreibgelt vnd waß euch sonsten von
den vorstehern gegonnet wirdet wissentlich vn-
derschlagen, waß euch auch vonn deß rhats vnd
deß closters gescheften vortrauwet würdet biß
jhn euwre gruben verschwiegen hey euch be-
halten, jren erb. vnd des closters zu jeder zeit
geordenten [1] vorstehern gewerttig vnnd jhnen
allerseits also trew vnd holt sein wollet wie einn
diener seinem hern vonn recht zu thunde schul-
dig vnnd pflichtig ist: als euch gott helffe.

18 **V**ntergerichtsschreibers eidt, welchen Johannes
Gumbthaw den 13. Julij anno 83 jhm kuchen-
rath geleistet.

Ihr werdet schweren, das ihr dem rathe vnnd
der stadt in euwrem angenomen ampt vnd dienst
jhn schreiben vnd reden hinnen vnd außerhalb
der stadt ohne weigerung, wen euch solchs an-
gemudet vnd bevolen wirdt, mit diennste ge-
werdig, willig vnnd vnuordrossen sein wollet,
des rattß vnnd der stadt bestes willen vnnd
arges vorhüeten, jhre heimliche dinge, jhr seit
in rathsdiensten oder nicht, bey euch behalten
vnd niemandeß offenbaren dieweill ihr lebet,
auch jhnen so trewe sein wollet alß jhr von
dienstes vnnd rechts [2] wegen pflichtig seit, vnnd
waß jhr auß jhrem beuhele von offenen briefen
schreiben werdet, diesalbe nebenst den gutlichen
vnd peinlichenn vhrgichten vleißigk registeriren,
vnnd sie also mit schreiben vnd werben auffs
best jhr könnet vnnd möget trewlich vnnd woll
verwahren, vnnd alle vntergerichtshanndell zum
vleissigsten wie sichs gebüren will jhn acht ha-
ben, auch wahn jhr vonn diesem ampt würdet
abkommen, alle brieffe vnnd schrifften dem rhat
vnnd burgern zugehorich so bey euch sein möch-
ten, hier zur stede lassenn vnd nicht mit euch
wechtnemen: so war euch gott vnnd sein heili-
ges wortt helffen soll.

---

*Punct vnndt artickell so dem newen probste 19
zum Heiligen creutz Luddichen Henckell 25.
Aprilis ao etc. 84 zugestellet wordenn, sich dar-
nach in seinem ampte zu richten.*

Zum erstenn vnd vor allen dingen soll ehr des
closters gehew in guter acht haben, daß diesel-
ben in esse pleiben vnd fur feurschaden hehutet
werden mugenn.

Zum andern sol ehr den closterjungkfrawen
vndt auch den kinderenn die sie zu jeder zeitt
bey sich im closter habenn werden, jhre gebuhr
reichen vnd folgen lassenn, daß sie ihren no-
turfftigen vnderhalt bekomen vnnd sich mit fu-
gen vnd hestande vber jhnen nicht zu beclagen
habenn mugenn.

Zum dritten soll ehr fleissige achtung ge-
hen auf hoffmeister, schleusser vnd alles andere
gesinde, das sie ihre dienste mit fleiß vndt ge-
trewlich verrichten. Do ihme darein etwas he-
schwerlichs furfallen wurde, so wollen jhme die
hern vorsteher zu jeder zeitt heistandt leisten
vnnd die hulffliche handt reichen.

Zum vierdten soll ehr darauf fleissige ach-
tung geben, daß die ecker mit misten, pfigen,
seen vndt anderer gebuhr wol bestellet, daß kornn
auch dauon zu rechter zeit in die scheuren ge-
bracht werden muge. Wen aber das kornn
abgemeiet oder abgeschnitten vndt in steigen
zusamen gebracht wordenn, soll ehr jedes be-
sonders an steigen anschreibenn, das man wis-
senn muge, wie viel steigs weitzen, wie viel ro-
ckenn, wie viell gerstenn vnnd wie viel hafer,
auch wicken, erbsenn vnnd dergleichenn jedes
jahrs in die scheuren gekohmen. Wan dan sol-
ches also durch jhnen oder seinen diener denen
ehr dartzu bestellenn muchte, also vorrichtet,
so wollen die hern vorsteher von jeder artt
korns etzliche steigenn zur proben außdroschenn
lassenn: waß alßdan dieselben geben werdenn,
darnach sol rechnung gemacht wordenn waß daß
vbrige kornn so noch in den scheuren vorhan-

---

1) In der Hs. gehordenten. 2) In der Hs. raths. 3) Die 19.—21. Formel von zweiter Hand. 4) In der Hs. habe
zu richten.

denn, ausstragen vndt geben konne, vndt soll
alßdann der herr probst den hern vorstehernn
so viel zu berechnen schuldigk sein.

Zum funften soll ehr fleissich anschreibenn
vndt verzeichnen was von dem korne so jerlich
vf deß closters eckernn gewonnen, auch an zin-
sen gebracht wirdet, jerlich zur haushaltung
gemahlenn, den perden zu futter, dem schweine-
meister fur die schweine vndt anderer doß clo-
sters notturfft außgegeben wirdet, daß ehr da-
uonn wie dan auch vonn allenn anderen auß-
gaben[1] alle vier wochen aufrichtige rechnung
denn heru vorstehernn thun vnd von jedem gu-
ten bescheidt gebenn konne.

Zum sechsten soll ehr auch vleissig auf-
schreiben vnd vortzeichnen was jerlig an pfer-
denn, kuhevihe, schweinen, schaffenn vndt ande-
rem vihe jung wirdet, was auch dauonn ge-
schlachtet wirdet oder mit todte abgehet, das
die herrn vorsteher wissenn mugen was zu jeder
tzeit an vihe vorhanden sey.

Zum siebenten soll ehr auff die kuchen vndt
keller vleissige achtung gebenn, das dem gesin-
de, arbeitsleuthenn vnd einem jeden dem es ge-
buhret seine gebuer zur noturft gereichet vndt
zur vngebuer nichts vorthaun vnd vorschlemmet
werde.

Zum achten soll ehr kein vberflußig sonderrn
allein nodturfftig gesinde haltenn vnd dasselbe
mit furwissenn vndt bewilligung der hern vor-
steher annehmen.

Zum neundenn soll alles flachs daß jerlich ge-
wonnen wirdt, durch deß closters megde aus-
gebracht vnd gesponnen vndt mit dem leine-
wande daß von demselben garen gemacht wirdt,
daß gesinde abgelohnet werden. Was aber vber-
bleibet, dauon sollen tischtucher, handtquelen,
bettelakenn vnd anders zu des closters noturfft
gemachet werdenn. Dem probste aber sollen
jerlich zwene himpten lein geseelt wordenn, daß
ehr desselben flachses zu seiner noturfft zu ge-
brauchenn haben muge.

Zum zehenden soll der probst fur seine muhe

vnd arbeit mit seiner haußfrawen vndt vnbe-
radtenen kindernn mit essen vndt trinckenn
auff der probstey nodturfftig vnterhalten vndt
ihme jerlich zur besoldung sechtzig guldenn ge-
gebenn werdenn: darvber soll ehr sich des clo-
sters guter zu seinem bestenn gahr nicht an-
massen.

Zum elfften soll der probst schuldig sein daß-
jennige was die herrn vorsteher zu jeder tzeit
zu des closters nutze vnd vortheil verordtnen
werdenn, zu bewilligen vndt sich darnach zu
richtenn.

Zum zwolfftenn so sein auch die heren vor-
steher furhabens mit dem Steinhoffe eine newe
nutzliche ordtnung zu machen. Dieselbe soll
der probst neben ihnen bewilligen, sich auch
darnach zu richten schuldig seinn.

Des probstes eidt. [20]

Ihr sollet vnd wollet schwerenn einen eidt zu
gotte dem allmechtigenn vnd seinem heiligen
euangelio, daß ihr einem erbaren rhate in allen
funf wigkheldenn[2] vndt den von ihnen veror-
denten vorstehern des closters zum Heiligen
creutze alhie getruwe, holt vndt gewertich sein,
deß closters guter vber die euch vorsprochene
besoldung vndt gewonlich schreibegeldt vnd was
euch sonstenn durch die vorsteher auß gutem
willenn gegont vnd nachgegeben werden muchte,
wissentlich nicht vnterschlagenn, vorschweigenn
oder von abehenden bringeun, sondern in allem
deß closters beste wissenn, auch schaden vndt
nachteill nach eurem eussersten vormaugen vor-
huten vnd abewendenn, auch alle vndt jede des
closters auffkunffte an korun vndt geldtzinsen,
auch allem anderen was daß sein vndt wie eß
nahmen habenn, jmgleichen auch alle vnd jede
außgaben getreulich vnd aufrichtig aufschreiben
vnd vorzeichnen, auch gar nichtes vnnutzlich
oder ohne der vorsteher furwissen vnd bewilligung
aufgeben oder auch furnehmen, auch alle deß
closters sachen getreulich vndt nach eurem hog-
stenn vermugen vleissig verwalten vnd vor-
richtenn, jn sonderheit auch deß closters aus-

---

1) In der Hs. außgeben.   2) in *wigkheldenn außgestrichen, aber in dem späteren Eidbuche wieder hergestellt.*

stebende schulde vndt anders einwahnen, auch
des closters heimliche vnd euch vortrawete sa-
chenn vndt gescheffte biß in eure grube vor-
schweigenn, bey euch selbst dauon nichts vnter-
anders dan dem erbaren rhate vnd den voror-
denten vorstehernn offenbahren, vor allen din-
gen aber auf des closters ecker, wiesen, gehol-
tze, meyerhoffe, zehendten, zinse vnd ander gu-
ter, daß dieselben dem closter nicht entwendet
oder entzogen werden sondern vnuerruckt bey
einander bleibenn mugen, vleissige aufachtung
gebenn, auch fur euch selbst dauon nichts vnter-
schlagenn, vorschweigen oder entzihen, vndt in
summa euch in diesem euren dienste allenthal-
ben vndt wie die hernn vorsteher ein sonderliche
aberedung, die dan auch aufs papyr gebracht,
mit euch gemacht, getreulich, vfrichtich vndt wol
vorhalten wollet, wie einem vfrichtigen diener
sich jegen seinem hernn zu vorhalten nach vor-
ordenung der rechte vndt gewonheit dieser
stadt obligt, auch eignet vndt gebuhret: als
euch gott der allmechtige helffen solle vnnd sein
heiliges wordt.

21 Des zimmermeisters eidt.[1]

Ihr sollet zu godt vndt vf sein heiliges euan-
gelium schwerenn, daß ihr vns getrew, holt vnnd
gewertig sein, vnserm schadenn abwendenn,
vndt dargegenn vnser bestes befurderenn, auch
vnserm mulenhern oder wen wier jedeß mals
nebenn demselbenn darzu ordnenn werdenn, ge-
hör gebenn, euch gegen die mit worttenn oder
werckenn nicht vfflehnenn noch ohne derer vor-
wissenn, sonderbahren austrucklichenn beuehlich
vndt gebeis, auch eher vnd zuuor der muhien-
herr solches waß gemacht sol werdenn nicht
gnochsam besichtigt, jebtwas vor euch selbstenn
zu bauwenn oder zu machenn anfangen, vf des
rhats gesinde, daß sie vleissig arbeitenn vnnd
zu rechter zeit vf die arbeit kobmen vndt wie-
der darann gebenn vndt nicht lenger dan eine
stunde jedefmal feiren mugenn, achtung gebenn,
vndt ob jmants darwider thete, solches allemahl
dem muhlenherrn anzeigenn, auch selber alletzeit

bey der arbeit bleiben vndt mit arbeittenn hel-
ffenn vndt sonstenn darauf acht haben wollet,
daß vns nichts zu schadenn gebauwet muge
werden. Ihr sollet vndt wollet auch keine kam-
reder, wasserreder, felgenn oder schuffelbretter
vf vorkauff ann euch pringenn vndt wieder ver-
keuffenn, noch einigerlei holtz, wie geringe daß
auch sein mag, vonn vnserm zimmer- vndt muh-
lenhoue ohne deß muhlenherrenn gebeiß vndt
beuehlich weder verlihen oder verkeuffenn, noch
daruon etwas in euren nutz vehmen, sondernn
waß etwa ann altem holtz noch zu gebrauchen
nutzlich aldo vorhandenn, solches vns zum be-
stenn vererbeitenn, auch euren knechten oder
jemants anders keinerlei saufferein vf dem zim-
werhoffe gestaltenn oder selber solches thun,
vielweiniger in dem zimmerhause hinfurter brau-
wen, sondern vf feuwer vndt licht eurem eus-
sersten vermugen nach dermassenn vleissige
achtung gebenn, damit dadurch voß kein schade
geschicht, waß ihr auch bey eurem beuolenenn[2]
arobte ann allerhandt gelegenheitenn erfaret, so
jmants ausserhalb vns vnd dem mühlenhernn
zu wissen nicht geburet, dasselbige biß in eure
gruben verschwigen bei euch behaltenn: als
euch godt helffe.

*Eidt des obern vogts jn eines erbarn raths[22]
gerichten vnd dorffern, welcher Benedictus Mul-
ler am 22. Junij ao etc. 84 vor dem kuchenrhat
geleistet.

Ihr sollet zu gott vnd vf sein heiliges euange-
lium schweren, das jr einem erbarn rhate der
stadt Braunschweig getreu, holdt vnd gewerttig
sein, des rhats vnd gemeiner stadt bestes wis-
sen, schaden vnd nachteill aber euwerm hoch-
sten[4] vermugen nach abewenden, des rhats
dienste aus den gerichten Eich, Wendthausen,
Vecheldt, Schandeleben, Lehr, Ampleben vnnd
worhero dem rhat der dienst geburt, von den
eingesessenen sowoll als von den heußlingen,
nirgent anders denn zu des rhats vnd keines
eindigen priuats sowoll als auch zu eurem selbst-

---

1) Gänzlich abgeändert. 2) In der Hs. beuolenem. 3) Von dritter Hand. 4) In der Hs. hochstem.

eigenen [1] nudzen nicht gebrauchen, vnd darmit niemandts verschonen, viel weiniger die hoffe zerreissen lassen, des rhats vfkunfte aan korn, gelt, zinsen vnnd was aus holdze, es sey koll- oder ander holdz, wasen, vendtstocken, stro, heuw, auch aus wassern, teichen, weischen vnd anders, jmgleichen aus saldze, gensen, hunern, eyern vnnd anndern vfkunften vnd zufellen so sich von den eingesessenen so woll als den heuß- lingen zutragen muchten, nichts darvon ausge- schlossen, geloset vnd zu gelde gemachet wir- det, so woll das mast-, vehme- vnd schreib- als auch das annehmungs- vnd dienstgelt vnd die broicke, getreulich alle jar zur rechnung prin- gen, vff des rhats holdzungen so woll im Eich- gerichte als zu Wendthausen, Vecheldt, Amb- leben, Muddesse vnnd wor sonsten der rhat jre holdzungen hat, das darin von den vnderthanen ohne des rhats sonderbahren beuelich keinerlei holdz, es sei klein oder groß, gehauwen oder sonsten verwustet sondern vielmehr geheget wer- de, jr auch selber darin nicht hauwen lassen vnd solches in ewern nudz, durch was schein es auch jmmer gescheen muchte, wenden wollet, jmgleichen das dem rhate von jbren ackern nichts abgepflüget oder die grendzen jn hold- zungen vnd sonsten, wie die jdzo sein vnd euch daruber ein vordzeichnus zugestellet soll wer- den, ohne des rhats vorbewust, noch viel wei- niger die weide, trift vnd hute wor ein erbar rhat derer berechtigt, entzogen werden mugen, vleissige achtung geben, vnnd do deßwegen et- was furließe, dem rhate solches alsbalden vor- melden vnd euch jedes mals weiters beuelichs erholen, auch die holdzungen vmb die drej oder vier wochen vfs hochste selber bereiten, vnd was jr vnrichtigs befindet, solches abeschaffenn oder dem rhate dasselbige vormelden, vnd in summa darnach mit vleiß trachten wollet, wie die jär- lichen vfkunfte ohne der vnderthonen sonder- bare beschwerung erhohet vnd dem rhate vnd gemeiner stadt zum besten, vnd nicht in euwern oder einzigs andern priuatnudzen daruon jcht-

was gewandt werden mugen. Ir sollet auch vf die landtgerichte vleissige achtung geben, dz alles was sich zu straffen gebuhret eingewroget vnd von den baurmeistern oder vogten vnd wem es anzubringen gebuhrt nicht vorschwiegen wer- de, darmit dem rhate darvon der gebuhrende broicke jerliches, wie dieselben vor dem landt- gerichte eingeschrieben werden, getreulich nicht allein berechnet sondern auch zugestalt werden muge. So solt jr auch keinswegs vmb ewers eigenen vorteils willen mit den vndervogten durch die finger sehen, sondern vff sie vleissige vfachtung haben dz sie dem rhate, es sey an broicken oder anderm was dem rhate gebuhret, nichts verschweigen, viel weiniger jchtwas jn jren eigenen nudz schlagen mugen, vnd son- sten den vnderthonen keinesswegs hinfuro ge- statten, dz sie dermassen wie biß dahero wen gerichte gehalten werden, vberflußigen zehr an- richten, sondern wen die gerichte vfgegeben, dz ein jeder wieder zu haus gehen vnd zu vn- nottiger vberflussiger vncost nicht verbunden sein muge, wie wir der rhat jhnen deßwegen eine sondere ordnung vnd masse durch einen offenen anschlag verschreiben wollen, wornach sich ein jeder zu richten haben konne: als euch godt helffe.

_____

[2]Eidt der vnderthonen zu Muddessenn, welchenn 23 Henning Schrader der vogt vndt Hans Brander vor des kuchenvrhats abgeordentenn am 3. Julij ao etc. 84 das erst mall geschworenn.

Ihr sollet zu godt vndt vf sein heiliges wordt schwerenn, das ihr vns getrew vndt holt sein, vnser bestes wissenn, schadenn vndt nachteil aber eurem vermugenn nach abewendenn, vndt kein vihe mehr haltenn als wir vns dessenn mit euch vereiniget habenn, auch vf die holtzungenn vleissige achtung, sonderlich ihr der vogt, geben, das sie von denn benachbartenn nicht verwüstet oder vns durch hute oder trifft einiger eintrag von ihnen geschehen muge, euch auch selber alles verwustens enthaltenn vndt ohne vnsers

_____

1) In der Hs. eigenem.　　2) Die nächsten drei Formeln von zweiter Hand.

beuehlichabers geheiß nichts an fruchtbarenn
oder vnfruchtbarenn baumen abhauwen, euch
auch keiner windtbrakenn anmassenn, sie sein
dann durch vnsern beuehlichaber zuuor besich-
tiget, vnnd do wir wurden künfftig der orter
bechholtzer machenn, euch des hutens in den
loden gentzlich enthaltenn, vnnd vnserm beueh-
lichaber jn dem vndt sonstenn gehorsam leisten
vndt was ehr euch beuehlen wirdet getreulich
aufrichten wollet: als euch godt helffe.

24 **Des vogts eidt in dem Eichgerichte, welchen
Jacob Jurgen den 4. Julij ao etc. 84 vorm kü-
chenradt erstmals geschworenn.**

Ihr sollet zu godt vnd vf sein heiliges wordt
schwerenn, das ihr vns getrew vnd holt sein,
vnser vndt gemeiner stadt bestes wissenn, scha-
denn vndt nachteil eurem vermugen nach abe-
wendenn, vnd was ihr erfahret das vns zukombt
vnd vns ohne mittel gebuhret, es sei an bröcke,
korrn, geldt, zinsenn vnnd anderem, das ihr
solches vnserm geordenten[1] beuehlichaber, da-
mit eß zur rechnung gebracht, offenbahrenn vndt
ihme in deme nichts verschweigen, vielweiniger
jchtwas daruonn in eurenn nutz schlagenn, euch
auch ohne seinenn beuehlich nichts vndernehmen,
vndt was ehr euch beuehlen wirdet dasselbige
getreulich aufrichten vndt darauf das die dien-
ste ordentlich vndt vns zu gute bestalt vndt
niemandts in dehme vbersehenn werde, eß sein
heuflinge oder eingesessene, vleissige achtung
gebenn, auch dz dienstgelt vnsern beuehlich-
aber jedesmals getreulich vormelden vnd dar-
vonn nichts vorschwiegen, viel weiniger jchtwas
darvon jn ewern nutz schlagen, noch euch von
solchen gutern, es sey am abschlag, holdz, wa-
sen, hute[7] vnd anders, vber ewere vermachte

---

hut muge werdenn, vndt sonsten euch durchauß
vber euwere gebuhrliche besoldung nichts an-
massenn werdenn mugenn: als euch godt helffe.
Des vogts zu Vechelde eidt, welchen Luddiche 25
Vogts zu Bortfelde am 4. Julij ao etc. 84 dz
erst mall vorm kuchenradt geschworenn.

Ihr sollet zu godt vndt vf sein heiliges euan-
gelium schwerenn, das ihr vns getrew vndt holt
sein, vnser bestes wissenn, schadenn vnd nach-
teil aber eurem vermugenn nach abewendenn,
vndt vleissig vfsicht vf vnsere holtzung zu Ve-
chelde wie auch vf die wischenn daselbst, das
vns daraan kein schade oder eintrag geschehe
oder das vns daruon etwas an holtze oder hew
entzogenn werde, habenn, vndt euch keiner windt-
brackenn anmassenn, sondern euch an demjen-
nigenn was wir euch zur besoldung gelobt al-
lein genugenn lassenn, vnd do wier konftig heg-
holtzer machenn wurdenn, darauf achtung ge-
ben wollet das die jungenn loden nicht abgehutt
mugenn werden: alß euch godt helffe.

**Eidt des vogts zu Wendthausen, welchen Hen- 26
ning Iserman am 25. Julij ao etc. 84 dz erste
mall geschworen.**

Ihr sollet zu gott vnd vf sein heiligs wort
schwerenn, dz jr vns getrew vnnd holt sein,
vnser bestes wissen, schaden vnd nachteil aber
euwerm hochisten vermugen nach abewendenn,
jn sonderheit aber vf vnsere guter zu Wendt-
hausen vnd soviel derer darzu gehoren, vleissige
acht geben dz solche nicht vorringert sondern
vielmehr vorbessert werden, was darvon jerliches
vfkompt, es sey van holdze, korn, teichon, was-
sern, wischen, weiden vnd allem andern[6], wie
dz nahmen haben mag, klein oder gros, nichts
daruon ausbescheidenn, solches vnserm beue-
lichaber jedesmals getreulich vormelden vnd dar-
von nichts vorschwiegen, viel weiniger jchtwas
darvon jn eweru nudz schlagen, noch euch von
solchen gutern, es sey am abschlag, holdz, wa-
sen, hute[7] vnd anders, vber ewere vermachte

---

1) *In der Hs*. geordentem.   2) nicht *fehlt*.   3) werden *fehlt*.   4) do *fehlt*.   5) *Von dritter Hand*.   6) *In
der Hs*. anderm.   7) *In der Hs*. heute.

besoldung jm geringsten etwas ohne vnsern vnnd
vnsers beuelichabers sonderbahren geheiß vnnd
beuehlich anmassen, sondern euch an ewerm
vermachten lohn allein gcnugen lassen, auch die
vnderthonen zu Wendthausen vnnd Lehre, so-
viel vns derer zugethan, dahin mit ernst anhal-
ten, dz sie die dienste vns vnd keinant [1] anders,
ehr sey auch wehr ehr wolle, thun vnd sonsten
jre korn- vnnd pfenningzinse zu rechter zeitt
aufgeben mugen, den zehenden auch mit vleisse
einsamblen vnd darin keimants [1] verschonen,
vnnd was jr also vnserntwegen an korn- vnnd
pfenningzinsen, stro, kaef vnnd allein andern [2]
keines daruon ausbescheiden, empfanget, solches
an die ortter jedesmals getreulich lieffern wor-
hin es euch zu lieffern von vnserm beuelichaber
beuolen wirdet, jmgleichen, wen den vnderthonen
zu Wendthaußen auß vnsern holdzungen von
holdze etwas verkauft vnd außgewiesen wirdet,
darauf achtung geben das sie daruber nicht hau-
wen oder sonsten schnietbeumen schaden zu-
fugen, jr auch an den grendzen ohne vnsern
vorbewust keine enderung vornehmen oder dz
vns darin eintrag geschee gestatten, viel weiniger
das sie jn vnsern holdzern mit ochssen, pferden
vnnd anderm viehe huten mugen gestatten, oder
jr euch solches selber verstehen, wen auch
gott der allmechtige mast bescheret, alsdan dar-
auff vffachtung haben, wie viel schweine vf vn-
sere holdzungen getrieben vnnd wie viel darvon
wieder abgetrieben werden, vnnd solches vnsern
beuelichaber, ohne dessen vorbewust jr keine
darauf treiben lassen sollet, vnnd darmit es zu
register gebracht werde, anmelden, auch solche
vfs weinigste vmb die 14 tage, darmit vns jn
dem nichts veruntrauwet werde, allemal zellen,
vnnd von vnsern holdzungen keine abetreiben
lassen wollet, vns sey dan das fehrne- vnd schreib-
gelt auch andere gebuhr zuvor erlegt. Ir solt
auch nicht mehr viehes an ochssen, kuhen vnnd
pferden halten als wir vns dessen mit euch ver-
einigt haben, vnnd sonsten vf die holdzungen,
wischen, weidenn, acker, vischereyen, teichen

vnnd alles dasjennige was zum hause Wendt-
hausen gehort vnd dahin gebrauchet wirdet, wie
auch vf die gebeude daselbst, vleissige achtung
geben das vns daran kein schade geschicht, do
aber einer oder mehr vns einigen schaden jn
vnsern holdzungen, teichen, wassern, wischen,
weiden vnnd sonsten zufugen wurde, denselben
pfanden vnd solche pfande allemall vnserm be-
uelichaber, welchem jr gleich vns selbsten ge-
horsamen sollet, zustellen, was jr auch bruch-
felliges oder strafwirdiges erfahret, solches jedes-
mals vormelden, vnnd die erkandten bruche alle
jar mit vleisse einsamblen vnnd zur rechnung
bringen lassen, vnd euch sonsten dermassen er-
dzeigen wie ein diener rechts oder gewonheit
wegen seinem herrn zu thuen schuldig vnnd
pflichtig ist: als euch gott helffe.

[Eidt des marstellers Benedix Möllers.   27
Ihr werdet schwehren zu gott vnnd auff sein [LX. 60]
heiliges euangelium, daß jhr einem erbaren vnd
wollweisen rath jhn ewerm [4] ahnbevohlenen
marstellerampt euch dermassen getrew vnnd holt
beweisenn wollet alß ein diener seinem herrn
vonn rechts vnnd billigkeit wegen zu thun schul-
dig vnd pflichtig ist, vnnd nicht allein auff dem
marstall zu tag vnnd nacht trewlich wartenn
vnnd achtung gebenn, besonndern alleß vnnd
jedeß, als pferdt, haw, hafern vnnd anders so wir [LX. 38]
der endts haben oder in künfftigzeit darauff ver-
schaffenn möchtenn, getrewlich in acht nehmen
vnnd verwahrenn, auch mit getreuwen gutenn
knechten vorsorgenn, vnnsern schadenn so viell
müglich vorhuten, alle heimlichkeiten deß raths
vnnd der stadt, so viell euch vonn vnnß offen-
barel oder sonstenn von andern wissendt ge-
macht wirdet, getrewlich biß jhn ewre grubenn
verschwiegenn halten: alß euch gott helff vnnd
sein heiliges euangelium.

1) So! 2) In der Hs. anderm. 3) Von vierter Hand. 4) In der Hs. ewern.

26 ¹**D**er teismanne² eidt anno etc. xiij).

CXXX. 1 **I**hr werdet schweren³, dalt gy dat ampt dartho gy
gesettet sein⁴ dem rade vnd der stadt tho Brunschwick,
dewile gy darbey sein vnnd datt vorhegenn⁵,
in enttfanginge des geldes vth der tollenboude, nomlickenn
an weinzise, brunschwickeschem beertollen, vnslempen-
ningen, vam teigell, Notbergor steine⁶, beerzise, an schote
vnnd aaschote, der apoteckenn, van den wachboudenn,
ock van der voroueringe vth des rades gerichten
vnd darperen⁷, der muntie, vnd allent wes de radt
mehr fallende vnd vptonemende hedde⁸, vnd
darientiegenn de vthgeuinge in schriften ein iegen dat an-
der truwelickenn vorwaren, vnd des anders nergendt to
brueckenn efte gebruken laten suuder tho demsuluen
simpte, ock in sonderheit nein golt, gelt, edder anders
weß iemande vorlenen ane der kökenheren alle wetten,
willenn vnnd vulborde, ock dat gy nein golt, gelt edder
snluer sampt edder besundern vthgeuen edder vpnemen
willen, dat golt edder geh sey erst getellet vnnd dat sul-
uer gewogen, vnnd by dem schote mede tho sitten, so de
radt sick deß mit iuw werdt voreinigen, vnd daruan iher-
licks dem rade vullenkommene rekenschop doen, ock des
rades heimelicke dinge de iuw daruf tho wettende werden
by iuw tho beholden dewile gy leuen : alße iuw gadt helpe.

⁹**D**es wardeirmeister eidt. ¹⁰

29 **D**at gy by den meistern der goltschmede al-
hier tho Brunschwigk vp erfordern der gilde-
meister alles golt vnd suluer so juw vnder de
handt gegeuen werdt, truwelig vnd vlitig pro-
beren, vnd nemandts darmit verschonen, vnnd
sunderlich acht darup wenden willen dat dat
golt na sinem rechten¹¹ werde vnd haldt vnd
de marck suluers vp vertein loth verarbeidet
werden moge, vnd dar¹² gy befinden worden
dat golt vnd suluer dermaten nicht verarbeitet
sunder geringert worden wehre, dat gy sodanes

den gildemeistern bewehren vnd andzeigen wil-
len, darmit de brockhaftigen mit gebohrendem
broke belegt vnd datt vnduchtig vorarbeidet
golt vnd suluer wedderumb thobroken werden
moge, jedoch j quentin jn vnd aus dem wege
soll hiemit nicht gemeinet sein.

Also hat Rembert Zigenmeyer¹³ am 13. Martij
ao etc. 85 den eidt jn der cron des rhats ge-
leistet, vnd ist jhme daruebeu diese erclerung
gescheen.

Anno 98 den 12. Septembris hatt vorm kuchen-
rath Henrich vom Hagen obgeschriebenen eydt
auch geleistet, aber darbey angezeiget, es wurde
ihme kein goltt zu zeichnen gebracht.¹⁴

Eidt des ahmers vff wein- vnd mummenfesser. 30
Ihr solt loben vnd schweren, dz jr vns getreuw
vnd holt sein, vnser bestes wissen, schaden aber
nach eurem hochsten¹⁵ vermugen abewenden,
wein- vnd bierfesser dardzu jr von frembden
vnd jnheimischen dieselben zu ahmen gefurdert
werdet, recht ahmen, also das eine jede ahme
ein vnd vierdzig braunschweigische stubichen
halte, was jr also an mummenfessern geahmet,
vnd nicht zuuor, darauf einen braunschweigischen
lauwen brennen vnd die weinfesser mit ewerm
zeichen bezeichnen, vnd nicht mehr von einer
ahmen weins zu lohne nehmen dan einen silber-
groschen, von einem mummenfasse aber einen
neuwen kortling, welchen euch der brauwer diß
jar vber entrichten soll, was jr auch im velde
oder sonsten jn vnd ausserhalb der stadt dem
rhate oder jnnant anders dardzu jr gefurdert
seint worden messen werdet, darin keinem theil
zu lieb einen vortheil erdzeigen sondern das-
selbige nach geometrischer kunst recht messen:
als euch gott helffe.

1) Von fünfter Hand. 2) In der ältern Formel teyn togesetteden manne. 3) Ausgelassen sampt vude bisun-
deren. 4) Ausgelassen disse scb jarlangk : vgl. S. 287 Note 1. 5) Vgl. S. 287 Note 2. 6) Vgl. 287
Note 4. 7) In der ältern Formel jm gerichte tor Asseborch : vgl. S. 287 Note 6. 8) Vgl. 287 Note 7.
9) Die nähsten zwei Formeln von vierter Hand. 10) Eine zweite gleichlautende Aufzeichnung dieses Eides
ist von zwölfter Hand am Schlusse der Samnlung eingetragen, wie die dort hinzugefügte zweite Note (vgl.
Note 14) ergiebt, 1598. 11) In der Hs. rechte. 12) In der Hs. der. 13) In der zweiten Aufzeichnung
Remmert Remmert!. 14) Der letzte Absatz nur in der zweiten Aufzeichnung. 15) In der Hs. hochsten.

31 ¹**Eidt der marckmeistere.**²

Dat gy dem erbarn rade vnnd borgern der stadt Brunschwig truwe vnndt holdt syn willen alß ein dener van rechts vnnd gewonheit wegenn billich wesern schall, do gy ock weß erfahrenn werdenn dat wedder einenn erbarn rhat edder de stadt vorgenohmen worde, dat gy solckes dem rade getrulick vnd abne vortoch vormeldenn willenn. Dat gy ock mit juwenn thogeordonten denernn de nachtwaecht sonnderlich woll bestellenn vnnd der stadt dohre eßt de woll edder ouell verwahret syn flitigen willet besichtigen, do gy ock des nachtes ann börgere, borgerkindere vnnd anndere geradenn wordenn de mit vngebörligem geschrey edder andern freuell vp denn straten ohren mothwillenn driuen wordenn, vnnd gy desuluigenn mit gudenn worden vam solcher vngeboar afwendenn konden, dat gy dersuluen mit harden schlegen edder annderer gefengniß schonen willet, do aber desuluigenn in ohrem mothwillenn vorthfahrenn vnnd juw vnnd juwe dener nicht hören wolden, dat gy desuluigenn so veel moglich mit bescheidenheit annhemet, jnn des rades haffte bringet edder ein pandt van ohnenn nehmet. Dat gy ock de ordnung vp dem marckede vnnd wat ein erbar radt mit dem stande der fisch- vnnd koelhoken vnnd der anndernn personen de darsuluest feill hebben vor gut anngesehenn hefft, willet stede vnnd vest holdenn wenthe so launge solckes vam rade geendert werdt, vnnd wat dem rade daruon eigenet vnndt thokomen will dat gy solckes getruwelick jnnfordern vnnd jerlickes dem sittenden brokekammerer thostellenn willen. Dat gy ock datsuluige wat van drögem edder gesolttenem fischwerck alhier vp denn marckt gebracht vnnd verkofft werdenn will, wan datsuluige nicht gude wohr sonndern mangell hebbenn worde, dat gy solckes nha der ordenunge des stadtrechtenn vnnd echtenn dinges willett besichtigenn vnnd entscheidenn helpenn,

_{³⁶·}
CLXXI

darmit gemeine börgerschop nicht bedrogenn vnnd böse wahr vor gude verkofft werdenn mögenn, alß mann den juw daruan ein vorteicknuß vnnd bericht thostellen will dat juwe vorfahrenn jm ambte gehat hebben. Vnnd dat gy solckes alles flitich holdenn willet nha juwen riff sinnen vnndt vermögen: alß juw godt helpe vnnd syn hillige wortt.

²**Tuchmeistereidt.**

³²
CLIV, 17

Ick Hans Misner gerede, lous vnd schwere, dat ick einem erbarn rade minen herrn vnd gemeiner stadt Brunschwig jn dem tuchmeisterambte so lange ohre e. w. mi vor ohren tuchmeister vermoge miner bestelling angenomen, mogeliges vnndt bestes vlites truwelicken vnd woll vorweßen, bussen, puluer, steine, lode, ock alle artalerie vnd wes sonsten ohrer e. w. vnd der stadt an bussen klein vnd groet mochte thobehoren⁴ vorhegen, besichtigen vnd wor jennig feil edder breck anne befunden vnd vormerckel, vp ohrer e. w. bekostinge beteren vnd dat jn beteringe holden, ock de haken vnd andere bussen wor des von noden mit rette vnd anderer notturft vorsehen, ohrer e. w. tuchwaer vnd torne, wor dat noch nicht bestalt, jn gude ordenunge richten, vnd mi jn tidt der noet, de gott gnediglich verhode, vor einen bussenschutten, bussenmeister vnd tuchmeister vnd wes ick sonst mehr konde flitigen alne alle vthflucht efte jnrede gebrukhen laten, vnd wat dussem vorberörtem allem vnd minem angenomen ambte mehr thobehorig vnd anhengig is edder sin mochte, nichts vthbescheiden, vliitigen vorhegen vnd vüllenbringen will. Ick schall vnd will mi ock ane ohrer e. w. sonderlige bewillinge vthwendig der stadt Brunschweig vnd jn andern herschaften vnd gebeden vor einen bussenmeister, bussenschutten, bussengeter edder tuchmester nicht⁵ laten gebruken, sonder bemelter miner hern gewarden, vnd ohren e. w. dat ohre woll

---

1) *Von sechster Hand.* 2) *Gänsliche Umgestaltung der ältern Formel (LX, 35).* 3) *Die nächsten drei Formeln von vierter Hand.* 4) *In der ältern Formel vnde andere rathschop de to dem bussenschote gyk bevollen worden.* 5) *nicht fehlt.*

vorhegen, vnd darbi so truwe vnd holt sin ah
knechte obren heren von rechts vnd billigkeit wegen
tho donde schuldig sin: alse mi gott helpe vnd sin
billiges wort.

33 **Der feurwechter eidt.**

CLIX Dat gy sambt vnnd besondern willen dem er-
barn rade vnnd gemeiner stadt Brunschwig tho
bestem de nacht- vnd fuerwachte jn allen vief
wieckbilden truligen vnd woll vorhegen, vnnd
erstlich vp den straten vnd ordan dar sick de
herrn der wickbilde mit einem jderu des ver-
einigt, von Michelis wente tho Ostern wen de
wechterklocke gelut is alle stunde, wen gi twe-
mall geblasen, wente den morgen tho vief schle-
gen vthropen, vnnd von Ostern wente vp Miche-
lis tho negen schlegen anfangen vnnd alle stunde
na dem blasen bet idt drey schlegt den morgen
gelicker mate vormelden, vnnd neine stunde na-
laten edder versumen, dartho ock vlitig acht
geuen, ift gy vp den straten deueria, damp ed-
der roock vornehmen dar nadeil vnnd schedlich
fuerschade van komman mochte, dat gy datsulue
melden vnd dem werde des huses oder boden
dar gy solches erfaren vor schaden warnen vnd
dem datsulue von stundt openbar maken, wor
gy ock gewalt, tumult edder vnlust vp der stra-
ten vornehmen de gy tho sturen tho geringe
wehren, sodaus den marokmeistern vnd andern
wechtern kundt doin, darmidde solcke vnlust
geborlicher wiese gedempt vnnd abgeschaft werde,
dat gi ock vor den dohren vnd wor sonst mehr
wachte bestelt ein jder an sinem orde der wacht
thorope[1] vnd sich beantworten late, vnd hier-
inne nicht versume, sonder ein jder dem rade
vnd gemeiner stadt so true vnd holdt si alse
dener ohrer herschop von rechts wegen schuldig.

Ein erbar kuchenraat vnnd zehenmanne haben
aus vernunftigen vraachen statuirt, dz hinfurder
CLXXIV.27 den feurwechtern welche einen angebenden feur-
(CLVII, 25) schaden anmelden, abwenden vnnd verkomen werden,
jedes mal sie solches erfindlich thun werden,
eine marck von der mundsschmede vorehrt werden soll,
inmassen solches allbereit zu edzlichen mahlen

wirklich gescheen. Beschlossen vf der mundz
den 21. Aprilis anno etc. 68.

Des ahmers eidt welchen Paul Rautenberg am 34
29. Feb. ao etc. 88 zum ersten mahl geschworen.

Ihr solt loben vnd schweren, dz jr dem rhat
treulich die gekosten weinfesser, wen jr dardzu
gefurdert werdet, recht visiren wollet nach rech-
ter geometrischer kunst, jeder ahme nach der
masse wie allhie zu Braunschweig von alters
vblich gewesen, dz ist jm einkauffe nach Wor-
mischer masse, vnd ju dem verkauffe jeder ahme
zu 40 stubichen, vnd die summen recht vf die
fesser zeichnen, darmit einem jeden recht ge-
schee. Dafur solt jr vom rhate zu lohne haben
vor jeder ahme einen halben silbergroschen,
vnd von dem vorkeuffer oder keuffer auch einen
halben silbergroschen. Zum andern was die
mummenfesser anlangt, sollt jr alle gandze vnd
cXIII halbe fesser bei den butticheru jn jrer gerech-
ten maß wartten, also das ein hoel faß 106 stu-
bichen vnd ein halb 53 stübichen halten soll,
dan es soll nun vorthin kein fass aus der mei-
ster haue oder außerhalb landes gelassen wer-
den, es habe dan seine geburliche grosse (aber
ein oder zwei stubichen min oder mehr soll
gleich woll mit durchlauffen) vnd dan mit des
rhats lauwen vnd ewerm eisenmarcke gadzeich-
net werden. Dafur solt jr von den brauwern
zu lohne haben vor jeder stücke ein drier. Zum
dritten solt jr ju des rhats bierkellern alle
frembde bierfesser recht visiren, vnnd die fesser
vfzeichnen wie viel jn einem jeden fasse gewesen
vnd kegen der grossen rechnung den bierherrn
vbergeben, auf das dem rhate vnd den bierherrn
recht geschee. Dafur solt jr zu lohne haben
vor jedes faß einen silbergroschen. Zum vier-
tten was dz veldt oder gartten anlangt, solt jr
vmb die gebuhr, do jr dardzu gezogen werdet,
einem jeden recht messen nach morgen, ruten
oder ellenzahl, jeder morgen zu hundert und
zwandzig vierkantigen[2] rothen, jeder ruthe acht
braunschweiger ellen, vnnd also die partt recht
vnterrichten: dz euch gott helffe.

---

1) In der Hs. thoropen.   2) In der Hs. vierkantige.

55 ¹**Eidt** des zeugmeisters anno etc. 89.

vgl. oben 23 **Ihr** solt loben vnndt schwerenn, das jhr einem erbarenn rhatt ² vnndt gemeiner stadt jn dem zeug- oder buchsenmeisterambt, so lange der rhat euch vor einen zeugmeister ³ angenomen, zugliches vnndt bestes fleißes treulich vnndt wol vorwesenn, buchsen, puluer, salpeter, schweffell, bley, eisenn vnndt steinern kugell ⁴, auch alle arckelerey vnndt was sonsten der rhatt vnndt der stadt ahnn buchsen klein vndt groß, auch spießenn vnndt anderer rustung vnndt was demselbenn anhengig vnndt zugeborigk, auch jnn den zeugheusernn vorhanden ist oder jnn kunftig dareinn gebracht wirdet, mit allem treuwen fleiße vorlegenn, besichtigen vndt wor jenniges feil vormerckt ⁵, vß des rhats vncostenn ohne vertzug besserun laßen vnndt in besserung erhalten, auch die haken vnndt buchssenn ⁶, wor des nottig, mit fette ⁷ vnnd anderer notturft vorsehenn, die zeugheuser vnndt turme, wor das noch nicht bestelt, jnn gute ordnunge richten, auch vleissig alles beschliessenn vnndt die schlußell vnserm musckennherrnn jdertzeit wiederumb zustellenn, vnndt auch jnn zeit der noht ⁸ vor einem buchssenschutzenn, buchsenn- vnnd zeugmeister vnndt was jr mehr kont vnndt gelernet, fleissig ohne alle außflucht oder einrede gebrauchen lassenn, vnndt was diesem vorberurtten allen vnndt euwerm angenommenen ⁹ ambte mehr zugehorig vndt anhengig ist oder sein muchte, nichts außbescheidenn, vleißig verhegen vndt vollenbringenn wollet. Ir solt euch auch ohne des rhatts sonderlare bewilligung anßwendig der stadt vnndt jn anderen herschafften vnndt gebieten vor keinen buchssenmeister, buchsenschutzenn ¹⁰ oder zeugmeister gebrauchen lassenn, sondern des rhatts ¹¹ allen jren vorrahtt woll vorbegenn, vnnd darbey so truw vnndt holt seinn als einn diener seinem hern zu rechte vnndt nach gewonheit schuldig ist. Was jhr auch von des rhatts vorraht vnndt der stadt gelegenheit auch sonsten erfahren werdet, solliches solt vnndt wollet jhr die tzeitt euwers lebendes, wenn jhr gleich auß des rhatts dienst wieder komenn vndt darumb befragt wurdet, auch ausserhalb dessen jnn geheim bey euch behaltenn vnndt es niemants offenbahren, sondernn es hilf jnn euwere gruben mitnehmen: als euch gott helffe.

---

¹²**Hauptmans eidt** ¹³. 56

Ihr sollet loben vnd schwerenn, das jhr einem erbarn vndt wolweisen rath vndt gemeiner stadt in euwerm ¹⁴ ahnbeuohlenen ¹⁵ ampt, so lang der rath euch vor einen hauptman bestalt vndt ahngenommen, es sey zu tag oder nacht, jn vndt außerhalb der stadt, getreuwlich vndt aufrichtig dienen, des raths vndt gemeiner stadt bestes in allewege wißen vndt in acht nehmen, schaden vndt nachteill so viell euch muglich abwenden helffen, vndt euch in aller vorfallender nott vndt gefahr vnweigerlichen gebrauchen laßen, vndt waß euch von des rhats vorath vndt der stadt gelegenheit wißent gemacht, solches die zeitt euwers lebens, wan jhr auch gleich nicht mehr in des raths dienste wehret, biß in euwer gruben bey euch vorschwiegen behalten vndt solches niemande offenbaren: alß euch gott helff.

Vorgeschrieben eidt hatt Heinrich Jordanß bestaltter hauptman ihn beysein der herrn b. b. Curden von Scheppenstedt, Jurgen Simons und magister Pauli Wagners a. den 21. Julij anno 89 auff der müntzschmieden würcklich geleistet.

Heinrich Brümmer bestaltter hauptman hatt vff seine bestallung wircklichen den eydt den 6. Februarij anno 99 vor den herrn eltisten vff der müntzschmieden geleistet.

---

1) Von siebenter Hand. 2) Ausgelassen minen herrn. 3) Ausgelassen vermoge miner bestellung. 4) In der frühern Formel steine, lodt. 5) In der frühern Formel feil edder breck anne befundea vnd vormercket. 7) In der frühern Formel andere buesen. 7) In der Hs. feste. 8) Ausgelassen de gott gnedichlich verhode. 9) In der Hs. angenommenen. 10) Ausgelassen bussengeter. 11) Ausgelassen gewarden vnd. 12) Von achter Hand. 13) Gänslich verändert: vgl. CXXX, 7. 14) In der Hs. euwern. 15) In der Hs. ahnbeuohlenem.

71

Andreaß Brand aber den 1. Martij anno 99 seinen eydt gleicher gestaltt vor den herrn eltisten abgelegt [1].

---

37 [2] **M**untzmeisters eidt.

CLIV. 16 **I**hr werdet schweren einen eidt zu gott vnd auf das heilige euangelium, das ihr einem erbaren rathe vnd gemeiner stadt Braunschweig in euwrem anbeuholenen [3] ampt getreuw vnd holt sein, vnd alles was euch von den geordenten muntzhern [4] an silber wirdt vberantwurttet treulich vnnd fleissig vorhegen, im feur woll vorwaren vnd darauf fleissige achtung geben, das dem rhate vnd gemeiner stadt dadurch vnd durch dieß beuorstehend muntzwerck kein gefahr, schade oder nachteill entstehen vnnd begegnen muege, wan ihr auch gegossen, alsdan allen muglichen fleiß im aufgrunden furwenden wollet, das deßwegen dem rhate kein schade begegnen muege, wan ihr auch silber probiren werdet das euch zu probiren zu behuef der muntz gebracht wirdt [5], daran den rhat vnnd gemeine stadt woll bewaren, das niemandt deßwegen vorfortheilet vnd betrogen werde, auch alle werck die ihr muntzen werdet, darmit die inhalts des romischen reichs vand nidersechsischen krayßes ordnung iust vnnd gerecht erfunden vnnd bestehen muegen, probiren, vnd ob in euwrem muntzen etwas gefeilet, dafur gnugsame erstattung thuen, auch die muntz durch euch oder iemandt anders nicht ergeren noch ringeren, noch mit denßbennigen die sich solchs in einigem wege vntersteben wollen, einigen theill noch gewin haben, deßgleichen mit denn schmidtmeistern, muntzgesellen oder anderen kein vortrag oder geding welche der reichsordnung in einigem muntzwerck zuwider sein muchten, heimlich oder offentlich bereden

oder machen, vnd alles anders was dem muntzwerck vnd euwrem angenommenen [6] ampte anhengig vnd zugehorig [7], nach euwren funf sinnen fleissig [8] dem rhate vnnd gemeiner stadt zum besten besurdern vnnd vorsetzen wollet [9]: als euch gott helffe vnd sein heiliges wordt.

Diesen vorgeschriebenen eidt hatt Hanß Mulrath vom rhate bestalter muntzmeister in der cron eines erbaren kuchenrhats auf der muntzschmide alhie wircklich geschworen am 23. Februarij anno 1591.

---

[10] **D**er secretarien [11] eydt. 38

CLIV. 20 **D**aß einem erbarn vndt wollweisen rath vnd gemeiner stadt ihr in euwrem angenommenen ampt vnd dienste laut ewer bestallung im schreiben, reden vnd rathen in vnd außerhalb der stadt, wan euch solches [12] beuohlen wirdt, ohne vorweigerung mit dienst gewertig vnd willigh [13] sein wollet vnd sollet, des raths vnd gemeiner stadt bestes wißen vnd arges 30 uiell an euch vorhuten helfen, auch ihre heimliche sachen biß in ewer gruben vorschwiegen behalten vnd dieselben niemandes offenbaren [14], besondern iboen vnnd gemeiner stadt so trew vnd holt sein alß einem ehrliebenden diener von rechts vnd pflicht wegen eignes vnd geburet, alle offene brieffe vleisig zu buche schreiben vnd registriren, vnd einem erbarn rath jm reden, schreiben vnd werbungen also jhr bestes wißen vnd vorwahren alß jhr best könnet vndt vormöget, wan ihr auch von diesem ewern [15] ampte wieder abtretten wärdet, alle brieffe vnd schriften so dem rath vndt burgern zustendig vnd bey euch sein wuchten, alßdan zur stedte laßen vnd nichts mit euch wegk nehmen: so wahr euch gott helffe.

Diesen obgesatzten eydt hatt Johannes Camps in

---

1) *Diese drei Nachrichten von zwölfter Hand.* 2) *Von fünfter Hand.* 3) *In der Hs.* anbeubohnen. 4) *Ausgelassen* vth heusel des rades. 5) *Ausgelassen odder ok suluest wes vth suluer vp de munte leverden.* 6) *In der Hs.* angenommenem. 7) *Ausgelassen* alse gi wider mit worden dorch schrifftlige artikel berichtet sin. 8) *In der ältern Formel* na juwen vermogen mit dem besten. 9) *Ausgelassen* vnd dat gy alle dusse vorberorten stucke vnd puncte na juwen ryff synnen stedes, vast vnd vnuorbroken wilten holden, alse gy best kunnen vnd mogen. 10) *Von neunter Hand.* 11) *In der ältern Formel* schriuer. 12) *Ausgelassen* angemodet vnd. 13) *In der ältern Formel* willig vnd vnuordroten. 14) *Ausgelassen* mit neuerleye list. 15) *In der Hs.* ewern.

der kron eines erbarn vndt wollweisen kuchen-
raths auff der muntzschmiden wirklich geleistet.
Actum den 26. Octobris anno 92.

Diesen eydt hatt vor denn herrn elttisten
auffn Newenstadt rathauß Fridericus Heidman s.
wirklich geleistet. Actum den 6. Julij anno 99.[1]

39 [2]**H**amburger bothen eydt.

Ihr sollet schweren, daß jhr eines erbarn raths
vnnd aller gemeinen kauffleute[3] getrewer bothe,
denselbigen auch dienstlich sein vnd alle ehr,
guten willen vnnd freundschafft beweisen[4] wollet.

Zum andern: die brieffe so sie euch vber-
antworten, dazue alles waß sie euch behandigen
an guet vnndt gelde, getrewlich zu rechte brin-
gen dem einen als dem andern, vnud dorin nichts
ansehen weder freundtschafft, gunst, gabe noch
einigerley geschencke, besonder daßelbig waß
euch befohlen wirdt getrewlich vorrichten, vnnd
von dem gelde so euch vberzuführen mitgegeben
vnnd vberantwortet wirdet, nicht mehr als die
gebuer nehmen wollett.

Zum dritten, daß jhr ewere gewiße reyse
wollet warten, nemblich wan ewer einer zu hause
kompt, nicht lenger zu Braunschweig pleibe dan
drey tage, vnnd den vierden tag gewißlich wie-
derumb reysen, vnnd nach niemandes brieffen,
sie weren dan einem erbarn rath alhie zu Braun-
schweig zustendig, warten, jmgleichen zu Ham-
burg nicht lenger dan drey tage vorharren, auch
den vierden tag wiederumb von Hamburg schei-
den, vnnd also die gantze reyse in neun tagen
mit gottes hülffe vorrichten, es were dan daß
solches echte noth, wotier vnnd windt oder er-
hebliche vrsachen vorhinderten.

Zum vierden sollet ihr keine kauffmanschafft
treiben in Braunschweig, nur alleine in ewerm
hause waß entzlen ist, vnnd nichts bey gauntzen
oder halben lasten, auch tunnen, centnern oder
hunderten, bey packen, stucken oder techern
zu vorkauffen mechtig sein.

Daß jhr solches alles stete vnnd vhest wol-
let halten, so wahr euch gott helffe vnnd sein
heiliges wortt.

Huetmacher eltisten meisters eydt.   40

Ich Gerdt Wibbel gelobe vnnd schwore, nach-
deme mich die gildebruder vnsers huetmachers-
handtwerkes zue jhrem eltisten meister erweh-
let, daß ich vber der ordenung die ein erbar
rath vnserm handtwercke bestetiget, steif vnnd
vheste halten wolle, auf daß es auf unserm
handwercke richtig vnnd wohl wie biß anhero
geschehen zugeben möge. Vnnd so offte etwan
auf dem handwercke ein vorenderung an lohne
oder sonnsten furfallen mochte, will ich solches
dohin richten helffen dass es vnßerm handwer-
cke treglich vnnd vnschedtlich sein, die straffe
auch die etwan auf dem handwercke fallen wer-
den, einem erbarn rath zum halben theile vnnd
zum andern halben theile vnserm handwercke
zum besten kommen selten. Do auch jemandt
von vnserm hanndtwercke zufahren vnnd sich
vnßer meister ampt zue treiben vntersthehen
wurde vnnd daß meisterstucke nicht wurde ma-
chen wollen, so soll vnnd will ich donselben
vermahnen daß ehr von seinem furnehmen abe-
stehen wolle, in vorweigerung aber deßen will
ich denselben vor einen erbarn rath fordern
laßen, vber jhnen clagen vnnd dorüber eines
erbarn raths erkanthnuße gewarten, auf dass
also ordentlich volnfaren vnnd kein einriß in
unserer ordenung die in anno 1569 aufgerichtet
vnnd bestetigt worden ist, geschehen moge, ge-
trewlich vnnd ohngefehrlich: alß mir gott helffe
vnnd sein heiliges wortt.

Actum auf der muntz 14. Junij ao 93 vor
Curdt von Strobeck vnnd Valentin Cruger se-
cretarien.

Hamburger bothen eydt.   41

Ihr sollet schweren, das jhr eines erbarn raths vnnd
aller gemeiner kauffleute getrewer bothe, denselbigon auch
dienstlich sein vnnd alle ehre, guten willen vnnd freund-

---

1) *Beide Nachrichten von zwölfter Hand.* 2) *Die nächsten drei Formeln von achnter Hand.* 3) *In der Hs.*
kauffleuten. 4) *In der Hs.* beweiset.

71*

schafft beweysen wollet.

Zum andern: die brieffe so sie euch vberantworten, dazu alles waß sie euch behandigen an güete vnnd gelde, getrewlich zu rechte bringen deme einen als dem andern, vnnd dorin nichts ansehen weder [1] freundtschafft, gunst, gabe noch einigerley geschencke, besonder daßelbig waß euch befohlen wirdt getrewlich vorrichten, vnndt von dem gelde so euch vberzuführen mitgegeben vnnd vberantwortet wirdet, nicht mehr als die gebuer nehmen wollet.

Zum dritten, daß jhr ewere gewiße reyse wollet warten, nemblich wan ewer einer zue hause kompt, nicht lenger zue Braunschweig pleibe dan drey tage, vnnd den vierten tag gewißlich widerumb reysen, vnnd nach niemandes brieffen, sie weren dan einem erbarn rathe alhie zuestendig, warten, jmgleichen zue Hamburg nicht lenger dan drey tage verharren, auch den vierten tag wiederumb von Hamburg scheiden, vnnd also die gantze reyse in neun tagen mit gottes hülffe vorrichten, es were daß solches echte noth, wetter vnnd windt oder erhebliche vrsachen verhinderten.

Zum vierden sollet jhr keine kaufmanschafft treiben in Braunschweig, nur allein in ewern heusern was einzlen ist zu vorkauffen, vnnd nichts bey ganntzen oder halben lasten, auch tunnen, centnern oder hunderten, bey packen, stuckenn oder terbern zu vorkauffen mechtig sein.

Zum fünfften sollet jhr auch imgleichen keine kaufmanschafft treiben, in ewerem hause oder auff dem marckte waß zu vorkauffen daß jegen vnnd wieder die kramergilde gehort edder rorede, es were von siden, wüllen oder allerhandt specerie, dröge eder natte wahren, vnnd keines auberhalb der gilde metzubrengenn von sothanen wahren, es wurde dan von denselben an gute luthe bey jhnen vorschrieben.

Daß jhr solches alles stete vnnd vheste wollet halten, so wahr euch gott helffe vnnd sein heiliges wort.

Actum 16. Julij ao etc. 93 vor dem herrn b. Curdt von Strobeck vnnd secretario Valentin Cruger.

<hr />

42 [2] **E**idt des obergerichtsprocuratorn.

Ich N. gelobe vnd schwere, das ich in der partheien sachen die ich auf- vnd annehmen werde, nach meinem hogsten vnd besten vorstendtnusse procuriren, reden vnd handelen wolle iederman zu seinem rechten, auch in denselben wissentlich keinerley falsch-, vnwarheit oder gefehrligkeit gebrauchen, auch die partheien in guitlichen handelungen getreulich zur guete vormanen, vnd vber den lohn oder soldt so mier von gerichts wegen taxirt wirdt beides in rechtlichen processen vnnd guitlichen handelungen, weiter nicht beschweren, sondern wo deßhalben zwisschen mier vnd den partheien jrrung entstunde, solchs bey dieses obergerichts erkantnusse bleiben lassen, vnd dan mich der sachen die ich einmall angenommen, ohne redliche vrsache vnd erlaubnusse eines erbaren rhats nicht entschlahen sondern biss zum ende verharren, vnd sonst alles thuen vnd laßen wolle das einem getrewen procuratori vnd redner gebueret getrew- vnd ohngefehrlich: als mir gott helffe vnd sein heiliges wortt.

Eidt des vntergerichts procuratorn.   43

Ich N. gelobe vnd schwere, das ich in der partheien sachen die ich auf- vnd annehmen werde, nach meinem hogsten vnd besten vorstendtnusse procuriren, reden vnd handelen wolle ioderman zu seinem rechten, auch in denselben wissentlich keinerley falsch-, vnwarheit oder gefehrligkeit noch vorsetzliche vorlengerung der sachen gebrauchen, auch die partheien in guitlichen handlungen getreulich zu guete vormanen, vnd vber den lohn oder soldt so mir von gerichts wegen taxirt wirdt [3] beides in rechtlichen processen vnd guitlichen handelungen, weiter nicht beschweren, sondern wo deßhalb zwisschen mir vnd den partheien jrrung entstunde, solchs bey des vntergerichts erkantnusse bleiben lassen, vnd dan mich der sachen die ich einmall angenommen, ohne redliche vrsache vnd erlaubnusse eines erbaren rhats nicht entschlahen sondern biß zum ende vorharren, vnd sonst alles

CLXV. 4t
(CLXV. 17)
CLXVtit. 17

<hr />

1) In der Hs. wider.   2) Formel 42—49 von fünfter Hand.   3) In der ältern Formel der euch in der newen gebesserten untergerichtsordnung — bestimbt.   4) Ausgelassen heimbligkeit vnnd behelff — niemand offenbaren, daß gericht — in ehren haben etc.

thuen vnd lassen wolle das einem getrewen pro-
procuratori vnd redner gebueret getreu- vnd obn-
gefehrlich: als mir gott helft vnd sein heiliges wort.

Diesen vorgeschriebenen eidt haben die itzt an-
wesende drey procuratores des vntergerichts,
als Jurgen Brandes, Hieronimus Reusscher vnd
Zacharias Bante, in der kron eines erbaren ge-
meinen rades auf dem Newenstadt rhathause
am mitwochen den 26. Maij anno 1596 wircklich
geleistet, vnd ist negstgedachten procuratorn
daneben mundtlich angemeldet vnd erentlich
vormanet, wan ihnen an gelde etwas vortrauwet
wurde, sie dasselbe alsbalt von sich an gehoe-
rende ortter stellen vnd darnon in ihren eige-
nen nutz nichts schlahen solten.

44 **De broke bern eidt.**

CXXX. 9 **D**at gy de broke na vormoge des echtendinges de in w
werden angebracht[1] vnd so tho wettende krigen,
dat ihar dem rade vnd der stadt Brunswick thom besten
wekelings twie efte eins thom wenigsten, so forder juw
des echte nott nicht benehme, vp dem Nienstadt rhat-
huse edder in der köken vnwelichen fordern wil-
les, vnd des durch fruntschop, magescbop noch ander
thoneiginge wegen nicht thorugge laten, vnd de in eine
kisten vp demsulven Nienstadt rhathose edder in der
köken[2] der sunderlicken tho gemaket willen steken, de
wile dat dem rade, radesworen, gildemeistern, honetlueden
der meinheit also behaget: dat iuw gott helpe.

45 **Borgereidt.**

Alle nie burgere so nu henforder angenommen
werden, schullen wanneir se vp der köken ohr
borgergelt vthgeuen, ohre wehre darup se ge-
settlet vnd dem erbaren rade vnd der stadt tho
gude tho holden gewilliget, by sick hebben vnd
mit vp de köken bringen vnd vpwisen, vnd mit
in den borgereidt nehmen dat idt keine gelah-
nede sondern ohre eigene gekofte wehre sey,
desulue wehre ock nicht tho vornetten, tho vor-
penden edder tho vorkoepen, sundern desuluen
stets dar idt de noth erforderen worde tho ge-
bruckende möge vnd mechtig sein. Ock schall

de wehre so gewahret werden, dat se nicht vor-
darne noch vorrustere sundern dat sie ieder
tidt gebruket werden könne. Vnd de sick mit
langen röhren hebben schriuen lathen, schullen
mit in den borgereidt nehmen, dat se ein half ihar
vor de schiuen willen scheten vnd sick also oeuen.

Dat gy[2] dem rade tho Brunswigk also truwe vnd CLIV. 9
holt syn willen als ein borger tho rechte wesen schall,
vnd efte gy ichts vornemen dat wedder den rhat, wedder
de gilde vnnd gantze gemeinheit sey, dat gy dat dem
rade vormelden willen, vnd eft de rhat, de teinmaune mit
den geschickten der gilden vnnd gemeinheiden vth ohrem
bevele wol begreppen, dat ohne sodanes anc alle fahr
blinen moge, vnd ift dar wes manckt were dat gilden
vnnd gemeinheiden nicht beleuen wolde, so men vorplichtet
is sodanen an se tho bringen, dat gy denne solchs an
der reddinge[4] der stadt tho gude wollen vorgunnen vnd
begripen, vnnd so gy juw nicht en heiden als ein gebor-
sam borger van rechts wegen schuldig ist sick tho holden,
alsdan schulle gy vth der stadt wiken sonder jennigerley
wedderrede edder insage: dat iuw gott helpe.

Eldt der haubtlentte wie der hinforo von den nu- 46
gehenden haubtleuten geschworen werden soll,
beschlossen auf dem Neuwenstadt rhathause vor
einem erbaren rade, gildemeistern vnnd haupt-
leuten den 28. Nouembris anno 1596.

Dat gy hir in der ....[5] nm auende Andreae CLIV. 9
erst komende vort oner dre ihar der meinheit honet-
luede wesen willen, vnd de tidt der meinheit trulijken
helpen vorstaen na iuwen vyf sinnen so gy best konnen
vnd moegen, vnd willen hesen rhatmanne, wan de tidt
ist binnen dussen dren iharen als wan den rhat tho uor-
ingende plecht, vth inwer stadt meinheit de iuw dunckern
der stadt, dem rade, den gilden vnd der meinheit nutte
vnd euen wesen, vnd helpen raden wat vor de stadt sy,
wan gy darto vorbodet vnd geesschet werden, vnd dat
gy de borgere vnd de stadt helpen in eindracht beholden, CXXX. 2
vnd oft gy wes tho wetende kregen dat wedder den rhat
vnd[6] de stadt sy, dat gy sodanes dem rade in iuwen
wickbilden juwem borgermeester melden, ock neine vor-
sammelinge hinder dem rade maken willen noch thostaden,

---

1) Vgl. S. 289 Note 2.   2) Vgl. S. 289 Note 6.   3) Ausgelassen der herschop vnde.   4) In der ältern
Formel, offenbar richtiger, ander reddinge.   5) Zu ergänzen ist der Name eines der fünf Weichbilde.   6) den
rhat vnd durchstrichen, in dem spätern Eidbuche aber hergestellt.

vnd weret dat dem rade, gilden vnd meinheiden jennich
schade wedderstunde, des wedderstaendes willen mit one
by einander bliuen : dat iuw gott helpe.

47 **D**er rhatmanne eidt.

I.X. 1 **D**at gy dut jahr der gemeinen stadt vnd borgeren to
Brunswick vorstaen na der stadt nutt vnd frommen, vnd
helpen de stadt. in eindracht holden, de wehre 1 nicht
tho entfrommende, vor de burschop nicht myn tho
nemende als sick deß ein erbar rhat mit rhats-
geschwornen, zehenmannen, gildemeistern vnd
haubtleutten voreiniget 2, vnd nicht tho eigennende
dat to wickbilde licht dar der stadt ore plicht midde af-
gha, gy en doen dat mit des meinen rades vulborde, des
rades heimelicke ding by sick tho beholdende, vormeldede
bröke van 3 dobbelspele tho forderende, vnde wat de rhat
kundiget by den eiden tho holdende dat gy dat holden,
vnd neinerleye behelpinge tho hebbende van dem schote
to juwem wickbilde sunderlicken, vnde dat gy dat schot
forderen helpen alse de rhat vnd de rhatsworen des ei-
nich geworden ayn, vnd dat tho vuller reckenschop brin-
gen edder bringen laten vp de muntsmeden suuder alle
list, vnd dat gy des rades gudes ane des rades witschop
vnreddelicken nicht en veten, vnd dat gy dat holden vnme
de perde vppe deme maystalle alße de rhat deß einich
geworden is, vnd dat gy dit holden na juwen ryff synnen
vnd wettende als gy best kunnen vnd mögen: dat gik
god also helpe. 4

48 5 **D**er houetlude eidt.

CXXX. 2 **D**at gy der stadt tho Brunswigk der meinheit ein ju-
welck in sinem wickbilde houetlude wesen willen, vnd
dusse nauolgende drey ihar sodane tidt ouer der
meinheit truwelicken helpen vorstaen na iuwen rechten
vyff sinnen so gy best kunnen vnd mögen, vnd helpen
raden watt vor de stadt sy, wen gy darto vorbodet vnd
geeischet werden, vnd eft gy wes tho weten kregen dat
wedder den radt vnd de stadt sy, dat gy sodanes dem
rade ein juwelck in sinem wickbilde sinem regoranden
borgermeester meldeen, ock nene voraunlinge hinder dem
rade maken willen noch tostadeen, vnd weret dat dem
rade, gilden vnd meinheiden jennich schade wedderstunde,
des wedderstaens willem mit ohne by einander bliuen:

dat iuw godt helpe.

Dusse vorgeschreuene 6 eidt ist alhir tor docht-
nisse, dewile im Sack sodan eidt van den ho-
uetluden schall geleistet werden, gesettet vnd
vorteicknet. Ist alhir in der Nigenstadt bißher
nicht gebrucklich noch van den höuetluden dar-
suluest geleistet worden, sondern man heft sick
alletidt na dem eide vorn im anfang dusses bo-
kes vf dem vesten blade vorteicknet 7, gerichtet,
densuluen van den höuetlueden in der Nienstadt
schweren laten.

8 **E**idt der diener so das korn vorwaren. 9   49

Dat gy iuwem amptte dartho gy bestalt vnd angenom-   CI.IV, 37
men mit truwem flite vor a ein, des rades vnd gemeiner
stadt beste forderen vnd vortsetten, obrem schaden so
veel an iuw ist vorholden vnd vorkomen, vnd sunderlick
dat korn so iuw vp- vnd aftometen vnd tho vorwaren
beuhalen ist, truwelichen vorhegen, datsulue tho geboren-
der tidt vormesteken vnd dermaten vorwaren willen, dat
ein rhat dessen so veell mögelick ane schaden bhuen
möge, vnd dat gy in alle wege truwelick darby handelen,
vnd ane beuhell der kornheren nichts daruan afmeten, vnd
well gy in sodanen ampte erfaren werden heimlich vnd
vorschwegen by iuw na tidt iuwes leuendes beholden wil-
len : als iuw gott helpe, vnd sein helliges wortt.

10 **D**er provisoren des closters zum Heiligen creutz
vnd hospitals zu Vnser lieben frawen aydt, auch
zu s. Aegidion.

Ihr sollet schworen, daß ihr das vorsteheramp
vnnd was deme anhengig ist, darzu ihr zum
Heiligen creutz [zu Vnser liebenn frawenn, zu
s. Aegidien] verordnet vnnd gesetzt seitt, treuw-
lich vorwalten, vnd vleißig aufsehent haben
das der schreiber zum Heiligen creutz [zu
Vnser lieben frawenn, zu s. Aegidien] sich sei-
nem geschwornen eyde gemeß vorhaltte, das ihr
auch von ewrem ampt wegenn des closters
[hospitals] aufkunfften alle jahr rechnung thunn
vnnd des closters [hospitals] gelt vnnd guth
ohne des raths wissenschafft nicht vuredlich ge-

50

---

1) In der ältern Formel. armborste.   2) In der ältern Formel wanne synen fferding.   3) Ausgelassen brutlachten
vnde.   4) Ausgelassen vnde de bylgen.   5) Aus N.   6) In der Hs. vorgeschreuener.   7) CI.IV, 8.   8) Aus N.
9) In dem spätern Eidbuche Des kornknechts sidt.   10) Formel 30—60 von elfter Hand.

nießenn sondern zu demselbenn ampt gebrauchen, vnnd des closters [hospitals] heimliche dinge die euch dauon zu wißenn werden, bey euch biß in ewere gruben vorschwiegenn behalttenn, vnnd des klosters [hospitals] beste prueffenn vnnd befodernn vnnd schaden furkommen sollett vnnd wollet, alles nach ewren funf sinnen als ihr best konnet vnnd moget: so wahr euch gott helffe.

51 Der kastenheren aydt.

Ihr sollet schwehrenn, das ihr das kastenherrnampt vnnd was deme anhengig ist, darzu ihr zu s. N. verordnet vnnd gesatzt seitt, treulich vorwaltenn, das ihr auch von euwrem ampt wegenn der kirchenn s. N. aufkunfften alle jahr rechnung thunn, vnnd der kirchen gelt vnnd guth ohn des raths wißenschaft nicht voredlich genießenn sondern zu demselbenn ampt gebrauchenn, vnnd der kirchen heimliche dinge die euch dauon zu wißen werden, bey euch biß in ewere gruben vorschwiegen behalttenn, vnnd der kirchen beste prueffen vnnd befodern vnnd schadenn furkommen sollet vnnd wollet, alles nach ewren funf sinnen alß ihr best konnet und moget: so wahr euch gott helffe.

Sonstenn sollet ihr außerhalb des aydes mitt einer handttasti angeloben, nebens den weichbildesherrn so viell euch moglich fleißig aufsehens zu haben das die prediger, schueldiener, opperleutt, organist vnnd todengreber ihr anbeuholenes ampt treulich vnnd fleißig vermoge der kirchenn- vnnd anderer ordnungen vorrichtenn.

52 Vorsteher ayd der baginenheuser vnnd armenkisten.

Ihr sollet schwehren, das ihr das vorsteherampt vnnd was deme anhengig ist, darzu ihr zu s. N. verordnet vnnd gesetzt seitt, treulich vorwalttenn, das ihr auch von euwrem ampt wegen des baginenhauses [armenkisten] aufkunfftenn alle jahr rechnung thunn, vnnd des baginenhauses [armenkisten] gelt vnnd guth ohn des raths wißenschafft nicht vnredlich genießen son-

dern zu demselben ampt gebrauchenn, vnnd des baginennhauses [der armenkistenn] heimliche dinge die euch dauon zu wißen werden, bey euch biß in ewere gruben vorschwiegen behalttenn, vnnd des baginennhauses [der armenkisten] beste prueffen vnnd befodern vnnd schadenn furkommenn sollet vnnd wollet, alles nach ewren funf sinnen alß ihr best konnet vnnd moget: so wahr euch gott helffe.

Curendenherrn ayd. 53

Ihr sollet schwehrenn, das ihr das currendenhernampt vnnd was deme anhengig ist, darzu ihr in s. N. schuel verordnet vnnd gesetzt seit, treulich verwalten, auch vleißig aufsehns haben das die schueler vnnd knabenn so den korb vnnd geltbuchse tragen, damitt getreulich vmbgehenn vnnd die austheilung des eingesambleten geldes vnnd rictualien sontags vnnd donnerstages der ordnung gemeß vorrichtett werde, daß sie auch von ihrem vorrath vnnd was jedesmahll vbrig bleibet, alle jahr, wan es von euch gefodert wirdet, dem rath volkommene rechnung thunn, vnnd solcher gelder ohn des raths wißenschafft nicht vnredlich genießenn besondernn der currenden beste prueffen vnnd befodern vnnd schaden furkommenn sollet vnnd wollet, alles nach ewren funf sinnen alß ihr best konnet vnnd mögett: so wahr euch gott helffe.

Kornherrn aidt. 54

Ihr sollet schwerenn, das ihr das kornherrnampt vnnd CLIV. 71 was dem anhengig ist, darzu ihr seidt verordnet vnnd gesatzt, treulich vorwalten, vnnd fleißig aufsehens haben das der kornknecht sich seinem geschwornen ayde gemeß vorhalte, vnnd in dem des raths vnd gemeiner stadt beste prueffenn vnd befodern vnd schaden helffen furkommen, vnd e. e. raths geldt vnnd guth ohn j. e. wißenschaft nicht vnredlich geniesann besondernn zu demselben ampt gebrauchenn, vnnd auch dauon alle jahr, wenn dz von euch gefodert wirdt, dem rathe volkommene rechnung thun, vnnd des raths heimliche dinge die euch daruon zu wißen werden, bey euch behaltten sollet vnnd wollet, alles nach ewrenn funf sinnen alß ihr best konnet

---

1) Ausgelassen so vehel ohn juw.

vnd moget: so wahr euch gott helffe.

55 **W**ein- und bierherru [1] aydt.

CLIV. 2† **I**hr sollet schwehrenn, das ihr das weinherru- [bier-
herrn-] ampt vnnd was deme anhengig ist, dartzu ihr
verordnet vnnd gesatzt seitt, treulich vorwalten, vnnd
vleißig aufsehens habenn das der weinschenck
[bierschenck] sich seinem geschwohrnen ayde
gemeß vorhaltte [2] vnnd in sonderheit auf burgk
ohn gnugsahm pfandt keinen wein [bier] vnge-
wißenn leutenn folgen laße, vnnd in deme [3] des
raths vnnd gemeiner stadt beste prueffen vnnd befoderen
vnnd schaden [4] helffenn furkommen, vnnd e. e. raths
gelt vnnd guth ohn ihrer erbark. wißennschaft
nicht vnredlich genießenn besondern zu dem-
selbenn ampt gebrauchen, vnnd auch dauon alle
jahr, wan dz von euch gefodert wirdet, dem rathe vol-
kommene rechnung thunn, vnnd des rahts heimliche dinge
die euch daruon zu wißenn werdenn, bey euch behalttenn
sollet vnnd wollet, alles nach ewres funf sinnenn
alß ihr best konnet vnnd mogett: so wahr euch gott
helffe.

56 **M**uhlnherrn ayt.

Ihr sollet bey ewrem [5] rathmansaydt mit einer
handtasti angelobenn, das ihr das muhlnherrn-
ampt vnnd was deme anhengig ist, dartzu ihr
vorordnet vnnd gesatzt seit, treulich vorwalten,
auch vleißig aufsehens habenn das der ziegel-
meister [6] vnnd die muller in allen muhlen in
vnnd außerhalb der stadt gelegen sich ihrem
ampt vermoge ihrer pflicht vnnd ayde getrew
vnnd vleißig vorhaltenn, daß ihr auch vonn ew-
rem ampt wegenn aufnahme vnnd außgabe alle
jahr, wan es von euch gefodert wirdet, dem rath
volkommene rechnung thunn, vnnd des raths
guth vnnd gelt ohne j. erbark. wißennschafft
nicht vnredlich genießenn besondern zu dem-
selbenn ampt gebrauchen, vnnd des raths vnnd
gemeiner stadt beste pruefen vnnd befodern vnnd
schadenn furkommen sollet vnnd wollet, alles
nach ewrenn funf sinnenn alß ihr best konnet
vnnd mogett.

Ziegelherru aydt. 57

Ihr sollet schwehrenn, daß ihr dem ziegelhause
treulich vorstehen, vnnd keine steine vom zie-
gelhoeffe laßen bringen, ihr habt dan des raths
beschrieben vnnd besiegeltten zettell erst dar-
uber empfangenn alß man darauf pflegt zu ge-
benn vf der zolbode, vnnd dieselbe wiederumb
geschrieben in ewer buch, vnnd das ihr dem
rath alle jhar daruon volkommene rechnung
thunn, vnnd des raths gelt vnnd gutt, ohn ihrer
erbark. wissennschafft nicht vnredlich genießenn
besondern zu demselbenn ampt gebrauchenn,
vnnd des raths vnnd gemeiner stadt beste pruec-
fenn vnnd befodern vnnd schadenn helffenn fur-
kommenn sollet vnnd wollett, alles nach ewren
funf sinnen alß ihr best konnett vnnd moget:
so wahr euch gott helffe vnnd sein heiliges
wortt.

Artalarey- oder musekenherrn. 58

Ihr sollet bey ewrem rathmansayde mit einer
handtasti angelobenn, das jhr das artalarey-
oder musekenherrnampt vnnd was deme anhen-
gig ist, dartzu ihr verordnett vnnd gesatzt seit,
treulich vorwaltten, auch fleißig aufsehens haben
das die zeugwartter ihrenn geschwohrenn ayden
sich gemeß vorhaltenn, das ihr auch von ewrem
ampt wegenn aufnahme vnnd außgabe alle jahr,
wenn es von euch gefodert wirdet, dem rath
volkommene rechnung thunn, vnnd des raths
guth vnnd gelt ohn j. c. wißenschaft nicht vn-
redlich geniesen besonderen zu demselbenn ampt
gebrauchenn, vnnd des raths vnnd gemeiner
statt beste prueffenn vnnd befodern vnnd scha-
den furkommenn sollet vnnd wollet, alles nach
ewren funf sinnenn alß ihr best konnet vnnd
moget.

Dreypfenningsherru angelobung. 59

Ihr sollet bey ewrem [7] rath- oder zehenmannes-
eydt mit einer handtasti angelobenn, das ihr
das dreypfenningampt dartzu ihr verordnet vnnd
gesetzet seit, treulich vorwaltenn, auch fleißig

---

1) *In der ältern Formel* koruheren. 2) *In der Hs.* vorhaltenn. 3) *Ausgelassen* nach juwem vermogen. 3) *Aus-
gelassen* so vehel ahn juw. 5) *In der Hs.* ewren. 6) *Von anderer Hand corrigirt* nimmermeister, *was
wohl richtiger, obschon auch das spätere Eidbuch* ziegelmeister *hat.* 7) *In der Hs.* ewren.

aufsehens habenn, damitt so offt ein frombder oder burger vorstirbet der keinen burger oder burgerin zum erben nach sich vorleßet, seine gueter allerfoderlichst richtig inventirt vnnd daruon der dritte pfenning dem rathe vngesaumet in guete oder durch gebuhrliche zwangsmittell eingebrachtt werde, daß ihr auch was ihr einnehmet in der ersten zusamehkunft ewren collegen den zehenmannenn nebenst der rechnung zustellenn, vnnd des raths guth vnnd gelt ohne j. e. wißenschafft nicht voredlich geniesen, besondern des raths vnnd gemeiner stadt beste pruefenn vnnd befodern vnnd schaden furkommen sollet vnnd wollett, alles nach ewren funf sinnenn alß ihr best konnett vnnd moget.

60 **Angelobung der kamerer vnd rathsherrn vf der bruchdorntz.**

Ihr sollett bey ewrem [1] rhatsmansaydt mitt einer handtasti angeloben, daß ihr daß bruchecammerer- vnnd rhatsherrnampt dartzu ihr verordnet vnnd gesatzt seitt, trewlich vorwalttenn, die bruche nach lautt der policeyordnung vnnd echttendinges so euch angebracht werdenn vnnd ihr zu wißenn bekompt, dem rath vnnd der stadt zum besten wochentlich zwey oder zum wenigsten ein mahl, so fern euch daran nicht chehuffte nott vorhinderte, auf dem rathhause in der Newstadt oder vf der kuchenn fleißig fodern vnnd das durch freundtschafft, magschafft noch anderer zuneigung wegenn nichtt zuruckoder vnterlaßen, auch die eingekommene bruche alle mitt einander vnnd jn sonderheit zur halben voigttey in der burgk gehorig, mitt allen vmbstenden der excesse, des ortts, der zeitt vnd der personen, ob sie burger oder frombhause, welttlich oder geistlich, vnnd da sie geistlich, ob sie canonici oder vicarij zu s. Blasij oder s. Cyriaci, in oder außerhalb der burck wohnenn etc., durch den gerichtsschreiber mitt allom [2] vleiß zu buch schreiben laßen vnnd in die kistenn auf demselben rathhause oder vf der kuchenn dartzu sonderlich verordnet schutten sollet vnnd wollet, alles nach ewren funf sinnen alß ihr best konnet vnnd möget.

CLXXVIII. VERLÖBNISS- UND HOCHZEITSORDNUNG.

1608 Aug. 3.

Die in der Luxusordnung von 1579 enthaltenen Bestimmungen in Betreff der Verlöbnisse und Hochzeiten wurden 1608 einer neuen, meist verschärfenden Redaction unterzogen und dann gesondert durch Andreas Duncker in Braunschweig wieder abgedruckt: 4°, 13 gezählte Bll. nebst 2 ungezählten für Titel und Eingang; der Titel in einer aus beweglichen Typen zusammengesetzten Einfassung, der aufgedruckte Löwe wie bei der Feuerordnung von 1626 (vgl. die Vorbemerkungen zu No. CLXXIV) umkränzt und von der Grösse und Form eines Stempels; Bl. 1 ein Fries, welcher auf Arabeskengrunde in der Mitte Bär und Wolf aus einer Schüssel fressend, zu beiden Seiten Schwein und Hund im Laufe zeigt; Bl. 13 eine Schlussvignette im Renaissancestil und auf der leeren Rückseite derselbe Fries wie zu Eingang, darunter Braunschweig, dann das Stadtwappen mit dem Helm, tiefer Gedruckt durch Andreas Duncker ANNO M. DC. VIII. — Von der Geistesrichtung, aus welcher dieses Gesetz geboren wurde, geben u. a. auch die theils im Titel, theils auf dessen Rückseite abgedruckten Bibelstellen Zeugniss: Ps. 81, 14. 15; Es. 1, 10. 19. 20; 3, 16 ff.

Der stadt Braunschweig verbesserte ordnung auff die verlöbnüssen vnd hochzeiten vnd was denselben anhängig ist. Berathschlagt, bewilligt vnnd angenommen von einem erbarn rathe. rathsgeschwornen, zehenmannen, geschickten, gildemeistern vnnd haubtleuten daselbst nach Christi

---

1) *In der Hs. ewren.* 2) *In der Hs. allen.*

72

vnsers herrn vnd seligmachers geburt im sechszehenhundert vnnd achten jare mittwochens nach Vincula Petri.

Demnach wir bürgermeistere vnd rath dero stadt Braunschweig leider eine geraume zeitt hero vnd in sonderheit in vnsern jtzt vber lang gestandenen vnd noch jmmer wehrenden trangsaln mit schmertzen geschen vnd befunden, welcher maßen jnn vnser stadt vnd gemeine die hoffart mit der kleidung fast so hoch gestiegen vnd vberhandt genommen, daß kaum ein eintziger in vnser deßwegen hiebevor auffgerichteten ordnung gesetzter articul mehr geachtet oder gehalten wird, sonsten auch in den ehelichen verlöbnüssen vnd hochzeiten vnd was dazu gehörig so eine vppigkeit, vnordnung vnd vbermasse gespüret wirdt, daß gott der allmechtige darüber ohngezweiffelt nit alleine hoch erzürnet sondern auch, wann diesen vnd andern vnordnungen, hoffertigem vppigem vnd verschwendlichem vn-

wesen nicht gesteuret werden solte, nach seinem gerechten zorn mit der von vns wollvordienten straffe ferner anhalten vnd noch ein schwerers vber vns verhengen möchte: als haben wir gott dem allmechtigen zu ehrn vnd wolgefallen, auch vnser gemeine selbst zu nutz vnd frommen vnsern dieserwegen hiebevor getruckte vnnd im jahr 1579 donnerstags nach liechtmessen ernewerte ordnung für die handt genommen, vnd vorerst von den ehelichen verlöbnüssen, hochzeiten vnd was denselben anhengig ist den anfang gemachet vnd solche ordnung vom 14. biß auff den 20. titul inclusive mit des gemeinen raths, rathsgeschwornen, zehenmannen, geschickten, gildemeistern vnd hauptleuten ratification nachfolgender massen renoviret, geendert vnd verbessert.

XIV Von den gaben vnnd hochzeit eines breutgams vnd braut von den familijs vnd geschlechtern die ein spann tragen oder damit berathen werden.

1 **D**er breutgam mag geben der braut eine güldene kette von viertzig goldtgülden schwer vnd ein gülden spann das zwantzig goldtgülden werdt, oder so viel goldes dafür, vnd achte gülden ringe vnd einen trawring, vnd der braut vater oder bruder oder jhrem negsten freunde oder vormunden der sie verlobet eine silbern kannen die zwo marck silbers schwer, vnd jhrer mutter einen sayen rock, vnd darzu ein par schuoch vnd pantoffeln, vnd der braut schwestern vnd den kindern vnd gesinde im hause jeder ein par schuch vnd pantoffeln, vnd niemande waß mehr. Es sollen[1] auch obgedachte güldene kette vnd andere kleinodien welche dem breutgam der braut zu geben erleubet, nach der hochzeit nicht erhöhet oder besser getragen, auch in sonderheit der braut keine güldene armbende gegeben werden: alles bey bröke dreyer marck für jedes stück so offt einer dawieder handelt.

2 **H**inwieder mag die braut dem breutgam auff die brauthauß wol geben ein hemmet, einen schnuptuch vnd eine

Ct.XIII, 80

Ct.XIII, 81

badekappen. Aber die sollen keine gülden borten haben vnd auch mit seidenwercke nicht geschmückt sein, vnd soll dabey auch kein goldtstücke verehret werden, vnd soll also der braut dem breutgam oder seinen eltern oder blutzverwanten freunden auff die brauthauß etwas mehr zu verehren gentzlich vnd ernstlich verbotten sein, bey bröke zweyer[2] marck.

So soll auch hinfort einig vnd alleine denen so 3 ohne lohn zur hochzeit bitten, auch der braut dienern vnnd denen welche die braut zur kirchen leiten, ein schnupfftuch verehret, bey andern aber, als dem spielman, küchenmeistern, koch, silberwartern, kellermeistern, item bey denen so des ersten vnd andern tages vmb lohn die geste laden, wie auch dem fuhrman so die brautkasten führet vnd dem brawerknechte, soll solche verehrung des schnupfftuchs abgeschaffet vnd nicht mehr gegeben werden, auch bey bröke zweyer marck für jedes stück, vnnd soll die

---

1) _In Orig._ solle. 2) 1579 einer.

durchauß auff alle stende also verstanden werden.

4 Vnd soll das obberürte breutgamshemmet mit dem kragen, leingewandt vnd nehewercke in alles nit vber¹ sechs thaler, vnd der schnuptuch nicht vber zwey thaler gekostet haben. Die aber am schnuptuch hangende güldene knöpffe oder eicheln sollen hinfort in allen stenden nicht mehr daran gemachet werden: alles bey bröke zweyer marck² für ein jedes stück.

CLXIII. 82

5 Vnd man mag zu der brauthauß des mittags speisen vier gerichte vnd darzu butter vnd kese, doch das nur viererley gebraten in einer schüsseln sein. Wo aber jemandt darüber treten würde, soll er von dafür zwey⁵ marck zu straffe geben.

CLXIII. 81

6 Zu diesen hochzeiten soll man auch kein ander getrencke schencken dann alleine wein vnd einerley fremht bier,

CLXIII. 84

auch braunschweigisch breyhan vnd mumme, bey zehen marck bröke. Dieses ersten abends aber nach sechs schlegen soll kein wein mehr geschencket werden, bey bröke einer marck.⁴

Des andern tags zu mittage⁵ mügen gespeiset werden die drey gerichte vnd darzu ein gerichte krebse, auch butter vnd kese, vnd darzu vor die nachgerichte gelbe kuchen in einen gebacken vnd die grossen ablatenkuchen mit möhlkochenkuchen vnd allerley obs, vnd nichts mehr, bey bröke zweyer⁶ marck.

CLXIII. 85

7

Vnd man mag auch des andern tags schencken wein, einerley fremdt bier, mummen vnd braunschweigischen breyhanen, vnd kein ander getrencke. Den⁷ wein aber soll man des abendts nach sechs schlegen in massen des ersten tages abschaffen, bey ebenmessiger zuuor gesetzten straffe.

CLXIII. 87

8

XV Von gaben vnd hochzeit eines breutgams vnd braut so des standes der weissen ringe sein oder denselben gleich geachtet werden.

9 Der breutgam mag der braut geben vor der hochzeit eine gülden ketten von sluff vnd zwantzig goldtgülden schwer, ein gehenge das zehen goldtgülden werth, sieben gülden ringe vnd einen trawring, ein lang vorgüldel rosengürtel von sechszehen loth silbers zusambt dem vorgülden vnd nicht schwerer, ein beutelgürtel darzu nicht vber sechs loth silbern sein sollen, einen beutel mit silbern knöpffen die allesambt nicht vber sechs loth silbers schwer, eine silbern messerscheide die zehen loth silbers schwer vnd eine kleine silbern messerscheidesketten, vnd einen semmisskullert, ein par schuch, ein par pantoffeln, vnd der braut mutter vnd schwestern vnnd des kindern vnd dem gesinde im hause ein par schuch vnd pantoffeln, vnd niemande etwas mehr. Es soll auch obenberürte güldene kette vnd andere daselbst specificirte clenodien vnnd silbern geschmiede welches dem breutgam der braut zu geben erlaubet, nach der hochzeit nicht erhöhet oder besser getragen, vnd in sonderheit der braut keine güldene armbende gegeben werden: alles bey

CLXIII. 90

bröke dreyer⁸ marck für ein jedes stück so offt einer dawieder handelt.

Vnd mag die braut jhrem breutgam wiederumb geben auff die brauthauß ein hemmet, schnuptuch vnd badekappen, vnd nichts mehr dabey, vnd sollen auch das hemmet, schnuptuch vnd badekappes mit gülden horten nicht gezieret vnd mit seiden auch nicht bestickt sein, vnd soll der breutgamshemmet mit dem kragen, leingewandt vnd nehewercke nicht vber sechs thaler, vnd der schnuptuch nicht vber zwey thaler gekostet haben, vnd keine güldene knöpffe oder eicheln daran gehenget werden. Es soll⁹ auch in diesem andern stande keiner personen mehr als denen es im ersten stande erlaubet einig schnuptuch gegeben werden alles bey bröke zweyer marck¹⁰ für ein jedes stücke.

CLXIII. 89

10

Vnd bey vermeidung solcher geldtstraffe¹¹ soll die braut des breutgams eltern oder seinen blutuerwandten freunden auff die brauthauß nichts vorehren oder geben.

CLXIII. 96

11

Vnd mag zu dieser hochzeit auch wein, einerley fremdt 12

---

1) *Im Orig.* vber nit. 2) 1579 zweier gülden. 3) 1579 eine. 4) CLXIII, 85 *ist ausgefallen.* 5) 1579 des andern abendts. 6) 1579 einer. 7) *Im Orig.* denn. 8) 1579 zweier. 9) *Im Orig.* sollen: *Es fehlt.* 10) 1579 gülden. 11) bey bröke einer marck.

72*

CLXIII, 91 bier, braunschweigisch breyhan vnnd mumme, vnd
kein ander getrencke mehr geschenckt werden, bey zehen [1]
marck bröke.

13 **V**nd sollen auch der breutgam vnd braut die ordnung
CLXIII, 92 im andern passels die von den hochzeiten ins gemein

wie hernach folgen wird gesetzt ist, halten vnd sich auch
dessen was denen von den geschlechten verbotten ist nicht
anmassen, bey bröke die daselbst bey jedem passele ver-
meldet ist.

XVI Von den gaben vnnd hochzeit eines zimblich wolhabenden breutgams vnd braut die mit zween hundert gülden
vnd darüber biß vff fünffhundert gülden anschlichlich außgesteuret wird.

14 **E**s mag der breutgam der braut für der hochzeit woll
CLXII, 93 geben eine silbern kette von zwölff loth silbers, ein ge-
henge von acht goldtgülden, fünff gülden ringe vnd einen
trawring, einen dammaschen kollert mit einem querder
sammitz das alleine von einer halben ellen sammitz ge-
machet, ein lang weiß rosengürtel von vierzehen loth sil-
bers vnuergüldet oder an desselben stat eine gezogene
goltborten von zwölff loth silbers vnuergüldt, einen beutel
mit knöpffen von sechs loth silbers, eine silbern messer-
scheide mit acht loth silbers vnd mit besser beschlagen,
aber keine silbern ketten daran, ein par schuch, ein par
pantoffeln, der braut mutter vnd schwester vnd den kin-
dern vnd gesinde im hause jederm ein par schuch vnd
pantoffeln, vnd nichts mehr. Es soll auch dis alles
wz dem breutgam der braut zu geben erlaubet
nach der hochzeit nicht erhöhet oder besser ge-
tragen werden, bey bröke dreyer marck [2] für ein
jedes stück so [3] offt dawieder gehandelt wird.

15 **H**inwieder mag die braut dem breutgam verehren ein
CLXIII, 94 hemmet mit einer weissen borten dr mit dem leingewande,
kragen vnd nehewercke in alles drey thaler wert, vnd

eine badekappen sampt einem [4] schnuptuch mit seiden
vnbenehet, der nit vber einen thaler wert sein
soll, vnd nichts mehr. Es [5] sollen auch anderen [6]
personen, ausserhalb die beim ersten stande
benent, keine schnuptücher verehret werden,
alles bey straffe zweyer marck [7] vor jedes stück.

16 **E**s soll aber die braut des breutgams eltern oder blut-
freunden zuff die brauthauß gantz vnd gar nichts verehren, CLXIII, 95
bey bröke zweyer [8] marck.

17 **V**nd mögen der breutgamb vnd die braut schencken zu
jhrer hochzeit einerley frembd bier, auch mummen vnd CLXIII, 96
braunschweigischen breyhanen vnd kein ander ge-
trencke, bey peen zehen [9] marck.

18 **V**nd sollen nicht vber drey gerichte speisen vnd darzu
butter vnnd keese, bey bröke zweyer [8] marck, vnd auch CLXIII, 97
der hernach beschriebenen ordnung die von den hochzei-
ten ins gemein gesetzt, vnd auch dem was den [10] von dem
stande der weissen ringe verbotten ist zuwieder nicht
handlen, bey bröke eines jeden passels die darbey speci-
ficirt ist.

XVII Von den gaben vnd hochzeit eines etwas vnuermögsamen breutgams vnnd braut die nit mit zween hundert
gülden sondern mit einem geringern brautschatze außgesteuret wird.

19 **D**er breutgam mag geben der braut vor der hochzeit
CLXIII, 98 eine silbern kette von sechs loth silbers, drey gülden ringe
vnd den trawring, ein dammaschen, attlasehen vnd camlots
kollert mit anderthalb vierteil sammitz vnd nicht besser
besetzt, ein lang weiß rosengürtel von zwölff loth silbers
oder ein leibborten mit sechs loth silbersgeschmeides, einen
beutel der keine silbern knöpffe haben soll, eine messer-
scheiden mit zweyen lothen silbers beschlagen, ein par

schuch vnd ein par pantoffeln, der braut mutter vnd
schwestern vnd den kindern vnd gesinde im hause jederm
ein par schuch vnnd pantoffeln vnnd nichts mehr, bey
bröke zweyer [11] gülden für ein jedes stück. Es
soll auch bey gleicher bröke so der braut
für der hochzeit gegeben nach der hochzeit nicht
verbessert oder stattlicher getragen werden.

Hinwieder mag die braut jhrem breutgam verehren ein 20
CLXIII, 99

---

1) 1579 fünff. 2) 1579 zweier gülden. 3) so fehlt. 4) 1579 vnd einen weissen. 5) Es fehlt. 6) Im
Orig. andere. 7) 1579 gülden. 8) 1579 einer. 9) 1579 fünff. 10) Im Orig. denn. 11) 1579 eine.

hemmet mit einem weissen borten so mit dem kragen, leingewandt vnd nehewercke drittehalben thaler werth, vnd dann einen [1] schnuptuch von einer halben marck, aber keine badekappen, bey bröke zweyer marck [2] für ein jedes stück. Es soll aber die braut des breutgams eltern oder freunden auff die brauthaus gantz vnd gar nichts verehren, bey gleichem bröke der zweyer marck [8] vor jeden schnuptuch.

21 Vnd sollen auch die braut vnd breutgam zu jrer hoch-

zeit kein ander getrencke als mumme oder braun-schweigischen breyhanen schencken, bey bröke zweyer marck. CLXII, 100

Auch sollen sie nicht speisen vber drey gerichte vnd 22 daran butter vnd kese, bey bröke einer marck [4], vnd CLXIII, 101 nach wieder die hierunter gesetzte gemeine hochzeitsordnung vnd was breutgam vnd braut des dritten standes in dieser vnser ordnung verbotten ist nicht handlen, bey bröke eines jeden passels die daselbst gesetzt ist.

XVIII Von ehelichen verlöbnissen.

23 Nachdem in den ehelichen verlöbnissen eine zeithero CLXIII, 102 allerley vnordnung vnd vbermessigkeit mit geschencken vnd sonst gewesen, die der braut vnd jren eltern vnd freunden zu vnnötigen vnd beschwerlichen vnkosten gereicht, so ist vnser des raths ernstlicher befehl vnd wollen, das die braut hinfüro jhrem breutgam kein hemmet zur verlöbnuß mehr geben solle, bey bröke einer marck.

24 Vnd dieweil es eine zeithero eingerissen, das etzliche des CLXIII, 103 breutgams vnd der braut freunde, wenn sie zu der ehelichen verlöbniß kommen sein, der braut geschencke vnd gabe gegeben, soll das hinffro nit mehr geschehen, sondern soll der braut vater, vormundt oder negster freundt deßwegen vff der bruchedörantzen sein getwissen eröffnen, vnd hernacher eine jede person welche der braut etwz zum verlöbniß vereret gehabt, in sonderheit gefodert vnd mit zween marck bröken beleget werden. [5]

25 Vnd sollen hinfürter zu keiner verlöbniß im ersten CLXIII, 104 vnd andern stande mehr als vier vnd zwantzig personen, in den andern zween negsten stenden aber nicht vber zwölff personen (ohne die spielleute vnd welche sonsten in der brauthaß gehören) gebeten vnd zu tische gesetzt werden. [5]

26 Vnd im fall das die eltern, vormunde oder freunde die CLXIII, 105 einer braut die verlöbnis thun, zu solcher verlöbnisse vber verbotne zahl mehr geste haben werden, sollen sie für jede vbrige personen eine marck [7] zur bröke geben.

27 Vnd mögen zu einer verlöbnisse nicht mehr als drey

gerichte vnd ein gerichte krebat vnd daran butter vnd CLXIII, 106 kese, aber vber viererley gebratens in einer schüssel nicht gespeiset vnd darnach gelbe kuchen die in den eisen gebacken vnd ablatenkuchen mit woldechenkuchen vnd allerley früchte fürgetragen werden. Aber die möserkuchen, schildkuchen vnd heidinsche kuchen sollen hinfürder zu den verlöbnissen gentzlich abgeschaffet sein, bey bröke zweyer [8] marck.

Vnd es soll das taffellacken vor neun schlegen des 28 abendts auffgehoben sein, bey bröke einer marck. [9] CLXIII, 107

Vnd sollen der breutgam vnd alle geste, auch drösten, 29 kuchenmeister vnd jungfrawen die zu der verlöbnisse ge- CLXIII, 108 betten vnd kommen, nach mitternacht vor einem schlage zu hauß gehen vnd in denselben nacht dar nicht wieder binkommen, bey bröke einer marck [8] die eine jede persone geben solle.

Darumb mögen wol von der braut freunden die geste, 30 freundlich angesprochen vnd CLXIII, 109 gebeten werden das sie bey der fröligkeit biß zu einem schlage bleiben wollen. Wo sie aber das nicht than wollen sondern begeren ehe zu hauß zu gehen, daß soll einem jeden zugelassen vnd niemande die thür zugeschlossen oder verperret werden. Dann so das jemandts than würde, der soll für jede persona eine marck [10] zu bröke geben.

Vnd soll also eine jede verlöbnisse des abendts geendigt 31 sein, auch des andern oder dritten abendts zu der ver- CLXIII, 110 löbnisse gantz vnd gar keine geste wieder gesetzt werden,

---

1) Ausgelassen weissen.   2) 1579 eines gülden.   3) 1579 bey bröke zweier gülden.   4) 1579 zwantzig newer schillinge.   5) 1579 bey bröke einer marck etc.   6) 1579 folgte erst hier der Nachlass wegen Speisung der Spielleute.   7) 1579 einen halben gülden.   8) 1579 einer.   9) 1579 eins halben gülden.   10) 1579 einen halben gülden.

 es were denn das frembde geste zu der verlöbnisse kom-
men: den mögen zu ehren des andern abends nach der
verlöbnisse ein tisch voll geste dergestaldt das die
frembde personen vnter dem einen tisch als 12
personen mit gerechnet, vnd nicht mehr, wieder ge-
beten noch gesetzt werden, bey bröke einer marck [1]
für eine jede vbrige person.

32 Vnd sollen auch die gebetene geste zu der verlöbnisse
<small>CLXII, 111</small> des andern abends nach mitternacht vor einem schlage
zu hauß gehen, bey vermeidung obberürter geldtbusse.

33 Darumb sollen auch die spielleute in der ersten oder
<small>CLXIII, 112</small> andern nacht nach zwölff schlegen zu der frölligkeit
oder tantze nicht lenger spielen sondern sich alsdann
nach hauß verfügen, bey bröke einer marck [2] die sie
sembtlich geben sollen.

34 Vnd wo nun derjenige der die verlöbnisse thut beargk-
<small>CLXIII, 113</small> wont würde das er diesem vnserm [3] des raths gebote zu-
wieder gehandlet, der sollte [4] darüber vor die brökeherren
citiret werden sich mit seinem geschworen oide zu ent-
ledigen, vnd so er das nicht thun wolte, so soll er vor
jeden vbrigen gast den er des ersten oder andern [5]
abendts zu der verlöbnisse gebeten hette eine marck [6]
zu bröke geben.

35 Wann aber zwischen der verlöbnisse vnd der hochzeit
<small>CLXIII, 114</small> der breutgam wieder zu der braut vngefodert, vnd vnge-

laden kommen will, so mag er wol wieder dahin gehen
vnd alsdann auch noch eine oder zwo personen vmb ge-
selschafft willen zu sich fordern [7] vnd mit sich nemen.
Würde er aber jemands mehr zu sich bitten vnd also
stercker dann [8] selbander oder selbdritte zu der braut
gehen, so sol er für jede vbrige person eine marck [6]
zur straffe geben.

36 Würden auch sonst manspersonen oder junge gesellen
<small>CLXIII, 115</small> von der braut vater oder freunden vngebeten dem breut-
gam vnd braut in der verlöbnisse oder zwischen der
verlöbnisse vnd der hochzeit mit jhnen collation vnd frö-
ligkeit zu halten einen jnfall (das nicht sein soll) thun,
so solt ein jeder derselben vor diesen jhren muthwillen
10 gülden zur straffe zu geben verfallen sein.

37 Vnd so der braut vater oder freunde bedacht sein dem
<small>CLXIII, 116</small> breutgam vnd braut zu ehren vnd gefallen zwischen der
verlöbnisse vnd der hochzeit eine gesterey zu halten, sol-
len sie dz bey zwölff personen vnd also einen tische
bewenden vnnd bleiben lassen vnd die geste für ei-
nem schlage nach mitternacht zu hause geben.
Wer diß verbreche vnd dermassen nit hielte, der solte
für jeder person so er darüber gebeten vnd zu tisch ge-
setzt hette, auch vber einem schlage behalten, ein
marck [6] zu bröke geben.

XIX Von tantzen.

38 Die tantze in verlöbnissen vnd hochreiten oder wo die
<small>CLXIII, 117</small> geschehen, sollen züchtig vnd ehrlich gehalten werden.
Darumb thun wir dz leichtfertige verdreyen [10], auch
das ablegen der mentel vnd auffsetzen der hüte
als ein vnhöfflich ding ernstlich verbieten vnd wollen

auch fleissige achtung darauff geben lassen, also welcher
sich hierüber des vordreyhens im tantze oder sonsten
des ablegens der mentel vnd vffsetzens der hüte
vnterstehen wird, der soll so offt das geschehe einen
gülden [11] dafür zu straffe geben.

XX Von den hochzeiten ins gemein alle vnd jede bürgerliche stende betreffendt.

39 Man soll keine hochzeit weder des mittags noch abents
<small>CLXIII, 118</small> vff einen sontag sondern des montags oder dinstags zu
mittage anfangen vnd halten, bey zehen marck bröke.

40 Der aber anstat der hochzeit eine gesterey haben wil,

der mag sie des abendts wol haben ohne bröke. <small>CLXIII, 119</small>

Vnd sollen zu einer hochzeit des ersten tags nicht mehr 41
personen geladen vnd gesetzt werden als im ersten <small>CLXIII, 120</small>
auch im andern stunde oder welche dem andern

---

1) 1579 eins halben gülden.   2) 1579 bey einem gülden bröke.   3) Im Orig. vnserm.   4) Im Orig. solle.
5) 1579 andern oder dritten.   6) 1579 einen halben gülden.   7) Im Orig. fordert.   8) Im Orig. vn.
9) 1579 eine marck.   10) Autzulassen in allen tantzen.   11) 1579 zween newe schillinge.

stande gleich seind vnd fünffhundert gülden oder darüber zum brautschatze haben, zwölff tische zu ein hundert vnd vier vnd viertzig personen, im dritten stande zehen tische zu ein hundert vnd zwantzig personen, vnd dann im letzten stande nur acht tische zu sechs vnd neuntzig personen. Darunter auch allenthalben die geistliche personen, rathsdiener vnd die so an der brauttaffel sitzen mit gerechnet, vnd keine als frembde personen vnd die spielleute vnd rathsdiener so auffwarten aufgenommen werden sollen.[1] Gleichsfals sollen auch hinfort die geste von dem gerichtschreiber, wie für diesem gebreuchlich gewesen, beschrieben werden, doch das nach gehaltener hochzeit der breutgamb, auch der braut vater, vormund oder negster freund mit in den eidt nehmen, dz sie alle vnd jede geste haben schreiben vnd gar keinen heimblich vorbergen oder vorstecken lassen. Vnd soll alsdann der breutgamb für eine jede person so vber obenberürte zahl gesetzet, einen gülden[2] zu bröke geben.

41 So sollen auch hinfort alle vnd jede geladene vnd erschienene personen welche dem breutgamb oder braut mit naher freundschafft zugethan, jhre kinder klein vnd groß welche noch vnmündig oder in specie nicht geladen worden, nicht mit in die hochzeit nehmen sondern zu hause lassen, bey straffe eines halben gülden, welche straffe von den eltern so sie mitbringen, soll[3] gefodert vnd darauff gute acht gegeben werden. Jedoch sollen die jungen zo zur hochzeit bitten vnd die dortitzen vnnd kertzen tragen hiermit nicht gemeint sein.

42 Des andern tags zu mittage[4] sollen breutgam vnd braut keine geste zur weinsuppen bitten, desselbige auch nicht geben, auch des andern morgens keine person ausserhalb die welche im brauthause wohnen vnd daselbst auffwarten, wie auch die jungfrawen welche die braut die nacht bey sich behalten speisen, auch keine dentzerey anrichten,

wie dann auch die spielleute sich ehe nicht als gegen mittag, wann andere geste geladen vnd sich wieder einstellen, daselbst finden lassen sollen, bey bröke eines gülden für eine jede person. Desgleichen sollen auch hinfort des sontagen oder montagen abendts für der hochzeit zu den caldaunen keine geste mehr geladen, sondern solche vnnütige kosten gesparet werden, bey bröke eines gülden für eine jede person.

44 Auch sollen des andern tages zu mittage keine andere geste wieder gebeten werden dann alleine diejenigen welche des ersten tages zur hochzeit erschienen oder jhre gaben geschicket haben, aber der dritte tag gar abgeschafft sein, bey straffe einer vorsatz.[5]

45 Wer aber weiniger geste des ersten oder andern abendts zu der hochzeit bitten will, das ist einem jeden frey vnd vnbenommen.

46 Vnd soll der breutgam vnd braut mit jhren zu der hochzeit gebetenen herrn vnd freunden des mittags wenn für dem house darin die hochzeit sein will dreymahl vffgespielet ist, für eilff schlegen[6] zur kirchen kommen, das sie daselbst durch den herrn predicanten nach christlicher weise vnnd gewonheit bey guter zeit ehelich vertrawet werden vnnd für zwölff[7] schlegen wieder auß der kirchen sein mögen, bey bröke eines gülden. Der aber nicht für 12 schlegen auß der kirchen ist, soll zehen gülden, vnd der für einem schlage mit herausser ist, zwantzig gülden zur straffe geben. Es soll auch vmb diese zeit der opferman den seiger mit zurücke oder für sich ziehen sondern recht gehen lassen, bey bröke einer marck, vnd der cantor vnd organist jeder mehr nicht als einen halben reichsthaler sodern noch der breutgam geben, bey straff einer marck.

47 So ist auch wolmeintlich hirbey geordnet vnnd geschlossen worden, das hinfort keine bürgere oder bürgerkindere ausserhalb der stadt trawen oder copuliren lassen sollen, bey bröke ein vnd zwantzig gülden.

48 Wenn aber ein breutgam vnd braut vnsit der hochzeit

---

1) *Nach dem Gesetze von 1579 waren die geistlichen Personen, die Rathsdiener und die an der Brauttafel Sitzenden in der erlaubten Anzahl nicht mit einbegriffen.* 2) 1579 einen halben gülden. 3) *Im Orig.* sollen. 4) *Ausgelassen oder des abendts.* 5) *Damit war § 123 des Gesetzes von 1579 aufgehoben, und ebenso auch durch die vorhergehenden Bestimmungen § 124 erledigt.* 6) 1579 so zeitlich. 7) 1579 eilff.

CLXIII, 127 des abends eine gestorey haben wollen, sollen sie des sommers von Ostern biß Michaelis nach ßhoff schlegen vnnd des winters von Michaelis biß vff Ostern nach vier schlegen zur kirchen gehen, vnnd des sommers für sechs schlegen vnd des winters für fünff schlegen wieder auf der kirchen sein, bey einer marck [1] bröke.

CLXIII, 128 49 Vnd wenn man in das hauß kömpt, sollen sich die geste alsofort zu tische setzen vnnd angerichtet werden.

CLXIII, 129 50 Vnd man soll abspeisen vor dreyen [2] schlegen nachmittage, also das die taffellaken [3] ver dreyen [3] schlegen vfgehoben sein sollen, bey bröke einer marck. [4] Da aber im ersten oder andern tage die taffellaken für vier vhr nicht vffgehaben weren, sollen zehen gülden, vnd da es für fünff vhr nicht vffgehaben, zwantzig gülden zur straffe gegeben werden, vnd hinfüro in allen hochzeiten, es sey des ersten oder andern tages, nicht mehr als einmahl gespeiset werden vnd das abendtspeisen gentzlich abgeschaffet sein. Sollen derwegen die geste freundlich ersucht werden sich in beiden tagen zeitlich vnd für eilff schlegen einzustellen. [5]

CLXIII, 131 51 Vnd sollen hinfüro zu den hochzeiten oder hochzeits-gastereyen zu ersparung vnnötigs vnnd vergeblichs vnkostens keine mörserkuchen, schiklkuchen oder heidnische kuchen fürgetragen werden, bey bröke einer marck.

CLXIII, 132 52 Vnd wenn die geste eingehen wollen, mögen sie woll von dem breutgam oder des breutgams oder braut freunden in der hochzeit freundlich angesprochen vnd gebeten werden bey der angefangenen frölickeit lenger zu bleiben. Wenn sie aber das nicht thun wollen sondern zu hauß zu gehen begehren, so soll man sie weiter nicht nötigen vnd jhnen die thür auch nicht zuhalten oder versperren, damit ein jeder wieder seinen willen mit dem truncke oder sonsten nicht beschweret werde.

CLXIII, 133 53 Vnd so nun jemandts wieder dieß vnser verbot handeln würde, der soll für jeder person der die thüre zugehalten einen [6] gülden zu bröke geben.

CLXIII, 134 54 Vnd sollen der breutgam vnd braut oder jhre freunde vnd küchenmeister oder jemandt anders von jhrentwegen in wehrender hochzeit nichts außspeisen denn alleine den inbütern vnd gesinde in des breutgams vnd braut hause,

auch krancken leuten, schwangern frawen, kindelbetterinnen vnd armen leuten, vnd den fremden gesten zu beyzeiten in jhre herberge, bey bröke einer marck.

55 In sonderheit soll das, wie mans heist, cantzleygehen, da sich des andern oder dritten tages aussserhalb des hochzeithauses junge gesellen vnd jungfrawen an einen absonderlichen ort zusammen finden, collationes halten, das essen aus der brautlauß holen lassen vnd hernacher dem breutgam vnd braut einen einfall thun, wie auch dz hanenwerffen vnter den weibern gentzlich verbotten vnd abgeschaffet sein, bey straffe für jede person zehen gülden.

CLXIII, 145 66 Vnd wenn des ersten vnd andern abendts in wehrender hochzeit die glocke zwölffe schlagen will, so sollen die spielleute bey bröke einer marck [7] nicht lenger spielen sondern zu hauß gehen, damit alsdann des tantzens ein ende werde vnd die geste so viel desto ehr vrsache gewinnen für einem schlage zu hause zu gehen.

CLXIII, 136 57 Es sollen auch breutgam vnd braut zu jrer hochzeit kein ander spiel gebrauchen denn alleine das damit sie in die kirchen gangen sein, bey bröke zweyer [8] gülden. Wollen sie aber geigen oder harffen als ein sanfftmütig spiel im hause haben, das soll jhnen frey stehen. Keine braut vnnd breutgam aber welche nicht zweyhundert gülden oder darüber zum brautschatze haben, sollen das grosse spiel auß der strassen gebrauchen vnd damit in die kirchen gehen, bey ebenmessiger straffe der zweyer gülden.

CLXIII, 137 58 Vnd wer das grosse spiel hat zu seiner hochzeit, der soll dem spielmanne zu lohne geben vier [9] gülden, dem koche vier gülden, dem opffermanne, tormanne, hirten, froneboten vnd scharffrichter jedem drey matthier. Vnd soll jhrer keiner mehr fodern oder nehmen, auch dem spielman verbotten sein hinfort einig schildt mehr zu fodern, alles bey straffe einer marck.

CLXIII, 126 59 Wer aber matliche hochzeit vnd darzu dz grosse spiel nit hat, der mag sich mit dem spielmanne vnd koche vertragen vmb jr lohn eins besten er ken, vnd soll geben dem opffermanne, tormanne, hirten, froneboten vnd scharffrichter jedem einen mariengroschen, alles bey straff

---

1) 1579 einem halben gülden.   2) 1579 zweien.   3) Ausgelassen alle.   4) 1579 eins gülden.   5) Damit vor § 130 des Gesetzes von 1579 aufgehoben.   6) 1679 einen halben.   7) 1679 eins gülden.   8) 1579 eins.   9) 1579 drey.

einer marck.

60 **S**o mag sich auch ein jeder breutgam vnd braut mit der
CLXIII. 136 kellerlawachen vnd kellermagdt vmb jhr lohn nach gelegen-
heit vergleichen.

61 **V**nd sollen die köche, silberwartere oder vmbbit-
CLXIIII. 140 tere, kellerlawasche vnd kellermagdt aus der brauthauß
an koste, getrencke, lichten, kette oder andern [1] vor sich
selbst oder durch andere von jhrentwegen nicht fodern,
entfrembden oder hinweg tragen lassen, bey straffe einer
marck, sondern sollen dem breutgam vnd braut getrew
sein, vnd jhnen das jhre getrewlich vorwaren, bey ver-
meidung vnserer des raths weiterer ernsten straffe.

62 **D**emjenigen aber welcher die bannern [2] in die hochzeit
CLXIII. 141 bringet sollen vber sein verdientes lohn hinfüre keine
drey gerichte sondern nur vff den ersten mittag essen
vnnd trincken in der hochzeit gegeben werden.

63 **S**o soll auch hinforth dem fuhrmanne welcher
die brautkasten vnd brautladen führet nicht
mehr als ein halber thaler gegeben werden, bey
bröke einer marck so offt einer darwieder handelt.

64 **D**ie brauthurch aber soll hinfort in allen sten-
CLXIII. 141 den nit mehr in die brauthauß gebracht son-
dern gentzlich abgeschaffet werden, bey bröke
zehen gülden.

65 **E**s soll auch des kochs knechts schatzung we-
gen aufziehung der breutgamsschue verbotten
vnd abgeschaffet sein, bey bröke einer marck.

66 **E**ndtlich soll es hinfort mit dem vmbbitten also
gehalten werden, das man im ersten stande mit
zween jungen gesellen, zween reisigen dienern
(denen mehr nicht als ein halb reichsthaler zu-
gewandt werden soll, bey straff einer marck)
vnd zweyen jungen, vnd im andern stande mit
zween jungen gesellen vnd zween jungen oder
aber nur ein vier person müge vmbbitten las-
sen, in den andern ständen aber nur eine per-
son dazu gebraucht, die megde aber allenthal-
ben abgeschaffet werden sollen, bey bröke einer
marck.

Damit auch diese ordnung desto baß zur voll- 67
ziehung gebracht werde, soll der opfferman
schuldig sein innerhalb acht tagen nach der
zeit dem brüchecämerer desselben weichbildes
die vortrawete junge eheleute anzumelden, bey
straff einer marck.

So sollen auch der breutgam vnd der braut vater 68
oder negste freunde nach gemedigter verlöbnisse CLXIII. 149
vnd hochzeit betragt werden auff alle vnd jede obge-
setzte artieul die in dieser vnser vorbessertcn ord-
nung, so viel die ehliche verlöbnisse vnd hochzeit vnd
was demselben anhängig ist belangen thut, begriffen sein,
ob sie die allesambt gehalten oder nicht gehalten: welche
sie denn anzeigen werden die sie gehalten, die sollen sie
bey vermeidung der darauß geordneten geldtstraffe mit
jrem leiblichen eide betheuren, die sie aber bekennen die
von jnen nit gehalten sein, darfür sollen sie die bröke
geben. Vnd sollen vnsere brökeherren bey geschwornem CLXIII. 150
eide von den reichen sowoll als von den armen, vnd hin-
wiederumb von den armen als von den reichen, in vnd
ausserhalb raths, bürger, bürgerinnen, bürgers-
kindern vnnd dienern, geistlichen vnnd welt-
lichen die vnser jurisdiction vnd botmessigkeit
vnterworffen sein, ohn alles ansehen der personen, das
verwirckte straffgeldt fordern vnnd auffnemen vnd damit
niemandts verschonen. [3]

Wir der rath behalten vns auch für zu jeder zeit nach 69
gelegenheit vnd notturfft diese vnsere ordnung zu bessern CLXIII. 152
zu moderirn oder zu endern.

So soll auch diese verbesserte ordnung künff- 70
tigen mittwochen, ist der tag Laurentij, jren
anfang gewinnen vnd von demselben tage an
stet, vest vnd vnnerbrochen observirt vnd ge-
halten werden, vnnd ist vff vnserm Newenstadt
rathhause, wie im eingang angeregt, berath-
schlagt, beliebet vnd angenommen im jahr nach
Christi vnsers herrn vnd seligmachers gebart
sechzehen hundert acht, mitwochens nach Vin-
cula Petri.

---

1) *In Orig.* andern. 2) 1579 brautburg. 3) § 151 *des Gesetzes von 1579 ist ausgefallen.*

CLXXIX. HERZOG FRIDERICH ULRICHS HULDEBRIEF.

1616 Febr. 6.

Das Original befindet sich im Stadtarchive: Pergament, 25½" breit, 19" hoch, an Pergamentstreifen in einer Holzkapsel das rothe Siegel von 2¼" Durchmesser mit dem gewöhnlichen Wappen und der Umschrift SIGILL. FRID. ULRICI DUC. BRUNSVIC. ET LUN. M. m. und mit geringen Abweichungen im Ausdruck ist dieser bisher ungedruckte Huldebrief eine wörtliche Wiederholung des 1569 von Herzog Julius ertheilten (No. CLII).

1 Wir von gottes gnaden Friederich Vlrich herzog zu Braunschweig vnd Lüneburgk bekennen offenbar in diesem briefe, das wir oder vnsere erben keine clöster geistlicher leubte man oder frawen setzen, erleuben oder volworten sollen zu wohnen in der stad oder mawern zu Braunschweig vnd auch ausserhalb der stad so weit ihre vihe- 2 trifft ist. Auch wollen noch sollen wir keinerley weiße volworten, das die capittel vnser kirchen sancti Blasij vnd sancti Ciriaci zu Braunschweig einige pfarkirchen in Braunschweig gelegen sich oder ihren stifftern incorporiren 3 laßen. Auch sollen wir keinen canonicum oder jemands der belehnet wehre zu sancti Blasio oder sancti Ciriaco [1] zu Braunschweig zu vnser pfarkirchen einer in Braun- 4 schweig praesentiren oder belehnen. Welcher auch al- bereit eine pfarkirchen in Braunschweig hette, dem wollen wir vnserer geistlichen lehene in den vorgeschriebenen kirchen zu sancti Blasio vnd zu sancti Ciriaco keines leihen noch ihne darzu praesentiren, außgenommen die lehene die wir vnd vnsere erben lehnen sollen nach ihrem willen. Wehre es aber, das vnsere vettern dieser lehen jennigs lehenaten gegen diese weiße, vnd vnser volwortt darzu forderten, so möchten wir vnser volwortt darzu 5 geben. Wir bekennen auch, das wir vnd vnsere rechte erben haben derselben vnser stad Braunschweig vnd vnsern lieben getrewen darin wonhafftig, bey nahmen in der Altenstad, im Hagen, in der Newstadt, in der Altenwiegk vnd im Sacke, die gnade vnd das recht geben, das die so nun darin wohnen vnd bürger oder bürgerin sind [2], die 6 sollen frey sein von allerley ansprach. Wer nach diesem tage auch als dieser brief gegeben ist, in dieselbe vorberürte fünf weichbilde oder stette vnser stad Braunschweig zöge, bürger würde vnd offenbar darin wehre jahr vnd tag ohn ansprach, der solte desselben rechten brauchen vnd 7 frey bürger sein, als vorgeschrieben ist. Würde auch

jemand angesprochen jnnerhalb jahr vnd tage mit recht der die bürgerschafft gewonnen hette, den solte der raht zu keinem bürger haben, ohr hette sich dan verglichen mit der herschafft in freundschafft oder mit recht. Wir 8 vnd auch vnsere rechte erben sollen vnd wollen die fünf stedte vnser stad Braunschweig beschirmen vnd vertheidigen alle jhrer freiheit vnd rechtens als sie die von alters von vnsern hochlöblichen seeligen vorfitern, auch vatern, großvatern, eltervatern vnd vettern gehabt haben, vnd jhr recht verbessern vnd nicht zu uerringern. Wehre es auch, das einiger man derselben vnser bürger 9 einen fordern wolte vor laß oder eigen, oder einige ansprach thuen wolte, der solte andworten für vnserm ge- richt in der stadt zu Braunschweig. Vnsere vorgenante 10 bürger der fünf weichbilder vnser stad zu Braunschweig mögen auch ihr recht vol beßern wo sie mögen. Wo 11 das niemand klagt, da bedarfs niemand richten. Wehre 12 es auch, das sie jemand beschüldigen wolte, solten sie andworten da es jbnen von rechte gehört zu andworten, vnd des sollen wir sie auch vertheidigen. Wehre es auch, 13 das einig zwispalt einfiele zwischen vns vnd dem raht vnser stad Braunschweig, die sollen wir sie bey laßen vnd behalten. Wolte den raht auch anders jemand beschüldigen, was dan 14 zwene menner aus dem raht der raht entledigen mit rechte, des solte der raht ledig sein, vnd des sollen wir sie ver- theidigen, vnd sollen des rahts vnd der stad Braunschweig recht verbessern vnd mit nichten krencken. Vortmehr 15 bekennen wir für vns vnd vnsere rechte erben, das vnsere bürger der vorbenanten fünf städte vnser stad zu Braun- schweig vnd jbr gubt sollen zollfrey sein in vnserm lande, in vnsern stedten vnd in allen vnsern schlößern nach alter gewonheit, als das von alters geweßen ist. Wer auch 16

---

1) So: wie 1309.   2) sind fehlt.

in der stad Braunschweig vogt ist, der soll richten in der stad vnd daruaßen so weiht jhre viehetriйt vnd land-
17 wehren wenden. Vortmehr auf das vnter vnsern mannen vnd vnsern vorbenanten burgern kein zwitracht werde, so sollen wir jhnen einen marschalck setzen, der vnsern burgern recht mitteihle vber vnsere manne, wans jhnen
18 noht ein magk. Wir wollen auch, das vnsere dienstmanne keinen vnser burger zu Braunschweig mit lebenguht weiſen an einen andern hern der benedden jhme wehre: in deme wollen wir sie vertheidigen vnd jhnen
19 beistehen. Wir tuhen jhnen auch die gnade: welcher bürger guht hette zu lehen von vnsern dienstmanne, stürbe der ohn erben, so soll der bürger folgen an vns als den oberlehenhern, vnd wir sollen jhne belehnen mit dem
20 guht ohn wiedersprach vnd gabe. Auch wollen wir nicht, das einig vnserer manne sich einig guht lehnen laſſe[1] das vnsere bürger vnd bürgerinnen zu Braunschweig in jhren
21 lehenischen gewehren hetten. Wir sollen sie auch vmb keine sache schuldigen die bey vnsers lieben hern vnd vaters vnd vnserer voreltern vnd veltern seeligen zeiten
22 gefallen wehren bis an diesen tagk. Wir sollen auch keinerley guht das man zu oder von der stad Braunschweig brechte, fürete, triebe oder tröge, hindern oder hindern
23 laſſen, es stünde dan vnsern offenbaren feinden zu. Wir wollen auch niemand zu dienst nehmen, den wir wieder die stad vnd ihr recht vertheidigen, wir wolten dan den
24 zu recht stellen vnd rechtens an jhm verheiffen. Wir wollen auch niemand hausen, hegen oder vertheidigen wieder die stadt vnd burgere, der sie oder die jhren vervnrechtigte, in der stad verfestet oder daraus vertrieben wehre, sondern wollen den von vns laſſen, wan sie vns
25 das zu wiſſen theten. Wehre es auch, das vnsere bürgere oder jhre meyere einige brüche tehten wieder vns, an dehme noch an jhrom guht wollen wir kein selbgericht thuen, es wehre dan das sie würden begriffen auf handhafftiger tabt eines todschlags, oder wir tehten das zu wiſſen dem rabt allererst: hülfen sie vns darumb güte oder
26 rechtens, dar wollen wir vns an begnügen laſſen. Auch sollen vnd wollen wir sie trewlich verteidigen in jhrem rehten wieder jedermenniglich, vnd sollen sie bey gnaden, gewonheit vnd rechte laſſen vnd behalten zu allen zeiten.
27 Vnd wir oder die vnsere sollen oder wollen sie vnd jhre meyere, ihr guht vnd die jhren nicht beschweren mit beh-
ten oder mit dienste oder in einigerley weiſe. Wehre 28 es auch, das sie, jhre meyere oder die jhren brüche tehten, das jhnen[2] mit rechte gefunden worden zu befern, das sollen wir vnd die vnsern jhnen gnediglichen kehren, das sie des vnuerlorben bleiben. Auch wollen vnd sol- 29 len wir oder die vnsern keine schlänge in vnsern lande vber sie vnd ihr gut, vber jhre meyere vnd die jhren setzen oder setzen laſſen, da sie oder die jhren mit beschatzt würden. Vnd wir sollen vnd wollen sie laſſen 30 bey solchen gnaden, gewonheit vnd rechte, als sie bey vnsers lieben hern vaters, großvaters, eltervaters vnd anderer vnserer voreltern vnd vettern zeiten gewesen wahren. Wehre es auch, das sie ihre mordbrenner vnd 31 straßenreuber ankehmen in vnsern lande, in vnsern stedten, schlöſern vnd dörffern, die mögen sie angreiffen ohn gefahr vnd brüche. Vortmehr bekennen wir, das wir 32 vnd vnsere rechte erben wollen vnd sollen alle brief die vnser lieber herr vnd vater, großvatter, eltervater, vnsere vettern herzog Heinrich Julius etc., herzog Julius etc., herzog Heinrich etc., herzog Bernhard etc., herzog Otto etc., herzog Friederich etc. vnd andere vnsere vorfahren vnd vettern alle christmilter vnd seeliger gedachtnüs dem rath vnd der stad Braunschweig vnd einem ieden burger zu Braunschweig versiegelt vnd gegeben hetten, sted, vest, gantz vnd vnuerbrochen halten, vnd wir beständigen alle jhre privilegia in aller weiſe ob wir die selbst versiegelt hetten. Were es auch, das dem rabt vnd 33 bürgern zu Braunschweig gegen vns oder vnsere erben noht wehre jhre privilegia zu weisen, wollen vnd sollen wir zwene oder ſrey bei schicken den wir das zuglaubten: die wollen sie darzu in vnsere stad Braunschweig zu kommen ab vnd zu fehelichen vnd die darumb senden auf das rabthaus in der Altenstad zu Braunschweig, die brieſſe vnd privilegia zu beseben, zu leſen vnd zu hören, ob wir dahin selbst nicht kahmen: furter dorffen sie jhre privilegia vnd brieſſe nicht senden. Wir wollen auch die 34 vorgenante vnsere liebe getrewe den rabt vnd die bürgere vnser stad Braunschweig trewlichen vertheidigen vnd beschirmen alle ihres rehten das sie von vnsern lieben bern vnd vatern, großvatern, eltervatern, voreltern vnd vettern hochloblicher seeliger gedachtnüs gehabt haben, vnd wollen jhnen das sted vnd gantz halten. Wolte sie auch 35 aller dieser obgeschriebener gnade vnd rechts oder jeglich

73*

besonder, die wir vnd vnsere hochlobliche seelige voreltern jhnen gegeben haben, jemands verunrechtigen, des wollen wir jhr beschirmer sein nun vnd zu allen zeiten vnd zu allen jhren nöhten. Doch soll diese vnsere confirmation vorigen[1] hauptvertragen, deren einer am zwey vnd zwanzigsten Octobris anno funfzehenhundert drey vndt funffzig zwischen vnserm geliebten hern vnd eltervatern hochmilter gedechtnüs vnd der stad, der ander am zehenden Augusti des funfzehenhundert vnd neun vnd sechszigsten jahrs zwischen weiland vnserm großhernvatern hochseeligen vnd vnser stad Braunschweig aufgerichtet, auch andern handeln vnd verträgen die zuuor vnd auch seidhero zwischen vns vnd gemelter vnser stad am ein vnd zwanzigsten Decembris verschienen sechszehenhundert funffzehenden jahrs, in vnsern closter Stetterburgk abgeredt vnd geschloßen worden, gantz vnschädlich vnd vnabbrüchig sein, die wir auch hiemit austrücklich außgedingt vnd fürbehalten haben wollen. Dieser dinge seind auch zeugen vnsere liebe getrewe räthe, manne vnd bürger, die daran vnd vber gewesen sein vnd hernach geschrieben stehen, die edle, ernueste[2] hochgelarte vnd erbare auch ersame Anthon von der Streidhorst vnser oberhoffmeister, Wolff Gebhard edler herr zu Warbergk, Jobst von Adelliebßen vnser obrister geheimer cammerrabt vnd landdrost, Erich vonn Rehden vnser hoffmarschalck, her Hans vom Werhter zu Lütken Werter, er Joachimb von Hopfenkorb cumptor zu Lucklum, er Philip Friederich von Wiedensehe cumptor zu Süplingburgk, Hans von Olderßhaußen vnser erbmarschalck, Statzius von Münchaußen, Jobst von Weihe, Bartold von Rautenbergk, Eberhardt von Weihe vnsere respective großuogt vnd geheime cammerrähte, Güntzel von Bartenschloben, Joachimb von Veltheimh vnser öberjegermeister, Tehdel Burgkart von Walmoden, Curd von Steinberg, Ernst von Wrisberg, Wulbrandt von Stoeckheimb vnd Johan von Vßlar d. vnser hoffrabt, Conrad Breitsprach d., Auctor Damman, Carsten Salgen, Auctor Balhorn, Jobst Heßen, Bartoldus Greuen, Johan Grothaußen, Conrad Hildebrand, Henningus Haberland, Joachim von der Möhlen, Herman Schrader, Johan Camman, Heinrich Danckwort, Henning Wieson, Ludolf Redsem alle bürgermeistere vnd respective syndicus vnd consiliarius, dan Johan Mittelstraß cammerer. Zu vrkund vnd stettigkeit aller dieser obgeschriebener dinge haben wir obgedachter furst herzog Friederich Vlrich etc. für vns vnd vnsere rechte erben vnser fürstlich insiegel wißentlich hengen laßen an diesen brief, gescheen vnd gegen nach Christi vnsers lieben hern vnd heilands geburt im sechszehenhunderten vnd sechszehendem jahre, dingstags nach Purificationis Mariae, der da ist gewesen der sechste monatstag Februarij.

Friederich Vlrich h. z. B. v. L.
m. p.

Anthon von der Streithorst
m. p.

CLXXX. PRIVILEGIUM VON HERZOG FRIDERICH ULRICH.

1616 Febr. 6.

Das Original dieses bisher ungedruckten Privilegiums, m. m. einer wörtlichen Wiederholung des 1569 von Herzog Julius ertheilten, befindet sich im Stadtarchive: Pergament, 15" breit, 9½" hoch, das Siegel wie bei dem voraufgegangenen Huldebriefe.

1 **V**on gottes gnaden wir Friederich Vlrich hertzogk zu Braunßwiegk vnnd Lüenebürgk etc. bekennen offenbar in diesem brieffe für vnnß, vnsere erbenn, nachkommenn vnd alß wehme, daß wir vnns mit denn ersahmenn vnsern liebenn getrewen dem rhat vnser stadt Braunßweig vnnd denn jhrenn güetlichenn vereinigt vnnd vertragenn haben, vereinigenn vnnd

<hr>

1) 1569 den beiden.   2) 1569 gestrenge.

vertragenn vnns gegenwertigenn inn krafft dieß briefs vnd allenn gram vnnd wiederwillenn so zwischenn vnns vnd jhnen machte gewesen sein biß ann datum dieß briefs, also das wir sie vnnd sie vnns wiedervmb der quidt, ledig vnnd loß gela-

2 ßenn habenn. Vnnd wir habenn denn vorbenandtenn vnsern lieben getrewen dem rhat vnser stadt Braunßweig geredet, gelobet vnnd zugesagt, reden, lobenn vnnd zusagenn inn crafft dieß briefs, das wir sie, jhre mitburgere vnnd die jhre geistlich vnnd weltlich binnen vnnd außen Braunßwieg sollenn vnnd wollenn laßenn bey jhren privilegien, gnaden, gerechtigkeitenn, freyheitenn vnnd alter wonheit, alls sie die bey herzog Willhelms des eltern, hertzog Willhelms des jüngern, hertzog Heinrichs, hertzog Friederichs, hertzog Heinrich des eltern vnnd hertzog Heinrich des jüngern hertzogenn Julij vnser hochgeehrtenn vorfahrenn, vhrelter-vaters, ellervaters, großvaters vnnd herrn vaters hoch-löblicher christmilter gedechtnuß vnnd bey anderer vnser vorekern, vorfahren vnnd vettern zeiten biß ann diesen

Friederich Vlrich h. z. B. v. L.

m. p.

tag gehabt vnnd hergebracht habenn, vnnd sie daran nicht hindern noch verkurtzenn inn einigerley weise. Wir 3 sollenn vnnd wollenn auch die vorbenandte vnsere liebe getrewen vnnd die jhrenn beschutzenn vnnd beschirmenn vor vnrechter gewaldt vnnd sie nicht verlaßenn dar wir jhrer zu ehre vnnd rechte mechtig sein. Daß redenn 4 vnnd lobenn wir hertzog Friederich Vlrich vor vnns, vnsere erben vnnd nachkommenn des fürstenthumbs zu Braunßweig inn crafft dieß briefs inn gutenn trewen dem rhate, burgern vnnd denn jhren vnsern lieben getrewenn stet, vast vnnd vnuerbrochenn wol zu haltenn sonder einigerley list oder billfrede. Des zu furderer bekandt-nuße vnnd offenbahrer beweisinge habenn wir hertzog Friederich Vlrich etc. vor vnns vnnd vnsere erbenn vnnd nachkommenn vnser jnsiegell wißendtlich heißen hen-genn ann diesen brieff, der gebenn ist nach Christi vnsers herrn geburth jm ein tausendt sechshundert vnnd sechzehenden jahr dingstags nach Purificationis Mariae, ist der sechste monatstagk Februarij.

Anthon von der Streithorst

m. p.

CLXXXI. BESTÄTIGUNG DER STÄDTISCHEN PRIVILEGIEN DURCH KAISER FERDINAND II.

1620 Dec. 4.

Das Original dieser bis jetzt nicht gedruckten Urkunde befindet sich im Stadtarchive: Perga-ment, 26" hoch, 18½" breit, das rothe Siegel von 4⅜" Durchmesser, in Wachskapsel und an einer Schnur von Gold und schwarzer Seide, mit denselben Emblemen wie das Kaiser Ferdinands I (s. die Vorbemerkungen zu No. CXLVII) und der Umschrift FERDINANDVS. SECVNDVS. DEI. GRATIA. ELECTVS. ROMANORVM. IMPERATOR. SEMPER. AVGVSTVS. GERMANIAE. HVN-GARIAE. BOHEMIAE. DALMATIAE. CROATIAE. SCHLAVONIAE. ZC. REX. ARCHIDVX. AV-STRIAE. DVX. BVRGVNDIAE. STIRIAE. CARINTHIAE. CARNIOLAE. ET. WIRTEMBERGAE. ZC. COMES TYROLIS. CZ. Auf der Innenseite des umgeschlagenen Randes Confirmatio generalis priuilegiorum für die statt Braunschweig. P. X; auf der Rückseite Reg^tar Freißinger und seitwärts am Rande Tax funfftzig vnd fur cantzley jura sechs goltgulden. Alb. Mechtl Taxator. -- M. m. vnd mit geringen Abweichungen in der Form ist diese Confirmation eine wörtliche Wiederholung derjenigen Kaiser Rudolfs II (CLXVII). Dass sie als ihre nächste Vorgängerin eine Bestätigungs-urkunde Kaiser Matthias' nennt, beruht in gewissem Sinne auf Fiction. Denn allerdings hatte dieser Kaiser zu Prag unterm 24. Juli 1617 eine solche Urkunde unterzeichnet; allein der Stadt war dieselbe wahrscheinlich niemals ausgehändigt, da sie hier nicht vorhanden ist und auf einer Copie unter den Reichshofrathsacten des Landesarchives zu Wolfenbüttel sich der Vermerk findet: Ist vnterschrieben worden vnd nicht gesiegelt, dan die hoffcammer hats bey sich. Vgl. die Vorbe-merkungen zu den drei folgenden Stücken.

Wir Ferdinand der ander von gottes gnaden erwöhlter römischer kaiser, zu allen zeitten mehrer deß reichs, in Germanien, zu Hungern, Böheimb, Dalmatien, Croatien vnd Sclauonien etc. könig, ertzhertzog zu Oesterreich, hertzog zu Burgundj, zu Brabant, zu Steyr, zu Karndten, zu Crain, zu Lützemburg, zu Württemberg, Ober vnd Nider Schlesien, fürst zu Schwaben, marggraf des heyligen römischen reichs zu Burgaw, zu Mähren, Ober vnd Nider Laußnitz, gefürster grave zu Habspurg, zu Tyrol, zu Pfierdt, zu Kyburg vnd zu Görtz, landgrave in Elsäs, herr auf der Windischen marck, zu Portenaw vnd zu Salins etc. bekennen offentlich mit disem brief vnd thun kund allermenigelich, daß vns vnsere vnd deß heyligen reichs liebe getrewen N. burgermaister, rath vnd burger gemainclich der statt Braunschweig vnderthenigelich angeruessen vnd gebetten [1], daß wir jnen alle vnd yedliche jr gnad, freyhait, brief, priuilegien, recht, guet gewonnhaiten vnd alt herkomen, die sy von römischen kaisern vnd königen vnsern vorfahren am reiche erworben vnd herbracht haben, vnd besonder ein bestettigung vnd freyhaitbrief damit sy von weiland könig Albrechten vnserm vorfahren am reiche gedechtnus milltigelich versehen worden vnd weiland die allerdurchleuchtigisten kaiser Maximilian der erst, kaiser Karl der fünfft, kaiser Ferdinand der erste, kaiser Maximilian der ander, kaiser Rudolff der ander vnd dann am jüngsten kaiser Matthias vnsere geliebte vorfahren, anherr, vettern vnd vattere alle hochmilder gottseeliger gedechtnus auch bestettet hetten, welcher könig Albrechts brief von wort zu wortten hernach geschrieben stehet vnd also lautet: Wir Albrecht — — — — geben zu Prag an st. Seuerstage nach Christi geburth vierzehenhundert vnd darnach in dem achtunddreißigisten jahren, vnserer reiche im ersten jahre, [als jetzt regierender römischer kaiser widerumb zu vernewern, zu confirmiren vnd zu bestetten genediglich geruechten.] [2] Deß haben wir angesehen derselben von Braunschweig demfnetig pitte, auch die getrewen dienste die sy vnd jre vorfahren vnsern vorfahren römischen kaisern vnd königen vnd dem reich al-

lezeit willigclich vnd vnuerdrofeenlich gethan haben vnd sy vns auch hinfürter in künfftig zeit wohl thun mögen vnd sollen, vnd darumb mit wolbedachtem mueth, guetem rath vnd rechter wißen den obgenanten burgermaister, räthe vnd bürgern der statt zu Braunschweig alle vnd yegeliche gnaden, freyhait, briue, priuilegien vnd besonder den vorbegriffenen freyhaitbrief von könig Albrechten außgangen, vnd daruoe alle andere jre rechte, guete gewonhait vnd alt herkomen die sy bißher redlichen gehabt, gebraucht vnd hergebracht haben, gnedigclich ernewert, bestettigt vnd confirmirt, ernewern, bestetten vnd confirmirn jnen die auch von römischer kaiserlicher macht volkomenhait wißentlich in crafft diß briefs waß wir von rechts vnd pilligkeit wegen vnd auß gnaden daran zu vernewern, confirmirn vnd zu bestetten haben, vnd mainen, setzen vnd wollen, daß dieselben in allen jren wortten, puncten, clansuln, articuln, jnhaltungen, mainungen vnd begreiffungen crefftig vnd mächtig sein, stett, vest vnd vnuerbrochenlich gehalten werden vnd sy sich dern an allen enden vnd stetten gebrauchen vnd genießen sollen vnd mögen von allermenniglich vnuerhindert, doch vns vnd dem heyligen reich vnser obrigkeit vnd dienst hierinnen vorbehalten. Vnd gepieten darauf allen vnd yegelichen churfürsten, fürsten geistlichen vnd weltlichen, praelaten, graven, freyen herrn, rittern, knechten, hauptleuten, vitzdomen, hofrichtern, landtrichtern, vrthelsprechern, vogten, pflegern, verwesern, ambtleuten, schulthaißen, burgermaistern, richtern, räthen, burgern, gemainden aller vnd yegelicher stett, marckt, dörffer vnd sonst allen andern vnsern vnd deß reichs vnderthanen vnd getrewen, in was würden, standt oder wesen die sein, von römischer kaiserlicher macht ernstlich vnd vestigclich mit disem brief vnd wollen, daß sy die vorgenante burgermaister, rath vnd bürger zu Braunschweig an solchen jren gnaden, freyhaiten, briuen vnd priuilegien, recht, gewonhaiten vnd altem herkommen, auch weiland vorhochgemelter vnserer lieben vorfahren, anherrn, vettern vnd vättern auch nägsten vorfahren am heiligen reich, auch diser vnser kaiserlichen ernewerung, confirmation vnd bestättigung nicht jrren noch verhindern in kain weise, sonder sy dabei von vnser vnd deß reichs wegen getrew-

---

1) In Kaiser Rudolfs Confirmation vnd so auch in den früheren: daz vor vns komen ist vnser . . . getrewen . . . . . . erbar potschaft vnd hat vns diemuotigelich gebetten. 2) Die eingeklammerten Worte, welche zum Abschluss des Satzes vnentbehrlich, sind hier wohl nur durch ein Versehen des Schreibers ausgelassen.

lich schutzen vnd schirmen, als lieb ainem yegclichen sey vnser vnd des reichs schwäre vngnadt vnd darzne die poene in den [1] vergemelten freyhaiten vnd priuilegien begrieffen vnableßlich zu bezahlen zu uermeiden. Mit vrkundt diß briefs besigelt mit vnserm kaiserlichen anhangendem josigel, geben in vnser statt Wienn den

Ferdinandt.

viertten monatstag Decembris nach Christj vnsers lieben herrn vnd seeligmachers gepurth sechzehenhundert vnd im zwaintzigisten, vnserer reiche des römischen im andern, deß hungrischen im dritten vnd deß böbmhischen im viertten jahren.

Ad mandatum sacrae
caesareae Majestatis proprium
P. Pucherl mpp.

CLXXXII. BESTÄTIGUNG VON KAISER SIGMUNDS PRIVILEGIUM WIDER DIE STRASSEN-RÄUBER DURCH KAISER FERDINAND II.

1620 Dec. 4.

Das Original dieser bisher nicht gedruckten Urkunde befindet sich im Stadtarchive: Pergament: 24" breit, 17" hoch, in dem rothen, in einer Wachskapsel an schwarzgelber Seidenschnur hangenden Siegel von 3¾" Durchmesser der zweiköpfige Adler mit Kaiserkrone, bekröntem Wappenschilde und Ordenskette ganz so wie in dem Kaiser Maximilians II (vgl. No. CL) und die Umschrift FERDINANDVS. II. D. G. EL. RO. IMP. SEMP. AVG. GERMANIAE. HVNGARIAE. BOHEMIAE. ZC. REX. ARCHID. AVST. DVX. BVR. ZC. CO. TYR. ZC. Auf der Innenseite des umgeschlagenen Randes Confirmation vber weilendt kaiser Sigmundts freyhait wegen der straßrauberey fur die statt Braunschweig, P X; auf der Rückseite Reg[ier] Freißinger und seitwärts am Rande Tax dreissig vnd fur cantzley jura sechs goldtgulden. Alb. Mechtl taxator. — Mit der im Contexte erwähnten Bestätigungsurkunde Kaiser Matthias' verhält es sich ebenso wie mit dessen Confirmatio generalis (vgl. die Vorbemerkungen zu No. CLXXXI): die Copie bei den Reichshofrathsacten zu Wolfenbüttel trägt den Vormerk: Ist vnterschrieben worden von Ibro M[t], aber noch biß dato nicht gesigelt worden, vnd wie man sagt hats die hoffcammer bey sich vnd aufgehalten.

Wir Ferdinand der ander von gottes genaden erwöhlter römischer kaiser, zu allen zeitten mehrer des reichs, in Germanien, zu Hungern, Behaim, Dalmatien, Croatien vnd Sclauonien etc. könig, ertzherzog zu Oesterreich, herzog zu Burgundt, zu Brabant, zu Steyr, zu Kärnten, zu Crain, zu Lutzemburg, zu Württemberg, Ober vnd Nider Schlesien, fürst zu Schwaben, marggraue des heiligen römischen reichs zu Burgaw, zu Mähren, Ober vnd Nider Laußnitz, gefürster graue zu Habspurg, zu Tyrol, zu Pfirdt, zu Kyhurg vnd zu Görtz, landtgraue in Elsaß, herr auf der Windischen marckh, zu Portenaw vnd zu Salins etc. bekennen offentlich mit disem brieff vnd thuen khundt allermenigclich, das vnns die ersamen vnsere vnd des reichs lieben getrewen N. bürgermeister vnd rath der statt Braunschweig in glaubwürdigem schein haben lassen fürhringen ainen freyhaitshrieff, welcher noch von vnserm hochgeehrten vorfahren am

---

1) Im Orig. dem.

reich weilend kaiser Sigmunden etc. hochlob-
lichister gedechtnus wider die strassenrauber,
mörder. dieb, brenner vnd andere dergleichen
böſwicht auſgangen vnd jren vorfahren erthailt
worden, so von wortt zu wortten hernach ge-
schriben stehet vnd also lauttet: Wir Sigmund —
— — — geben zu Prag nach Christi geburt vierzehen-
hundert jahr vnd darnach im sechfunddreissigisten jahr
an sanct Barbaren tage der heiligen jungfrawen, vnserer
reiche des hungrischen etc. im funffzigisten, des römischen
im sibenundzwainzigisten, des behemischen im sibenzehen-
den vnd des kaiserthumbs im vierten jahren[1], vnd vuns
darauf obbesagte burgermaister vnd rath der
statt Braunschweig demuetigelich angerueffen
vnd gepetten, daß wir idſ jetzt regierender rö-
mischer kaiser obgeschribnen kaiser Sigmundts
freyhaitbrieff in allen vnd jeden seinen wortten,
clauſlen, puncten, articulen, jnnhaltungen, mai-
nungen vnd begreiffungen zu vernewern, confir-
miren vnd zu bestetten genediglich geruechten,
jnmassen jüngst hienor weiland vnser geliebter
herr vetter vnd vatter kaiser Matthias christ-
miltister gedechtnus gleicher gestalt gethan hette.
Deß haben wir angesehen solch jr demuettig
zimblich bitt, auch die angenemb, getrew vnd
willigen dienste so jre vordern vnd sy vnsern
hochgechrten vorfahren vnd dem heiligen reich
in mehr weeg offt vnd nützlich erzaigt vnd be-
wisen haben vnd vuns vnd dem heiligen reich
sie hinfuro in khunfftig wol thuen mögen vnd
sollen, vnd darumb mit wolbedachtem mueth,
guetem rath vnd rechter wissen den gemelten
burgermaistern vnd rath der statt Braunschweig
vnd jren nachkommen obinserierten freyhaits-
brieff in allen seinen wortten, clausuln, puncten,
articuln, jnnhaltung, mainung vnd begreiffun-
gen als römischer kaiser gnediglich confirmirt
vnd bestettigt, confirmirn, ernewern vnd bestet-
ten jnen den auch hiemit von römischer kaiser-
licher macht volkommenhait wissentlich in crafft
diſ briefls, vnd mainen, setzen vnd wollen, das

die vorgenanten bürgermaister vnd rath der
statt Braunschweig vnd jre nachkommen bey ob-
geschribner weiland kaiser Sigmundts freyhait
(souil sie deren in besitz vnd berechtiget seyen)
bleiben, sich deren gerueigelich gebrauchen vnd
geniessen sollen vnd mügen von allermenigclich
vnverhindert[2], doch vuns vnd dem heiligen reich
an vnsern vnd sonst menigclich an seinen rech-
ten vnd gerechtigkaiten vnuergriffen vnd vn-
schödlich. Vnd gepieten darauf allen vnd jeden
churfürsten, fürsten geistlichen vnd weltlichen,
praelaten, grauen, freyen herrn, rittern, knech-
ten, landtvögten, hauptleüten, vitzdomben, vög-
ten, pflegern, verwesern, amptleüten, landtrich-
tern, schulthaißen, burgermaistern, richtern, rä-
then, burgern, gemainden vnd sonst allen an-
dern vnsern vnd des reichs vnderthanen vnd
getrewen, was würden, standts oder wesens die
seindt, ernstlich vnd vestigclich mit disem brieff
vnd wöllen, daz sy die offtgedachte burgermai-
ster vnd rath der statt Braunschweig vnd jre
nachkommen bey obeinuerleibten kaiser Sig-
mundts freyhaitbrieff, auch diser vnser kaiser-
lichen confirmation, ernewer- vnd bestettigung
nicht hindern noch jrren sonder sy darbey ge-
rueigelich pleiben, deren gebrauchen vnd ge-
niessen lassen vnd darwider nit thuen noch das
jemauts andern zu thuen gestatten in kain weis,
als lieb ainem jeden sey vnser vnd des reichs
schwäre vngnad vnd straff vnd darzue ain poen,
nemblich zwainzig marckh löttigs goldts zu ver-
meiden, die ain jeder so offt er fräuenlich hier-
wider thäte vns halb in vnser vnd des reichs
cammer vnd den andern halben thail den offt-
genanten burgermaister vnd rath der statt Braun-
schweig vnd jren nachkommen vnnachleßlich
zu bezahlen verfallen sein solle. Mit vrkhundt
diſ briefls, besiglet mit vnserm kaiserlichen an-
haugendem insigel, geben in vnserer statt Wienn
den vierten tag des monats Decembris nach
Christi vnsers lieben herrn vnd seeligmachers

---

1) No. LXXXIV, S. 221. 2) Im Orig. vnd verhindert.

geburt im sechzehenhundert vnd zwainzigisten, vnserer reiche des römischen im andern, des

Ferdinandt.

hungrischen im dritten vnd des behemischen im vierten jahren.

Ad mandatum
sacrae caes. Majestatis proprium
R. Pucherl m. pp.

CLXXXIII. KAISER FERDINANDS II BESTÄTIGUNG DES VON KAISER RUDOLF II ER-
NEUERTEN PRIVILEGIUMS DE NON ARRESTANDO.

1620 Dec. 4.

Das Original dieser bisher nicht gedruckten Urkunde befindet sich im Stadtarchive: 8 Bll. Pergament (deren zwei als Umschlag dienen) von 10″ Breite, 13″ Höhe, geheftet mit schwarzgelber Seidenschnur, woran das bei No. CLXXXII beschriebene Siegel hängt. Auf der Rückseite von Bl. 6 Tax funfftzig vnd fur cantzlej jura sechs goldtgulden. Alb. Mechtl. taxator, darunter Reg^tor Freißinger. — Schon von Kaiser Matthias hatte die Stadt einen gleichen Confirmationsbrief zu erlangen versucht, aber vergeblich: eine Copie unter den Reichshofrathsacten zu Wolfenbüttel trägt den Vermerk: Diese Confirmation (d. d. Prag 1617 Juli 24) ist von Ihro M^t vnderschriben worden, aber bißhero nicht in die tax zur siglung gegeben worden, sondern die hofcammer zu sich genommen.

Wir Ferdinand der ander von gottes gnaden erwöhlter römischer kaiser, zu allen zeitten mehrer des reichs, in Germanien, zu Hungern, Behaim, Dalmatien, Croatien vnd Sclauonien etc. künig, ertzhertzog zu Oesterreich, hertzog zu Burgundt, zu Brabandt, zu Steyr, zu Kärndten, zu Crain, zu Lutzemburg, zu Wirttemberg, Ober vnd Nider Schlesien, furst zu Schwaben, marggraue des heiligen römischen reichs zu Burgaw, zu Märhern, Ober vnd Niderlaußnitz, gefurster graue zu Habssburg, zu Tyrol, zu Pfirdt, zu Kyburg vnd zu Görtz etc. landtgraue in Elsaß, herr auf der Windischen marck, zu Portenaw vnd zu Salins etc. bekennen offentlich mit diesem brief, das vnns die ersamen vnsere vnd des reichs liebe getrewen N. bürgermaister vnd rath der statt Braunschweig in glaubwirdigem schein haben furbringen lassen ainen confirmation- vnd bestättigungsbrieff von vnserm geliebten vorfahren, vettern vnd vattern weilendt kaiser Rudolffen hochlöblicher gedechtnus, wider die ar-

rest, repressalien vnd dergleichen thätlichaiten etc. aufgangen, welcher confirmation- vnd bestättigungsbrieff von wort zu wortten hernach geschriben stehet vnd also lautet:

Wir Rudolff der ander — — geben auf vnserm küniglichen schloß zu Prag den zehenden tag des monats Junij nach Christi vnsers lieben herrn vnd seligmachers geburt funffzehenhundert vnd in ain vnd achtzigisten, vnserer reiche des römischen im sechsten, des hungerischen im neundten vnd des behaimischen auch im sechsten jahren. Rudolff. Vice ac nomine reuerendissimi dni dni Danielis archiepiscopi, archicancellarij et electoris Moguntini v^t S. Viehenser d. Ad mandatum sacrae caes. Majestatis proprium And. Erstenberger subscripsit[1], vnnd vnns darauff obbesagte burgermaister vnd rath der statt Braunschweig diemütiglich angerueffen vnd gebetten, das wir als ytzt regirender römischer kaiser solchen ernents vnsers geliebten herrn vetter vnd vatters kaiser Rudolffs confirmation- vnd bestättigungsbrieff wider vorberurte arrest, repressalien vnd dergleichen thätlichkaiten etc. außgan-

---

1) No. CLXIX, S. 511.

74

gen in allen vnd yeden wortten, clausuln, puncten, articuln, jnhaltungen, mainungen vnd begreiffungen gleicher gestalt zu confirmirn vnd zu bestätten gnediglich geruechten. Deß haben wir angesehen solch jr diemütig zimblich pitt, auch die angenemen getrewen dienste so jre voreltern vnd sy vnsern vorfahren vnd dem reich offt nutzlich vnd willigelich gethan vnd bewiesen haben vnd vnns vnd dem heiligen reich in künfftig zeitt wol thun mögen vnd sollen, vnnd darumb mit wolbedachtem mueth, guetem rath vnd rechter wissen den gemelten burgermaister vnd rath der statt Braunschweig vnd jren nachkomen obinserirten vnsers geliebten herrn vetters vnd vatters kaiser Rudolffs confirmation- vnd bestättigungsbrief vber alle vnd yegliche obberürte gnaden, freyhaiten, recht vnd gerechtigkaiten in allen seinen wortten, clausuln, puncten, articuln, jnhaltungen, mainungen vnd begreiffungen als römischer kaiser guediglich confirmirt vnd bestätt, confirmiern, ernewern vnd bestätten jnen den auch von römischer kaiserlicher macht volkomenhait wissentlich in crafft diß brieffs, vnd mainen, setzen vud wollen, das die vorgenandten burgermaister, rath, burger, jnwohner vnd gemeine der statt Braunschweig vnd jre nachkomen samentlich vnd sonderlich bey obeinuerleibtem confirmationbrieff jrer gnaden vnd freyhaiten bleiben vnd sich dessen geruehiglich geprauchen vnd geniessen sollen vnd mögen von allermeniglich vnuerhindert, doch vnns vnd dem heiligen reiche an vnsern vnd sonst meniglich an seinen rechten vnd gerechtigkaiten vnuergriffen vnd vnschädlich. Vnnd gepieten darauff allen vnd yeden churfürsten, fürsten geistlichen vnd weltlichen, praelaten, grauen, freyen herrn, rittern, knechten, landtvögten, hauptleuthen, vitzdomen, vögten, pflegern, verwesern, amptleuthen, landtrichtern,

Ferdinand:.

schuldthaissen, burgermaistern, richtern, räthen, burgern, gemaindten vnd sonst allen andern vnsern vnd des reichs vnderthanen vnd getrewen, in was würden, standt oder wesen die seind, ernstlich vnd vesstiglich mit diesem brieff vnnd wollen, das sy die offtgedachte burgermaister, rath, burger, jnwohner vnd gemaindte der statt Braunschweig vnd jre nachkomen an solchen jren obgeschribnen weilendt vnsers geliebten herrn vetters vnd vatters kaiser Rudolffs confirmation- vnd bestättigungsbrieff wider obuerstandene arrest, repressalien vnd andere thättlichkeiten vber jre gnaden, freyhaiten, priuilegien, rechten, gerechtigkaiten, alt herkomen vnd guet gewonhaiten, auch diser vnser kaiserlichen confirmation, ernewerung vnnd bestättigung nicht hintern noch jrren sondern sy darbey geruehiglich pleiben, der geprauchen vnd geniessen lassen vnd darwider nit thun noch deß jemandts anderm zu thun gestatten in kain weiß, als lieb ainem yeden sey vnser vnd des reichs schwäre vngnad vnd straff vnnd darzue die pöen in obgeschribnem vnsers geliebten herrn vetters vnd vatters kaiser Rudolffs confirmation vnd bestättigungsbrieff begriffen zu uermeiden, die ain yeder so offt er fräuentlich hierwider thette vnns halb in vnser vnd des reichs camer vnd den andern halben thail den obgenandten burgermaister, rath vnd gemainer statt Braunschweig vnnachläßlich zu betzahlen verfallen sein solle. Mit vrkundt diß brieffs, besigelt mit vnserm kaiserlichen anhangendem jnsigl, der geben ist in vnserer statt Wienn den vierten tag des monats Decembris nach Christi vnsers lieben herrn vnd seligmachers geburt sechzehenhundert zwaintzigisten, vnserer reiche des römischen im andern, des hungerischen im dritten vnd des behaimischen im vierten jahren.

Ad mandatum
sacrae caes. Majestatis proprium
R. Pucherl m. pp.

CLXXXIV. BESTÄTIGUNG VON KAISER RUDOLFS II SCHUTZBRIEF DURCH KAISER FERDINAND II.

1620 Dec. 4.

Das Original dieser bis jetzt nicht gedruckten Urkunde befindet sich im Stadtarchive: Perga-
ment, 26" breit, 19" hoch, mit dem bei No. CLXXXII beschriebenen Siegel. Auf der Innenseite
des umgeschlagenen Randes Confirmatio vber weylendt kaiser Rudolffens schutzbrieff für die statt
Braunschweig I ; *auf der Rückseite* Reg¹⁰ʳ Freißinger *und seitwärts am Rande* Tax vierzig vnd fur
cantzlej jura sechs goldtgulden. Alb. Mechtl taxator. — *Obgleich einer voraufgegangenen Bestäti-*
gung durch Kaiser Matthias diesmal keine Erwähnung geschieht, war solche doch im Werke ge-
wesen: eine Copie derselben findet sich unter den Reichshofrathsacten zu Wolfenbüttel, wiederum
freilich mit dem Vermerk: Disc Confirmation (d. d. Prag 1617 Juli 24) jst von Ibro May. vnter-
schriben worden aber nicht gesigelt, vnd bats die hoffcamer bey sich.

Wir Ferdinand der ander von gottes gnaden
erwöhlter römischer kaiser, zu allen zeitten meh-
rer des reichs, in Germanien, zu Hungern, Be-
hemb, Dalmatien, Croatien vnd Sclauonien etc.
könig, ertzhertzog zu Oesterreich, hertzog zu
Burgundj, zu Brabant, Steyr, Kärndten, Crain,
Lützennburg, Württenberg, Ober vnd Nider
Soblesien, fürst zu Schwaben, marggraue deß
hayligen römischen reichs zu Burgaw, zu Mäh-
ren, Ober vnd Niderlaufnitz, gefürster graue zu
Habspurg, zu Tyrol, zu Pfirdt, zu Kiburg vnd
zu Görtz etc. landtgraue in Elsaß, herr auf der
Windischen marck, zu Portenaw vnd Salius etc.
bekennen öffentlich mit disem brieff vnd thun
kundt allermenniglich, daß vnß vnsere vnd deß
reichs liebe getrewe N. burgermaister vnd rath
der statt Braunschweig vnterthenigst vorbringen
lassen ainen schutz- vnd schirmbbrieff, welcher
jhnen von weylendt dem durchleuchtigsten für-
sten herrn Rudolffen dem andern römischen kai-
ser vnserm geliebten herrn vetter vnd vattern
auch vorfahren am reich hochlöblichster gedächt-
nuß gegeben vnd mitgethailt worden ist, wie
dann solcher brieff von wort zu wortten her-
nach geschrieben stehet vnd also lauttet: Wir
Rudolff der ander — — — der geben ist auf vnserm
königlichen schloss zu Prag den zehenden tag des monats

Junij nach Christi vnsers lieben herrn vnd haylandts ge-
burth funffzehenhundert vnd im ainvndachtzigsten, vn-
serer reiche des römischen im sechsten, des hungerischen
im neunten vnd des bchemischen auch im sechsten jahren.
Rudolff. Vice ac nomine rᵐⁱ dni d. Danielis archiepi-
scopi, archicancellarij et elect. Mogun. ¹ᵗ S. Vieheuser.
Ad mandatum sacrae caesareae Majestatis proprium A.
Erstenberger,[1] vnd vnß darauff obbenennte burger-
maister vnd rath der statt Braunschweig vnter-
thenigst angeruffen vnd gebetten, daß wir alß
jetzt regirender römischer[2] kaiser obeinuerleib-
ten kayserlichen schutz- vnd schirmbrieff alles
seines jnhalts zu confirmiren vnd zu bestättigen
mit gnaden geruhen wolten. Deß haben wir an-
gesehen solch mehrbesagten burgermaister vnd
raths der statt Braunschweig vnterthenigst zimb-
liche bitt, auch die angenemb getrewen, willi-
gen dienste so jhre vorfordern vnd sy vnsern
vorfahren vnd dem heyligen reiche offt williglich
gethon haben vnd sy vnd jhre nachkommen in
künfftig zeitt wohl thun mögen vnd sollen, vnd
darumb mit wolbedachtem muth, gutem rath
vnd rechter wissen obinserirten schutz- vnd
schirmbrieff in allen seinen wortten, puncten,
articuln, jnhalttungen, mainung- vnd begreiffun-
gen alß römischer kaiser gnediglich confirmirt
vnd bestättiget, confirmiren vnd bestätten auch

---

1) *No.* CLXX S. 514.   2) *Im Orig* römische.

denselben hiemit wißentlich in crafft diß brieffs waß wir daran von rechts vnd billicheitt wegen confirmiren sollen vnd mögen, vnd mainen, setzen vnd wollen, daß angeregter sehutz- vnd sehirmbbrieff in allen seinen wortten, puncten, artieuln, jnhalttungen mainung- vnd begreiffungen cröfftig vnd mächtig sein, steth, vest vnd vnuerbrüchlich gehalten werden vnd sy sich deßen frewen, gebrauchen vnd gentzlich dabey bleiben sollen vnd mögen. Vnd gepietten darauff allen vnd jeden eburfürsten, fürsten gaistlichen vnd weltlichen, praelaten, grauen, freyen herrn, rittern, knechten, haubtleüthen, landtvögten, vitzdomben, vögten, pflegern, verwesern, ambtleüthen, landtriehtern, schultheißen, burgermaistern, richtern, räthen, burgern, gemainden vnd sunsten all andern vnsern vnd deß reiehs vnderthonen vnd getrewen, waß würden, standts oder wesens [1] die sein, ernstlich vnd vestiglich mit disem brieff vnd wollen, das sy mehrgemelte burgermaister vnd rath der statt Braunsehwoig vnd jhre nachkommen an obgeschribnem sehutz-

vnd sehirmbrieff, auch diser vnserer kaiserlichen confirmation vnd bestättigung nit jrren noch hintern sundern sy darbey von vnser vnd des heyligen reiehs wegen vestiglich handthaben, sehützen vnd sehirmen, deren geruehiglich geprauehen, genießen vnd gentzlieb darbey bleiben laßen vnd hierwider nichts thun, handlen oder fürnemmen noch deß jemandts andern zu thun gestatten in kain weise, alß lieb ainem yeden seye vnsere vnd deß reiehs sehwäre vngnad vnd straff vnd darzu die poen in obbestimbt vnsers herrn vettern vnd vattern kaiser Rudolffs etc. seeligster gedäehtnuß schutz- vnd sehirmbsbrieff begriffen zu uermeiden. Daß mainen wir ernstlich. Mit vrkhundt diß brieffs, besigelt mit vnserm kaiserlichen anhangenden jnsigel, geben in vnser statt Wienn den viertten tag deß monats Decembris nach Christj vnsers lieben herren vnd seeligmachers geburt sechtzehenhundert vnd zwaintzigsten, vnserer reiche deß römischen im andern, deß hungerischen im dritten vnd deß behemischen im viertten jahren.

Ferdinandt.

Ad mandatum
saerae caes. Majestatis proprium
R. Pucherl m. pp.

CLXXXV. VERLÖBNISS- UND HOCHZEITSORDNUNG.

1624 Dec. 9.

Diese erneuerte Verlöbniss- und Hochzeitsordnung ist zu Braunschweig zuerst 1625 bei Andreas Duncker, dann auff befehl e. e. raths wieder gedruckt bey Balthasar Grubern jm jahr 1643. Beide Auflagen, nur unerheblich durch kleine Abweichungen der Orthographie und typographischen Ausstattung verschieden, halten 12 ungezählte Bll. in 4°, deren letztes leer ist, und zeigen auf dem Titel eine Nachbildung des umkränzten Löwen, welcher 1579 zu gleichem Zwecke gebraucht war (vgl. die Vorbemerkungen zu No. CLXII und CLXIII), Bl. 2 einen Arabeskenfries, Bl. 11 eine entsprechende Schlussvignette. Dem hier folgenden Abdrucke ist die zweite Auflage zu Grunde gelegt. — Die Verlöbniss- und Hochzeitsordnung von 1608 (No. CLXXVIII) ist in dieser Redaction starken Aenderungen unterzogen. Nicht weniger als achtzehn ihrer Bestimmungen (§§ 3, 11, 12, 13, 32, 34, 42, 43, 47, 51, 55, 62, 63, 65, 67—70) sind gänzlich, mehrere andere theilweis ausgeschieden, wieder andere zusammengezogen und auf kürzern Ausdruck gebracht, auch in den sonst unverändert gebliebenen die Zugeständnisse an den Aufwand durchschnittlich eingeschränkt, die auf Uebertretungen gesetzten Geld-

---

1) *Im Orig.* wesen.

strafen hie und da erhöht, und endlich eine Reihe neuer Bestimmungen hinzugekommen, welche mit geringen Ausnahmen ebenfalls auf eine Verschärfung der Luxusgesetze hinauslaufen.

Der stadt Braunschweig erneuerte ordnung auff die verlöbnüssen vnd hochzeiten. Berathschlaget, bewilliget vnd angenommen von einem erbarn rathe, rathsgeschworen, gildemeistern vnd hauptleuten der stadt Braunschweig den neunden Decembris anno 1624.

XIV[1] Von den gaben vnd hochzeit eines breutgambs oder braut von den familiis vnd geschlechten die ein span tragen oder damit berathen werden.

1 Der breutgamb mag der braut geben eine güldene kette[CLXXVIII,1] von vierzig goldgülden schwer vnd einen gülden spann das zwantzig goldgülden wehrt, oder so viel goldes dafür, vnd fünff[2] güldene ringe vnd einen trawring. Die andern verehrungen aber des breutgambs so vor diesem wol der braut vattern oder brüdern oder ihren negsten freunden oder vormunden der sie verlobet gegeben worden[3], wie auch der güldenen armbände vnnd goldes oder perlen vmb den hals oder auch vmb die hände sollen hiemit gäntzlich abgeschaffet vnd verbotten seyn. Vnd derjenige der hierwieder vort vber handlen oder auch nach gehaltener hochzeit sothanen schmuck alsdann seiner hausfrawen vber vnd wieder diese ordnung verbessern vnd erhöhen wirdt, soll in sothane hohe geldtstraffe so hoch vnnd viel er diese ordnung hierinnen vberschreiten wird, genommen werden.[4]

2 Hinwieder mag die braut dem breutgamb auff die hochzeit[CLXXVIII,4] wol geben ein hembdt, einen kragen, einen schnuptuch vnd eine badekappen[6], jedoch das solch hembdt vnd kragen[7] sampt dem neihewercke in alles nicht über acht[8] reichsthaler, der schnuptuch aber sampt dem neihewerck nicht über zwey reichsthaler gekostet habe vnd zu stehen komme[9], auch

sonsten von der braut dem breutgamb oder seinen eltern oder blutverwandten freunden gegen die hochzeit nichts mehr verehret werde, bey vermeidung so hoher bröke so hoch diese ordnung in diesem punct wirdt überschritten werden.[10]

Zu der hochzeit mag man des ersten mittags spei-3 sen vier gerichte, auch nicht mehr als viererley ge-[CLXXVIII,9] bratens in einer schüsseln vnd dazu butter vnd käse. Wo aber jemandts das überfahren würde, sol er vns dafür zween reichsthaler[11] zur straffe geben.

Des andern tages[12] mögen gespeiset werden drey ge-4 richte[13] vnd butter vnd käse, vnd zum nachgerichte[OLXXVII,7] gelbe kuchen in eisen gebacken[14] mit moldschen[15], vnd nichts mehr, bey bröke zween reichsthaler[11].

Zu diesen hochzeiten sol man auch kein ander geträncke 5 schencken dan allein wein vnd einerley fremdt bier, auch[CLXXVIII,6,8] braunschweigischen breihan vnd mummen, bey funffzehen reichsthaler[16] bröke.

Den ersten vnd andern abend den wein vor 6 sechs vhren abzuschaffen, bey straffe zween[CLXXVIII,6,8] reichsthaler[17].

In dem übrigen sol es auff diesen hochzeiten 7 also wie hernacher im 20. titul von den hochzeiten ins gemein vermeldet wird, gehalten werden.

---

1) In Orig. oberhalb der Ueberschrift TIT. 14. (Nach der vorigen kleider- vnd hochzeitordnung de anno 1579.) 2) 1608 achte. 3) Worüber das Statut von 1608 an dieser Stelle Vorschriften enthält. 4) 1608 bey bröke dreyer marck. 5) 1608 brauthauß. 6) 1608 Aber die sollen keine gülden borten haben etc. 7) Ausgelassen leingewandt. 8) 1608 zehn. 9) Der letzte Satz von CLXXVIII, 4 ist ausgefallen. 10) 1608 bey bröke zweyer marck. 11) 1608 marck. 12) Ausgelassen zu mittage. 13) Ausgelassen vnd darzu ein gerichte krebse. 14) Ausgelassen vnd die grossen ablatenkuchen. 15) 1608 moldschenkuchen. 16) 1608 zehen marck. 17) 1608 bey bröke eyner marck.

XV. Von gaben vnd hochzeit eines bräutgams vnd braut so des standes der weissen ringe seyn oder denselben gleich geachtet werden.

8 **D**er breutgamb mag der braut geben vor der hochzeit CLXXVIII. eine güldene ketten von fünff vnd zwantzig goldtgülden schwer [1] drey [2] güldene ringe vnd einen trawring. Die vbrigen vor diesem gebräuchlichen verehrungen des breutgambs wie auch der güldenen armbände vnd goldes oder perlen vmb den hals oder auch vmb die hände sollen gäntzlich abgeschaffet vnd verbotten seyn, vnd derjenige der hierwieder vnnd vber handlen oder auch nach gehaltener hochzeit sothanen schmuck alldann seiner hausfrawen verbessern vnd erhöhen wird, soll in sothane hohe geldtstraffe so hoch vnd viel er diese ordnung hierinnen vberschreiten wird, genommen werden. [3]

Mit den verehrungen der braut so sie jhrem 9 breutgamb thun mag, wie auch mit den hochzeiten soll es mit diesem andern stande gleich CLXXVIII. wie im vorigen titull bey denen von den geschlechten vermeldet, gehalten werden, ausserhalb dessen daß der schnupfftuch mit dem nehewercke nicht vber anderthalb [4] reichsthaler, das breutgambshembdt aber vnd kragen [4] sampt dem nehewercke zusammen nicht vher sechs reichsthaler kosten, auch den ersten tag nurt drey gerichte gespeiset vnd des andern tages kein wein wieder geschencket werden sol, bey straffe zween reichsthaler.

XVI. Von den gaben vnd hochzeit eines ziemlich wolhabenden bräutgambs vnd braut die mit zween hundert gülden vnd darüber biß auff fünff hundert gülden ausschliesslich auffgestewret wirdt.

10 **E**s mag der bräutgamb der braut vor der hochzeit wol CLXXVIII. geben eine silberne ketten von zwölff loth silbers [6], zween [7] güldene ringe vnd einen trawring. Die vbrigen vor diesem gebräuchlichen verehrungen deß bräutgambs wie auch des goldes oder perlen vmb den hals oder vmb die hände sollen hiemit gäntzlich abgeschaffet vnd verbotten seyn, vnd derjenige der hierwieder vnd über handlen oder auch nach gehaltener hochzeit sothanen schmuck alsdann seiner hausfrawen verbessern vnd erhöhen wird, sol in sothane hohe geldtstraffe so hoch vnd viel er diese ordnung hierinnen überschreiten wird, genommen werden. [8]
11 **H**inwieder mag die braut dem bräutgam verehren ein CLXXVIII. hembd [9] vnd kragen welche mit dem [10] neihewercke nicht über vier reichsthaler kosten vnd werth

seyn sollen [11], wie auch [12] einen schnupfftuch [13] welcher sampt dem neihewercke nicht über anderthalben [14] reichsthaler kosten: die andern ver- CLXXVIII. ehrungen aber der braut, so vor diesem dem bräutgamb oder auch dessen eltern oder blutfreunden gegen die hochzeit geschehen seyn mögen, hiemit gäntzlich abgeschaffet seyn vnd die vberfahrer dieser ordnung so hoch als sie dieselbe in diesem punct überfahren an gelde gestraffet werden sollen.
Zu diesen hochzeiten sollen des ersten mit- 12 tags nicht über drey gerichte, auch nicht mehr als CLXXVIII. viererley gebratens in einer schässeln vnd darzu butter vnd käse, des andern tages aber auch nur drey gerichte nebst butter vnd käse auch gelbem [15] kuchen vnd mordischen gespeiset werden,

---

1) *Ausgelassen* ein gehenge das zehen goldtgülden werth. 2) 1608 sieben. 3) 1608 alles bey bröke dreyer marck. 4) 1608 zwey. 5) *Ausgelassen* leingewandt. 6) *Ausgelassen* ein gehenge von acht goldtgülden. 7) 1608 fünff. 8) 1608 bey bröke dreyer marck. 9) *Ausgelassen* mit einer weissen borten. 10) *Ausgelassen* leingewande, kragen vnd. 11) 1608 in alles drey thaler wert. 12) *Ausgelassen* eine hudekappen sampt (einem). 13) *Ausgelassen* mit seiden vnbenehet. 14) 1608 einen. 15) *Im Orig.* gelben.

bey bröke zwayer [1] reichsthaler. [2]

13 **A** uch mag zu diesen hochzeiten nur einerley
CLXXVIII. fremhd bier, auch braunschweigischer breihan vnd mumme,
17

aber kein ander geträncke geschencket werden,
bey straffe acht reichsthaler. [2]

XVII Von den gaben vnd hochzeit eines etwas vnvermügenden brentgoms vnd braut die nicht mit zweyen hundert
gülden sondern mit einem geringern brautschatze außgesteuret wird.

14 **D**er breutgamb mag der braut vor der hochzeit geben
CLXXVIII. eine silberne kette von sechs loth silbers, einen [4] gül-
16
denen ring vnd einen trawring. Die übrigen vor
diesem gebräuchlichen verehrungen des breut-
gambs [5] wie auch des goldes vmb den half oder
vmb die hände sollen hiemit gäntzlich abge-
schaffet vnd verbotten seyn, vnnd derjenige der
hierwieder vnnd über handeln oder auch nach
gehaltener hochzeit sothanen schmuck als-
dann seiner hausfrawen verbessern vnd er-
höhen wird, sol in sothane hohe geldstraffe so
hoch vnd viel er diese ordnung hierinnen über-
schreiten wird, genommen werden. [6]

15 **H**inwieder mag die braut dem breutigam verehren ein
CLXXVIII. hembdt vnnd kragen wie auch einen schnupfftuch [7],
20
doch daß das hembd vnd krage [8] sampt dem—

neihewereks nicht über drey [9] reichsthaler werth
seyn, der schnupfftuch auch sampt dem nei-
hewerek nicht über einen reichsthaler [10] kosten
soll. [11] Die andern verehrungen aber der braut
seindt hiemit gäntzlich abgeschaffet [12], vnnd sol-
len die vberfahrer dieser ordnung zu hoch als
sie dieselbe in diesem punct überschreiten an
gelde gestraffet werden.

Z u diesen hochzeiten sollen des ersten mit- 16
tags nicht über drey gerichte, auch kein gebratens, CLXXVIII.
22
vnd dazu butter vnd käse, auch des andern tages
nichts mehr darzu gespeiset werden, bey straffe
zween reichsthaler. [13]

A uch soll zu diesen hochzeiten kein ander ge- 17
träncke als braunschweigischer breihan vnd mummen ge- CLXXVIII.
23
schencket werden. [14]

XVIII Von ehelichen verlöbnüssen.

18 [15]**D**ie braut soll hinfüro ihrem breutgamb kein hembdt
CLXXVIII. zur verlobnüß mehr geben, bey bröke eines reichs-
23
thalers. [15]

19 [16]**E**s sollen auch des breutgambs vnd der braut
CLXXVIII. freunde, wann sie zu den ehelichen verlöbnüssen kommen
24
seyn, der braut keine geschencke oder gaben geben,
bey bröke zween reichsthaler [17], die ein jeder der

dieß vnser verbott übertreten würde, vnsern
brökeherrn entrichten soll. [16]

A uch sollen hinfürter zu keiner verlobnüß im ersten 19 20
stande mehr als zwölff [20], vnnd im andern stande CLXXVIII.
23
nicht mehr als acht personen [21] (sba die [22] sonsten
in der braut hauß gehören) gebeten vnd zu tische
gesetzt, oder vor jede übrige person ein hal- CLXXVIII.
20

1) *Im Orig. zweyen.* 2) 1608 marck. *Dann folgt in dem ältern Statut eine Verweisung auf die unter Tit.* 20 *gegebenen allgemeinen Vorschriften.* 3) 1608 bey poen zeben marck. 4) 1608 drey. 5) *Wortlter* CLXXVIII, 19 *nähere Vorschriften gab.* 6) 1608 bey bröke zweyer gulden. 7) 1608 aber keine bade-
kappen. 8) *Ausgelassen* leingewandt. 9) 1608 drittehalben. 10) 1608 von einer halben marck. 11) *Aus-*
gelassen bey bröke zweyer marck für ein jedes stück. 12) *Das Statut von 1608 verbot bei 2 Mark Strafe*
nur die an den Bräutigams Eltern oder Freunde. 13) 1608 einer marck. *Dann folgt in dem ältern Statut*
wie § 12 eine Verweisung auf die unter Tit. 20 *gegebenen allgemeinen Vorschriften.* 14) *Ausgelassen bey*
bröke zweyer marck. 15) 1608 geht der folgenden Bestimmung eine Motivirung voraus. 16) 1608 Vnd
dieweil eine zeithero eingerissen etc. 17) 1608 marck. 18) 1608 ausführlicher. 19) 1608 ersten vnd
andern. 20) 1608 vier vnd zwantzig. 21) 1608 in den andern zween negsten standen aber nicht vber zwölff
personen. 22) *Ausgelassen* spielleute vnd welche.

ber reichsthaler [1] gegeben werden.

21 Vnd mögen zu einer verlobnüß in den jetzt gedachten beiden stenden nicht mehr dann drey gerichte vnd darunter, im ersten stande nicht über viererley, im andern stande aber nicht über dreyerley gebratens in einer schüssel gespeiset [2], vnd darnach gelbe kuchen die im eisen gebacken vnd moldichen [3] vorgetragen werden. Wer darüber thut, soll vor jedes übriges gericht [4] zween reichsthaler [5] zur straffe geben. [6]

22 Vnd soll das taffellaken vor neun vhren des abends auffgehoben seyn, bey bröke eines halben reichsthalers. [6]

23 Die spielleute sollen hinfüro zu diesen verlobnüssen nicht sondern an deren statt etwa ein instrumentist gebraucht werden, bey straff eines reichsthalers.

24 Vnd sollen der bräutgamb vnd alle gäste, auch [7] jungfrawen die zu der verlobnüsse gebeten vnd kommen, nach mitternacht vor einem vhr zu haus gehen vnd in derselben nacht dar nicht wieder hinkommen, bey bröke eines halben reichsthalers [6] die eine jede bierwieder handlende person sol.

25 Da aber jemand von den gästen gern che zu haus gehen vnd sie so lang nicht gern auffhalten lassen wolte, dem sol solches zugelassen vnd niemanden die thür zugeschlossen oder versperret werden. Denn so das jemandts thun würde, der soll für jede person dero solches widerfähret einen halben reichsthaler [1] zu bröke gehen.

26 Auch sol der instrumentist [9] in der [10] nacht nach zwölff vhren zu der frölichkeit oder tautze nicht länger spielen sondern sich alsdann nach haus verfügen, bey straffe eines halben reichsthalers [11].

27 [12] Deß andern [12] tages vnd abends sollen keine gäste

zu diesen verlöbnüssen wieder gebeten oder gespeiset vnd gespeiset werden [11], bey bröke eines halben reichsthalers [6] vor jede person.

Im dritten vnd vierdten stande soll es bey den 28 schlechten handverlöbnüssen ohne spielleute vnd jenigen auffschlag oder vppigkeit gelassen vnd dabey zum höchsten nicht mehr als sechs personen behalten oder vor eine jede übrige person an halber reichsthaler zu bröke gegeben werden.

Wenn auch zwischen der verlöbnüß vnd hochzeit der 29 bräutgam wieder zu der braut vngefordert vnd vngeladen kommen wil [15], sol er alsdann keine personen mehr vmb gesellschaft willen zu sich fordern vnd mit sich nehmen [15], oder sol vor jede sothane personen einen ortreichsthaler [1] zur straffe geben.

Würden auch sonsten mannspersohnen oder junge ge- 30 sellen von der braut vatter oder freunde oder dem bräutgam vngebeten von dem bräutgamb oder braut zu den obgedachten zugelassenen oder handverlöbnüssen oder zwischen der verlöbnüß vnd hochzeit mit jhnen collation vnd frölichkeit zu halten einen einfal (das nicht seyn sol) thuen, so sol ein jeder derselben vor diesen jhren muthwillen zween reichsthaler [16] zu bröke zu geben verfallen seyn.

Vnd so der braut vatter oder freunde im ersten, an- 31 dern vnd dritten stande bedacht den breetgamb vnd braut zu ehren vnd zu gefallen zwischen dem verlobnüß vnd der hochzeit eine gastercye zu halten, sollen die im ersten stande darzu nicht mehr dann acht, die im andern stande nicht mehr dann sechs vnd die im dritten stande nicht mehr dann vier personen einladen vnd es dabey bewenden vnd bleiben [17], auch die gäste vnd den bräutgamb vor einem vhr in der nacht zu hause

---

1) 1608 eine marck.   2) Ausgelassen vnd ein gerichte krebse vnd darzu butter vnd kese.   3) 1608 ahlenkuchen mit moldechenkuchen vnd allerley früchte.   4) 1608 werden dorei einzelne aufgeführt.   5) 1608 marck.
6) 1608 einer marck.   7) Ausgelassen dresten, kuchenmeister vnd.   8) Vorauf geht in dem ältern Statut die Erlaubniss, den Gast um längeres Bleiben zu bitten.   9) 1608 sollen die spielleute.   10) Ausgelassen ersten oder andern.   11) 1608 bey bröke einer marck die sie (die Spielleute) sembtlich geben sollen.   12) 1608 geht vorauf Vnd soll auch vor jede verlöbnüsse des abends geendigt seyn, noch.   13) Ausgelassen oder dritten.
14) Ausgelassen es were dann das fremde geste etc. etc.   15) 1608 so noch so wol wieder dahin gehen vnd alsdann auch noch eine oder zwo personen — nehmen.   Würde er aber etc. etc.   16) 1608 10 gülden.
17) 1608 sollen sie dz bey zwölff personen vnd also einem tische bewenden vnd bleiben lassen.

gehen lassen. Wer dieß vorbreche vnd dermassen nicht
hielte, der soll vor jede persohn so er darüber gebeten
vnd zu tische gesetzet hette vnd die nach ein vhr

allda geblieben einen halben reichsthaler[1] zu
bröke geben.

XIX [Von tantzen.][2]

32 Die täntze in verlobnüssen vnnd hochzeiten oder wer
CLXXVIII, die geschehen, sollen züchtig vnnd ehrlich gehalten wer-
den. Darumb thun wir das leichfertige vortreiben vnnd
andere vngebüer in allen täntzen[3] hiemit ernst-
lich verbieten vnnd wollen auch fleissige achtung darauff

geben lassen, als welcher sich hierüber des leichtfer-
tigen verdrehens oder anderer vngebüer im tantze
vnterstehen wirdt, der sol so offt das geschehe zween
newe schillinge[4] dafür zur straffe geben.

XX Von den hochzeiten ins gemein alle vnd jede bürgerliche stände betreffend etc.

33 Man soll keine hochzeit weder des mittags noch des
CLXXVIII, abendts auff einen sontag sondern des montags oder dinge-
tages zu mittage aufsagen vnd halten, bey funffzehen
reichsthaler[5] bröke.

34 Wer aber anstat der hochzeit eine gästereye haben
CLXXVIII, will, der mag sie des abendts wol haben ohn bröke.

35 Zu einer hochzeit im ersten vnd andern stande[6] sollen
CLXXVIII, binfüro[7] nicht mehr als vier vnnd achtzig[8], im
dritten stande nicht mehr als sechtzig[9], vnnd im
vierdten stande nicht mehr als viertzig[10] manns-
vnd frawenpersohnen, junge gesellen vnd jung-
frawen gebeten vnd zu tische gesetzet werden, oder
vor jede übrige oder auch versteckte persohn ein
halber reichsthaler[11] zu bröke gegeben werden, auß-
genommen der bräutgam vnd die braut vnd
deren eltern oder die an deroselben statt seyn,
auch einen tisch voll kinder der nechsten freunde,
wie auch den haußwirth vnd wirthinne in deren
behausung die hochzeit gehalten wird, sodann
auch den prediger so die eheliche copulation

verrichtet, vnd vier von denen frawen so bey
der braut an der brauttafel sitzen, sodann
auch die frembden gäste vnd die spielleute.[12]

Im ersten stande mag zur hochzeit gebeten wer- 36
den durch zween junge gesellen sampt zween reisigen CLXXVIII,
dienern[13], jedoch ohne knaben[14], im andern stande
mögen sie auch mit zween jungen gesellen, jedoch
ohne reisige diener vnd knaben[14] zur hochzeit
bitten lassen, im dritten vnd vierdten stande
aber sollen die gäste nur durch einen hoch-
zeitbitter eingeladen werden[15], alles bey
straffe anderthalben reichsthaler.[16]

Vnnd soll der bräutgamb vnnd die braut mit jären zu 37
der hochzeit gebetenen herren vnd freunden daß mittages CLXXVIII,
wann in[17] dem hause darinnen die hochzeit gehalten
werden soll dreymal auffgespielet ist, so zeitlich[18] zur
kirchen kommen, daß sie daselbst durch den prediger
göttliches worts[19] nach christlicher weise vnd ge-
wohnheit[20] ehelich vertrawen werden vnd vor eilff vh-
ren in[21] der kirchen sein mügen, bey bröke eines orts-

---

1) 1608 ein marck. 2) Die Ueberschrift fehlt im Originale. 3) 1608 auch das ablegen der mantel vnd auff-
setzen der hüte als ein vnhöfflich ding. 4) Wie 1579; 1608 einen gülden. 5) 1608 zehen marck. 6) Aus-
gelassen oder welche dem andern stande gleich seind etc. 7) Ausgelassen des ersten tags. 8) 1608 zwölff
tische zu ein hundert vnd vier vnd viertzig personen. 9) 1608 zehen tische zu ein hundert vnd zwantzig per-
sonen. 10) 1608 acht tische zu sechs vnd neuntzig personen. 11) 1608 einen gülden. 12) Ausgelassen
die rathsdiener. Die vorstehend aufgeführten Gäste sollen nach dem Statut von 1608 in die erlaubte Zahl
mit einberechnet werden. 13) Ausgelassen (denen mehr nicht als ein halb reichsthaler zugewandt werden soll,
bey straff einer marck). 14) 1608 vnd zweyen jungen. 15) 1608 nur oyne person dazu gebrauchet, die
megde aber allenthalben abgeschafft werden. 16) 1608 einer marck. 17) 1608 für. 18) Wie 1579;
1608 für eilff schlegen. 19) 1608 hern predicanten. 20) Ausgelassen bey guter zeit. 21) 1608 für zwölff
schlegen wieder auß.

reichsthalers [1]. Würden sie aber vor zwölff vhren nicht aus der kirchen kommen, soll der breutgamb zween reichsthaler, vnd wofern sie vor zwölff vhren nicht in die kirchen kommen, soll er fünff reichsthaler, wann sie aber allererst nach im vor darauß kähmen, soll er zehen reichsthaler [2] zur straffe geben. [3]

38 Wann aber ein breutgamb vnnd braut anstatt der hochzeit des abends eine gastereye halten wollen, sollen sie des sommers von Ostern biß auff Michaelis nach fünff vhren vnd des winters von Michaelis biß auff Ostern nach vier vhren zur kirchen gehen, vnd des sommers vor sechs vhren vnd des winters vor fünff vhren wieder aus der kirchen seyn, bey einem halben reichsthaler [4] bröke. Würde es aber noch eine stunde länger währen ehe sie auß der kirchen kähmen, sollen darfür drey reichsthaler zur straffe gegeben werden.

39 Wann man also aus der kirchen ins haus kömpt, sollen sich die gäste alsbald zu tische setzen vnd angerichtet werden.

40 Auch sollen die brautburg wie auch die dortitzen vnd brautkärtzen oder liechter vnd die bannern hinführo abgeschaffet seyn, bey straffe fünff reichsthaler [5].

41 Vnd man soll den ersten vnd andern tag abspeisen vnd taffellaken aufheben lassen vor drey vhren, bey bröke eines reichsthalers [6]. Würden aber [7] die taffellaken vor vier vhren nicht aufgehoben sein, sollen alsdann fünff reichsthaler [6], nach fünff vhren aber zehen reichsthaler [6] zur straffe gegeben werden. [7]

42 Auch soll der breutgamb vnd braut oder jüre freunde vnd küchenmeistere oder jemand anders von jürentwegen in wehrender hochzeit nichts aufspeisen [8] denn allein den zuhörern vnd gesinde in des breutgambs vnnd braut hause, auch krancken leuten, schwangern frawen, kindbetterinnen vnd armen leuten, vnd den frembden gästen zu heyzeiten

in jüre herberge, bey bröke anderthalben reichsthalers [4].

Wann auch die gäste eingehen vnd sich nicht gern 43 länger auffhalten lassen wollen, [6] so sol man sie weiter nicht nötigen noch jhnen die thür auch zuhalten oder versperren, damit ein jeder wieder seinen willen mit dem trancke oder sonsten nicht beschweret werde. Wer darwieder handlet, der soll vor jede persohn dero solches wiederfähret einen halben reichsthaler [10] zu bröke geben.

Es sol auch hinfüro [11] niemandt auff die 44 kaldaunen gebeten [12] werden, bey straffe eines halben reichsthalers [13] vor jede persohn.

Den andern morgens in der hochzeit sol nie- 45 mand als die im brauthause wohnen vnd daselbst auffwarten vnnd des breutgambs vnd der braut eltern (oder die an deroselben stat sein) [14] gespeiset, vnd keine tantzerey alßdann angerichtet wie auch keine cantzley zum besten gegeben, vnd den mittags keine gäste zur weinsuppe gebeten, dieselbe auch nicht gegeben werden, alles bey straffe eines halben reichsthalers.

Auch sollen des andern tages zu mittage keine andere 46 gäste erscheinen werden dann allein diejenigen die des ersten tages zur hochzeit erschienen sein oder hochzeitgaben eingeschicket haben. [15]

Es sollen auch die spielleute des ersten vnd andern 47 abendts in wehrender hochzeit nach zwölff vhren bey bröke eines halben reichsthalers [4] nicht länger spielen sondern zu hauß gehen, damit alsdann des tantzes ein ende werde vnd die gäste so viel desto eher vrsach gewinnen vor ein vhr zu hause zu gehen.

Es sollen auch breutgamb vnd braut zu jürer hochzeit 48 kein ander spiel gebrauchen dann allein das damit sie in die kirchen gangen, bey bröke eines halben reichsthalers [16]. Wollen sie aber geigen oder harffen als ein gelinders spiel in der hochzeit haben, das sol

---

1) 1608 gülden. 2) 1608 zwantzig gülden. 3) Der letzte Satz von CLXXVIII, 46 ist ausgefallen. 4) 1608 einer marck. 5) 1608 zehen gülden. 6) Ausgelassen im ersten oder andern tage. 7) Die beiden Schlusssätze von CLXXVIII, 50 sind ausgefallen. 8) Im Orig. auffspeisen. 9) Ausgelassen die Erlaubniss freundlicher Nöthigung. 10) 1608 einen gülden. 11) Ausgelassen des sontagen oder montages abendts für der hochzeit. 12) Ausgelassen sondern solche vnnötige kosten gesparet. 13) 1608 eines gülden. 14) Ausgelassen wie auch die jungfrawen welche die braut die nacht bei sich behalten. 15) Ausgelassen aber der dritte tag gahr abgeschafft sein bei straffe einer vorsatz. 16) 1608 zweyer gülden.

ihnen frey stehen. Denen aber im vierdten stande[1] sol das grosse spiel auff der gassen vnd beym kirchgange zu gebranchen bey straffe eines reichsthalers[2] hiemit verboten seyn.

49 Wer das grosse spiel hat zu seiner hochzeit, der soll dem spielman zu lohn geben vier thaler[3], dem koche drey[4] gülden, dem opffermanne, thurmmanne, hirten, frohnboten vnnd scharffrichter jedem drey mattier.[5]

50 Wer aber geringere hochzeit vnd darzu das grosse spiel nicht hat, der mag sich mit dem spielmanne vnnd koche vertragen vmb ihr lohn so best er kan, vnd sol dem opffermanne, thurmmanne, hirten, frohnboten vnd scharffrichter jedem einen mariengroschen geben.[6]

51 So mag sich auch ein jeder bräutigamb vnd braut mit der kellerlawesschen vnnd kellermagd vmb jhr lohn nach gelegenheit vergleichen.

52 Vnd sollen die köche[7], kellerlawesche vnnd kellermagd auß der hochzeit an kost, geträncke, liechten, fett oder anderm vor sich selbst oder durch andere von jhrentwegen nichts fordern, entfrembden oder hinweg tragen lassen, bey straff anderthalben reichsthaler[8], sondern sollen dem bräutgam vnd braut getrewe seyn vnd jhnen das jhre getrewlich verwahren, bey vermeidung vnserer deß raths weiterer ernster straffe.

53 Den dritten abendt sollen keine gäste wieder zur hochzeit gebeten werden, bey straffe zehen reichsthaler. Auch soll denselben[9] dritten tag das kostbare schifffahren auff der jungen eheleuthe vnkosten eingestellet werden, bey straff drey reichsthaler etc.

54 So thun wir auch voriges vnser edict wegen der übermessigen versend- vnnd verehrung der kuchen vnnd klöve hiemit erwiedern.[10]

CLXXXVI. WACHTORDNUNG.

1626 Jan. 5.

Nach einer der bei No. CXLIV erwähnten Handschriften. Zum grossen Theil der Kriegsordnung von 1596 (No. CLXXVI) entnommen.

Ordtnung auf die tagh- vndt nachtwacht vndt wornach sich die verordente vndt bestalte wachtmeistere zu richten haben sollen.

1 Anfenglich vndt für allen dingen wollen wier bürgermeistere vndt raht dieser stadt Braunschweigh allen vndt jeden vnsern burgern, burgerskindern vndt allen[11] dehnjennigen so vmb vnsernt willen billig thun vndt lassen sollen, crafft dero pflicht vndt eyden damit sie vns vndt dieser guten stadt vnserm vndt ihrem geliebten vatterlande zugethan vndt verwandt sein, ernstlich auferlegt vndt befholen haben, das sie tags vndt nachts in guter bereitschaft sitzen vndt vnser oder vnser befehlhaber anordtnung mit ihren besten wehrenn vndt waß dazu an krandt, lodt vndt sonsten gehörig ist stundtlich gewertig sein sollen.

---

1) 1608 Keine braut vnnd breutgam aber welche nicht zweyhundert gülden oder darüber zum brautschatze haben. 2) 1608 zweyer gülden. 3) 1608 gülden. 4) 1608 vier. 5) Ausgelassen Vnd soll jhrer keiner mehr fodern etc. etc. 6) Ausgelassen alles bey straff einer marck. 7) Wieder ausgelassen silberwärtere oder vmbbittere. 8) 1608 einer marck. 9) Im Orig. demselben. 10) Dieses Edict d. d. 1619 Nov. 29 richtete sich gegen die Unsitte, vntern schein der ehren frembden, ja gans vnbekannten Leuten kuchen vnd klöße zu schicken vnd selbige so zum Besuch der Hochzeit oder doch zu Gegengeschenken zu nöthigen. In Zukunft sollten dergleichen Verehrungen auf Grosseltern, Eltern, Geschwister, Bruderskinder und die Prädicanten beschränkt bleiben, Andere sie nicht annehmen und widrigenfalls sowohl Geber als Nehmer um eine Mark gebüßt worden. 11) In der Hs. alle.

2 **V**ndt weil in itzigen besorglichen leufften zum hochsten
[CLXXVI. 5] daran gelegen das sowoll die tage- als nachtwachtt mit allem getrewen fleiß bestalt vndt verrichtet werde, hierumb so gebieten wier fürs ander ernstlich vndt wollen, das des morgens frühe keine thore eröffnet werden sollen, es sey dan die tagkwachte mit guten langen rohren beysammen für den thoren verhanden vndt haben sich vf den wällen vmbgesehen vndt des zustandts im velde erkundet.

3 Furs dritte soll ein jeder burger, er sey arm oder
[CLXXVI. 13] reich, sowoll die tage- als nachtwachte in der persohn selbsten besuchen vndt ohn sonderbare erlaubnus des regierenden herrn burgermeisters davon nicht abbleiben noch weggehen.

4 **D**a aber furs vierdte ein burger auf unser son-
[CLXXVI. 15] derbahre einwilligung aus leibesschwacheit oder anderer ehehafften behinderung vhrlaub erhielte, soll derselbe wie auch die wittiben keinen alten vnvermugsamen kerll oder mann sondern eine sothane persohn schicken so zur gewehr tüchtig vndt sich eines kerlß erwehren vndt die wacht wie sich gepüret vorsehn konne.

5 **F**urß fünffte sollen die rathsherrn, gildemeister vndt haubtleuthe oder wehr sonsten von rahts wegen geschicket wirdt, bey den burgern vf der tage- vndt nachtwacht vom anfang biß zum ende verbleiben, die loose von dem herrn regierenden burgermeister selber abholen vndt die schildtwacht aufsetzenn.

6 **F**urß sechste sollen die so zur wachte bescheiden werden, ihr gewehr fertig vndt mit kraudt vndt lodt woll versehen zue handen vndt gute
[CLXXVI. ? auch 6] aufsicht haben, sich spielens vndt vberflüßigen drinckens gentzlich enthalten vndt in ihrem ampt trew, fleißig vndt sorgfaltig sein, auch gute bescheidenheit dabei gebrauchen.

7 **F**urs siebende sollen die wacht so woll von burgern als soldaten keine müssiggänger, verdäch-
[CLXXIV. 6] tige leichtfertige leuthe oder frembde bettler in die stadt lassen sondern dieselben allerdings abweisen.

Furß achte sollen sie die frombde leuthe flei- 8
ßig befragen, wo sie herkommen, wehme sie [CLXXIV. 6] zustehen vndt was sie alhie zue schaffen haben, vndt soll der zur tagkwachte verordtnete[2] rahtsman, gildemeister haubtman oder wer sonsten von[3] raths wegen zur wacht bescheiden, wie auch die gefreyten solches alles neben der persohnen nahmen auf ein zettul verzeichnen vndt alle abendt dem regierenden herrn burgermeister zue weichbilde übergeben.

Zum neunnten: da die tagewachte frembt volckh 9
zur roß oder fuße hauffenweise oder in ge- [CLXXVI. 6] wißer anzahl vermerckete, sollen die zuangeln vndt thore zugeschlagen, auch auf den nohttfall die nachbarn für den thoren mit ihren besten wehren aufgemahnet vndt auf die walle geführet vndt der lärmen alßbaldt dem herrn regierenden burgermeister zue weichbilde vermeldet werden.

Schließlich vndt zum zehenden sollen vnßere son- 10
derlich daran verordtnete wachtmeistere so woll [CLXXVI. 7] tags[4] als nachts die wachte mit allem getrewuen fleiß visitiren vndt gute achtung haben, damit die wachte in allen vorberuerten punkten woll verrichtet vndt keine fahrlässigkeit bei diesen gefehrlichen zeiten bey verrichtung der wacht gespüret werden muge. Wurde aber ein oder der ander diese unßere wolmeinentliche[5] ordtnung in einem oder anderm punct vbertreten, der oder dieselben sollen mit der straff der vervestung mit dem vorsatz vnnachlassig verfolget werden.

Wornach sich ein jeder zu achten vndt vor schaden wirdt zu hüten haben. Signatum auff vnßerm Newstadt rahthause am 5. Januarij anno 1626.

In der Handschr. 1) andern. 2) verordneter. 3) von fehlt. 4) der tags. 5) wolmeinteliche.

CLXXXVII. BESTÄTIGUNG DER STÄDTISCHEN PRIVILEGIEN DURCH KAISER FERDINAND III.

1638 März 2.

Das Original dieser bisher ungedruckten Urkunde befindet sich im Stadtarchive: 8 Bll. Pergament, 12" hoch, 10" breit, das erste und die beiden letzten unbeschrieben, geheftet mit schwarzgelber Seidenschnur, daran, in Wachskapsel und überdies noch in eine Holzkapsel eingeschlossen, das rothe Siegel von 4" Durchmesser: der zweiköpfige Adler mit Gloriolen und Kaiserkrone, vor demselben, unter einer Königskrone und von der Ordenskette des goldenen Vliesses umgeben, der Schild mit den Wappen von Castilien, Leon, Burgund, Tyrol, Habsburg und Oesterreich, ganz so wie in dem Kaiser Maximilians II (vgl. No. CL); Umschrift: FERDINANDVS. III. D: G: EL: RO: IMP: SEMP: AVG: GERMANIAE. HVNGARIAE. BOHEMIAE. ZC. REX. ARCHID: AVST: DVX. BVR: ZC. CO: TYR: ZC. Auf einem eingelegten Papierstreifen Confirmatio generalis privilegiorum für die statt Braunschweig; alle sonstigen Cantsleivermerke fehlen. — Mit geringen Abänderungen im Wortlaut ist dies Privilegium eine wörtliche Wiederholung des 1620 von Kaiser Ferdinand II ertheilten (No. CLXXXI).

Wir Ferdinandt der dritte von gottes gnaden erwöhlter römischer kaiser, zu allen zeitten mehrer des reichs, in Germanien, zu Hungern, Böhaim, Dalmatien, Croatien vnd Sclauonien etc. könig, ertzhertzog zu Osterreich, hertzog zu Burgundt, zu Brabandt, zu Steyer, zu Kärnten, zu Crain, zu Lützemburg, zue Württemberg, Ober vnd Nider Schlesien, fürst zu Schwaben, marggraff deß heiligen römischen reichs zue Burgaw, zue Mähren, Ober vnd Nider Laußnitz, gefürster graue zue Habspurg, zu Tyrol, zu Pfürdt, zu Kyburg vnnd zu Görtz, landtgraue in Elsäß, herr auf der Windischen marckh, zue Portenaw vnnd zu Salins etc. bekhennen offenllich mit disem brieff vnnd thuen khundt allermeniglich, daß vnnß vnnsere vnd deß reichs ¹ liebe getrewe N. burgermaister vnd rath vnd burger gemainlich der statt Braunschweig vnterthenig-lich angerueffen vnd gebetten, daß wir jhnen alle vnd jedliche jhr gnadt, freyhait, brieff, priuilegien, recht, guet gewonhaiten vnd alt herkhommen, die sy von römischen kaisern vnd königen vnsern vorfahren am reiche erworben vnd herbracht haben, vnd besonder ein bestettigung vnd

freyhaitbrieff damit sy von weilendt künig Albrechten vnserm vorfahren am reiche loblicher gedechtnus mitltiglich versehen worden vnnd weilandt die allerdurchleüchtigsten kaiser Maximilian der erst, kaiser Carl der fünfft, kaiser Ferdinandt der erste, kaiser Maximilian der ander, kaiser Rudolff der ander vnnd ² kaiser Matthias vnnsero geliebte herrn vnd vettere ³, wie auch jüngstlich vnnser freundtlich geliebter herr vnd vatter weilandt kaiser Ferdinandt der ander alle hochmilder gottseeliger gedechtnuß auch bestettiget hetten, alß iezt regierender römischer kaiser zu confirmiren vnd zu bestettigen geruheten ⁴, welcher könig Albrechts brieff von wort zu wortten hernach geschriben stehet vnd also lauttet:

Wir Albrecht — — — — geben zu Prag an sanct Sederstage nach Christi geburdt vierzehenhundert vnnd darnach in dem achtunddreißigisten jahren, vnnser reiche im ersten jahre. ⁶

Daß haben wir angesehen derselben von Braunschweig demüttige bitte, auch die getrewen dienste die sy vnnd jhre vorfahren [vnsern vorfahren] ⁶ römischen kaisern vnd königen vnd dem reich allezeit williglich vnd vnuerdrossen-

---

1) *Ausgelassen* beyligen. 2) 1620 vnd dann am jüngsten. 3) 1620 vorfahren, anherr, vettern vnd vattere. 4) *alß — geruheten, 1620 versehentlich ausgelassen, folgte in den früheren Bestätigungsurkunden erst nach dem inserirten Privilegium König Albrechts.* 5) No. LXXXVI, S. 223. 6) *Das Eingeklammerte wohl nur durch ein Versehen ausgelassen.*

lich gethan haben vnnd sy vnnß auch hinfürter in khünfftig zeit woll thuen mögen vnd sollen, vnnd darumb mit wolbedachtem mueth, guetem rath vnd rechter wissen den obgenanten burgermaister, rathe vnnd burgern der statt zu Braunschweig alle vnd yegliche gnaden, freyhait, brieue, priuilegien vnd besonder den vorbegriffenen freyhaitsbrieff von könig Albrechten auffgangen, vnd darzue alle andere jhre rechta, guete gewonhait vnd alt herkhomen die sy bißher redlichen gehabt, gebraucht vnd hergebracht haben, gnediglich ernewert, bestettiget vnd confirmiert, ernewern, bestetten vnd confirmiren jhnen die auch von römischer kaiserlicher macht vollnkommenhait wissentlich in crafft diß brieffs waß wir von rechts vnd billichkhait wegen vnd auß gnaden daran zu ernewern, confirmiren vnnd zu bestetten haben, vnnd mainen, sezen vnd wollen, daß dieselben in allen jhren worten, puncten, clausulen, articuln, jnnhaltungen, mainungen vnd begreiffungen crästig vnd mechtig sein, steet, vest vnd vnuerbrochentlich gehalten werden vnd sy sich deren an allen enden vnd stetten gebrauchen vnnd geniessen sollen vnd mögen von allermenniglich vnuerhindert, doch vnnß vnnd dem heiligen reich vnnser obrigkait vnd dienst hierinnen vorbehalten. Vnnd gepietten darauff allen vnd yeglichen churfürsten, fürsten geistlichen vnd weltlichen, praelaten, grauen, freyen herrn, rittern, knechten, haubtleüthen, vitzdomben, hoffrichtern, landtrichtern, vrtheilspre-

chern, vögten, pflegern, verweßern, ambtleuthen, schuldthaißen, burgermaistern, richtern, räthen, burgern, gemainden aller vnd jeglicher stett, märckht, dörffer vnnd sonst allen anderen vnnsern vnd des reichs vnderthanen vnd getrewen, in waß würden, standt oder wesen die sein, von römischer kaiserlicher macht ernstlich vnnd vestiglich mit disem brieff vnnd wollen, daß sie die vorgenante burgermaister, rath vnd burger zu Braunschweig an solchen jhren gnaden, freyhaiten, brieffen vnd priuilegien, recht, gewonhaiten vnnd altem herkhommen, auch weilandt vorhochgemelter vnnserer lieben vorfahren, herrn vettern vnnd vatters[1], auch diser vnnser kaiserlichen ernewerung, confirmation vnnd bestettigung nicht jrren noch verhindern in keine weise, sonder sy darbey von vnnser vnd deß reichs wegen getrewlich schuzen vnnd schirmen, alß lieb ainem yeglichen sey vnnser vnd deß reichs schwere vngnadt vnnd darzue die poene in den vorgemelten freyhaiten vnnd priuilegien begriffen vnablößlich zu bezalen zu vermeiden.

Mit vrkhundt diß brieffs besigelt mit vnnserm kaiserlichen anhangendem jnnsigel, der geben ist inn vnnserer königlichen statt Preßburg den andern tag deß monats Martij nach Christi vnnsers lieben herrn vnnd seeligmachers geburdt im sechzehenhundert achtunddreissigisten, vnnserer reiche deß romischen im andern, deß hungerischen im dreyzehenden vnnd deß böhaimischen im ailfften jahren.

Ferdinand.

vt Conradt Hiltprand d.

Ad mandatum
sacrae cae. Majestatis proprium
Arnoldin v. Clarstain

CLXXXVIII. BESTÄTIGUNG VON KAISER SIGMUNDS PRIVILEGIUM WIDER DIE STRASSENRÄUBER DURCH KAISER FERDINAND III.

1638 März 2.

Das Original dieser bis jetzt ungedruckten Urkunde befindet sich im Stadtarchive: Pergament, 27¹/₂" breit, 19" hoch, mit dem bei No. CLXXXVII beschriebenen Siegel an schwarzgelber Seidenschnur in Wachs- und Holzkapsel. Innen auf dem umgeschlagenen Rande: Confirmatio khaiser Sigmundts freihait wegen der strassenrauberey für die statt Braunschweig; sonstige Vermerke fehlen. — M. m. ist dies Privileg eine wörtliche Wiederholung des 1620 von Kaiser Ferdinand II ertheilten (No. CLXXXII).

1) 1620 vorfahren, anherrn, vettern vnd vättern auch dägöten vorfahren am heiligen reich.

Wir Ferdinandt der dritte von gottes gnaden erwöhlter römischer kaiser, zu allen zeitten mehrer deß reichs, in Germanien, zu Hungarn, Böheimb, Dalmatien, Croatien vnd Schlauonien etc. könig, ertzherzog zu Oesterreich, hertzog zu Burgundt, zu Brabandt, zu Steyer, zu Kärndten, zu Cräin, zu Lützemburg, zu Württemberg, Ober- vnd Nieder Schlesien, fürst zu Schwaben, marggrafe deß heiligen römischen reichs zu Burgau, zu Mähren, Ober vnd Nieder Laußnitz, gefürster grafe zu Habspurg, zu Tyrol, zu Pfirdt, zu Kyburg vnd zu Görtz, landtgrane in Elsas, herr auff der Windischen marckh, zu Porttenaw vnd zu Salins etc. bekhennen offentlich mit diesem brieff vnd thuen khundt allermeniglich, daß vns die ersambe vnsere vnd deß reichs liebe getreüe N. burgermaister vnd raht der statt Braunschweig in glaubwürdigem schein haben lassen fürbringen ainen freyheitsbrieff, welcher noch von vnserm hochgeebrten vorfahren am reich weilandt kaiser Sigmunden hochlöblichster gedechtnüs wider die strassenrauber, mörder, dieb, brenner vnd andere dergleichen böswicht außgangen vnd jhren vorfahren ertheilet worden, so von wortt zu wortt hernach geschrieben stehet vnd also lauttet: Wier Sigmundt – – – geben zu Praag nach Christi geburth vierzehenhundert jahr vnd darnach im sechsvnddreissigisten jahr zu sanct Barbaren tage der heyligen jungfrawen, vnserer reiche des hungarischen im funffzigisten, des römischen im siebenvndzwanzigisten, des böheimbischen im siebenzehenden vnd des kaiserthumbs im vierdten jahren[3], vnd vns darauff obbesagte burgermaister vnd rath der statt Braunschweig demütiglich angerufen vnd gebetten, daß wier alß ietzt regierender römischer kaiser obgeschriebenen kaiser Sigmundts freyheitsbrieff in allen vnd ieden seinen wortten, clausuln, puncten, articuln, jnhaltungen, mainung- vnd begreiffungen zu ernewern, confirmiren vnd zu bestetten gnädiglich geruheten, jnmassen jüngst hievor weilandt vnser freundtlicher geliebter herr vnd vatter kaiser Ferdinandt der ander christmiltister gedechtnüs gleicher gestalt gethan hette. Deß haben wir angesehen solch jhr demüttig zimblich pitt, auch die angenehm, getrew vnd williegen dienste so jhre vordern vnd sie vnsern hochgeebrten vorfahren vnd dem heiligen reich in mehr weege

offt vnd nutzlich ertzeigt vnd bewiesen haben vnd vns vnd dem reich[2] sie hinführo in künfftige zeit wohl thuen mögen vnd sollen, vnd darumb mit wolbedachtem müht, guttem rath vnd rechter wissen den gemelten burgermaistern vnd rath der statt Braunschweig vnd jhren nachkhommen obinserirten freiheitsbrieff in allen seinen wortten, clausuln, puncten, articuln, jnhaltung-, meinung- vnd begreiffungen alß römischer khäiser gnädiglich confirmirst vnd bestettiget, confirmiren, ernewern vnd bestetten jhnen den auch hiermit von römischer käiserlicher macht volkommenheit wissentlich in crafft dies brieffs, vnd mainen, setzen vnd wollen, daß die vorgenandten bürgermaister vnd raht der statt Braunschweig vnd jhre nachkhommen bey obgeschriebener weilandt kaiser Sigmundts freyheit (souiel sie deren in besitz vnd berechtiget seien) bleiben, sich deren geruhiglich gebrauchen vnd geniessen sollen vnd mögen von allermenniglich vnuerhindert, doch vns vnd dem heiligen reich[5] vnd sonst menniglich an seinen rechten vnd gerechtigkeitten vnuergriefflich vnd vnschädlich. Vnd gebietten darauff allen vnd jeden churfürsten, fürsten geistlichen vnd weltlichen, praelaten, grafen, freyen herrn, rittern, knechten, landtvögten, haubtleüthen, vicedomben, vögten, pflegern, verweesern, ambtleüthen, landtrichtern, schulteissen, burgermeistern, richtern, räthen, burgern, gemeinden vnd sonst allen andern vnsern vnd deß reichs vatterhanen vnd getreuen, weß würden, staudts oder weesens die seindt, ernst- vnd festiglich mit diesem brieff vnd wollen, daß sie die offtgedachte burgermeister vnd raht der statt Braunschweig vnd jhre nachkhommen bey obeinvorleibtem käiser Sigmundts freyheitsbrieff, auch dieser vnserer käiserlichen confirmation, ernewer- vnd bestettigung nicht hintern noch irren sondern die darbey geruhiglich bleiben, deren gebrauchen vnd geniessen lassen vnd darwieder nicht thuen noch deß iemandts andern zu thuen gestatten in kein weiß, alß lieb einem ieden sey vnsere vnd deß reichs schwere vngnadt vnd straffe vnd dartzu ein pöen nemblich zwantzig marckh löttigs goldes zu vermeiden, die ein ieder so offt er freuentlich hierwieder thette vns halb in vnser vnd deß reichs cammer vnd den andern halben theil den offtgenandten burgermeister vnd rath der statt Braunschweig vnd jhren nachkommen vnnachläßlich zu betzahlen verfallen sein solle. Mit vrkhundt dieß brieffs, besiegelt mit

---

1) *No.* LXXXIV S. 221. 2) 1620 heiligen reich. 3) *Ausgelassen* an vnsern.

vnserm khaiserlichen anhangendem insiegl, der gegeben ist in vnserer königlichen statt Preßburg den andern tag des monats Martij nach Christi vnsers erlösers vnd seligmachers geburt im sechzehenhundert acht vnd dreissigisten, vnserer reiche deß römischen im andern, des hungarischen in dem dreytzehenden vnd dann des böhmischen in dem eilfften.

Ferdinand.

v⁴ Conradt Hiltprandt d.

Ad mandatum
sacrae caesareae Majestatis proprium
Arnoldin v. Clarstain.

CLXXXIX. KAISER FERDINANDS III BESTÄTIGUNG DES VON KAISER RUDOLF II
ERNEUERTEN PRIVILEGIUMS DE NON ARRESTANDO.

1638 März 2.

Das Original dieser bisher ungedruckten Urkunde, m. m. einer wörtlichen Wiederholung der 1620 von Kaiser Ferdinand II ausgestellten (No. CLXXXIII), befindet sich im Stadtarchive: 10 Bll. Pergament (das erste und das letzte als Umschlag dienend) von 11″ Breite, 13″ Höhe, geheftet mit einer schwarzgelben Seidenschnur, an welcher in Wachs- vnd Holzkapsel das bei No. CLXXXVII beschriebene Siegel hängt. Kanzleivermerke fehlen gänzlich.

Wir Ferdinandt der dritte von gottes gnaden erwöhlter römischer kaiser, zu allen zeitten mehrer des reichs, in Germanien, zu Hungarn, Böhaim, Dalmatien, Croatien vnd Sclauonien etc. könig, ertzhertzog zu Oesterreich, hertzog zu Burgundt, zu Brabant, zu Steyer, zu Kärndten, zu Crain, zu Lutzemburg, zu Württemberg, Ober vnnd Nider Schlesien, fürst zu Schwaben, marggraue deß heiligen römischen reichs zu Burgaw, zu Mährn, Ober vnd Nider Laußnitz, gefürster graue zu Habspurg, zu Tyrol, zu Pfierdt, zu Kyburg vnd zu Görtz, landtgraue in Ellsäß, herr auff der Windischen marckh, zu Porttenaw vnd zu Salins etc. bekonnen offentlich mit diesem brieff, das vns die ersame vnsere vnd deß reichs liebe getrewe N. burgermaister vnnd rath der statt Braunschweig in glaubwürdigem schein haben fürbringen lassen ainen confirmation- vnnd bestättigungsbrief von vnserm geliebten vorfahren vnd hern vettern weiland kaiser Rudolphen hochlöblichster gedächtnus, wider die arrest, repressalien vnd dergleichen thätlichkeiten außgangen, welcher confirmation- vnnd bestättigungsbrieff von worth zu worten hernach geschriben stehet vnd also lauttet: Wir Rudolff

der ander — — — geben vff vnserm königlichen schloß zu Prag den zehenden tag deß monats Junij nach Christi vnsers lieben herrn vnnd seeligmachers geburth funffzehenhundert vand im ain vnnd achtzigisten, vnserer reiche deß römischen im sechsten, des hungarischen im neündten vnd des böheimbischen auch im sechsten jahren. Rudolff. Vice ac nomine reverendissimi domini d. Danielis archiepiscopi, archicancellarij et electoris Moguntini v⁴ S. Viehewser d. Ad mandatum sacrae caes. Maiestatis proprium And. Erstenberger[1], vnnd vnns darauf obbesagte burgermaister vnnd rath der statt Braunschweig demütetiglich angerueffen vnnd gebetten, das wir alß jetzt regirender römischer kaiser solchen ernents vnnsers geliebten herrn vnd vetters[2] kaiser Rudolffs confirmation- vnd bestättigungsbrieff wider vorhcrürte arrest, repressalien vnd dergleichen thätlichkeiten außgangen in allen vnd yeden wortten, clausuln, puncten, articuln, jnhaltungen, mainungen vnnd begreiffungen gleicher gestalt zu confirmiren vnd zu bestetten gnediglich geruheten, inmassen iungst hieuor von weyland vnnserm freündtlichen geliebten herrn vnnd vattern kaiser Ferdinando dem andern höchstseeligster gedechtnuß auch geschehen wehre. Deß haben wir angesehen solch

1) No. CLXIX, S. 511; *ausgelassen* subscripsit. 2) 1620 herrn vetter vnd vatters.

ihr demüetig zimblich pitt, auch die angenehmen getrewen dienste so ihre vorälltern vnnd sy vnnsern vorfahren vnd dem reich offt nutz- vnd williglich gethan vnnd bewisen haben vnd vnns vnd dem heyligen reich sie in kunfftig zeit wol thuen mögen vnd sollen, vnd darumb mit wolbedachtem muoth, guetem rath vnd rechter wissen den gemelten burgermaistern vnd rath der statt Braunschweig vnd jhren nachkommen obinserirten vnnsers geliebten herrn vnd vetters kaiser Rudolffs confirmation- vnd bestättigungsbrief vber alle vnd yegliche obberürte gnaden, freyheiten, recht vnd gerechtigkeiten in allen seinen wortten, clausuln, puncten, articuln, innhaltt-, main- vnnd begreiffungen als römischer kaiser gnediglich confirmirt vnd bestättigt, confirmiren, ernewern vnd bestetten ihnen den auch hie von römischer kayserlicher macht vollkommenhait wissenlich in krafft diß brieffs, vnd mainen, setzen vnd wöllen, das die vorgenanten burgermaister, rath, burger, innwohner vnd gemaine der statt Braunschweig vnd jhre nachkommen sambtlich vnd sonderlich bey obeinuerleibtem confirmationbrieff jhrer gnaden vnd freiheiten bleiben, sich dessen geruhiglich gebrauchen vnd geniessen sollen vnd mögen vnd darwider nit thuen noch das yemands andern² zu thuen gestatten in kein weis, alß lieb ainem yeden seye vnnser vnd deß reichs schwere vngnadt vnd straff vnd darzuc die pöen in obgeschribenem vnnsers geliebten herrn vnd vetters kaiser Rudolffs confirmation vnd bestättigungsbrieff begriffen zu vermeiden, die ain yeder so offt er fräuenlich hierwider thette vnns halb in vnnser vnd deß reichs camer vnd den andern halben thaill den offtgenanten burgermaister, rath vnd gemainer statt Braunschweig vnnachläßlich zu bezalen verfallen sein solle. Mit vrkundt diß brieffs, besigelt mit vnnserm kaiserlichen anhangendem insigl, der geben ist in vnnserer königlichen statt Preßburg den andern tag deß monats Martij nach Christi vnsers lieben herrn geburth im sechtzehenhundert acht vnd dreissigsten, vnnserer reiche deß römischen im andern, deß hungarischen im dreyzehenden vnd deß böhaimbischen im eylfften jahren.

standt oder wesen die seind, ernstlich vnd vestiglich mit disem brief vnd wöllen, daß sy die offtgedachte burgermaister, rath, burger, innwohner vnd gemainde der statt Braunschweig vnd jhre nachkommen an solchem jhrem obgeschribenen weiland vnnsers geliebten herrn vnd vetters kaiser Rudolffs confirmation- vnd bestättigungsbrief wider obuerstandene arrest, repressalien vnd andere thättlichkeiten vber jhre gnaden, freyhaiten, priuilegien, rechten, gerechtigkeiten, alt herkommen vnd gueten gewonheiten, auch dieser vnser kaiserlichen confirmation, ernewerung vnnd bestättigung nicht hindern noch irren sonder sy darbey geruhiglich bleiben, der geprauchen vnd geniessen lassen vnd darwider nit thuen noch das yemands

Ferdinand.
v⸱ Conradt Hillprandt m. pp.

Ad mandatum
sacrae caes. Majestatis proprium
Arnoldin v. Clarstein.

CXC. BESTÄTIGUNG UND ERWEITERUNG VON KAISER RUDOLFS II SCHUTZBRIEF DURCH KAISER FERDINAND III.

1638 März 2.

Das Original dieser bis jetzt nicht gedruckten Urkunde befindet sich im Stadtarchive: Pergament, 32½" breit, 22¼" hoch, mit dem bei No. CLXXXVII beschriebenen, in Holz- und Wachs-

---

1) *Ausgelassen* landtrichtern. 2) *Im Orig.* audern.

76

kapsel eingethanen Siegel an schwarzgelber Seidenschnur; auf der Rückseite quer am Rande Braun-
schweig statt, sonst ohne Kanzleivermerk. — Kaiser Rudolfs II Schutzbrief (No. CLXX) ist hier
mit Rücksicht auf die Einquartierungen erweitert.

Wir Ferdinandt der dritte von gottes gnaden
erwöhlter römischer kaiser, zu allen zeitten meh-
rer des reichs, in Germanien, zu Hungern, Bö-
haimb, Dalmatien, Croatien vnnd Sclauonien etc.
könig, ertzhertzog zu Oesterreich, hertzog zu
Burgundt, Steyer, Kärndten, Crain vnnd Wür-
ttemberg, graue zu Tyrol[1] etc. bekhennen offentlich
mit diesem brieff vnnd thuen kundt allermenniglich, daß
vnns vnsere vnnd deß reichs liebe getrewe N. burger-
maister vnnd rath der statt Braunschweig vnderthenigst
vorbringen lassen ainen schutz- vnnd schirmbrieff, welcher
jhnen von weylundt dem allerdurchleuchtigsten fürsten
herrn Rudolffen dem andern römischen kaiser vnnserm
geliebten herrn vnnd vettern auch vorfahren am reich
hochlöblichster gedächtnus gegeben vnnd mitgethailt wor-
den ist, wie dann solcher brieff von wordt zu wortten
hernach geschrieben stehet vnnd also lautet: Wir Ru-
dolff der ander — — — — der geben ist auf vnserm
königlichen schloß zu Prag den zehenden tag deß monats
Junij nach Christi vnnsers lieben herrn vnd haylands ge-
burth funffzehenhundert vnnd im[2] ain vnnd achtzigisten,
vnnserer reiche deß römischen im sechsten, deß hunga-
rischen im neunten vnnd deß böhmischen auch im sechsten
jahre. Rudolff. Vice ac nomine reverend[mi] domini do-
mini Danielis archiepiscopi, archicancellarij et elect. Mo-
gunt. v[i] S. Viehenser dr. Ad mandatum sac[ae] cac[ae] Ma-
jestatis proprium A. Erstenberger[ii], vnnd vnns darauf ob-
benennte burgermaister vnnd rath der statt Braunschweig
vnderthenigst angeruffen vnnd gebetten, daß wir alß ietzt
regirender römischer kaiser obeinuerleibten kaiserlichen
schutz- vnd schirmbrieff alles seines jnnhalts zu confir-
miern vnnd zu bestättigen wie auch in etwas zu exten-
diren vnnd zu verbessern mit gnaden geruehen wol-
ten. Deß haben wir angesehen solch mehrbesagten bur-
germaister vnnd raths der statt Braunschweig vnterthe-
nigst zimbliche bitt, auch die angenehm getrewen, willi-
gen dienste so jhre vorfordern vnnd sy vnsern vorfahrn
vnnd dem heyligen reich offt williglich gethan haben vnnd

sy vnnd jhre nachkhommen in kunfftig zeitt wohl thuen
mögen vnnd sollen, vnnd darumb mit wolbedachtem mueth,
guetem rath vnnd rechter wissen obinserirten schutz- vnnd
schirmbrieff in allen seinen wortten, puncten, articuln, jn-
haltungen, mainung- vnd begreiffungen alß römischer kai-
ser mit allein gnediglich confirmiert vnnd bestettiget
sondern auch nachfolgender gestalt extendiret
vnnd verbessert, confirmiern vnnd bestetten, exten-
diren vnnd verbessern auch denselben hiemit wissent-
lich in crafft diß brieffs was wir daran von rechts vnnd
billigkeit wegen confirmiern vnnd verbessern sollen vnnd
mögen, vnd mainen, setzen vnd wollen, daß angeregter
schutz- vnnd schirmbrieff in allen seinen wortten, puncten,
articuln, jnnhaltungen, mainung- vnd begreiffungen crefft-
tig vnd mechtig sein, steth, vnest vnnd vnzerbrüchlich ge-
halten werden vnnd sy sich dessen alles seines jnn-
halts frewen, gebrauchen, genüessen vnnd gentzlich
darbey bleiben sollen vnnd mögen, von allermenniglich
vnuerhindert. Vnnd gebiethen darauff allen vnnd ye-
den churfürsten, fürsten gaistlichen vnnd weltlichen, prae-
laten, grafen, freyen herrn, rittern, knechten, hauptleüthen,
landtvögten,[4] pflegern, verwesern, ambtleüthen, landtrich-
tern, schuldtheißen, burgermaistern, richtern, räthen, bur-
gern, gemainden vnnd sonst allen andern vnsern vnd deß
reichs vnderthanen vnnd getrewen, in sonderheit aber
auch vnsern kaiserlichen des reichs vnd creiß
generaln, generalleütenanten, obristen, haupt-
leüthen, hohen vnnd nidern befehlichhabern, auch
gemainen soldaten, sonderlich aber den quar-
tierungscommissarien, quartiermaistern vnnd fur-
riern, waß würden oder wesens die sein, von römi-
scher kaiserlicher macht volkommenheit ernstlich
vnnd vestiglich mit diesem brieff vnd wollen, das sy mehr-
gemelte burgermaister vnd rath der statt Braunschweig
vnd jhre nachkommen sambt obangeregten jhren
kirchen, clöstern, hospitalien, schlössern, dör-
ffern, burgern, jnnwohnern, dienern, mayern, vn-
derthanen, zugehörigen vnd verwanthen in der

---

1) Der Titel erheblich gekürzt.   2) Im Orig. in.   3) No. CLXX S. 514.   4) Ausgelassen vitzdomben,
vögten.

statt vnd auf dem landt, auch jhr aller leib, baab vnd güetter, liegende vnnd fahrende[1], lehen vnd aigen, mit aigenthättlicher einlogieroder einquartierung vnnd allen andern kriegsbeschwärten ausser gemessener ordinantz vnnd befelch gentzlich vnd allerdings vnperturbiert vnd vnangefochten, auch die commercia vnd handleschaßten hin vnnd wieder frey vnd vnuerhindert passieren vnnd sie also an diesem allem, auch an obgeschriebenem[2] schutz- vnd schirmbrieß vnnd dieser vnser kaiserlichen confirmation vnd verbesserung nit jrren noch hindern sondern sy darbey von vnser vnnd des heyligen reichs wegen vesstiglich handthaben, schützen vnnd schirmen, deren geruhiglich gebrauchen, genüessen vnd gentzlich dabey bleiben lassen vnnd hierwieder nichts thuen, handlen oder fürnemmen noch das jemandts andern zu thuen gestatten in kein weis, als lieb einem yeden seye vnser vnd des reichs schwäre vngnadt vnnd straß vnnd darzue die pöen in obbestimbt vnsere herrn vettern vnnd vattern kaiser Rudolffs etc. seeligster gedächtnus schutz- vnnd schirmsbriefe begriffen zu vermeiden. Das mainen wir ernstlich. Mit vrkundt dß brieffs, besigelt mit vnnserm kaiserlichen anhangendem jnsigel, der geben ist in vnuserer königlichen statt Preßburg den andern tag deß monats Martij nach Christi vnnsers lieben herrn vnnd seeligmachers geburth im sechzehenhundert acht vnnd dreissigsten, vnserer reiche deß römischen im andern, des hungarischen im dreyzehenden vnnd deß böhaimbischen im ailfften jahren.

Ferdinand.

v^t Conradt Hiltprandt dr.

Ad mandatum
sacrae caes. Majestatis proprium
Arnoldin v. Clarstain.

CXCI. KAISER FERDINANDS III PRIVILEG ÜBER ZWEI ROSS- UND VIEHMÄRKTE.

1639 Aug. 29.

Das Original dieser bis jetzt ungedruckten Urkunde befindet sich im Stadtarchive: Pergament, 23" breit, 15" hoch, mit dem bei No. CLXXXVII beschriebenen Siegel in einer Wachskapsel an schwarzgelber Seidenschnur. Innen auf dem umgelegten Rande Priuilegium vber zween vieh- vnd roßmärckht für die statt Braunschweig; auf der Rückseite R^{ta} Dietterlin und am Rande Braunschweig.

Wir Ferdinandt der dritte von gottes gnaden erwölter römischer kaiser, zu allen zeitten mehrer deß reichs, in Germanien, zu Hungern, Böhaimb, Dalmatien, Croatien vnd Sclauonien könig etc. ertzhertzog zu Össterreich, hertzog zu Burgundt, Steyr, Kärndten, Crain vnd Württemberg, graff zu Tyrol, bekennen offentlich mit diesem brieff vnd thun kundt allermenniglich, daß vnnß die ersamen vnnsere vnd des reichs liebe getrewe N. burgermaister vnd rath der statt Braunschweig in vnderthenigkeit angeruffen vnd gepetten, daß wir jhnen vnd dem gemeinen nutz zu beförderung vnd gutem vber die zuuor jährlich haltende jahrmärckte noch zween roß- vnd viehmarckhte, alß nemlich den ersten auf den montag nach Laetare in der fasten sambt den beeden nechstvolgenden tägen vnd den andern auf den nechsten montag nach s. Johannis baptistae sambt darauf folgenden beeden tägen jährlich zu halten, zu gönnen vnd zu erlauben vnd sie darüber mit gewöhnlichen freyheiten zu uersehen gnediglich geruheten. Deß[3] haben wir angesehen ernanter statt Braunschweig demütigst zimliche pitt wie auch die angenehme

---

1) Im Orig. liegenden vnnd fahrenden.   2) Im Orig. obgeschriebenen.   3) Im Orig. Daß.

76*

trew gehorsamste vnd stets willigste dienste so
vnnß vnd vnsern vorfahren am reich römischen
kaysern vnd königen jhre vordern vnd sie in
vnderschiedliche weeg gethan vnnd sie hinfüran
zu thun gehorsambist vrbiettig sein, auch wohl
thun können, mögen vnnd sollen, vnd darumb
mit wolbedachtem muth, gutem rath vnd rech-
tem wissen besagter statt Braunschweig auf ob-
bestümpte zeit die gepetene zween roß- vnd
viehmarckhte jährlich anzustellen vnd nun hin-
füran ewiglich zu halten gnediglich verwilliget
vnd erlaubt, auch jhnen vnd gemeiner statt vnd
deniehnigen die solche jahrmärckht mit jhren
gewerben, kauffmannschafften, handlungen, haab
vnd güttern besuchen oder in ander weeg zu
freyem failen kauf kommen, dahin vnd danon
ziehen, vnd so lang sie auf solchen roß- vnd vieh-
märckhten sein werden, alle vnd iegliche gnadt,
freyheit, sicherheit, glaidt, recht vnd gerechtig-
keit gegeben vnd mitgetheilet, wie andere jahr-
märkht im heyl. reich haben, sich deren er-
frewen, geprauchen vnd genüssen, thun daß auch
gönnen, erlauben vnd geben jhnen ermelte zween
roß- vnd viehmärckht sambt den freyheiten, recht
vnd gerechtigkeiten so andere jahrmarkht ha-
ben, von römischer kayserlicher macht wissent-
lich in crafft diß brieffs, vnd mainen, sezen vnd
wollen, daß offtgemelte burgermeister vnd rath
der statt Braunschweig vnd deroselben nach-
kommen berürte zween jahrmärckhte auf obbe-
stimbte zeit nun hinfüran halten, vben vnd ge-
prauchen, auch alle dieiehnige so solche jahr-
markht mit obberürten jhren gewerben, kauff-
manschafften, handlungen, haab vnd güttern be-
suchen oder in andere weeg zu freyem failen
kauf kommen, dahin vnd danon ziehen, alle
gnadt, freyheit, sicherheit, recht vnd gerechtig-
keit haben, geprauchen vnd genüssen sollen vnd
mögen wie andere stendte im heyl. reich so
mit dergleichen roß- vnd viehemarkhten verse-

hen sein, von allermenniglich vnuerhindert, doch
vnnß vnd dem heyl. reich an vnserer obrigkeit
vnd sonst menniglich an seinen rechten vnuer-
griffen vnd vnschädlich. Vnd gebietten darauf
allen vnd jeden churfürsten, fürsten geist- vnd
weltlichen, praelaten, grauen, freyen herrn, rit-
tern, knechten, landtuögten, haubtleüthen, vitz-
domben, vögten, pflegern, verwesern, ambtleü-
then, landtrichtern, schuldtheissen, burgermai-
stern, richtern, räthen, burgern, gemeindten vnd
sonst allen andern vnsern vnd des reichs vn-
derthanen vnd getrewen, waß würden, standt
oder weesens die seindt, ernstlich vnd vestiglich
mit diesem brieff vnd wollen, daß sie gedachte
burgermeister vnd rath der statt Braunschweig
vnd deren nachkommen, darzue alle dieiehnige
so obuerstandene zween roß- vnd viehmärkht
besuchen, an dieser vnserer verwilligung vnd er-
laubnuß auch gnad vnd freyheit keines weegs
hindern noch irren sondern sich deren geruhig-
lich frewen, gebrauchen, genüssen vnd gänzlich
darbey bleiben lassen, hierwider nit thun noch
iemandt andern zu thun gestatten in keine weiß
noch weeg, alß lieb ainem ieden seye vnnsere
kayserliche vngnad vnd straff vnd darzue ain
pöen nemlich dreißig marckh löttigs goldts zu
vermeiden, die ain jeder so offt er fräuentlich
hierwider thette vnnß halb in vnser vnd des
reichs cammer vnd den andern halben theil viel-
besagter statt Braunschweig vnnachleßlich zu
bezahlen verfallen sein solle. Zu vrkhundt diß
brieffs besigelt mit vnserm kayserlichen anhan-
genden jnsigel, der geben ist auf vnserm schloß
Eberßdorff den neün vnd zwanzigsten monats-
tag Augusti nach Christi vnsers lieben herrn
vnd seeligmachers gnadenreichen gepurt, sech-
zehenhundert neünvnddreyßig, vnnserer reiche
des römischen im dritten, des hungarischen im
vierzehendten vnd des böhaimbischen im zwölff-
ten jahren.

Ferdinand.
vt Ferdinandt graff Khurtz.

Ad mandatum
sacrae caesareae Majestatis proprium
Arnoldin v. Clarstain.

CXCII. KAISER FERDINANDS III SCHUTZBRIEF WIDER ARRESTE UND REPRESSALIEN.

1640 Nov. 2.

Das Original dieser bis jetzt nicht gedruckten Urkunde befindet sich im Stadtarchive: Perga-
ment, 23" breit, 17½" hoch, mit dem bei No. CLXXXVII beschriebenen Siegel in Wachs- und
Holzkapsel an schwarzgelber Seidenschnur. Innen auf dem umgelegten Rande Protectorium wieder
die arresta vnd repressalien fur die statt Braunschweig; auf der Rückseite R" Dietterlin und quer
am Rande Braunschweig statt.

Wir Ferdinandt der dritte von gottes gnaden
erwöhlter römischer kaiser, zu allen zeitten meh-
rer deß reichs, in Germanien, zu Hungarn, Bö-
heimb, Dalmatien, Croatien vnd Schlauonien etc.
könig, ertzherzog zu Oesterreich, hertzog zu
Burgundt, zu Brabandt, zu Steyer, zu Kärndten,
zu Crain, zu Lützemburg, zu Württemberg, Ober
vnd Nieder Schlesien, fürst zu Schwaben, marg-
graue deß heiligen römischen reichs zu Burgaw,
zu Mähren, Ober vnd Nieder Laußnitz, gefürster
graue zu Habspurg, zu Tyrol, zu Pfyrdt, zu Ky-
burg vnd zu Görtz, landtgraue in Elsas, herr
auff der Windischen marckh, zu Porttenaw vnd
zu Salins etc. entbietten N. allen vnd yeden
obrigkeitten so mit diesem vnserm kayserlichen
offenen [1] brieff oder glaubwürdiger abschrifft
darvon ersucht werden, wie auch allen vnd ye-
den N. burgermeister vnd raht der statt Braun-
schweig creditoren vnd deren cessionarien, wel-
cher orthen die in- oder ausserhalb des reichs
gesessen saindt, vnsere kaiserliche gnadt vnd
hiermit zu wissen, dass vns vorgedachte burger-
meister vnd raht in vnterthenigkeit gantz weh-
müttig clagendt zue erkennen gegeben, waßmas-
sen jhnen von jhren antecessoren wegen er-
littener vieläbrigen bedrängnüssen vnd vnter-
schiedtlichen kundtbaren belagerungen vnd da-
hero abgenöttigter defension, auch erfolgten
müntzvnweesens vnd anderer schäden ein gro-
sser schuldenlast zuegewachsen, vnd sie selbst
bey diesen schweren kriegsleufften noch meh-
rers darein gerathen, beuorab weil aller handel
vnd wandel alß ihre einige nahrung zu boden

lege, vnd daß eben dahero bißweylen ihre bur-
ger vnd handelsleüthe ausser ihrem territorio
mit arresten, repressalien, auffhaltung der com-
mercien vnd persohnen belegt, vnerachtet sie
jedermänniglich satisfaction zu geben erbiettig
vnd willig seyen vndt mehrers nicht alß gedult
suchen, darmit sie bey diesen allgemeinen hoch-
verderblichen zerrüttungen vnd ihrem ietzigen
vnuermögen respiriren vnd inmittels jhnen vnd
den jhrigen die mittel zu künfftiger bezahlung
nicht allerdings abgeschnitten vnd benommen
werden mögen, vnd haben vns dahero in vnter-
thenigkeit vmb ertheilung eines käiserlichen pro-
tectorij wieder dergleichen verfahrungen in vn-
tertheniglkeit angerueffen vnd gebetten. Wann
dan obgedachte statt Braunschweig nicht durch
ihr schuldt vnd verwahrlosung sondern wie ob-
gedacht durch das allgemeine reichsverderben,
kriegsweesen vnd daß auch ihre vorfahren ein
schweren schuldenlast hinder sich gelassen, in
ietzigen verderblichen zuestandt gerathen, alß
haben wir demnach vnd dieweiln ohne das die
arresta vnd repressalia in deß heiligen reichs
constitutionen gäntzlich verbotten, besagte statt
Braunschweig, deren burgere, einwohner vnd an-
gehörige in vnsern käiserlichen schutz, schürmb
vnd protection genommen vnd empfangen, vnd
gebietten darauff allen vnd yeden churfür-
sten, fürsten geist- vnd weltlichen, praelaten,
grauen, freyen herrn, rittern, knechten, landt-
vögten, haubtleüthen, vitzdomben, vögten, pfle-
gern, verweesern, ambtleüthen, landtrichtern,
schulteissen, burgermeistern, richtern, räthen,

---

1) Im Orig. kayserlichem offenem.

burgern, gemeinden vnd sonst allen andern vn-
sern vnd deß reichs vnterthanen vnd getretten,
weß würden, standts oder weesens die seindt,
jn sonderheit aber allen obrigkeitten wie auch
besagter statt Braunschweig sämbtlichen credi-
torn oder deren cessionarien, wo die im heyli-
gen reich oder vnsern erbkönigreich- vnd landen
gesessen, hiermit gnädigist vnd ernstlich vnd
wollen, dass sie burgermeister vnd raht offtge-
dachter statt Braunschweig vnd deroselben zue-
gethane burgere, handelsleüthe vnd einwohner
wie auch deren güetter, diener vnd angehörige
an keinerley orth vnd endt mit obgehörten re-
pressalien vnd arresten nicht tringen, belegen
oder vergwältigen noch an denselbigen sonsten
in einige weiß sich thättlich vergreiffen sondern
dieselbe bey ihrem handel, wandel vnd gewerb
aller orthen frey, sicher, vnuerhindert vnd vn-
auffgehalten passiren vnd repassiren lassen, al-

les bey vermeydung vnserer kaiserlichen vngnadt
vnd straff vnd dartzu einer pöen nemblich funff-
tzig marckh löttigs goldts, die ein jeglicher so
hiergegen eigenthetlich handlen würdet, wie auch
eine yedtwedere obrigkeitt so offt sie freuent-
lich hierwieder zu thuen verstattete, vns halb
in vnser kaiserliche cammer vnd den andern
halben theil offtgedachter statt Braunschweig
vnnachleßlich zu bezahlen verfallen sein solle.
Mitt vrkhundt dis brieffs, besiegelt mit vnserm
kaiserlichen anhangendem jnsigl, der geben ist
in vnserer vnd deß heiligen reichs statt Regens-
purg den andern tag des monats Nouembris
nach Christi vnsers erlösers gnadenreicher[1] ge-
burth im sechtzehen [hundert][2] vnd viertzigi-
sten, vnserer reiche deß römischen im vierdten,
deß hungarischen im funfftzehenden vnd deß
böhmischen im dreytzehenden jahre.

Ferdinand.
v⁺ Ferdinandt graff Khurtz.

Ad mandatum
sacrae caesareae Majestatis proprium
Johan Söldner dr. pp. m.

CXCIII. BESTÄTIGUNG VON KAISER SIGMUNDS PRIVILEGIUM DE NON EVOCANDO DURCH KAISER FERDINAND III.

1641 Febr. 21.

Von dieser bisher ungedruckten Urkunde befinden sich im Stadtarchive zwei Originalausferti-gungen auf Pergament, das eine 28'' breit, 19'' hoch, mit dem bei No. CLXXXVII beschriebenen Siegel in Wachs- und Holzkapsel an schwarzgelber Seidenschnur, das andere etwas grösser, das Siegel ohne Holzkapsel. Innen auf dem umgelegten Rande Confirmatio privilegii fori et de non evocando für die statt Braunschweig; auf der Rückseite nur Braunschweig statt ohne sonstigen Registratur-vermerk.

Wir Ferdinandt der dritte von gottes gnaden
erwöhlter römischer kayser, zu allen zeitten meh-
rer des reichs, in Germanien, zu Hungern, Bö-
haimb, Dalmatien, Croatien vnd Sclauonien etc.
könig, erzthertzog zu Oesterreich, hertzog zu
Burgundt, Steyer, Kärndten, Crain vnd Württem-
berg, grafe zu Tyrol etc. bekennen offentlich mit
diesem brief vnd thuen kundt allermenniglich,

daß vns die ersame vnsere vnd des reichs liebe
getrewe N. burgermaister vnd rath der statt
Braunschweig einen brief von vnserm vorfahren
am reich weylandt Sigismundo römischen könig,
darinnen s. l. vnterm dato Costanz den ersten
Februarij anno vierzehenhundert vnd funffzehen
besagte statt Braunschweig dahin priuilegijrt vnd
befreyet, daß sy vor kein ander gericht alß allein

1) Im Orig. gnadenreichen.   2) hundert ausgelassen.

vor einem römischen kaiser vnd könig gezogen noch euociert werden sollen, in glaubwürdig vidimiertem schein gehorsamhist vorbringen lassen, wie von wordten zu wortten hernach geschrieben stehet: Sigismundus dei gratia Romanorum rex — — — datum Constantiae anno a nativitate domini millesimo quatringentesimo quinto decimo, prima die Februarij, regnorum nostrorum anno Hungariae etc. vigesimo octavo, Romanorum quidem electionis quinto, coronationis vero primo. Ad mandatum domini regis Johannes praepositus de Strigonio vicecancellarius[1], vnd vns darauf eingangs benente burgermaister vnd rath der statt Braunschweig allervndterthenigst angeruffen vnd gebetten, daß wir obberührten könig Sigismundts ausgangenen brief vber die von vnseren vorfahren am reich vorhin ertheilte generalconfirmation aller vnd ieder gemelter statt Braunschweig kaiser- vnd königlichen priuilegien, freyheiten vnd rechten besonders zu confirmiren vnd zu bestettigen gnediglich geruheten. Des[2] haben wir angesehen solch jhr gehorsambist demüetige bitt, auch die angenehme, getrewe, gehorsamb- vnd ganz willigste dienste welche ernanter burgermaister vnd rath auch gemainde der statt Braunschweig nit allein vnsern hochgeehrten vorfahren am reich römischen kaisern vnd königen sondern auch vns selbsten seither angetrottener vnserer kaiserlichen regierung in vnderschiedtliche weeg gehorsamblich erzaiget vnd bewisen, solches noch täglichs thuen vnd ius künfftig nit weniger zu thuen des vndterthenigsten anerbiethens sein auch wol thuen können, mögen vnd sollen, vnd darumben mit wolbedachtem mueth, guetem rath vnd rechtem wissen. offternanten burgermaister vnd rath zu Braunschweig solch obeinuerleibten könig Sigismundts brief alß römischer kaiser gnediglich confirmiert vnd bestettiget, confirmiren vnd bestettigen jhnen denselben auch hiemit von römischer kaiserlicher macht volkommenheit wissentlich in crafft diß briefs, vnd meinen, sezen vnd wollen, daß solch vorbeschriebene freyheit in allen jhren wortten, puncten, clausulen, articulen, innhalt-, main-

vnd begreiffungen crefftig vnd mechtig sein, steth, vesst, vnd vnuerbrüchlich gehalten vnd volzogen vnd vielbesagte burgermaister vnd rath der statt Braunschweig sich derselben jhrer notturfft vnd gelegenheit nach souiel sy deren in gebrauch sein geniessen, gebrauchen vnd genzlich darbey pleiben sollen vnd mögen von allermenniglich vnuerhindert, doch vns, dem heyligen reich vnd sonst menniglich an seinen rechten vnuergriffen vnd vnschädtlich. Vnd gebiethen darauf allen vnd ieden churfürsten, fürsten gaistlichen vnd weltlichen, praelaten, grafen, freyen herrn, rittern, knechten, landvögten, hauptleüthen, vizdomben, vögten, pflegern, verwesern, amptleüthen, landtrichtern, schuldthaißen, burgermaistern, richtern, räthen, burgern, gemainden vnd sonst allen andern vnsern vnd des reichs vnderthanen vnd getrewen, was würden, standts oder weesens die seindt, ernst- vnd vestiglich mit diesem brief vnd wollen, daß sy mehrgedachte burgermaister vnd rath der statt Braunschweig an obinserirten weylandt könig Sigismundts brief vnd dieser vnserer darüber ertheilten confirmation vnd bestettigung nicht hinteren noch irren sondern sy von vnser vnd des reichs wegen darbey vestiglich handthaben, schuzen vnd schürmen vnd dessen geruhiglich gebrauchen, geniessen vnd genzlich darbey pleiben lassen, hierwider nichts thuen, handlen oder fürnemmen noch solches andern zu thuen gestatten in kainerley waiß, alß lieb einem jeden seye vnser vnd des reichs schwäre vngnadt vnd straff vnd darzue die pöen in vielgedachten könig Sigismundts brief begriffen zu uermeiden, die ein yeder so offt er fräuentlich hierwider thette, vns halb in vnser vnd des reichs cammer vnd den andern halben theil offtgedachten burgermaister vnd rath der statt Braunschweig vnnachläßlich zu bezahlen verfallen sein solle. Mit vrkhundt dis briefs, besigelt mit vnserm kaiserlichen anhangendem jnnsigel, der geben ist in vnserer vnd des heyligen reichs statt Regenspurg den ainvndzwanzigsten tag monats

---

1) No. CLVII S. 191.   2) Im Orig. Das.

Februarij nach Christi vnsers lieben herrn vnd seeligmachers geburth im sechzehenhundert ain vnd vierzigsten, vnserer reiche des römischen

im fünfften, des hungarischen im sechzehenden vnd des bohaimbischen im vierzehenden jahren.

Ferdinand.

v⁴ Ferdinandt graff Khurtz.

Ad mandatum
sacrae caesareae Majestatis proprium
Johannes Söldner dr. pp. m.

CXCIV. FEUERORDNUNG.

1647 Aug. 6.

Nachfolgende Feuerordnung wurde zu Braunschweig gedruckt durch Christoff Friederich Zilligern MDCXLVII: *19 ungezählte Bll. in 4°, im Titel, welcher von einem Friese eingeschlossen ist, eine schlechte Nachbildung des umkränsten Löwen von 1579 (vgl. die Vorbemerkungen zu No. CLXID), Bl. 19 unter dem Wort* ENDE *eine Schlussvignette, die Paragraphen numerirt und am Rande mit Inhaltsangaben versehen, welche bei dem hier folgenden Abdrucke weggelassen sind. — Mit Ausschluss der §§ 28 und 29 ist die Feuerordnung von 1590 (No. CLXXIV) ganz in diese neue Redaction übergegangen, jedoch unter häufiger Abänderung in der Form und mit mancherlei neuen Zusätzen, von denen neun als besondere Paragraphen (§§ 8, 16, 30, 32, 36, 39, 40, 41 56) auftreten.*

Eines e. raths der stadt Braunschweig vernewerte vnd vermehrete fewerordnung vom 6. Augusti anno 1647.

Wir bürgermeistere vnd rath der stadt Braunschweig thun allen vnd jeden vnsern bürgern, angehörigen, einwohnern vnd verwandten, so wol auch denen die vor als die bey vns in der stadt wohnen hiermit kund und zu wissen: Nachdem unsere löbl. vorfahren am stadtregiment sich[1] dahin beflissen, daß in geist- und weltlichen sachen gute ordnung gestiftet[2], auch unter andern nicht undienlich sondern vielmehr für hochnütz- und nötig erachtet eine ordnung umb fewersgefahr so viel möglich zu verhüten und auch wornach sich ein jeglich zu dero zeit wann fewersnoht, die dennoch der allmächtige in gnaden abwenden wolle, entstehen würde, zu richten haben möchte abzufassen, und derentwegen hiebevor in anno 1550 zum ersten mal eine solche fewerordnung publiciret, dieselbe folgends in anno 1586 wieder zur hand genommen, an dienlichen orten verbessert und vernewert[3], ferner auch dieselbe in anno 1590 abermal durchgesehen, vermehret und verbessert und also publiciret, und als die exemplaria abgangen, ihres gäntzlichen inhalts in anno 1626 wiederumb aufflegen und drucken lassen[4], weil aber dieselbe nunmehr auch abgangen und fast nicht mehr zu bekommen gewesen: als haben wir dem exempel unser löbl. vorfahren nach dieselbe jetzo auffs newe revidiret[5] und wo es die nohtturfft erfodert geendert, vermehret und verbessert, thun dasselbe auch hiemit und kraft dieses also und dero gestalt, daß nun bin-

---

1) 1590 wir vns, ohne vnuerweislichen ruhm zu melden, biss anhero. 2) 1590 das nicht alleine *etc.* sondern auch darüber so viel müglich gehalten werde. 3) 1590 verbessert, vernewert vnd verendert. 4) *Vgl. die Vorbemerkung zu No.* CLXXIV. 5) *Im Orig.* revidiren.

ßre derselben in allen puncten, clausuln und articuln wúrcklich gelebet und von keinem dawieder, bey vermeidung unser ernsten straffe, gehandelt werden solle. Damit sich aber keiner mit der unwissenheit zu entschuldigen, auch desto weniger vergessen werden müge, haben wir dieselbe also in offenem druck lassen aufgehen.

1 Setzen und ordnen demnach anfänglich und zum ersten, daß ein jeder seine fewerstett, camine, schorsteine, brawhäuser, darren, backofen und ehsen dero gestalt aurichten und verwarlich machen lassen sol, daß man sich dahero keines fewerschadens zu befahren. Wie wir dann gemeynt seyn forthin alle jahr umb Walpurgis und Michaelis in allen fünff weichbilden durch die hiezu sonderlich verordnete fewerherrn alle fewerstätte so viel deren in jeglichem hause zu befinden seyn werden, besichtigen zu lassen, massen wir ihnen solches hiemit ohn weitern gebeiß ernstlich anbefehlen. Und da dieselbe unverwahrte gefährliche fewerstelle befinden werden, sie alsdann den haußwirthen und jarvolnern gebieten sollen sothane übel verwahrete fewerstett in gewisser zeit[1] und nach ihrem der fewerherrn rath und gutachten zu bessern und verwahrlicher zu machen, bey straff einer marck. Gestalt denn die verordnete fewerherren solche gefährliche oerter auffzeichnen sollen, und wann die angesatzte zeit verflossen, dieselbe wiederumb besichtigen und vernehmen ob ihrem befehl und anordnung nach die verbesserung geschehen: wo nicht, alsdann dem regierenden bürgermeister[2] zu welchbild solches anmelden: sol alsdann die deßwegen verwürckte straffe auff der bruchstuben von dem ungehoramen unnachlässig eingefordert und nichts minder demselben aufferlegt werden solche gefährliche fewerstätt in nochmals angesatzter gewisser zeit, wie vorerwähnt, zu bessern und zu verwahren.[3] Und da er deme auch nicht würde nachkommen, sol er[4] die straffe gedoppelt, als zwo marck, geben und in gleicher weise nichts desto weniger wie ihm aufferleget die fewerstätt in noch-

mahlicher frist zu bessern schuldig sein. Wann er solches auch verächtlich würde lassen hingehen, wollen wir ihn mit der verfestung sampt einer vorsatz so lange verfolgen, biß er zu schuldigem gehorsamb gebracht worden.

2 Es soll auch ein jeglicher bürger seine schornsteine reine halten und dieselbe alle jahr ein mal oder so offt es die nohtdurfft erfodert außfegen lassen, damit auch dahero keine gefahr zu besorgen seyn müge. CLXXIV. 2

3 Und nachdem in sonderheit überall gute auffsicht hoch von nöhten, soll ein jeglicher gastgeber oder würth wohl in acht haben welche er beherberge. Dann im fall dahero solte schade entstehen, und der würth beargwohnet und schuldig befunden würde daß er keine gute auffsicht auff seine gäste gehabt oder wen er beherberget, sol er zu allem schaden antworten. Gestalt er dann auch deren keinem oder deren gesinde gestatten solle bey abends mit blossem liecht ohne leuchten in die ställe zu gehen, als woselbst dahero leicht groß unglück entstehen könte. CLXXIV. 4

4 Auch sol[5] ein jeglicher würth oder gastgeber der gemeiniglich mit vielen gästen beladen, zu der zeit wann er frembde gäste in seinem hause beherberget jemanden in sonderheit[6] daran bestellen und halten, der bey wachte die fewerstätte und das gantze hauß und hoff allenthalben wol besehe und bewache, und da derselbe ichtwas verdächtiges an den gästen oder fewersgefahr vermercke, dasselbige alsbalden dem würthe ansage und ein geschrey mache, bey straff einer marck so offt ein jeglicher gastgeber oder würth solchen wächter nicht bestellet und verordnet haben würdet. CLXXIV. 3

5 Imgleichen sol auch keiner unser bürger, einwohner und haußwirth nachgeben oder gesehen lassen, daß in seinem hause bey liecht gedroschen, flachs geschnitten, flachs[7] gebrochen, getretlet, geröstet, geschwungen oder geheichelt, noch auch mit hanff oder pech umbgegangen werde, bey straff eines gülden so offt dawider gehandelt würdet. CLXXIV. 4

6 So sol auch keiner unser policeyordnung[8] zu-

---

1) Ausgelassen welche hiezu die verordneten fewerherren daran ansetzen werden. 2) Ausgelassen oder bruchkämmerer. 3) Ausgelassen daß dahero seinen nachbarn kein schade zugefüget werde. 4) er fehlt. 5) 1590 Es sol aber zu mehrer verwahrung. 6) 1590 einen fleissigen wächter. 7) Im Orig. flachs. 8) unserm stadtrechten

77

CLXXIV, 5 wieder bey der darinn gesatzten[1] straff hopffreben, boh-
nen oder mohnstroh in sein gewarsam bringen und
niederlegen, viel weniger auch pulver bey ihnu liegen
haben, es were dann daß solch pulver an einem solchen
ort enthalten werden könte woselbst hin weder
fewer noch liecht gebracht würde und also für fewer
gnugsam gesichert were, bey vermeidung unser ernsten
willkührlichen straffe.

CLXXIV, 6 7 Bey nacht sol auch kein einig maltz gedarret noch
auch sonsten einige aschen oder kohlen auff die
böden geschüttet werden, bey vermeidung unser ern-
sten straffe[1] so offt einer darwieder handlen würde. Würde
aber darauß einiger schade erfolgen, sol derjenige so
solchen schaden verursachet, mit weib und kind ewig ver-
wiesen werden. Wolte ihn aber auch der beschädigte
wegen des erlittenen schadens besprechen, sol ihm sol-
ches hiedurch unbenommen seyn.

8 Wegen dero ein zeit hero befundenen gefähr-
lichen fewerdarren aber lassen wir es bey un-
seren hiebevor beschehenem verbott und öffent-
lich angeschlagenen edicten dero gestalt be-
wenden, daß nemlich dieselbe gäntzlichen abge-
schaffet seyn und bleiben und von niemande
allhie gebrauchet werden sollen. Dann da sol-
ches erfahren würde, sol derjenige so dawieder
gehandelt, da er ein brawer, ohn einige gnade
der brawgerechtigkeit, da er aber kein brawer,
des bürgerrechten dadurch verfallen seyn und
noch darzu willkür- und ernstlich bestrafft werden.

CLXXIV, 7 9 Sonsten sol auch ein jeder seine darren und die be-
cker ihre backöfen zwischen steinern mauren und ein
gewölbe oder abstrich darüber machen und alle stender
und balcken daherumb woselbst die backöfen und
darren geleget, dergestalt mit leimen und kalck
überziehen und verwahren, daß kein fewer oder
funcken darin fliegen, anglimmen und schaden
thun können.

CLXXIV, 8 10 Weil dann auch die becker offt holtz in ihren back-
öfen trucknen, sollen sie dieselbe mit eisern thüren,
desgleichen auch die rauchlöcher mit eisern platen de-
rogestalt vorwahren und zumachen, daß in
fall das holtz sich würde anzünden und brennend
werden, keine lohe oder fewer herauß schlagen und

schaden thun könne.

Auch sollen die mältzer, brawer und becker ihr holtz 11
das sie zu dem darren, brawerck und backwerck ge- CLXXIV, 9
brauchen wollen, den darren und brawhäusern und back-
öfen nicht zu nahe sondern so fern als ihnen auch ge-
legenheit ihres hauses und raumes jmmer möglich, da-
von ablegen.

Die becker sollen auch wolverwahrte dampfflöcher 12
in der erden haben, worinnen sie die glüende kohlen auß CLXXIV, 10
den backöfen ziehen und außdämpffen können.

Als auch die bütticher über ihrem fewer und in den 13
schorsteinen offtmals ihr holtz trucknen lassen, solches CLXXIV, 11
aber liecht ohne sorge und gefahr ist, sollen sie das-
selbe alle abend wol beschen und fleissige achtung dar-
auff geben, daß keine funcken darein geflogen sein, da-
von das holtz bey nachtschlaffender zeit anglimmen
und anbrennen könne.

Würde nun ein mältzer, brawer, becker oder bütticher 14
mit seinem holtze und kohlen anderer gestalt als jetzo CLXXIV, 12
gedacht ist handlen, der sol so offt es erfahren
würde jedesmal dafür eine marck zu straffe geben.

Über das wollen wir auch einen jedwedern un- 15
serer bürger und einwohner hiemit ernstlich er- CLXXIV, 13
mahnet haben, wie solches ohn das zu seinem
selbst eigenem und seines nachbarn besten mit
gereichen thut, daß er nicht alleine vor sich auff fewer
und liecht in seinem hause gute achtung gebe sondern
auch seine kinder und gesinde täglich darzu vermahne und
demselben keines weges gestatte mit blossem liecht ohne
leuchten in die ställe, auff die böden oder sonst an
die örter zu gehen woselbst stroh, hew, flachs,
spöne und dergleichen enthalten, als dabey
grosse gefahr und leicht ein unglück geschehen
könne.

Wie wir dann auch nicht gestatten wollen und 16
solches vor diesem allbereit durch ein öffent-
liches edict verboten, daß diejenige so zu abends-
oder nachtzeiten ihres thuns oder geschäfft
halber auß- oder einzugehen haben in dieser
unser stadt, sich der laternen oder leuchten wie
sich laut unser policeyordnung gebühret[2], mit
nichten aber, umb fewersgefahr zu verhüten,
einiger brennenden fackeln gebrauchen, dieselbe

---

1) Im Orig. gesatzter. 2) Angelassen darmit ein jeglicher belegt sol werden. 3) Vgl. CLXII, 79, S. 461.

tragen oder ihnen vortragen lassen sollen. Dann im wiedrigen unsere marktmeister und wächter hiemit befehlicht seyn sollen dieselbe hinweg zu nehmen und aufzulöschen, und wir alsdann deswegen keine klage hören auch dazu noch die vbertreter jeden umb eine marck und sonst nach befindung würcklich zu straffen uns vorbehalten haben wollen.

17 Wann nun jemands durch seine nachlässigkeit, verCLXXIV, 14 säumnis oder sonst vrsach zu einigem fewerschaden geben würde, sol er denselben dem beschädigten gelten oder so lange bis er solches gethan anß unser statt gewiesen werden.

18 Vnd thun wir unsere verordneten fewerbarren hieCLXXIV, 11 mit ernstlich auflegen und befehlen jedes jahrs zweymal herumb zu gehen und darauff mit fleiß achtung zu geben daß alle fewerleitern, gabeln, fewerhacken, eimer, wagen und andere dazu gehörige notturfft in guter bereitschafft gehalten und was mangelhaft zu rechter zeit gebessert werden möge, damit man sothane behufftige gereitschafft in zeit der noht fertig haben und dieselbe gebrauchen könne.

19 Wie wir dann auch einen jedwedern unserer CLXXIV, 16 bürger hiemit wohlmeynntlich wollen ermahnet haben vor sein selbst eigen hauß einen oder zwey, und die des vermögens seyn mehr, ledern eimer, auch eine oder mehr messings oder andere²ᵃ sprotzen oder sprützen zu verschaffen, daß man deren in zeit der noht zum angriff mächtig seyn könne.

20 Es sollen aber die fewerbarren des weiehbildes in CLXXIV, 17 welchem das fewer entstanden, wann sie es erfahren alsbalden dahin sehen daß desselben weiehbildes und der gilden gereitschafft an leitern, hacken und eimern fürderlichst an den ort wo das fewer vorhanden und es die noht erfordert, verschaffet werden möge, vnd dafern mehr gereitschafft nöthig seyn würde, sollen auch andere weichbild² darumb angelanget werden, da dann ein dem andern willig zu hülff kommen² soll.

Ferner umb soviel mehr fewersgefahr auch 21 des nachts zu verhüten, sollen unsere verordnete CLXXIV, 18 fewerwächter bey sommerzeiten von Ostern biß Michaelis von neun vhren biß morgends umb drey, und des winters von Michaelis biß Ostern des abends sobalde die wächterglocke geleutet biß den morgen zu fünff vhren sich auff den gassen finden lassen und vermöge ihrer pflicht und eyde die sie uns deswegen gethan und auch hinführo thun sollen, alle und jede stunden auff allen gassen und ecken welche in jedem weiehbild ihnen benant und gewiesen, aufruffen und männiglichen zu fleissiger auffsicht vermahnen und keine stunde, bey vermeldung der straff des meineids, unauffgeruffen vorbey gehen lassen.

So sollen auch gemelte fewerwächter mit allem fleiß ach-22 tung darauff geben, ob etwa ein ungewöhnlicher brandt CLXXIV, 19 oder glimmender rauch vernommen würde, alsdann demselben fleissig nachgehen biß sie erfahren wo derselbe entstehe. Vnd wann sie dann vermuthen daß dahero fewer- oder brandschaden zu besorgen⁶, sollen sie schuldig und pflichtig sein, wie wir ihnen solches hiemit ernstlich auflegen und befehlen, an solch hauß oder häuser woselbst ihrem vermuhten nach solcher rauch entstehe, bescheidentlich wo die noht nicht scheinbarlich vor augen, anzuklopfen, die leute darinn auffzuwecken und zu guter auffsicht zu vermahnen.

Würde aber allbereit noht vorhanden und niemand 23 in demselben hause auff- oder wachend seyn, CLXXIV, 20 sollen bemelte fewerwächter ein geschrey machen, den würth und die nachbarn erwecken, und da der von dem hauptmann auff dem thurm geordnete² solch fewer nicht so bald auch erblicken würde, den hauptmann selbst wie auch die opfferleute zu welchem er obist und zunächst kommen könte, ermuntern, was die noht erfordere ihnen anmelden, die sich dann alsbalden auff die thurm verfügen und thun sollen wie hernacher folget. ⁸

Die andern und übrigen fewerwächter aber sollen schul- 24

---

1) 1590 vnd dieselben von ihnen oder denjenigen nachbarn denen solche zu halten gefärt. 2) 1590 zum wenigsten sechs. 2ᵃ) Im Orig. andern. 3) Ausgelassen vnd andere notturfft. 4) 1590 die nachbaren vnd andere berümb gewesene nach gelegenheit. 5) Ausgelassen vnd was vor gereitschafft ein jeder bey sich hat dem andern folgen lassen. 6) Ausgelassen vnd auch menniglich in dem hause da solcher rauch vermutlich verhanden, sich schlaffen widergelegt. 7) Im Orig. geordneter. 8) 1590 vnd jres ampts pflegen mügen.

77*

CLXXIV,21 dig und pflichtig seyn nach der bürgermeistere und zehenmänner häusern in allen fünff weichbilden sich zu verfügen und dieselbe auffzuwecken. In sonderheit aber sol der eine fewerwächter des weichbildes woselbst das fewer entstanden,[1] nach unserm marstall sich verfügen, unsern marställer oder amptmann, wer jederzeit auff demselben von uns verordnet seyn wirdet und wohnet, nebest seinem gesinde ermuntern und auffwecken, und der ander wächter nach dem bürgermeister des weichbildes wo das fewer vorhanden, eilen, daselbst anklopffen und die nobt vermelden, damit dieselben desto eher hervor kommen und sich fertig halten mögen.

25 Welcher wächter auch zum ersten einen angehenden
CLXXIV,22 fewrschaden anmelden wirdet, daß also durch sein zeitiges ankündigen verschafft daß demeelben vorgekommen worden, dem sol von unser müntzschmiede jedesmal ein marck verehret werden.

26 Sonsten sol auch ein jeglicher hauswhrtb bey welchem
CLXXIV,23 fewer auffkümmet zu tage und nacht, sobalden er es erfähret ein geschrey bey seinen nachbarn zu machen schuldig und pflichtig seyn.

27 Wann nun der hauffman und die opfferleute dergestalt
CLXXIV,24 erwecket oder vorhin selber die fewersnoht erfahren, sollen sie alsbalden zu stürmen blasen und an die glocken schlagen, damit die bürgerschafft und männiglich alsbalden erwecket und desto eher zum retten oder wohin sonst ein jeder bescheiden, kommen möge. Ebener massen sich auch die opfferleute und thurmman verhalten sollen, wann etwan auch bey tag ein fewer, tumult oder dergleichen entstünde, bey vermeidung unser ernsten straffe.

28 Vmb mehrer vorsorge und damit solches alles desto
CLXXIV,25 besser zu werck gerichtet werden möge, wollen wir hiemit unsern thurmkämern ernstlich befohlen und von ihnen gehabt haben, daß sie forthin allemal und zu jeder zeit tages sowohl als nachtes jemand von ihrem gesinde auff den thürmen halten und denselben ernstlich einbilden sollen auff die stadt überall gute achtung zu geben und da sie etwas von fewer oder andern unglück vernehmen würden, alsbalden zu blasen, auch an die glocken zu schlagen und bey tage eine blutfahnen, bey nacht aber eine leuchte und zwar des

orts hin woselbst das fewer vorhanden, aussuhengen. Wofern nun bemelte unsere bestalte thürmmänner hierinnen säumig oder nachlässig befunden würden, sollen sie mit entsetzung ihrer dienste, gefängnüß oder sonst nach befindung willkührlich und ernstlich gestrafft werden.

Ingleichen wollen wir auch, daß die bürger und wächtere 29
so die nachtwache auff den thoren halten, wann und CLXXIV,26 sobalden sie ein fewer auffschlagen sehen oder sonst einen gefährlichen tumult oder andern vnrabt vernehmen, solches mit ihrem blasen kund thun, auch damit nicht ablassen sollen biß sie eigentlich vermercken daß die leute ermuntert und auff dem schlaff erwecket. Darneben sol auch einer von denselben mit fleiß auffwerts nach dem felde sehen und achtung darauff geben wie etwa ausserhalb der stadt die sachen beschaffen, und da etwas vermercket würde, solches alsbalden dem ragierenden bürgermeister zu weichbilde anzeigen und sich fürderlichst hinwieder auff das thor finden woselbst er zur wacht bescheiden.

Ebener massen und deroselben vrsach halber, 30 damit nemlich ein jedweder desto eher bey tage so wohl als nachts ermuntert und innen werden möge das gemeine gefahr verhanden, wollen wir auch und gebieten hiemit, daß die jedesmahl zur wacht bestelte auff den wällen, sobalden sie die fewersnoht und die lohe sehen aufschlagen, etzliche grobe stück loßbrennen sollen, zuvor aber dieselbe linden niederlassen, in den bogen und ins weite feld richten, auff daß außwehrts kein schade dadurch geschehen möge, und wann sie vernehmen daß die leute in der stadt sattsam ermuntert, alsdann damit gäntzlich inne halten.

Vnd nachdem wir an alle rathhäuser und sonsten an ge- 31 legenen und bequemen orten und eckhäusern in CLXXIV,27 der stadt hin und wieder eyssern fewerlampen haben heagen lassen, befehlen wir hiemit und wollen, daß unser zeugmeister, dem[2] die pechkräntze anbefohlen, bey zeiten deren etzliche auff die rahthäuser jedes weichbilds verschaffen solle, daß man sie in zeit der nobt daselbst alsbalden haben könne. Gestalt dann auch hierneben die markmeistere, wäch-

---

1) 1590 im Sacke. 2) 1590 vnsere zeugmeister, denen.

tere und frohnen, bey vermeidung unser ernsten straff, in
solchen nohtfällen unverzuglich in die gemeite fewer-
lampen soll hane pechkräntze legen, dieselbe anzünden
und die bey den rahthäusern stets brennend erhalten,
ein jeglicher bürger auch der eine solche fewerlampen
an seinem hause hat, darauff durch die seinigen, und
der baurmeister welcher auff der müntze wohnet auff den
lampen daselbst achtung geben sollen.[1]

83 Nebenst dem sollen auch alle andere bürgere
und einwohnere auff allen gassen, und sonder-
lich wo keine lampen hengen davon man sehen
müge, ein jeder für seiner thür eine leuchte mit
brennenden liechtern setzen oder hengen lassen,
welches bey solchem nohtfall zu nachtszeiten in
viel wege nütz und hochnöhtig.

88 Und nachdem wir in dieser stadt gott lob zum-
CLXXIV.30 mehr in allen fünff weichbilden mit guten was-
serkünsten wol versehen, soll[2] ein jeglicher der
davon das laufende röhrwasser hat, im noht-
fall seinem nachbarn mit auffwringen der röhren wil-
lig und gern dienen. Dahingegen aber sol kei-
nes weges einiger pipenpfal, auff daß wo etwan
an mehr orten allhier fewersnoht entstehen
würde das wasser dadurch nicht entgehen
müge, abgehawen werden, bey unser ernsten straffe.[3]

84 Es sollen auch unsere fewerwächter alsbalden in dem
CLXXIV.31 weichbilde woselbst das fewer entstanden an dem
pipenbohrer oder röhrmeister welcher die
kunst allda unter handen, oder aber zu dem mül-
ler sich verfügen und demselben anzeigen das schütz-
bret vor dem rin worinnen das wasserrad zu der pi-
penkunst gehörig gehet auffzuziehen und das röhr-
wasser laufen zu lassen, wie auch ohne
geheiß und anmahnung vor sich sobalden sie
sonst die noht erfahren, bey ihren eydespflichten
schuldig sein sollen der wasserkunst zu eilen und
das wasser des orts hin wo das fewer vorhanden,
treiben zu lassen, bey vermeidung unser ernsten straffe.

85 Damit auch solches alles desto besser zu werck ge-
CLXXIV.31 richtet werden und man das wasser auff den noht-
fall allemahl umb so viel eher und völliger ha-

ben müge, sollen unsere müllere und sonderlich die
obwarts an der Ocker unsere mühlen inne haben, wie
auch die andere, das wasser nicht zu niedrig abmah-
len, damit auch alsdann die wasserkunst desto bes-
ser umbgehen und treiben könne.

Wie wir dann auch dero ursachen halber, da- 86
mit in solchen nohtfällen es allenthalben an was-
ser nicht ermangelen müge, hiemit alle und jede
unsere bürgere und einwohnere die eigene schück-
oder zugbrunnen in ihren häusern oder höfen
haben, wie auch diejenige so sonsten der ge-
meinen brunnen auff den gassen sich zu ihrer
nohtdurfft gebrauchen, hiemit ernst- und wohl-
meintlich ermahnen, zu ihrem selbst eigenen[2]
und gemeiner stadt besten dieselbe nicht in ab-
gang kommen zu lassen sondern vielmehr zu
verbessern und im guten stande zu erhalten,
dero beluff dann auch diejenigen so keine ei-
gene brunnen haben und sich sonsten, wie ge-
dacht, der gemeinen brunnen auff den gassen
gebrauchen, zu deren erhaltung, wie es von al-
ters also wohl hero bracht, auch das ihre jähr-
liche oder so offt es die nohtdurfft erfodert
hergeben und sich dessen mit nichten verwei-
gern sollen.

So sollen auch alle unsere bürgere und angehörige 87
forthin in sommerszeiten und sonderlich wann trück- CLXXIV.18
nüsse einfallen, ohn alles ferner ankündigen vor sich selbst
entweder vor den thüren oder in höfen tags und nachts
wasser stehen haben. Gleichsfalls wir auch diejenigen so
steinern mültzebötticke[4] in ihren höfen haben, hiemit treu-
lich erinnern darinnen zu tag und nachts ehnen vor-
raht an wasser zu behalten, daß man solches im noht-
fall alsbalden zur hand haben und nach gelegen-
heit an den ort alsda es von nöhten, tragen oder sonst
verschaffen könne.

Alle karrenführer[5] wie auch diejenige fuhrleute 88
so zeit der fewersnoht allhie sich befinden und CLXXIV.32
beherbergen, auch alle bürgere und einwohnere
so pferde[6] haben, wann dieselbe alsdann ein-
heimisch, sollen schuldig und pflichtig seyn ungesäumet.

---

1) 1590 waren die Lampen am Rathhause dem Hafenschreiber anbefohlen. 2) 1590 bey straffe dreier marck etc.
3) Im Orig. eigenem. 4) Ausgelassen oder trüge. 5) 1590 wasserröhrer, fuhrleute und karrenzieher. 6) 1590
kutzschpferde.

wasser zuzuführen, und wer alsdann die ersten kueffen wasser an das fewer bringen wirdet, dem sollen, wie es bißhero auch also gehalten worden, drey gülden[1] zur verehrung gegeben werden.

39 Wie dann auch die brawere und andere unsere bürgere bey welchen ledige fässer dero zeit vorhanden seyn möchten schuldig seyn sollen, dieselbe auff erfodern, wasser darinnen zuzuführen, umb der gemeinen noht willen alsbalden willig und gern herzuleiben.

40 Weil wir auch nunmehr etliche auff rädern stuhende grosse wassersprützen verfertigen lassen, deren in jedem weichbild eine vorhanden, und unsere verordnete zeugherren jedes weichbildes dieselbe an einem gewissen und bekanten orte stehen haben, als wollen wir auch, daß sie dieselbe stets ohnmangelhafft fertig und bereit halten sollen, daß man deren in zeit der noht alsbalden mächtig seyn und dieselbe gebrauchen könne.

41 Es sollen auch unsere zu diesen wassersprützen und einer jeden in sonderheit geordneter büchsenmeister oder zeugwarter oder wer dazu sonst jederzeit wirdet bestellet seyn, auff den nohtfall sich dabey alsbalden finden lassen und an den ort wo es der gefahr halber am nötigsten stellen, dabey verbleiben, selbst mit seinen händen die röhren regiren und thun was die noht erfodert, sonderlich aber auch dahin sehen, daß damit von den gehülffen und sonsten also umbgangen werde daß sie keinen schaden bekommen und dahero nicht könten gebraucht werden. Welcher fuhrman auch zum ersten eine solche wassersprütze an das fewer bringen wirdet, dem sollen gleicher gestalt hernacher auff unser müntzschmiede drey gülden gegeben werden.

42 Wann nun unser marstaller oder amptman also
CLXXIV,33 wie vorgedacht bey nachtschlaffender zeit erwecket oder sonst bey nacht oder tage vernimmet daß mit dem glockenschlagen, stückschiessen, blasen und dergleichen gestürmet oder sonst ein gefährlich ge-

schrey gemachet wirdet, sol er alsbalden alle pferde[7] an er auff dem stalle bey sich hat, satteln und auffzäumen lassen, damit man deren sofort mächtig sein möge, wie wir dann auch den knechten und jungen welche jederzeit auff unsern marstall dienen werden, hiemit bey vermeidung unser ernsten straffe befehlen, hierinnen nicht zu säumen sondern solches alsbalden zu werck zu richten.

43 Unser des rehts reitender hauptman oder wen wir an CLXXIV,34 dessen stelle jedesmal verordnet haben werden und reisige diener sollen vngesäumpt gestiefelt und mit ihrem gewehr auff unserm marstall erscheinen und allda unser gewertig sein. Auch sollen die reisigen diener da es die noht erfodert die pferde mit satteln und zäumen halffen.

44 Es sol auch vor unser gedachter marstaller oder CLXXIV,35 amptman nebest dreyen reisigen dienern sich alsbalden zu pferde finden lassen und nach dem[4] regierenden bürgermeister des weichbildes wo das fewer entstanden reiten, dem bürgermeister auch sein pferd[5] mitbringen und neben demselben bey das fewer reiten und verrichten was ihm befohlen wirdet.

45 Vorgedachter unser reitender hauptman aber oder CLXXIV,36 wen wir an dessen stelle jedesmals verordnet haben werden[6], sol sich auff unsern marstall gerüstet zu pferde enthalten, und da je noch ein fewer, welches der allmächtige in gnaden verhüten wolle, entstünde, soll derselbe oder in dessen abwesenheit der elteste reisige diener nebenst nach dreyen dienern nach dem andern bürgermeister in dem weichbülde wo solch fewer entstehet reiten, demselben ein pferd bringen und verrichten was ihm befohlen wirdet.

46 Derselbe bürgermeister aber so an das fewer reitet, CLXXIV,37 sol auff allen seiten so nahe er kan hinan reiten, das fewer besichtigen, die bürgere, handwercksgesellen und wer sich sonst dabey findet in güte und mit ernste zu fleissiger hülff und rettung mit wassertragen und anderm[2] was die noht erfodert wird ermahnen, und keinen der nicht reiten und helffen will als einen müssigen zuseher bey dem fewer leyden sondern denselben mit ernst abweisen, damit auch andere nicht gehindert werden.

---

1) 1590 dem ersten 1 Gulden, dem zweiten 3 Ort, dem dritten ½ Gulden. 2) Ausgelassen durch die knechte vnd jungen. 3) 1590 wäpner. 4) Ausgelassen jüngsten. 5) Ausgelassen darauff er verwaret. 6) 1590 vnd wäpner. 7) Im Orig. andern.

47 Die ihrigen bürgermeistere in allen fünff weichbilden
OLXXIV,38 sollen sich nebest den cammerern und rahtsherren als-
balden wann das sturmläuten, schiessen, blasen
und dergleichen gehöret wirdet jede auf ihre
rahthäuser, die schenckstuben aber nebest ihrem cäm-
merer[1] auff die müntz vnauffbleiblich[2] sich verfügen.

48 Vnd wollen wir alsdann in jedem weichbilde befindender
CLXXIV,39 nohtturfft nach[3] die wälle, thürmb und thore zu be-
stellen, auch personen nach dem fewer und andere nat-
turfft zu verordnen wissen, und was wir alsdann
den hauptleuten oder bürgern befehlen werden, dem sol
ein jedweder gehorsamblich und trewlich nachsetzen,
wie wir dann gleichfals gehabt haben wollen, was einem
jeglichen bürger oder rottmeister unsertwegen von den
hauptleuten befohlen wird, daß man demselben auch
getrewlich nachkommen solle, bey vermeidung vnser ern-
sten straße.

49 Vnd nachdem unsere sämptliche bürgerschafft in
CLXXIV,40 gewisse rotte außgetheilet und bey jeder rotte ein
rottmeister geordnet, als wollen wir, solche nohtwen-
dige außtheilung in gutem stande zu erhalten,
den hauptleuten hiemit nach wie vor befohlen haben,
jede in ihrem weichbilde und in ihren bür-
gerschaften alle jahr zu zween mahlen, als vierzehen
tage nach Michaelis und vierzehen tage nach Ostern,
wegen sothaner rotte sich zuerkundigen und
nachfrage zu haben ob jemand daraus verstorben
oder sonst davon abkommen, und damit es am
rottmeister nicht ermangele, solches alsdann an-
zumelden, daß wir an der mangelenden stätte
andere zu verordnen haben mögen. Wie starck
aber eine jede rotte sey, sol ein jeglicher bey seinen eidem
verschwiegen behalten und solches niemanden dem es
zu wissen nicht gebühret offenbaren.

50 Ferner thun wir derjenigen unserer bürger halber
CLXXIV,41 welche nicht weit von dem ort wo das fewer entstanden
wohnen, diese verordnung, daß dieselbe an ort und
enden wo sonst ein jeder bescheiden, zu erscheinen ver-
schonet seyn sollen sondern in und bey ihren häusern
verbleiben, wasser und andere notturfft zum fewer und

auff ihre[4] boden, dem fugfewer und funcken zu stew-
ren, verschaffen und was sonst die noht erfodert
als nachbarn in acht haben mügen.

Wie dann auch die nachbarn mit aufsehen 51
sollen, was an geräthe aus dem hause vorinnen das CLXXIV,47
fewer entstanden oder sonsten[5] auß der nachbarschafft
getragen werde, in sonderheit aber mit fleiß darauf ach-
tung geben, wohin und von wem eines oder ander
aufgetragen, und da jemand so unbekandt darunter
befunden, denselben darüber befragen, und
da er keinen richtigen bescheid geben würde, sol-
len getrewe nachbarn was er träget von ihm
ab- und in ihr gewahrsam nemen und hernacher dem-
jenigen welchem es zustehet wieder auhantworten.

Da auch jemand dessen etwas so also bey 52
entstandener fewersnoht von ihnen den brand- CLXXIV,41
beschedigten selbst oder andern außgetragen
und vor dem fewer errettet, heimlich hinterhalten
und deme es gehöret folgends nicht wieder zustel-
len würde, sol solches nach verwärckung als ein diebstal
gestraffet werden.

Verbieten hiemit auch sonsten alles stelen und wollen, 53
da sich dessen jemand bey entstandener fewers- CLXXIV,42
noht unternehmen und auff fünff ducaten[6] wehrt
entwenden würde, daß derselbe wann es erfahren
mit dem stränge vom leben zum tode gebracht, oder
da der diebstal geringer, mit ruthen außgestrichen oder
anderer willkührlichen ernsten straff nach be-
findung beleget werden solle.

Wer aber so böß und vergessen seyn und die ledern 54
einer[7] zerschneiden oder stelen würde, derselbe sol nach CLXXIV,43
befindung auch wohl an leib und leben gestraffet
werden.

Ferner so befehlen wir auch hiemit und wollen, daß 55
diejenige bürgere so unterwarts der gassen woselbst CLXXIV,44
das fewer entstanden wohnen, wie auch sonsten
andere in der nähe herumb an den orten wo
das wasser auff den gassen aufgefangen und
gefüllet werden kan, durch die jährige mist in
die gasse tragen und mit behnefligen brettern, holtz

---

1) 1590 dem bruchcamerer. 2) Ausgelassen mit jrer wehre. 3) 1590 nach alter hergebrachter gewonheit.
4) Ausgelassen gülder vnd. 5) Ausgelassen in oder. 6) 1590 gültgülden. 7) Ausgelassen wie vormals
aber geschehen.

und steinen däume machen lassen sollen[1] auch darauff achtung geben daß dieselbige bey noch währender fewersbrunst und gefahr nicht zergehen sondern soviel müglich gebessert und erhalten werden mögen, damit das zulauffende wasser davor behalten und man dasselbe allda füllen könne.

56 Ebener massen alsdann auch hoch nötig und wollen wir demnach, daß alle diejenige bürgere und sonderlich in der nachbarschafft daselbst herumb so etwa röhr- oder schöpfbrunnen in ihren häusern oder höfen haben oder auch am fliessenden wasser wohnen, dasselbe schöpfen, auffgiessen und in die gassen fliessen lassen, auch vor ihren haußthüren und in ihren häusern in kueffen, fässern, trögen und dergleichen wasser fangen und stehen haben sollen, damit[2] auff den nohtfall wegen fernerer anzündung man solches alsbalden zur hand haben möge.

57 Viertzig unser bürger so zunähest jedem thore wohnen, sollen sich alsbalden wann mit dem glockenschlagen, schiessen und blasen gestürmbt wird oder da sie sonsten bey tages oder nachtes etwas erfahren ehe noch gestärmet wirdet, vor dasselbe thor finden, die schlagbäume und ketten da sie fürbero gehen, wie auch die thore zumachen und hernach auff den schlagbaum so allernechst am thor ist, ihr gewehr[3] legen und darbey verbleiben. Alsdann sol der jüngste hauptman in derselben beurschaft sich dahin[4] finden und auß solchen bürgern zwantzig, so aufs beste bewehret[5], daselbst vor dem thore bey sich behalten, den andern aber nach dem marckte zu gehen befehlen.

(CLXXIV, 45)

58 Zwantzig bürger so demjenigen[6] bürgermeister welcher zum fewer reiten muß am nechsten wohnen, sollen alsdann ungesäumet sich vor demselben thür finden, allda dann auch der eltiste hauptman derselben beurschaft in welcher das fewer entstanden erscheinen, auß den zwantzig bürgern zehen auffnehmen, und nebest

(CLXXIV, 46)

denselben bey dem bürgermeister von anfang biß zum ende bleiben und auff denselben mit fleiß achtung geben sollen, die übrigen zehen bürger aber alsbalden nach dem marckte gehen.

59 Die übrigen hauptleute und bürger aber[7] welche nicht nahe bey dem entstandenen fewer wohnen, auch nicht vor die thor oder auff den bürgermeister zu warten bescheiden, sollen unauffbleiblich und ungesäumet mit ihrem besten gewehr nach dem rahthouse in einem jeden weichbilde wohin ein jeder gehöret sich verfügen und alsda des regierenden bürgermeisters befehlich erworten und demselben sich gemeß verhalten, bey vermeidung unser ernsten straffe.[8]

(CLXXIV, 47)

60 Was nun diffuls also wegen unser bürgerschafft und wie sich dieselbe zeit entstandener fewersnoht zu verhalten geordnet, wollen wir also verstanden haben, daß damit alle zimmerleute, steindecker, mäurer und leimentirer[9] nicht gemeint, sondern dieselbe sampt ihren gesellen und mit behuefflichen instrumenten alsbalden zum fewer eilen und mit durchschlagen, einreissen und andern nohtwendigkeiten das ihrige getreulich thun und also bestes fleisses das fewer leschen helffen sollen. Gestalt dann nicht alleine diese sondern auch die schmiede- und alle andere handwercksgesellen, lehrjungen, brawerknechte und dergleichen so sich dero zeit allhie befinden werden, schuldig und verpflichtet seyn sollen bey entstandener fewersbrunst unsäumlich zu erscheinen und retten zu helffen, dero behueff ihnen dann nötig seyn wil sich an die örter woselbst fewerleitern, eimer und dergleichen gereitschafft vorhanden, alsbalden zu verfügen und was sie tragen oder auff wegen forthbringen können mit sich zu nehmen und zum fewer zu eilen.

(CLXXIV, 47)

61 Wann aber kein fewer sondern sonst ein lermen oder tumult[10] entstände, sollen die zimmerleute, mäurer,

(CLXXIV, 47)

---

1) *Hier erst folgte* 1590 damit des wasser etc. müge auffgefangen vnd gehalten werden. Dann: Es sol aber von solchem nachbarn jammer einer bey den geschlagenen deumen verharren vnd etc. 2) damit *fehlt.* 3) 1590 pre röhre oder büchsen. 4) 1590 vor das thor aldu er die tagewacht mit zu halten schüldig. 5) *Ausgelassen* ausleten vnd dieselben. 6) *Im Orig.* demjenigen. 7) 1590 Vnser bestalter knechtischer hauptman aber sampt den übrigen heupleuten vnd bürgern. 8) 1590 bey dero im stadtrechten verordneter poen. 9) *Ausgelassen* badstober auch zimmer vnd schmiedeknechte. 10) *Ausgelassen* oder meuterey.

steindecker 'und leimentirer ¹ gleich andern ihren nachbarn undern bürgern ungesäumet mit ihrem gewehr auff dem marckte vor dem rahthause sich finden lassen.²

62 **Es** sollen auch die nachbarn so in, vor oder hinter
CLXXIV.⁴⁰der gasse wohnen wo das fewer entstanden, gleicher gestalt an ort und enden wie oben erwehnet zu erscheinen verschonet, dagegen aber schuldig seyn ungesäumet sich zu dem fewer zu begeben und retten zu helffen, wie dann auch die befreundte desjenigen welchem der brandtschaden begegnet, mit wissen und willen ihres regierenden bürgermeisters demselben zu hülff kommen und das seine aussbringen helffen mügen.

63 **N**iemand aber sol seine frembde gäste, kinder oder wei-
CLXXIV.⁴¹besvolck so kein hülff thun können noch wollen, zu dero zeit wann das sturmschlagen, schiessen oder blasen gehöret wirdet dass das fewers vohr oder sonsten etwas gefährliches verhanden, auß seinem hause auff die gassen gehen oder lauffen lassen sondern vielmehr dahin vermahnen und halten dass sie daheim verbleiben, beten und gott den allmächtigen umb gnädige abwendung der eräugten gefahr inniglich anruffen müssen. Gestalt dann, da jemandten deroselben auff den gassen oder sonsten wo er nicht bescheiden, etwas wiederführe, wir darüber keine klage hören noch richten wollen.

64 **Vnd** damit nun ein jeglicher bürger ² stets wissen
CLXXIV.⁴⁶müge an welchem ort er in solchen nohtfällen neben seinem nachbarn in dero bauerschafft worinnen er wohnet erscheinen solle, man auch desto besser welche ungehorsamlich aussenbleiben erfahren und dieselbe darumb gestraffet werden mügen, setzen, ordnen und wollen wir, daß nach wie vor

in der Altenstadt

st. Ulrichs beurschafft vor dem kliphause,

die Michaelithors beurschafft auff dem Altenstadtmarckte am kirchhofe zu die höchen stehen,

die in der Hegeathors beurschafft auff dem marckte vor dem rahthause,

die Peterithors beurschafft auff dem marckte vor der Breitenstrassen ⁴,

im weichbild Hagen

die Wendethors beurschafft auff dem Hagenmarckte vor dem wandthause nach der Wendestrassen,

die Vallerschlebischen thors beurschafft auff dem marckte vor den brodscharn,

die Steinthors beurschafft vor dem rahthause nach dem Bolwege hin⁵,

in der Newstadt

die Langenstrasser beurschafft an dem rahthause daselbst vor der küchen,

die Reichenstrasser beurschafft vor dem rahthause daselbst,

die Hagenbrücker beurschafft auch daselbst,

im weichbild Altenwiek

die Aegidienthors beurschafft auff dem marckte daselbst vor dem rahthause nach dem thor hin,

die st. Magnithors beurschafft auff dem marckte vor dem rahthause nach der möhlen hin,

im weichbild Sack

die Schuhstrasser beurschafft vor dem rahthause daselbst bey dem brunnen,

die Kannengiesserstrassen beurschafft auff der andern seiten des rahthauses nach dem marstall hin sich finden lassen sollen.

Diejenige bürger aber so auff dem Bruche wohnen, 65
sollen alsbalden wann sie das sturmschlagen, schie- CLXXIV.³⁰
ssen oder blasen hören oder wann sie ohne das und vorhero dergleichen vnheil vernehmen werden, auff den Bruchwall sich verfügen und mit fleiß achtung geben ob man sich ausserhalb der stadt etwas zu befahren habe, und da sie etwas vernehmen sofort⁶ dem regierenden bürgermeister zu weichbild solches anmelden lassen, damit man die nohtturfft dagegen zu bedencken haben müge. Vernehmen sie aber nichts und wäre bey tage, sollen sie nebest anderen bürgern auff dem marckte zusammen zu kommen schuldig seyn.

Wann sich aber bey tage ein fewer eräugnen oder 66
sonst mit den glocken, schiessen und blasen CLXXIV.⁴²
gestürmt und ein gefährlicher tumult erreget und ge-

---

1) *Ausgelassen* badstüber vnd andere. 2) *Ausgelassen* bey vermeidung vnserer ernsten straffe. 3) *Ausgelassen* nicht also zerstrewet für die rathäuser lauffen dürffe, sondern. 4) 1590 vor der Breitenstrasse zu uchrancke. 5) 1590 vor dem kliphause. 6) *Ausgelassen* durch eine oder zwo personen.

78

schrey gemachet würde, soll der thorwärt[1] alsbalden zum thor hinauß gehen, daßelbe hinter ihm zumachen lassen und die schlagbäum daraussen verschliessen, und wann alsdann vernommen daß keine gefahr vorhanden, sol er wieder in die thor gelassen und nichte minder biß auff unsern befehlich die thor verschlossen gehalten werden, ein jeglicher aber dem die schlüssel zum thor befohlen, sol alsbalden nach dem thor eylen und daßelbige verschliessen.

67 Und auff solchen fall wann bey tage etwas
CLXXIV,53 entstünde, sol sich ein jeglicher allenthalben alsdann gleich also verhalten wie vor, wann bey nacht fewer auffkäme und mit glockenschlagen, schiessen, blasen oder sonsten ein geschrey erhoben würde, verordnet.

68 Würde aber in den vorstädten vor den thoren, auff dem
CLXXIV,54 Rennelberge oder Steinwege, bey nacht oder tage ein fewer entstehen, wollen wir nach gelegenheit zum fewer zu verordenen wissen. Aber unserer bürger, handwerckssgesellen oder jemand anders sol sich keiner ohn unser vorwis-

sen zum fewer hinauß begeben, wie dann auch auff solchen fall, die thore[2], wo es nicht allbereit und vorhin geschehen, alsbalden verschlossen werden sollen.

Und gebieten demnach hierauff allen und jeden unsern 69 bürgern, einwohnern und verwandten, auch handwercks- CLXXIV,55 gesellen und allen die sich bey uns enthalten ernstlich und wollen, daß ein jeglicher in vorfallender nolt dieser unser ordnung, wie die einen jeden unterschiedlich betreffen thut, auffrichtig, getrew- und gehorsamlich nachkommen[3] solle, bey vermeidung unser ernsten straffe.

Wir behalten uns aber hiemit außdrücklich bevor diese 70 unsere ordnung inkünfftige nach gelegenheit zu endern, CLXXIV,56 zu verbessern, zu mindern oder zu mehren. Inmittelst dieses also auß obrigkeitlicher und väterlicher vorsorge zu mänigliches nachrichtung in offenen druck geben wollen. Signatum auff unserm Newstadtrahthause am sechsten Augusti des ein tausend sechs hundert siebenundviertzigsten jahrs.

CXCV. AHME- UND SACKORDNUNG.

1647 Dec. 16.

Laut eines Edicts vom 5. Juli 1625 war die Unrechtfertigkeit eingerissen, Malz und Harthorn in unmässig grossen Säcken zur Mühle zu schicken. In Erwägung, dass dadurch die Gewissen beschwert würden, auch ehrliche Brauer an ihrer Nahrung und gemeine Stadt an der Mühlenaccise Abbruch litten, hatten die drei Stände damals beschlossen, dass die Säcke für Mummen- und Weissbiermalz nicht mehr als 12½, die Halbscheffelsäcke für Harthorn 5 gestrichene Hümpten fassen, auf diesen Inhalt nach dem Gemäss in der Jacobskirche (vgl. CLXXVII, 1 S. 546) geahmt und dann mit dem Löwen gezeichnet werden sollten, und zwar bis Ende des Jahres vier Malz- und zwei andere Säcke für jeden Bürger auf öffentliche Kosten. Ungezeichnete Säcke sollten fortan auf den Mühlen nicht mehr angenommen werden; solche dorthin zu bringen, wurde den Karrenführern bei Strafe der Verfestung untersagt. -- Diesen schlecht beobachteten Verfügungen schloss sich nunmehr die nachfolgende, 1647 bei Andreas Duncker in Braunschweig gedruckte Ordnung an: 4 ungezählte Bll. in 4°, im Titel, welcher von Linien und Friesen eingefasst ist, der bekannte Löwenstempel (vgl. die Vorbemerkungen zu No. CLXXVIII), zum Schluss eine Vignette.

---

1) 1590 thorhüter. 2) Im Orig. wie 1586, 1590 und 1626 thoren. 3) Ausgelassen und sich aus keinerley vrsache, sie sey dann erheblich, ... darvon abhalten lassen.

Eines e. raths dero stadt Braunschweig edict und ordnung, das korn- und maltzsacken in die mühlen betreffend.

Wir burgermeistere und rath der stadt Braunschweig machen uns keinen zweiffel, es werde unserer ehrlichen bürgerschafft mehr denn zu viel bekandt seyn, in was grosse schuldenlast diese stadt wegen der hiebevor kurtz nach einander außgestandenen beyden harten belagerungen und darauff erfolgeten allgemeinen beschwerungen vertiefft, und das wir dahero aus hochtringender noth, zu errettung des edlen höchstnotwendigen credits und erhaltung gemeiner stadt und eines jeden einwohnenden bürgers wolfarth allerhand dienliche mittel vor dieser zeit herfürzusuchen und in sonderheit dieselbe auch durch verhöhung des mühlenpfenniges ins werck zu richten verursachet worden.

Ob wir nun wol solches desto füglicher zur practic zu bringen zu unterschiedlichen mahlen wie es des mahlwercks halber in den mühlen zu halten und wie viel ein jedweder zur mühlen zu sacken befugt seyn solle verordnet und uns daneben die gäntzliche hoffnung gemachet es würde jedermänniglich sothaner wolgemeinten ordnung aus liebe zum vaterlandt sich gemäß bezeiget, derselben in allen dingen nachgelebet und was zu beförderung des gemeinen bestens erdacht gern mit fortgesetzet haben, so hat doch die tägliche erfahrung und der augenschein bezeuget, daß daroselben in allen puncten mit dem bißhero übermässigen ungebührlichen[1] sacken zuwider gelebet und dardurch gemeiner stadt aerario ein merckliches entzogen worden.

Demnach wir aber diesem unrechtmessigen[2] und mit gemeiner stadt übergrossem schaden verknüpfften[3] beginnen so ein zeithero des sackens halber eingerissen, länger nicht zusehen können noch wollen, besonderu ample halber verbunden seyn so viel an uns ist allem unrath vorzukommen und demselben mächtiglich zu stewren und zu wehren, so haben wir uns nach

reiffer sorgfältiger berathschlagung abereins nachgesatzter ordnung, wornach sich ein jedweder, er sey brawer, becker oder jemand anders, im sacken verhalten solle, einmütiglich verglichen, dieselbe auch zu jedermans notiz diesem unserm edicto einverleiben, auch in den druck verfertigen und öffentlich an die rathhäuser und mühlen affigiren lassen wollen.

Diesem nach ordenen und setzen wir, daß ins[1] gemein alle und jede säcke so man zur mühlen mit maltz oder korn senden wil, wie seyn bereit geahmet oder nicht geahmet, auffs newe mit dem hierzu sönderlich verordneten[4] löwen gezeichnet werden und damit die vorhin beschebene ahmung abgeschaffet seyn solle.

Die ahmung aber sol in specie also eingerichtet werden:[5]

1. Ein maltzsack welchen ein mummenbrawer zur mühlen senden wil, sol geahmet werden mit 13 gestrichenen himbten rogken.

2. Ein maltzsack welchen ein weißbrawer zur mühlen senden wil, sol ebenmässig mit dreyzehen himbten gestrichenen rogken geahmet werden. Weil aber dem weißbrawer vergünstiget ist wegen des begiessens auff einen sack zwey himbten maltz voraus zu nehmen, so sol dazu ein absonderlicher sack auff 2, 4, 6 und 8 himbten rogken geahmet werden.

3. Ein halbscheffelsack welchen ein becker oder jemand anders mit weitzen in die mühlen senden wil, sol mit sechs himbten und einem vierfaß gestrichenen rogkens geahmet werden.

4. Ein halbscheffelsack welcher in die mühlen mit rogken oder gersten gesand wird, sol mit fünff himbten gestrichenen rogken geahmet werden.

Und damit sich niemand der unkosten halber[3] so diese angeordnete ahmung erfodern wird, zu beschweren haben möge, wollen wir zum anfang

---

1) Im Orig. übermässigen ungebührlichem. 2) Im Orig. unrechtmessigem. 3) Im Orig. verknüpftem. 4) Im Orig. verordnetem. 5) § 2 ist im Orig. durch grössere Schrift hervorgehoben.

78*

und zwar von dato dieses edicti an zu rechnen die darauff folgende sechs wochen über, denselben unsern bestalten ahmern erstatten. Nach verflossenen sechs wochen aber sol ein jeder seine säcke auff seinen eygenen vnkosten, wie vor diesem gebräuchlich gewesen, ahmen lassen.

4 Es sol aber ein jeglicher der die säcke ahmen lassen wil, ermahnet seyn dieselbe gantz trucken und ohnbefeuchtet wie auch ohneingenehet und ohneingeschlagen unsern bestalten ahmern zuzusenden. Denn [1] wofern ein anders befunden wird, sind sie befehliget die eingeschlagene säcke zurückzuweisen, die nassen säcke aber so lang liegen oder hangen zu lassen biß die außgetrucknet seyn, und alßdan allererst zu ahmen, und sol sie deßwegen niemand zur ungebühr und mit unnützen worten anfahren.

5 Wan dan die ahmung vorberührter massen also vorgangen, alßdan mag ein jeglicher die säcke mit maltz, weitzen, rogken oder gersten gefüllet zur mühlen schicken. Jedoch sol er sich gleichwol im sacken der messigkeit und bescheidenheit gebrauchen und die zugelassene maase zur ungebüer mit dem unziemblichen pumpen und stopffen zu seinem eigenen vortheil aber zu gemeiner stadt schaden nicht erweitern. Dann wir auff solchen fall die säcke nachmässen und was über die respective zugelassene bimbten gesacket ist wegnehmen lassen wollen, inmassen wir uns solches hiemit per expressum vorbehalten.

6 So sol auch niemandt über die gezeichneten löwen sein maltz oder ander korn gesacket zur mühlen schicken. Dan wo sich jemand solches unterstehen würde, sol alles maltz, auch ander korn was in sothanen zur ungebühr angefülleten [3] säcke vorhanden, gautz und gar uns ohn

anschen der person zur straffe heimbfallen, und wollen wir denselben ohn das nach befindung mit ernster willkührlicher geldstraff zu belegen wissen.

7 Wir gebieten auch unsern bestalten karnführern und müllern in und ausserhalb der stadt über voriges hiemit nochmaln ernstlich und wollen, das sie die mit dem löwen nicht geahmete noch die über dem löwen gefüllete säcke zur mühlen gar nicht fahren noch in die mühlen nehmen sollen, bey verlust jhres diensts und vermeidung ernstlicher straffe, wofern wir ein anders befinden werden. Und weil dieses was der ahmung halber und was dem anhängig, wie vorberührt, zu gemeiner stadt bestem [2], welches ja ein jeglicher einwohnender bürger zu befodern schuldig ist, also angeordnet, so zweiffeln wir nicht, es werde jedermänniglich, es seyn brawere, beckere oder andere so sich unserer mühlen gebrauchen, sich dieser ordnung gemäß bezeigen und derselben gehorsamblich nachkommen. Würde sich aber jemand gelüsten lassen dieselbe in einem oder andern durch allerhand eygennützige practicken löcherlich zu machen, wollen wir denselben also bestraffen daß ein ander davon ein abschew tragen solle. Meinen wir ernstlich und wird sich ein jeder vor schaden, dafür wir trewlich warnen, zu hüten wissen.

8 Wir behalten uns auch bevor diese unsere ordnung jedesmahl wie es gemeiner stadt notturfft und wollfarth erfodern wird zu ändern und zu verbessern.

Uhrkündlich haben wir diese ordnung mit unser stadt signet befestigen lassen. Geschehen den sechzehenden Decembris im jahr nach Christi geburt ein tausend sechs hundert sieben und viertzig.

:) Im Orig. den. 2) Im Orig. angefülletem. 3) Im Orig. besten.

CXCVI. WACHTORDNUNG.

1648 Mai 17.

*Zu Braunschweig gedruckt durch Christoff Friederich Zilligern im jahr Christi 1648: 4 un-
gezählte Bll. in 4°, im Titel die Nachbildung des umkränzten Löwen von 1579 (s. die Vorbemerkung
zu No. CXCIV); der Text auf der Rückseite des Titelblattes unter einem Arabeskenfriese beginnend,
die Paragraphen numeriert, S. 8 eine Schlussvignette. — Die eingangs erwähnte, schon damals seltene
Redaction von 1635 — das Publicationsdecret datirt vom 1. April d. J. — scheint wirklich bis zum
letzten Exemplare verschlissen zu sein; der Wachtordnung von 1626 (No. CLXXXVI) sind nur
einige wenige Bestimmungen entlehnt.*

Eines e. raths dero stadt Braunschweig eruewerte wachtordnung.

Wir bürgermeistere und raht dero stadt Braun-
schweig haben eine zeit hero mit sonderm ver-
druß und mißfallen vernommen, daß die bürger-
wacht in den thören und auff den wällen un-
fleissig und nachlässig versehen worden. Dero-
wegen wir sonderlich bey diesen leider noch im-
mer fortwährenden gefährlichen zeiten eine hohe
notturfft zu seyn erachtet unsere hiebevor in
anno 1635 abgefaste und publicirte wachtord-
nung, nachdem auch fast keine exemplaria mehr
davon vorhanden, wiederumb zur hand zu neh-
men, dieselbe zu revidiren, etwan auch zu ver-
bessern und also von newem zu publiciren, daß
sich ein jeder hiernach zu richten und zu ver-
halten haben solle.

1 **W**ollen demnach erstlich, daß die von unsert-
wegen und anstatt unser jedes mahl zur wacht
verordnete von den andern zur wacht mit be-
stalten bürgern in gebührlichem respect gehal-
ten werden und diese ihnen in allem wie sie
der schild- und scharwachte und sonsten tags
sowol als nachts zu gemeiner stadt besserer ver-
wahrung anordnen vnd befehlen werden, umb
unsert willen gehorsame folge leisten sollen, bey
straff respective der policeyordnung [1] vnd ver-
festung mit der vorsatz.

2 **E**s sollen auch diejenige welche von unsert we-
gen die wacht haben, allemahl [2] wann es ihnen
angekündiget auf des regierenden herrn bür-
germeisters zu weichbild behausung zu ge-
bührlicher zeit das wort oder die lose selbst in per-
son abholen und ihnen solches allerhand hiebey
sonst besorgender [3] gefahr halber nicht verdrie-
ssen oder zuwider seyn lassen.

So wollen wir auch noch über das die wacht 3
zu visitiren wann, so offt und wie wir es nach
gelegenheit der zeit und gefahr für nöthig be-
finden werden, gewisse personen zu verordnen
wissen, die alsdann gleicher gestalt als von uns
hiezu verordnete von der wacht gebührlich sol-
len respectiret werden, bey vorgemelter straffe.

Es soll auch ein jedweder unserer bürger 4
bey tag und nacht in guter bereitschafft seyn und un-
ser oder unser verordneten anordnung allezeit und
sonderlich auff der wacht mit seinem besten ge-
wehr und was dann an kraut, loht und sonsten gehörig,
stündlich gewärtig seyn, bey straff der verfestung.

Des morgens sollen die feldthor eher nicht eröff- 5
net werden, es sey dann die wacht [4] mit guten düch-
tigen langen röhren vorhero vor den thoren beysam-
men verbanden, man sich auch auff den wällen und
feldthürmen vorhero umbgesehen und des zustandes
im felde erkundiget.

Die wacht [5] soll ein jeder bürger [6] welcher dero- 6

---

1) *Welcher Satz der Polizeiordnung hier in Betracht kommen könnte, ist nicht ersichtlich; etwa CLXII, 267?*
2) *Im Orig.* zu haben und allemahl. 3) *Im Orig.* besorgenden. 4) 1626 tagkwachte. 5) 1626 sowol
die tags- alt nachtwachte. 6) *Ausgelassen* er sey arm oder reich.

selben nicht befreyet, wann sie jhm angesaget wirdet selbst in eigener person verrichten[1], bey straff eines vestegülden, als 25 marienge.

7 **W**ann jemand kranckheit oder anderer ehehafften ursachen halber die wacht selbst in eigener person nicht verrichten könte und deßwegen von dem regierenden herrn bürgermeister zu weichbild urlaub erlanget, soll er an seine statt einen andern tüchtigen wehrhafften man und bürger zu rechter zeit auff die wacht schicken, bey straff eines vestegülden.

8 **E**s soll aber niemand durch unwarhafften bericht von dem herrn bürgermeister sothane erlaubnüß expracticiren, bey straff eines gülden so offt solches befunden würde.

9 **W**ann auch jemand also wegen kranckheit oder anderer kundbarer ehehafft, wie vor gedacht, einen mietling, welcher doch, wie auch vorbemeldt, eine tüchtige wehrhaffte person seyn soll, auff die wacht zu schicken benötiget, soll sich derselbe mietling von mehren nicht als von einer person bestellen lassen und geld nehmen und also die wacht verkürtzen, bey straff einer marck.

10 **D**ie vermögsame wittiben so allemahl gleich andern bürgern auff der riege, so wol auch diejenige welche umb das ander mahl die wacht mit halten, sollen keine alte mietlinge auff die wacht schicken sondern allemahl so offt die wacht an sie kompt wehrhaffte männer dahin senden, bey willkührlicher straff.

11 **E**s sol sich auch keiner unternehmen geld in die wacht zu senden, er müge seiner abwesenheit halber übersehen werden, auch die wacht solch geld nicht annehmen. Die aber solches geld einschicken oder annehmen, sol dafür ein jeder nebest verlierung solches geldes einen vestegülden zur straffe geben.

12 **S**o soll auch keiner den andern übersehen damit er hernacher wieder verschonet werde, auch kein vnterschleiff mit dem außtauschen gebraucht werden, sondern ein jeder für sich allemahl wann

jhn die riege trifft die wacht verrichten, bey straff eines vestegülden.

13 **E**s sollen auch die eltern jhre söhne und die gilde- oder handwercksleute jhre lehrjungen, sie seyn denn über achtzehen jahr alt und haben den bürgereyd abgelegt, nicht auff die wacht schicken, bey straff eines vestegülden.

14 **E**s sol auch niemand von der tage- oder nachtwache eher hinweg und zu hause gehen noch die wälle ledig stehen lassen, biß von der nechsten völligen wacht den abend die ablösung geschehen, bey straff eines vestegülden.

15 **D**ero behueff auch keiner von der nechsten wacht zurückbleiben, sondern alle in voller anzahl des winters nachmittage umb vier und des sommers vmb sieben uhren auff der wacht erscheinen, und wer sich zu solcher rechten zeit nicht einstellen wirdet, der wacht fünff groschen zur straff geben.

16 **E**s sollen sich auch die auff der wachte bey tage so wol als nachts alles übermässigen sauffens, spielens, zanckens und schlagens, bey ernster willkürlicher straff, enthalten, wie dann auch derjenige so einige schlägerey angefangen oder dazu ursach gegeben, dafür unnachlässig in zehen gülden straff genommen werden solle. Vielmehr aber sollen sie jhre röhre und andergewehr, und sonderlich auff der schildwacht, auch die thore und schlagbäume wol in acht nehmen, kein herrnlos gesinde oder bettler herein vorstatten, die andere wanderende, reitende oder fahrende leute mit guter bescheidenheit befragen und dieselbe nach befindung einlassen, deren nahmen auffzeichnen und alle abend dem regierenden herrn bürgermeister[2] übergeben.

17 **W**eil auch die wacht auff den junersten thürmen zum allernötigsten, worauff man weit vmb sich sehen und bey zeit die gefahr vermercken kan, als sol von der tagewachta allezeit einer vmb den andern etwa eine stunde hinauff geschicket werden und solche zu gemeiner stadt verwahrung sehr dienliche wacht fleissig verse-

CLXXXVI.4 CLXXXVII.4 CLXXXVI. 6.7.8

---

1) *Ausgelassen* vndt ohn sonderbare erlaubnus etc. etc. 2) *Ausgelassen* zur weichbilde.

hen, und wann er etwas vermercket so der stadt und wacht zu gefahr oder ungelegenheit gereichen möchte, solches alsbald durch ein zeichen der unterwacht kund thun, damit sie sich ins gewehr stellen und was sonsten der notturfft nach und zu abwendung der gefahr dienlich bey zeiten in acht nehmen mögen.

18 **O**bwol auch bey der tagewacht die bürger des mittages zum essen nach hause zu gehen pflegen, sol doch solches nicht zugleich in grosser anzahl geschehen sondern jedesmahl nur ein oder zwey personen, sich auch über eine halbe stunde nicht verweilen sondern bald wiederumb zur wacht sich einstellen, damit die andern auch zum essen abgehen können. Und da jemands über eine stunde hinweg wäre, sol derselbe der wacht drey groschen zu geben verfallen seyn, bliebe er aber länger aussen, umb einen vestegülden gestraffet werden. Da aber gefahr verhanden und es für nötig befunden würde, sol keiner von der wacht hinweg gehen sondern was er aus seinem hause oder sonst begeret sich bringen lassen.

19 **E**s sol auch ein jeder auff der wacht die wälle, wachtstuben, auch sonderlich was zu den grossen stücken und geschütz gehörig und anders zu verderben sich nicht allein für seine person, bey ernster willkürlicher straff, enthalten sondern auch mit fleiß dahin sehen daß es von andern ebener massen nicht geschehen möge.

Weiln auch die auff der wacht im gebrauch 20 haben daß von jedem fuder holtz so herein gefahren wird die bawren und fuhrleute nach gelegenheit jhnen ein stück zur fewrung abwerffen, so sollen sie auch mit dem was jhnen also in güte abgeworffen zufrieden seyn, auch keiner solches zu seinem eigenen nutze gebrauchen oder mit zu hause nehmen oder schicken, sondern dasselbe was nit alsobalden verbrauchet wirdet an einen gewissen zur wachtstuben gehörigen ort zu künfftiger nothwendigen winterssewrung zu behueff der wacht beylegen und behalten.

Schließlich da jemand wider einen oder mehr 21 obgesetzten articul handeln würde, sol er[1] die dabey gesetzte straff alsbalden denselben oder nachfolgenden tag dem regierenden brüchecämmerer zu weichbilde zustellen oder in verbleibung dessen ohn fernere verhör den nechsten vntergerichtstag aus der stadt verfestet werden.

Und thun wir bürgermeister und raht obgemeldt diese unsere zu gemeiner stadt besseren verwahrung wolgemeynte jetzo nochmahn ernewerte wachtordnung hinfüro und jedes mahl nach befindung zu ändern, zu mehren und zu verbessern uns hiemit außdrücklich vorbehalten. Immittelst ein jeder nach dieser sich solle zu richten und wir darüber ernstlich wollen gehalten haben.

Signatum auff unserm Newstadt rahthause den 17. Maij anno 1648.

CXCVII. BEGRÄBNISSORDNUNG.

1650 Juli 26.

Entgegen dem alten, auch im Echtedinge von 1532 wiederholten Gebot, Todte binnen der nächsten vierundzwanzig Stunden nach dem Absterben zu bestatten (CXXXIX, 63 S. 332), war allmählig die Hinaussetzung der Leichenbegängnisse auf den zweiten, ja bis in den dritten Tag Sitte geworden. Hiergegen einzuschreiten musste namentlich geboten erscheinen, so oft die „geschwinde Seuche der Pestilenz" drohte, da der herrschenden Meinung zufolge durch solchen Aufschub „der anklebern (?ift gehäufet und gemehret" ward. So befahl ein Edict vom 29. Juli 1597, in Zukunft bei Pön einer Mark Verstorbene aus dem Gesinde innerhalb zweier, Hauswirthe, Hausmütter und Kinder innerhalb dreier „Zwölfen" zu beerdigen. Zugleich, um den eingerissenen Uebertheuerungen zu begegnen, wurde damals der Lohn des Todtengräbers festgesetzt. Vermögende Leute sollten für eine Kinder-

---

1) er fehlt.

leiche, je nachdem selbige von Einem, Zweien oder Vieren getragen würde, 6, 8 und 12 Groschen, von der Leiche eines Hauswirths oder einer Hausmutter in tannenem Sarge einen halben, wenn das Grab in der Kirche, einen ganzen Thaler zahlen; Unvermögende für eine Kinderleiche bei einem Träger 4, bei zweien 6, bei vieren 8 Groschen, für die Leiche eines Hauswirths oder einer Hausmutter im ellern Sarge 12 Groschen. Ausserdem sollte für die Todtenkarre von der kleinen Leiche 1 Grosche, von der grossen 2 entrichtet werden. Butter und Brot zu heischen wurde dem Todtengräber untersagt. Desgleichen den Beginen, von den Leidtragenden eine gewisse Anzahl Weissbröte als Pflichtgabe zu fordern: vielmehr sollten sie abwarten, was fromme Christen durch ihre Diener in die Spitäler schicken und um Gottes willen verehren möchten. Endlich wurde auch die Neuerung abgeschafft, während des Grabgeläutes etzliche ronen (?) hier auf die Thürme zu senden, wie dies die Opferleute beanspruchten. — Die Leichen höchstens drei „Zwölffen" über der Erde zu lassen, schärfte unter Berufung auf die Gefahren der Ansteckung nochmals ein Edict vom 21. Juli 1624 ein; 1625 Febr. 15 kam aus dem nämlichen Grunde das Verbot der Gastereien bei Leichenbegängnissen hinzu: bei Strafe zweier Mark für jeden Tisch, ausgenommen zwei, drei oder vier der nächsten Freunde und Verwandten. Beide Verfügungen wurden dann unterm 5. Juli 1626 wörtlich wiederholt. — Auf diese Vorläufer nimmt die hier folgende Ordnung Bezug, die deren Inhalt zum grössten Theil und wesentlich unverändert in sich aufgenommen hat, daneben aber auch mehrere neue Vorschriften hinzufügt und — 8 ungezählte Bll. in 4°, im Titel die Nachbildung des unkränzten Löwen von 1579 (vgl. die Vorbemerkung zu No. CXCIV) — 1650 zu Braunschweig bei Christoph Friederich Zilliger gedruckt wurde.

Eines e. rahts dero stadt Braunschweig begräbnüßordnung.

Wir bürgermeistere und raht dero stadt Braunschweig haben nuhn etliche jahr hero mit sonderm verdruß und mißfallen gesehen und erfahren, wie auch bey den begräbnüssen alhie allerhand mißbräuch und unordnungen eingerissen, dero ursachen wir auch vor diesem albereit durch ein sonderbares decretum solchen übel vorbawen und stewren wollen. Weil aber nichts minder eines und ander je mehr und mehr fast überhand genommen, als haben wir die notturfft zu seyn erachtet, tragenden obrigkeitlichen ampts halber durch ein in offenem druck publicirtes edict, hierinnen gewisse ordnung zu machen, die mißbräuch und ungebühr abzuschaffen und darüber vnnachlässig zu halten, und thun demnach hiemit allen und jeden unsern bürgern, bürgerinnen, angehörigen und sonst männiglichen so umb unsert willen billig thun und lassen sollen ernstlich gebieten und wollen, daß ein jedweder seines theils bey den begräbnüssen dieser

unser ordnung in allen puncten sich gemeß bezeigen und verhalten solle.

Anfänglich und zum ersten sol ein jedweder 1 mit dem begräbnüß der seinigen fürderlichster müglichkeit verfahren. Und in sonderheit lassen wir es bey dem in anno 1597 den 12. Julii[1] publicirten[2] edicto dergestalt bewenden, daß nemlich in pestzeiten, die jedoch der allmächtige gott in gnaden abwenden und verhüten wolle, unsere bürger und bürgerinnen jhr gesinde so an dieser seuche sterben, innerhalb vier und zwanzig stunden von zeit jhres abschieds, haußväter, hausmütter vnd deren kinder aber die überlebende denen solches gebühret innerhalb sechs vnd dreissig stunden von zeit jhret hinfahrt zur erden bestatten lassen sollen, bey straff zehen gülden.

Zum andern so wollen wir, daß solches auch 2 also gehalten werden solle zu denen zeiten wan nach gottes gerechtem willen die rohte ruhr

---

1) *Vielmehr den 29. Juli: vgl. die Vorbemerkungen.*   2) *Im Orig. publicirtem.*

oder andere dergleichen anklebende gifftige seu-
chen grassiren und die leute davon hinsterben.

3 Zum dritten: ausserhalh solcher pestzeiten oder
da dergleichen anklebende gifftige seuchen alhie
nicht grassiren, sol ein jeder sein gesinde, wan
deren eines verstorben, nicht über sechs vnd
dreissig stunden, wan aber haußväter, mütter
oder kinder versterben, sollen dieselbe von den
jhrigen denen es gebühret nicht über drey tage
von zeit jhres absterbens unbegraben gelassen
werden, bey gleichmässiger straff, es were dan
daß erhebliche ursachen einfielen warumb sol-
ches innerhalb den dreyen tagen nicht gesche-
hen köute, uns dieselbe alsdan vorgebracht, der
gebühr bescheiniget und wir darein nach be-
findung außdrücklich consentiren und verwilligen
würden.

4 Zum vierdten: auff welche zeit und stunde nuhn
ein jedweder die seinigen wil zur erden bestät-
ten lassen, dieselbe sol von den weibern so zum
begräbnuß bitten eigentlich vermeldet und nicht
etwa eine halbe stunde oder mehr früher be-
nant werden, damit diejenige leute so der leich
zu folgen gewilliget mit vergeblichem auffwarten
und versäumnuß des jhrigen zur vngebühr nicht
auffgehalten werden mügen. Und sol alsdan
auch auff dieselbe zeit und glockenschlag sofort
in puncto mit dem geleut angefangen und da-
mit keines weges verzogen werden, bey straf
drey gülden womit wir deßwegen den aedituum
oder opfferman, daß er die pulsanten oder läu-
tere nicht eher bestellet oder bessere versehung
gethan, unnachlässig wollen belegen lassen.

5 Zum fünfften sollen alsdan auch und sofort man
anfängt zu leuten, der da kein geleut ange-
ordnet, wan der uhrglockenschlag worauff die
begräbnuß bestellet gehöret wirdet, die praecep-
tores mit den schülern auß der schulen nach
dem hause woselbst die leiche vorhanden unge-
säumpt sich verfügen, wie wir uns zu jhnen al-
lerseits gehorsamlicher folge versehen, damit an-
derer ernsten verordnung nicht von nöhten seyn
müge.

6 Zum sechsten wollen wir, daß alsdan auch wan
die schüler vor das hauß kommen, man densel-

ben vnverzüglich das geld geben und sie damit
keines weges auffhalten solle, bey straff sechs
gülden. Und wan nuhn solches geschehen, sol
der cantor sofort zu singen anfangen und sampt
andern seinen collegis und den schülern fort-
gehen, massen wir solches also gehabt haben
wollen und sie hierinnen niemands auffhalten
solle in keinerley weise noch wege, bey straff
drey gülden.

7 Zum siebenden sollen auch die rectores und
andere praeceptores bey den schülern vornehmb-
lich in obern classibus die ernste versehung
thun, daß dieselbe bey empfahung des geldes
sich bescheidentlich verhalten und mit dem was
jhnen gereichet wirdet ohn einige sper- und ver-
weigerung begnügen lassen und deßwegen kein
vnwesen anrichten müssen, massen dan solches
nicht allein jhnen selbst schimpfflich sondern
auch diejenige leut so der leiche zu folgen auff-
warten, hiedurch noch mehr über der zeit zur
ungebühr, auch nicht ohn ärgernüß auffgehalten
werden. Im wiedrigen wollen wir es an anderer
ernster verordnung nicht ermangeln lassen.

8 Zum achten: als auch die erfahrung bezeuget
daß wegen dero vor diesem albie gantz unge-
bräuchlichen nuhnmehr aber etzliche zeit hero
unnötiger weise auffgebrachten und offtmahls
ohn geldspildung nicht abgehenden und nurt
zur pracht und hoffahrt angestalten fast läng-
lichen dancksagungsreden in dem trawerhause
die leichfolgere allerseits noch mehr mit merck-
licher versäumbuuß anderer jhrer geschäfft und
angelegenheiten auffgehalten werden: so sollen
auch solche sonderlich angeordnete, allein an
höheren orten und albie bey bürgerstandesper-
sonen vor diesem nicht gebräuchliche, auch un-
nötige sondere dancksagungsreden bey unsern
bürgern und angehörigen hinführo gantzlichen
verbleiben, bey straff drey reichsthaler.

9 Zum neundten sol auch mit dem geleute so
lang und länger nicht continuiret und verfahren
werden, biß die leichfolgere, mans- und frawens-
personen, alle mit einander in der kirchen seyn,
und alsdan sofort mit dem geleut inne gehalten
werden.

79

10 **Z**um zehenden wollen wir auch, daß die pulsanten an demjenigen lohn und gelde welches jhnen bey jeder kirchen hieselbst bißhero von dem glockenleuten gegeben worden, sowohl sommers- als winterszeit sich begnügen lassen und darüber an bier oder sonsten ein mehres nicht foderen sollen, bey straff drey gülden.

11 **Z**um eilfften wollen wir auch unsere bürger, bürgerinnen und andere angehörige hiemit errinnert und ermahnet haben, daß ein jedweder bey vorhabender leichbestattung der seinigen sich gebührender massen seines standes errinnern und demnach mit bestellung des geleuts und gesänge, jhm selbst und unnötige kosten zu ersparen mit zum besten, also verhalten solle, damit gleichwohl ein vnterscheid zwischen hohen und niedrigen, obern und untern standes personen verspüret und gehalten werden müge.

12 **Z**um zwölfften: weil auch ein zeithero der gesäng und schulcollegen gebührnüß halber allerhand vnordnung verspüret worden, in dem daß ein vnterscheid unter den gesängen gemachet und auff jedweder gleichsamb eine sonderbahre taxa gesetzet werden wollen, dahero dan noch eins so viel und wohl mehr als vor diesem bräuchlich gewesen von denjenigen so die begräbnüßkosten außrichten sollen, also verhalten und auch gehoben worden, solches aber keines weges guht zu heissen: so ist demnach unser ernster will und meynung, daß solches hinführo gäntzlich verbleiben und mit nichten geschehen, sondern wan ein funus generale und figurale bestellet, vor der collect dero bißlang gewöhnlichen teutschen gesäng einer, kurtz oder lang, oder auch zween, nachdem viel oder wenig leut zum begräbnüß folgen und biß dieselben alle in der kirchen seyn, nach der collect aber keine lange sondern nur der kurtzen gesäng einer, als Auf meinen lieben gott etc. oder deßgleichen gesungen und damit beschlossen, und dafür in alles ohn einigen vnterscheid der gesäng mehr nicht als drey thaler in die schul gegeben oder auch von den schulcollegen gefodert, und solches also gleich vnd durchgehend in allen weichbilden und in allen dreyen schulen dieser stadt gehalten werden solle.

13 **Z**um dreyzehenden: wan aber ein funus generale und chorale zu bestellen, sollen in die schule den collegen ein gülden und neun groschen, wan aber ein duale oder mit der halben schul, achtzehen groschen, wan aber ein quartale, neun groschen gegeben werden, und sollen dan die aeditui, wan sie wegen der kirchen, für die grabstett, glockengeleut und den pulsanten oder leutern die gebühr einfoderen, zugleich auch was jetztgedachter massen den schulcollegen verordnet mit auffnehmen und dem cantori ohn einigen abzug zustellen und davon das geringste nicht inne behalten sondern sich an dem was jhnen sonst gebühret und sie vor sich zu foderen begnügen lassen, damit dießfals anderer ersten verordnung nicht von nöten seyn müge.

14 **Z**um vierzehenden: als wir auch erfahren, daß etzliche leut gantz eigenes willens und gefallens sich unterstehen jhren abgestorbenen eichene sarck machen und dieselbe darin begraben zu lassen, solches aber alhie nicht herobracht und auch auß erheblichen bewegenden ursachen keines weges zu gestatten, wollen wir solches auch hiemit und daß sich dessen hinführo niemand unternehmen solle verboten haben, bey straff dreyssig reichsthaler so offt solches erfahren würde.

15 **Z**um funffzehenden: als auch ein zeit hero mit den kräntzen, sträussen und creutzen so etwa von den gevattern auff die leich der verstorbenen gegeben oder von denselben gefodert oder auch sonst von den nähisten anverwandten darauff zu legen geschickt und verehret werden, nicht geringer pracht und übermaß getrieben, und viel besser was dergestalt gantz unnötiger weise hierauff an gelde verspildet und mit in die erden verscharret wirdet der lieben armuth zugewendet würde: als wollen wir, daß ein solcher crantz, strauß, creutz oder was es sonst seyn mag, es werde auch gegeben von wem es wolle, auffs höhiste nicht über ein thaler kosten oder werht seyn solle, bey straff zween reichsthaler.

16 **Z**um sechzehenden: den frawen so zum begräb-

nüß bitten, wan jhrer zween und sie die gantze stadt durch in allen weichbilden viel leute zu bitten und zween tage darüber zubringen müssen, sol einer jeden dafür ein halber thaler zu lohn gegeben werden. Im fall aber nicht so viel leute zu bitten, daß es mit einer frawen könne bestellet werden, gleichwohl dieselbe dazu zween tage haben muß, sol auch derselben lohn seyn ein halber thaler, und ausser der mahlzeit, wobey sie nach gehaltenem begräbnüß behalten werden mag, an weissem brodt oder sonsten nichts zu foderen haben.

17 Zum siebenzehenden: wan aber das umbbitten in eines tages zeit und durch eine frawen kan verrichtet werden und gleichwohl ziemblich viel leute zu bitten, sollen deroselben dafür zu lohn gegeben werden zwölff groschen. Da nuhn aber nicht so viel leute an der zahl und dennoch hin und wieder in der stadt zu bitten, daß dazu eines tages zeit gehöre, sollen der bittfrawen dafür neun groschen, wan aber das umbbitten nicht weitläufftig, daß es in einem halben tage oder weniger stunden könne verrichtet werden, dafür sechs und letzten fals vier groschen gegeben werden, und wan jhnen oder jhr zu essen gegeben, sie darüber ein anders oder mehres nicht zu foderen haben.

18 Zum achtzehenden: als auch die erfahrung gegeben, daß auch theils leute über das noch absonderlich durch einen oder zween mit langen mänteln und trawrbinden abgefertigte manspersohnen den abgestorbenen zum begräbnüß pflegen bitten zu lassen, solches aber auch eine gantz unnötige newerung so nuhr bloß zur pracht und geldspildung gereichet, und ohn daß die gilden, handwerck- und amptsgenossen zu der verstorbenen jhrer gilden- und amptsverwandten begräbnüß durch botten citiret und gebeten werden: so wollen wir solches absonderliches umbbitten durch einen oder zween manspersonen bey unsern bürgern und angehörigen auch hinführo gäntzlich eingestellet wissen, bey straff vier thaler.

19 Zum neunzehenden: die todtengräber und deren belohnung betreffend, sollen dieselbe vorerst ins

gemein die gräber tieff gnung machen und dan von vermügsamben leuten
vor ein grab in der kirchen einen thaler,
vor ein grab einer grossen leiche auff dem kirchhoffe achtzehen groschen,
vor ein grab einer leiche so vier persohnen tragen, zwölff groschen,
vor ein grab einer kinderleiche so zween tragen, acht groschen,
vor ein grab einer kinderleiche so einer träget, sechs groschen
und nichts mehr zu lohne foderen.

20 Zum zwanzigsten sollen [sie] von anderen und die in die gemeine begräbnüß begraben werden,
vor ein grab einer grossen leiche auff dem kirchhoff zwölff groschen,
vor ein grab einer leiche so vier personen tragen, acht groschen,
vor ein grab einer kinderleiche so zween tragen, sechs groschen,
vor ein grab einer kinderleiche so einer träget, vier groschen
zu lohn und nichts mehr nehmen oder foderen.

21 Zum ein und zwanzigsten sollen die todtengräber vor eine grosse todtenbahr mit zwey groschen und vor eine kleinere mit ein groschen sich begnügen lassen und über solchen obgesatzten lohn weder an brodt, bier oder sonst etwas foderen, allermassen dan von unsern vorfahren jhnen solche ordnung und lohn albereit in anno 1597 gesetzet, in anno 1609 und anderweit in dero in anno 1623 publicirten taxordnung erholet, wobey wir es dan also annoch ungeendert wollen gelassen haben, und daß die todtengräber sich in allem, bey verlust jhres diensts, hiernach richten vnd verhalten sollen.

22 Zum zwey und zwanzigsten: den bettelvoigt betreffend, wan derselbe bey vornehmen leichbegängnüssen auffzuwarten vnd wegen der bettler auffsehen zu haben und dem muhtwillen des herzulauffenden bübischen gesindleins zu stewren gefodert wirdet, sollen demselben dafür mehr nicht als sechs groschen und kein essen gegeben werden, auch sonst weder an weissem oder rockenbrodte noch anderer speiß oder tranck

79*

etwas mit sich wegnehmen oder mit sich hinweg zu nehmen anfoderung thun, bey verlust seines dienstes.

23 **S**chließlich und zum drey und zwantzigsten so wollen wir auch, daß die gästereyen nach den begräbnüssen auf bewegenden ursachen hinführo gäntzlich eingestellet seyn und ausser den frawen, auch gilden- oder handwercksbotten so zum begräbnüß gebeten, die zur mahlzeit verbleiben mügen, keine andere aber, weder nachbarn oder befreundte, zu gaste eingeladen, behalten oder

genötiget werden und also die gästereyen hinführo gäntzlich abgeschaffet seyn und verbleiben sollen, bey straff zehen reichsthaler.

Meynen wir ernstlich, und wirdet sich ein jed- 24 weder hiernach zu richten und für schaden zu hüten wissen. Wir behalten uns auch bevor diese ordnung erheischender notturfft nach ins künfftig zu endern, zu mehren und zu verbessern.

Signatum auff unser müntzschmiede den 26. Julii anno 1650.

CXCVIII. KLEIDERORDNUNG.

1650 Nov. 26.

Die in den ersten acht Titeln der Luxusgesetze von 1579 (No. CLXIII) enthaltene Kleiderordnung war im Wechsel der Moden veraltet und liess somit der Hoffahrt freien Spielraum, die laut dem S. 630 Note 10 erwähnten Edicte auch bey diesen annoch während nahrlosen schwürigen zeiten und obwohl fast jederman der obliegenden schweren aufgaben halber sich nicht wenig beklaget und hiebey überall der geldmangel vorangesetzet wird, mehr und mehr überhand nahm. So erging denn die nachfolgende neue Kleiderordnung. Der bevorzugte Ehrenstand (§ 1) und die erste Rangklasse (§ 3) sind hier etwas anders abgegränet als 1579, sonst ist die Gruppirung der Stände die nämliche geblieben, im einzelnen hingegen sind von den Vorschriften jenes ältern Statuts nur einige wenige (§§ 4, 20, 21, 25, 31, 40, 41, 44, 57, 63, 80, 87, 89, 102, 121, 122, 123, 124) und auch diese nur in stark veränderter Fassung erhalten; alles Uebrige ist von Grund aus neu. — Gedruckt ist sie zu Braunschweig bei Christoph Friederich Zilliger: 18 ungezählte Bll. in 4°, im Titel der umkränzte Löwe (s. die Vorbemerkung zu No. CLXXXV), die Paragraphen innerhalb jedes Titels besonders numeriert und mit Inhaltsangaben am Rande versehen, welche in dem hier gegebenen Abdrucke weggelassen sind.

Dero stadt Braunschweig kleiderordnung. Von einem e. rahte und rathsgeschwornen[1], auch gildemeistern und hauptleuten berahtschlaget, einträchtiglich bewilliget und angenommen vor sich und wegen der gantzen gemeinen bürgerschafft daselbst, auffm Newstadt rahthause den 26. Novembris anno 1650.

Wir bürgermeistere und rath der stadt Braunschweig hiermit thun kundt und zu wissen, daß wir leyder bishero gesehen und erfahren, was massen eine zeit lang und zumahl auch in denen nechst verflossenen jahren, da gott der herr mit so viel und mancherley schweren plagen und in sonderheit mit der land und städt verderblichen vieljährigen kriegs- und zornruthe das heil. römisch reich

teutscher nation unser geliebtes vaterland so hart geschlagen, daß man jederzeit hohe ursache gehabt nicht allein sich vor gott dem herrn zu demütigen und in säcken und in der aschen wahre erste rewe und busse zu thun, besondern auch anitzo für den durch gottes sonderbare gnade nuhmehr wieder erlangten algemeinen frieden seiner göttlichen allmacht in tieffster de-

---

1) *Ausgelassen* zehenmannen, geschickten.

muth von hertzen zu dancken, noch mit inner-
lich- oder eusserlichem stoltz und übermuth
denselben von newen zu erzürnen und dadurch
newe plagen vnd straffen über uns zu ziehen,
dennoch die hoffart in der kleidung auch in dieser
unser stadt und gemeine ohne vnterscheid eines je-
den standes dergestalt hoch gestiegen und über-
hand genommen daß dadurch gott im himmel unge-
zweifelt noch ferner erzürnet und christliche her-
tzen sehr geärgert, auch vnsere gemeine bürgerschaft
vnd angehörige durch solche unnötige und über-
flüssige kosten und geldspildung in grossen scha-
den und ubgang jhrer zeitlichen wolfahrt und nahrung
gestürtzet werden. Dieweil uns dan tragenden
obrigkeitlichen ampts halber nicht gebühren
wil solchem grossen unrath und üppigkeit
also länger nachzusehen sondern vielmehr dero-
selben so viel jmmer müg- und thuelich mit al-
lem ernste zu steuren, als haben wir zuforderst
gott dem herrn zu ehren und wolgefallen und hernach
unserer gemeine und angehörigen zu nutz und from-
men diese nachfolgende ordnung wegen der zier-
und kleidung mit vnsern gemeinen [1] rathe, rathsgeschwor-
nen [2], gildemeistern und hauptleuten nicht allein mit
allem fleiß und sorgfalt berathschlaget besondern

auch einhellig bewilliget vnd angenommen. Und ist hier-
a uff vnser ernstlicher befehl und wille, daß dieselbe
von allen und jeden [3] bürgern, bürgerinnen, bürgerskin-
dern und bedienten geist- und weltlichen, auch vn-
sern kauff- vnd handwercksgesellen, knechten
vnd mägden welche unserer jurisdiction und botmäs-
sigkeit unterworfen seyn, fest und unverbrüchlich gehalten
und darwider in keinerley weise und wege gehandelt wer-
den solle, bey vermeydung zuförderst göttliches zorns
vnd straffe, hernach auch der bey einem jeden arti-
cul gesetzten geldbusse und anderer fernern wilkühr-
lichen ernsten bestraffung, und zwarten nach
befindung wie und wie offt solche articul über-
treten werden. Seynd auch in der guten hoff-
nung und zuversicht begriffen, es werden sich
auch die frembde so sich der beywohnung und
unsers schutzes allhier gebrauchen, jhrer gebühr
erinnern und mit hoffarth und pracht über jh-
ren stand gottes des gerechten zorn und harte
straffe weder über sich vnd die jhrigen ziehen,
noch mit bösen exempeln hiesige gemeine und
unsere angehörige ärgern vnd zur schädlichen
nachfolge reitzen und veranlassen oder auch im
widrigen zu anderer verordnung uns dießfals ver-
uhrsachen.

I Von kleidung und zierath der herrn bürgermeistere, superintendentis, syndicorum, coadjutoris, doctorn und licentiaten [4] und jhrer aller haußfrawen.

1 Die herrn bürgermeistere, superintendens, des raths
syndici, coadjutor, doctores und licentiaten, wie auch
des kämmerers in engen rathe und jhrer aller
haußfrawen mögen der stadt zu ehren und jhres eh-
renstandes halber wol bessere kleidung und zier-
ath tragen als andere, von welchen in nachfol-
genden classibus und unterscheidung hiesiger

bürgerschafft vnd dieser stadt angehörigen son-
derbahre verordnung geschiehet. [5] Jedoch werden
sie allerseits hierin auch gebührende masse
zu halten und andern nachgesetzten damit kein
ärgerniß zu böser nachfolge zu geben sondern
vielmehr jhnen mit guten exempeln vorzugeben
haben.

II Von unterscheid der hiesigen bürger und bürgerinnen soviel die kleidung und zierath betrifft.

2 Ausserhalb derjenigen deren in vorigem titul
gedacht, werden die andere bürger und bür-
gerinne, jedoch einem jeden und in sonderheit den
frawen und jungfrawen der kleidung, schmucks

---

1) Im Orig. gemeinem. 2) Ausgelassen zehenmannen, geschickten. 3) Ausgelassen vnsern rathsuorwandten.
4) Ausgelassen kämmerer, rathspersonen, zehenmanne, promovierten magistern vnd secretarien. 5) 1579 wurde
an dieser Stelle auch die Kleidung des bevorzugten Ehrenstandes näher bestimmt.

und zierathe halber an ehren und gutem leumuth gantz unverfänglich, umb mehrer und besserer ordnung willen in folgende classes vertheilet und unterschieden.

3 In die erste classem oder ordnung und stand sollen gehören unsere kämmerer, rathsherren, zehenmänne[1] und secretarij[2] wie auch die von den geschlechten[2] nebenst jhren haußfrawen und töchtern.

4 In die andere ordnung und stand werden gesetzet diejenige wie auch deren haußfrawen und kinder deren elteren zu den weissen ringen welche vor diesem die frawen vnd jungfrawen getragen, gehörig gewesen und noch seyn[4], und deren töchtere welche sich in den vorher

CLXIII, 32 gehenden stand nicht verheyratet haben. Und sollen diesen in der kleidung und zierath diejenige bürgere mit jhren haußfrawen und unberathenen kindern gleich geachtet werden und in diese andere ordnung gehören, welche solches vermögens seyn daß sie jhre unberathene kinder mit fünf hundert gülden braunschweigischer wehrung brautschatz oder auch höher ehelich außzustewren oder aber, da sie keine kinder hetten, dennoch sonsten so gutes vermögens wehren daß sie, wan jhnen gott kinder bescheret hette,[5] dieselbe mit fünf hundert gülden außzustewren wol vermöchten.[6]

5 Zu der dritten ordnung oder stande gehören diejenige welche eines zimblichen vermögens seyn und jhre unberathene kinder geringer als mit fünf hundert gülden biß auff zweyhundert gülden einschließlich außzustewren[7] oder sonsten, wan sie gott mit kindern jrgend nicht gesegnet hette, dennoch dieselbe so hoch als itzo gedacht ehelich außzustewren wohl vermöchten.

In den vierdten stand gehören diejenige welche 6 geringer vermögens seyn und jhren unberathenen kindern nicht zweyhundert gülden sondern weniger zum brautschatz mitgeben[8], oder wan sie keine kinder hetten, dennoch so viel auff habenden fall jhnen mitzugeben vermöchten.

Bey welchem[9] gemachten unterscheid aber in 7 den andern ausser denenjenigen welche zu den weissen ringen beweißlich gehören, wie auch im dritten und vierdten stande billich in gebührliche obacht zu nehmen daß sich niemand über sein wahres vermögen erhebe und jrgend umb mehren boffahrts und üppigkeit oder auch umb mehrer hochzeitgäste willen sowol in vorgedachten brantschatz und ehelichen außstewr seiner kinder als auch sonsten in mangel deroselben sich höher halte, noch seinen kindern ein mehrers mitgebe, oder daß dieses also geschehe mit ungrunde und unwahrheit vorwende, und solches sowol zu der ohrigkeit als seinem selbst eigenen betrug in die ehestifftung setzen lasse als sein vermögen ertragen kan. Dan auff solchen verübten fall oder verspürten satsamen argwohn sollen die übertreter auff unser brüchstuben jhr christliches gewissen über den versprochenen brautschatz zu eröffnen gefodert und mit so vielen gedoppelten vorsatzen unnachlässig gestraffet werden so viel hundert gülden mehr versprochen und in die eheberedung gesetzet oder auch nur mündlich vorgebracht worden als sonst in der that und warheit zum brautschatz mitgegeben und von den contrahenten beliebet worden, inmassen wir uns über das vorbehalten solche verbrecher willkührlich und noch höher nach befindung zu bestraffen.

III Was in denen nachfolgenden vier classibus ins gemein vor zierath abgeschafft seyn und nicht getragen werden soll.

8 Erstlieh: soviel das weisse leinenknäppels oder spitzen anriehet, so lassen wir es dessenthal ben bey dem dißfals publicirten edict vom 10. Octobris anno 1649[10] und dem darin gethanen

1) Ausgelassen promoti magistri. 2) Vgl. CLXIII, 2. 3) Vgl. CLXIII, 3 ff. 4) Vgl. CLXIII, 22 ff. 5) Im Orig. wie wiederholt. 6) 1679 das sie sich den weissen ringen gleich verhalten mögen. 7) Vgl. CLXIII die Ueberschrift zu Tit. V. 8) Vgl. CLXIII die Ueberschrift zu Tit. VI. 9) Im Orig. welchem. 10) Eines

ernsten verbot hiermit nochmals und daß sol-
ches ins gemein, keinen aufgenommen, verboten
bleiben solle, allerdings bewenden.

Das güldene und silberne knüppels und gal-
lonen aber sol auch hiermit in allen vier classi-
bus, ausser was denen frawen und jungfrawen
zur zier tit. 4, 5 und 6 im ersten, andern und
dritten stande auff gewisse masse zu tragen er-
laubet ist, abgeschaffet und bey straffe zweyer
biß in fünff reichsthaler hiermit verboten seyn.

Mit dem schwartzen knüppels oder spitzen
sol es nach unterscheid der stände und wie da-
von in den 4. 5. 6. und 7. titul gedacht wird,
gehalten werden.

9 Auch sollen die gehänge oder einhängelse der
frawen und jungfrawen von köstlichen kleinodien
hiermit gäntzlich verboten seyn, bey straffe fünff
reichsthaler.

10 Ferner werden denen die zu den obgedachten
vier classibus oder ständen gehören hiermit zur
zierung zu tragen verboten an[1] golde die ro-
senobel, kronstiffte, die armbänder wie auch die
kleinen güldenen ketten umb den leib und umb
die hände, auch auff den leinen frawenmützen
und in den kragen, bey straffe drey reichsthaler
so offt darwider gehandelt wird.

Denen jungfrawen so unverlobet seyn, werden 11
die güldene ringe an ihren fingern wie auch in
den floren am halse zu tragen hiermit verboten,
bey obbemelter straffe.

Ingleichen werden die hutschnüre von golde 12
oder güldenen krohnstifften oder auch von per-
len gemacht hiermit gäntzlich verboten, bey
straffe sechs reichsthaler.

So sol auch der weisse flor oder cantin zu den 13
frawenflegen wie auch zu denen überschlägen
gäntzlich hiermit abgeschafft und verboten seyn,
bey straffe drey reichsthaler.

Als auch mit sonderbarer displicentz befunden 14
wird daß allerhand frembde, newe und unge-
wöhnliche muster oder modellen in der zierath
vnd kleidung bißhero eingeführet und durch die-
selbe nicht weniger als durch die köstlichen
kleider selbst gott der herr erzürnet und christ-
liche hertzen geärgert worden, als sol hinführo,
weil dieses laster in allen und jeden stücken
so genawe ziel und masse nicht mag gegeben
werden, sich ein jeder in der christlichen erbar-
keit befleissigen und solcher ärgerlichen newen
muster oder modellen enthalten, und solches
bey vermeydung ernster wilkührlicher straffe.

IV   Von zier- vnd kleidung derjenigen welche in den ersten stand gehören.

15 Vnsere kämmerer, rahtsherren, zehenmänne und
secretarij sollen keine glatte oder plüßsammete
kleider tragen, bey straffe drey reichsthaler.

16 Bürger und bürgerssöne welche von denen ge-
schlechten sind, sollen keine kleider von glat-
tem[2] oder plüßsammet tragen, bey straffe sechs
reichsthaler.

17 Ebener massen sollen sie auch keine hüte von

gantzen castoren gebrauchen, sondern wann sie
wollen nur halbe castorhöte jhnen zu tragen er-
laubet seyn, bey straffe drey reichsthaler.

Vor jhren mänteln ist jhnen glatt oder plüß- 18
sammet zu tragen unverboten.

Auch sollen sie nicht mehr denn nur vier 19
schnüre umb den mantel tragen, bey straffe drey
reichsthaler.

e. rahts dero stadt Braunschweig edictum die abschaffung des hoffahrts und in sonderheit des weissen leinen-
knüppels betreffend, 4 Bll in 4°, gedruckt bei Chr. Fr. Zilliger in der bekannten Ausstattung dieses Verlegers.
Der unnötige weder für die hitze noch kälte dienende und also gantz und gar überflüssige weisse leinenknüp-
pels . . . . an kragen, handklappen, schleiern oder hauben, stirntüchern, hembden, mützen und dergleichen . . . auch
vor den küssenbüren und allem andern dergleichen zeuge, wie es nahmen haben mag oder kan, sollte danach
bei Strafe einer Mark bis Advent von Männern und Frauen hohen wie niedern Standes abgeschafft werden.
1) Im Orig. am.   2) Im Orig. glatten.

20 **W**ann eine fraw[1] die von den geschlechten oder
CLXIII, 6 sonst in den ersten stand gehörig ist güldene ket-
ten[2] am halse tragen wil, sollen selbige insge-
sampt nicht über viertzig goldgülden werth seyn, auch
drüber von golde nichts mehr tragen noch ein-
hängen, bey straffe sechs reichsthaler.

21 **W**ann auch eine jungfraw so in diesem er-
CLXIII, 9 sten stand gehörig ist güldene ketten tra-
gen wil, sollen dieselbe nicht über zwantzig gold-
gülden schwer seyn[3], bey straffe drey reichstha-
ler[4]. Geringere güldene ketten aber mag sie wol
einhängen und gebrauchen. Wann sie auch gefreyet
hat, alsdann mag sie sich zieren wie itzo von der
frawen zierung gemeldet ist.

22 **A**uch sollen denen frawen und jungfrawen in
diesem ersten stande umb eine oder beyde hände
zwölf kronen werth gold entweder an gemüntz-
tem[5] golde oder auch an kleinen armbändern,
und nicht drüber, zu tragen erlaubet seyn, bey
straffe drey reichsthaler.

23 **I**n diesem ersten stande mögen auch die jung-
frawen und zwarten nuhr ein vorlegts mit krohn-
stifften zur zier auff den köpffen tragen, jedoch
daß selbige krohnstiffte nicht über zwölf gold-
gülden schwer seyn sollen, bey obgesetzter straffe.

24 **D**ie perlen mögen die frawen und jungfrawen
vgl. in diesem stande, jedoch mit gebührender mas-
CLXIII, 6 sen und dergestalt tragen daß jhnen auff dem
kopffe, umb den halse und händen in allem aus-
ser denen jungfrawkräntzen nicht über acht
loth zu tragen erlaubet seyn solle, und solches
bey vermeidung obbemelter straffe.

25 **I**nmassen der jungfrawen perlenkräntze so sie
CLXIII, 17 in diesem stande tragen wollen, über zuhen[6]
reichsthaler nicht werth seyn sollen, bey straffe zweyer
reichsthaler.[7]

26 **D**enen ehefrawen wird auch der überfluß an
güldenen ringen hiermit verboten, und sollen
sie in diesem stande ausserhalb jhres traurings
mehr nicht als nur vier güldene ringe, darin

auch derselbe welchen etzliche frawen in jhren
fioren am halse haben, mit eingerechnet seyn
sol, tragen, bey vermeydung zweyer reichstha-
ler straffe für jeden ring so darüber getragen
wird.

Denen frawen und jungfrawen in diesem stande 27
sol das silberne knüppels und gallonen zur zier,
jedoch nur auff den köpffen und umb den leib
wie auch auff jhren leibichen mit gebührender
masse, sonst aber und ausser diesem nicht zu
tragen hiemit erlaubet seyn, bey straffe fünff
reichsthaler.

Die mit silber beschlagene messer und messer- 28
scheiden wie auch die schlechte schnürketten vgl.
CLXIII, 15 und silberne hacken oder mallien in den schnür-
leibichen werden in diesem stande zugelassen,
dem frawenvolcke aber das übrige silber an
schnürketten umb den leib und sonsten verbo-
ten, bey straffe zwey reichsthaler so offt dar-
wider gehandelt wird.

Die weissen kragen umb den hals sollen hin- 29
füro und in sonderheit die frawen und jung-
frawen nicht mehr so groß und übermässig ma-
chen lassen sondern hierin gebührende masse
gebrauchen und in diesem stande zu einem kra-
gen nicht über vier ellen schier oder kammer-
tuch nehmen, bey straffe drey reichsthaler.

Die frawen und jungfrawen in diesem stande 30
sollen keine wämmeßen vom glattem[8] plüß oder
verblümtem[?] sammet tragen, bey straffe eines
reichsthalers.

Ingleichen sollen sie keine röcke[9] noch mäntel 31
von atlas oder seidendammast[10] tragen, bey straffe CLXIII, 10
sechs reichsthaler.[11]

Der glatte oder plüßsammet aber ist jhnen vor 32
jhren mänteln zu tragen erlaubet.

Auch sollen sie jhre röcke wie ingleichen auch 33
die mäntel nicht mit mehren als nur mit vier vgl.
schnüren besetzen lassen, bey straffe zwey reichs- CLXIII, 11
thaler für jeden schnur so darüber getragen wird.

1) *Ausgelassen* vnd jungfrawe. 2) *Ausgelassen* vnd gehenge: vgl. *oben* § 9. 3) *Ausgelassen* vnd ein gehenge
das nicht vber zwölff goltgülden werdt: vgl. *oben* § 9. 4) 1579 einer marck. 5) *Im Orig.* gemünteten.
6) 1579 acht. 7) 1579 gülden. 8) *Im Orig.* glatten, verblümten. 9) 1579 ober oder vnterröcke.
10) 1579 *werden ausserdem noch Kamlot und andere Seidenstoffe verboten.* 11) 1579 zweier marck.

34 **Auch** wird jhnen der sammet zu schürtzen zu tragen hiermit verboten, bey straffe zwey reichsthaler. -

35 **Letzlich** wird denen manspersonen als auch denen frawen und jungfrawen in diesem stande das schwartze knöppels oder spitzen auff jhren kleidern, jedoch mit geziemender masse, zu tragen hiermit erlaubet.

V Von zier- und kleidung derjenigen welche in den andern stand gehören.

36 **Die** manspersonen so in diesen andern stand gehören, sollen keine kleider von atlasch, seidendammast, seidenruffen oder andern höhern wahren als nur zum höchsten von sei-len terzanellen oder seiden grobgrün oder was von geringer wahre ist tragen, bey straffe vier reichsthaler.

37 **Ebaner** massen sollen sie keine hüte von gantzen castören gebrauchen, sondern wann sie wollen, nur halbe castorhüts jhnen zu tragen erlaubet seyn. bey straffe dreyer reichsthaler.

38 **Vor** jhren mänteln wird jhnen der glatte und plüßsammet zu tragen hiermit verboten, bey straffe dreyer reichsthaler.

39 **Auch** mögen sie die mäntel nicht mit mehren als nur mit dreyen schnüren besetzen lassen, bey straffe eines reichsthalers für jeden verbotenen schnur.

40 **Wann** eine fraw so in diesen andern stand gehöret güldene ketten an jhrem halse tragen wil, sollen selbige insgesampt nicht über fünff und zwantzig goldgülden schwer seyn [1], und darneben nichts mehr an golde [3] weder am halse noch händen tragen, bey straffe sechs reichsthaler.

(L.XIII, 22)

41 **Eine** jungfraw in diesem stande ehe sie ehelich verlobet ist mag wan sie wil güldene ketten tragen, jedoch nicht über zehen [5] goldgülden schwer, auch über das nichts mehr von golde weder am halse noch händen gebrauchen, bey straffe drey reichsthaler. [4]

42 **So** mögen auch die jungfrawen in diesem stande nur ein vorleggels mit krohnstiften zur zier auff jhren köpffen tragen, jedoch daß selbige krohnstifte nicht über acht goldgülden schwer seyn sollen, bey obberührter straffe.

Die perlen mögen die frawen und jungfrawen 43 in diesem stande auch, jedoch mit geziemender masse und also tragen daß jhnen auff dem kopffe, umb den halß und händen in allem ausser denen jungfrawkräntzen nicht über sechs loth zu tragen erlaubet seyn solle, bey vermeydung obspecificirter straffe.

Immassen der jungfrawen perleukräntze in diesem 44 stande über acht [5] reichsthaler nicht werth seyn sollen, bey straffe zweyer reichsthaler." (L.XIII, 29)

Die ehefrawen in diesem stande sollen ausser- 45 halb jhres trawrings mehr nicht als nur drey güldene ringe, darunter der im halse an den fior gesteckte ring mit begriffen ist, tragen, bey straff zweyer reichsthaler für jeden ring so drüber getragen wird.

So sol auch denen frawen und jungfrawen in 46 diesem stande das gülden und silberne knöppels und gallonen zur zier, jedoch nur auff den köpffen und umb den leib wie auch auff jhren leibichen mit geziemender gebühr, sonsten aber und ausser diesem nicht, zu tragen hiermit vergönstiget seyn, bey straffe vier reichsthaler welche dieses übertreten.

Die mit silber beschlagene messer und messer- 47 scheiden wie auch die schlechte schnürketten und silberne hacken oder mallien an den schnürleibichen werden auch in diesem stande zu tragen verstattet, das übrige silber aber an schnürketten umb den leib und sonsten verboten, bey straffe zweyer reichsthaler so offt darwider gehandelt wird.

Die weissen kragen umb den halß sollen hin- 48 füro und in sonderheit von den frawen und jungfrawen nicht mehr so groß und ungestalt

---

1) *Ausgelassen* ein gebenge das zehen goltgülden werd: *vgl. oben* § 9.   2) 1579 weder von golde noch perlen.   3) 1579 fünffzehen.   4) 1579 einer marck.   5) 1579 sechs.   6) 1579 gülden.

gemacht, sondern hierin geziemende masse gebrauchet werden, und mögen sie zu einem kragen in diesem stande nicht über vier ellen schier- oder kammertuch gebrauchen, bey straffe dreyer reichsthaler.

49 Auch sollen die frawen und jungfrawen dieses standes keine atlaschen oder bessere leibstücke oder wämmeßgen tragen, bey straffe eines reichsthalers. Jedoch mögen sie von atlasch die schnürleibichen wol gebrauchen.

50 Gleicher massen werden denen frawen und jungfrawen die zobeln an den mützen und muffen zu tragen hiermit verboten, bey straffe dreyer reichsthaler.

51 Ingleichen sollen sie keine atlaschene, seidendammastene, seidenruffene oder ander köstlichere röcke noch mäntel als nur zum höchsten von seiden terzenellen oder seiden grobgrün oder was von geringer wahren ist tragen, bey straffe sechs reichsthaler.

52 Denen frawen und jungfrawen dieses standes bleibet auch der glatte plüß- oder kaffsammet vor den mänteln zu tragen unverboten.

53 Ihre röcke mögen sie wie auch die mäntel nicht

mit mehren als nur mit drey schnüren besetzen lassen, bey straffe eines reichsthalers für jeden verbotenen schnur.

54 Keinen atlasch oder seiden dammast sollen sie zu schürtzen tragen, bey straffe zwey reichsthaler.

55 Denen manspersonen wie auch denen frawen und jungfrawen in diesem stande wird das schwartze knöppels oder spitzen auff ihren kleidern, jedoch mit gebührlicher masse und ohne überfluß zu tragen hiermit verstattet.

56 Es werden und sollen sich auch der barren prediger, schulrectorum und correctorum ehefrawen und töchtere mit ihrer tracht und kleidung nach dieser unser ordnung des andern standes richten und sich also bezeigen, damit sie niemand ärgerlich seyn sondern andern bürgersfrawen und kindern ein gut exempel geben.

57 Die manspersonen wie auch frawen und jungfrawen dieses standes sollen sich auch der zier- vnd kleidung welche denen im ersten stande zu tragen verboten ist enthalten, bey vermeydung der dabey gesetzten straffe.

VI Von zier- vnd kleidung derjenigen so in den dritten stand gehören.

58 Die manspersonen dieses standes sollen keine seidene kleider tragen, bey straffe drey reichsthaler.

59 Die halbe castorhüte sollen in diesem stande von niemand getragen werden, bey obbemeldter straffe.

60 Vor ihren mänteln wird ihnen der glatte plüß- oder kaffsammet wie auch atlaß zu tragen verboten, bey straffe zwey reichsthaler. Jedoch wird ihnen dafür der seidendammast wie ingleichen auff den mantelkragen der glatte sammet zugelassen.

61 Auch mögen sie die mäntel nicht mit mehren als nur mit zwey schnüren so nicht zu breit und übermässig seyn sollen, besetzen lassen, bey straffe eines reichsthalers für jeden schnur

der drüber oder gar zu breit in diesem stand getragen wird.

62 Ihnen sollen auch in diesem stande die lange traurmäntel verboten seyn, und wer jrgend einen traurmantel zu tragen gemeinet, sol denselben nicht länger als biß in die knie machen lassen, bey straffe drey reichsthaler.

63 Es mögen auch die frawen und jungfrawen in diesem stande wann sie wollen zu jhrem halse tragen eine silberne ketten von zwölf loth silbers und nicht schwerar, mit einem güldenen pfenning welcher nicht über sechs reichsthaler werth seyn soll [1], bey straffe zwey reichsthaler. [2]

64 Denen jungfrawen dieses standes wird ein perlenvorlegels, jedoch nicht über zwey loth, wie auch ein perlenkrantz, jedoch nicht über fünf

---

1) 1579 ein gehenge das acht gülgüldes werdt. 2) 1579 gülden.

reichsthaler werth, zu tragen hiermit erlaubet,
bey straffe zwey reichsthaler welche darwider
handeln.

65 Auff dem kopffe sollen sie keine krohnstiffte
wie auch umb die arme kein gold tragen, bey
straffe drey reichsthaler.

66 So werden auch denen frawen und jungfrawen
in diesem stande die perlen auf dem kopff, umb
den halß und bänden gäntzlich hiermit verboten,
bey straffe vier reichsthaler.

67 Die ehefrawen dieses standes sollen ausserhalb
jhres traurings mehr nicht als nur zwey gül-
dene ringe, darunter derjenige so sie im flor
haben mit begriffen auch unter denenselben
kein diamantring seyn sol, tragen, bey straffe
zwey reichsthaler so offt darwider gehandelt wird.

68 So mögen auch die jungfrawen in diesem drit-
ten stande ein wenig silbern knäppels oder gal-
lonen zur zier auff den köpffen, jedoch dasselbe
ausserdem und weiter nicht tragen, bey straffe
drey reichsthaler.

69 Die mit silber beschlagene messer und messer-
scheiden wie auch die schlechte schnürketten
und silberne hacken oder mallien an den schnür-
leibichen mögen sie auch endlich in diesem
stande, aber mit gebührender masse, tragen,
auch sich ebener gestalt der schnürketten [1] umb
den leib und sonsten so in den ersten beyden
ständen dißfals verboten enthalten, bey der da-
bey gesetzten straffe.

70 Die weissen kragen umb den halß sollen von
denen frawen und jungfrawen dieses standes
nicht so groß und übermässig wie bishero ge-
schehen, sondern hinfüro ein krage aoffs höchste
nur von drey ellen schier- oder kammertuch ge-
macht und getragen werden, bey straffe zweyer
reichsthaler.

71 Ingleichen sollen die frawen und jungfrawen in
CLXIII,Auff. diesem stande keine leibstücke von einigerley
sammet noch von atlaß oder seidendammast ma-
chen lassen, bey straffe eines reichsthalers. Je-
doch werden jhnen die schnürleibichen von dam-
mast zugelassen.

In diesem stande sollen jhnen wie auch denen 72
manspersonen die mardern, jedoch nicht über
vier thaler werth, an den muffen und mützen
zu tragen vergönnet seyn, bey straffe zwey reichs-
thaler welche dieses übertreten werden.

Gleicher massen werden jhnen in diesem stande 73
seiden röcke und mäntel zu tragen verboten,
bey straffe drey reichsthaler.

Denen frawen und jungfrawen in diesem stande 74
sol der kaffsammet und florettriep, aber nicht
darüber, vor denen mänteln zu tragen zugelas-
sen seyn, bey straffe zwey reichsthaler welche
darwider handeln werden.

Ihre röcke und mäntel mögen sie nur mit zwey 75
schnüren, welche nicht zu breit seyn sollen, be-
setzen lassen, bey straffe eines reichsthalers vor
jeden schnur so darüber oder zu breit hierzu
gebraucht wird.

Die seiden schürtzen werden jhnen zu tragen 76
hiermit gäntzlich verboten, bey straffe zwey
reichsthaler.

In diesem dritten stande sollen auch die sei- 77
den strümpffe gäntzlich hiermit abgeschaffet seyn,
bey straffe drey reichsthaler.

Ingleichen so wird auch das schwartze seiden- 78
knäppels sowol denen manspersonen als frawen
und jungfrawen in diesem stande gäntzlich hier-
mit verboten, bey straffe drey reichsthaler so
offt darwider gehandelt wird.

Denen mägden so denen in den dritten und 79
vierdten stand gehörigen leuten dienen, wie
auch denen grabebittersfrawen welche denen zu
gedachten beyden ständen gehörigen zu grabe
bitten, werden die lange weisse traurtücher auff
den rücken zu tragen hiermit gäntzlich verbot-
ten, bey straffe zwey reichsthaler.

Die manspersonen wie auch frawen und jung- 80
frawen dieses standes sollen auch die zier- und klei- CLXIII, 40
dung nicht tragen noch gebrauchen die denen in vor-
gehenden beyden ständen zu tragen und ge-
brauchen verboten ist, bey vermeydung der straffe
die bey jedem articul allda specificiret ist.

---

1) Im Orig. schnürkretten.   2) Im Orig. bihero.

80*

VII. Von zier- und kleidung derjenigen welche in den vierdten stand gehören.

81 **Die** manspersonen dieses standes sollen keinen floret- oder seidentriep oder etwas bessers zu kleidern tragen, bey straffe zwey reichsthaler.

82 **So** bleiben ihnen auch die halben castorhüte wie im dritten also in diesem stande verboten, bey der daselbst gemeldten straffe.

83 **Vor** ihren mänteln sollen sie kein seidendammast noch einzigerley seidenzeug, weder floret- noch seidentriep, oder etwas bessers tragen, noch auch zu den mantelkragen glatten oder kaffsammet gebrauchen, bey straffe zwey reichsthaler.

84 **Auch** mögen sie die mäntel nicht mit mehren als nur mit einem schnur, so nicht zu breit und übermässig, besetzen lassen, bey straffe eines reichsthalers für jeden schnur der drüber oder gar zu breit in diesem stande hierzu gebrauchet wird.

85 **Ebenmässig** sollen in diesem stande die lange traurmäntel verboten und nicht anders als im dritten stande zugelassen seyn, bey der dabey gesetzten straffe.

86 **Es** werden auch denen manspersonen in diesem stande die mardern wie auch der sammet an und auff denen mützen zu tragen hiermit verboten, bey straffe zwey reichsthaler.

87 **Wann** die frawen und jungfrawen in diesem stande an ihrem halse eine silberne kette tragen wollen, sol dieselbe nicht schwerer seyn als acht[1] loth silber, mit einem gülden pfenning welcher nicht über vier reichsthaler werth ist, bey straffe zweyer reichsthaler.

88 **Denen** jungfrawen dieses standes wird das perlenvorlegels wie auch der perlenkrantz zu tragen hiermit verboten, bey straffe zweyer reichsthaler.

89 **Umb** die arme sollen sie kein gold[2] tragen, bey straffe eines reichsthaler.[3]

90 **Die** perlen bleiben denen frawen und jungfrawen wie in dem[4] dritten also auch in diesem stande bey der alda auffgedruckten straffe zu tragen verboten.

91 **Die** ehefrawen in diesem stande sollen sich an ihrem traurringe begnügen lassen und darüber keinen ring mehr tragen, bey straffe eines reichsthaler so offt dasselbe verbot überschritten wird.

92 **Das** güldene und silberne knüppels und gallonen bleibt wie in den andern also auch in diesem stande verboten und abgeschaffet, bey der alda gesetzten straffe.

93 **Die** mit silber beschlagene messer und messerscheiden wie auch die schnürketten und silberne haken oder mallien werden in diesem stande hiermit gäntzlich verboten, bey straffe zwey reichsthaler.

94 **Die** weisse kragen umb den hals sollen in diesem stande auch nicht höher als nur von drey ellen kammer- oder anderm[5] geringern tuch, nicht aber von schier gemacht werden, bey straffe zwey reichsthaler.

95 **In** diesem stande sollen auch denen frawen und jungfrawen die sammete mützen wie auch die mardern an den muffen zu tragen verboten seyn, bey straffe zwey reichsthaler.

96 **Die** frawen und jungfrawen in diesem stande sollen keine leibstücke oder leibichen von einigerley seidenzeuge tragen, bey straffe eines reichsthalers.

97 **Ihre** röcke und mäntel sollen nicht seyn von einigerley seiden noch von türckischem[6] grob grün oder auch von wüllenkamloth noch von wüllendammast oder andern höhern wahren, bey straffe zwey reichsthaler.

98 **Vor** ihren mänteln sollen die frawen und jungfrawen keinerley sammet tragen, bey straffe zwey reichsthaler.

99 **Ihre** röcke und mäntel mögen sie nur mit einem schnur, so nicht zu breit und übermässig, besetzen lassen, bey straffe eines reichsthalers vor jeden verbotenen und zu breit getragenen schnur.

1) 1579 sechs.   2) 1579 krallen vnd nichts anders.   3) 1579 gülden.   4) Im Orig. den.   5) Im Orig. andern.   6) Im Orig. türkischem.

100 Ihre schürtzen sollen nicht seyn von seiden noch von türkischem [1] grobgrün oder wüllenkamloth noch wüllendammast oder höhern wahren, bey straffe zwey reichsthaler.

101 Die seiden strümpffe wie auch das schwartze seidenknüppels bleibet wie im vorigen also in diesem stande denen manspersonen wie auch frawen und jungfrawen verboten, bey vermeydung der alida gesetzten geldbusse.

Die manspersonen wie auch frawen und jungfrawen 102 diesen standes sollen von der zier- und kleidung CLXIII, 49 nichts gebrauchen so in denen vorgehenden ständen verboten, bey vermeydung der straffe die bey jedem articul alida gesetzt ist.

VIII Von kleidung der diener, kauff-, krahmer- und handwercksgesellen.

103 Die kauff- vnd handwercksgesellen welche allhie bürgerkinder seyn und bey jhren herren oder meistern in dienste sich auffhalten, sollen sich über jhrer eltern stand, von welchen in vorhergehenden tituln verordnung geschehen, nicht kleiden, bey straffe so bey jedem articul daselbst vermeldet ist.

104 Soviel aber die frembden gesellen und diener betrifft, sollen der kauffleute und krahmer gesellen und deren gleichen sich nicht höher und besser zu kleiden bemächtiget seyn als nur diejenige welche zu obgedachtem [2] dritten stande

allhie gehören, bey der darbey gesetzten straffe.

Die gemeinen handwercksgesellen aber sollen 105 sich nicht höher und besser kleiden als diejenige welche zum vierden stande gehörig seyn, bey der dabey außgedruckten straffe.

Deßgleichen sollen sich auch alle und jede ge- 106 sellen und dienere allhier ins gemein alles dessen was droben im dritten titul denen unarigen in allen ständen ins gemein verbotten ist enthalten und dasselbe nicht tragen, bey vermeydung der straffe so daselbst bey jedem articul gemeldet ist.

IX Von kleidung der dienstmägde.

107 Es sollen die dienstmägde keine mützen tragen die von einzigerley sammet oder auch von floret oder seidentriep gemachet seyn, bey straffe eines reichsthalers.

108 Ingleichen sollen sie vor denen mützen keine seiden frensel oder genitten tragen, bey straffe eines halben reichsthalers.

109 Sie sollen sich auch der haarbinden wie auch der vorlegelse welche von perlen, güldnen oder silbernen schnüren oder auch von dem so von golde oder von silber gewirket oder gemacht ist, enthalten und dasselbe nicht tragen, bey straffe eines halben reichsthalers.

110 Der weisse flor umb den halß wird jhnen zu tragen gäntzlich hiermit verboten, bey straffe eines halben reichsthalers.

111 Auch sollen sie weder korallen noch bernsteine

noch schwartze oder andere steinichen, noch seiden bänder oder sonst ichtswas zur zierath umb jhren händen oder auch umb dem [3] halse tragen, bey straffe eines halben reichsthalers.

Keinerley seidenzeug sollen sie zu jhren leibi- 112 chen tragen noch dieselbe mit mehren als nur CLXIII, 50 mit einem [4] schmalen schnur dessen die elle nicht über einen guten groschen werth ist, oder auch nur mit einem [4] poinetgen besetzen lassen, bey straffe eines halben reichsthalers.

So wird jhnen zu leibstücken, schürtzen und 113 röcken der türckische grobgrün, wüllendammast, wüllenkamloth und wüllenburrat oder was hierüber noch köstlicher ist zu tragen hiermit verboten, bey straffe eins reichsthalers vor jedes verbotene [5] stück.

Keine schnüre oder pometgen sollen sie an den 114

---

1) Im Orig. türckischen.   2) Im Orig. obgedachten.   3) Im Orig. den.   4) Im Orig. einen.   5) Im Orig. verbotenes.

leibstücken und schürtzen noch auch umb die röcke tragen, bey straffe eines reichsthalers vor jeden schnur oder pometgen.

115 Es werden jhnen auch die mäntel oder heicken von einigerley seidenzeuge oder türckischem [1] grobgrün, wüllendammast und wüllenburrath oder was hierüber noch höher wahren seyn, es stehen dieselbe mäntel jhren frawen oder jhnen selbst zu, zu tragen hiermit verboten, bey straffe eines reichsthalers.

116 Vor solchen jhnen oder jhren frawen zustehenden mänteln wird jhnen einzigerley sammet, seiden- oder florettriep zu tragen, wie auch umb dieselbe mehr als einen schmalen schnur setzen zu lassen hiermit verboten, bey straffe eines reichsthalers.

117 Was auch in denen oberwehnten ständen insgemein und sonst verboten ist, dessen sollen sie sich auch ebenmässig und umb so viel mehr weil sie bey denen unserigen in diensten seyn, enthalten und auff den unverhofften widrigen fall nicht allein gleicher straffe sondern auch nach befindung fernerer ersten wilkührlichen animadversion gewertig seyn.

X Von haltung und execution dieser ordnung.

118 Damit auch über dieser ordnung steiff und fest gehalten werden möge, wollen wir der rath keine andere auffseher dan von alters verordnen und denenselben in sonderheit darzu ernstlichen befehl, auch gebührlichs ergetzligkeit geben, daß sie auff alle und jede auff welche diese unsere ordnung gerichtet ist, jhrer zierung, tracht und kleidung halber und auff alle articul so dieser ordnung einverleibet seyn ein fleissiges auffsehen haben und unsern verordneten brücheherren alle und jede übertreter dieser ordnung, es seyn gleich männer oder frawen, junge gesellen oder jungfrawen, die sie glaubhafft hören, vernehmen oder sehen, ohne unterscheid der persohnen anmelden. Auch unsere brücheherren auf jhre geleistete amptspflicht die nahmen der angeber gebürlich verschweigen sollen.

119 Immassen hierauff unsere brücheherren die straffällige citiren lassen, die vernommene übertretung jhnen gebührlich fürhalten und einem jeden welcher straffbahr befunden oder von jhnen erachtet und sich dessen mit seinem eyde nicht entledigen würde. inhalts dieser unser ordnung mit der angedrohten geldbusse ohne unterscheid der delinquenten straffen sollen.

120 Jedoch sollen die frawen und jungfrawen nicht schuldig seyn, wenn sie der kleidung, schmucks und zieraths halber auff die brüchstube gefodert werden, in der persohn daselbst zu erscheinen, sondern sie mögen sich durch jhre gevollmächtigte, auch eltern. ehemänne, vormündere oder freunde vertreten lassen. Wann aber die sache durch die gevollmächtigte und andere nicht gnugsam erörtert und abgehandelt werden kan, sollen sie selbst in eigener persohn auff der brüchstuben zu erscheinen und wegen jhrer übertretung red und antwort zu geben gehalten seyn.

121 Auch sollen unsere brücheherren bey jhren gelci-staten eyden von den reichen sowol als von den armen, und hinwiederumb von den armen sowol als den reichen ohne alles ansehen der person die verwürkte straffe fordern und auffnehmen und damit niemand unter einzigerley praetext und schein versehonen. [Ct.XXII. 153]

122 So wollen wir auch vermittels göttlicher hülffe vor uns selbst allen möglichen fleiß anwenden und darauff sehen, daß diese unsere ordnung steiff und fest gehalten und ein jeder der darwider handelt in die bey einem [2] jeden articul aufgedruckte straffe genommen werden solle, versehen uns aber gegen einen jedwedern, er zufoderst gott dem herren die ehre geben, uns aber schüldige gehorsame folge dergestalt leisten werde daß es der exaction solcher straffe und anderer animadversion nicht bedürffen möge. [Ct.XXIII. 151]

123 Wir der rath behalten uns auch billich bevor zu jeder zeit nach gelegenheit und befundenen umbständen, auch notturfft, diese unsere ordnung zu bes-

---

1) Im Orig. türckischem.   2) Im Orig. einen.

sern, zu moderiren, zu endern und durch edicta oder sonst nach befindung zu declariren, zu mindern oder zu schärffen, und da ichtwas über verhoffen nicht volnkömlich hinein gerückt, massen solches wegen vielerley art und stücke der kleidung fast schwer, künfftig allemal zu addiren und denen wieder diese ordnung irgend durch den hoffartsteuffel listig erdachten fraudibus nach mögligkeit zu begegnen.

Vnd ist diese unsere vorgeschriebene ordnung mit un- 124 sers gemeinen raths, rathsgeschwornen [1], gildemeister [CLXIII, 153] und hauptleuten gutem [2] wissen und willen vor uns und wegen gantzer gemeinen bürgerschafft berathschlaget und einhelliglich beliebet und angenommen auff dem Newenstadt räthhause am tage Conradi, war der 26. Novembris, das gott gebe mit glück und segen zum ende lauffenden tausent sechs hundert und fünfftzigsten jahrs.

CIC. BESTÄTIGUNG DER STÄDTISCHEN PRIVILEGIEN DURCH KAISER LEOPOLD I.

1659 Aug. 1.

Das Original dieser bereits in Rehtmeiers Chron. 1523 und Lünigs Reichsarchiv pars spec. cont. IV pars II p. 228 abgedruckten Urkunde befindet sich im Stadtarchive: 8 Bll. Pergament, 10½" breit, 13½" hoch, von denen das erste unbeschrieben ist, geheftet mit schwarzgelber Seidenschnur, an welcher in Wachs- und Holzkapsel eingethan das rothe Siegel von 4½" Durchmesser hangt; darin, etwas kleiner als in demjenigen Kaiser Ferdinands I (No. CXLVII) unter der Kaiserkrone, durch zwei Greife gehalten und von der Kette des goldenen Vliesses umschlungen, der zweiköpfige Adler, welcher auf der Brust einen Schild mit den Wappen von Oesterreich und Castilien trägt; von den Fängen der Greife im Kreise abwärts die ebenso in den Siegeln Kaiser Ferdinands I und Kaiser Rudolfs II (No. CLXVII) figurirenden elf Wappenschilde; Umschrift: LEOPOLDVS. DEI. GRATIA. ELECTVS. ROMANORVM. IMPERATOR. SEMPER. AVGVSTVS. GERMANIAE. HVNGARIAE. BOHEMIAE. DALMATIAE. CVRATIAE. (!) SCHLAVONIAE. zc. REX. ARCHIDVX. AVSTRIAE. DVX. BVRGVNDIAE. STIRIAE. CARINTHIAE. CARNIOLAE. ET. WIRTEMBERGAE. zc. COMES. TYROLIS. cz. Kanzleivermerke fehlen gänzlich. — Von dem gleichartigen Bestätigungsbriefe Kaiser Ferdinands III (No. CLXXXVII) weicht dieser darin ab, dass neben der Confirmation König Albrechts auch das Privilegium König Ruprechts über die gerichtliche Vertretung und die Lehenrechte der Bürger wörtlich inserirt und die Strafe für Verletzung dieser Privilegien auf 100 Mark Goldes erhöht ist.

Wir Leopoldt von gottes gnaden erwöhlter römischer kaiser zu allen zeitten mehrer deß reichs, in Germanien, zu Hungarn, Böheim, Dalmatien, Croatien vnd Sclavonien etc. könig, ertzhertzog zu Osterreich, hertzog zu Burgund, zu Braband, zu Steyer, zu Karnten, zu Crain, zu Lutzemburg, zu Wirtenberg, Ober vnd Nider Schlesien, fürst zu Schwaben, marggraf deß heiligen römischen reichs zne Burgaw, zue Marhen, Ober vnd Nider Laußnitz, gefürster grave zne Habspurg, zu Tirol, zu Pfordt, zu Kyburg vnd zu Görtz,

landgrave in Elsaß, herr auff der Windischen marck, zu Portenaw vnd zu Salins etc. bekennen öffentlich mit disem brief vnd thuen kund allermänniglich, daß vnns vnsere vnd deß reichs liebe getrewe N. burgermeister vnd rath vnd burger gemeinlich der statt Braunschweig vnderthöniglich angerueffen vnd gebetten, daß wir jhnen alle vnd iedliche jhr gnadt, freyheit, brieff, privilegien, recht, guet gewonheiten vnd alt herkommen, die sie von römischen kaysern vnd königen vnsern vorfahren am reiche erworben vnd herbracht haben, vnd besonder ein bestättigung vnd freyheitbrief damit sie von weiland

1) *Ausgelassen* rebenmanne, geschickten. 2) *Im Orig.* guten.

könig Ruprechten vnd könig Albrechten vnsern vorfahren am reiche löblicher gedächtnus mittiglich versehen worden vnnd weyland die allerdurchleuchtigsten kaiser Maximilian der erst, kaiser Carl der fünft, kaiser Ferdinand der erste, kaiser Maximilian der ander, kaiser Rudolf der ander, kaiser Matthias, kaiser Ferdinand der ander, auch inngstlich vnser freundlich geliebter herr vnd vatter kaiser Ferdinand der dritte, alle christmiltister[1] gedächtnnß auch bestättiget hetten vnd vns in glaubwurdigem schein producirt vnd vorgebracht sein, alß ietzt regierender römischer kaiser zu confirmiren vnd zu bestettigen geruheten, welcher könig Ruprechts vnd könig Albrechte briefe von wort zu worten hernach geschriben stehen vnd also lauten:

Wir Ruprecht — — — — geben zu Hersfelden auf den nehsten montag nach sant Matheus deß heiligen zwölffboden vnde evangelisten tag in dem jahre als man tzalte nach Christi geburt viertzehen hundert vnd zwey jare, vnsers reichs in dem dritten jahre.[2]

Wir Albrecht — — — — geben zu Prag an sanct Scuars tage nach Christi geburt vierzehenhundert vnd darnach in dem achtunddreissigsten jahren, vnserer reiche im ersten jahre.[3]

Des[4] haben wir angesehen derselben von Braunschweig demuttige bitte, auch die getrewen dienste die sy vnd ihre vorfahren römischen kaisern vnd königen vnd dem reich allezeit williglich vnd vnverdrossenlich gethan haben vnd sy vnns auch hinfurter in kunftig zeit wohl thuen mögen vnd sollen, vnd darumb mit wolbedachtem mueth, guettem rath vnd rechter wißen den obgenannten burgermaister, rathe vnd burgern der statt zu Braunschweig alle vnd iegliche gnaden, freyheit, briefe, privilegien vnd besonder den vorbegriffenen freyheitsbrieff von könig Ruprecht vnd könig Albrechten ausgangen, vnnd darzue alle andere ihre rechte, guette gewonheit vnd alt herkommen die sy bisher redlicher gebraucht vnd hergebracht haben, gnädiglich ernewert, bestättiget vnd confirmiret, ernewern, bestätten vnd confirmiren jhnen die auch von römischer kaiserlicher macht vollkommenhait wißentlich in krafft diß briefs was wir von rechts vnd billichkeit wegen vnd auf gnaden daran zu ernewern, con-

firmiren vnd zu bestätten haben, vnd mainen, setzen vnd wollen, daß dieselben in allen jhren wortten, puncten, clausuln, articuln, jnhaltungen, mainungen vnd begreiffungen cräftig vnd mächtig sein, steet, vest vnd vnverbrochenlich gehalten werden vnd sy sich deren an allen enden vnd stätten gebrauchen vnnd genießen sollen vnd mögen von allermänniglich vnverhindert, doch vns vnd dem h. reich vnser obrigkeit vnd dienst hierinnen vorbehalten. Vnd gepietten darauf allen vnd ieglichen churfursten, fursten geist- vnd weltlichen, praelaten, graven, freyen herren, rittern, knechten, haubtleuthen, vitzdomben, hofrichtern, landrichtern, vrtheilsprechern, vögten, pflegern, verwesern, ambtleuthen, schultheißen, burgermeistern, richtern, räthen, burgern, gemainden aller vnd ieglicher stätt, märckt, dörffer vnd sonst allen andern vnsern vnd deß reichs vnderthanen vnd getreuen, in was wirden, stand oder wesen die sein, von römischer kaiserlicher macht ernst- vnd vestiglich mit disem brief vnd wollen, daß sie die vorgenannte burgermaister, rath vnd burger zu Braunschweig an solchen ihren gnaden, freyhaiten, briefen vnd privilegien, recht, gewonheiten vnnd altem herkommen, auch weiland vorhochgemelten vnser lieben vorfahren, herren vettern, ahnherrn vnd vatters, auch diser vnser kaiserlichen ernewerung, confirmation vnd bestettigung nicht irren noch verhindern in keine weise, sonder sy darbey von vnser vnd deß reichs wegen getrewlich schutzen vnd schirmen, als lieb einem ieglichen sey vnser vnd deß reichs schwere vngnad vnd darzue die poene von hundert marck lötigs golts zu vermeiden, die ein ieder so offt er frevenlich darwider thette, vns halb in vnsere vnd deß reichs cammer vnd den andern halben theil mehrgemelten burgermeister vnd rath zu Braunschweig unnachläßlich zu bezahlen verfallen sein solle.

Mit urkund diß briefs besiegelt mit vnserm kayserlichen anhangenden jnsigel, der geben ist in vnser statt Wien den ersten Augusti im sechzehenhundert neununfunftzigsten, vnserer reiche deß römischen im andern, deß hungerischen im fuunften vnd deß böhaimischen im dritten jahre.

Leopoldt.
Georg Ulrich graff zu Wolckstein.

Ad mandatum
sacrae caes. Majestatis proprium
Wilhelmb Schröder ss'.

1) *Ausgelassen* gottseeliger. 2) *No.* LXVI, S. 190. 3) *No.* LXXXVI, S. 223. 4) *Im Orig.* das.

CC. BESTÄTIGUNG VON KAISER SIGMUNDS PRIVILEGIUM WIDER DIE STRASSEN-RÄUBER DURCH KAISER LEOPOLD I.

1659 Aug. 1.

Das Original dieser bis jetzt ungedruckten Urkunde befindet sich im Stadtarchive: Perga-ment, 30" breit, 18½" hoch, mit dem bei No. CIC beschriebenen Siegel an schwarzgelber Seiden-schnur. Auf der Innenseite des umgeschlagenen Randes Confirmatio deß von kaiser Sigmundt der statt Braunschweig ertheilten privilegij die verfolgung der strassenrauber betreffendt, *auf der Rückseite* Braunschweig; *sonstige Vermerke fehlen. — Von der entsprechenden Urkunde Kaiser Ferdinands III (No. CLXXXVIII) unterscheidet diese sich durch Weglassung der unten Note 11 und S. 642 Note 1 aufgeführten Clauseln und durch Erhöhung des Strafmasses. In einer andern Aus-fertigung, welche ebenfalls noch vorliegt, sind erstere erst nachträglich ausradiert. Hierauf bezieht sich die Dorsalnotiz von der Hand des Burgemeisters Christoph Gercken:* Dieses exemplar kan wegen der darinnen befindtlichen rasur nicht producieret werden.

Wir Leopoldt von gottes gnaden erwöhlter rö-mischer kaiser, zu allen zeitten mehrer deß reichs, in Germanien, zu Hungarn, Böhaimb, Dalmatien, Croatien vnd Sclauonien etc. könig, ertzhertzog zu Österreich, hertzog zu Burgundt, Steyr, Kärndten, Crain vnd Württemberg, graff zu Tyrol[1] etc. bekhennen offentlich mit diesem brieff vnd thuen khundt allermeniglich, daß vnns die ehrsame vnsere vnd deß reichs liebe getrewe N. burgermaister vnd rath der statt Braunschweig in glaubwürdigem[2] schein ha-ben laassen fürbringen einen freybeitsbrieff, welcher noch von vnserm hochgeehrten vorfahren am reich weilandt kaiser Sigmunden hochloblicher gedechtnus wider die strassenrauber, mörder, dieb, brenner vnd andere dergli-chen bösewicht außgangen vnd jhren vorfahren ertheilt worden, so von wortt zu wortt hernach geschrieben ste-het vnd also lautet: Wier Sigmundt — — · — geben zu Prag nach Christi geburtt vierzehenhundert jahr vnd darnach im sechsunddreißigsten jahre an st. Barbaren tage der heyligen jungfrawen, vnserer reiche deß hunga-rischen hu fünffzigsten, deß römischen im siebenvndzwein-zigsten, deß böhaimbischen im siebenzehenden vnd deß kaiserthumbs im vierten jahren,[3] vnd vnnß darauf obbe-sagte burgermaister vnd rath der statt Braunschweig de-müetiglich angeruessen vnd gebetten, daß wir alß ietz re-gierender römischer kaiser obgeschriebenen kaiser Sig-mundts freybeitsbrieff in allen vnd ieden seinen wortten, clausuln[4], puncten, articuln, jnhaltungen, mainungen vnd begreiffungen zu ernewern, confirmieren vnd zu bestetten[5] gernehten, jnmassen längst hieuor weilandt vnser[6] gelieb-ter herr vnd vatter kaiser Ferdinandt der dritte christ-mildester gedechtnus gleicher gestalt gethan hette. Deß[7] haben wir angesehen solch jhr demüettig zimbliche bitte, auch die angenehm, getrew vnd willigen dienste so jhro vordern vnd sie vnsern hochgeehrten vorfahren vnd dem heiligen reiche in mehr weege offt vnd nutzlich erzaigt vnd bewiesen haben vnd vnns vnd dem reiche sy[8] in künfftige zeit wohl thuen mögen vnd sollen, vnd darumb mit wolbedachtem mueth, guettem rath vnd rech-ter wissen den gemelten burgermaistern vnd rath dero statt Braunschweig vnd jhren nachkhommen obinserierten freybeitsbrieff[9] in allen seinen wortten, clausulen, puncten, articuln, inhaltungen, mainung- und begreiffungen als römischer kaiser gnediglich confirmiert vnd bestetigt, con-firmieren, ernewern vnd bestetten[10] den auch hiemit von römischer kaiserlicher macht vollkhommenheit wissentlich in khrafft diß brieffs, vnnd mainen, setzen vnd wollen, daß die vorgenanten burgermaister vnd rath der statt Braun-schweig vnd jhre nachkhommen bey obgeschriebener wei-landt kaiser Sigmundts freyheit[11] bleiben, sich deren ge-

1) *Der Titel bedeutend gekürzt.* 2) *Im Orig.* glaubwürdigen. 3) *No.* LXXXIV *S.* 221. 4) chuusuln *fehlt: vgl. index weiter unten.* 5) *Ausgelassen* gnädiglich. 6) *Wieder ausgelassen* freundtlicher. 7) *Im Orig.* Daß. 8) *Ausgelassen* hinführo. 9) *Im Orig.* freybeitsbriefs. 10) *Ausgelassen* jhnen. 11) *Ausgelassen* (souiel sie deren in besitz vnd berechtiget seien).

81

ruchiglich gebrauchen vnd geniessen sollen vnd mögen, von allermenniglich vnuerhindert [1]. Vnd gebietten darauf allen vnd ieden churfürsten, fürsten geistlichen vnd weltlichen, prälaten, grauen, freyen herrn, rittern, knechten, landtvögten, haubtleüthen, vitzthumben, vögten, pflegern, verwesern, ambtleüthen, landtrichtern, schuldtheissen, burgermaistern, richtern, räthen, burgern, gemainden vnd sonst allen andern vnsern vnd deß reichs vnterthanen vnd getrewen, wes [2] würden, standts oder weesens die seindt, ernstlich vnd vestiglich mit diesem brieff vnd wollen, daß sie die obtgedachte burgermaister vnd raht der statt Braunschweig vnd jhre nachkhommen bey obeinuerleibtem [3] kaiser Sigmundts freyheitbrieff, auch dieser vnserer kaiserlichen confirmation, ernewerung vnd bestätigung nicht hindern noch irren sondern sie darbey geruohiglich bleiben, deren gebrauchen vnd geniessen lassen vnd darwider nicht thuen noch daß iemandts anderm zu thuen gestatten in

Leopoldt.
Geörg Ulrich graff zu Wolckhstein.

kheine weise, alß lieb einem ieden sey vnser vnd deß reichs schwere vngnadt vnd straff vnd darzu ein pöen nemblich zweyhundert marckt lättigs golds zu uermeiden, die ein ieder so offt er fräuentlich hierwider thette vnß halb in vnser vnd deß reichs cammer vnd don andern halben theil den offtgenanten burgermaister vnd rath der statt Braunschweig vnd jhren nachkhommen vnnachleßlich zu bezahlen verfallen sein solle. Mit vrkhundt diß brieffes, besigelt mit vnserm kaiserlichen anhangenden jusigel, der geben ist in vnserer statt Wien den ersten tag deß monaths Augusti nach Christi vnsers lieben herrn vnd seeligmachers gnadenreicher [4] geburtt im sechzehenhundert neün vnd fünffzigsten, vnserer reiche deß römischen im andern, deß hungarischen im fünfften vnnd deß böhaimbischen im dritten jahren.

Ad mandatum
sacrae caes. Majestatis proprium
Wilhelmb Schröder ss[t].

CCI. KAISER LEOPOLDS I BESTÄTIGUNG DES VON KAISER RUDOLF II ERWEITERTEN PRIVILEGIUMS DE NON ARRESTANDO.

1659 Aug. 1.

Das Original dieser bisher ungedruckten Urkunde befindet sich im Stadtarchive: 8 Bll. Pergament von 17¾" Breite, 13½" Höhe, das erste unbeschrieben, geheftet mit schwarzgelber Seidenschnur, an welcher in Wachs- und Holzkapsel das bei No. CIC beschriebene Siegel hangt. Auf einem eingelegten Pergamentstreifen Confirmatio deß von kayser Maximiliano der statt Braunschweig ertheilten vndt von kayser Rudolpho erweiterten priuilegij de non arrestando. *Von der entsprechenden Urkunde Kaiser Ferdinands III (No. CLXXXIX) unterscheidet sich dieser Confirmationsbrief nur durch das erhöhte Strafmass.*

Wir Leopoldt von gottes gnaden erwölter römischer kaiser, zu allen zeitten mehrer des reichs, in Germanien, zu Hungarn, Böhaimb, Dalmatien, Croatien vnd Sclauonien etc. könig, ertzhertzog zu Österreich, hertzog zu Burgund, zu Brabant, zu Steyr, zu Kärnten, zu Crain, zu Lützemburg, zu Württemberg, Ober vnnd Nider Schlesien, fürst zu Schwaben, marggraff des heiligen römischen reichs zu Burgaw, zu Mähren, Ober vnd Nider Laußnitz, gefürster graff zu Habspurg, zu Tyrol, zu Pfeyrdt, zu Kyburg vndt zu Görtz, landtgraff in Elsas, herr auf der Windisohen marck, zu Portenaw vnd zu Salins etc. bekhennen offentlich mit diesem brieff, daß vns die ersambe vnnsere

---

1) *Ausgelassen* doch vns vnd dem heiligen reich vnd sunst menniglich an seinen rechten vnd gerechtigkeitten vnuergriessen vnd vnschädtlich.   2) *Im Orig.* was.   3) *Im Orig.* obeinuerleibten.   4) *Im Orig.* gnadenreichen.

vndt des reichs liebe getrewe N. burgermeister vndt rhat
der statt Braunschweig in glaubwürdigem schein haben
fürbringen lassen einen confirmation- vndt bestättigungs-
brieff von vnserm geliebten vorfahren vnd herren vettern
weilandt kaiser Rudolphen hochlöblicher gedächtnus wi-
der die arrest, repressalien vnd dergleichen thättlichkeiten
außgangen, welcher confirmation- vnnd bestättigungsbrieff
von wortten zu wortten hernach geschriben stehet vndt
also lauttet:

Wir Rudolph der ander — — — — geben auf vn-
serm königlichen schloß zu Prag den zehenden tag deß
monats Junij nach Christi vnsers lieben herren vnnd see-
ligmacherß geburth fünffzehenhundert vndt im ein vndt
achtzigsten, vnserer reiche deß römischen im sechsten, deß
hungarischen im neünten vnd deß böhaimbischen auch im
sechsten jahren. Rudolph. Vice ac nomine reverendis-
simi domini d. Danielis archiepiscopi, archicancellarij et
electoris Moguntini v[t] S. Viehenser d. Ad mandatum sa-
crae caes. Maiestatis proprium And. Erstenberger [1].

vnd vns darauff obbesagte burgermeister vndt rhat der
statt Braunschweig demütiglich angeruffen vndt gebetten,
das wir als itzt regierender römischer kaiser solchen ernan-
ter vnsers geliebten herren vndt vettern kaiser Rudolphs con-
firmation- vndt bestättigungsbrieff wieder vorberührte ar-
rest, repressalien vndt dergleichen thättlichkeiten außgan-
gen in allen vndt ieden wortten, clausuln, puncten, arti-
culn, inhaltungen, meinungen vndt begreiffungen gleicher
gestaldt zu confirmiren vndt zu bestätten gnädiglich ge-
ruheten, inmassen itzungt hievor von weyland vnserm
freundtlichen geliebten herren vndt vettern kaiser Fer-
dinando dem dritten höchstseeligster gedächtnuß auch ge-
schehen were. Deß [2] haben wir angesehen solch für de-
müttig zimbliche bitte, auch die angenehmen getrewen
dienste so ihre voreltern vndt sie vnsern vorfahren vndt
dem reich offt nutzlich vndt williglich gethan vndt bewie-
sen haben vndt vns vndt dem heyligen reich sie in künff-
tig zeith wol thuen mögen vndt sollen, vnd darumb mit
wolbedachtem muetb, guetem rath vndt rechtem wissen den
gemelten burgermeistern vndt rhat der statt Braunschweig
vnd ihren nachkommen obinserirten vnsers geliebten her-
ren vndt vetters kaiser Rudolphs confirmation- vndt be-
stättigungsbrieff vber alle vndt iegliche obberührte gnaden,

freyheiten, recht vndt gerechtigkeiten in allen seinen wor-
tten, clausulen, puncten, articuln, inhalttungen, meinungen
vndt begreiffungen als römischer kaiser gnediglich confir-
mirt vndt bestättiget, confirmiren, ernewern vndt bestätten
ihnen den auch hie mit von römischer kaiserlicher macht
vollkommenheit wissentlich in krafft dieß briefs, vndt
meinen, setzen vndt wollen, daß die vorgenante burger-
meister, rhat, burger, einwohner vndt gemeine der statt
Braunschweig vndt ihre nachkommen sambtlich vndt son-
derlich bey obeinverleibtem [3] confirmationbrieff ihrer gna-
den vndt freyheiten bleiben, sich dessen geruhiglich ge-
brauchen vndt genüessen sollen vndt mögen von allermen-
niglich vnverhindert, doch vns vndt dem heyligen reiche
an vnsern vndt sonst menniglich an seinen rechten vndt
gerechtigkeiten vnvergriffen vnnd vnschädlich. Vnndt ge-
bieten darauff allen vndt ieden churfürsten, fürsten
geistlichen vndt weltlichen, praelaten, grauen, freyen
herren, rittern, knechten, landtvögten, haubtleuthen,
vitzdomben, vögten, pflegern, verwesern, ambtleuthen, landt-
richtern, schuldtheissen, burgermeistern, richtern, räthen,
burgern, gemeinden vndt sonst allen andern vnsern vndt
deß reichs vnderthanen vndt getrewen, in was würden,
standt oder weesen die seyen, ernstlich vndt vestigklich mit
diesem brieff vndt wollen, daß sy die offtgedachte burger-
meister, rhat, burger, innwohner vnndt gemaine der statt
Braunschweig vndt ihre nachkommen an solchem ihrem [4]
obgeschriebenen weylandt vnsers geliebten herren vndt vet-
ters kaisers Rudolphi confirmation- vnd bestättigungsbrieff
wider obverstandene arrest, repressalien vndt andere thätt-
lichkeiten vber ihre gnaden, freyheiten, priuilegien, rech-
ten, gerechtigkeiten, alt herkommen vndt gueten gewon-
heiten, auch dieser vnserer kaiserlichen confirmation, er-
newerung vnnd bestättigung nicht hindern noch irren son-
dern sie dabey geruhiglich bleiben, der gebrauchen vndt
genüessen lassen vndt darwieder nicht thuen noch das
iemandt anderm [5] zu thuen gestatten in kein weis, alß lieb
einem iedem seye vnser vndt des reichs schwere vngnad
vndt straffe vndt darzue ein pöen dreyhundert marckh
lödiges goldes [6] zu vermeiden, die ein ieder so offt er
freventlich hierwider theilte vns halb in vnser vndt des
reichs cammer vndt den andern halben theil den offtge-
nanten burgermeister, rhat vndt gemeiner statt Braun-

---

1) No. CLXIX S. 511.   2) Im Orig. Das.   3) Im Orig. obeinverleibten.   4) Im Orig. solchen ihren.   5) Im
Orig. andern.   6) 1638 in obgeschriebenen — bestättigungsbrieff begrißen.

81*

schweig vnnachlesslich zu bezahlen verfallen sein solle.

Mit vhrkundt dieß brieffs, besiegelt mit vnserm kaiserlichen anhangendem jnsigel, der geben ist in vnnserer statt Wien den ersten tag deß monats Augusti nach Christi vnsers lieben herren vndt

Leopoldt.
Geörg Ulrich graff zu Wolckhstein.

seeligmachers glorwürdiger vndt gnadenreicher[1] geburth im sechzehenhundert neün vndt funffzigsten, vnserer reiche des römischen im anderten, deß hungarischen im fünfften vundt deß böhaimbischen im dritten jahren.

Ad mandatum
sacrae caes. Majestatis proprium
Wilhelmb Schröder ssᵗ.

CCII. KAISER LEOPOLDS I BESTÄTIGUNG VON KAISER MAXIMILIANS II UND KAISER RUDOLFS II PRIVILEGIEN DE NON ARRESTANDO.

1659 Aug. 1.

Das Original dieser bis jetzt ungedruckten Urkunde befindet sich im Stadtarchive: 10 Bll. Pergament von 11" Breite, 13³/₄" Höhe, geheftet mit schwarzgelber Seidenschnur, an welcher in Wachs- und Holzkapsel das bei No. CIC beschriebene Siegel hangt. Auf einem eingelegten Pergamentstreifen Confirmatio privilegij de non arrestando *et* extensionis ejusdem *für die statt Braunschweig. — Das inserirte Privilegium Kaiser Rudolfs II ist dasselbe welches für sich allein bereits in der voraufgehenden Urkunde confirmiert wurde. Mit dieser stimmt denn auch die hier nachfolgende m. m. und abgesehen von einigen formellen Annäherungen an die von Kaiser Ferdinand III in No. CXC erlassene Bestätigung des Schutzbriefes Kaiser Rudolfs (No. CLXX) durchaus überein.*

Wir Leopoldt von gottes gnaden erwöhlter römischer kaiser, zu allen zeiten mehrer deß reichs, in Germanien, zu Hungarn, Böhaimb, Dalmatien, Croatien vnd Sclavonien etc. könig, ertzhertzog zu Österreich, hertzog zu Burgundt, zu Brabandt, zu Steyr, zu Kärndten, zu Crain, zu Lützemburg, zu Württemberg, Ober vnd Nider Schlesien, fürst zu Schwaben, marggrave des heiligen römischen reichs zu Burgaw, zu Mähren, Ober vnd Nider Laußnitz, gefürster grave zu Habspurg, zu Tyrol, zu Pfierdt, zu Kyburg vnd zu Görtz, landtgraff in Elsäß, herr auf der Windischen marckh, zu Portenaw vnd zu Salins etc. bekhennen offentlich mit disem brieff vnd thuen khuudt allermäniglich,[2] wie das vnß die ersamen vnßere vnd des reichs liebe getrewe N. burgermeister vnd rath der statt Braunschweig von weilandt kaiser Maximilian dem andern löblicher gedächtnus einen brieff darinn sie von allen repressalien, kummer vnd arresten kräfftiglich priuilegirt vnd begnadiget worden, in glaubwürdigem schein vorgebracht, welche freyheitten vnd gnaden von weilandt kaißer Rudolffen dem andern nit allein confirmirt sondern auch noch ferner extendirt worden[3], welche beyde brieff von wortt zu wortt hernach geschriben stehen vnd alßo lautten:

Wir Maximilian der ander — — — — der geben ist in vnßer statt Wien den zwölfften tag deß monaths Maji nach Christi vnßers lieben herrn vnnd seeligmachers geburth fünfzehenhundert vnd im achtvndsechzigsten,

———————

1) *Im Orig.* glorwürdigen vndt gnadenreichen. 2) *So No.* CXC. 3) *In der andern Confirmation* haben fürbringen lassen einen confirmation- vnnd bestättigungsbrieff von — kaiser Rudolphen — wider die arrest, repressalien vnnd dergleichen thättlichkeiten außgangen.

vnserer reiche deß römischen im sechßten, des hungari-
schen im fünfften vnnd deß böheimbischen im zwanzigsten
jahren. Maximilian. Vice ac nomine reuerendissimi ar-
chicancellarij Moguntini v. Zaz. Ad mandatum sacrae
caes. Majestatis proprium P. Obernburger.[1]

Wir Rudolff der ander — — — — geben auff vn-
serm königlichen schloß zu Praag den zehenden tag deß
monaths Junij nach Christi vnßers lieben herrn vnd see-
ligmachers geburth fünffzehenhundert vnnd im ein vnd
achtzigsten, vnßerer reiche deß römischen im sechßten,
deß hungarischen im neündten vnnd deß böhmischen auch
im sechßten jahren. Rudolff. Vice ac nomine reverendi-
ssimi domini domini Danielis archiepiscopi, archicancel-
larij et electoris Moguntini v[t] S. Vieheüser dr. Ad man-
datum sac[ae] caes[ae] Majestatis proprium An. Erstenberger.[2]

vnnd vnß darauff sie burgermaister vnd rath der statt
Braunschweig in vnderthänigkeit[3] angerueffen vnd
gebetten, das wir alß ietzt regierender römischer kaiser
vorinserirte beyde brieff kaißer Maximilians vnd
kaißer Rudolphs alles ihres jnnhalts[4] zu confirmi-
ren vnd zu bestättigen gnedigist geruheten. Des haben
wir angesehen solch ihre demüettige zimbliche bitt[5] vnnd
darumb mit wohlbedachtem mueth, guethem rath vnnd rech-
ter wißen[6] bemelte brieff in allen[7] puncten, jnhalt-, mai-
nung- vnd begreiffungen gnädigst confirmirt vnd bestättiget
thuen das, confirmiren vnnd bestättigen dieselben auch
hiemit[8] wißentlich in krafft diß brieffs vnd mainen, setzen
vnd wollen, das voreinverleibte brieff in allem ih-
ren[9] innhalt kräfftig vnd mächtig sein[10], vnd
sie sich dessen geruehiglich frewen,[11] gebrauchen vnd
geniessen sollen vnnd mögen, von allermänniglich vnuer-
hindert. Vnd gebietten darauff allen vnd jeden chur-
fürsten, fürsten geistlichen vnd weltlichen, praelaten, gra-

uen, freyen herren, rittern, kneebten, landtvoggten, haubt-
leuthen, vitzdomben, vöggten, pflcegern, verweeßern, ambt-
leuthen, landtrichtern, schultheißen, burgermaistern, rich-
tern, räthen, burgern, gemainden vnd sonst allen andern
vnßern vnd des reich vnderthanen vnd getrewen, in was
würden, standt oder weesen die sein, ernstlich vnnd ve-
stiglich mit dißem brieff vnd wollen, das sie die offtge-
dachte burgermeister vnd rath[10] der statt Braunschweig[13]
an obinserirten von weilandt kaißer Maximilian
jhnen ertheilten vnd von weilandt kaißer Ru-
dolphen beeden christmiltesten andenckhens con-
firmirt- vnd extendirten gnaden- vnd freyheits-
brieffen wider obverstandene arrest, repressalien vnd an-
dere thättlichkheiten vber jhre gnaden, freyheitten, priui-
legien, rechten, gerechtigkheiten, alt herkhommen vnd gu-
the gewohnheiten, auch dißer vnßerer kaißerlichen confir-
mation, ernewer- vnd bestättigung nicht hindern noch irren
sondern deren allen rubiglich vnd vnangefochten
gebrauchen vnd geniessen, auch gäntzlich darbey
bleiben lassen, darwider nicht thuen noch das jehmandts
anderm[14] zu thuen gestatten in khein weiß, als lieb ei-
nem ieden seye vnßer vnd des reichs schwehre vngnadt
vndt straff vnd darzue ein pöen nemblich dreyhundert
marckh löttiges goldts zu vermeyden, die ein ieder so offt
er frauentlich hierwider thäthe vnß halb in vnßer vnd
des reichs cammer vnd den anderen halben theill vielbe-
melten burgermeistern vnd rath der statt Braunschweig
vnd ihren nachkhommen so hierwieder belaydiget
wurden, vnnachläßlich zu bezahlen verfallen sein solle.

Mit vrkhundt dies brieffs, besigelt mit vnßerm kaiser-
lichen anhangendem jnsigel, der geben ist in vnßer
statt Wien den ersten monathstag Augusti nach
Christi vnßers lieben herrn vnd seeligmachers

---

1) No. CLI S. 379. 2) No. CLXIX S. 511. 3) No. CXC vnderthönigst. 4) alles ihres jnnhalts wie No. CXC.
5) Ausgelassen auch die angenehmen getrewen dienste etc. etc. 6) Ausgelassen wie in No. CXC den gemelten
burgermaistern vndt rhat der statt Br. vnd ihren nachkhommen. 7) Ausgelassen seinen worten, articuln.
8) Ausgelassen wie in No. CXC von römischer kaiserlicher macht vollkhommenheit. 9) Im Orig. ihrem.
10) kräfftig vnd mächtig sein wie No. CXC; in der andern Confirmation daß die vorgenante burgermeister —
bey obeinverleibtem confirmationbrieff ihrer gnaden vndt freyheiten bleiben. 11) frewen wie No. CXC. 12) bur-
germeister vnd rath wie No. CXC statt b. r. burger, jnwohner vndt gemaine. 13) Ausgelassen vndt ihre nach-
kommen. 14) Im Orig. andern.

gnadenreicher [1] geburth im sechzehenhundert neün vnd fünffzigsten, vnßerer reiche des römi-

schen im andern, des hungarischen im fünfften vnd deß böhaimbischen im dritten jahre.

Leopoldt.

Geörg Ulrich graff zu Wolckhstein.

Ad mandatum
sacrae caes. Majestatis proprium
Wilhelmb Schröder ss[1].

CCIII. BESTÄTIGUNG VON KAISER FERDINANDS III MARKTPRIVILEGIUM DURCH KAISER LEOPOLD I.

1659 Aug. 1.

Das Original dieser bis jetzt ungedruckten Urkunde befindet sich im Stadtarchive: 6 Bll. Pergament von 10" Höhe, 6" Breite, deren erstes und letztes unbeschrieben sind, geheftet mit schwarzgelber Seidenschnur, an welcher in Wuchs- und Holzkapsel das bei No. CIC beschriebene Siegel hangt. Kanzleivermerke fehlen gänzlich.

Wir Leopoldt von gottes gnaden erwöhlter römischer kaiser, zu allen zeiten mehrer deß reichs, in Germanien, zu Hungarn, Behaimb, Dalmatien, Croatien vnd Slauonien etc. könig, ertzhertzog zu Österreich, hertzog zu Burgundt, Steyr, Kärndten, Crain vnd Württemberg, graff zu Tyrol, bekennen offentlich mit diesem brieff vnd thun khundt allermenniglich, wie daß vns die ersamen vnsere vnd deß reichs liebe getrewe N. burgermeister vnd rath der statt Braunschweig von weyland vnsern freundlich geliebten herrn vnd vattern kaiser Ferdinandt dem dritten christseeligister gedächtnus einen brieff in glaubwürdigem [2] schein vorbringen lassen, darin ihr May. vnd liebden sie vber die vorigen jahrmärckt mit zwen roß- vnnd viehmarckhten in gnaden versehen vnd begabet, welcher brief von wortt zu worth also lauttet:

Wir Ferdinandt der dritte — — — der geben ist auf vnnsern schloß Ebersdorf [3] den neün vnd zwainzigisten monntstag Augusti nach Christi vnsers lieben herrn vnd seeligmachers gnadenreicher [4] geburt sechzehenhundert neun vnd dreyßig, vnnserer reiche des römischen im dritten, deß hungarischen im vierzehendten vnd des be-

haimbischen im zwelfften jahre. Ferdinandt. V: Ferdinandt graff Kurtz. Ad mandatum sacrae caes. Majestatis proprium Matthias [5] Arnoldin von Clarstein. [6]

vnd vnß darauff bemelte burgermeister vnd rath in vndertheniigkeit angeruoffen vnd gebetten, daß wir als iezt regirender römischer kaiser vorinnserirten brieff allergnedigst zu confirmiren vnnd zu bestettigen gerubeten. Deß [7] haben wir angesehen solche ihre demüetige zimbliche bitt, auch die angenembe, getrewe vnd nutzliche dienst so vnseren vorfahren römischen kaisern vnd königen vnd dem heiligen reiche jhre antecessorn vnd sie selbsten gethan, auch sie gegen vnnß vnd dem heiligen reich noch ferner zu thun deß vndertheniigsten erbietteus seindt, auch wohl thun mögen und sollen, vnd darumb mit wohlbedachtem mueth, guetem rath vnd rechter wissen oheinverleibten brieff alles seines inhalts gnediglich confirmirt vnd bestettiget, thun daß, confirmiren vnd bestettigen denselben auch hiemit wissentlich in crafft diß brieffs, vnd mainen, setzen vnd wollen, daß derselbe in allen seinen inhalt, main- vnd begreiffungen kräfftig vnd mächtig sein vnd sie sich dessen

---

1) *Im Orig.* gnadenreichen.   2) *Im Orig.* glaubwürdigen.   3) *Im Orig.* Eberdarf.   4) *Im Orig.* gnadenreichen.   5) *Das Orig. zeigt vor* Arnoldin *nur ein willkührliches Gewirr von Zickzacklinien, welche schwerlich als* M *geschweige denn als der volle Name* Matthias *zu deuten sind.*   6) *No.* CXCI *S.* 603.   7) *Im Orig.* Daß.

ruhiglich gebrauchen, frewen vnd geniesen sollen vnd mögen von allermenniglich vnuerhindert. Vnd gebietten darauff allen vnd ieden churfürsten, fürsten geist- vnd weltlichen, praelaten, graffen, freyen herrn, rittern, knechten, landtvögten, haubtleüthen, vitzdomben, vögten, pflegern, verwesern, ambtleüthen, landtrichtern, schuldthaisen, burgermaistern, richtern, räthen, burgern, gemainden vnd sonst allen andern vnsern vnd deß reichs vnderthanen vnd getrewen, weß[1] würden, staudt oder weesens die seindt, ernstlich vnd vestiglich mit diesem brieff vnd wollen, daß sie gedachte burgermaister vnd rath der statt Braunschweig vnd deren nachkommen, darzue alle diejehnige so obuerstandene zween roß- vnd viehmärckht besuchen, an dieser vnnserer verwilligung vnd erlaubnus, auch gnad vnd freyheitt vnd dieser vnserer confirmation vnd bestettigung keines weegs hindern noch irren sondern sich deren geruhiglich frewen, ge-

braucben, genüssen vnd gentzlich darbey bleiben lassen, hierwider nit thun noch iemand andern[2] zu thun gestatten in keine weiß noch weeg, als lieb ainem ieden seye vnnsere kaiserliche vngnad vnd straff vnd darzue ein pöen nemblich dreisig marckh löttigs goldts zu uermeiden, die ein jeder so offt er freuentlich hierwider thette vnnß halb in vnnser vnd deß reichs cammer vnd den andern halben theil vielbesagter statt Braunschweig vnnachläßlich zu bezahlen verfallen sein solle. Mit vhrkund dieß brieffs, besigelt mit vnnserm kaiserlichen anhangendem jnsigl, der geben ist in vnnser statt Wienn den ersten tag deß monaths Augusti nach Christi vnnsers lieben herrn vnd seeligmachers gnadenreicher[3] geburtt im[4] sechzehenhundert neun vnd fünffzigsten, vnserer reiche deß römischen im andern, deß hungarischen im fünfften vnd des behaimbischen im dritten jahre.

Leopoldt.
Geörg Ulrich graff zu Wolckhstein.

Ad mandatum
sacrae caes. Majestatis proprium
Wilhelmb Schröder ss[1].

CCIV. BESTÄTIGUNG VON KÖNIG SIGMUNDS PRIVILEGIUM DE NON EVOCANDO DURCH KAISER LEOPOLD.

1659 Aug. 1.

Das Original dieser bisher ungedruckten Urkunde befindet sich im Stadtarchive: Pergament, 30" breit, 20" hoch, mit dem bei No. CIC beschriebenen Siegel in Wachs- und Holzkapsel an schwarzgelber Seidenschnur. Auf der Innenseite des umgelegten Randes Confirmatio privilegij Sigismundi regis romani in puncto fori et de non evocando für die statt Braunschweig. Von der Bestätigungsurkunde Kaiser Ferdinands III (No. CXCIII) unterscheidet sich die hier vorliegende, abgesehen von einigen formellen Kürzungen, nur durch das höhere Strafmass.

Wir Leopoldt von gottes gnaden erwölter römischer kaiser, zu allen zeitten mehrer des reichs, in Germanien, zu Hungarn, Böhaimb, Dalmatien, Croatien vndt Sclauonien etc. könig, ertzhertzog zu Österreich, hertzog zu Burgund, Steyr, Kärndten, Crain vndt Württemberg, graue

zu Tyrol etc. bekhennen offentlich mit diesem brieff vndt thuen kundt allermenniglich, daß vns die erambe vnsere vndt des reichs liebe getrewe N. burgermeister vndt rhat der statt Braunschweig einen brieff von vnserm vorfahrer am reich weylandt Sigismundo römischem[5] könig, darinnen seine liebden vndern dato Costnitz den ersten

---

1) *Im Orig.* waß.   2) *Im Orig.* andern.   3) *Im Orig.* gnadenreichen.   4) im *fehlt.*   5) *Im Orig.* römischen.

Februarij anno vierzehenhundert vndt funffzeben besagte statt Braunschweig dahin privilegirt vndt befreyet, daß sie vor kein ander gericht alß allein vor einen [1] römischen kaiser vnd könig gezogen noch evociert werden sollen, in glaubwurdig vidimirtem [2] schein gehorsambst vorbringen lassen, wie von wortten zu wortten hernach geschriben stehet: Sigismundus dei gratia Romanorum rex — — — — datum Constantiae anno i n nativitate domini millesimo quadringentesimo quinto decimo, primo die Februarij, regnorum nostrorum anno Hungariae etc. vigesimo octavo, Romanorum quidem electionis quinto, coronationis vero primo. Ad mandatum domini regis Johannes praepositus de Strigon. vicecancellarius [3], vnd vns darauf eingangs benente burgermeister vndt rbat der statt Braunschweig allervnderthenigst angerueffen vndt gebetten, daß wir alß iezt regierender römischer kaiser obberührten könig Sigismundj außgangenen brieff vber die von vnsern vorfahren am reich vorhin ertheilte generalconfirmation aller vnd ieder gemelter statt Braunschweig kaiser vnd königlichen priuilegien, freyheiten vndt rechten besonders zu confirmiren vndt zu bestättigen gnädigst geruheten, inmassen vnser geebrtister herr vatter weylandt kaiser Ferdinand der dritte christmildester gedächtnus in anno sechzehenhundert ein vndt viertzig auch gethan habe. Des [4] haben wir angesehen solch ihr gehorsambst demütige bitte, auch die angenehme, getrewe, gehorsamb- vndt gantz willigste dienste welche erwante burgermeister vnd rbat auch gemainde der statt Braunschweig nit allein vnsern hochgeehrten vorfahren am reich römischen kaisern vndt königen sondern auch vns selbsten seither augetrettener vnserer kaiserlichen regierung in vnderschiedliche weeg gehorsambst erzaigt vndt bewisen, solches noch täglich thuen vndt ins kunfftig nicht weniger zu thuen des vnderthenigsten anerbiettens sein, auch wol thuen können, mögen vndt sollen, vnd darumb mit wolbedachtem muoth, guetem rath vnd rechtem wissen offternanten burgermeister vndt rbat zu Braunschweig solch obeinverleibten könig Sigismunds brieff alß römischer kaiser gnädiglich confirmirt vndt bestättiget, confirmiren vndt bestättigen jhnen denselben auch hiemit von römischer kayserlicher macht vollkommenheit wissentlich in krafft diß brieffs, vnd meinen, sezen vndt wollen, daß solche vorbeschribene freyheit in allen ihren wortten, puncten, clausulen, articuln, inhalt-, mein- vndt begreiffungen kräfftig vndt mächtig sein, stätt, vest vndt vnuerbrüchlich gehalten vndt vollzogen, vndt vielbesagte burgermeister vndt rbat auch burger, einwohner vndt gemeinde der statt Braunschweig sich derselben ihrer notturfft vndt gelegenheit nach [6] genüessen, gebrauchen vndt gentzlich darbey bleiben sollen vndt mögen [6], doch vns vndt dem heyligen reich [7] vnschädlich. Vndt gebietten darauf allen vndt ieden churfürsten, fürsten geistlichen vndt weltlichen, praelaten, grauen, freyen herren, rittern, knechten, landtvögten, haubtleuthen, vitzdomben, vögten, pflegern, verweesern, amptleuthen, landtrichtern, schuldtheissen, burgermeistern, richtern, rbäten, burgern, gemeinden vndt sonst allen andern vnsern vndt des reichs vnderthanen vndt getrewen, wes [8] würden, standt oder weesens die seindt, erustlich vndt vestiglich mit diesem brieff vndt wollen, daß sie mehrgedachte burgermeister, rhat vndt gemeinde der statt Braunschweig an obinserirtem [9] weylandt könig Sigismunds brieff vndt dieser vnserer darüber ertheillen confirmation vndt bestättigung nicht hindern noch irren sondern sie von vnser vndt des reichs wegen darbey vestiglich handhaben, schützen vndt schirmen vndt dessen geruhiglich gebrauchen, geniessen vndt gentzlich darbey bleiben lassen, hierwider nichts thuen, handlen oder fürnehmen noch solches andern zu thuen gestatten in keinerley weis, alß lieb einem ieden saye vnser vndt des reichs schwere vngnadt vndt straff vndt darzue ein pöen von zweyhundert marckh lödiges goldts [10] zu vermeiden, die ein ieder so offt er fräventlich hierwider thätte, vns halb in vnser vndt des reichs cammer vndt den andern halben theil offtgedachten burgermeister vndt rhat der statt Braunschweig vnnachleßlich zu bezahlen verfallen sein solle. Mit vhrkundt diß brieffs, besiegelt mit vnserm kayserlichen anhangendem insigel, der geben ist in vnserer statt Wien den ersten monatstag Augusti nach Christi vnsers lieben herren vndt seeligmachers glor-

---

1) *Im Orig.* einem.   2) *Im Orig.* vidimirten.   3) *No.* LXVII S. 191.   4) *Im Orig.* Das.   5) *Ausgelassen* souiel sy deren in gebrauch sein.   6) *Ausgelassen* von allermenniglich vnuerhindert.   7) *Ausgelassen* vnd sonst menniglich an seinen rechten vouergriffen vnd.   8) *Im Orig.* was.   9) *Im Orig.* obinserirten.   10) 1641 in vielgedachten könig Sigismundts brief begriffen.

würdiger vnd gnadenreicher [1] geburt im sechze-
henbundert neünvndtfünfftzigsten, vnserer reiche

des römischen im anderten, deß hungarischen im
fünfften vndt deß böhaimbischen im dritten jahre.

Ad mandatum
Leopoldt.
Geörg Vlrich graff zu Wolckstein.

Ad mandatum
sacrae caes. Majestatis proprium
Wilhelmb Schröder ss[t].

CCV. BESTÄTIGUNG VON KAISER FERDINANDS III SCHIRMBRIEF DURCH KAISER LEOPOLD.

1659 Aug. 9.

Das Original dieser bis jetzt ungedruckten Urkunde befindet sich im Stadtarchive: Pergament, 5½" breit, 21" hoch, mit dem bei No. CIC beschriebenen Siegel in Wachs- und Holzkapsel an schwarzgelber Seidenschnur. Auf der Innenseite des umgelegten Randes Confirmatio protectorii für die statt Braunschweig; andere Vermerke fehlen.

Wir Leopoldt von gottes gnaden erwölter rö-
mischer kaiser, zu allen zeitten mehrer des reichs,
in Germanien, zu Hungarn, Böheimb, Dalmatien,
Croatien vnd Sclauonien etc. könig, ertzhertzog
zu Österreich, hertzog zu Burgundt, zu Brabandt,
zu Steyer, zu Kärnden, zu Crain, zu Lützem-
burg, zu Württemberg, Ober vnd Nider Schlesien,
fürst zu Schwaben, marggraue des heyligen römi-
schen reichs zu Burgaw, Ober vnd
Nider Laußnitz, gefürster graue zu Habspurg,
zu Tyrol, zu Pfierd, zu Kyburg vnd zu Görtz,
landgraffe in Elsas, herr auff der Windischen
marck, zu Porttenaw vnd zu Salins, bekhennen
offentlich mit diesem brieff vnd thuen kundt al-
lermenniglich, das vnnß die ersame vnnsere vnd
des reichs liebe getrewe N. burgermeister vnd
rath der statt Braunschweig einen brieff von
dem allerdurchleüchtigsten fürsten herrn Ferdi-
nandten dem dritten römischen kaisern vnserm
geehrtisten herrn vnd vattern christmilden an-
gedenckens in glaubwürdigem schein vorbringen
lassen, darin jhre M[t] vnd liebden sie wider alle ar-
rest vnd repressalien gegen jhre creditoren in
sonderbaren versprach vnd protection ahn- vnd
aufgenohmen, welcher brieff also lauttet: Wir

Ferdinandt der dritte — — — — der geben ist in vn-
serer vnd des hayligen reichs statt Regenspurg den an-
derten tag des monathe Nouembris nach Christi vnsers
erlösers gnadenreicher [2] geborth im sechzehenhundert vnd
vierzigisten, vnserer reiche des römischen im vierten, des
hungarischen im fünffzehenden vnd des böhaimbischen im
dreyzehenden jahre. Ferdinandt. V[t] Ferdinandt graff
Kurtz. Ad mandatum sacrae caes. Maiestatis proprium
Johann Söldtner dr., [3] vnnd hierauff sie burger-
meister vnd rath zu Braunschweig in vnderthe-
nigkeitt angerueffen vnd gebetten, das wir alß
jetzt regierender römischer kaiser solch vorin-
serirtes protectorium allergnedigst zu confirmi-
ren vnd zu bestettigen gerubeten. Deß [4] wir an-
gesehen solche jhre demüetige zimbliche bitt,
vnd darumb mit wohlbedachtem mueth, guetem
rath vnd rechtem wissen berürtes protectorium
gnedigst confirmirt, bestettiget auch von newem [5]
ertheilt haben, thuen daß, confirmiren, bestetti-
gen vnd ertheilen jhnen solches von römischer
kayserlicher macht vollkommenheitt wissentlich
in krafft diß brieffs, vnd mainen, setzen, ordnen
vnd wollen, das obeinverleibter kaiser Ferdinandt
des dritten brieff alles seines inhalts kräfftig,
mächtig vnd bündig sein, vnd sie mehrgemelte

---

1) *Im Orig.* glorwürdigen, gnadenreichen. 2) *Im Orig.* vnd gnadenreichen. 3) *No.* CXCII, *S.* 605. 4) *Im Orig.* Daß. 5) *Im Orig.* newen.

82

burgermeister, rath vnd gantze gemeinde der statt Braunschweig sich dessen ruhiglich frewen, gebrauchen vnd geniessen sollen vnd mögen von allermenniglich vnuerhindert. Vnd gebietten darauff allen vnd jeden churfürsten, fürsten geistlichen vnd weltlichen, praelaten, grauen, freyen herrn, rittern, knechten, landvögten, haubtleuthen, vitzdomben, vögten, pflegern, verweßern, ambtleüthen, landrichtern, schultheissen, burgermeistern, richtern, räthen, burgern, gemeindten vnd sonst allen andern vnsern vnd des reichs vnderthanen vnd getrewen, weß[1] würden, standt oder weeßens die seind, ernst- vnd vestiglich mit diesem brieff vnd wollen, das sie mehrgenante burgermaister, rath vnd gemeindt zu Braunschweig bey obeinverleibtem[2] protectorio vnd dieser vnserer darüber ertheilten kayserlichen confirmation vnd ernewerung ruhiglich vnd vnangefochten verbleiben lassen vnd dieselbe mit obgehörten repreßalien ahn keinerley orth noch endt bekümmern, belegen, nöthigen oder vergewaltigen sondern dieselbe bey jhrem handel, wandel vnd gewerb aller orthen frey, sicher vnd vnuerhindert paßiren vnd repaßiren lassen, deme also vnd zuwider nicht thuen, alß lieb einem ieden ist vnser vnd des reichs schwere vngnadt vnd straff vnd darzue ein poen nemblich zweyhundert marck lödigs goldts zu vermeiden, die ein ieder so offt er freuenthlich hierwider thätte vnß halb in vnser vnd des reichs cammer vnd den andern halben theil offtgedachter statt Braunschweig vnnachleßlich zu bezahlen verfallen sein solle. Mit vrkhundt diß brieffs, besigelt mit vnserm kayserlichen anhangenden jnsigel, der geben ist in vnserer statt Wien den neünten monadtstag Augusti nach Christi vnseres lieben herrn vnd seligmachers gnadenreicher[3] geburtt im sechszehenhundert neün vnd fünffzigsten, vnserer reiche des römischen im anderten, des hungarischen im fünfften vnd des böhaimbischen im dritten jahre.

Leopoldt.

Ad mandatum
sacrae caes. Majestatis proprium
Wilhelmb Schröder ss'.

CCVI. AHME- UND SACKORDNUNG.

1668 Dec. 9.

Gedruckt zu Braunschweig 1668 bei Johann Heinrich Duncker: 6 ungezählte Bll. in 4°, im Titel derselbe unkränzte Löwe, welchen die voraufgegangenen Zilligerschen Drucke zeigen, über dem Textanfange ein Arabeskenfries, zum Schluss eine Vignette. — Auf die Ahme- und Sackordnung von 1647 (No. CXCV) greift dies neue Statut nur mit zwei Bestimmungen zurück, und auch in diesen nur theilweis.

E. e. rathes dero stadt Braunschweig ernewerte ahme- und sackordnung.

Wir burgermeistere vnd rath dero stadt Braunschweig fügen allen unsern bürgern und einwohnern, in sonderheit denen brawern vnd beckern, auch sonst männiglichen so hiesiger mühlen sich gebrauchen und umb unsert willen zu thun und zu lassen schüldig seyn, hiermit zu wissen und ist vorhin bekandt, welcher gestalt unsere löbliche vorfahren am gemeynen hiesigen[4] stadtregiment zu richtiger einfassung des korn- und maltzsackens und abstellung derer zu

---

1) *Im Orig.* waß.   2) *Im Orig.* obeinverleibten.   3) *Im Orig.* gnadenreichen.   4) *Im Orig.* gemeinem hiesigem.

gefährlicher verkürtzung des gemeynen wesens eingerissenen vortheylhafften mißbräuche und überschreitungen bereits in anno 1647 nach vorgepflogener reifer sorgfältiger berahtung gemässe verordnung gemachet und durch öffentlichen druck und anschlag zu jedermans wissenschafft gebracht, nicht zweyfelnde, es würde derselben als zu befoderung des gemeynen einem jedweden bürger selbst mit obliegenden besten angesehen, von allen und jeden gehorsahme bezeigung geschehen und erfolget seyn, die sich aber seyth der zeit nach und nach je länger je mehr leyder verlohren und voriges vortheylhafftes übersacken numehr überall wiederumb eingerissen und dermassen ohngeschewet überhand genommen, daß sowohl in die maltz- als andere kornsäcke ohngeachtet deren daran stehenden ahmezeichen so viel nur möglich hinein gebracht werden mögen, gethan und solcher gestalt fast noch eins so viel als davon das gesetzte zeichengeld oder accise entrichtet zur mühlen geschicket und gemeyner stadt aerario der hiervon zu erwartende¹ einfluß zur helffte entzogen wirdet.

Dieweil dann sothanem ohnrechtfertigen² von tage zu tage wachsenden wesen zu dieser stadt grossem schaden und abbruch derer höchstnöhtigen gemeynen eingänge länger nicht nachgesehen werden können, sondern gleichsam die eusserste noht erfordert demselben mit ernst dermahlig zu steuren und entgegen zu gehen: als haben wir krafft darzu anweisender amptspflichte darüber verschiedentliche berahtung gepflogen und endlich mit zuzieh- und verwilligung aller dreyer zum grösseren³ stadtregiment allhie gehöriger löblicher stände zu erreichung vorgesetzten gemeynnützigen zwecks nachvermeldete mittel diensam und nützlich befunden. Setzen, ordnen und wollen demnach hierdurch ernstlich gebietende, daß sich jedermann, in sonderheit die brawere, beckere und andere so korn zur mühlen schicken, darnach gehorsamlich ach-

ten und bezeigen sollen.

Erstlich: dieweil bey denen geahmeten säcken 1 grosse ohngleichheit gespüret wird, so sollen die vorige ahmungen nicht mehr gültig seyn, sondern zu einführ- und erhaltung einer durchgehenden gleich- und richtigkeit alle und jede säcke so mann zur mühlen mit maltz, weitzen, rogken oder gersten senden wil, von newem⁴ geahmet werden, und zwar, darmit sich niemand zu beschwehren habe, ein maltzsack mit vierzehen CXCV, 2 gestrichenen himpten rogken, ein halbscheffelsack aber zu weitzen mit sechs gestrichenen himpten und einem vierfaß rogken, ein halbscheffelsack aber zu rogken mit fünff gestrichenen himpten rogken.

Zum andern sollen die also geahmete säcke 2 zu soviel mehrer verhütung alles unterschleiffs nicht allein unten sondern auch an denen seiten auff die nähte gezeichnet und mit denen darzu besonders von newem⁴ verordneten mercken bedrücket, sondern auch was daran zu lang und über die ahmung ist alsbald so kurtz und genaw daß mann sie nur füglich zubinden könne, von denen ahmern abgeschnitten werden.

Zum dritten: darmit bey der ahmung alles desto richtiger zugehen möge, haben wir darzu 3 gewisse personen, als in jedem weichbilde einen herrn des rahtes, einen auß denen ehrl. gilden und einen auß denen ehrl. hauptleuten, erwehlet und verordnet, auch in sonderbahre pflichte genommen, der von denen kornknechten zu verrichtenden³ ahmung ins gesampt oder deren etliche, wie sie sich dessen unter einander freundlich bereden und vergleichen werden, beyzuwohnen und dahin alles fleisses zu sehen daß darmit auffrichtig dieser ordnung nach allenthalben umbgegangen und gebahret werde.

Zum vierdten: zu abwend- und verhütung 4 aller derer hierbey etwa veruhrsachenden CXCV, 3 kosten halber entstehenden⁵ beschwehrden sollen die ahmungen von dato dieser verordnung an biß auff vorstehenden fastnacht frey und ohne entgeldt verrichtet, nach ablauff

---

1) *Im Orig.* erwartender. 2) *Im Orig.* ohnrechtfertigem — wachsendem. 3) *Im Orig.* grösserem. 4) *Im Orig.* newen. 5) *Im Orig.* verrichtender. 6) *Im Orig.* entstehender.

aber solcher frist von einem[1] jedweden die übliche gebührnüß, als von einem maltzsacke denen ahmern sechs pfenning. dem drücker aber ein guter groschen, von einem halben scheffelsacke aber zu rocken und weitzen denen ahmern vier pfenning und dem drücker ein mariengroschen, entrichtet werden.

vgl. CXCV, 7 5 **Zum fünfften:** nachdem durch die newe ahmung die vorige gäntzlich abgeschaffet wird, so sollen die karrenführer hinführo keine säcke so mit dem newen ahmezeichen nicht gemereket, zur mühlen fahren noch die müller selbige einnehmen, bey straffe für jeden sack eines mariengülden.

6 **Desgleichen** und zum sechsten sollen auch die karrenführere, da sie sehen und wahrnehmen daß die säcke worin sie maltz oder korn nach der mühle fahren sollen, verfälschet und entweder weiter oder länger gemachet weren als sie geahmet, oder auch die auff weitzen geahmete säcke mit andern[2] korn gefüllet weren, dieselbe nicht annehmen noch zur mühlen bringen, bey vermeydung voriger straffe.

7 **Zum siebenden:** wie aber alle gute ordnung ohne bestraffung derer übertretere vergeblich, die bestraffung aber ohne fleissige auffsicht nicht zu wercke gerichtet werden mag, also sollen diejenige personen so zu der ahmung verordnet, die mühlen alltäglich ins gesampt oder einzeln, wie es ihnen am bequehmsten fallen und thunlich seyn wird, so offt sie wollen besuchen, visitiren und daß keine ohnrichtigkeit in der maß oder ahme vergehe, auff ihre dahin außdrücklich mit gerichtete pflichte bestmöglichen fleisses beobachten.

vgl. CXCV, 8 8 **Zum achten:** wann dieselbe einen oder mehr säcke so mit dem newen zeichen nicht geahmet oder auch nach der ahmung durch erweitter- oder ansetzung verfälschet, oder auch daß in einem weitzensack rogken oder gersten gethan were befinden und antreffen, sollen sie den- oder dieselbe alsbald ohne ansehung der person hinweg nehmen und durch die bestallte kornknechte

auff gemeyner stadt kornboden in dem weichbilde da die ohnrichtigkeit betreten wird, bringen lassen, auch die person der das korn oder maltz angehörig gewesen, dem regierenden herrn bürgermeister zu weichbilde ohnverzüglich angemeldet und von demselben an den brüchcämmerer verwiesen werden, die verwirckete straffe, als zum erstenmahle von einem maltzsacke einen mariengülden, von einem halben scheffelsacke aber zehen mariengroschen, zum andern mahl aber gedoppelt und so fort, schleunigst von demselben einzutreiben, massen dann ehe und bevor dieselbe würcklich erleget der strafffälligen person keine weitere braw-, schrat- oder mahlzeichen von unser zollbude und accisestube abgefolget werden sollen.

Zum neundten: da auch gleich an denen säcken 9 dergleichen mercklliche zeichen der ohnrichtig- vgl. CXCV, 9 keit nicht zu finden, dieselbe aber dennoch dem ansehen oder augenmaß nach allzumercklich überfüllet zu seyn schienen oder sonst verdächtig weren, sollen die verordnete ahme- und mühlenherrn befuget seyn solche säcke alsbald durch die müllerknechte außschütten und das darin befindliche maltz oder korn mittels der sonderbahren in allen mühlen befindlichen darzu verordneten masse nachmessen zu lassen. Im fall dann eine sonderbare übermasse befunden würde, solle mit dessen wegnehm- und anmeldung der person der es angehörig, auch eintreibung der verwürcketen straffe also wie im vorhergehenden[3] articul mit mehren angezeiget, verfahren werden.

Zum zehenden: weil vorerwehnte ahme- und 10 mühlenherrn allezeit in denen mühlen nicht seyn und das darein gebrachte maltz und korn, voraus was zu ahmezeit angeführet und gemahlen wird, in augenschein nehmen können, so sollen die müllere und deren knechte (so hiezu ahsonderlich auch vereydet) zugleich mit fleissige obacht haben und darnach sehen, daß dieser verordnung nicht zuwieder gehandelt und was übersacket gemahlen oder geschratet werden möge,

---

1) *Im Orig.* einon.   2) *Im Orig.* andorn.   3) *Im Orig.* vorhergohendom.

sondern die an der ahme und zeichen oder sackung falsch oder verdächtig befindende säcke, ingleichen die weitzensäcke so mit rogken oder gersten gefüllet, biß zu derer ahme- und mühlenherren aukunfft stehen lassen und deren verordnung darüber erwarten.

11 Zum eylften sollen mehrbesagte inspectores zugleich auch darnach sehen und darob seyn, daß einem jedweden, er sey brawer, becker, bürger oder einwohnender, das seinige in denen mühlen treulich bewahret und tüchtig gemahlen auch vollkömlich wiedergeliefert, ingleichen mit dem trinckgelde niemand übersetzet noch einige andere ohngebührnuß oder unterschleiff in denen mühlen geübet werde, sondern alles ordentlich zugehen möge.

12 Zum zwölften: damit diese wohlgemeynte verordnung so viel mehr zu jedermans wissenschafft gelangen und sich niemand mit der ohnwissenheit zu behelffen haben möge, wollen wir dieselbe über den öffentlichen druck und anschlag an denen fünff rathhäusern von allen cantzeln der ehrl. bürgerschafft vermelden und abkündigen lassen.

13 Obstehendes alles meynen wir ernstlich und wollen darob allerdings ohnverbrüchig gehalten wissen. Derohalben sich männiglich gehorsamlich darnach achten, gemeyner stadt und des lieben vaterlandes bestes seines theyls mit befordern und vor schaden und schimpff sich zu hüten wissen wird. Gegeben auff unserm Newstadtrahthause den 9. Decembris im jahr Christi ein tausendt sechshundert sechtzig und achte.

L. S.

Aydt derer ahme- und mühlenherrn.

14 Ihr sollet geloben und schwehren einen leiblichen ayd zu gott, daß ihr der ahmung der maltz- und kornsäcke nebst euren collegen entweder ins gesampt oder wie ihr euch dessen unter einander vergleichen werdet, beywohnen und allen fleisses dahin sehen wollet, damit in solcher ahmung der diffals begriffenen und publicirten ordnung nach richtig verfahren und ohne ansehen derer personen durchgehende gleichheit gehalten, nicht minder in denen mühlen alle ohnrichtigkeit verhütet und die strafffällige personen der gebühr angemeldet werden mögen, da ihr auch etwas zu besserer handhabung der gemachten ordnung und gemeyner stadt bestem zu erinnern wüstet, solches e. e. hochweysen[1] rahte münd- oder schrifftlich an die hand geben, und in dem allen weder freund noch feindschafft, furcht oder anders, wie das nahmen haben möge, ansehen noch euch abhalten lassen: so wahr euch gott helffe und sein heyliges wort.

Ayd derer sackahmere.

15 Ihr sollet schwehren einen leiblichen ayd zu gott, daß ihr nach der von e. e. hochweysen[1] rahte allhie des sackahmens halben ernewerten und verbesserten ordnung einem jeden hiesigen[2] brawer, becker und allen andern dieser stadt einwohnern ihre maltz- und kornsäcke so sie euch einschicken, wenn sie vorhero wohl außgetrucknet seyn, doch anders nicht dann in beyseyn derer hierzu verordneten ahmeherrn auß allen fünff weichbilden, getrewes besten fleisses mit rocken einem wie dem andern messen und ahmen, wo die ahme wendet mit einem kendtlichen[3] röthelstriche aufrichtig zeichnen und darnach was an denen säcken zu lang ist so kurtz und genaw daß sie nur füglich können zugebunden werden, alsbald abschneyden, und die geahmete säcke mit anzeigung dessen nahmen dem sie zugehören dem drucker zu auffsetzung derer zeichen selbst zubringen und darinn keine person noch gabe, freund- oder feindschafft oder andere ursache ansehen, mit der arbeit die leute nach bestem[4] vermögen befordern, auch mit der belohnung so in der ordnung gesetzet zufrieden seyn und ein mehres darüber nicht fordern noch sonst einigen vortheyl oder eygennutz darinnen suchen, sondern in dem allen e. e. hochweysen[1] rathe und gemeyner stadt trew, hold und auffwärtig seyn wollet: so wahr euch gott helffe und sein heyliges wort.

Ayd derer müllerknechte.

16 Ihr sollet geloben und schwehren einen leib-

---

1) Im Orig. hochweysem.   2) Im Orig. hiesigem.   3) Im Orig. kendtlichem.   4) Im Orig. besten.

lichen ayd zu gott, daß ihr in der müblen zeit ewres dienstes einem jedweden [1] sein korn und maltz trewlich verwahren und ewrem besten verständniß nach tüchtig mahlen oder schraden, auch da euch etwa verdächtige säcke so mit dem newen zeichen nicht bedrücket oder verfälschet oder allzusehr überfüllet weren, vorkehmen, selbige nicht annehmen, weniger auff die mühle bringen, sondern biß zu ankunfft derer verordneten ahme- und mühlenherren stehen lassen, auch mit dem trinckgelde niemand übernehmen sondern an dem was euch gegeben wird vergnüget seyn, und sonst in ewrem dienste euch allenthalben trew und fleissig erweisen wollet: so wahr euch gott helffe und sein beyliges wort.

CCVII. TAUFORDNUNG.

1669 Febr. 19.

Gedruckt zu Braunschweig 1669 bei Johann Heinrich Duncker: 4 ungezählte Bll. in 4°, bis auf die Schlussvignette, welche hier fehlt, ganz in der Ausstattung wie die Ahme- und Sackordnung von 1668 (No. CCVI).

Eines e. rathes dero stadt Braunschweig kindtauffordnung.

Wir bürgermeistere und rath dero stadt Braunschweig fügen allen unsern bürgern, einwohnern, schutzverwandten und allen denen so umb unsertwillen zu thun und zu lassen schuldig seyn hiermit kundt und zu wissen: Obwol von unsern geehrten lieben vorfahren an gemeynem hiesigen [2] stadtregiment und uns zu erhaltung christlicher erbarkeit, den theils von gott und der natürlichen vernunfft selbst, theils durch obrigkeitliche satzungen in gemeynem wesen eingeführten unterscheid derer stände und daher dependirender gebühr in keine confusion gerathen zu lassen, nach und nach allerhand gute und gemeynnützige verfaß-, ordnungen, edicta, gebothe und verbothe publiciret, und verhoffet worden, es würde mittels obrigkeitlichen einsehens und execution oder wenigst auff eines jeden selbst zu verspührenden abgang der je mehr und mehr zerrinnenden nahrung allem darwider einreissenden [3] überflusse und verschwendung zur gnüge begegnet werden können: so müssen wir dennoch mit nicht geringem verdruß erfahren und gibt es der tägliche augenschein, daß aller dißfals gebraucheter sorgfalt ohngeachtet dergleichem ohnwesen annoch zulanglich nicht vorgebawet worden, sondern dasselbe nunmehro auch bey kindbetter- und sechswöchnerinnen dermassen zugenomen und sich außgebreitet habe, daß demselben also länger nachzusehen auff anders nichts als dem obrigkeitlichen [4] ampte gantz ohnverantwortliche connivenz, confusion und zerrüttung des von gott selbst eingeführten unterscheids derer personen und stände außlauffen wolte. Haben demnach zu erhaltung sowol obrigkeitlicher autorität und respects als auch gebührenden unterscheids derer stände, würden, ansehens und vermögens, zumahln aber so viel an uns des grossen gottes ob sothanem übermuht, verschwendung und mißbrauch dessen gaben erreitzeten [5] eyfer abzuwenden, auff vielfältig gepflogene überleg- und berathung des gemeynen rathes, rahtsgeschwohrner, auch gildemeistere und hauptleute nachfolgende ordnung verfasset und angenommen. Statuiren, ordnen

---

1) *Im Orig.* jedwedem. 2) *Im Orig.* hiesigem. 3) *Im Orig.* einreissendem. 4) *Im Orig.* obrigkeitlichem.
5) *Im Orig.* erreitzetem.

und setzen demnach hiermit und krafft dieses ernstlich wollende, daß dieselbe von unsern bürgern, bürgerinnen geist- und weltlichen, auch deren kindern und gesinde und ins gemeyn allen denen so unser botmässigkeit unterworffen, steiff und ohnverbrüchlich gehalten und darwieder in einigerley weise noch wege nicht gehandelt werden solle.

1 Vors erste: nach von gott beschehretem ehesegen sollen die eltern allerdinge schuldig seyn ihr kind aufs förderlichste und zwar zum längsten binnen dreyen tagen nach der geburth zur heyligen tauffe öffentlich in der kirchen dahin jedes weichbild eingepfarret ist, durch christliche, gottesfürchtige und ehrliche gevattern, deren aber mehr nicht als drey erbethen oder zugestattet werden sollen, befördern zu lassen.

2 Dieweil aber vors andere die erfahrung bezeuget, daß das sonst christliche werck der gevatterschafft umb derer vielen vnkosten willen so dabey auffgewendet werden müssen, sehr beschwehrlich gemachet und offtermahls mit ohnwillen angenommen wird, gestaltsamb es dann so weit kommen daß nicht allein denen personen so die gevatternbrieffe auftragen, bey 9, 12 ad 18 mgr., sondern auch denen mägden im hause von jedem gevattern 18 und 24 mgr. ja gantze reichsthaler verehret, und über das zum gevattern oder pathengelde etliche viele reichsthalere eingebunden werden: so soll hinfüro derjenigen person so den gevatternbrieff bringet, mehr nicht dann 1 oder 2 ggr., denen mägden im hause aber zum meisten 9 mgr. und zum gevatterngelde höher nicht dann drey zu vier reichsthaler nach eines jedweden stande, belieben und vermögen gegeben, verehret und eingebunden werden, bey willkührlicher, da jemand darüber gethan zu haben erfahren würde, auff der bruchstube zu erlegender straffe.

3 Und als vors dritte eine ohnnützliche pracht mit kostbaren bettsponden und wiegen bißhero eingerissen, indem dieselbe von schwartz gebeitzetem und anderm theuren [1] holtze, kostba-

rer tischer- und bildhawer-, auch öffters reich vergüldet- oder versilberter arbeit bereitet werden, und solches ohne unterscheid nicht zu gestatten, so wollen wir hierinnen diese masse hinfüro gehalten wissen, daß ins gemeyn und ohne unterscheyd allen und jeden sechswöchnerinnen, wes standes oder würden dieselbe immer seyn mögen, alle vergüldete und versilberte wie auch mit bildschnitzerarbeit geziehrete sponden und wiegen gäntzlich verbothen seyn sollen, und nur allein die zu der in unser anno 1650 publicirten kleyderordnung gemachten ersten und andern olass gehörige kindbetterinnen sich der ziehrlich mit farben angestrichenen oder mit eingelegter tischerarbeit zubereiteten [2] sponden und wiegen [3] zu gebrauchen haben mögen.

4 Indeme wir aber vors vierdte befinden, daß es hierbey nicht verbleibe, sondern das wochenbette mit allerhand atlassenen, auch gar bunten atlassenen gardienen oder vorhängen umbzogen, die vorhänge mit güldenen und silbernen spitzen verbrehmet, ingleichen das weisse leinene bettwerck mit köstlichen theuren gewirckten, gestrickten oder geneheten strichen und klöppelwercke auffgeputzet werde, solches aber unsern vormahligen edictis gerade zuwider lauffet: so sol dasselbe alles und jedes hiermit ohne unterscheyd gantz und gar abgeschaffet und verbothen seyn und bleiben.

5 Wann auch vors fünffte die sechswöchnerinnen gute zeithero in seydenen und mit golde und silber verbordierten camisolen und mützen auff dem haupte sich sehen lassen, welches hiebevor bey unsern vorfahren und derselben weit besserm vermögen und aufträglicheren zeiten niemals erhöret worden, als wollen wir obbesagte bordierung und atlaß gäntzlich hiermit verbothen, andere seydene camisolen und mützen aber allein dem ersten und andern [4] stande zugelassen haben.

6 Und wiewol vors sechste bißhero bräuchlich gewesen die dienstmägde mit ihrer frawen besten kleydern und schmucke anzuthun, durch die

---

1) Im Orig. theuren. 2) Im Orig. angestrichener, zubereiteter. 3) sich wiederholt. 4) Im Orig. erstem, anderm.

stadtgassen herumb zu schicken und zur tauff-procession einladen, auch in solchem geborgeten[1] habit und durch dergleichen verkleydete mägde das kind in die kirche tragen zu lassen, weil aber solcher gebrauch etwas seltzam, denen kindbetterinnen selbst nicht anständig und theyls lächerlich scheinet: so wollen wir, daß das umb-bitten zwar durch die dienstmägde binfüro nach belieben, jedoch nicht in ihrer frawen sondern ihrer eygenen, reinlichen kleydung, so gut die-selbe in unser kleyderordnung ihnen vergönnet ist, verrichtet werde. Bey der tauffprocession aber und wenn sie ihrer[2] herrn und frawen new-gebobrnes kind zur kirchen tragen, mögen sie der frawen sonntägliche, mit nichten aber die beste kleydung gebrauchen und anlegen.

7 **Darmit** dann ferner und vors siebende der überfluß an speise und tranck bey der tauffzu-sammenkunfft, in sonderheit das übermässige ku-chenbacken hinfüro unterlassen bleibe, und die sonst darauff ohnnöthig wendende unkosten er-spahret werden mögen: so sollen von zeit die-ser ordnung an künfftig mit und sammt denen erbetenen gevattern und gevatterfrawen (welche zu dem ende vor der tauffe ebenmässig im hause sich einstellen und mit denen andern das kind zur kirchen begleiten helffen sollen) mehr als fünff paar weibespersonen nicht eingeladen,

8 **Vors** achte auch alle tauffmahle und gastereyen sowol nach verrichteter tauffe als zu ende derer sechs wochen und bey gehaltenem kirchgange gäntzlich unterlassen und eingestellet werden.

Jedoch den fall auffgenommen, da etwa fremde gevattern und nahe anverwandte von außwerti-gen orthen erbethen weren, welche, gleichwol ohne überfluß und zuziehung mehrer allhie woh-nender personen, mässig zu bewirthen vergön-net seyn.

Endlich auch vors neundte soll bey der als- 9 bald nach geschehener tauffe gewöhnlichen und zugelassenen[3] collation in dem ersten und an-dern[4] stande nur einerley wein auffgesetzet, in folgenden ständen aber gäntzlich verbothen, auch durchgehends keine kuchen oder ander gebacke-nes binfüro ausser hauses eintzigem menschen, wie nahe er auch verwandt seyn mag, verschi-cket werden, sondern dieses auffschicken ohne unterscheid und respect derer stände oder sonst hiermit gäntzlich cassiret, auffgehoben und ab-geschaffet, auch wider die verbrechere mit ohn-abläßlicher straffe unser brüchstuben zu verfah-ren hiermit committiret seyn.

Vorgesetztes alles und jedes meynen wir ernst-lich. Wird derwegen ein jeder nebenst erinne-rung pflichtschuldigen gehorsams für schimpff, schaden und ernstlicher nach befindung obrig-keitlich zu ermessender straffe sich zu büten wissen. Uns gleichwol vorbehältlich, diese ord-nung nach befundenen und dem gemeynen[5] be-sten commensurirten umbständen zu erklären, zu ändern und zu verbessern. Signatum auff unserm Newenstadtrahthause den 19. Februarii anno 1669.

L. S.

CCVIII. EIDE.

In einem besondern Aydebuech (216 Bll. Pap. 4°) wurden gegen Ende des 16. Jahrhunderts oder zu Anfang des 17. von einem Schreiber zunächst und ohne Unterbrechung achtzig, später noch vierzehn der damals gebräuchlichen Eidformeln zusammengetragen. Die meisten, namentlich jener erstern Reihe, selbst in offenbaren Versehen wörtlich nach dem zweiten Rechtsbuche der Altstadt (s. die Vorbemerkung zu No. CLXXVII), einige allerdings auch schon in etwas veränderter Fassung, und zwei (die 22. der unten folgenden Formeln und No. CLVI) welche jener ältern Aufzeichnung

---

1) *Im Orig.* geborgetem. 2) *Im Orig.* ihren. 3) *Im Orig.* gewöhnlicher, zugelassener. 4) *Im Orig.* andern.
5) *Im Orig.* gemeynem.

*fehlen, nach anderen Vorlagen. Im Lauf der nächsten sechzig Jahre sind dann einige dieser For-
meln abgeändert und sechzig neue hinzugekommen; doch lässt sich die Zeit dieser Nachträge im ein-
zelnen nicht immer mit Sicherheit feststellen. Drei neue von einem zweiten Schreiber eingetragene
Eide rühren aus dem Jahre 1604 her; bis 1630 etwa hat ein dritter achtzehn und mit diesem ab-
wechselnd ein vierter drei, ein fünfter (1619) eine, ein sechster (muthmasslich 1622) drei hinzuge-
fügt; von einer siebenten Hand sind um 1640 sechs, von einer achten, welche jene ebenfalls zeit-
weilig ablöste, bis gegen 1670 hin achtzehn, von einer neunten vor 1667 eine neue Formel einge-
tragen. Ausserdem haben der dritte, vierte, fünfte, siebente und achte Schreiber die Einträge
ihrer Vorgänger und insbesondere den ursprünglichen Bestand der Sammlung mit Aenderungen und
Zusätzen versehen; neben ihnen aber treten mit solchen noch mehrere andere Hände hervor, welche
in diesem Buche sonst nicht nachzuweisen. — Nachstehend sind nun diejenigen Formeln, welche
schon an früherer Stelle zum Abdruck gekommen (LX 1 vom Schoss, 2, 19, 20, 30, 43, 55;
LXXXIX 2, 5, 6, 7; CXIII 12; CLIV 5, 6, 18, 21, 24, 25, 27, 29, 30, 31, 35, 36, 38,
40; CLVI; CLXXVII 1, 2, 5, 6, 7, 11, 13, 14, 15, 17, 19, 20, 23, 24, 25, 26, 27, 29, 33,
34, 35, 37, 40, 41, 44, 45, 46, 47, 49, 53, 54, 57, 60) lediglich wiederholen, ausgeschlossen und
nur solche aufgenommen die entweder ganz neu sind oder in der angedeuteten Weise irgend welche be-
merkenswerthe Abwandlung erfahren haben. Davon gehören der ersten Sammlung die voranstehenden
24 Formeln, den spätern Einträgen des ersten Schreibers die 25.—34. an; dem zweiten Schreiber
die 35.—37., dem dritten die 38.—53., dem vierten die 54.—56., dem fünften die 57., dem sechsten
die 58.—60., dem siebenten die 61.—66., dem achten die 67.—84., dem neunten die 85.*

1 **D**er tolemane eidt.

CLXXVI.89 Jhr werdt schweren, datt gy datt ampt darto gy geset-
tet sein, dem rade vnd der stadt tho Brunschwick, de-
wile gy darbey sein vnd dat vorliegen, in entfanginge
des geldes vth der tollenboude, nömlicken an weinzise,
brunschwickesschem beertollen, moleupenningen, vam teigell,
Notborger steine, beerzise, an schote vnd naschote, der
apotecken, van den wachbouden, ock van der voroueriege
vth des rades gerichten vnd dorperen wie ock von
den steinkuhlen in demsulueen gerichten, der
muntie, vnd alleat wes de dat mehr fallende vnd vp-
tonemende hedde, vnd dariemtegen de vthgeubge in schrif-
ten ein legen dat ander truwelicken vorwaren, vnd des
anders neigende tho bruecken efte gebruken laten sander
tho demsulueu amptte, ock in sonderheit mein golt, gelt
edder anders wes iemande vorlenen ane der kökenherer
alle wettent, willen vnd vulborde, ock dat gy mein golt,
gelt edder siluer sampt edder besundern vthgeuen vnd
vpheuen willen, dat golt edder geldt sey erst getellet vnd
dat golt gewogen, vnd by dem schote mede tho sitten,

an de rhat sick dre mit iuw werdt vereinigen, vnd dar-
uan iberlicke dem rade vullenkommene reckenschop doen,
ock des rades heimelicke dinge de iuw daraf tho wetende
werden by iuw tho beholden dewile gy lauen: alle inw
godt helpe.

Vorstander des hospitals vnd anderer ampte eid int 2
gemeine.

Dat gy dat ampt dar gy tho geschicket syn van dem CX 2. 4
rade [5], gildemestern vnd bouetluden der meysheit, truwe-
licken vorwaren willen der stadt tho gude, na juwen vyff
zynnen so gy best kunnen vnd mogen: [2] dat iuw etc.

Ein ander eidt eines syndicj, welchen der herr licentiat 3
vnd syndieus Melchior Cruger seliger gestellet.

Das ich dem rathe vnnd gemeiner stadt trew vnnd holt CLXXVII, 3
sein will all einem syndico vnnd getrewen [6] bestellten die-
ner laut der bestallung [4] von rechts vnnd gewonheit we-
gen zustehet vnnd geburet, ju den rechtzsachen darin mir
gemeiner stadt zu advociren beuhelen wirdt, ahn meinem
trewen vleiß nicht erwinden lassen, auch in der burger
vnnd allen andern anhengigen gerichtssachen nach mei-

---

1) Formel 1—24 erste Eintragungen des ältesten Schreibers. 2) In der ältern Aufzeichnung suluer. 3) Aus-
gelassen den veersudotwintich mannen. 4) In den ältern beiden Formeln folgte noch duth jare all tname vnd
de wile gij in orem denste sin. 5) In der Hs. getrewom. 6) Zusatz einer sonst nicht nachzuweisenden jüngern Hand.

83

nem besten verstande recht sprechen vnnd erkennen hel-
ffen euch selbs erkennen will dem armen alß dem reichen,
vnnd will daß nicht lassen vmb gonst oder vngunst, freundt-
schafft oder feindtschafft, gifft, gaben oder einigerley an-
derer affection oder bewegnus willen, waß mier auch vonn
deß rhats heimlickeithen vertrauwet wirdt, daß will ich biß
an mein ende bey mir behalten vndt dem rathe oder
gemeiner stadt zu nachteill niemande offenbaren, des rhats
vnnd gemeiner stadt bestes wissen vnnd fordern vnd ih-
ren schaden verhuten vnnd warnen, auch den rhat vnnd
die burger in eintracht halten helffen so fern sich mein
vermogen erstrecket, imgleichen wan ich von die-
sem meinem ambt wieder abtretten wurde, alle
vrkunden, documenta, brieff vnd schrifften so
dem rath vnd burgern zustendig vnd bey mir
sein möchten, alßdan dem rath volnkomblich
außantworten vnd nichts mit mir wegnehmen:[1]
so war alß mir gott helffe vnnd sein heilges euangelium

4 **S**tadthauptmans eidt.

Cl.XXVII.36 **I**hr sollet loben vnd schweren, das ihr einem erbarn
vndt wollweisen rhat vnde gemeiner stadt in euwrem an-
beuholenen ampt, so lang der rhat euch vor einen haupt-
man bestalt vnd abgenommen, es sey zu tag oder nacht,
in vnd außerhalb der stadt, getreuwelich vnd aufrichtig
dienen, des raths vnd gemeiner stadt bestes in alle wege
weisen vnnd in acht nehmen, schaden vnd nachteill so
viell euch muglich abwenden helffen, vnnd euch in aller
vorfallenden[2] noth vnndt gefahr vnweigerlichen gebrauchen
lassen, vndt waß euch von des rhats vorath vnd der stadt
vndt vhestungs[3] gelegenheit wißendt gemacht, solches
die zeit euwres lebens, wan ihr auch gleich nicht mehr
in des rhats dienste weret, biß in euwer gruben bey euch
vorschwiegen behalten vnd solchs niemandt offenbaren:
alß euch gott helff.

5 **D**er secretarien eydt.

Cl.XXVII.38 **D**aß einem erbarn vnd wollweisen rath vnd gemeiner
stadt ihr in euwerm angenohmenen[4] ampt vnd dienste
laut euwer bestallung im schreiben, reden vnd rathen ju
vnd außerhalb stadt, wan euch solches beuolhen wirdt,
ohne verweigerung mit dienst gewartig vnd willig sein
wollet vnd sollet, des raths vnd gemeiner stadt bestes

wißen vnd arges soviell an euch verhuten helfen, auch
ihre heimliche sachen biß in euwer gruben vorschwiegen
behalten vnd dieselben niemandes offenbaren, besondern
ihnen vnnd gemeiner stadt so treuwe vnd holt sein alß
einem ehrliebenden diener von rechts vnd pflicht wegen
eignet vnd geburet, alle offene briefe vleissig zu buche
schreiben vnd registriren, vnd einem erbarn rath im re-
den, schreiben vnd werbengen also ihr bestes wissen vnd
vorwahren alß ihr best könnet vnnd vermöget, wan ihr
auch von diesem euwerm ampte wieder abtretten wür-
det, alle briefe vnd schrifften so dem rath vndt burgern
zustendig vnd bey euch sein möchten, alßdan zur stedte
lassen vnd nichts mit euch wegnehmen, vnd sonsten
alles andere was in euwerer bestallung weitleuf-
tiger begrieffen nach euern funff sinnen vnd
vorstendtnuß vorrichten[5]: so wahr euch gott helffe
vnd sein heiligs wortt.

Der vogede eidt.   6

Dat gy in allen saken de juw werden angebracht vnd Cl.IV, 33
vor dat vndergerichte horen, nach vnserm stadtrechten
vnd dem vndergerichtsprocesse vnd darup gestellete ord-
nung recht willen ordeilen vnd richten, vnnd dem rech-
ten vnd gerichte einen geborligen gangk vnd process la-
then, vnnd nemande, he si arm edder ricke, in einem
rechten gefehriger wise vpholdenn eft afwisen, juw ock
by den gevangen binnen vnd buten der stadt, wes juw
darum beuolen vnd tho wettende wort, getruwelick vor-
richten, solches[6] flitich vnd vorschwegen holden vnd
daruan vnnd van ohren vrgichten vnnd vtfragen nemande
dan allein vns vnd denen id tho recht will geboren icht-
weß[7] vormelden oft openbaren willen, vnnd dat gy ock
nemande heimelicken schatten, gifte vnd gaue neh-
men[8] efte brocke van jemande eischen vnd nehmen ane
weß openbar vor gerichte gehandelt vnd vorbrocken vnd
in dem vndergerichtsprocesse vthgedrucket wert, vnd ock
de gefallen brocke als id thom forderlichsten mach ge-
schehen getruwelick inmanen vnd tho fuller rekenschop alle
jar wan id van juw wert gefordert bringenn vnnd in de
lade in ideren wickbilde dartho gesettet stecken willen,
wor ock hergewedde vorstorue dar vns dem rade wes van
geboren mochte edder dat harnasch vnnd bussenn, dat gy

---

1) Zusatz dritter Hand.   2) In der Hs. allen vorfallender.   3) Zusatz achter Hand.   4) In der Hs. an-
genohmenem.   5) Zusatz dritter Hand.   6) Zusatz siebenter Hand.   7) icht von sechster Hand überge-
schrieben.   8) Vgl. S. 393 Note 1.

davor sin dat id recht getogen vnd dem rade jährlich vff Michaelis [1] berechent vnd neben schrifftlicher rechnung [1] geborlich thogestelt werden moge [2], ift iuw ock wes dat wedder den rath vnd de stadt were, eft dobbelspeel bouen der stad koer [3] tho wettende worde, dat gy dat dem rade willen melden, vnnd wes dem allen mehr aahengig ist vnd juw juwes ambts haluen wider tho vordern vnd tho dande wil gehoren vnd juw ock darup van vns wider wert angeseeht vnd benolen, dat gy solckes alles getruwelick vnd mit flite willen fordern, bestellenn vnnd vtlirichten, allent nach juwen vff sinnen als gy best kunnen vnd mogens.

7 **E**idt den obervogts vnd ambtmans vber des rhats gerichten.

Cu.XXVII.22 **I**hr sollet zu gott vnd vf sein heilges euangelium schweren, das ihr einem erbarnn rhat der stadt Braunschweig getreu, holdt vnnd gewertig sein, des rhats vnd gemeiner stadt bestes wissen, schaden vnd nachteill aber euwrem bogsten vermugen nach abewenden, des rhats dienste aus den gerichten Eich, Wendthausen, Vecheldt, Schandeleben, Lehr, Ampleben vnnd worhero dem rhat der dienst geburet, von den eingesessenen sowoll als von den heußlingen, nirgent anders denn zu des rhats vnd keines einzigen priuats sowoll als auch zu exwrem selbsteigenen [4] nutzen nicht gebrauchen, vnd darmit niemandts verschonen, viell weiniger die zerreissen lassen, des rhats vfkunfte an korn, geltzinsen vnd was aur holdze, es sey koll- oder ander holtz, wasen, bendltstocken, stro, houw, auch aus wassern, teichen, weischen vnd anders, insgleichen aus saltze, gensen, hunern, eyern vnnd anudern vfkunften vnd zufellen so sich von den eingesessenen sowoll als den heußlingen zutragen muchten, nichts daruon aufgeschlossen, geloset vnd zu gelde gemaebet wirdt, sowoll das mast-, vehne- vnd schreib-, auch das annehmungs- vnd dienstgeldt vnd die broicke, getreulich alle jar zur rechnung bringen, vff des rhats holtzungen sowoll im Eichgerichte als zu Wendthausen, Vecheldt, Ambleben, Muddesse vnnd wor sousten der rhat ihre holtzungen hat, das darin von den vnterthanen ohne des rhats vnd der burgherrn [5] sonderbaren bewehlich keinerley holtz, es sey klein oder groß, gehauwen oder sousten verwustet sondern vielmehr gehaget werde, ihr auch selber darin nicht hauwen lassen vnd solchs in euwern nutz, durch was schein es auch jmmer gesehehen muchte, wenden wollet, jungleichen das dem rhate von ihren ackeren nichts abgepfluget oder die grenzeen jn holtzungen vnnd sonsten, wie die itze sein vnd euch daruber ein vortzeichnus zugestellet soll werden, ohne des rhats vnd der burgherrn [6] vorbewust, noch viell weiniger die weide, trift vnd hute wor ein erbar rhat derer berechtigt, entzogen werden mugen, vleissige achtung geben, vnd do desswegen etwas furliesse, dem rhate vud burgherrn [5] solches alshalden vormelden vnd euch iedes mals weiters bewhelichs erholen, auch die holtzungen vmb die drey oder vier wochen vfs hochste selber beraiten, vnd was ihr vurichtiges befindet, solches abeschaffen oder dem rhate vnd burgherrn [5] dasselbige vormelden, vnnd in summa darnach mit vleiß trachten wollet, wie die jarlichen vfkunfte ohne der voterthanen sonderbare beschwerung erhohet vnd dem rhate vnd gemeiner stadt zum besten vnd nicht in euwern oder einzig andern priuatnutzen daruon ichtwas gewandt werden mugen. Ihr sollet auch vf die landtgerichte vleissige achtung geben, das alles was sich zu straffen gebuhret eingewroget vnd von den baurmeistern oder vogten vnnd wem es anzubringen gebuhret nicht vorschwiegen werde, darmit dem rhate darvon der gebuhrende broike jerliches, wie dieselben vor dem landtgerichte eingeschrieben werden, getreulich nicht allein berechnet sondern auch [6] zugestellet werden mugen. So solt ihr auch keines weges vmb euwers eigenen vorteils willen mit den vndervoigten durch die finger sehen, sondern vff sie vleissige vfachtung haben das sie broike, es sey an broiken oder anderm was dem rhate gebuhret, nichts vorschwiegen, viell weiniger ichtwas in ihren eigenen nutz schlagen mugen, vnnd sousten die vuderthanen keines wegs hinfuro gestatten das sie dermassen wie biß dahero wen gerichte gehalten werden, vberflussig zehr anrichten, sondern wen die gerichte vfgehoben, das ein ieder in haus gehen vnd zu vnnotig vberflussiger vncost nicht verhnudeu sein muege, wie wier der rhat ihnen desswegen eine sondere ordnung vnnd masse durch einen offenen anschlag vorschreiben wollen, worunch sich ein

---

1) *Zusatz der siebenten Hand.* 2) *wor ock — moge ausgestrichen, der Dintenfärbung nach vor Einfügung der beiden Zusätze, die denn auch ungelöscht am Rande stehen.* 3) *eft — koer durchstrichen.* 4) *In der Hs. eigenem.* 5) *Zusatz der dritten Hand.* 6) *In der Hs. auch.*

83*

ieder zu richten haben konne, vnd sonsten alles an-
dere was euwere empfangene bestallung vormag
bestes vleißes trewlich vorrichten ¹: als euch godt
helffe.

8 **Eid des vntergerichtschreibers.**

CLXXVII,18 **I**hr werdet schweren, das ihr dem rhate vnnd der stadt
in euwrem angenomen ampt vnd dienste in schreiben vnd
reden in burger- vnd peinlichen sachen ² binnen
vnd außerhalb der stadt ohne weigerung, wen euch solchs
angemeldet vnd beuohlen wirdt, mit dienste gewerdig,
willig vnnd vnuordrossen sein wollet, des rhats vnd der
stadt bestes wissen vnndt arges vorhueten, ihre heimliche
dinge, ihr seint in rhatsdiensten oder nicht, bey euch be-
halten vnd niemandes offenbaren dieweill ihr lebett, auch
ihnen so treuwe sein wollet als ihr von dienstes vnnd
rechts ³ wegen pflichtig seitt, vnnd was ihr auß ihrem be-
uhele von offenen briefen schreiben werdet, dieselbe ne-
benst den guitlichen vnd peinlichen vhrgichten fleißig re-
gistriren, vnnd sie also mit schreiben vnd werben auffs
best ihr kännet vnd moget treulich vnnd woll verwahren,
vnd alle vntergerichts- wie auch der brüchstuben ⁴
handell zum fleissigsten wie sichs gebueren will in acht
haben, zu buche setzen und die geste auff den
hochzeiten selber und durch keinen andern ohne
unsere nach vorfallenheiten besondere erlaubniß
und anderweite anordnung recht anzeichnen,⁵
auch was ihr von diesem ampt wardel abekommen, alle
briefle vnnd schrifften dem rhat vnnd burgern zugehorig
so bey euch' sein mochten, hier zur stedte lassen vnd
nicht mit euch wegnehmen: so wahr euch gott vnnd
sein heiliges wortt helffen soll ⁶.

9 **Des tolners eidt.** ⁷

CLIV. 41 **D**at gy dem erbarn rade der stadt vnd den gemeinen
borgeren vnnd borgerschen tho Brunswigk so truwe vnd
holt syn willen alse ein deiner synem heren tho rechte

schall wesen, vnnd wat juw wert gebracht in de tollen-
boude van rades wegen, alse stadttolle edder gasttolle,
ock van korn- vnd hoppenvthloer, ziese van borgern,
brantewyn, wittem beer, olt vnd nige beernise, wynzise,
kemerie van brunswickschem beer, molenpenning, schlam,
mettepenning vnd van aller hande steine, vnd wes der
mehr syn mach, dat gy dat ouersehen vnnd tellen vnd
nemen des alse vele na der wise vnd mit der munthe effte
gelde alse juw dat de rhat helft beuholen eßt beuelen
wert, alse dem rade vnd der stadt van jowelckem deile
mach geboren, vnd schuwen datsulue in de kesten ein ju-
welck darhon id gehoret ⁸. De ock vor dat geldt so vp
de tollenboude gehoret gude vnd genogsame pande brin-
gen werden, schußen van juw vermanet vnd angegeuen
werden dat se desuluen pande innerhalue einem
haluen jare erst folgende ⁹ friien vnd losen mugen,
dat gy ock des kopmans bewilligte geldt in de kesten
darthe vorordent staken vnd wol verwaren vnd ock vp-
schriuen willen, dewile id vns vnd dem koepmanne be-
haget, vnd ock dat mit desu telken vnd oedelen vorwa-
ren, dat gy der nein van juw doen, gy en hebben darvan
van ersten entfangen tho des rades handt wes sick dar-
van geboret, vthbescheiden frytolken, vnd dat vorl hol-
den alse juw dat de rhat beuholen helft ¹⁰, vnd dat gy
de nigen brawer vnd dejennen de wyn tappen, se syn
heren edder knechte, de dem rade darthe nicht geswo-
ren hedden ¹¹, vnd ock wor dem rade de tolle entfoiret
melden wen juw dat tho wettende worde, dewile dat dem
rade behaget, vnd wes dem allen ¹² mehr anhengig is vnd
sick geboret juwes besten vermogendes getruwelick vnd
mit allem flite fordern vnd vorhegen alse gy best konnen
vnd mogen ¹³, vnd dat gy des rades behuelicke dingk by
juw beholden dewile gy leuen, vnnd lfft juw wes tho wet-
tende worde dat wedder den rhat vd de stadt, ock bor-
gere vnd borgersschen werc, dat gy dat dem rade willen

1) Zusatz der dritten Hand. 2) Zusatz einer sonst nicht nachzuweisenden jüngern Hand. 3) In der Hs. wie in der
ältern rhats. 4) Zusatz einer zweiten jüngern Hand, welche der 32. Formel eine Nachricht aus dem J. 1653 hin-
zugefügt hat. 5) Zusatz der ersten jüngern Hand. Vgl. CLXXVIII, 41. 6) Nachrichten über Beeidigungen
aus den Jahren 1647, 1657 und 1669 sind von zwei verschiedenen Händen hinzugefügt. 7) Ausgelassen vor-
betert. 8) Wieder ausgelassen der in der ältern Formel zuerst auftretende Zusatz vnd ok solchs alles — to
register bringen. 9) Nach der ältern Formel bis zum nächsten Kassensturz. Die Aenderung noch von erster
Hand. 10) Wieder ausgelassen der in der ältern Formel auftretende Zusatz vnd ok alle woken etc. etc.
11) hedden scheint richtiger als die Lesart hodden der ältern Formel. 12) In der Hs. allem. 13) Ausge-
lassen der in der ältern Formel auftretende Zusatz efft ok gy efft juwe geselle etc. etc.

melden, vnnd wen gy vth des rades deinstbe quemen, dat gy denne nicht wedder den rhat, de borger vnd borger-sschen doen eft wesen willen mit rade edder dade van juwer eigen vpsate dewile gy leuen, vnd alle ding dem rade truwelick vnd woll tho gude holden na juwen vyff synnen alse gy hent konnen vnnd mogen.

10 **Des tollenschriuers eidt.** [1]

Dat gy de lude de tollenbar syn anrichten oh-ren tollen tho geuende in de tollenboude van aller hande gude dar gy by quemen edder juw tho wettende worde dat tollenplichtig were, vnd dat gy dar acht vp hebben ifft marcketgudt hyr binnen der stadt vorkofft edder handelt worde dat tollenplichtig were, dat gy den tollen dar-van manen vnd vpnemen vnd tollenbreue dar-vp geuen, also forder dat de lude dat dem tol-lenschriuer edder juwem medekumpane nicht vortollet hedden edder vortolleden, vnd vp koep-mansgudt neyne tollenbreue geuen, vnd mit dem tollen tho vorwarende dat holden also juw dat de rhat vnd de tollenheren beuolen, vnd wat gy van tollengelde vpnemen, dat gy dat alle dem tollenschriuer vpantworden in de tollen-boude des ersten edder des anderen dages alse juw dat geworden ware, vnd vorneme gy wene de den tollen entfoirde, dat gy dat dem rade melden vnd des dem rade vormanen wene ne hebben konde, vnd dem rade vnd den tollen-heren alle dingk van des tollen wegen truweli-ken tho guede holden na juwen vyff sinnen alse gy best konnen vnd mogen, dewile gy hyr toll-ner synt vnd dat dem rade behaget: dat etc. [2]

11 **Eidt** [3] der apotekenhern.

CLIV, 26 **Dat** gy der apoteken vorwesen willen, vnnd dem rade thom besten na alle juwem vormoge darvor raden dat de rhat daruon vordeinst, nutt, bate vnnd vordeill hebben mag, vnnd ein vpsehent hebben dat de apoteker dat so holde vnnd sick regere so alse sin gedane eidt inholt, vnnd willen so vaken alse des vonn noden tho den ki-sten gaen vnd des rades geldt daruth nhemen, reken, tellen vnnd in juwe register alse de vpname schriuen, vnnd daruon dem apotecker tho wessellgelde handelan-gen [4] vnnd wat vp der apoteken inthokopende von noden vnnd behouff is vonn demsuluen gelde dorch den apote-ker effte einen andern so juw gut dunckot, dat gy [5] bin-nen effte buten der stadt, vp des rades kost inkopen la-ten, vnnd den apotecker effte andern inkopern dar wed-der von reken laten, vnnd wat so ingekofft wert de sum-men ock in juwe register schriuen vnnd jarlickes dem rade daruon rekenschop doen, wu sick de summen der vpname vnd vthgaue erholden, dardorch de rhat des vordeinstes der apoteken sick mogen vernhemen, vnd wat denne de apotecke noch in werderinge vnd gude is den apoteker dem rade vorstendigen laten. [6] We materialia effte so-dane dings gelick begeret effte maken laten will effte von der apotecken halen, de schall solches entweder vor voll bezahlen edder bis dahin ein gnugsamb pfande setzen, vndt solches alles nach ewren funff sinnen so best jhr konnet vndt vermöget. [7]

[8]**Des** zimmermeisters eidt. 12

Ihr sollet zu gott vnnd auf sein heiliges euangelium schwe-[CLXXVII,21]ren, dat ihr vns getreuw, holt vnnd gewertig sein, vnsernn schadens abewenden vnd dargegenn vaser bestes befur-dernn, auch vnsernn bauherrn [9] oder wen wier jedeß mals nebst demselben darzu ordnen werden, gehör geben, euch gegen die mit wortten oder wercken nicht vflehben noch ohne derer vorwissen, sonderbahren auftrucklichenn beuhelich vnnd geheiß kein holtz einkauffenn oder

---

1) *Gänzlich neu; vgl. LX, 40.* 2) *Angehängt von der Hand des Secretarius Pilgram die Nachricht von der Beeidigung eines Zollschreibers am 4. Juni 1670.* 3) *Jüngere Correctur statt des ursprünglichen beuhelich; in der ältern Formel de bevelinge.* 4) *In der Hs. handelage.* 5) *In der Hs. se.* 6) *Ursprünglich folgte wie in der ältern Aufzeichnung Item men schal neine wine effte klaret to borge doen, item was dann durchstrichen ist.* 7) *Desgl. de heißße erst betalen eer jdt gemaket werde effte pande setten, vnnd wan dat gehalet werdt, sullen betalen: die Correctur von der achten Hand.* 8) *Vorher u. a. Des boirschencken eidt, wörtlich mit CLIV, 31 übereinstimmend, nur ist am Rande neben den zu Eingang aufgeführten fremden Bieren, jedoch ohne dass diese ganz oder theilweis durchstrichen wären, auch ohne jedes Einschaltungszeichen, von jüngerer Hand bemerkt halberstatisch, hanoverisch vndt garley.* 9) *Ursprünglich wie in der ältern Formel vnsern mahlenhernn, die Correctur von der jüngern Hand, welche die weiterhin bei Note 3, 4, 5, 7 und 9 auf der folgenden Seite angemerkten Zusätze gemacht hat.*

einigenn vortheill dahey gebrauchen [1], auch oher vnd zuuor die bauherren [2] solches was gemacht soll werden nicht gnuchsam besichtigt, jehtwas vor euch selbsten zu bauwen oder zu machen anfangen, vf des rhats gesinde, daß sie trewlich vnd [3] fleissig arbeitten vnd zu rechter zeitt vf die arbeit komen vnnd wieder daruon gehen vnnd nicht lenger dan eine stunde jedeß mall feyren muegen, achtung gebenn, vnd ob jmants darwieder thete, solches allemahll deuen inspectoren vnd bauherren [4] anzeigenn, auch selber alle zeitt bey der arbeit bleiben vnnd mit arbeitten helffen vnd sonsten darauf acht haben wollet daß vnß nichts zu schadenn gebauwet munge werden. Ihr sollet vnnd wollet auch keine kamreder, wasserreder, felgen oder schuffelbretter vf vorkauß an euch bringen vnnd wieder verkeuffen, noch einigerici holtz oder späne [5], wie geringe daß auch sein mag, vonn vnserm zimmer- vodt muhlenhoue ohne deß inspectoris [6] geheiß vnnd behehilich weder verlihen oder verkeuffenn noch daruon etwas in euwren nutz nhemen, sondern waß etwa ann altem holtz noch zu gebrauchen nutzlich aldo vorhanden, solches vns zum besten verarbeiten, wie nichtes weniger dahin sehen, das an altem holtze nicht ohnnöhtiger weise etwas zerschnitten oder zerhauen werde [5], auch euwren knechten oder jemants anders keinerley sauffereyen vf dem zimmerhoffe gestatten [6], auch [7] vf fewer vnnd liecht euwrem eussersten vermugen nach dermassen vleissige achtung geben, damit dadurch vnß kein schade geschicht, was ihr auch bey euwrem beuhelenem [8] ampte ann allerhandt gelegenheiten erfahret so jemandts auß'erhalb vnß vnd deuen bauherrn [9] zu wissen nicht geburet, dasselbige bey euch biß in euwre gruben verschwigen [10] behalten: als euch gott helffe.

LX, 43 13 **B**aurmeister eidt.

Dat gy deme rade melden vnde schriuen laten wat gy

wetten edder gyck tho wettende worde dat schotbar sy, vnd dem rade vnde der stadt also truwe vnde holt syn, alse gy ohne van deinates wegene tho rechte pflichtig syn, vnde den rhat vnde de stadt vor schaden helpen bewaren, vnde oren fromen weruen wur gy kunnen vnde mogen, [11] vnde wat gy vernemen dat wedder den rhat sy, dat gy dat dem rade melden dyt jur, off gy so lange in dussem deinste des rades gesinde syn, vnde dat gy dat rades heymelicke ding helen wur gy dat wetten, hewe leuedaghe. Juck secht ock de rhat in dussem eide: wat juck tho wickbilde edder sonsten vom rade beuolen wert, dat gy solckes ahne vortog verrichten tho wickbilde, vund wur de rhat vorsambelt ist vlitig vpwarden, vnnd juck alles ouerflodigen drunckes entholden willen: dat gyck gott helpe. [12]

Do teygbelmeister schweret dussen eidt. [14]

Dat gy dehme [12] teygbelwerck dem rade truwelichen [14] to gude vorstaen willen und nach bestem vnd hochsten ewrem flyte vnde vermogen gude tachvnd muersteine brennen [14], vnd dat gy edder jawe gesinde steyn, boldt, brede vnd alsodan gerede also tho dem teygbelhoue hort van dem teygbelhoue nicht willen bringen edder bringen lathen, ock willen nene kole effi asschen verkopen efft verkopen laten, id en sy mit des de van des rades wegen dehme [13] teygbelhuse vorsteit witschop vnd vulbordt, vnd dat gy den: rade vnde gemeiner borgerschop willen true vnd boldt sien, vnd [15] dyt holden na juwen vyß sinnen alse gy best kunnen vnd moghen: dat gyck gott also helpe.

Der dorwerder eidt. [15]

Dat gy neuerley beer in vate vnd in tunnen [16] vnnd [16] [17] alsodane gudt alse me hir in de stadt brochte, dar me tekene vp pflecht tho geuende. [17] dorch dat doer dat gyck de rhat beuolen heft bringen laten in de

1) Zusats einer zweiten jüngern Hand. 2) Ursprünglich wie in der ältern Aufzeichnung der mühlenherr, corrigirt von der ersterwähnten jüngern Hand. 3) Zusats der vierten Hand. 4) Zusats und Correctur der ersten jüngern Hand; ursprünglich übereinstimmend mit der ältern Aufzeichnung dem mühlenherr. 5) Zusats der ersten jüngern Hand. 6) Durchstrichen oder selber solches — sondern. 7) Correctur der ersten jüngern Hand. 8) In der Hs. beuolenem. 9) Correctur der ersten jüngern Hand; ursprünglich mit der ältern Aufzeichnung übereinstimmend dem mühlenherrn. 10) bey euch wiederholt. 11) Das folgende dahbelspel durchstrichen. 12) Juck etc. schon in der ersten Aufzeichnung. 13) Correctur der siebenten Hand, ursprünglich wie in der ältern Aufzeichnung dat. 14) Zusats der siebenten Hand. 15) Correctur und Umstellung der siebenten Hand. 16) Wieder ausgelassen qweck. 17) Zusats der ursprünglichen Aufzeichnung.

stadt, vnnd ock nein gutt dar me tollenteken vp
pflecht tho geuende bringen lathen vth der stadt
dorch datsulue doer[1], gy edder de juwe en hebben
dar erst van entfangen alsodane tekenn[2] alse vp ein
jowelck bere[3] edder van dem gude vnnd bore
dat me brochte, vor de teken nachhaftege pande
entfangen, vnd dat gi achten dat de pande mit tekenen
gelose werdenn alse gi erste konden, vnnd nein geldt
vor tekene nhemen[4], vnnd ock dat gy von den wa-
genn vnnd karen de me vth der stadt dorch
datsulue doer brochte, de tollebar wehren, den
tollen nhemen, alse jo von dem wagene 3 scherffe
vnnd van der karre 1 flittern, vnnd wat gyck
aldus tho tolne worde an gelde vnd an tekenen,
dat gy dat all in deß rades kestøke stoken van
stundt an alse gyck dat worde, vnnd dat gy doer
vnnd schlach truwelicken bewahren vnnd holden tho deß
rades handt, vnd dat dohr anders neimande anthworden
wen dem rhat dorch neinerley linet nott, vnnd dem
rade vnnd tollenheren alla datse vorgesechte dinge
truwelicken tho gude holden na juwen vieff sinnen alse
gy beste kunnen vnnd mogen, dewile gy hir dorwer-
der ain vnd dem rade dat bebaget: dat gyck
gott helpe.

16 Eidt der muller.

CLXXVII. S Item tho dem ersten dat du vnd deine knechte in der
molen ein trewlich vpsent hebben zu fewer vndt lucht
vadt[5] dat ein jder dat seine wedderkrioge, vnnd mit
hogestem[6] vlite daruor sein dat der borger vndt aller
anderer leutte[7] korn woll gemahlen, vnd niemande mit
wittschop dat seine vordaruen laten willen.

Item to dem andern dat du vnnd ock deine knechte
nicht gestaden willt van vnseren borgern vnnd inwohneren
je mich drinckgeldt effte geschencke tho fordern, jd
were dan dat ohnen jemand vth gudem willen
etwas thowenden wolde[8].

Item tho dem dridden dat du ock neyne køge, schwine,

gose effte honer ouer den gewonlicken thal[9] holden
schullest, vnnd denn schlam trulich thobope hegen vnnd
den rein maken, vnnd de scholde deß rades schlamhern
tho seiner tidt vthgemelben werden. Doch scholde de mol-
ler vonn iglicken[10] himpten einen penningk hebben, dar-
nor he den rein gemachet hefft, wie von alders gewesen
vnnd hergebracht.

Item to dem verden dat du vnnd deine knechte truwe-
licken willen ein vpsehent hebben wat de karntoger oder
ein ander thor moelen bringen, vnnd der tecken nicht ent-
fangen besonders se laten vp der laden liggen, dat du
oder din knecht mogen sehen wehr der teiken ock so
vhele sin alse du korn in de molen entpfangest: is den
sodana recht, so schal de karantoger edder de sodan korn
bringet, in deines effte dines knechtes iegenwordicheit de
teiken suluen insehouen, vnnd schullen ock nein korn in-
nhemen ahn teickenn. So ouerst frembde malen
laten de nene teken geuen, dat se van densulu-
en, wie gebruckig, die nette nemen schullen
vnd in de mettekisten schudden.[9]

Item tho dem reflen dat du vp alle hilgedage dem
armode by himpten willest allein mehlen, vp dat de arme
lude mogen gefordert werden, vp dat se wieder mit vn-
host mochtan verschont blinen. Doch wen de himpten
weret vthgemeklen, adder neine hedden, mochten[11] sie
ander leuten ock mehlen.

Item tho dem zesten dat du ock dat water so hoch
thor[12] ideren tidt stauwen vnnd nicht sieder afmahlen
willest alse sich des de mohlenher mit dich vereiniget thor[12]
ideren tidt, vnnd sonderlich so hoch alß der beidtpfaell
stehet.

Item tho dem seuenden dat du dy in der molen vor
allerley horerie vnnd reuerie[13] wollest wahren, dinen
knechten vnnd anderen ock solches nicht gestaden: alse
die gott helpe.

Am 28. Octobris deß 56. jures[14] heft ein erbar kokeu-
that beschloten, dat duate mellereidt mit volgendem an-

---

1) Auch dieser Zusatz und alle folgenden gehören der ursprünglichen Aufzeichnung an.   2) Ausgelassen van
eynem jowelcken bers.   3) edder — boret folgt dem Wortlaut der Formel vom 1401 (LX, 47).   In der For-
mel von 1490 (CXIII, 10) statt der bisherigen Zusätze gy laten dat erst vortollen.   4) vnds dat gi achten —
nemen übereinstimmend mit LX, 47.   5) Zusatz der zweiten Hand.   6) In der Hs. hogesten.   7) Zusatz
der dritten Hand.   8) So von einer sonst nicht nachzuweisenden jüngern Hand statt des ursprünglichen tho
nehmen.   9) Zusatz derselben unbekannten Hand.   10) In der Hs. illickem.   11) In der Hs. mochte.   12) In
der Hs. tho.   13) In der Hs. rouerie.   14) Vgl. S. 560 Note 2.

hange vorbettert vnnd vorendert, sunst auer jn seinen werden bliuen vnnd dusse ordenung ein jhar staen schulle.

Vnnd dat du nicht mehr van jderem scheppell moltes den einen brunnschweigisschen penning vnnd daronor kein kost, beir edder ander geschencke nehmen, ock mit dem moltte vnnd anderm korn tho mhalen vp der rage wo vonn alders hergebracht, bliuen, auer von anderm korne gahr kein dranckgekldt nehment, vnnd de mollerknechte dartho vermugest dat se dat molt zuluest vpdragen vnnd einem idern dat sine truwaligen vorbegen mötena.

17 **E**idt derjennigen so die Eysenbuttell mublen beziehen vnd bewohnen sollen.

CLXXVII,10 **I**hr sollet vnnd werdet schweren, daß ihr einem erbaren rhat der stadt Braunschweig getreuw, holdt, gewertig vnnd vnterthan sein, ihr bestes wissen vnnd befurdern, ihren schaden, nachteill vnnd vaheill nach vermuglicheit abwendenn vnnd vorkommen, vand wall ihr vornemen werdet daß wieder den rhat vnnd gemeine[1] stadt sein wurde oder mochte, ihnen getreulich unzeigen, auch nach muglicheit abwehren vnnd abwendenn, auch niemandtn der einem erb. rhat vnnd gemeiner stadt nicht leidlich, träglich oder zuwieder ist, zu euch in die mublen nehmen, hauseun, hegen oder berhagen wollet: alß euch gott helff vnnd sein heiliges wortt.

Anno 1670 den 7. Junü hat Michael Müller von Ellien anitzo möller zu Eisenbüttel den gewöhnlichen mollereidt nebst vorstehenden contentis praevia admonitione abgeleget in praesentia consulum hern vom Dam et Werneckens in collegio decemvirali non admisso aedili, quod notandum. J. P. s.[1a]

18 **D**es pfanders eidt.

CLXXVII,10 **I**hr sollet zu gott vnnd auf sein heiliges wortt schweren, daß ihr all das viche so im korn, auf den hopfgär-

ten[2], landtwehrenn, laugen graben oder sonsten ann vorbottenen orttern von euch befundeu wirdt, pfanden vnd darin keius, eß gehore wem eß wolle, verschonen, wie auch diejenige so sich unterstehen hopfstaken wegzunehmen, weiden zu behawen oder sonsten andere unziembliche dinge zu verüben, auspfanden[2], auch den beschedigten burgern solche personen denen das viehe, hopfstaken, weiden vndt anderes[2] zustehet, darmit sie darfur daß pfandegeldt vnnd straffe erlagen, iederzeit getreulich vormeldcu wollet.[4]

Eidt der marcktmeistere.[5]   19

Dat du dem erbaren rade vnnd borgern der stadt Brun- CLXXVII,12 schwig so truwe vnnd holt syn wilst alß ein deuer von rechts vnnd gewonheit wegen billich wesen schall, do du ock etwaß erfahren wordest dat weddur einen erbarnn rhat edder de stadt vorgenhomen worde, dat du solckes dem rade getrulick vnd ahne vortoch vormelden wilst. Dat du ock mit deinen thogeordenten denern de nachtwacht sonderlich woll bestelleat vnnd der stadt dohre eßt de woll edder ouell verwahret syn ßtigen willest besichtigen, do du ock des nachtess ann borgere, borgerkindere vnnd andere geraden wordest de mit vngeborligem geschrey edder anderm freuell vp den straten ohren mothwillenn ürteen wordenn, vnnd du desuluigen mit gudenn wortten van solcher angeboer afwendenn kondest, dat du dersuluten mit harden schlegen edder anderer gefengkniß schonen willest, so aber desuluigen in okrem mothwillenn vortfabrenn vnnd dirck vnnd deine dener nicht horen wolden, dat du desuluigen so viell moglich mit bescheidenheit annehmest, inn des radeß heffte bringest edder ein pandt van ohnenn nehmest, vnnd in deme nicht deinen eigenen nutz sondern des radeß vnnd der stadt bestes vnnd ein stilles rubiges wesend bedencken willest[6]. Dat

1) In der Hs. gemeiner. 1ª) Zusatz von der Hand des Secretärs Joh. Pilgram. 2) Zusatz der fünften Hand. 3) Zusatz der achten Hand. 4) Von verschiedenen Händen ist, zum Theil auf einem angefügten Zettel angemerkt, dass dieser Eid 1654 Oct. 21 Jürgen Schepelman von Ahnsen für die Petrithorebauerschaft, 1654 Sept. 24 Christoph Meyer von Königslutter für die Hohethorv, 1657 Jan. 5 Jacob Porselken von Barwedel für die Petrithorebauerschaft, 1660 Jan. 17 Hans Lassman, Febr. 28 Heinriche Roleffs, 1663 März 20 Henning Reineken von Bröxsen, Juni 25 auf dem Altstadtrathhause Stephan Retten von Schöppenstedt, 1653 Mai 13 Lüddeke Rock und 1664 Nov. 5 Joachim Beeken, letztere beiden für die Petrithorebauerschaft, geleistet haben. Aehnliche Nachrichten aus der Zeit von 1675—1685 schliessen sich an. 5) Die durch Sperrung angemerkten Correcturen von einer nicht näher zu bestimmenden jüngern Hand. 6) Zusatz der ursprünglichen Aufzeichnung, deinen und willest (statt iuwen, wilst) von der Hand, welche die Formel im übrigen entsprechend geändert hat.

du ock de ordenung vp dem morckede vnnd wal nin er-
bar rhat mit dem stande der fisch- vnnd koelhoken vnnd
der aundernn personen de darsuluest faill hebben vor gutt
angesehen hefft, will est stede vnnd vest holden wenthe
so lange solckes vom rade goendert werdt, vnnd wat dem
rade daruan eigenet vnnd thokomen will, dat du solckes
getruwelick infordern vnnd jarlickes dem horn kemme-
rer zu weichhilde zustellen vnnd behanden
wollest.[1] Dat du ock datsuluige wat van drogem[2]
edder gesoltenem fischwerck alhier vp den[3] marckt ge-
bracht vnnd verkofft werden will, wan datsuluige nicht
gude whar aundern mangell hebben worde, dat du solckes
nha der ordeninghe des stadtrechtens[4] will est besich-
tigen vnnd entscheiden helpenn, darmit gemeine borger-
schop nicht bedrogenn vnnd bose wahr vor gude verkofft
worden mogen, alß man dich den daruan ein vorteick-
niß vnnd bericht thostellen will dat dine vorfahren im
ampte gehat hebbenn.[5] Vnnd dat du solckes alles flitich
holden will est an dinen vyff sinnen vnnd vermoegen:
alß dir gott helpe vnnd syn hilliges wortt.

20 **D**er stadt vthrider eidt.

LX, 26 **D**at gy dem rade denen also gy truwelikest mogen, vnde
veiden de de rhat veidet, vnnd des rades beste weruen
vnd doen, vnnd wat juw de rhat benhelet, dat gy dat
nemande openbaren wen deme vnnd alse luw de rhat dat
CX, 5 beuelet, vnnd dar[5a] gy hyr namals van ohne vnnd der stadt
togen vnnd icnaige sake thow rade[6] vorneinden tho heb-
bende edder tho[7] oren borgeren vnnd inwoneren wynnen
mochten, dat gy der van der borgerschop vnd inwoner
wegen by dem rade bleuen vnnd van des rades[8] wegen
by ohrem landesfursten to rechtes vthdracht ohne alle
list: dat etc.

21 **A**nno 1567 den 18. Octobris hebben de von Lendorp
CLIV, 39 folgendes eidt gedaen, vnnd schullen den folgendes andere
mehr eines erb. rades vnterthanen in der lantwehr ock
leisten.

Dat gy einem erb. rade der stadt Brunschwigk alß iuwer
ordentlichen ouericheit getruwe vnnd holt syn, alß ge-
treuwen vnterthanen von ehren vnnd rechts wegen gebo-
ret, ohr bestes wetten vnnd na juwem vormogen befor-
dern vnd ohrem nadeill vnnd schaden so vele mogelich
vorhoeden, vnnd dat gy vp ohr erfordern vnnd fragen de
wahrheit reden, vnnd wes gy vornehmen werden dat wed-
der einen erbaren rhat vnnd gemeine stadt Brunschwigk
sin worde, sodans einem erb. rade darsuluest iderer tidt
vormelden, von ander leute garden nichts ent-
fremhden[8], ock in iuwen husen vnnd hofen ohne eines
erb. rades wetten vnnd willen nemandes fremhdes husen ed-
der hegen willen: alß juw gott helpe vnnd sin hilliges wortt.
[9]**D**ie von s. Leonhard haben mitt in ihren eidt
genohmen folgende clausuln:

Da euch auch der hochmeister zue s. Leon-
hard auff e. e. r. befehl oder der vorsteher[10] et-
was anmelden wirdet, daß ihr demselben vnuer-
weillete folge vnnd stadt thuet oder solches so
euch befholen wird zue werke richtet etc. 1. Au-
gusti ao 1607.

De karntogereidt.

22
CLXXVII, 9
Dat jhr[11] nein molt edder korn den borgeren vonn oh-
ren dohren edder husen jn de mohlenn foiren willen, idt
sey dan dat so vns de mohlentecken darby ouerantwor-
den, vnd dat ihr[11] sodan molt- edder kornteken willen
in de muhlen mit dem moltte edder korn bringen vnd[12]
dem moller edder sinem gesinde behanden, ock von vn-
sern karen dat moltt edder kornn nicht laden sunder
darby stande bliuen wenthe so lange de teiken van dem
moller edder seinem gesinde in de kisten darthe verordent
gestecken werden, vndt daß jhr einem ernvesten
rathe vndt gemeiner stadt in furfallenden fewer-,
kriegß- vnd andern nöthen in eurem amhte mit
eurem pferdt vndt karren treulich aufwarten
vnd dienen, vnd in enwrem ambt sousten jnßge-

1) Das Gesperrte von der Hand welche die anderen Correcturen gemacht hat; in der ursprünglichen Aufzeich-
nung, der dieser Zusatz sonst angehört, statt zu weichhilda: auff der muntze. 2) In der Hs. drogen. 3) In der
Hs. dem. 4) Ausgestrichen vnnd echten dinges. 5) alß man — hebben eingeklammert, am Rande die Notiz
Haec omissa hac vice den 17. Maii ao 1654, als David Pfuel zum marckmeister angenommen vnd beeydiget
worden. 5a) In der Hs. dat. 6) Ausgelassen vnde xxuij mannen. 7) 1488 hirnamals to one. 8) Zusatz der-
selben Hand von welcher der weiterhin folgende Zusatz herrührt; statt entfremhden verschentlich entfreumbdet. 9) Der
folgende Zusatz von einer jüngern Hand. 10) oder der vorstehet Einschaltung der siebenten Hand. 11) Ursprüng-
lich wyr: diese und die entsprechenden Correcturen im Folgenden von der siebenten Hand. 12) vnd fehlt.

84

mein treulich handtlen sollet vnd wollet: so
wahr euch [1] gott helpe.[2]

23 **D**es frouen eidt.

CLXXVII. 4 Daß du einem erb. rathe getreuw vnnd holdt, ihnen
gehorsam vnnd gewertig sein, die gefangene so dir
beuholen werden mit ernsten treuwen woll verwahren.
niemandts denen eß nicht geburrett oder [5] zu ihnen ge-
stattet, weder mundtlich oder schriftlich mit ihnen reden[4]
vnnd handelen lassen, auch ihnen, den gefangenen, das-
selbig nicht gestatten, mit ihnen kein getzæche oder zeu-
ßerey treiben, alle [5] dienst- vnnd [6] ambtsgeschefte getreu-
lich vnnd vleissig außrichten, auch sonderlich hiebey
jn guete auffacht nehmen vndt vffzeichnen vß
was stunde vndt zeit ihnen jn arrestsachen, [7]
der erste pfenning gegeben wurde, [8] waß mit den
gefangenen gehandelt wirdt vnnd andere heimliche dinge
welche du bey solchem ambte erfahren wirst,
biß in deine gruben heimlich vnnd vorschwie-
gen bey dir behalten vnnd nicht offennbaren wol-
lest, schoßbare guter welche du erfaren wirst
dem rade antzeigen, dobbelspiel vnnd waß du ver-
nimbst daß wieder den erbarn rhat vnnd die stad
ist, dem rade treulich melden wollest: alß dir got-
helffe vnnd sein heiliges wortt.

24 **S**choteleydt anno 1592.

CLIV 4 Sodann gudt als gy vnnd iuwe hueßfruw, ock iuwe
vnberadene kindere so nicht ohr eigen gudt heb-
ben, binnen vnd buiten der stadt hebben, beweglich
vnnd vnbeweglich, nichts vthbescheiden, dat gy
dat dem rade vorschoten willen mit ganckbaren ma-
riengrossen efte vorigen nigen grossen idern vor
achtehaluen penning, oder nien gantzen gro-
sschen ieden vor negen penning, efte guden da-
lern den daler tho seuen vnnd drittigste halben
mariengrosschen gerecknet, efte guden achte-

groffenstöcken[9], so leef als gy dat hebben, des er-
sten .... [10] na Martens dage, twe schilling nie tho-
uorn vnnd twe [11] penning van dritich schillingen nie,
vnnd de entelen marck efte darunder weren mit
beunßwikischen scharfen, vnd eft gy tho ienigem
gude vormunder weren vnnd iemande anderß tinß
geuen als dem rade vnnd vnsern borgeren vnd borger-
schen, dar dem rade dat schot af geboeren mochte, dat
gy sodanes dem rade vor der schotellidt vormelden
wollen: als iuw gott helpe.

So secht iuw ock de rhat in demsuluen eide: [12]
weret dat gy anwardinge an gelda hedden, oder
liftucht an gude hedden,[13] idt were lehen oder
ander gudt, dat [14] gy de anwardinge vnnd lif-
tucht vorschoten so leef als gy de hebben, als nöm-
lichenn:'

Eine marck lehrlicher vßkunft an lehengude vor twelf **CXXXVII,**
marck, vnnd eine marck liftucht dat leben ist vor
achte marck vnnd de anwardinge an lehengude
dar ein ander liftucht anne heft de anwar-
dinge vor veer [16] marck. Vnnd eine marck liftucht
dat nicht lehen ist vor achte marck, vnnd de anwardinge
vor tein marck vorschoten willen.

By demsuluen eide secht iuw de rhat: weret dat
gy hueßlinge mit iuw inne hedden, dat weren fruwen
oder man, knecht oder magdt, die burgere sein,
edder so iemandt tho iuw inkommen wolde edder kort-
tings van iuw getochet were,[16] de schulle gy melden,
dat men de thom schote schriue.

Ock secht ein erbar rhat iuw wedwen in
dussem eide: so gy kinder hebben vnnd mit
densuluen in vngedeilden guederen sitten, vnnd
sodaner iuwer kinder guder nicht ouer hundert
gulden werth sein, dat gy van solcken sampt-
guederen einem erbaren rade ein vorschot ge-

---

uen willen. Wo sick aber inwer kinder guder
ouer hundert gulden erstrecken, schulle gy bo-
nen inw eigen vorschot van inwer kindere we-
gen noch ein sonderlick vorschot tho genen ver-
pflichtet sein.

25 [1] **D**er teinmanne eidt.

oben [1] **I**hr werdet schwerenn, datt gy datt ampt, dartho gy ge-
settet sein, dem rade vnnd der statt tho Brunschwick, de-
wile gy darbey sein vnnd datt vorhegenn, in entfanginge
des geldes vth der tollenboude, nömlickenn an weinziese,
brunschwickesschem beertollen, möleunpenningenn, vam tzi-
gell, Nottberger steine, beerzise, an schote vad naschote,
der apoteckenn, vann denn wachhoudenn, ock vann der
veroueringe vth des rades gerichtenn vnnd dorperen wie
ock vonn denn steinkulen in dennzulnenn gerichtenn, der
muntie, vnd allent wes de rhat mehr fallende vnd vpto-
nemende helde, vnnd derientiegenn de vthgeuinge in
schrifften ein iegenn datt ander truwelickenn vorwarenn,
vnnd des anders morgendt tho braeckenn efte gebrueckenn
latenn sunder tho demsuluenn ampte, ock in sonderheit
nein goldt, geldt edder anders weß iemande vorlenenn ahne
der kökenheren eller wettenn, willenn vnnd vulborde, ock
mitt gemeiner statt gelde tho iuwem eigenn
nuth vnnd vordeill neine weßeliען drinen, ock
tho dem ende nein geldt vonn denn teinmannenn
affodorn, ock dat gy nein goltt, geldt, suluer sampt
edder besundern vthgeuen edder vpnemen willenn, datt
goldt edder geldt sey erst getellet vnnd dat goltt ge-
wogenn, vnnd by dem schote weile tho sittenn, so de rath
sick deß mitt inw werdt voreinigen, vnnd darnann iher-
licha dem rade vullenkommene rekenschop doen, ock des
rades heimelicke dinge de iuw daraf tho wettende wer-
denn, hy inw tho beholden dewile gy leuenn: alße inw
gott helpe.

26 **D**er prouisoren des klosters zum Heiligen creutz vnd
hospitals zu Vnser lieben frauwen aydt, auch zu s. Ae-
gidien.

Ihr sollet schweren, daß ihr das vorsteherampt vnnd waß [CLXXVII.36]
deme anhengig ist, darzu ihr zum Heiligenn kreutz [zu
Vnser lieben frauwenn, zu s. Aegidien] gesetzt vnnd
verordnett seitz, truwlich vorwaltenn, auch fleißig auf-
sehentt habenn das der schreiber zum Heiligenn creutz
[zu Vnser lieben frauwenn, zu s. Aegidien] sich seinem
geschwornen ayde gemeß vorhaltte, das ihr auch vonn
euwrem ampt wegenn des klosters [hospitals] aufkunfftenn
alle jahr durch den verwalter rechnung schließenn
und thun laßen[2], vnnd des klosters [hospitals] geldt
vnnd guth ohnn des raths wißenschafft nicht vnredlich
genießenn sondern zu demselbenn ampt gebruchenn,
vnnd des klosters [hospitals] heimliche dinge die euch
dauonn zu wißenn werdenn, bey euch hiß in euwre gru-
benn vorschwiegenn behalttenn, vnnd des klosters [ho-
spitals] beste prueffenn vnd befoderan vnnd schaden für-
kommenn sollet vnnd wollet, alles nach euwrenn funf
sinnenn alß ihr best konnelt vnnd mogett: so wahr euch
gott helffe.

Vorsteher aydt der baginenheuser vnnd armenkisten. 27

Ihr sollet schwerenn, das ihr das vorsteherampt vnnd [CLXXVII.37]
waß deme anhengig ist, darzu ihr zu s. N.[3] verordnett
vnnd gesetzt seitt, truwlich vorwaltenn, das ihr auch
vonn euwrem ampt wegen des baginenhauses [armenn-
kistenn] aufkunfften auf erfordern[4] alle ihar rechnung
thuenn, vnnd des baginenhauses [armennkistenn] geldt
vnnd gutt ohnn des raths wißenschafft nicht vnredlich
genießen sonderan zu demselbenn ampt gebrauchenn,
vnnd des baginenhauses [der armennkistenn] heimliche
dinge die euch darvonnn zu wißenn werdenn, bey euch
biß in euwre grubenn vorschwiegenn behalttenn, vnnd des
baginenhauses [der armennkisten] beste prueffenn vnnd
befodernn vnnd schadenn fürkommenn sollet vnnd wol-
let, alles nach euwrenn funf sinnenn das ihr best kounnelt
vnnd mogett: so wahr euch gott helffe. [5]

Muhlnherrnn aydt. 28

Ihr sollett geloben und schweren[6], das ihr das muhlen- [CLXXVII.38]
herrnnampt vnnd was deme anhengig ist, darzu ihr vor-

---

1) *Die nächsten zehn Formeln von erster Hand später nachgetragen.* 2) *Zusatz der siebenten Hand.* 3) *Am
Rande von einer unbekannten jüngern und der achten Hand Alten convent, dem hospitall s. Thomae.* 4) *Zu-
satz der achten Hand.* 5) *Nachrichten über die Beendigung von Spitalvorstehern und Armenkastenherren in
den Jahren 1653, 1654 und 1657 sind von verschiedenen Händen hinzugefügt.* 6) *Correctur der achten
Hand; ursprünglich wie in der ältern Aufzeichnung bey auwren rhatmansaydt mitt einer handtzatii angelobenn.*

84*

ordnett vnnd gesetzt seidt, treuwlich vorwalttenn, auch fleißig aufsehenn habenn das der zimmermeister¹ vnnd die muller in allenn muhlenn in vnnd ausserhalb der statt gelegenn sich ihrem ampt vermoge ihrer pflicht vnnd eyde getreuw vnnd fleißig vorhalttenn, daß ihr auch vonn euwrem ampt wegens aufnahme vnnd außgabe alle jahr wenn es vonn euch gefodertt wirdt, dem rath volkommene rechnung thunn, vnnd des raths guth vnnd geldt ohne j. erbark. wissennschafft nicht vnredlich genießenn besondern² zu demselbenn ampt gebrauchenn, vnnd des raths vnnd gemeiner stadt beste pruefenn vnnd befodernn vnnd schadenn furkommenn sollet vnnd wollett, alles nach euwrenn funf sinnenn als ihr best konnett vnnd mögett.

29 **A**rtalarey- oder musekenherrn.

CL.XXVII.²⁶**I**hr sollett loben vndt schweren,² das ihr das artalarey- oder musekennherrnnampt vnnd was deme anhengig ist, darzu ihr verordnett vnnd gesetzt seidt, redtlich vnnd⁴ treulich vorwalttenn, auch fleißig aufsehenn habenn das die zeugwartter ihrenn⁵ geschwornenn aydenn sich gemeß vorhalttenn, das ihr auch vonn euwrem ampt wegenn aufnahme vnnd außgabe alle jahr, wenn es vonn euch gefodertt wirdt, dem rath volkommene rechnung thunn, vnnd des raths guth vnnd geltt ohn j. erhark wissennschafft nicht vnredlich genießenn besondernn zu demselbenn ampt gebrauchenn, vnnd des raths vnnd gemeiner statt beste pruefenn vnnd befodernn vnnd schadenn furkommenn sollet vnnd wollett, auch deß artholeyambts heimligkeit bey euch behalttenn wollet,⁶ alles nach euwrenn funf sinnenn als ihr best konnett vnnd mögett.

30 **D**reypfenningsherrn angelobung.

CL.XXVII.²⁹**I**hr sollett loben vndt schweren,⁷ das ihr das dreypfenningsampt dartzue ihr verordnett vnnd gesetzt seidt, treuwlich vorwalttenn, auch fleißig aufsehenn habenn damitt so offt ein fremder oder burger vorstürhett der keinenn burger oder burgerinn zum erbenn nach sich vor-

jeßett, seine guter allerfoderlichst richtig inventirt vnnd darnonn der dritte pfenning dem rath vngeseumbtt in guette oder durch gebuerliche zwangsmittell eingebracht werde, daß ihr auch was ihr einnehmoit in der ersternn zusammennkunfft euwrenn collegis denn zehenmannenn nebenst der rechnung zustellenn, vnnd des rhats gutt vnnd geldt ohne j. e. wißennschafft nicht vnredlich genießenn, besondernn des rhats vnnd gemeiner statt beste pruefenn vnnd befodernn vnnd schadenn furkommenn sollett vnnd wollett, alles nach euwrenn funf sinnen als ihr best konnett vnnd mögett.

Der kastenherrn zu s. Andreae⁸ aydt.   31

Ihr sollett schwehren, das ihr das schatzkastenherru-CL.XXVII.³¹ vndt vorsteheramt⁹ vnnd waß deme anhangig ist, darzu ihr zu s. Andreae¹⁰ verordnett vnnd gesatzt seitt, treuwlich vorwaltenn, das ihr auch vonn euwrem ampt wegenn der kirchenn Andreae¹⁰ aufkunfftenn alle jhar wan es von euch gefordert wirdt rechnung thuen, vnnd der kirchen geldt vnnd guth ohn des rhats wißennschafft nicht vnredlich genießenn sondernn zu demselbenn ampt gebrauchenn, vnnd der kirchen heimliche dinge die euch dauonn zu wißen werdenn, bey euch biß in euwre grubenn vorschwiegenn behalttenn, vnnd der kirchenn haste pruefenn vnnd befodernn vnnd schadenn furkommenn sollet vnnd wollett, etc. alles nach euwrenn funf sinnenn als ihr best konnett vnnd mögett: so wahr euch gott hellfe.

Soustenn sollett ihr auserhalb des aydes mitt einer handttasti angelobenn, nebenn denn weichbildtsherrnn so viell euch moglich vndt euch ambts wegenn znstehet¹¹ fleißig aufsehenn zu habenn das die prediger, schueldiener, opperleut, organist vnnd todtengrehor ihr anheubobenes ampt treulich vnnd vleißig vermoge der kirchennvnnd anderer ordnungenn vorrichtenn.

Wer hiebevor denn rath- oder zehenmanneseidt geschworenn, darff keinen neuwenn eidt lei-

---

1) So durch eine jüngere Hand gebessert, ursprünglich auch ziegelmeister; wonach die Anmerkung S. 568 Note 6 zu berichtigen.   2) In der Hs. besondern.   3) Corrector der vierten Hand; ursprünglich wie in der ältern Aufzeichnung bey euwrem rathmansayde etc.   4) Zusatz der siebenten Hand.   5) In der Hs. ihrem.   6) Nachtrag der vierten Hand; artholey von einer andern Hand, welche 1684 eine Eidesleistung anmerkte, corrigirt artholerey.   7) Corrector der Ansehein nach der siebenden Hand; ursprünglich wie in der ältern Aufzeichnung bey euwrem rath- oder zehenmanne aydt mitt einer handtasti angelobenn.   8) Zusatz der ursprünglichen Aufzeichnung.   9) Zusätze der achten Hand.   10) Zusatz der ursprünglichen Aufzeichnung, darunter von der Hand, welche die Nachricht von einer Ableistung dieses Eides im J. 1653 hinzugefügt hat, Michael, darüber von der achten Hand Martini.   11) Zusatz der achten Hand.

stenn sonderan gelobt nuhr bey solchem ge-
schwornen [1] eide mitt einer handtnasti abnn.[2]
Bawherrneydt.

32 Ihr sollet schweren, das jhr das bawhernnampt
vnnd was dem anhengig ist, darzu ihr in dem
weichbildt verordnett vnnd gesetzett seytt, treuw-
lich vorwaltenn, auch fleißig aufsehens habenn
das die handtwercksleutte vnnd tageloner in des
rahts erbeitt getrew vnnd vleißig seinn, daß ihr
auch vonn euwrem ampt wegen aufnahme vnnd
aufgabe alle jahr wenn eß vonn euch gefodertt
wirdt dem rath volkommene rechnung thuenn,
vnnd des rhats guth vnnd geldt ohnn ihrer er-
bark wißennschafft nicht vnredlich genießenn
besondernn zu demselbenn ampt gebrauchenn,
vnnd des rhats vnnd gemeiner statt beste prue-
ffenn vnnd befodernn vnnd schadenn furkom-
menn, auch alle heimliche dinge die euch in die-
sem ambt zu wißen werden mochten, bei euch
biß in ewer gruben vorschwiegen behalten [3] sol-
lett vnnd wollet, alles nach euwreun fünf sin-
nen alß ihr best konnett vnnd mogett: so wahr
euch gott helffe vnnd sein heiliges wortt.
Hierhern [4] eydt.

33 Ihr sollet schweren, das jhr das bierherrnampt [4] vnnd
CLXXVII,35 waß deme anhengig ist, darzu ihr seltt verordnett vnnd
gesetzt, treuwlich vorwalten, vnnd fleißig aufsehns haben
das der hierschenck [4] sich seinen geschwornen [5] eyde ge-
meß vorhaltte vnnd in sonderheitt auf burgß ohn gnug-
sahm pfandt kein bier [4] vngewißenn leuttenn folgenn laße,
vnnd in dome des raths vnnd gemeiner statt beste prue-
fenn vnnd befodern vnnd schaden helffenn furkommenn,
vnnd e. e. raths geldt vnnd gutt ohnn i. erbark. wißenn-
schafft nicht vnredlich genießenn besondernn zu demsel-
benn ampt gebrauchenn, vnnd auch dauonn alle jahr wenn
das vonn euch gefodert wirdt dem rathe volkommene
rechnung thuenn, vnnd des rhats heimliche dinge die euch
darinenn zu wißenn werdenn, bey euch behaltten sollett
vnnd wollet, alles nach euwrenn fünf sinnen alß ihr best

kunnet vnnd moget: so wahr euch gott helffe.

Wer hiebeuor denn rath- oder zehenmannes-
eidt geschworenn, darff keinenn neuwenn eidt
leistenn sondern gelobt nuhr bey sollichem ge-
schwornenn eide mitt einer handtthasti abnn. [6]
Dorwerder eidt.   34
CXIII, 10

Dat gy neynerleie beer in vathen edder in tunnen, qweck
vnnd ander wahre in de statt bringenn lathenn dorch dat
doer dat juw de rhat beuholenn hefft, gy lathenn dat
erstenn vortollenn edder nochbafftige pande darvor ent-
pfangenn, alß denne gy ock in juwe hande plegenn tho
nehmenn de weehpenninge, denalue tollenn vnnd weeh-
penninge schulle gy nu vortmehr denn ludenn sulues in
de kestenn lathenn stekenn, ock de teickenn vth der
tollenboude vnnd molenn in de kestenn lathenn
stekenn, ock nein mebll in datt doer varen vnnd
komenn lathenn, gy hebbenn darvann erstenn
dat teikenn vth der tollenboude edder dat teikenn
vth der Olber mohlenn entpfangenn efte darvann
nochbafftige pande, [6] ißt ock jennich mann weldichlich
denn weehpennig nicht in de kestenn stekenn wolde vnnd
in denn dreck worpe oder sonsten von sich legte
vndt gabe [7], denn schulle gy vpnehmenn vnnd by den-
suluigen eidenn in de kestenn stekenn, ock darvor wesenn
vnnd achtinge darnn doenn dat dem rade de fullennko-
menn rechte tolle werde, ock dat gy doer vnnd schlage
trawelickenn bewarenn vnnd holdenn tho des redes handt,
vnnd dat doer nemande anders antwordenn dorch neyner-
leye lynes noth, vnnd dat gy alle dunne dinge dem rade
truwelikenn tho gude holdenn na juwenn ryß synnenn
alse gy best kunnenn vnnd mogenn: dat iuw ete.

---

[8]Anno 1604 ahm abendts. Andrese seindt nach-
gesetzte eide von rathspersonen, heuptleuten vnd
burgern bewilligt vnd geschworen.
Rathmansydt.   35

Ihr sollet schweren, das ihr [9] gemeiner stadt vnnd CLXXVII,47
bürgerschafft zu Braunschweig fürsteben nach der stadt
nuz vnnd frommen, vnnd helffen die stadt in eindracht

---

1) In der Hs. geschwornem. 2) Zusatz der ursprünglichen Aufzeichnung. Von verschiedenen Händen sind
Nachrichten über Ableistung dieses Eides in den Jahren 1653, 1658, 1670, 1677, 1678 und 1691 hinzu-
gefügt. 3) auch — halten Zusatz der siebenten Hand. 4) Ueber hier vom jüngerer Hand wein. 5) In der
Hs. geschwornen. 6) Zusatz der ursprünglichen Aufzeichnung. 7) Zusatz einer Hand welche an anderer
Stelle 1647 schrieb. 8) Dies und die nächsten drei Formeln von zweiter Hand. 9) Ausgelassen dat jahr.

erhalten, die wehren nicht zu entfremdden, vor das bur-
gerrecht[1] nicht weniger zu nehmen alß sich das ein
erbar rath mit rathsgeschwornen, zehenmannen, geschick-
ten, gildemeistern vnnd hauptleutes voreinigt, vnnd nicht
zuzneigenen was zue weichbilde gelegen dauon der stadt
ihre pflicht mit abgehe, ihr thetet das mit des gemeinen
raths vollbort, des raths heimbliche dinge bej euch zu
behalten, angemeldete bruche von doppelspiel zu fordern,
vnnd was der rath gebeut bej den eiden zu halten das
jhr das halten, vnnd keinen beheiff zu haben von dem
schoß zue euwerm weichbildt sonderlich, vnd das jhr das
schoß helffen fodern gleich wie der rath vnnd rathsge-
schworne des seint einig geworden, vnnd das zue voller
rechnung bringen oder bringen laßen vf der munzschmiede
sonder alle list, vnnd das jhr des raths vnnd gemeiner
stadt guter ohn das raths wißenschafft vuredlich nicht
genießen, vnnd das jhr das mit den pferden vff dem mar-
stall halten wie der rath deßen einig worden ist, vnnd
das jhr auch jn euwerm obrigkeitlichen[2] ambt
den armen alß den reichen vnnd den reichen
alß den armen nach euwerm besten vorständnuß
gleich richten vnnd euch keine sach dagegen
bewegen laßen, auch von den partheien oder je-
mand anders keiner sachen halber, so jm ge-
richt hanget oder hangen wurde, keine gabe,
geschenk oder einigen nuz durch euch selbst
oder andere nehmen oder nehmen laßen wollet,
alles[3] nach euwern funf sinnen vnd wißen alß jhr best
könnet vnd möget: so wahr euch gott helff vnnd sein
heiliges wortt.

36 **Hauptleute eydt.**

CLXXVII,46 **D**att gy hir fu der Niegenstadtt Brunschwig van
dußem auende sanct Andree ahn vort euer drej jahr der
meinheit hönethude wesen willen, vnnd de tydt der mein-
heit truwelikes helpes vorstan na juwem vyff sinnen so
gy best können vnd mögen, vnnd willen kesen rathmanne
wan de tydt iß binnen dußen dren jahren, alß men den
rath tho vorniegende plegt, vth juwer stadt meinheitt de
juw duncken der stadt, dem rade, den gylden vnnd der
meinheit nutte vnnd euen wesen, vnd helpen raden wat

vor de stadt sy, wen gy dartho verhodet vnnd geeschet
werden, vnnd dat gy de borgere vnnd de stadt helpen
to eindracht behalden, vnnd offt gy wes tho wettende kre-
gen dat wedder den rhat vnnd de stadt sy, dat gy so-
danes dem rathe in juwem wilchbilde juwem borgermeister
melden, ock neine vorsammeninge hinder dem rade mae-
ken willen noch thostaden, vnnd wehret dat dem rade,
gylden vnnd meisheiden jennig schade wedderstunde, des
wedderstands willen mit ohne by einander bliuen: datt
juw gott helpe.

Bürgereydt. 37

CLXXVII,45 **I**hr sollet schweren, das jhr dem rath zue Braun-
schweig also trew, holdt vnnd gehorsamb sein wollet
alß ein burger zue recht sein soll, vnnd so jhr etwas
vornehmet das wieder den rath, wieder die gylden vnnd
ganze meinheit sei, das ihr solchs dem rath vormelden,
vnnd wan der rath, zehenmanne vnnd geschickte der gyl-
den vnd gemeinheit[4] etwas begrieffen, das jhnen sothanes
ohn alle gefahr pleiben möge, vnnd sofern darunter etwas
verbrochen, alß der stadt vnnd gemeinheit nicht belieben wollten,
jenmalen man vermöge großen brieffs vorpflichtet ist
sothanes ahn sie zu bringen, das ihr alßdan solches ahn
sothanes[5] der stadt zue gutte vergönnen vnd begreiffen,
euware wehre darauf jhr gesetzt seidt nicht vor-
setzen, vorpfenden, vorkeuffen, noch durch den
rost vorderben laßen sondern dieselbe wolge-
puzt jederzeit fertig haben, jmgleichen keine
versamblung hinter dem rath machen, vnd wo-
fern jhr euch nicht hiellet alß ein gehorsamb burger[6]
sich zu halten schuldig ist, das jhr alßdan auß der stadt
sonder einige wiederrede oder einsage weichen sollet vnd
wollet: so wahr euch gott helff vnd sein heiligs wortt.

[7]**Zeugwartter**[8] **eydt.** 38

CLXXVII,35 **I**hr sollett loben vnd schweren, das jhr einem erbarn
rath vnd gemeiner stadt jn dem zeugwarterdienst[9]
so lang jhr denselben vorwaltet möglichs vnd be-
stes vleisses trewlich vnnd woll vorstehen, buchssen,
puluer, salpeter, schwefel, bley, einen vnnd steinern ku-
geln, auch alle arckeley vnnd was sonsten dem rath vnd

---

1) *In der ältern Formel* de burschop.   2) *In der Hs.* obrigkeitlichem.   3) *In der ältern Formel* vnd dat gy
dit holden.   4) *Ausgelassen* vth ohrem beuelch.   5) *Vgl. S.* 365 *Note* 4.   6) *Ausgelassen* van rechts wegen.
7) *Die folgenden achtzehn Formeln von dritter Hand.*   8) 1589 zeugmeister.   9) 1589 zeug- oder buchsen-
meister ambt.

der stadt ahn büchssen klein vnd groß, spiessen vnnd
anderer rustung [1] zugehörig vnd in den zeughousern vor-
banden ist oder inkunftig darin gebracht wirdt, mitt al-
lem trewen vleiß vorhegen, besichtigen, vnnd do einiger
mangel befunden, das derselbe gebessert werde
vormelden, [2] die hacken vnd buchssen wo es nöttig mit
fett vnnd anderer nottarfft vorsehen, [3] auch euch jn zeitt
der nott vor einen buchssenmeister [4] vnd was jhr mehr
könnett vnd gelernet, ohn alle außflucht vnd einrede ge-
brauchen lassen, vnndt was diesem [5] euwerm dienst
mehr zugehörig vnd anhengig sein möchte, nichts außbe-
scheiden, vleißig vorrichtten vnnd erfullen, ohn des
raths bewilligung in wehrendem diesem dienst ausser
der stadt andern herrn nicht dienen, des raths
vnnd gemeiner stadt vorrath wol vorwahren, [6] was
jhr von solchem vorrath vnnd gemeiner stadt gelegen-
heit vnd sonsten erfahrett, zeitt euwers lebens, wan jhr
gleich auß des raths dienst kommen, darumb befragt
oder nicht befragt würdett [7], bey euch behaltten [8] vnd
mit ja euwere gruben nehmen, auch zue rechter ta-
geszeitt jns zeughauß vff die arbeitt vnd wieder
dauon geben, die arbeitt trewlich vorrichten,
euch des vberflußigen truncks messigen vnnd
sonsten ins gemein einem erbarn rath in diesem
euwerm dienst also trew vnd holtt sein wollet
alß ein diener seinem herrn von recht vnd gewonheit
schuldig: so wahr euch gott helffe vnnd sein heiliges
wortt.

39 **Weinschencken aydt.**

Ihr sollet loben vnnd schweren, das jhr dieweile
vnnd so lange jhr zue diesem ambt bestellet
vnd angenommen seit, den weinkeller vnd allen
wein so darinnen ist vnd auch noch darin ge-
bracht wirdt, trewlich vnd mit vleiß verhegen,
LX. 54 auch den wein mit gutem weine vnd keinem
andern [9] fullen, das jhr auch der weine selbst
nicht vnredlichen gebrauchen noch durch ewer
euch zugeordnetes gesinde gebrauchen lassen,

einem jeden, er sey arm oder reich, vmb sein
geldt volle maß geben, vnd ohn der weinherrn be-
willigung niemants ohn gnugsame pfande etwas
vorborgen, oder do jhr keine pfande nehmet,
dafur sein wollet das die vorborgete weine rich-
tig bezahlt werden mögen, das geldt so jhr auß
den weinen bey ganzen stucken, ahmen, eimern,
stübichen vnnd darunter lösett oder in den fur-
fallenden gelagen vorzecht vnd bezahlt wirdet,
nicht jn euwern behaltt nehmen sondern mit
vleiß zehlen vnd sehen das recht sey, vnndt
selbst oder durch euwer zugeordnetes gesinde
in die darzue gemachte kisten stecken vnd ste-
ckenn lassenn, wan euch auch die weinherrn
gelder vortrawten wein damit einzukauffen, das
jhr damit nach bestem vermögen des rhats vnd
gemeiner stadt nutzen schaffen vnd dauon je-
desmalß richtigen bescheidt vnnd rechnung ge-
ben, das jhr auch die fewrung vnndt lucht jm
keller trewlich vorwahren vnndt andern schlete
soviell möglich messigen vnnd abschaffen, euwere
frawen, kinder vnndt gesinde so nicht in sonder-
heit vff denn weinkeller bestellet, dahin hallten
das sie mit eines erbarn raths schaden nicht
in den weinkeller kommen, sich auch des geldts
vnnd weins darin ohn bezahlung genzlich eußern,
wie dann auch jhr vnd die euwerigen keinen
wein auß dem keller holen lassen, der wein werde
dan einem erbarn rath richtig bezahlt, jmglei-
chen das gesinde so vff den keller bestaltt, mit
vleiß anmahnen jn dem keller zu pleiben, da-
selbst vfzuwartten vnnd des außlaufenns sich
zu enthaltten, vnnd sonsten ins gemein einem
erbarn rath vnnd gemeiner stadt trew vnd holtt
sein, jn euwerm [10] dienste jhr bestes wissen, scha-
den vnnd nachteill aber hochstes vleißes abwen-
den, auch euch nach den weinherrn vnnd jhrem
befehl richten wollet, jnmassen einem erlieben-

---

1) *Ausgelassen* vnndt was demselben anhengig vnndt.   2) 1589 vff des rhats vncostenn ohne vertzug beßerns
laßen vnndt in besserung erhalten.   3) *Ausgelassen* die Vorschrift hinsichtlich der Zeughewser und Thürme.
4) 1568 buchsen- vnnd zeugmeister.   5) *Ausgelassen* vorherurtten allen vnndt.   6) *In der ältern Formel
an dieser Stelle das hier erst am Schluss Folgende* vnnd darbey so truw vnndt holt seinn *etc.*   7) *Ausgelas-
sen* auch ausserhalb dessen jnn gebein.   8) *Ausgelassen* vnndt es niemants offenbahren.   9) *In der ältern For-
mel* ywelken win to vullende myt wyne van der land ard dar de wyn hergekomen sy.   10) *In der Hs.* euwern.

den[1] trewen diener von ehren vnndt rechts we-
gen geziembt: so wahr euch gott helffe vnnd
sein heiliges wortt.

40 **D**er pfunder eidt.[1a]

Ich lobe vnd schwere, das jch alle wahren so
mir zu pfunden fürkommen, getrewlich vnd ohn
falsch wegen, die anzahl des gewichts vnd was
es vor wahren vnd wehm sie zustendig eines
erbarn raths verordnetem wageschreiber alßbal-
den anmelden, vor jedes pfundtschwar von ei-
nem burger einen gutengroschen vnd von einem
frembden zwey mariengroschen vnnd nicht mehr
zue pfundegeldt fordern vnd einnehmen, dasselbe
alle abend oder den nehisten mergen in bey-
sein des wageschreibers jn die deßwegen jn der
wage verordnete buchssen volnkomblich vnd
nichts vorhaltten einbringen, vnd wan es mit
bewilligung des wageschreibers gezehlet vnd auf-
genommen wirdt, mit zweyen theilen zufrieden
sein vnd den dritten theill einem erbarn rath
volgen laßen, das jch auch einen erbaren rath
in jhren kellern, dan auch alle andere leuthe
mit dem wein- vnd bierrahmen, ein vnd außbrin-
gen, auch gutt vnd wahren einzupacken woll
vnd recht vorwahren vnd vorsorgen, bey der
wage vleiseig auffwartten vnd mein gewicht vnd
vnzell alle nacht in der wage pleiben lassen,
vnnd mich sonsten in allen zue diesem meinem
dienst gehörigen dingen getrew, redlich vnd vf-
richtig erweisen soll vnd will nach meinem be-
sten[2] vorstandtnuß vnd vermogen: so wahr mir
gott helff vnd sein heiliges wortt.

Vorgeschriebenen sydt haben Heinrich Traen
vnnd Hans Schluter vff das pfunderambt vor den
zehenmannen vff der munzschmiede mit vffge-
richten fingern geschworen, biß weihnachten
kunfftig zu norsuchen. Actum 5. Julij anno 1621[3].

41 **E**idt des schmiedes vff eynes erbarn raths mu-
serey bestalt.

Ihr sollet zue gott vnd auff sein heiliges wortt

schweren, dat gy einem erbarn rade alse ein
dener willen truw vnd holtt syn, vnd jnn juwem
ahnbefohlenen[4] ampte eines erbarn raths gutt,
alß eisen, köelen vnd werckttüech vnd anders,
truwlich vorwahren vnd vtherhalb des rades be-
sten daruon nichts entfrembden, de arbeit ock
vor juw, juwe knechte vnnd gesinde ganz ge-
truwlich vnd vlitig vorrichten vnnd vorrichten
lathen,' watt gy ock van des raths vorrath vnd
heimlicheit, ock der stadt gelegenheit tho wet-
ten krigen, de tydt juwes leuendes, wen gy be-
reitt vth eines erbarn raths deinste quemen,
jn geheim by juw beholden vnnd nemant open-
baren sondernn vorschwegen jn juwe gruben
mitnehmen willen: so wahr alß juw gott helpo
vnnd sein heiliges wortt.

Vorgesetzten aydt hatt Hanß Reuter bestalter
schmidt jn der cammerej geschworen denn 31.
Maij ao 1599.

Vorgesezten eidt hatt Herman Scharping new-
er zeugschmidt vff der munzschmiede vorm en-
gen rath abgeleget 27. Julij 1629.[5]

42 **S**alpetersieders eydt.

Ihr sollet schweren, das jhr einem erbarn rath
vnd gemeiner stadt nach euwerm besten vermö-
gen guten vnwandelbahren salpeter sieden vnd pul- CLIV, 30
uer machen, darbei vleißig vnd vnuordrossen
sein, vnd was jhr also jedesmall gesotten
vndt allerseits wie sichs geburlt zue gnuge
vorfertigt, genzlich vnd alle des raths vnnd ge-
meiner stadt arckelejvorwesern trewlich vberant-
wortten vnnd dauon nichts zue euwerm eigenen[a]
oder anderer leuth nuz bey euch hinterbaltten,
das jhr auch dasjenige so euch zu zeitt eu-
wers dienstes von des raths vnnd gemeiner stadt
vorrath vnnd heimblichen dingen zu wissen werden
mocht, bey euch biß jnn euwere gruben, wan
jhr gleich auß des raths dienst kehmet, vor-
schwiegen behalten, vnnd sonsten jns gemein
einem erbarn rath vnnd gemeiner stadt also

---

1) In der Hs. erliebendem. 1a) Gänzliche Umgestaltung der ältern Formel: vgl. CLIV, 28. 2) In der Hs.
bestem. 3) Von anderen Händen sind denn noch ähnliche Nachrichten vom 6. Febr. 1622, 7. Aug. 1626,
16. März 1687 und 2. April 1668 hinzugefügt. 4) In der Hs. ahnbefohlenem. 5) Der letzte Absatz eben-
falls von dritter Hand nachgetragen. 6) In der Hs. eigenem.

getrew vnd holtt sein wollet wie ein diener von ebren vnnd rechts wegen schuldig: alß wahr euch gott helffe vnd sein heiliges wortt.

43 Eidt der meister des sallaunenmacher handtwercks.

Ihr sollett loben vnnd schweren zue gott vnd auf sein heiliges euangelium, das jhr dem ganzen[1] sallaunenmacherhandwerck diese zwey[2] jahr vber alß große meistere getrewlich wollet vorstehen, daßelbe soviel ahn euch ist jn gutem friede erhaltten helffen, vber den erlangten ordnungen vnd statutis getrewlich haltten, das handwercksgeldt vnd vorrath, auch was von bröken vnd anderm vffkombtt getrewlich einmahnen vnd vorwahren, auch alles vleißig zue register vnnd buch schreiben lassen: so wahr euch gott helffe vnndt sein heiliges euangelium.

44 Eidt derjenigen welchen die bierkeller vorpachtet.

Ich lobe vnd schwere, das jch einem erbarn
CLIV. 31 wollweisen rath dieser stadt die accise vnd kopenschilling von den frembden vnd braunschweigischen bieren so jch in den bierkeller einlege, jnmassen ich mich deßen mit wolgedachtem rath in der vffgerichteten vorpachtungsvorschreibung vorgliechen, vff der zollenden recht anmelden vnd bezahlen vnnd darahn vor mich selbst oder durch mein weib, kinder vnd gesinde nichts vorschweigen oder vortuschen laßen, sonsten auch jedem rolle maß vor sein geldt reichen vnd die eingelegte bier nicht vorfelschen noch daßelbe durch andere zu thun gestatten will: so wahr mir gott helffe vnd sein heiliges wortt.

45 Eidt derjenigen welche die almusen auf Hanß vonn Bartenschleben vnnd Valentins von Marnholz testamenten vorwaltten.

Ich lobe vnd schwehre, das jch die auftheilung der almusen auß denen testamenten darzue ich gesetzt vnd verordnet bin, trewlich vorwaltten, auch was jch daruor behueff ann gelde vnnd wande einnehme vnnd jedem armen auftheile, dauon alle jahr richtige rechnung schließen vnd vff des raths erfordern ablegen, vnd solch wandt

oder geldt ohn des raths wißenschafft nicht ohnredlich geniessen sondern allein zue der armen bestem[3] gebrauchen vnd anwenden wolle: so wahr mir gott helffe vnnd sein heiliges wortt.

Hoc juramentum praestitit Esaias Thomas 21. Januarij 1617.

Wardins eydt.   46

Ihr werdet schwehren einen eydt zue gott vnd CLXXVIII. auf das heilige evangelium, das jhr einem erbarn rath vnd gemeiner stadt Braunschweig in dem euch ahnbefohlenen wardinerambtt getrew vnd holtt seien, alles silber vnd vngangbaffte munz so euch zu probiren gebracht wirdt, wie schwehr jedes sey vnd was eine marck ins fein halte recht wegen vnd probirn, dauon nichts zue euwerm nuz vnterschlagen vnd vnredlich geniessen, was dauon zue behueff eines erbarn raths munzwerk eingekaufft wirdt, darahn einen erbarn rath vnd gemeine stadt das sie nicht vorvortheilt woll vorwahren, vnd wan ein werk zugerichtet worden vnd darzue beschickung geschehen soll, mitt dem munzmeister die proba also machen, darmit die munz so ein erbar rath vnd jhre munzherrn zu pregen befehlen, des romischen reichs oder niedersächsischenn kreisses ordnung ahn schrott vnd korn allerdings gemeß sein vnd bestehen möge, solch probirn auch nach dem guß ehe das werk außgehot wiederholen, vnd so einiger mangell darahn, denselben darmit solcher vom munzmeister ersezt werde anzeigen, die munz durch euch oder jemants anders nicht ergern noch ringern noch mit denjenigen die sich dessen in einigem wege vnterstehen wollten, einigen theill noch gewin haben, von den gemunztenn wercken auch nottwendige proben die man vff den probationtägen vorzuzeigen habe, in die verordnete buchßen legen, vnd in summa es also jn euwerm ambte mit dem wardirn vnd probirn anstellen, das jhr die gepregte munz vff des reichs oder niedersächsischen kreißes ordnung allemahl vorantworten vnd gemeine stadt deßhalber schadloß haltten konnet, alles nach euwern funff sinnen vnd he-

---

1) In der Hs. ganzem.   2) zwey von fünfter Hand nachgetragen.   3) In der Hs. besten.

85

stem vorständtnuß: so wahr euch gott helffe vnd sein heiliges wortt.

47 Silberschmeltzer eidt.

Ich lobe vnd schwere, das jch alle das silber so jch von den zehenmannen, munz- oder wechßelherrn vff die schmelzhuttenn empfange, woll vnd vleißig in acht nehmen, dauon nichts voruntrawen noch in meinen eigenen nutz wenden oder durch andere voruntrawen noch vorwenden lassen, das jch auch nach bestem meinem vorstendtnuß das schmelzen vnd abtreiben des silbers vorrichten vnd was dauon kombt den zehenmannen, munz- oder wechßelherrn von denen jchs jedeßmahl empfangen, trewlich vnd volnkomblich außantwortten, jmgleichen dieß werck mit dem weinigsten kosten alß möglich vorrichten vnd keine vnnöttige kosten vnd abgenge begeren noch vorursachen sondern hierbey einem erbarn rath der stadt Braunschweig trew vnd holtt sein, allen jhren schaden vorhutten vnd dargegen jhren nuzen vnd frommen nach meinen funff sinnen befordern soll vnd will: so wahr mir gott helffe vnd sein heiliges wortt.

48 Wechßelherrn eydt.

Ich lobe vnd schwere zue gott vnd vff sein heiliges wortt, das ich das wechßelambt darzue mich ein erbar rath neben meinen collegen verordnet, trewlich vnd vleißig vorrichten, dero behueff zue gewisser zeitt ahn bestimbtem ortt mit meinen collegen allen oder in etlicher vorhinderung zum weinigsten vnser drey zusamen kommen, die silber vnd vngultige munz so vns zue handen gelieffert, durch den munzmeister laßen probirn vnd in dem werth alß vns solche jzo von einem erbarn rath vnd zehenmannen befohlen vnd noch kunftig ferner befohlen werden möchte, bezahlen, demnehist vff der hutten schmelzen, seigern vnd ins fein bringen laßen, darzue vff des ambts kosten nottwendig bley, holz vnd kohlen vorschaffen, das feine silber sobald es vff der hutten ferttig, auch wieder von dem munzmeister probirt vnd vns daruber ein zettel zugestalt ist, den verordneten munzherrn

gegen quittung einantwortten, was ahn bley vnd kupfer auß dem seigerofen wieder kombt zue des ambts bestem wieder anwenden, jmgleichen was jch vnd meine collegen hierzue vnd zue vortstellung des ambts von den zehenmannen ahn gelde einnehmen oder sonsten von andern erhorgen möchten, trewlich vorzeichnen, alle einnahm vnd außgabe woll vorwahren, von allen wercken so vff der hutten geschmolzen vnnd geseigert werden eine rechnung schliessen vnd allemahl vff begeren dem zehenmannen furlegen, vnnd sonsten ins gemein bey diesem ambt eines erbarn raths vnd gemeiner stadt bestes wissen, bedencken, vormelden, vortstellen vnd befordern, schaden vnd nachteill aber hindern vnd abwehren soll vnd will, alles nach meinen funff sinnen vnd bestem vermögen: so wahr mir gott helffe vnd sein heiliges wortt.

Vorgeschriebennn eydt haben jzige wechßelherrn, benantlich Heinrich Baring, Christoph Huuen, Heinrich Getheld, Georg Weigell vnnd Henning Vlenhop vor einem erbarn engen rath zue verschiedenen mahlen wircklich geschworen.

49 Bierschencken, werdinnen vndt juugen eydt.

Das jhr der wirt, wirttin vnd junge sothan bier alß euch in dem Alttenstadtkeller zu sellen befohlen wirdt, wollet trewlich vorbegen, mit einfallen oder sonsten nicht vormischen, vormengen vnd vorderben, vnd nichts ohn der hierherrn befehlich vnd wissen darin geben vnd einfullen, auch nicht vrsach geben, vergönnen, gestatten noch zusehen das es von andern geschehe, das auch ein jeder vnter euch darahn sein wolle das niemants anders in dem keller geldt vor hier vfnehmen möge dan ihr drey allein, jedoch da es die nott erfordert vnd das hier heuffig geholet würde, so mag auch die magdt zum zapfen vorstattet werden, aber die wirtt, wirttin vnd junge sollen das geldt aufnehmen vnd zur standt wan es empfangen, es sey viell oder weinig, alle in den stock oder kisten stecken darzue die hierherrn den schlüssell haben, vnd nicht daraußen behalten alß soviell euch die bierherrn

CLIV. 91

CXIII, 3

zue behueff des wechßelns zu behaltten vorstat-
ten [1] vnd vorgennen, auch nicht zusehen noch ge-
statten das es von jemändt anders sollte anders
gehaltten werden, das jhr auch nach bestem
vermögen vleiß anwenden wollet das alle bier
woll zue rath gehaget, nichts vergossen noch
vorspildet noch mit dem barmen weggegoßen
werden möge, sondern alles soviell jhr konnet
vnd vermöget dem rath zum besten zue gelde
gemacht vnd vorheget werde, das jhr auch den
vnschlete mit boltz, kölen, liechten vnd andern so
gering machen wollet alß jhr konnet vnd mö-
get, vnd das nicht mißbrauchen sondern sparen so-
viel jmmer möglich ist, das jhr auch einem jeden
volle maß vor sein geldt geben vnnd volgen las-
sen wollet auch keinerley bier vorkauffen, vorzapfen
oder zue borge thun, jhr habt dan dafür bar geldt oder
genugsame pfande empfangen, oder vf den widrigen
fall den schaden erstatten [2], vnd das jhr einem
erbarn rathe in diesem euwern dienste mit al-
lem vleiß dienen vnd den bierherrn so ein er-
bar rath allemahl verordnet, in allen billigen
dingen, sonderlich was zue des raths bestem [3] von
jhnen gemeinet vnd befohlen wirdt, wollet gehör
geben vnd volgen, alles wo einem getrewen diener
eigenet vnd gebüeret, vnd das jhr auch alle die bier so
ahn sein wollet das einem erbarn rath alle vier
wochen die gewönliche sceiße von den bieren vf die
zelbnde vnnd wohin sie sonst verordnet, gebracht
werde, das jhr der wirtt auch alle die bier so
euch vonn den bierhorrn zu keuffen vnd zu prue-
fen befohlen werden, mit allem vleiss pruefen
vnd die nicht gutt sein in den keller nicht ge-
statten wollet; alß euch gott helffe. [4]

50 **Eydt** desjenigen welcher tempore pestis in-
ventirt vnd testament schreibet.

Ihr sollet loben vnd schweren, das jhr bey die-
sem ambt, so lang jhr mit zulaßung eines er-
barn raths darbey seit, niemanden einig testa-
ment machen, er sey dan guter vornunft, alle

testament richtig vnd vorstendlich schreiben,
die testatoren vnd testatrices das sie kirchen,
armeheuser, wege vud steige hedencken erin-
nern, in der erbsazung die leutho woll vorwah-
ren, den jnhaltt der testamenten biß die eröfnet
niemants offenbaren, vnd wan eine erbschafft
ganz oder zum theill oder auch ein legatum
auß der stadt vorstirbet, davon einem erbarn
rath der dritte pfenning gebürtt, vnd solchs zue
euwerer wißenschafft kombt, den verordneten des
dreypfenningambts zue weichbilde ohngeseumbt
vormelden, vff empfangenen befehlich die erb-
schaften trewlich vnd vleißig inventirn, nichts
darahn vorschweigen noch euwern eigenen nu-
zen hierunter suchen, auch solchs zu thun an-
dern nicht vorstatten, vnd mit einer zimblichen
belohnung zufrieden sein sollet vnd wollet; so
wahr euch gott helffe vnd sein heiliges wortt.
Diesen eidt hat **Harff** [5] Kohlmeyer vor k. [6] Han-
sen Haberlandt, Johan Campß vnnd Johan Be-
sen secretarijs vff der munzschmiede geschwo-
ree den 10. Juny 1625.

Eydt derjenigen so vor andere burgere vff die 51
wacht gehen. [7]

Ich lobe vnd schwere, das jch die tag- vnd
nachtwacht vor NN. so offt jhn die ordnung
erreicht mit vleiß bestellen, nicht davon pleiben,
mich darahn nichts alß gottes gewalt vorhindern
lassen, do auch wieder hofnung ein feindlicher
anfall vor der stadt geschehe, mich vor der
wacht weichen sondern dem feindt manlichen
wiederstandt thun vnd abtreiben helffen, jmglei-
chen wan jch von der stadt wiederwertigen an-
schlegen etwas in erfahrung brechte, dasselbe
dem regierendem [8] burgermeister in der Alten-
stadt alßbalden vormelden, vnd sonsten eines er-
barn rhats vnd gemeiner stadt bestes wissen,
schaden vnd nachteill aber eusserstes vermö-
gens warnen vnd abwenden wolle; [9] so wahr mir
gott helffe vnd sein heiligs wortt.

---

1) In der ältern Formel dan acht eit tein grossen kleines geldes. 2) oder — erstatten ebenfalls von dritter Hand
nachgetragen. 3) In der Hs. beste. 4) Ausgelassen die Bestimmungen wegen des Dobbelspiels, der Unzucht
vnd der aufrührerischen Räden. 5) So. 6) Kämmerer. 7) Vgl. S. 596 § 4. 8) In der Hs. regie-
renden. 9) wolle fehlt.

85*

Henning Winckel juravit pro Morix Wilckens 12. Decembris 1626.[1]

52 **W**indtmüllers eydt.

CLXXVII, 8 **I**hr sollet loben vnd schweren, das jhr vnd auch euwer knecht, wan jhr einen knecht haltet, vf der windtmuhlen vleißig vleschen baben das der burger vnd anderer leute korn woll gemahlen vnd nicht mit wissenschaft oder euwer vorseumbnuß vorderbt werde vnd ein jeder das seine recht wieder bekomme, das auch ihr vnd euwer knecht von dieser stadt burgern vnd einwohnern vor das mahlen kein trinckgeldt oder geschencke (ohn was euch jemants auß gutem willen vngefordert zuwendete) for- CXIII, 13 dern[2] besondern mit dem ordenlichen lohn zufrieden sein, jtem das jhr vnd euwer knecht kein korn zu mahlen einnehmen, es sein dan die rechten zeichen darbey, vns solche zeichen wan sie recht befunden in euwern oder euwers knechts gegenwartt durch den karnfuhrer oder wer dieselbe zonsten bringet in die gewonliche laden stecken lassen, der frembden korn aber die keine zeichen darbey, recht vormezann vnd das mezkorn in die kasten thun, jtem das jhr die windmuhlen woll vorwahren vnd daran durch euwern schulden nichts vorderben noch vorwarlosen lassen, auch vor hurerej vnd reuberey[3] in den muhlen euch hüten vnd solchs euwerm knecht vnd andern ebenmeßig nicht gestatten, besondern euch in allem trew, vleißig vnnd vorantwortlich vorhalten wollet: so wahr euch gott helffe vnd sein heiliges wortt.

53 **K**ramer[4] botten eidt.

CLXXVIII,11 **I**hr sollet schwehren, das jhr eines erbarn raths vnd aller gemeiner kauffleute getrewer pote, denselben auch dienstwerttig sein, alle ehr, guten willen vnd freundschaft beweisen wollet.

Zum andern: die brieffe so sie euch vberantworten, darzue alles was sie euch behandigen als gute vnd gelde dem einen alß dem andern woll zue rechte pringen vnd darin weder freundschaft, gunst, gabe, geschencke noch andere vrsachen ansehen besondern daßelbe was euch befohlen getrewlich vorrichten, vnd von dem gelde so euch mitzunehmen vbergeben vnd vortrawet wirdt, nicht mehr alß die gebuer nehmen wollet.

Zum dritten, das ihr euwere ordentliche reise, wie sich die botenherrn vnd[5] kauffleute deßen mit euch voreinigt," halten vnd euch daraüu nichts dan gottes gewallt, wetter vnd windt vorhindern laßen, vnd nach niemants brieffen warten, sie wehren dan[7] einem erbarn rath alhier zustendig[6], vnnd allemahl wan ihr abzureisen bedacht solchs dem regierenden[9] burgermeister in der Altenstadt drey oder zwey tage vorhero anmelden, darmit eines erbarn raths brieffe, da einige vorhanden, von euch mit vbernommen werden können, auch vff solche[7] rathsbrieffe vmb bescheidt an geburenden ortten anhalten wollet.

Zum vierden sollet ihr keine kauffmanschaft mit vorhandlung ganzer oder halber lasten, tonnen, centnern oder hunderten, packen oder ganzen stucken[10] treiben, der einzelnkauff vnd vorkauf in dieser stadt pleibt aber euch vnuorbotten: so wahr euch gott helffe vnd sein heiliges wortt.[11]

Vorgeschriebenen eydt hatt Heinrich Jordens vor k. Curdt Eckloff vnd Johan Campff secretario vff der munzschmiede abgeleget.[12]

1) *Von achter Hand folgen ähnliche Vermerke aus den Jahren 1635, 1640, 1641, 1642, zweimal mit dem Zusatze pro seinen herrn, zweimal pro se.* 2) *In der ältern Formel zubetängt nicht — jennich driuggegt eine geschencke die nehmen.* 3) *Das alte rullerye, reuerie offenbar mistverstanden, wie auch darans hervorgeht, dass ursprünglich dieberey geschrieben war, was dann erst von einer andern Hand corrigirt ist.* 4) *In der ältern Formel Hamburger.* 5) *botenherrn von achter Hand nachgetragen; vnd fehlt.* 6) *Nach der ältern Formel je den vierten Tag.* 7) *Eine jüngere Hand hat, von Zweifel nach der Unterwerfung Braunschweigs, eingeschaltet Ihrer Durchlaucht vnd; desgl. an der betreffenden spätern Stelle fürstliche vnd.* 8) *Ausgelassen die Vorschrift hinsichtlich des Aufenthalts draussen.* 9) *In der Hs. regierendem.* 10) *Ausgelassen oder tochern.* 11) *Wieder ausgelassen der fünfte Punkt der ältern Formel. Die Hand, von welcher die in Note 11 erwähnte Nachricht von 1679 herrührt, hat am Rande hinzugefügt: NB. dabey anzugloben daß rathspersonen vnd bedienten briefe vnlonst mitzunehmen.* 12) *Aus den von anderen Händen 1657, 1661 und 1679 hinzugefügten ähnlichen Vermerken geht hervor, dass derselbe Eid auch für den Hamburger Boten galt, dass der in Pflicht Genommene einen, zwei, auch drei Bürgen stellte und dass beiderseits „alle Haab vnd Güter" als Caution bestellt werden mussten.*

64 [1]**Der** vier meister der dreyer jharlicher eydt.

Ich gelobe vnd schwere zu gott: nachdem mich die meister vnsers dreyerhandwercks zu einem eltisteun meister dis jhar zu sein erwehlet, das jch vber der ordnung die ein erb. rhat vnserm handwercke bestetiget, steif vnd vhest halten wolle, auf das es auf vuserm hantwercke richtig vnd woll wie bisher geschehen zugehen muge, die straffen auch die etwa auf dem handwercke fallen werdenn, einem erb. rahte dauon den dritten theil vnd die andern zwey theill vnserm handwercke zum bestenn getrewlich einlieffernn, vnd das handwercksgeldt zue meinem eigenen nutz vnnd vorteill nicht gebrauchen:[1a] so war alß mir gott belffe vnd sein heiliges wort.

55 **Des** sagemullers eidt zu Olber, wie ihn Jacob Sittig den 18. Julij[2] auf der munzschmiede geschworen.

Ich gelobe vnd schwere zu gott, das jch einem erb. rathe albie zu Braunschweigk will getrew, holdt vnd gewertig sein, jhren schaden abwenden vnd daiegen ihr bestes befodern, dem verordenten mulenberrn oder den ein erb. raht deswegen ordnen wird, gehör geben, das zeug so in eines erb. rahts sagemuhlen an segen vnd anders gehöret, woll vorhegen vnd nicht vngeburlich vorwarlosen, cines erb. rhats holtz fleissig vorwahren vnd daran nichts zu schaden schneiden, auch alles was jch entpfange vnd dauon schneide[3] vnd schneiden lasse einem erb. rahte getrewlich wider einantwortenn, waß jch auch sonst nusserhalb eines erb. rahts holtz schneide, das gelt dauon bey einem pfenninck in die lade stecken vnd den herrn zehenmahnaen getreulich vberantwortenn, vnd also eines erb. rhats gut vber meine besoldung nicht geniessenn, vnd mich sonst allerseits vorhalten wie einem getrewen diener eignet vnd geburet; so war mir gott belffe vnd sein heiliges wort.

56 **Eydt** eines phisici so von einem erbarn rahte nicht bestaldt sondern etzliche zeit in der stadt frey zu practisiren vorgunstiget ist.

Ihr sollet schweren, daß jhr einem erbarn raht vnd gemeiner stadt Braunschweigk wollet trew vnd hold sein, jhren schaden melden vnd bestes fleisses abwenden, vnd dis jhar so euch von einem erbarn rahte albie frey zu practisiren vorgunstiget ist, in der chur sowoll in medicina alß chyrurgia euch[4] also zu bezeigen das jhr sölches vor gott, einem erbarn rahte vnd deroselben hedinten jderzeit verandtwortten wollet, die leute auch wegen erförderter chur nicht zu vbernehmen, auch keine ertzney in ewrem hausse oder anderswo bereiten oder bereiten lassen, sondern alle vnd jede recepta vf oines erbarn rahts apotheken schicken vnd alda vorfertigenn lassen, auch vnter ein jedes recept des patienten nahmen schreiben, vnd sie dieselben abholen vnd bezahlen lassen, vnd so euch von eines erb. rhats vnd gemeiner stadt heimligkeit etwas wissend wurde, solches bey euch bis in ewre grube vorschwiegen behalten; so war euch gott helffe.

57 [5]**Der** kruger in den landtwehren aydt.

Ihr sollet loben vndt schweren, das jhr einem erbarn rath der stadt Braunschweig wollet trew vndt holdt sein, jhr schaden warnen vndt nuzen bochstes vleifes fordern, die landtwehren beedes an gebeuden vndt landtgraben vleifig vorwahren, damit darin oder daran kein schaden oder verderb weder durch euch, ewer gesinde oder frembde[6] geschehen möge, vndt do jhr etwas erfharet das wieder einen[7] erbarn rath vndt die stadt sey, solches zur stundt sowohl bey tagk alß nacht vnseumblich vormelden, auch von allem[8] bier, alß von einem faß mummen vier mariengrosschen vndt von einer thonnen bruhanen 2 mariengrosschen so jhr aufzapfen werdet zur accise geben, vndt solche accise alle halbe jahr den hern ohn einig falsch redtlich vndt trewlich reichen vndt einbringen, sodan vor allen dingen die schlagbeume deß nachts wie auch auf vberkommenen befehl deß tageß vleißig vorschließen vndt niemandt der vordech-

LX. 47

---

1) Die nächsten drei Formeln von vierter Hand. 1a) vnd — gebranchen von dritter Hand nachgetragen. 2) Das Jahr fehlt. 3) In der Hs. scheide. 4) In der Hs. sich. 5) Von fünfter Hand. 6) In der Hs. frembden. 7) In der Hs. einem. 8) In der Hs. allen.

tig durchlaßen wöllet: so wahr euch gott helffe vndt sein heiliges wordt.

Anno 1619 am 4. Junij ist Hans Siuerß in den Rhunj thurm vndt landtwehr mit obgesaztem [1] aydt helegtt.[2]

---

58 "Der burgkherrn eydt.

Ihr sollet loben vnd schweren, daß jhr das burgkherrnamht darzu jhr verordtnet vnd gesetzet seydt, trewlich vorwaltten, nehen eines erharn raths amhtman die gewönlichen landtgerichte hesuchen, hesitzen vnd dahin sehen daß eß mit klag, antwortt vnd vrtheilsprechen daselbst richtig zugehe vnd jedem ohne ansehen der person zu seinem rechten verholffen werde, daß vß selbigen landtgerichtenn zu der leutte beschwerung nicht zu großer vßschlag gemacht sondern alles soviell möglich gemindert werde, jn jrrigenn hendeln die zur güete verwiesen die leutte vorgleichen helffen, jn furfallenden nöttigen sachen vnd reißen das hurgamht anreichendt euch vß deß ambts kosten verschicken laßen aber vnnöttige reißen einstellen, dem amhtman zu einbringung deß burgambtts jntraden alle mögliche beforderung thun, vnd da jhr an selbigen vffkunßten ohn sonderbare beschwehrung der vnterthanen etwas zu verheßern wüstet, solches alles vleißes ins werck stellen, vff gemeiner stadt vff dem lande habende hoch-, frey-, gerecht- vnd gerichtbarkeitten, grentzen, jagte, gehöltze, gehewde, acker, wiesenn, fischereyen vnd waß sonsten einem erbarn rathe außer der landtwehr zustehet, darmit dieses amhts vnd gemeiner stadt verheßerung darin allerseits gesucht werde, nehenst dem amhtman obßige vffsicht haben vnd solchs vmh ewrss eigenen nutzen oder anderer vrsachen willen, wie die zu erdencken, keines weges versaumen noch vnterlaßen, zum fall euch auch wichtige amhtssachen furkehmen so euch zu entscheiden zu schwehr wehren, dieselbe durch den amhtman jedesmahl in ein memorial laßen faßen, dem rath vberge-

ben, bescheidts darauff erwartten vnd euch darnach ferner achten, zudem wan der amhtman die burgamhtsrechnung vor einem erbarn rathe ahlegt, demselhen mit beywohnen, deß raths dabey furlauffende erinnerungen in acht nehmen vnd waß nützlich vnd rathsamb befunden zum effect hefodern, vnd deß rahts heimbliche dinge so euch hierbey zu wißen werden, vorschwiegen hehaltten sollet vnd wollet: so wahr euch gott helffe vnd sein heilliges wortt.

Eydt derer so die säcke zum maltz vnd korn 59 in die müelen ahmen.

Ihr sollet lohen vnd schwehren, daß ihr nach der anordtnung so ein erhar rath gemacht, selhst in eigener person einem jeden hrawer, hecker vnd allen andern vnßer stadt hürgern vnd einwohnern ihre maltz- vnd kornsäcke so zur müelenn zu gebrauchen, nach der rechten vnd gewißen vom rath jtzt gesetzten maß, nemblich daß ein jeder maltzsack gegen 11½ himhten rogken, recht vffgetzogen vnd gerütteldt, dreizehende halhen gestrichene himhten maltz, ein halhscheffelsnck aber mit hartem korn funff gestrichene himhten in sich hegreiffe vnd halte, in s. Jacobs kirchen vnd nirgendt anders heates getrewes vleißes recht vnd gleich mit roggen meßen vnd ahmen, vnd keine säcke so die rechte lenge oder weitte nach deß raths maße nicht haben, annehmen sondern abweisen, vnd hierinn keine person ansehen noch solches vmb gonst oder vngonst, gifft oder gahe noch vmb einiger andern vrsachen willen vnterlaßen, auch die leutte vmh den lohn der euch zugesaget, mit dem ahmen fodern, vnd hierunter keinen vnzimhlichen vortheill oder eigen nutz suchen sondern in diesem dem rath vnd gemeiner stadt trew vnd holt sein wollet: so wahr euch gott helffe vnd sein heiliges wortt.

Eydt deßen der vff die maltz- vnd andere korn- 60 säcke deß raths wapen trucket.

Ihr sollet lohen vnnd schwehren, daß ihr die maltz- vnd andere kornsäcke, wan sie von de-

---

1) In der Hs. obgesatzten. 2) Von jüngerer Hand ein ähnlicher Vermerk aus dem Jahre 1658. 3) Die folgenden drei Formeln von sachster Hand, derselben welche zur 41. die Nachricht von 1622 hinzugefügt hat.

nen hierzu beeydigten personen vorher visirt
vnd geahmet vnd also an euch gebracht wer-
den, oben gleich vff der stette da sie von dem
ahmer gemercket sein, mitt deß raths euch zu-
gesteltem lewen vnd vff jeden sack derselben
zwey, schwartzer farbe, eigentlich vnd kendtlich
bedrucken vnd zeichnen, vnd hierunit einen je-
den der eß begehret vmb den euch gesetzten
lohn ohn einigen respect vnnd ansehen fordern
vnd hierunter keinen vuzimblichen vortheil we-
der vor euch selbsten noch durch andere suchen
oder begehren, da euch auch vorichtige oder
verdechtige stucke vorkehmen, dieselbe nicht an-
nehmen sondern abweisen, vnd deß raths vnd
gemeiner stadt beste wißen vnd befodern, scha-
den vnd nachteill aber soviell an euch verhue-
ten wollet: so wahr euch gott helffe.

81 Des apotheckerß eidit.

CL.IV. 25 Daß jhr einem ernuesten rathe wollet trew vndt holdt
sein alß ein diener seinem herrn von rechts wegen ver-
pflichtet ist, vnd die apotbecken vor einen apotecker alß
jhr auß beste konnet vnd mueget trewlich versorgen vnd
verwahren, vnd alle materialia, kreuttere, waßere, weine
vnd alle dinge so darzu geboren so fleißiger achte halten,
also daß die dem rathe zu keinem vorsetzlichen vordarb
kommen, vnd wan etwaß auff der apotheken, es wehre
von welchen dingen es wolte, nottig wehre oder wurde,
daß jhr daß den apothekenherrn so darzu gesetzet ie
ehir ie lieber antzeigen vnd zum besten rahten vnd
anweisen helffen wollet das die mangelnde dinge nach
vortheill vnd jhrem geheiß in oder außerhalb der stadt
dem rathe zum besten von euch oder einem andern trew-
lichen eingekaufft werden mogen, auch keine opiata, tiri-
ack oder etwaß anders dehme gleich in die apothe-
ken kauffen oder kauffen laßen, die sein den bestendiglich
vndt also geschaffen daß der rubst damit verwahret sey,
vndt wollet auch keine eigene materialia, kreuttere, weine
oder etwaß so zur apotheken gehoret, vor euwre eigene
handtlung haben, darvon jhr uuts recht frommen ha-
hen mochtet, sondern alleß waß in der apothekerey, wein-
zapffen, claretmachen gehoret vnd jhr mit ewrer kunst

vollenbringen moget, auch waß darvon auffkombt, in deß
rahtes nutz vndt besten kehreun, vndt keine waßere zu
hesehende oder krancken besonderß zu curirende euch
vnternehmen, vndt die recept die euch von vasern oder
andern doctorn oder denjenigen die der artzneykunst
erfahren zugeschrieben werden, trewlichen nach jhrem jn-
haltt selbst machen vnd dispensiren oder durch euwre
gesellen so außgelernet vndt darzu benehen euch vereydet
sein machen laßen, vndt ob jhr ettliche dinge die euch
in den recepten zugeschrieben wurden, nicht hettet, daß
jhr dan dem doctori oder demjennigen von dehme
euch die recepte zugeschicket, solches offenbahren vnd
nach daßelben befell vnd rahu ein anders in die stette
nehmen wollet, daß jhr auch kein vergifft, venena, corro-
siva, abortiva, da jhr vermuthung habet daß es scha-
den bringen mochte, ohne rath, willen oder befell deß
doctoris verkeuffen, vergeben oder von euch kommen
laßen wollet, sondern daß alles für jederman mit fleiße
bewahren, auch kein ding, eß sey weynn, kreuiter oder
materialia, vnmäßig brauchen dan allein zu ewreß lei-
bes notturfft vnd nöthen, auch earem gesinde solches
zu thun nicht gestatten noch nachgeben, vnd
alles waß jhr von der apotheken vorkauffet oder verkau-
ffen laßet, fleißig rechnen wollet vnd vermoge der taxa so
darauf verurdinet, vmb ein geldt geben dem reichen gleich
dem armen, also daß der rath daran keine verjust son-
dern einen redtlichen guten verdienst megk haben, vndt
nichts zu horge thun mehr dan von e. e. r. vndt dem
apothekenherrn euch erlaubet vnd geheißet wirdet, vndt
alles geldt oder goldt daß vor deß radeß guth anff die
apotheken gegeben oder darmit gekaufft, auch von den
gelagen auffgerechnet wirdet, in euren behaltt nicht neh-
men sordern trewlichen zehlen vnd vbersehen daß es recht
sey, vndt selbst oder durch ewer gesinde in den kasten
so darzu gemacht stecken oder schieben laßen, ein jedes
dahin eß gehoret, vndt ewer gesinde auch in solchen eiden
haben vnd behalten, vnd den apothekenherrn von dem
schultgelde oder daß euch zur haußhaltung vnd die
materialia, kreuttere, weyne oder andere dinge darmit ein-
zukauffen zugestellet wirdet, zu jeder zeit vnd wan
eß von euch gefodert wirdet rechenschafft thun wollet,
daß jhr alle dieße vorgeschriebene stucke, puncta vnd ar-

---

1) Die nächstfolgenden sechs Formeln von siebenter Hand.
vgl. S. 389 Note 4.   2) Ausgelassen das unverständlich gewordene erica:
3) Ausgelassen eilfte parthe.   4) In der ältern Formel to wesselgeldo.

ticulie sambt vnd besonderen thun vnd lußen wollet nach euren rechten fünff sinnen aufs best, ihr konnet vndt mogett: alß euch gott helffe vnd sein heiliges wortt.

52 Barbirer eidt.

CLIV, 23 Ihr sollet schweren, daß ihr ewer ambt darzu ihr von einem ernuesten rathe in dieser stadt fur anderen verstattet worden, getreulich vnd mit allem fleiße ohne einige versaumbnus verwalten, die darin euch furkommende kampfbahre wunden vnd dumbschlage iedeß vnd alle mall dem hern regirenden burgermeister zu weichbulde vnvorzuglich anmelden, die wunden vnd schaden auch darzu ihr ambts wegen zu besichtigen und ob dieselbe todtlich oder nicht todtlich fur euch allein oder nebst andern zu erkennen iedeß mal gefordert werdet, vfs allergenaweste prufen vnd erforschen wie ewer bedenken sowoll mundtlich alß schrifftlich wie eß die notturfft erfordern wirdet daruber ertheilen vnd außstellen,[1] da auch in furfallenden fallen die wunden oder schaden so unter ewere chur kommen muchten, also gefahrlich sich befinden wurden daß ihr fur euch allein denselben zu rathen oder zu helffen nicht getrawen, das ihr alßdan ein oder mehr verstendige medicos[2] vndt barbierer zu euch nehmen undt mit gesambtem rathe vndt hoechstem vleiß dahin arbeiten vndt bemuhen sollet vndt wollet damit der patient oder verwundete, wo eß muglich vndt andere zufalle nicht mit zuschlagen, am leben nicht verkurzet werden moge[3], vnd euch in diesem allen vnd sonsten waß in eurem ambte euch zu thun und zu verrichten von gott und recht wegen will gebühren undt obliegen treulich, ehrlich vnd allemall verantwortlich sollet und wollet halten[4]: so wahr euch etc.

53 Deß karrenknechtes eidt.

Du soldt loben vndt schweren, daß du einem ernuesten hochweisen rathe der stadt Braunschweig vndt gemeiner stadt wollest trew, holdt vndt gewertig sein, dehren schaden warnen, bestes aber nach muglicheit befordern, vnd waß du so wider e. e. rath vndt gemeine[5] stadt sein vnd lauffen muchte, horen oder vernehmen wurdest, iedeß mall dem regirenden herrn burgermeister in der Altenstadt treulich anzeigen, waß dir auch sowoll von den herrn selbst alß ihren iedeß mals verordneten muhlen- vnd bawhern anbefohlen werden wirdett treulich verrichten, e. e. raths pferdes vnd karren so dir anvertrawet wirdet, vleißig warten vnd wahrnehmen, demselben auch waß vf daßelbe iedeß malls an habern vßn marstall oder sonsten gegeben werden wirdet, getreulich vortragen vndt reichen vnd solchen futterhabern, in waß schein vnd malß geschehen konte, dem pferde darauff es gereichet vor dem maule nicht endtziehen oder vntreulich in deinen nutzen verwenden, fur dich selbsten auch deine dir anbefohlene arbeit vndt fhuren nicht naehleßig sondern beatinuglich befordern vndt leisten, e. e. raths heimbliche dinge so dir zu wißen werden muchten,[6] bei dir biß in deine sterbgruben vorschweigen, vnd alles daßjenige thun vnd verrichten waß ein trewer knecht[7] seinem herrn von rechts wegen zu leisten schuldig vndt pflichtig ist etc.: so wahr dir[8] gott helffe etc.

Trucker[9] eidt. 54

Demnach ein ernvhester hochweiser rath auß sonderbahrer vergunstigung euch eine druckerey alhie zu haben vndt zu gebrauchen verstattet, alß sollet ihr geloben vndt schweren, daß ihr weder fur euch noch durch ewre gesellen keine schrifften, eß sey waß materi eß wolle, sie werde von newem auffgeleget oder sonsten zum andern oder mehrmalen nachgedrucket, es begehren auch dieselbe hohes oder nidern, geistlichen oder weldtlichen standes personen, we-

---

1) In der ältern Formel folgt schon an dieser Stelle der hier erst a. E. wiederholte Satz vand jo dem allen etc. vns fittich etc. halden willen.   2) Correctur einer jüngern Hand, ursprünglich doctores medicinae.   3) In der ältern Formel vand darjune mit der aller rade vnnd thodtent zu gelegenheit des krancken vnd demsuluen thom besthen gehandelt werden schal.   4) In der Hs. erfullen.   Die ältere Formel schliesst: alles getrewelich vnnd vngefertich.   5) In der Hs. gemeiner.   6) In der Hs. muchte.   7) In der Hs. einem trewen knechte.   8) In der Hs. wir.   9) Ursprünglich truckerey, die beiden Endbuchstaben durchstrichen.

der heimblich oder offentlich drucken oder dru-
cken laßen wollet, jhr habet dan darauff vorhero
eines ernvesten hochweisen rahts censur vndt
bewilligung erlanget vnd dero behueff dem herrn
directori oder dehnen so hirzu einn ernvester
rahtt nominiren vndt verordtnen wirdet, einge-
sandt vndt zu leßen[1] gebeu: so wahr euch gott
helffe etc.

Anno 1641 den 9. Aprilis haben Baltzer Gruber
vnd Andreas Duncker diesen eid vrtbätlich ge-
schworen vnd abgeleget.

Anno 1647 den 9. Aprilis batt Christoff Fria-
derich Zilliger buchdrucker auff dem Newenstadt
rhathause vor einem ebrnvesten engen rahte
diesen eid würcklich geschworen vnd abgeleget.[4]

65 **Deß hopfenmeßerß eydt.**

LX. 55 **Daß** ihr allerlei hopffen new undt alud mit der mieße
die euch e. e. rahtt deßwegen thun undt anbefhelen
wirdt, sowoll dem verkeuffer alß keufer, jedem
theill alß ihr zum rechtesten nach ardt undt
weise wie eß bißhero albie gebreuchlich gewesen
konnet undt moget, richtig messen undt anzeich-
nen, undt deßwegen uber ewru lohn[2] von nie-
mandten einem oder dem andern theill zum
schaden einig geschenck, gifft oder gabe oder
deß ettwaß nehmen oder durch die ewrige neh-
men lassen, nach einem jglichen sowol verkeu-
ffern alß keuffern auff ersuchen deß rechtenn ho-
pffenkauffs sofern ihr eß wißett berichten, auch
e. e. rahtt getrew undt gehorsam undt[4] sowoll
der ehrlichen bürgerschafft und furnemblich dehn-
en so hopffen zu feylem kauff haben alle mall
auff erforderen kegen üblicheß meßelohn willig
undt auffwertig sein alß auch die frembdenn mitt
der abmeßung hest muglich beforderen wollet
und sollet: so wahr euch etc.

Andreaß Probst itziger hopfenmeßer in der Al-
tenstadt hatt diesen eidt geleistet auffm Alten-
stadt radthauße donnerstages 5. Maij anno 1642.[5]

Der karnführer eydt.

66 oder § 22

Daß jhr kein maltz oder korn von unßern burgernn
und brawern auß ihren heusern, von ihren bode-
men, weniger vor ihren thueren, thorwegen und vff
ihren steinwegen wollet aufladen und solches
ihnen zur mublen fahren, eß sey dann daß die bur-
gere und brawere euch die schuldigen muhlen-
zeichen von jdtwederm maltzschefell vnd himb-
ten kornuß so ihr geladen, unß dem rathe in
unßeren mublen und dehme darin von unß ge-
setzten muller zu uberandtworten, vorhero oder zu-
gleich darbey hetten zugestellet, und daß ihr solch
malta oder korn von ewrem karren in unßer deß ra-
thes muhlen nicht ehr abladen laßen wollet,
jhr habet dan zuuor die euch zugestelte maltz-
und kornzeichen unßernn mullern in jedtweder
muhlen oder im nothfall seiner knechte einem
nicht allein vollig in ihre hende geliefert,
sondern auch so lange darbej gestanden und mit
augen gesehen daß von dem muller oder welchem
knecht ihr dieselbe uberantwortet, alle sol-
che mühlen-, maltz- und kornzeichen in den darzu
verordenten stock oder kasten wehren eingestecket und
eingeworffen worden, und daß ihr einem ebrnvesten
rathe undt gemeiner stadt wollet getrew vndt holdt sein,
auch mit ewrem pferdt und karren in furfallenden fewr-
erß-, krieges- und andern noethen treulich aufwarten und
dienen, und hirhej allen schuldigen gehorsambs euch erin-
nern undt bequemen wollet[6] vnd sollet: so wahr euch etc.

Der zehenmanns eydt.

67 oder § 24

Ihr werdet schweren, das ihr das ambt dazu ihr gesetzet
seyt, dem rath und der stadt Braunschweig, diewoill jhr
dabey sayt, wollet verwalten vndt daßelbe verhegen
inn endpfahung des geldes auß dem thor-, wag-[3] vnt zol-
buden wie auch den accisekasten, allermaßen sol-
ches die acciseherrn, zoll- vnd wagschreiber je-
des mahl berechnen[8], item des schoßes vnd nach-
schoßes, von den apotheken, wein- vnd bierkellern,

---

1) leßen *Correctur derselben Hand* für verstehen. 2) *Beide Nachrichten von einer andern Hand.* 3) *Ausge-*
lassen von meinendes echte kopes weghen. 4) *nimt fehlt.* 5) *Eine jüngere Hand hat die am* 30. Sept. 1663
stattgehabte Beeidigung von Andreas Probsts Nachfolger angemerkt. 6) *In der ältern Formel vnnd dat gy in*
juwem ambie treuwelich willen handelen. 7) *Die folgenden achtzehn Formeln von achter Hand.* 8) *Die*
Wagebuden werden in der ältern Formel an späterer Stelle aufgeführt. 9) *In der ältern Formel werden diese*
Einnahmen einzeln benannt.

von der erubrigung auß deß raths gerichten undt dor-
ffern, auch von den steinkuhlen in selbigen gerichten [1]
vndt alles deßen was ein erbar rath mehr fallent vndt
auffzunehmen hctte, und dagegen die außgaben in schrif-
ten ein gegen das ander trewlich verwahren, undt das
anders nicht gebrauchen oder gebrauchen laßen a lß zu
demselbigem ambt, auch in sonderheit kein goldt, geldt
oder anders jemande verleihen ohn der herren des engen
raths allen wißen, willen vnd volbortt, auch mit gemeiner
statt gelde zu euwerm [2] eigenen nutzen vnd vortheill keine
wexeley treiben, auch zu dem endt kein geldt von den
zehenmannen absordern, auch das ihr kein goldt, geldt
oder silbor sambt oder besonder außgeben oder auffneh-
men wollet, das goldt oder geldt sey erst gezehlet vnd
das goldt gewogen, vndt bey dem schoße mitsitzen alß
der rath sich mit euch deswegen wirdt vereinigen, vnd
davon auff erfordern jerlich dem rath volnkommene
rechnung thun, auch des rhats heimliche dinge die euch
davon zu wißen werden, bey euch behaltten wollet die-
weill ihr lebet: alß euch gott helffe.

68 **Eydt der syndicorum schreiber.**

Ihr sollet schweren, das jhr alles dasjenigo so
auch von einem erbarn rathe vndt gemeiner
stadt albie in geheimen sachen anvertrawet vndt
vnter die hände zu lesen oder abzuschreiben
gegeben wirdt, auch was jhr sonsten wegen ge-
meiner stadt heimbligkeitt in erfahrung brin-
gen vndt vernehmen werdett, verschwiegen bey
euch biß in euwre sterbgruben behaltten wollet:
so war euch gott helffe vndt sein heiliges wortt.

Den 28. Octobris 1656 hatt des syndici Baum-
gartten diener Joachimus Ropenack dießen eydt
auff der muntzschmiede abgelegt.

Den 18. May 1658 hatt des consiliarii Nieo-
lai Schomeri diener Casparus . . . . diesen
eydt auff der muntzschmiede abgelegt.

Den 26. Octobris 1658 hatt Andreas Lutter
des consiliarij diener diesen eydt abgelegt. [3]

69 **Eydt des provisoris der armenkisten der kirchen s. Mi-
chaelis.**

Ihr sollet schweren, das jhr das vorsteherambt der ar- *oben § 27*
menkasten zue s. Michaelis und was dem anhengig ist,
wozue ein ehrnuester rath dieses weichbildes Al-
testadt euch gesetzet, trewlich verwalten, mitt dem
klingbeutell zu gewönlieher zeitt vleißig umb-
gehen, die gesamblete gelder in den dazu ver-
ordneten kasten schutten, auch den schlussell
zue demselben woll in acht nehmen, undt jedes
mahl der außnahme wo es immer möglich per-
sönlich beywohnen, [4] undt sonsten diesem ambtt
also vorstehen wollet wie solches einem vleißi-
gen [5] diacono gebueret, alles nach ewern rechten kunst
sinnen so best jhr könnet und möget: so wahr euch gott
helffe und sein heiliges wortt.

Eydt des meisters des bütticherhandtwercks. 70

Ich gelobe und schwere, das jch alß großer
meister des bütticherhandtwercks uber der von
einem ehrnuesten ratt der stadt Braunschweig
unserm handtwerck zugestelleten undt confir-
mirten ordnung steiff und vhest haltten und das
derselben in allen ihren artieuln, puncten und
clausulen sowoll von mir alß unserm handtwerck
zugehörigen gebuerlich gelobet werden solle ver-
schaffen, auch das handtwerckesgeldt woll ver-
wahren, und die straffe worin die bruchfellige
lautt der ordnung condemnirt werden, ohn an-
sehen der person jedes mahl richtig einfordern,
auch die helffte davon e. e. rath einbringen,
und sonsten das handwerck in gutem friede
und einigkeit erhaltten helffen wolle und solle:
so wahr mir gott helffe.

Eydt des altmeisters des schnurmacherhandt- 71
wercks.

Ich lobe undt schwere, das jch alß altmeister
des schnurmacherhandtwercks uber die [6] von ei-
nem ernuesten wolweisen rath der stadt Braun-
schweig unserm handtwerck zugestellete und be-
stettigte [6] ordnung steiff und vhest haltten und
das deroselben in allen jhren puncten undt ar-
ticulu sowoll von mir alß dem schnurmacher-

---

1) Ausgelassen der muntie.   2) In der Hs. euwern.   3) Diese drei Notizen von achter Hand nachgetragen.
4) Von einer jüngern Hand ist 1677 hier eingefügt das gesamblete geldt mit guter vorsicht der personen und
was in die büchsen gesamlet wirdt außtheilen, auch so oft es von euch erfordert wird richtige ohntadelhaffte rech-
nung ablegen.   5) In der Hs. vleißigen.   6) Correctur derselben Hand statt des ursprünglichen der — zuge-
stelleten, bestetigten.

handtwerck zugehörigen bester maßen nachge-
lebet werden solle verschaffen, auch des handt-
wercks vorrath an gelde vndt anderm trewlich
verhegen, vndt die bruche darin derjenige ver-
mög ordnung straffwürdig erkant wirdt, vleißig
einfordern, jedes jahres richtige rechnung da-
von thun vndt davon einem ernuhesten rath
den dritten theill ungesæumbt einschaffen, auch
dieses handtwerck in guttem friede, ruhe und
einigkeit hailten wolle und solle: so war mir
gott helffe und sein heiliges wortt.

72 **Eydt des nachrichters** welchen m. Peter Bruens
anff der muntzschmiede vor den herrn des en-
gen raths zu weichbild mit erhobenen fingern
geschworen. Actum denn 9. Aprilis 1633.

CLIV, 38 **Ihr** sollet geloben vnndt schweren, das jhr einem
ernuhesten hochweisen rathe vndt gemeiner
stadt [1] wollet gehorsamb, trew vndt gewertig [2] sein,
die stadt vndt deroselben heuser vnndt gassenn
jn den weichhilden da es euch geburet für al-
lem sterbvieh vndt æße so sich darinnen vndt
darauff befinden muchte, rein vndt sauber hal-
ten lassenn, was euch in peynlicher vrsach zu thunde
von raths wegen [3] befohlen wirdet nicht allein
trewlich verrichten sondernn auch alles so
euch ahnn seiten des raths hierbey offenbaret
vndt in den bekanntnußen der gefangenen fur-
fallenn vndt euch wissent werden muchte, nie-
mandts vermelden sondern verschwiegen biß in eure
gruben bey euch behalten, auch auch in exe-
quirung e. e. gemeinen raths blutvrtheill in eu-
rem scharffrichterlichen ambt vorsichtig, treu-
lich vndt bestmuglich also erzeigen vndt erwei-
ßen [4] wollet wie einem solchen [5] meister vndt
nachrichter eignet vndt gebueret, auch rhumb-

lich vndt verandtworttlich, alles nach euren be-
sten funff sinnen vndt jhr best sollet [6], könnett
vndt mögett: so war euch gott helffe vndt sein
heiliges wortt.

Eydt der newen deputirten so den soldaten das 73
geldt außzehlen sollen.

Ihr sollet geloben vndt schweren, das jhr das
ambt dazue jhr gesetzet seyt, gemeiner stadt
zum bestenn also verwalten wollet das so offt
zue vnterhalttung der jtzigenn vndt kunfftigenn
zur besatzung habendenn soldatenn ein vierteill
schoß oder sonsten eine andere zulage von ge-
meiner hurgerschafft gefordert vndt auffgebracht
werden wirdt, jhr sothanen schoß vndt zulage
zue weichbildt mitt annehmen, richtig zehlenn [7]
vndt solch geldt so dauon auffkommen wirdet
denen soldatenn welche einem jechligen weich-
hilde zu vnterhalten verordnet sein vndt in
kunftig werden möchtenn, binwiederumb auff jh-
ren verdienten soldt entweder zue deren gentz-
licher [8] abfindung oder nachdem sich euwre ein-
nahm erstrecken wirdet etwas auff rechnung jh-
chen vndt abzahlenn, [9] auch euch mitt vleiß an-
gelegen sein laßenn das ein jeder burger oder
hurgerinn ohn ansehen der personen die vier-
teill schoß vnndt zulagenn alle mahl richtig ein-
bringenn vndt keiner, es sey wer er wolle, ver-
schonet werdenn möge, mitt solchenn burgerli-
chenn geldernn zue euwerm [10] nutzenn keine
wechseley treibenn, viellweiniger dieselbe zue
euwerm [11] vortheill zue euch nehmen vnndt ge-
brauchenn, auch zusehen [11] wie vnndt welcher-
gestaltt solche eingenommene gelder jn die heub-
ter der soldaten zahlbar verwandt [12], vnndt was
euch hiehey vonn des raths heimblichenn din-

---

1) In der ältern Formel der stadt vnd den gemeinen burgern. 2) In der ältern Formel holt; ausgelassen also ein deiner etc. tho doende schuldich. 3) van raths wegen Zusatz einer andern, anscheinend der siebenten Hand. 4) erweißen Corrector der Hand von welcher der vorhergehende Zusatz herrührt; ursprünglich bezeigen. 5) solchen ebenfalls Zusatz der vorerwähnten Hand. 6) Desgleichen sollet. 7) Ausgestrichen völlig anschreiben. 8) In der Hs. gentzlichen. 9) den soldaten — abzahlen unterstrichen und eingeklammert; am Rande von derselben Hand den heren des kriegsraths zue ablohnung der soldaten auff erfordern aufantworten. Offenbar blieb Beides je nach der so oder so beliebten Einrichtung im Gebrauch. 10) In der Hs. ewern. 11) auch zusehen von einer andern Hand nachgetragen, wodurch das ursprüngliche aber nicht passend anschließende sondern in Wegfall kommt. 12) Ausgestrichen dauon dem rath jedes mahl gebuerliche rechnung thun.

86*

gen vndt gemeiner stadt schoß vndt jntraden
zu wißenn wirdet, keinem menschen in dieser
weltt offenbarenn sondern bey vndt mitt euch
in eure sterbgrubenn nehmen vnd behaltten sol-
let vndt wollett: so wahr euch gott helße vnd
sein heiliges wortt. [1]

74 **Der reitenden diener eydt.**

Ich lobe vndt schwere hiemitt einen leiblichenn
eydt zue gott vndt auff sein heiliges wortt, das
jch einem erbarnn rathe der stadt Braunschweig
getrew vndt boldt sein, jhr bestes wißen, scha-
den aber abwenden, jhren erb. w. getrewlich so-
woll jn- alß außerhalb der stadt vleißig auffwar-
tten jn allen billigen sachenn, auch diejenigen
welche e. erbar rath vndt gemeine stadt an-
feinden mitt vor feinde halttenn, wann jch
mitt eines erbarn raths pferdenn außreite dar-
ahnn sein das denn pferdenn kein schade wie-
derfahrenn noch verwarloset werden mögen, was
ein erbar rath mir befehlet oder sonsten anmel-
den leßet, getrewlich verrichtenn vndt niemant offen-
baren alß demjenigen dahin e. e. erb. rath mich
verschicket, alles was jch bey gemeiner stadt
erfahre verschwiegen bey mir in die grube be-
haltten, vndt da es sich begebe das jch mei-
nen abscheidt von e. erb. rath nehme oder di-
mittirt wurde, vndt jch einige sache wieder e.
erb. rath oder einigen burger zu haben vermeinte,
solche sache in kein frembdes gerichte bringenn
besondern dieselbe alhier zue rechte außwar-
denn [2] soll vndt will ohn arge list vnd gefehrde.

75 **Eydt der deputirten zum kriegsrath.**

Ihr sollet loben vndt schweren, das jhr erstlich
einem erbarn rath vndt gemeiner burgerschafft
der stadt Braunschweig in dem kriegesrath da-
zue ihr verordnet, trew vndt boldt sein, jhr be-
stes wißen, schaden vndt nachteil aber böhi-
stes euwers vermögens kehren vnd abwenden,
zum andern in bestellung vndt annehmung tuch-
tiges kriegesvolcks, auch in musterung vndt nach

befundener notturfft vndt gelegenheit wiederab-
danckung vndt erlaßung deßelben dahin sehen
das ein erbar rath vndt gemeine stadt darin
mitt vnzimblicher besoldung vndt finantzen nicht
verfertheilet werden möge, vors dritte, wan durch
das kriegesvolck ausfalle zue gemeiner stadt not-
turfft vorzunehmen, dieselbe mitt böhistem vleiß
vndt vorsichtigkeitt berathschlagen vndt was
also wegen der ausfelle wie auch sonsten wegen
allerhandt anderer kriegessachen in ewerm [3] rath
durch einhellige oder auch durch die mehrern
stimmen vor nutzlich erfunden, zue werck so-
viell an euch richten vndt befordern helffen,
letzlich alle gemachte rathschläge, auch was euch
sonstenn in dießem euwern kriegesrathsambt von
gemeiner stadt heimblichen dingen wißendt wur-
de, in geheimb bey euch behalttenn, dieselbe
niemants offenbarenn, vndt euch sonsten hierin
allerseits dermaßen trewlich verhalttenn wollet
wie solches ehrlichen kriegesräthenn vonn ehren
vndt rechts wegen eigenet vndt gebueret: alß
euch gott helße vnndt sein heiliges wortt. [4]

76 **Eydt deß großen meisters des schwartzferber-**
bandtwercks.

Ich lobe vnd schwere, daß jch alß dieses jahres
großer meister des schwartzfarberbandtwercks
vber der von einem erbarn vndt wolweisen rath
der stadt Braunschweig vnßerm bandtwerck zu-
gestelletenn vndt bestettigten ordnung steiff vnd
vhest halten vnd das derozelben in allen jhren
puncten vndt clausuln sowoll von mir alß dem
schwartzferberhandtwerck zugehörigen bester ma-
ßen nachgelebet werden solle verschaffen, auch
des handtwercks vorrath an gelde vnd anderm
trewlich vorhegen, vndt die brucbe darin der-
jenige vermög ordnung straffwürdig erkant wirdt,
vleißig einfordern vndt davon die belßte einem
erbarn rath [5] richtig einschaffen, vndt das handt-
werck in guttem friede, ruhe und einigkeit hal-
tten wolle vndt solle: so war mir gott helffe

1) Verschiedene Hände haben Ableistungen dieses Eides vor gemeinem rathe in den Jahren 1645, 46, 49 und 61 angemerkt. 2) In der ältern Formal der van der borger vnd jnwoner wegen by dem rade blieuen, vnnd van des rades wegen by ohren landeßforsten. 3) In der Hs. ewern. 4) Es folgen Vermerke verschiedner anderer Hände über Ableistung dieses Eides in den Jahren 1655, 61, 64, 70 und 71. 5) rath fehlt.

vndt sein heiliges wortt.

Diesen eydt hatt Hanß Schaper abgelegtt den 11. Februarij 1652. [1]

77 **E**ydt des großen vndt nebenmeisters des sehlerhandtwercks.

Wir loben vndt schweren, das wir alß dieses jahres vonn Michaelis biß Michaelis [2] großer vndt nebenmeister des sehlerhandtwercks vbar der von einem erbarn wollweisen rath der stadt Braunschweig vnserm gebietenden herrn vndt obern vnnß zugestelleten vndt bestettigten ordnung steiff vndt vhest halten vndt das deroselben in allen jhren puncten vndt clausuln sowoll von vnß alß vnserm handtwerck zugehörigen bester maßen nachgelebet werden solle verschaffen, auch des handtwercks vorrath an gelde vndt anderm trewlich vorhegen, die bruche darin derjenige vermög ordnung von vnnß ohn adfacten straffwardig erkant wirdt, vleißig einfordern vndt dauon den dritten theill einem erbarn rath richtig einschaffenn, vndt das handwerck in guttem friede, ruhe vndt einigkeit halten wollen vndt sollenn: so wahr vnnß gott helffe vndt sein heiliges wortt.

Jacob Fischer großer, Jurgen Faber nebenmeister juraverunt den 18. Octobris 1637. [3]

78 **E**ydt des alttmeisters des buchbinderhandtwercks.

Ich lobe und schwere alß dieses jahres verorneter altmeister des buchbinderhandtwercks, das jch uber die von einem eronhesten wolweisen rath der stadt Braunschweig unserm handtwerck zugestelleten vndt confirmirten ordnung getrewlich vnd auffrichtig halten und das deroselben in allen jhren clausuln und articuln sowoll von mir alß vnserm handtwerck zugehörigen bester maßen nachgelebet werden solle verschaffen, auch die bruche so dabey vorfallen möchten, mit vleiß ohn ansehen der person vnnachleßig einfordern,

dieselbe zur rechnung bringen und davon wollgemelttem rath den dritten pfenning ohn einigen unterschlag einliefern, und sonsten des handtwercks vorrath an gelde trewlich verhegen, das handtwerck auch und die demselben zugehörig sein in gutter ruhe und einigkeit erhaltten helffen solle und wolle: so war mir gott helffe undt sein heiliges wortt.

Autor Papa juravit den 28. Aprilis 1656. [4]

Des accisebotten eydt. 79

Ich gelobe vnd schwere, das jch einem ehrnuhesten wollweisen rath der stadt Braunschweig trew und holdt sein, deroselben bestes wißen, suchen und befordern, schaden und nachteill aber nach vermögen abwenden, den verordneten acciseherrn wie auch dem zolschreiber in allem dem was sie mir ambts halber befehlen werden ohnweigerlich zu gebote stehen vnd daßelbe mit guter sorgfalt verrichten, auff der accisestuben des morgens [5] wie auch zu zeiten des nachmittages bey der zolbuden vleißig auffwartten, was jch in erfahrung bringen werde daran gemeiner stadt am zollen, accise und sonsten andern gebuernußen abbruch geschehen wolltt, solches dem acciseherrn getrewlich offenbaren, desfals niemanden verschonen, jhrer und des zolschreibers fernerer verordnuug deswegen gewerttig sein, undt sonsten alles andere was einem getrewen diener von ehren und rechts wegen gebueret und woll anstehet thun undt verrichten, was jch auch von gemeiner stadt heimbligkeit in erfahrung bringe biß in meine sterbgruben verschwiegen bey mir behaltten wolle und solle: so war etc. [6]

Thorwartter eydt. 80

Ihr sollet loben vndt schweren, das jhr einem ~~oben § 34~~ ernuhesten wollweisen rath der stadt Braunschweig trew vndt holdt sein, gemeiner stadt bestes wißen vndt befordern, schaden vndt nach-

---

1) *Es folgen ähnliche Vermerke aus den Jahren* 1655, 60, 64 *und* 68 *von achter, aus dem Jahre* 1670 *von einer andern Hand.* 2) *Am Rande von derselben Hand* Ostern. 3) *Es folgen ähnliche Vermerke derselben Hand aus den Jahren* 1640—57. 4) *Ähnliche Vermerke aus den Jahren* 1658 *und* 62 *hat dieselbe Hand nachgetragen.* 5) *In der Hs.* morgen. 6) *Nachrichten über Anwendung dieses Eides in den Jahren* 1670 *und* 74 *von zwei andern Händen.*

teill euserstes vermögens warnen vndt abwenden, jn sonderheit aber keinerley bier in feßern oder tonnen, viehe vndt andere wahren, wie die nahmen haben, durch das thor so ein ernuhester rath euch zu warten anbefohlen hatt, in die stadt bringen, fahren oder tragen laßen, jhr habet dan solches vorerst richtig angezeichnet, davon ein zettell an die acciseherrn oder zolner ertheilet[1] vndt wegen richtiger verzollung ein gnugsamb pfandt von dem einbringer genommen, auch hinwiederumb kein bier in feßern oder tonnen, viehe oder andere wahren, wie die nahmen haben, auß dem thor bringen, fahren oder tragen laßen, es sey euch dan zuforderst der acciseherren oder zollners schein das der zoll richtig gemachet, vorgezeiget vndt eingehendigt, das jhr auch den gewönlichen wegpfenning von denn leuten mit vleiß einfordern vndt in den darzue gehörigen kasten stecken[2], vndt im fall jemant mit gewalt den wegpfenning nicht in den kasten stecken wolte besondern in den koth wurffe oder sonsten von sich legte oder gebe, denselben außnehmen vndt bey ewerm[2] eyde in den kasten stecken, jn summa dafür sein vndt achtung darauff geben das einem ernuhesten rath der vollkommene rechte zoll entrichtet vndt daboy nichts verabseumet werde, das jhr auch nehist wollgemelltem rath ewer absehen auff die verordnete acciseherrn haben, deroselben befehlich in alle wege nachkommen, die thorzettelln vndt empfangene pfande welche bey euch stehen gebieben, alle montag denselben ohnweigerlich vnndt vnuertuschet anfantworten vndt letzlich das euch anbefohlene[4] thor vndt schlagbeume vndt die darzue euch vberantwortete schlußell trewlich vndt mit höhister sorgfalt bewahren vndt zue des raths handt halten, daßelbe auch niemanden anders alß wollgemelltem rath durch keinerley leibesnott vberanttworten, vndt diese dinge alle

einem ernuhesten rath trewlich zue gutte halten, auch was jhr vernehmet das wieder den rath vndt gemeine stadt vndt burgerschafft lauffen wolte oder sollte, jedes mahl dem regirenden[5] herrn burgermeister trewlich vermelden[6] sollet vndt wollet nach ewru funff sinnen alß jhr best könnet vndt möget: so wahr euch gott helffe vndt sein heiliges wortt.

Denn 12. Octobris 1642 hatt der newe thorwerter vor dem s. Petri thor Andreas Amme vorgeschriebenen eydt auff der muntzschmiede hora 8. abgeleget.[7]

Eydt der acciseherrn. 81

Ich gelobe vndt schwore, das jch das acciseherrnambt nach der von einem ernuhesten wollweisen rath dieser stadt Braunschweig meinen gunstigen herrn vndt obern denn acciseherrn ausgestalten[8] instruction zue rechter zeitt getrewes vleißes in allen puncten verrichten, daran nichts verseumen vndt was jch zue verbeßerung solches ambts gemeiner stadt zue nutz erfinden kan bedencken, wollgedachtem rath an die handt geben, daruber ferners bescheides vndt anordnung erwarten vndt deren vnweigerliche verfolgung thun wolle, alles nach meinen fünff sinnen wie jch best kann vndt vermagk: so war mir gott helffe vndt sein heiliges wortt.[9]

Der garttenschworen[10] **eydt.** 82

Ihr sollet vndt wollet angeloben vndt schweren, [CLIV. 29] da jhr seget vndt euch wißent wehre oder noch seben vndt befünden wurdet das dem rathe vndt gemeiner stadt, soweit der Altenstadt grentze biß an die landtwehren gehet, an den herstraßen, der gemeinen weide, garten, graben vndt sonsten was in die gemeine gehöret, etwas abgewacket, abgegraben, abgezeunet oder durch zunahsetzung der weiden, grunen beggen vndt trockenen zeune der gemeine etwas entzogen wehre oder kund-

---

1) In der ältern Formel gy lathonn det erstenn vertollenn. 2) In der ältern Formel lathenn staken. 3) In der Hs. ewern. 4) In der Hs. anbefohlenes. 5) In der Hs. regierendem. 6) vermelden von anderer Hand eingefügt. 7) Es folgen ähnliche Notizen aus den Jahren 1647, 53 und 67, mit Ausnahme der ersten ebenfalls von achter Hand. 8) In der Hs. ausgestalter. 9) Vereidigungen von Acciseherren der verschiedenen Weichbilde in der Zeit von 1647—71 sind von verschiedenen Händen angemerkt, einmal, 1649, auch von achter Hand. 10) In der ältern Formel gardener.

tig entzogen werden wollte, das jhr solches dem regirenden [1] burgermeister [2] zue weichbilde anmelden, [3] was euch auch vor sachen vndt streitigkeiten von raths [4] wegen zu besichtigen vndt zu richten vffgetragen, wie auch wozue jhr von den burgern vndt partheyen werdet erfordert werden, ohn ansehung der personen, alle gunst vndt zuneigung hindangesetzet, vmb vndt vor billige gebuer recht wardiren vndt recht richten, alß euch furnemblich die landereye so euch zu meßen furkommen vndt vnter euwere meßung anuertrawet werden, alß ein beeydigter gartenschworne recht meßen, darin allerdings rechtlich verfahren vndt niemants in der meßung verkurtzen sollet vndt wollet, alles nach euren rechten funff sinnen alß jhr best konnet vndt möget: so war euch gott helffe vndt sein helliges wortt.

Anno 1646 den 1. May haben Martin Wedderkopff vnd Jurgen Gayen new erwehlte gartenschworne diesen eydt wuercklich abgelegt. [5]

88 Eydt des schreibers der armen im hause Alexij. Ich lobe vndt schwere zue gott vndt auff sein heiliges wortt, das jch alß der armen bestalter diener die armen leute auß gottes wort nach mögligkeit vnterrichten vnd mit jhnen vor diese gutte stadt, deren [6] einwohner vndt das gantze land vleißig beten, was mir von den verordneten vorstehern der armen [7] wirdt auffgetragen vndt befohlen von schulden einzumahnen, solches trew vndt vleißig fordern, einliessern, auch davon antwort vndt rechnung thun wan jch dazu gefordert werde, der armen gelder alß einnahm vndt außgabe richtig helffen anschreiben vndt verzeichnen, was an rogken eingekaufft das davon nichts verderben sondern richtig zur muhlen ein- vndt aufgebracht, vndt an brott kein vnterschleiff vndt abzweckung geschehen vndt in summa der armuth nichts veruntrawet, vndt waß auß der klien zue gelde gemacht zur rechnung gebracht wer-

den möge gute achtung geben, auch nichts mehr alß was jch mit meinen eigenen [8] weib vndt kindern nach notturft davon gebrauchen kan, genießen vndt begehren, jmgleichen ohn geheiß der vorstehere von den abwesenden vorstehern keine schlußell zue der armen gelder kasten abholen oder dieselbe öffnen, es sein den an der zahl ein oder zwey die daue verordnet verhanden, auch nicht mehr von dem gelde alß mir von den vorstehern gereichet oder gegeben wirdt genießen, ohne der vorstehere wißen vndt willen keine frembde leutte zue mir einnehmen oder beherbergen, das hauß s. Alexy nach neun uhr des abendts ohn sonderliche hochtringende nott nicht eröffnen, auch kein sauff- oder gasthauß daselbst haltten, auff fewer vndt lucht gute achtung geben, was mir vnter handen gethan vndt vertrawet wirdt woll verwahren, vndt was mir von des hauses s. Alexy vorrat woll heimbligkeit kundt gethan wirdt niemant offenbaren sondern verschwiegen mit in meine starbgruben nehmen wolle vndt solle: so wahr mir gott helffe vndt sein heiliges wortt.

Anno 1647 den 21. Decembris hatt in gegenwart herrn b. Tobia Olffen (weill die andere b. burgermeistere in der Altenstadt nicht zugegen gewesen) vnd ern Jordan Strauben Hanß Bokenberg vorgeschriebenen eydt in der kemmerey auff der müntzschmiede abgelegt.

Eydt der walcke muller zue Olber undt Eysenbuttel 84
Ihr sollet zue gott vnd anff sein heiliges evangelium schwe-[CLXXVII.14] ren, das jhr kein laken walcken oder durch ewer gesinde walcken laßen wollet, jhr habet den zuerst von einem jeden [9] der die laken walcken laßen will die daue verordnete zeichen, und zwar wegen eines jeglichen lakens ein absonderlich zeichen, empfangen, [9] das jhr auch den einen gyldebruder sowoll alß den andern befordern vndt einem [10] jeden das seine trewlich verhegen, vndt allezeit

---

1) *In der Hs.* regierenden.   2) *In der ältern Formel* dem rade.   3) *Ausgelassen* als gy erst mögen.   4) *In der ältern Formel* smbts.   5) *Achtliche Vermerke aus den Jahren* 1657, 1664 *und* 1680, *die vorletzte noch von achter Hand.*   6) *In der Hs.* deßen.   7) *der armen Corrector achter Hand statt des ursprünglichen* des hauses s. Alexij.   8) *In der Hs.* meinem eigenem.   9) *In der ältern Formel* alle lacken — vff den karnstock schneiden — wollet.   10) *In der Hs.* jedem.

wan laken verhanden sein, dieselbe erstlich fordern wollet, wan aber keine laken zu walcken verhanden, alßdan möget jhr walcken futterlaken undt beylwandt [1] jedoch das jhr euch allezeit von zwey futterlaken ein zeichen vndt von zwantzig ellen beilwandt leinen in wullen (den wullen in wullen zu walcken euch durchauß nicht soll vergunnet sein) ein zeichen geben laßet.[2] So sollet jhr auch ebenmeßig von den handschenstrickern von zwölff futterhembden zwey zeichen, von vier undt zwanzig par strümpffen zwey zeichen, von funffzig par hendschen[3] zwey zeichen fordern und damit niemanden, er sey lakenmacher oder handschenstricker, übersehen:[4] so wahr euch gott helffe und sein heiliges wortt.

Bartoldt Harcken hatt diesen eidt in praesentia Heinrichen Goes abgelegt den 30. Aprilis 1667.[5]

---

85 [6] **B**aurmeister eydt.

LI, 42 **D**aß jhr dasjennige was jhr albereit wustet oder euch zu wißen fürkommen muchte daß e. e. rath und gemeiner stadt schoßbar[7] wehre e. e. rath anmelden undt vorzeichnen laßen, vodt e. e. rath und der stadt also getrewe undt holt sein also jhr jhnen von

rechts undt dienstes wegen schuldig und pflichtig seidt, derselben[8] bestes wißen undt werben, schaden aber helffen verhüten undt verwahren wor jhr konnet und moget.[9] undt dasjenige was jhr vornehmet das wedder den rath undt gemeine stadt gehen und lauffen muchte alle mahl getreulich anmelden, und was euch in wehrendem eurem dienste von des raths undt der stadt gaheimnußen inß gemein oder zu weichbilde etwan zu wißen und euch anvertrawet werden wurde, biß in eure sterbgruben verschwiegen behalten, undt auch dasjennige was euch vonn e. e. rathe zu weichbilde oder sonsten zu uerrichten anbefohlen wirdet jedes mahls treulich ohn verzug verrichten, wie auch an allen dehnen ortern da e. e. rath ins gemein suff den rathhäusern, müntz, mahrstalle, oder absonderlich zu weichbilde wird zusamenkommen und versamlet sein, alle mahl fleißig und treulich auffwartten, undt der partheien citationes fleißig bestellen undt deswegen die citationzettul zu rechter zeit beibringen, und euch alles überflüßigen truncks enthalten sollet undt wollet: so wahr euch gott heiffe.

CCIX. CCX. HERZOG RUDOLF AUGUSTS HULDEBRIEF UND ASSECURATIO RELIGIONIS.

1671 Juni 16.

Durch die zu Zelle und Burgwedel am 6., 12. und 13. Mai 1671 geschlossenen Verträge waren die Rechtsantheile des Lüneburgschen Hauses an der Stadt Braunschweig auf die Wolfenbüttelsche Linie übertragen. Am 20. Mai hatte die Belagerung der Stadt durch eine aus Truppen aller Herzöge gebildete Armee ihren Anfang genommen. Ungerüstet, von Geldmitteln entblösst, ohne jede Aussicht auf Hilfe von aussen, bald auch bis zu völliger Machtlosigkeit gelähmt durch den gährenden Hass der Bürgerschaft, der sich die alte Stadtfreiheit nur noch in der Missregierung ihrer Gewalthaber darstellte, sah der Rath das Ende seiner Herrlichkeit anbrechen. Nachdem auf seine bittlichen Vorbehalte in Herzog Rudolf Augusts Resolution vom 10. Juni einigermassen befriedigende

---

1) *In der ältern Formel Issennacher vnnd forderduch (Issnach vnnd foldernnach: vgl. S. 551 Note 6).* 2) *In der ältern Formel zwo Insennach oder vier foiderduch vor ein lackenn vff den harnstock schneidet.* 3) *Am Rande, auch von achter Hand gleichzeitig mit der am Schlusse hinzugefügten Notiz, 14 futterhembde, 36 par strumpffe, 60 par heudschen.* 4) *In der ältern Formel statt des letzten Satzes So soll euch auch das beylwant zu walcken vergont sein etc. etc.* 5) *Ebenfalls von achter Hand mit anderer Dinte hinzugefügt.* 6) *Von neunter Hand.* 7) *Später, wie es scheint von anderer Hand, übergeschrieben steur.* 8) *In der Hs. denselben.* 9) *Ausgelassen dobbelspeel.*

Zusicherungen ergangen waren — freilich nur ad procollum, ohne die bindende Form eines Vertrags — öffnete zwei Tage später die Stadt ihre Thore, und leisteten am 16. Juni Rath und Bürgerschaft in der verlangten Form Huldigung, worauf der Herzog nachfolgende zwei, bisher ungedruckte Urkunden ausstellte, deren Originale das Stadtarchiv verwahrt: Pergament, 21″ bezw. 22″ breit, 10½″ hoch, die Holzkapseln mit dem rothen Wachssiegel von 2¼″ Durchmesser an geflochtenen Schnüren aus schwarzen, grünen und weissen Seidenfäden. Immerhin liess der neue Huldebrief in Verbindung mit der Resolution vom 10. der Hoffnung Raum, dass die alte Autonomie der Stadt wenigstens in einigen ihrer wesentlichsten Attribute werde erhalten bleiben. Allein die absolute Fürstenmacht jener Zeit hinderte eben nichts, ohne Rücksicht auf die gegebenen Rechtsverhältnisse Braunschweig in einen Zustand völliger Abhängigkeit hinabzudrücken, wie er ihrer Staatsraison und den Interessen ihrer Träger und Werkzeuge entsprach. Einerlei aber, wie gross hierbei das Recht oder Unrecht der Sieger war: dass Braunschweig sich dem Staate seiner Herzöge einfügen musste, geschah doch nur durch das Walten derselben Gerechtigkeit, welche in unseren Tagen das deutsche Kleinfürstenthum nöthigt, dem Kaiser zu geben was des Kaisers ist.

CCIX.

Von gottes gnaden wir Rudolff Augusts hertzog zue Braunschweig vnd Lüneburgk uhrkunden und bekennen hiemit vor uns, unsere erben und nachkommen: Nachdem nunmehr durch götliche verleihunge die ehrsahme und vorsichtige unsere liebe getrewe burgermeister und raht, auch gildemeister, hauptleute und gemeine bürgerschafft unser stadt Braunschweig hinwieder zue dem corpore unser gehorsahmen und getrewen landschafft gebracht und gegen uns als ihren [1] angebohrnen landesfürsten und unsere successores an der regierunge unsers fürstenthumbs Braunschweig wolffenbüttelschen theils in unterthenigster devotion gleich andern getrewen vnd gehorsahmen vnterthanen eigenet vnd gebühret iederzeit zue verpleiben sich verpflichtet, auch nach der in unserm fürstenthumb und landen üblichen formul gleich andern unsern getrewen landständen und unterthanen die erbhuldigunge würklich abgestattet haben, die wier auch dahero auff gedachte unsere stadt Braunschweig, deren bürger und einwohnere nicht allein die denen gesampten landständen unsers fürstenthumbs wolffenbüttelschen theils bey jüngster huldigung am 28. Octobris anno 1668 ausgestelte reversalen in gnaden extendirt haben, derogestaldt das sie alles deßen was gesambten ständen und unterthanen unsers fürstenthumbs Wolffenbüttel darin verschrieben vnd versprochen ist mit zu geniessen und sich dessen zu erfrewen haben sollen, sondern auch gleich wie wier wegen confirmation ihrer absonderlichen privilegien vnd habenden gerechtsahmkeiten in einer am 10. hujus ihnen ertheilten gewissen resolution[2] uns gnedigst erklehret haben, wier also solcher unser erklerunge fürstlich nachsetzen und darüber halten, burgermeister und raht, gildenmeistere, hauptleute, auch gemeine bürgerschafft mehrgedachter unser stadt Braunschweig bey ihren wolerlangten unstreitigen juribus, erweislichen privilegiis, freyvnd gerechtigkeiten, auch löblichen unerweislichen gewonheiten und herkommen ungehindert vnd vnbetrübt laßen, imgleichen auch dero und gemeiner stadt wolfahrt, nahrung und gedeien gnedigst befodern wollen, alles getrewlich und ohne gefehrde. Uhrkundtlich haben wier diesen brieff mit unserm angehengten fürstlichen insiegel befestiget und mit eigenen handen vnterschrieben. So geschehen in unser stadt Braunschweig d. 16. Junij anno 1671.

R. Augusts mpp.

---

1) *Im Orig. ihrem.*   2) *S. Rehtmeiers Chron. S. 1512; v. Liebhaber, Einl. in das Br. L. Landrecht II. 235.*

87

CCX.

Von gottes gnaden wir Rudolff Augusts hertzog zu Braunschweig undt Lüneburgk etc. hiemit uhrkunden undt bekennen vor uns, unsere erben undt nachkommen: Nachdem numehr durch göttliche verleihunge die ersahme undt vorsichtige unsere liebe getrewe bürgermeistere vndt rath, auch gildenmeistere, haubtleüthe undt sämbtliche ehrliche bürgerschafft unser stadt Braunschweig hinwieder zu dem corpore unserer getrewen undt gehorsahmen landtschafft gebracht worden, undt dieselbe in unterthänigster devotion gegen uns alß ihren [1] landesfürsten undt vnsere succeßorn in der regierunge unserß fürstenthumbs Braunschweig wolfenbüttelschen theils alß getrewen undt gehorsahmen unterthauen eignet undt gebühret jederzeit zu verharren sich verpflichtet, auch darauff die huldigunge würcklich abgestattet haben, das wir demnach für uns, unsere erben undt nachkommen regierende hertzogen zu Braunschweig undt Lüneburgk ihnen in gnaden zugesaget undt versprochen haben, ermelte bürgermeistere, rath undt gesambte bürgerschafft gleich unser übrigen getrewen landtschafft bey dem exercitio religionis nach der unverveaederten Augspurgischen confession, wie dieselbe in anno 1530 uff öffentlichem [2] reichßtage übergeben, allerdings zu laßen, assecuriren dieselbe auch hiemit undt in crafft dieses brieffes, wan über kurtz oder lang einige enderunge unserer christlichen religion in unsern fürstenthumb undt landen geschehen undt etwas so

gotteß wordt vorgedachter Augspurgischen confession, dem Corpori doctrinae Julio undt unser kirchenordtnunge zuwieder wehre, fürgenommen würde, daß uff den fall (welchen doch gott der almächtige gnädig verhüten undt abwenden wolle) vorgedachte unsere stadt an solche wiedrige puncte nicht verbunden noch sie dieselben anzunehmen schuldig sondern bey der wahren reinen christlichen lehre, wie die in der ungeenderten Augspurgischen confession, dem Corpore doctrinae Julio undt der kirchenordtnunge begriffen, zu bleiben undt beständiglich zu verharren befuegt undt mächtig, auch mit ihren paatorn undt angehörigen leütben unserer crafft juris territorialis competirenden geistlichen jurisdiction undt juris episcopalis und waß demselben diſals anhängig ist, so viel diesen actum anlanget, wan undt so lange ihnen dadurch andere lehre undt ordtnunge auffgedrungen oder dadurch eingeführet werden wolte, entfreyet undt dazu in wiedrigen puncten ferner nicht verbunden sondern in freyer übunge der ungeenderten Augspurgischen confession, Corporis doctrinae ohne einige unserer nachkommen ungnade undt beschwerde ungehindert sein undt verbleiben sollen, getrewlich undt ohne alle gefehrde. Deßen zu uhrkundt haben wir diese assecuration mit eigenen handen unterschrieben undt unser fürstlich insiegull daran wißentlich laßen hangen. So geschehen undt geben in unser stadt Braunschweig den 16. Junij anno 1671.

Rd. Augusts mp.

---

1) Im Orig. ihrem. 2) Im Orig. öffentlichen.